《国外社会科学前沿(2010)》

第14辑

国外社会科学前沿

2010

International Studies of Social Sciences

第14辑

主　编：王世伟　荣跃明
副主编：徐觉哉（常务）

上海市哲学社会科学规划办公室
上海社会科学院信息研究所　编

上海人民出版社

目　　录

马克思主义

哲　　学

政　　治

经 济

社 会

法 律

文　化

信息网络

海外看中国

信 息 窗

新　书　架

CONTENTS

Marxism

Philosophy

Politics

Economy

Society

Law

Culture

Information and Internet

Overseas Reviews on China

Information

New Books

马克思主义

Marxism

全球左翼运动的发展现状

The *Status Quo* of the Development of Global Left Movement

禾　惠

中国社会科学院哲学研究所　研究员

当2008年全球金融危机凶猛袭来之时，人们关注的问题是：大规模的公民抗议浪潮是否会在西方出现？世界是否再度向左转？社会主义运动和思潮是否再现高潮？尤其是在严峻的经济形势面前，1989年以后出现的市场化导致的急剧攀升的物质不平等与社会主义工人运动的衰落这一悖谬现象能否被扭转？本文旨在陈述2008年底世界金融危机爆发以来，全球左翼运动在理论和实践两个方面的演进状况。

全球金融危机过去两年了，现在我们可以做一番盘点：今日世界社会主义左翼运动的现状如何？亮点、问题和特点何在？又要走向何方？按照当代世界社会主义左翼的性质，本文拟分为发达国家马克思主义左翼、社会民主主义左翼和国外新马克思主义左翼三大部分进行论述。

一、发达国家马克思主义左翼：全球危机中求生存

全球化时代的国际金融危机再次证明了马克思资本主义理论的有效性，无疑为马克思主义的社会主义左翼（在西方主要是各国共产党）提供了生存和发展的良机。

S. 阿罗诺维奇

2008年底国际金融危机爆发后，美国的马克思主义知识左翼几乎是在第一时间作出了反应。以纽约城市大学社会学家S.阿罗诺维奇（Stanley Aronowitz）为首的5位美国马克思主义学者于2008年10月发表了激进的《向左转宣言：致美国激进主义者的一封公开信》。该《宣言》分析指出：现在是向左转的时候了；组织化的、具有社会影响的美国左派40年的衰落到了反转的时候了；当今资本大厦扩大的裂缝为社会大转变创造了新的

可能性。《宣言》在这一关键的历史时刻呼吁创造一个新的左派，发扬共产主义者和社会主义者在20世纪30年代、黑人民权运动和新左派运动在20世纪60年代的革命传统，组织起来，重新制定一个走向真正的社会平等、民主、繁荣、个人创新、生态可持续性及和平的政治进程。[①] 这一《宣言》表明，美国的马克思主义知识分子正在检讨西方社会主义左翼失利的历史经验，争取在意识形态上和组织上重新复兴。

从2008年底至今，西方各国共产党的活动开始活跃起来，试图摆脱苏东剧变以来受到重创的低迷状态。1989年以后，欧洲各国共产党陷入前所未有的生存危机，除希腊共产党和葡萄牙共产党等少数党从名称和指导思想上仍坚持原有形态、以一元化的马克思主义为指导思想之外，原有的西欧大党(如法国共产党、意大利共产党包括分裂后的各派别)均已强调指导思想的多元化，走向社会民主主义化，在政策主张上也向福利国家、限制私有化等社会民主党的传统政策靠拢。国际金融危机发生后，西方发达国家共产党中表现最为抢眼的是希腊共产党和日本共产党。

希腊共产党是有90年历史的老牌马克思主义政党。希腊爆发主权债务危机后，希腊政府为获取欧元区和IMF的救助，提出了以削减公务员工资、增税和未来3年削减财政预算300万欧元的财政紧缩方案，从而遭到民众的大规模抗议。希腊共产党不仅在议会中领导反对党试图否决这一法案，而且在大规模群众运动的动员中发挥了核心作用，其政策的要点主要是维护最底层弱势群体的利益，因而在一定程度上赢得了民众的支持。此外，希腊共产党多年来致力于国际共产主义运动的复兴，自1998年以后先后7次主办了苏东剧变后世界范围内唯一的国际共产主义运动的组织——国际共产党和工人党代表大会。该大会2010年在印度新德里召开了以“国际资本主义危机、工人和人民的抗争、替代道路以及共产党和工人阶级运动的角色”为主题的第11届代表大会，并发表了《德里宣言》。该大会现已有48个国家的57个共产党和工人党的代表参加。对于国际共产主义运动的新发展，希腊共产党功不可没。该党还与比利时、西班牙、委内瑞拉等欧美一些国家的共产党党刊共同组建了《国际共产主义评论》编委会。该刊物于2009年1月在雅典正式创刊，以英、西、俄3种语言发行，为国际共产主义运动在意识形态上的重建和各国共产党的理论交流提供了一个平台。

志位和夫

日本共产党在危机后表现最为突出。日本是受全球金融危机影响最大的国家之一，仅2009年第一季度，日本工业产量下降了20%，1月出口额同比下降50%，而国民的工资

① 参见 Stanley Aronowitz, etc. *Manifesto for a Left Turn: An Open letter to U.S. Radicals*, Ragged Edge Press, NYC。

收入在近20年中一直停滞不前,失业率逼近10%。1999年日本政府颁布的管理临时调度工的法令,导致目前临时工占就业岗位的44%。数百万临时工成为全球金融危机最大的受害群体。日共在危机情势下致力于解决当前日本社会突出的"工作贫困"问题。尤其是2008年2月,日共委员长志位和夫在国会公开质疑自民党政府的就业政策的讲话,在民间得到了广泛的社会反响,网上点击率超过15万次。日共的观点和政策,回应了大多数日本民众对日本经济社会改革进展缓慢的深刻的社会失望情绪,得到了社会的认同。日本共产党正是抓住了金融危机这一关键历史时刻中关键社会群体的社会诉求,争取了中青年一代选民的支持。大量没有就业保障的临时工接受了共产党的社会主义理念。目前,日共党员增长速度很快,在一年之内新党员人数增加了10万人,其中多数为青年党员。

目前,已经更名的西方前共产党朝着两个不同方向演变。大部分前共产党已经社会民主党化,但由于失去了传统的阶级属性,身份特征模糊,多数在政治实践中没有起色,逐年走下坡路。日本党的良好处境是已社会民主党化的发达国家共产党中的一个特例,其争取新中间阶级青年一代的方式对其他同类党有启发意义。部分国家前共产党组建了新的左翼党,这类党在西方政党的政治光谱上处于前共产党人和前社民党左翼之间,成为当前西方政治中最激进的左翼。其中表现最好的是德国左翼党和法国反资本主义党。在国际金融危机之后欧洲议会近期的选举中,欧洲左翼党的支持率小幅上升。①

总体上看,在马克思主义的故乡,马克思主义意义上的社会主义工人运动在20世纪下半叶逐步走低,苏东剧变后则彻底边缘化,长期陷入发展低谷。其根本原因在于,战后尤其是70年代以后的西方资本主义国家已经完成了现代化的社会转型,社会结构已经改变,发达国家工人阶级的绝对数量已经降至30%左右,中产阶级取代工人阶级成为人口的多数,共产党依靠的社会基础狭窄化。另外,现代化的进程使经济社会成果普惠于西方大众,工人阶级的绝对生活水平提高,福利国家制度的建立使工人阶级享有普遍的社会保障,导致其阶级意识淡化。此外,资本主义的消费主义意识形态的蔓延,瓦解了西方工人阶级的革命诉求,从而造成共产党动员社会主义革命的基础持续弱化。

一般而言,金融危机未能使西方国家马克思主义政党完全摆脱生存危机。危机后,法国等地发生过大大小小多次工人抗议运动,但是,由于社会主义政党并无意进行有组织有意识的引导,这些运动只能作为孤立的事件昙花一现。作为资本主义制度的反对党,西方国家共产党一方面需要明确自己的身份定位,保持阶级特征,另一方面需要适应时代的发展和左翼社会主义运动的当代演变现实,在指导思想、意识形态和组

① 参见欧洲议会官网 http://www.europarl.europa.eu/registre/recherche/info_en.cfm。

织化形式上努力创新。同时,它还必须扩大其社会基础,在国内吸引社会底层的弱势群体,在国际层面与生态、民权等进步社会运动结盟。只有这样,西方国家马克思主义的社会主义政党才有可能克服其意识形态吸引力的危机,赢得广大工人阶级和人民群众的广泛支持。

当前西方国家的马克思主义的社会主义运动需要警惕的最大问题,是要防止被右翼极端民族主义势力所利用。西方国家共产党与极右民族主义和民粹势力的动员对象是同一社会基础,即在全球化中受新自由主义损害最严重的传统产业的工人阶级、失业者、郊区青年、老弱病残等社会弱势群体。在历史上,1929年大危机既造成了整整一代人的向左转,也酿成了法西斯主义的崛起。极端右翼的法西斯主义与左翼的共产主义运动相伴相生的政治现象是否会在新的全球危机的背景下重演,是今后几年欧洲政治中可能出现的变数。西方国家的马克思主义左翼必须与法西斯主义反移民、反民主的极端民族主义仇外思潮作斗争,努力争取西方底层民众的广泛支持。如果金融危机继续深化、走向持续衰退,西方社会的公民抗议运动将会有大规模的上升。与极右翼势力抗争,引领反资本主义浪潮的正确方向,将是欧洲马克思主义的社会主义运动恢复声誉、重新赢得西方公众支持的重大契机。

二、西方社会民主主义左翼:在自身危机的反思中酝酿新定位

在社会民主党理论家看来,令人震惊的现象是,全球危机下没有出现人们希望的社会主义左翼复兴(这里主要指作为欧洲左翼主流的社会民主党),相反,在社会民主主义的大本营西欧却出现了新一轮的右翼执政浪潮。以今年G.布朗领导的英国工党政府黯然下台为标志,社会民主党主政欧洲的局面已经彻底让位于“右派欧洲”。N.萨科奇、A.默克尔、D.卡梅伦等中右翼领袖主政西欧大国。除爱尔兰、葡萄牙和丹麦等少数欧洲国家之外,各国社会民主党已在新一轮选举中全面落败。[①] 尤其是2009年6月欧盟议会选举,被视为“欧盟历史上从未见过的一次右翼回潮”。[②] 中右的“人民党党团(PPE)”大获全胜,在议会中得到265个席位;中左的“社会党党团(S-D)”仅得到184个席位,所占席位创历史新低(25%)[③],比想象中输得还要惨。

右翼在国际金融危机中逆市而升和社会民主党的意外败绩,引发欧洲社会民主党

① 本次欧洲议会选举中,社会民主党在欧盟27个成员国中的21国落后于中右派政党。

② 见欧洲对外关系委员会T.克劳(Thomas Klau)2009年6月8日接受路透社采访的表述。

③ 该数据见欧洲议会官网http://www.europarl.europa.eu/registre/recherche/info_en.cfm。

理论家对社会民主主义危机的新一轮深刻反思。近期，英国工党理论家 A. 吉登斯(Anthony Giddens)、意大利左翼民主党主席 M. 达莱马(Massimo D'Alema)和其他理论家纷纷撰文，评述社会民主主义的改革成就、政策失误、危机根源与发展前景。他们的分析围绕下述问题展开：

1. 是"选举年现象"，还是"生存危机"?

对于社会民主主义危机的性质，分析家们看到，危机下发生的欧盟历史上罕见的右翼回潮，恐难简单地解释为一种正常的"选举年现象"。选民拒绝投票给社会民主党，是选民对社会民主党的"信心危机"。对多年来社会民主党"口惠而实不至"的执政业绩，选民把怒气发泄到执政党身上，社会民主党的传统选票在金融危机背景下向极左和极右政党流失。但是，目前的选情在总体上还不至于威胁到社会民主党的长期生存。

意大利前总理、左民党主席 M. 达莱马坦言，欧洲社会民主党近年来处于危机之中。全球化的危机符合左翼的愿望——似乎不可战胜的市场发生了变化，在各主要国家中进步力量占了上风，新保守主义的单边主义已经过时——但此时却恰恰发生了左翼的危机，这是令人震惊的。他的基本观点是，欧洲社会民主主义的衰落是由于它对冲击和挑战欧洲社会的全球化没有给出圆满的答案，没有给欧洲民众提供有效的保护和未来的希望。现在已经到了社会民主党反思和改革的关键时刻。① 国际进步思想库负责人 O. 克拉姆等 3 人的一份研究报告指出，社会民主党在欧洲议会的败绩表明，其不断衰退的表现背后，有着深层次的结构因素。社会民主党目前的艰巨任务是分析自身长期的结构性衰退的根源，并搞清楚为什么全球金融危机没有成为其克服长期结构性缺陷的机会。报告还指出，中左派政党的力量之源在于充分利用政府的权力来消除不正义的现象，创造一个更公平和平等的社会。这份道德承诺作为一项政治方案依然具有巨大的生命力。社会民主党如果拒绝直面选民对其信心丧失的严峻事实，继续采取"逃避的政治"，它的这种潜力就可能会被浪费掉。② 诚如 M. 达莱马所言，社会民主党仍然是世界上最大的左翼政党，其他小党尚无法取得其具有的主流政党地位。它在历史上不止一次陷入危机，又不止一次浴火重生。目前，社会民主主义的理论和政策实践正面临着又一次重大调整。

2. 是根本失败，还是策略失误?

关于目前社会民主主义危机的根源，分析家从多方面进行了剖析，对欧洲社会民

---

① 参考 M. 达莱马 2010 年 6 月 18 日在中联部报告会上的演讲"欧洲社会民主主义的基本现状和发展趋势"。

② O. 克拉姆等：《挑战和反思"逃避的政治"——复兴欧洲社会民主主义的唯一道路》，转引自《世界社会主义研究动态》，2010 年第 1 期(总第 25 期)。

主党过去10年的成就和失误作出了理论总结。

A. 吉登斯

A. 吉登斯在《新评论家》上撰文反对全面否定"布莱尔主义"和"第三条道路"的成就,认为正确评价成就和失败有助于理解意识形态的重构。他认为,工党连续执政13年,超过了美国、德国和斯堪的那维亚的所有兄弟党,在自己百余年的历史上也是第一次执政超过两个任期以上,这是一项标志性的成就。新工党不是空谈,它与时俱进,启动了中左政治的必要的改革创新和一个清晰的政策议程。其基本纲要遵循了与相信积极的政府相关的社会团结、减少不平等和保护易受伤害者等左派价值观。这些政策设计导致了深刻的社会变化,如推动了全球化,发展了信息时代的后工业服务经济,塑造了更主动表达意见和更有斗志的公民。这一时期,英国经历了连续10年的经济增长,并同时采纳了国民最低工资。新工党在各个领域与撒切尔时代的灾难性遗产进行斗争,直面犯罪、社会紊乱、移民和文化认同等问题,获得了更广泛的选民支持。在他看来,新工党的主要失误一是追随G. 布什参与了伊拉克战争;二是过于依赖市场和城市经济,对市场原教旨主义缺乏更严格的批判。①

M. 达莱马

M. 达莱马将社会民主党的衰退归结为其全球化策略的失败。为什么社会民主党在老欧洲的心脏占下风? 在M. 达莱马看来,全球化给新兴大国带来希望,给欧洲富国带来恐惧。欧洲弥漫着恐惧情绪,害怕亚洲经济的竞争,害怕移民对社会组织的冲击,害怕危机下严重的失业,害怕伊斯兰恐怖主义。恐惧使欧洲变成自我封闭的堡垒,从而促使右翼的支持率上升。尽管中左派在文化知识界、在教师公务员等公职人员中占上风,但是右翼用自我保护应对全球化不稳定性的政策,使之在最贫穷的人群中占居优势,他们指责社会民主党人对外来经济过于友善。右翼的方案无疑是错误的,但问题在于,社会民主党人在20世纪90年代后半期主政欧洲的时候,没有超越民族国家的改良主义,没有提出有效的价值和保护欧洲特征的有效措施,没有适应选民的希望,给欧洲民众提供有效的保护办法。一句话,没有创造应对全球化的政治工具去解决全球危机和超民族国家的问题。欧盟本身仅是货币的、金融的、银行家的欧盟,而不是社会的、人民的欧盟。欧洲社会民主党的危机恰恰在于没有对欧盟进行改革,从而使民族主义抬头,产生回归民族国家的、最终有利于右翼的情况。在法国、意大利和所有欧

① Anthony Giddens, The rise and fall of New Labour, *New Statesman*.

洲国家，都出现了劳工阶级投票给右派的令人吃惊的情况。[①]

P. 戴蒙德(Patrick Diamond)和 R. 里德尔(Roger Liddle)[②]则认为，社会民主党衰退的结构性因素早在全球危机前就已经很明显了，表现为："可靠的"传统工人阶级的持续减少，脑力劳动者和体力劳动者之间日益增大的社会分化，老龄化和传统福利国家无法解决的社会活力丧失等新的社会风险，以及价值观领域的日益个人主义化。这使得社会民主党支持者中产生"世界主义者"和"共同体主义者"的紧张关系，传统形式的社会凝聚力的下降进一步加剧了这种紧张关系。他们的结论是，问题的根源并不在于社会民主主义未能给经济危机提供明确解答，而在于欧洲社会民主党在经济危机中暴露出了自身意识形态上的真空。[③]

3. 是局部政策调整，还是根本价值观检讨？

对于调整的内容和目标，分析家们一般都强调，需要调整的不仅是局部政策与战略，重点是要复活左翼原初的价值观，在重构左派意识形态的基础上，以新的社会政策重构社会民主党的社会基础。

在 20 世纪 90 年代后期欧洲社会民主主义的复兴中，社会民主党在争取新中产阶级方面获得了成功；在新世纪社会民主主义的复兴中，社会民主党需要在此基础上，重新争取劳工阶级和下层民众的支持，巩固和扩大其传统社会基础。A. 吉登斯一再强调，新工党从未抛弃和背叛社会民主主义的基本价值观，而一贯主张反对社会不平等和保护弱势群体的利益，重视社会民主和社会团结。[④] M. 达莱马认为，全球危机也给左派带来了重新恢复力量、恢复其价值理想的机会，社会民主党应当站起来捍卫社会民主主义最原始的价值。如果左派不再代表劳工和最弱势的人群，它必将失去大多数。本次危机不是银行家的计算失误，真正的问题是全球经济发展失去了民主控制。任何单个国家都不可能引导全球经济，全球规则是保护全球穷人的唯一手段。这些手段包括加强对金融力量的控制，建立全球劳工保护的最低标准。由于左翼有这方面的传统，因此是动员和实现全球民主控制、民主监督的最合适的力量。社会民主党人应当使欧洲国家有信心发挥自身民主、平等、创新的文化价值，而不是自我封闭，这是社会民主主义复兴的条件。[⑤] O. 克拉姆等指出，欧洲的中左派政党正处于深刻的危机之

---

① 引自 M. 达莱马 2010 年 6 月 18 日在中联部报告会上的演讲"欧洲社会民主主义的基本现状和发展趋势"。

② 前者是欧盟委员会前主席巴罗佐的前经济顾问，后者是唐宁街 10 号原英国首相政策规划办公室负责人。

③ Patrick Diamond and Roger Liddle, eds. , (2009) *Beyond New Labour: The Future of Social Democracy in Britain*, London: Politico's.

④ Anthony Giddens, The rise and fall of New Labour, *New Statesman*.

⑤ 引自 M. 达莱马 2010 年 6 月 18 日在中联部报告会上的演讲"欧洲社会民主主义的基本现状和发展趋势"。

中。如果社会民主党想要在这个不安定且复杂多变的时代中恢复政治影响力，那他们就不能再这样继续下去了。核心的问题是社会民主主义能否在21世纪重新定义自己的道德目标，重塑其思想和理论基础。①

4. 是医生，还是掘墓人？

关于社会民主党的基本政治定位和未来前景，分析家们基于对当代资本主义的总体认识，提出了较为一致的定位主张。尽管欧洲社会民主主义深陷危机，社会民主党人仍然在改良和革命之间选择前者及其这一基础上的变革。

改良，还是革命，这是社会民主党人在20世纪初面临的难题。它于20世纪30年代大危机后确立了改良主义的路线，即在资本主义制度范围内寻求对资本主义的民主改造，利用民主国家的权力驯服并最终改造资本主义。这一选择建立在资本主义已经发生变化，出现了更多的平等主义，不可能短期内发生崩溃的判断之上。战后社会民主主义"黄金时代"的成就，奠定了20世纪作为"社会民主主义世纪"的成功基础。事实上，即使是在今天全球危机的背景下，推翻资本主义的社会主义仍然不是西方各大左翼的主流选项。比如，最近10年崛起的、从左边挑战社会民主主义的欧洲左翼党，既与传统的社会主义切割，又与主流的社会民主党现行政策分离，而它要捍卫和恢复的，恰恰是社会民主主义"黄金时代"的社会价值理想和政策。可见，社会民主主义仍然具有生命力。

目前，在全球金融危机的背景下，欧洲社会民主党人再次回到了它在20世纪初遭遇的问题，但这一次它的定位仍然是改造、驯服资本主义而不是推翻它。然而，与20世纪初的E. 伯恩施坦改良主义和20世纪90年代T. 布莱尔"新工党"改革的社会民主主义反思不同，危机迫使社会民主党酝酿世纪性的新定位，是一次需要向左转的定位。T. 布莱尔称，社会民主党是永远的修正主义者；D. 萨松(Donald Sassoon)②说，不以推翻资本主义为目标的社会主义在21世纪仍然存在，仍然具有吸引力；M. 达莱马坚信，社会民主主义的价值理想能够取胜，在改革中拥有未来。总之，作为欧洲主要执政党之一，社会民主党客观上不存在执政危机，仍然有重新执政的前景；作为欧洲最大的左翼政党，社会民主党拥有中产阶级和进步人群的持续支持，其主流意识形态具有长期影响力。尽管由于作为执政党的欧洲社会民主党没有令人满意和令人安心的执政业绩，使之眼下成为其选民发泄怒气的目标，但是，欧洲民众不会长期转向极左或极右势力。当前西方社会民主党"复活E. 伯恩施坦"的浪潮，是希望通过再度深入改良以重新塑造其理论和组织基础，在新形势下赢得选民的信任。然而，结构性的问题必须有结

---

① O. 克拉姆等：《挑战和反思"逃避的政治"——复兴欧洲社会民主主义的唯一道路》，转引自《世界社会主义研究动态》，2010年第1期(总第25期)。

② D. 萨松是英国伦敦大学历史系欧洲比较历史教授，社会主义思想史著名研究者。

构性的解决方案。社会民主党人必须系统地反思长期衰退的历史教训，对社会民主党进行结构改革，才能对抗来自左右两方面的竞争，开辟未来的发展道路。

三、新马克思主义和新社会运动左翼：理论思考和战略探讨

全球金融危机后的世界第三左翼目前有两大亮点：新马克思主义知识左翼的新社会主义战略思考和拉美民众主义社会运动高潮。

A. 巴迪乌

西方知识左翼的战略思考，除了以法兰克福学派第三代理论家围绕"承认"理论建构的"反常规的正义"战略，即 N. 弗雷泽"经济上的社会主义"加"文化上的解构"的新战略①以外，新近值得注意的是激进的新马克思主义理论家 S. 齐泽克(Slavoj Zizek)、A. 巴迪乌(Alain Badiou)等人提出的新社会主义战略和理论。法国政治理论家 A. 巴迪乌和斯洛文尼亚哲学家 S. 齐泽克都是列宁和毛泽东的信徒。A. 巴迪乌是典型的"1968 年人"，是以原创性的哲学思想为左翼政治和左翼运动论证可能性的哲学家。A. 巴迪乌早年深受毛泽东和中国"文化大革命"的影响，后期思想引进了数学本体论。他沿袭法国关于"人的解放"的思想传统，独创了"事件哲学"。"事件"是 A. 巴迪乌哲学的核心范畴，它的主要内涵是解放。"事件哲学"的解放，意味着一种在"思想"的创造性的前提下，肯定人类文明的进步和倡导集体的反抗。A. 巴迪乌复兴了解放的传统，为在新的时代条件下重新思考解放政治提供了可能性。他将西方多元主义左翼、非政府组织视为资本主义的帮凶，嘲笑西方主流批判左翼不及痛痒的"文化批判"。金融危机爆发以后，2008 年 A. 巴迪乌在《新左派评论》撰文提出"共产主义的假设"；2008 年 10 月 17 日在法国《世界报》发表文章再次呼吁共产主义。A. 巴迪乌认为，"共产主义"一词被贬低和侮辱了。"但是现在，'共产主义'一词的消失只是便宜了既有秩序的支持者，也就是当前危机大片中的演员们。我们要重新提倡共产主义，并使它更为明晰……共产主义用最激进的方式打破了传统观念，提出了社会中每个人的自由发展是所有人自由发展的条件。"他要求以列宁的著作为依托，在政治中重新激活思想问题，反对我们这个时代对于安全的病态的迷恋。他号召人们，在"无党派的政治"的基本原则下，探索一种后列宁主义的新的马克思主义激进方式，运用毛泽东那种让人民群众

① 具体内容参见周穗明：《当代西方新马克思主义社会主义战略的新演进——评 N. 弗雷泽"经济上的社会主义"加"文化解构"的新战略》，《世界社会主义研究动态》，2008 年第 11 期。

直接跨越官僚和知识分子进行造反运动的方式，在人民群众自己的革命实践中生成革命的理论。A. 巴迪乌一生都是一个身体力行的革命者，他的思想鼓舞了第三世界人民反抗全球资本主义的信心，他像著名的反殖民主义运动思想家F. 法农一样，在印度、民主刚果、南非等第三世界国家受到了高度的尊敬。

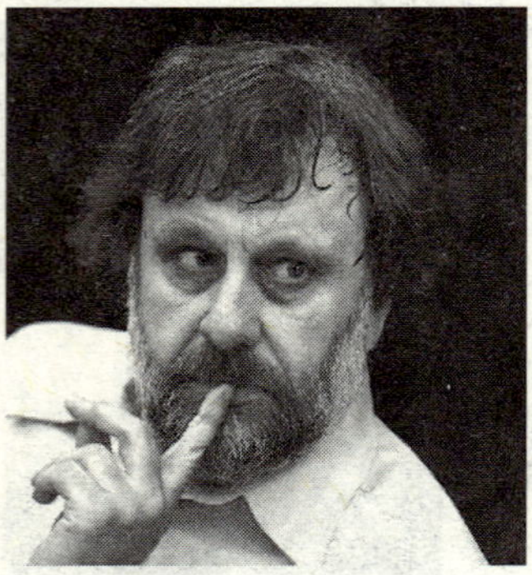

S. 齐泽克

S. 齐泽克是新生代的理论家，是20世纪90年代末以来最为耀眼的国际学术明星之一。他奉A. 巴迪乌为自己的精神导师，熟读毛泽东的《实践论》和《矛盾论》，并且不断地"回到列宁"。他长期从事J. 拉康精神分析理论与马克思主义哲学之间关系的研究，将精神分析、主体性、意识形态和大众文化相结合，形成了极为独特的学术思想和激进的政治立场。他的著作已经被译成20多种文字，近10本已经出了中文版。S. 齐泽克高度赞同A. 巴迪乌的"共产主义假设"，指出："现在，比以往更甚，人们应当坚持A. 巴迪乌所称的'永恒的'共产主义观念，或共产主义'不变量'——即从柏拉图经中世纪千年起义再到雅各宾主义、列宁主义和毛主义均起作用的'4种基本概念'：严格的平等主义正义、训诫的恐怖、政治自愿主义(voluntarism)和相信人民。"①他认为，这个"矩阵"并没有被任何后现代、后工业或你想要的无论什么动力所"超越"。他坚决批判资本主义的"民主"意识形态，倡导一种列宁式的革命战略，即："为了从根本上超越资本主义，就必须重述列宁，从他对自由主义的批判、对党性原则的强调以及在行动中对革命潜能的激发那里汲取营养，进而结合当今的意识形态状况建构一种有能力自由思考、掌握普遍真理、抓住数字化时代新对抗形式的行动乌托邦。只有这样，才能真正克服苏东传统左派、文化斗争解放、福利国家制度、赛博共产主义和第三条道路等模式所提供的虚假选择。"② S. 齐泽克的这一社会主义新战略区别于西方知识左派主流的战略，它坚决拒绝当下批判理论时髦的、无害的、在体制内小打小闹的"文化研究"，并称这些为学界"真正的堕落"③，坚决抵制E. 拉克劳(Ernesto Laclau)式的民粹主义"体制化政治"，要求"抵御民粹主义诱惑"④，旗帜鲜明地为当代世界左翼政治的发展指点路径和方向。

拉美民众主义社会运动进入新高潮，其标志是H. 查韦斯倡导建立"第五国际"，

① Slavoj Zizek, *First as Tragedy, than as Farce*, Verso, 2009, p. 125.

②③ 参见S. 齐泽克：《为列宁主义的不宽容辩护》,《马克思主义与现实》,2010年第2期。

④ 参见S. 齐泽克在《抵御民粹主义诱惑》的论述："今天解放性的运动不仅不应投入到民粹主义当中，而且应更进一步提出今天解放政治的主要任务是在生死攸关的问题上找到一种政治动员的形式，对(像民粹主义一样)体制化的政治保持批判态度，从而避免民粹主义的诱惑。"

“21世纪的社会主义”试图确立其组织形式和领导核心。自2000年以来，拉美形成左翼执政浪潮，包括巴西劳工党L. 卢拉、委内瑞拉“第五共和国运动”H. 查韦斯、厄瓜多尔“1月21日爱国社团”L. 古铁雷斯和社会主义党—广泛阵线R. 科雷亚、智利社会党M. 巴切莱特、阿根廷正义党N. 基什内尔及其夫人克里斯蒂娜、乌拉圭左翼进步联盟—广泛阵线主席T. 巴斯克斯、尼加拉瓜桑地诺领导人D. 奥尔特加和玻利维亚争取社会主义运动E. 莫拉莱斯等，拉美左派赢得多国总统选举。左派执政后，委内瑞拉提出“21世纪社会主义”，玻利维亚提出“社群社会主义”，巴西提出“劳工社会主义”，智利、乌拉圭遵循社会民主主义。其中，委内瑞拉的“21世纪社会主义”得到了厄瓜多尔、玻利维亚的附议和支持。“21世纪社会主义”公开宣称反帝国主义、反资本主义、反美，是拉美激进的民众主义左翼的旗帜。“21世纪社会主义”主要是玻利瓦尔主义、马克思主义和卡斯特罗主义的结合，推行一系列反对新自由主义的社会政策，在国内进行普惠底层民众的民众主义社会改革，其一系列“社会主义计划”有明显的民族主义和民粹主义的特点。混杂了多种意识形态传统的“21世纪社会主义”是一种直接诉诸底层民众的草根意识形态，有很大的动员性。

从全球金融危机发生以来，拉美左派主导的“世界社会论坛”走出了前几年的困难局面，于2009年举行了规模空前的贝伦大会，即第8届世界社会论坛。贝伦大会发布的《贝伦宣言》作为对资本主义制度危机的基本诊断，表达了对如何摆脱危机的明确立场，谴责新自由主义，宣称：“我们不会为经济危机买单！这是富人的事！——反帝国主义、反资本主义、女权主义、生态主义以及社会主义的替代方案都是必要的！”《贝伦宣言》的意义在于，它不是要求一个一般地解决资本主义危机的修复性的调节机制，而是提出了一个根本的替代方案，即消除资本主义制度，同时脱离宗法统治。它呼吁建立一个反对种族主义、反对宗法统治、尊重地球母亲的社会主义替代制度。

拉美左翼“21世纪社会主义”的最新表现，是2009年11月H. 查韦斯在他发起的左翼党第一次国际会议上倡导成立“第五国际”。查韦斯表示，成立“第五国际”，团结世界各国进步力量、左翼政党和团体的时刻已经到来。前4个国际已经夭折。“第五国际”将确定新的社会主义模式，作为对苏联“现实社会主义”、社会民主主义和“第三条道路”失败教训的回答。“第五国际”将继续第四国际的国际工人运动路线，它将是全世界的社会主义者在反帝斗争中联合起来、为从资本主义向社会主义过渡准备条件而发挥重要作用的国际组

H. 查韦斯在左翼党第1次国际会议上倡导建立“第五国际”

织。目前,该倡议得到拉美多数左翼政党的支持,但没有在世界范围的左翼政党中取得普遍共识。左翼党第一次国际会议已经通过一项决议并成立"第五国际"筹备委员会,准备在2010年召开一次规模更大的全球左翼政党大会,讨论新国际的成立。本次会议还签署了《加拉加斯承诺》,以指导全球反帝斗争。以H.查韦斯为中心的、在第四国际激进左翼的基础上建立的这一新的社会主义组织能否成形,能走多远,有无后劲,是21世纪国际社会主义运动一件值得关注和分析的重大事件。

我们看到,在全球经济危机的新形势下,无论马克思主义左翼、激进的知识左翼,还是新社会运动左翼,都开始在不同程度上共同意识到当代社会主义运动的下述新特征:其一,当代社会主义运动目光不能只盯着传统的工人阶级,即西方的、白人的、大工业和城市中心的工人阶级,必须放眼当代大多数新型的雇佣劳动者和受体制排斥的边缘人群,如妇女、有色人种、少数族裔、"沦陷社会"的青年、脑力雇佣劳动者、服务业职工、灵活就业的短工、外籍劳工、农民工、移民等等;其二,当代社会主义运动需要具有新的组织形式和行动载体,后现代的一盘散沙不足以对抗组织化的资本主义制度;其三,当代社会主义运动需要进行理论和战略重构,抛弃犬儒主义的意识形态,告别体制内认可的思想基础和行动方式,从而建立当代阶级斗争的政治替代模式,推进一个更激进、更现实的社会主义战略。新特征的显现意味着新思考和新行动的开始。世界社会主义运动的发展正处于关键转折点。

世界社会主义事业的复兴之火
——当前国际共产主义运动的整体态势
The Revival of World Socialist Cause:
The Whole Situation of Contemporary International Communist Movement

刘淑春

中国社会科学院马克思主义研究院国际共运部　主任　研究员

20年前的苏东剧变使国际共产主义运动陷入低潮，但20年来的历史表明，在世界范围内，当代共产党人为之奋斗的社会主义无论作为一种思想体系、一种社会运动，还是一种社会制度，并没有像西方预言家所推测的那样走向"终结"，而是在低潮中坚持、调整和发展；资本主义虽暂时成为全球占统治地位的制度并渡过了一段上升周期，但并没有解决自身的根本性矛盾，目前又陷入了严重的经济危机。历史再次告诉人们，社会主义取代资本主义仍是人类社会发展的必然趋势，在这一进程中，以消灭剥削、争取人类解放为目标的国际共产主义运动没有消失，世界共产党人正积极抓住资本主义金融危机这一历史机遇，进行新的策略调整，谋求世界社会主义的振兴和发展。本文试图对国际金融危机爆发以来国外共产党的新动向作一概述，探索新的社会主义高潮尚未爆发的主客观原因，并通过对苏东剧变以来国际共产主义运动整体态势的勾勒，指出这一运动面临的挑战及其发展前景。

一、金融危机爆发以来各国共产党的新动向

2007年10月以来，由美国房地产次贷危机引发的美国金融动荡，已经导致一场自20世纪30年代大萧条以来最严重的世界性金融危机和经济危机。这场危机促使人们对资本主义制度进行了反思，提升了马克思主义的影响力，社会主义的价值观念和经济方式重新受到关注。西方国家的民众打着"资本主义行不通"的标语，高喊"我们不为危机买单!"的口号，走上街头抗议。因此有人认为，如果危机持续恶化，"受害的劳动阶级可能再次联合起来，采用激进的手段改变现存的不合理经济制度"。①

① 张兴慧：《假如马克思还活着……》，载《中国青年报》，2009年5月5日。

金融危机是对资本主义的一次沉重打击

这场危机对资本主义制度无疑是一次沉重的打击，而对于资本主义制度掘墓人的无产阶级及其政党——共产党而言，则是极大的鼓舞，引燃了他们复兴世界共产主义运动的希望之火，为整个世界共产主义运动走出低谷提供了机遇。在共产党人看来，资本主义新一轮的危机使“历史终结论”的神话不攻自破，它不仅宣告了新自由主义政策的破产，而且暴露了资本主义作为一种社会制度的内在局限性，再次揭示了社会主义取代资本主义的历史必然性。俄共领导人久加诺夫道出了今天世界共产党人的心声：“历史的风再次吹向了我们的风帆！”“社会主义不是意识形态专家的任性要求，而是人类进步的、自然的、必不可免的阶段。金融市场的崩溃给美国和全世界带来了前所未有的后果，这就是转折点。共产党人对社会主义理想和人民政权取得胜利的信念、对世界所有左翼力量的团结和战斗协作的信念也随之增强。”①

危机爆发之际，各国共产党迅速作出反应，纷纷表明立场。两年前，在巴西圣保罗召开的第 10 届世界共产党、工人党国际会议发表的联合声明——《圣保罗宣言——社会主义的选择》，就已经阐明了世界共产党人关于当前这场资本主义危机的共同立场。在这以后，各国共产党根据新的形势变化，从思想理论、行动策略、队伍建设和国际联合等方面进行了积极调整，以迎接这一历史机遇。

1. 用马克思主义观点揭示危机的根源，从理论上阐释社会主义替代资本主义的必然性

各国共产党人首先从马克思主义理论出发，揭示这场危机的根源。关于这场金融危机的根源，国际舆论大多将其归咎为“金融市场上的投机活动失控”，各国政府也试图通过“规范”金融业和“完善”金融体系来解决危机、恢复繁荣。而各国共产党人则普遍认为，“金融监管失控”固然是这场危机的导火索、直接原因，但其根本原因在于资本主义制度本身的内在矛盾。在他们看来，经济金融化、投机盛行是当今垄断资本主义发展的必然产物和生存形态，是资本主义不择手段地追逐利润的本性使然。当前的世界金融和经济危机是金融资本、虚拟资本严重背离生产资本的结果，是表现为房地产

① Г. А. Зюганов: Мы уверены в неизбежной победе дела, которому служим. Политический отчет Централь-ного Комитета КПРФ XIII Съезду партии. Http. //www. kprf. ru 2008 - 11 - 29.

领域的生产过剩与劳动者的有效需求相对不足之间的矛盾所致。说到底，这是资本主义制度固有的生产社会化与私人占有之间的根本矛盾造成的。因此，这一危机再次暴露了资本主义体系的内在局限性，只有用社会主义生产方式替代资本主义生产方式，即解决所有制问题，才能从根本上消除危机产生的根源。这同时证明了共产主义运动存在的合法性和斗争的必要性。

2. 明确行动纲领，调整斗争策略，开创争取社会主义的新时期

全球金融危机的爆发，不仅鼓舞了共产党人的斗志，坚定了他们争取社会主义斗争的信念，而且增强了他们把替代斗争提上日程的使命感和紧迫感，促使他们重新调整斗争策略，制定行动纲领和部署。

尽管各国共产党所处国情不同，但在政治目标、经济方针、行动策略等问题上基本达成了以下共识。

法国共产党总部

其一，各国共产党普遍认为"争取社会主义的新时期开始了"，因而重新把开展阶级斗争、争取无产阶级政权作为政治任务提出来。如法共 34 大指出，"资本主义体系的危机为我们开创了一个新的历史时期。法国、欧洲和全世界的阶级斗争翻开了新的一页"，共产党可以利用此次机会，"建立一个属于工人阶级及其同盟的国家"。[①] 葡共领导人提出："斗争的时刻到了！变革的时刻到了！"认为 20 年来大资本的世界性进攻所依赖的政治理念遭到了失败，与资本主义作斗争成了新话题，葡共关于替代资本主义制度的方案变得日益紧迫。[②] 俄共 13 大也通过了题为《克服经济危机的出路在于改变政治方针》的专门决议。俄共代表大会通过的新纲领认为，"当今时代仍是从资本主义向社会主义过渡的时代"，并把建设"革新的、21 世纪社会主义"作为党的战略目标，规划了实现目标的三个步骤。[③] 希腊共产党则强调，解决危机的真正出路在于联合行动以推翻现存的权力体系，要利用危机形势，"推进工人阶级及其社会政

① 刘淑春、于海青、贺钦：《社会主义是资本主义的替代选择——国外共产党关于当前经济危机的观点综述》，载《马克思主义研究》，2009 年第 4 期。

② 参见刘春元：《葡萄牙共产党关于当前资本主义国际性危机及其应对措施的分析》，载《国外理论动态》，2009 年第 2 期。

③ 刘淑春：《迎接新机遇，为"21 世纪社会主义"而斗争——俄共十三大述评》，载《俄罗斯中亚东欧研究》，2009 年第 4 期。

治联盟在国家和国际层面的团结进程”。[①] 美共认为,这场危机是美国资本主义在意识形态、政治和经济上的巨大失败,标志着美帝国主义的霸权陷入危机,单极世界的梦想破碎。虽然现在从政治力量的对比和人民的接受程度来说,社会主义在美国还没有被提上日程,但社会主义与大众对话的机会已经成熟。这些现象都需要共产党人重新检视过去的理论依据和行动纲领。美共明确提出:“社会主义必须解决‘所有制’问题……无论哪个国家的革命都要完成这项基本任务,我们也不例外。不过,如何完成这项任务以及能以多快的速度完成,则取决于具体的情况。”“工人阶级及其同盟必须取得最高政治权力。……接下来的任务不是粉碎国家机器,而在于改变国家结构的阶级性质。”“我们将沿着有美国特色的社会主义道路前进。”[②]

其二,主张实行民主的国有化,为向社会主义过渡做经济准备。各国共产党都提出了反危机的经济纲领。首先,他们普遍抨击各国政府向金融机构注资的“救市”计划,指出这是用人民的血汗钱为银行家、投机家酿成的危机买单,而且这样做适得其反,拿巨额公共资金去堵银行“窟窿”,非但救不了银行,反倒会削弱政府对公共部门的投资能力,影响拉动经济和增加就业,为新的危机埋下隐患。其次,针对西方政府以国家名义购买银行或大型企业部分股份而引起的关于“国有化”的炒作,各国共产党一针见血地指出,这些措施并不是社会主义性质的,甚至不是民主性质的国有化,至多是国家资本主义性质的国有化,一旦形势好转,政府还会把股份交出去。因此,这种国有化的实质是维护大资本的统治地位和资本主义制度的稳定。各国共产党很清楚,要想实行真正的社会主义国有化,需要同时具备多种条件,如无产阶级及其盟友掌握政权、剥夺资产阶级的资本、实行广泛的生产民主、实行宏观经济调控,等等。尽管现阶段上述条件在大多数国家还不具备,但各国共产党还是提出或赞成一些具有民主国有化指向的替代主张(即在联合左翼政权下有更多民主监督的国有化),意在为向社会主义过渡做经济准备。

葡萄牙共产党竞选广告

其三,从防守转向进攻,加大社会主义宣传的力度,唤醒民众的阶级意识。客观形势的变化促使各共

① 刘淑春、于海青、贺钦:《社会主义是资本主义的替代选择——国外共产党关于当前经济危机的观点综述》,载《马克思主义研究》,2009年第4期。

② Sam Webb: The Communist Party: A Work in Progress in a Changing World. http://www.cpusa.org07/30/2009.

产党调整策略，从苏东剧变以来的防守态势转向主动进攻。在它们看来，现在正是共产党人动员广大劳动者参与反对资本主义的斗争，提高民众的阶级觉悟的大好时机。但是否现在就采取行动、采取什么样的行动，不同国家的共产党有不同的考虑。如俄共提出“现在是该高举旗帜走上历史舞台的时候了”，“需要全党审慎地确定采取积极行动的时机”，俄共一直在实时观察社会的情绪变化，寻找合适的机会，但没有提出具体的行动方式。① 葡共则更倾向于采取革命行动，葡共的18大报告指出，“现实再次证明了马克思列宁主义关于社会运动的核心命题，即需要采取革命行动推翻资本主义”，“现在，社会主义比以往任何时候都代表着对资本主义的必要而可能的选择”。② 美共认为，现在美国政治格局中出现了新的变化，左翼有机会由美国政治舞台的边缘走到前台，进而在决定国家前途命运的争论中获得话语权。但这并不意味着社会主义革命的时机在美国已经成熟，即使在将来，暴力革命在美国也基本上行不通。因此，包括美共在内的美国左翼的当前任务是摆脱半个世纪以来的“边缘化心态”，积极投身于政治斗争，并在其中担当起具有影响力的角色。③

各国共产党根据新的形势采取积极的斗争姿态，改变工作方式，加大宣传社会主义思想的力度。这尤其体现在如下几个方面：(1) 发挥马克思主义理论研究的优势和资源，在知识阶层中扩大马克思主义关于资本主义与社会主义的解释力和感召力。危机以来，各国共产党通过自己的马克思主义学术研究机构和平台，就全球危机问题召开各种理论研讨会。如西班牙共产党从2008年11月到2009年5月的半年里，通过其全国性马克思主义研究机构——马克思主义研究会组织了多场报告会和研讨会，邀请西班牙和拉美马克思主义学者就“马克思的资本主义经济危机理论”、“经济危机下的工会运动”、“经济危机与西班牙资本主义的局限性”等主题进行研讨。④ (2) 广泛联合左翼力量，开展群众性抗议活动。经济危机的直接受害者是广大劳动人民。在危机来临之际，各国共产党站在维护劳动者利益的前沿，根据各自国情提出具体的反危机措施，通过议会立法和群众抗议活动，为劳动者争取权益。近1年来，法共、希共、德共、俄共、日共等联合工会、青年组织和其他左翼运动，举行一系列的罢工、游行、示威等抗议行动，抗议本国政府的金融救援计划，要求政府支持实体经济，遏制失业，增加工资和养老金。俄共自2008

① «О работе с кадрами в современных условиях». Доклад Председателя ЦК КПРФ Г. А. Зюганова на II совместном Пленуме ЦК КПРФ и ЦКРК КПРФ, hppt://www. kprf. ru 2009-07-04.

② 刘淑春、于海青、贺钦：《社会主义是资本主义的替代选择——国外共产党关于当前经济危机的观点综述》，载《马克思主义研究》，2009年第4期。

③ Sam Webb: The Communist Party: A Work in Progress in a Changing World. Hppt://www. cpusa. org.

④ 见西班牙马克思主义研究会网站：http://www. fim. org. es/。

年12月起到2009年9月已经组织了4个阶段的全国性抗议运动,这种运动具有统一的协调指挥中心和行动口号,矛头直指现行制度。共产党把开展抗议运动作为动员民众参与反资本主义斗争的手段,意在唤醒民众的社会主义觉悟,以迎接革命高潮的到来。(3) 积极利用现代媒体,扩大社会主义宣传阵地。危机以来,各共产党的网站页面更丰富,信息更新更快,标题、口号更吸引人。较为活跃的共产党充分利用网站、视频对话等形式,开展关于社会主义话题的讨论。日共领导人就国内普遍关注的"非正式工人就业"、"资本主义的局限"等话题,通过网络和电视媒体用通俗易懂的语言阐明共产党人的观点,感染了无数观众,使日共的威望大增。① 美共有专门的多媒体制作小组,把美共的新闻和方针制作成视频,直接上传到Youtube网站。美共提出,不仅要参与主流媒体关于社会主义的对话,以美国人能接受的方式解释社会主义,而且要进一步加强自己的网站建设,准备用实时更新的网页代替具有90年历史的纸质刊物,利用信息技术宣传自己的纲领,把当前和长远的任务与社会主义的现实结合起来。② 西班牙共产党利用网站进行马克思主义大众化宣传,用漫画形式生动地阐述《资本论》的原理。各共产党的网站相互链接,如今成为国际共产主义运动交流信息、协调行动的平台。实践表明,现代媒体的发展为共产党实现社会主义提供了技术条件。

3. 扩大党的队伍,加速年轻化,以增强组织的战斗力

苏东剧变以来,党员队伍的日渐萎缩和老龄化是各国共产党面临的共同问题,这一问题严重制约着共产党的活动能力。经济危机爆发后,加快党的队伍的年轻化,增强党的战斗力,以应对变化了的新形势,对于各国共产党来说,成了刻不容缓的任务。

由俄共组织的纪念十月革命大游行

各国共产党正在采取各种措施解决党的队伍年轻化和现代化问题。例如,俄共近年把吸收年轻人入党、提拔青年党员进入党的领导岗位当成头等重要任务来抓。俄共召开的13大基本解决了中央委员会的年轻化问题,即一大半中央委员和候补中央委员年龄在40岁以下。2009年7月4日,俄共召开三中全会,专门研究党的干部培养问题,提出要尽快解决地方党委的年轻化问题,并要求每个党组织的书记培养一个接班人。俄共还准备在远程教育和全日制教育基础上建立党校网络,培养具备党的组织者技能的专门人才。俄共近

① 《日媒:日本共产党受媒体青睐 每月新增党员近千人》,新华网2008年06月19日。

② 常天乐:《活在资本主义心脏里的美国共产党》,2009年7月2日,《南方周末》;Sam Webb: The Communist Party: A Work in Progress in a Changing World, www.cpusa.org。

年每年吸收新成员在 10 000 名左右。日共自金融危机以来也十分重视党的队伍的扩充，通过解决青年人的实际困难，拉近与青年群体的距离，使党的社会影响力大增。近 1 年来，日共平均月增 1 000 名新党员，党员总数达到 40 万。① 南斯拉夫新共产党通过加强与工会和青年组织的合作，来增强党的活力。该党将党的分支组织——青年联盟作为工作重心，将青盟成员视为党的成员，目前该党的青年人占党员总数的近 30%。② 此外，各国共产党也在不断改进吸收党员的方法，放宽接纳党员的标准。如美共为尽快壮大队伍，简化入党手续，改变过去必须有两人介绍入党的要求，申请者可通过电子邮件申请入党。

4. 加强国际联合和协调行动，努力振兴世界共产主义运动

随着经济危机向全球的蔓延，正如共产党人所预料的那样，新一波的反共浪潮也开始抬头，意在遏制反资本主义的左翼运动的兴起和社会主义的复兴。

2009 年 7 月，在立陶宛首都维尔纽斯举行的欧洲安全与合作组织议会上，通过了所谓《分裂的欧洲重新统一：鼓励 21 世纪在欧安组织框架内保卫人权和公民自由》的决议。该决议把二战的起因归结为《苏德互不侵犯条约》，认为斯大林主义和纳粹主义对第二次世界大战的爆发负有同样的责任，否认苏联在战胜德国法西斯、解放欧洲中的功绩，实际上是将共产主义与法西斯主义相提并论，加以谴责。决议还支持欧洲议会关于把 8 月 23 日（即《苏德互不侵犯条约》签订日）命名为“斯大林主义与纳粹主义受害者纪念日”的决定。这一决议理所当然地遭到欧安组织共产党议员的抗议。7 月 19 日，俄罗斯联邦共产党和希腊共产党联合发表声明，声讨这一决议。随后，各国共产党及进步人士举行抗议活动，并在声明上签名声援，截至 9 月 7 日，已经有 77 个来自世界各地的共产党和工人党签署了这一声明，表现出共产党人的国际主义团结和战斗精神。③ 为了共同抵御右翼的进攻和加强国际联合，有些国家的共产党呼吁建立新的国际协调机构，并为此做积极的国际合作准备。

二、新的社会主义革命高潮尚未爆发的原因探究

席卷全球的资本主义经济危机无疑为世界社会主义的振兴创造了机遇，各国共产党人也在积极行动。然而正如我们所看到的，迄今为止世界上尚未爆发新的社会主义革命高潮。原因何在？

---

① 郑萍：《发达资本主义国家中最大的共产党》，《中国社会科学院报》，2009 年 4 月 2 日；《金融危机促日共党员增加》，《中国社会科学报》2009 年 6 月 23 日。

② 参见马细谱：《南斯拉夫新共产党及其纲领主张》，《2007 年世界社会主义跟踪研究报告——且听低谷新潮声（之四）》，社科文献出版社 2008 年版，第 559 页。

③ Joint statement of 77 communist and workers' parties on the anticommunist resolution of OSCE，http://inter. kke. gr/News/2009news/2009 - 07 - kke - cprf.

笔者认为,从客观条件来讲,资本主义经济虽遭受了严重打击,但它还有自我调整的能力。资产阶级统治阶层凭借长期积累的统治经验和应变能力,通过各种手段,阻止资本主义大厦的倾覆。我们看到,西方各国统治阶层在危机来临时很快掌握了主动权,一方面通过政府的"救助"措施,暂时缓解了经济急剧衰退的势头,并作出"抨击金融投机家"、"改革金融体系"的姿态,以稳定社会情绪;另一方面以反对极端主义为名,加大对左翼力量,尤其是共产主义力量的挤压,怂恿反共浪潮的泛起,以防被压迫阶层起来造反。不仅如此,危机还在进行之中,实体经济下滑对劳动者造成损害的后果还没有完全显现出来,几十年来工人阶级斗争的成果——社会保障和失业救济体系、工会集体谈判机制等在一定程度上起了保护劳动者的作用,人民的生活现在还没有糟糕到无以为继的地步。在这种情势之下,人们宁可观望、等待,也不愿看到社会发生大的动荡,而且20年来共产主义被妖魔化在人们心理上产生的负面影响还在,共产党的主张很难进入主流话语圈,要将其变成社会大众普遍接受的意识,更需时日。

事实上,我们看到一个悖论,在资本主义遭受危机的时刻,欧洲右翼不仅占据了欧盟新一届议会的多数席位,而且在东、西欧主要国家的大选中也纷纷上台执政,作为左翼主流的社民党败下阵来,共产党和激进左翼的选票受其殃及,只在个别国家有所增加(如德国左翼党在2009年9月27日的联邦议院选举中得票率由上届的7.7%升至11.9%),在欧洲议会还略有减少(欧洲左翼党在2009年6月举行的欧洲议会选举中得34个议席,比2004年的选举减少了7席)。因此,从目前来看,虽然"资强社弱"的国际力量格局较之苏东剧变之初发生了相当程度的改变,但还未达到根本逆转的程度,社会主义革命的时机还未成熟。

从主观条件来讲,推翻资本主义制度的社会力量尚显不足,革命政党尚不强大。危机爆发以来,在欧洲一些国家出现的罢工、示威等抗议活动未能持续下去,并转化为支持社会主义的大规模群众运动。原因在于,工会领导人和作为社会主流左翼的社会民主党没有把抗议活动引向深入的意愿;共产党因遭受多年的打压,缺乏足够的动员能力来整合左翼力量和号召广大的社会阶层;新生的激进左翼虽有雄心,但缺乏明确的纲领和稳定的社会基础。目前,整个左翼目标不一致,队伍成分复杂,形不成合力以挑战右翼,而被打到政治舞台边缘的共产党要回到前台尚需时日。因此,以复兴社会主义为使命的国际共产主义运动当前面临的挑战仍大于机遇。

三、国际共产主义运动的现状、面临的挑战及其发展前景

1. 苏东剧变以来国际共产主义运动的态势

(1) 组织上阵地尚存,但队伍分散

苏东剧变给国际共产主义运动造成的直接冲击是共产党组织遭到削弱,党员人数

一下子减少了 3 000 万，但这并不意味着共产主义运动已不复存在。实际上，共产主义运动的主体——以建设社会主义制度、实现共产主义理想为宗旨的各国共产党组织始终存在，遍及世界的五大洲。截至目前，共产党员总人数约有 9 000 多万，坚持共产主义宗旨的共产党、工人党有 190 多个①。其中，社会主义国家中最大的共产党是中国共产党，拥有 7 800 万党员；发展中国家中最大的共产党是印度共产党(马克思主义)，现有党员 101 万；发达国家中最大的共产党当属日本共产党，有 40 万党员。即使在剧变的"震中"——原苏东地区，共产党也没有垮掉，现在较为活跃的共产党在东欧国家至少有 15 个，在原苏联地区有 30 来个。各共产党，尤其是非执政的共产党尽管受到打击和削弱，但仍在坚守阵地，这无疑为共产主义运动的复兴和发展奠定了组织基础。

然而应当看到，虽然世界各国共产党的组织保存下来，阵地还在，但队伍呈分散状态。20 年来，共产主义运动内部不断分化组合，一个国家内有两个以上共产党属正常现象，多的有 5—6 个。

(2) 理论上调整中有共识，也存在分歧

剧变后各共产党都进行理论反思，调整思想路线，并根据国情提出新的纲领和主张。在这一调整过程中，各党有共识，也有分歧。从战略目标上说，绝大多数共产党的基本主张是一致的：坚持马克思主义，批判资本主义，维护劳动者的利益，主张用社会主义制度取代资本主义制度，坚信共产主义理想。但在苏东剧变的原因、20 世纪社会主义运动的经验教训、未来社会主义的构想以及向社会主义过渡的途径等问题上，各党观点不尽相同，因而引起分歧。因此，可以说，苏东剧变给共产主义运动所造成的打击与其说是组织上的削弱，不如说是思想上的混乱。

从思想倾向上看，在共产主义运动内部不断分化和组合的过程中，大致形成了"革新派"和"传统派"，可以说，几乎每个国家的共产党都存在着这样两大派。这一分野同样体现在地区层面上。在原苏联地区，苏东剧变后成立的共产党联盟组织——"共产党联盟—苏共"在 2001 年一分为二，一个由舍宁领导，其成员党主要是一些议会外的共产党，当时有 18 个，2004 年更名为"苏联共产党"，现在影响力很小；另一个由久加诺夫领导、主要由进入议会的共产党组成，当时有 14 个成员党，迄今仍称"共产党联盟—苏共"，实际上是这一地区的主流共产党联盟组织，2009 年 10 月 24 日在莫斯科举行了 34 大，有 17 个党派代表参加。

欧洲左派联盟党代表大会

① 参见比利时工人党网站：http://www. wpb. be/links. htm。

在欧洲地区，自1991年起，包括欧洲14个国家的16个政党在内的共产党及其左翼组织以“新欧洲左翼论坛”为纽带，每年举行两次活动。到2004年5月，该论坛的一些革新派共产党组建了“欧洲左翼联盟党”。该党是欧洲层面的左翼政党组织，强调与各种左翼联合，淡化共产党色彩，在国家层面和欧盟层面谋求与中左翼结盟、参政、执政，进而影响欧洲的政策。而另一些传统的共产党坚决不与社民党为伍，也不加入欧洲左翼党。

共产主义运动内部思想上的分歧与混乱是大动荡时代的必然产物。应当看到，这种情况削弱了共产主义运动自身的影响力和战斗力，也使其应团结的对象、盟友莫衷一是，对前途感到茫然。

(3) 实践上执政党得到巩固，在野党处境艰难

各国共产党因国情和所处地位不同，因而在实践方式和成果上也有所不同。

在中国、越南、古巴、朝鲜、老挝5个国家执政的共产党坚持社会主义制度，在改革创新中获得新生。这些国家顶住了苏东剧变的压力，站稳了脚跟。尤其是中国和越南，通过自身体制的完善和理论的创新，带来社会主义建设事业的大发展，取得举世瞩目的成就，给人民带来了福祉，给社会主义制度带来了生机。尽管受金融危机冲击，中国2009年前三季度仍能实现7.7%的增长率，越南2009年也能达到5.2%，这与西方发达国家经济处于零增长或负增长的情况形成鲜明对照，再次体现了社会主义制度的优越性，也为世界上坚信社会主义的人们带来了希望。

苏东剧变以来，有少数共产党在非社会主义国家通过民选上台执政，如摩尔多瓦共和国共产党人党、尼泊尔联合共产党(毛主义)和塞浦路斯劳动人民进步党，其中摩共和塞劳动人民进步党在执政期间曾取得不俗的政绩。但这些党的执政地位不断受到挑战，也没有根本转变国家的性质。如摩共连续两届执政后，尽管第3届取得议会选举的胜利，但以一票之差失去提出总统候选人的机会，进而失去执政权；尼共(毛)执政8个月后退出政府；塞浦路斯现阶段也只能在民主制框架内实施某种社会主义取向的改革。这一切引起了共产党内关于通过议会道路能否走向社会主义的思考。

有一些参政的共产党在议会和政府中占有一定席位，但与主流政党相比，力量悬殊，影响力有限。但应该指出，在一些左翼力量执政的国家和地区，共产党的影响力就相对大一些，如印度的一些邦、白俄罗斯和拉美地区等。多数的共产党处于议会外，甚至因未能取得注册资格而处于非法地位，力量薄弱。如今在某些国家，宣传共产主义意识形态被视为非法，共产党领导人仍被监禁，但这些党仍在艰难的环境下为理想而奋斗，它们主要致力于马克思主义理论的研究和传播；推动反新自由主义、反全球化等社会运动；推动反对战争、争取和平的社会运动；通过议会外斗争和街头政治，维护雇佣劳动者的权益；抵制反共浪潮，抵制对社会主义历史及其领导人的攻击。

各国共产党人的实践活动表明，共产党仍是各国乃至世界上主张社会平等与正

义、维护人类和平与进步的一支重要政治力量。

(4) 国际上没有统一的指挥中心,但有聚会平台

目前世界上没有当年共产国际那样的共产党的国际组织,没有统一的指挥中心,但剧变以来,在国际层面有两个定期活动的共产党聚会平台。

一个是"国际共产党人研讨会"(International Communist Seminar),参加者自称"坚持马克思列宁主义和无产阶级国际主义、抵制修正主义"。该研讨会每年5月在比利时首都布鲁塞尔举行理论研讨活动,自1992年以来已经举行了19届,先后有来自世界各国的150多个共产党、工人党及其左翼组织参加。比利时工人党承担常务工作。

另一个是"共产党和工人党国际会议"(International Meeting of Communist and Workers' Parties),从1998年起每年在希腊首都雅典举行一次,迄今已举行11次,由希腊共产党发起,近几年发展为有70多个党参加的世界性共产党、工人党的聚会。近4届的会议地点分别移师欧洲的里斯本、独联体的明斯克和莫斯科、拉美的圣保罗和亚洲的新德里,这4次会议的规模已超过"国际共产党人研讨会"。刚刚闭幕的第11次会议决定,下次会议将在非洲的南非举行,有16个党承担这个国际聚会的协调组织工作。

应当看到,21世纪以来,随着反新自由主义、反全球化运动、反对美国霸权主义等社会运动的兴起,共产党人逐渐在"社会主义替代资本主义"的旗帜下找到了共同话语,出现联合的势头,而金融危机的爆发,又进一步促进了共产党人的国际团结与合作。

如上所述,从2006年起,世界各国共产党以"共产党、工人党国际会议"为定期聚会的平台,就世界共产主义运动的共同话题交流看法,达成共识。2007年11月初,先在白俄罗斯的明斯克、后在莫斯科举行的第9次会议以纪念十月社会主义革命90周年为主题,探讨十月革命思想的现实意义,交流共产党人在反对帝国主义和争取社会主义斗争中的经验,并就共同行动发表倡议。2008年11月底,在巴西圣保罗举行的第10次会议就当前资本主义金融和经济危机、工人阶级和劳动人民的社会斗争、拉美和加勒比地区一体化、国际主义团结、社会主义的前景等问题交流看法,发表共同宣言——《圣保罗宣言——社会主义的选择》。2009年11月20—22日,在印度新德里举行的第11次会议以"国际资本主义危机、工人和人民的斗争、替代方案以及共产主义运动和工人阶级运动的作用"为主题,就当前资本主义经济危机的实质、原因、后果和趋势、如何开展工人斗争和群众运动以促进社会主义对资本主义的替代等问题,交换了看法和经验,并通过了《德里宣言》。

共产党、工人党国际会议除了一年一度的全球性会议外,该机制的工作小组还在共产党、工人党国际会议的框架下组织起一些非例行的专题会议。例如,2009年9月27—29日,在叙利亚首都大马士革举行了关于声援巴勒斯坦和其他中东人民反对以色

列进攻的专题会议，来自世界各洲的42个国家的49个共产党和工人党派代表参加。

同时，地区性共产党的协调和合作也在加强。例如，2009年12月19日，巴尔干共产党和工人党会晤在希腊的萨洛尼卡举行，来自巴尔干半岛的希腊、土耳其、保加利亚、罗马尼亚、马其顿、塞尔维亚和克罗地亚等7个国家的9个共产党和工人党的代表与会，就世界经济危机爆发以来巴尔干地区的形势交流看法，并就如何开展维护劳动者的权利、反对美国、欧盟、北约在巴尔干以及世界各地的军事扩张和政治压制的斗争，统一认识，协调行动。与此同时，各共产党还以某一党的代表大会、党报节等为联系纽带，举行国际性会晤，相互支持，协调行动。

作为世界共产党加强协调和合作的最新成果，世界共产党人的刊物《国际共产主义评论》(*International Communist Review*)杂志于2009年12月1日创刊发行。该刊由多国共产党的理论刊物倡议创办，其宗旨是"通过对资本主义意识形态和政治上的分析，从而为马克思列宁主义的普及和发展作出贡献"，为国际共产主义运动内部搭建思想交流平台，为振兴社会主义奠定理论基础。参与第1期策划的是来自希腊、比利时、匈牙利、立陶宛、卢森堡、墨西哥、西班牙、俄罗斯、土耳其和委内瑞拉等国的共产党刊物。该刊总部设在雅典，目前有英、俄、西、希4种语言的版本。

2. 当前共产主义运动面临的挑战

从目前来看，国际共产主义运动仍面临种种挑战。

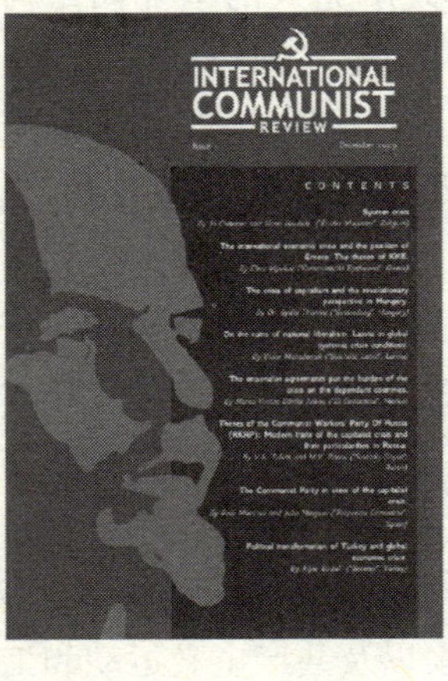

《国际共产主义评论》杂志

首先，共产党如何在理论上提出适应时代需求的社会主义理念及其实现途径是当务之急。共产党既要向人民描述"另一个社会主义的世界是什么样的"，还要带领人民探索走向这一世界的路径。从某种程度上说，后者比前者更重要。英国马克思主义学者S.塞耶斯(Sean Sayers)谈到，当前之所以看不到工人阶级实现其历史使命的迹象，其最主要的原因是工人阶级还未能找到进行有效变革以实现美好未来的道路。因此，各党需根据本国国情确立实现社会主义的纲领，探索通往社会主义的途径，并立足现阶段，争取有所作为。

其次，共产党执政的社会主义国家能否成功抵御资本主义危机的侵蚀，并走出一条不同于资本主义文明进步的发展道路至关重要。因此，社会主义国家需在巩固改革成果的基础上，解决前进中存在的问题，消除潜在隐患，以社会主义事业的新成就，彰显社会主义制度的优越性。

再次，共产党如何在社会上树立更具建设性、更有活力的新型政党形象十分关键。在国际上，苏东剧变以来共产党被严重妖魔化，政治影响力下降。为此，共产党为摆脱被孤立的境地，需改进工作方式，突破舆论封锁，争取话语权，让社会听到自己的声音，进而赢得人民的支持。

最后,共产党如何增强自身的战斗力,尤其是加强共产党队伍内部的团结十分紧迫。为此,共产党需要更广泛地团结广大社会阶层,唤起雇佣劳动者的阶级觉醒,加强与工会、妇女、青年等社会组织的互动,吸收新鲜血液,扩大社会基础。同时,共产党之间应求同存异,相互支持,克服宗派主义。

应当看到,当前这场资本主义危机的爆发使人们对资本主义的弊端看得更清楚,人们对现实的不满正在逐渐提升到对资本主义制度的质疑,以社会主义为指向的变革的社会条件正在形成,“另一个世界是可能的”口号代表了人们要求变革社会、变革资本主义主导的世界秩序的心声。我们相信,尽管共产主义运动仍然面临种种挑战,未来的道路也不会平坦,但社会主义的前途是光明的。只要中国、越南、古巴等社会主义国家能成功抵御危机的侵害,并取得社会主义建设的新胜利,只要拉美人民能沿着“21世纪社会主义”的道路坚定不移地走下去,只要全世界的共产党及其左翼力量坚持奋斗,社会主义事业复兴之火就能形成燎原之势,“另一个社会主义的世界”不仅是可能的,而且会变成现实。

还"修正主义"以历史的公正

——俄罗斯科学院 T. И. 奥伊泽尔曼院士提出为修正主义辩护

Rehabilitating Revisionism:

Russian Academician of Sciences Vindicating for Revisionism

杨伟民

上海社会科学院　研究员

T. И. 奥伊泽尔曼

T. И. 奥伊泽尔曼(T. И. Ойзерман)是俄罗斯科学院著名元老级院士,以从事马克思主义哲学史、西欧哲学史方面的研究而著称,并于 1981 年当选为苏联科学院院士。自前苏联解体之后,当代俄罗斯马克思主义研究阵营内部,实质上发生了剧烈的演变和分化。以 T. И. 奥伊泽尔曼为代表的"反思的马克思主义学派",对前苏联的马克思主义研究进行了全方位的批判,对与正统马克思主义长期对立的意识形态——E. 伯恩施坦修正主义的合理性进行了充分地肯定,并于 2005 年写成了《为修正主义辩护》(*Оправдание ревизионизма*,2005)一书。在该书中,他论证了马克思主义在前苏联的教条化过程,提出了"还 E. 伯恩施坦主义以历史的公正"等重要观点,从而在俄罗斯思想理论界引起了巨大的反响和争论。

当社会主义在俄国和其他一些国家遭到挫折、整个社会主义思想出现危机之时,俄罗斯科学院著名元老级院士 T. И. 奥伊泽尔曼于 2005 年写成《为修正主义辩护》一书,想以此就马克思主义的基本问题,在当前的世界范围内进行一场严肃的科学讨论。

在他看来,马克思主义的基本问题涉及社会科学理论的各个方面,其中包括马克思主义在社会学、政治学、政治经济学以及哲学领域的发展。他认为,对马克思主义的修正,包括重新审视马克思主义原理,甚至否定其中的一些过时观点,这不是为了推翻马克思主义,而是克服它与其他社会科学理论的对立,克服它思想意识上的孤立主义。

马克思主义的一家之说，已经成了该学说基础理论教条化的重要原因。他指出，为了搞懂“修正主义”的现象，就不能仅仅把着眼点局限于E.伯恩施坦一家，还必须研究伯恩施坦主义的前史，对诸如讲坛社会主义、费边主义、民粹主义等E.伯恩施坦“异端邪说”的先驱者进行分析批判；同时还要研究马克思主义和教条主义之间的关系，对诸如马克思学说本身所具有的教条主义、列宁斯大林对马克思主义的修正以及马克思主义在苏联的教条化过程进行认真的梳理，并还E.伯恩施坦“修正主义”以历史的公正。

一、马克思主义最初的教条化过程

在该书的《导言》部分，Т.И.奥伊泽尔曼以“马克思主义与教条主义”为标题，首先对马克思主义发展过程中所出现的教条主义现象进行了批判，并对其产生的原因、发展的过程、思想的实质以及历史的负面作用进行了分析，提出了“马克思主义最初的教条化过程”以及“教条主义是马克思主义本身固有的东西”的命题。

《为修正主义辩护》一书封面

Т.И.奥伊泽尔曼认为，马克思主义奠基者拒绝任何一种教条概念。马克思早在自己新观点的形成时期，就开始指责空想社会主义“教条绝对化”地描绘未来社会：“新思潮的优点就恰恰在于我们不想教条式地预料未来，而只是希望在批判旧世界中发现新世界……如果我们的任务不是推断未来和宣布一些适合将来任何时候的一劳永逸的决定，那么我们便会更明确地知道，我们现在应该做些什么，我指的就是要对现存的一切进行无情的批判，所谓无情，意义有二，即这种批判不怕自己所作的结论，临到触犯当权者时也不退缩。”[①]恩格斯与马克思一样，也始终致力于强调马克思主义的反教条特性。他在这方面的努力越是经常，马克思主义在工人运动中的传播也就越有效。1895年3月11日，他在给W.桑巴特的信中指出：“马克思的整个世界观不是教义，而是方法。它提供的不是现成的教条，而是进一步研究的出发点和供这种研究使用的方法。”[②]1887年1月27日，在给凯利-威士涅威茨基的信中，他解释道：“我们的理论是发展着的理论，而不是必须背得烂熟并机械地加以重复的

① 《马克思恩格斯全集》第1卷，人民出版社1956年版，第416页。
② 《马克思恩格斯文集》第10卷，人民出版社2009年版，第691页。

教条。"①

19世纪后25年，随着教条化倾向的增多，恩格斯在给马克思的信中，讽刺性地写到关于德国一些赫赫有名的马克思主义追随者的情况："这些先生们如此习惯于要我们替他们想到，他们在任何时候和任何地方都要求，不仅把一切东西给他们和盘托出，而且要嚼烂嚼碎，不仅把精华，而且把一切细节用最少的分量适口地给他们烹调出来。"②恩格斯的《反杜林论》，也从认识论的角度否认了教条主义，发展了科学真理的相对性、真理与谬误之间对立性的原理，为论证马克思主义与教条主义的不可调和性作出了巨大贡献。在《德意志意识形态》中，马克思、恩格斯一边与L.费尔巴哈论争，一边纠正对"L.费尔巴哈崇拜"。马克思、恩格斯始终坚持从事实出发，凡是得出结论的事实，都是以"纯经验主义"方法获得的。他们在阐述共产主义时写道："共产主义对我们来说不是应当确立的状态，不是现实应当与之相适应的理想。我们所称为共产主义的是那种消灭现存状况的现实的运动。这个运动的条件是由现有的前提产生的。"③

但是，T.И.奥伊泽尔曼发现，随着马克思主义在德国、法国、英国和欧洲其他各国工人运动中影响的日益增长，一种普遍相信社会主义胜利会发生在不远将来、发生在马克思恩格斯身边的思想广为流传，马克思主义的教条化也就自然而然产生和发展了。

T.И.奥伊泽尔曼指出，教条主义产生和盛行，往往发生在一种社会学说成为统治阶级思想和国家思想意识之时。当教条化过程在逐步成为事实时，统治阶级总会用所有能掌握的方式，将它贯彻到大众意识中去。最恰当的例子莫过于1869年成立的德国社会民主党。该党的名称甚至都是从拉萨尔主义那里借用来的，他们的报纸也命名为《社会民主党人报》。在马克思思想的引领下，德国和欧洲各国社会民主党都以为，所有西欧国家的资本主义体系已经处于无法克服的危机状态，转化为社会主义社会体制已是指日可待。马克思主义教条化伴随着这一思想在欧洲各国已经初露端倪。但在随后的岁月里，德国社会民主党感到，如果真要将马恩学说作为自己的精神大旗来接受，还需作出某种修正。他们意识到，马克思理论的运用和发展，必须独立考虑德国的具体历史条件。这可以从A.倍倍尔和W.李卜克内西日后的发言以及与侨居海外马克思和恩格斯的通讯中看出。当时最具权威的德国社会民主党理论家K.考茨基为批判E.伯恩施坦，强调独立研究马克思主义的必要性，指出应该抱有发展马克思主义理论的目的。可惜，K.考茨基的强调只是对个别理论的修正，而未指向整体理论主张，仍然教条化地重复着某些成问题的马克思理论。T.И.奥伊泽尔曼认为，尽管K.考茨

① 《马克思恩格斯文集》第10卷，人民出版社2009年版，第587页。
② 《马克思恩格斯全集》第29卷，人民出版社1972年版，第447—448页。
③ 《马克思恩格斯文集》第1卷，人民出版社2009年版，第539页。

基与教条化理解马克思主义不同，但从他最终反对 E. 伯恩施坦“修正主义”的情况看，K. 考茨基仍然成了自己所指责的教条主义的俘虏。

在 T. И. 奥伊泽尔曼看来，德国党内的另一位理论家 F. 梅林其主要方面仍然被教条化理解马克思主义所俘虏。因为 F. 梅林完全赞同社会民主主义的信仰，即社会主义是唯一能与资本主义较量的社会制度；他坚信无产阶级事实上在逐步走向贫困，而要逐渐消灭贫困，只能首先消灭资本主义的生产关系。可惜 F. 梅林没有用任何事实的、统计的数据证明这一结论。但是，普列汉诺夫曾经想过从统计学的角度，证明自己关于“法兰西无产阶级状况绝对糟糕”的论点，然而统计数据得出的结论又恰恰相反。普列汉诺夫为了捍卫已成为信仰象征的马克思观点，不分青红皂白地攻击 E. 伯恩施坦。T. И. 奥伊泽尔曼指出，这与教条化理解马克思主义的心理因素起作用有关，它与每个人内心信念有着割舍不断的直接联系。普列汉诺夫把忠实于这一学说，看成是马克思主义在工人阶级中得以传播的主要保证，是取得反资本主义未来胜利的决定性条件。由于心理作用的原因，坚定不移的信徒们完全无法接受马克思主义者内部产生分歧的现象，因为它会严重削弱党为无产阶级事业奋斗的战斗力。

最后，T. И. 奥伊泽尔曼把对马克思主义教条化的根源追踪到了该学说的创始人那里，明确提出了“教条主义是马克思主义本身固有的东西”的命题，并进行了论证。他指出，虽然恩格斯曾多次强调，“马克思主义不是教条，而是行动的指南”，马克思在 19 世纪 70 年代末也说过，“我只知道一件事，我不是一个马克思主义者”，他们都表达了对教条主义的反对和严厉批评，但马克思主义内生所具有的教条主义仍然毋庸置疑。

T. И. 奥伊泽尔曼指出，《德意志意识形态》属于马克思主义早期之作，其中形成的一系列理论，以后都经马克思主义奠基者们重新修订，但其中所引用的原理，既没有事实根据，也没有得到事实证明，正因为这样而变成了教条。还有马克思主义奠基者在创立“科学社会主义”学说之前，就已宣布社会主义或共产主义是唯一替代资本主义的社会。这一观点是从空想社会主义学说中汲取来的，而提出无条件由资本主义向社会主义过渡必然性的论题，当时既无历史基础，又无经济基础，却被当作毫无疑问的真理来宣布。

在他看来，早在 1848 年初，在马克思还没有创立自己的经济学说以前，马克思主义的奠基人就发表了作为工人运动思想纲领的经典文献《共产党宣言》。《宣言》论证了资本主义社会的生产力已经高过了资本主义的私有制关系，“几十年来的工业和商业的历史，只不过是现代生产力反抗现代生产关系、反抗作为资产阶级及其统治的存在条件的所有制关系的历史。只要指出在周期性的重复中越来越危及整个资产阶级社会生存的商业危机就够了。”[①]这里所说的，当然是指《宣言》中作为整个资本主义生

① 《马克思恩格斯文集》第 2 卷，人民出版社 2009 年版，第 37 页。

产方式危机来看待的生产过剩的危机。但是，后来在《资本论》第1卷中，马克思则证明了生产过剩的危机只是资本主义再生产经济周期的暂时阶段，在这一阶段过后，应当是经济的复苏和新的高涨。然而30年之后，恩格斯在《反杜林论》当中还是继续宣传这一观点："我们指出了危机从资本主义生产方式产生的不可避免性以及它作为这一生产方式本身的危机、作为社会变革的强制手段的意义。"[①]结果，恩格斯忽略了马克思在《资本论》中所作的解释。尤其令人不解的是，马克思通读了《反杜林论》的手稿后，完全赞同自己朋友的结论。结果，《宣言》最终演变成了所谓信仰的象征物，在晚期马克思主义的作品中被完全地加以复制，它成了被《资本论》证明为错误的观点转化为教条的明证，从而增强了社会民主党人对资本主义生产方式即将崩溃的信念。

T. И. 奥伊泽尔曼认为，教条主义之所以构成马克思主义内在固有的东西，其原因就在于它否定了所有其他的理论，包括曾经是它理论源泉的学说，这样最终使自己陷入了思想上的孤立，强化了本属于自身弱点的教条特征。

二、列宁的"教条主义"和"修正主义"

T. И. 奥伊泽尔曼在作报告

T. И. 奥伊泽尔曼在书中鲜明地表达了对伟人列宁的总体评价："最近10多年来，我国对列宁思想观点和政治活动的评价有了巨大变化，完全可以理解，但我不能同意对列宁的某些诽谤。不管这位公认的伟大政治活动家、马克思主义者如何迷失，我们都不能忘记，这是位很少考虑私利、忘我的思想家。"但在研究列宁著作时，他却发现，列宁在赞同马克思主义奠基者观点时，往往用教条主义阐述；而在重新梳理马克思基本观点时，又是"修正主义"的。

1. 有关教条主义。列宁对马克思主义的评价，有一句被T. И. 奥伊泽尔曼称之为名言的话："从完整一块铸铁中冶炼出来的钢板学说。"这里的含义很清楚，即列宁认为马克思主义是如此完整的学说，以至于没有一个论点可以例外予以修改；没有一个论点可以破坏其外在的完整连贯性、内部的有机关联性。这是正统的、甚至超正统的马克思主义观点。T. И. 奥伊泽尔曼还以列宁十月革命前不久说的箴言"马克思学说威力无穷，因为它千真万确"为例，说明他不仅仅具有正统的马克思主义观点，还有自己的正统教条主义观点，它们产生于苏维埃政权建成之后。

① 《马克思恩格斯文集》第9卷，人民出版社2009年版，第304页。

2. 有关“修正主义”。T. И. 奥伊泽尔曼认为，马克思在关于 1848—1849 年资产阶级民主革命时期的作品中，把这场革命当作无产阶级革命对待，看成是刻不容缓的历史必然结果。列宁觉得这种提法不妥当，即便可以这么说的话，也应该是明天的任务，于是他提出了质疑：1848 年的问题涉及无产阶级推翻资产阶级的时机。无产阶级来不及将小资产阶级吸引到自己身边，是导致无产阶级革命最后失败的真正原因。另外，马克思将无产阶级日趋贫困化的论断提升为资本积累的绝对规律，而恩格斯在自己对德国社会民主党“爱尔福特纲领”的意见中，对此表述有所降调，否定这是一条“规律”。社会民主党领袖们没一个敢这样做，列宁却在 1912 年毫无顾虑地以德国无产阶级的现实状况为例，提出了自己不同的意见。

T. И. 奥伊泽尔曼指出，马克思主义奠基者们还曾经断言，共产主义革命必须以无产阶级成为人民大众的绝大多数为前提，而列宁没有将这一十分重要的观点赋予原则意义。他认为，问题不在于数量，而在于工人阶级的质量，以及他们领导非无产阶级劳动大众的能力。他强调，无产阶级不仅应该在社会主义斗争中，而且还应在俄罗斯已经成熟了的资产阶级革命中成为领导者。另外，人们知道马克思主义奠基者从历史唯物主义论出发，认为蓬勃发展中的资本主义生产力与落后的、由自身特点决定了的生产关系间的矛盾冲突，是社会主义革命的基础，而俄罗斯只是在 19 世纪下半期才刚刚步入资本主义，没有也不可能有这样的矛盾冲突。此时，俄罗斯有的只是资本主义背景下发展着的生产力，与远没有适应半封建社会的生产关系间的矛盾冲突。正因为这样，俄罗斯才具有了能够转化为、实质上也的确转化成了 1905—1906 年的资产阶级民主革命的政治形势。T. И. 奥伊泽尔曼认为，这些观点明显修正了马克思理论中的基本观点，即资本主义生产力和生产关系之间的矛盾应成为无产阶级社会革命的经济前提。

仔细分析列宁的“教条主义”和“修正主义”之后，T. И. 奥伊泽尔曼提出了列宁主义的根源问题。他承认，列宁第一个基础性的思想出发点无疑是马克思主义，这首先是指 19 世纪 40 年代末到 50 年代初早期的马克思主义，而那些被列宁解释、更改甚至拒绝的经典理论，不能仅仅看成是他个人独立创造的结果，还要看到这种“修正主义”有其自身的以及俄国的民族根源。他指出，作为马克思主义者，列宁把资本主义看作是一个进步的社会发展阶段，但他又像民粹主义者那样，认为不仅可能而且必须尽快结束资本主义，因此 1917 年 10 月，布尔什维克党推翻了临时政府，建立了无产阶级专政，并在 1918 年解散了立宪会议，所有的行动贯穿的是特卡乔夫在《警钟》中所宣传的纲领精神。T. И. 奥伊泽尔曼认为，特卡乔夫是一位主要的列宁先驱者和鼓动者。马克思对特卡乔夫发表于巴黎《警钟》报上的文章曾持反对态度，认为他号召的俄国社会主义革命不仅没有基础，而且是不负责任。恩格斯则称他像个“乳臭未干的稚嫩中学生”，批判性地分析了他以冒险精神写成的作品。而列宁几乎完全同意民粹主义关于“公社原则”的幻想,与特卡乔夫一样相信俄罗斯革命所具有的广泛社会性。T. И. 奥伊泽尔曼引用别尔嘉耶夫发表于半个多世纪前的《俄国共产主义的根源和涵义》中的观点,即“列宁在半封建国家进行社会主义革命的观点,以及他建设社会主义制度的纲领,与民粹派乌托邦一模一样”,来证明列宁寄希望于在大量工人阶级形成之前跨越资本主义的发展、在俄国实现社会主义的思想,与马克思主义奠基者的学说毫无共同之处。

三、前苏联马克思主义教条化日趋盛行

在T. И. 奥伊泽尔曼看来,马克思主义在前苏联的发展过程,实际上就是教条主义不断滋生、滋长和日趋盛行的过程,是马克思主义日趋失去鲜活生命力和不断萎缩的过程,而在这一教条化过程中最为典型和集中的体现,就是迷信的盛行,不仅迷信于这一理论的创始人,而且还包括它的继承者列宁和斯大林。当论及教条主义在前苏联盛行的原因时,他指出,马克思主义教条化在很大程度上发生在马克思主义转变成由官方宣传支持、由国家提供资金的思想体系之时,发生在马克思主义对其他有异议的社会理论予以禁止、诋毁之时,“马克思主义在意识形态领域的全面控制,将使这一科学的理论无可避免地转变为教条主义的观念体系”,势必酿成学科理论转变成教条化观点体系的严重后果。

除此之外,在马克思主义向教条主义转变过程中,列宁起了重要的作用。他指出,早在1902年列宁写作《怎么办?》一书时,对国内外的各种修正主义观点,对社民党人的“批评自由”进行驳斥时,就已经为批评和讨论的进行设置了界限;而在1921年3月召开的俄共(布)第10次代表大会,即列宁生前参加的最后一次代表大会上,一项关于禁止在俄共(布)内部出现任何派别的秘密决议,则对党内的民主派构成了一次毁灭性的打击。他认为,这就为后来教条主义的泛滥成灾提供了重要的前提条件。当然,马克思主义教条化最为严重的时期,无疑是斯大林个人迷信盛行的时期,人们将斯大林的所有言论都说成是对马克思主义理论宝库的杰出贡献。

T. И. 奥伊泽尔曼指出,斯大林将个人崇拜看成是巩固领袖绝对权威的有效武器,他所有关于理论问题的发言稿都在刊物上被颂扬成为马克思主义经典宝库作出了杰出贡献。在1952年的《苏联社会主义经济问题》中,他写道,奴隶革命结束了古希腊、罗马的奴隶主占有制社会;农奴革命消灭了封建主义的生产关系。历史学家尽管清楚,农奴反对封建主义革命的提法不能成立,但是他们不仅不敢指出,还不得不把斯大林的“发明”硬塞进教科书。另外,在农业集体化问题上,斯大林称之为“自上而下的革命”,强迫农民接受,导致了国民经济混乱局面的产生。为了挽回这一社会冒险造成的损失,斯大林把希望寄托在“人民”院士李森科身上。院士承诺用若干年时间,使农业

达到空前未有的高度。最后，李森科在提高农产量上一无所获，却始终未忘揭露所谓遗传学工作者拜倒在“资产阶级”膝下的行为，致使真能提高农作物产量的遗传学被彻底禁止研究。李森科尽管不是党员，但他布尔什维克式的坚定性，深得斯大林和赫鲁晓夫的赏识。他们将李森科思想看成不仅是农业生物学，而且是在整个自然科学领域内活用马克思主义的典范。这样的氛围在其他学科同样被催生，导致物理、数学等领域纷纷开展阶级斗争，接二连三被定性为“资产阶级”学科理论。许多从事社会科学的专家，在各种政治事件湍急的漩涡中，抓住教条主义死死不放，就像抓牢救生圈一样。

T. И. 奥伊泽尔曼认为，苏联正是在当年营造出的这种思想氛围下，驱使马克思主义教条化以非同寻常的速度蓬勃发展。苏联的马克思主义研究者由于害怕引来杀身之祸，不敢对当局提出任何异议，他们心里有数，应该选择什么样的马克思主义经典著作和引文来适应党的现行政策，这或许是苏联马克思主义教条化最具特点的地方。这种情势下的教条主义，意味着学术的无原则性、宣传的随意性，只要它们是来自党的“上层”授意，可以完全不顾事实的真相。

四、还 E. 伯恩施坦“修正主义”以历史的公正

二次大战后，西欧社会民主党尽管承认马克思主义奠基者学说的辉煌意义，将他们像以前一样视为社会民主党的先行者，然而，其与马克思主义分道扬镳已成不争的事实。他们开始重新审视、重新修正马克思主义的基本原理；逐渐拒绝列宁无产阶级专政的原理；拒绝用暴力革命走向社会主义的原理。同时，自 20 世纪中期起，资本主义社会开始进入科技革命时代，它一方面证明了资本主义生产方式的活力，另一方面也表现了属于“现实社会主义”内在经济力的底气不足。在这样的前提下，苏联马克思主义者早在解体前，就已经开始对 E. 伯恩施坦及其“修正主义”概念作出重新的评价。苏共中央马列学院公布的《马列主义史》，除了对伯恩施坦修正主义赋予新解外，还指出了“修正主义”的重大意义。T. И. 奥伊泽尔曼写《为修正主义辩护》一书，也在于阐释 E. 伯恩施坦主义的合理因素，为受到攻击、指责和误解的伯恩施坦修正主义进行正名，还其以历史的公正。

首先，T. И. 奥伊泽尔曼认为，对马克思主义的修正起源于该学说的诞生之日。针对列宁将修正主义与 E. 伯恩施坦的名字直接挂钩，以至人们将修正主义等同于伯恩施坦主义的流行观点，T. И. 奥伊泽尔曼从思想史的角度作了分析，指出人们对马克思主义的修正实际上早在 E. 伯恩施坦之前就已经发生。例如马克思初登哲学舞台之际，作为青年黑格尔派代表人物的 B. 鲍威尔，就曾对马克思在《德法年鉴》上发表的文章进行了批评，指责马克思将革命的主体力量无产阶级过于理想化了，并赋予其以世界历史的使命。此外，像英国的费边社成员、德国的讲坛社会主义者以及俄国的民粹派思想

家,其中包括德国的大学教授布伦坦诺、桑巴特、朗格;奥匈帝国的舍弗列;新讲坛社会主义者意大利的克罗齐、奥匈帝国的马萨里克等,也都对马克思的学说进行过修正,以不同方式修改、重释或者批评了马克思的学说。他进一步指出,即使在德国社会民主党内部,E. 伯恩施坦也并非是第一个对马克思主义奠基人的观点进行修正和改变的人,在E. 伯恩施坦之前,在德国社民党内部就已经有弗里曼、达维特、莎朗克、奥威尔等一些有影响的党员摆脱了对革命的信仰,赞同以和平的、合法的方式为工人争取权益。由此,T. И. 奥伊泽尔曼得出了结论,指出E. 伯恩施坦区别于自己前辈的地方,只在于他系统地论述了对马克思主义一系列基本论点真理性的普遍怀疑。T. И. 奥伊泽尔曼认为,世界上不存在排斥周期性修正的科学理论,因而人们应该将这种修正看成是促进认识发展、理论发展、学科创新的常规性批评活动。

其次,在T. И. 奥伊泽尔曼看来,E. 伯恩施坦"修正主义"的产生具有现实的前提、条件和基础。他指出,最具影响力的老牌"修正主义"代表E. 伯恩施坦,先是以刊登在《新时代》的文章,而后以基础性论著《社会主义的前提和社会民主党的任务》,引起了德国和其他欧洲国家社民党领袖的不满。E. 伯恩施坦这本书的主线是,认为实际上当时资本主义生产力还在迅速发展,资本主义的生产关系并没有成为生产力进步的桎梏和阻碍,因而资本主义尚未达到完全腐朽的程度;同时,主张放弃暴力革命,主张合法斗争、和平长入社会主义。他在书中提出:"恩格斯在《法兰西阶级斗争》导言中,以空前的坚决态度,赞扬普选权和议会活动是工人阶级解放的手段,并且与通过革命突袭夺取政权的思想分手。"这些颇有知名度的著述,仰仗实验资料以及经得起研究人员检查的数据报告,有理有据地否定了马克思关于在资本主义发展过程中,无产阶级日益加剧贫困化的观点,主张用民主选举的办法实现社会主义。在他看来,E. 伯恩施坦从理论的角度,而不是用似是而非的一般言论,对这一绝对规律进行分析,显然没有错,但是社民党中的一些领袖无论如何没法容忍他对马克思主义理论进行的政治批判,因而不仅遭到了德国社会民主党代表大会的声讨,而且受到了侨居国外的俄罗斯马克思主义者的原则性批评。

T. И. 奥伊泽尔曼指出,E. 伯恩施坦早在19世纪80—90年代就与恩格斯是最亲密的朋友,又是恩格斯死后遗嘱的执行人。在《非常法》时期,E. 伯恩施坦是德国社会民主党机关报《社会民主党人报》的编辑。报纸最初在苏黎世出版,遭禁后转至伦敦继续刊印,此时他与恩格斯更为接近。普鲁士政府下令逮捕他,直到1901年被选为帝国议会代表后,才重返德国,与K. 考茨基一起担纲德国社民党主要理论刊物《新时代》的编辑工作。总之,E. 伯恩施坦是德国社会民主党当之无愧的优秀理论代表。正因为这样,他不能算是当时的第一个"修正主义者",也并非按自己意志成了这一潮流的代表。从严格意义上说,E. 伯恩施坦言论成了此前所有对马克思主义修正的总结。

再次,T. И. 奥伊泽尔曼认为,E. 伯恩施坦在经济和政治论题上对马克思主义的修正基本上是能够成立的，但他对马克思主义哲学的批评很难说是正确的。T. И. 奥伊泽尔曼指出，E. 伯恩施坦将马克思主义的唯物论理解为一种“决定论”，将唯物史观理解为一种“经济史观”，将辩证法当作一种“反动的”、类似于“诡辩论”性质的学说，实际上表明“E. 伯恩施坦从来没有严肃地研究过哲学，他对唯物主义、唯物史观和辩证法的批判具有肤浅的性质”。但对于 E. 伯恩施坦在经济、政治等社会题材上的论述，他则在总体上给予了积极和正面的评价。

为了对“修正主义”有更清晰的概念，T. И. 奥伊泽尔曼归纳了 E. 伯恩施坦在著作中所提出的几个问题：(1) 资本主义向社会主义转化是最近还是遥远的事？(2) 在资本主义进程中会否产生无产阶级绝对和相对的贫困化？(3) 对资本的社会主义改造是否必须通过暴力革命？(4) 发达的资本主义国家有无可能进行和平的社会主义改造？

在经济论题方面，T. И. 奥伊泽尔曼几乎完全肯定了 E. 伯恩施坦就生产资料的社会化问题、社会的两极分化问题、工人阶级的绝对贫困和相对贫困问题而对马克思的批评。例如针对马克思提出的生产资料的社会化过程将不可避免地招致小生产破产的观点，他指出 E. 伯恩施坦所得出的结论，即大生产并不吞并小生产和中等生产，它本身能够与它们一样繁荣的论点“虽然是在 19 世纪末说的，但它对于 21 世纪来讲，仍然是正确的”。同样，他也赞同 E. 伯恩施坦关于马克思对社会群体的划分过于简单化的观点，同意 E. 伯恩施坦关于资本主义生产的发展已经推翻了马克思关于工人阶级状况不断恶化的观点。

在政治论题方面，他在有所保留的情况下，也基本肯定了 E. 伯恩施坦的正确性。例如针对 E. 伯恩施坦对无产阶级专政理论的批判，将阶级专政归属于“较为低级的文化”，进而主张以普选权理论加以替代的观点，他评价道：“尽管对 E. 伯恩施坦的命题有所保留和修正，但毕竟应当承认，他基本上是正确的：在当代法制公民社会当中，专政是不可能的。”在暴力革命问题上，针对 E. 伯恩施坦反对用革命方式对社会进行改造，主张在议会所通过的法律基础上来实施全部社会改造的观点，T. И. 奥伊泽尔曼指出，实质上“E. 伯恩施坦的这些论点与马克思主义奠基人的观点并不矛盾，如果我们所指的不是早期的马克思主义，特别是《共产党宣言》时期的马克思主义，而是指他们 70、80 年代的观点，当他们不止一次地指出，在发达的民主国家中，由资本主义向社会主义的过渡，以和平的、非暴力的途径是可能的时候”。

但是，从 19 世纪末到 20 世纪初，在社会民主党领袖中出现了反对 E. 伯恩施坦的声音；1898 年上半年，列宁、普列汉诺夫也都站出来批判伯恩施坦主义。他们遵循“邪教徒比异教徒更坏”的原则，称“伯恩施坦主义”为马克思主义最凶恶的敌人。T. И. 奥伊泽尔曼感慨道：“他们竟然都是科学社会主义的捍卫者？他们难道不知道，相对论、量子力学是对 17—19 世纪经典力学的基础性修正吗？”他认为，在自然科学中，如没有“修正主义”现象简直是不可思议的，而在人文科学中，修正者却常被看作是自己内部的敌人,实际上修正是所有学科都应共同接受的科学程序。

他认为,"修正主义"的贬义概念有悖于相应的科学论断,即马克思主义不是教条,而是行动的指南;"修正主义"一旦变成应受追究、铲除的现象,则马克思主义加速教条化也就为时不远了。所以在他看来,只要通过正常的研究程序,对任何科学理论(不管它发展到怎样的水平)进行修正,都无可厚非。由此,T. И. 奥伊泽尔曼以自我批判的口吻指出,"不能不承认,我们耽误了对E. 伯恩施坦'修正主义'的正确评价",但所幸的是,在经过100多年的历史检验之后,人们对伯恩施坦修正主义终于给出了正确并且详尽的评价,"历史公正性终于到处取得了胜利",因而他建议废止"修正主义"术语的运用,而完全承认修正的合法性和正当性,肯定修正的积极作用和价值,承认"修正是一种被人们普遍接受的研究方法"。T. И. 奥伊泽尔曼指出,任何学说包括马克思主义在内,如果不想陷入教条主义的停滞境地,就必须根据现实实践的发展变化而不断地作出调整和修正;只有通过修正这一途径,通过这一科学研究过程中经常使用的正常和公认的方法,才能使理论的发展真正保有生机和活力。

通过以上对T. И. 奥伊泽尔曼《为修正主义辩护》一书的解读,我们可以看到,自前苏联解体之后,当代俄罗斯马克思主义研究者中实际上发生了剧烈的演变和分化。以T. И. 奥伊泽尔曼为代表的"反思的马克思主义学派",对前苏联的马克思主义发展进行了全方位的批判,并对与正统马克思主义长期对立的意识形态——E. 伯恩施坦修正主义的合理性进行了充分的肯定。对于T. И. 奥伊泽尔曼的这一工作,俄罗斯学界给予了完全相反的两种评价:一种认为,《为修正主义辩护》的出版,不外乎迎合现实、附和现状的一种变节之举;一种认为,T. И. 奥伊泽尔曼主要还是从学术研究的角度展开,对与马克思主义相关的、人们基于现实实践进程所产生的重大疑惑和问题,进行了有益的探讨和回答。

应该指出,T. И. 奥伊泽尔曼对马克思主义发展过程中出现的教条主义现象,作了梳理和批判,但是不能接受的是,他把对马克思主义教条化的根源追踪到了该学说的创始人那里,明确提出了"教条主义是马克思主义本身固有的东西"的命题。一方面,他举了许多例子说明马克思主义奠基者拒绝任何一种教条概念;另一方面,他又认为《共产党宣言》固守已经过时的错误观点,宣称"不管最近25年来的情况发生了多大的变化,这个《宣言》中所阐述的一般原理整个说来直到现在还是完全正确的",[①]而对《宣言》中的具体结论在多篇序言中作出修订的事实于不顾,使作者的论证陷于逻辑的矛盾和混乱之中。由此,在这一点上,T. И. 奥伊泽尔曼对马克思恩格斯学说的批评和指责是不能成立的。必须强调的是,被老院士看作教条的那些原理,恰恰构成了马克思主义理论的内核和基本研究的范式,因而不能任意加以改变,反而应当作为"教条"而加以保留。

① 《马克思恩格斯文集》第2卷,人民出版社2009年版,第5页。

"重读"、"反思"、"回到"列宁

——近10年西方左翼学者关于"列宁主义"的研究

"Reread","Reflect" and "Return" to Lenin:

Western Left Scholars' Study on Leninism in Last 10 Years

轩传树　马丽雅　门小军

上海社会科学院国外社会主义研究中心　博士

冷战期间,西方曾经流行过以列宁的生平著作、列宁主义理论以及列宁与自己的思想先驱、同时代思想家及其理论继承人之间的关系为研究对象的"列宁学"。冷战后,列宁主义研究在西方一度沉寂。近10年来,这一研究似有"复兴"的迹象,不少左翼学者开始"重读"、"反思"列宁主义,甚至主张"回到"列宁。但是,重读什么、反思什么以及回到怎样的列宁,他们之间还是存在着很大的争议。在他们的笔下,列宁不再是冷战时期"西方列宁学"描述的那种独裁形象,也不同于苏联教科书宣扬的那种神圣形象,而呈现了"另一个列宁"。通过对列宁主义的探讨,社会主义运动史上一些重要的概念重新进入了人们的视野,这一现象的本身就具有重大的意义。

2001年2月,在德国埃森召开了一次有关俄国革命的会议。会后,由S. 布京(Sebastian Budgen)、S. 库维拉克斯(Stathis Kouvelakis)和S. 齐泽克(Slavoj Zizek)编辑出版了论文集《列宁重新登场:走向真理政治学》①。2005年,加拿大魁北克省独立学者,也是当代西方研究列宁最有影响的学者L. 利赫(Lars T. Lih)出版了研究专著《重新发现列宁:回到〈怎么办〉》②。2008年3月,在美国纽约召开的"全球左翼论坛"上,由美国"劳工与社会"杂志组织了"回到列宁?"的专场研讨会。会上,美国拉罗谢学院历史学教授P. 勒布兰(Paul LeBlanc)以及L. 利赫等分别作了主题发言。2009年5月,在加拿大卡尔顿大学召开的"社会主义研究学会"年会上,以"反思列宁主义"为题开设

---

① Sebastian Budgen, Stathis Kouvelakis and Slavoj Ziziek, eds., *Lenin Reloaded: Towards a Politics of Truth*, Durham and London, Duke University Press 2007.

② Lars T. Lih, *Lenin Rediscovered: "What is to be Done" in Context*, Brill Academic Publishers Dec. 2005.

了两个专场,加拿大特伦特大学国际发展研究部教授P.凯洛格(Paul Kellogg)、加拿大休伦湖大学哲学副教授S.达尔希(Stephen D'Arcy)、美国明尼苏达大学政治学教授A.尼姆兹(August Nimtz)、L.利赫等提交论文。后来,这些论文集中刊发在社会主义研究学会的刊物《社会主义研究》和《科学与社会》上。

无论近年来召开的学术研讨会,还是发表的文章、著作,大多冠以"重读(Reread)、反思(Reflect)、重述(Repeat)、回到(Return)、重新发现(Rediscover)、重新登场(Reload)列宁或列宁主义"等动宾结构的标题,这些以"Re"为前缀的动词的频繁出现,大有重新激活人们对列宁关注兴趣的意味;同时,所有这些著述,又大多绕不开列宁的早期著作《怎么办?》,他们从重读《怎么办?》开始,但从中却读出了不同内涵、意蕴和判断。

一、列宁主义的思想之源:来自马克思恩格斯,还是K.考茨基?

长期以来,列宁主义的思想来自何处,一直成为西方学者关注的首要问题。冷战时期,他们习惯性地把德国社会民主党及其理论家K.考茨基,以及俄国民粹派涅恰也夫和特卡乔夫的思想视为列宁主义的思想来源,以制造列宁主义内部的理论矛盾,制造列宁主义同马克思主义之间的种种对立。21世纪以来,西方学者尤其是左翼学者在这个问题上有所转变,争论的焦点主要集中于"列宁主义是来自K.考茨基,还是马克思主义?"

1. 列宁和K.考茨基之间存在惊人的连续性

L.利赫

当代列宁主义研究最有影响的学者L.利赫在其2005年底出版的《重新发现列宁:回到〈怎么办〉》一书中,通过重读《怎么办?》,发现列宁和K.考茨基之间的直接承续关系。其关键证据是,列宁在1894年翻译了K.考茨基最流行的著作《爱尔福特纲领解说》,并在《怎么办?》中直接援引了K.考茨基关于"新型政党"的提法,以及"社会主义意识是一种从外部灌输到无产阶级的阶级斗争中去的东西"这样的判断,据此将列宁描述为"俄国的爱尔福特分子"。简言之,L.利赫在这本专著中反复论证的是,列宁直到1914年都是一个K.考茨基主义者。这一点在西方学术界没有太多争议。但是,问题是列宁与K.考茨基在1914年彻底决裂了,而且这次决裂带来的是对"K.考茨基主义"彻头彻尾的抛弃和批判。是K.考茨基变了,其前后言行不一,于是成为一个叛徒;还是列宁变了,他后来意识到之前错了,不该那么推崇K.考茨基,于是放弃第二国际正统马克思主义？为了回答这个问题，L. 利赫专门建立了"马克思主义者 K. 考茨基数据库"，其中包括自 1909 年起列宁对 K. 考茨基著述的态度的所有言论或行动。在 2008 年"全球左翼论坛" 和 2009 年加拿大卡尔顿大学召开的"社会主义研究学会"年会上，他先后以"列宁与 K. 考茨基：最后时期"[①]、"列宁坚持批判的非原创性，1914—1916" [②]为题发言，具体考察列宁在其人生最后 10 年中与 K. 考茨基的关系。

首先，1914 年后列宁关于 K. 考茨基有过很多讲话和文章，但是对他的评价大多是正面的。L. 利赫承认，在这些文章中，很容易找到列宁批判 K. 考茨基和"K. 考茨基主义"的证据，最典型的就是《无产阶级革命和叛徒 K. 考茨基》(1918)，但是，更多的引用是正面的，而且列宁对这一话题的讨论常常是在重读 K. 考茨基受质疑的作品之后做出的。比如 1914 年，列宁详细阐述了 K. 考茨基《取得政权的道路》(*Road to Power*，1909)一书的主要论点，并评论道："这本小册子最完整地……阐述了对当今时代各项任务的看法，而且是出自第二国际最有威望的著作家的手笔。"[③]1916 年，列宁指出了战时欧洲社会主义运动集团"齐美尔瓦尔德派"与 K. 考茨基理念的连续性，"我们所有的齐美尔瓦尔德左派都确信，K. 考茨基在 1914 年离开马克思主义转到维护沙文主义以前也曾经确信，社会主义革命完全可能在最近的将来发生，正如同一个 K. 考茨基有一次所说的那样，就在'旦夕之间'"。[④] 1917 年，就在十月革命爆发前几天，列宁对一群瑞士听众做了关于俄国 1905 年革命的演讲，其中说道"1905 年的俄国革命，证实了 K. 考茨基于 1902 年在他的《社会革命》(*Social Revolution*)一书中所写的东西。"[⑤] 1919 年，在布尔什维克党的八大上，列宁发现将 K. 考茨基引为权威有助于说服革命派布尔什维克党员认可农民政策转变的必要性。他在发言前评述道："K. 考茨基《土地问题》(*Agrarian Question*，1899)这本著作正确阐述了马克思的教导，而且被认为是这个领域不争的权威。"[⑥] 1920 年，在《共产主义运动中的"左派"幼稚病》一书中，列宁以下面的话开篇："很久以前，当 K. 考茨基还是一个马克思主义者而不是叛徒的时候，他曾经以一个历史学家的态度看问题，预见到可能会有一天，俄国无产阶级的革命精神将成为西欧的模范。这是 1902 年的事，当时 K. 考茨基在革命的《火星报》上写了一篇题为《斯拉夫人和革命》(*Slavs and*

---

① Lars T. Lih，"Lenin and Kautsky：The final chapter"，http://www.isreview.org/issues/59/feat-lenin.shtml.

② Lars T. Lih，"Lenin's Aggressive Unoriginality，1914 - 1916"，*Socialist Studies：the Journal of the Society for Socialist Studies* 5(2) Fall 2009：pp. 90 - 112.

③ 在这里，作者 L. 利赫引用的文献均为俄文版"列宁全集"。Lenin，*Polnoe sobranie sochinenii* (PSS) (Moscow，1958 - 1965)，26：98：105.

④ Lenin，PSS 30：51.

⑤ 同上书，第 323 页。

⑥ Lenin，PSS 38：193 - 194.

Revolution)的文章。……K. 考茨基在18年前写得多好啊!”[①]显然,当列宁回顾那时候的K. 考茨基时,认为他是一个马克思主义者,而且是无与伦比的一个。

其次,1914年后列宁的政治思想很大程度上直接来源于K. 考茨基和其他正统马克思主义作家。L. 利赫认为,列宁确实在用K. 考茨基的观点持续地对其自身所处的革命环境进行阐释,换句话说,K. 考茨基在一战前的著作思想对列宁产生过强烈影响。比如,K. 考茨基和列宁都坚信“革命形势”的现实存在。在《取得政权的道路》一书中,K. 考茨基描述了革命形势即将到来的4个前提条件,即现政权敌视人民;作为反对派的大众型政党的存在;大众对该政党的支持;反动政权内部的信心危机等。列宁随后也曾提出关于革命形势的4点描述,虽然在具体表述上与K. 考茨基有所不同,但是显然极为相似。再比如,他们都认为,与和平时期相比较,革命时期需要一种完全不同的政治动力机制和策略手段。K. 考茨基在1910年与R. 卢森堡的辩论中曾对“疲劳战略”和“推翻战略”作出了明确区分:在一个常规的非革命情形下,需适用“疲劳战略”,而在革命形势到来之时则需适用“推翻战略”。1917年,列宁其实是在用K. 考茨基关于两种策略划分的思想来批评K. 考茨基的机会主义。在列宁看来,战争爆发后的欧洲社会主义者背离了《巴塞尔宣言》,他们背叛了第二国际的光辉历史,而列宁则是一战前第二国际正统思想的继承者和守卫者。显然,列宁1914年之后的政治思想很大程度上直接来源于K. 考茨基和其他正统马克思主义作家。对此,列宁本人坦诚,其关于革命形势的观点是基于一战前第二国际相关共识,尤其是K. 考茨基的思想观点而产生的。

《重新发现列宁》一书封面

再次,1914年后列宁的思想不是对第二国际正统思想的割裂、创新,而是一种辩护和捍卫。读列宁在1914年后的著作容易使人以为,列宁对第二国际及其主要理论家K. 考茨基持强烈拒斥态度。但在L. 利赫看来,这是一种误读,原因在于大多读者都将列宁所反对的“考茨基主义”(Kautskyism)理解为K. 考茨基在其著作中所体现出来的一整套思想体系。其实,Kautskyism是对“考茨基派”(kautskianstvo)的错误翻译,后者并不是一种“主义”,也不包含K. 考茨基在一战前的思想观点,而是指K. 考茨基在一战后的思想观点以及这种观点的支持者。因此,列宁对所谓的“考茨基主义”的谴责,并不代表他对K. 考茨基战前思想的态度。在1914年后,即使在猛烈抨击“考茨基主义”之时,列宁仍不时提及“在1909年之前,K. 考

① Lenin, PSS 41: 4 - 5. After the summer of 1920, there are very few references to Kautsky, either positive or negative.

茨基仍是一个马克思主义者”，仍然非常赞赏K.考茨基1909年前在战争和革命、机会主义、民族政策、农业和农民政策上的观点；即使欧洲社会主义尤其是正统马克思主义的“背叛”使列宁深感震惊，但是他坚持认为，自己所做的只是为正统思想做辩护，反对任何对正统思想的歪曲化解释。他一次又一次地要求人们重读K.考茨基，以及其他受尊敬的马克思主义作家和政治家在1914年前的言论，再看看他们没有恪守自身理念的无耻言行。①

读列宁在1914年后的著作，也很容易使人认为，列宁在1914—1916年间的理论思想是对第二国际正统思想的创新。在L.利赫看来，这同样是一种误解，因为列宁本人就非常强调自己思想观点的“非原创性”；在1914—1916年间，列宁并没有形成什么新思想，他在这一时期所坚持的都是之前的思想，与一战前第二国际的正统思想保持一致。因此，列宁这期间的思想轨迹可用“批判的非原创性”(Aggressive unoriginality)一词来概括。当然，这里的“非原创性”并非是指其完全照搬他人，而是指列宁思想与一战前K.考茨基以及第二国际其他的理论家都保持一致。

总之，L.利赫认为，重读列宁尤其是他对K.考茨基的引用，就可以看出，不管是在一战前还是在一战后，列宁的思想都直接来自K.考茨基以及第二国际其他正统思想家，即使是列宁在称K.考茨基为“叛徒”的时候，也仍然认为自己在遵照K.考茨基在1914年前所阐释的原则，也就是说，改变道路的是K.考茨基，而不是列宁。

2. 列宁主义直接来源于马克思、恩格斯本人的著作

A.尼姆兹

美国明尼苏达大学政治学系教授A.尼姆兹认为，L.利赫的专著《重新发现列宁：回到〈怎么办〉》及其不同场合的发言，不仅带有重读列宁的倾向，而且还带有将其从马克思、恩格斯的思想中分离出来的危险。2009年5月，他在加拿大卡尔顿大学召开的“社会主义研究学会”年度会议上直接发出“回到列宁——马克思恩格斯可以不在场吗?”②的质疑。在发言中，A.尼姆兹坚持认为，列宁是通过马克思、恩格斯本人的著作而不是通过K.考茨基的著作掌握了马克思、恩格斯理论，因此，列宁才能更加准确地评判德国社会民主党及其领导人的优缺点。如果无视这一根

① For example, in 1915, after stating his concept of a revolutionary situation, Lenin comments: “Such are the Marxist views on revolution, views that have been developed many, many times [and] have been accepted as indisputable by all Marxists ... ” (Lenin, PSS, 26: 219).

② August H. Nimtz, “A Return to Lenin — But Without Marx and Engels?” *Science and Society*, Vol. 73, No. 4, Oct. 2009, pp. 452 - 473.

本事实,就不能理解为什么列宁与德国社会民主党以及包括K.考茨基在内的理论家的分歧会如此之大。对此,A.尼姆兹从3个方面作了论证。

首先,马克思、恩格斯本人在后期对俄国革命曾给予极大的关注。19世纪后半叶,就俄国如何走向社会主义的问题,当时的俄国年轻人非常希望能够从马克思那里获取答案。而马克思和恩格斯实际上从1870年开始逐渐将俄国革命的发展置于优先考虑地位。比如,1870年马克思接受俄国青年恳请,在第一国际总委员会担任俄国流亡者团体的代表;1871年3月巴黎公社时期,马克思、恩格斯直接与年轻的俄国革命者进行政治合作;1875年恩格斯在马克思的敦促下与俄国民粹派成员特卡乔夫进行论战;1881年马克思致劳动解放社的创建者查苏利奇的信中,回答了如何才能使公社成为社会主义转变的基础;1882年在《共产党宣言》俄文第2版序言中提出,“俄国已是欧洲革命运动的先进部队了”;俄土战争的爆发使马克思和恩格斯认识到,俄国社会革命一旦爆发,就必然会向西欧扩展,从而引发“整个欧洲的急剧变化”;马克思逝世后,恩格斯同俄国流亡者团体保持着密切的联系,尤其关注了1891—1892年发生的干旱和大饥荒对俄国造成的严重破坏,并向查苏利奇提出了一些建议,这些建议在列宁《怎么办?》中多有提及,等等。所有这些事实,A.尼姆兹认为,往往为那些重读列宁而又割裂列宁同马克思主义之间联系的学者所忽视。

其次,列宁在青年时期就开始了解和引用马克思、恩格斯著作。列宁早在18岁(1888)时,就能用德语阅读《资本论》了;1890年,他组建了一个研究小组将《共产党宣言》译成俄文;大饥荒期间以及结束之后,列宁投入到《资本论》第1卷和第2卷的研究工作之中;此外,列宁还阅读、做笔记或援引过马克思、恩格斯的《神圣家族》、《哲学的贫困》、《黑格尔法哲学批判》、《英国工人阶级状况》、《社会主义从空想到科学的发展》、《论住宅问题》、《论暴力在历史中的作用》、《家庭、私有制和国家的起源》等著作。A.尼姆兹认为,通过阅读列宁的早期著作和通信就会发现,在俄国问题上,列宁和马克思、恩格斯的观点极为相似。尽管列宁非常尊重K.考茨基的权威性,但他却宁愿直接回到K.考茨基思想的来源(即马克思主义)那里来考察俄国问题,在1894年一篇名为《什么是“人民之友”以及他们如何攻击社会民主党人?》的公开宣言中,列宁只引用过1次K.考茨基的观点,而对马克思和恩格斯的引用却各有41次和14次。在所有著作中,列宁对K.考茨基的引用只有42次,而对马克思和恩格斯的引用却各有151次和59次。可见,列宁希望通过阅读、引用马克思、恩格斯的著作,利用他们的方法来分析俄国现实,尤其是农民问题和农村跨越资本主义私有制问题。

再次,列宁对德国社会民主党的批判多于学习。A.尼姆兹认为,L.利赫用来证明列宁是“俄国的爱尔福特分子”的依据确实存在,但却忽视了其他证据。首先,L.利赫的论述,明显无视青年列宁对E.伯恩施坦和德国党修正主义的批判态度。当德国党的修正主义思想开始在俄国民粹主义运动中散播时,列宁就及时作出了回应。列宁是在流放西伯利亚期间(1897 年 2 月—1900 年 2 月),通过研读 E. 伯恩施坦的《社会主义问题》,将 E. 伯恩施坦和德国党的修正主义定性为机会主义。而 K. 考茨基第一次公开批判 E. 伯恩施坦是在 1898 年 9 月,因此,没有证据显示,在批判 E. 伯恩施坦修正主义的问题上,列宁曾受过 K. 考茨基的影响。其次,列宁在《怎么办?》中的确援引了一些德国社会民主党及其理论家 K. 考茨基的言论,但是,同时他在该著作的第 4 部分明确指出,德国和俄国共产党人的近期目标就是为政治民主而斗争。恩格斯曾经指出,社会民主党需要为政治民主而斗争,同时也强调用暴力摧毁旧的国家机器,德国党在这一问题上没有坚守原则,K. 考茨基在《爱尔福特纲领解说》中强调的是议会斗争,而列宁却坚持了暴力原则。换句话说,与查阅德国社会民主党的一些个别资料相比,列宁显然更加推崇原始文献。再次,列宁在《进一步,退两步》(1904)一书中,描绘了俄国党在 1903 年第二次代表大会上的分裂。列宁发现,德国党的领导人尤其是 K. 考茨基,与俄国孟什维克党站在同一战线上了。1907 年,列宁更是发现,德国社会民主党正在蜕化、变质——在斯图加特召开的第二国际代表大会上,E. 伯恩施坦操纵党内多数派通过了一份允许“社会主义殖民政策”的决议草案。针对该问题,列宁认为,长期坚持马克思主义立场的德国社会民主党陷入了摇摆不定,或者说拥抱了机会主义。1914 年一战爆发,列宁与德国党彻底决裂了。最后,为了弄清德国党蜕化、变质的原因和实质,在此后的两年时间里,列宁甚至集中精力研究了马克思、恩格斯理论方法的来源,即研究 W. 黑格尔。

总之,在 A. 尼姆兹看来,当“回到列宁”再次成为时兴话语的时候,一定要警惕两种错误的倾向:一是试图将列宁从马克思、恩格斯那里割裂开来,如论文集《列宁重新登场:走向真理政治学》;二是试图将列宁视为德国社会民主党的附属,如 L. 利赫。认真阅读马克思、恩格斯关于俄国问题的论述,以及《怎么办?》之前甚至包括《怎么办?》时期列宁的著述,就会发现马克思、恩格斯曾准确地预言了俄国革命,并为青年列宁提供了使他们的设想付诸实践的必要工具;就会发现列宁用以理解、回应俄国甚至德国现实发展问题的,不是 K. 考茨基和德国社会民主党的思想和方案,而恰恰是马克思、恩格斯的思想和方案。从某种意义上说,正是因为列宁扎根于马恩著作,而不是这两位创始人的阐释者 K. 考茨基,他才能够预见、了解并确定德国党内日益增长的修正主义倾向,并最终与之决裂。

二、列宁主义的理论实质:是一种极权主义理论,还是一种人类解放思想?

列宁主义的理论实质是什么?冷战时期,西方“列宁学”专家的思维逻辑大致是,把《怎么办?》视为列宁主义的历史起点,以此断定列宁主义从本质上说是一种极权主义理论,甚至将之视为斯大林主义的"原罪"。这样的思维,主要来自意识形态的右翼,他们大多以学术为名,结果歪曲了列宁和布尔什维克党的"真相"。这样的思维,也影响到一些左翼学者的判断,他们尽管不同意右翼对列宁和布尔什维克党的指责和评价,但是对他们而言,"列宁主义"一词往往还是等同于在一系列原则下,组织革命性的社会主义政党。所以,他们通过重读《怎么办?》,通过引用列宁的话,将列宁刻画为一个独裁主义者,认为列宁主义就是精英主义。可见,在西方学者中,不管是右翼还是左翼,都存在这样一种现象,即认为《怎么办?》这本书最先也最能反映列宁思想的本质内容,换言之,列宁主义的理论实质就是一种如何建立"新型政党"的学说,就是一种极权主义理论。对此,近年来一些西方左翼学者提出了不同的看法。

1. 误读了《怎么办?》也就误读了列宁

当代关于列宁的学术研究,最有突破性的也许就是L. 利赫的《重新发现列宁:回到〈怎么办〉》。他质疑列宁《怎么办?》一书的重要性和意义,并不认同该书明确表达了建立一种最终标志与第二国际修正主义决裂的"新型政党"。他认为:"一些专家把《怎么办?》视为标志布尔什维主义诞生的文献,认为这本书最先反映了列宁思想的本质内容。但是,这些专家的研究,并没有考虑到当时的背景,尤其是没有考虑到国际社会民主党的大背景,也没有考虑到1901年底俄国社会民主党人内部混战的小背景。坦白地说,他们误读了《怎么办?》,因此也误读了列宁,结果他们就成功地把列宁的形象提高到教科书的地位。"[①]通过仔细分析当时的辩论,L. 利赫将列宁的这本小册子重新置于当时的背景之下,并以一种新的令人惊讶的方式将之引入人们关注的焦点。"我反对对其进行教科书式解读的各种主张。列宁观点的主旨并不是担心工人,而是担心工人的激情。关于工人自发性的阐述,并不是《怎么办?》的核心,而是对这场辩论的突围。……《怎么办?》并不反对社会民主党的西方模式,相反却经常援引这种模式。……《怎么办?》提出的原则立场,并不是1904年俄国社会民主党分裂的原因。"[②]

2. 两种不同的"列宁主义"

还有一些西方左翼学者坚持认为,列宁的思想比我们所认识的"列宁主义"要丰富得多,有创见得多。2009年5月,P. 凯洛格在加拿大卡尔顿大学召开的"社会主义研究学会"年会上,直接以"列宁主义并不是你所想象的那样"[③]为题发言。他认为,事实上我们现在对列宁思想的理解相当有限。由于共产主义运动内部的分歧以及东西方间的意识形态战争,他的思想已经被严重曲解和偏离,结果人们通常将列宁主义理解为

---

① Lars T. Lih, *Lenin Rediscovered: "What is to be Done" in Context*, pp. 4 - 5.

② 同上书,第20页。

③ Paul Kellogg, "Leninism: It's Not What You Think", Socialist Studies: the Journal of the Society for Socialist Studies 5(2) Fall 2009: pp. 41 - 63.

“在工人阶级政党内部强调集中和纪律”。其实，有两种不同的列宁主义，一种是我们更为熟悉的第三国际第3次代表大会(1921)的列宁主义，即“党的地方委员会直至党的中央领导集体，控制所有下属委员会的活动、运转和构成”；另一种是列宁在1905年的声明中所坚持的“每一个党组织都应该实现自治”，以及各常设机构应该“选举产生、负责、可罢免”。在这里，P.凯洛格通过重新介绍M.李本(Marcel Liebman)的《列宁的列宁主义》[1]，强调这种差异，重新将列宁置于当时的历史环境，使人们重新认识列宁主义，审视过去对列宁主义的误解。

(1) P.凯洛格指出，回到当时的历史环境，就可以看出列宁的“集中制”在他那一代的社会主义者中是必不可少的；但是，一有机会，这种“集中制”就会退居幕后，继而强调民主和讨论。在他看来，当时的俄国是一个专制国家，社会主义者的工作必须秘密进行；多数党的领导人都曾遭到流放，并且时刻都有被逮捕的可能。所以，从1903年开始，俄国社会主义者就分为两派——布尔什维克和孟什维克，至1905年，布尔什维克党以极端集中的形式组织起来，委员会仅“由职业革命家组成”，在与其他党员的关系中“权力无限”。这并不是列宁主义者的特性，只是生存的问题。对此，即使后来批评过列宁的俄国社会主义者普列汉诺夫和马尔托夫，也在1900年代强调在俄国当时大环境下，任何革命特别是政治性组织，都需要依靠集中；对他们来说，凝聚力和秘密性比大范围的招募党员重要得多。显然，这样的历史环境对于那些生活在发达资本主义自由民主世界的活动家而言，是陌生的；这种条件也被列宁认为是“外国人”所不能理解的。

在1905—1906年俄国革命的高潮中，在城市工人的领导下，出现了全国范围内的民主：人们从沙俄的压迫中解放出来，到处是公共辩论，社会主义政党开放，流亡者得以回国，会议随时可以举行，报纸不再受禁……一下子俄国出现了前所未有的自由。在这一背景下，“列宁主义”变了，甚至变得让人难以识别了。在当时党的组织结构和方法中，我们看到了列宁朝民主化方向的修正。在1905年春天布尔什维克党的三大上，列宁提出吸收新的激进工人加入布尔什维克党的建议，但是遭到当时与会代表的反对。他们反对可能威胁到他们权威的任何举动；他们通过引用《怎么办?》来支持自己的观点；他们在接收工人进入委员会的问题上要求“谨慎行事”，认为民主的做法是不合适的。[2] 当然，列宁最终赢得了这场争论，布尔什维克党的大门打开了，新的民主结构和实践取代了过去的理念。“布尔什维克党1905年大会宣布赞成各委员会相对

① Marcel Liebman, *Leninism Under Lenin*, London: Merlin Press 1975.

② 参见 Tony Cliff, *Lenin*, *Volume I: Building the Party*. London: Pluto Press 1975, p. 175. Available at Marxists Internet Archive, http://www.marxists.org/archive/cliff/works/1975/lenin1/index.htm (accessed 30 June 2009)。

于中央委员会的自治，中央委员会的权威被大大削弱……在彼得格勒社会主义革命前，召开了会议并选举产生了一个机构，这个机构每月至少召开两次会议，每半年重新选举一次，并由该机构选举首都的党委会……列宁称赞道，党内投票应该作为一项基本原则应用到所有重要的政治议题上。”①

这样看来，在列宁主义的字典中，不仅有“纪律”和“集中制”，还有“民主集中制”，而且当时提出这个概念，正逢1905—1906年革命，其目的是为了反对过多的集中制，反对过于严格的组织结构和缺少民主。列宁在1906年两派共同参加的代表大会上表示：“我们仍然需要做的是，在党的组织上真正应用民主集中制原则，努力使地方组织切实成为党的重要组织单位，所有上级常设机构都要是选举产生、负责、可罢免的。”②这是列宁在1905年革命期间，也就是说在环境变化了的情况下形成的思想。但是，他的这种思想，他的这种实践很少被学者们所提及，更不用说分析了。

(2) P.凯洛格指出，回到当时的历史环境，还可以看出列宁晚年已认识到“列宁主义”被共产国际“过度苏俄化”(Too Russian)了，但是，由于斯大林主义的抬头，对实际存在的、过度苏俄化的“列宁主义”被进一步推向极端。早在1918年，列宁就认识到，发达资本主义国家的社会主义革命并不会像在俄国那样简单，德国、法国和英国的条件和俄国不同：在那里，资本主义已经充分发展，有了民主的文化和组织。在共产国际三大后的第2年，也就是说1922年在为共产国际四大做准备的时候，列宁对三大通过的“坚硬的列宁主义”(hard Leninism)做出了新的评价：“决议写得很好，但它几乎全是俄国味，也就是说，完全是根据俄国条件写出来的。……没有一个外国人能够读懂……即使作为例外，有个别外国人能读懂，他也无法执行……我觉得我们写出这样的决议是犯了一个很大的错误，就是我们自己给自己切断了今后走向成功的道路。”③显然，这是在他看到德国革命无望的情况下，努力推进国际极端左翼主义转向。这时，对他而言，适合“俄国条件”的组织方法与适合西欧条件的组织方法之间的区别，已经非常清晰了。

但是，当列宁想要重新复兴民主集中制时，当他写信提醒外国共产主义者“过度苏俄化”的组织原则时，他已经重病缠身。在病痛中，他需要同时在两个方面作战，一个是在共产党统一战线策略的运动中获胜，一个是和斯大林主义作斗争。但是，列宁失败了，斯大林主义占据了主导地位，斯大林主义者选择性地接受了在地下革命阶段的

① Marcel Liebman, *Leninism Under Lenin*, London: Merlin Press 1975, p. 50.

② 同上书，第51页。

③ Lenin, V. I. 1980. “Fourth Congress of the Communist International.” In Collected Works, Volume 33, V. I. Lenin. Moscow: Progress Publishers, 1980, 415 - 432. Available at Marxists Internet Archive, http://www.marxists.org/archive/lenin/works/1922/nov/04b.htm (accessed 30 June 2009).

"独裁的列宁主义",而忽略了革命时期的"民主的列宁主义"。列宁那句"过度苏俄化"的告诫成为现实,列宁主义逐步发展到了一个他所担心的讽刺性的阶段。共产国际五大是第一次没有列宁出席的大会,并掀起了反对托洛茨基的运动,它最重要的决议之一就是使非俄国的共产党布尔什维克化。这就意味着使布尔什维克普遍化,而无视别国的条件,不管是发达资本主义国家,还是落后的殖民地国家。

总之,在列宁生活的时代,要讲选举原则、频繁开会、大范围地吸纳党员等都是不可能的,所以俄国社会主义者所采取的组织形式是严格的,在西方人眼中就是"独裁主义"。但是,在1905—1906年革命中,列宁热情地想要去中心化和追求民主,强调用"民主集中制"取代原来的"集中主义",即便是在1922年的严峻条件下(当时俄国被敌对的帝国主义包围),他依然很清楚地认识到,不能机械地将沙俄时代的组织标准应用于西欧发达资本主义国家。这意味着,列宁主义前后存在一个非常大的中断:一个是大多数人所认为的那样,列宁主义是"独裁的、自上而下的、钢铁一块的政党";另一个是列宁本人所认为的那样,强调民主,适合发达资本主义自由民主社会的列宁主义。

3. 列宁主义关心的是人类解放,而不仅仅是革命性政党

P. 莱波兰克

美国匹兹堡拉洛希学院历史学教授P. 莱波兰克(Paul Leblanc)在2008年3月15日纽约举行的全球左翼论坛上,以"列宁还重要吗?"[①]为题发言。他从理论上论述了列宁关于革命性政党同工人阶级解放之间的关系。他指出,列宁坚信社会主义理论、实践与劳工运动之间存在着必然联系:工人阶级需要出卖自己的劳动力才能维持自身的生存,而人类社会的维系也得益于工人阶级的劳动;工人阶级在数量上虽占据多数,但是,如果他们不为社会主义目标而奋斗,就不能充分维护自己的现实利益并推翻各种社会压迫;如果革命分子还没有组织起来,没有对工人阶级进行系统和持续的教育、动员和组织,就不能挑战或战胜资产阶级权力。在这种情况下,工人阶级中的"先进分子"或先锋队就应当聚拢在一起,抱着扩大团结、实现共同理想的目标将工人阶级整合起来,使之能够以阶级整体的力量推动共同利益的实现。也就是说,列宁强调了社会主义积极分子和工人阶级支持所有被压迫人民反抗斗争的必要性。因此,建立革命分子的组织是列宁主义的实质,而战胜资本主义才是列宁主义的真正目的。

美国社会主义作家S. 史密斯(Sharon Smith)在列宁逝世80周年前夕发表了"为列

① Paul Leblanc, "Does Lenin still matter?", http://www.isreview.org/issues/59/feat-lenin.shtml.

宁主义辩护”[①]的文章。他从具体实践的层面，证明列宁主义是一种关于人类解放的理论。他认为，事实不仅证明存在前后断裂的“两个列宁主义”，而且证明列宁主义也不仅仅是一种革命政党学说。比如，布尔什维克党在革命后，实践了一个资本主义社会从未有过的民主原则，那就是，并非通过国会、议会民主，而是通过工人委员会，通过苏维埃体制给予了每一个工人阶级以真实的代表权；1917年，革命发生两个月后，列宁督促工人阶级走得更远一些。他指出，当前最重要的任务之一就是发展工人的独立性，开拓其创造性的组织工作，抛开所有关于“上层建筑”的偏见，抛开只有富人才能管理国家的旧有观念，推动社会主义社会的发展；列宁还切实关注种族和民族压迫问题，俄国革命后不但使歧视犹太人成为非法，甚至还选举犹太人作为苏维埃的主席，等等。S. 史密斯认为，这就是列宁的社会主义组织理念，也是普通人当家做主、管理社会的理念；这意味着工人阶级受剥削的结束，也意味着任何形式压迫的终结。

三、列宁主义的精神遗产：是一种方法和态度，还是一种策略原则？

长期以来，西方“列宁学”习惯把列宁主义基本原理描述成落后的农民俄国的产物，说它最多也只适用于过去封建的东方国家和今天贫穷的第三世界。当今的西方左翼学者，却越来越多地认为，列宁不仅为变革当今世界提供了一种方法和态度，而且更为重要的是，他的策略思想仍然值得借鉴。

《列宁重新登场》一书封面

1. 一种“真理政治学”

2001年在德国埃森召开了一次有关俄国革命的会议，会后由S. 布京、S. 库维拉克斯和S. 齐泽克编辑出版的论文集《列宁重新登场：走向真理政治学》，直接以“真理政治学”(politics of truth)作为副标题。这表明，列宁对马克思的解读是表述真理的一种独特声音，是一种科学方法和态度，因此列宁才有能力驱散所有的机会主义折中政治，并重申革命事业的重要性。

意大利政治哲学家A. 内格里(Antonio Negri)就在文章中肯定列宁的原则和方法，但是却利用这些原则和方法，指出其“革命事业”中所存在的问题。他认为，工业资本主义时代以来，社会变革、解放的机制已经发生了根本

① Sharon Smith, “In Defense of Leninism”, www. scribd. com/doc/34489166/Defense-of-Leninism.

性的变化,这种变化所造就的"社会多数"与列宁所宣称的单一革命主体——无产阶级极为不同;列宁主义当时的战略干预模式已不适用变化了的经济环境,但列宁却为我们分析斗争的具体历史形势以便进行变革实践提供了借鉴。[①] 这得到法国社会学家S. M. 茅斯(Savas Michael-Mauss)的回应,他也认为,就当前环境而言,列宁的最重要的个人贡献,不是他在战略方面的看法,而是他面对巨大压迫的持续反抗的英雄主义。[②]

英国知名学者、伦敦大学国王学院教授A. 柯林尼克斯(Alex Callinicos)认为,革命斗争中经常会出现各种各样对资本主义现有秩序的妥协和让步,事实上,列宁也曾妥协过,如与帝国主义强国德国展开谈判,以及在内战后农民出现不满和德国革命未能提供有效援助的情况下转向新经济政策。所以,学界对列宁缺乏理性的判断是一种历史歪曲,真实的列宁是一个富于道德理性的哲学家。[③] 在英国马克思主义文学理论家T. 伊格尔顿(Terry Eagleton)看来,列宁不是一个"钢铁般坚毅的先锋队员",而是一个强调具体情况具体分析的理论家;列宁也没有强调无产阶级的单一革命主体特性,而是强调一小部分革命骨干的集体努力就能推动社会的革命性变化;列宁并不是要"领导"工人阶级,并坚持用有计划的战略遏制人们的创造性,以及通过诉诸所谓的革命学说来证明家长制干预的合理性的官僚主义者,而是承认没有哪个自觉的集体可以预知被压迫者反抗压迫的诉求和行动。[④]

A. 柯林尼克斯

与T. 伊格尔顿对列宁的解读不同,加拿大独立学者L. 利赫则认为,列宁其实是一个福音主义者,他通晓绝对真理,并制定纲领、采取措施以唤醒沉睡的普通大众。美国普渡大学政治系教授、当代著名列宁哲学研究专家K. 安德森(Kevin Anderson)则认为,在革命性政党的作用和革命民主主义方面,列宁的理论基础极为薄弱。然而,列宁却是一个富于道德观念、崇尚科学精神的战略家,对国家社会主义的失败和斯大林的极权主义不负有责任。[⑤]

2. 两种"策略思想"

在2009年5月加拿大卡尔顿大学召开的"社会主义研究学会"年会上,S. 达尔希以

① Sebastian Budgen, Stathis Kouvelakis and Slavoj Ziziek, eds., *Lenin Reloaded: Towards a Politics of Truth*, Durham and London, Duke University Press 2007, pp. 301-306.

② 同上书,第102—103页。

③ 同上书,第25—26页。

④ 同上书,第42—58页。

⑤ 同上书,第120—121页。

S.达尔希

"策略、超策略和反资本主义激进主义"①为题发言。他以基于当下背景的视角，来审视列宁的遗产，即把列宁主义作为一种有关当代反资本主义激进主义②政治策略来看待。他认为，现在人们在提及列宁主义的政治策略时，往往是指"第一策略"(first-order strategy)，一种在当时俄国条件下提出的策略；然而，隐藏在这种第一策略背后的是"第二策略，即超策略"(second-order / metra-strategy)，一种范围和适应性都更为广泛的系列策略原则；如果将这种超策略运用于当下，就会形成今天的列宁主义。

所谓"第一策略"，包括6个原则，即政党的组织形式是领导反资本主义运动的重要手段，而非工团主义者、无政府主义者所谓的联合和协作；政党由工人运动中的先进分子组成，而非整个工人阶级；政党在具体政策上应坚持集中制原则，而非多元主义；政党的集中制原则要求下级服从上级；政党应当参与工人阶级运动，并对工人运动的各种组织和团体施加影响，而不是在这些组织和团体之外另建革命性替代组织；政党应当通过"共产国际"这个国际性组织，与全球性反资本主义革命加强国际联合，并在理念上加强协调。显然，第一策略实质上为具体的政治斗争提供直接指导。

而"第二策略"主要包括5个方面，即策略不存在真伪之分，只有有效和无效之别；策略在实践中是否有效主要取决于制定策略的具体背景；革命策略选择，要重点考察社会的力量对比情况；只要统治阶级及其联盟的力量还强于革命阶级，那么革命斗争就还处于预备阶段，一旦力量对比的天平倒向革命阶级及其联盟，那么就应当实施革命策略转向，由"摩擦策略"(strategy of attrition)转向"推翻策略"(strategy of overthrow)；反资本主义斗争的预备阶段要采取拖延和不对称战术，即"摩擦策略"，而在反资本主义斗争的临界期，就需采用"推翻策略"。可见，第二策略，不仅指导具体的政治斗争，而且还是策略演变所赖的指导方针。换句话，这种策略并非是指具体的策

① Stephen D'Arcy, "Strategy, Meta-strategy, and Anti-capitalist Activism", *Socialist Studies: the Journal of the Society for Socialist Studies* 5(2): 64-89, 2009.

② 作者在这里之所以用"反资本主义激进运动"而不是"社会主义激进运动"来描绘当今世界的左翼反抗运动，有两个原因：其一，许多所谓的"社会主义者"，尤其是"民主社会主义者"只是要求建设资本主义福利国家，与本文所探讨的革命策略(revolutionary strategy)问题无涉；其二，那些所谓要推翻资本主义，以平等主义的后资本主义经济民主取而代之的人，并不使用"社会主义"一词来描绘其政纲，而更乐意使用"参与型经济"、"平等协作"、"自治社会"、"经济民主"、"地方自治主义"这些概念。

略,而是指评判具体策略优劣、进行策略选择的一般标准。

很显然,列宁的"第一策略"产生于反资本主义运动高涨的"战争与革命时代",很难适用于当今的北美,当下的北美只能采用反资本主义的"摩擦策略"。因为,北美的左翼力量还很混乱,虽然统治阶级的力量和信心遭受到2008—2009年间全球性金融危机的沉重打击,但其地位仍不可撼动,统治阶级和反资本主义运动之间的力量对比仍呈不对称态势。在这种情况下,采取何种策略来壮大自己,改变力量对比,最终推翻资本主义统治,乃是反资本主义者所面临的最大挑战。反资本主义摩擦策略虽然不同于推翻策略,但事实上也是一种革命策略。为此,当下的反资本主义运动应确立以下4项目标:鼓动并利用社会不满、建立非资本主义替代模式、建立反财团联盟、重塑反资本主义的激进主义思想。

总之,在S.达尔希看来,马克思主义是一种理论,甚至是一组由各种理论组成的理论体系,而列宁主义却是一种政治策略,即将激进分子组织起来进行反资本主义革命的一种政治策略。通过重读列宁来反思列宁,就要细心捉摸其超策略思想。当代的反资本主义左翼运动不应教条化运用列宁的策略思想,而应依据列宁的超策略思想,形成一套符合现实状况的政治策略模式。他指出,向列宁学习并不是说要认同列宁的所有结论,而是要向其学习得出该结论的方法。

四、为什么要"重读"、"反思"、"回到"列宁?

由上可见,近年来西方左翼学者重读列宁文本,反思其遗产,并就如何理解他的思想理论及其对当代左翼政治战略的意义提出了一些新见解。同时,一些学者还对当前为什么要重读、反思列宁,以及应该回到怎样的列宁进行了分析和思考。

1. 当代世界需要列宁主义这样的"真理政治学"

列宁生活的时代,已经距离我们很远了,但为什么我们还要关注他呢?

首先,我们现在对列宁事业的理解还相当有限。正如《社会主义研究学会杂志》2009年秋季号在关于"反思列宁主义"专刊的导言中所表达的:长期以来,一些人对他几尽诽谤,一些人对他过于神话,可见,列宁仍然是我们这个时代最富争议的一个人物。在西方学者中,列宁关于"建设新型政党"的设想,一直被看作是同第二国际的改良主义、宿命论、官僚化倾向决裂的转折点,但是,事实上列宁的事业、列宁的思想比我们所认识的列宁主义要丰富得多,有创见得多。列宁所处的历史环境太复杂,真正的列宁主义者需要重新思考列宁主义的内涵,需要认真地重新思考什么是"列宁主义"。所以,这次期刊汇集的几篇论文不是为了纪念列宁,而是旨在努力开启重新审视(re-examination)列宁主义的新形势;也不是要复活列宁,不是要从"独裁的、先锋主义的"形象阴影中拯救出一个"完美、民主的"列宁来,而是为了揭示列宁主义对我们今天斗争仍然有用的丰富资源,也只有在这个过程中才能恢复他的名誉。[①]

其次,西方社会的反抗力量希望从列宁那里汲取经验教训。长期以来,列宁主义被认为是对复杂斗争历史的最好解释,而且这些斗争涉及今天左派仍然需要面对的许多问题。P.莱波兰克在"列宁还重要吗?"[②]一文中认为,当代西方学者之所以关注列宁,部分原因是由于当今世界仍存在着贫穷、压迫和剥削现象,财富和权力分配仍不平均,帝国主义和军国主义暴力仍在折磨着世人,尤其是在"9·11"事件后,西方社会一系列政治和社会危机的爆发不仅使得主流意识形态遭受挑战,也产生了一些反抗力量,他们希望从列宁那里汲取经验教训。所以,当今社会人们的所思所想与那些宣扬列宁影响力的著作产生了共鸣,高声宣扬"列宁还活着!"的《列宁重新登场:走向真理政治学》这样的著作才能找到市场。

最后,我们到底可以从列宁那里汲取哪些经验教训?对此,S.齐泽克在2002年发表的《为列宁主义的不宽容辩护》[③]一文中进行了具体阐述。他认为,面对全球资本主义的最新进展,特别是以信息技术为基础的后工业社会的到来,苏东解体之后的左派思潮在意识形态斗争中获得了许多新的发展,同时也面临很多困境和诱惑,其中最大的威胁就是自由主义的议会民主制所形成的潜在"思想控制"。为了从根本上超越资本主义,我们需要重新激活(retrieve)列宁的观点,需要重新确立(reinvent)有关真理的政治学。但是,在当今的后现代,替代普遍真理的却是那种多元视角、多元话语。也就是说,现在那种普遍性真理和党性原则已经消弭于今天后现代的相对主义时代里,而"列宁"这一名字就代表了抛弃陈腐的现存意识形态架构,抛弃那种使人软弱无力的思想控制,重新激活列宁就意味着恢复我们思考的权利。

他指出,在当今残存的激进思想界,对经济的态度是矛盾的:一方面,存在着一些抛弃经济领域作为斗争和干预阵地的"纯政治家";另一方面,受眼下全球经济影响的经济学家,排除了任何适当的政治干预的可能性。在"西雅图抗议"后出现的一系列全球抗议运动,从全球的角度来说,它们还不是政治性的,它们是局限于单一问题的运动,缺乏全球的维度,也就是与社会整体没有联系。因此,现在的思想界需要借鉴列宁既反对经济决定论又反对纯政治的态度;当下实际存在的社会运动仍然面临一个严格的列宁式的问题,即如何发现一种组织结构,将这种抗议变为一种全球政治要求。列宁主义留给当代的关键经验是,离开了政党组织形式的政治,是不讲政治的政治,而政治行动的唯一标准是"行动的乌托邦"。在革命前夜,乌托邦未来既不是轻易就可以完

① Alex Levant, "Introduction: Rethinking Leninism", *Socialist Studies: the Journal of the Society for Socialist Studies* 5(2) Fall 2009: 36-40.

② Paul Leblanc, "Does Lenin still matter?", http://www.isreview.org/issues/59/feat-lenin.shtml.

③ Slavoj Zizek, "A Plea for Leninist Intolerance", *Critical Inquiry*, Winter 2002.

全实现的,也不是为现实暴力作辩解的遥不可及的承诺;革命不是一种我们现在必须忍受以便后代获得幸福和自由的苦难,而是未来的幸福和自由投射下的光影——无论环境多么险恶,当我们为自由而战的时候就已经获得了自由,当我们为幸福而努力的时候就已经获得了幸福。按这种理解,革命已经为自己提供了证明,直接指引了它的真理。

2. 重读列宁的目的是为了重述列宁的态度,追问列宁主义的当代价值

怎样重读和反思列宁,才能使我们摆脱对列宁主义的误读呢? S. 齐泽克在《为列宁主义的不宽容辩护》一文[①]中认为,一些左派人士希望通过将早期"坏的"即《怎么办?》里雅各宾—精英主义的列宁同后期"好的"即《国家与革命》里的列宁对立起来,以便拯救列宁或者说恢复列宁的荣誉。前一个列宁把党看做一个职业的、思想上的精英团体,并利用它从外部启蒙工人;后一个列宁则展示了消灭国家、实现人民大众直接管理公众事务的愿景。然而,这种对立本身是有其局限性的,这样一来人们无法将1917年导致十月革命爆发的特殊形势同后来的斯大林主义转向区分开来。

所以,在S. 齐泽克看来,我们重新激活列宁的目标既不是重置(reenact)逝去的革命黄金时代,也不是机会主义—实用主义地将旧的纲领加以调整以便适应"新的条件",而是在当下的全球条件下重述(repeat)列宁,重述那种在帝国主义和殖民主义条件下制订革命规划的列宁主义态度,重新认识当前的世界条件。对于那些仍然坚持正统的"列宁主义者"来说,以为可以一下子回到列宁主义。他们要么充满激情地加入到关于过去的讨论,而又拒绝回答为什么这些讨论意义重大;要么越接近当代政治,就越发操上一口不产生任何威胁的纯粹学术行话。总之,当今世界左派困境的思想全图大致可归纳为:将文化斗争纳入解放政治学的主要领域;对福利国家成果纯粹的防御性保护;基于赛博共产主义的天真信念(认为新媒介将直接为新的真正的共产主义创造条件);妥协的第三条道路。因此,对于列宁的引证就是为了打破这些虚假选项中无意义的循环,左翼学者现在需要做的不是充满激情地加入到关于过去的讨论中,不是为了辩护列宁而分析反驳反共产主义的"列宁学家"在哪里曲解了列宁,而是追问为什么今天这样的讨论还具有重要价值。显然,重述列宁是承认列宁已故,他具体的解决方案已过,但是其中闪烁着的理想火花却弥足珍贵;重述列宁也意味着区别列宁已做的和他将可能做的,从而去发现那个"在列宁之中,又超越列宁的列宁"。

综上所述,近年来西方左翼学者对列宁的解读呈现出复杂性和多面性特征,其原因也许是由于列宁思想的丰富、复杂和发展,也许是由于解读者本人分析方法的不同和出于辩论的需要而进行了不同的引证。但是,不管怎么说,他们为人们呈现了一个

---

① Slavoj Zizek, "A Plea for Leninist Intolerance", *Critical Inquiry*, Winter 2002.

不同于冷战时期“西方列宁学”中的“独裁”形象，也不同于苏联历史上教科书式的神话形象。这里所呈现的“另一个列宁”的形象，也许不为大家所接受，但是通过近年来西方学者对列宁的探讨，社会主义运动史上一些重要的概念开始重新进入学者的视野，这一现象本身就意义重大。

西方马克思主义与政治经济学
Western Marxism and Political Economy

M. R. 克拉特克

英国兰开斯特大学发展研究学院　院长

2009年12月22日，英国兰开斯特大学发展研究学院院长、西方新马克思主义经济学家M. R. 克拉特克(Michael R. Krätke)教授在中国社会科学院哲学研究所作了有关“西方马克思主义与政治经济学”的讲座，试图重新界定西方马克思主义与政治经济学的关系，并对A. 葛兰西以来的西方马克思主义政治经济学的资源进行总结和概括。

界定西方马克思主义与政治经济学的关系，首先要厘清西方马克思主义的概念。

那么什么是西方马克思主义呢？1955年，法国哲学家M. 梅洛-庞蒂(Maurice Merleau-Ponty)在《辩证法的历险》一书中使用了“西方马克思主义”的概念。他称G. 卢卡奇为“西方马克思主义”的创始人，称《历史和阶级意识》为“西方马克思主义的圣经”。[①] 在《历史和阶级意识》中，G. 卢卡奇用黑格尔主义的精神去解释马克思主义，提出了一种与列宁主义和第二国际“正统马克思主义”不同的马克思主义，从而开创了“西方马克思主义”思潮。

M. R. 克拉特克

1976年，英国“新左派”理论家P. 安德森(Perry Anderson)在《西方马克思主义探讨》一书中，进一步完善了“西方马克思主义”的概念。他把“西方马克思主义”解释为一个具有“共同学术传统”的理论思潮。这一新传统是与经典马克思主义的传统，尤其是第一次世界大战前中东欧的马克思主义历史唯物主义传统，即从列宁主义到奥地利马克思主义等潮流相左的一条西方马克思主义的发展线索。西方马克思主义学术传统的根本特点是在结构上与政治实践相脱离。它在20世纪30年代随着法兰克福学派的诞生而最终形成了。[②]

---

① M. 梅洛-庞蒂：《辩证法的历险》，1974年英文版，第7页。

② 参见佩里·安德森：《西方马克思主义探讨》，人民出版社1981年版。

根据他们两人的定义,西方马克思主义实现了对以往的马克思主义传统的三大转折:对正统性的转折和对列宁主义/斯大林主义的转折,即在理论上、政治上与第二国际的正统相分离;对政治经济学—经济主义的转折;同时,这也是从政治经济学向哲学的转折。正如P.安德森所指出的,从传统马克思主义的政治经济学主题转向西方马克思主义的哲学主题。

关于西方马克思主义及其实现的理论转折,流行着若干"神话":其一,西方马克思主义始于20世纪20年代,即从G.卢卡奇开始到1970年代以前,实际上它的起源和发展要更为久远;其二,西方马克思主义仅仅在西欧孤立地存在,实际上它在日本也有许多类似的发展;其三,西方马克思主义是历史性失败的结果,实际上在革命失败后,西方马克思主义仍然有自身的演进轨道。

今天我们强调西方马克思主义的政治经济学研究,必须从历史谈起,必须分析这些传统的流行传说。我的观点是:(1)西方马克思主义并没有脱离政治经济学研究;(2)在马克思主义中,哲学和经济学是不可分离的。

首先,西方马克思主义与政治经济学的所谓脱离,是一个伴有许多推理假想的说法。其实,反对"经济主义",并不是反对马克思主义的政治经济学批判;反对"传统的马克思主义",并不是反对马克思。相反,我反对马克思主义的"人道主义",即基督教与马克思主义哲学的结合。事实上,大多数"西方马克思主义者"从来没有完全放弃政治经济学及其批判。西方马克思主义是另一种社会主义批判,它反对的是所谓正统的"马克思主义—列宁主义"的苏联模式。

其次,马克思主义哲学与政治经济学是浑然一体的。恩格斯当年已经说明,马克思主义超越了哲学,哲学只是马克思主义三个组成部分之中的一个部分。J.狄慈根(Joseph Dietzgen)认为,马克思主义需要一种认识论工具;A.拉布里奥拉(Arturo Labriola)说,只有涉及《费尔巴哈论纲》,才能理解《资本论》;列宁则认为,没有黑格尔的《逻辑学》,不可能理解《资本论》;普列汉诺夫(G. W. Plechanow)因此强调,马克思主义是唯物主义;M.阿德勒(Max Adler)从另一种意义上说,马克思主义根本不是唯物主义;O.鲍威尔(Otto Bauer)强调指出,马克思主义需要一种与政治经济学知识有关的历史社会学。

必须指出,西方马克思主义有着丰富的政治经济学遗产。我试图对A.葛兰西以来的西方马克思主义政治经济学的资源进行总结和概括。

1. A.葛兰西与政治经济学

A.葛兰西(Antonio Gramsci)对批判的政治经济学作出了巨大的贡献,他在从未见过马克思《1844年经济学哲学手稿》的情况下,在许多场合论述和实践了马克思的政治经济学思想。如他作为都灵的记者,论述了阶级斗争和新工厂政权;曾制订了一个研究南意大利的政治经济学计划(一个未完成的计划);在《狱中笔记》中,留下了大量关于政治经济学的评论和他所做的相关研究。A. 葛兰西还曾是英籍意大利经济学家 P. 斯拉法(Piero Sraffa,1898—1983)的亲密朋友。P. 斯拉法是马克思和 A. 李嘉图的学生,也是 J. 凯恩斯的得意助手,曾在剑桥大学讲授"价值理论史"和"德国意大利银行制度运行"。从 20 世纪 30 年代初期起,P. 斯拉法重点研究了 D. 李嘉图,其代表作是《竞争条件下的收益规律》(1926)和《用商品生产商品：经济理论批判绪论》(1960)。他的研究方法复兴了古典学派的思想,因此时常被称为"新李嘉图主义者"。而 A. 葛兰西可以说是 P. 斯拉法经济思想史的学生。

综观 A. 葛兰西的全部著作,可看到他的明显的政治经济学方面的论述,其中包括：他在《狱中笔记》中论 1929 年大危机;论美国主义和福特主义;对 B. 克罗齐(Benedetto Croce)的批判,实际上是对 B. 克罗齐的马克思批判的批判;对"经济主义"的批判,也就是他对自由主义的批判;对新正统主义的批判,是对布哈林的批判和对拉皮迪斯(Lapidus)和奥斯特洛维坦诺夫(Konstantin Vasil'evich Ostrovitianov)的批判。另外,他的较不明显的政治经济学论述包括：论"批判政治经济学"的核心概念——怎样把"W. 黑格尔和 D. 李嘉图"结合起来;论经典的/批判的/纯粹的经济学;论经济学的三个核心概念,即同质的经济(homo oeconomicus)、决定性的市场(determinate markets)、趋势规律(laws of tendency),即萨缪尔森的"大数规律";论发展中的政治经济新科学,称它是一场方法论和概念的革命;论新的和激进的政治经济学教科书,以及政治经济学与争取霸权的斗争的关系。

A. 葛兰西的最后结论是,所有政治经济学都有一个潜藏的、隐秘的政治理论;不存在任何没有(潜藏的/隐含的)国家理论的市场理论;所有政治经济学都有它自己的"哲学";政治经济学批判不可避免地与批判自由主义/自由主义世界观相联系,因此与批判功利主义、实证主义相联系;经济学中观念的战斗对于工人阶级理解资本主义世界是至关重要的。

2. K. 柯尔什与政治经济学

K. 柯尔什(Karl Korsch)的政治经济学思想包括：关于社会主义和社会化的论述;对法律和社会——劳动市场的调节和资本主义公司的法律结构的研究;在未出版的 20 世纪 50 年代的手稿中,即关于取消"书报检查令"的书中也有大量论述。另外,他对政治经济学大纲的研究,与 R. 罗斯道尔斯基(Roman Rosdolsky,1897—1967)密切相关,该学者是著名的马克思主义学者和政治活动家,其主要代表作是《马克思的〈资本论〉的起源》。该书现在被认为是对马克思的《政治经济学批判大纲》最重要的评论。K. 柯尔什后期的和未完成的研究计划,体现在"马克思主义一些未解决的问题"一文中。

尤其需要指出的是 K. 柯尔什撰写的《K. 马克思》(1938)一书,这部著作的核心部分是突出《资本论》中马克思的政治经济学和对资产阶级社会的批判。K. 柯尔什认为,阅读和理解马克思的著作,必须从其根本即从《资本论》开始,而不是从其他的方式着手。《资本论》是一项对马克思主义的历史唯物主义的研究——马克思的政治经济学批判存在于其自身的历史背景中,是历史唯物主义对其自身的应用。什么东西构成了马克思的政治经济学理论的批判性?正是其历史性、多学科和跨学科性。K.柯尔什在高度评价《资本论》的同时,也对马克思提出了下述批评,即认为《资本论》充满了未解决的问题(价值、货币、绝对地租及许多其他问题);在《资本论》中,马克思经常与自己自相矛盾;马克思尚未脱离政治经济学批判背后的"哲学"形式;马克思尚未摆脱拜物教等等。K.柯尔什的答案是:马克思主义的另一批判史(与马克思的政治经济学批判),在它的时代就是马克思主义的再次历史化;所谓回到马克思、回到马克思的纯粹的和真正的教导,是一个反动的乌托邦,因为马克思主义的一切形式都是历史的。

3. G.卢卡奇与政治经济学

G.卢卡奇(George Lukács)被视为西方马克思主义的创始人,被看作一个伟大的哲学家,但是,他同样有许多政治经济学的论点,最突出的是他对拜物教和异化的研究、批判和论述。

1923年,G.卢卡奇在苏联写下了他的成名作《历史与阶级意识》。这部书写在《自然辩证法》、《德意志意识形态》、《1844年经济学哲学手稿》首次出版之前,其中独立地形成了"异化"、"物化"批判的概念。尤其是,G.卢卡奇是R.卢森堡的追随者和崇拜者,而R.卢森堡著有大量有关政治经济学的著作,是当代帝国主义理论的主要研究者。因此,从这一思想联系看,G.卢卡奇的政治经济学思想是不应被忽视的。

在《1844年经济学哲学手稿》中,G.卢卡奇阐述了马克思理论的核心和政治经济学批判,重点研究了资本主义社会的异化(Entfremdung)和物化(Verdinglichung);同时,G.卢卡奇在其中论述了马克思《资本论》中的社会总体性;在《青年黑格尔》一书中,G.卢卡奇对W.黑格尔的政治经济学研究进行了阐述;在读过《1844年经济学哲学手稿》之后,G.卢卡奇纠正了自己早期思想的错误,指出异化、物化和哲学的抽象化并不是同一事物。

4. 法兰克福学派与政治经济学

法兰克福学派是西方马克思主义最主要的学术流派。在它发展的各个历史时期,其许多代表人物的思想上都存在与政治经济学的密切联系。

在法兰克福大学社会研究所建立时期,H.格罗斯曼(Henryk Grossman)代表着该所当时政治经济学研究的方向和水准。尽管他由于与后来M.霍克海默主导下的研究所的研究主旨不同而离开,他当时仍在政治经济学方面作出了不少贡献,主要包括积累与危机理论;对马克思政治经济学批判的真正内核——资本主义危机理论的"拯救";论重建马克思政治经济学的"真正方法"(论模式和辩证法);论作为马克思主义思想史线索的政治经济学;论作为认识资本主义经济发展的一条线索的经济思想史。

C. 格林贝格(Carl GrÜnberg)在研究所创立和担任所长后,制订了新研究所的计划。这一新研究计划包括:从历史、政治学、法律和社会学与经济学的交叉学科角度的历史唯物主义研究;作为历史主体和客体的社会主义/共产主义工人运动研究;作为一种经济史线索的政治经济学理论研究。总之,历史唯物主义的研究离不开政治经济学。C. 格林贝格的新计划标志着法兰克福学派的真正形成。此外,在法兰克福学派的初创时期,F. 波洛克(Friedrich Pollock)的工作极大地支持了 C. 格林贝格的新计划。他研究的重点在于:论货币理论;论苏联的计划经济;论 1929—1933 年大危机;论国家资本主义;论法西斯主义政治经济学;论现代工厂的自动化等等。

一般说来,M. 霍克海默(Max Horkheimer)和 T. 阿多诺(Theodor W. Adorno)主持研究所的时期,被视为哲学家们在执掌研究所,但是,这一时期他们二人仍然没有放弃政治经济学的研究。1931 年 M. 霍克海默担任所长以后,新领导继续了老领导的这一工作,他提出了关于现代社会的跨学科研究计划。他反对哲学和社会学的分离,提出建立一种社会批判理论,总体目的是要建立一个完整的马克思主义关于晚期资本主义社会的理论。作为《社会研究》的编者,他对大危机及其后果进行了分析,他把自己的批判理论看作与马克思的资产阶级政治经济学批判一样,是继承德国的批判哲学,要把现存资本主义社会改造成为一个公正的和更为人道的社会。

M. 霍克海默和 T. 阿多诺二人在受法西斯迫害的流亡时期重读了马克思。他们在《启蒙的辩证法》一书中,以启蒙理性揭示法西斯极权主义的根源,表达了对西方文明衰退的失望,同时表达了批判理论对西方文明前景的人道主义关怀。他们对马克思主义的重新阅读和重新解释,并非完全放弃经济批判,而是改造和运用政治经济学概念去重新解释资本主义的当代发展。1945 年第二次世界大战结束后,T. 阿多诺对马克思主义进行了全面反思,这一反思也不能理解为彻底反马克思主义,放弃政治经济学。这一时期 T. 阿多诺的《否定的辩证法》尽管有虚无主义的倾向,但是其中仍包含许多马克思的批判政治经济学的解放内容,对资本主义持彻底的批判态度。从美国回到西德后,T. 阿多诺还主持过法兰克福学派关于马克思的论坛。T. 阿多诺和 M. 霍克海默的政治经济学研究影响了 J. 哈贝马斯,促进了他日后关于"公共领域"、"生活世界"等批判思想的形成和发展。

5. 奥地利马克思主义者与政治经济学

奥地利马克思主义者(the Austromarxists)学派产生于 19 世纪末的维也纳,观点倾向于第二国际 K. 考茨基的"正统马克思主义"。其成员通常被认为包括 M. 阿德勒(Max Adler)、R. 希法亭(Rudolf Hilferding)、O. 鲍威尔(Otto Bauer)、K. 伦纳(Karl Renner)等人。他们主要从事对当代资本主义的分析。奥地利马克思主义的特性是致力于从面临的具体现实中汲取普遍经验,这使他们的马克思主义研究在诸多领域获得了发展。奥地利马克思主义者在国家理论、经济理论等许多方面都进行了独创性的研究,形成了一些新方法、新概念、新观点。他们重视国家理论、经济批判、民族问题和认识论研究等。尤其是R.希法亭、O.鲍威尔、K.伦纳等人对现代资本主义进行了深刻的分析批判,全面研究了国家和市民社会的关系,将现代资本主义的最新发展加以理论化、系统化。

R.希法亭对马克思主义的主要贡献是对金融资本主义的分析。1910年,R.希法亭发表《金融资本》(*Finance Capital*)一书。在该书中,他把垄断取代自由竞争和金融资本的形成看作资本主义的新特征,认为金融资本主义是资本主义发展的最后阶段。他开宗明义地说:"本书试图科学地阐明资本主义最新发展的经济现象。"1915年,R.希法亭推出了《组织化的资本主义》(*Organized Capitalism*)一书,系统地提出了有组织的资本主义理论,认为现阶段的资本主义基本上克服了纯粹由盲目的市场规律所统治的自由竞争时代,达到了资本主义对经济的组织化。"有组织的资本主义实际上意味着在原则上用有计划生产的社会主义原则来代替自由竞争的资本主义原则",因此有可能实现作为"社会主义先声"的社会改良。

M.阿德勒是新康德主义者,是奥地利马克思主义者中哲学素养最好的人。他提出了一种新康德主义的知识论,即社会先验论。他认为,马克思主义是以一系列先验范畴的存在为先决条件的,马克思主义中存在着一种将个人与整个人类联结在一起的先验的意识。M.阿德勒试图从康德主义的这一角度解释马克思,从而为现代社会学创立一个坚实的社会基础。

基于他的哲学观,M.阿德勒还提出了作为历史社会学的政治经济学,对政治经济学作了全新的诠释。他提出了作为一项研究纲领的历史唯物主义,对马克思主义唯物史纲的方法论进行了新的阐发;论述了政治理论和政治经济学的关系,批评布尔什维克建立了少数人对大多数无产阶级和其他俄罗斯人口的统治,要求建立一个以大多数人的统治为特征的合法的无产阶级专政;提出了意识形态理论,批评O.鲍威尔等社会民主党同僚、奥地利马克思主义者的议会民主"幻想";还研究了发达资本主义社会的阶级结构,提倡建立一个传统的议会机构与革命的工人代表会议相结合的政府机构,以利于向社会民主政治的过渡。

O.鲍威尔对现代资产阶级社会的分析主要体现在对现代资产阶级社会的分析上。这一分析主要包括论现代国家的兴起——民族国家和民族主义。1907年他撰写的《民族问题和社会民主党》后来成为在民族和民族主义问题上的马克思主义经典著作。他通过通货膨胀蔓延等现象,分析第一次世界大战以前资本主义的结构性改变,论证跨国资本主义的结构转变。他论述了第一次世界大战后的资本主义转型(合理化和世界危机)。他还论述了现代资本主义的世界观——一部现代哲学批判史;20世纪20年代民主国家资产阶级阶级统治的特殊条件;政治经济学和历史社会学,即社会形式——价值形式的理论及其超越,等等。

6. H. 列斐伏尔与政治经济学

H. 列斐伏尔(Henri Lefebvre)是西方马克思主义发展史上的重要人物之一。他的思想与政治经济学的关联主要包括两个部分,即他的时空政治经济学和日常生活政治经济学。在时空政治经济学方面,他论述了空间的商品化——在当代资本主义影响下城市和乡村空间的转化;论述了作为空间的私有化、商品化、资本主义化结果的城市结构(资本主义空间);论证了空间和时间的转换:浓缩化、多样化和加速度;论述了流动性的新模式——通讯产业影响下的城市交通和城乡生活。在日常生活政治经济学方面,他第一个提出对现代日常生活结构的分析,论述了现代大众消费和消费主义、日常生活的异化、日常生活的循环和休闲的转变、阶级文化的转变以及变化中的工人阶级状况等。

7. 西欧的非正统马克思主义和批判的政治经济学的复兴

这里主要是指西方马克思主义者的追随者和学生,他们在当代现实发展中重新发现了马克思主义的政治经济学批判。他们反对"经济主义",认为马克思的政治经济学批判决不仅是另一种"经济学"。他们重新发现了马克思《资本论》的哲学意义,通过重新解读马克思,集中关注劳动和剩余价值理论的广泛意义。在他们看来,反叛正统马克思主义,必须重新发现阶级斗争和作为历史主体的工人阶级;必须对苏联模式的"国家社会主义"进行根本性批判。

西欧的非正统马克思主义者认为,这些批判同时意味着批判的政治经济学的复兴。首先是对哲学与政治经济学之间关系的新认识;其次是对马克思的新解读。新解读一方面是重点关注劳动和剩余价值论的广泛意义,另一方面是取代未完成的经典《资本论》,重点关注政治经济学批判的老文本和第一批草稿。这些解读超越资本主义的合理性之上,其超越性在于超越《资本论》及其"真实世界",通过运用马克思的神秘化/物化理论,将马克思去神秘化。

8. MEGA① 版的影响

MEGA 第 1 版和第 2 版的陆续发表,开启了政治经济学批判研究的新进程。1932 年,《1844 年经济学哲学手稿》第一次出版;1933 年,"直接生产过程的结果"第一次出版;1939 年至 1941 年,《1857—1858 经济学手稿》第一次出版。

R. 罗斯道尔斯基论《1857—1858 经济学手稿》的著作,启动了重新发现《资本论》的过程。他用 20 年的时间,在马克思的手稿和笔记本中重新发现了一个未被人所知的马克思。

马克思的政治经济学批判是一个未完成的计划。今天,我们需要重新发现和解读

---

① 《马克思恩格斯全集》原文版,或称历史考证版,德文为 Marx-Engels-Gesamtaus gabe,缩写为 MEGA。

马克思和恩格斯，我们需要在其文本的前后联系中，重新研读马克思的经典文本，如《资本论》，从而去发现一个未知的马克思和恩格斯。马克思提出的挑战是：为了改变世界，我们必须认识和批判这个世界。MEGA第1版和第2版的面世，正是为我们完成这一使命提供了一个机会。

（中国社会科学院哲学研究所　周穗明　编译）

危机　反抗　乌托邦

——2010 年第 6 届国际马克思大会综述

Crises, Revolts and Utopias: A Review of the 6th International Marx Conference 2010

赵　超　马京鹏

中共中央编译局文献信息部

大会开幕现场

2010 年 9 月 22—25 日，第 6 届国际马克思大会在法国巴黎召开，世界各地数百位专家学者出席了会议。本次大会的主题是"危机、反抗、乌托邦"。围绕这一主题，大会共举行了 4 次全体会议和近百场分组讨论会，就哲学、经济学、法学、历史学、社会学、文化、政治学、女权主义、生态学、社会主义和马克思主义等 11 个学科或专题，进行了广泛的讨论。本次大会认为，危机是资本主义的本质，反抗是自由的要求，乌托邦是令人向往的愿景，这三者缔造了社会运动的历史。事实上，在不到 20 年的时间内，自由主义经济模式的全球化便验证了危机的必然性、反抗的必要性和乌托邦的需求性。

本次巴黎大会的召开正值全球深陷危机之际，因而"危机、反抗、乌托邦"这一主题的确立颇具现实意义，旨在探寻摆脱危机的出路。在此背景下，与会学者主要关注和探讨了如下一系列问题，即经济和生态的双重危机已成为现代资本主义历史上具有标志性的断裂环节，这一环节的断裂能否开启一个全新的时代？如今的反抗能否发展成为马克思主义所关注的革命？积极意义上的乌托邦能够在社会、政治和文化领域凸显出颠覆性的创造力，能否将这样的乌托邦变为现实？大会除围绕 11 个学科或专题外，还根据一些横向主题设置跨学科会议，几家合办本次大会的理论杂志也开设了专题会议。来自中央编译局、上海社会科学院、中国青年政治学院、扬州大学、复旦大学等单位的20多位中国学者参加了会议,并分别在"社会主义"、"法学"、"哲学"和"马克思主义研究"等讨论会上作了发言。

一、马克思主义

"马克思主义"是国际马克思大会为促进各国马克思主义研究者相互交流所提供的传统平台,也是历届大会最受关注的专题之一。本届大会上,该专题讨论的重点集中在对马克思本人以及一些马克思主义者的思想和著作的研究上,主要涉及劳动、价值、对立、时间、欧洲中心论等概念,还有对翻译《马克思恩格斯全集》历史考证版的探讨。

专场讨论会

美国波士顿大学爱因斯坦研究中心主任、物理学家J.施塔赫尔(John Stachel)特别关注马克思在《资本论》中的对立概念,对马克思不同时期的著作进行了对比研究,发现马克思最早于1843年在《黑格尔法哲学批判》一书中使用了对立(opposition)的概念。但是直到20年后,他又将这一概念置于对价值形式和从商品到货币转化的辩证发展研究中。在《政治经济学批判》最早出版的版本(1859年)和《资本论》第1卷的版本(1869年第1版,1872年第2版)之间,马克思突然改变了对这一主题的阐释。J.施塔赫尔提到,J.比岱(Jacques Bidet)也强调,在《政治经济学批判大纲》与《资本论》之间出现了"认识论上的断裂"。J.施塔赫尔的讨论主要集中在《资本论》的第1卷第1篇第1章第3节"价值形式或交换价值"上,特别是第一种或者简单的价值形式,即马克思所言的把握整个发展的关键。J.施塔赫尔关注的是最终版本,因为该版本引用并对比了从早期讨论中获取的材料,并探讨了核心观念从"矛盾"到"对立"的改变所引发的各方反应。

马克·布洛克中心(centre Marc Bloch)政治学博士K.林德纳(Kolja Lindner)对马克思的欧洲中心论进行了研究。他从欧洲中心论概念的4个方面出发,借助后殖民研究和世界历史研究,对马克思所有著作中对超欧洲社会的分析进行追踪,发现1853年马克思关于印度的文章从各个方面表现出欧洲中心论的特点。这些文章是以F.贝尼耶(François Bernier)的游记为基础的。关于英国在爱尔兰的殖民主义的文本最早出现了观点分化,而1857—1859年关于印度民族起义的著作表明了马克思当时的关注重心仍然是欧洲。相反,《政治经济学批判》表现出他对东方的极大兴趣。马克思的后期著作与欧洲中心论彻底决裂，特别是1879年起的文献以及与俄国革命者的讨论。马克思的思想发展表明，后殖民理论对他的指责是仓促而轻率的。同时，关于马克思的争论应当考虑到后殖民研究，以便更好地思考全球资本主义、历史进步和发展的偶然性这些问题。

有些学者着眼于一些知名马克思主义者的研究，探讨他们对马克思思想的解读、延续、发展、创新或扭曲。东京情报大学哲学教授石塚省二(Shoji Ishitsuka)探究了G.卢卡奇的劳动观，力图揭示《历史和阶级意识》(1923)与《社会存在本体论》(1964—1971)这两部著作在劳动观上存在的本质的连续性，进而强调G.卢卡奇的哲学思想所具有的现代意义。他指出，匈牙利哲学家G.卢卡奇(1885—1971)经历过巨大的历史变革，如1919年3月21日至8月1日的匈牙利革命以及1956年10月匈牙利事件。1964—1971年，他在生命的最后时刻从劳动概念出发，完成了著作《社会存在本体论》。石塚省二教授对G.卢卡奇的劳动观中最具重要意义的几个领域进行了阐述。第一个领域是本体论：G.卢卡奇是开创本体论转向(实践)的先驱，M.海德格尔、E.胡塞尔、N.哈特曼、J.P.萨特和L.阿尔都塞紧随其后走上了这条道路，他们为20世纪的哲学历史谱写了辉煌的篇章。第二个领域是认识论，G.卢卡奇发展了他的物化思想，所采用的方式有别于他年轻时期的主要著作《历史和阶级意识》。

柏林自由大学哲学研究员U.林德纳(Urs Lindner)对马克思不同时期的思想改变进行了研究，对L.阿尔都塞关于马克思认识论断裂问题的研究提出了不同见解。他重新评论了L.阿尔都塞关于1845年马克思在研究中发生认识论的断裂这一主张，并提出两点修改性建议：第一，1845—1846年，马克思并没有驳斥费尔巴哈的人道主义人本学，而是对青年黑格尔派论述的一些要素进行了批判。这在主题和概念上具有连续性，但是在“哲学的现实化”及其形而上学的附属物的问题上出现了断裂。第二，1845—1846年断裂是一次单纯的哲学断裂，它标志着如今受到激烈争论的“科学实在论”这一新问题的开端。马克思本人作为科学家的研究以及他真正的科学突破发生在1858年，标志是对“劳动的二重性”的发现，而并非如L.阿尔都塞所言，这发生在1850年之前，标志是颇受质疑的“历史唯物主义概念”。

瑞士学者A.肖莱(Antoine Chollet)关注的是当代马克思主义研究者的理论成果。他认为，对于整个社会解放的计划而言，当前研究时间概念是至关重要的，这一概念可以将社会解放与自我解放区分开来。许多研究都以马克思的时间概念作为研究对象，A.肖莱特别将目光集中在M.波斯顿(Moishe Postone)和C.勒福尔(Claude Lefort)两位研究人员的学术成果上。这两位学者都对这一概念作出了新颖而具有启发性的系统阐释，描述了马克思理论中时间的双重性：M.波斯顿提出抽象时间和具体时间，C.勒福尔提出重复的历史和发展的历史。为什么这两种对立的性质能够很好地组成一个概念，这正是A.肖莱想要研究的问题。为此，A.肖莱对M.波斯顿和C.勒福尔的研究成果进行了对比分析。首先，他探讨了马克思理论中历史和时间之间的关系。

随后,他对马克思思想中事件和变化的地位予以关注,这一点也是C.勒福尔重点研究的领域。最后,他研究了马克思理论中时间与劳动的关系,M.波斯顿也曾对这一点做过重点分析。因此,时间、历史、事件和劳动组成了A.肖莱力图研究的概念的网状结构。

《马克思恩格斯全集》历史考证版(MEGA)也是与会学者关注的重点领域之一,巴黎第一大学的哲学教师L.普罗斯特(Laurent Prost)就对翻译历史考证版时遇到的问题进行了论述。他认为,马克思的理论手稿未得到传统分类,其文稿不停地突破体裁、语言的限制,因此需要研究翻译中出现的特殊问题。因为译者不仅面对统一正式命名的概念列表,还会遇到概念的变幻不定、易被混淆等多元化问题,这就需要在其中清晰地勾勒出翻译的目标,即用一种特殊的语言把握概念的工作。L.普罗斯特特别以尚未出版的MEGA著作中"经济概念"的翻译这两者为例,对此进行了分析说明。

二、危　机

在全球金融危机爆发的背景下,"危机"成为与会学者热议的话题之一。当前的资本主义危机既是经济危机,也是跨领域的危机,从生态危机到文明危机,从文化危机到社会危机……危机触及到民众生活的方方面面。这次危机既是全球性的经济危机,也是文明及其普世价值(进步、理性、公平、团结)的危机。为此,与会学者从不同角度、不同领域出发,对资本主义危机发生的原因、特点和走向等问题进行了探讨。

比利时布鲁塞尔自由大学教授、哲学家I.斯唐热(Isabelle Stengers)对危机概念本身进行了论述。他指出,危机这个词有着丰富的含义,在医疗、物理等领域内都有着不同的含义。这里所说的资本主义危机,并不是探讨资本主义可能灭亡的问题,而是主要活动者做出错误选择的问题,他们由于市场的新构型而受到谴责。因此,从可持续发展的视角来看,危机是评判的时刻。资本主义不只是剥削,也是破坏,既破坏生态,也破坏集体智慧资源,这类资源在理性发展生产力的名义下遭到粉碎性破坏。赋予马克思思想以生命力,并不是阐释正在发生些什么,而是要了解在什么模式下,这一思想才能与为实现我们至关重要的需求而发起的运动很好地结合起来。这正是美国积极分子提出的"回收"(reclaim):恢复、重新占有和治愈同时进行,也就是说,重新变得有能力实践。正是由于这些实践,人类才掌握了对所遇到的现实情况进行思考的能力。这种能力将理性与唯心主义两者区分开来。

法国国家科学研究中心名誉研究员、经济学家G.杜梅尼尔(Gérard Duménil)通过回顾上几次资本主义危机发生的历史,研究这些结构性危机的特点,由此判断未来资本主义的发展方向。他指出,新自由主义的资本主义经过了30年,才显现出其难以维系的特点。危机爆发几年后,甚至连资本主义寻找新的生存道路的能力也受到质疑。

尽管历史无法重复，但是历史发挥着很重要的作用，我们可以从大的特点上把握历史的几条主线，为如今判断资本主义的走向提供借鉴。G. 杜梅尼尔由此作出 3 点评定：第一，并不是所有的危机都源于相同的逻辑。我们可以将危机分为 4 次：19 世纪末的危机、1929 年危机、20 世纪 70 年代的危机和今天的危机。第 1 次和第 3 次危机是收益性危机，而第 2 次和第 4 次危机是享有特权的少数人寻求高收入的逻辑导致无法控制的超速运行；第二，危机相隔的每个阶段都表现为不同的社会构型的普及，这种社会构型同时也是政治和经济领域的构型，即"社会秩序"。这是某些阶级的统治或者阶级分裂的表现，也是阶级间为实现这些统治而达成契约的表现。第 1 次由金融掌握霸权是战后的社会契约，第 2 次由金融掌握霸权是"新自由主义"时期，此处的"金融"指代资产阶级及其金融机构；第三，结构性危机反映出深层运动的突然震动，即生产模式的长期动力的表现，这就如同地震反映出地质板块的运动一样。历史变化的方向决定了隐藏的动力和社会斗争的交汇，结果取决于来自底层阶级的抗争与上层阶级之间的斗争。而对于当前的危机，由于缺乏强有力的人民运动，危机后形成的社会秩序将主要反映统治阶级内部的矛盾。社会秩序的主要领域仍然会是所有者与管理层之间的关系，而后者将受到重视，这是历史动力继续下去的表现。但是，各国之间的国际竞争，特别是经济领域的直接竞争，将对这些运动产生深刻影响。

美国哥伦比亚大学社会学教授 S. 扎森(Saskia Sassen)对发达资本主义的创造性方式进行了研究分析，因为正是这种方式在美国引发了次贷危机。在这个过程中，她发现在金融投机和对土地的纯抽象研究方法之间存在一种隐秘的关联：普通大众保证了土地的价值，土地是人类生存的基础，任何人都有权要求免遭贫困，更不用说在他们将自己的资源提供给别人使用的情况下。然而在这个过程中，突然出现了这样的现象，即金融技术不再局限于企业。由此，在发展中国家发展起来的金融技术与伴随着次级贷款而出现的金融技术几乎相同——发展中国家不再满足于出口自然资源，更是将自己的土地卖给外国公司。在这种情况下，发达资本主义创造了"编外人员"，而这些人事实上被他们自己的村庄或家庭排斥在外。发展中国家的人民无法发展他们自己的生产。而在发达国家，为数众多的家庭被不健康的信贷折腾得筋疲力尽，他们在这个体系内投入的资金，最终血本无归。

S. 扎森

巴黎第八大学博士 M. 拜庭格(Matthieu Bettinger)对危机中的社会阶级以及阶级重建中存在的问题进行了研究。他指出，社会阶级危机，尤其是工人阶级危机的产生，既在于工业生产发生的重大转变,又在于上次危机时期的阶级组建方式(使工人阶级被物化)。当今的问题在于如何组建不被物化的阶级。他强调,应当将阶级视为一个永远处于危机中的范畴,应当根据这个特点来发展阶级。为了抵制阶级的僵化,应当依据本质主义的方式来重建阶级。他在分析中还穿插了社会学和哲学方面的思想成果,从A.巴迪乌(Alain Badiou)到J.德里达(Jacques Derrida),从P.布迪厄(Pierre Bourdieu)到批判社会学,从而试图提出阶级重建的途径。

法国精神病学专家和精神分析学家C.德茹尔(Christophe Dejours)教授对当前频发的劳动者自杀事件给予了关注,从心理学和精神分析学的角度对此进行分析,进而探讨由此引发的文化危机。他认为,当代的道德危机在很大程度上是由于过去在工作中完善自己、珍爱自己、解放自己的许诺已消失,至少对于那些希望从工作中获益、将其作为"社会升降机"的人而言是如此。自杀时常发生在没有任何心理病理学问题的劳动者身上,他们没有精神病史,有着不错的生活条件和工资水平,并且享有比较稳定的人际关系和质量较好的私人空间。在这种情况下,自杀的劳动者往往是在劳动中投入很多的人。由此得出悖论:那些主观上对工作关注较少、为企业贡献有限的人,相对远离自杀的威胁。从自杀者的心理病理学角度来看,对工作的热忱和投入如今已成为一种新出现的威胁。由此,如果通过对孩子和年轻人的培训、教育和定位施加影响,就会产生许多令人担忧的问题。从劳动心理动力理论角度来看,人与劳动之间关系的新构型意味着S.弗洛伊德(Sigmund Freud)所言的"文化劳动"原则上被推翻,而"文化劳动"是实现个体升华和集体文化的条件。

C.德茹尔

法国国家科学研究中心社会学研究员V.热赛尔(Vincent Geisser)从"多元化"概念出发探讨社会危机。他提出,从21世纪初开始,法国政界对"多元化"概念的宣传力度逐渐加大。这个概念的推动者们将其视为一种治疗种族歧视与社会不平等的神奇药物。源于企业与商界的新自由主义的"多元化"观点,被认为是再次激发法国政治生活动力的一个重要元素。但是这种"神奇药物"却会带来负面效应:"多元化"的概念只是社会问题存在的一个委婉说法,它甚至会对经济危机时期出现的新的阶级问题产生不良影响。

三、反　　抗

面对资本主义危机,如何开展合理的抗争也成为备受关注的话题。与会学者积极探索反抗的形式——主观抗议和革命参与,探讨意识形态在反抗中发挥的作用,并研究在新形势下工人运动的新的发展特点和趋势。本届大会有关这一话题的研讨更能体现时代性，与会学者更加注重对当前现实问题的剖析。

西班牙庞培法布拉大学哲学教授 F. 法西(Florencia Fassi)对 G. 卢卡奇的革命主体概念进行了研究。他认为，当今社会政治的现实要求我们重新思考作为历史变化动因的"主体"概念，因为我们不得不承认，如果没有自我意识的主体，只有生产力的成熟，社会是不可能出现变革的。G. 卢卡奇将马克思主义理论的现实化引入《历史和阶级意识》中，他围绕社会关系商业化这一事实，对资本主义社会进行批判分析。因此，资本主义体制中的异化思想变得至关重要。在此框架内，G. 卢卡奇只能通过使与资本主义体制真正对立的主体摆脱异化，创立以被异化主体为主线的针对资本主义秩序的批判。F. 法西指出，G. 卢卡奇的视角存在一些严重的问题和矛盾，特别是在他的本体论分析中。首先，他赋予主体的概念混淆了异化和客观性；其次，他将无产阶级视为一个具有救世主功能的阶级，这是对无产阶级的物化和反唯物主义的理想化；最后，他的阶级意识思想完全脱离了阶级。尽管 G. 卢卡奇的视角存在一些问题，但是我们可以从他关于主体概念的理论中萃取精华，这有助于分析当代问题。面对如今遭受的资本主义危机，没有出现任何卓有成效的基层抗争，因此我们必须重新探讨革命主体的本体论问题。

"马克思在 21 世纪"研讨会组委会成员 I. 加罗(Isabelle Garo)教授对意识形态这一概念进行了研究，探究了当今意识形态概念的现实性。他认为，意识形态是一个遭到滥用的词，以至于人们不再将其视为一个概念。然而，尽管这个词有多种含义，但是它常被用于揭示在既定情况下一种理论和政治的介入。正是从这个角度出发，我们通过将马克思的方法与意识形态结合起来，来探究今天的意识形态问题。马克思的方法并没有因为他的经济和社会基础而作出单一的思想限定，事实上，这种方法使得马克思进行了复杂的调查研究，并在日后不断对自己的研究结果进行调整和修正，这贯穿于他的整个研究之中。如今，意识形态这个概念的现实性在于它拒绝断言思想是无所不能的，而是在思想斗争的政治方法的框架内考虑这些思想的实际效果。

巴黎第九大学社会学副教授 I. 佩雷拉(Irène Pereira)对压迫体制的本质与内在关系进行了分析研究。她指出，社会主义作为从工人运动中形成的一种思潮在今天遭遇了许多挑战：劳动者的分化、其他阶层要求参与政治的强烈愿望、生态问题、文化与政治的地位问题、社会主义与国家及宗教的关系等。从马克思思想中汲取源泉并居于统治地位的社会主义理论的形成，主要建立在资本主义这个压迫体制的基础上，这种压迫体制被视作一种剥削性质的经济制度。I. 佩雷拉在以上分析的基础上提出了这样一些问题：社会主义如何面对现在遭遇的理论挑战？如何准确定义压迫制度？当今世界是否只存在一种主要的压迫体制，还是存在多个这样的制度？这些体制之间是什么样的关系？是否有可能建立这样一种理论：既考虑到当前不同阶层愿望的多样性，又不会陷入一种阻碍整体发展的相对主义?

法国国立尼斯大学政治学博士M.B.阿雅力(Michaël Bechir Ayari)着眼于"资本主义"这个词在法国媒体中出现的新义,对当今的意识形态问题进行思考。通过对法国《世界报》报道资料的分析,他指出,从2008年全球爆发经济危机伊始,"资本主义"这个词汇被该报大量使用,并且逐渐脱离其左派性质的内涵。尽管这种语义的变迁出现在法国第一大报中,但是它有可能对20世纪80年代以来法国再次出现的变革期待提出思考,即希望对媒体"意识形态"的中立性进行质疑。

原阿尔及利亚经济部高级研究员A.阿门纳(Ameziane Amenna)关注的是研究金融危机的当代论著,对该领域的研究水平进行评价。他列举了大量理论文集中对2008年的金融危机所做的不同分析,指出这些分析并没有从社会学角度做出深刻的阐释。A.阿门纳特别提到了两位研究者:著名的托派经济学家E.曼德尔(Ernest Mandel)将危机纳入资本再生产的周期中;意大利主要的左派理论家A.波尔迪加(Amadeo Bordiga)从20世纪50年代中期开始就将各种危机根据其持续时间和深度做了区分。A.阿门纳首先通过列举这两位作者的重要文章节选以及注释,将他们的理论归入马克思理论中。随后,他分析了为什么相对于马克思和恩格斯已经提出的观点来说,当前关于金融危机的本质及起源的争论毫无新意。

四、乌 托 邦

在积极推进反抗斗争的同时,危机的出路以及未来的展望自然成为有待思考的又一核心话题。乌托邦思想从诞生到今天,经历了发展与变化,也对诸多领域产生了深刻影响。通过对相关问题的研讨,与会学者并没有局限于对走出资本主义危机的理想社会的憧憬,他们更多地探讨了如何将思想理论变为现实的尝试。

法国国家科学研究中心名誉研究员、社会学家M.罗伊(Michaël Löwy)对生态社会主义的乌托邦概念进行了阐释。他指出,乌托邦就是对一个尚未实现的、但被强烈希望的世界的期待。社会学家K.曼海姆(Karl Mannheim)和E.布洛赫(Ernst Bloch)都曾对乌托邦进行过系统阐释。马克思主义将一些纯粹想象出来的、仍然相当抽象的乌托邦过渡到一个在现实矛盾中具体的、稳固的乌托邦。生态社会主义就是这种意义上的乌托邦,一个建立在"另一个世界是可能的"信条基础上的乌托邦。生态社会主义是指一个生态的思想和行动的流派,将社会主义的基本经验为我所用,同时去除其生产主义的糟粕。对于生态社会主义者而言,市场与利润的逻辑以及官僚专制的逻辑两者均不能与保护生态平衡的要求并存。伴随着温室气体引发的气候变化的现象,全球生态危机到了关键的转折点。谁应该对这种人类历史上从未出现过的情况负责?生态社会主义者的回答是归咎于资本主义制度的错误,特别是该制度不合理的扩张逻辑、无限度的积累，以及痴迷于寻求利润的生产主义。生态社会主义的乌托邦就是在面对资本破坏性动力时给出的根本答案。

大会参展书刊

巴西里约热内卢研究院博士 T. F. 德阿吉亚尔(Thais Florencio De Aguiar)对现代乌托邦思想内部的民主本质作出了原则性的分析。他指出，如果我们理性审视当今的主流乌托邦思想，我们就会看到，某些乌托邦思想曾深刻影响了政治领域的变革。从这层意义上来看，乌托邦思想一直在努力扩大其可实现的领域，而并不是放大其不可能实现的内容。如果我们把政治活动视为优化某些可能性的实践，那么乌托邦思想就是这种实践的内在推动力。从更宽泛的意义上看，乌托邦可以被理解为一切没有被试验过的思想。根据贝尼舒(Bénichou)与珀蒂菲斯(Petitfils)的观点，乌托邦的一部分思想既可以成为质疑现存秩序的工具，又可以成为倡导社会民主化的大众运动的思想源泉。实际上，乌托邦思想曾提出一个概念性框架，这个框架促使许多革新思想不断涌现，有利于民主的实践以及充分发挥人的潜能，尤其是人民的自我管理能力。人类历史上曾出现过两个重要时期：17 世纪英国的异端运动以及继承了启蒙时代思想的乌托邦社会主义。这两个时期的重要特点就是政治实践和社会幻想的集中产生。因此，现代民主理论也面对新的思想挑战。

法国经济学家 T. 安德烈阿尼(Tony Andréani)和政治社会学家 R. 埃雷阿(Rémi Herrera)对 21 世纪的社会主义进行了分析和展望。他们认为，进入新的世纪以来，虽然社会主义失去了重要的地位，但是资本主义的系统危机迫使执政者采取一些属于社会主义典型逻辑的措施，例如对大型银行国有化(公开的或遮掩的)或者采取大规模的复兴计划。由于这些措施只是临时的，人们更倾向于称之为国家的经济“干预”，其本质在于资本主义的“调节”——通常是委托私营活动者进行的行为。同时，一些所谓的共产主义或平民主义体制的社会主义因素并没有得到承认，它们被称为“非典型的资本主义”。现行的或未来的社会主义将会远离乌托邦，尽管乌托邦是非常美好的。如果 21 世纪的社会主义只不过是一句将社会自由主义改头换面的口号，那么它只能是开放社会化空间的合成物，缺少与资本主义的彻底决裂，以便满足非常多变的具体的历史条件。现在的新社会主义或多或少具有创新性成分，特别是一些已经走出或者正在走出强制和集中的计划模式的国家(中国、越南、古巴)，以及正在从新自由主义的控制中解放出来的国家(委内瑞拉、玻利维亚、厄瓜多尔)。但是，新事物还不止这些，拉丁美洲、尼泊尔、印度等都有一些经验足以引起重视。而在西方国家，当资本主义摧毁了就业和社会团结时,替代经济形式(特别是合作社或社团类型)悄无声息地逐渐前行,变成了解决问题的出路。

法国国家科学研究中心名誉研究员 J. 洛伊坎(Jean Lojkine)和哲学家、政治学家 M. 瓦卡卢利斯(Michel Vakaloulis)在社会运动的新趋势中看到了旧乌托邦的危机和新乌托邦的攀升。他们指出,为了有利于生态学乌托邦、自由主义—极端自由主义乌托邦、反功利主义乌托邦以及非商品乌托邦的利益,社会主义和共产主义的模式遭到抛弃。我们有理由质疑以网络协作的形式出现的自主管理思想的上升。由于缺少对生产资料的社会占有,苏联社会主义和社会民主主义两者的失败导致对以国有化为基础的福利产生质疑(左翼和右翼均提出质疑)。同时,工会在左翼党的政治重组及构建新自由主义政策的替代方案这两方面所发挥的作用,也普遍受到质疑。

五、中国问题专场研讨

本届大会延续了上届大会的传统,对中国问题的研究给予了高度关注。除在一些学科和主题中邀请个别中国学者发言外,还特别在社会主义学科的分组讨论中开设了一整天的中国问题专场。

中外学者合影

专场研讨会由大会社会主义学科主席 T. 安德烈阿尼教授主持。他指出,改革开放以来,中国的社会主义建设取得了举世瞩目的成就,实现了法国甚至欧洲的历史上从未有过的经济增长速度,并且积极推进政治改革,走出了一条独特的中国道路。中国并非如同一些西方学者所言正在复辟资本主义,中国制度的许多方面都属于社会主义。中国特色社会主义主要表现在公共部门的重要战略作用以及新型的计划化上。中国在为公民提供保障、遏制新自由主义等方面做出了很大努力,而在这些领域内的积极探索正体现了社会主义的本质特征。

中国学者主要就国外学者所关心的政治、经济、社会等问题进行主题发言,并回答了外国学者的提问。中央编译局副局长魏海生研究员介绍了国外学者十分关注的中国的收入分配政策。中央编译局世界社会主义研究所郭伟伟副研究员回顾了中国法制建设30年的历史进程,总结其中的成就和经验,同时分析存在的问题,并提出相应的改革建议。上海社会科学院党委宣传部部长、舆情研究中心主任黄凯峰研究员总结了中国政治发展的基本经验，指出中国已经基本实现从高度集中的“包揽型”政治体制向中国共产党“统揽全局、协调各方”的“协调型”政治体制的转变，在以试错方式进行的适应性改革的渐进历程中，中国政治体制在发展政治民主、完善国家制度、扩大公民政治参与等方面都取得了长足进展，在很大程度上可以说，没有持续、深刻、稳妥的政治体制改革，中国的经济改革和经济社会发展不可能取得如此成就。扬州大学社会发展学院博士生导师刘诚教授介绍了中国实行的政党制度，即中国共产党领导的多党合作制，中国共产党在实践中确立了中国人民政治协商会议这一实现多党合作的制度安排，为马克思主义民主理论宝库增添了新的内容。中央编译局当代马克思主义研究所陈喜贵副研究员从障碍、原则和措施3个方面对西部新农村建设的基本状况进行了简略而系统的介绍，认为由于西部地区的自然条件、经济发展状况、社会政治结构、文化和民族等因素，新农村建设呈现出与中东部不同的特点。中央编译局中央文献翻译部的马京鹏从可持续消费的角度分析如何解决环境问题，指出环境问题的产生原因是复杂的，消费者对环境负有不可推卸的责任，生产者和消费者共同作用，造就了一系列的生态环境问题，因此可持续消费是环境保护的基础，探索具有中国特色的消费方式是我们面临的重大课题。中央编译局文献信息部的赵超介绍了政府问责制在中国的发展情况，提出虽然在对政府责任的理解上中西方存在细微差异，但是中国拥有一套独特的机制，确保政府及其工作人员对公民负责，这些机制包括行政诉讼、基层竞争性或半竞争性选举、司法部门监督、审计、官员考评等。随后，中外与会学者在围绕发言内容进行交流的基础上，就共同关注的问题进行了深入探讨。

哲　　学

Philosophy

如何为启蒙辩护[①]

——英、法两位哲学家关于18世纪思想遗产的一次对话

How to Defend the Enlightment:

A Dialogue on the Ideological Legacy of the 18th Century Between a British Philosopher and a French Philosopher

A. 格雷林　　T. 托多洛夫

伦敦大学哲学系　教授

法国国家科研中心　荣誉研究主任

当《为启蒙辩护》(*The Defence of the Enlightenment*)的作者、法国哲学家T. 托多洛夫(Tzvetan Todorov)2009年12月访问伦敦之际，英国哲学家A. 格雷林(AC Grayling)采访了他，欧洲这两位最著名的哲学家进行了一次有关这本新书和18世纪伟大思想遗产的深入讨论。T. 托多洛夫解释了为什么必须把启蒙和科学主义以及文化沙文主义区分开来的原因。他说："认为理性已经枯竭和过于干燥是危险的、夸张的说法，而消除属于不同知识世界的艺术、神话的存在空间同样危险。我们必须警惕这两种危险和简化。"这次访谈的删节版发表在《新人文主义者》2010年1/2期，题目改为"势均力敌"(Head to Head)。

《为启蒙辩护》一书封面

我们都是启蒙的孩子。与此同时，启蒙精神反对的病症比18世纪理论家认为的更加具有反抗性，它们已经越来越多。启蒙的传统敌人——蒙昧主义、专制权威、狂热像九头蛇的头割去一个就会再长出两个来。人们有理由担心启蒙的攻击永远不会停止，因此，保持启蒙精神长存就显得更加

① 本文译自：AC Grayling and Tzvetan Todorov, "Head to Head," *New Humanist*, Volume 125, Issue 1, January/February 2010, http://newhumanist.org.uk/2211/head-to-head。

重要。过去的作家所希望的成熟时代似乎不是人类的命运：人类注定要追求真理而不是拥有真理。在被问到我们是否已经生活在“开明的时代”时，康德写道“答案是不，但是我们确实生活在启蒙时代”。这将是我们人类的使命：因为知道启蒙是无法一劳永逸解决的，我们必须每天都要捡起启蒙的任务。

——摘自T.托多洛夫著《为启蒙辩护》

听说《为启蒙辩护》的作者T.托多洛夫要到伦敦来，我们忍不住请他与当今英国哲学家A.格雷林讨论这本新书和18世纪伟大的思想遗产。

A.格雷林

A.格雷林：你的新书《为启蒙辩护》认为启蒙思想家的智慧对当今就像对18世纪一样有意义。这使得你重新评价其中有些思想家。或许我们可以从J.卢梭在启蒙思想中的作用开始。他是一个非常复杂的人物。

T.托多洛夫：是的，他是复杂的人。他从来没有完全赞同百科全书派和哲人们的主流观点，因为他的第一部重要著作《论科学与艺术》实际上是反对启蒙思想的。启蒙者宣称通过推动高雅的文化、戏剧、读书、艺术，就会自动出现社会进步。J.卢梭则为相反的观点辩护，他认为人类社会恰恰是因为科学和艺术而走向了堕落。至少从表面上看，这是十足的反启蒙论点。但是，在他成熟的政治著作如《第二论》、《社会契约论》和《爱弥儿》中，他确实发展了一种人类社会和人性的视野，其观点确实属于对启蒙思想的最深刻阐释。这里你会发现他承认自主性和自由意志的作用，个人有意识的行动是人类物种的主要特征。在《第二论》即《论人类不平等的起源》等著名作品中，J.卢梭对比了不同的动物，他说把一只鸽子放在一块肉前或把狐狸放在蔬菜前，它们都会饿死，但人类能够放弃在教育中获得的任何东西来适应新环境。J.卢梭有个简单的公式，即人类有默许或者抗拒的能力。我们人类有机会反对决定论。J.卢梭没有把人类定义为理性动物，而是定义为有能力创造自己行为方式的动物，这就是我们说的文化，这就是为什么不同的人类社会拥有不同的文化。这种坚持人类自主性的核心作用和根据自己意志采取行动的能力是他真正重大的贡献之一，这是J.卢梭与浪漫主义追随者不同的地方。

当然，你是对的，他有大批浪漫主义追随者，所有的个人自传、自我中心和自我陶醉等与自我有关的问题等都是来自J.卢梭的《忏悔录》和《一个孤独漫步者的遐想》等。但是他从来没有想象人类是自足的个人群体。他非常清楚人类的社会性本质，这是无论新旧的人道主义与作为世界观的个人主义之间的分界线。个人主义是把个体看作自足和独立的人的形象，“啊，我与他人交流，但那仅仅是因为我有能力这么做。只要我能获得真正的自我,我就不需要与我之外的任何人进行任何交流。"我引用了像G.巴塔耶(George Bataille)和M.布朗肖(Morris Blanchot)等当代作家和J.卢梭的同代人M.萨德侯爵。将这个神话永久化的人是M.萨德而不是J.卢梭。现在朝你的方向再进一步,我认为J.卢梭是思想深刻、才华横溢的人,在探索的每个领域,他都有很深的造诣。他探索的方向之一是他显然讨厌与其他人在一起,所以当他从理论上反思这个主题时,他会把整个人类历史描述为社会化过程。他在《第二论》中说,我们在成为社会人之前还不是完整的人。完整的人性来自社会化过程。但他自己讨厌与别人在一起,在这方面他口若悬河,雄辩有力,所以使得他的追随者所能模仿的只是像当今的自我小说一样排斥外在世界,一味沉浸在自我里不能自拔。我们今天读到的没完没了的小人物自传都是J.卢梭的远亲继承人。

A.格雷林: 让我们转向启蒙运动的其他思想家如D.休谟和I.康德。我们认为启蒙是理性享有特权,但对D.休谟和I.康德来说,他们的问题是:理性的边界在哪里?D.休谟对理性在解决形而上学和其他方面问题时的能力感到怀疑。I.康德也是如此。人们可能会问,如果他们是启蒙思想家,为什么在寻找理性的局限性呢?

T.托多洛夫: 我认为,启蒙思想家理性在理性范围内看待理性是他们的智慧。但是这个立场有两个危险的夸张说法。一个认为理性已经枯竭、过于干巴巴的,无法理解一切,我们应该首先考虑感性。另外一个说法同样危险,那就是消除所有非论证性表达的知识,消除艺术、神话以及所有形象视野存在的空间,它们属于另外一个知识世界。我认为,我们需要同时警惕这两种危险和简化。这就是为什么我试图提醒读者:启蒙运动发生在人们能够为理性而斗争以便用理性替代传统权威的复杂时刻。

T.托多洛夫

A.格雷林: 简化的其中一个例子就是科学主义,即科学能够解决我们的一切问题,或者解释人类本质或者告诉我们道德的善是什么等。

T.托多洛夫: 是的。启蒙知识分子尤其是法国百科全书派的一个特征是希望用科学心态理解社会、道德、社会秩序和政治。但他们并不认为科学本身将解决这些领域的问题。当你从科学的角度思考问题时,你的心态是开放性的,可行性问题、假设的实证检验和公开辩论等处于核心位置。科学的开放性、容忍不确定性的意愿,以及从解决老问题中产生新问题等特征,与有神论者对世界的解释的传统叙述结构形成鲜明对比。那些叙述是非常干脆的,人类喜欢简单的故事。我们可以在10分钟之内讲个宗教故事,但是要解释科学需要几年时间。把科学心态带入社会问题意味着必须收集事实,观察和思考,讨论和争辩。在我看来,那是D.狄德罗、J.达朗贝尔(Jean Le Rond d'Alembert),在某种程度上甚至是通晓科学的伏尔泰本人的特征。这不是科学主义也不是科学性，但有一种科学心态，我认为这对启蒙运动非常关键。

A. 格雷林： 在你关于人性的一章里，你描述了启蒙对这个观点的改变，即人的义务是爱上帝和他的同胞。你说，人必须爱上帝的观点变得不那么重要，人道主义伦理学的新基础是我们关心人类同胞。你这描述来自基督教。但是宗教要求我们让意志屈服于神性，要求我们不提出问题，不挑战，不考虑自己，谦恭和顺从，我们认识到自己永远处于失败状态，只有通过上帝的恩典我们才能获救。人的这种心理完全不同于启蒙时代人的概念，他必须为自己负责，是必须独立思考的自主的人。启蒙所描述的人性恰恰是基督教对可怕的骄傲罪过的描述。我常常听到人们说权利普遍性、四海一家亲、慈悲怜悯、尊重他人等都是基督教的观点，但是我认为基督教心理和启蒙运动鼓吹的人性实在是格格不入的。

A. 格雷林与 T. 托多洛夫在交谈

T. 托多洛夫： 我要说，你的反对意见涉及所有宗教而不单单是基督教。"伊斯兰"这个词意味着"服从"，每个宗教都意味着对权威的完全服从，否则就不再是宗教而是新时代或别的什么。但我认为，我们可以区分宗教，哪些对所有人都有吸引力，哪些只适用于所在部落。这是一个重大差别。我们并不能把基督教等同于人权斗争，但是我觉得，不仅仅属于所在部落而是所有人都能走的同一条道路的观点非常重要。在某种方式上这是基督教的遗产。关于爱，圣保罗实际上有令人印象非常深刻的话。他在书信的好几个场合说，作为基督徒你有两个义务：爱上帝，爱你的邻居。然后他补充说，如果你真的爱邻居，你就会表现出爱上帝的第一个要求。这意味着你不需要在对待他人的简单态度之外再单独去爱上帝。

当然，这不是后来人们理解基督教的方式。长期以来的说法是，对创造物的爱不应该影响对造物主的爱，因而这里存在等级差别。B. 帕斯卡写到，他想不要爱人太过，因为这会阻碍他只爱上帝。但并非每个基督教思想家都遵循这样的路线。在18世纪，像G. 莱辛和B. 富兰克林这样的人说基督教教导我们爱。我们保留了爱，我们不过消除了我们的爱的遥远接收者，保留了最亲近的接收者，保留了最基础的东西。我们只是消除了远方的接受者——上帝。这让他们避免了与当时宗教权威的正面冲突。你可能记得，保罗也说过，如果你没有信仰，没有关系；如果你没有希望，也没有关系；但你必须有爱。当然，其他人关心的是谁是基督徒谁不是基督徒，然后决定把异教徒杀掉。他们不是普救论者。

A. 格雷林： 我对你书中的有些言论印象深刻。世界上有一个科学，却有很多宗教。科学探索追求客观性，与之相反，不同信仰体系及宗派主义却把人类分成不同群体。将共识最大化，找到共同的立场是普遍伦理学的理想，隐含在人权观点中，保护人权为个人打开了创造善的空间。你在书中说，你对人权作为普遍道德的可能基础感到怀疑。

T. 托多洛夫： 啊，请允许我首先同意第一点，也就是科学的真正普遍性。如果我们怀疑在任何事情上达成普遍共识的可能性，我们这里有很好的反证的例子。人们并不试图去发明另外一种形式的电流。

我不是反对人权。谁能反对人权呢？但我对人权的使用有点怀疑。最基本的人权确实是我们应该十分珍视的东西，是找到共同基础的能力。但是，我观察到，令我感到怀疑的地方恰恰在于如今人权已经被当作为西方优越性辩护的工具。一旦观察到某个地方不是以同样的方式接受人权，我们马上就认为这些国家肯定低劣，或许甚至应该得到惩罚。我认为，在西方我们为自己的传统自豪是应该的，但我们仍然有很多的东西要学，学习中国传统、非洲传统以及其他任何地方的传统。我们必须注意理解这些情况，而不是挑出如阴蒂割礼这样的野蛮习惯说，“啊，你们怎么能这样呢？”

A. 格雷林： 但是即便当我们谨慎地不把自己的文化规范强加在别人身上，当我们提出人人都拥有我们能够承认的某些共同的基本需要和利益时，人家仍然指责我们是文化帝国主义者。我们什么时候行动呢？比如，N. 萨科齐(Nicolas Sarkozy)说，好吧，现在你们说了算，达尔富尔和卢旺达问题怎么解决，你们怎么做？那样会发生什么呢？

A. 格雷林与 T. 托多洛夫偶像

T. 托多洛夫： 真正的危险是西方强权的干预没有解决问题，反而把问题恶化了。

A. 格雷林： 那是现实问题还是哲学问题？

T. 托多洛夫： 现实问题。当地力量的干预帮助解决你提到的问题的机会更大。我认为，在违反人权方面存在差别，在为干预辩护时需要考虑这一点。种族屠杀问题在我看来应该是有必要也应该采取干预的措施，因为我们不能接受千百万人遭受屠戮。即使在这种情况下，显然当地邻居更关心事情的进展，其干预的效率也会更高。我常常想，为了强行推广我们的价值观而使用的手段在很多时候是起反作用的。我认为最有效的手段是启蒙思想的传播。这些已经真正改变了世界。去殖民化思潮是在自主性、平等尊严、个人自由等观点推动下出现的，这些都是启蒙思想。

A. 格雷林： 是的，我同意。如果你看看西方自由主义的民主，你注意到的一点是，在其中存在很多的论证、争吵、讨论、骚乱、挫败。这是健康的表现而不是功能失效的表现。和平是独裁者创造出来的东西。论证和讨论是健康的标志,因为一个社会不断与自己协商总是存在众多可能性。这是宝贵的教训,当然也是启蒙的教训。因为启蒙的特征之一是崇尚多元性、差异以及辩论是健康和建设性的这一观念。斯大林主义和T.托尔克马达的天主教思想的共同点,是我所说的一元化意识形态和意识形态统治,为了伟大真理不惜牺牲个人自由。

T.托多洛夫:确实如此。所以,或许可以用下面的共识结束我们的谈话:正是通过批评启蒙,我们才能忠实于启蒙的原则。

(武汉科技大学外语学院 吴万伟 译)

另一种普遍主义：范例的力量

Another Universalism: The Force of the Example

A. 费拉雷

意大利罗马大学　教授

本文描述了一种作者称为"3B"立场的普遍主义观点。这种立场能够既解释命题对环境的超越性，又不否认环境的多元性和对命题的建构性。文中没有采纳把形式和内容分开以便协调普遍主义和多元主义的做法，而是用"范例的力量"轴枢其间，得到一种以重新解释了的"共通感"概念为核心的实质性的普遍主义。它与其他普遍主义的区别在于，它承认后现代对基础主义的质疑；对现代哲学中无法落实的普遍主义原则，它的解决方案是诉诸人类(复数)对自我生命力的确证和提升的普遍的直觉，而不在乎他们是否拥有不同的文化环境和历史。

A. 费拉雷

在这篇演讲里，我想介绍一下支撑我最近出版的著作——《范例的力量》一书的哲学议题的主要线索。我用一个略显土气、看似干瘪的用语"3B立场"来描述我的哲学立场，希望随着演讲的进展，我的这一描述能变得越来越清晰。

类型1的立场是各种关于普遍主义的新自然主义观点。这种观点之行事，好像太阳底下无新事，好像语言学转向从来没有发生过，或者即使发生过，如今也成了陈年旧事，早已被一种获取事实和规范性的全新可能完全取代了。这种规范性带有一种不知从何而来的观点，或许确实是"来自自然"的，特别是在以利用神经科学为能事的心智哲学之中。

类型2的立场是对语言学转向所固有的基础主义的各种文化批评和解释学批评的模仿复制品。这些复制品，若干年以前常被称为后结构主义、解构主义和后现代主义，现在则改头换面，被称为后殖民主义、底层研究、文化研究以及诸如此类的东西。它们告诉我们，除非在某种情况下完全诉诸某些概念上或实际上的暴力，否则普遍主义其实并未真正战胜多元主义。但是，当要解释我们究竟怎样才能超越我们栖身于其中的环境界线，以及在什么意义上，真理和正义能够是某种不仅仅是得到了承认的措词(我想这正是问题所在,我想这也正是值得拥有的东西)时,它们却不知所措,哑口无言了。

类型3的立场在数量上极少,但在我看来却具有更多的哲学趣味:它们试图在这个鸿沟上架起桥梁,并给予我们一种方法,来理解命题的真理性和规范的正义性如何能够超越环境的局域性,而又不否认环境是多元的,起着形成性、建构性作用。直到目前为止,主要是受到J.哈贝马斯工作的激发,类型3的立场采取了一种程序主义(proceduralist)进程:它们试图用把形式和内容分开的办法,来解决使普遍主义和多元主义协调起来这个难解的谜题。就是说,关于真和正确的多个实质性的直觉,分享着一个共同的形式核心,这种核心能够用步骤(话语)的形式析出并重建起来,而这个过程产生了真命题和公正的规范。

我试图发展的3B立场与上述架设桥梁的尝试相左,转向了另一个方向。不是把形式和实质相分离,它的主要思想是认为,有效性乃基于判断的"单数普遍主义"(singular universalism)——一种我通过援引I.康德《判断力批判》中的反思性判断(reflective judgment)概念加以重建的普遍主义模型。

我试图把I.康德原本关于美学有效性的理解去美学化,并使范例的效力成为一个适用于艺术作品的评价以外、适用于政治和一般意义上的公共领域的概念。因此,我将首先谈谈范例的力量(the force of the example),以及为什么它在我们这个时代引起了更大的兴趣。为了表明它为什么获得了这种新的相关性,我将对浸身于其中的哲学视域进行一番概括性的鸟瞰。然后,在最后一部分,我将讨论这样的问题,在我看来,这个问题提出了最困难的挑战:在什么基础上,范例具有超越其产生环境的能力?I.康德对此的回答围绕着一个"共通感"(sensus communis)概念,我们将仔细考察这个概念,以便使它与我们自己的哲学困境相适应。

塑造我们世界的三种力量

虽然你我之间的文化可能极不相同并且相距遥远,但是我们栖身的世界都是被三种主要的力量塑造的。第一种、也是最有力的一种是已存在者(what exists)的力量,是已经在那儿、在其位置上的东西的力量——物的力量。我们以两种基本的方式经验着这种力量。有时候,我们在习惯、成规、传统、道德风俗、文化、惯例、习俗、养成的实践和公认的智慧里碰到这种力量。如果我们每一次都不得不重新发明我们的合作用语,如果我们来到这个世界上时发现的是混沌而不是秩序,如果我们的日常意义和共有期望的织体总是得通过艰难的协商来产生,一旦我们消失了它便不复存在,那么,我们所知道的这个社会简直就不能忍受。有时候,我们又以一种看似质感较少但丝毫不乏客观性的方式经验着这种物的力量,这种力量通过我们有意识的作为而产生的无意识结果，以一种看不见的手或理性的诡计的伪装方式塑造着我们的命运：想一想我们经验市场震荡的方式吧，或者想一想历史效果在比如柏林墙倒塌这种转折点上所引起的潮水般的涌动。不管是哪一种模式，“所是”(what is)的力量都表明它自己是我们(从自然、社会和内在方面)改变世界的努力所碰到的最明确的阻力。世界对于我们仿佛是一座监狱，充满了对自由的敌意，如果说已存在者的力量或者物的力量是唯一塑造这个世界的力量的话。

第二种力量，即赞成把我们在其中展开生活的环境转变成一个人的世界的力量，是“应是其所是”(what ought to be the case)的力量——观念的力量。不管我们被抛进了怎样的文化和历史环境，我们都又一次经验着这个世界和它的展现，仿佛它是受评价支配的，并且容许被指定一个或肯定或否定的价值。虽然我们有时会无助地觉得与这个世界的力量迎面相对，我们总还保持着依我们认为理应如是的规范性而达致实在的能力。这种规范性可能有多种不同的形式，一旦我们认同了它们，我们便把这种规范性经验为各种原则的力量：道德命令的力量、一般道德观点的力量、良知的力量、规律的力量、信仰的力量、作为可向往概念的文化价值的力量、最佳论证的力量、正义的力量，以及对好生活的吁求等。这些规范标准并没有一个地方能够使其得到完全的满足，但是由于以下原因，我们并不把它们看作是不适当的：在理想状态下，正是我们的世界必须与这些标准，而不是与其他的什么东西相一致。现在，在我们所描述的图画里开始出现了我们更加熟悉的场景了。

如果我们所设想的世界只是由所是和应是的力量——物的力量和观念的力量所塑造，那么这个世界就不再是一座监狱，而成了为上述两个领域之间不可逾越的鸿沟所占据的场所；它是一个断裂的场所，一个必然和自由之间永无宁日地冲突的场所。

所幸的是，这幅图画并不完整。除了所是和应是的力量以外，还有第三种力量塑造着我们的世界：“是其所应是”(what is as it should be)的力量，或者说范例(example)的力量。长久以来，范例的力量并未获得认识，它被误导性地归入了美学这个抽象的领域。但是，由于范例在它自己的现实秩序和它所回应的规范秩序之间所实现和展现的独特的、异常出色的契合(congruence)，范例的力量在所有生活领域都要求得到我们的注意——在艺术中如在政治中，在宗教事务中如在道德事务中，在经济行动中如在社会行为中，在医学实践中如在对大型机构的管理中。真实性、优美、完美、诚恳、魅力、光辉以及许多其他名词都被归因于这种契合的特性，它在现实和规范、事实和标准之间所带来的，绝非只是暂时的、偶然的、不完美的扣连，而是一种持久的、几近圆满而罕见的融合。

范例性同样以两种截然不同的方式表现出来。有时候，范例包含并反映了一种我们全然意识到了的规范：我们已经知道了某一范例是一个范例。职业中的最佳实践、政治中的政治才干、战斗中的勇气以及后代抚育等高尚行为的范例即常属此类。然而有时候,范例的示例性是如此纯粹和具有创新性,我们起先只是通过与过去经验的类比模糊地感觉到了它,随后才真正认出了其中所包含的如此强烈地反映在周遭客体和行动中的规范要素。要在这种情况下获得对范例性的完全把握,要求我们特别要明确其构造示例的原则。政治革命、新宗教的建立、艺术风格的奠定工作便常属此列:它们以同一种姿态揭开了已存在者的新前景,同时揭示了规范性的新维度。它们激发每一个人追随其教诲的力量乃是以纯粹的范例性为基础的,能够说明它们之塑造我们世界的能力的,既不是未必尽然的现实必然性,也不是对一种尚未被承认的标准的暗示。

所是的力量解释了我们共有的世界在时间上的持续性,应是的力量解释了我们觉得世界毕竟是一个值得生存的地方这种意识,是其所应是这种范例性则解释了我们的世界在时间中经受的变化,解释了新格局的兴起和新路径的展开。重大的历史变化常常由于典范人物、典型行动和典型事件所具有的能力的刺激,而照亮了超越所是的限制、扩展我们标准理解的范围的新道路。范例的力量并非使我们感到我们有转变的可能,它超乎于此,常常给予我们一种和解的预示——首先是必然和自由之间的悲剧性分裂的和解,这种分裂,是对一个仅仅由已存在者的力量或物的力量,观念的力量或应是的力量所塑造的世界的反映。

我的哲学议题便是探究并明白地呈现出这第三种力量,出于各种不同的原因,在西方哲学史中,它在广度和深度上从来没有得到与另两者相当的关注,除了亚里士多德的实践智慧(phronesis)概念和I.康德的反思性判断概念这两个著名的例外,这一点已经由H.阿伦特在其《康德政治哲学演讲录》里讨论过了。我们能够用以对范例性进行理论化的工具首先来自这些资源,但是它们将被保持在背景里,因为我的首要意图并不是哲学的、历史的,甚至基本上也不是重建性的。[①] 我的目标毋宁说是探索范例性概念能够在我们当代的哲学困境中被赋予一些什么样的用处。什么是范例性?某一单独的事物如何能够拥有普遍的意义?由范例性所显露出来的力量,其性质是什么?怎样将这种力量与规律的力量相比较?这种力量怎样才能在其可及范围之内的各种不同环境之间架起桥梁?

我们所栖身的哲学世界

我无法在一个单独的报告里回答这些问题。简单地说,范例的力量对于我们变得

① 从范例性角度对实践智慧和反思判断的讨论,可参看 Alessandro Ferrara, *Reflective Authenticity: Rethinking the Project of Modernity* (London and New York, Routledge, 1998),第2章和第3章。

更加重要了，因为鉴于一种尚未被克服的哲学视域，原则的力量（the force of principles）变得更加难以落实了。这种哲学视域便是产生于语言学转向的基础主义批判。不像25年以前，那时我刚开始根据关于确实性（authenticity）的更为明确的概念来勾画这种哲学的前景。如今由语言学转向所始创的对规范性和主体性进行哲学理论化的文化和主体间架构已经遭到攻击，被神经科学、遗传研究、计算机科学和社会生物学的成就刺激起来的各种新形式的自然主义，似乎作为一般的研究议程承担了更多的承诺，并作为具有鲜明轮廓的范式产生了更大的影响。当然谈到这种承诺我还是保持着某种怀疑。我将不会试图去捍卫那种语言学转向的未消退的适切性，而只是回忆一些始创了这种转向的运动。

在现代普遍主义的视域之内，命题和规范的有效性被设想为是以它们与理论的和实践的人类理性标准的匹配为依托的。但是，当L.维特根斯坦在他的《逻辑哲学论》命题5.6.2中说，“世界是我的世界，在下列事实中，这显而易见：语言（我唯一理解的语言）的界限即意味着我的世界的界限”[①]时，这种视域已经遭到质疑并被取代了。在上述段落中，L.维特根斯坦否定了世界能够不依赖于某种语言的媒介而被把握。而且，由于语言的多元化甚至从巴别塔的时代就已经开始存在了，因此得出这样的结论是不可避免的：你和我所能够设想的各个世界的各种各样的界限，并非与语言的多样性无关——这些界限是通过语言、并在语言之中被把握的。

在《哲学研究》§217中，对普遍主义的现代理解再一次遭到了质疑。这里，L.维特根斯坦建议说，到了某一点之后，我们解释何为遵循一条规则的尝试就碰到了深深的地质基岩——一种生活形式的纯粹真实性；面对这种基岩，哲学的铲子由于被无情地折弯了而必须停止下来。这样，如下的结论再一次成了无法避免的，即一条规则的规范性和该规则由之而来的生活形式的真实性，是难解难分地联结在一起的。[②]

当C.奎因在《经验主义的两个教条》中破坏了如下区分，即破坏了由于事实而为真（比如，比萨今天不下雨）和无须检查事物在世界上如何存在而“先验地”或“分析地”为真（比如，一个单身汉就是一个没有结婚的人）这两者之间的基本区分，上述现代视域便被彻底颠覆了。这种区分无论对于唯心论哲学、实在论哲学还是理性主义哲学和经验主义哲学来说都是核心性的。依照C.奎因的意见，当我们意识到，“单身汉”和“未婚”这两者之间的那种据说是“先验的”和“分析性的”关系，正如L.维特根斯坦关于“遵

① 参看 Ludwig Wittgenstein, *Tractatus Logico-Philosophicus* (London and New York, Routledge, 2001), 5.6.2.译文为译者自译。可参看各中译本。

② 参看 Ludwig Wittgenstein, *Philosophical Investigations* (Oxford, Blackwell, 2003), §217。在《事实与价值二分的崩溃及其他论文》(*The Collapse of the Fact/Value Dichotomy and other Essays* (Cambridge Ma., Harvard University Press, 2002))里，H.普特南以不同的词汇更有力地表达了一种相似的论点。

循规则"概念所表明的那样,不能离开"语言使用"或者明确的共同体实践的词典理解(通常被记载在词典里)来把握的时候,上述区分就崩溃了。[①]

甚至在更早的时候,相似的观点就由M.韦伯用与语言学视角无关的词汇,在他对知识与价值的方法论反思当中提了出来。我们无需让我们自己致力于任何可疑的形而上学陈述,来断定构成了我们知识之客体的各种因素的无限性。我们只需承认,任何客体无论是自然的还是文化的,都包含着比我们在有限的生命里所可能探究的多得多的构成性因素。正是我们自己的局限性命令我们采取一种视角,并从数量庞大的诸可知方面更切近地选择值得了解的因素,免得我们到头来对什么都一无所知。一张像大陆本身那样大的大陆图,当然什么也没有遗漏,但却是完全没有用处的。现在的要点在于,这种什么值得知道、什么我们本无须知道的选择,是一种不能仅仅沿着认知线路来合理化的行动,它所根据的并不是思想与存在相符合这种显然还不能发生的事情。相反,只有以关于知识客体的"值得知道性"(worth-knowingness)的解释学前理解为基础,我们才能在一种非主观主义的意义上谈及真理。[②]

因此,对于你们当中那些疑心事情是不是终于来到这样一个时刻,可以把语言学转向及其后现代主义、解构主义、后结构主义、文化主义和解释学余震当作已经过了时的东西加以摒除的人来说,我想向你们提出以下问题:你们是否拥有一种具有足够说服力的论证,能够反对L.维特根斯坦,而认为我们可以不依赖任何语言便获得差别化的、非直接感觉的知识?你们是否知道有某种方式可以确定,某条规则之被遵循,与L.维特根斯坦所说的正好相反,是不依赖于生活形式的任何实践类型的?你们是否知道如何划一条界线,能够反C.奎因之道,把由于事态而为真的情形与由于词语的意义而为真的情形区别开来?你们是否站在某种反M.韦伯的立场,否认认知的所有形式都内含着某种要素,这种要素使得我们可以从对象中挑选出值得认识的事物,而这种挑选,其归因则又与明确的、常常是竞争性的价值追求相关联?你们是否不能为这些问题提供令人信服的答案?如果是,那么由语言学转向打开的后现代视域就仍然无可取代地完全展现在你们面前,并将一直如此,直到你们能够真正地迎接这些挑战。

不过我发现,从20世纪的最后10年就开始提出的、呼吁我们使自己与解释学、后现代主义、后殖民主义和文化研究保持距离的劝诫,找出其内含的真理性内核还是值得的。因为大多数这类哲学虽然对现代基础主义的普遍主义保持着一种未稍减弱的批判性攻击,但其缺点便也在于它们从来也没有成功地超越这种批判。

---

① 参看 Willard van Orman Quine, *From a Logical Point of View* (New York, Harper, 1963), 24。

② 参看 Max Weber, "Objectivity in Social Science and Social Policy" (1904), in Edward A. Shils and Henry A. Finch (eds.) *The Methodology of the Social Sciences*. Max Weber (New York, Free Press, 1949), 72-76。

对我来说，解决问题的办法不在于通过回到某种新自然主义——这种新自然主义所依据的仅次于“物自体”的哲学妄想，是由诉诸未经解释的“事实”（心智的“事实”、神经生物学的“事实”、社会复杂性的“事实”）构成的——来解救一种普遍主义的视角。在我看来，一种更有希望的路径似乎恰恰是对普遍主义概念加以彻底的重新考察。虽然当代的作者们有时也偶尔暗示了一些非基础主义形式的普遍主义，比如“反复性普遍主义”（reiterative universalism）和“路线式普遍主义”（universalisme de parcours），[①] 但他们从未超出提示性的评论，也从未考察过一种可能的非基础主义普遍主义的哲学基础和结构。事实上，对一种非基础主义的普遍主义的最清晰、最深思熟虑、也最绵密细致的主题化，毋宁说已经走上了一个程序主义的方向，这表现在J. 哈贝马斯关于有效性的一种推论性基础的“后形而上学”议程之中。[②] 我将不在这里展开讨论J. 哈贝马斯的问题。

在从判断范式及其中心概念——范例有效性——的视角对普遍主义的现代概念所做的重新考察中，存在着一个与此不同的、仍未得到解释的路径。如果我们已经对援用超环境原则（transcontextual principles）感到不适，那么在寻求有效性的以判断为基础的方法中，什么东西才能对超出其原初环境的规范性的达成作出说明？什么东西才能解释并证明我们的如下信念，即我们的判断，尽管是难以证明的，却仍将被其他人分享？

I. 康德在他的《判断力批判》中抓住的是同样的问题。但在我们谈论这一点之前，请让我先说一说这种关于有效性的范例路径在由语言学转向所打开的新视域里所能提供的益处。在语境之间互译、在特殊性和据说是普遍性之间循环往复，这种问题一下子消失了。这种新模式由于其与生俱来的特质而使得其自身值得进一步探索，其前景在于能使我们摆脱如下双重危险——今日哲学的进退两难：或者由于假定了一种中立语言中的完全通约性和可译性而使差别琐碎化，或者由于不能把地方语境的多元性

---

① 参看 Michael Walzer, “Two Kinds of Universalism”, in *Nation and Universe*. The Tanner Lectures on Human Values (Salt Lake City, University of Utah Press, 1990) and Tzvetan Todorov, *Nous et les autres: la réflexion française sur la diversité humaine* (Paris, Seuil, 1989)。

② 参看 Jürgen Habermas, *Postmetaphysical Thinking. Philosophical Essays* (Cambridge, MA, MIT Press, 1992), *Justification and Application: Remarks of Discourse Ethics* (Cambridge, MA, MIT Press, 1993), *Truth and Justification* (Cambridge, MIT Press, 2003)。至于关于J. 哈贝马斯著作的数量庞大的文献，我想提及的是以下这些：Stephen K. White (ed.) *The Cambridge Companion to Habermas* (Cambridge, Cambridge University Press, 1995); Maurizio Passerin d'Entrèves and Seyla Benhabib (eds.) *Habermas and the Unfinished Project of Modernity* (Cambridge, Polity Press, 1997), and David M. Rasmussen and James Swindal (eds.), *Jürgen Habermas*, Four-Volume Set (London, Sage, 2002)。

重新统一起来而损及普遍主义自身,并最终使普遍性受制于这种多元性。

这种转译问题为什么消失了呢?因为与规律或原则的说服力(cogency)不同,范例的力量完全是自我指认的(self-referential),它内在于主题,具体地说,它内在于艺术作品,内在于文化形式,内在于人类的自我确认(identity)本身。因此,当它被按照它自己的原则加以理解时,一个范例的规范性就不需要转译。可是有一点,即在I.康德看来,对范例的范例性的反思性判断,正如对艺术作品的美的判断一样,不能被降低为仅仅是一种对特异的、确实无疑的偏好(比如对愉悦感的判断)的报道,相反,这种判断提出了一个要求,即它所要达到的效果,是人人都应当对它表示同意。这就把我引向了我今天将要讨论的最后一个问题:为什么人人都应当同意呢?

范例的力量及其基础:再论共通感

这也是《判断力批判》最初的40个段落里困扰着I.康德的问题。他的答案是我们共有"一种共通感";但是,一旦我们试图阐明,当我们共有一种"共通感",我们所共有的究竟是什么的时候,我们却发现自己被夹在了两种互不相让的哲学策略之间,而两者都存在很大的问题,虽然是出自极为不同的原因。一方面,我们有一种策略,我将把这种策略描述为是一种对共通感概念的解释学和现象学浓缩(thickening)。另一方面,我们又有一种相反的策略,我将把这种策略称为I.康德式的准自然主义极简主义(minimalism)。我将简要地重现它们,然后勾勒出另一种处理共通感的可供选择的方法,这种方法仍然能够与I.康德方法的要旨相容。

我认为,第一种策略更像是问题,而不是问题的解决。H-G.伽达默尔把偏见恢复为理解过程中一个不可消除的要素,换句话说,它是人类主体性的构成性条件,总是渗透在解释过程当中。这种恢复最终为把共通感庸俗化为常识(common sense)铺平了道路。H-G.伽达默尔指责I.康德忽视了对实质的要求。在这种人文主义传统的理解中,常识成了一个对与错、恰当与不恰当的被转变了的判断的集合。但是这种被保留在"视域"概念里的实质性,又把我们带回到了起点。因为如果一种成功的解释便意味着一种视域的融合,而我们又不能不假定一种视域的多元化存在,那么任何解释的有效性便都受制于该解释发生于其中的"主视域"。① H-G.伽达默尔的反方法论立场,使得他的解释学总的来说对解释中的有效性究竟是什么这个问题保持沉默,这并不是偶然的。

E.胡塞尔和A.舒茨的现象学研究遵循了一条与此效果相当的路径。在这里,一

① 参看 Hans-Georg Gadamer, *Truth and Method* (New York: Continuum, 1975), 19-29。关于"前理解"概念,参看上书第235—253页。关于"视域"概念,参看上书第269—274页。

种类似于常识的共通感再一次出现在“生活世界”这个标题之下。在 A. 舒茨看来，为了有可能发生互动，我们必须假定一个与他人一起居住的世界的存在。① 共通感因此被理解为一个共享的世界，一个生活世界，而这个生活世界又被理解为一种默会知识的共享的仓储，这种默会知识的有效性被一个社会的全体成员认为是理所当然的。生活世界并非简单地是一个人所共知的总体，因为那样的话，它完全可以被一个外部观察者重建起来。它乃是一个“人所共知人之所知”的总体。

如此理解的共通感天然缺乏超越其起源环境的能力。正如任何视域一样，它随着我们的移动而移动。改述一下 A. 舒茨的两个追随者 P. 伯格和 T. 卢克曼的话，我们也许可以说，试图批判地评价共通感，正像一个人试图从其正在驾驶的车子里推动这辆车子一样。按照这种哲学策略来设想共通感，最终会把我们囚禁在一辆也许永远都打不开门的车子里。②

第二种策略——可以追溯到 I. 康德——是从一种相反的直觉开始的：由于向我们的共通感概念注入任何（历史、伦理、文化的）实质内容都不可避免地从它的普遍性品格里减损了某种东西，因此共通感最好被理解为一种人类的自然能力。为了说明这种策略的局限性，最好的办法便是重温一下 S. 潘沙（Sancho Panza）的梦。D. 休谟曾为此写下值得记忆的篇章，最近，它又被 S. 卡维尔再一次论及。③

在“论趣味的标准”一文中，D. 休谟记录了一则由 S. 潘沙讲述给堂吉诃德的趣闻：他的两位亲戚，著名的葡萄酒鉴赏家，曾经受到邀请，对出自一个大桶的据说品质优异的葡萄酒发表看法，该葡萄酒将在一个重要的场合里供应。他们两人都庄严地品尝了好几次，然后宣布他们的裁定：“是的，这的确是一种卓越的葡萄酒”，第一个说。虽然他能够感觉到有一点轻微的皮革的余味。第二位鉴赏家对该酒的杰出品质表示赞同，但补充说，他仍然能感到有一种铁的余味。品鉴的出席者们对如此回答感到高兴，但他们嘲弄这两位鉴赏家，因为大家觉得他们的判断是一种自负的、夸大其词的诡辩，同时也因为他们尽管有着所有假装精良的品鉴能力，却得出了不一致的结论。然而，那些嘲弄他们的人，很快便转而觉得自己荒唐可笑和十足地不称职了，因为使他们大为惊讶的是，在集会的最后，在桶底发现了一把铁钥匙，钥匙上拴着一截皮绳。

---

① 参看 Alfred Schutz, *On Phenomenolgy and Social Relations*, edited and with an introduction by Helmut R. Wagner (Chicago: University of Chicago Press, 1970), 164 - 165。也可参看 Schutz, *The Phenomenology of the Social World* (Evanston: Northwestern University Press, 1967)，以及 Alfred. Schutz and Thomas Luckmann, *The Structure of the Life-World*, Vol. 2 (Evanston: Northwestern University Press, 1989)。

② 参看 Peter L. Berger and Thomas Luckmann, *The Social Construction of Reality. A Treatise in the Sociology of Knowledge* (Garden City: Doubleday & Co., 1966), 13 - 14。

③ 参看 Stanley Cavell, "Aesthetic Problems of Modern Philosophy", in Ronald Beiner and Jennifer Nedelsky, eds., *Judgment, Imagination and Politics*, 38。

S.潘沙的梦表达了一种强烈的愿望,即是说,在美学判断没有被极端简化为对概念和原则的运用的情况下,最后总该有"真实世界中的某物"存在,它不仅是认知判断,同样也是美学判断可以依赖的基础。责备I.康德沦为S.潘沙之梦的牺牲品,这可能是不公正的。然而,这种"真实世界中的某物"的踪迹,一种拴着皮绳的铁钥匙在哲学上的对等物,始终影响着I.康德对美学判断之普遍性的理论化:这一钥匙的哲学等价物是这样一种观念,即在据说对所有人类都完全相同的感知器官和由我们的想象表现出来的美的对象的面貌之间,存在着一种自发的契合。这种自发契合是由共通感发觉到的,也是由于它的存在,共通感才有了基础去预期一种普遍的同意。

那则逸事没有向我们报道那两位鉴赏家的大体良好的判断最终是否真的取得了那著名的普遍一致同意的胜利,这该把他们的判断与任何两个仅仅装作葡萄酒鉴赏家的不称职者的伪评价区别开来。我们却从中得到了一种令人忧虑的意识,正像I.康德一样,我们也渴望着两种哲学事物,它们相互处于深深的紧张关系之中,这种紧张关系对第二种策略对共通感的设想构成了最重要的限制。一方面,我们希望美学批评家并不像逻辑学家那样,处于一种强迫我们同意其结论的位置,否则就惩之以合法地把我们谴责为不合理性。另一方面,我们又希望批评家们不要受制于趣味的历史,以之作为其判断的终极验证器。我们的确想要批评家通过其判断的异常明晰而成为某个制造趣味的历史的人。I.康德式的把共通感自然化的策略给我们留下了协调这一紧张关系的未完成的任务。

在这个关节点上,我们可以提出第三种可供选择的方案,它仍然相容于I.康德式的总体视角,但少有其自然主义,同时也不能化约为H-G.伽达默尔式的传统概念或者现象学式的生活世界概念。如果我们询问《判断力批判》美学愉悦的真实性质——归根到底这才是决定性的概念,我们便能发现一些段落,从中出现了一种与20和21段所暗示的美学愉悦的自然化完全不同的腔调。具有此种感觉的最有趣的表述之一包含在§23之中,在这里,I.康德比较了与美的显露相联系的愉悦和与对崇高的感知相联系的愉悦。与崇高相连的愉悦来自一种紧张感的突然释放,这种紧张感与对生命力的约束和控制相关;而与美相连的愉悦则总是给我们一种提升、肯定、促进生命的感觉,正如I.康德说明的那样。①

这里,我们到达了一个不同的策略都能够由之找到起点的哲学分歧点。按照这第三种策略,与每一种美学体验相关联并由之诱导出来的愉悦,并非仅仅由可得之于想象和理解的相互作用的满意感构成,也不能化约为自然和人类感知器官之间某种前定和谐的副产品,它是在一种对"人类"的反思的不同平面上展开的——这种水平的"特别的人类",既不能被归结为文化的塑造,也不能被固定在自然主义地理解的事实

① 参看Kant, *Critique of the Power of Judgment*, §23, 128。

性上。

任何一个人都终有一死，拥有一个身体，生活在一个给他提供表达意图的符号手段的环境之中，或丰富或有限，或传统或创新，这取决于环境的限制和人类行动者自身的创造能力。一个人自己的生命对于每一个人来说都是一种时间的流逝，在这个过程中，他可以使用我们的能力以创造意义。在或大或小的程度上，在塑造其生存条件和为其行动注入意义的过程中，每一个人，不论其生存于其中的历史或文化坐标如何，都必然直接地经验到某种东西，这种东西，对于他作为一个整体的生命来说，意味着提升、肯定和促进，或者相反，意味着抑制或挫败。一句话，意味生命的强盛或衰败。

沿着重建共通感的这第三种策略的路线深入，I. 康德所称的"生命提升"的感觉就能从自我实现或自我实现的进展，即从一个人与其自身的真正关系的进展这个方面来理解。从这种优势地位考虑，则艺术的杰构佳作便激起了一种愉悦，我们能够期望它被普遍地分享，以至它唤起了一种人类生命的强盛感：艺术作品的美是在我们共有的、对人类生命之强盛的直觉感受的基础上被经验到和得到"理解"的，而不能被化约为一个概念或者特征的核对表。

对共通感概念的寻求，便包含着这种感受人类生命的强盛及其促成者的普遍的能力。这样的概念与20世纪对美学经验的其他解释并存，比如M. 海德格尔的世界的敞开观念，J. 杜威的经验概念，A. 丹托（Arthur Danto）的"司空见惯者的变形"（transfiguration of the commonplace）概念。重新制定的共通感于是便成了这样一种智慧，它能够从人类确认自身的实现或强盛的一系列维度更深入地得到阐明，并且它所使用的词汇以某种方式处于文化的分化"之前"或"之下"。

在我看来，这种前文化但并非自然直觉的一个例子，来自R. 诺齐克设计的一个精神实验。① 设想两种生命进程A和B，假设它们被赋予了等量的幸福，不管我们关于幸福的定义碰巧是什么。假定与这一等量幸福相关的唯一差别是它们在时间上的分布。在生命进程A里，我们必定要享有的幸福大体集中在我们生命过程的头1/4，然后有少量分布在接下来的1/4，剩下的极少部分散布在余下来的生命里，最后是一个长长的完全缺乏幸福的生活片段。反之，在生命进程B里，与前等量的幸福被平均地分配在整个生命周期之中，而在趋向结束的过程中则适度地有所增加。在这两种生命进程中我们宁可选择哪一种呢？如果我们对选择第二种并无犹豫，那么，这表明我们具有一种关于什么是好的人类生命、关于人的生命力之本性的直觉，这种直觉，即便若非使用某些语言的和历史的文化遗产，我们甚至无法开始表达它，它却与我们沉浸于其中的文化无关。在其他地方，我曾试图以对心理分析理论的广泛再讨论为基础，重建那些对

① 参看 Robert Nozick, *The Examined Life: Philosophical Meditations* (New York: Simon & Schuster, 1989), 100。

于我们完成了的自我确认概念具有建构作用的维度：连贯、活力、深度和成熟。[①] 在这些维度上，能够发现许多作者表现出重大的趋同性，尽管在其余问题上他们有着公开的、深刻的不一致。

我们似乎真的认为，这些直觉不会与不同于我们自己的文化不相协调，以至我们能够在这个意义上理解：一种并不依赖于原则或概念的判断，一种传达了某个对象、某种行动和某个符号整体对于提高和促进我们的生命具有某种助益性的判断，可能会怎样要求普遍性。通过诉诸一层我们有理由认为容易从视域的多元性中获得的直觉，这种判断可以合法地主张自己的普遍性，只要这些直觉与一个人自己生命的强盛或衰败这种普遍的人类经验联系在一起。尽可能完整地重建这些直觉，是一种关于共通感的哲学理论的任务。

对于重建I.康德的共通感概念，以之作为理解范例的力量的基础，这或许是一个可行的方向。

（中国社会科学院哲学研究所　刘文旋　译）

① 参看 Alessandro Ferrara, *Reflective Authenticity: Rethinking the Project of Modernity* (London and New York: Routledge, 1998), 70-107。

商谈伦理学：K-O. 阿佩尔、J. 哈贝马斯及他们在这个领域的发展

Discourse Ethics: Karl-Otto Apel, J. Habermas and Their Progress in the Field

M. 凯德纳尔

德国维藤大学研究生院　院长

M. 凯德纳尔

最早由 K-O. 阿佩尔和 J. 哈贝马斯提出的商谈伦理学，作为一种规范性的哲学伦理框架，能够不带有太多教条主义和道德家长制主义的、公平地对待道德观的多元性。这就要求把作为规范性框架的商谈伦理学置于一般生物伦理学所固有的多元领域中。在阐述完 K-O. 阿佩尔和 J. 哈贝马斯的商谈伦理学之后，本文勾画出一个改良版的商谈伦理学。这个新商谈伦理学建立在这样的想法上，即为作出正确的道德判断，需要在道德上负责地使用商谈权力。同时，本文在这个新商谈伦理学框架内，提出了影响作出道德判断言谈情境的 5 个相关因素，这些条件的满足，将会使产生于相应情境中的判断具有道德权威性。

一、关于 K-O. 阿佩尔“超验语用学”中的商谈伦理学起源

当代德国哲学家 K-O. 阿佩尔最著名的是其内容广泛、涉及诸多理论和实践哲学问题的“超验语用学”。这项研究在认识论、理性的规范性理论、批判理论和伦理学等诸多提出合法有效性声称的哲学探索中，都赋予辩论话语及其内在规范性前提以基础性的地位。如果存在这样的规范性前提，任何交谈者都难以取消它的谈论意图。因为交谈者处于一种 K-O. 阿佩尔（像 J. 哈贝马斯一样）在语言—行动理论中所概括的“施行性的自相矛盾”之中，K-O. 阿佩尔（与 J. 哈贝马斯不同）把这个概念吸收进经过理性确定的正当性学说。作为商谈伦理的创立者，K-O. 阿佩尔使我们更为熟知的是，他的核心观点即话语的一些前提包含普遍有效的道德内容，在 20 世纪 60 年代就已经提出。

K-O. 阿佩尔

关于商谈伦理学，K-O. 阿佩尔在1976年提出，所有人类需要作为人际间可沟通的潜在主张，都具有伦理上的相关性，它们可以通过论辩在人际间得到证明。具体而言，超验语用学揭示出论辩实践活动中存在某种规范性，即每个想让有能力参与者作为理性评价者行动的人，都应将这些参与者视为可以理想地调节他们辩论义务的人。根据"理想言谈共同体"的原则观念，K-O. 阿佩尔的商谈伦理学具有的特性应能理想地支配理性评价者的辩论共同体，某些特性对于所有理性评估者而言具有道德意义内容。对这一内容的理解是以下论题的一部分，即每个人如果在辩论中有能力并愿意提出、回答问题，那么如何理解他们作为辩论主体的角色？K-O. 阿佩尔1988年赞成根据在实际的和可能的参与者之间的共同责任来论述这个规范性的道德意义。其目的是为了使他们的所有行为都与自由、平等的共同主体的一般义务地位相一致，为了理想地调控辩论义务，无论在辩论中理性地涉及谁，都想让谈话者接受某些相互认同的规范性及约束所有相关人员的对称情境。就商谈伦理学包含多大程度的普遍限定以及在多大程度上被运用于实践，K-O. 阿佩尔和J. 哈贝马斯之间存在着巨大的分歧。

商谈伦理学既是近年来才产生的有关规范性哲学的道德理论范式，又是一套为作出道德判断而被普遍运用的有关标准的理念(后传统道德或思潮)，这应归功于K-O. 阿佩尔。[①] 他提出，经过理性辩论，任何参与辩论的人都潜在地承认交往共同体中所有成员提出的主张(Apel，1980，p. 277)。K-O. 阿佩尔认为，所有人类需要作为人际间可以相互交流的主张，就其可以在人际间通过辩论而证明来说，都具有伦理意义，并应得到承认。[②] 这与一个重要的关于道德本质的规范性假定即"人们不应该没有必要地牺牲有限个体的人类旨趣"，(Apel，1980，p. 277)一起促使K-O. 阿佩尔提出如下关于商谈伦理学的基础规范性原则："所有的人类需要作为潜在诉求可以通过辩论与其他人的诉求相互妥协，因此，人类的需要必然会成为交往共同体的关注点。"(Apel，1980，p. 277)

---

① 商谈伦理学尽管在美国哲学背景中经常与J. 哈贝马斯1990年、1993年的作品相关联(参阅Benhabib，1986，Baynes，1992，Cooke，1994，Rehg，1994)，但从其经常被引证的章句来看，却要追溯到K-O. 阿佩尔在1967年写作的一篇文章"沟通共同体的先验性和伦理学基础"(见K-O. 阿佩尔，1976年或1980年)。

② 注意这里K-O. 阿佩尔所指的"主张"，不仅是J. 哈贝马斯后来所称作的言语行为的普遍有效性声称(可理解性、真实性、正确性和真诚性)，而且还包含人类的各种需要。这些需要一般被看作是一种对能实现这些要求的其他人，作出某种要求的表达。

正是在这一背景下，J.哈贝马斯后来才正式将"商谈原则"作为"商谈伦理学的独特观念"，即："只有在得到或能够得到商谈实践中所有参与者赞同的条件下，那些规范才能称为有效。"（J.哈贝马斯，1990，第66页）在对这句话最广泛的解读中，它意味着有效性建立在经过理性审查、正在达成的共识基础之上。

J.哈贝马斯

于是，商谈原则表达出：1. 一种关于有效性及有效性声称的本质的主体间性趋向的普遍理论观点，这种有效性（不是必然，但一般来说只是道德意义上的）关注指导行为方式的规范；2. 只有在限定条件下解读这个商谈原则，即在我们作为理性的人如何管理我们的规范认同时，这个商谈原则才表达出一种规范性原则；3. 只有在专门的道德意义上，将商谈原则解读成作为理性的我们是如何具体管理我们的道德规范认同时，这个商谈原则才表达出专门道德意义上的规范性原则。[①] 近来，J.哈贝马斯通过制定出一个更为抽象的商谈原则来巩固这个原则的普遍性。如果这个理论能成功得以充实发展，它的核心将成为现代法律、民主治理和现代道德的规范性理论。在这个修正版中，商谈原则约定："只有那些在理性商谈中所有可能相关的人作为参与者都同意的行为规范才是有效的。"[②]

任何一种商谈伦理学的版本都必须提供对其内容的描述，即有效性声称就它们是理性事务而言，如何建立在经过理性审查的共识基础上？在何种条件下，共识建构在根本上是一种"理性的商谈"？又是在何种条件下，理性的商谈是"可实践的"或是其他一些非常不同的"商谈"？如语用的、伦理的、或道德的等等。在诸多其他事物中，不同版本的商谈伦理学的区别在于，它们是如何将通过商谈达成的共识大厦与有效性声称同合理性相关联。同样，对于K-O.阿佩尔和J.哈贝马斯来说，"商谈"这个术语大概就意味着论辩在一种自由开放的对话条件下进行。J.哈贝马斯更为详细地描述主要集中在某种扭曲的言语行为的理论概念（如以言行事的义务），及认为策略行为与交往行为之间的极度不同上。[③] J.哈贝马斯已经提出，如果参与者被选出来回答此类决定有效

① K-O.阿佩尔和J.哈贝马斯之间的一个重要分歧是他们各自认为从商谈原则2移到3所必要而充分的额外资源不同：K-O.阿佩尔认为是超验论辩的哲学理论，而J.哈贝马斯认为是现代化的社会学理论。在别处我已指出，这种分歧归结为当我们将论辩性商谈的一些建制性规范称为道德规范时，是否能给出一种很清晰的意义？在这个问题即存在这样的意义方面，与J.哈贝马斯相比较，K-O.阿佩尔是正确的。

② J.哈贝马斯，1998，p. 107，J.哈贝马斯修正商谈原则的原因很复杂，在这里不能赘述了。

③ 对J.哈贝马斯的"形式语用学"如何与他的交往理论、商谈伦理学相联结的讨论的阐明可以参阅Baynes，1992，pp. 88－115；Cooke，1994，pp. 1－29 and pp. 150－162；Rehg，1994，pp. 23－36。

性规定的问题,即是否"追求利益的规范的普遍惯例,其可预见的结果和副作用与每一个体的价值导向都能被所有相关的人自由接受"①,那么理性的商谈就是理性的道德商谈。

K-O.阿佩尔关于有效性声称是如何建立在经辩论而产生的共识大厦基础上的设想,与C.皮尔士的认识非常相似。后者将我们对实在的信念建立在一个无限制的调查共同体上。在K-O.阿佩尔的超验语用学版本中,商谈伦理学的概念来自论辩性的商谈实践中的一些普通事实。更具体地说,论辩的超验语用学分析(也是一种自我反思性的前提分析)揭示出在论辩实践中存在某种规范性属性。任何想让有能力的参与者作为理性评论者行动的人,都应该让这些参与者意识到他们可以理想地控制其商谈责任。②

对K-O.阿佩尔来说,商谈伦理学的观念来源于能理想地控制理性评论者的辩论共同体诸多属性的实现,对所有理性评论者而言,确实存在带有"道德"意义内容的此类属性。如果主体有能力并愿意让"更好结论的无压迫性力量"起决定作用(J.哈贝马斯)或者"在论辩中严肃地提出和回答问题"(K-O.阿佩尔),理解它的争议性就在于每个人是如何理解他/她作为论辩主体的角色。对K-O.阿佩尔而言,商谈伦理学的核心意义是论辩中一种微弱的道德性,也就是在论辩的非正规公共集体中所固有的一种道德性。这种道德性同论辩一样对我们是普遍存在和非常重要的。在更广泛的意义上,商谈伦理学是指"哲学合法性的程序"(J.哈贝马斯,1993年)。在道德理论中,它的任务是在参与者通过自我反思所获得的重要规范性因素中,确认和辩明什么样的道德意义内容能具体地从论辩性的商谈中得出,并探寻道德理论中具有这些相关内容的问题。对J.哈贝马斯来说,这些任务意味着"道德观的理论辩明"(J.哈贝马斯,1996年);在K-O.阿佩尔规范性的、更具抱负的方法中,这些任务意味着一种虽然微弱,但具有

① J.哈贝马斯将这个问题看作是"普遍化的原则",即U原则。参阅J.哈贝马斯1990,p.65。U原则典型地被描述为"一种为公正测评道德价值规范的原则"(Rehg,1994 p.38)。可以理解,J.哈贝马斯一直以来被人们批判为将道德价值还原为某种带有契约意味的正义概念。(对于回应看J.哈贝马斯,1996年)K-O.阿佩尔试探性地接受了U原则,但他指出,像J.哈贝马斯所作的,将U原则等同于商谈伦理学的合理化特征是错误的。因为U原则只有在这样的一个世界才是没有反对的,即在这个世界中,对于每个人来说,它在规范性上都是自然的,通过论辩可以统治所有有争议的道德判断。然而,在实际世界中,商谈伦理学的合理化特征面临着在各种背景中运用的问题,甚至为了克服这一问题,这个特征应该被取代。这些背景在通过论辩统治所有争议中的道德判断的问题上面,还没有在规范性上达成一种自然的共识。(关于K-O.阿佩尔在运用方面的立场的早期陈述可参阅Apel,1980, p.282,J.哈贝马斯对K-O.阿佩尔的批判,见J.哈贝马斯,1993年的第10章)

② 被描述的这种规范性属性的例子就是避免逻辑矛盾的规范。像所有其他命题内容具有良好逻辑基础的规范一样,这种规范不是那种一违反它就会被视为丧失道德责任的表现。它不是"道德"的规范。

很强普遍理性气质的辩论(K-O. 阿佩尔，1989 年，1996 年)。

假定在诸多理性评论者为有效性声称而进行的论辩中存在着道德(K-O. 阿佩尔)或至少是与道德相关(J. 哈贝马斯)的内容，那么，第一，既然这个内容已暗含于论辩中，它就已经被人们意识到；第二，既然这个内容已暗含在论辩中，那么它就是不可驳斥的?[①] 这个内容是什么？无疑，它关注的是我们与谁，或谁与我们一起如何将论辩作为与理性判断相联系的有效性声称的唯一仲裁者，怎样对待那些也将如此运用论辩的其他人。如果能理想地控制商谈义务，论辩中的所有理性参与者应该让所有参与者意识到，相互认同和对等情形的某些属性是适用于每个实际参与和可能参与的人的规范。

K-O. 阿佩尔详细说明道德特性可以根据一种道德共同责任来总结，以确保商谈中所有行为与作为自由平等的共同主体的类的义务地位相一致。[②] J. 哈贝马斯根据如下原则来说明这个与道德相关的属性："那些作出相关贡献的人都不能被排除在外"；"所有参与者都被赋予作出贡献的同等机会"；"参与者必须明白他们所述内容的意义：只允许真实的表达"；"商谈必须排除外在和内在的压力，如此参与者在那些可批判的有效性声称上所采取的'是或不是'的立场才只能由更好理由的理性力量所驱使。"(J. 哈贝马斯，1996 年，1990 年，第 89 页)

二、实在论者的商谈伦理学：为商谈权力负责

如果我们有一个切实可行的概念，它能促使合理地判断可控行为的一个理由成为道德判断的道德理由，那么我认为，K-O. 阿佩尔和 J. 哈贝马斯所作的说明还能进一步完善。我主张商谈伦理学最好被看作是一套道德责任，这些责任在概念上属于某种权力——商谈权力的配置。如此就有可能得出我称为使商谈具体成为"道德商谈"的实现参数，即论辩性的共识大厦由不同的道德判断促成(见 Kettnerl，1999)。

为了显现这种观点的优点，我们很有必要去除那些根深蒂固的哲学偏见，即那些认为理性和权力完全是反理论的成见。与这种被误导的冥想的观念论不同，我严肃地倾向于将理性隐喻为一种权力类型。我认为，论辩不仅仅是一些理性"能力"的活动，而且是一种权力活动，我们称它为"商谈权力"。为了使这个概念得到更多的认同，必须区分出当下认为权力具有即刻因果性的解释。必须承认，权力的"因果性解释"和它

---

① 对 K-O. 阿佩尔的这个声称，即我们不能否认论辩中存在着道德约束的认识。见 K-O. 阿佩尔将他的"施行性自我矛盾"概念介绍为像我们这样的理性评论者基本上在论辩中也想避免的一种困境。参阅 Apel 1987。

② 参阅 K-O. 阿佩尔 1990a，1990b，1992b(esp. p. 265f.)，2000。

的各种不同模式绝不是独断的。它追随一个相当正确的原则,即:“如果某人有权力,那么它必然对他者意味着什么。然而,很清楚我们可能把权力设想为权力持有者发挥作用的能力,同时还不会让权力主体去做什么事情。”同样在商谈中,“重要的是权力持有者对一些权力主体所施加的影响不如能力在制定决策中所起的作用大。决策的结果可能引起或不引起另一行为者以某种方式行为。”(Lane & Stenlund,1984,第395页)于是,商谈权力就是通过论辩修正的权力,去改变或保持住人们在行为中贯彻好的理由权威时,所拥有的一些是非对错的信念。商谈权力影响着我们对理由或好或坏的解释。我们的生活方式就是以这种标准来对我们的行为赋予重要意义并与解释相匹配,尽管商谈权力间接作用于我们的实际行为。因此,商谈伦理学是在规范(道德或非道德的)管理中使用商谈权力的一种内在道德性。

为了明晰论辩性商谈实践的规范性结构的一些内在因素对最小道德的意义,我们首先思考一下道德的一般概念是有助益的。

三、道德,道德多元主义

在最一般意义上,道德这个术语被描绘成为人类的某种幸福而约束我们做什么和想做什么的一种社会实践。在所有被共同认同的道德多元主义中,有道德身份的存在物包括了人,但又不被人所专有。通常这些道德信念的“持有者”或“主体”是同一道德关注共同体的成员。不同的道德以不同方式划分出他们各自道德关注共同体的界限。

这种与社会学家相同、将道德定义为“规范性系统”的方式太普遍了。这种规范性系统只是通过将行为区分为“受到赞美和得到责备”的方式来调节人们的行为。因为有许多不同的行为都可以指导规范性系统,如法律、宗教、智慧、风俗、礼仪系统,但其中没有一个等同于我们所理解的道德,尽管每个都以某种方式与道德相关联(Castaneda,1974)。

道德多元主义是复杂的社会进化性建构:道德多少是一种整合而开放的网状结构。其中包含知识、道德情感、行为技巧(美德)、动机倾向(利他主义)和解释性资源(道德思考)(Gibbard,1990)。这个网络给我们提供诸多道德理性(Dancy,1993;Copp,1995;Gert,1998;Kettner,2003)、道德判断和道德规范。

这些道德理性是这样的理性:我们为什么可以做、应该做、不该做某种事情?为什么在某些义务的状态中没有做应该做的事情,我们就被认为是犯了道德上的错误?反过来,道德理性支持我们的道德判断实践。道德判断是道德上对错的判断,是对道德上应该做的那些令人称道的主张。某事在道德上可不可以做,通常都表达在道德规范的设计中。道德规范作为道德要求的动因,在某种环境下提供了一些行为方式。当然,在诸多不同的规范中,只有部分是道德规范。法律条例、游戏规则、交通规章等都是规范。与其他种类的规范相反，道德是在主体间性上，被看作是“绝对的”规范(Gewirth，1978)。即在某种程度上如果人们在思量他们应该做什么的时候，不愿或不能遵守这些规范，那么这些人或者被视为不道德的行动者，或者被其他有道德的人视为不道德的人。

为了更清楚地明确道德与非道德在理性、判断和规范上的差别，有必要研究一下道德责任这个概念。道德行为者是指那些承担，或让他们的道德同类人承担道德责任的人(Ladd，1982；Frankfurt，1983；French，1985；Kettner，2001)。行为者的道德责任既不受行为者在行为后果中的因果作用的影响，也不与对其行为进行司法评价的责任相关。相反，承担道德责任具体在于：严肃地思考一个人的行为后果即可能的行为，如何为了他们的目的影响了其自身和相关的他者。当然，不同的道德分配给这一责任结构以不同内容：如不同的行为方式、参照群和意义价值(好或坏)。解释的多样性暗含了道德的多元主义。

我们必须将道德相对主义与多元主义区分出来。多样性和多元主义根本不蕴含着相对主义。试想，像自然的诸多语言一样，道德多元主义也是人类文化的普遍特征。然而，在任何两种自然语言之间进行翻译似乎在原则上是可行的，没有任何限制的。但道德多元主义(和价值多元主义)的事实却一直被看作支持道德文化的相对主义——只有在那些具体文化的条件下，谈论合法的道德规范或义务才是合理的。但是，强烈的道德相对主义(和认为在极为不同的文化间或亚文化之间不可比较价值的观点)，与那种认为在不同价值视域间不能相互理解的观点一样，是一种自我反驳的理论观点。我已经在别处探讨过相对主义和相对性之间的区别(Kettner，2000)。这里必须补充说明的是，我们简称为“人权”的那些义务理由和道德上的重要价值已在世界范围内被广泛认同，这本身在事实上驳斥了任何强烈的道德相对主义和不可通约主义。在一个充分抽象的层面上(在这里道德义务理性采取的是“道德准则”的形式)，在不同的文化之间存在着较大交互共识。尽管在更为细节的解释、等级上和在何种程度上现实的社会实践应该由哪些原则来指导等方面存在分歧。① 一定范围内的价值(如自由、满足基本的需要、主要情感纽带的整合、心智健全等)事实上在任何地方都具有道德意义(Gert，1990，1998)。然而根据道德行为要求所规定的解释，道德规范在极为不同的文化间可能会发生显著的变化。

道德多样性的现实(甚至在原则性高度上)都不应该模糊这样一个事实：任何道德的共同目标都是促进和提高人类的繁荣(Mackie，1977；Apel，1976)。这条真理甚至适用于一些不确定的情形，如这样的繁荣不是以人类中心论，而是以宇宙中心论的伦理世界观来解释，后者(如“深度生态学”)是一种对自然的无生命成分的完整性的

① Qutka & Reeders 1993. 对一些不太乐观的观点，见 Snare，1989。

关注。

道德多样性的现实需要被理智地包容在任何“理性的”道德和具有普遍志向的规范性道德理论中。为什么呢？普遍的道德诉求是在每个人都认真考虑它们的基础上作出的诉求。他们要求每一个在道德上负责任的理性代理人都同意。然而，作出这些声称的人总是一些在空间、时间和文化上非常具体的共同体成员。他们冒险地将他们认为具有普遍性的道德诉求施加给其他人。而后者如果被给予表达自身的条件，则会提出与施加给他们自身的诉求完全不同的，甚至是反抗的诉求。由于规范性的普遍主义是我们已建立的理性有效性概念的一部分，所以任何标有“理性的”道德都渴望普遍主义。但是，一个理智的道德普遍主义者似乎不应该将严格的道德原则施加给具有异质道德观点的、难以驾驭的道德世界。如果这样做，就是在以教条主义或父权主义的代价来换取统一性。教条主义和父权主义这两者施加异化的道德观点，就产生了本可避免的“道德代价”。因此，根据真正的理性道德标准，它们都是错的。在某种意义上，所谓理性的道德或道德理论都对自己的作用不敏感，或者缺乏对它实践运用中的作用进行道德评价的概念资源。这种道德理论非常不适合现代多元主义的条件。

四、道德视域、商谈伦理学和其他道德范式

我更愿意这样说，一种道德观点或视域就是某人的评价立场。他认同一些用来评价实践活动的道德M(例如他就是在道德M的精神下长大成人，他发现道德M令人信服等)，以及那些人们在做事过程中认为自己是正当的理由。道德视域揭示出各种“道德代价”(根据在道德M中认识到的具体价值标准)，这些道德代价增进了人们间的相互影响。通过一个道德视域来思考事物，人们就会评价诸多行为的作用及理由，并用一只眼睛来最大限度地减少他们所面对的任何道德代价。我在这里重新阐述用拉丁文 *primum non nocere* 表达出的经典道德准则。

作为一种道德观点的道德视域，它揭示出什么是对或错，及由此我们所应该做的或不应该做的。作为一种观点，没有哪个道德视域是无所不及的。任何一个道德视域作为一种观点，在某种意义上都可以被称为是理性的。任何在这种观点的理性审查下的理由，都可以容许有争论和共识，有问题和答案，有论证和反论证。

当然，道德视域只是众多评价视角中的一部分。我们能评价各种行为及其理由，其中包括从谨慎的、技术的、法律的、道德的、经济的、宗教的等方面来施行他们行为的理由。例如，一些新的医学技术，如果从技术经济角度出发，它们是新颖独特的，值得在谨慎的基础上推荐，比如它们节约资源。但如果从道德观点来看，在产生道德代价的基础上，它又是道德败坏和错误的，例如它破坏了病人的自治。一项新法律从司法角度看是合法的，因为它被国会所批准，但从道德考虑它有可能是非法的，比如它践踏

了人权。一个新的金融工具如衍生金融投资工具，在所有方面都可能更经济，但当由此工具引起的、已图示化的风险和收益分配被评估时，有可能发现其缺乏道德上的公正。

由于上述理由，我将在下一节提出商谈伦理学和它的道德视域是诸多道德视域中的中央舞台。这个视域严肃地思考了商谈权力论证性使用的结果如何影响了人们治理所有规范性结构的能力。他们觉察出这些规范性结构产生了或好或坏的结果，并不是说商谈伦理学取代了现存的各种道德视域，毋宁说，在其综合和评估其他多少有些不同的道德视域的能力上，商谈伦理学是最重要的。

概略地讲，目前规范性道德理论的4种范式和它们各自的主要原则在哲学伦理学中最引人注目。[①] 这些范式包括：(1) 康德式的义务论。其原则是人应当以其自身为目的来被尊重(O'Neill，1989)；(2) 功利主义。其原则是有用性应被公平地最大化(Sen & Williams，1982；Hare，1981)；(3) 契约主义。其原则是为相互利益而达成的协议应该被尊重(Gauthier，1990)；(4) 共识主义。其原则是所有规范性安排都应该通过自由、公开的论辩对话来程序化治理，这里理想性地包括所有相关的人。在这些范式中，共识主义已经发展为"交往性的"或"商谈伦理学的"，它处于最具整合性和灵活性的地位。

综合第一节论述的商谈伦理学的超验语用学背景，我的主要观点可以再次阐述为：商谈伦理学哲学发展的背后动因是直觉，是人们声称某事在道德上是正确的，必须如此才使每个人在受道德判断影响的相关实践、活动或规则中，以第一人称复数即"我们"的形式令人信服地接受理由。于是，道德上的正确就成为行动规范的固有特性，一个最终依赖开放而自由对话的协商性的商谈实践的特性，而这种对话往往是理性评论者之间对所谓"好的理由"的不同看法的交流。

这不是说我们持有的所有道德内容都在对话中产生，[②]或者说必须将我们所有的道德生活致力于论证活动中。相反，商谈原则(人们认为N在道德上是正确的理由必须是这样，即所有与N有关的人们都会以第一人称复数形式"我们"来信服地接受它)也是有问题的。例如，它的批判力量只有在如下情况下才能被激发，即人们过去想当然地认为传统资源已无法解决某些具体问题。因此，商谈原则一般运行在那些被参与者碰巧拥有的某种道德直觉所预先解释的相关主题上。商谈是修正和重塑它们的媒介。在道德商谈中，人们通力合作，克服他们各种各样的道德困惑，以达到最大范围的受人尊敬的道德实践意图。每个人都可以支持这种道德实践意图，尽管它完全不必与每一个申诉者关于正确道路的判断内容相一致。尤其是考虑到每个申诉者都从自己

① 对于前面三点，请参见 Harman(1977)。

② 对于这种误解请见 Walzer(1994)的第7—15页。

的道德视域出发,假定其他的道德视域不是要解决问题。事实上,它可能严重偏离从"某个"自我道德视域出发的正确方向。尽管如此,我认为还是存在那种真正是道德协商的统一整体的可能性。

商谈伦理学限定的共识大厦可以让我们模仿其他各种道德的核心原则。例如,如果所有那些需要和利益受实践P影响的人们都同意,在商谈实践中根据实用主义的标准去重新规划P,那么关于重新规划P的正确道德指向的商谈共识将导致P被重新规划。然而,无论人们采用何种重要的道德原则,它都受商谈伦理学的束缚。商谈伦理学不管自我中心式的地位差异,尊重人们达成共识的能力。这种共识与他们如何对待他者,及他者如何对待他们的内容有关。

五、争论性规范、价值和事实

当人们从一种他们所信奉的道德观点来审查其实践时,没有什么道德问题可以独立于道德上感到困惑的人。由于对道德责任的重要解释不同,对一个人而言的道德问题对另一个人并不总是一个道德问题,尽管两者都从各自的道德视域出发来看待事物。当发现人们怀疑一个行动是否正确的时候,我们就遇到了道德问题。所以如果想理解道德问题,就必须找到促使人们就对与错感到困惑的理由。

人们怎样对他们的道德困惑采取一种适当的、在某种意义上是理性的反应?这种争论被商谈逻辑所控制。商谈逻辑与我们提出问题和回答问题的权力密切相关。(1) 事实问题,即相信某事可能如此;(2) 价值问题,即欣赏某事可能比较好;(3) 规范问题,即所做的事情是对某人的要求。

事实问题和与它们相关的真实诉求,可以根据提供实际情形的证据和信服力来辩论。价值问题和与它们相关的评论责任诉求,可以根据性质的适当性和重要性来辩论。由于这种性质,做某事在可辩论的善的意义上被看作是有价值的。但这种据称是作出好决策或给出价值的性质是否真正显现则又由事实问题所控制。规范问题可以根据所持有的规范要推动或表达的价值来争论。根据价值,人们声称某个当事人应该做某事,但这些价值是否真正在可辩论的要求意义上赋予规范以权威,于是这个问题再次由价值问题和事实问题所控制。

如果两个人在应该做什么的问题上产生分歧,那么他们就应该思考一下两人所同意的、与问题规范相关联的其他规范。规范面临着商谈和经验的共同裁决:恪守于一些构成性的规范性结构N,可能到后来就意味着,以不协调为代价,同意或拒绝接受一些其他构成性的规范性结构N′(Will,1993)。此外,人们转向他们每个人所认为的充当规范的,也就是告诉人们应该做什么的相关价值内容。如果两个人在他们有理由认为某事是好的意义上产生分歧,那么他们应该详尽考察尽可能多的、与问题评论相关的其他诸多评论。如同规范一样，价值也面临着商谈和经验的共同裁决。因此，某个怀揣价值 V 的人可能以不协调为代价，发现自己完全相信某个其他价值 V，而且人们讨论他们认为是相关事实和它们关系的内容。他们认为，这个内容奠定在他们假定正被讨论的某事是好的意义基础上。如果需要的话，有关事实的、评论性和规范性问题的对话动力学的展开，就会陷入许多重复中，并在由困惑驱使的商谈过程中产生理性的探寻。

我们可以用专业术语来对这一节进行总结，即规范性差异伴随着评价差异而来。反之，评价差异伴随着事实差异而产生。这里的附生性是一种概念关系，如果 X 类属性伴随着 Y 类属性而产生，那么如果没有在 Y 中的一些相关差异，那么在 X 中也不会有差异。

六、道德商谈的五个因素

一种反思性的治理模式，如论辩在某个目标领域，可以引起规范性变化。如果他们体现和表达出一系列因素，论辩的相应过程就代表了一种道德商谈。这些因素联合保证各自论辩团体所施用的商谈权力的道德统一性。

我将只是列出道德商谈观念所必需的 5 个规范性因素。在此不详细阐述其构想和论证，只说明每个因素都能被解释为是对普遍问题、根基良好的部分回答。普遍问题可以概括如下："是否存在一些可识别的特性？即如果它们不是论辩主体相互间都需要的属性，那么在面对冲突的理由时，尤其是当这些理由对他们而言代表着道德责任时，论辩是否合理？"①

因素之一：需要诉求的理性陈述。话语的所有参与者都应能陈述任何他们认为道德上很重要的需求诉求。

因素之二：搁置权力差异。参与者之间存在的各种权力差异（无论在论辩之内还是之外）不应该是参与者采纳任何道德判断的好理由。

因素之三：非策略性的透明。所有参与者都应该真实、不带有策略性保留地表达出他们在道德上认为重要的需要诉求。

因素之四：道德视域的融合。所有参与者都应充分理解他们在相应道德视域中所阐述的需要诉求。

因素之五：综合包含。参与者应按以下要求限定他们的话语共同体作为好的理由所接受的内容，即参与者必须预料到，他们的理由是否能被所有的非参与者所诉说？这些非参与者专门思考那些从参与者话语而来的、具有某种共识的道德判断内容。

---

① 我在 Kettner(1999)更为详细地讨论了道德商谈这个概念。

需要注意的是,商谈伦理学的共识大厦并不等于需要毫无异议,也不等于多数人的意见,更不是任何具有共同偏好的群体的决策程序(如商谈)。道德话语中的共识大厦的动力学并不能保证它是所有道德问题的唯一"解决"办法。我们所想出的最好办法就是划出一个允许的范围。道德准则不是解决问题情形的运算法则,在某种意义上,道德准则应赞同悲惨的抉择和持续的紧张,这样的抉择和张力最好能得到缓和。同时,并非所有的决定,而是相当多的"道德代价"必定要付出。然而,道德话语参与者在充分反思之后形成的共识,可以向所有相互信任的群体保证他们相互间已充分意识到彼此不同的"道德代价",保证他们同时意识到每个参与者都从自己的道德视域出发的正确理由。现实地讲,合理的道德准则不能再保证比这更多的东西了。理性歧义的可能性伴随着理性共识的可能性而存在,尽管概念上的真理是后者包含前者。

在此基础上,经道德论辩而形成的共识可以很好地整合一些合法的异议,其关键看这样的异议是否表达出相互间和多边的合法优惠。经道德论辩而形成的共识可能就是像这样表达出道德妥协的产物,然而在这样的妥协中,没有一个道德需要诉求将是不可忍受的妥协。

七、总　　结

商谈伦理学是两个轮子的道德规范性理论。一个轮子确定的是完全普遍,但在道德规范上具有重要意义的论点,这就产生了最低道德准则,即商谈中的伦理。这个准则的诉求覆盖了论辩的所有主题,其基础也可以由论辩的所有主题来确定。在第二个轮子上,道德多元主义是以道德责任的共同基础结构的变化为元伦理学的特征。道德理性表示出道德共同体是如何用规定内容来填充这个基础结构的。通过追踪关于道德理性论辩所必需的规范性要求,这个规范性要求在面对道德困惑和道德多元主义时就成为合理的根据,我们就能得出这5个影响因素。它们共同界定了商谈话语的规范性理想的概念类型。道德商谈是治理的反思性模式。如果由道德商谈来治理,那么转变中的规范性理论就不会在他们的道德要求中退化,而会逐渐进步。由商谈伦理学所规定的道德商谈是一种中介,其中我们的道德信念能够面对我们不同经验和不同道德视域的裁决,而同时又不会滑向文化相对主义和历史主义。

以我构想的方式,商谈伦理学合乎理性特质的重点在于,它关注的是实际论辩的共同体间商谈权力运作的道德整合。商谈权力是一种通过论辩来修正正确信念的权力。这种正确信念关乎被认为是善的理性。在道德决策制定中,如在医学伦理学委员会的反思性论坛上,那些人们所信任且遵守的道德判断和理性通常已被修正过。甚至在表面上个体性或私人性的问题如生产决策决定或遗传咨询等,制度化和组织化的限定已渗入诸多理性的集合。这些理性特地为在这种情境中作出某一具体道德判断而准备。因此，为了最终决策的制定能够激发道德统一性，在这样背景中变动的商谈权力能在道德上自我治理是非常重要的。

商谈伦理学方法在以下领域中的相关道德困惑中已被证明是有益的：生殖医学、新遗传学和人类基因项目、“非导向性”的怀孕冲突的咨询改革、医学伦理学委员会的商谈设计及建立医患关系的沟通性模式。

（中国社会科学院哲学研究所副研究员　贺翠香　译）

主要参考文献：

1. Apel, K.-O.: "The Problem of Philosophical Foundations in Light of a Transcendental Pragmatics of Language", in: K. Baynes, J. Bohman, T. McCarthy (eds.): *After Philosophy. End or Transformation?*, Cambridge, MIT Press 1987, pp. 250–290.

2. Apel, K.-O.: *Transformation der Philosophie*. Vol. 1, Sprachanalytik, Semiotik, Hermeneutik. Vol. 2, Das Apriori der Kommunikationsgemeinschaft, Frankfurt: Suhrkamp Verlag, 1976. (*Toward a Transformation of Philosophy*, London: Routledge 1980, reprinted by Marquette University Press 1998.)

3. Apel, K.-O.: "Universal Principles and Particular (Incommensurable?) Decisions and Forms of Life — a Problem of Ethics that is both post-Kantian and post-Wittgensteinian", in: R. Gaita (ed.): Value & Understanding. Essays for Peter Winch, London, Routledge 1990, pp. 72–101.

4. Apel, K.-O.: "The Problem of a Universalistic Macroethics of Co-responsibility", in: S. Griffioen (ed.): What Right Does Ethics Have?: Public Philosophy in a Pluralistic Culture, Amsterdam, VU University Press 1990, pp. 23–40.

5. Apel, K.-O.: "Is the Ethics of the Ideal Communication Community a Utopia?", In: S. Benhabib & F. Dallmayr (ed.): The Communicative Ethics Controversy, Cambridge, MIT Press 1990, pp. 23–60.

6. Apel, K.-O.: Discussion et responsabilité. L'Étique après Kant. Paris: Les éditions du Cerf, 1996.

7. Baynes, K.: The Normative Grounds of Social Criticism. Kant, Rawls, and Habermas, Albany: SUNY Press 1992.

8. Castaneda, H.-N.: The Structure of Morality, Springfield, Ill., Charles Thomas 1974.

9. Benhabib, S.: *Critique, Norm, and Utopia*, New York, Columbia Univ. Press 1986.

10. Cooke, Maeve: Language and Reason. A Study of Habermas's Pragmatics, Cambridge, Mass, MIT Press 1994.

11. Copp, D.: Morality, Normativity, and Society, Oxford, Oxford University

Press 1995.

12. Dancy, J.: Moral Reasons, Oxford, Blackwell 1993.

13. Frankfurt, H. G.: "What we are morally responsible for", in: L. S. Cauman (ed.): How many questions?, Indianapolis, Hackett 1983.

14. French, P.: "Fishing the red herrings out of the sea of moral responsibility", in: E. LePore (ed.): Actions and Events, Oxford, Basil Blackwell 1985.

15. Gauthier, D.: Moral Dealing. Contract, Ethics, and Reason, Ithaca, Cornell University Press 1990.

16. Gert, B.: "Rationality, Human Nature and Lists", in: Ethics, 100 (1990), pp. 279 - 300.

17. Gert, B.: Morality. Its Nature and Justification, Oxford, Oxford University Press 1998.

18. Gewirth, A.: Reason and Morality, Chicago, Chicago University Press 1978.

19. Gibbard, A.: Wise Choices, Apt Feelings: A Theory of Normative Judgment. Cambridge, Harvard University Press 1990.

20. Habermas, J.: "Discourse Ethics: Notes on a Program of Philosophical Justification", in: Moral Consciousness and Communicative Action, Cambridge, Mass, MIT Press 1990, pp. 43 - 115.

21. Habermas, J.: Justification and Application: Remarks on Discourse Ethics, Cambridge, MIT Press 1993.

22. Habermas, J.: "Eine genealogische Betrachtung zum kognitiven Gehalt der Moral", in: Die Einbeziehung des Anderen. Studien zur politischen Theorie, Frankfur, Suhrkamp 1996, pp. 11 - 64.

23. Habermas, J.: Between Facts and Norms. Contributions to a Discourse Theory of Law and Democracy, Cambridge, Mass., MIT Press, 1998.

24. Hare, R.: Moral Thinking. Its Levels, Methods and Point, Oxford, Clarendon Press 1981.

25. Harman, G.: The Nature of Morality. An Introduction to Ethics, Oxford, Oxford University Press 1977.

26. Kettner, M.: "Neue Perspektiven der Diskursethik", in: Armin Grunwald, Stephan Saupe (Hg.): Ethik technischen Handelns. Praktische Relevanz und Legitimation. Heidelberg: Springer 1999, pp. 153 - 196.

27. Kettner, M.: "Kulturrelativismus oder Kulturrelativität?" Dialektik. Zeitschrift für Kulturphilosophie 2, 2000, pp. 17 - 38.

28. Kettner, M.: "Moralische Verantwortung als Grundbegriff der Ethik", in: Marcel Niquet, Francisco Javier Herrero, Michael Hanke (eds.): Diskursethik-Grundlegungen und

Anwendungen，Würzburg：Königshausen Neumann 2001，pp. 65－94.

29. Kettner，M.："Gert's Moral Theory and Discourse Ethics"，in：Walter Sinnott-Armstrong und Robert Audi（eds.）：Rationality，Rules，and Ideals. Critical Essays on Bernard Gert's Moral Theory，Lanham：Rowman & Littlefield 2003，pp. 31－50.

30. Ladd，J.："Philosophical remarks on professional responsibility in organizations"，in：Int. J. of applied Philosophy，Vol. 1，No. 2（1982）.

31. Lane，J.-E. & Stenlund，H.："Power"，in：G. Sartori（ed.）：Social Science Concepts. A Systematic Analysis，Beverly Hills，SAGE 1984，pp. 315－402.

32. Mackie，J. L.：Ethics. Inventing Right and Wrong. London，Penguin，1977.

33. O'Neill，O.：Constructions of Reason. Explorations of Kant's Practical Philosophy，Cambridge，Cambridge University Press 1989.

34. Outka，G. & Reeders，J. P.（ed.）：Prospects for a Common Morality，Princeton，Princeton University Press 1993.

35. Rehg，W.：Insight and Solidarity. The Discourse Ethics of Jürgen Habermas，Berkeley，University of California Press 1994.

36. Sen，A. & Williams，B.（ed.）：Utilitarianism and Beyond，Cambridge，Cambridge University Press 1982.

37. Snare，F. E.："The Diversity of Morals"，in：*Mind*，89，1980，pp. 353－369.

38. Walzer，M.：Thick and Thin. Moral Argument at Home and Abroad，Notre Dame，Notre Dame University Press 1994.

39. Will，F. L.："The Philosophic Governance of Norms"，in：Jahrbuch für Recht und Ethik 1（1993），pp. 329－361.

美国法兰克福学派批判理论的历史传统及当代演进

——访法兰克福学派重镇美国新学院大学

The Historical Tradition and Contemporary Evolution of the American Frankfurt School's Critical Theory:

A Visit to the New School University

周穗明

中国社会科学院哲学研究所　研究员

周穗明

美国新学院大学(New School University)地处纽约曼哈顿著名的文化区格林威治村,是美国以批判理论为中心的西方新马克思主义研究重镇。自20世纪30年代以来,新学院大学就是法兰克福学派在美国发展的主要据点之一,现仍有多位哲学、政治学、经济学、历史学、社会学等学科的批判理论学者在此任教。

2010年3月,受新学院大学的邀请,我作为福特基金会的高级访问学者对新学院大学进行学术访问。通过参加各类研讨会,对以法兰克福学派为中心的各左翼批判流派学者进行访谈和听取老中青三代批判理论学者的现场教学,我对新学院大学的批判理论传统、演进过程及其发展现状有了较为全面系统的了解。

一、新学院大学的左翼历史传统和代表人物

美国新学院大学从其创立起,就是一个具有西方左翼批判传统的高等院校。新学院大学是美国的费边社会主义者于1919年创立的一所非赢利性的私立大学。其最初的名称是"社会研究新学院"(The New School for Social Research),主要提供成人继续教育课程教学,后来才发展成为综合性的文科大学。1997—2005年间,它被定名为新学院大学,至2005年,该大学及其属下的8个学院全部重新确定为现在的名称。目前

的社会研究新学院是新学院大学的8个学院之一。

地处纽约曼哈顿的美国新学院大学

该校在各个历史发展时期都拥有一批重要的理论代表人物，形成了一支具有进步思想的教师队伍。在1919年初创时期，该校的学术骨干主要是来自哥伦比亚大学的前教授，包括历史学家C. 比尔德(Charles Beard)、经济学家T. 维布伦(Thorstein Veblen)和J. H. 罗宾逊(James Harvey Robinson)，以及哲学家J. 杜威(John Dewey)等人。该校是在美国参加第一次世界大战后狂热的民族主义和不断增长的压抑氛围中创意并建立的。这批教授和知识分子担心美国也会出现类似于德国的压迫状况，他们的理想目标是要建立一所现代、进步、自由的学校，能够让学生"追求一种对现存秩序、它的起源、成长和当前运作的无偏见的理解"。

学校主要创办人C. 比尔德

学校主要创办人C. 比尔德出生于英国。他曾在1899年与W. 伏卢曼(Walter Vrooman)合作，在牛津城开办了一个为劳工提供高等教育的进步机构——罗斯金讲堂(Ruskin Hall)。1919年，在哥伦比亚大学开除3名反对国会为军事征兵立法的教授之后，C. 比尔德愤然辞职，开始与一批进步学者共同创办新学院大学。新学院大学第一代学者主要来自经济学和政治学两大学科。这个学术群体中包括T. S. 亚当斯(Thomas Sewall Adams)、C. 比尔德、M. H. 凯伦(M. Horace Kallen)、H. 拉斯基(Harold Laski)、W. C. 米歇尔(Wesley Clair Mitchell)、J. H. 罗宾逊(James Harvey Robinson)、G. 沃拉斯(Graham Wallas)、C. B. 达文波特(Charles B. Davenport)、E. C. 帕森斯(Elsie Clews Parsons)和R. 庞德(Roscoe Pound)等著名学者。

1933年，新学院大学研究生院(The Graduate School of The New School)开始启动一项针对欧洲受迫害学者的紧急救援计划，转型为流亡大学。作为社会研究新学院一部分的流亡大学成为欧洲犹太人学者，尤其是法兰克福学派新马克思主义学者的避难所。1934年，执掌学院的纽约州董事会批准这一计划，该流亡大学开始正式采用"政治与社会科学研究院"(Graduate Faculty of Political and Social Science)的名称。该名称一直保持到2005年该院被重新命名为"社会研究新学院"(The New School for Social Research)。

流亡大学最初是由A.约翰逊(Alvin Johnson)构思,并得到了H.哈勒(Hiram Halle)和洛克菲勒基金会(The Rockefeller Foundation)的资助。此后,数以百计被意大利法西斯开除教职、被迫逃离纳粹德国的学者从欧洲大陆聚集到美国,其中包括:心理学家E.弗洛姆(Erich Fromm)、M.威特海默(Max Wertheimer)和A.古尔维茨奇(Aron Gurwitsch),政治哲学家H.阿伦特(Hannah Arendt)和L.施特劳斯(Leo Strauss),哲学家H.乔纳斯(Hans Jonas),社会科学和历史学家M.埃诺迪(Mario Einaudi)、W.赖希(Wilhelm Reich)和G.萨尔韦米尼(Gaetano Salvemini),文学艺术家H.贝格霍夫(Herbert Berghof)、F.艾肯伯格(Fritz Eichenberg)、E.皮斯卡托(Erwin Piscator)和G.切尔(George Szell)等。在1933—1945年间,共有167名欧洲学者、艺术家(连同他们的家庭)受到了该流亡大学的救助。这批学者后来构成了新学院大学的知识分子核心。他们之中最著名的学者是格式塔心理学的创立者M.威特海默,以及著名经济学家K.勃兰特(Karl Brandt)和G.柯尔姆(Gerhard Colm)。

此外,新学院大学对"高级研究自由学院"的支持也起了同样的作用,救助并凝聚了一批法国左翼知识分子。该学院接受了戴高乐的自由法国流亡政府的授权,吸引了许多用法语教学的难民学者,包括哲学家J.马里坦(Jacques Maritain)、人类学家C.L-施特劳斯(Claude Lévi-Strauss)和语言学家R.雅克布森(Roman Jakobson)等人。自由学院逐渐发展成为巴黎最主要的研究机构"社会科学高等研究院",它至今与新学院大学保持着密切的联系。

美国著名影星、新学院大学学生M.白兰度(Marlon Brando)曾满怀深情地回忆当年的新学院大学:"这个学校和纽约本身已经成为第二次世界大战战前和战争期间逃出德国和其他国家数以百计的杰出欧洲犹太人的庇护所,而他们则在相当长的一段时间内,以一种或许在其他任何地方也不会出现的学术热情,丰富着这个城市的知识生活。"

该校学者中群星灿烂,涌现出一批具有进步思想的学术大腕。今天,新学院大学仍以思想前卫的教学著称,拥有知名的国际思想库"世界政策研究所"和声望很高的"国家图书奖"。目前,该校有学生9 300人,其中本科生6 375人,研究生3 450人(其中博士生607人)。全校8个学院开设了包括社会科学、自由艺术、人类学、建筑学、美术、设计、音乐、戏剧、财经、心理学和公共政策的大量学科课程。作为一所综合性的文科大学,新学院大学始终保持了它自创建以来所遵循的批判思想的进步传统。

二、新学院大学法兰克福学派批判理论的演进及其发展现状

法兰克福学派的三代新马克思主义批判理论家都在新学院大学留下了他们的思

想遗产和活动踪迹。

E. 弗洛姆

作为二次大战战前和战争中欧洲受迫害犹太人学者的庇护所，新学院的流亡大学从1930年代起已经成为部分法兰克福学派批判理论学者的栖身之所和学术事业的成长之地，其影响持续了几十年。曾在新学院大学任教的第一代法兰克福学派流亡学者包括：著名心理学家E.弗洛姆，其主要代表作是《逃避自由》(*Escape from Freedom*)；著名经济学家和政治学家O.基希海默(Otto Kirchheimer)，其主要代表作是《政治的正义：用于政治目的的合法程序》(*Political Justice: The Use of Legal Procedures for Political Ends*)等。在新学院大学执教且与批判理论相接近的德国流亡学者还包括政治哲学家L.施特劳斯、H.阿伦特和哲学家H.乔纳斯等人。

L. 施特劳斯

然而，严格地说，法兰克福学派第一代人在新学院的影响是有限的。这主要是因为，1933年，在所长M.霍克海默(Max Horkhaimer)的精心运筹之下，法兰克福大学社会研究所整体搬迁到与新学院大学同处纽约的哥伦比亚大学。此后，哥大成为法兰克福学派的美国之家，即使在研究所迁移到加利福尼亚大学后仍是如此。当时，法兰克福学派第一代人M.霍克海默、T.W.阿多诺(Theodor W. Adorno)、H.马尔库塞(Herbert Marcuse)、W.本雅明(Walter Benjamin)、F.波洛克(Friedrich Pollock)和L.洛文塔尔(Leo Lowental)等，均在哥伦比亚大学工作。因此，法兰克福学派第一代对新学院的影响主要是思想上的。就新学院的左派传统而言，H.阿伦特的影响甚于E.弗洛姆等批判学者。但是，与坚持纯粹的理论性、学术性和德国化传统的M.霍克海默、T.W.阿多诺等人有所不同，在新学院工作过的E.弗洛姆和O.基希海默等人属于法兰克福学派逐渐美国化的一脉，并在战后留在了美国。他们与H.马尔库塞、K.A.魏特福格尔(Karl August Wittfogel)、F.纽曼(Franz Newmann)等著名法兰克福学派成员融入了美国社会科学主流。

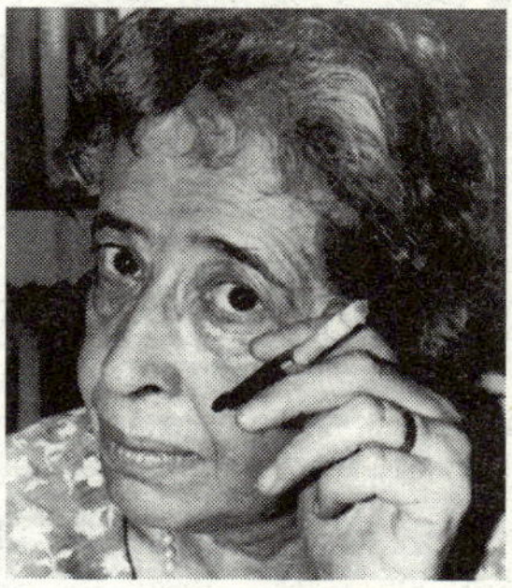

H. 阿伦特

正是由于法兰克福学派的美国化使第一代批判理论家的影响一直延续到20世纪60年代末。在1968年西方学生运动中，新学院大学与30年代以来就受法兰克福学派批判理论长期熏陶的哥伦比亚大学一道，成为美国学生造反运动的重要发源地。从某种程度上说,在战后50、60年代法兰克福学派在北美和欧洲的两翼发展中,美国一翼产生了更大的社会影响,其理论成为直接引爆美国60年代民权运动乃至整个西方1968年青年造反运动的主要思想导火索。H. 马尔库塞成为1968年的思想旗帜,获得了"新左派精神领袖"的世界性声誉。H. 马尔库塞的主要代表作《单向度的人》和E. 弗洛姆的代表作《逃避自由》揭示了当代发达工业社会的极权主义特征,成为1968年大学生造反运动的教科书。

正如新学院大学学术权威R. 伯恩斯坦(Richard Bernstein)教授向我指出的那样,新学院大学的法兰克福学派批判理论的发展巅峰是在20世纪70年代,即J. 哈贝马斯(Jürgen Habermas)到新学院大学任教之后,而不是人们想象中的30年代或60年代。正是以J. 哈贝马斯为代表的第二代批判理论家,使法兰克福学派的理论在新学院大学大放异彩,并成为新学院大学批判理论传统得以形成和传承的最主要理论来源。

J. 哈贝马斯

R. 伯恩斯坦教授系统介绍了法兰克福学派学术传统在新学院形成和发展的历史。1969年,J. 哈贝马斯前往纽约担任了任期两年的赫斯讲座教授。这是J. 哈贝马斯本人思想,也是法兰克福学派批判理论发生重要转折的一个时期。此前,J. 哈贝马斯在《公共领域的结构转型》(1961)一书中提出了"公共领域"的著名理论。同时,他在海德堡大学任哲学教授和在法兰克福大学任哲学社会学教授期间,研究了C. 皮尔斯、G. 米德和J. 杜威的理论,认为美国的实用主义是继马克思和S. 基尔凯郭尔之后对黑格尔思想做出的第三次最有创见性的回答,是青年黑格尔主义的激进—民主成分之一,足以弥补马克思主义在民主理论上的缺陷。20世纪60年代后半期,他还与他的学生C. 奥菲研究了T. 帕森斯的社会学、J. 皮亚杰的发生学结构主义认识论。在广泛汲取现代哲学思想成果和反思刚刚落幕的1968年西方学生造反运动的基础上,J. 哈贝马斯进一步意识到法兰克福学派的传统批判理论同现代社会条件的不适应性,认为批判的社会理论必须从源自康德和黑格尔的传统哲学中摆脱出来,必须消除自然科学和人文科学在方法论上的对立,将经验科学的方法与解释学的方法结合起来。1968年,他发表《认识与人类兴趣》一书,系统阐释了他的新方法论思想。

R. 伯恩斯坦

J. 哈贝马斯在新学院大学和R. 伯恩斯坦教授等人的合作,是一次良性的互动。它不仅带动了法兰克福学派在新学院的发展,也促进了J. 哈贝马斯本人批判思想的转变。R. 伯恩斯坦教授既是新学院大学法兰克福学派批判理论的主要代表人物，也是美国实用主义哲学的代表人物之一，其知识背景和理论传统与J. 哈贝马斯的兴趣不谋而合。J. 哈贝马斯借重R. 伯恩斯坦将美国实证主义与批判理论相结合的观点，推动批判理论在理论和实践之间重新建立了联系。在新学院大学工作前后，J. 哈贝马斯在70年代初期发表了《作为"意识形态"的技术和科学》(1970)、《理论与实践》(1974)、《合法性危机》等著作，并最终推出《交往行动理论》(1981)一书。J. 哈贝马斯的美国之行对其思想发展的影响显而易见。然而，J. 哈贝马斯为新学院大学批判理论传统的形成及其学术实践的发展所带来的影响，更是全面的和巨大的：

(1) 20世纪60年代末70年代初，J. 哈贝马斯携R. 伯恩斯坦共同参加了南斯拉夫"实践派"哲学家组织的东西方学者对话活动。他们是《实践》杂志国际版的撰稿人，并参与了《实践》杂志出版者组织的每年一度的科尔丘拉夏令学园的国际交流活动；

(2) 1981年4月，传承《实践》精神的月刊《实践国际》(*Praxis International*)在部分"实践派"成员的支持下在牛津出版，R. 伯恩斯坦与M. 马尔科维奇(Mihailo Markovich)担任双主编；

(3) 1994年1月，《实践国际》更名为《星座》(*Constellations*)，目前，该杂志已经成为一份具有广泛批判意义的国际性杂志，由新学院大学组织出版。该杂志的撰稿人和前编辑包括众多国际知名的左翼学者，如J. 哈贝马斯、R. 罗蒂(Richard Rorty)、J. 德里达(Jacques Derrida)、E. 巴里巴(Etienne Balibar)、E. 拉克劳(Ernesto Laclau)、R. 福斯特(Rainer Forst)、A. 霍耐特(Axel Honneth)、U. 贝克(Ulrich Beck)、P. 布迪厄(Pierre Bourdieu)和S. 本哈比(Seyla Benhabib)。该杂志目前由新学院大学第三代批判理论家A. 阿雷托(Andrew Arato)和N. 乌尔比纳蒂(Nadia Urbinati)共同主编。该杂志已经成为广义的法兰克福学派批判理论的理论阵地之一，也是培养新学院新一代批判理论学者的重要基地；

A. 阿雷托

(4) 1979年，J. 哈贝马斯、G. 彼得洛维奇和R. 伯恩斯坦等人共同创办了"哲学与社会科学"(Philosophy and the Social Sciences)年会。该会的前身是在前南斯拉夫杜布罗夫尼克大学召开的年度会议，与科尔丘拉夏季学园有历史联系。前南内战爆发之后，会议被迫于1993年迁往布拉格，由捷克科学院和查尔斯大学共同主办，至今已是第20个年头。继R. 伯恩斯坦之后，新学院大学杰出的批判理论代表人物A. 阿雷托和N. 弗雷泽(Nancy Fraser)等人先后担任该会议的核心领导组成员。该会议目前已经成为西方各国法兰克福学派批判理论家聚会和对话的国际平台。

N. 弗雷泽

在J. 哈贝马斯的新学院大学之行后，法兰克福学派批判理论在新学院大学的所有系科都占据了重要地位，具有广泛的影响。其代表人物M. 霍克海默、W. 本杰明、T. W. 阿多诺、H. 马尔库塞和J. 哈贝马斯的思想普遍进入新学院大学本科生和研究生的课堂，得到了系统的传播和研究。目前，新学院的第一代法兰克福学派学者R. 伯恩斯坦教授宝刀不老，中生代批判理论学者在新学院大学挑起大梁，年轻的法兰克福学派新秀也成长起来。新学院大学中生代中具有国际知名度的学者(在国际上被视为批判理论第三代)有A. 阿雷托和N. 弗雷泽。A. 阿雷托不仅是著名批判理论刊物《星座》的主编，同时还是新学院大学政治科学领域最杰出的教授。其最著名的著作是与他的夫人、哥伦比亚大学政治科学教授、美国著名批判理论家J. L. 柯亨(Jean L. Cohen)合著的《公民社会与政治理论》(*Civil Society and Political Theory*)。该书是一本有关批判理论的重要著作，被视为对未来发展有重大影响的论述当代公民社会的文本，已经被翻译成多种文字在世界各地出版。A. 阿雷托目前的学术兴趣是研究20世纪思想史。N. 弗雷泽是社会科学新学院当下的政治科学系主任，因20世纪90年代中期以来与法兰克福学派第三代领军人物A. 霍耐特关于承认理论的争论而名声大噪。她围绕承认理论提出的关于“反常规正义”的理论，与时俱进地发展了社会批判理论，体现了批判学派的知识左派在全球化时代对民族国家和超国论框架，国家层面的公平正义的全面思考。她的主要著作《再分配，还是承认?》和《正义的尺度》等的中文版已于2009年由上海人民出版社推出。

近10余年来美国批判理论的重兴，是与新学院大学的批判理论家的努力分不开的。除上述主要代表人物之外，新学院大学目前活跃的批判理论家还包括：从事总体研究的J. 康(Jaeho Kang)教授、从事哲学研究的J. M. 伯恩斯坦(Jay M. Bernstein)教授、从事人类学和女性主义研究的A. L. 斯托勒(Ann Laura Stoler)教授、从事历史研究的E. 扎瑞斯基(Eli Zaretsky)教授和遵循这一传统的其他中青年批判理论家，如A. 卡利瓦斯(Andreas Kalyvas)、B. 巴古(Banu Bargu)和T. 佩基瑞特(Timothy Pachirat)等。R. 伯恩斯坦教授称这些青年批判学者为“我们批判理论的希望”。新学院大学的批判理论家继承了60年代法兰克福学派学者H. 马尔库塞、E. 弗洛姆和O. 基希海默等人干预现实的传统，积极介入当代反全球化的公民抗议运动和各种类型的新社会运动，发挥了理论的实践批判功能。目前，该校批判学者关注全球治理与全球正义、美好社会与政治伦理、性别与女性主义、多元文化主义与宗教世俗主义、全球化与社会运动等方面的研究。在全球金融危机的背景下，他们还开设了大量涉及经济、社会、政治、哲学、社会学、生态学、伦理学的“资本主义批判”的课程，开展从异化、拜物教、理性化、生活方式、经济危机、消费资本主义的文化传统，到合法性危机、女性主义、资本主义积累的地理学、世界体系的批判，尤其是重点强调了新资本主义文化与新资本主义精神的批判、生态学批判和金融危机批判。马克思、黑格尔、康德、韦伯等人的经典理论和M.波兰尼(Michael Polanyi)、J.哈贝马斯、A.霍耐特、D.哈维(David Harvey)和I.沃勒斯坦(Immanuel Wallerstein)等人的当代理论均进入了研究生的课堂。

三、新学院大学学术传统的主要特点

1. 批判性

新学院大学自建校以来，一直保持着多元化的左翼批判传统，所以成为西方新马克思主义(包括法兰克福学派)的思想重镇。以哲学系为例，20世纪70年代中期以前，H.阿伦特一直担任系主任，与她在马堡大学的同学和朋友H.乔纳斯以及具有法兰克福学派倾向的R.伯恩斯坦成为哲学系的研究核心。H.阿伦特是欧洲知识分子心目中反法西斯极权主义的思想旗帜，也是当代欧洲希腊主义哲学传统的正统传人，享有极高的学术声望。她以其代表作《极权主义的根源》蜚声西方思想界。H.乔纳斯的研究方向为S.斯宾诺莎(Baruch Spinoza)、犹太理性主义者和大陆哲学，代表作为《责任的必要性：科技时代的伦理研究》(*The Imperative of Responsibility: In Search of Ethics for the Technological Age*)和《诺替斯教：异化上帝的寓言与基督教诸起源》(*The Gnostic Religion: The Message of the Alien God & the Beginnings of Christianity*)。J.哈贝马斯的合作者R.伯恩斯坦一直从事将法兰克福学派的传统与美国学术主流相结合的研究。他的主要代表作是《超越客观主义和相对主义：科学、解释学和实践》(*Beyond Objectivism and Relativism: Science, Hermeneutics and Praxis*)和《激进的邪恶：一个哲学质询》(*Radical Evil: A Philosophical Interrogation*)。

A. 赫勒

1975年H.阿伦特逝世之后，G.卢卡奇(Georg Lukács)的大弟子、新马克思主义“布达佩斯学派”的主要代表人物A.赫勒(Agnes Heller)和R.舒尔曼(Reiner Schurmann)共同执掌哲学系多年。A.赫勒是1950—1960年匈牙利的著名哲学家，其主要研究兴趣是政治哲学、伦理学和存在主义，其代表作是《文艺复兴时代的人》和《日常生活》。

2005年以后，当代著名哲学家S.克里切利(Simon Critchley)出任新学院大学哲学

S. 克里切利

系主任。S. 克里切利是与 S. 齐泽克(Slavoj Zizek)、A. 巴迪乌(Alain Badiou)、J. 洪西耶(Jacques Rancière)齐名的当今西方四大新生代左翼哲学家之一。他生于英国，受教育于法国，是大陆哲学的重要代表人物。他在哲学上深受柏拉图、亚里士多德、罗素、康德、黑格尔、基尔凯郭尔、尼采、胡塞尔、海德格尔、拉康、J. 德里达、E. 拉克劳和 N. 弗雷泽的影响。其传承的哲学传统是现象学和解构主义，主要从事政治学、伦理学、大陆哲学、哲学史、心理分析和美学研究。其代表作是《解构的伦理学》(*The Ethics of Deconstruction*)和《论海德格尔的〈存在与时间〉》(*On Heidegger's Being and Time*)。目前，社会研究新学院各系的系主任均由知名的左翼学者执掌。哲学系由 S. 克里切利领衔，政治科学系则由 N. 弗雷泽执掌。

2. 欧陆性

新学院大学继承了当年研究生院即流亡大学的传统，综合了美国知识左翼的思想和批判的欧洲哲学。新学院大学就其思想起源和坚实基础而言，是美国极少数向学生提供以“大陆哲学”知名的现代欧陆哲学全面教育的学校之一。除 R. 伯恩斯坦教授等部分传承杜威以来美国实用主义哲学传统以外，新学院的哲学教学强调巴门尼德、亚里士多德、莱布尼茨、斯宾诺莎、休谟、康德、黑格尔、基尔凯郭尔、马克思、尼采、胡塞尔、海德格尔、H. 阿伦特、弗洛伊德、维特根斯坦、福柯、J. 德里达、德勒兹等欧洲哲学家的思想。同时，新学院大学的各系科尤其重视法兰克福学派 M. 霍克海默、W. 本雅明、T. W. 阿多诺、H. 马尔库塞和 J. 哈贝马斯等人思想的教学与传播。

目前，不仅哲学系主任 S. 克里切利是大陆哲学的正统传人，在他之前的数任掌门人 A. 赫勒、H. 阿伦特等也多数为欧洲人，而且新学院大学的其他学院系科也尊崇欧陆左翼思想传统，尤其是法兰克福学派的批判传统。

3. 犹太性

新学院大学的创始人、流亡大学时期的出资人、今天的资助者和学校的知识分子核心均为犹太人。在此工作过的法兰克福学派学者 E. 弗洛姆、O. 基希海默等人也出身于正统犹太人家庭(毋庸置疑，法兰克福学派流亡美国的第一代人 M. 霍克海默、T. W. 阿多尔诺等均有犹太血统)。在其教员队伍中，除了流亡的欧洲知识分子由于历史原因均为犹太人(如 H. 阿伦特、H. 乔纳斯)之外，美国本土的知识左翼也主要由美国犹太人构成，当下哲学系的 R. 伯恩斯坦教授和他的学生、现任政治科学系主任的 N. 弗雷泽教授、A. 阿雷托教授(以及他的夫人、毕业于新学院大学的哥大教授 J. 柯亨)、历史系 E. 扎瑞斯基教授等，都是美国犹太人。新学院大学的这一特色与法兰克福大学社会研究所的创建人以及在那里工作的大部分法兰克福学派学者的身份背景一脉相承，极其相似。

4. 多元性

新学院大学的学术传统中另一个显著特点是它的多元性。今天美国的批判理论已经不像法兰克福学派第一代的学术血统那么“纯正”，那么纯哲学，它涉及更广泛的学科领域，也代表了法兰克福学派社会批判理论的当代发展。此外，新学院大学的左派传统也像美国和其他西方大学一样，并不那么壁垒森严，门户分明。除了法兰克福学派的影响占主导地位之外，它在历史上吸纳了 H. 阿伦特、A. 赫勒等不同学派的左翼知识分子，在今天也吸纳 S. 克里切利等知识左翼新秀。该大学每年还从世界各地邀请各学科、各流派的学者来校做交流学者或客座教授。我在新学院大学交流期间，巧遇英国“新左派”的代表人物、著名的《新左翼评论》杂志的创建人之一的 R. 布莱克本(Robin Blackburn)到新学院大学访问。作为历史学家，他每年在纽约短期执教 3 个月。我们交流了有关英国和中国新马克思主义研究的状况，他还赠送我 2010 年新出版的《新左派评论》50 周年纪念专辑。这一期间，同时还有布拉格会议领导小组意大利和墨西哥的批判理论学者在此做长期或短期访问。

在第二次世界大战时期，法兰克福学派并不构成新学院新马克思主义左翼传统的主要部分。20 世纪 70 年代以后，法兰克福学派在新学院的影响上升到主导地位。今天，该校的左翼传统仍然是多元的。其理论传统与其说是法兰克福学派的，不如说属于更广义的批判理论。这一批判思潮保持了法兰克福批判理论的社会关怀传统，有强烈的现实感，有欧陆传统扎实的哲学理论训练和民主讨论的平等学术氛围。他们虽然不是传统的马克思主义者，但是他们对包括马克思主义在内的新老经典的熟稔程度、广博的知识背景和与时俱进的批判精神，着实令人尊敬和钦佩。

政　　治
Politics

文明归属的摇摆与集体的"政治漂移"

——中东欧近20年的政治转轨：类型·特征·影响因素

The Sway of Belonging of Civilization and the Collective "Political Drift":

Types, Features and Influencing Factors of the Political Shift in Mid-eastern Europe in the Last 20 Years

孔寒冰

北京大学国际关系学院中东欧研究中心主任　教授　博士生导师

处于东欧和西欧之间的中东欧社会发展具有多样性、摇摆性和复杂性等鲜明特点，在历史发展的长河中，集体"政治飘移"是它们的一种常态。身上背负着的浓厚的西方文明和对以苏联为载体的东方文明的本能排斥，是剧变后中东欧国家政治转轨的根本缘由。由于内在条件和外部环境不同，中东欧国家的政治转轨呈现出不同的类型，它们对苏联离弃的程度和与西欧接近的程度也都不一样。但总的看来，多党的议会民主制政治框架在中东欧各国都确立了，只是影响中东欧社会发展的文明格局依旧、大国关系更为复杂。因此，它们政治社会发展的变数和不确定性仍然存在，再来一次集体的或单独的朝另外一个方向的"政治飘移"的可能仍然存在，目前的政治转轨并非中东欧国家社会发展的最高境界。本文作者在对中东欧国家实地考察的基础上，重点论述了这些国家社会转轨的过程、其内在的关联以及对外部世界的影响。

20世纪80年代末90年代初剧变之后，原来地缘政治意义上的东欧变成了地理位置上的中东欧(中欧和东南欧)。从那时开始，所有的中东欧国家都开始了社会转轨，即从苏联模式的社会主义制度向西欧政党政治和市场经济的转变。其中，在政治发展方面，由于国情不同，尤其是民族分离主义影响的强弱不同，这些国家的政治转轨的模式和过程也有区别，大体上可以分为自由民主式的政治转型和民族分裂式的政治转型。经过二十来年的发展，不论哪种模式转轨的国家，都建立起了多党议会民主制，离地理位置上的东欧(苏联)渐行渐远，而离地理位置上的西欧越来越近。但是，因国小力微且处于不同文明的交汇处，中东欧国家的政治转型与以往的政治归属一样难以自己做主，与东欧的"硬切割"和与西欧的"硬连接"仍然笼罩在不同文明及其承载者的阴影之中。

一、自由民主式的政治转轨

东欧剧变的过程是世人皆知的事,有关它们的描述和评析汗牛充栋。抛开细节不谈,剧变的核心就是东欧国家与以社会主义为纽带的对苏关系和以苏联为载体的社会主义模式决裂。正因如此,国家改名,政党换姓,对原共产党进行全面的清算,政治情感压过理性选择等等就成了中东欧各国的普遍现象。从那时起,中东欧国家一直在做的就是洗刷自己身上的苏联痕迹,重新穿上西欧的外套,这成了中东欧国家社会发展的主旋律。不过,中东欧国家毕竟远离西欧40多年,而实践苏联模式的社会主义也是40多年,无论"接上"前者还是"断掉"后者其实都不是很容易的事情。由于内部政治文化、经济发展条件不同和国际环境等方面的差别,中东欧国家政治转轨也呈现出不同的类型。①

波兰、匈牙利、捷克、斯洛伐克、保加利亚、罗马尼亚、阿尔巴尼亚和前南地区的斯洛文尼亚等国的政治转型是自由民主式的,其主要标志是民众的政治选择由情感转向理性,政党政治逐渐走向成熟。

1990年瓦文萨成为波兰首位直选总统

在1992年之前,在罗马尼亚之外的其他中东欧国家里,以反共、反社会主义为主要特征的右翼政党在政坛上占据了绝对优势。共产党及与社会主义有联系的左翼政党历史包袱沉重,活动受到种种限制,在政坛上影响有限。当然,右翼政党也并不稳定,它们多半由原反对派演变或组合而成,意识形态各异,纲领主张也有很大区别,但都是在反共的旗帜下聚合在一起。比如,在波兰,团结工会起初分裂为支持瓦文萨的"中派协议会"和支持马佐维耶茨基的"公民运动—民主行动会"两派,后又分裂成自由联盟、中派联合党、农民联盟、团结工会、劳动联盟、基督教民主党、保守党和无党派改革阵营等十几个立场各异的政党和政治组织。同时,由于政治观点对立严重,不同类型各政党之间的关系也比较紧张。在反共浪潮高涨的剧变初期,共产党成为非法政党而被禁止活动,其领导人被捕入狱,党的财产全被没收。社会民主党虽然获得了合法地位,但同样不能继承原来共产党的党产,党的活动经费极度短缺。在竞选过程中,反对派也总是抓住原共产党后继者的历史问题不放,借反共来降低这些后继党在民众中的支持率。共产党与社会民主党之间的关系也非常紧张。社会党为

① 本文中有关政治转轨类型的基本内容是作者与博士研究生项佐涛合写的,特此说明。

了摆脱历史的包袱，不愿意与共产党合作，甚至在选举中也打出反共的旗号。因而，在大部分国家的政坛都出现了一种奇怪的现象，即同为社会主义政党的社会民主党与共产党之间的距离，要比社会民主党与右翼政党之间距离更大。社会党在选举中宁愿与中右翼政党为伍，也不和共产党结盟。①

剧变之初，中东欧民众普遍有这样一种幻想：废除了一党专政和实行了自由市场经济，国家就能迅速发展，人们就能很快过上好日子。然而，随之而来的却是通货膨胀，社会动荡和混乱，生活水平急剧下降。面对痛苦的现实，他们对各种政党的态度不再根据感情上的好恶，而转向它们的业绩。那些高喊反共、反社会主义口号的“民主派”总体上说缺少执政的经验，治国和发展经济的能力有限，因而相继在大选中败北。各国社会民主党利用这个机遇，发挥自己在组织网络上和执政经验上的优势，逐步明确自己的有别于自由主义政党的民主社会主义政策主张，逐渐赢得民众的支持，陆续上台执政。有的学者将这种现象称为“左翼的回归”②，还有的学者认为这是“共产党人的东山再起”或“重新执政”③。这些说法不能说一点道理没有，但需要指出的是，绝不能从传统的学术角度或怀着强烈的政治情感来评估这种现象，也不能简单地称之为共产党的“东山再起”。为什么这样说？第一，这些政党已变成了西欧式的社会民主党，从性质上说已不是原来意义的共产党，其政治追求和政治信仰都完全与原来共产党的完全不一样。第二，它们是在议会民主框架里以其可以吸引民众的政策主张上台执政的，与过去的权力垄断完全不同，而且还面临随时下台的危险。第三，选民在选举中投哪个党的票也不是根据这个党的历史上曾有的“辉煌”或“历史原罪”，而主要看它们的政策主张是否迎合自身利益的需要。水能载舟也能覆舟，他们可以将任何一类政党推上台，也可以把它们拉下台。

无论如何，社会主义政党重返政治舞台至少表明了中东欧反共浪潮的消退，社会开始走向理性化。与此相适应，也就从这时起，不同政治倾向的政党或政党集团的紧张关系也变得缓和起来。各种类型的政党也都逐渐明白了多党政治的规则就是各党轮流交替执政，因而可以比较理性地看待，而不再凭借暴力冲突来反对选举结果。左翼、右翼阵营内部经过几年的分化重组，阵线分野也日益清晰。于是，在中东欧政治图谱中，左翼力量的代表共产主义政党，影响比较大的有捷摩共、阿尔巴尼亚劳动党、保加利亚工人党、斯洛伐克共产党、罗马尼亚共产党等。它们坚持

---

① Lubomír Kopeček and Pavel Pšeja, “Czech Social Democracy and its ‘cohabitation’ with the Communist Party: The Story of a Neglected Affair”, www. sciencespo. site. ulb. ac. be/dossiers_supports/pavel2. doc (2008. 08. 05).

② Charles Bukowski, Barnabas Racz and Edward Elgar, *The Return of the Left in Post-communist States*, Edward Elgar Publishing, Inc., 1999.

③ 杨永前：“原苏联东欧国家共产党重新崛起”，载《党的建设》，1994 年第 5 期。

以马克思主义为指导思想，以实现共产主义为最终奋斗目标。中左翼的主要代表是由原执政的共产党演变而来的“改建社会党”、“重建社会党”和剧变后新建的社会民主主义政党。这类政党者以实现民主社会主义作为自己的理想和目标，走一条既不同于西方资本主义国家的，也不同于原苏联模式的“第三条道路”。中右翼政党的主体是自由民主党和带有宗教色彩的保守党。它们崇尚自由主义，主张在民主、自由、人权基础上建立民主法制国家，主张实行彻底的私有化和市场经济，主张完全融入欧洲一体化进程。右翼的主要代表是民族主义政党，它们主张保护该国少数民族的利益。经过近十来年的发展，以多党竞争为基础的政党政治和左、中左、中右、右并存的政党格局在这些中东欧国家基本形成，中左、中右两类政党开始轮流交替执政。

不过，随着社会转轨的深入和国内外环境的变化，中东欧这种左右均衡的政治格局也出现了危机。为了加快入盟步伐和吸引更多投资，中左、中右政党上台后都采取了私有化、开放市场、降低税收等新自由主义等措施，结果导致政府税收减少，无法进一步完善社会保障体系和改善人民生活质量。另外，中左、中右政党都不能很好地解决腐败问题。部分民众开始怀疑政府，怀疑政党政治，认为政客关心的都只是自己的利益，任何政党上台都不能改变自己的生活状况。因此，在持这种政治怀疑主义的同时，他们还“喜新厌旧”，寄希望于一个“超越传统左右”的新型政党和一个“非官僚”的魅力领袖来改变现状。于是，一种被称为新民粹主义的政党应运而生。与传统政党相比，新民粹主义政党意识形态上有很强的随意性和模糊性，在政策上有很强的投机性，在经济上主张在精英和普通人民之间重新分配财产，在政治上接受民主却反对自由主义，对外政策上既支持本国融入欧洲又担心沦为发达国家的附庸，在组织上努力塑造

匈牙利青民盟在布达佩斯国会大厦前集会，要求总理下台

魅力型的领袖。从2004年起，标新立异的新民粹主义政党的影响迅速扩大。波兰法律与公正党在2004年议会选举中获得了9.5%的选票，在2005年的议会大选中以27.0%的得票率成为议会第一大党并获得组阁权。匈牙利青年民主主义者联盟—匈牙利公民联盟在2006年的议会大选中共获得386个议席中的164席，成为议会第二大党；在2010年的议会选举中，青民盟和基民党竞选联盟赢得206席获得组阁权。民主斯洛伐克运动—人民党在2006年大选中获得8.79%的选票，成为执政联盟中的一员。罗马尼亚民主自由党在2008年的议会大选中获得115个议席，成为议会第一大党并上台执政。保加利亚公民欧洲发展党在2009年7月举行的议会选举中，以39.7%比17.7%的巨大优势再次战胜社会党。新民粹主义政党在西欧一些国家中也存在，但没有成为政坛上的主角，可在中东欧却陆续上台执政，这从一个角度上也反映了政治转轨的特点。

二、民族分裂型的政治转轨

克罗地亚、波黑、南联盟、马其顿等从前南斯拉夫分离出的国家属于另一种类型的政治转轨。虽然也都确立了三权分立原则，形成了左、中左、中右、右等各派政党相互分野的政党格局，但是，由于受到民族矛盾、冲突和大国势力干预等多种因素的困扰，这几个国家不仅民主化进程相对缓慢，而且还出现了国家间、民族间的冲突。南联盟甚至发生与北约的战争，国家也进一步分裂。因此，这些国家的政治转轨都在不同程度上有着痛苦的经历。

克罗地亚独立前的一场混战

克罗地亚境内12%的居民是塞族人，其聚居区占克罗地亚领土的1/3。他们在剧变之初不仅建立了自己的政党，而且要求塞族人克罗地亚分离与塞尔维亚合并，1991年3月建立了“塞尔维亚克拉伊纳自治区”。克罗地亚政府派特种部队进行镇压，塞族方面则在前来干预的南联邦人民军的支持下进行抵抗。克罗地亚独立后，塞族也正式宣布成立脱离克罗地亚的“塞尔维亚克拉伊纳共和国”，声称要与波黑塞族合作，与塞尔维亚共和国统一。结果，克罗地亚就陷入以境内塞族武装、南联邦人民军为一方，克罗地亚军队为另一方的混战状态。[①] 直到1995年11月，塞尔维亚、克罗地亚和

① Cf. Davor Marijan, *Storm*, Zagreb, August 2010.

波黑三国总统签署了《代顿协议》之后,塞族同意将其控制的地区归克罗地亚政府管辖,它与中央政府之间的冲突才逐渐平息。从这开始,克罗地亚多党的议会民主制开始形成,但比起前一类国家来,不仅时间滞后,而且民主化程度也低,形成了温和的民族主义政党长期执政的局面。

波黑战争中的种族大屠杀

波黑的政治发展更是经历了不同民族间血腥杀戮和国际社会的介入甚至武装干预。波黑原为前南的第三大共和国,440万人口中43.7%是穆斯林,31.4%是塞尔维亚人,17.3%是克罗地亚人。斯洛文尼亚和克罗地亚宣布独立之后,波黑的三大民族围绕着共和国的前途问题发生了激烈的争执。塞尔维亚人主张波黑留在南联邦之内,克罗地亚人提出将波黑分成克罗地亚、塞尔维亚和穆斯林3个地区,组成一个联邦,穆斯林则打算在波黑独立后成为一个以穆斯林为主体的中央集权国家。1992年3月,在穆斯林和克罗地亚两族的支持下,波黑共和国宣布脱离南联邦,而坚持要留在南联邦内的塞尔维亚人则随后单独建立了波黑塞尔维亚共和国。为了争夺领土,3个民族之间的战争便不断升级,武装冲空的规模越来越大。持续了3年半波黑战争造成近35万的伤亡,80%的经济设施和一半以上的住房毁于战火。[①] 根据《代顿协议》,波黑由穆克联邦和塞族共和国两个政治实体构成,前者拥有51%的领土,后者拥有49%的领土。它们各自拥有自己的政府、议会、军队和警察部队,联邦一级由三大主体民族各派1名代表组成3人轮流坐庄的主席团,下设部长会议(政府)和议会。在波黑的中央国家机构中贯彻3个民族平等的原则。议会两院中,3个民族的代表人数相等。议长和副议长的职务实行3族轮换制。

南联盟的政治发展过程更为曲折。南联邦解体后,塞尔维亚和黑山组建了南联盟,由塞尔维亚共盟演变而来的塞尔维亚社会党长期执政。塞尔维亚社会党在党纲中明确规定将西方的社会民主主义作为自己的指导思想,接受了西方式的多党议会民主制度。但另一方面,塞尔维亚社会党又进行了比较严格的社会控制,长期打压反对党,使其一直不能发展成与社会党相抗衡的力量。与此同时,塞尔维亚社会党在民族问题上采取了比较激进的立场,不但与克罗地亚和斯洛文尼亚发生了战争,更成为波黑战争中塞族武装的主要支持者;在对外关系方面则选择了亲俄罗斯而疏远西方的策略。

① Cf. Hansan Nuhanovic, *Under the UN Flag: The International Community and the Srebrenica Genocide*, DES d. o. o. Sarajevo, 2007.

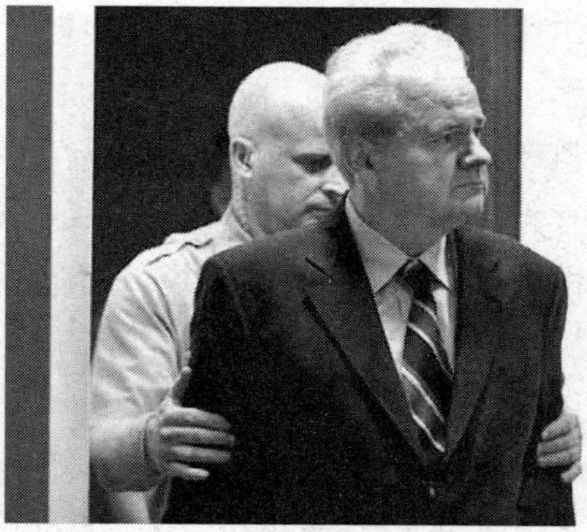

米洛舍维奇在海牙法庭受审

因此，在西方人的眼中，塞尔维亚社会党和米洛舍维奇都是原共产党的继承者。[①] 1999年的科索沃战争的内部原因固然是阿族和塞族之间长期的矛盾与冲突，但不可否认的是，西方对南联盟大打出手同样有着政治上和意识形态上的针对性，这是科索沃战争爆发的外部原因。由于南联盟在科索沃战争中战败，不仅执政十余年的塞尔维亚社会党在选举中落败，而且米洛舍维奇在总统大选中也落选。反对派上台后，同样对塞尔维亚社会党采取了打压的政策。2001年4月1日，仍是社会党主席的米洛舍维奇被塞尔维亚警方以“滥用职权和合伙犯罪”等罪名逮捕入狱，在6月被引渡到海牙国际法庭。在民主反对党联盟的打压下，社会党在塞尔维亚的影响力已经大大减弱。在2007年1月的议会选举中，塞尔维亚社会党只获得了250个议席中的16个席位，而民主党获64席，民族主义政党塞尔维亚激进党以81个议席成为议会第一大党。在这个过程中，塞尔维亚和黑山分离，各自成国。科索沃2008年单方面宣布独立之后，从塞尔维亚分离出去已是既成事实。另外，马其顿的阿族人聚居区挂着阿尔巴尼亚的国旗，而波黑的塞族聚居区挂着塞尔维亚的国旗，也是民族认同与分离的一种独特表现。

总之，在这类政治转型的国家中，民族主义超越了其他各种“主义”，成为主要的政治思潮。各政党的主张不论是自由主义或是民主主义，还是民主社会主义，几乎都无一例外地被民族主义所包裹着。

三、中东欧政治转轨的共性

虽然在政党的平衡性、政治的稳定度等方面还有比较大的差别，但是，不论哪种类型的政治转轨似乎都是殊途同归，因而显现出一些共同的特征。当然，与经济转轨的成果相比较，政治转轨成果的许多方面并非是显性的，如政治体制运作的某些方面、政党的内部活动，等等，不大容易甚至不大可能从外表观察出来，需要借助一些法律或会议文件、国家或政党领导人的讲话，等等。如果将这两方面结合起来，还是可以感觉出

① Srbobran Branković, “The Yugoslav ‘left’ Parties”, in András Bozóki, John T. Ishiyama, eds., *The Communist Successor Parties of Central and Eastern Europe*, pp. 206 - 223.

或看出这些国家政治转轨的共同表现。

第一,以共产主义、社会主义为目标的政治理想主义基本不复存在,以挤压对手、上台执政为目标的政治现实主义盛行。在一党执政时期,共产党统治的合法性和权威性在很大程度上是靠政治理想支撑的。在多党制条件下,意识形态色彩极浓的政治理想在民众中基本上没有了市场,相互竞争的各政党只能用最实惠政策来诱惑选民,如扩大民主权利,改善民生状况,加快融入西方进程,克服危机,反对腐败,等等。同时,它们还用这些方面存在的问题攻击、打压竞争对手。在这些国家里,不论是社会民主主义色彩的政党,或是自由主义色彩的政党,还是共产主义色彩的政党,都是如此。只是个别力量有限,在政治舞台上难有作为的极左小党,还打着传统共产主义招牌,但也没有什么市场。

第二,对某一个党及其领袖的歌功颂德现象基本不复存在。在共产党一党执政时期,这些国家的党和国家领导人大都被置于"神坛"上,用五彩光环罩着,民众对执政党及其领导人只能恭维、歌功颂德。在多党议会民主制的框架下,执政党、国家和政府领导人做得好是应该的,做得不好则备受非议,就要下台。至少在形式上,他们的上台和下台都是各国民众选择的结果,而民众将选票交替地投给左翼和右翼的主要动因就是他们的现实利益诉求。所以,决定哪个政党、哪位总统上台、下台的因素主要不在于他们的政治色彩,而在于他们作出的贡献大小,出现的失误多少,承诺是否迎合民意。每一次执政党或总统角色变换,下台的必定在经济和社会发展等方面没能满足选民的期待或损坏他们的切身利益;而上台者必定迎合选民的心理,做出至少可以使他们心理得到满足的承诺。另外,不同类别的政党或者政党集团你方唱罢我登场,实际上反映的是西方民主政治的平衡性,上台不是永远胜利的象征,下台也不是长久失败的标志。

第三,管理层面的政治依然是少数精英的游戏,普通民众有限的政治参与主要体现在形式民主层面上。当然,这些对于政党政治比较成熟的西方国家来说可能是常态,但对于中东欧国家来说却是衡量政治转型及其成熟程度的重要尺度。在日常的政党政治和精英政治的条件下,在对民主的期待与民生的现实有较大差距的时候,绝大多数民众在绝大多数时间里是一种无奈。但是,在政党之间斗争极端尖锐化,而民主的期待又严重受挫的时候,民众也会在政治精英的煽动下走上街头,诉诸暴力。就前者而言,政治民主化归根到底应服务于广大民众生活水平的提高,而不是只使少数人暴富起来。经济发展停滞,民众感受不到社会变革带来的实惠,甚至在经济危机和紧缩开支时还是首要的受害者。这种情况在整个欧洲都是一种普遍现象,但在中东欧的社会转型国家特别是那些经济发展状况不好的国家中更为明显。这些国家的民众曾经拼死拼活争取过的各种形式的民主都得到了,比如,多党制、议会民主、各种选举,等等,但现实与他们的民生期待却相距甚远。于是,许多民众不再有过去那样的政治热情,可在改变经济现状方面又显得无能为力。面对这些种现实,人们又能如何做呢?

民主到底是什么？民主化之后的时代又该怎么办？这些问题对他们来说可能更多的是迷惘。中东欧国家的普通民众实质上是面临着民主化之后社会发展的困境，那就是形式上的民主都享有了，但实际上的“当家”问题仍然没有解决，他们甚至不知再用什么方式解决“当家”问题。

第四，与西欧比较起来，中东欧的政党政治仍显得不完善、不成熟。比如，各种类型政党的分化组合依旧频仍，即使像波兰、匈牙利、捷克、斯洛伐克和斯洛文尼亚这些回归欧洲比较快的国家迄今为止也没有定型的政党政治。中东欧国家政党政治的不够成熟还表现在国家政策的连续性不够，许多国家是一朝天子一朝臣一朝政。各个政党竞选获胜上台执政后，更多的是关心本党或本集团的利益，而非从全社会着眼，内政外交的许多方面都要重打鼓另开张，这些也严重地影响到了社会整体的和持续的发展。另外，中东欧国家的多党制也并没有完全改变特权阶层和权力腐败的问题。这些国家的学者认为，过去的腐败和特权问题出自于一个党（即共产党）内，而现在这些问题则分别出现于不同的政党（左中右政党都有）之中。另外，不同政党的政客之间仍然有着千丝万缕的联系，严重影响了有效的监督。当然，这些现象即使在民主政治比较成熟的国家也都不同程度地存在着，但毫无疑问的是，在中东欧这些转轨国家更为普遍和明显。

四、大国影响与中东欧国家的“集体漂移”

为什么在剧变之后，中东欧国家无一例外地走向回归西欧的社会发展道路？为什么它们中间没有一个去亲近俄罗斯？尽管俄罗斯在政治、经济体制上也远离了苏联。这一切如果单纯用带有浓厚政治情感色彩的“东欧剧变”、“冷战结束”是不能说清楚的，其实，在这些现象的背后，实际上有着复杂而丰富的内涵，其中之一就是东西方大国对中东欧国家的主宰和影响。

由于特殊的地理上和地缘政治上的位置，中东欧地区从古到今都是大国势力称雄欧洲和争霸世界的重点或起点。但是，它们在划定势力范围和构建世界体系的时候，又极少考虑中东欧地区民族和国家的利益与诉求，而是将它们当作大国之间讨价还价的筹码或争夺与控制的对象。在历史发展的长河中，这里的民族当家作主的时候少，受制于人的时候多。到了近代，中东欧国家的社会发展更是笼罩在大国的阴影之中，比如它们的“生”与“死”，甚至“怎样活着”等重大问题几乎都得由大国决定，中东欧国家只能被动听命和追随，而无法也无力抗争。

中东欧民族国家的出现固然离不开各民族长期不懈地争取独立的斗争，但是，为它们开具“出生证”的却是东西方大国。比如，摩尔多瓦和瓦拉几亚早在 1861 年底就联合成为统一的罗马尼亚，并于 1866 年通过了相应的宪法。但是，欧洲各大国直到

2004年5月10个中东欧国家加入欧盟后的第一个“全家福”

1878年7月才在《柏林条约》中正式承认，同时将比萨拉比亚划归俄国。保加利亚的“自治公国”地位也是《柏林条约》给予的，但在地域上只包括保加利亚北部和索菲亚地区。阿尔巴尼亚是在1912年俄、法、英、意、德、奥等6国外长伦敦会议上获得形式上独立的，但实际控制权还属6大国。不仅如此，独立后的阿尔巴尼亚领土和人口都不及阿尔巴尼亚人所希望的一半。从欧洲大国来说，与其说让这3个国家独立，还不如说它们不想让沙皇俄国取代奥斯曼帝国成为巴尔干的新主人。塞尔维亚—克罗地亚—斯洛文尼亚(1929年改称南斯拉夫王国)、捷克斯洛伐克、波兰、匈牙利等国的“出生证”则是由各大国“放在”了1919年的《凡尔赛条约》里。然而，欧洲各大国给中东欧国家开具的“出生证”都带有种种限制条件，拿着这些“出生证”问世的中东欧国家或者有“内伤”，或者是“肢体不全”的“残疾国家”。比如，《特里亚农条约》将匈牙利3/4的领土和2/3的人口割让给捷克斯洛伐克、罗马尼亚和塞尔维亚—克罗地亚—斯洛文尼亚，《讷伊条约》将保加利亚的西部马其顿地区分别割让给塞尔维亚—克罗地亚—斯洛文尼亚、罗马尼亚和希腊。由此造成的民族分布上的“马赛克”现象，成为这些国家在相互关系上以及与大国的关系上难以愈合的“创伤”。所有这些不仅影响了中东欧地区的文明认同，也影响了这里的国家与东西方大国文明的认同。

在两次世界大战期间，中东欧的这些国家有的追随德国和意大利，如匈牙利、保加利亚；有的紧跟英国和法国，如南斯拉夫、波兰、捷克斯洛伐克；也有的试图在德意、英法和苏联之间搞平衡，如罗马尼亚。然而，它们后来的命运几乎是殊途同归。捷克斯洛伐克1939年3月被德国肢解，阿尔巴尼亚1939年4月被意大利占领，波兰同年9月被德国和苏联第4次瓜分，南斯拉夫1941年4月被德意占领。匈牙利在战争期间倾全国人力、物力和财力支持德国，可当它在严重失败面前略有动摇的时候，1944年3月却被德军占领。1940年罗马尼亚1/3的领土和人口先后被划归苏联、匈牙利和保加利亚。保加利亚为了实现领土收复和扩张，在战争中与德国为伍，但进退都不像匈牙利那样尽力。最终，保加利亚虽然没被德国所占领，但也成了法西斯的殉葬品。

战后初期和整个冷战期间，中东欧国家与西方的联系被强行“硬切割”，划归了苏联的势力范围。第二次世界大战快结束的时候，欧洲在地缘政治上分为东西两部分，这些国家整体地成了东欧。在冷战结束之前的40多年里，总体上看，西方式的多党议会民主制和建立在生产资料私有制基础之上的自由市场经济在这些国家基本上都消失了，取而代之的是共产党的一党集权统治和高度集中的计划经济，多元化的自由主义、社会民主主义等政治思潮被一元化的共产主义思想所代替。在对外关系方面，多元化的外交被以社会主义为纽带的对苏结盟所取代。西方文明的任何方面都是社会主义的对立面，任何归属的企图和尝试都是异端行为。当然，个别国家在某些方面有所不同，如南斯拉夫自治、不结盟的社会主义，罗马尼亚的独立自主外交，阿尔巴尼亚极端的内外政策，等等。可是，所有这些也没有跳出苏联控制和苏联模式的圈子。于是，在整个冷战期间，东欧国家始终没有断掉摆脱苏联控制和苏联模式、重续与西欧各方面联系的念头，用程度有限的社会主义改革理论与实践表达着自己的诉求。苏联则软硬兼施、恩威并重，用各种手段将东欧与自己牢牢地捆绑在一起。表面上高度一致的苏东关系实际上暗涌波涛，“走”与“留”之间的争斗始终没断。在这过程中，西方对苏联不肯违约，将东欧的反抗视为苏联阵营内部的事，暗中乐于煽风点火，但绝不公开得罪苏联。这样一来，由于力量的极不对称性，东欧国家的挣扎一次次被扼杀了。但是，苏东之间的矛盾并没有解决，而是越积越深。等到苏联自身和它与西方关系都发生了变化的时候，东欧各国终于以“剧变”的方式从苏联及苏联模式的控制下摆脱出来。

欧洲联盟至2009年1月共有27个成员国

不难看出，剧变之后的政治转轨不过是中东欧国家的“集体飘移”。这些国家不论原有的还是新诞生的都不再实行社会主义的社会制度，价值取向上从原来的马克思主义转向西欧的自由主义，对外政策也从对苏联的依附转向北约和欧盟。只是不同的国家，社会发展的不同方面在东西方“归”与“离”的程度上还是有不小的差别。总之，处在东西方大国之中的东欧各国，在国际舞台上力小言轻，甚至在近代连自己的命运都主宰不了。将它们在欧洲的东方和西方划来划去是大国首脑弹指一挥间的事儿，“解决这个问题所需要的时间比把这件事写出来还要快”。[①] 因此，大国影响对中东欧国家的政治发展来说，有的是难以继承的遗产，有的却是不得不背负的十字架，所有这些都可以从它们加入北约、加入欧盟的历程或它们政治转轨的曲折性上看出来。

五、中东欧国家政治转轨的文明背景

中东欧国家在政治发展上之所以要跟着大国特别是西方大国的鼓点走，而大国之所以把它们推来让去，其中的原因之一就是更为隐性的血脉上的认同与排斥，这种文明背景是理解中东欧政治转轨的原因和前景不可或缺的视角。

基督教成了西方治理国家的精神支柱

文明的内涵十分丰富。一般而论，“文明是人类所创造的伟大成果，它既有物质的，也有精神的，既有政治的，也有经济的、文化的，等等，所以我们也可以大致把文明划分为物质文明和精神文明两大类”[②]。从文明的这两方面内容来观察，中东欧国家社会发展的特点之一，就是自身文明定位上的矛盾和由此产生的文明归属上的不确定性。

对于现在的中东欧来说，所谓西方，也称之为西方文明，指的是由希腊城邦政治结构和公民文化、古罗马共和国精神和法律传统、中世纪基督教政治价值观和二元权力体系以及日耳曼传统相互叠加与融合的产物，特点是强调民主、共和与法治。[③] 这里所谓东方，也称之为东方文明或俄罗斯文明，指的是受拜占庭文明和蒙古文明双重影响而产生的非欧非亚的一种文明，特点是民主色彩比较淡，个人专制色彩比较浓。[④] 这两种文明在地理位置上的西欧和东欧非常清晰，但在中东欧却模糊不清，并与伊斯兰交织在一起。于是，夹在东方和西方之间的中东欧国家常常在“我是谁”问题上陷入迷惘。比如，在斯洛文尼亚、克罗地亚、波兰、捷克和斯洛伐克，占主导地位的宗教与西欧相同，都是天主教；而占主导地位的民族却与东欧一样，都是斯拉夫人。在罗马尼亚，占主导地位的民族与西欧很近，是罗马人的后裔，可占主导的宗教却

① 转引自[俄]《史料》杂志编委会：“丘吉尔和斯大林划分东南欧势力范围：俄国档案中的百分比协定”，载华东师范大学国际冷战史研究中心：《冷战国际史研究》(III)，世界知识出版社2006年版，第263页。

② 马克垚主编：《世界文明史》(上)，北京大学出版社2004年版，导言第3页。

③ 丛日云著：《西方政治文明》，大连出版社1996年版，第7页。

④ 孔寒冰等著：《叶利钦执政年代》，河南文艺出版社2000年版，第13页。

是东欧的，即东正教。在匈牙利，占主导地位的宗教是西欧的，即天主教，可马扎尔人却带有亚洲血统。在塞尔维亚、黑山和保加利亚，占主导地位的宗教是东正教，而主要民族却是南部斯拉夫人。在阿尔巴尼亚，主要的民族与希腊人较近，可占主导地位的宗教却是伊斯兰教。在马其顿、波黑，主导民族在信仰上有近西方的，也有近东方的，还有亲伊斯兰世界的。

拜占庭文明的象征

在长期的历史发展中，中东欧国家的主要民族虽然延续了下来，但能够代表中东欧国家自身文明最高成就的公国或王国全都中断了，没有像英吉利、法兰西、德意志、奥地利、俄罗斯等那样发展成世界性的大国。之所以如此，原因也不奇怪。同交汇于中东欧和东南区的世界性大文明相比，它们的文明显得太弱小了；同承载世界性大文明的大国相比，这些公国或王国总的来说也显得弱势。西部斯拉夫人和南部斯拉夫人大体上形成于3—7世纪之间。在非斯拉夫民族中，伊利里亚人是巴尔干半岛的土著居民之一，公元前10世纪就生活在这里。达契亚人与罗马人融合成罗马尼亚人是公元2世纪的事情。马扎尔人则是在9世纪末定居在现今的匈牙利一带。除了伊利里亚的几个公国的时间比较早之外，其余的出现在7—14世纪。比较一下时间就不难看出，这一时期也正是罗马帝国(公元前27—公元395年)、拜占庭帝国(公元330—1453年)和土耳其奥斯曼帝国(公元1300—1922年)。奥斯曼帝国后延的时间虽然较长，但兴盛时期还是在18世纪中叶之前。这3个世界性大帝国在征服、统治中东欧地区的时候，也强化或推行了它们的文明，如政治文明、宗教文明，等等。面对这些强大的帝国和帝国文明，中东欧地区的各个民族都进行过抗争，有时甚至还取得了暂时的胜利，但是，或者在抵制的过程中或者在失败之后，它们自身的文明不断褪色，而大国文明的色彩不断加重。比如，受罗马帝国、西罗马及其后继者侵扰或影响的西斯拉夫人，巴尔干半岛上西北的南斯拉夫人，原本受希腊文明影响的阿尔巴尼亚人和有着亚洲游牧民族血统的马扎尔人也都接受了西派基督教(天主教)；而受拜占庭帝国

罗马帝国最佳古迹

侵扰和影响的其他南部斯拉夫民族,罗马尼亚人则接受了基督教东派(东正教)。奥斯曼帝国统治巴尔干半岛的几百年间,阿尔巴尼亚人和一少部分南部斯拉夫人又改信了伊斯兰教,成为穆斯林。

奥斯曼皇宫

在大国关系的作用下,中东欧民族国家建立后,它们的社会发展实际上就挣扎在东西方不同文明之间。比如,许多著作都谈及了东欧国家战后与苏联结盟、走上社会主义道路的必然性,这是有道理的。但是,它们都忽视了这样一个事实:二战之前的东欧在社会发展的各个方面几乎都与苏联少有联系。政治体制上,它们要么实行的是议会民主制,要么实行的是君主立宪制。经济上,它们要么是市场经济比较发达的工业国,要么是市场经济比较落后的农业工业或农业国。外交上,主张修改凡尔赛条约的国家站在德奥一边,主张维护凡尔赛条约的国家倚重法英。不仅如此,在政治文化上,地处中欧的波匈捷属于天主教文化圈。巴尔干半岛的情况比较复杂,南斯拉夫的克罗地亚和斯洛文尼亚属于天主教文化圈,阿尔巴尼亚、南斯拉夫的波黑穆斯林和科索沃的阿族属于伊斯兰教文化圈,罗马尼亚、保加利亚和南斯拉夫的其他地区大体可以归为东正教文化圈。而与此同时,东方的苏联的社会发展却是以一党制、计划经济和否定宗教的共产主义文化为基本特征的,而西欧的社会发展却是以议会民主制、市场经济和天主教、新教文化为基本特征的。

拜占庭帝国圣索菲亚大教堂

在社会主义时期,中东欧各国与苏联的矛盾和冲突不断。这其中的原因除了大国之间的交易之外,文明方面的"水土不服"也是不容忽视的。以苏联为载体的文明覆盖了中东欧国家身上的西方文明色彩,但既消灭不了西方文明也征服不了中东欧民众的心灵。在整个冷战期间,中东欧以各种方式摆脱苏联模式和苏联控制的尝试始终没有断过。这是苏东关系的一条主线,也是冷战结束之后中东欧国家整体回归西方文明的另一种潜在动力。远离苏联式的社会主义体制,远离苏联那样的控制,是所有中东欧国家剧变之后的一致行动。所以,中东欧国家在剧变以后20年的政治转轨就顺理成章了。不仅如此,为了否定苏联和以苏联为载体的文明,这些国家都程度不同地强调自己的“西方出身”，于是出现了“中欧”、“另一个欧洲”、“中间地带”、“中东欧”等各种说法。[①] 为了表明与西欧的亲近和对俄罗斯的疏离，一些认为自己属于西方民族的人（如波兰历史学家 A. 哈莱茨基、捷克作家 M. 昆德拉等）后来还提出了“东中欧”概念，以此说明他们的国家一直以来属于“西欧的东边”，而不是“东欧的西部”。[②]

随着政党政治的确立，中东欧国家的政治转轨也基本完成，余下的事就是如何进一步完善多党的议会民主制。与此同时，越来越多的中东欧国家加入北约和欧盟，融入与西欧的一体化。然而，事情发展到这一步，能说中东欧国家完全回归了欧洲、永远回归了欧洲吗？一方面，不同文明仍然交汇于中东欧，西欧、美国和俄罗斯在中东欧的角力并没有也不可能结束；另一方面，中东欧国家依旧没有自己的文明并且为不同文明所撕裂着，形成不了一个可以和东西方文明相提并论的文明，形成不了足以与东西方大国相抗衡的力量，由别人决定自己命运的境地并没有改变，因此中东欧国家社会发展的变数和不确定性仍然存在。谁敢保证多少年后，中东欧国家不会再来一次集体的或单独的朝另外一个方向的“政治飘移”呢！纵观历史，文明归属上的东西摇摆和政治漂移在中东欧是一种常态，因此很难说现在的中东欧国家政治转轨就是它们社会发展的最高境界。

---

① 参见[英] B. 福凯斯著：《东欧共产主义的兴衰》，张金鉴译，中央编译出版社 1998 年版，第 1 页；[波] G. W. 科勒德克著：《从休克到治疗：后社会主义转轨的政治经济》，刘晓勇等译，上海远东出版社 2000 年版。

② [英] B. 福凯斯著：《东欧共产主义的兴衰》，第 1 页；Robert Bideleux and Ian Jeffries, *A History of Eastern Europe: Crisis and Change*, New York: Routledeg, 1999, p. 10。

共产主义的幽灵：苏东剧变后的欧洲 20 年

The Ghosts of the Communism: Europe's 20 Years after the Fall of Communism in Soviet Union and Eastern Europe

M.拉比考斯卡

英国东伦敦大学　博士

M.拉比考斯卡

英国东伦敦大学高级讲师、博士M.拉比考斯卡(Marta Rabikowska)在美国《共产主义和后共产主义研究》2009 年 6 月号上，以《共产主义的幽灵：苏东剧变后的欧洲 20 年》为题发表专题文章。该文详尽考察了俄罗斯、白俄罗斯、爱沙尼亚、格鲁吉亚、乌克兰和波兰在转型过程中的历史连续性和非连续性，指出中东欧共产主义的失败已有 20 年，而后苏联国家的民主进程却依然困难重重。该文严重质疑了转型理论、同质化社会理论、路径依赖理论在后共产主义研究中的有效性，认为资本主义和共产主义的单维度分析方法已不能满足后共产主义研究的需要，对中东欧各国民主进程的考察必须注重其内部的差异性和社会矛盾，两种体系间的差异其实是功利主义、自由主义等各种意识形态分化对立的结果，也是后启蒙时代人道主义思想的产物；要理解中东欧各国民主进程的动力机制，就必须从政治斗争、社会对立和文化复杂性等多个视角中寻找答案。

按照转型理论，20 世纪 90 年代初期，中东欧地区后共产主义国家的民主进程受西欧民主模式的影响甚大，但中东欧与西欧社会之间的现实差异只有通过对比才能够看得清楚。转型理论的核心观点是，建立民主的资本主义国家是后苏联国家共同的终极目标，所有的欧洲国家都应该帮助它们达成此目标。然而阿根廷著名政治学家 G.奥唐奈(Guillermo O'Donnell)注意到，后苏联国家的民主巩固进程尚有很长一段路要走，当前的民主困境已制约着国家发展。虽然欧洲共产主义已经失败了 20 年，但现实清晰地表明，资本主义民主并未在中东欧地区牢牢扎根。与许多西方学者的设想相左，中东欧后共产主义国家的转型轨迹差别极大，且具有不可预测性。马克思所谓“共产主义的幽灵”仍对该地区各国的经济和政治进程有着巨大影响力，与当前转型论者的描绘不同，民众在听到“共产主义的幽灵”时已不再惊慌失措。

转型理论倾向于将当前中东欧各国视为一个同质性社会。这种观点认为，依社会学分析，中东欧地区除了极少数政治精英外，每个人事实上都是集体社会的一分子，没有“棱角”，社会秉性也较为一致而难以区分。与这种观点相左，本文认为，中东欧各国之间的内部差别甚大，不同的政治和文化背景又造就各自独特的社会体系和历史发展路径，从同质性社会的单维度视角审视当前的中东欧地区各国结论难免失之偏颇。从苏东剧变前后中东欧各国不同的政治和历史文化背景出发，通过分析推理，本文试图说明，中东欧后共产主义国家的民主发展轨迹不可能整齐划一，那种认为具有不同历史和社会背景的中东欧地区各国发展路径同质化、单一化的观点必然会导致忽视现实和对过去历史的简单化结论。

转型理论认为，中东欧各国与西方世界存在着巨大的“鸿沟”，“鸿沟”这个概念本身就意味着，前者代表着落后，而后者代表着先进；毋庸置疑，这种“鸿沟”必然会使中东欧各国抛弃原有的发展模式，转而接受所谓先进的西方全球模式。然而，在实践中，当前现实与未来设想之间的“鸿沟”并非那么容易跨越。当然，这并不是说中东欧各国没有能力达成真正的民主，而是在于对民主的“传统认识”：基于先进与落后之别，可以将根植于西方社会的民主模式强加到其他任何社会。这种脱胎于后启蒙时代政治两极化简单区分基础之上的“西方民主模式具有普适性”的观点只是一种虚幻的假设，若在现实世界中强加推行定会产生负面影响。

构建一个更加美好的民主社会的理念，可以追溯到 17 世纪启蒙时代人文主义思想家所倡导的经济效率、理性主义、发展、文明和现代化等口号上。“以人为本”可谓是启蒙时代留给后世的最宝贵遗产之一，但“以人为本”理念在实践中却为西方国家此后数世纪的殖民运动起到了粉饰美化的作用。对此，T. 沙宁(Teodor Shanin)曾指出，一个具有超前特质且论证有力的理论必然能够有效地解释人类生活的过去、现在和未来，并为人类社会的发展进步提供某种运行规范。“以人为本”理念的来源、核心要素及其现实映象一直以来都被人们简单化了。所有社会有机体都会自然而然、持续不断地朝着进步的方向前行，当然在特定的历史时刻也会出现暂时性背离。对人类社会摆脱贫困、野蛮、专制和无知，走向富裕、文明、民主和理性主义的伟大征程的最高层次的描绘就是科学。在最高理性原则的指导下，通过整个人类的艰辛努力和大量经济资源的投入，特质迥异、差异巨大的各种社会有机体必将朝着简单化、统一化的模式前行，这种趋势不可阻挡。

从这种转型理论的观点出发，中东欧后共产主义国家转而接受新自由主义市场观念，它们中的大多数正处于民主巩固阶段。然而，本文却认为，自由民主并不能解决所有的历史遗留问题,中东欧后共产主义国家在对多元主义、自由主义、平等、集体主义和个人主义理念的认知上,也不会与所谓的西方主流观念完全一致,它们不会轻易地顺从西方社会的意识形态野心。虽然自由民主哲学理念强调自由和独立自主,但并不能与詹姆士一世时期的价值观念相提并论,后者强调客观地看待历史,而这一珍贵思想遗产在当今社会已了无踪影。正如J.吉尔伯特(Jeremy Gilbert)所述,自由主义与民主主义共存共生、相辅相成的观念只是人们对自由民主政治的一个虚幻意识而已。苏东剧变20年后,中东欧后共产主义国家应该践行何种民主模式的讨论仍在持续进行。东方社会的社会变革和西方社会随后所面临的经济困境都无可争议地表明,所谓各种社会有机体都将走向同质化或自由民主政体的观念本身就是一个神话虚构。铁幕的拉下证实了原苏联模式政治体制的暂时性和脆弱性,其实际影响却是全球性的,不管各国发展阶段如何,失落情绪的蔓延是它们共同面临的问题。W.奥斯维特(William Outhwaite)和L.雷(Larry Ray)认为,中东欧共产主义的失败对社会理论有着特别的影响,更为明确地说,就是在一个差异和共性并存且此消彼长的现实世界里,如何看待普遍性和特殊性这对矛盾关系。

现有的理论成果大体上多采用后结构主义或反实证主义的研究范式,本文就从社会、政治等多种视角出发,提出了多种解释理论。L.福尔摩斯(Leslie Holmes)、K.兹欧罗(Karolina Ziolo)、G.米尔哲维奇(Galina Miazhevich)、C.加约索(Carmen Gayoso)在研究犯罪、民主选举、企业管理和国际关系等问题时就从社会—政治视角出发,对中东欧和所谓的西方社会以及历史和现实之间的不同点进行了有效区分,而不同的历史发展路径和政治状况是这些不同点的产生根源。这种研究视角实质上是一种阐释历史的后结构主义理论范式,对后共产主义相关研究作用甚大。M.哲瑞比肯(Maxym Zherebkin)将政治想象和政治主观性引入后共产主义研究领域,拒斥对民主化、社会变迁的目的论和精英主义研究视角,把注意力放在集体反抗统治阶层现实的阐释上。通过将拉康的心理分析方法引入俄罗斯公共卫生政策研究,M.伏塔克(Mariana Fotaki)揭示了资本主义和共产主义两者都有的理想化特征。最终,通过对波兰电影进行文本分析,E.马兹耶斯卡(Ewa Mazierska)戳穿了国家主义神话的虚妄本质,认为国家权力阶层对历史的解读不具有客观性。

上述学者虽然都抛弃了原有的路径依赖解释框架,但同时他们又都承认,过去的共产主义和现在的资本主义之间有着某种关联,与本文所采用的本体论研究维度相同。"共产主义的幽灵"并非是指通向民主之路上需要加以克服的各种障碍,而是在更广义的层面上指称民众的切实经历。上述学者既没有对过去进行理论分析,也没有对中东欧共产主义失败的原因作出解释,只是将研究重点放在当代政治生活、经济生活、社会生活和文化生活的典型事例上,试图对民主价值在这些领域的运行现状及其意识形态背景作出评判。过去和现在都没有体现出所谓的"镜射效应",恰恰相反,以史为鉴和回溯历史这两种情况都有其合理性。正如 J. 斯坦尼斯基(Jadwiga Staniszkis)所述，上述学者的观点对政治两极化的固有理论区分提出了挑战，不论是考察中东欧地区向西方民主政治和自由市场经济的转轨步伐，还是研究现实社会主义经典模式在该地区的消退程度，政治两极化的分析方法效果都不尽如人意。他们认为，这种分析方法并不能有效地解释社会变迁。不管是"转轨"还是"消退"，这种分析方法在理想的名义下都将共产主义向资本主义的"转型"视为历史必然。正如 M. 伏塔克和 M. 哲瑞比肯所指出的，此种对社会变迁的分析模式带有明显的种族中心主义和专家治国论倾向，将事关民众生存的重大实践问题简化成抽象的理论分析。毋庸置疑，"共产主义的幽灵"对当前的社会和政治现实具有重大影响，需要人们加以体认，并将之引入到当前关乎社会变迁的激烈讨论中。然而，在将"共产主义的幽灵"视为对民主的威胁的神话时代里，对过去的反思已让位于对理想的追求。

为有效地解释转型过程中所出现的支配性权力模式的正常化问题，G. 米尔哲维奇对中东欧后共产主义国家(爱沙尼亚和白俄罗斯)的商业模式进行了全面研究，揭示了当地商业文化与西方商业管理模式之间的互相影响关系。G. 米尔哲维奇从 Y. 劳特曼(Yuri Lotman)的跨文化研究成果出发，揭示了连续性和非连续性之间相互转化的动力机制，认为在特定的时空背景下，中东欧后共产主义国家在接受西方价值观念影响的同时，也在输出自己的价值观念。通过考察爱沙尼亚和白俄罗斯两个后共产主义国家，G. 米尔哲维奇对中东欧共产主义历史发展路径的理解确实富有洞察力，该地区各国之间的文化背景和政治发展路径呈现多样化态势，冷战的爆发使得它们之间的差异性无意间被"遗忘"。正如许多评论家所指出的那样，这种差异性并没有因为冷战时代的两极对抗而消失，同质化社会在该地区从未出现。由此，对于那种无视中东欧各国之间及其与西方社会存在巨大的经济和社会差异，且不加辨别盲目采用来自西方的商业管理模式的做法，G. 米尔哲维奇持怀疑态度，认为这不过是路径依赖理论的拙劣应用而已。不管怎样，东欧剧变后 20 年的发展历程清楚地揭示了该地区复杂的社会状况，对商业团体的国际化和多样化理论构成挑战。通过一种后结构主义的手法对中东欧地区本土企业家的谈话进行详细分析，G. 米尔哲维奇揭示了所谓价值"碰撞"的荒谬性，文化模式的吸收本来就是双向的，不存在一方只接受外来影响而对外不产生任何影响的情况。当然，这种吸收和适应并非波澜不惊，外来文化和本地文化始终呈现出对抗特性，且两者之间的此消彼长也不曾形成某种平衡关系。

这种现象比比皆是，例如在传统社会，男人主导社会各行各业的现象在爱沙尼亚和白俄罗斯两国很普遍，之后西方女权主义思想开始传入两国，对打破两国旧有的男权文化起了重大作用，但并没有在两国占据主导地位，反而被"消融"在当地的商业管理文化中。既相互对抗又相互影响的这种文化特性(E. 拉克劳和 C. 墨菲将其视作文化霸权争夺的结果)，在以往的后共产主义研究中并未得到应有的重视，以往的后共产主义研究都倾向于将后苏联文化视为西方自由民主文化的被动接受者。然而,正如2004年欧盟东扩之后我们所看到的那样,一些后苏联国家对西欧自由民主模式的不友好举动越来越频繁,在可预知的未来,后苏联国家与西欧国家之间必定摩擦不断。有趣的是,在特定的时空背景下,针对后苏联国家的文化输入和文化输出状况,采用Y.劳特曼的四阶段分析法对之加以考察,G.米尔哲维奇得出结论认为,在爱沙尼亚,当地文化对西方文化的影响很不明显,在白俄罗斯更是如此。依据转型理论,这种状况乃是后苏联国家出现"时滞"现象的最好例证,这些国家没有能力影响外来文化。Y.劳特曼的分析方法使我们认识到,在不断循环往复的历史发展进程中,每个历史转折点都会呈现出新的特点。鉴于此,所谓中东欧社会并未对西方商业文化产生任何影响的说法可能只是一种幻觉,而所谓西方文化对中东欧社会有直接影响的说法也可能是一种幻觉。只有从一种更加广泛和全面的视角看待问题,我们才能真正认识并理解东西方之间文化交流的运作机制,但我们很有可能永远也不会理解它。

假如这种文化交流和融合呈现出开放性,那么后苏联国家的政治认同问题就可以有不同解读。因此,后苏联国家达成完全政治和文化认同的不可能性就不再是一种威胁。事实上,缺乏政治和文化认同乃是后苏联国家民主进程坎坷的根源。E.拉克劳和C.墨菲就认为,即使在成熟的民主国家,缺乏认同也是民主发展的主要制约因素:民众渴望社会和谐,社会中普遍存在双重乃至多重政治认同问题。虽然后苏联国家普遍持开放和对话态度,但G.米尔哲维奇所谓"标准杂合化"的观点并非受社会和谐论的驱动。这是因为,按照对资本主义民主的普遍理解,和谐是一个在未来社会要达成的目标。J.哈贝马斯认为,不同价值之间的"碰撞"是未来社会有待克服的一个重大挑战。另一方面,M.哲瑞比肯又认为,格鲁吉亚和乌克兰着实不存在严格意义上的民主"游戏规则";同时,两国的支配性力量也拒斥任何旨在维护社会和谐的解决方案;而只有实现社会和谐,自由主义革命才有可能取得彻底成功。

在M.伏塔克和M.哲瑞比肯的文章里,我们可以清晰地感觉到J.巴特勒(Judith Butler)、E.拉克劳(Ernesto Laclau)和S.齐泽克(Slavoj Zizek)等人的后结构主义哲学思想对他们的影响。这些后结构主义的思想大师从积极意义上来看待完全整合的失败,虽然其产生于带有消极性质的"未完成性"。由此,这种"失败"和消极性成为所有政治斗争的不可或缺元素;政治竞争进程决定着普遍性社会框架的选择,但也使政治竞争产生了大量的冲突,而冲突双方难以解决政治僵局。M.伏塔克和M.哲瑞比肯由此提出一种带有干涉主义特质的观点,他们排斥深受笛卡尔思想影响的知识分子对社会关系的支配,并将后结构主义的观点和对理想主义的批评糅合在一起。他俩相信,在国家整体或地区整体的层面,维护政治和文化认同的同一性是不可能的。因此,对后苏联国家所存在的观点分歧和价值碰撞的研究只能从冲突和对抗视角而非社会和谐理想的"未完成性"和民主的完全实现方面寻求突破。

与 J. 哈贝马斯对普适价值(如和平和民主)预先设定式的理解不同，M. 哲瑞比肯发现，很难测定格鲁吉亚和乌克兰普通民众对普适价值的认同度，虽然他们在颜色革命期间(2003 年格鲁吉亚的"天鹅绒革命"和 2004 年乌克兰的"橙色革命")曾表达过对政府的强烈不满。M. 哲瑞比肯在研究中将注意力放在大众动员的激励动机和颜色革命期间集体行动中国家认同方面出现的新问题上，拒斥转型理论对后苏联国家目的论式的解读，旨在揭示大众政治动员和社会变迁的同步性。M. 哲瑞比肯认为，在后共产主义学科领域占据主导地位的实证主义研究方法对颜色革命的分析和对社会变迁制度化困境的解释都不够充分，把中东欧地区民众的集体认同和国家认同问题完全弃之不顾。M. 哲瑞比肯的观点确实很具问题意识，将研究重点引向最原始的共产主义理想，如对等级制和统治阶层的反抗。针对发生在乌克兰狂欢式的颜色革命，M. 哲瑞比肯着重论述了团结和统一的重要性，并提出了一个还不为人所关注的问题——从人道意义上讲，在突发性的不流血政治运动中，民众的团结是否是共产主义集体意识再生的前兆？民族主义和爱国主义情绪高涨下的集体主义意识并不关注阶级、种族、性别和社会地位之间的区分，也与传统的自由主义革命迥然不同。民众政治意愿的迸发和国家团结意识的高涨，使我们想起马克思社会主义视角下基于个人选择权的自决问题，对此，不仅西方世界，而且后共产主义国家和地区的民众也会感到惊奇：1991 年后，在后苏联国家里极少出现类似的反抗活动。

M. 伏塔克的研究目的就在于揭示强调政治竞争之消极性的多重含义。在采用心理分析方法对原苏联和后苏联时代俄罗斯的公共卫生政策进行详尽研究后，她指出，民主进程不应该受到社会和谐、理性主义和功利主义等神话般的愿望迷惑。在哲学家、心理学家 C. 卡斯托里阿(Cornelius Castoriadis)研究成果的基础上，极力排斥极权主义理论解释模式的 M. 伏塔克将历史的起源归结为个体心理和社会思潮发生冲突而难以抉择时的某种假想物，M. 伏塔克称之为"社会假想"。M. 伏塔克的心理分析成果表明，共产主义和资本主义两种体制都具有"乌托邦"特性，都不能满足人们对它的期望和要求。M. 伏塔克进而指出，幻想导致民众对政治议程的虚幻动机。与共产主义体制下的社会实用主义和资本主义体制下的自由市场哲学相同，幻想意识一旦蔓延至社会各个角落就必然会导致危险结果。M. 伏塔克认为，一旦心理和精神层面的冲突无法得到遏制，现实与幻想就会发生断裂，共产主义和资本主义两种"乌托邦"体制将产生难以克服的社会和政治矛盾。

经历过两次历史性的转变之后——从前工业化到社会主义，再由社会主义到自由市场，俄罗斯公共卫生体系的失败充分揭示了竞争性政府和公共机构的种种缺陷，它们本该向本国公民提供高质量的公共卫生服务，尤其是那些疫病横行、民众充满焦虑感的国家更需要健全自己的医疗保健体系。然而，在运用规则以保障社会竞争活力的大时空背景下，市场机制开始在俄罗斯发挥作用，俄罗斯政府竭力按照社会的需求推行社会政策。由此,实行资本主义体制后,俄罗斯的公共卫生体系出现了大量不平等现象,医患矛盾加剧,政府自身的公共定位也已模糊不清。M. 伏塔克的观点使我们认识到,俄罗斯的公共卫生体系存在大量腐败现象,而公共卫生体系本应免费向公民提供医疗保健服务。此举无疑是一个幻想,事实上这是对该领域中不道德行为的宽恕,M. 伏塔克称之为"国家支持的暴力"。将那些无力承担医疗费的人群排除在外的资本主义公共卫生体系的残暴性和极权性还不为大众所关注。

M. 伏塔克和 M. 哲瑞比肯的干预性分析,对实证主义者关于进步与民主巩固的线性分析构成了挑战,对历史适应性限度问题的研究作出了重要贡献。M. 哲瑞比肯也对"转型范式"的基本假定提出了严厉批评,认为"转型范式"的适用应对转型学家和后共产主义研究之间的隔离负责。与 M. 伏塔克一样,M. 哲瑞比肯也认识到完全巩固之不可能性背后的积极意义。两人之所以有此共同认识是因为他们都赞同以下两点:其一,对抗性是任何进步运动和行动产生的根源;其二,后共产主义地区民众的国家认同意识呈"碎片化"态势。

在某种意义上,历史变迁的不可预测性和政治体系的偶然性是影响国家认同和历史连续性的重要因素。在后苏联地区,俄罗斯的角色变化不仅是该地区民主进程的重要影响因素,也是中东欧和西欧关系变化的主要制约因素。C. 加约索对俄罗斯历史以及它和其他后苏联国家的关系进行了详尽研究后指出,俄罗斯的对外战略带有很强的政治色彩,俄罗斯政府的行为模式"飘忽不定",难以应对。当前政治学领域中存在着一种关于无政府主义和等级专制的简单两分法理论,对此,C. 加约索认为,俄罗斯当前在后苏联地区的角色划分并不存在严格界限,在不同时间段,其表现形式和强烈程度也大不一样。在俄罗斯的外交政策领域,特别是在既有的边界、经济利益、斯拉夫人的团结和变动不居的联盟组合问题上,确实存在某种持久性的力量在发挥作用,然而我们还应该认识到,这种持久性的力量并非在所有的外交场合都发挥作用,俄罗斯的国家形象也并非全决定于这种持久性力量的运用。C. 加约索采用后结构主义方法来体认国际体系的变动不居,并使有关等级专制的讨论成为可能。可以说,C. 加约索、M. 伏塔克和 M. 哲瑞比肯都对历史决定论和身份政治持批评态度。俄罗斯与其他后苏联国家以及西方社会之间的关系变动揭示了政治思想的诸多灰色地带,如主权国家、霸权主义和帝国。

国家关系保证了国民身份的连续性和预测的系统性,而 C. 加约索却拒斥这种带有"乌托邦"特性的观点。通过分析俄罗斯帝国主义、社会主义遗产和当前俄罗斯与其他后苏联国家之间的冲突和矛盾,C. 加约索批判了俄罗斯的帝国主义身份政治,并揭示了至今各种层面上连续性与非连续性之间的内在矛盾。随着后冷战时代两极世界格局的终结,俄罗斯的对外政治现状揭示了其所谓朋友和敌人划分标准的虚幻本质:当情势变化时,所谓的朋友和敌人也会发生变化。C. 加约索认为,如同纯粹的主权国家一样，世界上并不存在绝对意义上的帝国，相关的政治表述只会存在于"次贫地区"，"次贫地区"的政治实体跨越边界"相互往来"，基于实力强弱和行为方式各异而导致帝国概念的产生。

正如C.加约索、M.哲瑞比肯、G.米尔哲维奇和M.伏塔克所指出的那样，无休止的辨别过程深深植根于民主巩固的可能性问题中，在持续的传播过程中，它能够清楚揭示民主特质不断互相替代的持续过程。K.兹欧罗对1989年东欧共产主义挫折后10年间波兰政治状况有过深入研究，通过分析连续性和非连续性之间的差异也得出了同样的结论。这10年间，波兰民主左翼联盟曾在1995年和2000年的民主选举中取得胜利而上台执政。K.兹欧罗认为，民主左翼联盟的胜利是波兰政治混乱和权力改组的结果，坚持欧洲传统和强烈要求加入欧盟也是其两次取得选举胜利的重要因素。二战前，居于欧洲中心位置的波兰曾拥有强大的经济和政治势力，是个十足的资本主义国家，民主左翼联盟能够在后共产主义时代下的波兰政坛站稳脚跟确实难能可贵。在民主左翼联盟政府的领导下，波兰于2004年成功加入欧盟，成为欧盟大家庭的平等一员。民主左翼联盟受欧洲传统共产主义思想的影响较深，与诸如第二国际和当代西方社会中的许多社会主义团体保持着密切联系，并致力于整合波兰国内各式各样的左翼力量。共产主义传统思想对民主左翼联盟的影响清晰地体现在其政纲上，A.克瓦希涅夫斯基(Aleksander Kwasniewski)、L.米莱尔(Leszek Miller)和J.奥莱克西(Jozef Oleksy)等人的政治实践又大大提升了民主左翼联盟的声望。基于对连续性和非连续性的分析，K.兹欧罗认为波兰左翼能够在东欧剧变之后不久就"重振旗鼓"，与其对欧洲共产主义传统的坚持密不可分。当然，其他一些偶然性因素也使民主左翼联盟居于有利位置。在团结工会领导人L.瓦文萨(Lech Wa1esa)赢得首次总统民主选举胜利之后的很短时间里，坚持共产主义意识形态的民主左翼联盟就能够重塑波兰国内政治格局，并在此后的10年间一直在波兰政坛占据主导地位，这确实令人感到惊奇无比。

通过详尽分析1990—2001年间波兰社会民主党和民主左翼联盟所发布的权威文件，K.兹欧罗发现，在波兰的民主进程中，选举机制的作用不甚明了。假如波兰选民在共产主义失败之初就把热情投向工团主义、教会势力和右翼团体(它们都产生于对原共产主义政权的斗争过程中)，民主左翼联盟就不可能连续两次取得选举胜利。这清楚表明"共产主义的幽灵"并没有丧失其影响力。

为揭示这种意识形态困惑背后的谜团，K.兹欧罗深入研究了波兰当时的社会和文化背景，认为社会和文化条件一直都在发生变化，且难以确切衡量怀旧、失望情绪和认知混乱在民众当中的蔓延程度：两极化政党竞争格局导致各自的选民支持者对当前的民主进程态度不一。与其他后苏联国家一样，很难对波兰的民主选举做出评判，也不知道运用何种标准来审视波兰的民主进程。M.菲舍(M. Stephen Fish)认为，衡量选举结果与此后民主进程之间联系的标准有三个：其一，社会自治团体的发展、政党的力量、数量及其相互区分以及公民权利的结构;其二,宪法权力的集中程度,权力越集中,民主越脆弱;其三,经济改革的程度,它决定着民主进程的发展轨迹,经济改革越彻底,民主进程就越稳固。然而,M. 菲舍只是将1989年欧洲共产主义挫折之后的社会和文化状况(从共产主义时代向后共产主义时代过渡)纳入其研究范围,而忽视了1989年之前东欧共产主义国家的现实状况。波兰民主左翼联盟的成功大大推动了欧盟一体化进程,也使越来越多的波兰民众支持欧盟一体化进程。

民主左翼联盟能够长期在波兰政坛占据主导地位与其善加利用历史传统也紧密相关。例如,在1993年,民主左翼联盟将自己视为成立于19世纪的波兰社会党的衣钵继承者;与此同时,在1999—2004年间担任民主左翼联盟主席的L. 米莱尔又宣称,民主左翼联盟深深扎根于欧洲的民主主义和多元主义传统之中,正是这种民主主义和多元主义传统有效遏制了转型时期右翼独裁势力的上升势头。通过详尽考察民主左翼联盟的发展历程,K. 兹欧罗体认到了这种意识形态的弹性。事实上,民主左翼联盟希望被视为一个合法的社会民主党,而不仅仅是一个后共产主义政治团体。然而,K. 兹欧罗并没有认识到这种意识形态弹性的长远前景,最终也没有对上文所提到的衡量民主进程发展现状的标准问题做出回应。K. 兹欧罗注意到,一旦成功加入欧盟,胜利的民主左翼联盟就饱受政治无能之苦。2004年后,大量支持者"抛弃"了陷入政治僵局的波兰社会民主党和民主左翼联盟,他们希望在加入欧盟之后启动国内改革进程,但波兰社会民主党和民主左翼联盟无力回应支持者的呼声。K. 兹欧罗的研究成果也注意到了最初几次选举结果的不恒定问题,对此,G. 吉尔(Graeme Gill)曾指出:"选举结果并不是政治格局调整的重要影响因素,恰恰相反,政治力量对比的变化却是影响选举结果的重要因素,而在整个后苏联地区,各国内部不同政治团体之间的力量对比时时刻刻都在发生变化。"

当前,后共产主义研究领域的一个共识就是,在通往民主之路的最初阶段通常带有戏剧性,往往伴随着激烈的政治剧变,民众的日常生活陷入混乱,社会发展充满着不确定性,需要较长时间才能化解社会矛盾并抚平民众心理创伤。K. 兹欧罗认为,社会不稳定和对未来的不可预测性(根源于欧洲共产主义的失败)是民主进程初始阶段的重要特征。不管怎样,L. 福尔摩斯的详尽研究也表明,后苏联国家已经历了20年民主发展进程,民众很难承受社会的急剧变化所呈现的诸多挑战。内部的文化差异、外部社会所施加的新政治和经济解决方案、种族矛盾、历史冲突的再现和大欧洲秩序的重塑都会产生不可预知的新冲突,并导致犯罪(特别是有组织犯罪)和腐败现象愈演愈烈。另一方面,也有诸多迹象表明,那些已经加入欧盟的后苏联国家打击腐败的力度要高于那些没有加入欧盟的后苏联国家,这主要得益于欧盟规则的制约和既有民主政策的固化。然而L. 福尔摩斯注意到,该种观点所基于的调查数据极为可疑,年度数据之间也缺乏连贯性和一致性。由于统计数据所提供的信息缺乏可靠性、个案研究中所采用的研究方法存在差异、开展后苏联地区共同研究缺乏连贯性和一致性，最终的结论也需要重新加以审视。L. 福尔摩斯的研究成果还表明，加强后苏联国家之间的合作非常困难，它们在欧盟范围内参与法律制定和追踪犯罪等方面也进展不一。虽然后苏联国家都对过去的“共产主义的幽灵”持相似态度，且其人民也不愿意公开表达对公共政策的意见，但各国打击犯罪策略的不尽一致却也是事实，即使在政府内部层面也是如此。当具体描绘中东欧国家的犯罪率时，L. 福尔摩斯略显乐观，他认为这与该地区的民主进程缓慢有关。L. 福尔摩斯认为，后苏联国家之间存在明显的矛盾、误解和隔阂，该地区并不存在某种普遍性的民主发展模式。

L. 福尔摩斯对历史、政治和经济大时空背景的深入考察和调查数据的应用，对后共产主义研究领域中的一些理论成果提出了质疑。假如发生在中东欧国家的一些迹象的确属实，那么已经达到巩固民主的后苏联国家在将来的民主征程中会更加“顺风顺水”，而那些尚处在民主巩固阶段的国家将会停滞不前。因此，要想证实当前结论的真实性，就必须首先确认调查数据的可靠性。可以设想，某些尝试和努力在这些国家发挥着决定性作用，阻碍了这些国家朝着可预期的方向行进，这也是 M. 伏塔克和 M. 哲瑞比肯在他们的研究方法中所着重强调的。事实上，即便后结构主义研究方法曾为后共产主义研究作出开创性贡献，对此种假设的认识也存在着多种视角。当认识到某种理论的局限性时必定会引人关注，相反则令人失望。本文的着力点就在于找出当前后共产主义研究领域某些理论的局限性，唯有如此才能引发大众对社会变迁的自我反思和对历史叙事的文本式修正。

所有专家学者都面临对历史叙事的多维度阐释问题，在这方面 E. 马兹耶斯卡的研究颇具启发意义，她强烈质疑所谓波兰《戒严法》和团结工会运动等国家神话的客观存在性。在关于20世纪60年代到2007年间波兰电影的文本研究中，E. 马兹耶斯卡强调历史叙事的重要性，认为不能单单从今天的角度看待中东欧共产主义的失败，而要从当时特定的时空背景中寻找解释依据。E. 马兹耶斯卡认识到，大众现在的看法是历史真相遭受意识形态考量“过滤”后的结果，并非基于真实的历史。由此，E. 马兹耶斯卡揭示了当前后共产主义研究中对历史叙事的某种神话迷思。通过研究反映转型前后时期社会现实的大量电影作品，E. 马兹耶斯卡将其注意力集中在历史叙事如何影响社会变迁和后苏联国家社会变迁为何差异如此之大的问题上。当然，“历史真相”在团体和个人的主观层面遭受歪曲这一事实，并不是说大众现在所熟知的“历史真相”完全不是事实。同一个历史事件在不同的电影作品中的表现方式不一，在“素材”的选取和解读上也不大一致，有时还呈互相对立的态势。观察这种对立和冲突，E. 马兹耶斯卡发现了波兰历史中的某种积极性力量，这种力量既与其中的爱国主义、殉教史、天主教的仁慈和工人的团结等“伟大神话”格格不入，也拒斥大导演 A. 瓦伊达（Andrzej Wajda）和 K. 库茨（Kazimierz Kutz）所钟爱的“元叙事”电影制作方式。在区分波兰现代主义和后现代主义的电影表现手法之余,E. 马兹耶斯卡找到了波兰历史中的某些内在冲突之处。

与现代主义表现手法并驾齐驱、强调多种风格融合、戏剧色彩和滑稽模仿的后现代主义表现手法揭示了波兰历史中《戒严法》和团结工会运动被操纵乃至被神化的史料的不完全性和脆弱性。在R. 韦恩泽克(Roman Wionczek)、S. 彻西斯奇(Sylwester Checinski)等人的电影里,历史的多维度性被刻画了出来,各种历史叙事都有其合理性:波兰大众对1989年前后发生的事情观感不尽一致。现在,波兰的左、右翼政治力量对历史上的反抗运动、团结工会运动、《戒严法》、圆桌会议和宪政的解读大相径庭。令某些人感到失望的是,后现代主义电影对过去的夸张描绘也经历了一个意识觉醒的过程,并将神话时代的丑陋性展现于公众面前,反对派运动领导人实用主义的卑劣动机、仓促的决定和偶然性因素的作用都在这些电影中被一一展现出来。事实上,它们只是影响社会和政治变迁的暂时性因素,鉴于历史见证人和重大历史事件参与人的记忆已被时间冲淡,它对历史叙述的准确性也大打折扣,客观性无法保证,所谓的"历史真相"也只能是一种"神话虚构"。E. 马兹耶斯卡认为,波兰电影中对历史叙事的后现代主义表现手法对于全面认识1989年后的大历史时空背景至关重要,正是在这种大历史时空背景下,各种相互冲突、相互矛盾的历史叙事"尽收眼底"。

有趣的是,E. 马兹耶斯卡也承认,不管是现代主义的电影表现手法,还是后现代主义的电影表现手法对历史连续性和非连续性的展现都时有时无,呈混杂状态,如性别歧视。在中东欧共产主义失败、民主机制建立之后,性别歧视现象在后苏联国家仍然很普遍。在我们所探讨的电影当中,女性的角色仍局限于护士、母亲和情人的狭窄范围内,她们并没有积极参与历史进程,而只是男人权力争斗、塑造历史的"牺牲品"。无论是前苏联时代,还是当今社会,深受家长制传统社会秩序影响的性别分工仍在后苏联国家占据主导地位。在性别歧视方面,波兰文化与爱沙尼亚和白俄罗斯的反女权主义文化很相似。许多历史方面和社会方面的研究成果都表明,这种性别偏见在后苏联国家极为普遍,但这方面的研究还应当超越资本主义和共产主义的狭隘区分,在更大的时空范围内加以考察。

本文试图表明,共产主义的过去和资本主义的现在之间的关系并非如转型理论所描绘的那样直截了当且带有某种协作性质。后苏联国家的多元化和民主进程自身的复杂特性打破了线性转型的神话。哈佛大学经济学家B. 斯科特(Bruce Scott)认为,一个国家实行资本主义制度并不意味着该国就是民主国家,事实上自由市场机制也会危及民主;与广为人知的民主模式相反,特定历史条件下的社会对抗能够将国家引向一条完全不同的民主发展道路,这在当今的后苏联国家尤为明显。自由民主体制的利弊难辨,使大众对普世价值观念的现实作用产生很大分歧。不管怎样,如果不经历分裂和混乱,普世价值似乎不能为后苏联国家普通民众所广泛接受;社会的对抗力量、公民的政治和经济创造和国际关系的变动都影响着普适价值的推广。正如C.加约索、G.米尔哲维奇、K.兹欧罗和L.福尔摩斯的研究成果所表明的那样，民主价值观念的普适性在特定的政治和社会环境中也面临诸多挑战。正如M.伏塔克和M.哲瑞比肯的研究成果所表明的那样，脱胎于后启蒙时代正统思想（如马克思主义和黑格尔思想）的唯理论认为，社会、历史都受到某种普遍性原则的制约，人类社会的运行全依赖于这种普遍性原则的指引。实行相同政治体制的国家，多元主义和集体主义能够做到和谐并存。也就是说，在先进文明、人道主义和进步运动等美好辞藻的鼓噪声中，推行对外民主传播战略也有其合理性。不管怎样，这种对西式民主的既定假设在现实中却缺乏逻辑支撑，只不过是一种意识形态幻觉而已。然而当谈到后共产主义国家和不发达国家时，东西方社会之间的差异又被刻意加以强调。假如从文明实现的角度（即西欧社会的文明程度）来认识历史，那么在任何层面上，非西方国家都没有机会实现真正的民主。

（上海社会科学院国外社会主义研究中心　门小军　编译）

挑战“逃避的政治”

——复兴欧洲社会民主主义的唯一道路

Challenging the Politics of Evasion:

The Only Way to Renew European Social Democracy

O.克拉姆　R.里德尔　P.戴尔蒙德

英国政策网　负责人
欧盟委员会主席巴罗佐前经济顾问
英国首相政策规划办公室　前负责人

英国政策网(Policy-network)是一个致力于促进中左翼政治家和学者之间交流、推动社会民主主义复兴的国际智囊机构,成立于2000年。本文是该机构负责人O.克拉姆(Olaf Cramme)、欧盟委员会主席巴罗佐前经济顾问R.里德尔(Roger Liddle)和英国首相政策规划办公室前负责人P.戴尔蒙德(Patrick Diamond)三人,于近期发表的一篇针对欧洲社会民主主义未来出路的研究报告。文章认为,欧洲社会民主党的普遍衰落已既成事实,而关键在于反思并找出问题背后的根源。在日益变化的国际和国内环境下,面对新的现实,欧洲中左派政党采取的大多是一种消极逃避的态度,不仅暴露了其意识形态上的真空,还导致了其竞争力的式微。文章指出,要复兴欧洲社会民主主义,挑战和反思中左派政党的这种“逃避的政治”,正是当务之急。

对于社会民主党而言,全球金融危机造成了一个残酷的悖论。当危机在2008年末首次袭来时,人们普遍认为这是欧洲社会民主主义在政治和选举上复兴的绝佳机会。社会民主主义一直都主张以国家对市场的干预来应对市场的失败,弥补资本主义的缺陷。最近我们经历了自20世纪30年代大萧条以来最严重的全球市场的衰退,然而欧洲的选民显然没有因此得出“正确”的结论,认为社会民主党可以保障他们的未来。更具讽刺意味的是,不论是银行家们还是左派们,都在危机面前失去了活力。

中左派政党在2009年欧洲议会的选举中遭遇了几乎是有史以来最惨痛的失败,它们在欧盟27个成员国中的21个国家里落后于中右派政党。其中包括奥地利、比利时、捷克、芬兰、法国、德国、意大利、荷兰、波兰、西班牙和英国。从总体上来看,在欧洲议会的选举中,相对于欧洲人民党所获得的265个席位,欧洲社会党只获得了184个,占总席位的25%,这是中左派政党自1979年欧洲议会实行直选以来获得的最少席位。

事实上，社会民主党不断衰退的表现背后有着深层次的结构性因素。这些因素在全球经济危机爆发之前就已经很明显了，表现为“可靠的”传统工人阶级的持续减少，脑力劳动者和体力劳动者之间日益增大的社会分化，如老龄化和传统福利国家无法解决的社会活力丧失之类的新社会风险，以及价值观领域的日益个人主义化。这使得作为中左派政党支持者的“世界主义者”和“社群主义者”之间存在的紧张关系加剧，传统形式的社会凝聚力的下降进一步增强了这种紧张关系。①

社会民主党现在的艰巨任务是分析自身长期的结构性衰退的根源，并搞清楚为什么全球金融危机没有成为其克服自身长期的结构性缺陷的机会。我们暂时的结论是，问题的根源并不在于社会民主主义未能给经济危机提供明确的解答，而是因为欧洲的社会民主党在经济危机中暴露出了自身意识形态上的真空。

一、“逃避的政治”

中左派政党的力量之源在于充分利用政府的权力来消除不正义的现象，创造一个更公平和平等的社会。我们相信这份道德的承诺作为一项政治方案依然具有巨大的生命力。然而，如果社会民主党不能直面严峻的事实，它的潜力可能会被浪费掉。欧洲左派一直犯着我们所描述的新的“逃避的政治”错误。

“逃避的政治”这一概念最先由美国进步自由主义的两位主要倡导者 W. 加尔斯通和 Y. 卡玛克提出，他们用这个短语来形容美国的民主党。民主党人曾一再地逃避，并拒绝直面选民对他们已丧失信心这一事实，结果导致了其在总统选举中的接连失败。很多美国人已经看到民主党对他们的经济利益并不关心，对他们的道德情感即使不是反对的话也是漠不关心的，在保卫国家安全的问题上也没有什么建树。

很多民主党人选择采取“逃避的政治”，忽视他们党内存在的根本问题，而不是直面现实。他们为失败找各种各样的借口：资金筹集的不足和选举方法的不恰当，在大众媒体中曝光率和覆盖面的不足，“错误的”领导人对他们“传统的支持者”动员的失败，以及没能建立一个由不同的道德诉求推动着的各种利益集团组成的“同盟”。换句话说，他们编造各种借口，不愿正视真正的困难，不敢挑战社会民主方案的战略性问题。②

这恰恰是今天的欧洲社会民主党所面临的困境。很少有欧盟的政治领导人愿意

---

① Patrick Diamond and Roger Liddle (eds.), *Beyond New Labour: The Future of Social Democracy in Britain*, London: Politico's, 2009.

② William Galston and Elaine Ciulla Kamarck, *The Politics of Evasion: Democrats and The Presidency*, Progressive Policy Institute Policy Report, 1989.

讨论左派脆弱和失去活力的根本原因。欧洲左派政党不能退却到他们自身形式的“逃避的政治”中去,真正关心社会民主主义未来的人必须直面“为什么社会民主党遭遇了这么严重的失败”这一问题。如果必要的话,我们甚至必须打破那些在中左派政党的各种会议中,尤其是他们在欧洲和国际的会议上,通过一味地迎合大多数人的方式而达成的“亲切和令人舒服的”共识。

欧洲左派政党已经变得越来越偏狭,思想僵化且不思进取,执著于过时的意识形态和战略臆断,不重视选民对自由和安全的明显矛盾的要求。如果社会民主党想要在这不安定且复杂多变的时代中恢复他们的政治影响力,那他们就不能再这样继续下去了。

本文的中心论点是,欧洲的中左派政党正处于深刻的危机中,这不是通过领导人的变更、短期的修补性措施、战术上的重新调整或寻求新的选举同盟就能解决的。相反,我们的目标应致力于成为能在欧洲范围内建立最广泛的政治联盟的多数派政党。要达到这个目标,除了以上所述之外,中左派政党还应就如何解决当前所面临的结构性困境和缺陷、内部的政策协调和挑战等问题达成共识。

在此假定这些论点对北部、西部和中部的欧洲国家的大多数社会民主党都是适用的。那些曾经是苏联集团的一部分的欧盟成员国中的社会民主党,也同样需要一次深刻的根本性反思,虽然性质会稍有不同。另一方面,南欧的社会民主党似乎仍构成了一种例外的情形,或许是因为近代的历史因素塑造了它们各自不同的政治体系和环境。例如,西班牙、葡萄牙和希腊的经济发展状况与政治忠诚和党派性一样,在20世纪70年代以前都是由权威政体或独裁政体控制的。

下面,我们将探讨为什么经济危机使得中左派猝不及防,分析冷战结束后造成社会民主主义结构性衰退的一些原因,并就社会民主主义未来的道路提出一点思考。

二、中左派与经济危机

目前,中左派徘徊于尴尬和自满之间。一方面,是那些在20世纪90年代中期全球资本主义和全球化的压力下所采取的各种调节措施感到尴尬的社会民主党修正主义者①。这其中最引人注目的当然包括英国新工党的拥护者,此外还有那些可供新工党学习的修正主义者:W.科克所创造的备受赞誉的波德模式(Polder model);瑞典社会民主党在20世纪90年代的金融和经济危机后所采取的修正主义;P. N.拉斯穆森提出的丹麦改革主义道路。

① 因为其中一些措施可能会背离左翼的传统,使这些社会民主党修正主义者在意识形态谱系中的地位变得模糊,但同时他们仍然需要从左翼的传统中寻求合法性和支持。——译者注

这个阵营中也包括那些至少曾在一段时间内把新工党当做榜样的人，其中最著名的是 G. 施罗德的“新中间派”和意大利的民主党。社会民主修正主义者曾以极大的热情主张，左派需要在如何应对市场和全球资本主义的现实问题上达成共识。他们现在如何解释现实中的失误？他们是否应该为给予银行家过多的权力，以及在全球化的推动下社会中突出的“胜利者和失败者”的分化这个更广泛的问题而受指责？那些现在依然热衷于承认市场效力的修正主义者，如何避免“把婴儿连同洗澡水一起泼出去”，以免退回到传统形式的反市场乌托邦中去？

另一方面，社会民主党内一些自称为传统主义者的人越来越自满，他们要求回归到据称是被修正主义者所抛弃的永恒的真理和事实中去。这种观点的鼓吹者认为，在欧洲社会的结构和动态变迁面前，社会民主党不需要进行调整或采取其他什么措施，只要在本质上稳固地维持好福利国家的现状就行。这种主张对于那些在劳动力市场“局内人—局外人”的分化和不断增长的代际不平等中被边缘化的社会群体，似乎并没多少吸引力，对于由专业人员构成的“新中产阶级”、个体经营者和小企业主也一样。这种传统主义很容易会被我们的对手用来保护他们在公共部门中的既得利益，而不是什么可靠的选举策略，更不用说是治理方式了。

我们能否克服之前的这些缺点和派系分裂？当然，在短期内中左派可能不会有太大的进展。历史必然性的虚假逻辑在过去经常使左派遭遇失败。著名政治学家 A. 甘布尔认为，从历史上来看，经济衰退往往会倾向于增强右派的力量。[①] 经济的萧条让选民变得保守，结果他们会更青睐温和的保守主义观点。他们认为在不确定和危急的境况中，这种观点更值得信任。相比之下，在 A. 甘布尔看来，历史经验表明，当选民们对未来比较乐观的时候，他们会更乐意冒险投左派的票。

此外，在十分急迫的情况下，经济萧条会增加那些在危机中随便找出个替罪羊的极左派和极右派的吸引力。20 世纪 30 年代欧洲大多数国家中的情形就是这样的。当然，这种历史的观点也有较大的例外，尤其是 F. 罗斯福在 1932 年和 1936 年的连续胜利，B. 克林顿在 1992 年的胜出，甚至连 B. 奥巴马在 2008 年的当选也是。但这可能也反映了美国和欧洲的选民之间在心理预期上的本质区别：当经济危机粉碎了个人自由的美国梦时，美国选民会转向左翼；而当经济危机威胁到了欧洲选民对社会团结的渴望时，他们更可能会信任右派。

全球经济危机非但没能给社会民主主义带来复兴，还暴露了社会民主主义内部在市场经济和全球化问题上的分歧。20 世纪 90 年代的修正主义主要侧重于调整并适应市场经济，但当时很少有人对社会民主主义调整的范围或界限提出过令人信服的答

① Andrew Gamble, *The Spectre at the Feast: Capitalist Crisis and the Politics of Recession*, Basingstoke: Palgrave Macmillan, 2009.

案。此外,中左派对自身进行调整并适应市场的过程,比中右派的观点更容易被选民察觉到,因为它对传统的社会主义思想做了更大的修正。

相比之下,欧洲主要的中右派政党从来都不是热心的经济自由主义者。他们主张财政责任,对再分配持谨慎态度(虽然不是发自内心的反对)。他们把市场经济当做既成事实,而不是一场意识形态的宣传攻势。无论是戴高乐式的统制主义,还是以天主教社会教义为指导的基督教民主主义,都试图通过对市场的控制以产生满意的社会结果。中右派政党对"社会市场"这一理念的长期信奉,使他们在目前的经济危机中受益良多。这不仅使他们可以把经济危机描述为"英美模式"的无节制的结果,还能突出社会市场的优点。在当前选民对"大政府"和"自由市场"都失去了信心,对社群主义和社会保守主义的呼吁日益高涨,以及在全球化风暴席卷世界的同时对社会秩序和稳定的渴望下,中右派无疑也成了受益者。

经济危机已经让我们看到了中左派在如何应对现代市场经济这个问题上缺乏明确的见解。修正主义思想家和决策者在他们的著作中的那些所有合理的论述,例如承认市场的缺陷,国家干预和规制的必要,以及更有效的全球经济治理的重要性等,被评论家和公众简单地解释为"让自由市场发挥它的作用",他们认为这样就能保障经济的发展和更公平的收入分配。

现在回头来看,这种观点造成了两个主要的错误。首先,在A.吉登斯的《第三条道路》和《布莱尔—施罗德宣言》出版之后所引起的意识形态争论中,法国总理若斯潘也加入了进来,并提出了一些有创见的重要思想。他把自己主张的社会民主修正主义定义为信奉"市场经济,而不是市场社会"。一些修正主义者也紧随其后地宣称这种观点正是他们所信奉的,并以英国新工党在引入最低工资制,消除儿童和老年人贫困,以及制定英国有史以来最大的公共服务投资计划上的成功为例。所有这些都是事实,但这种修正主义回避了一个核心的问题:社会民主党该如何对市场进行规制,以保障公众的利益?

其次,社会民主主义常常被狭隘地界定为能在重要的公共服务项目上增加多少财政开支的问题。这点在英国尤其突出,新工党回避了建立一种新的资本主义的计划,其对市场作用的观点也是不明确的,很可能会给人们一种"怎么样都行"的错误印象。公共服务投资在过去当然起了一定的改革作用——特别是在全国卫生服务领域,然而,由于全球经济危机对英国国家财政的严重影响,现在的公共支出正在紧缩,新工党面临着另一种形式的意识形态破产的风险。

社会民主修正主义者必须勇于承认他们所犯的错误。例如,前英国首相G.布朗就认为,没有规则的市场是不会兴旺的,必须在各个层次的市场中实行公平的规则。这种观点在新工党热衷于全球化和放松管制的全盛时期是不可能出现的,但这点正是社会民主主义现在所面临的核心挑战之一。社会民主主义必须对市场问题进行足够深刻的反思。

三、社会民主主义的结构性衰退

无论最近的意识形态缺陷或是战略上的不足是什么，认识到以下这点是很重要的：中左派在2009年6月的欧洲议会选举中遭受的历史性失败，不是新的现象，这在一定程度上是符合过去20年以来发展趋势的。现实情况是，早在经济危机出现之前，甚至在最新的一波社会民主修正主义浪潮兴起以前，大多数欧洲的社会民主党在他们国内和欧洲的选举中都表现不佳，尽管一些国家的中左派在20世纪90年代取得了非常显著的胜利，但还是掩饰不了欧洲社会民主党总体上的衰落。

选举数据是上述结论的主要依据。例如，法国社会党自1997年以来还没有赢得过一次全国选举，在过去20年里，它在立法机关的第一轮选举中获得的选票从未再达到过20世纪80年代的水平。同样地，荷兰工党自冷战结束以来获得的选票从未超过30%，在过去的15年里，1994年、2002年和2006年的一系列选举中都表现平平，其中有一次获得的选票甚至跌破了20%。

在德国，社会民主党自东西德统一以来，实际上只取得了一次令人满意的选举结果(1998年获得了41%的选票)，2002年在4次竞选中败北，在最近的选举中更是令人吃惊地只获得了23%的选票——这是德国社民党战后最糟的表现。同时，丹麦社会民主党自1998年以来已经遭遇了连续3次的失败。此外，在1930年到1990年间所获支持率一直保持在40%以上的瑞典社会民主党，过去20年里所获选票一直停留在35%左右，现在还成了在野党。在这样的背景下，英国工党自1997年以来获得的连续三次选举胜利似乎有点例外，尽管英国实行的是多数代表制的选举制度。

1. 当前社会民主主义思想的弱点

那么，社会民主党不断衰退的表现背后的结构性缺陷是什么？在2000年前不久，已故的社会学家L.达伦多夫提出了著名的“社会民主主义世纪之终结”的观点。他认为，“第三条道路”和其他的修正主义方案，都只不过是想在我们的时代发展一种新的具有宏大创意的孤注一掷的尝试，而且大部分都是不成功的。实际上，这种观点引起了那些认为社会民主主义的核心使命已经基本上完成了的人的共鸣。在他们看来，今天的社会民主主义方案已经成为所有主流政治选项的一部分，因此社会民主主义不再有什么特别之处了。

对当前这种情况更悲观的解读是，自1989年世界体系开放以来，社会民主主义就一直在遭遇着失败。二战后一段时期，出现了一种“民族国家”的社会民主主义模式。在这种模式中，国内的团结胜过了国际范围内的阶级团结。这段时期的社会民主主义的主要目标是解放工人阶级，在既定的民族国家内，主要通过再分配和新赋权等措施，努力提高社会弱势群体的地位。但是,随着日趋激烈的全球经济竞争和移民的推动所出现的全球化和欧洲一体化等新发展,社会民主主义所具有的上述积极作用,现在已经成了一种不能再给人以鼓舞,不适于再坚持下去的消极保守的立场。

此外,许多人倾向于把问题归咎于新的全球化浪潮和市场资本主义,他们认为这两个因素破坏了集体主义的精神,并造成了社会的日益个人主义化。结果阶级团结遭到破坏,社会不再被看作是由劳动和资本构成的不可调和的结构性冲突。实际上,尽管冷战的结束使社会民主主义得以把自身同极端的国家社会主义区别开来,但这也似乎标志着社会民主主义梦想的破灭。

因此,核心的问题就是:社会民主主义的道德目标能否在21世纪得到重新定义?社会民主主义的核心道德目标曾经散发着希望和乐观主义的光芒,它使人们相信,那些在我们社会中有着不同志向的群体,可以在共同利益下紧密地团结在一起。社会民主主义这种调和个人与集体利益的能力一直是中左派政党的力量之源。然而现实表明,这种能力似乎已经彻底地被削弱了。

2. 党派认同、社会资本和选民忠诚的变动

现在我们将集中探讨在复兴社会民主主义道路上需要克服的三个结构性挑战,它们在一定程度上是相互联系的。社会民主主义最初是一种民众运动,其对选民的动员能力是与党员、积极分子和工会等联合组织的力量紧密相关的。这些核心群体反过来也为社会民主主义的政策和理想提供动力和支持。此外,社会民主党传统上一直在社会结构中扮演着重要的角色,调和政府、薪金领取者和雇员之间的关系。所有这些都构成了特定的社会民主主义认同,大多数欧洲中左派政党今天依然把自身与这些特性联系在一起。

然而,社会民主主义的上述角色和特性在过去20年已经明显地受到了削弱,尤其是最近的党员数量、党派忠诚和认同度的下降。数据表明,自20世纪80年代末以来,大多数欧洲社会民主党的成员数量,不论是以总数还是以选举渗透率(某政党的成员总数与登记在册的选民总数之间的比率)来衡量,都已经大幅度减少。① 虽然整个20世纪社会民主党成员的数量都有相当大的变动,但最显著的特征是选民稳定性和党员纯粹程度在临近90年代末的下降。这表明了在现代性时期公民参与的深层次问题,当然也与工会成员数量的大幅度减少有关。

这些变化因为两个原因而具有重大意义。第一,选民与政党的联系和党员身份对于维持选民的党派认同起着关键作用。最近世界银行的研究表明,在自由民主国家

① Pascal Delwit, "European Social Democracy and the World of Members: The End of The Community Party Concept?" in Pascal Delwit, *Social Democracy in Europe*, Brussels, 2009.

中,选民的党派认同水平与政府的绩效之间呈现出高度的相关性。[①] 简言之,这是因为党派认同不仅能激发较高的选民投票率,为改革提供更强有力的政治支持,还有助于建立政党在谋求信任和执政权威时所需的关键性社会资本。实际上,政党成员数量和选民参与的下降不仅影响了社会民主党,还影响了他们的中右派对手,即几乎所有主流的或是全方位型的人民党。然而,在大多数欧洲国家中,似乎主要是中左派在不断下降的信任水平、不断增多的选民弃权和日趋严重的犬儒主义面前挣扎。此外,社会民主党正在迅速地被视为是不负责任的,尤其是在财政和经济管理方面。由于这种变化所造成的社会资本的损失,不可避免地给那些主张“政治优先”和相信政府行为的政党带来了更沉重的压力。

第二,不断增加的事实表明了选民忠诚的变动。实际上,“流动选民”已经变得更重要,在选民中占据的比例也越来越大。这点似乎在不同的国家有不同的表现:法国选民通常在政治集团内流动,并与其意识形态偏好相一致,而其他国家如英国和德国,选民并不回避从一个政治集团转向另一个政治集团。可是,在这两种情况中,基本结论都是一样的。今天的社会民主党必须为动员和说服他们“传统的”选民投入更多,比以往任何时候都需要随时准备寻求新的支持者。总之,社会民主党能够依靠的大规模的社会群体的可靠忠诚已经逐渐消失,与民众的接触也已经变得更具有挑战性。根本的问题在于,传统社民党的结构、组织和功能是否依然能满足21世纪的全民党(*Volkspartei*)的复杂需要?或最终是否需要对社民党进行一次更彻底的变革?

3. 选民、政治环境和政党概况

随着传统意义上工人阶级职位的减少和其他广泛的社会变化,社会民主主义的核心基础在最近几十年来已经不出意料地衰弱了。这种变化与民众的利益、种族、宗教信仰、受教育程度、家庭、工作状况和收入水平的日趋多元化紧密相连。事实上,阶级投票在大多数欧洲国家中已经减少了。特别是英国,新工党在设法争取大批的中产阶级选民,其他国家如荷兰、瑞典和丹麦也出现了类似的情况,只是程度和水平相对于英国要低一点。[②]左—右轴线上的旧阶级和政党之间都在出现明显的分化,同时我们也似乎看到了大多数欧洲国家中新的阶级结构正在出现,新的政治环境正在形成,“30—40—30”的椭圆形社会结构正在或再次发生明显的变化。重要的是要意识到,许多以前团结一致的社会群体,如今在利益、地位以及价值观上都已经出现了分化。随之而来的选民偏好之间更大的异质性,使主流政党面临着“重新组合”不同社会阶层之间利

---

① Paul Whiteley, “Where Have All The Members Gone? The Dynamics of Party Membership in Britain”, *Parliamentary Affairs*, 2009, 62(2): pp. 242 - 257.

② Jacques Thomasson (ed.), *The European Voter: a Comparative Study of Modern Democracies*, Oxford: Oxford University Press, 2005.

益分歧的艰巨任务。如果这一趋势确实在继续,那么我们就需要更仔细地考察社会民主党对不同社会群体的总体动员能力。

最近的迹象非常令人沮丧,投票模式表明,欧洲社民党失去了越来越多的关键选民群体,他们的支持者不成比例地集中于少数社会群体中。总之,从整个欧洲选举中投票模式的人口和社会—职业分析来看,中左派政党越来越倾向于去争取年轻人、失业者和自由职业者的支持。另一方面,熟练工人、公务员和大多数的抚恤金领取者构成了社民党的主要支持力量,这一点在欧洲大陆的政党中尤其突出。同样地,中左政党中那些有着更高职位和从事专业工作的党员,比其他人更有可能退出自己的阵营。因此,当新的社会群体出现时,社会民主党要怎样才能继续以一个全方位政党的姿态运作,并调和个人与集体、高技术阶层与低技术阶层之间的利益分歧?这是需要考虑的。

4. 政治空间的分化

除了社会资本的减少和新政治环境的出现之外,还有第三个重要的结构性变化不可忽略,那就是政治空间的分化。研究表明,西欧自由民主国家的情况普遍都在往一个类似的方向发展,以不同程度的分化和多元主义为特征,这一点在法国与荷兰表现得比较极端,而英国则相对温和。

这一系列的变化同时也创造了新的政治潜能,新民粹主义运动、极右翼和极左翼政党都成功地利用了这些潜能。实际上,由于社会中“分化—整合”两种趋势之间的矛盾,“胜利者”和“失败者”之间的分裂也变得更明显。与此同时,主流政党为那些“失败者”提供了越来越多的政治援助,以满足他们的需要。

“单一议题政党”的出现,或那些就特定的问题,如国家认同、社会正义或环境治理等来动员选民的政党,给社会民主主义提出了严重的挑战。在绝大多数情况下,各种雄心勃勃的政策提案无疑是有优点的,能给选民带来热情和期望。然而,当选民面对着新的、较小规模的或“委托人”政党提出的明确愿景时,他们对社会民主主义的核心社会信念越来越感到困惑。实际上,在不断变化的政治环境中,一切都已变得本末倒置,即已经不再有任何有约束力和令人信服的宏大叙事来引导政策及人们的政治立场了。

这或许能部分地解释为什么欧洲社民党没能从他们关于气候变化的政策中赢得选举和支持,或者还能解释德国社会民主党的情况,尽管他们对最低工资的坚决主张得到了德国民众的广泛支持,但他们最后还是输掉了选举。虽然这些变化在右翼政党方面也是很明显的,例如英国独立党(UKIP)对欧洲保守党的挑战,但中右派政党在市民或资产阶级的幌子下,似乎更有能力描绘出一幅令人信服并依然能引起大多数人共鸣的社会图景。因此,核心的挑战就在于开创一段务实且有远大志向的意识形态复兴期,以阐明社会民主主义的道德目标及其21世纪愿景。

四、前进的道路

在挑战“逃避的政治”的过程中，我们未来的辩论将集中于以下 5 个方面：第一，对全球化的政治形成更明晰的认识；第二，与中右派在应对经济危机问题上达成必要的共识；第三，明白对道德和社会堕落担忧的分量；第四，澄清关于再分配和公平政治的混乱认识；第五，制定一个未来能赢得社会民主主义新的和旧的天然同盟支持的大胆计划。

1. 全球化的政治

我们的出发点是，左派之所以没能因经济危机而在选举中获益，是因为他们对全球化的政治缺乏明智的判断。事实上，选民面对着两个矛盾的需要：一方面他们想要强大的政府来保护自己免于全球化带来的经济和人身方面的不安全因素；另一方面他们又看重选择和自治的权利，并对集权国家在全球经济时代如何保护他们工作和生活水平的能力表示怀疑。

目前，欧洲大部分国家都弥漫着一种对全球化的恐惧。传统大规模制造业中的半技术职业向服务导向型的高技术职业领域的转移，雇佣形式的多样化和遍布欧盟 15 国的不断加剧的工资不平等，都是造成这种恐惧的原因。[①] 然而，如果社民党认为经济危机能使以牺牲市场为代价的大政府扩张合理化，那么他们就犯了过度反应的错误。同时，选民们也开始认识到政府并不能使他们免于全球化的影响。

可能需要激进的措施来应对经济危机的影响，并改革那些导致过分冒险和不负责的制度。但选民却最有可能支持能带来稳定和秩序、让他们在社会中安定生活的政党。正如美国评论家 D. 布鲁克斯所说，选民非常渴望一双能保护他们不受过度动荡和风险侵袭的“安全之手”。欧洲的左派必须面对并解决这个难题，而不是否认它。

首先，我们必须明白，关于政府的角色现在主要有三种观点：一种是右翼激进分子的自由放任观点，这种观点有明显的缺陷，但对于部分右翼分子仍具吸引力；另一种是明确地主张政府作为平等保证者的大政府理念；而第三种观点则推崇一个具有强大的战略规划能力且不试图控制一切的政府。新工党把“第三条道路”描述为“利权型国家”，但这可能是与现实需要不符的简化论，夸张地说，只靠一个“培训计划”是无法为解决全球经济危机提供答案的。战略规划能力要求对市场进行调控，而不仅仅是接受它。社民党目前已经提出要建设一个经过改革的、具有更强更集中的战略规划能力的“发展型国家”，这意味着一种非常不同的治理方式。

---

① Goos and Manning, “The Polarization of the European Labor Market”, *American Economic Review Papers and Proceedings*, 2009, 9 (2): pp. 58 - 63.

其次,不应该从若斯潘主张的那种市场经济中退回来。开放的市场是促进创新和提高效率的最好方式,全球化更是强化了这些优势。然而,新技术和新的消费需求总会创造出新的"胜利者"和"失败者"。那些掌握着适当技术的人取得了成功,而传统意义上的工人阶级随着跨国公司在新市场的投资、外包和转移,数量在不断地减少。经济危机之前,那种认为经济增长会自发地带来普遍繁荣的信心,现在已不复存在。

虽然大多数社会民主修正主义者都会声称,他们一直承认市场是一个很好的仆人,但却是一个坏主人,不过他们没有把这点说得足够明确,并将其应用到政策中去。自20世纪90年代中期以来,逐渐增强的全球化浪潮带来的良性发展时期,使得这种信念似乎已经过时。社会民主修正主义者比很多人更早地预见到,全球化的致命缺陷不在于它释放出来的经济推动力,而在于当全球经济相互依赖关系不断增强的同时,却没有与之相匹配的新形式的全球治理。但由于新自由主义知识分子的霸权,直到经济危机爆发之前都没有采取应有的措施来弥补全球化的缺陷。甚至现在,人们都不能确定危机已经引起了足够的政治动力,来保证对全球经济治理体系的全面改革。

全球经济危机已经在很大程度上复兴了社会民主主义所主张的"积极的国家"。当然,这里面也存在着风险。回归到以前的干预主义政策是没有多少意义的,更不应退回到保护主义的、反欧洲一体化的、反全球化的"一国社会主义"模式上去。社会民主主义需要的不是忽视经济开放带来的强有力的活力,而是从过去的新自由主义的束缚中解放出来,并明确地意识到,为了公共利益必须对市场的局限、市场失败的可能及其导致的不平等进行更好的管理。

新的范式应该是一种多层级的治理,通过民族国家、欧洲乃至国际层面上的政治活动,再加上地区和地方政府必要的战略行动能力,来塑造全球化的积极力量。社会民主党不应美化全权型的国家,并回到旧式的干预主义中去。①

关于工业的公共政策也必须改革。社会民主修正主义者一直强调有利于技能、竞争、基础设施和研究发展的社会结构。但至少就英国而言,光凭这点是不够的,因为我们在创造新经济机会的道路上依然面临着许多问题:教育体系的长期无效率和对技能的持续忽视,难以克服的特定少数民族的高失业率和被劳动力市场的排斥,旧工业区的经济衰退,对低工资服务经济的过分依赖和年轻人才的流失,等等。

这意味着发展部门的政策、地区专业化和先进技术有了新的动力,并需要在交通和能源问题上,提高进行长期的政府规划来应对气候变化的认识。新时期的工业行动主义必须避免20世纪70年代那种对"无力维持的企业"的紧急援助,因为这些援助实质上是在维护旧的产业结构,并徒劳地希望重建将会带来绩效的提升。相反,我们必

① Olaf Cramme, Patrick Diamond (eds.), *Social Justice in the Global Age*, Cambridge: Polity, 2009.

须抛弃“供给方政策”（指通过减税刺激生产和投资的供应经济学政策），使产业政策更具革新性，并因此认识到政府所能发挥的重要作用。

在更深层的意义上来说，社会民主修正主义的任务是设计一种新的福利资本主义模式。人们普遍对金融资本主义的过度强势表现出了道德反感：其骄傲自大和对公共责任的蔑视；其报酬与任何形式的长期财富创造完全不相关的急功近利。社会民主主义需要找到能促进负责任的商业行为的补救方法，这包括放弃那种“比赛到底”的事后管制型竞争，建立合理的欧洲监管机制。

至于企业作为一个整体，其工资制度必须有更大的透明性；在工作场所授权问题上必须开放思想，以提高落后的生产率；竞争规则必须能防止合并和收购热；在公司法的改革中应该包含“利益相关者”的义务。社会民主党必须把他们的思维定式从新自由主义的“竞争型国家”模式中完全地解放出来。

但这种对市场更审慎的态度并不意味着“大政府的回归”。现代的社民党当然应该拒绝传统的新自由主义对国家的敌视，他们应该接受A. 赫希曼的下述观点：为谋求公共利益的集体行动赢得支持的最佳方法是，承认国家干预将会产生意想不到的后果，承认国家权力的范围是有限度的，如凯恩斯在20世纪20年代主张的那样。

社会民主主义的存在不是为了促进和保护政府，而是为了确保政府能增进集体的利益，避免其对少数精英的既得利益的庇护。社民党需要建立的不是更大的政府，而是一个在日益复杂的全球经济社会网络和机制中，更具有战略引导和干预能力的政府。这是经济危机给欧洲社会民主主义带来的最重要的智力挑战。

2. 坚持我们的立场

欧洲社会民主党必须接受中右派政党已经成功地占领了传统社会民主主义的领地（如在全球经济衰退中对积极的政府的需要）这一事实。例如，法国总统萨科奇已经帮助法国银行进行了资本重组，为汽车工业提供了60亿欧元的援助，并抨击那些领取高额薪酬的“无赖老板”。在德国，默克尔总理已经放弃了她的纯市场导向的改革方案，并在目前的经济衰退中采取各种形式的国家干预（从对汽车制造商的紧急援助，到对出口受影响的公司提供补贴）来保护工人。实质上，欧洲左派和右派之间的传统分界线已经逐渐地模糊了。

社会民主党不是应转向极左派——极左派试图制定出一些独特的方案和政策，而实际上大部分的选民却认为这些方案和政策是没有条理且行不通的——而是必须坚持自己的立场。社会民主主义的战略目标是把政治重心转到前进的方向上去。人们一般不会依据日益极端化的路线来投票，他们对社民党政府的信任，更多地取决于社民党能否在不损害长期竞争的基础上，对经济进行出色的管理。更重要的是，左派必须表现出它能以合法和可靠的方式达到上述目标。同时，中左派必须争夺法律、秩序、移民和国家安全等传统上长期被右派占据的领域。尤其需要指出的是，对自由和正义危害最大的是贫困社区中工人阶级选民对犯罪行为的恐惧感。社会民主党应该继续采取有助于加强法律和秩序的措施，特别是在经济危机时期，这样做非常重要。

3. 道德和公民身份

另一个重要的问题，是了解欧洲社会内部对道德和社会堕落的深刻担忧，尽管这种担忧不应被过分夸大。过去50年来，对宽容和多元主义的支持不断上升，信任和团结也不像有些观察家所警告的那样摇摇欲坠地处于崩溃的边缘。民意调查再三地表明，在欧盟内有着高水平的个人生活满意度和幸福感，而且许多国家在性别平等上都取得了很大的进展，以及具有持久和稳固的家庭关系。

尽管如此，欧洲选民还是对社会发展方向怀有一些非常现实的担忧。其中包括家庭生活的减少，童年生活的商业化，宗教信仰、世俗主义和公共领域之间的关系，新的身份认同、民族国家的角色与合法性，等等。在欧洲大部分国家中普遍存在着一种对社会未来趋势的悲观情绪，更是加重了这些担忧。此外，这些担忧还涉及当代公民的身份和认同的性质等重要主题。

社会民主党过去往往对公民身份采取理所当然的态度，并将其看作是由战后协议引申出来的一系列不可转让的公民、政治和社会权利的产物。但随着西欧社会过去30年来移民的增多、多样性和种族异质性的增强，再加上新的阶级妥协的出现，传统的公民身份和认同已经发生了变化。身份认同与经济一样，现在已成为政治论辩中的主要问题之一。与此同时，还出现了明显的道德相对主义和道德衰落倾向。

因此，左派需要重新发掘对公民身份和道德之间关系的更传统的叙事：不仅是强调权利和责任应该相一致，同时还要阐明好公民和善政的构成要素。在这点上可以借鉴道德哲学家M.桑德尔著作中的观点，他主张我们不仅要认识到个人权利和选择的重要性，更要坚持一种根植于不朽的道德信仰之上的公益政治。①

4. 公平准则

由于左派一直没有对分配正义进行明确的定义，所以社会民主党围绕再分配和公平政治，认识上始终处于混乱的状态。通常，公平原则都是暗示或假定的，很少被明确地提出，这使社会民主党极容易受到批评，如有人声称社民党所主张的再分配甚至比市场自发的再分配更武断或更不公平。

或许是20世纪60年代社会自由主义(social liberalism)与平等主义的联合，对社会民主主义造成了损害，于是，再分配与个人权利的结合削弱了对义务的强调，而且给人一种福利国家将会一直存在并为贫困或没有能力谋生的人提供帮助的印象。这违背了英国政治家们常说的“公平准则”——人们普遍接受的公平原则是关于功过、机

---

① Michael Sandel, *Public Philosophy: Essays on Morality in Politics*, Cambridge: Harvard University Press, 2005.

会、免于物质困难和人与人之间相互关系的准则。[①] 通常情况下，选民都能察觉到大规模的政府官僚机构和计划冲淡了这些原则，甚至它们不再有任何真正的意义和价值。

5. 把握未来

最后，只有当左派政党面向未来而不是沉醉于过去的成就时，他们才会取得胜利。选举不是寻求选民的感激之情，而是与愿景和变革相关。左派必须证明自己，在全球化到个性化、人口和老龄化等问题上有全面的把握，从而重塑我们社会的力量和指向，并且向选民表明我们对于未来有着可行的计划。

不管辩论是如何的深刻，单靠对话本身是不能实现左派复兴的，因此，欧洲中左派还需要新的机构。在美国，民主党的现代化和复兴是通过在1989年创建“民主党领导委员会”（DLC）来实现的。DLC的作用是挑战民主党的正统观念，竭力寻找新思想，以及培养新一代具有远见和革新精神的政治家。

我们认为，欧洲中左派现在需要的正是一个现代化的机构联盟，在整个欧洲范围内与姊妹组织和智库进行合作，一起应对社民党现在必须全力解决的棘手问题。虽然欧洲的情况与美国不同，但我们应该乐于学习进步社会自由主义（progressive social liberalism）的经验，反之亦然。在本文中，我们试图挑战和反思“逃避的政治”，接着要做的就是彻底重建中左派。回顾或停留于过去的成就没有多大意义，我们的使命是放眼未来，努力缔造一个更平等和正义的社会，现在依旧刻不容缓。

（上海社会科学院　聂大富　译）

---

① John Denham, “The Fairness Code”, *Prospect*, 20th June, 2004.

今日世界重新思考西方民主制未来

Today's World Reviewing the Future of Western Democracy

朱美荣

上海社会科学院国外社会主义研究中心　助理研究员　法学博士

20世纪70年代以后，西方民主在全球展开了扩张的态势。这种民主以多党轮换、三权分立、议会选举为主要特征，一些西方政界人士将其蒙上一层“全民民主”、“普遍民主”、“永恒民主”的面纱，作为一种“普世价值”向外推销。在他们眼里，与西方民主制度不同的政治制度都是非民主的，甚至是独裁的。尤其是9.11事件之后，民主输出成为美国政府对外的一个重要战略。近年来，横扫全球的经济危机使西方资本主义国家深陷困境，而一些持不同发展模式的国家却发展迅猛，这使得发达国家所推崇的西式民主制面临种种质疑。

20世纪70年代之后，西方世界成功地推行了民主输出政策，并间接导致东欧剧变，苏联解体。冷战结束后，西方仍然继续推行这一政策，9.11之后，美国更是加剧了民主输出的力度。2005年，G.布什在其第二任就职演说中就使用了40多个“民主”、“自由理念”、“民主权利”以及“自由世界”等词汇来强调此政策。他说：“我们已明了自身的弱点，我们也深知其根源。”“我们受常识的指引和历史的教诲，得出如下结论：自由是否能在我们的土地上存在，正日益依赖于自由在别国的胜利。对和平的热切期望只能源于自由在世界上的扩展。”“有鉴于此，美国的政策是寻求并支持世界各国和各种文化背景下成长的民主运动，寻求并支持民主的制度化。最终的目标是终结世间的任何极权制度。”

美国政府输出民主的重点一直是针对美国战略利益至关重要的地区，并先后推行了中东地区的“大中东民主计划”，东欧和中亚地区的“颜色革命”。民主化的波涛曾推倒了东德和西德之间的柏林墙，导致苏联和东欧国家发生了巨变，西方世界曾为之欣喜若狂。然而，20年过去了，今天西方民主正面临全球性困境。强行输出政策目前在多个国家，尤其是发展中国家出现了危机，遭到抵制，导致美国与俄、中、欧等大国的关系一度非常紧张，严重影响了世界的和平与稳定。

近年来，非洲、拉美、东欧以及亚洲的菲律宾等发展中国家危机频发、动荡不止。

在非洲，因西方国家实行“对非洲经济援助与民主化挂钩”的政策，非洲各国被迫仿效西方的多党制。1992 年，非洲 53 国有 40 多个实行了多党制，到 1993 年底非洲出现了 1 300 多个政党。一个国家十几个甚至几十个政党林立，再加上几十个甚至上百个部族的存在，而且大多数党派同部族相联系。党派斗争，部族冲突，以及宗教和边界争端都引发了大规模的内战、内乱，很多国家成了硝烟滚滚的战场。仿效美国民主的肯尼亚在 2007 年底因总统大选引起种族矛盾大爆发，因此引发的骚乱造成十多万人无家可归。

世纪之交，拉美又发生了一系列社会动荡，1997 年以来，拉美已有 7 位民选总统被迫中途退位。现在拉美地区贫困人口比例高达 40%，是世界上贫富分化、社会问题最严重的地区之一。颜色革命之后的东欧各国也是政治危机不断，如吉尔吉斯斯坦，独立时前总统阿卡耶夫顺势掌权，他对西方民主模式十分推崇，设想按西方三权分立、自由市场经济的模式改造国家。结果，阿卡耶夫自食苦果。2005 年 3 月，以巴基耶夫为首的反对派发动了“柠檬革命”，很快导致统治吉尔吉斯斯坦 15 年的阿卡耶夫政权顷刻倒台。2010 年 3 月，在郁金香革命 5 周年之际，巴基耶夫在一个重大讲演中说，西方式民主也许不适合吉尔吉斯斯坦。但是，这种醒悟有些迟了，因为他很快在一个月之后就被反对派夺了权，仅仅在位 5 年又重蹈其前任覆辙。俄罗斯总理普京等各方人士在分析原因时，把它归结于经济不振、民不聊生等。但其深层次的原因还是美欧输出西方民主造成的。而在亚洲，巴基斯坦自建立民主之后，也是危机频现，而菲律宾、泰国、印度尼西亚的民主运行质量也很差，选举中充满混乱和失序，贿赂、流血、暴力威胁时有发生。因此，可以说西方民主在世界各地的推行，并没有给这些地区带来和平与繁荣，却引发了新的危机。

J. 哈贝马斯

在 21 世纪之初，著名学者 J. 哈贝马斯（Jürgen Habermas）就曾提出质疑：“社会福利国家的民主制度在跨越民族界限的情况下，能否得到坚持和发展？”[①]他要人们思考：西方式的民主制度在全球化的态势下是否还有前途？他自己对此的回答是否定的。他转引 E. 霍布斯鲍姆（Eric Hobsbawm）的一段话来表述他对冷战结束以后西方民主制度前景的看法：“短暂的 20 世纪结束了，却留下了一堆问题，没有人能解决这些问题，也没有人声称能解决这些问题。世纪末的人们在全球性迷雾中为自己开拓出了一条通往第三个千年的道路，他们知道的仅仅是一个历史已经结束了，其余的他们一无所

① 哈贝马斯：《后民族结构》，曹卫东译，上海人民出版社 2002 年版，第 1 页。

知。”[①]J. 哈贝马斯指出，最晚从1989年开始，人们意识到一个时代的终结，但与此同时人们并没有感受到世界已经太平，前途无比光明，人们还是感觉到自己生活在惊恐与不安之中。近年来影响全球的经济危机给资本主义设置了发展困境，让身处西方民主制下的人们更加惊恐与不安，西方民主也面临种种质疑，而俄罗斯、中国等没有走西方民主之路的国家却发展迅速，中国模式日益受到世人关注。这种对比更令世人深思。针对这些情况，无论是美国政要，俄罗斯总统普京，还是各国学者，都不禁重新思考西方民主制的未来。

一、俄罗斯与西方的“民主”之争

普京总统执政以来，俄罗斯采取一系列措施，整顿经济秩序，强化中央权威。几年来，普京政府的做法受到越来越多俄罗斯民众的支持。以美国为首的西方国家显然不喜欢俄罗斯的“离经叛道”。近年来，西方政要和媒体对俄罗斯的批判连篇累牍，他们批评俄罗斯政府压制民主、控制传媒、损害人权、打压反对派、破坏司法独立、压制非政府组织、阻碍他国的民主化进程，认定普京在民主上退步，是在恢复苏联传统。2005年以来，在民主问题上美国官方加紧了对俄罗斯的指责，认为俄罗斯已经偏离了民主的发展轨道，指出俄罗斯的民主应符合自由竞争、法制、新闻自由、选举4项标准。2006年5月借访问立陶宛之机，美国副总统R. 切尼更是指责俄罗斯压制民主，恢复苏联，利用能源阻碍独联体国家的民主化。面对西方的民主攻势，俄罗斯积极出击，利用各种机会阐明俄罗斯当局对民主问题的看法。普京指出，俄罗斯在追求适合自己国情的民主模式时，并没有否认民主共同的基本原则。2006年7月12日在接受美国、加拿大和法国3国媒体采访时，普京表示，俄罗斯的民主模式秉承了民主的基本原则和价值观，并强调俄罗斯选择民主道路是自愿的，并没有外界的强制力量。普京提出，俄罗斯不照搬西方的民主模式并不意味着，俄罗斯的民主化之路陷入了停滞。相反，他认为，虽然无论是在政治体制还是经济体制方面，俄罗斯仍处于过渡阶段，但俄罗斯正在逐渐建立民主社会的基础。除此之外，普京还不止一次地对西方记者直言，与总统通过选举人选出的美国选举制度相比，俄罗斯通过全民不记名的直接投票选举总统的办法更加民主。

普京

① 参见哈贝马斯：《后民族结构》，曹卫东译，上海人民出版社2002年版，第60页。

2005年年底,俄罗斯一家著名的民意调查机构"巴什基罗娃及伙伴"公布的一项调查结果显示,72%和80%的俄罗斯人分别认为戈尔巴乔夫和叶利钦时期走了一条错误的道路,只有1%的人希望生活在叶利钦时期。与此同时,有67%的被调查者认为,普京领导的俄罗斯正在走一条正确的道路。通过打击车臣分裂势力、冲击财团寡头、整顿传媒等手段,俄政局稳定,经济好转,俄罗斯社会对自己所选择的发展道路更加自信,政党和知识精英在民主及国家发展模式问题上的共识进一步增强,俄罗斯不会照着别国画好的图样发展,推进民主应符合俄罗斯的现实、历史和文化传统。普京在国情咨文中强调,俄罗斯将就如何贯彻自由和民主原则作出自己的独立决定,这必须从本国的历史、地缘政治及其他国情出发。作为一个主权国家,俄罗斯能够自主地决定民主道路上的一切时间期限以及推进民主的条件。

G. 布什

在8国峰会期间,G. 布什与普京共同召开了新闻发布会。会上,普京与G. 布什的交锋引起了很大的反响。G. 布什说,他渴望促进世界上部分地区的制度变革,像伊拉克那样,那里有新闻自由和信仰自由,并称美国许多人希望俄罗斯能做同样的事情。普京对此明确地回答,俄罗斯绝对不需要伊拉克式的民主。2005年5月,普京在接受美国哥伦比亚广播公司记者的采访时明确表示,民主是不能输出的,民主是一国社会内部发展的产物。

俄罗斯学者认为,当前俄罗斯与西方在民主问题上的较量有着更深的战略考虑和文化根源。他们认为,西方国家并不愿看到俄罗斯的复兴。莫斯科市长卢日科夫(Юрий Михайлович Лужков)认为,西方国家更喜欢一个软弱的俄罗斯,他们把俄罗斯建立自身安全视为一种威胁。俄一位著名哲学家曾说过,西方不能理解和容忍俄罗斯的独特性,他们把一个统一的俄罗斯视为其贸易、语言和扩张侵略的障碍。他们欲将俄罗斯分解为无数细小的树枝,以此点燃自己日渐衰落的文明。因此,西方国家欲在俄罗斯推进的民主只不过是幌子而已,目的是为自身的安全和利益考虑。

二、西方民主正在失去吸引力

近年来,颇有影响的《当中国统治世界》一书的作者M. 雅克(Martin Jacques)指出,"不要用我们的标准评判中国"①。M. 雅克认为,西方民主是欧洲历史和传统的产物。

① Martin Jacquis. "Don't Judge China by Our Standards", August 1, 2009, *The Independent*.

它的一些原则无疑是普适的，但是，如果因此就认为所有国家都可以而且应当效仿我们西方人所熟悉的政治体制，则是自大的。政治是因文化而异的；的确，它是所有重大活动中地域性最强、普适性最弱的活动之一。我们应当防止把民主和国家的能力混为一谈。他指出，尽管不够民主，但中国千百年来一直是个能力极强的国家。

M. 雅克

美国学者R. 福鲁哈尔(Rana Foroohar)和M. 马戈利斯(Mac Margolis)也认为西方民主的吸引力正在下降。在《可怕的新富》一文中，他们指出，中产阶级一直以来都是社会的中坚力量，他们是民主体制的秘密武器——他们保卫社会价值观、缓和政治极端主义、在政府法令面前捍卫理性，并相信社会应当由法律而非铁腕人物来治理，他们还是经济增长的引擎。如今，随着西方中产阶级深陷债务与危机之中，许多经济学家都将新兴国家的中产阶级视作全球安全与繁荣新时代的潜在基础。

随着中国、巴西、俄罗斯、土耳其、印度、印尼以及其他发展中大国越来越繁荣，人们一直以为它们会变得更像是华盛顿或者伦敦的郊区，认为随着时间的推移与财富的积累，“他们”会变得与“我们”一模一样。事实上，“他们”不会变得与“我们”一样。全球中产阶级在人数与财富方面的增长速度超出了“我们”的预计。去年有7 000万人加入了新兴市场中产阶级的队伍，他们的年收入在6 000美元至3万美元之间。但趋同的收入水平却未能产生共同的价值观。新兴中产阶级是一种矛盾的集合体：他们大声发表意见，却很少参与政治交锋；支持全球化，却有高度民族主义倾向；对自己国家不断上升的势头感到自豪，却缺乏安全感，并担心自身会出现倒退。许多有抱负的精英似乎愿意让现政权——无论是专制政府还是民选政府——掌控政局，只要它们能带来经济增长的好处。2009年皮尤研究中心对全球中产阶级进行研究后发现，中产阶级基本上是支持言论自由以及竞争性选举这样的民主思想的。但皮尤研究中心与其他研究机构的专家也表示，中产阶级通常愿意牺牲这些理想来换取繁荣，因他们刚刚摆脱贫困，不愿承担过多的政治风险。在巴西与俄罗斯，中产阶级更担心的是免于饥饿的自由，而不是言论自由，并且几乎不相信任何民主制度。即使在民主国家，新富阶层也可能与西方中产阶级存在观点分歧。在土耳其和印尼，许多中产阶级都是虔诚的穆斯林，他们的确选择了选举制，但同时也选择戴上伊斯兰头巾。

R. 福鲁哈尔和M. 马戈利斯还指出，近十年来，崇信政治自由是经济自由前提的西方观点已经在东方失去了信誉。由于西方在经济与政治上的影响力日渐衰弱，而东方模式开始带来繁荣与稳定，这种对比导致一些国家更热爱“强有力的领导人”而非“民主”。

J. 荷氏亨

美国马里兰州独立党主席、《欺骗性民主》(*Delusional Democracy*)一书的作者J. 荷氏亨(Joel Hirshhorn)认为,西方民主自身本来就存在严重问题。他在《西方民主政府已经变成专制政府》一文中指出,西方民主不是真正的民主,西方的贫富差距比以往更大,人民并没有真正享有民权。盖洛普民意测验显示,超过70%的美国人认为,虽然美国长期被世界视为楷模,但是它现在正遭到世界的指责。与其说今天的世界相信美国是能推进民主价值的领导者,不如说他们更加相信中国是奥林匹克精神的推进者。在西方人民那里都受到质疑的西方民主,当然很难在其他地方成功推行。

G. 拉赫曼

相比之下,《金融时报》国际事务首席评论家、专栏作家G. 拉赫曼(Gideon Rachman)的观点更加直白而有力。他认为,自1945年以来,美国一直以"自由世界"的领袖自居,但B. 奥巴马政府正面临全球政治向意料之外的事态发展,美国正在失去"自由世界"。发展中国家里4个最大、最具战略重要性的民主国家——巴西、印度、南非和土耳其——与美国外交政策的冲突愈演愈烈。它们不仅在重大国际问题上不愿与美国站在同一条战线上,反而更愿意与伊朗之类的威权国家站在一起。所有这4个国家的执政党都自视为国内社会正义和海外更平等的全球秩序的捍卫者。巴西劳工党、印度国大党、土耳其正义与发展党以及南非非洲人国民大会都适应全球化,但它们都保留了对全球资本主义和美国的一贯怀疑态度。

面对这种局势,德国明镜(*Der Spiegel*)杂志记者E. 弗拉特(Erich Follath)站在发达国家的立场上喟叹,西方民主已经输给了独裁统治,西方民主运动正在衰退。E. 弗拉特承认,西方民主曾是所有坏形式政府中最好的那个,但是现在对许多人来讲,它不再如此了。今日的西方民主让很多亚洲和非洲的人民失望,他们现在更偏向于专制体制。因为G. 布什和关塔那摩丑闻等方面的原因,现在很少有人还对美国向外推行的民主模式感兴趣了。E. 弗拉特指出,冷战结束之后,西方民主和平顺畅地发展了20年左右,但是近年来它遭遇了重大挫折。根据美国智囊机构"自由之家"的研究显示,政治权利和公民自由在全球呈现滑坡趋势,民主正在衰退,并陷入危机。虽然在德国,作为一种统治方式民主仍然不存在问题,但是民众对它的积极性却也不再高涨了。因为民主需要公众的兴趣和支持才能成功推行,所以可以说,在德国民主也正在面临威胁。

E. 弗拉特

E. 弗拉特指出，近些年来，德国政府选举中，投票者的出席率越来越呈下降趋势。在地方政府选举中，参选人数目不够多，从而无法保证每一次市长选举都能达到民主要求。德国的传统大党，保守的基督教民主党和中左的社会民主党的党员数目都急剧减少。越来越多的年轻人开始不再关心政治事件。E. 弗拉特担忧地说，如果事态持续这样发展下去，则德国可能会变成没有民众支持的民主了。至少，在东部德国，相当多的人民对政府持不满态度，而且这种现象可能会像野火一样蔓延。他感叹地说，这样一来，我们面对的就不是如 F. 福山(Francis Fukuyama)于1992年所说的"历史的终结"了——即一切问题都在民主的环境下得到了解决——而是重新回到了过去。

E. 弗拉特进一步指出，在世界上天然资源储藏最丰富的23个国家中，只有挪威是民主国家，而且目前的趋势是朝着相反的方向发展。亚非国家的人们并没有呼吁要实行西方式的民主或新闻自由，他们对西式的民主持怀疑态度。因为在鼓吹西方民主的地方，他们并没有看到生活水平有多大的提高。比如菲律宾，飞涨的粮食价格，不善治理的政府以及贪污腐败，致使声称为人民服务的政府成为笑柄。而另一方面，中国模式却取得了巨大成功，它日益开放的经济体制以及封闭的政治体制似乎更加吸引第三世界国家。也许个人幸福不是以自由选举、自由出版和结社来衡量，而是以经济发展所提供的机会来衡量。根据"全球价值观调查研究"[①]显示，贫穷而实行西方民主制的摩尔多瓦的人民是世界上最不幸福的人民；而中国人民则是全球最乐观的人民。也许正如新加坡前总理李光耀所说，西方民主不适合亚洲国家，他们要走一条更适合他们的不同道路。

在E. 弗拉特看来，随着冷战的结束，民主和专制之间的界限也开始模糊。民主不再被看作是非常值得推崇和建立的，而如果还要继续从外面强行给一个国家输入民主的话，则必然会遇到问题。长期以来，西方一直注重符合西方民主的形式，以尼日利亚的党派为例，该国的党是按照西方模式建立起来的，至少在表面上它们看起来非常的民主。然而，这些党却只是一些腐败的政客，民主也成了商人们谋取个人利益的烟幕而已，根本就不能体现民主的决策。E. 弗拉特指出，如果一国没有法治和清廉而有才干的政治家，那它就不会有民主。民主只能自下而上地建立，最符合人民利益的统治

① 全球价值观调查(World Values Survey，简称WVS)起源于1981年所执行并对西欧10国所进行的"欧洲价值观调查"(European Values Survey，简称EVS)。

当然离不开人民的参与，这一点不需要照搬西方的民主观念就可以做到。比如新加坡，虽然新加坡采取的是家长式统治，但是任何认真的观察者都无法否认新加坡治理得非常好。该国人民拥有参与决策的自由，而且享受到了基本的经济保障、受教育权以及基本卫生保健权。

E. 弗拉特认为，保守的穆斯林和极端的伊斯兰教主义者之所以认为西方民主威胁了他们的宗教，是因为欧美国家把西方民主强加给他们，而不顾其自身意愿如何，而且常常以武力胁迫的方式，比如对伊拉克。有调查显示，世界上最不快乐、最悲观的人民是伊拉克和后苏联国家。虽然这些国家采取了西方民主制，但是很明显，民主本身并不能让人民快乐，而是有了快乐的人民才能形成民主制。

对于这一点，巴勒斯坦裔美国记者、前半岛电视台制片人 R. 巴拉德（Ramzy Baroud）也有类似的看法。他认为，阿拉伯世界不是不要民主，而是不需要外界强加的民主。半岛电视台最近在其阿拉伯语网站上所作的一个在线调查显示，80％以上的参与者都表示不信任“西方民主”。这个调查并不是要质疑“西方民主”本身，而是对西方民主强加于阿拉伯世界提出了质疑。

R. 巴拉德

R. 巴拉德说，毫无疑问，不需要民意调查，我们也知道大部分的阿拉伯人都非常渴望民主，但是他们是出于自身的原因需要民主，而不是要为了某些强权占领找借口或者推行他们的价值观。如果半岛电视台要测试观众们对民主持何态度，而不加限定词“西方”，那么绝大部分投票者就可能持拥护态度了。阿拉伯人渴求民主，这是因为他们没有选举权，对个人以及集体的命运毫无操控力。但是如果要选择的一面是神权统治和集权统治，另一面是他们认为虚假的、西方强加的民主，那么他们就难以作出选择了。R. 巴拉德指出，尽管 G. 布什不断声称他希望解放阿拉伯人民，但是他的话在中东不会得到响应，也许以色列是个例外。他认为，在一般的阿拉伯人眼里，G. 布什就是一个伪善者，他是打着“解放”的幌子，谋自己的私利。

R. 巴拉德认为，在大部分阿拉伯人看来，西方民主在现实中有非常矛盾的一面，即在西方和阿拉伯地区之间存在很大的不一致。事实上，很多阿拉伯人非常赞赏西方民主，他们认为西方社会享受了极大的自由和民主，但是当西方民主到了阿拉伯人的土地上，就变了模样。虽然大部分的说法还是没变，但是其价值观、风格以及目标都不一样了。因此，阿拉伯人对于来到他们土地上的西方民主抱着非常怀疑的态度。R. 巴拉德指出，虽然 A. 林肯（Abraham Lincoln）早就说过民主就是要做到民有、民治、民享。但是中东地区的人民却并不是“西方民主”的受益者，美国过去半个世纪以来在中东的行为验证了这一点。美国在伊拉克等地所制造的“民主”是阿拉伯人所反抗的一种民主，他们针对的并非民主本身,而是不满有些人借着民主之名,而去实现其地缘政治的目的。

三、西方民主的出路何在

卡内基国际和平基金会负责研究国际政治及治理项目的副会长 T. 卡罗瑟斯(Thomas Carothers)则从西方的自身利益出发,指出了西方民主促进目前所存在的问题、所遇到的阻力,并为美国如何更好地促进民主提出了具体的指导方案。20 多年来,他一直致力于研究西方民主促进问题,在 2009 年刊于联合国开发计划署和伦敦经济学院联合创办的《发展与转型》通讯上的一篇访谈中、在之前发表的《民主促进中的逆流》一文中、在《卡内基和平基金会国际和平 2007 年度研究报告》中,以及其于 2006 年出版的《正面最弱的环节》一书中,T. 卡罗瑟斯都对民主促进问题作了仔细分析。

T. 卡罗瑟斯

首先,T. 卡罗瑟斯指出,世界范围内的民主计划在历经 20 年的稳步推进后,遇到越来越多政府的打压,民主进程日益倒退。对西方民主促进的抵制行为分地区和国别而有所不同。对西方民主援助最系统、最有力的抵制来自俄罗斯普京政府,后者针对西方民主援助采取了一系列措施。俄罗斯并不是唯一反击西方民主援助的国家,抵制行动业已成为一场广泛的后苏联运动。乌兹别克总统 I. 卡里莫夫已经关闭其境内的大多数西方民主项目,同时遭禁的还有该国涉及民主问题的非政府组织：2005 年,在乌兹别克运作的 NGO 中有超过 60%被迫关闭。对于普京而言,他采取强势政策反对西方民主援助,是要把他的集权形象描绘成国家安全卫士。在其他国家,尤其是领土小、力量弱的国家,确有真正的担忧。美国的政治组织悄然煽动了当地的革命,这确实令某些强权人物感到害怕,即便西方民主援助事实上并非如此有力。

G. 布什总统把促进民主作为其外交政策的主旨,这在全世界引发了不安。T. 卡罗瑟斯站在美国的立场上说,一些独裁政府称,反对西方的民主促进并不是反对民主本身,而是反对美国的干涉主义,这为它们赢得了坚实的民众同情。但是他指出,由于 G. 布什政府一再在国内和海外践踏法制原则,损害了美国作为民主和人权象征的全球形象,这就进一步削弱了民主促进进程的合法性。

对西方民主的促进为何会有这种抵制? T. 卡罗瑟斯认为,可以把反对民主援助的逆流解读为非民主政府对日益强大的外部援助的回应。但它也与另一来源相关并从中借力：广大民众对民主促进的概念感到不安,这种情绪过去几年在前苏联、西欧、拉美、中东等地区不断蔓延。在别国看来,华盛顿使用“民主促进”一词并非表述原则性的美国信仰,而是“政权更替”的代名词,即用武力或其他方式令让美国棘手的政府下台。不仅如此，布什政府还让民主促进成为入侵伊拉克的主要理由，将“民主促进”与美国的军事干预和军事占领紧密联系起来。这使G.布什的“自由进程”愈发具有恐吓性和敌对性。

T.卡罗瑟斯认为，急于抵制民主援助的政府很容易将抵制粉饰成抵抗美国干涉的行动。G.布什总统越将“民主促进”称作个人追求的目标，专制主义者越容易利用G.布什在国外的极低支持率加以贬低。由于一再破坏美国作为民主和人权象征的形象，G.布什政府进一步损害了美国作为民主倡导者的可信度。即使G.布什反复强调他致力于“自由议程”，但对美式民主原则和标准的自毁性事件，如驻伊拉克和阿富汗的美军爆出虐囚丑闻、古巴关塔那摩监狱关押上千囚犯、将外国在押犯引渡到实施酷刑的国家、建立秘密美国海外监狱网、在国内未经法院批准实施窃听，等等，这些事件无疑给美国的世界形象造成无法估量的严重损害。T.卡罗瑟斯认为，这些都给那些独裁者非常方便的借口来抵制美国的民主促进，他们反击称：“一个在海外虐待犯人、在国内践踏人权的国家，怎么能对别国的行为指手画脚？”①

如何走出民主促进运动的困境，T.卡罗瑟斯站在美国政府的立场，为其献计献策。他认为，回击抵制民主的浪潮，需要具有高超的外交手段。在某些情况下，公开批评或强力反击或许能奏效；但在其他情况下，或许就会适得其反，激发民族主义。美国官员必须合理地估计外国政府的相关作为，美国的民主促进者需要强调并坚信两件事：首先，他们必须强调民主促进不仅仅只是美国一方的努力，许多发达的民主国家，还有多边组织都是民主促进阵营的组成部分；其次，他们必须强调民主援助的目标是帮助或推动有践踏民主原则污点的政府遵守原则，而不是由外国政府掌控其内政。然而，T.卡罗瑟斯也承认，无论民主促进者如何巧舌如簧，接受方国家的人们并不会相信援助的合法性。民主促进者认为，糟糕的民主表现将削弱一国利用主权阻击外来干预的权力，这种观点流行于发达的民主国家。但不可能在发展中国家和前共产主义国家赢得广泛支持，因为不论哪个政治派别上台，主权都得到特别的珍视。西方民主活动家由此面临一个艰难的选择，必须公开提出或进行辩论：是继续加大复杂而有针对性的援助，反对外国专制领导人，还是缩小规模，避免引发逆流，结果让他们在越来越多的国家无法工作呢？

T.卡罗瑟斯指出，这一问题可简化为如何最有效地保证民主援助范围和影响力的最大化。在缓解对民主促进越来越广泛的不满情绪方面，G.布什政府已无能为力。为了有助于推进民主，美国政府应该整顿内政，巩固自身的民主标杆形象。在这方面，所造成的损害不会马上得以修复，例如美国士兵的虐囚丑闻等事件，毫无疑问地在外国

---

① Thomas Carothers, “The Backlash Against Democracy Promotion”, March/April, 2006, *Foreign Affairs*.

观察者心中刻下烙印。但美国政府能够而且必须做得更好,急需采取的补救措施并非是不可行的。这些措施包括永久禁止美军在海外的虐囚行为、放弃秘密监狱、非法绑架、非法国内窃听等。

虽然为如何解决民主促进所遇到的问题提出了解决方案,但是T.卡罗瑟斯还是不太乐观,他担忧地指出,民主促进进程的根基很可能会继续摇摆,同时反民主的逆流将继续滋长。他认为,B.奥巴马政府有很好的机会消除G.布什政府留下的不良影响,纠正偏离正确轨道的民主促进运动。对此,他给出了具体的方案,认为B.奥巴马政府应改变策略,主要是下面3个方面着手:首先,民主促进必须摆脱G.布什政府留下的阴影。如何做到这一点?这需要美国在反恐战争中遵守规则,不要把民主促进与军事干预和政权更替挂钩,此外民主政策还要保持一致性。其次,必须重新定位反恐战争中的民主促进运动。认为民主化能销毁恐怖主义之根的观点有些夸大。在一些国家促进民主也许能鼓励温和派上台,但是这远非反恐良药。B.奥巴马政府应该不要再强调民主促进是反恐战争的重头戏。再次,B.奥巴马政府必须重新调整美国的民主促进政策,以适应国际环境的重大变化,比如不同政治模式的出现、油价的高涨等。

作为西方统治世界的主要策略,民主促进势必不会就此罢休,然而T.卡罗瑟斯等人给出的方案能否进一步地推进西方民主的促进运动,这还是个未知数。但是毫无疑问,压力越大,阻力也越大,无论如何推进,民主促进都会遇到被推行国的强力阻挡,西方民主的未来还要待历史来见证。

主要参考文献:

1. Erich Follath, "The Decline of an American Export: Western Democracy Loses Ground to Autocrats", December 11, 2008, *Spiegel*.

2. Bruce Pannier, Andy Heil, "Kyrgyz President Pooh-Poohs Western-Style Democracy", http://www.rferl.org/content/Kyrgyz_President_PoohPoohs_WesternStyle_Democracy/1992380.html.

3. Martin Jacquis, "Don't judge China by our standards", August 1, 2009, *The Independent*.

4. Rana Foroohar, Mac Margolis, "The Scary New Rich", March 15, 2010, *Newsweek*.

5. Gideon Rachman, "America Is Losing the Free World", http://blogs.ft.com/rachmanblog/2010/01/.

6. Ramzy Baroud, "The Problem with Western Democracy in the Middle East", http://archive.arabnews.com/.

7. Joel_S_Hirschhorn, "Western Democracies Have Evolved Into Tyrannical Governments", http://www.sott.net/articles/.

8. 房宁:《西方民主在全球遭遇挫折》,[N].环球时报,2008-01-02。

民粹主义：救赎民主与实用民主之间

——读 M. 凯诺文的《相信人民！民粹主义与民主的两个面向》一文

Populism：Between Redemptive Democracy and Pragmatic Democracy：

A Review of M. Canovan's "Trust the People! Populism and the Two Faces of Democracy"

郭中军

上海社会科学院当代中国政治研究中心　助理研究员　法学博士

英国政治理论家 M. 凯诺文（Margaret Canovan）是 H. 阿伦特（Hannah Arendt）研究专家，她在民粹主义研究方面颇有理论建树。早期她对民粹主义的多样化分类得到了许多学者的认同，同时她又是用民主视角考察民粹主义的少有学者之一。在《相信人民！民粹主义与民主的两个面向》一文中，M. 凯诺文从民主的两个面向——救赎与实用——来分析民粹主义的根源，认为民粹主义源于民主内部的紧张关系，它是民主自身投射的影子。该文具有重要的理论意义和现实意义，然而这一成果尚未引起国内学者的关注，相关的研究并不多见。本文试图对 M. 凯诺文在该文中的理论观点做一梳理和评析。

M. 凯诺文

M. 凯诺文是一位英国政治理论家，生于 1939 年，在格腾学院、剑桥大学研究历史并完成了博士学位，之后在兰开斯特大学政治学系任教，2002 年在基尔大学退休。M. 凯诺文不仅是阿伦特研究专家，而且在民粹主义研究领域也有着重要的理论建树。1981 年，她出版了《民粹主义》一书，分析和梳理了世界各国的民粹主义。1999 年，M. 凯诺文在《政治学研究》（*Political Studies*）上发表了《相信人民！民粹主义与民主的两个面向》（*Trust the People! Populism and the Two Faces of Democracy*）一文，从现代民主政治的内在紧张关系分析了民粹主义的发生机理，对民粹主义的研究产生了重要的影响。时至今日,M.凯诺文这一研究成果尚未进入国内学者的研究视域,它的重要性和现实意义也几乎没有引起国内学者的足够重视。

一、民粹主义不仅是一种社会病症,更是一种政治现象

虽然民粹主义早已出现在西方民主制国家的主流政治中,但长期以来,它常被视为社会学所要解释的社会病症。然而民粹主义与人民主权、政治平等、多数人统治等政治原则密切相关,崇尚直接、非中介的政治参与。在很多情况下,民粹主义甚至等同于"纯粹民主"和"直接民主"。从实践来看,民粹主义常以民主的面目出现,颇具欺骗性和迷惑性。在后发展国家的民主转型中,民粹主义常常构成民主政治的挑战。不过,在M.凯诺文时代,民粹主义对民主理论和民主实践的重要影响并没有得到政治理论家的普遍关注,"即便是那些致力于扩大公民政治参与的民主理论家,对于民粹主义者试图动员草根阶层的现象也视而不见"。① 这多少是政治学理论研究的一个缺失。

M.凯诺文认为,与其说民粹主义是一种社会病症,不如说它是一种政治现象。因为民粹主义正以民主的面目呈现,挑战着以往的民主理论和民主价值观,对民主实践也产生了不容忽视的影响。民粹主义者将自己标榜为真正的民主人士和民众的代言人,言必称民众的疾苦。他们认为政府、主流政党和媒体长期以来无视民众苦难,实质上代表了腐朽特权阶层的利益。民粹主义者大多支持"直接民主"——通过公民投票和民众创制做出政治决定。他们宣称的目标正是要"兑现"民主人士所提出的"权力回归人民"、"民有、民治、民享"的承诺。民粹主义者罩着人民和民主的神圣光环,这使得他们的观点极易与民主相混淆,而且也使他们不易受到挑战和驳斥,因为挑战他们就等于挑战"人民",而"人民"是不容挑战的。民粹主义者将自身的合法性建立在为"人民"代言上,他们仿佛成为民主的至高权威。在这种情况下,民粹主义似乎成了真正的民主,它不仅在理论上而且在实践中都深刻影响着人们对民主的理解,冲击着人们的民主价值观。M.凯诺文指出:"我们无法对这些主张置之不理。对民主制国家频发的民粹主义的反思,有助于我们对民主的复杂性有一个更好的理解。"②

二、民粹主义:从一般概念到结构性特征

民粹主义是20世纪以来闯入西方主流政治的一种政治现象,与此同时,民粹主义

①② Margaret Canovan, "Trust the People! Populism and the Two Faces of Democracy," *Political Studies* 1999, XLVII, 2.

也成为一个较具分歧性的概念。尽管在许多研究民粹主义的文献中，不同学者都对民粹主义做了具体的限定，然而长期以来学术界一直没有在民粹主义核心概念上达成共识，民粹主义于是成了一个“令人尬尴”的概念。在英国，一些学者还做过将民粹主义提升为一般理论的尝试。1967年，伦敦经济学院两位学者G. 艾尼斯丘(Ghita Ionescu)与E. 盖尔纳(Ernest Gellner)组织了一次学术会议，试图把不同国别、不同观点的民粹主义专家召集起来，以便形成民粹主义的一般理论。然而，这次会议最终并没有对民粹主义的核心概念达成共识，只是形成了民粹主义的论文集。不同学者对民粹主义理解偏差如此之大，甚至于有些理解几无相通之处。因此，论文集认为，民粹主义“最好被认为是一个重点，一个普遍性的政治文化的维度，而绝不是一种特定的总体性意识形态体系或者组织类型”①。

情境依赖是民粹主义所面临的概念困境，“那些试图在观念上进行大胆或明确比较的概念化东西，几乎总是带有其原来形成的背景性的痕迹”②。20世纪80年代，M. 凯诺文试图抓住民粹主义的本质，在其出版的《民粹主义》(1981)一书中，她通过多样化的方法将世界各国的民粹主义区分为农民民粹主义和政治民粹主义两个类别。她把农民民粹主义又分解为农场主民粹主义、农民民粹主义和知识分子民粹主义，将政治民粹主义分解为专制民粹主义、民主民粹主义、保守民粹主义、政治家民粹主义等。M. 凯诺文的这些分类对于理解和把握纷繁复杂的民粹主义现象及其本质有着重要的理论意义，她的这些分类方法也为后来学者所认同和接受。

此后，M. 凯诺文将更多的精力用于研究政治民粹主义。1999年，M. 凯诺文在《政治学研究》杂志上发表了《相信人民！民粹主义与民主的两个面向》一文，主要剖析了民粹主义与民主政治之间的内在联系。她在“什么是民粹主义”一节中提到，民粹主义是一个模棱两可的概念，难以形成普适的定义和一般的理论。因而，她建议，不要只是从意识形态和政策内容来界定民粹主义，而更应该从结构性因素(structural considerations)来确定民粹主义。“我相信，如果我们把注意力从民粹主义运动的意识形态和政策内容上转移到结构性因素上，我们就会使问题更加明朗。”③她从这个角度把现代民主社会中的民粹主义视为诉诸于“人民”反对既定权力结构和主流价值的一种现象。民粹主义的这种结构性因素反过来规定了其特定的合法性框架、政治风格和气质。

民粹主义者不仅反对制度，而且还反对精英价值观，明确这一点非常重要，否则就

① ［英］保罗·塔格特著，袁明旭译：《民粹主义》，吉林人民出版社2005年版，第21页。

② 同上书，第30页。

③ Margaret Canovan, “Trust the People! Populism and the Two Faces of Democracy,” *Political Studies* 1999, XLVII, 3.

无法将民粹主义与叛乱、政变相区分。M.凯诺文认为,民粹主义者以"人民"的名义行事,反对既定权力结构,在民主政体中,这时常意味着对制度化政党的攻击。然而,反制度自身不足以界定民粹主义政治,因为这会将原来不属于它的"新社会运动"也囊括进来。虽然民粹主义与"新社会运动"都是反制度的,但两者的根本区别在于,民粹主义者挑战的不仅有既定的掌权者,而且还包括精英价值观。民粹主义者的矛头不仅指向了政治和经济机构,而且还指向了学术界和舆论界的精英人物。

M.凯诺文认为,依据所反对的制度的不同,民粹主义有不同的诉求内容。在涉及经济政策的地方,比如一个国家通过高税收来维持高福利,民粹主义者可能会提出经济自由主义的方案。在其他一些自由市场占支配性地位的国家,民粹主义者则要求贸易保护主义和更多的国家干预。这并不意味着民粹主义者毫无原则可言,对权力结构的抵制是他们长期不变的原则,这也是他们之所以成为民粹主义者的原因。也就是说,民粹主义者反对的既定权力结构,不管这个权力结构提出何种政策,也不管它所提出的政策是对是错,民粹主义者是为反对而反对的。在这种意义上,民粹主义者是一条"变色龙",它根据权力精英的本质和支配性政治话语的不同而选取价值立场。在精英政治文化被自由主义价值观、国际主义、多元文化主义,宽容和追求进步等精神所浸染的国家,民粹主义必定或多或少地抵制上述价值观[①]。

民粹主义者虽然反对既定的权力结构,但是也求诸并认可一种权威——人民。民粹主义者声称代表人民,为人民说话,他们更像是代表民主的超阶级权威,而不像一般的经济阶级一样只是代表本阶级少数人的利益。M.凯诺文提出了三种意义上的民粹主义:(1)团结人民反对政党;(2)团结民族(种族)反对异族;(3)团结平民反对精英。她指出,对人民的诉求在很大程度上建立在人民主权的合法性基础之上。

M.凯诺文指出了民粹主义者的政治风格,即煽动性的政治动员,崇尚直接而简洁的语言。民粹主义者利用大众对政客官话、套话的不信任,倡导简单(simplicity)和直率(directness)的语言风格,反对神秘主义和私下交易。M.凯诺文认为,简单和直率的语言还不足以将政治人物划为民粹主义者,除非他们也准备进行简单而直接的政治分析,提出简单而直接的解决方案。民粹主义者喜欢公开透明,痛恨神秘主义,他们公开谴责暗箱操作、幕后交易、繁琐的程序和秘密协议,他们讨厌那些只有专家才理解的专业术语,因而简单而直接是民粹主义者的政治风格。

在M.凯诺文看来,民粹主义者的政治气质是将消极的人民动员起来进入政治竞技场。"民粹主义的基本结构特点——把大众动员起来反对政治和知识精英,不仅暗

① Margaret Canovan, "Trust the People! Populism and the Two Faces of Democracy," *Political Studies* 1999, XLVII, 4.

喻了一个直接的、简单的政治风格，而且还暗含了一种典型的政治气质。”[①]民粹主义不是普通的、常规的政治，它有宗教意义上的信仰，在激情的支配下，这种信仰将一般不大关心政治的民众动员起来形成一场运动，进入政治竞技场。民众极端的情绪因素能使政治变成一种拯救国家或带来政治巨变的运动。而这种气质的发展趋势是，激昂的情感聚集在一位魅力型领袖身上，反对常规政治的自然结果是形成了人格化的领袖。民粹主义者拒绝僵化的体制结构，包括官僚层级结构，他们既颂扬草根阶层的自发行动，又颂扬领袖与追随者之间的亲密关系，因而民粹主义者强调民众对魅力型领袖的近乎宗教的忠诚。

三、“民粹主义是民主的吗？”

民粹主义以人民主权、政治平等和多数人统治等思想作为思想来源，因而与民主有着千丝万缕的联系。民粹主义者自称是民主人士，他们要兑现“将权力交由人民”的承诺。M. 凯诺文提出了“民粹主义是民主的吗”这样一个问题。民粹主义者诉诸草根阶层，动员全体选民反对体制内的掌权者和舆论控制者，这种方式看起来似乎是“民主”的。毕竟，民粹主义者所倡导的公民投票和民众创制在政治学文献中通常也被解释为“直接民主”。民主的定义是极富争议的，现代理论家常常对大众权威避而不谈。尽管如此，但很难否认这一点，即大众权力和大众决策是民主的核心。

一般而言，民粹主义者并不被称为真正的民主人士，相反，他们常常被视为民主的威胁，尤其是在他们获得民众支持时，这种威胁更大。对于民主与民粹主义的分野，主要有以下两种观点：(1) 自由民主的观点。这种观点认为，民主是自由式民主，以个人自由为前提和最高准则，反对极权。而民粹主义之所以是危险的，正是因为它是非自由的民主，它极端强调集体的自由而忽视甚至否定个人的自由。英国利兹大学学者 D. 彼瑟姆(David Beetham)强调，事实上，自由遗产的许多方面是民主自身得以维系的根本，其中就有言论自由和法治。然而，他承认，自由原则也给民主施加了种种限制，使民主的程度受到削弱。还有一些民主理论家提出，“民粹主义民主”是这样一种民主：它不受自由的限制条件所束缚，而且特别容易导致简单多数主义，忽略或压制少数派的权利。(2) 现实民主的观点。这种观点强调民主在理想与现实、承诺与实际履行之间存在着不可避免的落差。哥伦比亚大学的 G. 萨托利(Giovani Sartori)教授是这一观点的集大成者。他从经验出发，认为古典民主理论带有理想化色彩，现实民主并不是

---

① Margaret Canovan, “Trust the People! Populism and the Two Faces of Democracy,” *Political Studies* 1999, XLVII, 6.

实现公意,而只不过是由选民周期性选择自己统治者的制度安排。因而,现实中的民主实质上仍是一种精英治理。

M.凯诺文对于这两种观点都持批判态度。她认为,自由民主的观点强调了“自由式民主”内部的紧张关系,似乎说明不管民粹主义多么不自由,但他们在民主部分却是得了满分,似乎民粹主义就是不自由的民主,但这种说法还不足以将民主与民粹主义区分开来。现实民主观点看到了民主理想与民主现实之间的鸿沟,似乎暗示了理想的民主正好符合民粹主义者的理想——直接民主、人民主权、政治平等等,然而民主的实践证明无法达到这些目标。不过,M.凯诺文认为,实践中的民主也有一些可以实现的理想诉求,比如和平、稳定、现代化等,民粹主义与民主的理想并不完全一致。她认为,民粹主义与民主的关系是极其复杂的,民粹主义正是民主自身投射的影子。M.凯诺文重点考察了民主的两个基本面向,即救赎性(redemptive)和实用性(pragmatic),认为正是这两个因素的紧张关系导致了民粹主义的频发。

四、救赎与实用:民主的两个基本面向

M.凯诺文关于民主两个面向的理论受到了伦敦经济学院政治哲学家M.奥克斯特(Michael Oakeshott)的影响。M.奥克斯特认为,在过去的500年里,欧洲政治彰显了“信任政治”(the politics of faith)和“怀疑政治”(the politics of scepticism)两种政治风格,它们之间的紧张关系已经影响了政府的理论与实践。信任政治将政治视为追求完美或者救赎人类的一项事业。救赎本是宗教或世俗意义上的术语,然而在另外情况下它却具有不同的含义,即它暗含着这样一个命题:政府行为是人类苦难的罪魁祸首,因而为实现救世的重任,信任政治需要动员起民众的激情,需要不断扩充权力,并要相信这种权力能够交给可靠的人。这种政治风格的倡导者反对旨在限制救赎的任何法律。相比较而言,怀疑政治则是既不相信权力,也不相信大众激情,而且对于政府能够做什么也期望不大。这种政治风格的支持者认为,政治没有什么压倒性的目标,如果有的话也只是通过坚持或修改宪法条款来维持秩序,减少冲突的机会。对于这种政治风格而言,法治是根本。他认为,两种政治风格都是必不可少的,当一种政治风格过盛时,就需要另一种政治风格来平衡。

M.凯诺文在很大程度上吸收了M.奥克斯特的观点,认为信任与怀疑是民主的两个基本特质,不过,她用了另外一组概念来重新定义“信任政治”和“怀疑政治”,即“救赎民主”和“实用民主”。M.凯诺文认为,民主呈现两副面孔(two faces),一个是救赎(redemeptive),另一个是实用(pragmatic)。尽管它们是相互矛盾的,但它们又是一对双胞胎,相互依靠、无法分割。民主的救赎性与实用性始终处于动态平衡中,当救赎民主过多时,就会向实用民主转化,反之亦然。M.凯诺文提出,基于两种不同的政治风

格以及以此为特征的模棱两可的政治概念，我们可以把现代民主理解为救赎和实用两种政治风格的交汇点(a point of intersection)①。

强调民主实用性一面的典型表达是"要选票，不要子弹"(ballots, not bullets)或"和平解决争端的一种制度"(a system of processing conflicts without killing one another)。强调民主救赎性一面的夸张表达是"民意即天意"(vox populi vox dei)或"民有、民治、民享政府"(government of the people, by the people, for the people)。前者从经验出发，致力于现实问题的理性解决；后者则是从政治原则出发，认为民意是压倒一切的目标，一切以民意为旨归。为了更深入剖析民主两个面向的微妙关系，M. 凯诺文从三个方面展开了阐述：

(1) 民主是一种救赎的想象，与政治救世主义有着紧密的关联。然而，从实践上看，它又是和平处理现代社会冲突的一种方式，需要依靠制度和经验尽可能多的积累。

(2) 大众权力的概念处于救赎想象的核心：人民是合法性权威的唯一来源，一旦他们掌握了自己的命运，他们就会履行救赎的承诺。但是从经验的观点观之，民主仅仅是一种政府形式，是在复杂社会中做出某种决策的一种方式。

(3) 从经验的观点看，民主意味着制度：不仅是限制权力的制度，而且还是产生权力并使之有效运转的制度。然而救赎民主含有一种强烈的反制度冲动，它向往直接民主和民众自发的行为。

M. 凯诺文认为，救赎与实用两个方面对于民主都是缺一不可的，她将民主的这两个面向比作一对"暹罗猫"(Siamese)②，虽然爱吵架，但又不可避免地联在一起。因此，"那种认为我们可以舍此取彼的想法是不切实际的"。③ 民主的两个面向之间存在着较大的张力，正是这些张力为民粹主义的动员提供了激励因素，使其与民主政治如影相随。

五、民粹主义源于民主自身内在的紧张关系

对于民粹主义的起源，有许多理论观点，其中有两种理论观点较具代表性。一是现代化理论。许多学者将民粹主义视为现代现象，认为后发国家急剧的现代化进程是民粹主义爆发的主要原因。二是依附理论。此观点认为，后发展国家在国际分工中依附于发达国家，进出口政策所导致的社会矛盾是民粹主义产生的主要原因。在研究民

---

① Margaret Canovan, "Trust the People! Populism and the Two Faces of Democracy," *Political Studies* 1999, XLVII, 9.

② 暹罗猫原产于泰国(故名暹罗)，在200多年前，这种珍贵的猫仅在泰国的王宫和大寺院中饲养，是足不出户的贵族。

③ Margaret Canovan, "Trust the People! Populism and the Two Faces of Democracy," *Political Studies* 1999, XLVII, 10.

粹主义的文献中,M.凯诺文是将民粹主义与民主政治联系起来进行考察的极少数学者之一。有学者将民粹主义视为一种异化了或极端的民主样态,M.凯诺文则更进一步,她认为民粹主义的产生根源在于民主内部的紧张关系,更确切地说,民粹主义产生于民主两个面向——救赎民主与实用民主——的紧张关系,它们之间存在的间隙使得民粹主义乘虚而入。

M.凯诺文详细阐述了民主的救赎性与实用性在民粹主义产生中的助推作用。第一,从经验的观点看,民主是和平处理利益冲突和意见冲突的一种必要方式。其最大优点在于,它是内战或叛乱的替代品。M.凯诺文认为,对于世界上那些不得不容忍内战或暴力镇压的许多国家而言,实用民主可能是极其令人羡慕的。但是对于那些将其好处视为理所当然的国家而言,如果没有比实用民主更多的东西,这种民主可能是不合法的。第二,至少一定程度的救赎承诺,事实上是实用民主这台机器的必要润滑剂。如果救赎民主在主流政治体制中缺席,那么它会以民粹主义的形式来凸显自己。救赎承诺的内容是将权力交给人民,不幸的是,这种承诺与实用的、理性的民主存在着不可避免的冲突,两者的间隙是民粹主义者抗争的丰富土壤。M.凯诺文还提到了权力与民主无能之间的矛盾。一方面,民主是大众权力的想象;另一方面,“民主是一种政府形式,不是大众情感的狂欢”。第三,大众权力的民主承诺要想得到较好的实现,只有通过制度使权力有效、持久地运转。然而与救赎民主纠缠在一起的是一种对制度的深恶痛绝,认为这种制度是人民付诸行为的障碍,渴望人民意志直接、非中介的表达。这里有一种浪漫主义的张力,借助了生动的人民话语和民众的自发行动。

应该看到,M.凯诺文在论述民粹主义与民主之间关系的过程中,她自身也陷入了一个矛盾。虽然表面上看,M.凯诺文将民粹主义与民主之间的关系厘清了,然而细究下来却发现,仍有许多悬而未决的问题。第一,民粹主义与民主是相互独立的还是相互渗透、相互转化的?M.凯诺文对于这些问题没有很明确的回答。在她的论述中,两者相互独立、相互渗透、相互转化的观点兼而有之。第二,民粹主义与民主的救赎方面存在着什么关系?它们是否等同?根据M.凯诺文的说法,当民主救赎一面不足而实用一面过强时,民粹主义就会出现。这意味着民粹主义成了调节民主两个因素的重要杠杆,而且就其实质而言,它与民主的救赎性密切相关。笔者认为,民主的救赎性实质上正是民粹主义本身,或者说民主的两个面向可以分为经验民主与民粹主义民主。第三,M.凯诺文认为,民粹主义是民主自身投射的影子,这意味着民粹主义是产生于民主、与民主有着渊源的衍生品,或者像一些学者所说的那样,民粹主义是一种异化的民主样态。但是,她又指出民粹主义源于民主两个面向的紧张关系,民主内部救赎性与实用性之间的间隙使得民粹主义有机可乘,也就是说,民粹主义是独立于救赎民主与实用民主之外的力量。这是M.凯诺文理论的矛盾之处。

六、理论价值与现实意义

M. 凯诺文在民主视域中审视民粹主义，分析民粹主义与民主的内在联系，这是研究民粹主义的一种新范式，具有重要的理论意义和现实意义。纵观 20 世纪后期的民主化浪潮，民粹主义与民主如影相随，较具影响的如拉丁美洲的庇隆主义、中国台湾的民粹主义等。应该说，民粹主义既是一种民主的理论，又是一种民主的实践，在初始民主转型的国家或地区，极易产生民粹主义。这是因为，后发展国家的民主转型是置入式的，其民主理论与民主价值均是从西方发达国家传入的，在民主理论和民主价值传递过程中极易产生对民主的片面化理解甚至误解。古典民主理论认为，民主是公意的表达和实现。美国政治理论家 J. 熊彼特则从经验主义出发，认为古典民主理论中的人民意志从来没有存在过，更谈不上人民意志的实现，现实中的民主只不过是选民制度性选择统治者的过程。如果我们将古典民主理论对民主的理解视为民主救赎的一面，那么，J. 熊彼特的精英民主理论则可以归为民主实用的一面。事实上，诚如 M. 凯诺文所言，民主的这两个面向缺一不可，但必须维持一种平衡。后发展国家在民主转型后出现的民粹主义，很大程度上与该国对民主两个面向的处理不当有关，或者过于强调民主的救赎一面，忽视了民主的实用一面；或者过于强调民主的实用一面，忽视民主的救赎一面。对于现实社会主义的民主建设而言，M. 凯诺文的理论也具有现实意义。过去，在社会主义民主中过于强调“人民当家作主”，即过于强调社会主义民主救赎的一面，但在如何实现民主、如何操作民主方面重视不够，社会主义民主的实践性欠缺。因而，社会主义民主不仅要重视民主的价值构建，更要重视民主的可操作性、实践性，通过不断完善民主制度来吸纳公众的政治参与并使之有序化，防止社会主义民主成为暴民政治，避免民粹主义现象的发生。

主要参考文献：

1. Margaret Canovan, “Trust the People! Populism and the Two Faces of Democracy,” *Political Studies* 1999, XLVII, 2 - 16.

2. [英] 保罗・塔格特著，袁明旭译：《民粹主义》，吉林人民出版社 2005 年版。

3. [美] 罗伯特・达尔著，顾昕译：《民主理论的前沿》，东方出版社 2009 年版。

4. [美] 约瑟夫・熊彼特著，吴良健译：《资本主义、社会主义与民主》，商务印书馆 1999 年版。

5. [美] 塞缪尔・亨廷顿著，刘军宁译：《第三波——20 世纪后期民主化浪潮》，上海三联书店 1998 年版。

6. [以] J. F. 塔尔蒙著，孙传钊译：《极权主义民主的起源》，吉林人民出版社 2004 年版。

7. 郭为桂:《大众民主:一种思想史的文本解读与逻辑重构》,武汉大学出版社2008年版。

8. 林红:《民粹主义——概念、理论与实证》,中央编译出版社2007年版。

9. [美]约瑟夫·熊彼特著,吴良健译:《资本主义、社会主义与民主》,商务印书馆1999年版。

10. 董经胜:《拉美研究中的民众主义:概念含义的演变》,《史学月刊》,2004年第1期。

经　济

Economy

金融危机与经济学改革

Financial Crisis and Reform of Economics

G. M. 霍奇逊

英国赫特福德大学　教授

2008 年的金融大崩溃使世界各国领导人相继改变了原先的看法，但主流经济学家似乎仍无动于衷。为什么会对金融崩塌的警告熟视无睹？这场危机能为经济学本身由重数学技术的学科向能理解真实世界制度与人的方向改革创造有利条件吗？英国著名经济学家、制度经济学的当代传人 G. M. 霍奇逊在《剑桥经济学杂志》2009 年 11 月号撰文回答了这些问题。该文指出，当前的危机问题既与市场个体主义思想在全球的盛行有关，也与建模和量化的作用被夸大分不开。经济学的这些失败部分归咎于学科本身，同时也是制度和文化力量发生作用的结果。

G. M. 霍奇逊

2008 年的全球金融崩溃是 20 世纪 30 年代大萧条以来最严重的全球经济危机。正如 J. 凯恩斯(John Maynard Keynes)因批评当时的经济理论与政策而受到当今人们的怀念一样，批评主流经济学的人士也许会问，最近的危机是否将通过揭示当前经济理论与政策的局限性而有助于经济学的复兴。一般认为，由于体制和文化方面的因素阻碍着学科改革，所以将经济学的方向调整到更具建设性和现实相关性轨道上的可能性乍看似乎并不大。这些障碍包括陈腐的学科界限，以及片面追求深度专业化、公式化及形式化。

经济学作为一门学科虽然发展缓慢，但人的思想变化却十分迅速。2008 年的金融危机迫使各国领导人背离了放松金融市场监管的原有承诺。市场不再被看作解决一切问题的良方。布什总统一反共和党的传统做法，成了在金融界扩大国有制并力助银行渡过难关的倡导者。美联储前主席 A. 格林斯潘(Alan Greenspan)也最终宣布，他“犯了个错，认为利己性组织，特别是银行”能够保护“股东和公司的利益”。他“发现了自由化和自我调节模式中的一个弱点”。1979 年以来，英国的历任首相和财政大臣也一直在推动市场自由化。直到 2005 年 11 月 8 日，当时的劳工大臣 G. 布朗(Gordon

英国赫特福德大学校园

Brown)还对英国工业联盟发表演说,宣称金融监管"力度轻微,而且范围有限"。

然而,随着全球金融危机的爆发,一切都发生了变化。当上首相的G.布朗采取了包括实现银行部分国有化在内的一揽子措施。2008年10月19日,财政大臣A.达林(Alistair Darling)宣布了政府大规模收购银行股的政策,以刺激英国经济。他说,J.凯恩斯的思想又重新流行起来。全球政治家的这种思想转变为经济学家营造了一种与原先不同的环境,但专业的学院派领袖至今仍没有明确表现出认识或做法上的转变。人们也看不到类似的转变或公开认错。事实表明,"一切依然如故。"

一、末日预言

谁是2008年危机的预言者? 2006年12月7日,纽约大学经济学教授N.鲁比尼(Nouriel Roubini)曾警告国际货币基金组织:美国正面临着房价大幅下跌、消费者信心骤降和经济萧条逼近的潜在威胁。房主将不再履行抵押还贷义务,抵押证券市场将土崩瓦解,全球金融系统将停止运转。这些趋势有可能毁掉对冲基金、投资银行和其他主要的金融机构。但经济学家A.巴纳吉(Anievan Banerji)却回应说,N.鲁比尼的预言没有运用数学模型,把他的警告置之脑后,视之为悲观主义论调。

英国社会学家L.泰勒(Laurie Taylor)曾经让他的BBC每周广播节目的听众寻找一位曾预言2008年信贷崩溃的经济学家。2008年10月15日,节目主持人宣布,1980年以来,有关国际金融失控最具先见之明的预言者是鲜为人知的英国金融经济学家R.戴尔(Richard Dale)。R.戴尔在《国际银行业放松管制》(*International Banking Deregulation*, 1992)一书中曾辩称,银行介入证券投机活动加速了1929年的危机,而1980年以来因进一步放松监管造成的银行日益卷入证券活动的势头,也许会加速引发另一场金融崩溃。R.戴尔的著作在1993年的《金融杂志》上受到了截然不同的评价,而后就在引文排名榜上消失不见了。

R.戴尔

2008年初,许多主流经济学家曾一度认为,2007年的银行困境不会导致萧条,但D.布兰奇弗劳(David Blanchflower)教授却得出结论说,尚未展现的信用危机将使英国经济陷入衰退。2008年6月，美联储主席B. 伯南克(Ben Bernanke)自信满满地认为，美国衰退的风险已经减小。但D. 布兰奇弗劳作为英格兰银行货币政策委员会的成员一直在争辩说，不仅美国正在进入负增长，而且英国也逃脱不掉同样的命运。不过，他的观点在2008年9月之前始终未被该委员会重视。D. 布兰奇弗劳的预判究竟建立在什么基础之上？按照他本人的说法，美国和英国即将面临衰退的关键证据包括“消费者信心的下降和对劳务市场看法悲观等”。导致D. 布兰奇弗劳尔形成自己观点的原因不是复杂的数学模型，而是敏锐的经验观察。他说：“预测模型基本上是无用的……预测者往往对衰退预测不足。”

H. 米斯基

H. 米斯基(Hyman Minsky)在1996年逝世几年后声名鹊起。在1982年、1985年和1992年的一系列论文中，他坚持认为，由于靠不断增长的债务来做投机买卖，金融资本主义将诱发动荡与危机。他对1980年后全球放松金融监管的严重后果提出了多次警告，但他的思想在主流经济圈从来不受欢迎。然而早在2008年4月，《纽约客》杂志就曾表示，引证H. 米斯基金融不稳定假设“在金融网页和华尔街分析报告中已成家常便饭。H. 米斯基的假设非常值得回味”。

还有其他一些人也预言了这次危机。自20世纪80年代出现衍生市场扩大的危险以来，后凯恩斯主义者和另一些人一直在警告，放松金融监管和过度负债可能会带来风险。而1848年以来，马克思主义者一直都在预言资本主义的命运就是走向灭亡。

在这样的背景之下，准确的预言就在于让人明白制度性机制才是债务大规模扩张的原因，这种制度性机制不仅显示了强有力上升的轨迹，同时也表现出了潜在且不断增大的风险。其实，这并非是对危机发生时间的预测，而是对将经济推向悬崖边的那些扭曲了的结构和力量的深刻认识。这意味着人们开始懂得，自由金融市场迅猛发展的债务是如何为危机埋下祸根的。

二、还有人读J. 凯恩斯吗？

现在来看看大学的经济学教学。政治家、博客、报纸和杂志也许已经注意到了J. 凯恩斯和H. 米斯基这类经济学家对于今日的意义，但这些人在最负盛名的大学经济系里受到推崇或被重新发现了吗？

通过查阅1950年后的重要学术期刊，就能弄清上述4位作者的作品在每10年之中被援引的次数。数字表明，J. 凯恩斯在其中被援引的次数最多，但他在重点刊物中的知名度已迅速下滑。其他几名作者的被援引率也都很低。虽然N.

鲁比尼的著作是推论性的,但他发表在顶级经济学杂志中的绝大多数文章都含有模型。

难道学院派经济学家仅仅是在援引作品时找错了对象?这样的理解可能有误。从援引次数来看,J. 凯恩斯的那些对手的遭遇也好不了多少。以 M. 弗里德曼(Milton Friedman)为例,自 1950 年以来,在同一清单上,援引 M. 弗里德曼的文章或评论每 10 年平均只有 344 篇。援引 F. 哈耶克(Friedrich August Hayek)的每 10 年平均仅 139 篇。G. 德布勒(Gerard Debreu)是一名数理经济学家,一般均衡理论的先驱,援引他的作品每 10 年仅 24 篇。主流经济学家除了援引数学新技术开拓者的作品之外,似乎已经停止援引其他任何人的作品。

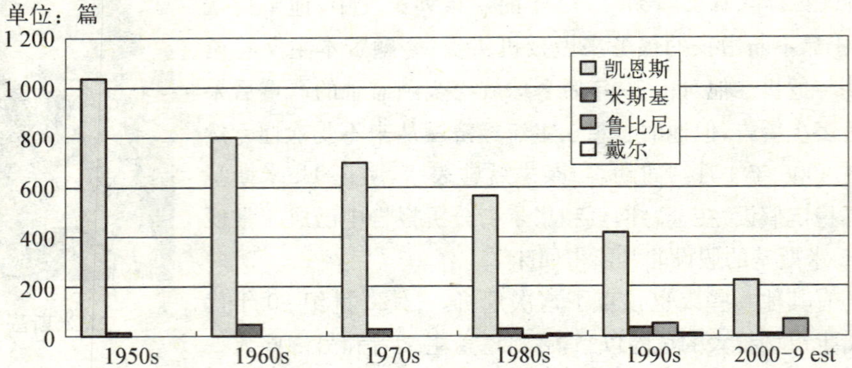

J. 凯恩斯思想所遭遇的命运显示了当今经济学家对经典文本的忽视。J. 凯恩斯的智慧被迅速删改,被强行编制成模型。即便在承认 J. 凯恩斯思想时,也往往或以二手资料形式出现或用怀疑的眼光来看待。

可悲的是,忽视经济学大师级先辈的习惯得到了剑桥大学(位于 J. 凯恩斯故乡)一位教授的支持。2002 年,P. 达斯古普塔(Partha Dasgupta)写道:"在大学攻读经济学研究生学位,可以不读任何经典著作,或者只要对过去大思想家的作品有个大概印象,即可过关。"这位现代经济学家甚至都没有尝试将他自己的探索同经典作品所解决的问题联系起来,他的文章只援引近几个月内发表的文献。P. 达斯古普塔辩称,"经过深思熟虑","仍弄不清楚,这究竟是不是一种很糟糕的情况"。对 P. 达斯古普塔来说,忽略过去具有重大积极意义:要想进行开创性工作,不了解过往时代的各种观点和争论其实是有利的。这

P. 达斯古普塔

样，历史影响现有研究计划的风险就降低了。

然而，研究总是与过去联系在一起的，即便是在考虑未来时也是如此。人的观念与理论都来自过去，不可能另有他途。是否应当“了解过往时代的各种观点和争论”，这主要取决于那些问题是否与当代情况相关。鉴于面临着与“大萧条”时代同样规模的经济危机，所以必须学习以往的经验，学习已故经济学家的分析与策略，正如必须从银行破产造成的其他衰退中吸取教训一样。然而，令人遗憾的是，在有些人看来，过去的就让它成为过去吧。伟大的智慧被视作以往的即时消费品，有价值的知识遭到了忽视。

尽管这样，正如 M. 布劳格(Mark Blaug)1991 年所指出的那样，新思想的开创者极少会闭口不提一两位先辈的大名。然而，由于经济学史的具体知识已成为不时髦的稀有品，所以援引先辈作品就变成了肤浅的俗套。对以往文献的忽视大大削弱了认真推敲前辈理论思想的习惯，削弱了仔细辨析词义微妙变化的习惯，削弱了欣赏高雅文风与流畅表达的习惯，削弱了严格关注术语定义精确性的习惯。谁肯花功夫去读 J. 凯恩斯的作品，准会发现他是一位在这些被遗弃价值方面颇有造诣的楷模，而这正是今天所迫切需要的东西。

三、技 术 统 治

如今在经济学核心刊物上发表论文，也无需去阅读并援引过往时代任何经济学家的著作。大多数经济学家只对经济模型感兴趣，他们学会了如何使用分析工具，但却不了解所分析问题产生的知识、历史和制度方面的背景。数学充斥于重点大学和研究生院的课堂，经济学专业的学生既用不着去了解，也不被鼓励去优先考虑真实世界的经济现实与制度安排。诸如各国的财富与贫困的本质及其成因这样的重大问题不可能给研究者带来荣誉，除非能把分析简化为受推崇的模型和公式。

过去 20 年里，一直有人反复对重技术轻实质的倾向提出告诫。20 世纪 80 年代，这个问题变得严峻起来。A. 克莱默(Arjo Klamer)和 D. 科兰德(David Colander)1990 年公布的一项调查结果显示，在美国顶级经济学系科的研究生中，只有 3%的人认为“拥有全面的经济学知识”对从业成功“非常重要”，而有 65%的人则认为，“解决问题的聪明才干是重要的”，57%的人深信“学好数学”极为重要。B. 弗雷(Bruno Frey)和 R. 艾肯伯格(Reiner Eichenberger)在 1993 年也曾表示，研究生学习的是“理论与抽象的东西，很少关注制度方面的事实”。

1988 年，美国经济协会创设了一个委员会，调查美国大学经济学研究生的教学状况。该委员会在一份报告中表达了深切的忧虑：“现有教学计划可能会培养出一代只懂技术而不知实际经济问题的傻瓜专家。”该委员会成员 A. 布林德(Alan Blinder)评论说：师生都发现经济学迷恋技术而轻视实质……委员会抽查的宏观与微观理论考试…… 只考数学解谜能力,却不考实质性的经济知识……只有14%的学生表示,其核心课程强调了"把经济理论应用于真实世界的问题"。

该委员会自1988年成立以来,就成了经济学界一些主要人士的诉苦对象。D.麦克洛斯基(Donald McCloskey)1991年写道:严格地说,当代经济学的习惯做法就是在超空间中竭力寻求可以想象到的假设……一个又一个的经济学系都迷上了模型和公式。在经济学教学计划中,极少传授经济学知识,所教的是"工具",是5年左右就会陈旧过时的工具。

几年后,M.布劳格又再度指出,当代经济学已呈病态。经济学日益成为专注于自身的智力游戏,而不是专注于实际结果以理解经济世界。经济学家已把这门学科变成了一种社会数学,严密分析才是一切,而实际意义什么都算不上。

W.里昂惕夫

至少有3位诺贝尔经济学奖得主表达过他们的忧虑,W.里昂惕夫(Wassily Leontief)早在1982年就反对把模型看得比数据还重。他说,经济学杂志中页页充斥着数学公式……经济学家年复一年地产生着不可计数的数学模型,不遗余力地探索着它们的形式性质;计量经济学家则把各种可能的代数方程应用于本质上相同的数据。R.科斯(Ronald Coase)1997年抱怨说:"眼下的经济学是飘浮在空中的一种理论体系,与现实世界中发生的事没有多少关系。"而M.弗里德曼则发现,"经济学已经成为数学的一个深奥分支,而不是研究实际经济问题的学问"。

这些权威性批评产生了什么作用?D.科兰德2009年指出,这些重要的警告"对美国的研究生经济学教学没有产生任何影响"。M.布劳格也悲观地写道:"我们已经制造出一个难以阻挡的魔鬼。"现在问题不在于数学本身,而在于对技术的迷恋和对实质的轻视。按理说,在经济学范围内为有用的直观推断或数据成分的模型提供某些有限空间是没错的,但是决定采用它们与否的理由不是它们的技术美学,而是它们有助解释真实世界的有用性。

鉴于技术在当代经济学中占据着统治地位,就有必要考虑这种情况是如何影响经济学家判断的,又是如何左右他们给政策制定者所提出的建议的。在这之前,先来回顾20世纪30年代的往事,并探讨一下当前的经济危机是否会削弱或强化这种形式主义和技术至上的偏见。

四、以往的危机是否使经济学家更重实质而非技术

数学技术远在2008年金融危机之前就稳坐于经济学的殿堂之中。比较之下,20

世纪20年代的经济学是一个重视论证远胜于迷恋技术的学科。经济学家接受学科史的教育，了解存在已久的问题和不断变化的理论方法。因此，当今的经济学改革任务在本质上不同于1929年大萧条后经济学家所面临的任务。

J.凯恩斯的核心理论观点是，自由主义经济学背后的假设并不适合真实世界的经济体系，这根本就不是经济模型或经济计量技术的战场。但具有讽刺意味的是，大萧条却激发了在经济学领域更加广泛使用数学的冲动。

G.缪尔达尔

新一代经济学家对老一代经济学家找不到解决办法很感不耐烦，转而同时依靠数学模型和J.凯恩斯教条。G.缪尔达尔(Gunnar Myrdal)回顾自己在20世纪30年代的经历时说，他在经济计量协会创立之初发挥过作用，建立该协会的目的就是推行形式方法，反对制度学派在美国的垄断地位，后来他本人却转向了制度经济学，成了新古典主义主流的一名批判者。G.缪尔达尔在1972年写道："面对那次大灾难，我们这些惯于根据简化宏观模型推理的'理论派'经济学家感到，我们处于最前端……正是在这个时期，投身凯恩斯主义革命激流的经济学家调整了自己的理论模型，使之适应时代的需要，这使我们的'理论'方法取得了非常广泛的胜利。"

这次"革命"不仅确立了相对简化版的凯恩斯主义，而且它是在包括P.萨缪尔森(Paul Samuelson)和其他人在内的新一代经济学家的领导之下进行的，它促进了数学经济模型的发展。他们只强调凯恩斯主义中能够建模的那些部分，对年长经济学家难以理解的沉思默想感到厌烦，因为这些经济学家埋首于历史事实，试图理解资本主义的运动规律。

促使进一步向数学方法倾斜的部分原因在于技术专家垄断的诱惑，部分原因则是它提出了解决当时迫切问题的明确方法。增大G变量似乎就能缓解失业问题。这一办法简单明了，披着数学与"科学"的外衣，极具诱惑力。虽然J.凯恩斯本人告诫说，数学技术在经济学中的应用具有局限性，但他却遭到了把数学视为解决办法的年轻一代的公然反对。

导致经济学走向形式化的第二个动力是二次大战。科学活动的军事化给具体的数学技术和统计技术带来了机遇和资源。20世纪最大的军事冲突提升了新古典主义经济学的主题——在既定制度和假设技术的情况下，稀缺资源的分配倾向于既定目标函数的最大化。

战争的爆发完全扼杀了对政府推行预算赤字的一切保留意见。大萧条使很多人相信，需要某种财政赤字来支撑公共开支。战争把事情整个颠倒了。在战争持续期间，任何试图鼓吹"平衡预算"的人都可能被指控为抵制作战。以公共筹措资金支持战争的需要保证了"凯恩斯主义"的胜利。P. 萨缪尔森在1986年的一次采访中声称:"到战争结束时,整个学术界都成了凯恩斯主义者。"

大萧条虽然确立了凯恩斯主义宏观经济学,但同时也推动了数学形式化进程,使其在战后逐步加速发展起来。这一变化的速度与规模可见于《美国经济评论》、《经济杂志》、《政治经济杂志》和《经济学季刊》等一些主流杂志。在20世纪20年代之前,文字论述占到这些刊物所发文章的90%以上。1940年后,文字论述已不如以往那样占据统治地位了,到了60年代,这类文章的占比逐渐降至33%。而到90年代初,在历史悠久的主流杂志所刊发文章中,90%以上充斥着代数、微积分及计量经济学公式。

虽然从1975年至2008年左右,J. 凯恩斯思想不再流行,主流经济学在其他方面也发生了变化,但重技术轻实质的风气却依然如故。紧迫的问题是,2008年的危机能否扭转这种局面。

可以回忆一下较早发生的事。1997年,R. 默顿(Robert C. Merton) 和 M. 斯科尔斯(Myron S. Scholes)获得诺贝尔经济学奖。M. 斯科尔斯曾帮助设计了布莱克-斯科尔斯(Black-Scholes)模型,著名的对冲基金就建立在它的基础之上。然而继1997年亚洲和东亚的金融危机之后,高杠杆基金在1998年不到4个月的时间内就损失了46亿美元,并告破产。这种情况是否引发了对模型局限性的严肃讨论? 同样也没有。

五、为何警告被忽视?

需要解释的关键问题不是预测的失败,因为对危机的各种预测早已做出。要问的是,为什么危机之前对银行信贷的本质与规模的真切忧虑会被置之不理?

英国金融监管局主席 A. 特纳(Adair Turner)在2009年1月21日的一次讲话中指出:"……归咎于全球银行家、监管者、中央银行、财政部和经济学界的全面失败……标志着整个体系和整个市场充满了极大的系统性风险。"这一谴责的范围相当广泛,把经济学也包括了进去,显得比较公正。但它却没有解释为何这类短视之事同时发生于所有这些十分不同的政治、金融与学术机构中。

R. 波斯纳

有影响的经济学家 R. 波斯纳(Richard Posner)在其博文《金融危机: 为何警告被忽视?》中讲到了这个问题。他引用了R. 沃尔斯泰特(Roberta Wohlstetter)的名著《珍珠港: 警告与决定》(*Pearl Harbor: Warning and Decision*, 1962)。R. 沃尔斯泰特在书中表明,美国军方收到了有关日本有可能袭击珍珠港的信息,但是由相隔很远的不同之人收到的。在特别多而杂的信息中,很难整理出相关信息。这样一来,对个别某些信息未给予较高的可信度或重要度,因而信息未能传到最高军事层。据此,R. 波斯纳援引了 N. 鲁比尼关于经济衰退的警告,认为这些警告在金融界和政治界的官僚机构内遭遇到了同样的障碍,造成许多警告被忽视的因素包括:先入之见、采取有效防范不确定危险措施的难度与成本,以及缺乏从多渠道收集和分析警告信息的机制。

这一论点深刻揭示了官僚主义是如何剔除信息的,但却未考虑一个根本区别。准备发动袭击的情报与从认知上评价危机的可能性而非现实性并不是一回事。此外,至少在当代官僚主义机构中,任何关于发生金融危机可能性的间接观点都需要具备能经受定量风险评价的条件。但由于系统的复杂程度和开放程度,可靠的概率评估往往很难或不可能。因此,在当前的官僚文化中,风险量化的缺乏阻碍了许多警告的传播,使之不为人所注意。此外,N. 鲁比尼的警告之所以被忽视,部分原因在于他没有采用一种足够受人推崇的支撑模型。珍珠港事件与 2008 年危机是有重要区别的,然而 R. 波斯纳不是一名直率的辩解者。他针对某些经济学家进行了特别的批评:在预见金融危机的失败方面,最大的失败莫过于金融学与宏观经济学教授的失败,只有诸如 N. 鲁比尼这样的几个人除外。某些媒体评论将之归咎于过于依赖抽象数学模型的经济学教授。其实,金融学教授主要是在商学院而非经济学系执教,他们往往与金融市场的真实情况有着紧密联系。他们不是不切实际的理论家,他们与咨询师、投资者、货币管理者一样参与了金融市场的运作。

这就是数学模型在促使经济学家脱离实际时起作用的又一论点。R. 波斯纳否认经济学家从中起了不良的副作用,辩称商学院的金融经济塑造者在货币市场的喧嚣中弄脏了他们的手。这些判断提出了更进一步的问题。为什么经济学系的其他教授不太喜欢卷入市场机制的漩涡?所以常见的抱怨是,人们对市场机制实际运行知之甚少。

再说,参与并不意味着一定具有大局观。金融经济学家的大多数模型并不怎么关心如何去理解制度性市场机制,甚至不怎么关心预测系统性的结果,而是关心为客户投资者提供风险评估和投资算法。这样的工具模型很容易出错,它戏剧性地显示在了布莱克-斯科尔斯对冲基金的丑闻中。R. 波斯纳未能认识到,金融经济学家在弄脏自己手掌的同时,还无视了债务大山终将崩塌的严重形势。

警告之所以被忽视,还在于自由市场的思想与有效市场假设和理性预期等理论断言结合在了一起。人们普遍相信,市场本身能调节和控制债务。过分借贷会被市场发现,轻率贷款机构的股票价格会自动下跌,因而政府监管是不必要的。

有效市场理论宣称,交易资产价格已经反映了所有已知信息。这个观点支持轻度监管。理性预期假设则断言,结果与期望并无系统性差别。投资者在预报价格的过程中,会梳理所有的信息来源。如果经济学家相信市场的信息效率和自我矫正能力,那么关于衰退的警告就会被忽视,因为它们有悖于传统智慧。

还有,金融学教授被引入"金融市场的真实世界"的部分原因,在于可拿到有利可图的咨询合同。很多商学院鼓励开展这样的咨询工作,将之视为院校本身地位与声望的标志。鉴于这样的既得利益演变,特别是20世纪80年代以来商学院在全球的蓬勃发展,因此金融经济学家没有什么积极性来要求推行更强有力的监管、为对冲基金设置更大限制,或提高对金融衍生品市场发展的警惕性。既得利益助长了维持思想现状和政策现状的惯性依赖。

最后,流行于当代公私官僚机构中的量化崇拜,意味着咨询师不得不对任何风险提供定量评估。但根据F.奈特(F. H. Knight)和J.凯恩斯的定义,不确定性存在于不可能对概率进行量化的地方。但极少有主流经济学家去考虑这一差别,部分原因是很难把非定量的不确定性纳入模型。这个观念被逐出了主流经济学理论,所以就很难看到,从概率计算方面对金融灾难预言做出有价值的评断。

因此,在思考2008年危机警告为何未引起注意时,所面对的基本上不是一个未经核对的或被忽视的"珍珠港信息综合症"。相反,资深分析家的预感之所以被主流经济学界和金融客户所忽视,就是因为它们既没有进行概率量化,也不是来自受人推崇的模型。

六、诊断经济学病症

现在来看看经济学形式主义发展的重要历程。T.劳森(Tony Lawson)1997年断言,数学模型的应用预设了一个现实中"罕见"的"封闭系统"本体论。这个论点的细节广遭质疑,且没有触及这样一个问题:导致经济学形式主义在全球崛起的制度和文化条件究竟是什么?鉴别基本假设固然重要,但解释它们如何变得突出则是另外一回事。

损害经济学的痼疾有其鲜明特点,而其他学科也面临着同样严重的问题。举例来说,在后帕森斯社会学未能在核心假设上达成共识几十年后,社会学理论声誉大跌,社会学分裂为各种不同的小流派,包括后现代主义、理性选择理论和朴素经验主义。

我认为,全球性压力对20世纪的大学具有很大的影响,导致教学与研究的性质发生了重大变化,但不同学科应对这些压力的演进方式也呈现出不同。特别是经济学中的形式主义,强烈显露出积极响应与路径依赖的一面。尽管如此,仍有必要弄明白这些变化发生的总体学术背景。

看一下大学教育性质的全球性变化。二战前,发达国家的大学是为少数富人或智力精英服务的。尽管存在来自商界或宗教机构的压力,但大学仍尽可能提供通识教育,保持着一种追求真理的风气。二战后,这种情况在大多数发达国家发生了变化。特别是20世纪60年代以来,在商业机构的要求之下,大学已成为一种以具体职业培训为方向的机构。

T. 凡勃伦(Thorstein Veblen)早在1918年就看到大学这种演变的一些初步迹象。而其他一些人也考察了战后通识教育以及质疑与探索风气的衰落,以及较狭窄职业教育形式的兴起。院校不再鼓励学生去探讨重大问题,而是要求他们获得职场所需的技能资质。

这一过程的背后,是发达资本主义经济中出现了战后高等教育系统的急剧扩张,以适应知识迅猛增长和生产领域不断专业化的需求。深度专业化意味着任何领域的培训都需要更多的时间。文艺复兴时代那样的全才被认为已不大可能出现,也不大可能得到公认。

战后大学扩张的主要好处是实现了高等教育大众化,这是由经济需要所驱动,它加速了大学教育的商业化进程。此外,教育系统的扩大需要更多的公共资金,民主压力与其他压力迫使政府需要从业绩角度来说明开支缘由。

这些力量一起侵蚀了通识教育的领地,大大扩展了专业化的职业培训,后者倾向于追求大学研究的经济价值,也促使学者越来越多地采用排行榜和计量化的研究评估,迫使高等院校教师在公认的刊物上发表研究成果。

技能资格崇拜有其历史根源。20世纪70年代以来,它还借助市场个体主义思想获得了动力。这种情况使个体与组织的合同义务被量化了,增加了万一失败情况下的诉讼威胁。组织一般是根据惯例与量化风险评估来提供回报。在同样的压力下,类似的发展也可见于学术界外的商业组织。

这些背景性的制度与文化力量以不同方式影响着各个学科。由于经济学早就形成了某种程度的形式主义特征,容许按照数量利害关系来评价研究成果,所以该学科经历了特别的磨难。经济学家是否被聘用,取决于他们在统计分析或预测模型方面的天赋。

任何科学中都有一种保守趋势。R. 希勒(Robert Shiller)描写过这样一种情形,即一大群经济学家因害怕背离这种趋势而围绕传统观点打转。在经济学这个庞大的学科中,这个问题尤其严重,因为该学科事实上被极少数理论范式和研究方法所统治,学术刊物与其他学术资源又被集中控制在少数学术机构手中。该学科内权力的寡头式垄断既影响出版又影响筹资。技术性不强的论文难以见诸权威杂志;没有模型的资助申请得不到经济学家评委的批准;没有良好建模经历的候选人不会被提拔。就是在这样一种因果积累的过程中,技术崇拜开始自我膨胀起来。

主流经济学家由于不再接触到那种严肃对待这类问题的教育,所以也就不在乎理论或概念的深层意义或历史根源,或不在乎有关经济与社会的重大问题。

七、结论:经济学改革

危机与预测失败都未必能把经济学家逼向现实主义。对当前衰退的一个可能反应是,应当加倍努力研制更好的模型。也许确实应当如此,但仍必须接受这样一个根本教训:仅靠模型自身是不够的。经济学家需要重视建模的局限性,而这些局限是普遍存在的,是真实世界里难以驾驭的不确定性、复杂性和系统开放性所造成的。要更好理解当前的困境,就必须更充分地重视经济史和思想史,真正需要的是振兴经济行业内部的文化。

D. 科兰德

2000年,D. 科兰德和其他一些人辩称,充分认识现实及其复杂性的意义,有助于经济学改革。虽说现有关于复杂性的著述并非灵丹妙药,但承认面对复杂性建模的各种局限性却至关重要。即便是最复杂的模型也不足以应对真实世界的复杂性。经济学家不去研究真实世界的复杂性,而是龟缩进了一个人为和简单得多的模型世界。当前,经济学家不应当坚持根据内在技术复杂程度来估价各种模型的做法,而应当根据有助理解真实世界和密切与真实世界关系的能力来检验模型的有效性。

在应对不确定未来的对策中,一种被称为情境预设的业务技术很有价值。情境预设涉及的是未来可能的形势和问题,但并不试图为每一情境框算出一个概率。情境预设的目的是使组织为突如其来的不确定事件做好准备。2008年前,银行和政府也许会问:"如果买家撕毁贷款合约,房价停止上涨,那会发生什么?"情境预设者就会考虑避免或对付这种局面的策略。

但是,情境预设也可能会给组织带来麻烦。经营活动主要是靠惯例支配,很难应对不确定的未来。组织不知道该如何很好地应对不确定性问题,正因为如此,情境预设的原型未被广泛采用。因此,经济学家重视不确定性并理解其意义,督促组织和政府了解其重要性并协助制定应对策略,这些就显得极为重要了。

这里还存在既得利益问题。金融经济学家不大可能为监管说好话,因为他们与从事衍生产品、对冲基金和可疑金融创新的公司签有可赚大钱的咨询合同。市场个体主义思想严重损害了经济学家的职业道德。主流经济学家公开宣称人人都是自私自利的,因而他们在任何层面上都不可能按道德行事。结果是丧失了追求真理的职业操守,使学术剽窃大行其道。坚持经济学家的道德准则有助于扭转这种状况,有助于恢复一种高度崇尚正直、诚信与职业责任的文化。

2000年6月,巴黎一流高等学府经济学专业的一些学生散发了一份请愿书,要求改革经济学课程。他们抱怨经济学"忽视具体的现实问题","借助一种完全不证自明的过程解释一切,似乎这就是经济真理",要求"采用方法多元论,以适应客体的复杂性和涉及经济学大多数重大问题的不确定性"。这个抗议在一定程度上引起了全球的注意,类似的事情随后在剑桥大学和其他一些地方也发生了。

这样的关切一直以来都很重要，就像终结没有批判与反思的教条式教学方式一样，必须结束对数学的依赖。经济学教学必须紧密联系以往经验和具体实际，采用更多元化的理论方法。要想理解当前的经济危机，就必须研究经济史和经济思想史；要想理解市场是如何运行的，就必须摒弃空洞的理性宣传，认真探究心理学和其他领域；要想知道经济学是怎么走错路的，就必须重视经济哲学的贡献以及经济学与意识形态的关系。这些不时髦的论题必须重新纳入经济学的核心课程，恢复其在研究领域中的重要地位。除非主流经济学注意到这些警示，证实它们有助于理解 20 世纪 30 年代以来资本主义体系的最严重危机，否则经济学注定将沦为文不对题的垃圾学科。

经济学需要与其他社会科学开展更广泛的对话，这不仅必不可少，而且更显紧迫感，因为经济学和社会学在学科界定上都丧失了先前的共识。这表明大学需要对社会科学启动某些改造。政治家的思想转变提供了外界发出呼吁的机会，舆论界领袖应当明白这个行业内的问题严重性，利用其影响为改革呐喊。如果这方面的努力不成功，那么探究广阔真实世界的经济学就只能在诸如“政治经济”这样的名目之下或在更广阔的社会科学课程范围之内单独实现自我改造。

（广东培正学院英语教育中心　龚　威　译）

后危机时代西方经济理论的剧烈转向

The Great Turning of the Western Economic Theory After the Subprime Crisis

姜达洋

天津商业大学经济学院　讲师　经济学博士

当前的金融危机不仅给世界经济带来了沉重的打击，也成为西方经济理论研究的一个重要转折点。危机之后，以往强调计量经济学、数理经济学等研究方法的现代西方经济学界逐渐摆脱了对经济数学方法的迷信，转向更为多样化的选择；经济自由主义自20世纪末起，始终主导着现代西方经济理论，金融危机暴露了放任自流的危害，随即开始转向强调政府干预与经济管制的现代政府管制经济理论；伴随着世贸组织的发展与欧盟的成立，自由贸易成为现代西方经济学的主导思想，然而危机以后，多种形式的贸易保护主义重新抬头，各国选择了保护性更强的经济政策，从而导致现代国际贸易格局及其理论出现了新的变化。深入研究危机对现代西方经济理论的影响，有助于理解经济理论与经济发展之间的协调关系，进而把握未来经济理论发展的趋势。

始于2007年中期的次贷危机沉重地打击了全球经济，世界各国特别是众多欧美发达国家的经济，面临着金融市场崩溃和投资欲望消退所带来的经济衰退，从而陷入困境，各国政府纷纷采取各种强有力的经济政策刺激本国经济，以求脱离危机的泥潭。与之相对的是，作为各国政策决策者思想基础的西方经济理论也在危机的冲击下，面临着很多剧烈的转变，也许这将代表着现代西方经济理论又一个历史性转折点的到来。

一、从经济数学化转向研究方法的多样化

在西方经济理论诞生之初，历史研究法与比较研究法往往是这一时期学者进行理论研究的主要方法，从A. 斯密(Adam Smith)、D. 李嘉图(David Ricardo)以及F. 李斯特(Friedrich List)等西方经济学先驱的理论体系中就可以明显地看到这一特征。在这一时期，学者更多的是针对客观存在的历史事实，特别是经济发展的概况与政策选择的效果，进行深入的研究，细致比较不同经济条件下的产业演进规律与政策选择的差异，

从中抽象出具体的经济理论。德国的历史学派更注重这种历史研究与比较研究的传统在早期西方经济理论体系中的地位。

只是到了20世纪初期，伴随着边际革命与凯恩斯革命，在L. 瓦尔拉斯(Léon Walras)、J. 凯恩斯(John Maynard Keynes)及其继承者的推崇下，数学工具开始在西方经济理论研究中得到广泛应用，并成为现代西方经济理论的主流研究方法。经济学家发现利用数学语言进行经济研究，相较于广泛运用文字和图表的传统研究方法，在表述上更为简洁、准确，在逻辑上更为严密、精确；同时通过构建数学模型，可以更容易地得出单纯依赖文字和直觉难以发现的结论；通过比较不同数学模型的假设前提或论证过程，可以更直观地把握不同经济理论学派的内在区别。也正是由于数学方法在经济学研究中的这些内在优势，经济研究数理化在20世纪中后期已经成为一个不容忽视的潮流。在西方主要经济院校以及经济期刊中，经济数学化已经处于绝对的主导地位，随之使计量经济学、经济统计学、数理经济学等与数学密切相关的经济学科得到了飞速的发展，一大批数学家摇身一变成为知名经济学家而赢得声誉，而与之相对，运用非数学方法进行经济理论研究则被视为一种异端学派而颇受排斥。

值得注意的是，在现代西方经济理论中，具有重要历史影响的演化经济理论与制度经济理论在产生之初，就以强调制度分析、隐喻、回溯等研究方法而一度成为强烈反对经济数学化的斗士。然而，随着这些经济理论逐渐被主流经济思想所接受，而这些学派的学者为了减少主流经济理论对自己的攻击，从而能够赢得学界的认可，也往往愿意选择在研究方法上向主流经济理论妥协，把主流的数理研究法纳入自己的理论体系，并开始尝试把数学方法应用到自己的研究过程中，用经济计量的方法替代以往的文字研究与逻辑过程。因此，到次贷危机发生之前，即便是在新制度经济学和演化经济学等这些异端经济理论体系中，经济数学化也成为共同的趋势。

如果经济学数学化真的如同众多主流经济学家所说能使自身成为一门严谨、精确的科学，那么众多运用经济数学方法研究经济发展状况和预测未来经济发展趋势的学者，就应该能够借助精确构建数学模型的方式预测到次贷危机的爆发。然而，次贷危机的发生却完全超越了众多经济模型的预测，全球没有一个学者能以数学方法提前预测到这场浩劫。于是，不少西方经济学家开始认识到这种过于依赖经济计量方法与经济统计方法的主流经济研究方法存在着不足，并开始探求更为多样化的经济研究方法。

2008年11月，英国女王在视察伦敦经济学院时问经济学家们："为什么没人预见到信贷紧缩的到来?"英国皇家社会科学院针对这个问题展开了一场大讨论，并于2009年7月22日由T. 贝斯利(Tim Besley)、P. 埃内西(Peter Hennessy)向女王上书解答女王的提问。他们认为，由于没有从国内外诸多智者处集思广益，并从整体上理解系统风险，才导致了这场危机。因而，他们提出需要在这个基础上强化不同部门之间的协作，以管辖相互关联的不平衡。值得注意的是，他们的回答更多地强调了危机成因的复杂性,却并没有正面回答女王的提问:广泛采用的经济数学方法,为何没能提前通过构建模式的方式预测到这场危机的到来。

也正是出于这个原因,S. 道(Sheila C. Dow)、P. 厄尔(Peter E. Earl)、J. 福斯特(John Foster)等10名学者不同意上述说法,于2009年8月10日向女王上书,指出只关注数学技术工具和构建无约束实证模式的狭隘研究方法造成了经济预测的失败,而很多经济学前沿学术期刊和机构为寻求数学工具而寻找数学工具,从而进一步加剧了这种缺陷。所以,他们进而倡导一种更为注重事实,关注历史、机构、心理学和其他高度相关因素的经济研究方法。这在很大程度上反映了经济学界自危机后开始怀疑以往的经济数学化的科学性。于是,经济数学化在现代经济研究方法中的主导地位开始面临日益严峻的挑战。

在现代经济体系中,数学工具只是一种纯粹的研究工具,在A. 马歇尔(Alfred Marshall)等早期经济学大师看来,数学工具甚至只是经济学研究过程中的一个较为次要的辅助工具。然而,20世纪中后期,经济数学化却成为现代西方经济理论发展的重要趋势,有没有运用数学工具,是否构建了复杂的数学模型,这已成为评判经济研究科学性的根本标志,从而陷入了严重的数学依赖症。然而,过于迷恋数学手段却使现代西方经济研究反而脱离经济事实而趋于空洞化、虚拟化。尽管众多经济学家在危机爆发前运用各种数学方法构建了众多复杂的数学模型,对世界经济进行了深入的预测,然而,却没有一名学者和一种经济理论能够成功预测到这场严重的危机,这恰恰反映了经济数学研究方法的不足。在这一历史事实面前,甚至可以说恰恰正是经济数学化才将现代西方经济学引向了歧途。正是由于危机的爆发,使更多的西方学者开始认识到经济数学化的不足,从而开始寻求更为多样化的研究方法。

二、从经济自由化走向更为严密的监管

现代西方经济理论的发展在很大程度上表现为经济自由主义与经济干预主义之间的斗争。作为现代西方经济学的鼻祖,A. 斯密最先为经济自由主义确立了基本原则。经济自由主义推崇市场机制的功能,相信市场机制的自发运行能够保证社会资源的最优配置;而政府的政策干预往往会扭曲价格信号,甚至会因造成普遍寻租行为而影响利益的重新分配,从而损害社会福利。因此,从A. 斯密开始,经济自由主义往往认为,政府的功能就在于通过制定规则来保证市场机制的正常运行,从而充当国民经济的"守夜人",或者对一个社会来说,"最好的政策就是根本没有政策"。

然而,大萧条的出现打破了古典经济学和新古典经济学等经济自由主义者对市场机制的迷信,间歇出现的经济危机和普遍存在的失业,表明市场机制并没有能力如他们所论证的那样保证社会经济的平稳运行,更没有能力保证充分就业的长期实现,这

才引发了“凯恩斯革命”，从而促成了政府用强有力的财政和货币政策来干预国民经济，以弥补市场机制在抑制经济波动和刺激创新投资方面的不足，从而保证国民经济的平稳运行。也正是得益于“凯恩斯革命”，即便在自由主义思想流行时期也没有根本消失的政府干预经济的合理性，才第一次在经济理论上得到确定，从而催生了现代宏观经济管理的理论。

在凯恩斯主义咄咄逼人的攻势面前，经济自由主义者并没有甘认失败，而是对自身理论进行了很多重大变革，甚至将凯恩斯主义的部分政策观点吸纳进自己的理论框架。20 世纪 70 年代，当凯恩斯主义在滞胀面前手足无措之际，供给学派和货币主义很快向凯恩斯主义吹响了总攻的号角，在他们的引领下，里根政府和撒切尔政府都采取了很多自由主义改革方案，这些改革方案尽管不是出自真正意义上的经济自由主义，然而正是从这一时期开始，经济自由主义重新在西方经济理论学界赢得了主动，并于 20 世纪 80 年代和 90 年代在理论与实践领域重新确定了自己的主导地位。

20 世纪 90 年代，当拉美经济陷入严重的债务危机和经济危机而不能自拔，而苏东国家又面临解体后的震荡之时，在一些经济自由主义者的倡导下，在美国政府、国际货币基金组织、世界银行的支持下，这些国家兴起了一场又一场以“自由化、私有化、稳定性”为基本特征的经济改革，这就是著名的“华盛顿共识”，它意味着经济自由主义在经济理论学界以及经济运行中的全面夺权，然而次贷危机的爆发又一次将经济自由主义推向了争论的风口浪尖。尽管学术界对次贷危机产生的根源众说纷纭，但公认的结论是，美国政府长期以来对华尔街的自由放任，直接为本次危机埋下了祸根。即使一贯坚持自由放任思想的 A. 格林斯潘(Alan Greenspan)也承认自由市场理论存在缺陷，无拘无束的自由市场并不一定是经济运行良好的根基。

为消除危机对本国经济的伤害，更是为挽救处于危机中的本国企业与本国经济，即便是在公认的自由主义大本营的美国，政府也先后采取了各种强有力的政策，向深受危机打击的领头企业提供直接的经济支持。美国政府斥巨额注入通用汽车、克莱斯勒、花旗银行等知名企业，甚至接管像美国国际集团等面对生存危机的主要企业，希望帮助这些曾经辉煌无限的跨国公司重铸辉煌，而这些救市政策明显与经济自由主义所倡导的自由市场机制相对立。在危机面前，曾经成功克服大萧条的经济干预主义思想，又重新在理论与实践方面赢得了与经济自由主义的对决。

在经济自由主义理论体系中，个人与企业等市场主体是具体的决策者，它们通过自由市场竞争来保证经济运行的效率，通过市场中众多市场主体的决策行为，共同实现社会资源的最优配置。在这样的运行机制下，政府只需要通过立法来保证市场的运行秩序，而无需真正干预微观经济主体的决策行为。然而，次贷危机以来，美国等西方国家的政府纷纷通过一系列的立法活动，建立了有史以来最为严厉的监管机制，如 2010 年 7 月 21 日，奥巴马总统就签署了金融监管改革法案，政府不再默许金融企业在金融市场中的自发竞争行为，而是通过更为严密的法律框架或政策引导机制来限制或者引导微观市场主体的决策行为，从而克服自由市场机制所造成的市场失灵与经济动荡。这也标志着在危机的打击之下，经济自由主义思想又一次失去了在现代西方经济理论界的领导地位，从而引发西方经济理论的又一次剧烈变革。

三、从自由贸易转向更为隐蔽的贸易保护

尽管在西方经济理论产生之前的14世纪和15世纪，重商主义推行的保护贸易理论就在资本主义经济产生之初的西欧得到了广泛的应用，然而也正是重商主义的保护贸易理论限制了新兴资本主义市场的扩大，从而制约了资本主义经济的发展空间，这也直接催生了A.斯密的现代西方经济理论。从某种意义上来说，现代西方经济理论的产生目的就在于宣传自由贸易，从思想上彻底清除重商主义保护贸易理论对西欧国家政策制定者的影响，推动国际贸易的发展，从而为资本主义经济的发展寻找更为广阔的原料获取与产品销售市场。

在A.斯密及其继承者的理论框架中，每个经济个体，无论是个人、企业还是国家，都在某些产品的生产中拥有绝对或相对的成本优势，如果它们能够扬长避短、力行分工，就能够有效地提高社会资源的配置，增加社会生产，提高经济效益。这一思想在国际贸易中表现为各国政府都应该取消以往对国际贸易的限制，根据自己在全球分工体系中的绝对成本优势或比较优势，科学合理地选择自身的产业布局，通过国际贸易——利用出口自己生产的优势产品所创造的收益，来换取自身不具备生产优势的产品的进口，从而加快本国经济发展的步伐。

值得注意的是，尽管在经济史上英法等早期发达资本主义国家一直被认为是自由贸易理论的倡导者与实践者，然而事实上，即使在A.斯密与D.李嘉图的祖国——英国，真正意义上的自由贸易也从来没有实现过，英国政府对本国商品市场的贸易保护始终存在[①]，所谓的自由贸易在很大意义上是英国要求经济上落后的其他国家"做我所说的，而非学我所做的"。

就在A.斯密出版鸿篇巨著《国富论》的当年，大洋彼岸刚刚赢得民族独立的美国也在探寻发展本国经济的道路。尽管A.斯密的自由贸易理论赢得了后来担任美国第三任总统的T.杰斐逊(Thomas Jefferson)等美国政界要员的支持，而受这一时髦理论影响所产生的"农业立国"论很长一段时间内在美国得到了更多的拥护，也在新兴的美国经济发展中得到了真实的推行。然而，也正是这一时期的美国产生了真正意义上的

① 这一观点在后来F.李斯特的《政治经济学的国民体系》中得到了详细的分析，在张夏准的《富国陷阱》中又重新得到了深入的分析。

现代保护贸易理论。

时任美国第一任财政部长的 A. 汉密尔顿(Alexander Hamilton)就任后连续向国会提交了 4 份报告,他在第 4 份报告《关于制造业的报告》中,提出了"工商立国"的重要思想。他指出,"一旦制造业建立起来并在我国生根,那就会给美国伟大、光荣的未来开辟道路,并能对付任何暴君的干涉。"①然而,当时的美国制造业发展面临着人手缺乏、劳动力昂贵和资金短缺等困难,如果美国政府不对这些新兴的制造业产业提供支持的话,国外竞争和"习惯势力"将会使美国无法建立起足以很快确立国际竞争力的制造业产业。②针对这一现状,A. 汉密尔顿提出了包括保护关税、出口限制、政府直接补贴目标产业、减免制造业投入的税收、提供公共设施等 11 项基本政策原则,而这也为以后的产业政策发展设定了主要的政策框架。③

需要指出的是,由于坚持农业立国思想的 T. 杰斐逊当选美国总统,A. 汉密尔顿的保护本国新兴产业的思想在当时的美国经济发展中并没有得到应用,而伴随着英美关系的恶化,直到 1807 年的《禁运法案》和 1812 年的美英战争,美国与西欧国家之间的贸易关系被战争所打断,其传统的外向型经济无法维系,一种被迫的闭关锁国选择却促进了美国民族工业的发展,A. 汉密尔顿所倡导的保护思想从此才在美国的经济发展中得以应用。

尽管在当时的美国经济理论学界,古典经济理论所倡导的自由贸易、完全市场机制理论与 A. 汉密尔顿扶持新兴制造业的思想④之间维持了长时期的争斗,这也最终引发了 1861—1865 年的美国内战,这一思想主导了战后 100 多年美国政府的政策选择,即便是新自由主义占据上风的里根政府,对汽车、航空等新兴产业的保护也并没有消失。

在"美国体系"扶持新兴制造业的思想指导下,美国经济焕发出了无比的活力,这也深深触动了当时流亡美国的德国经济学家 F. 李斯特(Friedrich List)。F. 李斯特是 19 世纪上半叶德国最著名的经济学家,早期因受古典经济思想的影响,原是一名经济自由主义者,一直致力消除德国的封建割据,废除国内关卡,统一关税,组建统一的国内市场。他的这些主张受到当时德国封建统治者的强烈反对,为此被迫流亡海外。

---

① 张少华:汉密尔顿"工商立国"与杰斐逊"农业立国"之争,《历史研究》,1994(6)。

② Chang Ha-Joon. 2002, Kicking Away the Ladder: Development Strategy in Historical Perspective[M], London, Anthem.

③ Richard. D . Bingham, Industrial Policy American Style, 1997, Sharpe, New York, pp22.

④ 这一思想后来经过 H. 克莱(Henry Clay)、D. 雷蒙德(Daniel Raymond)、M. 凯里(Mathew Carey)、H. 凯里(Henry Charles Carey)等美国学派学者的发展,从而形成了一整套完整的幼稚产业保护理论,最终由 H. 凯里命名为"美国体系",从而区别于古典经济思想占据领导地位的"英国体系"。

1825年他前往美国，亲眼见证了A.汉密尔顿幼稚产业保护理论指导下生机勃勃的美国经济，同时受A.汉密尔顿的一个重要继承者、当时的著名经济学家D.雷蒙德的影响，开始逐渐转化为一个幼稚产业保护主义者。1832年，当F.李斯特以美国驻莱比锡领事的身份重返德国后，他开始在继续宣传建立统一关税联盟的同时，大力呼吁对于弱小的德国工业采取统一的关税保护，以此来支持德国工业的发展。

F.李斯特的《政治经济学的国民体系》系统地梳理了幼稚产业保护理论，深入地揭示了古典经济理论背后的国家利益的本质。他认为，英国正是通过产业政策所实施的经济保护才获得了早期的发展，而现在它却想通过宣传自由贸易来阻止其他国家也推行产业政策，不让其他国家沿着英国的发展道路实现对英国的赶超。像德国这样的落后国家，如果实行自由贸易，那就只能永远地落后于英法等国，而无法实现自身的工业化。只有采取关税保护制度，首先使德国实现工业化，才可能最终在国际贸易之中实现自由贸易。因此，F.李斯特论证了在煤钢等资本主义新兴产业中推行关税保护来抵挡仍然相对弱小的德国工业免受发达国家制成品进口的冲击，从而扶持德国工业发展的可行性。他的思想后来得到“铁血首相”O.俾斯麦的肯定，德国也正是凭借保护幼稚产业理论的指导，才得以逐渐壮大，甚至超越了当时最为发达的英法等国，成为世界经济强国。

在相当长的一段时间内，主导西方经济学界的是脱胎于A.斯密自由贸易思想的新古典经济学，而A.汉密尔顿和F.李斯特的保护贸易思想则被视为一种异端而饱受攻击。然而，20世纪30年代的大萧条，改变了自由贸易思想与保护贸易思想的地位。当时危机的中心美国首先通过了极具保护主义色彩的《斯姆特-霍利关税法》和《购买美国货法案》，从而引发了全球性的贸易保护风潮，国际贸易市场基本陷入停顿，直到二战以后关贸总协定以及后来的世贸组织的成立，国际贸易秩序才逐渐恢复。到20世纪末21世纪初，在世贸组织、世界银行以及西方主要发达国家的推动下，新的全球分工体系已经基本成型，一个自由、开放的国际市场展现在世界各国面前。

历史事实表明，每当经济危机来临之际，保护贸易思想就会抬头，次贷危机以来的事实也完全验证了这一点。随着危机影响的不断蔓延，包括欧美国家在内的西方众多发达国家纷纷感受到了经济衰退的寒意，各国政府为了减少进口贸易对本国企业的冲击，将更多的国内消费需求留给国内企业，从而支持本国企业渡过难关，为此它们同样选择了各种保护性更强的经济政策，从而导致现代国际贸易新格局出现了新的变化。

以往危机时，政府往往选择通过关税、配额等传统贸易工具限制外国进口商品的规模，或者通过颁布一些直接管制的法令来限制市场主体对进口商品的购买行为与消费行为，然而此次却有所不同，在本次危机中，更多的国家选择了反倾销、反补贴申诉的形式，利用世贸组织赋予成员方的合法权利，在世贸组织制度框架下以一种貌似合理的方法来限制外国商品的进入。比如美国就针对中国生产的轮胎、紧固件等多种产品提出双反申诉。因此，次贷危机发生以来，中国制造的产品在国际市场中所遭受的反倾销与反补贴申诉有了一个明显的数量增长。更为重要的是，据世贸组织相关规定，当成员方对某成员方的某类产品提出的双反申诉获得世贸组织通过后，其他成员方也可以据此选择对该成员方的同类产品加征同样的反倾销、反补贴税收，从而进一步影响该成员方相关产品在世界其他市场的占有份额。与此同时，自次贷危机发生以来，绿色贸易壁垒与技术贸易壁垒等世贸组织框架内的保护性措施也出现了明显的增长。

20世纪末21世纪初，当自由化改革之风遍及全球之际，很多自由主义者曾经设想构建一个完整的全球价值体系与国际分工链，欧盟的成立与欧元的出现一度被这些经济自由主义者视为经济全球化和贸易自由化的一个里程碑式的标志。然而次贷危机到来后，不难发现，关贸总协定和世贸组织花了半个多世纪的时间所构建的自由贸易格局在危机面前表现得如此脆弱，世贸组织旨在维护公平贸易与自由贸易的制度框架在危机中却成了成员方推行贸易保护主义的合法理由，各成员方都在世贸组织的框架范围内貌似合法地运用着世贸组织所赋予的权利，却掩盖了它们推行贸易保护主义的本质。

次贷危机以来，特别是欧洲债务危机发生以来，可以看到即使在自由化程度相对较高的欧洲，危机对不同经济体影响程度的差异，不同国家间经济实力与财政实力的差异，却导致了原本处于一个相互协调、相互协作的政策体系内的不同利益差异，这也直接导致了经济自由主义所设想的区域一体化过程中不同国家宏观经济政策的协调机制并没能有效地发挥作用。欧盟国家在救助深陷债务危机的希腊时的阳奉阴违，在很大程度上证明了经济自由主义所倡导的区域经济协作与区域政策协调思想的局限性。这也成为经济自由主义思想遭遇失败的又一实际证明。

四、结　　论

现代西方经济理论的发展往往与现代全球经济的发展紧密相关，正是出于摆脱重商主义对处于发展初期的资本主义经济的限制，这才催生了18世纪A. 斯密的西方经济学理论的产生。西方经济理论之所以产生在英国，也正是由于英国是当时世界经济中发展水平最高、产业竞争力最强、产业布局最合理的国家。同样由于这个原因，才使得英国又出现了D. 李嘉图、A. 马歇尔等一大批早期知名经济学家，英国也成为早期西方经济理论的中心。

然而，随着美国经济的发展，当美国从英国手中夺走世界经济霸主的地位之后，西方经济理论的中心逐渐转移至美国。世界经济中心的转移与经济理论中心的转移基本同步，这在很大程度上反映了现代西方经济理论与现实经济发展的密切关系。

早期的主导经济理论——新古典主义倡导自由放任的政府机制和自由贸易的贸易格局,然而,伴随着20世纪30年代大萧条的出现,凯恩斯主义从新古典学派手中夺走了西方经济理论的主导地位,J.凯恩斯所倡导的政府宏观调控的干预思想从此深入人心,而与此同时,贸易保护主义也取代了自由贸易思想,主导了此后20多年的全球贸易格局。

伴随着二战后关贸总协定的成立,以及20世纪70年代滞胀的出现,凯恩斯主义受到了普遍的质疑,经济自由主义和自由贸易思想又重新在西方经济思想中赢得主导地位。20世纪80年代和90年代的自由化改革,标志着这两种经济思想在现代西方经济思想中的地位达到了顶峰。

次贷危机发生以来,在见证了空洞的数学模型并无法预测到该次危机之后,曾经极端迷信经济数学化的现代西方经济理论开始摆脱了经济数学化对现代西方经济学研究方法的束缚,开始寻求更为多样化的经济学研究方法;为了应对危机,各国政府纷纷摒弃放任自流的经济传统,开始制定各种战略性经济政策,扶持深受危机打击的本国企业,刺激本国的生产与消费,引导本国的产业演进,从而最大限度克服危机对本国经济的打击;为了减少进口贸易对本国民族产业的冲击,最大限度地解决本国的就业与生产压力,各国政府在维护公平合理贸易秩序的旗帜下,运用世贸组织所赋予的各种政策手段,推行贸易保护主义政策。

每一次现代经济的急剧变化,都会导致传统经济理论对经济发展指导作用的消退,从而呼唤着经济理论的剧烈变形,正如英国资本主义经济的产生催生了古典经济理论,大萧条催生了凯恩斯主义一样,次贷危机的爆发也引起了现代西方经济理论的很多重大变化。反思危机前后就可发现,无论经济研究方法、经济理论,还是贸易理论都发生了根本性的转折。深入研究危机对现代西方经济理论的影响,将有助于真正理解经济理论与经济发展之间的协调关系,进而把握未来经济理论发展的趋势,促进经济理论的持续深入与发展。

主要参考文献:

1. 吴易风:《当前金融危机和经济危机下西方经济思潮的新动向》,《经济学动态》,2010年第3—4期。

2. 贾根良、徐尚:《经济学怎样成了一门"数学科学"——经济思想史的一种简要考察》,《南开学报(哲学社会科学版)》,2005年第5期。

3. 崔殿超:《关于经济学数学化的一点认识》,《光明日报》,2009年8月29日。

4. 唐昌黎、孟海贵:《经济学的千年论战——论国家主义和自由主义》,《理论学刊》,2004年第9期。

近期西方管理学的研究特点及未来发展趋势①

The Features of Recent Management Studies in the West and Trends of Its Future Development

刘雪琳

韩国外国语大学国际通商系　管理学博士

西方管理学经过100多年的发展，无论在管理理论还是在实证经验上都积聚了丰厚的成果，随着世界经济和全球环境的不断变化，该学科的研究角度和关注焦点也处在持续的变化之中。本文试图通过介绍和评价近期西方管理学研究中的两大热点，即创新和知识管理研究与批评性管理研究的概貌及其价值，以揭示近期西方管理学研究的特点和未来发展的趋势。

一、近年来西方管理学研究的几大特点

从1881年W.泰勒（Frederick Winslow Taylor）开创科学管理（Scientific Management）之先河至今，西方管理科学经过上百年的发展，可以说开枝散叶，有着非常多的理论体系，所涉及的范围也非常广，其成果难以赘述。随着世界社会、经济形势的发展和改变，近年来西方的管理学研究也在以往丰厚的理论基础上不断发展。我们发现，近年来的西方管理学研究更加接近自然和人性，更加注重管理与环境（包括自然环境、社会环境、国际环境和企业经营环境）的关联，研究的广度和深度也不断地加大。另外，随着科学技术的进步，管理学研究的方法也在不断增多，其明显的特点可归结为：即时性、全面性和跨学科性，而且这些特点之间的关联日益密切。

1. 研究的即时性：及时发现并解决现实问题

主要表现为研究者对与管理相关的各种变化因素的敏锐度和积极反应，包括对世界经济发展和与工商管理相关事件的关注，以及即时的研究和探讨。研究的即时性使得管理学研究不仅限于理论上的研究，而且使之与实践紧密联系，因此能及时发现和探讨管理实践中出现的一些现象和问题，并提出相应的解决办法。由于西方管理学研究对于当前经验环境和相关的突发事件非常敏感，因此研究焦点也在及时转变。例

① 本文系由韩国外国语大学2011年学术研究基金赞助。

如,由于雷曼兄弟事件而引发的全球经济危机,以及环境问题的日趋严峻,目前商业道德和企业社会责任问题成为管理研究的热点。同时,管理研究还将目光聚焦到新兴市场的发展,如中国、俄罗斯、非洲和巴西等。

2. 研究的全面性:主题增多、领域拓展

主要体现为研究的主题不断增多,除去传统的商业管理,对于语言、文化、地区、性别、哲学、心理学、政治学、经济学、生态学等相关的研究也不断涌现。亚洲、非洲、北美等国家学者的研究成果越来越多。他们积极参与各种国际学术研讨会,在国际学术期刊上发表的根植于本土的管理观念和经验,为管理学研究增添了新鲜血液,丰富了交流的内容,因此使得管理学研究的发展更为全面和深入。

3. 研究的跨学科性:创新思路攻克复杂难题

目前,西方管理学跨学科范围的研究越来越多,比如下面将专门谈到的批评性管理学研究,就涉及不同学科概念的相互借鉴和整合。跨学科研究盛行的原因在于:首先,一些领域本身就是密切相关的,如政治经济学和管理学的概念和理论的跨界运用。跨学科领域的研究使得研究者可以更加深入地了解复杂的问题,从而更加全面地加以分析和解决。其次,跨领域、跨学科范围的研究,可以帮助人们超越固有的思维模式,不受传统理论的束缚,从而使得研究更为全面,结论更为合理,更能反映实际情况。比如说,哲学思想在管理学中的运用,可以帮助研究者更加明确地解答一些关键性的概念和根本性的问题,从而使研究者的研究思路更加清晰。

在众多管理研究领域中,两大研究热点非常引人注目。其一,创新管理(Innovation Management)和知识管理(Knowledge Management),这两者之间密不可分,所以我们将它们放在一起讨论;其二,批评性管理研究(Critical Management Studies)。

二、创新和知识管理研究的新趋势

事实上,知识和创新密不可分,没有知识的搜寻、传播、分享和再创造,就没有创新。近10多年来,西方很多大公司和企业纷纷设立专门的部门和专职人员负责知识管理工作;各种新技术,如信息和传播技术(Information & Communication Technology)等被运用到知识管理中并发挥作用。在学术界,研究知识管理的热潮经久不退,知识管理这个题目也持续成为各种国际学术交流会议的主要议点之一。归结来看,近年来创新与知识管理研究有以下几个新趋势。

1. 知识管理研究的论文数量保持强劲增长态势

根据学者D.西斯洛普(D. Hislop, 2009)的统计,仅在世界顶级权威期刊发表的关于知识管理的优秀论文每年都超过百篇(见表1)。这些期刊包括:《管理研究杂志》(*Journal of Management Studies*),《组织研究》(*Organization Studies*),《组织科学》

(*Organization Science*)。另外,一些专门以知识管理为主题的学术期刊也在不断地推出,如,《知识管理杂志》(*Journal of Knowledge Management*),《知识和过程管理》(*Knowledge and Process Management*),以及《知识管理之研究与实践》(*Knowledge Management: Research and Practice*)等。

表1 以管理科学为题目的论文数量

年　份	发表论文著作数
2000	111
2001	135
2002	152
2003	137
2004	110
2005	137
2006	121

资料来源:Hislop D, *Knowledge Management in Organizations*, 2009, Oxford, p. 2.

2. 正式/非正式的知识管理研究组织和机构不断涌现

其中,以华威商学院为基础的研究组织机构 IKON (Innovation, Knowledge, and Organisational Networks Research Unit)较为突出。IKON 汇集了目前在知识管理研究界的一些先锋,他们同时也是研究知识管理的权威学者。例如,英国华威大学的 J. 斯万教授(Jacky Swan)和 H. 斯卡博教授(Harry Scarbrough),伦敦大学(玛丽女王学院)的 M. 罗伯森教授(Maxine Robertson),曼彻斯特大学的 M. 布斯南教授(Mike Bresnen),以及美国本特利大学的 S. 奈威奥教授(Sue Newell)等。除去专注于创新和知识管理的研究课题和项目,IKON 还致力于创新和知识管理理论的发展,以及创新和知识管理实证经验的收集、研究、采用和传播。IKON 定期和不定期举办大小型研讨会,以求相关的最新研究成果和研究理念能得到及时的交流和分享,以及保持和其他各界的信息交流。

3. 知识创新研究与创新策略相结合

创新理论和有关创新实践的文献,经过多年的发展已经非常全面,从创新的类别、创新的环境,到创新的策略、创新的过程、创新的设计、创新的模式,以及创新的执行等。这些研究中有不同的流派,他们的研究角度各异。如 B. 斯坦(B. Stamm)的《管理改革,设计和创造力》(*Managing innovation, design, and creativity*, 2008),从如何建立和成为一个善于创新的企业来探讨创新。他认为,一个企业的组织和经营策略、组织机构和文化、领导风格、对品牌和知识产权的管理、对目标市场的研究、与其他组织机构的合作、企业所在的行业的特点，以及对于非正式网系的利用和对知识的管理等，都是影响企业创新的重要因素。而A.阿弗博士(A. Afuah)则从创新策略和创新的模式来研究企业创新。他认为，创新成功的关键在于，创新能否为企业带来利润，一个能为企业带来商业利润的创新才是有价值的创新。所以，创新策略的制定(包括对潜在创新的发掘，如何减少风险和不确定因素，如何选择盈利地域，判断和选择合作者和对手等)、创新模式的采用、创新计划的执行，都成为影响创新以及是否能为企业带来商业利润的关键。S.康威博士(Steve Conway)和F.斯蒂瓦教授(Fred Steward)则从网系(network)的角度探讨如何通过对于各种网系的开发利用和管理而帮助相关知识流动的通畅，从而成功地管理和塑造企业创新。

4. 创新模型强调知识管理和创新管理的融合

近10多年来，研究者提出和建立了不同的创新模型，其中较著名的有，野中郁次郎(Nonaka, 1994)教授的SECI创建新知识模型(SECI model of knowledge creation)，以隐性知识和显性知识的4种转换为研究中心；A.阿弗提出的整合式动态模型(A. Afuah, 2003)，以创造利润为目标，对企业的能力、资产、知识，以及环境进行了整合。他还评判了其他不同的创新模型，例如渐进-激进型创新模型(Incremental-radical innovation Model)，认为不同企业应当根据自己的特点采用激进或是渐进的创新模式；阿博奈斯-克拉克模型(Abernathy-Clark model)则将支持创新的知识划分为市场知识(Market Knowledge)与技术知识(Technological Knowledge)两大类别；与此不同，亨德森—克拉克模型(Henderson-Clark model)将支持创新的知识划分为组件型知识(Component Knowledge)和构成型知识(Architectural Knowledge)；熟悉度矩阵模型(Familiarity Matrix)则认为，企业采用何种创新策略应取决于企业对于创新技术和市场的熟悉程度；裂断型技术变化模型(Disruptive technological change model)显示，全新的技术，或称作裂断型技术变化，能为企业开发新市场并带来利润。而企业是否能利用新资源、新的运作程序和价值，是企业是否能够开拓新型技术的关键；创新价值附加链模型(Innovation value-added chain model)则显示一项技术创新会对在整个创新价值附加链中的不同企业(供应商、客户、辅助创新方等)带来不同的附加价值，包括负面价值。

另外，在动态模型中，奥特白-阿伯纳斯的创新动态模型(Utterback-Abernathy dynamic model of innovation)将创新的生命周期划分为不确定期、过渡期和特定期3个阶段，认为主流设计的出现对一个创新的生命来说至关重要。但是，技术生命周期模型(Tushman-Rosenkopf technology life cycle model)提出，当创新技术的复杂程度越高，支持创新的非技术因素在创新的生命周期中扮演的角色越重要。还有福斯特S曲线模型(Foster's S curve model)认为,每个技术的进步都有一个自然的极限,所以关于技术自然极限的知识,可以用来预测现有技术的生命的终结和技术裂断时期的来临,即技术创新。

尽管对相关知识的划分和定义各有不同,但是所有的创新模型和有关创新理论都包含了知识的运用和管理。事实上,知识的运用和管理一直是创新管理的核心。创新管理包括技术知识的发展和更新,包括市场和客户知识的更新,也包括企业对自身的能力、结构、运作和企业文化的了解和更新,包括如何通过企业合作的方式以及其他方式进行知识的跨界交流,等等。由于知识对于创新管理的关键作用,近年来创新研究的方向愈来愈偏重对知识管理方面的探讨,而知识管理的目的则为帮助企业创造利润,使企业更加有创造力。创新管理和知识管理,两者的研究范围相互交叠,研究焦点也有很多共同之处。也可以说,最近10多年来,创新管理和知识管理研究进入到了高度融合的阶段。

三、目前知识管理研究中的三大流派

知识管理已经从最初的专门技术的管理(managing expertise)发展到更为广泛的知识的管理(managing knowledge),而研究的角度和焦点也已从对无形资产(intangible assets)、知识产权(Intellectual property rights)的管理,发展到了对知识资本(Intellectual Capital)的管理;从学习(Learning)、学习型组织(Learning Organization),发展到知识型员工(knowledge worker);从对信息和传播技术(ICT)的运用,发展到对社会资本(Social Capital)、社会网系(Social Network)和实践团体(Communities of Practice)的利用。其中,社会网系、社会资本和实践团体的概念代表了目前知识管理研究的三大流派。

1. 社会网系

"社会网系"的概念突出了知识通过正式和非正式网系的流通,对知识管理和创新的重要性。"网系"的概念由来已久,早在1992年,R. 博特(R. Burt)的"结构洞"(structural holes)概念揭示了社会网系结构和社会网系分析对于企业获取有用知识的重要性。同时,社会网系分析(network analysis)也是一种独特的研究创新的方法。2009年由牛津大学出版社出版的、S. 康威博士和F. 斯蒂瓦教授合著的《管理和规划创新》(*Managing and Shaping Innovation*,2009)一书,可以帮助读者充分了解社会网系研究发展的历程和不同的流派。S. 康威博士的研究显示,企业内部和外部的社会网系是创新的来源。同时,正式网系和非正式网系对于企业的创新和知识的跨界流动都有很大的影响。从社会网系的角度来看,供应商、客户、合作伙伴、研究机构、有关联的组织机构,以及竞争对手都是创新的源泉。不仅社会网系的结构构造和成分对创新非常重要,而且社会网系中联系关联者的纽带的强弱,对于提供创新所需的知识的流动也有很大的影响。此外,社会网系中关键人物的角色对于知识的流动也至关重要,如守关人物(gatekeepers)、经纪人(brokers)、超越界线人物(boundary-spanners)以及明星人物(Stars)等,因此社会网系概念对知识管理和创新管理研究不可或缺。

2. 实践团体

"实践团体"的概念源自J.雷弗和E.温格(J. Lave & E. Wenger, 1991)的亲历学习理论(situated learning theory),它强调团体成员在实践过程中的共同参与、团体成员之间的相互信任,以及他们对于知识分享和互惠规则的信守。实践团体的概念在知识管理研究中的运用基于强调隐性知识对创新的重要性,并对隐性知识的传播和分享的困难性的充分了解。实践团体的概念已经成为研究知识管理和创新的一个重要的理论基础,同时,近年来实践团体也成为企业推广知识管理实践经验和促进知识分享的重要手段之一。

3. 社会资本

在知识和创新管理中如何对社会资本进行利用,也是近年来管理研究所关注的一个问题。社会资本的概念与社会网系和实践团体的概念既有相关之处,也有不同之点。总体来说,社会资本的概念不但强调网系在知识传播中的桥梁作用,而且也重视人与人之间的相互关系,包括信任、身份认同和共同遵守的法则等,以及人们的认知能力和认知特点对知识传播和创新的影响(Nahapiet & Ghoshal, 1998)。

总之,创新和知识管理的研究正在逐步深入,不但创新和知识管理理论日趋完善,而且有愈来愈多的实证研究来验证创新和知识管理理论。目前,创新和知识管理的研究范围也越来越广,涉及权力、政治和冲突与知识管理的互动;信息和传播技术在知识和创新管理中扮演的角色;企业文化管理和人力资源管理实践对知识管理的影响,以及目前尚刚刚起步的领导学与知识管理之间互动关系的研究,等等。

四、批评性管理研究的崛起和发展

近年来,一个值得关注的西方管理学研究趋势是批评性管理研究(Critical Management Studies)的崛起和发展,并出现了一批在此领域有影响的研究院校。英国一些大学的著名商学院的学者在批评性管理学的研究方面颇为深入,如华威大学商学院、曼彻斯特商学院、牛津大学、卡迪夫商学院,以及英国莱斯特大学管理学院等。

1. 批评性管理学的核心价值

总体来说,批评性管理学是以批判性理论(Critical Theory)和后现代主义(Postmodernism)理论为基石,但其绝不是简单的拿来主义。批评性管理学对批判性理论和后现代主义理论的一些关键要素进行了剖析和整合,并加以推广运用,从而推进了组织理论和管理理论的进一步发展。批评性管理学的核心价值在于挑战惯性思维，包括占主流/主导地位的一些理论和传统思维，推崇批评性思维或换位思维，主张多角度和批评性的眼光来审视管理学的各个领域，从而使得管理学研究可以摆脱现有传统理论的束缚，从新的、不同的角度来开拓研究。批评性管理研究者认为，这种思维模式可以使研究者注意到一些以往被遗忘或忽略的因素，便于更好地了解现象本质并解决问题，所以批评性管理学也可以被认为是对传统管理研究观念的一种反思。这种反思对于发展现代管理科学研究是有相当价值的，因为只有反思才能发现以往的疏漏和错误，才能确定曾经的不足和优势，明确未来研究的重点和方向，进而推动管理科学研究的发展。需要强调的是，批评性管理学的反思不仅是对传统理论、现有阶层和思维的反思，它还包括对批评性管理学自身的观念和发展的回顾及审视。

2. 批评性管理学的概念要素

从批评性管理学的研究中，可以看到一些心理学、哲学、历史学、生态学、社会学，甚至文学等不同领域里的概念和要素。这些概念和要素使得批评性管理学的研究向既广又深的层面发展。例如，社会学中对性别和女性主义的研究，有益于在现代管理学中对商业道德和劳动力多样化的开拓研究；再如，批评性管理学可从历史的角度对管理观念和理论进行反思，如规则的制定和阶层的建立，权力和结构的非均衡性等等。

在批评性管理学研究中，比较突出的是对于哲学理论和哲学思想的运用。以哲学的思维来剖析管理学理论研究和实践经验，可使管理学研究向更深的层面发展。哲学理论能够帮助研究者去揭示事情的本质，去了解一些根本性的，同时也是关键性的问题。比如说，莱斯特大学管理学院的 C. 琼斯博士(Campbell Jones)认为，借助哲学的思维可以帮助厘清企业社会责任和商业道德方面的一些根本性的问题，如责任的概念问题，包括企业、企业股东和企业管理者应该对谁负责，让谁来负责，责任的范围等等。而责任可能包括对环境/生态的保护、女性问题、弱势群体的关注，以及在法律和政治层面对于权利的考量等。另外，哲学思想的运用还可以帮助研究者从繁杂的实证中回到最原始和最基本的问题，对商业经营行为及其所引发的超溢出效果进行深度的反思。C. 琼斯还认为，哲学与管理深层次的联系还体现在组织哲学和管理哲学上。一个企业或组织的总体运作程序和一系列的实际操作过程都源自这个企业或组织的哲学，所以当人们讨论组织变革时，企业和组织需要的不仅仅是对组织运作程序和规则的变革，而是思想层面的深刻变革和创新。

在诸多哲学门派中，批评性管理学研究者引用较多的是法国著名哲学家 M. 福柯(Michel Foucault)和 J. 德里达(Jacques Derrida)的哲学思想和理论。M. 福柯和 J. 德里达受推崇的原因在于他们的哲学思想和后结构主义(post-structuralism)思维与后现代主义有非常紧密的关联。比如说，J. 德里达倡导的解构主义(Deconstructionism)对西方形而上学哲学进行了彻底的批判。解构(Deconstruction)就是挑战传统的结构主义思维,颠覆固有的成规,解构主义思维方式的运用将帮助批评性管理学的研究者以批判性的角度和思维去审视管理学的理论和管理学中的一些概念问题,比如说,到底何为管理,为什么管理,如何管理等。与J. 德里达相比,M. 福柯作为一个哲学家,同时也是一个社会学理论家、历史学家和后现代主义者,他的理论更广博。M. 福柯的权力(Power)概念,关于监狱系统和戒律(Discipline)的研究,对于知识(Knowledge)和演讲(Discourse)的论述,以及对于身份认同(Identity)的观念等,都被从事批判性管理研究的学者们运用到当前的研究工作中。M. 福柯的《知识考古学》(*The archaeology of Knowledge*,1969)、《规训与惩罚》(*Discipline and Punish*,1977)和《性史》(*The History of Sexuality*,1984)等,都成为批评管理学研究者的阅读的热门书。事实上,M. 福柯的理论和思想不仅对批评性管理学研究有很大影响,而且对深化管理学其他领域的研究也有裨益,例如他的权力/知识(power/knowledge)的概念,对知识管理研究的后续发展仍具有启发和影响力。

3. 批评性管理学的领军人物及建树

在此我们需要介绍几位在研究批评性管理学方面的领军人物,以及在这一领域一些有影响的研究论文和专著。其中,2005年由牛津大学出版社出版的、由C. 戈瑞(Chris Grey)和H. 威尔马特(Hugh Willmott)教授合编的《批评性管理研究:读者》(*Critical Management Studies: A Reader*,2005)一书,以批判性的思维和角度,展示了批评性管理学研究发展的各个层面,包括批评性管理学的理论基础、批评性管理学关注的要点、如何对管理学进行批评性研究,以及对批评性管理学研究的评价等。该书提出了社会格局和权力运用的非均衡性及非一致性的观点,并以批判性理论和后现代主义的思维对现有的传统管理理论进行了反思。

后续出版的《批评性管理研究牛津指南》(*The Oxford Handbook of Critical Management Studies*,2009)为读者提供了一个了解批评性管理研究发展的极佳窗口。此书由H. 威尔马特、瑞典伦德大学教授M. 阿尔文森(Mats Alvesson)和新西兰惠灵顿维多利亚大学资深讲师T. 布瑞吉曼(Todd Bridgman)联合编纂。书中汇集了一系列英国、北美和澳洲学者关于批评性管理学的研究成果和多元的观点,并讨论了发展批评性管理研究的理论基础,如后结构主义思维的运用、批判性理论、批判现实主义(Critical realism),以及劳动过程理论(Labor Process Theory)的运用等。书中还讨论了批评性管理研究在实际管理工作中的运用,如在人力资源管理、市场营销、沟通和交流、信息系统及经营策略等领域的运用。另外,更多与批评性管理有关的议题也都被收录其中,这些议题包括身份认同、全球化、自然环境、组织的历史、组织的变革、文化、道德、性别、多样化、工作与解放、论述及批评性管理的研究方法等。

五、管理学研究的未来发展趋势

管理学研究虽然立足于管理的实践经验，但更应超越对于实证的总结，以便起到对实际管理工作的引领作用。管理学研究在未来的发展方向和发展方式是管理学研究者以及实践者所密切关注的问题。

1. 研究焦点会随时间和环境变化而不断转移

首先，管理研究的焦点将会一直随着时间和研究的大环境的不同而不断地转移。比如说，20 世纪 90 年代讨论的焦点为国际管理技术（International Management Technology）、创新（Innovation）和全员质量管理（Total Quality Management）（Scandura and Williams，2000）。而最近的 10 年，管理研究的重点逐渐转移到组织变革、创新和知识管理，以及商业道德方面。虽然国际经济、国际社会和商业环境千变万化，但与环境和权利责任有关的问题还将持续成为未来研究的热点。另外，随着世界经济格局的变化，以及新兴经济体和新兴市场的崛起，跨文化的研究也将变得非常重要。同时，宏观环境的变化对管理理论和实践的影响，也将会被更多的研究者所关注。

2. 研究方法更趋严谨

西方管理学研究一向追求严谨性和相关性。由于研究范围的不断扩大，未来的管理学研究将更加注重严谨性。研究方法专家 T. 斯坎觉（Terri Scandura）和 E. 威廉姆斯（Ethlyn Williams）发现 20 世纪 90 年代的管理研究对统计方法的使用极为重视，复杂的技术软件帮助研究者扩大了研究范围，增加了研究变量；建立结构方程模式（Structural Equation Modeling）和事件变化分析（Event History Analysis）等研究方法也颇受研究者的青睐。他们认为，与 20 世纪 80 年代的管理研究相比，90 年代管理研究的内在效度（Internal Validity）、外在效度（External Validity）和结构效度（Construct Validity）有下降的趋势，其中一个原因是现场案例研究（field case study）方法的使用增多。现场案例研究方法虽然能够提供较高的内容真实性，但相对而言，使用这种研究方法得到的研究结论的普适性（Generalizability）较低，从而导致内在效度问题。T. 斯坎觉和 E. 威廉姆斯的观点是，未来的管理研究在研究策略的采用和研究方法的设计方面，会更注重相关性和严谨性，因此纵向研究、兼用定性研究和定量研究等方法，因能提高研究结果的信度、普遍性和可推广度，因而可能会被更多地采用。

主要参考文献：

1. Afuah, A., *Innovation Management: Strategies, Implementation, and Profits*, 2nd edn, 2003, Oxford: Oxford University Press.

2. Alvesson, M., Bridgman, T. and Willmott, H. (eds.), *The Oxford Handbook of*

Critical Management Studies, 2009, Oxford: Oxford University Press.

3. Burt, R., *Structural Holes: The Social Structure of Competition*, 1992, Cambridge, MA: Harvard University Press.

4. Carrigan, C., "Jacque Derrida, Deconstructionism and Postmodernism", accessed at http://ontruth.com/derrida.html.

5. Conway, S. and Steward, F., *Managing and Shaping Innovation*, 2009, Oxford: Oxford University Press.

6. Grey, C. and Willmott, H. (eds.), *Critical Management Studies: A Reader*, 2005, Oxford: Oxford University Press.

7. Hislop, D., *Knowledge Management in Organizations*, 2009, 2nd edn, Oxford University Press.

8. Jones, C., "Friedman with Derrida", *Business and Society Review*, 2007, 112: 4, pp. 511－532.

9. Jones, C. and René ten Bos (eds.), *Philosophy and Organization*, 2007, London: Routledge.

10. Lundvall, B., *National Systems of Innovation*, 1992, London: Printer.

11. Lave, J. and Wenger, E., *Situated Learning: Legitimate Peripheral Participation*, 1991, Cambridge: Cambridge University Press.

12. Nahapiet, J. and Ghoshal, S., "Social Capital, Intellectual Capital and the Organizational Advantage", *Academy of Management Review*, Vol. 23, No. 2, pp. 242－266.

13. Nonaka, I., "A Dynamic Theory of Organizational Knowledge Creation", *Organization Science*, 1994, Vol. 5, No. 1, pp. 14－37.

14. Porter, M., *The Competitive Advantage of Nations*, edn, 1990, London: Macmillan.

15. Scandura, T. and Williams, E., "Research Methodology in Management: Current Practices, Trends, and Implication for Future Research", *Academy of Management Journal*, 2000, Vol. 43, No. 6, pp. 1248－1264.

16. Scott, J., *Social Network Analysis: A Handbook*, 2nd edn, London: Sage.

17. Stamm, B., *Managing Innovation, Design and Creativity*, 2008, 2nd edn, 2008, Chichester: John Willey & Sons.

18. Tushman, M. and Anderson, P., *Managing Strategic Innovation and Change: A Collection of Readings*, 2nd, edn, Oxford: Oxford University Press.

信息经济学价值论范式与模型的争论

A Debate on Paradigm and Model of Axiology in Information Economics

朱　根

上海社会科学院信息研究所　副研究员

信息经济学在争论与批判中成长，并受多重价值观的影响。不同价值论的交锋，使同聚于干预主义旗帜下的新古典主义信息经济理论中价格围绕商品价值函数展开的理论，同新凯恩斯主义信息经济理论关于价值由劳动决定的反均衡—效用价值论范式形成对立；而在新自由主义价值论范式中，秉承芝加哥批判主义价值论的新自由主义信息经济理论同主张知识创新、信息创新和信息经济应用研究的伦理主义价值论范式也产生分歧，争论与互补共同推进信息经济学的前沿性研究，并促成新的学科分化，形成新的学科群。

在当代的信息科学领域，信息经济学研究正在成为跨学科研究的热点，社会科学中的经济学、社会学和自然科学中的数学、力学和电子学等，开始从价值论范式和方法论的角度，不断拓展信息经济学研究的前沿。信息经济学理论是广义的信息学与经济学交叉研究的产物，其研究的理论与应用结合、经济学的微观与宏观结合、社会科学与自然科学的结合，对这门学科的方法论与范式革命起了推波助澜的作用。

但信息经济学研究又是在对传统经济学理论与方法进行挑战与批判中成长的，最先将信息经济学视为一门新兴学科的美国经济学家 J. 马尔萨克(Jacob Marschak)在批判传统经济学“信息完全性”假设的同时，率先提出信息论中的信息测度方法并不适用于经济信息范畴，主张信息的价值为产出的利益所支配，并强调信息经济学研究在于探讨如何确定最优信息系统，从而为萌芽状态的信息经济学烙上了主流经济学中无处不见的所谓“最优”理论的痕迹。当代信息经济学创始人之一的 K. 阿罗(Kenneth J. Arrow)的不确定性理论及模型在催生信息经济学的同时，却对一直被引为西方经济学经典的帕累托最优理论提出了质疑，而历来被传统经济学奉为真理的“信息对称”

J. 马尔萨克

假说，又为后来的信息经济学说所颠覆。可以说，集经济学、信息学与经济数学于一身的信息经济学，在经济学内部及社会科学与自然科学的争论和批判的交锋中，已成为最引人注目的领域。

一、信息经济学价值论范式与方法的论争

经济学的价值理论既是划分经济思想史派别的重要标志，也是构筑新兴经济学理论范式的核心，在当代新兴经济学的理论创新和不同价值论的影响下，它不断推陈出新，形成了一系列经济学研究的新方法，而且显现了各种信息经济理论与思想发展的历史轨迹。与情报学相对清晰的核心价值观不同，受广义信息科学和经济学的双重影响，信息经济学研究也受到多重价值论的滋养，自从J.斯蒂格利茨(Joseph Stiglitz)提出信息经济学方法论研究的信息范式概念以来，信息经济学中价值论范式的批判与反批判之战引起了多方的关注。

1. 主流经济学价值观影响下的不同价值理论范式之争

在当代信息经济学中，主流经济学主要指受后凯恩斯主流经济学及新凯恩斯主义思想和理论范式影响的不同思潮派别。它们的共同点都是将信息经济学研究的范畴、对象和内容，集中在微观理论领域；不同之处即是同聚于干预主义的大旗之下，却存在着相互对立的价值论范式的分歧。微观信息经济研究始于20世纪50年代，美国的G.斯蒂格勒(George J. Stigler)和日本的宫泽健一是这一研究的开拓者。前者关注的是形成信息商品不可忽视的要素及其条件，如信息的成本、价格和价值、信息经济对其他产业的影响等；后者从信息经济的理论角度，抽象地探讨信息系统评价和一般的基本原理及方法，这种以专门探讨信息质量、效率和规划的经济理论为主要内容的研究范式，后来成为微观信息经济学研究的主要特征。

受经济学主流与非主流价值论的影响，微观信息经济学研究中的干预主义价值理论范式也存在分歧与争论。微观信息经济理论中的新古典主义价值论范式既吸取了A.马歇尔(Alfred Marshall)的局部均衡和M.L.瓦尔拉斯(M.E. Leon Walras)的一般均衡与价格的价值论核心，对古典的生产成本的价值决定理论与边际主义的效用价值论进行综合，又借鉴P.萨缪尔森(Paul A. Samuelson)的所谓最大化和均衡分析手段，在方法论范式上采用数学描述方法，为新古典主义信息经济研究奠定了基础。前者认为价格与效用对价值起决定作用，价值在供求均衡时，由商品的边际效用和边际生产费用相互作用共同决定：供给价格取决于边际生产费用，而边际生产费用又取决于劳动和资本；需求价格取决于边际效用递减规律，各种要素协调生产了财富和价值，而各要素或价格则通过各自的供求均衡决定。而后者站在劳动价值论的对立面，强调价值受各种"稀缺资源的非劳动生产要素的影响"。

高举主流经济学大旗的新古典主义信息经济论者K.阿罗在试图弥补均衡与效用价值理论缺陷，并对不确定性条件下的经济行为进行开拓性研究的同时，创建了以批判新自由主义价值论和凯恩斯主义价值论为特征的微观信息经济研究。K.阿罗的信息经济学价值论范式，实际上是受"G.德布鲁(Gérard Debreu)均衡"影响的商品价格理论范式，是围绕商品的价值函数概念展开的。K.阿罗把测度论方法、微分拓扑学和传统公理化方法引入了信息经济学的均衡与价值分析，尤其是从公理化方法中的概念和命题出发，用纯逻辑工具从假设中推导出结论。在价值论分析中，K.阿罗通过对商品的线性空间分析进行数学化假设，再借助已有的数学工具来获取对假设的结论。而在信息经济的均衡与价值分析中，他运用阿罗—德布鲁模型和经济数学中的角谷不动点定理(Kakutani Fixed Point Theorem)，分析了信息经济的所谓均衡性与不确定性。

K.阿罗

微观信息经济论者在秉承新古典主义价值论思想的前提下，以信息的价值、价格和资源配置为主题，既为信息市场的竞争、市场价格在价值决定和市场决策中的作用提供分析的依据，又为政府干预和市场失灵提出解决策略。他们往往把信息的不确定性、不完全性或非对称性视为常态，从不同价值观的角度，对信息经济理论展开研究。K.阿罗认为，信息经济学研究的就是不确定性条件下的经济信息现象，信息在市场经济的条件下含有价格、不确定性和成本等一系列影响价值的问题。而信息的价格与成本必须以适宜的市场为基础，个人的决策只有在市场业以价格形式提供了信息的情况下才可能实现最优。在微观信息经济学中，他推崇新古典主义的均衡价格与边际效用价值思想，在均衡状态下用新古典模型解析信息经济的"有效性"。在新古典主义价值论的影响下，微观信息经济学尤为强调经济信息的价值、风险控制、信息决策和经济作用。然而，K.阿罗也承认"没有任何理论是十分有效的"，"即使在某些特定商品市场，事实上也不能平衡所有的未来决策"。实际上，K.阿罗新古典主义价值论中的市场不确定性已经超出了新古典价值论用以处理经济问题的原则范围，这也成为后来同为主流价值论范式的后凯恩斯主义、新凯恩斯主义及反主流的新自由主义价值论者共同批评的目标。

同属后凯恩斯经济学体系，在经济学中长期占据主导地位的新凯恩斯主义价值论者却摒弃了传统经济学的均衡—效用价值论范式，强调价值的形成是由物质生产条件决定的，受客观因素的制约，价值主要取决于生产的技术条件，而不取决于需求函数、边际效用和规模生产报酬等因素。新凯恩斯主义的价值论范式是建立在P.斯拉法(Piero Sraffa)的价值理论基础上的。P.斯拉法认为，D.李嘉图虽然坚持了劳动价值论，却未能建立统一的价值标准，而新古典主义的价值论者用"边际效用"的主观概念来诠释亦是谬误。在P.斯拉法看来,价值由劳动决定,每种商品价格的决定方程均为"劳动函数",而非"需求函数",商品由劳动和生产资料共同生产,衡量商品的价值尺度是"用标准纯产品所购买的劳动量",而劳动量又决定商品的价格,并影响工资和利润率。他对利润率和价格关系的分析以及从商品标准体系中推导的"不变价值尺度"分析,为信息经济学中的新凯恩斯主义理论提供了价值论范式的基础。

新凯恩斯主义价值论者在批判新古典主义价值论的同时,也反对信息经济学研究的宏观与微观的分类,且由于存在宏观经济协调失效和外部性的特征,因此,他们虽然认为政策可以抵消或避免宏观经济的波动,但却不支持政府微调宏观经济。从批判经济学和创新经济中获得灵感的新凯恩斯主义信息经济论者J.斯蒂格利茨就反对将经济学研究人为地分为微观与宏观两个方面,身为P.萨缪尔森的弟子,他的价值论范式中却充满了批评后凯恩斯主流经济学的均衡—效用价值观思想和意识形态的轨迹。当代经济中的不完全竞争、不完善市场、异质劳动和非对称性信息,使他在抨击宏观应用信息经济学的同时,将信息经济学分析引入了一个全新的领域——信息不完全条件下的市场模式和以微观经济为主体的行为模式,使他所具有的离经叛道的价值论范式,也与恩师P.萨缪尔森的价值理论及新古典主义综合思想格格不入。他既否定新古典主义价值论范式,批评新古典信息经济论者试图调和微观与宏观分歧,将传统的自由放任与凯恩斯主义的国家干预思想搅和在一起,以弥补西方经济学的缺陷与谬误;同时又批判宏观信息经济学中以奥地利自由主义伦理价值观和唯心主义哲学论为基础的主观判断的自由主义价值论范式。依J.斯蒂格利茨所见,即便在信息经济学领域,宏观的变化也应以微观经济学原理为基础;反之,微观的信息经济变量必须与宏观分析结合在一起。

J.斯蒂格利茨

受价值论与方法论范式的相互影响,信息经济学在方法论上也存有较大的分歧。新凯恩斯主义者J.斯蒂格利茨在其创立的信息经济学前沿理论中,既将方法论批判的矛头指向新古典主义的方法论及其数学模型,借助新凯恩斯主义的微观与宏观经济学方法的结合,以非均衡、非市场出清为立论的出发点,创建了以新凯恩斯主义价值与方法理论为指导的信息经济学体系。针对主流与非主流论者指责传统凯恩斯学说缺乏微观基础的批评,新凯恩斯主义方法论者主张用微观经济方法弥补宏观分析的不足,用"理性预期"和"理性经济人"的概念来充实凯恩斯理论的微观基础。他们认为数量方法应以不完全竞争和不完全信息为前提来分析资本主义市场经济的不确定性和市场出清的难度,并强调政府干预的必要性和研究方法的多样化。J.斯蒂格利茨等人还运用新凯恩斯主义的数量模型方法,通过分析风险、非对称信息和不完全竞争市场,提出了信息经济学的委托代理、逆向选择和道德风险等一系列新的命题，并在批评新古典主义方法论的同时，指出了非对称信息和信息成本如何导致帕累托效率和最优的缺乏。

同时，J. 斯蒂格利茨也把争论的箭矢射向了新自由主义的方法论体系。无论是古典的自由主义方法，还是当代新自由主义方法，都以人与知识的组合作为方法论研究的重点。但新自由主义方法则更趋极端，在这种方法论指导下，自由不再是自身权利中的价值和道德特征，而被视为推动社会的手段。与古典的自由论方法相比，新自由主义方法论范式无限放大了个人或政府对经济的影响程度。两种自由主义方法论的共同点在于都站在了个人主义的行为立场，使用的都是基于个人主义为基础的方法手段。对此，新凯恩斯主义方法论者批判自由主义方法论中极端个人主义及完全自由的市场经济内核，主张信息经济学研究中宏观与微观方法的结合，市场调节与政府干预机制的结合。新凯恩斯主义者尤其反对极端方法的思维方式，如J. 斯蒂格利茨既质疑古典自由方法的纯市场演绎手段及市场“看不见的手”会自动调节经济的论断，倡导在信息经济活动中应该让市场和政府共同发挥作用，强调“华盛顿共识”伤害了发展中国家的利益；同时，也反对G. 斯蒂格勒新自由主义方法论复杂的证实主义方法论内涵。新自由主义引为自豪的货币总量与稳定性分析，对J. 斯蒂格利茨的信息经济学研究未产生任何影响。反之，J. 斯蒂格利茨的微观分析方法，如信息甄别模型方法对不完全信息和非对称信息可能导致市场失灵从而使市场均衡经常偏离最优水平的分析，以及用新凯恩斯主义微观与宏观结合的方法对劳动力、信贷和保险市场的应用研究等，都为新凯恩斯主义批判新旧自由主义方法论范式提供了方法和思维分析的微观基础。对于信息经济学研究中宏观方法与微观方法的脱节，J. 斯蒂格利茨认为要想纠正这种研究的病态，既要改变“凯恩斯式的担心资本主义正在没落的悲观”思维，也要修正“里根经济学中社会达尔文主义式的盲目乐观”。

2. 信息经济学中非主流的自由主义价值论范式与方法的分歧

即便在非主流经济学中，新自由主义共识并未对当代信息经济学的统一产生多大的作用，自由主义的价值论范式对信息经济学的影响也不尽相同。受新古典主义价值观和芝加哥学派自由主义价值观的双重影响，G. 斯蒂格勒提出了与传统经济学思想截然不同的信息成本与价值、信息对价格、工资和其他生产要素影响的新观点。作为集新古典主义和芝加哥新自由主义学者于一身的G. 斯蒂格勒在批判主义价值观的旗帜下，与M. 弗里德曼(M. Friedman)一起，反对新古典主义的本位主义。受批评主义价值观的影响，他所创立的信息经济学批判思想建立在反对国家干预和社会管制政策的价值论基础之上。在信息经济学中，他试图证明“看不见的手”仍然是指导当代信息经济运

G. 斯蒂格勒

行的重要原则,而干预和管制却并不能达到预期的效果。与新古典主义价值论范式相对立,G. 斯蒂格勒倡导自由主义的价值观和市场制度,反对凯恩斯的干预主义价值观和国家垄断。在方法论基础上,他承袭了芝加哥学派的自由“工具主义方法论”思想[①],接受“理论假设可以不符合现实,而依赖研究者个人直觉”的主观思维方式,凭借数学工具的优势大胆假设,然后从复杂的数学公式中,推导出与经验预测相关的命题。

在信息经济学的研究对象领域,G. 斯蒂格勒站在新古典主义的对立面,批判传统经济学唯物质的产品及服务、生产、流通、分配及相关活动为对象研究的狭隘观点,摈弃主流经济学关于厂商、消费者、投资者和政府等经济行为人具有“完全信息”,且具有“完善的信息接收和处理能力”的假说,将信息经济学的研究对象与客体确定为信息的价格、价值和成本等范畴。他提出同一种商品价格具有分散性,同时又认为作为经济信息的价格是经济行为人在搜寻中获得的,信息存在着搜寻成本。价格的分散性既意味着经济行为人无法获得完备的信息,也使得传统经济学的完全竞争市场假设不能成立。在 G. 斯蒂格勒看来,经济行为主体掌握的初始经济信息的有限和不完全性,决定了经济主体的解决行为具有极大的不确定性,而解决主体欲使自己的决策成为最优决策,则必须借助信息搜寻来实现。同为微观经济研究的开拓者,G. 斯蒂格勒在信息经济研究中的自由主义价值论范式与 K. 阿罗的均衡与效用价值论完全不同,G. 斯蒂格勒以行为人所具有的不确定性和信息的不完全性来论证信息搜寻成本的存在,并用不完全信息假说来取代传统经济学中的完全信息假说,这就同 K. 阿罗以完整的数学公式来论证一般均衡及不确定性形成了鲜明对比。

F. 马克卢普

同属反凯恩斯主流经济学的新自由主义价值论阵营,却在信息经济学中祭起应用研究的大旗,美国的宏观信息经济论者 F. 马克卢普(Fritz Machlup)和 M. 波拉特(Mac Uri Porat)在与凯恩斯及后凯恩斯主义理论对阵时,吸纳了奥地利学派关于知识创新、信息创新的思想。作为 J. 熊彼特的学生、A. 哈耶克的挚友,F. 马克卢普的信息经济学思想曾被视作奥地利学派经济思想的一部分,其自由主义价值论范式更多地体现了奥地利学派伦理主义价值观的痕迹,即试图以所谓心理分析的方法和人们对效用的主观评价,来说明财货(资源)的价值和稀少性。这种价值论范式基本摈弃了新古典主义的供求价值论和成本价值论,他们强调“价值”的本质不在于财富的客观性和生产所需的耗费,而在于行为人对财富的主观判断和估价。主观伦理主义的价值论范式虽然也从交换价值入手,将主

① [美] L. 博兰:《批判的经济学方法论》,经济科学出版社 2000 年版。

观的效用因素引入利益分析框架，并接受价值取决于效用、一切创造效用的活动都具有生产性的共识，但却抛弃了J.熊彼特崇尚的M.瓦尔拉斯效用价值论中的经济均衡理念，更多地接受了A.哈耶克以主观唯心主义和伦理价值观为主导的自由主义批判哲学，以及奥地利学派所注重的市场经济中的知识应用和信息理论。

奥地利学派价值论的主观主义，决定了F.马克卢普信息经济学方法的唯心主义和个人主义。A.哈耶克伦理价值论范式影响下的新自由主义信息经济学方法，其核心是极端推理的N.西尼尔(Nassau William Senior)和J.凯尔恩斯(John Elliot Cairnes)的反实证主义和行为主义的逻辑演绎方法。其方法论基础是L.米塞斯(Ludwig von Mises)的人类行为学理论，它以定理的形式来解释行为与逻辑之间的关系，将实证主义的逻辑方法作为经济学研究的固有方法。但A.哈耶克的逻辑演绎方法却反对经济学的实证主义客观分析，强调经济学研究的是人的经济行为。反实证的证伪方法则从反逻辑实证主义关于科学理论来自经验归纳的观点出发，强调科学理论不能证实，只能证伪，结论须容有逻辑上的反例存在。

F.马克卢普推崇经济学研究的二元方法论，即部分综合L.米塞斯的人类行为学方法和K.波普尔(Karl Popper)关于知识进步的证伪方法，并在接受奥地利学派的知识创新和A.哈耶克主观唯心主义为基石的、反实证主义和行为主义方法的基础上，从知识的生产、分配和创新的角度来探讨信息经济学。其方法论的轨迹多少反映了A.哈耶克主观伦理学方法中轻数量方法，重市场信息、知识集散和自我本位的自由主义方法思想。在西方信息经济学证实与证伪方法论的混战中，F.马克卢普表现出了全新的立场和观点。在他看来，单纯的证实或证伪方法在信息经济研究中都是无效的，正是这种以数据或经验为唯一基础的证实与证伪方法的缺陷，才导致了经济学研究的混乱。

但在F.马克卢普的方法论体系中，其对证实与证伪方法的态度又是矛盾的，他既摈弃证实或证伪的思维方式，却又用这种方法来解析信息经济研究的结论或观点；他既想在信息经济学的宏观应用领域独树一帜，但又有限接受实证论者对经验数据的归纳和论证，同时又部分欣赏证伪论者从整个宏观产业结构内部来探讨知识与信息的生产、分配、服务发展规律的思路。相对于奥地利学派主观伦理价值观引导下的方法论特征：经济现象的个人行为解释，偏重个人知识、信念和期望的主观分析，强调决策的数量预期变化及信息经济学研究的重个量、轻总量，排斥经验事实和数量统计方法的极端方法，F.马克卢普则注重信息经济学研究中的宏观分析，主张经济统计方法与数量方法的结合。虽然在他的宏观信息经济分析中鲜见西方经济学中常见的各种数学公式和假设，但数据统计却成为分析论证知识、信息的生产、服务、研发及国民生产总值关系的重要依据。对于通常被伦理学派忽视的经济增长与发展命题，F.马克卢普却不等闲视之，他在二元宏观方法论中率先将信息要素纳入经济增长与发展的框架之中,使宏观信息经济研究获得了与传统理论截然不同的结论。

针对主流经济学者倡导用函数方法证明经济发展取决于投入的资本和劳动力数量的观点,反主流的二元宏观方法论者更强调影响经济长期增长的基本要素不仅仅是资本和劳动力,还包括非技术劳动力、人力资本和信息(新知识、新思想);更重视知识(信息、教育)滞后将严重影响经济增长的稳定性和长期性的后果。在与主流价值论与方法论范式的争论中,F. 马克卢普等人运用二元宏观方法得出了如下结论:投资促进知识的生产与传播,而知识生产与传播所获得的效用反过来又促进投资,投资的持续增长又能长期提高一国经济增长率,这样的结论与传统主流价值论与方法论者得出的增长率递减的结论恰好相反。他提出的信息产业应独立于3次产业结构之外的新产业结构分类方法,也成为宏观信息经济学标新于其他信息经济理论的又一特色。

同在批判主流价值论和方法论中结为盟友的M. 波拉特,则采用不同于F. 马克卢普的最终需求法,采用投入产出技术和矩阵为主要形式的增值方法对美国的宏观信息经济结构与规模作了测算和数量分析,这种方法后为经合组织(OECD)所采用,成为测算联合国成员国信息经济发展水平的主要手段。M. 波拉特还在质疑费希尔-克拉克的三次产业分类的同时,创立了全新的四次产业分类法,将信息生产产业、信息处理产业、信息分配产业、信息基础设施产业等广义的信息产业独立于工业、农业和服务产业之外,形成单独的第四产业。同时,又将信息部门一分为二,把由向市场提供信息产品和信息服务的企业称之为第一信息部门,把为政府和非信息企业内部提供信息服务的部门称作第二信息部门,为计量和测算独立信息产业提供了务实和量化的计算方法。

二、信息经济学的模型分歧

1. 注重价格与均衡的阿罗-德布鲁模型

在当代信息经济学中,除了价值论的分歧,不同派别的模型应用和论证也是争论的焦点。视光大新古典主义等主流经济学思想为己任的信息经济论者,推出阿罗-德布鲁模型以证明经济一般均衡的存在,以及如何在信息不均衡的条件下实现经济的均衡过程。阿罗—德布鲁模型是用数学方法论证经济均衡的一般模型,它以集合论和凸性分析为公理化分析的手段,特点是用虚构的市场主体来选择价格体系,从而将给定的经济体系转化为一般化博弈的纳什均衡。

在信息经济学中,这种均衡引入了不确定性的概念和要素,改进后的模型包含了资源可获得性的不确定性,以及消费生产的不确定性等影响经济活动的各种不确定要素和变量,从而使不确定性、信息不对称性和不完全性分析充实到了整个阿罗—德布鲁范式之中。当新古典主义者有限地接受了信息不对称和信息不完全的理论之后,便常用此模型论证因信息不对称和不完全而导致经济的不确定性将以不同的方式影响经济和决策行为、消费者偏好、企业生产技术和市场价格参数等经济的运行。虽然，K. 阿罗也承认，“信息、信号(各种经济变量)的存在，以及对未来信号的预期，都意味着实际经济行为仅部分地由价格变量所支配”，但在面对反主流经济学者的批判时，他仍无限放大价格与均衡的作用，坚持价格的分配功能不可忽视。在他心目中，即便在经济均衡过程中，信息的不均衡被视作一个不可变动的条件，但若采用“非线性价格体系”和“增加福利的竞争市场”，也足以弥补均衡信息不充分的缺陷。

在信息经济学的主流模型中，新福利经济学思想在不断渗透，福利经济学的第二法则——收入均等化法则——贯穿于整个阿罗—德布鲁模型之中。按照这一法则，收入分配越是均等化，社会经济福利就越大，而决定社会分配和福利的国家则掌握着全部的信息，并按第二福利法则进行再分配。但在后期，K. 阿罗等人的模型对信息完全和对称的假说，以及从福利经济学法则中引申出的产出集合的凸性假设也产生了质疑。K. 阿罗等人也认为，市场外部因素的内在化以及产出集合的非凸性等都会影响帕累托的最优分配。在继承和拓展新古典主义思想的信息经济论者中，也有人将这种不确定性理论模型归结于信息成本约束下的最优决策问题，然而新古典主义在解释信息经济学机理上的失败，使信息经济学中最坚定的新古典主义旗手 K. 阿罗也叹息，“就正统性而言，新古典主义理论迄今尚未有人成功地获得真正的综合”。

2. 建立在信息博弈论基础上的委托—代理模型

在当代信息经济学中，与新古典主义模型既有联系又相区别的还有委托—代理模型，这种模型虽然承袭了福利经济学的“最优”思想，但却鲜明地提出了经济过程中的非对称性，这与新古典信息论者的遮遮掩掩有很大的区别。委托—代理模型强调在信息非对称条件下，委托人不能观察到代理人的行为，只能观察到相关变量，这些变量是由代理人的行动和其他外生的随机因素共同决定的。因此，选择满足代理人的参与约束和激励兼容约束的激励合同，以达到自身期望效用的最大化，便成为委托人运用委托—代理模型来实现期望值的重要手段。

建立在非对称信息博弈论基础上的委托—代理模型所探讨的委托—代理关系，是指一个或多个行为主体根据契约，利用其他一些行为主体为其服务的一种方法手段。在委托—代理关系中，由于委托人和代理人的效用函数不同(委托人追求自身财富的最大化，代理人追求自身收入福利和休闲时间的最大化)，必然导致两者的利益冲突。因此，信息经济学中的委托—代理理论和模型，通常把探求在利益冲突和信息不对称环境下委托人如何设计最优契约来激励代理人，作为自身研究的基本任务。

委托—代理的基本模型主要有三种：一是由 C. 威尔逊(C. Wilson)和 A. 斯宾塞(A. Michael Spence)等人创建和使用的“状态空间模型”；二是由 J. 米尔利斯(James A. Mirrlees)和 B. 霍姆斯特姆(Bengt Holmstrom)创立和发展的“分布函数的参数化模型”；三是抽象的“一般分布模型”。与信息对称状态下的最优目标不同，非对称信息前提下的委托—代理模型中的变量随时间状态和代理人的收入变化而变动。它试图证明在信息非对称的条件下,当一个代理人的行为是一个一维连续变量时,那就实现了“合同的最优”。

3. 强调制度机制与人的有限理性的信息非零成本模型

当代信息经济学中,与主流经济学模型对立的还有新制度主义的信息经济学模型。与主流经济学在阐述经济模型时一般不涉及制度,将制度视为给定的外生变量并不随时间的变迁而变化所不同,新制度论者注重制度变迁的内在机制,他们不仅着眼于制度对经济效率和福利水平的影响,重视自然资源的产权配置,而且将制度作为经济模型的内生变量来揭示制度与经济增长的关系。在信息经济学研究领域,新制度主义信息经济论者承认信息是不对称分布的,他们把交易费用和交易关系视作衡量制度是否优化的标准,他们在批判新古典主义模型假设的基础上建立了自己的模型和理论。

新古典信息模型建立在三个理论命题的假设之上:一是完全理性假设;二是完全信息假设;三是最大化假设。新制度主义信息论者则以完全对立的“有限理性的经济人假设”和“非零交易成本假设”作为自身模型和理论的基础。他们在批评新古典信息经济模型时,强调“现实而具体的经济人”所面临的是“一个存在制度与正交易费用的真实世界”,而非新古典主义者所说的抽象世界。他们在模型中论证经济人在现实生活中不具有完全理性,而仅具备有限的获取和处理信息的能力,人们“只能拥有不完全信息”。

D. 诺思

D. 诺思(Douglass C. North)运用新制度范式,指出了新古典信息经济论者关于“完全信息”和“完全理性”假定的缺陷。他将制度主义的“不完全信息”和“有限理性”假定引入了新制度主义信息经济学的理论范式,进而又把认知结构和意识形态纳入了模型分析的视野,这也使诺思模型中的正交易成本等理论与新古典主义信息经济论者关于“经济不随时间而演进”的静态分析和完全信息、完全理性假定产生了对立。

在D. 诺思看来,制度变迁是一个渐进的连续演变过程,而引起制度变迁的诱因是相对价格和偏好的变化。前者的变化囊括了社会生产过程中要素价格的比率变化、信息成本的变化及生产技术的变化,它改变人们之间的激励结构和谈判能力的对比;后者在相对价格的变化下,影响人们的理想、道德、信念和意识形态,从而使人改变自身的行为模式。D. 诺思将资本主义社会经济福利的停滞和下降所导致的制度低效率归之于不完全信息和主观主义,认为正是由于人们常常依据不完全信息做出决策,并按主观想象来处理信息,这才导致了经济与制度的“无效”。

非零交易成本假设模型,是新制度主义信息经济论者用来批评新古典主义信息经济理论所谓“获取信息无需付出任何费用的完全信息假设”的模型。在双方的论争中，新制度主义信息经济论者坚持交易是有成本的，他们以人们在经济交往时总是面临着有限理性和信息不完全为立论依据，强调市场交易和获取信息都需要付出成本，并断言新古典论者引为经典的“所有变化都可通过市场完全运行的零交易成本的假设(模型)并不成立”。

O. 威廉姆森

2009 年诺贝尔经济学奖得主 O. 威廉姆森(Oliver Williamson)更是从“有限理性假设”中引申出了所谓“经济人的机会主义假说”，并将市场运行和资源配置是否有效，直接归结于交易自由度的大小和交易成本的高低。在新制度主义的交易成本模型中，制定谈判和策略所需的信息成本占据着重要地位。交易成本指的是包括信息资源在内的谈判、履约所需的各种资源的运用，它涉及围绕谈判的各种信息成本、时间成本和防范欺诈的成本等，这些都离不开信息资源和信息成本的合理配置。用制度稀缺取代资源稀缺，用经济人的有限理性、机会主义行为和信息成本非零模型和假定来取代完全理性、完全信息和最大化的模型和假设，成为新制度主义信息经济论者批评和修正新古典信息经济论者常用的武器。

4. 全方位出击的新凯恩斯主义信息经济模型

处于争论第三方的 J. 斯蒂格利茨，在 G. A. 阿克洛夫(George A. Akerlof)和 M. 斯宾塞逆向选择模型和信号传递模型理论的基础上，提出了信息甄别模型和信贷、保险市场模型，以描述二次信息市场问题。对于前者，模型主要论证在信息非对称的情况下，价格不仅能充当市场信号，而且具有信息甄别作用，同时影响市场参与者的行为。在 J. 斯蒂格利茨的信息甄别模型中，价格的变化有两方面的效应：在信息不变的条件下，价格变化沿着需求曲线移动；在信息变化的条件下，价格变化引发需求曲线本身移动。针对新古典均衡模型，J. 斯蒂格利茨的信息甄别模型理论主张通过提供不同风险甄别信息和客户，让消费者自行选择适合自己的最佳合同，这种模型方法也称“分离均衡”方式。

对于后者，由于信息的不对称，银行无法全面了解借贷企业的风险状况，风险高的企业愿以更高的利率借款，而银行利率上升使低风险企业退出借贷市场，造成逆向选择，并减少银行的预期利润；同时，利率的变化又可诱使高风险企业扩大更具风险的投资项目，导致银行的预期利润进一步降低，产生道德风险问题，而非市场因素往往也会使道德风险进一步加剧。为此，J. 斯蒂格利茨在信贷模型中将限制贷款规模作为规避风险和障碍的主要手段。

保险市场模型是 J. 斯蒂格利茨针对传统主流经济学设计的均衡模型的悖论。在该保险市场模型中,他试图以不同的人做出不同选择的“分离模型”,来取代保险双方都愿意接受合同的所谓“混同均衡”的理论命题,用以论证保险市场中不拥有信息优势的人也可以通过菜单式设计来甄别不同人的信息,并弥补信息经济活动中并不必然存在的均衡缺失。同样,在自由主义和干预主义两大理论战场同时出击的J.斯蒂格利茨也把矛头指向了古典和新古典主义的一般均衡思想。他的信贷市场配给模型认为正是借贷市场的信息不对称和道德风险,才决定了借贷供求不相等是一种长期现象。这一结论否定了M.瓦尔拉斯的一般均衡决定均衡利率,实际利率比均衡利率低是偶然和短期现象,长期看供求总会均衡的论断。J.斯蒂格利茨的信贷市场配给模型批驳了新自由主义和新古典主义者用利率调控所谓现代供求均衡的观点:信息的不对称造成借贷供求的不均衡,银行不得不采用信贷配给方式,即通过有选择地分配贷款的方式而非通过提高利率增加银行收入的方式来降低金融风险。

习惯于在主流与非主流之间剑走偏锋的J.斯蒂格利茨借助信息经济学的一系列模型来试图告诫世人,充满不确定性、信息不完全、不对称的世界远比新古典主义者描绘的主流世界来得更真实。在反主流的信息经济学者眼里,模型中的信息不对称和不确定性分析能给世人提供更强的激励,而信息的不对称必然导致行为的不对称和权力的不对称;反之,权力的不对称又必定加剧信息的不对称,这些都与主流论者的“均衡”及“最优”思想大相径庭。

三、信息经济学的争论与趋势

理论的争论与创新是相辅相成的,争论促进创新,创新往往引起新的纷争。信息经济学的价值论范式与模型争论的深化,不仅在信息经济学的理论与应用领域拓展了研究的视野,而且相应也使二级学科的理论和思潮派别的体系轮廓更加清晰。在21世纪信息化创新浪潮的推动下,信息经济学研究的成果越来越多地与传统经济学中的生产力要素理论、规模经济理论、企业管理理论融合在一起,有效地提升了经济与管理科学信息化的知识技术含量;信息经济学的成果同产业的生产、分配、服务理论,以及产业社会和文化理论的结合,将进一步扩大信息经济、信息文化和信息社会问题探讨的视野,进一步夯实信息经济学的应用性。信息经济学争论与研究内容的扩展,又推动信息科学的前沿性研究向更新的网络、传媒、太空、海洋和广域的社会文化等知识开发和研究领域深化,而信息经济学的创新同国家安全和防御研究的结合,又使得未来的信息科学同军事科学、国防科学互动,构筑一系列新的发展极。21世纪,信息经济学理论的争论不仅不会停息,而且还可能促成新的学科分化,并形成发展快、知识技术密集的新兴经济学科群。

主要参考文献：

1. Kenneth J. Arrow, *The Economics of Information*, Basil Blackwell Limited, 1984.

2. J. Marschak and K. Miyasawa, Economic Comparability of Information Systems. *International Economic Review*, June, 1968.

3. 丹下忠之：『情報業の経済学』[M]，東京，創風社 1998 年発行。

4. 秋山哲：『情報経済新論』[M]，東京，ミネルヴフ書房 2001 年発行。

5. F. 马克卢普：《美国的知识生产与分配》[M]，中国人民大学出版社 2007 年版。

6. J. 斯蒂格利茨：《信息经济学：基本原理》(上、下)[M]，中国金融出版社 2009 年版。

7. J. 斯蒂格利茨：《信息经济学：应用》[M]，中国金融出版社 2009 年版。

8. B. 萨缪尔森：《经济学》(下册)[M]，商务印书馆 2002 年版。

9. I. 马可-斯达德勒、D. 卡斯特里罗：《信息经济学引论：激励与合约》[M]，上海财经大学出版社 2004 年版。

10. 劳伦斯·博兰：《批判的经济学方法论》[M]，经济科学出版社 2000 年版。

11. D. 诺思：《制度、制度变迁与经济绩效》[M]，格致出版社 2008 年版。

12. D. 诺思：《理解经济变迁过程》[M]，中国人民大学出版社 2008 年版。

13. D. 诺思：《经济史上的结构与变革》[M]，商务印书馆 2007 年版。

14. S. 沃尔珀特等：《信息经济学》[M]，吉林大学出版社 1991 年版。

15. 谢康、乌家培：《阿克洛夫、斯彭斯和斯蒂格利茨论文精选》[M]，商务印书馆 2002 年版。

收入分配与收入流动性：国际经验与前沿分析①

Income Distribution and Income Mobility: International Experiences and an Latest Analysis

权　衡

上海社会科学院经济研究所　研究员

收入分配和收入流动性在不同的国家有着不同的表现，分析不同国家这一情况并对其进行比较研究，无疑具有十分重要的价值以及借鉴意义。本文将从全球收入分配的总体发展趋势出发，分析不同国家和地区的收入分配和收入流动性及其相应的政策措施，以期提出相应的政策建议。

一、经济发展与收入分配变迁模式

收入分配变迁的国际经验表明，经济发展阶段、政府政策导向、制度变迁因素等往往是影响收入分配变迁最重要的变量。在这些因素的综合作用下，尽管世界各国的基尼系数都同样在上升，但是各国收入分配变动模式却呈现出不同特点。从国际上看，经济发展与体制转型过程中收入分配模式大体有如下几种：

1. "先增长，后分配"的增长导向型模式

这种模式只注重经济快速增长，但收入分配不平等现象却日益严重，而且难以改善。这种模式被大多数发展中国家所采用，比如巴西、墨西哥以及印度等。这些国家普遍认为，只要通过加速经济增长，实现国家工业化，就能自然地摆脱贫困。因此，生产增长自然放在首要位置，而收入分配和充分就业却被置于次要位置。在这一战略指导下，很多国家在经济增长的同时，社会两极分化日益严重，贫困加剧，如印度仅1972—1977年的5年间，贫困人口就增加了1 350万，现在不平等问题仍然非常严重。墨西哥在1955—1970年期间年均经济增长率达到6.5%，人均国民生产总值也由1950年的181美元增到1970年的661美元，但经济增长的背后，贫困却有增无减。1970年，墨西哥有64%的在职人口处于最低生活收入水平以下，有近2/3的居民得不到医

① 本文系作者承担的国家社科项目"中国城乡居民收入流动性：实证与理论分析"的阶段性研究成果。

疗保障，1/3以上的居民栖息在贫民窟里。这就是"有增长而无发展的"的"墨西哥病"。

2. 重分配，轻增长的"分配导向型"模式

这种模式属于低速增长和公平分配型，即只注重公平收入分配，但经济增长率却很低，尤以斯里兰卡为代表。在20世纪70年代前，斯里兰卡政府一直在粮食、教育和卫生等方面维持庞大的福利补贴开支，同时，为支持农业的发展，实行保证价格和补贴。这些政策对改善收入分配和保障低收入家庭生活无疑起了很大的作用，全国的文化教育和医疗卫生水平也高于同等发展水平的国家。但是，由于各种福利补贴费用过大，严重影响了投资的增长，而长期的低经济增长也使高福利政策失去了物质基础。

3. "边增长，边分配"的增长与分配相兼顾模式

这种模式，以新加坡、韩国和中国台湾为代表，其特点是快速增长与公平分配互动。这种"边增长，边分配"的模式不仅使这些国家和地区保持着经济长期高速增长，同时消除贫困的成绩也是骄人的。以韩国为例，经济的全面高速增长使这个1962年人均国民生产总值只有87美元的国家的贫困发生率，从1965年的40.9%下降到1986年的7.7%，而且消除了农村的绝对贫困。不仅韩国如此，其他亚洲国家和地区如新加坡和中国香港、中国台湾，在经济发展中并未伴随收入分配不平等的加剧和恶化，反而收入分配不均等也有所改进，尤其是中国台湾最为典型，从20世纪50—70年代，台湾经济迅速增长，人均收入从1964年的500美元上升到1974年的1 000多美元，平均增长率为6.6%，另一方面收入不平等却一直下降，基尼系数从1953年的0.57下降到1972年的0.29。

4. 转型国家的"大衰退与收入分配急剧恶化"模式

东欧和前苏联国家的收入分配变迁经验表明，"大爆炸式"的体制转型以及由此导致的经济增长衰退往往是收入分配关系急剧恶化的重要原因，并且某种意义上具有必然性。

东欧各国在体制转型背景下，都出现了增速下滑、债务高、通胀率高和失业率高及收入分配严重恶化等问题。其中，在转型与增长中，收入分配格局的变化是最显著的变化之一。原东欧社会主义国家收入分配在体制转型之前是相对比较平等的，一般比西欧发达国家的收入分配还要公平。但受体制转型和经济低速增长的影响，转型后收入分配的趋势却走向了不平等。见图1。

从图1可以看出，伴随经济增长的收入分配不平等程度，1993—1995年同1987—1988年相比，除了斯洛伐克收入分配较为公平（不仅基尼系数没有上升，反而从0.20下降到0.19）以外，其他各国都有不同程度的上升。斯洛文尼亚上升了3个百分点（从0.22上升到0.25）；匈牙利和波兰分别上升了2个百分点（前者从0.21上升到0.23，后者从0.26上升到0.28）；罗马尼亚、捷克分别上升了6个百分点和8个百分点；保加利亚上升速度最快，达到11个百分点。

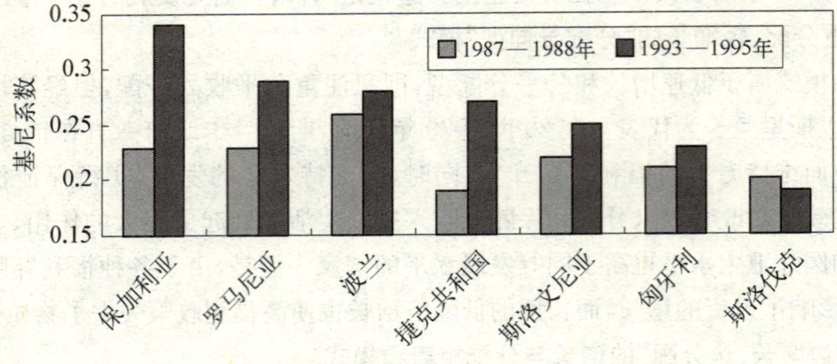

图1　转轨期间东欧各国基尼系数

从图2可以看出，转轨期间，独联体国家收入分配不平等程度，1993—1995年相比1987—1988年都有所上升，其中爱沙尼亚、立陶宛、摩尔多瓦、俄罗斯和乌克兰等国家收入分配变化最大。俄罗斯和乌克兰的基尼系数分别由0.24和0.23上升到0.48和0.47，上升了一半左右，而爱沙尼亚和哈萨克斯坦则上升了29个百分点，上升幅度更大。与经合组织国家相比，转轨以后前苏联各共和国的收入分配不平等程度上升，其公平程度已低于经合组织国家，而且相当多国家的公平程度已低于西欧发达国家。

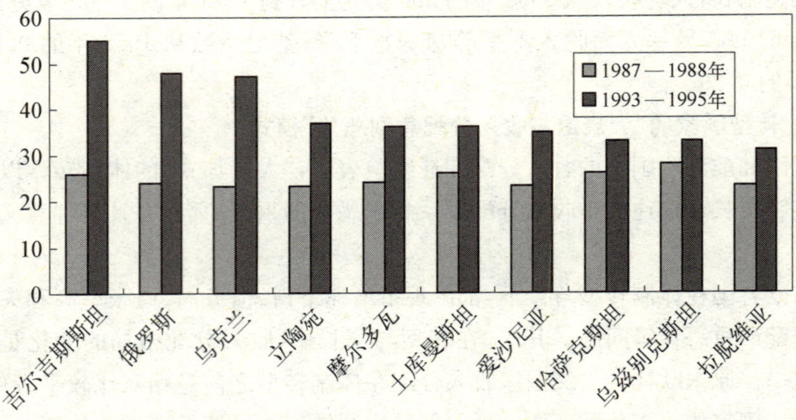

图2　转轨期间前苏联各共和国不公平变化程度基尼系数

从图3中的两组国家的数据可以看出，上面一组是比较发达的经合组织国家，除了荷兰和爱尔兰以外，其余国家不平等程度都有所扩大，尤其是墨西哥、美国、英国、以色列、意大利和奥地利。下面一组是前苏联和东欧转型国家。在转轨以前，收入不平等程度普遍低于前一组的发达资本主义国家；但是转型之后，不平等程度迅速扩大，到20世纪90年代后期，这些国家的收入分配基尼系数大多高于0.3，超过了发达资本主义国家。

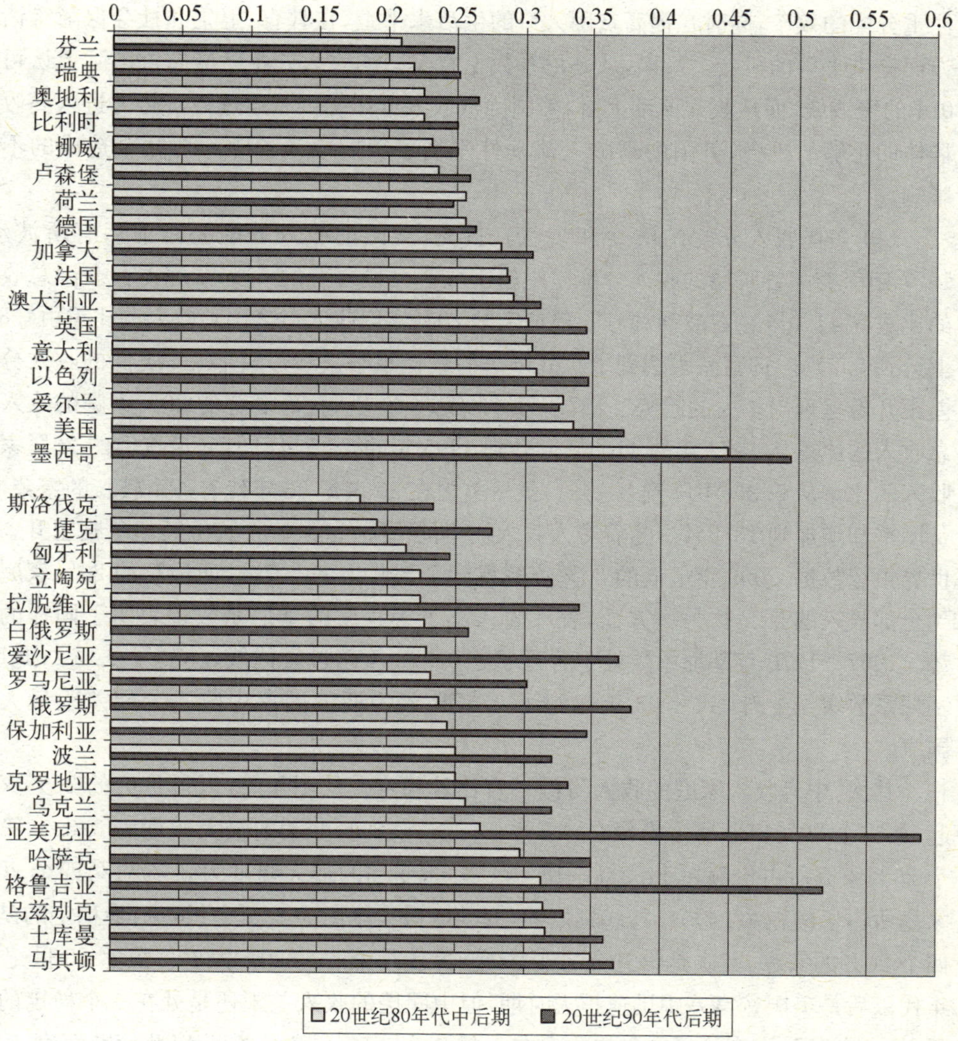

图 3　经合组织国家与转型国家的收入分配基尼系数变化

资料来源：Oleksiy Ivaschenko，“Growth and Inequality：Evidence from Transitional Economies，” 2002；Luxembourg Income Study data，http://www. lisproject. org/keyfigures. htm.

二、主要发达国家和地区收入分配比较及其启示

1. 美国：发达阶段的高收入差距的收入分配模式

美国的经济增长和收入分配政策模式是世界上独一无二的，是维护美国社会稳定的重要组成部分，其主要特点是伴随着经济长时间的稳定增长，美国的收入分配更加

注重分配的效率,同时在提高贫困人口的生活水平上,在教育、卫生和社会保障等诸多方面提供平等的机会。所以,从基尼系数上看美国的收入差距已经超过国际上认可的0.4的警戒线,而从收入流动上看,美国为低收入群体提供了通过自身努力进入高收入群体的足够的机会,美国的高收入流动性平衡了美国收入差距大对社会造成的不利影响。

(1) 美国收入分配的演变和现状。首先,美国的收入分配差距前后有所波动。1977年前美国各阶层的收入分配差距趋于减小。最富有的20%家庭占有全国总收入的比重在41.0%左右波动;同期,最贫穷的20%家庭收入占全国总收入的比重由4.8%上升到5.2%。贫富差距达到了二战以来的最低水平。1977年以后,美国的收入分配差距开始呈现出扩大的趋势。1977—1995年近20年间,最富有的20%家庭的收入占总收入的比重从1977年的41.5%上升到1995年的48.7%;同期,最贫穷的20%家庭收入的比重从5.2%下降到3.7%。虽然美国在20世纪90年代有一个较长的繁荣期,贫困率却增加到13.8%。随着穷人收入比率的下降,富人的收入份额却急剧上升。据世界银行数据,2003年最低的20%家庭得到全部收入的3.7%,而最高的20%家庭得到全部收入的51%。另一方面,表示收入不平等程度的基尼系数也表明了同样的趋势。1967—1976年基尼系数处于合理状态;1977年超过警戒线,达到了0.402;此后,基尼系数缓慢上升,到2003年达到了0.471,成为西方国家中收入分配差距最大的国家。

其次,中等收入家庭的收入份额一直比较稳定。从图4看,以最贫穷的20%家庭起,第二个20%家庭所占份额在8.7%—12.5%之间,变动的最大幅度为3.8%;第三个20%家庭所占份额在14.2%—18.0%之间,变动的最大幅度为3.8%;第四个20%家庭所占份额在22.4%—25.0%之间,变动的最大幅度为2.6%。可见,最稳定的是第四个20%的家庭,其次是第三个20%家庭,再次是第二个20%家庭。虽然20世纪80年代以后是美国贫富差距迅速扩大时期,但中间层的收入差距还是处在一个稳定的水平上。在美国,中产阶级的年均收入在3万美元与10万美元之间,以此标准而论,美国

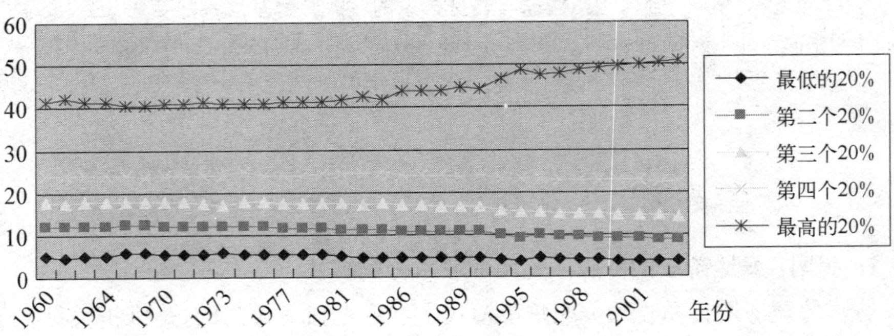

图4 1960—2003年美国家庭收入分配

的中产阶级大约占总人口的80%。美国的中产阶级是拉动内需、推动消费市场增长，并最终推动整体经济增长的主要动力之一。

最后，富者越富，贫者收入不下滑。从数据上看，在最高收入的20%家庭收入份额上升的同时，最低收入的20%家庭收入的相对份额却在下降，尤其是20世纪80年代以来下降幅度越来越大，但其绝对收入是上升的。在美国，收入分配问题并不是美国社会关注的主要问题，更加强调的是公平和机会均等，强调通过自己的努力改变生活；同时，美国对低收入群体的保障体系也十分严密，低收入群体的子女教育、医疗卫生健康等方面尤其受到重视。就美国的贫困人口而言，其贫困线逐年上升，且覆盖面较大，最高达到全社会人口的22.4%，最低也有11.1%。

表1　美国基尼系数

1967—2003年美国收入分配的基尼系数							
年份	基尼系数	年份	基尼系数	年份	基尼系数	年份	基尼系数
1967	0.399	1977	0.402	1987	0.426	1997	0.459
1968	0.388	1978	0.402	1988	0.427	1998	0.456
1969	0.391	1979	0.404	1989	0.431	1999	0.457
1970	0.394	1980	0.403	1990	0.428	2000	0.460
1971	0.396	1981	0.406	1991	0.428	2001	0.462
1972	0.401	1982	0.412	1992	0.434	2002	0.467
1973	0.397	1983	0.414	1993	0.454	2003	0.471
1974	0.395	1984	0.415	1994	0.456		
1975	0.397	1985	0.419	1995	0.450		
1976	0.398	1986	0.425	1996	0.455		

(2) 美国收入差距形成原因及缩小收入差距的手段。第一，美国在税收体制上注重税收的效率。美国收入分配差距的扩大是政府鼓励通过市场调节收入分配的结果，政府在政策上更加注重社会上各种机会的平等和人权等问题。1986年，美国的税制改革反映了美国的税收体制从重视税收公平转向重视税收效率的思想。政府实施了富有争议的减税政策，该政策削减了富人的税收却提高了穷人缴税在国民总税收中的比重。美国的这种税收制度直接导致了收入差距的不断拉大，即高收入群体的可支配收入大幅增加，而低收入群体的可支配收入变化不大。

第二，构成美国收入分配差距的主要因素是歧视。一是种族歧视。从工资收入上看，美国黑人的平均工资比白人的平均工资低20%左右，2003年美国白人的失业率为

5.2%,而黑人的失业率却高达10.2%。美国人口普查局的数据显示,2003年黑人的贫困率高达24.1%,比2001年增长了1.4%。二是性别歧视。据美国人口普查局资料显示,女性工人的平均工资比男性的平均工资低30%左右。从图5可以看出,就可支配收入而言,美国的性别歧视一直以来没有改变。三是移民歧视。"公共计划"组织2003年对来自100多个国家的移民调查显示,61%的移民认为美国存在全面的移民歧视。美国的移民歧视与美国的种族歧视有很强的相关性,新移民美国的外国人的贫困率要高于美国白人4个百分点以上。

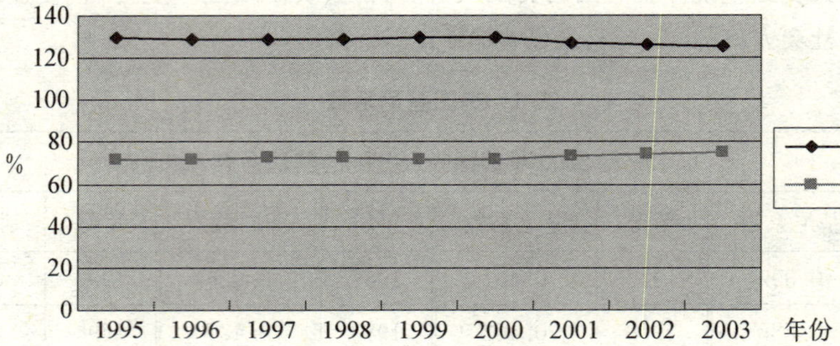

图5 美国不同性别可支配收入与人均可支配收入比

第三,美国对于贫困人口的政策。关于贫困的标准,美国人口调查局根据美国预算管理办公室统计法规第14条,在规定家庭规模和人口结构基础上,制定了一套用货币收入来衡量贫困率的标准。贫困标准为居民税前收入,不包括资本收益和非现金补贴,不随着地理位置变动而变化,但要进行物价指数化调整。如果家庭的货币收入低于这个标准,则该家庭和成员均被认定处于贫困状态。美国的贫困人口将享受从生活到教育等诸多方面的帮助。

表2 美国男女可支配收入、比例 单位:美元

美国男女可支配收入、比例										
	1995年	1996年	1997年	1998年	1999年	2000年	2001年	2002年	2003年	9年增长(%)
男	235 382	233 803	236 736	243 027	250 181	254 183	250 320	258 588	256 539	8.99
女	129 200	130 937	132 752	136 935	139 018	140 813	144 596	151 157	152 871	18.32
人均可支配收入(%)										
男	129.9	128.8	128.8	128.6	129.2	129.3	127.3	126.6	125.7	
女	71.3	72.1	72.2	72.5	71.8	71.6	73.5	74.0	74.9	

(3) 美国收入分配关系的启示。第一,美国的收入差距与政府的政策密切相关。

纵观美国50年收入分配格局的变化，无论是经济滞胀还是扩张时期，都与政府的政策密切相关。20世纪60年代，政府承担了干预国家社会事务的责任，承担了对贫穷、歧视问题以及最终可能出现的街头骚乱的责任。同时，政府用累进所得税加强对高收入家庭的调控，肯尼迪政权时代最高税率达到了70%。然而，到70年代中期，这些努力的热情有所减弱；到1980年这种政策已经是时过境迁。1980年以后的里根及老布什政府实施了有利于富人的税收减免和不利于穷人的社会服务预算消减。克林顿政府奉行消减赤字预算的经济政策，使惠及穷人的一些政府支出大大减少，因而在美国经济高速增长的100个多月里并未给穷人和中间阶层带来更多的好处。针对富人的累进税最高税率由里根政府时的50%降至目前的39.65%。

第二，中产阶级具有平衡收入差距扩大的效果。美国政府在经济发展过程中，更加注重效率，同时在社会保障、教育、卫生和就业等方面通过法律的形式注重公平。美国在放纵贫富差距扩大的同时，也造就了一个中产阶级，这为经济学家们所津津乐道。其原因在于，一方面中产阶级的生活方式为美国许多家庭提供了榜样和希望——进入中产阶级成为他们现实的奋斗目标，而到达财富金字塔顶端成为巨富对大多数人来说是渺茫的；另一方面，中产阶级对收入分配的两极化起着缓和作用，成为社会稳定的力量。简言之，美国的中产阶级成为经济发展和社会稳定的中坚力量。

第三，经济增长与收入分配差距的关系是不确定的。在经济全球化形势下，一些发展中国家的收入分配差距迅速扩大已经是不争的事实，但在如何认识和解决这个问题上却存在着不同的主张。库兹涅茨“倒U形假说”认为，收入分配差距在经济发展初期是不可避免的，随着经济的增长，收入分配差距会自动地缩小。这种理论导致了一些人对日益扩大的收入分配差距采取无为而治的态度。事实上，从美国的经验上可以看出，如果贫富差距可以随着经济的增长而缩小，那么美国的贫富差距理应是世界上最小的。所以，收入分配差距与经济增长的关系是不确定的，不能仅从经济发展得出收入差距的结论。

第四，以公共政策促进收入流动。作为公共政策重要内容之一的社会保障在促进收入流动和缓解社会不平等方面发挥着不可估量的作用。统一和完善的社会保障体系不仅可以有效地促进和保护各种职业的自由选择，鼓励职业流动和收入流动，而且也可以实现市场充分竞争的效率，有效地缓解收入不平等，促进社会公正和社会稳定。

2. 欧盟：以社会政策为主导的福利国家收入分配模式

欧洲大多数国家之所以被称为平等、公平和正义的福利社会或福利国家，其中一个非常重要的原因就在于当它们完成工业化并进入发达的经济发展阶段后，政府除了制定促进经济增长的一系列政策以外，同时也制定了一整套旨在推动收入平等和社会和谐、稳定的社会政策体系。社会政策通过国民收入再分配功能，建立起强大的全面性的社会保障体系，并借助于国家职能的发挥和强制性的实施，结果既可以有效实现收入分配平等化目标,也可以确保每个公民拥有平等的失业保障机会、医疗卫生保障机会、公共教育机会、养老保障机会以及住房等。因此,社会政策的一个基本功能就是国家通过国民收入再分配,为市场经济条件下的每个公民提供平等竞争和自由发展的机会,有利于实现市场经济机会平等的要求和目标。需要特别指出的是,欧洲国家多数确立以公民为主体的社会权利,并以国家保障这些权利作为取得政府执政合法性的基础之一。这些权利包括实现就业,享有失业、工伤、医疗、养老等方面的社会保障;享有平等的接受教育的权利,以及因各种原因造成无法自立的人士的社会抚养与照顾,使每一个公民都能够免受社会风险,具有平等的发展权利;通过税收和其他社会保障资源的取得方式,对国民收入进行再分配,这种再分配占GDP的比重一般接近或超过20%,有的国家甚至超过30%。

欧盟国家在收入分配上,各国之间并不相同,但是,其总体上表现为基尼系数较低,社会保障系统完备。其发展大致经历了两个阶段。第一个阶段,始于德国首创的社会保障制度(俾斯麦模式)。该模式体现的是一种横向的风险分担机制,即身体健康的人分担生病者的医药费;就业者分担失业者的失业补助;单身者分担多人口家庭的家庭补助等。分担社会风险责任的扩大对普通民众具有特别重要的意义。长期以来,面对各种社会风险而能有安全感的,只是社会上极少数人的一种特权,然而通过社会保障体现的社会政策则使全社会,或者至少是绝大多数人,在不管发生什么意外的情况下,都可以获得维持基本生活水平和生活方式的保障,进而保持作为人所应当有的信心和尊严。第二个阶段,就是欧洲社会政策的发展与成熟阶段。该阶段大约是从20世纪30年代前后直到70年代,其标志性的事件是40年代英国的"贝佛里奇报告"和随后在这个原则基础上普遍建立的"福利国家",因此,这种模式就称为"贝佛里奇模式"。该模式主要遵照普遍性原则、满足最低需求原则、充分就业原则和费用共担原则。这个模式不仅构筑了英国战后社会政策的基本框架,而且影响了包括欧洲在内的世界所有发达国家和地区。它预示着欧洲的社会政策进入了一个新的时代,即福利国家时代。

社会保障体系是确保欧盟各国经济持续发展、社会政治稳定所必不可少的,社会保障体制的完善与否也反映一个国家的福利水平。目前,欧盟地区是世界上社会保障体系最为全面和完善的地区,社会成员的生老病死、失业、退休、家庭、住房等均享有相应的社会保障。欧盟委员会将主要成员国的社会保障制度划分为4组:一是3个斯堪的纳维亚国家(丹麦、瑞典和芬兰)。这3个国家的福利水平很高,每个人都有权得到相同的基本数额,那些工作的人领取与收入挂钩的补贴(例如疾病、生育和职业伤害补贴)。然而,失业保险和国家经营的补贴体系是分离的,是由互助组织或者工会管理,并且是自愿的而不是强制性的。二是英国和爱尔兰。社会保障体制提供实质上的普遍保护,补贴倾向于采用定额比率,补贴的水平低于斯堪的纳维亚国家,并且财产调查发挥主要作用。三是德国、奥地利、法国、比利时、荷兰和卢森堡。这些国家都承袭了德国社会政策中的社会保险原则，即社会政策中的俾斯麦方法，其主要特点是补贴比较缺少普遍性，很大程度上以就业为基础，并且和缴费相联系。补贴的权利在不同的职业之间可能不同，并且补贴倾向于和收入挂钩。四是意大利、西班牙、希腊和葡萄牙。这些国家的社会保障供给是更加基本的。社会保障制度倾向于成为部分的、职业性的和以保险为基础的收入维持计划，在覆盖面上与其他国家有实质性差距。

通过对欧盟国家收入分配的分析，可以看出，欧盟国家大多是市场机制发育非常成熟的发达国家，劳动生产率很高，而不同行业和岗位的工资水平的差距并不大，这种较低社会成本下的高产出效果，得益于政府在规范和引导全社会工资水平上发挥的积极作用，充分发挥税收政策对居民收入差距的调节作用。欧盟各国政府在个人收入的税收调节上，其政策导向经验是高收入者多纳税，低收入者少纳税甚至不纳税。同时，通过对存量资产征收税，如财产税、巨富税和遗产税来抑制贫富差距。

3. 日本：藏富于民的收入分配模式

（1）日本收入分配现状。从图6和图7可以看出，日本的收入差距是在逐渐拉大的，2003年，高收入户与低收入户的差距达到549 223日元，然而高收入户的平均可支配收入仅仅是低收入户平均可支配收入的2.86倍，比欧盟国家还要低50%。

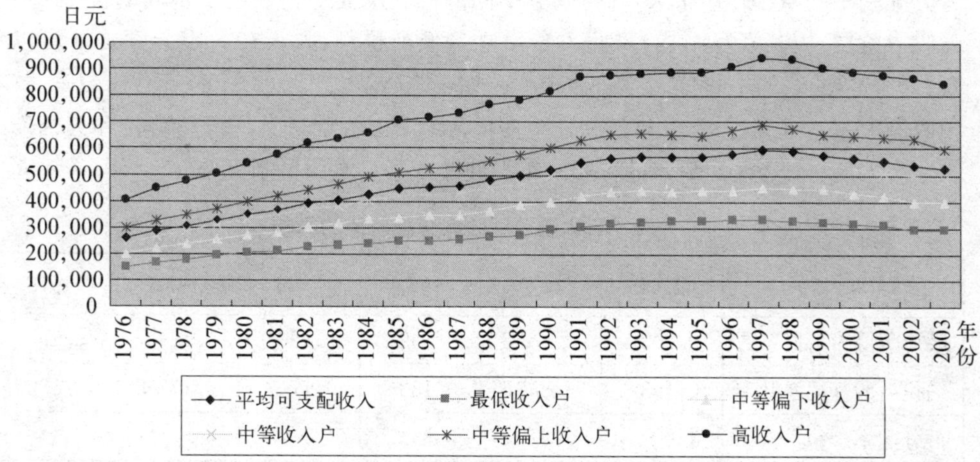

图6　日本可支配收入时间变化图

进一步分析日本的基尼系数，发现该系数以0.19为中心，在0.03范围内上下波动，而且始终小于0.2，收入分配是很平均的，居民的收入差距很小。日本经济的一个重要特征是在大企业之外存在着数量庞大的中小企业，大企业中存在的以终身雇佣制和年功序列制工资体系为核心的雇佣体制，企业承担了员工社会保障的大部分，这也是造成大企业与中小企业间员工收入差距的重要原因。1993年日本采用年薪制的企

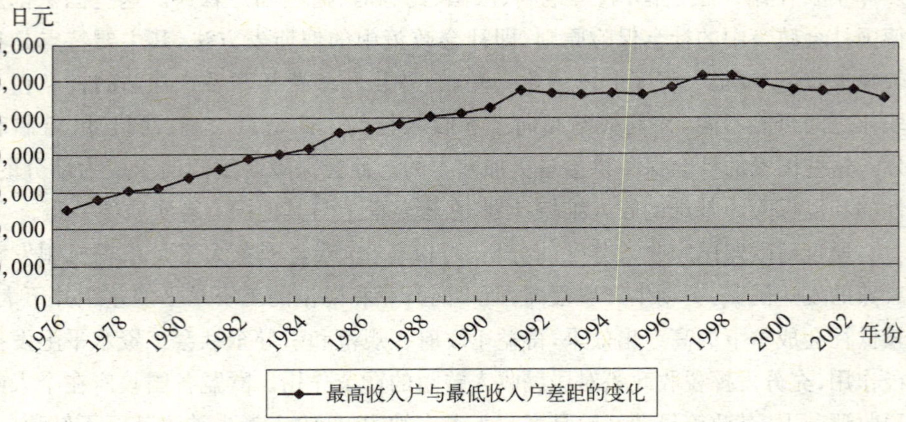

图7　最高收入户与最低收入户差距的变化

业占10%,1996年上升至60%,这使得日本企业在保持长期较为稳定的就职、加薪体系的同时,进一步强调了个人的努力及能力,有利于不同规模的企业在自由竞争市场机制的调节下缩小收入差距。

在日本的税收体制中占统治地位的是直接税,尤其是所得税。日本的所得税对收入分配差距的减小作用很大,政府基于不同的税收承受能力设置了不同的税率:对于低收入阶层,视其家庭结构、家庭人数设立最低征税额,收入在一定金额之下可以免税;对于高收入阶层,则实行累进制税率。如表3所示,自20世纪80年代末以来,日本税收制度基本框架已近40年没有发生变化。由于首次引进了广泛消费税和大幅修改日本个人所得税制,1987年的税制改革彻底改变了日本的税制框架。

表3　日本税收对收入分配差距的影响

年　份	1966	1970	1975	1976	1977	1978
最初所得的基尼系数	0.2033	0.1788	0.1892	0.1869	0.1848	0.19
纳税后的基尼系数	0.1933	0.1716	0.1839	0.1792	0.1774	0.1824
再分配率(%)	4.9	4	2.8	4.1	4	4

资料来源:日本总理府统计局《1999年家庭收入调查》。

日本政府借鉴德国的社会保障理论,根据本国国情作了适当的调整,对减小收入差距,维持社会稳定有很大的影响。在日本,社会保障缴纳的金额视不同的收入阶层而有差别,高收入阶层缴纳的金额相对要高一些,低收入阶层则相对缴纳得较少。

(2) 日本收入分配政策的启示。第一,突出企业在收入分配中的作用。日本家庭的收入构成主要分为三个部分，一是劳动贡献所得报酬，如工资所得、农业畜牧业所得；二是经营所得利润；三是资本报酬，如利息、股息、红利和房租、地租等收入。其中1999年工资所得在总收入中所占比重约为77.8%，经营所得所占比重约为11.98%，利息、股息、红利等资产所得所占比重及房租、地租所得所占比重均为5.7%左右。工资收入或者说是劳动报酬收入是可支配收入构成的最主要部分，这也就突出了企业在可支配收入中的分配作用。

第二，突出社会保障制度对收入分配的调节作用。日本社会保障体系，包括生活保护等公共援助、社会福利、养老金和医疗保险等社会保障，还有针对工伤、残疾人士及失业人员的社会保障内容。经过长期发展，社会保障制度相对健全，以医疗保险制度为例，由健康保险和国民健康保险组成，健康保险以雇佣劳动者为对象，国民健康保险则以雇佣劳动者以外的其他人员为对象。日本在其国民收入的初次分配中，个人所得的份额大概在50%左右，经过转移支付以后，个人所得份额占国民收入的比例超过了80%。这也是日本基尼系数很低的主要原因。

三、发达国家收入流动性比较及经验

1. 美国的收入流动性及其政策启示

美国在20世纪70年代经历了高度的贫困和不平等，尽管在80、90年代经济有了复苏，但情况并没有根本好转。随着经济不断增长，收入差距扩大仍然是美国社会一个没有得到解决的问题。尽管在当时，美国的家庭平均收入水平与其他工业国家相比一直是高的，但它的贫困率也属于最严重的国家之一，而且家庭收入不平等的加重已经持续了20年。由于经济增长使家庭平均收入的贫困化降低的效应，却被经济增长带来的收入差距扩大所抵消。不平等的上升已经引起公共政策领域的激烈争论。尽管大部分分析家承认不平等确实增加了，但是一些人争辩说，如果高水平的不平等伴随着家庭收入流动性的上升，那么这种不平等就不应该成为我们所担忧的问题。于是，在美国有关收入流动性与不平等问题成为又一个争论的焦点，并且主要集中在流动性的程度和流动率的变化情况。

许多分析和研究认为，如果过去20年收入不平等的增长伴随着收入的流动性，那么不平等的趋势也许就没有那么严重。

P. 戈特沙尔克和S. 丹齐格(Peter Gottschalk & Sheldon Danziger)对美国家庭收入流动性进行了分析研究。他们指出，在20世纪60—70年代中，美国家庭收入流动性确实发生了，但是流动性程度并不高。因此，处于高端和处于低端的人群之间的差距进一步拉大，至少于70年代收入差距扩大产生的不平等并没有因为收入流动性而发生改观。他们的分析还进一步指出，没有证据表明80年代以来的经济增长明显降低了不平等或增加了收入流动性。上述这个结论与吉图曼、霍利根以及乔伊斯(Gittleman，Horrigan，Joyce)所做的实证分析基本上是一致的。他们分别运用5等分矩阵图计算了1967—1979年和1979—1991年两个时期的收入流动性。他们的分析发现,第一个阶段即1967—1979年的收入流动性比1979—1991年这个时期慢,而80年代到90年代初期美国家庭居民收入流动性明显快于60—70年代。具体见表4。

表4 美国家庭收入流动性转换矩阵(1967/1979年、1979/1991年)

家庭平均收入的五等分流动率

1967—1979年转换矩阵	1979年的五等分				
	最低组	第二组	第三组	第四组	最高组
1967年的五等分					
最低组	51.3	25	15.3	5.9	2.4
第二组	21.8	27	24.3	19.1	7.8
第三组	12.3	21.3	22.7	24.5	19.3
第四组	8.1	15	19.7	26.5	30.7
最高组	6.4	11.7	17.8	24.1	40
N=3 277					
1979—1991年的转换矩阵	1991年的五等分				
	最低组	第二组	第三组	第四组	最高组
1979年的五等分					
最低组	47.8	25.6	13.1	10.4	3.2
第二组	22.1	26.7	24.8	18.3	8.1
第三组	12.2	18.9	25.6	21.6	21.8
第四组	12.3	19.5	18.2	23.1	26.9
最高组	5.7	9	17.7	27.6	40

N=3 322

资料来源：Gittleman，Horrigan and Joyce，1997.

到了20世纪90年代,可以发现美国家庭居民收入流动性更是发生了非常显著的流动。从表5可以看出,按照5等分比例法标准,1988年最低收入等级的人口中只有53%仍然在最低收入等级,其余的47%左右流动到了其他较高的收入等级;而10年前最高收入人口中同样也只有53%仍然处于最高收入等级,其余的47%左右的人口却流动到了其他较低的收入等级。可见,其收入流动性是比较强的。根据美国财政部1992年的研究结果，从1979年到1988年，其收入流动性更快，大约有86%的最低收入人口流动到了较高的收入阶层，而同期只有35%的人口收入流动到了较低的收入阶层[①]；1996年美国都市研究所研究认为，大多数美国人都随着时间的推移进入了一个新的收入等级，估计每年有25%—40%人口的收入发生流动[②]。从收入流动的方向来看，从较低收入等级向较高等级收入流动即向上的收入流动性大于向下的收入流动性，从1969年到1994年处于较低收入等级中有53%的人口收入流动到了较高的收入等级，而同时只有37.9%的较高收入者流动到较低的收入等级[③]。

表5 1988—1998年美国家庭收入流动分析

1998年五等分比例 / 1988年五等分比例	最低收入20%人口	较低收入20%人口	中间收入20%人口	较高收入20%人口	最高收入20%人口
最低收入20%人口	53.3	23.6	12.4	6.4	4.3
较低收入20%人口	25.7	36.3	22.6	11.0	4.3
中间收入20%人口	10.9	20.7	28.3	27.5	12.6
较高收入20%人口	6.5	12.9	23.7	31.1	25.8
最高收入20%人口	3.0	5.7	14.7	23.2	53.2

资料来源：Katharine Bradury & Jane Katz,"Women's Labor Market Involvement and Family Income Mobility", New England Economic Review Q4 2002.

另外，根据美国财政部提供的数据，在美国的收入流动中，从最低收入阶层、较低收入阶层以及中间收入阶层向更高一级的收入流动比例，明显大于从较高收入阶层向较低收入阶层的流动比例；从1979年到1988年，中等收入阶层中有47.3%流动到了较高的收入阶层；而同期中等收入者中只有19.7%的人口流动到了较低收入阶层；较低收入阶层中(第2个20%人口收入阶层)也只有10.9%流动到了更低的收入阶层。

从上面的分析可以看出，第一，美国的收入流动性较强，这种收入流动的特点在时间和空间上不断地改变着收入分配的内在结构，促使收入在不同组别之间发生流动；同时向上流动大于向下流动的收入流动性质在一定意义上改善和缓解了收入不平等；根据测算，收入流动性使美国工资不平等程度在1979—1991年间整体减少了

① 参见 *Income Mobility and the U. S. Economy: Open Society or Caste System?* Joint Economic Committee, U. S. House of Representatives, 102nd Cong., 2nd Sess., January 1992。

②③ 参见 McMurrer and Sawhill, "How Much Do Americans Move Up and Down the Economic Ladder?"。

12%—26%[①]。可见,收入流动不仅在实质上有助于减少收入分配不平等,而且也有助于缓解收入不平等产生的社会压力和冲突。第二,美国的公共政策和收入流动之间具有内在的一致性和关联性,也就是说,美国政府运用公共政策的各种法律手段和制度措施为促进收入流动提供了完善和成熟的、公平竞争的市场经济制度环境,在这种制度环境下,每个人都可以通过市场平等竞争,充分发挥自己的聪明才智,真正实现按照要素贡献大小参与收入分配;而且规范而完善的法律体系从制度上最大限度杜绝了不合法收入的来源和机会。例如,制定的旨在鼓励低收入家庭积极就业的所得税信用制度;旨在救济失业人员基本生活保障的失业援助计划、各种食物补贴、交通补贴、各种社会救助、援助政策等;有比较健全和统一的社会保障、养老保障,以及医疗、保健制度和各种社会保险等。这些制度在很大程度上通过收入转移和流动,有效防止了各种绝对贫困的发生和大规模疾病出现,如老年贫困等;同时,又起到了社会稳定和安全的积极作用。另外,还有完善的国民教育体系和公共教育系统保证每个公民无论收入高低都可以享受"免费"的公共教育,从而防止了由于收入不平等而导致的教育机会的不平等和"知识贫困"的发生;同时,公共政策特别强调成人教育,通过建立大量的社区学院,低廉的学习成本保证了社区人员都有机会不断地参加社区学习和教育,不断调整和改善劳动技能。所有这些在很大程度上通过"另外一种形式"补偿了中低收入者,改善了他们的社会经济福利水平,从而客观上也起到发挥补偿机制的积极作用,缓解了收入不平等的社会紧张度,减少了不平等对于经济增长以及社会发展的负面影响。此外,发达的经济实力和综合国力也决定了美国制定的贫困线起点较高,而且贫困标准逐年提高,这就决定了美国的所谓"贫困人口"的生活水平和质量差异只是相对意义上的贫困,因此不会出现一般低收入国家所谓"赤贫"阶层或者绝对贫困阶层。正是这种旨在提供公平竞争的公共政策从制度设计和制度安排上十分有效地保证和促进了美国的收入流动,从而在一定程度上缓解了不平等的社会压力和反应。[②]

2. 瑞典的收入流动性及其政策启示

瑞典的收入分配不公平现象从20世纪初到70年代一直都在减少。根据斯邦特(Spant, 1987)的估计,1920年最富有的5%人群拥有瑞典77%的财富,但在1975年下降到44%。扬森和乔纳森(Jansson & Johansson)得到了一个更低的数据,就是1975

① 参见 Moshe Buchinsky & Jennifer Hunt, Wage Mobility in the United States, 美国国民经济研究局(NBER)工作论文5455。

② 关于美国家庭居民收入流动性问题,最近也有研究表明其收入流动性因为受到收入不平等上升而正在放慢。实际上,尽管收入流动性可以减少收入不平等带来的社会冲突和压力,但是急剧扩大的收入不平等有可能反过来降低收入流动性。Michael Hout 通过分析美国1973年到2000年职位流动性的机会发现,近几年美国的收入流动性正在开始下降。

年最富有的5%的人群只占有瑞典38%的财富，1985年和1975年差不多，为37%。20世纪70年代中期之后，瑞典的收入分配状况基本保持不变。

彭特森和施密特-索伦森(Bentzen & Schmidt-Sörensen)分析了瑞典1983—1990年的数据后，得出结论：1983年收入处在最低端两个1/10的群体中只有42.5%的人仍然处于原来的阶层，同时处于最顶端1/10的群体中的68%仍然处于最顶端。L.巴格-舍格伦和N.A.克莱夫马尔肯(Lars Bager-Sjögren & N. Anders Klevmarken)在分析了瑞典1985—1986年和1992—1993年的数据后，得出了和彭特森、施密特-索伦森差不多的结果，1985—1986年处在最底端的47%的人仍然处于最低端，而处于最顶端的1/10群体中有52%的人仍然处于最顶端。具体见表6。

表6 瑞典的收入流动性转换矩阵(1985/1986年—1992/1993年)

1985/1986年的十等分 \ 1992/1993年的十等分	最低组	2	3	4	5	6	7	8	9	10
最低组	36	13	21	9	4	1	5	3	3	4
2	19	26	10	13	7	12	4	3	4	1
3	12	21	16	18	12	9	4	6	1	1
4	14	17	13	10	12	8	8	7	8	1
5	8	7	12	19	9	18	11	7	4	4
6	5	8	8	14	21	17	8	7	7	3
7	0	3	11	7	12	9	13	19	19	6
8	2	4	5	3	6	19	21	13	17	10
9	2	1	3	4	7	6	14	24	21	18
10	1	0	0	2	7	1	10	10	17	52

数据来源于HUS数据。

尽管瑞典20世纪80年代至90年代的收入流动性和国际趋势一样处于上升趋势，但是，移民的收入却明显恶化。斯格特(Scott)认为，很多瑞典移民的收入一直处于最低端，移民和当地居民的收入差距越拉越大。

从相对收入流动性的角度来看，瑞典移民1980—1984年间的收入流动性要高于本地土著居民。1992—1996年间，瑞典移民的收入流动性仍然高于瑞典本地土著居民，但是，他们之间的收入流动性差距较1980—1984年间小了很多，如表7、

表8、表9所示。

表7　1980—1984年瑞典本地居民的收入流动性转换矩阵(%)

1980年＼1984年	最低组	第二组	第三组	第四组	第五组
最低组	63.6	25.6	7.4	2.5	1.0
第二组	24.2	47.5	19.6	6.8	1.9
第三组	7.5	18.7	49.7	20.4	3.8
第四组	3.5	5.7	20.3	54.4	15.9
第五组	1.7	2.2	2.9	15.9	77.4

注：样本数为167 430,其中不流动比例均值为58.5(对角线算术平均数)。

表8　1992—1996年瑞典本地居民的收入流动性转换矩阵(%)

1992年＼1996年	最低组	第二组	第三组	第四组	第五组
最低组	60	25.1	8.9	4.3	1.7
第二组	21.6	47.5	21.5	7.2	2.1
第三组	8.8	19.3	46.5	21.3	4.1
第四组	6.0	5.8	9.6	51.4	17.1
第五组	3.1	2.5	3.5	15.7	75.2

注：样本数为157 390,其中不流动比例均值为56.1(对角线算术平均数)。

表9　1980—1984年瑞典移民的收入流动性转换矩阵(%)

1980年＼1984年	最低组	第二组	第三组	第四组	第五组
最低组	55.1	29.0	10.1	3.7	2.0
第二组	23.6	45.4	21.7	6.9	2.5
第三组	9.0	19.9	45.7	21.3	4.1
第四组	4.7	7.4	20.5	50.3	17.1
第五组	2.8	3.3	4.2	15.6	74.1

注：样本数为16 393,其中不流动比例均值为54.1(对角线算术平均数)。

表 10　1992—1996 年瑞典移民的收入流动性转换矩阵(%)

1992 年 \ 1996 年	最低组	第二组	第三组	第四组	第五组
最低组	59.4	23.3	9.9	5.3	2.2
第二组	22.6	47.1	20.5	7.9	1.8
第三组	11.5	18.7	43.9	21.4	4.4
第四组	7.8	7.1	20.7	47.9	16.6
第五组	5.1	3.2	4.8	17.1	69.8

注：样本数为 14 691，其中不流动比例均值为 53.6(对角线算术平均数)。

表 11　相对不流动比例均值(%)

	移民	本地居民	相　对　值
不流动比例均值 1980—1984	54.1	58.5	54.1/58.5=0.92
不流动比例均值 1992—1996	53.6	56.1	53.6/56.1=0.96

3. 意大利的收入流动性及其政策启示

与反映消费等级变动情况的消费流动性相比，意大利的收入流动性相对较低，如表 12、表 13 所示。

表 12　意大利 1993—2000 年的收入流动性转换矩阵(%)

1993 年的 10 等分 \ 2000 年的 10 等分	最低组	2	3	4	5	6	7	8	9	10
最低组	50.5	21.4	9.9	9.1	1.1	3.9	0.1	3.6	0.4	0.0
2	30.3	13.6	16.9	11.2	8.9	5.2	7.7	3.7	2.2	0.3
3	5.5	22.1	18.7	17.1	9.9	12.4	5.2	3.4	3.3	2.5
4	2.1	22.0	20.7	17.2	11.4	12.9	4.8	6.0	1.9	1.0
5	2.4	10.7	12.2	16.5	16.4	9.6	12.3	15.1	1.7	3.0
6	6.3	2.2	12.4	15.7	15.9	16.4	8.3	10.9	8.9	2.8
7	3.3	1.0	6.8	7.2	12.4	14.2	18.5	14.7	14.5	7.4
8	0.7	2.7	0.8	4.4	14.8	13.5	19.0	17.0	15.0	12.2
9	0.0	2.8	0.0	2.9	2.7	8.6	16.0	15.4	24.4	27.2
10	0.6	0.1	1.0	0.2	4.4	6.2	4.3	13.5	26.5	43.2

表 13　意大利 1993—2000 年的消费流动性转换矩阵(%)

1993 年的 10 等分 \ 2000 年的 10 等分	最低组	2	3	4	5	6	7	8	9	10
最低组	31.5	22.3	17.6	8.5	6.6	3.5	7.5	2.5	0.0	0.0
2	17.6	14.5	26.4	11.6	14.0	7.0	4.6	2.4	1.1	0.7
3	11.6	8.6	16.6	19.7	14.3	14.2	2.4	8.7	3.4	0.5
4	11.0	7.6	16.4	9.5	13.7	13.2	8.8	6.9	4.3	8.7
5	5.6	9.8	14.3	13.2	10.1	12.2	11.9	8.2	9.3	5.5
6	3.7	5.6	9.7	16.2	8.5	8.2	15.9	12.2	13.2	6.7
7	0.0	2.3	6.2	15.9	11.4	12.8	11.2	9.4	19.4	11.5
8	1.0	0.7	6.5	2.6	13.4	12.7	19.3	15.6	14.2	13.8
9	0.0	1.5	3.7	0.8	5.3	8.1	14.5	20.4	22.2	23.5
10	6.7	3.5	0.4	2.9	6.4	7.4	8.3	15.3	19.1	30.0

从表 14 可以看出,1993—2000 年意大利的消费流动性大于收入流动性,其中收入等级保持不变的占 23.6%,而同时期消费等级仍保持原等级的仅占 16.7%。同时,收入向上流动小于向下流动的比例,但消费向上流动大于向下流动比例。消费向上流动 3 个及以上等级的比例为 16.9%,高于收入向上流动 3 个及以上等级的比例,消费向上流动 2 个和 1 个等级的比例也分别高于收入向上流动 2 个和 1 个等级的比例,而消费向下流动 1 个和 2 个等级的比例则分别低于收入向下流动 1 个和 2 个等级的比例。

表 14　1993—2000 年意大利收入及消费流动性情况分析(%)

等级变动(算术平均值)	收入	消费
向上流动 3 个及以上等级	12.6	16.9
向上流动 2 个等级	9.4	11.5
向上流动 1 个等级	14.2	15.4
保持不变	23.6	16.7
向下流动 1 个等级	18.0	13.7
向下流动 2 个等级	11.1	10.5
向下流动 3 个及以上等级	11.2	15.3

根据 A. 雷戈利、C. 昆塔诺和 R. 卡斯特拉诺(Andrea Regoli, Claudio Quintano & Rosalia

Castellano)对 1993—2000 年的数据所做的线性模型分析，性别对于意大利收入流动性的影响有限；而初始受教育程度高的人群则比初始受教育程度低或者中等的人群更不容易向下流动；1993 年初始经济地位越高的人群的收入越容易在 7 年后向下流动；住在意大利南部的人群收入更容易向下流动；而拥有一个大家族且家族中工作人数越多的家庭越不容易发生收入向下流动。

从以上流动性分析中可以看出，意大利向上和向下的收入流动都不是很快，50.5%的最低收入人群 7 年后仍然在最底层，而竟没有 1 个人流动到最高等级；43.2%的最顶端收入人群在 7 年后仍保持在最顶层。另外，意大利的消费收入弹性比较高，同时由于消费具有向下的刚性，所以意大利的消费流动性快于收入流动性，且消费向上流动比例高于收入向上流动同一等级的比例。

4. 以色列的收入流动性影响因素及其启示

以色列的工作流动性在 20 世纪 80 年代晚期基本上和美国差不多，但是 90 年代的前几年以色列仍然成为发达国家当中收入最不平等的国家之一。随着前苏联移民的不断进入，以色列的收入流动性越来越快，而越来越快的收入流动性对于居民摆脱贫困的作用也越来越大。根据 1993—1996 年数据，以色列的收入流动性随着年龄增加迅速下降，而女性的收入流动性则大于男性，这是因为女性在结婚、生育以后部分或者全部返回工作单位造成的。以色列已婚人群的收入流动性低于单身人群，国有部门的收入流动性高于私有部门。随着待在以色列的时间增加，以色列的移民由于融入当地人力资本市场以及获得了当地的劳动技能而不断增加其向上的收入流动性。

表 15 美国、德国和以色列的收入流动相关系数

国家	人群	阶段长度(年数)				
		1	2	3	4	5
美国		0.88	0.82	0.80	0.78	0.74
德国		0.86	0.81	0.78	0.76	0.72
以色列	总体	0.88	0.82	0.77		
	25—34 岁	0.84	0.75	0.68		
	35—44 岁	0.90	0.85	0.80		
	45—54 岁	0.91	0.86	0.83		
	男性	0.90	0.84	0.78		
	女性	0.84	0.76	0.71		
	移民	0.76	0.63	0.53		
	商业部门	0.89	0.83	0.78		

续 表

国 家	人 群	阶段长度(年数)				
		1	2	3	4	5
以色列	国有部门	0.87	0.79	0.74		
	已 婚	0.90	0.84	0.79		
	单 身	0.82	0.72	0.65		
	个体户	0.81	0.72	0.65		

注：相关系数越大，收入流动性越低；以色列的数据为1993—1996年，德国和美国的数据为1983—1988年；1993年处于收入最底层的人只有55%，在3年后的1996年仍然处于最底层，但是以色列处于最底层的人群的比例仍然高于美国和德国，因为美国和德国比以色列能更好地吸收移民并提高其收入。

5. 德国居民的收入流动性影响因素及其启示

(1) 性别因素与收入流动。有关德国收入流动性的分析中，主要集中在对影响德国收入流动性的内在因素分析。在这个方面，首先是经济学家N.刚(N. Gang)、J.兰登-莱恩(John Landon-Lane)以及M.允(Myeong-Su Yun)使用德国社会经济截面数据GSOEP(German Socio-Economic Panel)测算了德国男性和女性在劳动收入方面的流动性。他们的分析发现，在德国，女性拥有更大的收入流动性。但是，如果使用收入向上流动性的尺度计算的话，男性的流动性要比女性大，而女性在初始收入较低的阶层中，拥有更大的向上流动性，在初始收入较高的阶层中，男性的流动性要比女性大。

(2) 要素流动与德国收入流动性。K.李(Kangoh Lee)则从联邦德国内部的要素流动和收入再分配角度，研究了要素流动与收入流动性之间的关系。正如我们在前面分析中所指出的那样，生产要素流动以及资源的有效配置本身就是收入流动性在经济效率意义上的集中体现，从这一点看，收入流动性本身也包含了经济增长的意义，因此不仅仅是具有收入分配的意义。K.李指出，联邦政府有权通过税收和转移支付对收入进行再分配。资金和劳动力也总是向回报率更高的产业或者空间流动，因此政府在决定再分配政策时，往往会考虑到他们的政策对生产要素流动和收入流动的影响。因此，再分配的程度取决于要素的流动性以及由此决定的要素收入流动性。

(3) 教育因素、福利制度与收入流动性：德国与美国、荷兰比较的视角。A.格罗德那(Andrzej Grodner)等人通过对美国和德国等国家进行比较的视角，分析两国是否都伴随着劳动力市场，个人及家庭特征对收入流动性影响在两国是否相同。他们的研究发现，教育对两个国家居民收入流动性的影响都非常大，而且在德国对向下的影响会更大。高等教育对德国的保护性和“预期性”的影响都更强，35—44岁和25—34岁的人群是向上流动概率最大的人群，可见教育对收入流动性影响确实非常大。

实际上，正如前面理论框架分析中所指出的那样，当充分考虑由于受到教育、机会均等等因素的影响，一个社会具有充分的收入流动性，那么就不必要担心收入不平等对社会稳定所带来的影响和挑战。相关的研究已经表明，收入流动性会从长期意义上减少收入不平等①，而且从社会福利角度来看，收入流动性具有显著的社会福利效应，即流动性越高，社会福利也就越大。

四、决定收入流动性大小的因素分析

以上从国际经验的角度对收入分配和收入流动进行了分析和研究。收入分配在各个国家的变化并不一样，特别是收入差距问题，就其结果而言可能说是扩大了，或者说不平等加剧了，但是究竟是什么原因导致收入差距扩大，扩大的程度如何等，在每个国家表现都不一样。

收入流动性的国际比较进一步证明：第一，从效率和资源配置角度看，充分的收入流动性也是资源有效配置的结果，收入流动性背后发生的生产要素流动更具效率和经济增长的意义。因此，充分的收入流动性也意味着收入分配与经济增长的内在统一和协调运行。第二，收入流动性有助于长期内改善收入分配关系。一个社会，一个国家短期内出现收入差距扩大并非就一定是坏事，相反这可能会引起不同收入阶层之间产生内在的竞争机制，有利于竞争和发展；但是如果长期出现收入差距并且持续扩大，这会在不同阶层之间带来社会心理压力，即使是各个收入阶层收入都在相对增加，差距的扩大也会产生相对贫困的心理感觉，因此从长期来看，对社会稳定与和谐发展会带来一定的负面影响。所以，如果存在收入流动性，允许不同收入阶层之间的收入发生流动，从而使不同社会收入阶层所处的收入位置、社会经济地位等发生变化，那么会从长期内改善收入不平等关系。第三，收入流动在一定意义上说，也是社会参与和机会均等的重要标志。人们对收入分配和不平等的分析总是面临回答这样的一些问题：即分配什么？如何分配？什么不平等或者什么平等？特别是当研究和观察不平等问题时，对于什么平等或者什么不平等尤为关心。

国际经验分析表明，人们实际上更注重社会参与的机会平等。由于每个个体在其所处的自然属性以及社会属性如性别、年龄、受教育程度、人力资本获得等因素的差距，市场竞争等导致在社会参与过程中出现的能力差异，这必然引起作为结果意义上的收入的差距。因此就这个意义说，人们更加关心导致结果不均等的原因和因素是否

① Shorrocks(1978)早期研究也表明，一国尽管有高度的不平等，但这种不平等会被更高的流动性水平所抵消，从而实际上表现出较低的长期不平等。

合理,特别是经济社会发展是否给每个参与者都提供了平等竞争的机会。而一个社会越是具有充分的收入流动性,就说明这个社会经济发展为每个人(不分收入阶层)都提供了平等的竞争机会和参与机会,确保这个社会的任何收入阶层的成员都能够平等参与到社会发展过程中,通过自身努力不断改变和增加自己的收入,使自己所处的收入阶层尽可能通过自身努力而不是外在因素发生向上的流动。因此,从这个意义上说,收入流动性是社会参与和机会均等的重要标志。

国际经验分析还表明,在缓解收入差距方面,政府再分配政策至关重要,尤其是政府采取的旨在面向穷人的各种社会保障措施、转移支付措施等都会在很大程度上直接缓解收入差距,消除收入不平等。此外,从影响收入流动性的因素来看,受教育程度是关键的变量。这个结论实际上应当说与现实情况是一致的。如果我们把收入差距分成合理的收入差距与不合理的收入差距,那么在人力资本发挥决定性作用的现代经济增长时代以及强调按照生产要素贡献大小进行收入分配的今天,人力资本意义上的收入差距可以称之为合理的收入差距。因此,毫无疑问,人力资本以及个人的受教育程度便成为影响乃至决定收入流动性大小的重要因素之一。

社会网络分析在金融系统性风险管理中的应用

The Application of Social Network Analysis in Financial Systematic Risk Management

卢　林

美国康奈尔大学　博士

华东师范大学国际关系与地区发展研究院　特聘教授

近年来，国外有不少学者开始认识和开发社会网络理论及其分析方法，并将研究重点从“规模大的倒不得”转移到“联系多的倒不得”的问题，从中获得了不少具有理论和实践意义的见解。在金融系统性风险管理中，也已认识到系统性风险的关键特征不在于风险承担机构规模的大小，而在于风险承担机构在特定系统中的地位轻重和联系众寡，所以识别、认识和管理系统性风险就要求注重风险承担机构对外联系的过程和结构。据此，本文从数据、方法和研究结果三个方面，介绍社会网络分析在金融系统性风险管理中的应用，并对该方法的长处、问题和前景做出初步的评论。

一、系统性风险：“规模大的倒不得”①抑或“联系多的倒不得”②？

在风险管理中，系统性风险是指某种可能对全局（整个系统或体系）造成实际或心理损害，并增加其不确定性的风险③。系统性风险可以表现为多种形式，也可以是多种风险相互作用的结果。与所有风险一样，系统性风险是一个不确定的过

---

① Too-big-to-fail (TBTF).

② Too-connected-to-fail(TCTF).

③ 根据这个理解，系统性风险并不局限于金融领域。它同样存在于其他（比如国际关系）领域。在国际关系领域，危机尽管表现为大国之间的冲突，但起源往往出自与大国间关系有实质性或象征性利益的关键性中小国家；也就是说，战争风险往往存在于有全局意义的中小国家。一次大战中的普鲁士和萨拉热窝，二次大战前的波兰，都是如此。一旦大国卷入，局部事件的系统性风险就会演变成系统性危机。对决策者来说，接下来的问题已经不再是风险管理问题，而是危机处理问题了。

程或事件：有些理论上会导致系统性紊乱的局部问题，最终可以通过积极干预而化险为夷。比如，1998年美国"长期资本管理"基金濒临破产，最初被认为会导致西方金融系统的瘫痪，但在美联储的积极组织和干预下，最终成为一场虚惊①；而有些起初被认为是可控的局部问题，最终却演变为系统性危机。2007—2008年的美国次贷危机就是局部事件意外引致全面危机②的一个系统性风险孕育和爆发的典型案例。

由于系统性风险具有恶性传播的特性，所以如何识别和化解系统性风险的形成和恶化，"一直是央行及有关研究机构的重要议题"。尽管如此，直到2007年，"金融体系现有系统震荡模型……仍无法解释重大动荡的迅速蔓延，也没有充分反映出金融体系结构的日益复杂性"③。即便眼下在讨论金融系统的复杂性和系统风险时，主要思路也往往局限于风险承担机构的规模大小：机构的规模大小决定了影响的大小，而影响的大小标志着系统性风险的高低。据此，防止"大的倒不得"就成了当今管理系统性风险的一个重要观念。G20国家拟议中的国际金融改革，巴塞尔委员会拟议提高银行准备金额度，美国国会和主要经济大国正在筹办的金融监管改革，其中心就是识别和限制系统性金融风险，解决金融机构"大的倒不得"的问题。

机构"大"固然是系统性风险的一个重要特征。但从此次金融危机的发展过程来看，机构"大"并不是此次金融危机唯一甚至是主要的根源：2008—2009年，大型的银行和投资公司是被相对小的产品和公司拖进漩涡的。因此，"大"不是危机的原因，而是危机的结果；一旦局部危机殃及大银行和大公司，系统性风险就开始转化成危机。

事实上，系统风险的关键特征不在于风险承担机构本身的大小，而是在于风险承担机构在系统中的地位和联系。在金融领域，比如20世纪90年代末美国的"长期资本管理"基金之所以发展成为系统性风险，主要在于它的客户众多，遍及国内外，而这些客户对美国和国际金融体系的稳定起着重要作用。再比如，2008年被国有化的英国"北岩"(Northern Rock)公司也只是一家中型银行，它会成为系统性风险，完全是因为它与众多金融机构之间存在着的联系。所以，识别、认识和管理系统性风险需要注重风险的传播过程和联系结构。

---

① Lowenstein, Roger. 2000. *When genius failed: the rise and fall of Long-Term Capital Management*. New York: Random House.

② Paulson, Henry. 2010. *On the brink: inside the race to stop the collapse of the global financial system*. New York, NY: Business Plus, p. 36.

③ 以上引文出自D. 亨德里克，J. 坎布和P. 莫瑟(2007)：《系统性风险和金融体系》，《理解系统性风险的新方向》，国家学术出版社，华盛顿特区，2007年；见卢林编译：《转型社会与风险管理》，上海人民出版社2010年版。

根据这一认识,近年来有不少学者开始寻找适合研究金融震荡传播过程和结构的工具。其中有代表性的便是认识和开发社会网络理论及其分析方法,从而将研究的重点从"规模大的倒不得"转移到"联系多的倒不得"的问题上。比如,国际货币基金组织2009年4月的《全球金融稳定报告》中,专文介绍了网络分析对识别和管理系统性风险的潜在作用。① 此外,欧洲央行从2009年起也先后就利用网络方法来识别和监管系统性风险的方法和原则等问题提出专题研究报告②,而在2010年6月的《金融稳定报告》中专辟了一个栏目,讨论网络分析对管理系统性风险的前景。这些研究具有十分明显的政策意义。比如国际货币基金组织研究人员2010年4月在为G20部长所作的报告中建议:金融风险税要反映金融机构对系统性风险的影响。理想的做法是,这个税率应该随系统性风险外溢的大小而变化,也就是说,该税率需建立在一个能涵盖所有潜在传播渠道的网络模型之上。③ 再比如,欧洲央行执行理事G.汤普-古格罗(Gertrude Tumpel-Gugerell)为2009年10月"运用网络分析建立系统风险模型的新进展"研讨会的总结报告所写的序言中评论道:"首先,……网络分析正在成为评估金融领域不同组成部分(从支付系统到银行间债务)动态作用的一个共同工具;其次,……真正的系统方法需要将对金融领域不同部分的研究结合起来,研究它们之间的相互联系,理想地说,还包括它们与实体经济的联系……最近的金融危机揭示,世界各地的决策者和监管者需要梳理系统性的联系。而网络分析则提供了一个非常重要的工具来应付这个挑战。"④

由此可见,网络方法⑤已经成为系统性风险管理的一个重要的新思路和新方法。

---

① Chao-Lau, Jorge A., Marco Espinosa and Juan Sole. 2009. "Chapter 2: Assessing the systemic implications of financial linkages." IMF, Washington, D. C.

② ECB (2010). Recent Advances in Modelling Systemic Risk Using Network Analysis. and ECB (2010). Financial Networks and Financial Stability. Financial Stability Review: 138-160.

③ IMF (2010). Interim Report for the G-20: A Fair and Substantial Contribution by the Financial Sector. Staff Report, International Monetary Fund. p. 12.

④ ECB. September 2009. Recent advances in modelling systemic risk using network analysis. in *Workshop on Recent advances in modelling systemic risk using network analysis*, edited by ECB. Frankfurt am Main: European Central Bank, p. 7.

⑤ 社会网络分析中的"社会"概念是广义的,其相对应的概念是"自然",研究的范围涉及人类的社会组织和行为。在这个意义上,社会网络分析可以简称为网络分析。这个广义的"社会"概念常常与狭义的"社会"概念(社会科学中的学科分类)相混淆,将社会网络研究误解为仅仅适用于社会学的现象。确实,由于学术发展的理论和历史原因,社会网络分析最早被应用于人类学和社会学,因此,它常常与社会学联系在一起,其研究文献也大都涉及传统社会学所研究的现象。但究其理论实质,而且根据近20余年来的发展来看,社会网络分析具有普遍的、跨学科的应用意义。本文中的社会网络采用的是广义定义。

二、金融网络：视角、机制和分析框架

1. 金融网络的研究视角和框架

有鉴于网络结构与系统性风险之间的内在联系，金融网络[①]分析主要关心如下一些问题：其一是金融网络的结构特点，包括密度和联系分布等的结构特征，以及识别具有战略性机构地位（即具有系统性风险）的机构和过程；其二是金融网络的形成和破坏的动力及机制，即金融网络是如何形成的、驱动因素是什么、如何有效地改变金融机构的系统结构特征等；其三是金融网络的复合特征及其对系统性风险的影响，比如支付流动的过程和渠道如何通过流动性、外溢效应而对信用流动和风险产生影响等；其四是网络结构对金融风险的双重作用，即它在什么条件下有助于分散风险，又在什么条件下对风险的传播推波助澜；其五是金融网络的优化和稳定，即什么样的结构特征有助于金融系统的风险管理，网络联系的风险分散功能在什么情况下开始蜕变为风险扩散机制。再如，一旦系统性风险有可能产生，救助系统中的哪些机构可能收效最大，如此等等。

网络分析研究上述问题主要从以下一些方面着手。[②] 连接性（connectivity）是网络的一个重要属性，是网络实际连线中所有可能的连线总和的比率。连接性测量的是指向中性（双向或对流）的联系。指向（单向）性联系则用流度（degree）来衡量，它包括关系的内流（关系的目标）和外流（关系的起源）。流度提供了比连接性更具体的信息。在总连接性相同的条件下，通过对流度的分析，可以区别行为意义的不同结构，比如是内聚结构，还是发散结构；在金融系统中则究竟是债权，还是债务。在网络层次上，总内流等于总外流。但在个体层次上，内流和外流可以是不对称的，比如在一定时间内，债权可以超出债务、出口可以超过进口，等等。流度的历史变化则反应了连接性的历史变化。

连接性和流度是金融网络分析中的基础度量。从对两者的分析中可以看出金融系统的结构特征，特别是结构密度、影响渠道、中心—边缘、区块划分等结构属性，从而推测出系统性风险源的所在和系统性风险的可能的传播路径和范围。

---

① 广义的金融网络包括非金融机构的金融功能网络，狭义的金融网络则仅仅指金融机构之间的关系。本文所引用的文献，大都集中讨论狭义的金融网络，但本文的一般性讨论，指的是广义的金融网络。

② 比较全面的讨论可参见 Knoke, David and James H. Kuklinski. 1982. Network analysis. Beverly Hills, Calif.: Sage Publications，以及 Wasserman, Stanley and Katherine Faust. 1994. Social network analysis: methods and applications. Cambridge. New York: Cambridge University Press。

网络研究中的另一个尺度是路段(Path)长度,它是一个距离尺度,衡量机构(结点)之间的关系距离,比如,从甲到乙,要通过几个结点(几层关系)才能建立联系。在系统性风险震荡中,路段可以衡量震荡传播的途径和速度。两国金融机构之间的路段越多,相互传播风险就越不容易。

最后,网络的集聚系数则表示某一网络中成员之间的联系密度,即近邻之间的联系与其所有潜在可能的联系数量之比。当近邻完全联系时,系数为1,当近邻完全没有联系时,系数为0。网络层次的集聚系数则是所有网络成员个体集聚系数的平均值。

连接性的分布是网络结构特征的另一个重要指标。根据当前的文献,大多数研究主要将注意力放在两大类分布上,一种是幂级分布结构,即很少的机构具有大多数的联系,而大多数机构只分享很稀少的联系;另一种则是充分联系结构,即每一个机构之间都存在数量大体均衡的相互联系。

从以上角度观察金融机构之间的联系,就形成了所说的金融网络分析。

不言而喻,借贷和支付关系是金融网络形成的最重要动力和内容。资金短缺者向资金富裕者借钱,后者为提高剩余资金的现值提供信贷。利息则反映信用风险的定价。联系密度和走向则描述了金融关系的性质和程度。支付需要则是金融网络形成的另一个主要内容;而期货或跨币种支付更是金融网络形成的一个原因。支付与借贷往往相互派生,形成错综复杂的金融网络。时间过程可以影响金融网络的构成形态,比如开市和关市时,金融网络(比如网络密度、网络构成)是不同的,因此研究金融网络就必须考虑时间或过程的切点。20世纪90年代以来,美国的低利率、新兴经济的高度发展、发达国家的高度生产力、借贷能力和消费能力的极大增长、高科技泡沫破灭后发达国家产业投资目标不明,这些都引发了大量剩余资金的流动,促进了支付和借贷和由此导致的金融业和金融网络的疯狂发展。

需要指出的是,支付和借贷已经不是当代金融网络发展的唯一动力。风险管理也已成为现代金融网络形成的另一个突出动力。风险管理一方面在理论上借助当代组合风险管理理论的流行和多样化风险组合,推动当代金融网络日臻严密;另一方面则在实践上通过各种形式的风险分散和金融保险衍生产品(比如CDS)将不同的产品和机构联系起来。

金融监管制度也推动了当代金融网络的形成。它通过实施统一的监管规则,将金融机构和金融功能紧密地联系起来。比如评级制度,"市场基准标价"的规定通过影响金融机构的资产和风险,强化了金融机构之间的相互影响。此外,监管制度也是当代金融网络构成演变的一个重要驱动因素。比如经济资本风险管理所要求的储备资产,就是大量影子公司(比如SIVs)产生的一个重要因素。

网络研究的上述视角和金融网络的上述动力发展,构成了观察和研究当代金融网络的一个横断面。具体而言,对金融网络的分析迄今主要集中在两类网络上:银行、金融机构,或宏观经济部门之间的网络,以及跨国间的金融网络。当今对金融网络系统性风险的研究,大多通过对上述机构之间的支付关系、收支平衡表(债务余额)、相互之间的"对方信用暴露"以及由监管制度(会计制度)所引起的间接资产定价关系的分析总结[①],试图揭示金融网络的以下三个结构特征:网络的互联程度、集中程度和暴露程度[②],以及这些特征对系统性风险的影响[③]。

2. 主要分析方法

在实际操作上,与社会网络分析相一致,金融网络分析总结概括网络结构数据的方法是:首先将数据安排成一个 $n \times n$ 的毗邻矩阵(adjacent matrix),其中,n_{ij} 是机构 i 与 j 之间的关系数据(比如负债、保险额)等。在金融网络分析中,通常使用的是机构之间的相互负债余额。通过这些原始数据,可以计算出每一个机构的内外流量、每一对机构的关系在整个网络中的地位等。将这些数值进行逻辑运算,变成 1 或 0 后,就可以用网络分析方法算出整个网络的链接程度和网络的密度,同时可以测出网络中的次级网络以及网络的总体结构。具有一般意义的还包括每一对关系之间的径段长度,以便测试一个震荡(比如信用违约)要通过几个结点和几层关系才会影响到另一个机构,或者需要经过几次震荡才能对整个网络产生影响。

将上述这些网络因素总结出来,就可以计算出上述有关网络结构特征的汇总数字,并与其他的经济因素、行为因素或制度因素配合起来,或者建立回归模型来探测这些因素对某种金融现象(比如风险传染)的作用,或者置入现行的网络系统,通过模型模拟来探讨金融体系的稳定程度(比如系统的容忍或抗压测试),识别具有系统性影响的弱点机构,以及探究系统风险的早期预警信号和系统风险传播的可能路径。

根据文献来看,当代对金融网络的研究主要从两方面进行:首先是从网络密度和分布等方面出发,对结构特点进行统计描述,用以揭示金融网络的结构特征。比较典型的有,小泽服部(Masazumi Hattori)和须田木棉子(Yuko Suda,2007)对主要发达国家银行之间跨国银行风险暴露的结构研究[④],A. 霍尔丹(Andrew G. Haldane, 2009)对

① Gai, Prasanna and Sujit Kapadia. 2010. Contagion in financial networks. in *Working Paper*, No. 383: Bank of England, p. 3.

② Gertrude Tumpel-Gugerell,引自 ECB. 2010. Recent Advances in Modelling Systemic Risk Using Network Analysis, p. 7。

③ Georg, Co-Pierre and Jenny Poschmann. 2010. Systemic Risk in a Network Model of Interbank Markets with Central Bank Activity. Vol. #2010 - 033, *JENA Economic Reserch Papers*: JENA Economic Research Papers.

④ Hattori, Masazumi and Yuko Suda. 2007. Developments in a Cross-Border Bank Exposure "Network". in *Bank of Japan Working Paper Series*. Tokyo: Bank of Japan.

主要金融衍生品国际交易契约网络结构的研究①，以及J. 考劳(Jorge A. Chao-Lau)等(2009)对美国国内主要银行之间债务网络结构的研究②，等等。问题是，要想解答网络密度的增加以及聚集系数的提高对系统性风险的形成和传染有什么作用，描述性研究就显得鞭长莫及，而建模和模拟的方法则显示出了优势。因此，网络研究的另一个重要方面就是建立网络结构特点和特定风险(包括系统性风险)之间的因果或相关关系，即建立描述系统性风险传播过程和形态的网络模型。应该说，早期的金融分析多采用描述形式，而近年来的重点则是基于统计描述建立模型。

建立风险的网络统计模型，无非就是在经验或理论的基础上确定和估计模型的主要行为参数，在自变量和因变量之间建立概率关系。与此相应，在建模过程中，金融网络分析主要采用两种方法：(1) 将汇总的网络密度等信息置入传统的回归模型中，估算传统自变量因素之外的网络结构因素对系统风险的影响。采用这种方法无非是将以往被忽略的网络结构参数加到多变量模型中，使风险模型更加切合实际、更加全面。比如翁(Afred Wong)和冯(Tom Fong，2010)③在对亚太地区 11 个国家和地区的金融网络分析中，从条件 VaR 的角度研究了该地区银行间的相互联系及其对相互风险的影响。(2) 在金融风险网络模型中加入行为和制度因素，利用模拟方法来探讨系统性风险在网络中形成和传播的速度和渠道。这种方法往往根据理论分布假定基础上产生的数据，有计划有控制地调控研究者或决策者感兴趣的结构或震荡变量，以观察和概括在特定数据结构下初始震荡如何在系统中传播的。比如J. 考劳等人在国际货币基金组织 2009 年 4 月国际金融稳定报告第 2 章的介绍④；J. 考劳(2010)对"联系多的倒不得"问题的研究⑤，以及 M. 埃斯皮诺萨-韦加(Marco A. Espinosa-Vega) 和 J. 索尔(Juan Sole，2009)对金融震荡的国际性传染的研究⑥。这些研究包括了在特定监管规定(比如储备资本量)条件下信用震荡可能引起的系统性风险的传播，以及在信用和兑现震荡同时存在的情况下系统性风险的传播。

建模技术上的一个新趋势是，鉴于近年来特别是 2007—2009 年金融危机以来对风险分布的长尾(或曰肥尾)等尾部特征的关注，以及对基于正态分布假设的风险模型

---

① Haldane, Andrew G. 2009. Rethinking the Financial Network. in *Speech delivered at the Financial Student Association*. Amsterdam.

②④ Chao-Lau, Jorge A., Marco Espinosa and Juan Sole. 2009. Chapter 2: Assessing the systemic implications of financial linkages. IMF, Washington, D.C..

③ Wong, Afred and Tom Fong. 2010. Analysing Interconnectivity Among Economies. in *Working Paper*, 03/2010. Hong Kong: Hong Kong Monetary Authority.

⑤ Chao-Lau, Jorge A. 2010. "Balance Sheet Network Analysis of Too-Connected-to-Fail Risk in Global and Domestic Banking Systems." in *IMF Working Paper*: IMF.

⑥ Espinosa-Vega, Marco A. and Juan Sole. Ibid. "Cross-Border Financial Surveillance: A Network Perspective." Vol. 105.

常常低估极端情况下的风险,一些研究开始应用分位数回归[①]的方法来建立风险模型[②]。

三、当代金融网络的特点及其与系统性风险的关系

1. 金融网络密度增高而层次减少

全球金融网络密度不断增加,相互联系的层次不断减少,这几乎是所有分析得出的结论。许多研究通过对不同数据资料的研究,通过金融网络的连接性、平均路径长度、联系度以及集聚系数的历史变化来考察国际金融网络的发展趋势,得出了相似的结论。比如,小泽服部和须田木棉子据称是首次用网络分析的概念来分析国际金融市场变化的[③]。该研究根据BIS发布的国际金融统计,对215个国家和地区的跨国金融网络的历史发展演变做了描述性的分析。研究发现,从连接性的角度看,从1985年到2006年,国际金融网络的连接性增加了34%。值得注意的是,这些增长主要发生在1992年以后的10多年间,因此作者提示,即便在1994年墨西哥金融危机、1997年东亚货币危机、1998年金融危机以及2001年的阿根廷危机中,国际金融网络的连接性增长也未曾中断。

通过分析关系路径这个尺度显示,全球金融网络在1985—2006年间不仅连接性不断增强,而且联系更加直接,关系路径更短了。比如在1984年,结点之间平均要通过2.8层关系才能建立联系,而到2006年,平均路段长度下降到了2.4层关系。

2. 金融网络结构不匀称

高度连接性是当代金融网络的一个特点,而另一个特点是连接度分布的非正态性,呈"长尾状"。A. 霍尔丹关于国际金融网络分布的峰度(Kurtosis)和偏态(Skew)研究表明,国际金融的网络联系分布是高度不对称的[④]。这个现象在许多分析中都得到了印证。另一方面,通过对网络集聚系数的分析,小泽服部和须田木棉子的研究表明,国际金融网络的集聚系数在近年来也有明显上升,说明国际金融网络内部存在着显著

---

① Keonker, Roger and Gilbert Bassett, Jr. 1978. "Regression Quantiles." *Economietrica* 46: 33-50, Koenker, Roger and Kevin F. Hallock. 2001. "Quantile Regression." *Journal of Economic Perspectives* 15: 143-156.

② 最新的研究可见 Wong, Afred and Tom Fong. 2010. Analysing Interconnectivity Among Economies. in *Working Paper* 03/2010. Hong Kong: Hong Kong Monetary Authority。

③ Hattori, Masazumi and Yuko Suda. 2007. Developments in a Cross-Border Bank Exposure "Network". in *Bank of Japan Working Paper Series*. Tokyo: Bank of Japan., p. 1.

④ Haldane, Andrew G. 2009. Rethinking the Financial Network. in *Speech delivered at the Financial Student Association*. Amsterdam.

的区块倾向[1]。再比如谢丽(Sheri Markose)等用网络关系起源和目标、网络连接性、集群系数、平均通道长度、网络稳定性等指标,对美国CDS市场金融机构网络中26个主要机构进行了分析,并对系统性风险作了模拟抗压测试,发现了JP摩根的"超级影响"作用,并得出结论说,"对金融体系网络连接性的研究可以揭示潜在的薄弱环节",与之相对照,当前运用的其他方法却可能发现不了这些薄弱环节。[2]

3. 金融网络复杂性和趋同性并存

A. 霍尔丹应用网络分析方法从另一个方面揭示了金融网络当今的发展特点:一方面,金融网络开始变得日益复杂;另一方面,它也开始变得越发单一。

复杂性表现为各种网络复杂交错,比如说购房贷款是一个金融网络,金融保险是另一个金融网络,而投资组合又是一个金融网络,凡此种种,每个单一的金融网络都遵循自己的运行模型。随着金融衍生品和CDS市场的出现,这些网络又被扭结到了一个新的更大网络中,这个超级网络将不同的模型和规则拉到一起,改变了单个金融网络的运行动力,增加了不确定性。金融网络更加复杂了,结果是投资契约的文件篇幅不及细读:一份CDO2或ABS CDO的募股说明书都长达300页之多。一个典型的CDO中的RMBS达150个,而在一个典型的RMBS中的购房贷款则多达5 000个。[3]

有趣的是,在这一跨网络的整合过程中,网络中的主要网结(银行)开始变得越来越相像、越来越接近。诸多金融机构之间不仅业务雷同,而且彼此之间在风险管理的思路、模型(比如VaR)和投资组合上也似曾相识。结果,不同金融产业之间的累计收益结构十分相似,平均配对相关系数在2004—2007年间高达0.9。产业内部也基本如此,比如对冲基金战略之间的平均配对相关系数在21世纪初是0.0,而2008年竟然上升到了0.35(A.霍尔丹,2009, p.19)。

还有不少国别和地区研究也揭示了网络方法的普遍适用性。O.卡斯特伦(Olli Castren)和L.卡沃纽斯(Llja K. Kavonius)对欧元区的金融体系进行了网络分析。他们根据"1995年欧洲账户体系"的框架,对1995年以后的欧元区资产和负债季度资料进行了汇总分析。他们将所有的经济部门分成7类,通过8项金融工具对它们之间的相互负债进行网络分析。研究表明,从1999年到2009年,欧元区金融体系之间的相互

---

① Hattori, Masazumi and Yuko Suda. 2007. Developments in a Cross-Border Bank Exposure "Network". in *Bank of Japan Working Paper Series*. Tokyo: Bank of Japan.

② Markose, Sheri, Simone Giansante, Mateusz Gatkowski and Ali Rais Shaghaghi. 2010. Too Interconnected To Fail: Financial Contagion and Systemic Risk in Network Model of CDS and Other Credit Enhancement Obligations of U. S. Banks. in *ECB Workshop on "Recent advances in modelling systemic risk using network analysis"*: Department of Economics, University of Essex.

③ Haldane, Andrew G. 2009. Rethinking the Financial Network. in *Speech delivered at the Financial Student Association*. Amsterdam, p. 37.

余额暴露总体增加，表明该地区金融机构之间存在着高度联系，而在这些紧密的联系中，银行起着“枢纽”的作用和地位。他们的研究还表明，在2009年之前的10年中，非银行的其他金融中介的重要性也在不断增加。他们通过模拟分析后得出结论，根据负债余额暴露所勾画的网络不仅有助于从视觉上看到了金融机构之间的联系，而且还可以有助于建立模型，追踪体系内的传染作用和震荡事件。①

S. 施密茨(Stefan W. Schmitz)和C. 珀尔(Claus Puhr)对奥地利支付系统的多元模型模拟分析时间跨度长达3年(2005—2007年)，基于63个设想，做了3万多项模拟。结果表明，在奥地利支付系统中，只有为数不多的银行具有系统性影响力，稳定性颇佳。在考虑了兑现能力的变异度和金融机构的性质(是银行或是转账户)后，发现“结点”(即行为者)层次的3个网络指标——流动度、连接度和平均径段长度——等参数都对震荡传染起到了统计上的显著作用。② 具体地说，一个机构的金融交往越多，与网络的联系越紧、越直接，其震荡传导作用就越大，这也就意味着系统性风险将越高。

I. 莱利维尔德(Iman van Lelyveld, 2009)等对荷兰支付系统的研究则指出，金融网络分析对时段的选取相当敏感，比如网络联系在交易的初期和后期都比较疏少，因此研究结论必须考虑到数据的时间段和跨度。③ 其他国别金融网络的研究也大同小异。

金融网络分析的另一个重点是探测结构的关键点和关键联系。从这个传统出发，不少研究试图发现金融体系中是否存在着中心机构。比如对美国联邦银行体系的研究，揭示出了存在着以美联储为中心的2级连环网络结构④。另一些研究者则借助模拟，试图通过将一些银行或机构从网络中除去，以此来探讨和测试它们对系统稳定性的影响。许多研究将重点放在商业银行之间的关系上，通过模拟发现那些银行破产后会对系统稳定性产生较大的影响。但C. 乔治(Co-Pierre Georg)和J. 珀斯曼(Jenny Poschmann, 2010)特意将央行至置于金融体系模型中，发现央行对系统的稳定起着至

---

① Castren, Olli and Llja Kristian Kavonius. 2009. Balance Sheet Interlinkages and Macro-Financial Risk Analysis in the Euro Area. ECB.

② Schmitz, Stefan W. and Claus Puhr. 2009. Structure and Stability in Payment Networks-A Panel Data Analysis of ARTIS Simulations. in Simulation analyses and stress testing of payment networks: Preceedings from the Bank of Finland Payment and Settlement System Seminars 2007 - 2008. Helsinki, p. 29.

③ Lelyveld, Iman van, Franka Liedorp and Marc Propper. 2009. Stress Testing Linkages Between Banks in the Netherlands. in Stress Testing The Banking System: Methodologies and Applications, edited by M. Quagliariello. Cambridge: Cambridge University Press.

④ Beth, Morten L. and Enghin Atalay. 2008. The Topology of the Federal Funds Market. in Working Paper Series. Frankfurt ECB.

关重要的作用[①]。不过在这方面似乎存在着不同的意见，比如 Y. 莱特纳（Yaron Leitner）对网络临界点的分析说明，在网络联系比较充分的条件下，私营机构就会有动机和能力来防止系统性金融风险恶变成危机[②]。

4. 金融结构特点与系统性风险的关系

网络结构特点显然影响着系统性风险的形成和传播。

迄今，研究网络关系对系统性风险的影响着重于两大机制：传染（contagion）和共震（common shocks）。传染描述的是某一机构出现问题，然后这些问题通过网络关系传播到比较健康的机构；共震则始于不同机构投资于风险高度相关的资产。系统性风险研究的重点是找出风险传染的途径和机制，但不少研究开始发现，共震现象不仅可以独立于传染机制影响而发生作用，而且会造成更严重的系统性破坏[③]。翁和冯的研究从"有条件的 VaR"角度探讨了共震机制对系统性风险的影响[④]。

许多研究都发现，不论是传染机制还是共震机制，高度的联系对系统性风险来说是"双刃剑"，它既有利于分散风险，管理风险，也可以助长风险的传播，触发多米诺骨牌的连锁效应。具体来说，一方面金融网络系统中网络联系分布越均匀、密度越高，系统性风险就越小。这主要是由于风险强度或风险暴露分散化、多样化的作用结果[⑤]。此外，当金融网络联系密度较高时，比较健康的银行有较大的动力在系统遇到危机时出面相救。比如 Y. 莱特纳的研究说明，如果金融机构之间不存在足够的未付余额关系，也就是说彼此之间不存在足够的网络联系和风险暴露，网络中健康的私营金融机构就没有动力在需要时出来救助，从而防止金融崩溃的发生[⑥]。另一方面，金融网络联系越不完全，传染系统性风险的可能性就越高。原因是在一般情况下，网络密度高的银行比较容易将风险损失分散给更多的机构，从而降低对自身损失冲击的力度。但是，一旦这些风险无法分散，那么危机就会发生，网络结构则会便于危机的传播。

金融网络结构的上述特点说明，在网络结构中，存在着一个从风险分散效应到风

---

①③ Georg, Co-Pierre and Jenny Poschmann. 2010. Systemic Risk in a Network Model of Interbank Markets with Central Bank Activity. Vol. # 2010 - 033, *JENA Economic Reserch Papers*: JENA Economic Research Papers.

②⑥ Leitner, Yaron. 2005. Financial Networks: Contagion, Commitment, and Private Sector Bailouts. *The Journal of Finance* LX: 2925 - 2953.

④ Wong, Afred and Tom Fong. 2010. Analysing Interconnectivity Among Economies. in Working Paper 03/2010. Hong Kong: Hong Kong Monetary Authority.

⑤ Allen, Franklin and Douglas M. Gale. 2009. Financial Contagion. *Journal of Political Economy* 108. and Gai, Prasanna and Sujit Kapadia. 2010. Contagion in financial networks. in Working Paper No. 383: Bank of England.

险传播效应的临界点[①]或转折点(tipping point)。估测这个临界点,并据此来限制或防止系统性风险恶变为系统性危机,对管理系统性风险有着特殊的意义。根据这个认识,有些研究将重点放在探讨金融网络的这一功能转变机制上,识别这个机制转换的具体条件,并试图估计从风险分散到风险传播的网络密度临界点。比如Y.莱特纳试图在风险分担和风险传染之间为金融网络估测一个最佳平衡点。他认为,主要私营机构可以据此估测风险传播的临界点,在关键时刻通过自助来防止金融网络的瓦解,例如LTCM就是一个实例;在这种情况下,就不需要像在2008年金融危机中那样,政府以大量干预进行市场救助。[②]

金融体系复杂性和趋同性的并行发展是网络由风险分散机制转化到风险传播机制的主要原因。复杂性导致了网络联系的不可预测性;趋同性导致了各种风险的高度相关性。投资组合管理理论的主要基点是多样化:联系多,关系多,种类多。但是,金融网络的趋同性和单一化导致各种联系高度相关,增加了多样化的难度。因此,一旦发生危机,高度联系、复杂而又单一(相关性高)的网络使危机的传播如火上浇油。

金融网络中系统性风险和震荡的传播范围和速度往往与金融网络的不同功能和过程相关。系统性风险往往涉及各种不同的金融功能和过程,是这些功能和过程相互作用的结果。比如,信用震荡和兑现震荡可以相互推波助澜,制度因素可以强化结构的敏感度和结构变化方向的一致性,从而放大震动的影响幅度和范围,等等。2009年4月,J.考劳等人在国际货币基金组织国际金融稳定报告第2章的介绍[③]以及2010年他对TCTF问题的研究[④]都发现,特定监管(比如资本准备额度)条件下信用震荡可能引起的系统性风险的传播,在加入了兑现震荡的因素后,信用震荡的系统性影响可以急剧放大。研究发现,如果只考虑信用震荡,网络系统性风险的形成和传播的影响还不很明显,但一旦加入了兑现震荡因素,网络的系统性风险作用就明显增强了。

由于国家之间金融系统的不同、不同国家金融机构在国际金融网络中的地位不同,因此,在抵御和传导系统性风险方面,不少研究也发现了跨国金融机构之间的差

---

① Babus, Ana. 2009. The Formation of Financial Networks. in Working Paper: University of Cambridge.

② Leitner, Yaron. 2005. Financial Networks: Contagion, Commitment, and Private Sector Bailouts. *The Journal of Finance* LX: 2925－2953.

③ Chao-Lau, Jorge A., Marco Espinosa, and Juan Sole. 2009. Chapter 2: Assessing the systemic implications of financial linkages. IMF, Washington, D.C.

④ Chao-Lau, Jorge A. 2010. Balance Sheet Network Analysis of Too-Connected-to-Fail Risk in Global and Domestic Banking Systems. in *IMF Working Paper*: IMF.

别。比如J.考劳发现，对全球而言，美国和英国的银行最有可能形成系统性震荡；在拉美金融结构中，巴西银行系统抵御国际金融震荡的能力较强，而智利银行系统抵御国际金融震荡能力较差。[①] 对智利来说，它的银行体系最容易受到美国和西班牙金融震动的影响，而智利银行系统内部并没有任何银行会对该国的金融系统产生系统性影响。

四、社会网络分析与金融网络风险管理：问题和前景

网络的存在是发生系统性风险的一个基本前提，因此社会网络分析为从结构的角度识别和估计系统性风险提供了十分重要和适用的理论和方法。它丰富并充实了对系统性风险的认识和理解，并有助于预防和管理系统性风险。迄今为止的文献无疑清楚地揭示了这一点。

网络分析缺乏行为动力和动态性，这常常是批评者提出的一个问题。由于系统性风险是个动态发展过程，而社会网络的特征只是其中的因素，因此社会网络分析确实需要借助于其他因素，比如社会心理因素在危机中的规避风险冲动因素等，来比较全面地解释系统性风险的形成和传播。

但是，社会网络结构对系统性风险形成和传播的影响不仅仅是静态的。它在博弈（信息不流通、个体理性动机驱动等）条件下完全可以解释系统性风险的传播动力。比如，正是由于金融网络的存在，由于银行之间不清楚相互之间的风险暴露程度，所以使银行之间在1998年底降低甚至短期中断了相互之间的短期贷款，从而推动和加剧了金融危机。可见，结构本身或者机构对结构特征的感觉具有十分明显的动态的行为意义。

制度因素是网络分析要考虑的另一个重要环节。首先，制度和行为激励是金融网络形成和演变的一个主要动因。比如，风险多元化和风险的组合管理机制解释了金融网络密度提高；监管制度，比如对资本（金融机构范围的风险准备金）的规定，是金融机构影子账户实体出现的动因之一，等等。此外，制度也是帮助系统性风险传播的一个重要因素，比如谢丽的研究表明，市场基准标价的会计规定导致了震荡在网络中加速传播。[②] 因此，正如许多模拟研究所表明的那样，要建立一个合理实用的系统性风险模

---

① Chao-Lau, Jorge A. 2010. Balance Sheet Network Analysis of Too-Connected-to-Fail Risk in Global and Domestic Banking Systems. in *IMF Working Paper*: IMF.

② ECB. September 2009. "Recent advances in modelling systemic risk using network analysis." in *Workshop on Recent advances in modelling systemic risk using network analysis*, edited by ECB. Frankfurt am Main: European Central Bank. p. 19.

型,就需要将网络分析与制度法规以及行为研究结合起来。

数据方面的挑战也是网络分析所面临的重要问题。网络分析对数据的全面性和典型性特别敏感,尤其是如果结构关系呈高度集束状,或者当某种结构具有"弱结优势"[①]或"结构洞"[②]的特性时,遗漏个别关键的点或链的资料就足以改变整个结构的属性,从而影响到网络分析的可信度。现存网络分析技术大都假定掌握了所有的关系资料,或这些不甚全面的资料具有比较全面的代表性。但在现实中,不论是在一般的社会网络分析还是在金融网络分析中,数据的收集掌握往往既不全面、也不典型[③],所以数据方面的挑战确实是不容忽视的。

网络分析不仅具有宏观意义,也有微观价值。但是,网络分析中的网络层次(宏观)和个体层次(微观)具有十分不同的认知和决策意义。在宏观决策者眼中,个体及其在网络中的地位只具有统计意义,只是一个数字,一个关系。对个体来说,它的微观网络视角及其从中得到的信息及其意义,虽然与对宏观结构可能没有太大的意义,但对自身的行为及与自己有直接关系的机构却可能是至关重要的。比如弱结优势从宏观网络的角度看意义并不明显,但在微观结构中,其意义才可以得到比较充分的表现。结构洞也是一样。

此外,当前的金融分析网络只关心金融震荡在金融网络之间的传播和影响,但事实上许多金融衍生工具对实体经济也有十分重要的作用。2008年的金融危机因商业和消费信贷的下降而对美国的实体经济产生了重要影响,比如有关报道就揭示了金融衍生品对美国农业和畜牧业的直接影响[④],所以网络分析还应该扩大到与金融网络有直接关系的实体经济领域。当然,其数据收集和分析技术的难度也会大大提高。

总之,作为一种工具,网络分析如同任何分析方法一样,既有自身的独到长处,也有鞭长莫及的地方。研究者必须了解这种工具的特点,扬长避短,才能达到正确认识和掌握对象的目的。

---

① 弱结优势是美国著名经济社会学家M. 格兰诺维特(Mark Granovette)提出的一个命题,指两个个体之间的弱关系(两者之间的共同朋友较少),比强关系(两者之间的共同朋友较多)享有更多的信息优势。参见 Granovetter, Mark S. 1973. The strength of weak ties. *American Journal of Sociaology*, 78: 1360 - 1380。

② 结构洞是美国社会学家R. 伯特(Ronald Burt)提出的一个与"弱结"和"社会资本"有关的概念。它存在于两个彼此之间,仅仅通过一个"掮客"才联系起来的网络之间。处于结构洞之间的"掮客"具有较大的社会资本。参见 Burt, Ronald S. 1992. Structural holes: the social structure of competition. Cambridge, Mass.: Harvard University Press。

③ ECB. September 2009. Recent advances in modelling systemic risk using network analysis. in Workshop on Recent advances in modelling systemic risk using network analysis, edited by ECB. Frankfurt am Main: European Central Bank. p. 20.

④ 《华尔街日报》,2010年7月14日,A1版。

主要参考文献:

1. Allen, F. and A. Babus (2009). *Networks in Finance. The network challenge: strategy, profit, and risk in an interlinked world*. P. Kleindorfer and J. Wind, Wharton School Publishing.

2. Allen, Franklin and Douglas M. Gale. 2009. Financial Contagion. *Journal of Political Economy* 108.

3. Babus, Ana. 2009. The Formation of Financial Networks. in Working Paper: University of Cambridge.

4. Beth, Morten L. and Enghin Atalay. 2008. The Topology of the Federal Funds Market. in Working Paper Series. Frankfurt ECB.

5. Burt, Ronald S. 1992. *Structural holes: the social structure of competition*. Cambridge, Mass.: Harvard University Press.

6. Castren, Olli and Llja Kristian Kavonius. 2009. *Balance Sheet Interlinkages and Macro-Financial Risk Analysis in the Euro Area*. ECB.

7. Chao-Lau, Jorge A. 2010. Balance Sheet Network Analysis of Too-Connected-to-Fail Risk in Global and Domestic Banking Systems. in *IMF Working Paper*: IMF.

8. Chao-Lau, Jorge A., Marco Espinosa, and Juan Sole. 2009. Chapter 2: Assessing the systemic implications of financial linkages. IMF, Washington, D. C.

9. ECB. 2010. Recent Advances in Modelling Systemic Risk Using Network Analysis.

10. ECB. September 2009. Recent advances in modelling systemic risk using network analysis. in Workshop on Recent advances in modelling systemic risk using network analysis, edited by ECB. Frankfurt am Main: European Central Bank.

11. Espinosa-Vega, Marco A. and Juan Sole. 2010. Cross-Border Financial Surveillance: A Network Perspective. in *IMF Working Paper*, Vol. 105.

12. Gai, Prasanna and Sujit Kapadia. 2010. Contagion in financial networks. *in Working Paper* No. 383: Bank of England.

13. Georg, Co-Pierre and Jenny Poschmann. 2010. Systemic Risk in a Network Model of Interbank Markets with Central Bank Activity. Vol. # 2010 - 033, *JENA Economic Reserch Papers*: JENA Economic Research Papers.

14. Granovetter, Mark S. 1973. The strength of weak ties. *American Journal of Sociaology* 78: 1360 - 1380.

15. Haldane, Andrew G. 2009. *Rethinking the Financial Network. in Speech delivered at the Financial Student Association*. Amsterdam.

16. Hattori, Masazumi and Yuko Suda. 2007. Developments in a Cross-Border Bank Exposure "Network". in *Bank of Japan Working Paper Series*. Tokyo: Bank of Japan.

17. IMF (2010). Interim Report for the G - 20: A Fair and Subtantial Contribution by the

Financial Sector. Staff Report, International Monetary Fund.

18. Keonker, Roger and Gilbert Bassett, Jr. 1978. Regression Quantiles. *Economietrica* 46: 33-50.

19. Knoke, David and James H. Kuklinski. 1982. *Network analysis*. Beverly Hills, Calif.: Sage Publications.

20. Koenker, Roger and Kevin F. Hallock. 2001. Quantile Regression. *Journal of Economic Perspectives* 15: 143-156.

21. Leitner, Yaron. 2005. Financial Networks: Contagion, Commitment, and Private Sector Bailouts. *The Journal of Finance* LX: 2925-2953.

22. Lelyveld, Iman van, Franka Liedorp, and Marc Propper. 2009. Stress Testing Linkages Between Banks in the Netherlands. in Stress Testing The Banking System: Methodologies and Applications, edited by M. Quagliariello. Cambridge: Cambridge University Press.

23. Lowenstein, Roger. 2000. *When genius failed: the rise and fall of Long-Term Capital Management*. New York: Random House.

24. Markose, Sheri, Simone Giansante, Mateusz Gatkowski, and Ali Rais Shaghaghi. 2010. Too Interconnected To Fail: Financial Contagion and Systemic Risk in Network Model of CDS and Other Credit Enhancement Obligations of U. S. Banks. in ECB Workshop on "Recent advances in modelling systemic risk using network analysis": Department of Economics, University of Essex.

25. Paulson, Henry M. 2010. *On the brink: inside the race to stop the collapse of the global financial system*. New York, NY: Business Plus.

26. Schmitz, Stefan W. and Claus Puhr. 2009. Structure and Stability in Payment Networks-A Panel Data Analysis of ARTIS Simulations. in Simulation analyses and stress testing of payment networks: Preceedings from the Bank of Finland Payment and Settlement System Seminars 2007-2008. Helsinki.

27. Wasserman, Stanley and Katherine Faust. 1994. *Social network analysis: methods and applications*. Cambridge; New York: Cambridge University Press.

28. Wong, Afred and Tom Fong. 2010. Analysing Interconnectivity Among Economies. in *Working Paper* 03/2010. Hong Kong: Hong Kong Monetary Authority.

29. 卢林:《转型社会与风险管理》,上海人民出版社2010年版。

全球视角下的低碳经济战略①

The Strategy of Low Carbon Economy from a Global Perspective

王　军

南京审计学院经济发展研究中心　副研究员　经济学博士

低碳经济发展战略的实施是应对气候变化的必然选择。目前，世界许多国家正努力寻求建立起一种崭新的、以降低碳排放为主要特征的低碳发展模式。实施低碳发展战略不仅意味着相应的政策措施需要围绕低碳要求来制定，而且低碳实践还对传统的经济学理论提出了挑战。在未来相当长一段时期，大力降低碳排放强度将是发展中国家气候政策制定和实施的主要目标，也是这些国家实现低碳发展的现实步骤。

全球气候变化(Global Climate Change)或全球气候变暖(Global Warming)是当今国际社会关注的焦点问题，也是目前国际学术界争相研究的一大热点问题。无论是2009年12月在哥本哈根召开的联合国气候变化大会，还是世界银行2010年以“发展和气候变化”为题发布的《世界发展报告》，都让我们一次次目睹了世界各国为解决气候问题所付出的不懈努力。与此相应，国际学术界对这一复杂而又重要的问题正保持着日益增长的研究态势。随着后《京都议定书》时代的到来，包括中国在内的广大发展中国家将面临越来越大的减排压力，而少数国家提出征收碳关税的提案无疑将对发展中国家大宗商品的出口以及相关产业造成巨大冲击。因此，分析研究全球化条件下发展中国家实施低碳发展的路径，并制定相关的低碳经济发展战略具有重要的意义。

一、低碳发展战略：内涵与特征

“低碳经济”(Low Carbon Economy)最早正式出现在2003年的英国能源白皮书《我们能源的未来：创建低碳经济》中，并很快在联合国召开的气候变化大会即巴厘路线图中得到了肯定。低碳经济概念的核心思想就是要通过能源技术创新和制度创新，

---

①　本文为江苏省高校哲学社会科学研究重点项目“气候变化、低碳经济与江苏产业转型研究”(批准号：2010ZDIXM036)的阶段成果。

提高能源利用效率,构建清洁能源结构,改变以化石燃料为主的现有能源消费格局。这一被国外学者喻为"人类社会第五次浪潮"的发展理念在2007年达沃斯论坛和"八国峰会"上得到了许多国家的赞同,2008年的世界环境日主题定为"转变传统观念、推行低碳经济"就是希望国际社会能够重视并采取有效措施使低碳概念纳入到政府的决策之中。

1. 实现低碳经济要从经济、制度以及管理层面进行创新

一般认为,低碳经济是低碳发展、低碳产业、低碳技术和低碳生活等一类经济形态的总称。低碳经济以应对碳基能源(煤炭、石油及天然气等)对气候变化的影响为基本要求,以实现经济社会的可持续发展为基本目的。低碳经济的实质在于提升能效技术、节能技术、可再生能源技术以及温室气体减排技术等,促进产品的低碳开发和维持全球的生态平衡。因此,低碳经济是一种从高碳能源时代向低碳能源时代演进的经济发展模式。

由于低碳经济是一个相对新的概念,因此最近几年国内外学者纷纷试图探究低碳经济的内涵、特征和实现方式。美国学者Z.威利(Z. Willey等,2007)从低碳经济低排放的目标出发,指出综合利用农场和森林资源的重要性,强调温室气体排放权交易的重要性。T.J.福克森(T.J. Foxon等,2008)则从能源政策出发,呼吁为实现低碳经济有必要从经济、制度以及管理层面进行创新。C.雷杰威(C. Redgwell等,2008)也从能源消费结构入手,批评了当前西方国家对化石燃料的过度依赖,并分析了中国和印度两大发展中国家对于未来世界的影响。德拉托利(De La Torre等,2009)以拉丁美洲和加勒比国家为背景,研究了这一地区在应对气候变化方面如何既保持低碳又实现经济的快速增长。他们在分析这些发展中国家经济和环境方面的挑战后指出,必须走低碳且高增长的发展道路,并警告说,如果拉美和加勒比国家不能尽早采取积极有效的减排措施,那么到2080年这一地区由于气候变化所造成的经济损失将占到这一地区GDP的11.26%,这无疑是一个庞大的数字。不仅如此,如果我们站在全球生态系统的角度思考这一地区自然资源的意义和价值,那么气候变化对这一地区的影响及其后果将是全球性的。可以说,德拉托利等人的研究极具启发意义。

2. 低碳经济发展战略的内涵

低碳经济模式的确立和战略的实施离不开各国具体的国情。在全球视野下,低碳发展战略应体现在以下几个方面:

(1) 发达国家应该承担更多的减排责任。从人类历史上看,发达国家在其工业化和现代化过程中曾肆无忌惮地排放了大量的温室气体。资料显示,从工业革命开始到1950年,人类燃烧化石燃料释放的二氧化碳的总量中发达国家占了95%;而从1950年到2000年的50多年间,发达国家的排放量仍占到总排放量的77%。因此,发达国家对气候变化负有不可推卸的主要责任,也应当对减少当前温室气体的总量承担更多的义务。这不仅仅是因为发达国家历史排放较多,更主要的是发达国家有实力、有资源减轻气候的变化,同时也有义务为发展中国家应对气候变化提供资金和技术的支持。《联合国气候变化框架公约》中就特别强调,发达国家不但要率先减少温室气体排放,而且也有义务提供新的、额外的资金和技术去支持发展中国家提高应对气候变化的能力。

从表1可见,无论是历史排放还是目前排放,发达国家都远高于发展中国家,因此发达国家承担更多的减排责任不仅是历史责任使然,而且也是基于现实的考虑。

表1 全球二氧化碳排放情况①

指标 国家	累计排放量	目前排放量	人口规模	经济规模(GNP)
发达国家	70%	60%	23%	84%
发展中国家	30%	40%	77%	16%

(2) 对以往经济发展模式进行校正和更新。从逻辑上推演,低碳技术是发展低碳经济的关键所在。低碳技术的涵盖面极广,包括节能技术、无碳和低碳能源技术以及二氧化碳捕获与埋存技术(把煤炭发电过程中产生的二氧化碳收集起来,封存在地下)等。一般认为,低碳技术的创新周期比较长,掌握起来非常不易,需要长期的研发、积累和沉淀。人类目前可以利用、可以展望到的低碳技术,如核能、风能、太阳能、生物能及碳捕获与埋存等相关技术,目前有的技术上已经比较成熟,能够帮助我们解决一些问题;有的虽然可在技术上实现,但应用起来成本还是过于高昂,这就需要更大的创新,比如太阳能发电等;有的技术虽然理论上可以存在,但实现起来还有相当的困难,例如核聚变等。总之,实现低碳经济的发展关键还要依靠技术,通过新的技术来推进新产业的形成。新技术的出现不仅有赖于各国对技术创新活动持续的投入,而且还影响到一个国家在未来世界经济竞争中的地位,因此可以毫不夸张地说,低碳技术将成为国家核心竞争力的一个标志,谁掌握了先进的低碳技术,谁就拥有了核心竞争力。

(3) 围绕低碳理念积极探索和大胆实践。由于低碳本身属于一种新鲜事物,因此发展中国家应结合低碳经济的内涵和特征,积极探索和大胆实践。关键是需要妥善解决好几个"瓶颈"问题:

一是努力减少对化石燃料的过度依赖。发展中国家普遍存在能源禀赋即人均能源资源拥有量不高的问题。这是由发展中国家人口众多的特点以及较快经济增长推动的能源稀缺性所决定的。因此,减少对化石燃料的过度依赖,需要积极发展核电、大

① 此表的数据由世界银行提供,转引自 Chichilnisky(2005)。

力开发风力发电、稳步开发生物能以及加快发展太阳能产业,加快脱硫、生物发电、生物柴油以及环保工程为核心的产业链的形成和扩张。

二是从国际视野看,发展中国家的能源基础水平及能效亟待提高。尽管包括中国在内的一些发展中国家经济发展很快,但整体而言,这些国家依旧处于快速工业化的初级阶段,经济增长方式粗放、能源结构不合理、能源技术装备水平低和管理水平落后等突出问题依旧存在,这集中反映在这些国家单位GDP能耗和主要耗能产品能耗均远高于发达国家平均水平之上。当前的一个新情况是,如果发达国家将发展中国家的减排与其贸易出口挂钩,那么后者的相关产业将遭受重创。因此,及早采取得力措施,努力降低外贸产业的碳排放强度,加快推进低碳产业的形成,才能在未来国际经济竞争中占据有利地位。

三是经济发展和减少碳排放的矛盾。这是由发展中国家的能源消费结构决定的。考虑到全球化背景下发展中国家外向型经济成分较大的特点,应该从“内涵能源”的角度来寻求低碳发展之路,这就意味着这些国家需要考虑到产品上游加工、制造以及运输等全过程所消耗的总能源,使得巨大的“内涵能源”出口净值凸显出来。这就意味着在后《京都议定书》时代,发达国家和发展中国家有可能在减排领域有更多务实的合作。发展中国家发展低碳经济需要具有国际视野,不能关起门来搞低碳,而是要积极与发达国家进行沟通、协商和合作,以取得经济发展和减少碳排放的“双赢”之效。

四是“锁定效应”(Locked-in Effect)的存在。所谓“锁定效应”是指基础设施、机器设备以及个人大件耐用消费品等一旦投入,其使用年限均在15年乃至50年以上,其间不大可能轻易废弃。因此,发展中国家不能盲目追求外国直接投资的数量而不顾质量和后果,而是要特别慎重,尤其是那些投资大、涉及传统产业的部门更要多从能源消耗技术角度来综合考量,否则,未来发展中国家在进行温室气体减排时,可能被这些投资和过时技术“锁定”而步履蹒跚。

二、发展中国家必然的政策选择

如果说气候变化更多涉及的是理论方面的问题,那么低碳发展更多的是一个实践问题和政策选择问题。发展中国家在制定低碳发展战略时需要优先考虑以下几个问题:

1. 发展中国家承担更多减排义务已成大势

发展中国家应认识到减排不仅事关自身的发展,而且还影响到全球经济发展的未来和前景,特别是随着后《京都议定书》时代的到来,发展中国家承担更多的减排义务已成为大势所趋。据世界银行统计,在20世纪的100年当中,人类共消耗煤炭2 650亿吨,消耗石油1 420亿吨,消耗钢铁380亿吨、消耗铝7.6亿吨、消耗铜4.8亿吨,同时排放出大量的温室气体,使大气中二氧化碳的浓度在 20 世纪初不到 300 ppm(百万分率)上升到目前接近 400 ppm 的水平,并且明显地威胁到全球的生态平衡。据预测,到 2050 年世界经济规模比现在要高出 3—4 倍,而目前全球能源消费结构中,碳基能源在总能源中所占的比重高达 87%,因此,以低碳经济为内涵的发展模式是我们的必然选择。

表 2 清楚地显示,仅中国和印度两大发展中国家未来二氧化碳排放将占到全球增加总量的 1/3 以上,居全球首位。考虑到中印两国经济增长的趋势以及当前和未来一段时期中印碳排放的情况,我们不能寄希望后《京都议定书》时代中国和印度这样的发展中国家同时也是碳排放大国,能够继续享受非强制性减排的制度安排。可以预料,今后中印两国面临的减排压力和呼声会越来越大,从最近哥本哈根会议的情况看,这种压力不仅来自发达国家,而且世界最不发达国家也向这两个发展中的大国提出了减排要求。因此,中印等发展中国家根据自身发展实际积极进行减排,不仅符合发展中国家的根本利益,而且还能体现和提升中国和印度负责任大国的国际形象。

表 2 2002—2030 年二氧化碳增加总量中各国的占比①

国 家/地 区	占增加总量中的比例(%)
附录Ⅰ所列国家②	26
非附录Ⅰ所列国家	74
其中:	
中 国	26
印 度	8
印 尼	3
巴 西	3
墨西哥	2

表 3 显示,包括中国在内的发展中国家由于经济快速发展,二氧化碳排放总量巨大而人均水平较低的现实状况。值得注意的是,中国单位 GDP 的二氧化碳排放量达到 2.68,这一数字比美国高出 5 倍以上,比日本高出 11 倍,比世界平均水平高出 3 倍多,其他发展中国家如俄罗斯及印度的情况也不容乐观。而在人均排放量方面,发达国家却远高于发展中国家,如最高的美国人均排放量为中国的 4.4 倍,印度的 16.8 倍。

---

① 根据世界银行(World Bank,2008)第 47 页数据整理。

② 附录Ⅰ所列国家是指《京都议定书》中规定的需要完成强制性减排指标的发达国家,而不在附录Ⅰ中的国家都为发展中国家,可自愿进行减排。

美国仅有全球人口的4.5%却排放了25%以上的全球温室气体，这些令人担忧的数字表明发达国家也需要加大减排的力度。

表3　2006年有关国家燃烧化石燃料所产生的二氧化碳①

排放情况 \ 国家	美国	中国	欧盟	俄罗斯	日本	印度	巴西	总计	全球总计
排放总量②(百万吨)	5 697	5 607	3 983	1 587	1 213	1 250	332	19 669	28 003
单位GDP排放量③(公斤)	0.51	2.68	0.42	4.25	0.24	1.78	0.43	—	0.74
人均排放量(吨)	19.00	4.27	8.07	11.14	9.49	1.13	1.76	—	4.28
累计排放量④	26.70	9.90	21.70	9.40	4.80	2.60	1.00	76.10	100

2. 走“低碳化、高增长”的发展道路

正如世界银行的经济学家A.德拉托利等(2009)所强调的，发展中国家要走一条“低碳化、高增长”的发展道路，低碳化是国际社会的要求，而追求高增长则体现了这些国家的利益诉求。需要指出的是，即使目前世界各国全面停止温室气体的排放，大气中二氧化碳的浓度也要等上百年才能降低。显然，全面停止温室气体的排放既不可能也不现实，因此应对气候变化的正确思路应该是，一方面要减排，另一方面要适应。减排的目的在于积极减缓气候变化的趋势，而适应就是加快社会和经济生活方面的调整以应对气候变化的影响。低碳经济正是实现减排的有效途径，同时也是适应气候变化的积极选择。

总之，低碳经济不但是创造更好生活的途径，而且也为发展、应用先进技术提供了新的经济增长点，通过新型低碳产业的培育和推广，还可为经济发展衍生出大量的新机会。发展低碳经济，是一场涉及生产模式、生活方式、价值观念和国家权益的全球性革命，发展中国家大力发展低碳经济，顺乎世界潮流，同时也符合发展中国家的长远利益。

三、低碳经济的演进路线和战略

低碳经济是应对气候变化的必然选择，因此低碳发展战略的制定需要结合气候政

① 根据Hufbauer等(2009)第5页数据整理。
② 包括来自煤炭、石油以及天然气等化石燃料的排放。
③ 此数据以2000年美元为计价单位。
④ 此数据是指各国在1950—2004年期间累计的二氧化碳排放量占世界的比重。

策来进行，而气候政策的制定也要反映和体现低碳发展的要求。

1. 立足于减排和适应的有效结合

应对气候变化已成为世界各国制定和实施经济发展战略时优先考虑的一个方面。“应对”既包括减缓（Mitigation）方面的行动，也涉及适应[①]（Adaptation）方面的措施，它们共同构成气候政策的重要内容。减缓指的是减少温室气体排入大气中的流量，从而改变未来气候状态的概率分布，而适应是对减少气候引发灾害损失行动的总称，进一步说减缓又包括两个方面的内容：一是减排（Abatement），即直接减少温室气体的排放，以阻止全球气温上升的趋势；二是通过各种新技术吸收温室气体，即所谓碳捕获和碳贮藏（Carbon Capture and Storage，简称 CCS），从而起到降低大气中碳浓度以减缓气温上升的作用。适应措施伴随着极端天气出现频次增多而愈加重要，因为我们需要在经济和社会各个领域加大调整，以适应极端气候引发的种种情况。减缓和适应二者间存在着微妙的关系：减缓是积极的适应，而适应是当减缓成本变得无穷大时的必然选择。

作为应对气候变化的两个方面，无论是减缓还是适应都需要审慎考虑和慎重选择。以目前来看，减排是发展中国家的最优选择，随着发展中国家技术进步对减缓边际贡献率的降低，减缓的成本将会逐步提高。而在极端天气条件以及全球气温上升趋势形成的情况下，适应气候变化将成为包括发展中国家在内所有国家的必然选择，这种具有前瞻性的政策安排以及不确定性和风险所蕴含的动态特点，意味着气候政策的制定将会变得异常复杂。

2. 不同阶段的政策优先和适应机制

从政策角度看，发展中国家需要在经济发展的现实矛盾和应对气候挑战这两大问题上进行选择，因为在经济发展的不同阶段减缓气候变化的成本和收益并不一样，也不对称，也就是说不同阶段对应低碳经济的形态是不同的。由于现阶段发展中国家经济发展的任务还相当艰巨，因此，这些国家温室气体排放的总量在今后一个时期还将继续增长。例如，据测算中国要到 2030 年前后碳排放总量才能下降，而在此之前能做的就是设法控制直至降低碳排放增长的速度。由此可见，发展中国家要走出一条投入小、消耗少、能循环、可持续、科技含量高的新型工业化道路并不容易，因为减缓从来就不是免费的[②]。同样，低碳发展之路可能是代价高昂的。

对于广大发展中国家而言，无论减排还是适应都离不开技术进步的支持，从这个

---

① 联合国气候变化框架公约中特别强调，适应指人类减少气候灾害损失的能力，它与脆弱性这一概念密切相关。详见 http://www.cckn.net/compendium/int_vulnerability.asp。

② 2009 年 9 月 2 日英国《金融时报》报道，中国减排成本可能高达 GDP 的 7.5%。这无疑是一个相当大的比例。

角度来看,当技术进步对减排的贡献率较大时,减排是政策优先考虑的方面;而当技术进步对减排的贡献率较低时,此时减排的成本十分高昂,适应气候变化应该成为政策实施的主要目标。减排和适应通常与一定的经济发展阶段相联系,与发达国家比较起来,减排在发展中国家效果显著,这一方面是由于发展中国家的技术水平较低,因而技术进步对减排的贡献率较大;另一方面也表明发展中国家的减排成本很低(如中国目前的减排成本约为西欧国家的10%)。发达国家面对高昂的减排成本,为完成减排目标会考虑在联合国倡导的清洁发展机制原则下,向发展中国家提供相关技术援助,此时在发展中国家完成的减排可纳入发达国家的减排指标之中。这种内嵌激励机制的国际合作正在成为发达国家和发展中国家同时实现减排和发展"双赢"的有效途径。

由于减排成本是由经济发展和技术水平决定的,因此在经济发展早期同时也是低碳经济形成的初期,技术装备水平较低,此时的碳排放强度较高,而减排成本却较低。随着经济的发展和技术的进步,碳排放强度快速下降,减排成本逐步增加,此时技术进步对降低碳排放强度的贡献较大,这一时期也是低碳产业形成、扩散并推动经济快速发展的阶段。随着经济的进一步发展和技术的高度进步,碳排放强度降低的速度开始减缓,减排成本变得越来越高,而技术进步对减排的边际贡献降来越低,此时低碳经济已进入成熟稳定的发展阶段。以此逻辑,适应是减排成本高昂时的一种选择,而在极端气候出现时,适应就成为必然的选择了。

3. 低碳经济最终需要依靠产业转型来落实

对于广大发展中国家而言,实施低碳发展战略意味着必须淘汰那些长期制约经济发展质量的高排放、高污染、高能耗产业。这是实现低碳发展的第一步。随着经济的发展,低碳经济的内涵和特征也会相应变化。在未来相当长一段时期,大力降低碳排放强度将是发展中国家气候政策制定和实施的主要目标,也是这些国家实现低碳发展的现实步骤。尽管包括许多发展中国家的碳排放总量仍在增加,但增加的幅度将大为减缓。这既符合发展中国家的利益,也是由发展中国家的发展阶段所决定的。对于广大发展中国家而言,尽管目前和能源消耗相关的技术装备水平还比较低,但这些国家减排成本远低于发达国家的事实能否在国际化条件下转换成为对发展中国家有利的比较优势,就是亟待研究的一个重要课题。

四、全球化的挑战:碳关税及其影响

低碳经济是一种经济形态,它提供一种以低排放为主要特征的重新组织经济生活的途径。气候变化以及低碳发展实践还对包括经济学在内的诸多学科提出了挑战。以国际贸易理论和贸易实践为例,从短期看,与气候变化和低碳经济相关的应对措施就包含了贸易政策方面的内容,如贸易类型的调整(某些国家由于气候变化从粮食进口国转变为粮食出口国等)以及贸易手段(如关税等)对贸易活动的影响等;从长远看,应对气候变化和发展低碳经济还涉及贸易理论创新等深层次方面的内容。

1. 贸易手段正在被用作全球气候谈判中制裁他国的工具

世界银行以"发展和气候变化"为题发布的《2010 世界发展报告》中指出,国际贸易和气候变化两个体系之间的相互作用对于发展中国家而言具有特别重大的意义。尽管这两个系统之间的协调能够带来正面的影响,如在清洁技术方面起到刺激生产、鼓励贸易和投资的作用,但现实的一个热点问题是,越来越多的发达国家准备将贸易手段当作全球气候谈判中讨价还价甚至制裁他国的工具,希望以此在未来减排谈判中获得更加有利的地位。

对气候变化问题的关注,已经引起现有贸易活动和贸易规则出现调整,并使许多国家原有的国际竞争力发生改变。不过,为保护全球环境而进行的国际合作比起贸易活动来要复杂得多。正如国际贸易领域的世界权威、美国哥伦比亚大学经济学教授J.巴格瓦蒂(J. Bhagwati,2009)指出的,世界贸易组织的前身即关税及贸易总协定(GATT)曾免费给予发展中国家成员方的地位,而对于全球减排温室气体的协议而言,如果没有发展中国家的充分参与,任何协议都不可能真正有效。考虑到历史排放问题,发达国家应该补偿发展中国家以换取后者参与减排的行动。

2. 征收碳关税必须厘清的几个问题

随着国际社会对气候变化问题严峻性和紧迫性认识的加深,欧洲和美国的一些政策制定者们正热衷于推出所谓的"边境调节税"(Border Tax Adjustments,简称 BTAs)或"绿色关税"(Green Tariffs)。边境调节税是根据每一种进口产品在生产过程中的碳排放征收的,依据是出口国未采取与进口国同样严格的气候政策,导致同类商品出口国的成本远低于进口国,征税的目的在于保护进口国的厂商免受来自国外的不公平竞争,同时起到促使出口国加大减排措施力度的作用。2009 年 6 月,美国众议院已通过一项征收进口产品的边界调节税法案,拟从 2020 年起开始实施"碳关税",即对碳排放强度较高的进口产品,如铝、钢铁、水泥和一些化工产品征收特别的二氧化碳排放关税。为此,相关研究认为 3 个基本问题需要特别强调:

(1) 碳关税的实施可能偏离最初的减排设想。碳关税的征收并不能有效减少碳排放,更不能减缓气候变化,因而碳关税的实施可能偏离最初的减排设想,加剧发展中国家的负担,导致不发展中国家和发达国家出现贸易纠纷。因为碳关税涉及一个具体问题,即在碳排放的国家征收,还是在物品消费的国家根据其生产及运输途中包含的碳排放进行征收。世界主要的出口国都认为,如果按照排放地征收碳税,那么这些国家会受到无端的惩罚,因为这些国家生产的物品大部分出口到海外市场,由国外消费者所消费,但却将生产中产生的碳排放留在了这些国家。通过跨区域碳流动的投入—产出分析,经济学家已经测算出中国和俄罗斯联邦是虚拟碳排放的净出口国,而欧盟、美国和日本是净进口国。

对于那些准备征收碳税的国家而言，它们关心更多的是如果其他国家不征收碳税，那么这些国家的竞争力和碳漏出效应①都将成为问题。如果征收虚拟的碳进口税，那么这些国家就可以设法使国内竞争者与国外对手公平竞争。假定对虚拟的进口物品和服务所包含的二氧化碳征收每吨50美元的税收，那么，我们就能计算出有关国家的实际关税税率(Effective Tariff Rates)，如表4所示。

表4 每吨二氧化碳征收50美元虚拟税后进口商品和服务的平均关税②

进口国 出口国	巴西	加拿大	中国	欧盟	印度	日本	墨西哥	俄罗斯	美国	南非	平均
巴西	—	3.4	3.2	3.2	2.8	4.0	2.7	2.6	3.0	2.9	3.1
加拿大	4.5	—	3.4	3.4	3.7	3.2	2.8	2.8	2.6	3.0	2.8
中国	12.1	10.5	—	10.5	13.4	10.4	9.9	10.0	10.3	11.1	10.5
欧盟	1.6	1.1	1.1	—	1.3	1.2	1.1	1.1	1.2	1.2	1.2
印度	8.3	7.8	9.2	7.7	—	6.8	8.1	8.7	7.9	5.3	7.8
日本	1.4	1.3	1.5	1.4	1.6	—	1.4	1.4	1.2	1.3	1.4
墨西哥	3.5	2.1	4.2	4.0	10.8	4.0	—	4.1	1.7	3.5	2.0
俄罗斯	18.0	14.3	12.4	11.8	12.8	11.3	14.7	—	10.4	15.9	11.7
美国	3.3	3.0	3.1	3.1	3.3	3.0	2.8	2.8	—	3.2	3.0
南非	15.9	10.1	10.6	9.8	11.5	11.4	16.6	7.9	8.9	—	10.1
平均	3.7	2.9	2.2	5.0	4.5	4.8	3.3	2.6	3.0	2.9	—

应该说，每吨二氧化碳征收50美元的碳税与最近一些国家的实践是相吻合的，例如，依照欧洲排放交易计划(European Emission Trading Scheme)，2008年碳排放价格高达每吨35欧元，基本与50美元的水平持平。从表4中我们还可以看出，如果发达国家征收碳关税，那么发展中国家面临的虚拟碳关税将非常显著。

(2) 运用“清洁发展机制”原则是现实和明智的。有专家认为，积极发展碳排放市场，主动争取和发达国家就温室气体减排进行合作，充分运用联合国气候框架公约所

① 碳漏出效应(Carbon Leakage Effects)是指某些国家由于实施严格气候政策进而减少排放，但却引起其他国家排放增加的情形。碳漏出是“搭便车”现象在国际减排场合中的体现，是导致国际减排行动分崩离析的主要原因。

② 根据《2010世界发展报告：发展和气候变化》第252页数据整理(World Bank，2010)。

确立的清洁发展机制(Clean Development Mechanism,简称 CDM)①,与发达国家一道实现发展和减排的"双赢",从而为低碳经济的发展创造出良好的外部环境。这既现实,也明智②。

如前所述,发展中国家经济结构的特点决定了未来一个时期这些国家的碳排放总量难以降低。例如,近年中国排放总量中出口产品就占据了相当的比例。T. 王(T. Wang)和 J. 华森(J. Watson,2009)曾测算,2004 年中国温室气体排放总量中有 23%是因对外贸易活动而引起。目前,中国的出口已占到总产出的 1/3 以上,远高于其他发展中国家的比例。2006 年中国出口中 58%由跨国公司所提供,而外国直接投资中有 70%以上是制造业。中国较大的贸易顺差以及中国以煤炭为主的能源结构加之能源利用效率较低等因素都使得中国近几年的碳排放总量突出且增长很快,仅中国出口产品所产生的排放就和整个日本的排放总量相当,为英国的两倍。

根据《京都议定书》确立的原则,发达国家可以通过资金和技术援助,帮助发展中国家实施减少温室气体排放的项目,减排量在经过核准后可以冲抵发达国家的减排指标。这种被称为清洁发展机制的原则得到了广大发展中国家的欢迎,也使得发达国家和发展中国家在气候合作方面有了更多的实质内容。因此,发展中国家实施低碳经济发展战略应该具有全球视野,尤其需要充分运用减排领域的比较优势来化解未来可能出现的问题。

(3) 理解并贯彻"共同但有区别责任"原则具有可行性。这一原则不仅能有效解决与发达国家在减排责任上的纷争,为广大发展中国家赢得发展的机会,而且还能协调各国在未来减排谈判问题上的立场。人们知道,在当今世界经济格局下,包括中国在内的许多发展中国家已经形成一批具有国际竞争力的污染密集型产业。③ 英国独立机构"新经济基金会"(New Economic Foundation)曾发布一份研究报告,称西方把污染转嫁到了中国。这份题为《中国依赖症》(*Chinadependence*)的报告认为,西方国家对中国产品过度依赖,变相地把大量环境污染留在了中国,把废气排放量转嫁到了中国。报告称每件在中国生产再出口到英国的物品,其废气排放量比在英国生产要多 1/3。显然,这些现实的情况是发展中国家今后参与全球气候合作和减排谈判时需要特别考虑

---

① 除去清洁发展机制以外,联合国气候变化专门委员会(IPCC)还倡导不同国家在应对气候变化方面应遵循"共同但有区别责任"的原则,参见王军(2008)。

② 一个颇受关注的案例是,据新华网 2009 年 2 月 27 日报道,芬兰政府将购买中国湖南省 12 个县 21 万户沼气池的减排量,实现减排二氧化碳 135 万吨。根据协议,中国一家环保企业将向湖南省 21 万户家庭推广沼气反应器和炊具,以减少当地的二氧化碳排放量。芬兰方面将为此支付 1 450 万欧元。

③ 这种观点被称为污染避难所假说(Pollution Haven Hypothesis),即由于发展中国家环境管制相对松弛,环境成本低廉,于是在比较优势的推动下,发达国家的污染密集型行业倾向于迁移到发展中国家,从而令后者成为发达国家的污染避难所。

的。发展中国家需要建立和完善各种环境保护法律和法规，征收包括碳排放税在内的环境税等，目标是使得产品在生产过程中对环境造成的损害尤其是温室气体排放能够真实地得以反映。

表5显示，中国已经成为美国钢铁、水泥和纸张的第二大进口国，铝的第三大进口国。由于目前中国的技术装备水平整体较低，出口产品大多仍为低端产品，碳排放强度远高于发达国家，因此，如果美国以碳排放强度对上述产品征收碳关税①，那么中国上述产品的出口将面临严峻的挑战，相关产业也将遭受巨大冲击。根据世界银行的研究报告，如果欧美日等国家联合对中国征收碳关税，那么在国际市场上，"中国制造"商品将可能面对平均26%的关税，出口量因此可骤降21%②，中国制造的许多产品将失去低成本的优势，国际竞争力将大打折扣。其他发展中国家如巴西和墨西哥等也将遭遇类似的问题。

表5　美国主要污染密集型商品的进口情况③

商品/排序	钢铁			水泥			纸张		
	国家和地区	价值(百万美元)	比例(%)	国家和地区	价值(百万美元)	比例(%)	国家和地区	价值(百万美元)	比例(%)
1	加拿大	5 430	17.6	加拿大	387	29.2	加拿大	9 509	53.1
2	中　国	4 473	14.5	中　国	246	18.6	中　国	2 093	11.7
3	墨西哥	2 530	8.2	韩　国	121	9.1	芬　兰	1 063	5.9
4	日　本	1 794	5.8	墨西哥	116	8.8	德　国	906	5.1
5	德　国	1 704	5.5	哥伦比亚	105	7.9	墨西哥	858	4.8
6	韩　国	1 610	5.2	中国台湾	99	7.5	日　本	502	2.8
7	巴　西	1 415	4.6	巴　西	39	2.9	韩　国	443	2.5
8	中国台湾	1 324	4.3	希　腊	36	2.7	印　尼	299	1.7
9	印　度	1 227	4.0	泰　国	33	2.5	英　国	219	1.2
10	意大利	1 076	3.5	瑞　典	25	1.9	巴　西	210	1.2
进口总计	—	30 909	100.0	—	1 324	100.0	—	17 917	100.0

① 碳关税是指对高耗能的产品进口征收特别的碳排放税。这一概念最早由法国前总统希拉克提出，旨在帮助欧盟国家对那些不受《京都协定书》约束的国家课征商品进口税，确保欧盟在碳排放交易机制运行后所生产的商品将免受不公平竞争。

② 这部分数字转引自《碳关税来袭》，载《21世纪经济报道》2010年1月7日。

③ 根据Hufbauer等(2009)第14页数据整理。

不少专家认为，征收碳关税违反了世界贸易组织的基本规则，也违背了《京都议定书》确定的发达国家和发展中国家在气候变化领域“共同但有区别责任”的原则，将严重损害发展中国家的利益。发达国家之所以热衷于启动碳关税，目的旨在确保未来在气候变化谈判中获得主导地位。但问题在于，碳关税的实施不仅剥夺了广大发展中国家的发展权，更混淆了不同国家在温室气体减排及保护全球环境中历史与现实的责任。正如J.巴格瓦蒂(J. Bhagwati, 2009)所警告的，无论边境调节税的优点被夸张到多大程度，对于治理气候变化这样的全球问题而言，美国都应尽量避免使用这类“大棒”式的政策，因为它可能给目前的国际贸易体系带来混乱。

最后需要强调的是，低碳经济概念的提出，可以说是人类应对全球气候变化的必然产物，低碳经济意味着一种崭新发展观的诞生，同时也意味着一种新文明观的确立。然而，低碳经济发展之路恐怕不会是一帆风顺的。

主要参考文献：

1. 王军(2008)：《气候变化经济学的文献综述》，《世界经济》，2008年第8期，第85—96页。

2. Bhagwati, J., “Reflections on Climate Change and Trade.” in Brainard, L. and Sorkin, I. ed., *Climate Change, Trade, and Competitiveness: Is a Collision Inevitable?* 2009, Brookings Institution Press.

3. Blankespoor, B., Dasgupta, S., Laplante, B. and Wheeler, D., “The Economics of Adaptation to Extreme Weather Events in Developing Countries.” *Working Paper 199*, Center for Global Development, 2010, Washington, D.C.

4. Chichilnisky, G., *Beyond the Global Divide: From Basic Needs to the Knowledge Revolution*. 2005, Kiel Institute for World Economics.

5. de la Torre, A., Fajnzylber, P. and Nash, J., *Low Carbon, High Growth: Latin American Responses to Climate Change — An Overview*. 2009, World Bank, Washington, D.C.

6. Foxon, T. J., Kohler, J. and Oughton, C., *Innovation for A Low Carbon Economy: Economic, Institutional and Management Approaches*. 2008, Edward Elgar Publishing.

7. Hufbauer, G. C., Charnovitz, S. and Kim, J., *Global Warming and the World Trading System*. 2009, Peterson Institute for International Economics.

8. International Energy Agency (IEA), *Cleaner Coal in China*. 2009, Organization for Economic Cooperation and Development.

9. Lomborg, B. ed., *Global Crises, Global Solutions*. 2004, Cambridge University Press.

10. Posner, E. and Sunstein, C., “Global Warming and Social Justice.” *Regulation*, Spring 2008, pp. 14-20.

11. Redgwell, C., Zillman, D., Omorogbe, Y. and Barrera-Hernandez, L. K., *Beyond the Carbon Economy*. 2008, Oxford University Press.

12. Stern, N., *The Economics of Climate Change: The Stern Review*. 2007, Cambridge University Press.

13. Wang, T. and Watson, J., "Trade, Climate Change, and Sustainability." In *State of the World: Into a Warming World*. 2009, The World Watch Institute.

14. Willey, Z. and Chameides, B., *Harnessing Farms and Forests in the Low-Carbon Economy: How to Create, Measure, and Verify Greenhouse Gas Offsets*. 2007, Duke University Press.

15. World Bank, *International Trade and Climate Change: Economic, Legal, and Institutional Perspectives*. 2008, Washington, D.C.

16. World Bank, *World Development Report: Development and Climate Change*. 2010, Washington, D.C.

改变世界：重新思考　重新设计　重新建设

——第40届世界经济论坛在达沃斯召开

Improve the State of the World: Rethink, Redesign and Rebuild:

the 40th World Economic Forum Held in Davos

庄建明

上海社会科学院　副研究员

在世界经济走出危机，走向复苏的转折关头，达沃斯世界经济论坛第40届年会于2010年1月27日至31日召开。本次年会的主题是“改变世界：重新思考、重新设计、重新建设”，如何破解“后危机时代”的世界经济难题，吸引了来自90多个国家的30多位国家元首或政府首脑、60多位部长级官员、40多个国际组织的领导人和国际著名企业高管等各界人士共2 500多人的与会热情，由此使本次年会成为论坛成立40年以来参加人数最多、层次最高的一次会议。中国国务院副总理李克强率团参加了此次年会，并在会上作了题为《合作包容　共创未来　促进世界经济健康复苏和持续发展》的特别致辞。

瑞士小镇达沃斯又迎来第40届世界经济论坛

本届论坛成立了70个全球议程顾问委员会，共举行了200多场研讨会。在为期5天的会议中，与会各界人士就全球经济恢复前景、各国采取“退出”战略的时机、世界金融体系的改革与监管、反对贸易保护主义、应对气候变化、海地重建、中东形势、阿富汗问题等一系列全球关注的问题进行了广泛讨论。

一、“新常态”与“新组合”的是非之争

“新常态”(the new normal)这一术语是1年前由美国太平洋投资管理公司首席投

世界经济论坛主席
K. 施瓦布在开幕式上致辞

资官B. 格罗斯(Bill Gross)和M. 埃尔-埃利安(Mohramed El-Erian)创造的,以此描述他们对美国经济前景较为悲观的展望。作为全球最大债券基金公司的首席执行官,M. 埃尔-埃利安认为,消费者债台高筑,纷纷减少开支,加上金融服务业所受到的监管更趋严格,因此美国经济在未来数年内将增长缓慢,年均增幅仅为2%左右。

此后,美国经济学家J. 卡森(Joseph Carson)又首创了一个与此对应的新术语"新组合"(the new mix)来描述他们对未来前景较为乐观的展望。他设想未来的模式更多的是由外贸出口和企业投资来驱动经济发展,而不是仅仅依靠传统的消费和楼市。J. 卡森预计,这种需求组合的变化将带动今年美国经济上升3.7%,而且会为未来发展创造条件,使今后年均增长幅度超过3%。

达沃斯论坛年会首场专题研讨会把"新常态"列为主题,并成为随后几天多场专题研讨会的重要议题。

1. "新常态"的主要特点

什么是全球增长的"新常态"? B. 格罗斯将"新常态"定义为:美国经济在见底之后将开始适度增长,但幅度达不到历史标准,美国在全球经济中扮演的角色也将不如往昔。

韩国企划财政部长官尹增铉表示,全球金融危机之后,世界经济展现出不同于以往的"新常态",并概括了"新常态"的五个特点:一是在转变危机前过度消费模式的过程中将迎来低增长时代。正如南欧国家爆出的财政危机一样,主要国家为稳固财政状况将被迫收紧支出,受其影响,消费和投资恐难以重拾危机之前的增长速度;二是金融管制强化、金融机构继续去杠杆化并缩减风险投资。随着金融机构的过渡膨胀得以遏制,与投机性金融投资相比,金融和实体的长期互补性将愈加得以重视;三是以绿色、低碳为核心的可持续增长将成为新的经济增长模式;四是世界格局正加速从以美国为中心的单极化体系向新兴国家影响力不断扩大的多极化体系转变,尤其是中国经济的快速增长将有力拉动全球经济重心向亚洲转移;五是政府将在今后的经济运行中发挥更为积极的作用。

2. "新常态"在不同的领域有不同的含义

与会代表认为,"新常态"在不同的领域有不同的含义。如在金融领域,"后危机"时代的金融体系不可能简单回归到危机之前,"新常态"下的金融体系代表着更低的金融杠杆与更多的政府干预的结合。正如诺贝尔经济学奖获得者M. 斯宾塞(Michael Spence)所说:"一种新的常态可能正在建立——这并非普普通通的回复常态,发达国家增长速度在放缓。我们将会有一个非常不同的金融系统，它的新常态将是被严格地监管，资本需求会很高，银行系统会更有效。”在商业领域，危机后消费群体和消费观念发生了变化，商业环境也已改变，全球企业界需要拨开经济不确定性带来的迷雾，思考企业在“新常态”中的定位，以适应这种变化。本次论坛安排了“谁是新的消费者”、“重设消费模式”、“重新界定营销方向”等专题研讨会，供全球商业领袖们共同探讨“后危机”时代新的市场战略制定。在宏观经济方面，“新常态”被西方媒体形容为危机之后经济增长可能不会快速恢复到危机前水平，经济恢复将是一个长期、缓慢而痛苦的过程。

3. “新常态”与“新组合”孰是孰非

以白宫经济顾问 L. 萨默斯(Lawrence Summers)为代表的美国华尔街诸多经济学家对低增长及高失业率的“新常态”观点持有异议。L. 萨默斯在论坛上说：“增加新的就业机会需要时间，需要逐步进行，并涉及多种因素。但我不明白为什么会有经济潜在增长的新常态观点。”他认为，美国经济还需一段时间才能从衰退中复苏，一旦政府政策共同使经济扩张成熟，潜在的经济增长并没有被腐蚀。他表示，可以确定的是，资金充分流动，国家基础建设的工作机会充足，贸易实现盈利，还有很多可以确定的事情，所以要实现经济成熟发展还需要时间。

世界经济论坛年会开幕式

苏格兰皇家银行证券的首席经济学家 S. 斯坦利也否认经济会长期增长缓慢的“新常态”观点，而是倾向于乐观地用“新组合”来描述对(Stephen Stanley)未来经济的看法。此外，他们还一致认为，领导世界经济走向复苏的将是新兴市场，而不是美国。实际上 B. 奥巴马总统也在为新组合模式助一臂之力。他宣布美国不能再像过去一样依靠泡沫驱动发展，他要求把政府支持的小企业出口贷款增加 50%，达到每年 60 亿美元；他还从上年的经济刺激拨款中拿出 900 亿美元，促进向新能源领域投资。

与会专家承认，到目前为止的全球经济表现支持了乐观派“新组合”的观点。2009 年下半年的发展强于“新常态”阵营的预测。更为重要的是，与过去的复苏相比，外贸出口和企业对设备和软件的支出在这次的经济回暖中发挥了更大的作用，而消费和房地产业对经济的贡献率比过去有所减少。制造业甚至开始增加人手。“新常态”观点持有者认为，2009 年底表现出来的经济活力，很大程度上来自短期因素，比如政府财政的刺激和企业库存的补充。M. 埃尔-埃利安认为，好转只是暂时的，“我们预期由存货增加而带动 GDP 增长率的反弹，只能支撑每年 2%的增长速度。”他说，“美国经济仍需要经过多年才能恢复到经济危机以前的GDP水平”。

二、对危机的反思

反思是本次达沃斯世界经济论坛年会的主调。正如达沃斯世界经济论坛年会主席K.施瓦布(Klaus Schwab)在演讲中所表示的,“我们有些人可能认为,最糟糕的时刻已经过去了,一切又照常了,这是一种很危险的想法。危机已经根本改变了整个世界,我们不能采用过去的体系,而要把个人和集体的力量聚合在一起,建立新的体系。”同时,他还表示说,“在经历了2008年的金融危机和2009年的经济危机,2010年是一个社会危机之年,而这个社会危机很容易变成跨代的危机,如果继续下去的话,如果推迟解决问题启动的话,就会影响到子孙后代。所以,我们要进行反思,形成一种力量,建立关系,把想法、提议、利益相关者、国家和文化连接起来,重建我们全球之屋。这是一个绝对必要的事。”

1. 再次来到“后危机”时代的十字路口

这场席卷全球的金融与经济危机酿成了70多年来严重的灾难,在不到两年的时间内,全球10万亿的财富蒸发,成千上万人失去工作,新增饥民数以亿计。

回眸百年前,1910年恰恰也是一场经济危机刚刚结束,危机的导火索同样是股市投机和过度信贷。此外,危机传播的路径与百年后的金融危机同样惊人地相似。在1910年前后的“后危机”时代,人们围绕经济和社会发展模式,同样经历了重新思考和探讨,涌现了J.凯恩斯等一批对后世影响巨大的思想家,随后全球经济在曲折中赢得增长,却也造成了南北分化,环境污染等社会问题。

如今,再次来到“后危机”时代的十字路口,世界经济虽已呈现出复苏的迹象,但仍未完全走出危机和衰退的阴影。痛定思痛,反思危机的根源和探求防止危机重演之道,已成为世界各国和国际社会的共同要务。本次论坛上,美国不可避免地成了“反思”的对象。特别是美国银行业更是受到了与会者的一致谴责。与会者认为,这场危机是不折不扣的“美国制造”——牛仔们通过资产担保债券将有毒资产散播到世界各地。在达沃斯发布的爱德曼信任度调查(Edelman Trust Barometer)显示,所谓的“意见领袖”对银行业的信任度已经大大降低。例如,在美国接受调查的人士对银行的信任程度已从2007年的68%下跌至现在的29%。日本野村控股集团董事长氏家纯一(Junichi Ujiie)认为,西方银行家是“公众的头号敌人”。甚至连部分银行家也快速地丧失耐心,美国投行董事长J.佩雷拉(Joseph Perella)说:“银行在上帝对它感到愤怒之前最好醒一醒”。

2. 如何看待这场危机:原因、性质和根源

如何看待这场危机,与会者的观点也不尽相同。英国保守党领袖D.卡梅伦认为:

科威特中央银行行长易卜拉欣(左)等在达沃斯世界经济论坛上

“我们必须确保从危机中得出正确的经验，比如不是整个自由经济体系出现了问题，而是金融泡沫和不平衡引发了问题。”科威特中央银行行长也认为，“长期外部不平衡肯定是导致(金融危机)的一个重要原因。我们必须处理美国与海湾地区石油出口国之间的不平衡问题”。诺贝尔和平奖获得者 M. 尤努斯称，“我们所有的危机都是源自一处，即我们在思维框架中对人类自身做了错误的诠释。”也有与会者认为，这场弥漫于全球、深刻影响现实世界的金融危机，首先是一场价值危机。美国《旅居者》杂志总编 J. 沃利斯称，但愿我们认识到经济危机背后存在价值危机，经济复苏离不开道德升华。

法国总统 N. 萨科齐在年会开幕式的演讲中，直言不讳地把危机的根源归咎于美国的金融和经济模式。他说：“危机不只是世界性的危机，它不仅仅是全球化中的危机，它是全球化本身的危机；是我们的世界观在一定的时候发生了问题，所以我们必须修正我们的理念。”N. 萨科齐严厉斥责“美式资本主义是对我们信仰的资本主义的背叛”。他说，资本主义一直是和价值系统分不开的，和对人的一定的理念分不开的。我们看到的这种资本主义是推翻了资本主义的根本理念，我们要重新塑造资本主义，才能够给它以道义，才能够拯救资本主义。他还要求对引发危机的肇事者“追究责任，绳之以法”。

一些发展中国家代表的反思则直指西方资本主义制度与价值观。他们指出，这场源于美国、对西方国家破坏最烈的全球金融与经济危机，充分暴露了西方资本主义的痼疾与弊端，也是西方体制和价值观的危机。我们期待看到道德的力量。巴西外长 C. 阿莫林强调，“我们还需要经历多少场危机，才能改变我们的观念？我们还要承受多少金融灾难，才能决定去做最明确、最正确的事情?”

三、探求防止危机重演之道

在反思危机的基础上，与会者为后危机时代提出了各种建议和对策。现任达沃斯世界经济论坛未来全球日程中国委员会主席的成思危教授认为，世界金融危机和经济危机之后，将有六个平衡点要考虑：一是储蓄和消费之间的平衡；二是内需和外需之间的平衡；三是金融创新和金融监管之间的平衡；四是虚拟经济和实体经济之间的平衡；五是经济增长和可持续发展之间的平衡；六是经济全球化和地区一体化的平衡。因为经济全球化和地区一体化是相辅相成、互相促进的，一个多极的世界将会更加安全，也将会更加平衡。

综合来看,在达沃斯论坛年会上,与会者为后危机时代提出的治理对策主要有以下三个方面:

1. 在各国内部和国际范围内加强对大型金融机构的监管

与会者认为,这场危机暴露出当前全球金融监管体系存在漏洞。欧洲央行行长J-C. 特里谢(Jean-Claude Trichet)强调,银行业应该反思其以往运营模式,接受高盈利模式不再的现实。英国财长A. 达林(Alistair Darling)亦称其前往达沃斯的目的之一,就是要说服银行家们改变其既有的"经营文化"。美国众议院金融服务委员会主席B. 法兰克(Barney Frank)强调说,他到达沃斯的主要目的就是为了进一步推动全球此类改革。法国总统N. 萨科齐直言赞成美国总统B. 奥巴马所提出的限制银行规模和交易行为,以及英国首相G. 布朗所提出的对银行投机行为增税的做法。他说,如果没有各国政府先前强力干预,金融系统早就"彻底崩溃"。在监管与市场的选择上,N. 萨科齐称,"金融、自由市场和竞争只是手段而非目的",而银行的角色也不应该是去投机。相反,他强调必须通过加强监管,确保银行的坚持分析信用风险,评价贷款人还贷和金融经济增长的能力。

法国总统N. 萨科齐赞成限制银行规模和交易行为

N. 萨科齐的言论直接导致了围绕金融监管的争论迅速升温。针对限制金融巨头搞无本万利的投机性交易,直接触及了这些金融巨头的核心利益,受到他们的激烈反对。英国巴克莱银行总裁R. 戴蒙德(Robert E. Diamond)表示:"没有证据表明,令所有银行变得更小",就可以避免引发新一轮金融危机,如果认定"大"等同于"坏",因而缩减银行规模,那么"就业、经济,特别是全球贸易和经济将受负面影响"。德意志银行首席执行官J. 阿克曼(Josef Ackermaun)亦警告说,如果监管措施过于严苛,"所有人都将变为输家"。黑石集团CEO S. 施瓦茨曼(Steve Schwarzman)说,如果政治家拿金融业"开刀","金融机构会感觉遭到围攻,它们会选择撤退"。

芝加哥大学商学院教授R. 拉詹(Raghuram Rajan)认为,危机爆发后,政策制定者和监管机构将太多的精力集中于金融部门的薪酬、红利等外围问题,而忽略了本该解决的最重要问题,即提升银行透明度和加强风险管理。纽约大学教授N. 鲁比尼(Nouriel Roubini)认为,提出金融监管新规本身代表着正确的方向,但只削减银行规模还不够,除了解决"太大以至于不能倒的问题",现在还要关注"太多以至于不能倒"的问题,他认为应该警惕"许多小机构冒同样风险"可能带来的危害。他同时警告,过度监管可能会遏制经济增长，如果发达经济体的做法被发展中国家效仿的话，这种危害可能更大。也有与会者认为，如对银行金融业限制过严，管束太紧，会挫伤其经营的积极性，甚至可能迫使其从有关国家和地区撤出业务，从而引发新的金融动荡和危机。未来银行业的监管最主要的是解决透明度问题，包括加强场外衍生品交易的透明度，设立中央清算中心，同时建立公平、公正、公开的银行交易披露机制。如何把握金融监管尺度，需要各国决策者妥当权衡处置。

2. 对国际金融体系的改革势在必行

建立一个更加公平合理的国际金融和经济治理体系引起与会者的关注，但如何构建危机后的国际金融和经济新秩序依然任重道远。鉴于国际金融体系的改革仍然充满挑战和争论，与会者认为，对于这一体系的根本性改革只能循序渐进。从现在起需要做的是要逐步弱化美元的世界金融霸主地位，增强其他主要货币在国际流通领域的分量和作用，逐步弱化美国在国际金融机构中的主导。法国总统 N. 萨科齐在论坛年会上宣称，美元已经不再适合作为世界经济中的主要储备货币，他说："我们需要一个新的布雷顿森林货币体系。我们不能一边处于一个多极的世界中，一边又在世界范围内使用单一的储备货币。"与会者认为，必须改变发达国家和发展中国家在这些机构中发言权不平衡的状况，提高其他经济体尤其是发展中国家在其中的代表性、话语权和一定程度的决策权。海湾第一投资银行首席执行官 T. 沙特表示，"随着美元地位的江河日下，我们应当逐步与美元脱钩"。

建立区域性货币联盟被认为是抗衡美元统治的一种方式。与会者认为，目前在金融市场和金融产品的风险管理、会计准则、银行资本金比例、金融业透明度、高官薪酬、金融机构救助成本的分担等方面都需改革，但各方在围绕是否应该统一征收金融税、是否应对对冲基金监管、如何改革评级机构等具体问题上则存在着争议。

韩国总统李明博在论坛上呼吁，为了确保全球经济的可持续和平衡发展，20 国集团必须继续致力于改革金融监管机制以及国际货币基金组织和世界银行等国际金融机构。国际货币基金组织主席 D. 斯特劳斯-卡恩（Dominique Strauss-Kahn）表示，金融部门需要在密切合作的情况下进行大胆改革，这样才不会有任何国家因此受到损害。他在发言中说："我担心的是，我们可能会忘记危机的一个主要教训，这就是协作。"

达沃斯世界经济论坛发表的《2010 年全球议程理事报告》称，当前国际货币体系的症结在于私人部门和官方机构过分依赖一国货币，尤其是对美元资产的积累。与此同时，报告还指出，当前的国际货币调整机制主要是依靠各国的宏观政策来协调国际收支平衡。这种机制的调整对象并不是全球形势，而是单一国家。如何协调和提高各国之间机制的对称和一致性，成了国际金融改革的另一种挑战。美国国际金融服务委员会主席 F. 布鲁尼（Frank Barney）认为："一个更加独立的国际货币基金组织，应该设立在美国之外，最好是一个中立的国家，这个国家的货币应较少受到世界主要货币的影响，他能够协调各国的宏观经济政策和汇率政策，并消除全球经济的不平衡、避免新的不平衡产生。”

3. 政府要加强对经济的必要干预

与会者一致认为，再不能搞完全自由市场和资本国家控制的一套做法，而必须加强政府对经济的必要干预，走市场力量和政府力量相结合治理经济的路子。当然，政府对经济干预与调控也要遵从市场规律和通过市场发挥作用，国际上正反两方面的经验也证明了这条路子是正确可行的。

四、“退出策略”的艰难抉择

虽然世界经济出现了实际的复苏和增长，国际组织预测结果、采购经理指数(PMI)及主要股指也均显示了广泛的预测向好，但达沃斯世界经济论坛上，西方政要和各界名流的主流意见是不能轻言衰退已经结束，经济已经复苏。世界银行高级副行长兼首席经济学家林毅夫在达沃斯论坛上警告说，世界经济复苏的基础还异常脆弱，不排除再度陷入衰退的可能性。国际货币基金组织总裁D.斯特劳斯-卡恩，美国哈佛大学经济学教授、美国全国经济研究局局长M.费尔德斯坦(Martin Feldstein)等知名人士也发出了类似的研判：当前经济复苏“强劲出乎意料，但疲软也是事实”。首先，存在通胀风险；其次，存在驱动力不足的风险；再次，存在高失业风险。此外，在许多国家，银行的坏账问题并没有得到彻底解决，房地产市场的泡沫还未完全挤出，新的资产泡沫又开始显现，迪拜的债务风波和希腊、墨西哥主权信用评级下调则提醒人们潜在的金融风险。这些都给经济可持续复苏带来了变数。

1. 实施“退出策略”是一个两难问题

世界银行报告认为，如果过早实施“退出策略”，即在私人消费和投资尚未成为经济复苏的推动力之前实施，经济复苏可能夭折。但是，如果不能及时实施“退出策略”，庞大的货币供应将导致全球经济出现通胀，并形成新的资产泡沫，这将迫使一些国家采取货币紧缩政策，由此带来的结果“将是新的经济衰退”。从常规看，各国在经济复苏后采取“退出”战略是必然的。一方面，任何国家的政府都没有能力一再花费巨资去刺激经济，如果硬要这样做，政府就有财政破产、自身倒台之虞。另一方面，长期依赖政府救助的经济是病态经济，是无法维持长久的，因为当政府无力给予救助之时，它就将面临崩溃。

2. “退出”道路困难重重

欧洲代表认为，欧元区16国当前的“退出”道路困难重重。在财政政策上，各国债台高筑很难迅速改观，财政赤字在2010年还可能继续增加，希腊等国更面临主权信用危机；在货币政策上，欧洲央行坚决实施的救援基金“退出”政策，也遭到欧元各成员国银行的抵制。欧洲央行行长J-C.特里谢多次强调了加快实施“退出”政策的必要性，同时严厉警告各国政府尽快降低财政赤字。他在达沃斯表示支持B.奥巴马的做法。他说，B.奥巴马的改革与我们自身政策的方向是一致的，它能够保障银行业集中精力为实体经济提供融资服务。不过，J-C.特里谢的这一态度遭到德国和法国等大银行的反对。

3. 实施“退出策略”应当缓行

与会者的普遍看法是，从当前的实际情况看，全面“退出”各种条件还未具备，各国“退出”战略应当缓行。理由是：其一，世界宏观经济复苏的基础还不稳固，复苏势头较弱；其二，全球经济仍然存在诸多不稳定因素；其三，历史的教训应该汲取，避免引发二次衰退和危机。在达沃斯论坛上，金融界人士对B.奥巴马不断释放“退出”信号的做法提出了质疑。美国著名投资家G.索罗斯(George Soros)表示，美国政府不应当过早实施措施回收流动性、压缩财政赤字等“退出”政策。他说，银行首先应当偿还他们获得的援助资金，政府再采取“退出”政策，过于严厉的措施可能让银行在借贷方面变得更加谨慎，这不利于美国经济走出困境。G.索罗斯也反对各国过早采取“退出”政策，因为这有可能导致“双底衰退”。

G.索罗斯建议勿过早退出经济刺激政策

有鉴于此，各国对“退出”战略应持科学的稳妥的态度，必须选择好“退出”的适当时机和力度，国际社会还应加强在“退出”问题上采取同步行动，以确保经济持续复苏与增长。正如中国国务院副总理李克强在达沃斯论坛上致辞时所说，只要国际社会以合作的精神共谋发展，以包容的态度共创未来，世界经济就能走出一条健康复苏和持续发展的道路。

本届达沃斯年会，还特别安排了全体讨论的“头脑风暴”环节。参加者经过两小时的讨论，将未来一年的主题归纳为新价值体系(values)、应对全球风险和系统性失灵(global risks & systemic failures)、有效体制(effective institution)、经济及社会福利(economic & social welfare)、可持续性(sustainability)、安全保障(security)六个方面。

五、夏季达沃斯论坛是一场围绕创新思维展开的全球“头脑风暴”

2010年9月13日至15日，夏季达沃斯世界经济论坛(新领军者年会)在天津召开，来自全球90多个国家和地区的1 500多位政界、商界、学术界代表出席了此次论坛年会。本次年会以“推动可持续增长”为主题，探寻未来发展之路。中国国务院总理温家宝和世界经济论坛主席K.施瓦布出席开幕式，并分别发表演说。与会嘉宾围绕年

夏季达沃斯世界经济论坛在天津召开

会主题深入探讨了科技创新、新商业模式、区域解决方式、可持续增长能力等一系列议题，发表了富有创新意义的真知灼见，提出了切实可行的解决方案。

1. 强调伙伴关系，兼顾相关者的利益

世界经济论坛主席K.施瓦布在演说中指出：第4届"夏季达沃斯论坛"有力地体现了利益相关者的利益，也就是在全球社会的领导者之间建立/促进合作与伙伴关系，创建美好的未来，一个更加可持续的和更有社会包容性的世界。他说：现在是一个危机之后的新时代，一个基于将解决社会问题协调地纳入发展模式，特别是商业和经济发展模式的新时代。

2. 凸显中国元素，向世界传递信心和力量

温家宝总理在开幕式上作了题为《巩固向好势头推动持续增长》的致辞。他指出：中国实施"一揽子"计划，不仅保持了本国经济稳定和较快增长，也为世界经济发展作出了重要贡献。当主要发达国家经济出现负增长之时，中国等发展中大国经济迅速回稳和保持较快增长，极大增强了世界战胜金融危机的信心，为世界提供了强劲的增长动力。温家宝总理同时强调，国际金融危机的深层次影响还没有完全消除，世界经济还没有进入稳步增长的良性循环，系统性和结构性风险仍然比较突出，这是世界各国面临的共同课题。中国经济发展中也存在一些不平衡、不协调、不可持续的问题。我们将着重在以下几方面作出努力：一是要坚持内外均衡发展，着力扩大内需，特别是消费需求的长效机制；二是要加快推进收入分配制度改革，努力提高居民收入在国民收入中的比重和劳动报酬在初次分配中的比重；三是要坚持面向国际、国内两个市场；四是要坚持创新驱动，着力推动科技进步和产业结构的优化升级；五是要坚持深化改革，着力增强可持续发展的动力和活力。本届夏季达沃斯论坛年会设置了多场以中国为话题的分论坛，分别为"中国的自主创新"、"重新思考中国的竞争优势"、"中国与全球复苏"等。

3. 探寻可持续增长的路径选择

对如何实现可持续增长，不同的人有不同的看法。面对资源日益短缺的地球，提高资源的利用率，成为许多人首先考虑的问题。与会者一致认为，"良好的生态环境是未来持续发展的资本"，"未来的工业革命，应该是在新能源领导下的能源革命"。美国杜克能源公司董事长J.罗杰斯(James E. Rogers)说："可持续性发展的前提是'地球、公民与利益的平衡'。面对日益凸显的资源问题，必须关注不可再生资源的使用率。"在绿色领域，本次论坛上围绕太阳能技术的未来、如何为绿色增长提供财政支持、气候变化的挑战等问题展开了讨论。寻找可再生资源，用新能源替代传统能源，是世界各国的一致选择。转变经济增长模式，提倡环境友好型的绿色、低碳的经济发展之路，已经成为世界经济发展的大趋势和各国的目标，而如何顺应潮流、实现绿色发展，无疑需要企业界从实践中得以贯彻。

4. 用创新思维应对世界难题

今年夏季达沃斯论坛，是一场围绕创新思维展开的全球"头脑风暴"。论坛的几十场互动式会议和辩论，以及专门设立的"创想研究室"，提出了大量的假设性和挑战性议题。与会代表分成不同小组，进行激烈的观点碰撞，最后产生创新性思想，诸多议题新鲜而有启示，给人印象深刻。例如，"什么事件可能引发下一次经济危机"的未来视角；"哪些功能、责任和风险将重新定义现代企业"的经济社会新趋势的猜想；包括"云"计算在内的一系列科技专题讨论；以及针对人类面临的迫切问题的非现实性思考；等等。

5. "发展新伦理，增长的正义"

《21世纪经济报道》在本次夏季达沃斯论坛上提出了"发展新伦理，增长的正义"的倡议。奥美公关首席执行官C.柯锐斯(Chris Graves)认为，21世纪不会给违法的或者违反道德的商业行为任何立足的空间。整合度越来越高的社区会迅速地公开并且传播不正义企业的信息，不让这些不道德的商业行为继续下去。所以真正的"可持续"的企业是那些在盈利的同时善待他们的员工，保护他们所在社区和环境的企业。而那些靠欺骗和滥用资源的企业或许能获得短暂的商业利益，但绝不可能获得长久的成功。企业是不是一个好的"企业公民"的关键是企业如何赚钱，而不是如何使用利润。英美资源首席执行官C.卡罗尔(Cynthia Caroll)表示，企业的社会责任是核心价值之一。中国远洋集团总裁、首席执行官魏家福认为，企业的社会责任与企业发展具有生死存亡的紧密关系，现代企业必须意识到企业责任的重要性。一个好的企业应该履行企业社会责任，已经成为中外企业家的共识。

此外，今年夏季达沃斯论坛年会的筹办方天津，在筹备过程中，向世界经济论坛主办方提交的25个议题，被夏季达沃斯论坛年会悉数纳入，这与过去论坛议题完全由世界经济论坛组织确定有很大的变化。中国的议题能顺利纳入论坛年会，就是因为中国学者提出的问题在全球具有共性，既能吸引所有与会者的兴趣，同时中国又"有话可讲"。

为何“有活没人干而有人没活干”？
——2010年诺贝尔经济学奖授予“搜寻—匹配理论”的构建者

“Why So Many People Unemployed When a Large Number of Job Openings Available?”:
The Founder of “Search and Matching Theory” Awarded the 2010 Nobel Prize in Economic Sciences

陈　威

上海社会科学院信息研究所　副研究员

为什么在相当多职位空缺的同时仍有那么多人失业？2010年诺贝尔经济学奖的颁发似乎揭示了问题的症结所在：很多情况下，价格无法反映市场真实的供需关系，因为人们无法完美地确认整个劳动力市场的供需力量。求职者为找到一个能接受的工资水平，需要付出不可忽视的“搜寻成本”，而这样的搜寻行为常常建立在“有用信息”不完备和“选择机会”不充分的基础之上，根本就无法达成完美市场彻底解决摩擦性失业的理想结果。而3位获奖者所构建的搜寻—匹配理论及模型可以用来解答这些问题，同时还可应用于劳动力市场之外的其他市场领域。

2010年诺贝尔经济学奖在瑞典皇家科学院颁发

瑞典皇家科学院于当地时间2010年10月11日宣布，将2010年诺贝尔经济学奖授予美国经济学家 P. 戴蒙德(Peter A. Diamond)[①]、D. 莫滕森(Dale T. Mortensen)[②]以及具有英国和塞浦路斯双重国籍的经济学家 C. 皮萨里德斯(Christopher A. Pissarides)[③],以表彰 3 人关于“搜寻摩擦市场”的分析对劳动经济学所带来的奠基性贡献。“市场大都是为交易而存在的,当然会出现一些摩擦,买者很难得到想要买的东西,而卖者很难找到买家。在劳动力市场上也能发现类似的现象:许多工作岗位空置着没人干,而有些人却找不到适合的工作岗位。”3 位经济学家的相关研究还有助于人们理解“规章制度和经济政策是如何影响失业率、职位空缺和工资水平的”。

美英 3 位经济学家因提出“搜寻—匹配理论”荣获 2010 年诺贝尔经济学奖

搜寻—匹配理论的形成

在劳动经济学领域,搜寻—匹配理论是对宏观经济学的就业和失业问题的一种微观经济解释,它以理论分析框架为形式,从不同于的角度来解释失业问题,它的一大突破就是不再单纯讨论失业本身,而是从招聘、解雇、辞职、职位空缺和寻找工作等各个环节来理解失业这个宏观经济后果。在劳动力市场,不但有人在寻找满意的工作,企

---

① P. 戴蒙德生于 1940 年,毕业于耶鲁大学;1963 年获麻省理工学院经济学博士学位,自 1966 年起一直在麻省理工学院任教;曾经在世界计量经济学会、美国经济学会等经济学组织任主席之职,同时也是美国国家科学院院士;2010 年二度被美国总统奥巴马提名进入美联储理事会。研究领域侧重于宏观经济学,包括政府债务和资本积累、资本市场和风险分担、最佳赋税、劳动力市场的搜寻和匹配,以及社会保险等。

② D. 莫滕森生于 1939 年,毕业于维拉马特大学,获卡内基—梅隆大学博士学位,现为美国西北大学经济学教授;1979 年加入美国计量经济学会,2000 年成为美国艺术和科学院院士。研究领域集中在劳动经济学、宏观经济学和经济理论上,尤其是在工作搜寻和失业理论方面颇有造诣,并将其扩展于劳动调整、研发、个人关联以及劳动再分配等方面。

③ C. 皮萨里德斯 1948 年出生于塞浦路斯,1970 年毕业于埃塞克斯大学,1973 年获伦敦政治经济学院经济学博士学位,1974 年定居英国,拥有英国和塞浦路斯双重国籍;目前是伦敦政治经济学院经济学教授、英国科学院院士。研究方向集中在宏观经济学的多个领域,其中最主要的是劳工、经济增长和经济政策。主要学术贡献包括基于失业匹配函数的宏观经济搜寻及匹配理论,以及经济的结构性增长等。

业也在寻找适合的人选，这就需要两者在摩擦过程中实现双方需求的匹配。

根据经典的市场观念，市场交易双方可以在无成本的情况下迅速找到对方，且对所有商品和服务的价格具有完备的信息。价格一旦确定，供给就等于需求；不会存在供给或需求的过剩，所有的资源都得到了充分利用。但在现实世界中并不存在这样的情况。交易双方能走到一起是需要付出相应成本的，而即便交易双方走到一起，也未必就能满足达成交易的相应要求。买家可能会认为卖方定价过高，卖家则可能会认为买方的出价过低，这就让双方无法达成交易，并促使其需要在市场上继续搜寻合适的交易对象。换句话说，搜寻正确结果的过程并不是一帆风顺的。比如，在劳动力市场和房地产市场，搜寻是交易活动的基本特点，而交易成功与否取决于买卖双方的交易要求是否匹配。

在1968年美国经济学会的主席任职演讲中，M. 弗里德曼(Milton Friedman)[①]将"自然失业率"定义为"系统一般均衡下自然出现的失业比率"，这种均衡能够通过"劳动力及商品市场的真正结构特性，包括市场不完全性、供需的随机性变化、职位空缺和劳动力供给信息的信息搜集成本等"，表现出经济上的重要性。因此，M. 弗里德曼认为，货币政策并不能影响这种自然失业率，但他仍有一个关键问题没有解答，那就是自然失业率是否就是最优的失业率，或者除货币政策之外是否还有其他的政策对失业率具有系统性影响？显然，在M. 弗里德曼发表任职演讲时，还不存在某种相应的理论框架能用来解决这个问题。

虽说早在20世纪60年代，一些学者已经开始使用数学模型来研究买方通过搜寻可以获得可接受价格的最佳方式。美国经济学家G. 施蒂格勒(George J. Stigler)于1961年发表了《信息经济学》一文[②]，为搜寻理论拉开了序幕。不过他所研究的是一般商品的信息搜寻：买家费力克服各种信息成本来搜寻卖家，卖家亦是如此。随后搜寻理论也开始向劳动力市场领域拓展。然而，包括D. 莫滕森在内的一些学者的早期研究仍将搜寻摩擦作为一个时段内雇员和雇主寻找对方的机会。[③]失业者只要不断努力寻找工作，在一定周期内都能找到适合的工作。而公司要想扩充雇员数量，也只要不停地开展招聘活动，那就能在一定周期内发现并找到合适的雇员。但这些研究并没有解决学界广为关注的价格形成中的离散问题，仍然没有解开症结所在。一旦这些搜寻摩擦被纳入均衡模式中时，这时的均衡会不会"近似于"M. 弗里德曼当时所认为的瓦尔

① Friedman, Milton. (1968) The Role of Monetary Policy, *American Economic Review*, 58.

② Stigler, George Joseph. (1961) The Economics of Information, *Journal of Political Economy* 69.

③ Mortensen, Dale. (1970) A Theory of Wage and Employment Dynamics, in Edmund S. Phelps, ed., Microeconomic Foundations of Employment and Inflation Theory, Macmillan.

拉斯一般均衡模型，具有 A. 斯密(Adam Smith)所述出的福利和所有权特性？抑或搜寻摩擦的存在仅仅只是使经济背离了这种均衡？

1971 年，P. 戴蒙德发表了一篇影响很大的开拓性论文《价格调整模型》，[①]探讨了在一个存在搜寻摩擦成本的市场中的价格形成问题。其结果令人吃惊：在一个买卖双方互相匹配的市场上，在卖方首先报价的情况下，即使只有很小的搜寻成本，市场最终形成的价格也会偏向于单一垄断价格，该价格大大偏离于完全竞争市场形成的价格。这个发现就是所谓的"戴蒙德悖论"。这个结论一经得出，引起了学界的极大关注，而关于搜寻匹配市场的研究也由此变得更为深入。

P. 戴蒙德

有关搜寻—匹配的重要研究成果从 1980 年起开始陆续被发表。P. 戴蒙德、D. 莫滕森和 C. 皮萨里德斯分别研究了许多不同市场的特点和属性，对许多未解决的问题提供了新的答案，同时也提出了许多早期研究未能解决的全新问题，由此在劳动经济学领域建立了以 3 人姓氏首字母缩写命名的"戴莫皮模型"(DMP 模型)。

DMP 模型基于搜寻—匹配理论之上。在宏观经济学中，搜寻与配对理论运用一个数理框架来描述互利关系随时间发展而逐步形成的过程，并为因存在摩擦而阻碍经济活动调整的市场提供一种建模方法。DMP 模型的建立可以回溯至 D. 莫滕森于 1970 年发表的两篇论文，《动态工资与就业理论》[②]和《工作搜寻、失业持续时间与菲利普斯曲线》。[③]此后，P. 戴蒙德[④]关于劳动力市场搜寻和匹配的论文明确阐述了企业和劳动者之间的异质性，认为搜寻过程可能会使劳动力市场处于均衡时仍存在失业；而失业补贴确实能带来更好的匹配，但更高的失业补贴也意味着搜寻时间的变长和失业率的提高。而 D. 莫滕森[⑤]和 C. 皮萨里德斯[⑥]也分别就搜寻理论做出了显著的理论贡

---

① Diamond, Peter. (1971) A Model of Price Adjustment, *Journal of Economic Theory* 3, 156 - 168.

② Mortensen, Dale. (1970) A Theory of Wage and Employment Dynamics, in E. S. Phelps et al., Microeconomic Foundations of Employment and In action Theory, Macmillan.

③ Mortensen, Dale. (1970) Job Search, the Duration of Unemployment and the Phillips Curve, *American Economic Review* 60, 847 - 862.

④ Diamond, Peter. (1982) Wage Determination and Efficiency in Search Equilibrium, *Review of Economic Studies*, 49, 217 - 227.

⑤ Mortensen, Dale. (1982) The Matching Process as a Noncooperative Bargaining Game, in J. McCall (ed.), The Economics of Information and Uncertainty, University of Chicago Press.

⑥ Pissarides, C. (1984) Search Intensity, Job Advertising, and Efficiency, *Journal of Labor Economics* 2, 128 - 143.

献,其中特别是以C.皮萨里德斯1985年《失业、职位空缺和实际工资的短期动态均衡》[①]一文的发表,标志第一代DMP模型的正式问世。第一代DMP模型主要关注如何在市场中创造工作机会,而破坏工作机会的因素则被视为是外生因素。因此,失业人数的变化主要取决于寻找工作的人数变化,而裁员风险被认为是外生的。第一代模型的重要假设主要包括:工人只能通过影响工资的设定来影响失业率;工作机会的创造来自企业决定增设新的职位,职位的创造会有一定成本,企业关注的是创造职位所带来的净收益;劳动力市场的特点是摩擦及双边协商,因此经济学中标准的工资形成机制——劳资谈判决定工资的假设——并不能产生作用。

第二代DMP模型以D.莫滕森与C.皮萨里德斯共同发表于1994年的《失业理论中的创造就业与破坏就业》[②]一文为标志,他们分析了岗位的设立和破坏对就业的影响,探讨了均衡状态下的失业率和岗位空缺率,并扩展了搜寻模型来解释在职搜寻和岗位之间的转移。相比之下,第一代DMP模型忽略了在职搜寻以及从一个职位到另一职位的转移——劳动力流动等同于工作流动。换言之,工人并非只有在工作岗位被破坏的情况下才寻找工作且需要经历一段时间的失业。其实,因工作职位变动而产生的离职在全部离职人数占了很大的比重。自此,基准的搜寻匹配模型得到了基本确立。

可以说,P.戴蒙德的系列研究建立了“搜寻—匹配”的基本模型,而D.莫滕森和C.皮萨里德斯则在这个框架基础上继续演绎发挥,建立了统一的分析模型。

搜寻—匹配理论的基本内容

在经典经济学理论中,工资水平(劳动力价格)是根据劳动力供求的变化而自发调整的,因此失业现象从本质上来说是不应存在的。只有当经济运行受到政府干预,使社会工资水平高于均衡价格水平时,失业现象才有可能出现。但在现实世界中,失业现象是普遍存在的。正是专注于解开经典经济学理论不能解释的失业长期存在之谜,搜寻—匹配理论便脱颖而出了。

搜寻—匹配理论由两个有机的理论部分所构成——搜寻与匹配。搜寻理论的基本思想是,劳动者个人在市场上享有很多获得职位的机会,但是,只有当企业为某一职位提供的工资水平高于劳动者个人设定的保底工资水平时,劳动者才会接受该项工

① Pissarides, C. (1985) Short-Run Equilibrium Dynamics of Unemployment, Vacancies, and Real Wages, *American Economic Review* 75, 676-690.

② Mortensen, D. and C. Pissarides, (1994) Job Creation and Job Destruction in the Theory of Unemployment, *Review of Economic Studies* 61, 397-415.

作，从而结束搜寻过程脱离失业状态，否则劳动者会宁愿继续处于失业状态之中。反之，公司亦然，只要愿意搜寻合适的雇员，总能找得到企业所需之人。由此可见，搜寻理论所隐含的假设是，只要劳动力市场的供求双方愿意去搜寻，供求双方就一定能达成交易。尽管搜寻理论是从劳动力供求双方来解释现实中的一些失业问题的，但它也存在一个不足，即没有充分考虑到失业是劳动力供求双方各种因素共同作用的结果，也就是说，搜寻理论并不能解释劳动力市场上始终存在的“有活没人干而有人没活干”的现象。

正是基于这一点，以 P. 戴蒙德、D. 莫滕森和 C. 皮萨里德斯为代表的经济学家又提出了劳动力市场的匹配理论。匹配理论除了考虑劳动者搜寻工作和企业提供职位之外，更是把重点放在了个人和职位之间的匹配问题上。

匹配理论的基本思想是，在劳动力市场上，劳动者和工作职位都是高度异质的，因此劳动力市场就决非是瓦尔拉斯均衡市场，因为劳动者和企业都是分散决策的，求职和聘用这一交易是以一对一协商的方式进行的，并且需要双方就各自的兴趣、技艺、工资等一系列需要达成基本一致，这显然是一个比较复杂的过程，其间免不了会有摩擦和矛盾，难以形成匹配，进而产生相应的成本。当摩擦和成本达到一个临界点时，交易就会中止。此外，搜寻——摩擦——失配——中止还往往是一个循环反复的过程，缺乏效率。正是由于这个搜寻—匹配过程不是即期就能完成的，因而必然会导致失业现象的存在。

匹配理论隐含的假设是，在充分竞争的劳动力市场上，失业也是存在的，但只是“摩擦性失业”，而非自愿失业，也就是说，市场上之所以存在失业，是因为“有人还没有找到合适的工作”罢了。所以，劳动力与其他商品一样，同样也是可以通过形成合理的工资形成机制和提高搜寻—匹配的效率，实现效率最优的市场均衡。

大致来说，以 DMP 模型为代表的搜寻—匹配理论主要关注三个问题，分别是价格的形成机制、市场的效率以及市场协调的结果。

1. 搜寻—摩擦市场的价格形成

在劳动力市场上，由于市场是变幻莫测和分散的，市场信息是不完全的和非对称的，劳动力和职位是异质的并具有时空特征，再加上市场条件和规模是变化的，所以市场价格表现出了相当的离散程度。这就给形成均衡的市场价格带来了难度。

为此，P. 戴蒙德率先探讨了搜寻摩擦市场中的价格形成问题，[①]并得出了上述的“戴蒙德悖论”。他的研究是理论建构性的，但也提供了一个启发性的解释。假如市场上由许多买家都在搜寻一种商品，且都愿意出价购买该商品，只要这个价格不超过一

① Diamond, Peter. (1971) A Model of Price Adjustment, *Journal of Economic Theory*, 3, 156 - 168.

定的水平(P*)。假如市场同时也存在许多卖方,并一开始就确定了各自的价格。此时买家都非常明白市场价格是离散型分布的,也就是同样的商品因卖家的不同而价格也是不同的。但买家在某一时点都只有通过询价才能知道某一特定卖家的价格。因此买家所面临的问题是,必须决定是否接受特定卖家的出价买下商品,或是再去搜寻另一卖家的价格。但是,这种搜索必定是有成本的。所以很明显的是,买家的最佳搜索策略就是根据固定的搜索成本和内在价格分布引入一个取舍价格($\underline{P}$),在价格等于或低于取舍价格时买下商品。鉴于所有的买家都面对相同的搜索成本和价格离散分布,那么他们必然具有相同的取舍价格。这反过来也表明所有卖家都会以买家的取舍价格作为定价依据。因此,均衡就是所有卖方都将价格定在买家所愿意支付的最高出价(P*)。也就是说,假如取舍价格($\underline{P}$)不低于最高出价(P*),那么市场就可以达到均衡,因为任何卖家都会选择一个稍高于取舍价格($\underline{P}$)的定价,但这个高出部分是很小的,不足以让买家再去搜寻另外的卖家。不管搜索成本多么小,只要不等于零,这一逻辑都是成立的。

D. 莫滕森

基于P.戴蒙德的价格形成机制,D.莫滕森的研究为搜寻及其结果提供了一个乐观的观点。他研究了搜索均衡下的工资是如何决定的。在劳动者为搜寻合适工作而付出了代价以及企业为搜寻合适员工也付出了成本之后,他们都被锁定在了一个双边垄断模式中:劳动者和企业若不继续搜寻,都会遭受损失。因此,劳动者和企业并不仅仅只有一种市场工资可供选择,他们更愿意在付出所有成本后将自己锁定在一个相应的工资水平内。而这样形成的工资水平并不一定会带来一种不完全均衡。K.巴德特(K. Burdett)和D.莫滕森1998年发表了《工资差异、雇佣规模和失业》[①]一文,构建了一个以劳动力为主的搜寻均衡模型,证明在搜寻摩擦市场中采用买方垄断工资竞争,就能够解决均衡工资分布问题,因为劳动者先前都是相同的,不同性只是在劳动者被雇用或是失业后才出现的。他们还首创性地将在职搜寻纳入了搜寻范畴,并认识到在职搜寻者和失业搜索者的保底工资通常是不同的。这种保底工资的不同使企业能够更好地把握"量"和"度":高薪企业比低薪公司更能吸引并留住员工,但高薪公司从每个员工身上获取的利润也相对较低。就像传统的买方垄断一样,恰当地制定最低工资水准可以增加就业和福利。他们通过模型预测了不同搜寻条件下的工资形成机制,表明失业搜寻者的保底工资等于其保底工资和保底工资与

① Burdett, K. and D. Mortensen. (1998) Wage Differentials, Employer Size and Unemployment, *International Economic Review*, 39, 257-273.

劳动者生产率的一个加权平均值，工资水平散布于一个高于失业搜寻者保底工资而低于劳动者生产率的工资范围之间。当在职搜寻者的搜寻无摩擦时，工资分布的上限等于劳动生产率，所有劳动者均获得相当于劳动生产率的工资水平，而当劳动者面对的搜寻摩擦趋于无穷时，所有劳动者获得的工资水平等于其失业收益。此外，他们还假设作为连续统一体的雇主会选择永久性的工资出价，而作为连续统一体的工人则按工资水平以随机、序贯的方式进行搜寻。所以他们对“戴蒙德悖论”的解释是，当个体出价的信息不完全时，如果劳动者无论失业与否都将持续进行职位搜寻，那么工资的离散分布是职位搜寻造成的结果。

2. 搜寻市场的均衡效率

伴随着搜寻—匹配理论研究的深入，在20世纪80年代，P. 戴蒙德、D. 莫滕森和C. 皮萨里德斯相继发表了许多重要文章来探讨不同类型市场的均衡性质。以往的研究并没有考虑造成搜寻摩擦的外部因素，即搜寻者之间的相互影响问题。试想，如果某个搜寻者增加他的职位搜寻强度，那么他找到职位的概率显然就会提高，但这也会对市场上的其他搜寻者产生双重的影响，一方面是其他搜寻者找到职位的成功率下降（拥挤效应），另一方面是加快了企业找到合适人选的速度（稠密市场效应）。这两种外部效应在搜寻—摩擦市场上是常见的，两者的相互抵消影响了市场的效率，而且事先并不能确定其作用的综合效果。

P. 戴蒙德和E. 马什金（E. Maskin）于1979年发表了《搜寻与违约的均衡分析：稳定状态》①一文，首先检验了搜寻均衡下的市场效率特性问题。他们建立了一个模型，假设匹配是随机的，对匹配不满意的一方即使在匹配成功之后仍有权另外寻找更好的匹配对象，一旦找到了更好的匹配对象，就会发生单方面毁约的现象，但这种额外搜寻和毁约是有代价的。在此假设下，他们研究了违约的补偿原则以及配对技术（匹配函数）的效率，发现这些补偿规则一般情况下并不会带来有效率的结果。接着，P. 戴蒙德又于1982年在《搜寻均衡下的工资决定和效率》②一文中，探讨了市场双方数量固定并都在搜寻的市场效率问题，表明匹配功能和工资水平的设定通过纳什均衡决定了市场交易双方——失业者与提供职位的企业——之间的关系，从而确定了搜寻的外部性，开创了劳动力经济学领域研究拥挤效应和稠密市场效应的先河。

D. 莫滕森和C. 皮萨里德斯在研究搜寻均衡下的市场效率方面也作出了重要贡

---

① Diamond, P. and E. Maskin. (1979) An Equilibrium Analysis of Search and Breach of Contract, I: Steady States, *Bell Journal of Economics*, 10, 282 - 316.

② Diamond, Peter. (1982) Wage Determination and Efficiency in Search Equilibrium, *Review of Economic Studies*, 49, 217 - 227.

C. 皮萨里德斯

献。1982年,D. 莫滕森发表了《匹配过程——非合作讨价还价博弈》一文①,首次将双方的搜寻成本内生化,并通过模型推导出一种匹配技术:要使产出具有效率,那就需要将匹配成功产生的收益全部分配给匹配双方。但由于没有约束机制能够保证匹配双方分享全部收益,所以均衡产出一般是无效率的。同年,D. 莫滕森在《匹配、竞争以及相关博弈的产权与效率》②一文中探讨了动态博弈的效率问题,即博弈中一方的行为会在未来影响到另一方,从中得出的结论与之前的完全相吻:要实现效率,博弈所带来全部收益在减去给其他受到影响方的补偿后,剩余部分应该归博弈发起者,这一结论后来被称为"莫滕森原理"。而C. 皮萨里德斯也在1984年接连发表文章探讨效率问题。在《搜寻强度、工作公告和效率》一文中③,他考察了市场上交易双方的内在搜寻强度,发现搜寻强度一般都比较低,而均衡下的失业率则很高,因此市场通常是无效的。C. 皮萨里德斯随即又在《有效的职位拒绝》④一文中分析了具有随机配对效率的搜寻市场的效率特点,发现市场上的工作拒绝率不是过高就是过低,而过低的工作拒绝率是最可能出现的结果,这表明了失业保险促使更多的人拒绝了低质量的匹配。

3. 市场协调失灵

在传统的竞争性经济中,市场均衡的产出结果是唯一而且有效率的。但在一个有搜寻成本的市场中,也许会有多种市场产出的可能,搜寻摩擦的外部性更是可能会导致宏观协调的失灵。P. 戴蒙德在1982年的《搜寻均衡下的总需求管理》⑤一文中,为了进行具有逻辑性的综合论证而建立了一个抽象模型。通过将搜寻摩擦植入一个均衡环境中,他证明了搜寻摩擦可以带来一系列的理性预期均衡。在一种均衡中,职位搜寻者希望企业不断招聘,并以不断的搜寻来回应企业的这种努力;而企业则期望有人在不断搜寻职位,因此也以不断招聘来作为回应。不过在另一种均衡中,劳动者和企业的搜寻活动都不积极,从而使双方更深受打击。由于作为个体的劳动者或企业都无

---

① Mortensen, Dale. (1982) The Matching Process as a Noncooperative Bargaining Game, in J McCall (ed.), The Economics of Information and Uncertainty, University of Chicago Press.

② Mortensen, Dale. (1982) Property Rights and Efficiency in Mating, Racing and Related Games, *American Economic Review*, 72, 968-979.

③ Pissarides, C., (1984) Search Intensity, Job Advertising, and Efficiency, *Journal of Labor Economics*, 2, 128-143.

④ Pissarides, C., (1984) Efficient Job Rejection, *Economic Journal*, 94 (Supplement), 97-108.

⑤ Diamond, P., (1982) Aggregate Demand Management in Search Equilibrium, *Journal of Political Economy*, 90, 881-894.

法在第二种均衡下打破经济规律，所以政府政策就应该扮演潜在的重要角色，比如进行大规模的财政扩张。

总的来说，搜寻—匹配理论表明，求职者常常面临两个选择：一是当搜寻收益不能弥补边际成本时，将停止搜寻，此时达到均衡，所以摩擦性失业的根本原因在于劳动力可能需要一段时间的搜寻和匹配来实现预期效用的最大化，从而造成失业和空岗并存的现象；二是如果求职者搜寻到的工资低于设定的保底工资，求职者会宁愿选择等待，此时的摩擦性失业则可能是一种自愿性失业。因此，在任何一个时点上，劳动力市场上总有一些新职位被创造出来，然后一些失业者通过市场上的供需见面进入工作，这一过程就是一个供需匹配过程。劳动者理性地选择放弃某些工作并保持失业状态，是为了在未来得到更好的工作，也是为改进未来处境所进行的投资。可以说，这些观点改变了以往经济学家思考失业问题的方式，更贴近转型经济的现实，为分析大量存在的结构失业打开了一条新的思路。

搜寻—匹配理论的政策含义

搜寻—匹配理论通过对搜寻摩擦之下的工资形成机制、市场效率和协调失灵的微观经济分析，最终把聚焦点落到了揭示失业根源这一问题上，从而为就业政策的更好推行奠定了理论依据。

P. 戴蒙德和 D. 莫滕森的早期理论贡献主要是抽象的模型表述。C. 皮萨里德斯则将他们的理论发展成了与宏观经济学紧密相关的东西。他率先对失业的周期性进行了研究①，假设失业是经济周期的关键指标，认为工作岗位的创造受到经济中总需求的影响，失业率在很大程度上是事先就确定的，因为工作岗位的创造是很耗时的。为此他构造了一个模型用来研究意外冲击下就业率的变化，并且推导出了失业率与就业岗位之间的周期性关系。他的研究表明，负面经济冲击对就业的影响要大于正面经济的作用。C. 皮萨里德斯编制的模型某种程度上可以显示失业率和职位空缺率是如何持续波动的。模型假设，失业的波动本质上是由失业者失业时间长短的变化决定的，而不仅仅是失业这个状态本身。也就是说，失业者在经济衰退期失业时间更长，但解雇上却不会有什么异常。20 世纪 90 年代早期，在一些经济学家揭示了职位灭失要比职位创造具有更大波动性②之后，C. 皮萨里德斯携手 D. 莫滕森对先前的皮萨里德斯模型

① Pissarides, C., (1985) Short-Run Equilibrium Dynamics of Unemployment, Vacancies, and Real Wages, *American Economic Review*, 75.

② Davis, Steven and Haltiwanger, John. (1992) Gross Job Creation, Gross Job Destruction, and Employment Reallocation, *Quarterly Journal of Economics*, 107.

进行了拓展①,特别探讨了经济衰退时期企业辞退边缘员工时职位灭失率的内在波动,以此作为对质疑的回应。此后,D. 莫滕森又与 C. 皮萨里德斯合作,利用模型来研究不同的政府政策——如就业保护立法和慷慨的福利补贴等——会对劳动力市场产生什么影响。②

概括地说,C. 皮萨里德斯的研究认为,就业市场的求职者越多,他们重新找到工作的概率反倒越大,因为这会让企业有更多的挑选余地,也让求职者感到更大的压力,并降低期望值,尽快重新工作。D. 莫滕森的研究认为,劳动力市场的僵化和低流动性,可能会影响劳动者的就业意愿,低薪职位将无人问津,哪怕失业者也会憧憬更高薪的工作,而不是务实地做出选择。而 P. 戴蒙德更多注重于经济政策理论的研究,怎样利用福利制度来确保社会保障体系的正常运转,以及将税收收入控制在合理的水平上等。

大致来说,搜寻—匹配理论通过建模和推导首先证明了一些基本设想:第一,劳动者的非工作收入增加,失业率会增加;第二,劳动者相对于企业的议价能力提高,失业率会增加;第三,整体经济形势变坏,失业率也会增加。此外,它还得出了一些其他结论:其一,失业和职位空置现象可以同时并存;其二,就业补贴政策能使失业的持续时间减少,但失业的次数增加,总效果不确定;其三,解雇成本增加会使失业的持续时间延长,但失业的次数减少,而后者的效果远大于前者,进而有利于解决失业问题。

搜寻—匹配理论还对所谓的贝弗里奇曲线构筑了微观理论基础。以英国经济学家 W. 贝弗里奇(William Beveridge)命名的贝弗里奇曲线是指,一般而言,失业率高时工作机会就少,而失业率低时工作机会就多,但经验研究表明在工作机会和失业率之间却存在一条向下倾斜的曲线,揭示出失业数与职位空置数之间具有反向变动关系。通过解释失业率中有多少是因为总需求不足的周期性失业,又有多少是搜寻和匹配过程中的摩擦性失业,搜寻—匹配理论为此提供了一个解释:失业率与工作机会反向变动反映了经济周期的变动情况。当企业频繁解雇员工时,就可能是长期失业率居高不下的信号,因为需要考虑搜寻和匹配的成本,搜寻职位的时间会拉长。

基于失业特别是非摩擦性失业同劳动力市场上的工资水平有着千丝万缕的联系,搜寻—匹配理论还就工资水平的高低给出了相关结论。例如,如果劳动者的非工作收入较高,尽管失业的持续时间会更长,但他一旦找到工作以后,所获得的工资水平也会较高,因为劳动者的非工作收入较高,他就可以花更多的时间去搜寻满意的职位,包括工资水平较高的职位。再如,工资的差异不仅与劳动者之间的能力差别有关,还与企

① Mortensen, D., and Pissarides, C., (1994) Job Creation and Job Destruction in the Theory of Unemployment, *Review of Economic Studies*, 61.

② Mortensen, D., and Pissarides, C., (1999) Job Reallocation, Employment Fluctuations, and Unemployment, in John B. Taylor and Michael Woodford eds., Handbook of Macroeconomics.

业之间的特征差别有关，因为最终的工资由劳资双方一对一协商决定，所以即使劳动者的能力是相同的，企业之间也会设立不同的工资水平，从而导致工资不平等的现象。

如前所述，搜寻—匹配理论的一大特点就是将外部性问题纳入了研究范畴，P. 戴蒙德、D. 莫滕森和C. 皮萨里德斯都认为，鉴于存在着搜寻—匹配成本和挤出效应，劳动力市场实际上并不总是有效的，资源的利用率不是太低就是太高，因为其中的搜寻和匹配过程都与实际成本有关。这种外部性的存在就意味着需要利用政策干预来加以抑制。另一方面，现实中由于失业问题与政治稳定的紧密关联，所以政府总是时不时要干预一番。因此，政府监管也被纳入了搜寻—匹配理论的考察范围。P. 戴蒙德就专门讨论了宏观经济政策对劳动力市场会有什么影响的问题。从这个意义上讲，搜寻—匹配理论寄希望于政府能够充分意识到失业形成的微观机理，强化劳动力市场的信息披露，找到最优解决方案来处理搜寻成本和匹配成功之间的“两难选择”。

P. 戴蒙德、D. 莫滕森和C. 皮萨里德斯虽然研究的侧重点有所不同，但他们的基本政策观却是相承的，认为高失业率与高经济增长率、高失业率与高空置率都是可以共存的，所以应该甚至必须减少政府对社会福利的投入，减少失业救济和再就业培训，让劳动力市场的充满“饥饿感”，从而降低就业者的就业心理预期，使其对低薪岗位不再观望和挑剔，从而有效降低失业率。也就是说，如果失业者享受的福利待遇越好，那么没工作的人就会更多，找工作的时间也会更长，失业率也就居高不下。失业福利待遇的提升虽然可以使失业者个人免遭生活压力的打压，但也会抵消工资水平向下的压力，使企业缺乏足够的动力来创造新的工作职位，从而延长了失业者的失业时间。而失业者失业时间越长，其技能就退化得越厉害，使他们在退休前更难找到工作。

搜寻匹配理论强调了交易的摩擦性，客观上更真实地反映了经济活动中一个重要特征——交易过程中存在着多种摩擦因素，交易是需要成本的，而且并不总能匹配成功。这种符合当代实际情况的再就业理论框架体系正被实际应用于就业市场调控，以期在失业率和职位空缺、社会福利、工资待遇和成本效率间找到平衡点。

总而言之，搜寻—匹配理论的学术价值可以归纳为三个方面：一是揭示了市场信息不完全所带来的供需双方的匹配困难，解释了劳动力市场摩擦性失业也是一种“常态”；二是从“流量”角度阐述了失业率规模保持相对稳定的微观机制，鉴于搜寻—匹配成本的存在，失业率在宏观上常常不会因为政策干预而立刻发生质变；三是工资水平不是由市场整体供需关系决定的，而是由匹配成功的供需双方商定的。求职心理价位越低，就越容易接受企业提出的工资条件。所以，政策干预、最低工资规定都会影响劳资双方“匹配”成功的概率。

主要参考文献：

1. The Economic Sciences Prize Committee of the Royal Swedish Academy of Sciences.

Markets with search frictions. Scientific Background on the Sveriges Riksbank Prize in Economic Sciences in Memory of Alfred Nobel 2010. 2010：1. http://static.nobelprize.org/nobel_prizes/economics/laureates/2010/ecoadv10.pdf

2. The Prize in Economic Sciences 2010，The Royal Swedish Academy of Sciences. http://kva.se

3. Krusell，Per etc.，Labor-Market Matching with Precautionary Savings and Aggregate Fluctuations，*Review of Economic Studies* (2010) 00，1 - 34. http://www.ny.frb.org/research/economists/sahin/KMS.pdf

4. Zaharieva，Anna. Working Effort and Endogenous Job Separations in Search Equilibrium，Working Paper Series 2010 - 6，University of Konstanz. http://www.wiwi.uni-konstanz.de/workingpaperseries/WP_Zaharieva-6-10.pdf

5. Shimer，Robert. The Diamond-Mortensen-Pissarides contribution to Economics. http://faculty.chicagobooth.edu/brian.barry/igm/2010-nobel-prize_Shimer.pdf

社　　会

Society

微观社会学的兴起[①]

——美国社会学家 R. 柯林斯"互动仪式链"理论述评

The Rise of Micro-Sociology:

A Review of American Sociologist R. Collins's Theory of "Interaction Ritual Chains"

G. 瑞泽尔[②]

美国马里兰大学社会学系　教授

抛开激进微观社会学过度扩张以及存在的知识论缺陷不谈，可以肯定的是，微观取向的理论范式在当代社会学中正逐渐取得支配地位。20 世纪 80 年代很可能是微观理论的时代，因为包括现象学、常人方法学、存在主义社会学、各种行为主义社会学，甚至包括激进微观社会学的风格是如此的相似。这一预测不仅建立在微观理论的吸引力上，而且因为宏观理论的衰落，尤其是结构功能主义和冲突理论的式微。虽然微观理论有许多可取之处而受到欢迎，尤其是美国社会学家 R. 柯林斯的激进微观社会学对传统社会学所关注的论题极具威胁性，但是他建构了一个具有严重缺陷的微观理论，其对许多微观理论和宏观理论所关注的问题没有作出多少有价值的贡献。在这意义上可以说，R. 柯林斯以科学的名义，为社会学构建了贫困理论。

一、宏观社会学的式微

本文讨论的是社会学理论的权力之争问题，属于政治范畴。在社会学领域中，此类的权力之争无处不在，比如个体、组织、部门、区域、方法论取向、理论视角和范式，甚至民族认同。在诸多的论争中，微观社会学的兴起将这种权力之争显现得更加具体集

---

① 本文的翻译得到 G. 瑞泽尔教授的授权。本文的英文版发表于 *Sociological Theory*, Vol. 3, No. 1, pp. 88 - 98。

② G. 瑞泽尔系美国马里兰大学社会学系教授，曾任美国社会学会理论社会学分会主席，已先后出版《社会学：一门多元范式的科学》、《社会学理论》、《古典社会学理论》、《现代社会学理论》等多部社会学理论著作。

中,[①]尤其是交换理论、现象社会学。令人惊讶的是,这些微观社会学在社会学领域中已经成功地取得了统治地位。[②] 事实上,微观社会学发展状况之好,已使曾经一度占据主导地位的宏观理论(比如结构功能主义理论、冲突理论)面临退化为次级理论的威胁。尽管本文讨论的微观社会学理论的范围甚广,但作者将集中关照微观社会学理论最近主题的变化,即R.柯林斯(Randall Collins)的"激进微观社会学"。虽然微观社会学大受欢迎,但微观社会学的支配地位尤其是R.柯林斯的激进微观社会学对传统社会学所关注的论题极具威胁性。[③]

R.柯林斯

R.柯林斯所定义的激进微观社会学非常狭窄,在理论上是研究互动模式,在方法取向上是使用现代技术,比如录像磁带对互动过程的捕捉。这种理论取向和方法论取向本身没有问题,问题出在R.柯林斯希望这种取向成为社会学的主导研究路径。如果这成为事实的话,它将会给社会学带来一系列问题。

首先,它所设想的社会学研究主题的互动模式,主要是通过R.柯林斯有限的实证研究意识来型塑;其次,R.柯林斯对互动模式的钟情暗示着他对长远旨趣的忽视,比如意识、认知过程以及事实的社会建构。这些现象被排除在激进微观社会学的视野之外,因为它们被认为是经不起经验科学研究的检验;再次,激进微观社会学回避社会结构和社会制度,因为它们同样不能被用于经验研究。出于同样的原因,激进微观社会学忽视意识过程。总而言之,为了追求一种狭窄的科学理想,R.柯林斯似乎准备全部抛弃或者轻视社会学的大部分传统研究主题。令人担忧的是,在当下宏观社会学被削弱的政治形式下,R.柯林斯可能大获全胜。如果这种情况成为事实,激进微观社会学家将统治一个如此"赤裸"(单一)的领域,以至于社会学领域中最伟大的思想家也将乐于转向其他研究领域。

R.柯林斯的笔调似乎显示,他仅仅是在描述一种正在社会学领域中发生的运动,但事实上R.柯林斯本人就是推动这场运动的领导者。他比自己所欣赏和支持的理论家的立场更加激进。这表现在他对宏观层次的社会事实与微观层次的社会事实之间关系的看法上,即宏观层次应该降低到微观层次。微观社会学除了被当作一种理论进

---

① 当然20世纪60年代也有微观理论(例如象征互动主义),但这些理论正是在这一时期得到精细化发展并扩大领地。

② Knorr-Cetina and Cicourel, *Advances in Social Theory and Methodology*, Routledge & Kegan Paul, Boston, London and Henley, 1981: 1.

③ R.柯林斯的工作受到广泛关注的原因之一是,他在当今社会学理论界强势的领导地位。

行分析之外，也可以被视为一种潜在的社会学范式。① 这样的话，就能突显微观社会学的狭隘性及其危害性。

在对广义的微观社会学和狭义的微观社会学进行阐述之前，我们需要对美国现当代的社会学理论史进行简单的梳理。只有在这一历史背景下，我们才能够对微观社会学的兴起做出有价值的讨论。

T. 帕森斯

直到 20 世纪 60 年代，宏观理论在美国社会学中的统治地位牢不可破。当时最重要的宏观理论是结构功能主义以及可与之相媲美的持宏观取向的冲突理论。这一统治地位的知识根源主要是 E. 涂尔干(Emile Durkheim)的著作。众所周知，E. 迪尔凯姆把社会学的研究对象定义为宏观现象，即物质性社会事实和非物质性社会事实，或者是我们现在所说的社会结构和社会制度。② 作为 E. 涂尔干与现代社会学理论之间桥梁的 T. 帕森斯(Talcott Parsons)在《社会行动的结构》(1937)一书中，一方面把欧洲式的宏大理论介绍给美国大众，另一方面为他自己的结构功能理论打下基础。伴随着 T. 帕森斯学术生涯的如日中天，这种宏观取向的理论逐渐清晰化。当 T. 帕森斯称自己为"文化决定论者"时，这一点已经非常明确。③

结构功能主义在美国社会学理论中取得如此显赫的地位与 T. 帕森斯的努力分不开。当然，他的许多学生对此也作了不少贡献，尤其是 R. 默顿(Robert Merton)。R. 默顿的结构功能主义范式成为这一理论流派的基石。④ 尽管结构功能主义有多种类型，但只有宏观取向的社会功能主义在美国社会学界的支持者最多。⑤ 无论是结构功能主义的支持者、反对者还是中立者，其基本共识是，结构功能主义从 20 世纪 30 年代到 20 世纪 60 年代统治着美国社会学理论领域。

在 20 世纪 50、60 年代，结构功能主义受到的唯一严重的冲击，是来自持同样宏观取向的冲突理论。与人们通常的看法相反，冲突理论与结构功能主义之间的相似性和

① Ritzer George, "Toward an Integrated Sociological Paradigm", in William Snizek et al., *Contemporary Issues in Theory and Research*. Westport, Conn: Greenwood Press, 1979: 25-46; Ritzer George, *Toward an Integrated Sociological Paradigm: The Search for an Exemplar and an Image of the Subject Matter*. Boston: Allyn and Bacon, 1981.

② Blau Peter, "Structural Effects", *American Sociological Review*, 1960: 178-193.

③ Parsons Talcott, *Societies*, Englewood Cliffs, NJ: Prentice-Hall, 1966.

④ Robert K. Merton, "Manifest and Latent Functions", in Merton, *Social Theory and Social Structure*, New York: Free Press, 1949/1968: 73-138.

⑤ Sztompka Piotr, *Systern and Function: Toward a Theory of Society*, New York: Academic Press, 1974.

冲突理论与马克思理论之间的相似性大致相同。① 对于那些反对功能主义的批评者来说，冲突理论是结构功能主义可行的替代理论，因为冲突理论在保持宏观视角的同时回应了人们对结构功能主义的批评，尤其是结构功能主义的保守倾向。因此，R.弗里德里希(Robert Friedrichs)在描述20世纪60年代的情形时，认为冲突理论是结构功能主义的霸主地位的“最受欢迎的篡位者”。② 冲突理论如此受欢迎，以至于许多社会学家尝试寻找弥合冲突理论与结构能主义的途径。③

因此，在20世纪60年代宏观理论一统天下的时代，微观理论又到底是何物？站在当今的角度，唯一值得详细阐述的是符号互动主义。尽管这一理论对结构功能主义的统治地位从来没有构成威胁，但是它为那些对结构功能主义和冲突理论不满的学者提供了庇护之所。④ 当然，符号互动主义的失败有很多原因，其中最显而易见的是它出现在宏观理论大行其道的年代。然而，符号互动主义开辟了一块土壤，这块土壤被20世纪60年代后期的微观理论所继承和开垦。符号互动主义与之后的微观理论最不同的一点是，后者在20世纪70年代能够开展范围更广的政治运动，因为那时的宏观理论已经因其内在问题和阵营之间的论战而被严重削弱。

G.霍曼斯

以20世纪50、60年代的交换理论(尤其是G.霍曼斯和P.布劳)为切入点来讨论微观社会学的兴起是合宜的。因为他们更具有科学取向和行为主义取向，其主观性和哲学色彩较弱。20世纪50、60年代早期的社会学家似乎至少能够开始接受理论视角从宏观向微观的转换。

G.霍曼斯(George Homans)致力于发展一种替代结构功能主义的理论，弥补结构功能主义的局限性，尤其是它的宏观取向。R.霍曼斯把心理学的行为主义原则运用到社会学，推动了行为社会学的发展，并吸引和维系着一批规模虽小但协作力较强的追随者。⑤ 尽管R.霍曼斯的初衷是尝试发展行为主义和科学主义的微观理论来代替宏观理论，但

① 尽管冲突理论宣称自己秉持马克思主义研究路径，但在理解马克思庞大的理论体系方面往往不到位，甚至有些稚嫩。

② Friedrichs Robert, *A Sociology of Sociology*, New York: Free Press, 1970: 45.

③ Coser, Lewis, *The Functions of Social Conflict*, New York: Free Press, 1956; Himes Joseph, “The Functions of Racial Conflict”, *Social Forces*, 1966(45): 1-10.

④ 符号互动主义尝试在社会学中取得更加重要的位置。例如，作为符号互动主义代表人物的H.G.布鲁默，就经常突出符号互动主义，并反对诸如结构功能主义之类的宏观理论。

⑤ Homans George, *Social Behavior: Its Elementary Forms*, New York: Harcourt, Brace and World, 1961.

P. 布劳

P. 布劳(Peter Blau)发展的交换理论则把微观原则延伸到宏观层次。[①] P. 布劳认为微观理论要想被社会学接受就必须能够被应用到宏观层次。如果放在当时社会学的历史背景下来看,这么做是有意义的。但是 P. 布劳误解了 20 世纪 60 年代社会学家所浮现出的情绪。许多社会学家对结构功能主义和冲突理论都有一种不满情绪,希求一种替代性的微观理论。G. 霍曼斯毫无遮掩的行为主义研究取向比 P. 布劳综合性的研究取向对他们而言更具吸引力。社会学理论家或者至少部分社会学理论家不再需要微观理论臣服并融合于宏观理论。一部分社会学理论家相当明确地秉持他们的微观理论立场,甚至愿意接受 G. 霍曼斯对宏观理论的激进背离。

当 G. 霍曼斯在阐述他的理论之际,现象学社会学和常人方法学(以及更后的存在主义社会学)已经处于发展之中。[②] 它们不仅在分析层次上有所转换,而且批判了主流社会学的科学原则。通常来说,个体主义理论家像 A. 舒茨(Alfred Schutz)以及现象学和常人方法学被认为是非科学甚至反科学的微观社会学。

现象学社会学和常人方法学要为主流社会学家对其误解负部分责任。由于现象学社会学和常人方法学在当时的社会学理论格局中处于少数地位,这种少数地位给他们带来的政治困境使他们不断地攻击传统的宏观理论,并且夸大自身与宏观理论之间的差异和不同立场,如 H. 加芬克尔(Harold Garfinkel)批判主流社会学把行动者当作"木偶"而不是积极创造社会事实的人。[③]

由于诸如此类的强烈表达,再加上主流社会学家有意对其进行错误的诠释,现象学和常人方法学受到了传统社会学家的敌视和排斥,[④]尤其是它们对那些"琐碎"的微观社会学问题的关注而忽视了社会结构和社会制度的重要性。它们对创造性意识的明确关注使秉持这一取向的理论家不能够坚持科学原则。这引发了政治骚动,如 L. 科塞(Coser Lewis)指责常人方法学代表着一种"主观主义的放纵"。[⑤] 这些都可以被视作是宏观理论家对来自现象学和常人方法学的威胁的抵抗。在这一政治氛围下,伴随着

① Blau Peter, *Exchange and Power in Social Life*, New York: John Wiley, 1964.

② 1967 年,A. 舒茨、P. 伯格、T. 卢克曼以及 H. 加芬克尔的著作相继出版。

③ Garfinkel Harold, *Studies in Ethno-methodology*, Englewood Cliffs, NJ: Prentice-Hall, 1967.

④ Coleman James, "Review of Harold Garfinkel, Studies in Ethno-methodology", *American Sociological Review*, 1968(33): 126 - 130.

⑤ Coser Lewis, "Two Methods in Search of a Substance", *American Sociological Review*, 1975 (40): 691 - 700.

微观社会学的兴起以及宏观社会学的式微,我们需要对R.柯林斯的研究进行检视。

二、激进微观社会学的建立

通过对R.柯林斯研究进行的检视,我们能够发掘社会学研究视角的转换以及研究目标的急剧变迁,即转向"日常生活的社会学"(尤其是现象学和常人方法学)。R.柯林斯深信这种微观理论不仅能够被广泛接受而且能够主导社会学领域。在R.柯林斯看来,如果社会学关注的传统问题被模式化,那么微观理论在社会学中拓展领地的可能性将变大。与其他理论家如G.霍曼斯一样,R.柯林斯也意识到微观社会学如果与传统的科学观念相结合,社会学家将更愿意接受它。换言之,为了吸引大部分的社会学家,现象学以及常人方法学需要表现得更加科学。然而,在实现这一目标的过程中,R.柯林斯建构了一个具有严重缺陷的微观理论。这一理论对许多微观理论和宏观理论所关注的问题没有作出多少有价值的贡献。可以说,以科学的名义,R.柯林斯为社会学构建了贫困理论。R.柯林斯的激进微观社会学给社会学造成的重大威胁并不在于其狭窄的视阈本身而在于其狭窄的视角所包含的宏大目标。

R.柯林斯理论所存在的许多问题可归结于他对狭义上的科学社会学的信仰。在早期的《冲突社会学》序言中,他曾这样预言,当历史学家回顾这一时代时,他们"将会看到20世纪一个巨大的知识革命——建立真正的社会科学"。① 在该书的首页,R.柯林斯表达了一种乐观主义态度,"我的论点是社会学能够成为一门成功的科学,而且它的确也正在成为"。②

与其说问题的根源在于R.柯林斯所接受的狭义科学观,还不如说问题在于他的科学观与其理论中的个体意识之间难以调和。显然,为了解决这一矛盾,R.柯林斯尝试使自己从现象学和常人方法学中的非实证的、浪漫的、唯心主义的、感觉的因素中解脱出来,而避免完全否定这些理论本身。例如,为了避免现象学主义者对意识的唯心主义的探讨,R.柯林斯将"人们的认知置于具体的生活经历中"③。R.柯林斯更具体地指出,诸如"人格"和"态度"之类的现象,尤其是交谈性互动,应该被看作是社会情境的一部分。④ 根据R.柯林斯的实证观,诸如认知、态度以及人格之类的事物经不起实证研

---

① Collins Randall, *Conflict Sociology: Toward an Explanatory Science*, New York: Academic Press, 1975.

② 同上书,第541页。

③ Collins Randall, "Micro-Translation as a Theory-Building Strategy", in Knorr-Cetina and Cicourel, *Advances in Social Theory and Methodology*, 1981a: 91.

④ Collins Randall, "On the Micro-foundations of Macro-sociology", *American journal of Sociology*, 1981(86): 1010.

究的检验，但具体而鲜活的经历尤其是交谈是可以被研究的。这种关注互动而不是意识的旨趣根源于R.柯林斯的实证主义社会学观。

R.柯林斯逐渐精炼了他的实证社会学观。在早期著作中，他仅仅粗略地意识到需要"直接的观察方法来关注日常生活"。[①] 换言之，如果社会学方法（包括访谈、问卷以及历史研究等）没有包含对日常生活的直接观察，那么它们都是无效的。随后，R.柯林斯在著作中更进一步地阐明和细化他的方法论，认为那些从事微观社会学研究的同仁们运用的方法比之前任何社会学方法在知识论和经验主义上都更加的彻底[②]。这一方法对R.柯林斯的学术抱负即发展一门真正的科学的社会学而言极其重要。R.柯林斯所引以为豪的方法论的优越性在于借助先进的技术（如使用诸如音频、录像磁带）来研究微观社会过程。R.柯林斯认为，这些技术将我们直接研究日常生活世界的能力空前提高。这样的研究使我们能够揭示社会生活的"纯微观原则"，而且正是这些原则应该成为"社会学对因果进行经验性解释的核心"。[③] R.柯林斯的科学旨趣以及一套细化的经验研究方法在其理论发展中起到重要作用，但这也是他的理论常被诟病之处。

激进微观社会学的研究主题是R.柯林斯所说的"互动仪式链"（interaction ritual chains）。他把"互动仪式链"定义为一串"个体互动经历的链条，当它们在时间上流动时，在空间上相互交叉"[④]。为了阐明这一观点，R.柯林斯把"互动仪式链"与其他的微观理论视角进行区分：首先，与那些关注个体行动的微观理论不同，R.柯林斯把分析的层次上升到互动、互动链条以及互动发生的"场景"。此外，他同样反对交换理论把行动看成是理性选择的结果。对R.柯林斯来说，这同样是无法验证的意识假设，已经超出科学社会学的范围。

其次，R.柯林斯区分了他与现象学社会学以及常人方法学之间的不同立场。他希望避免对意识问题的关注，而集中关照具体的生活经历。R.柯林斯认为，人们权衡后所做的选择可能与没有进行反思就做的选择相同。[⑤] 换言之，人们的行为是否包含意识过程对于社会学而言是没有意义的；意识与科学社会学无关。

在对自身与主要的微观理论进行区分之后，R.柯林斯将视角转向宏观层次的现象

---

① Collins Randall, *Conflict Sociology: Toward an Explanatory Science*, New York: Academic Press, 1975: 8.

② Collins Randall, "Micro-Translation as a Theory-Building Strategy", in Knorr-Cetina and Cicourel. *Advances in Social Theory and Methodology*, 1981a: 82.

③ Collins Randall, "On the Micro-foundations of Macro-sociology", *American journal of Sociology*, 1981(86): 1010.

④ 同上书，第998页。

⑤ 同上书，第1005页。

以及宏观理论。早在《冲突社会》一书中，R. 柯林斯就已经批评了结构功能主义的研究焦点，包括社会、角色以及系统，因为它们不能够被观察。他似乎对结构功能主义者迷恋用规范来解释社会行为而感到沮丧。他甚至说："规范这一术语应该被社会学理论丢弃。"[①]如同其他大部分的结构功能主义概念一样，规范被摒弃部分原因是它不能够被经验所观察。R. 柯林斯有许多反对宏观概念的理由，比如"无经验基础"、"不精确"、"掩盖潜在的实质"以及包含"意识形态或物化"。[②] R. 柯林斯对冲突理论的概念同样持否定态度。例如，他认为，诸如权威之类的概念不是具有"内在客观性"的实体，只是"人们在特定场合和时间对强制联盟强度的感知"[③]。最后，R. 柯林斯批判了结构功能主义和冲突理论关于社会生活中行动的根源或起因的问题。其论点是，只有人才是任何行为事件的主体，结构、组织、阶级和社会是"从来不做任何事的，任何偶然性解释必须最终落实到真实个体的行动上"。[④]

有趣的是，尽管 R. 柯林斯一再批判宏观理论和宏观层次的现象，其社会学理论至少在一定程度上吸收了一些宏观理论和宏观现象的因素。R. 柯林斯所认为的行动者并不是积极思考者，而且行动者是否积极思考也并不重要，重要的是行动者如何从事他们的行动。R. 柯林斯认为，行动者决定做什么主要依赖于不言而喻的假设和组织规则。[⑤] 我认为，无论 R. 柯林斯承认与否，此类假设涉及宏观层次的概念，至少涉及到中观层次的概念。R. 柯林斯所使用的"概化的文化资源"概念同样暗含了对行动者宏观——主观性约束的关照。尽管 R. 柯林斯有这些明显的不一致之处，但是非常明确的一点是，他有意识地轻视宏观层次概念的重要性而关注互动领域。

尽管 R. 柯林斯排斥宏观概念和宏观理论，但他意识到这些概念现在仍然在社会学中处于统治地位——尽管这种统治地位受到威胁。鉴于宏观理论的实质，R. 柯林斯尝试通过揭示"所有的宏观现象"可以转化成"微观事件的集合体"来削弱宏观理论的地位。[⑥] 一个具体例子是社会结构可以转化成"重复的微观互动模式"。此外，R. 柯林斯更有计划地宣称："在激进的实证的微观基础上重建宏观社会学，实际上是向一门更加

---

① Collins Randall, "On the Micro-foundations of Macro-sociology", *American journal of Sociology*, 1981(86): 991.

② Collins Randall, "Micro-Translation as a Theory-Building Strategy", in Knorr-Cetina and Cicourel. *Advances in Social Theory and Methodology*, 1981a: 85.

③ Collins Randall, "On the Micro-foundations of Macro-sociology", *American journal of Sociology*, 1981(86): 997.

④ Collins Randall, *Conflict Sociology: Toward an Explanatory Science*, New York: Academic Press, 1975: 12.

⑤ Collins Randall, "On the Micro-foundations of Macro-sociology", *American journal of Sociology*, 1981(86): 994.

⑥ 同上书，第 985 页。

成功的科学社会学迈进的关键一步。”[1]

尽管R. 柯林斯一直在倡导微观社会学，但他也承认宏观概念的有限价值。首先，宏观概念可以用于对一系列微观情境进行社会学速记。我们只需记住此类概念是基于微观情境，而且只在微观情境中有效；其次，R. 柯林斯打算用宏观概念指涉这样的场景，即当人们指涉其他情境或者概化/物化实体时；再次，宏观概念可以指涉个体重复性的微观情境的累积效应；最后，非常奇怪的一点是，R. 柯林斯乐意承认纯宏观变量的真实性，如“个体在物理空间的分布”、“社会过程的时间消耗”以及“参与其中的个体人数”等。[2] R. 柯林斯似乎认为这些都是宏观概念，因为它们都适用于所有的社会情境，但这并不是“宏观变量”应用于社会学的通常方式。宏观变量的术语通常被用于描述那些对许多个体都产生影响的大规模的社会现象。与把时间、空间以及分布当作一种宏观概念不同，R. 柯林斯将这些概念当作一种区分宏观—微观谱系中的现象的有用工具。

总而言之，我认为R. 柯林斯提出了一种激进的微观社会学，它包含批判现有的一切社会学理论的政治动机。R. 柯林斯的激进微观社会学的抱负，使我们有必要对其理论进行详尽检视。在下面的两部分，本文既从其他微观社会学的内在视角出发，又从元理论的外在视角出发，批判性地分析激进微观社会学，尤其是在宏观层次与微观层次之间的关系上。

三、激进微观社会学：一个内在视角的批评

R. 柯林斯关于宏观层次和微观层次之间关系的最基本观点是，通过将宏观层次降低到微观层次，来排除宏观层次的现象——尽管R. 柯林斯一再言明他并不想彻底地排斥宏观分析。[3] 在R. 柯林斯看来，似乎微观分析在理论上是彻底的，它囊括了我们所要研究的社会学。因此，不管R. 柯林斯的激进微观社会学的贡献是什么，它远没有整合宏观层次和微观层次的现象。在本部分，我们将从其他微观社会学家的角度来讨论R. 柯林斯观点的局限性。比激进微观社会学要保守些的现象学社会学和常人方法学，倾向于平衡宏观层次与微观层次之间的关系，这也就暗示了R. 柯林斯并不仅仅是介绍激进微观社会学的发展，而是在激进微观社会学的发展中处于领军者的位置。

我们从K. 塞蒂纳(Knorr Cetina)开始我们的论述。K. 塞蒂纳也非常重视互动，但

---

① Collins Randall, “On the Micro-foundations of Macro-sociology”, *American journal of Sociology*, 1981(86): 985.

② 同上书，第989页。

③ Collins Randall, “Micro-Translation as a Theory-Building Strategy”, in Knorr-Cetina and Cicourel. *Advances in Social Theory and Methodology*, 1981a: 94.

K.塞蒂纳

她并不像R.柯林斯那样痴迷于实证科学。意识以及宏观层次的现象是K.塞蒂纳探讨的重要内容。因此,K.塞蒂纳常常谈论"实用理性",而且认为宏观结构和制度具有独立存在性或重要性。但是K.塞蒂纳和R.柯林斯一样倡导在微观社会学的基础上重建宏观理论。另外,K.塞蒂纳似乎认为微观社会学研究最终会有助于我们更加深刻地理解大社会(比如社会结构和社会制度)。她指出:"我深信通过微观社会路径,我们能够对宏观秩序获得最佳理解,因为微观社会学路径的明确的经验主义有助于我们理解我们所叙述的实在。当然,通过记录微观的面对面的互动,我们不能获得事件、现象的全景图式。但它对于初次探讨宏观秩序的人来说已经足够。"①因此,与R.柯林斯相比,K.塞蒂纳对于宏观与微观之间的关系持一种更加平衡的立场。

K.塞蒂纳的合作者A.西库雷尔(Aaron Cicourel)对宏观与微观问题的立场更具整合性,这令人惊诧,因为R.柯林斯将A.西库雷尔置于微观社会学运动的中心。如果A.西库雷尔是微观社会学运动领袖的话,那么这一运动与R.柯林斯所描述的运动是有所不同的。A.西库雷尔的话语最为清晰地表明了自己的立场:"微观结构和宏观结构都并非自给自足,它们总是保持不断互动,尽管研究者出于方便或者乐趣而只研究其中的一方面。"②这暗含着他对R.柯林斯的批评。但是与K.塞蒂纳对R.柯林斯含蓄的批评不同,A.西库雷尔对R.柯林斯的批评非常直接:"问题并不是简单地摒弃分析的一个层次,而是显示它们该如何被整合——如果我们不是出于方便而排除或忽视竞争性的研究框架或理论框架。"③

E.戈夫曼

E.戈夫曼(Erving Goffman)在就任美国社会学会会长的演讲中谈论了宏观—微观问题,表达了与R.柯林斯截然相反但非常有意思的观点。④ 对两者的观点和立场进行比较极具建设性,因为R.柯林斯对E.戈夫曼的研究

① Cicourel Aaron, "Notes on the Integration of Micro-and Macro-Levels of Analysis", in Knorr-Cetina and Cicourel. *Advances in Social Theory and Methodology*, 1981: 41-42.

② 同上书,第54页。

③ 同上书,第76页。

④ Goffman Erving, "The Interaction Order", *American Sociological Review*, 1983(48): 1-17.

来说非常重要。E. 戈夫曼关于"互动仪式"的思想与 R. 柯林斯的"互动仪式链"之间具有明显的相似性。R. 柯林斯曾在一本著作的序言中说道:"需要做特殊的努力才能公平地看待 E. 戈夫曼……我们越读他的著作……他越像是当时微观社会学的领军人物。"[①] R. 柯林斯似乎把 E. 戈夫曼视为激进微观社会学的代表人物。的确,E. 戈夫曼在界定自身的研究时认为,其使用的术语与 R. 柯林斯非常接近,例如互动秩序等。[②]但是 E. 戈夫曼与 R. 柯林斯的立场存在着较大差异,其中最重要的一个差别是 R. 柯林斯完全沉迷于"互动仪式链",而 E. 戈夫曼的旨趣在于互动仪式与社会之间的关系。

另外,E. 戈夫曼比 R. 柯林斯的旨趣更广阔,更具整合性,他的立场直接挑战了 R. 柯林斯单线条的研究。例如,E. 戈夫曼被认为与一些社会学家包括 R. 柯林斯的还原主义论调极不相容。他详述了一些宏观社会现象,认为这些宏观现象并不是互动领域的简单组合,[③]并明确指出,R. 柯林斯对还原论(简化论)负有不可推卸的责任。此外,E. 戈夫曼批评了 R. 柯林斯将互动视为实证分析的唯一真实的层次的立场。

总而言之,似乎微观社会学的领袖人物像 A. 西库雷尔和 E. 戈夫曼与"激进微观社会学家"之名并不相符。相反,他们在一些立场上与 R. 柯林斯所倡导的激进微观社会学直接相悖。我们有足够理由怀疑 R. 柯林斯与微观社会学的主流步调不一致,其他众多的微观社会学家有一种强烈的宏观层次感以及整合宏观社会学和微观社会学的意识。

四、激进微观社会学:一个元社会学的外在批评

本部分的讨论建立在我对社会学的范式状况以及社会学范式需要被整合的研究基础上。在本部分我将做以下几个方面的工作:第一,分析微观理论的总体发展,告诉读者社会学多元范式的状况;第二,检视激进微观社会学如何与范式图式相连接;第三,对 R. 柯林斯的微观社会学与整合性的社会学范式进行比较。这些都是从外在视角对激进微观社会学进行分析和批判。

社会学应该被视为一种多元范式的科学,它目前至少由三种主要的范式构成——社会事实、社会释义和社会行为范式。其中社会事实范式将宏观现象看作社会学主要关照的问题,例如 E. 涂尔干的著作。社会事实范式包含结构功能主义和冲突理论,其最具特色的研究方法是历史比较研究。社会释义范式关注行动者的思想和行动,例如

① Collins Randall, *Conflict Sociology: Toward an Explanatory Science*, New York: Academic Press, 1975: 8.

② Goffman Erving, "The Interaction Order", *American Sociological Review*, 1983(48): 2.

③ 同上书,第 9 页。

M. 韦伯的研究。社会释义范式包括符号互动理论、现象学社会学以及常人方法学,其最清晰的研究方法是参与观察法。社会行为范式关注行动,例如B. F. 斯金纳(Burrhus Frederic Skinner)的研究,它包括交换理论以及行为社会学,最著名的研究方法是实验研究。

微观社会学的兴起和宏观社会学的式微怎样显示出这些范式的相对立场?首先,它反映出社会事实范式逐渐削弱,结构功能主义和冲突理论重要性的下降暗示了这一范式的弱化;其次,它明确显示了其他范式力量的增强。在社会释义范式中,对现象学、常人方法学以及存在主义兴趣的高涨,并不仅仅是弥补符号互动主义的衰落。交换理论的吸引力增长暗示了社会行为范式的发展。总而言之,通过回顾近来的社会学理论史,现象学和常人方法学的强劲态势折射出这样一个事实,即社会释义范式可能正在逐渐替代社会事实范式在社会学中的主导地位(社会行为范式有所发展,地位有所提高)。这很可能导致社会学的范式革命。

在讨论了理论与范式之间的关系之后,接下来的问题是R. 柯林斯的激进微观社会学在所有范式中的位置。通过将其置于范式的脉络之中,我们将能够更加清晰地把握激进微观社会学与其他微观社会学之间的关系。虽然将微观理论置于社会释义范式或者社会行为范式并不困难,但激进微观主义则并不容易分析。我们唯一清楚的是,激进微观社会学不属于社会事实范式。人们可能认为R. 柯林斯的研究可能更适合社会释义范式,因为它扎根于现象学和常人方法学。尽管R. 柯林斯对互动的关注符合社会释义范式,但他将意识排除在研究的范围之外,最终使其与社会释义范式相区分。而R. 柯林斯对意识的排斥以及对互动的客观模式的研究,使他的激进微观社会学有可能归为社会行为范式。但R. 柯林斯认为交换理论具有简化论色彩,并且不能接受交换理论的理性人假设。因此,R. 柯林斯眼中的激进微观社会学与每种社会学理论都存在不相容性。这导致R. 柯林斯想在社会释义范式和社会行为范式之间创建一种新的范式,虽然R. 柯林斯的这一想法并非万全之意。

如果激进微观社会学被视作为建立一个新的社会学范式奠定基础的话,那么这种努力背后的政治意义将远远不止本文所分析的这些。现有范式之间的关系充斥着政治气氛,它们彼此之间相互论战,倡导自己的范式,批判与之相对立的范式。有鉴于此,R. 柯林斯所倡导的新范式将不可避免地受到攻击,而R. 柯林斯的新范式要想被人们认可,也不可避免要降低其他范式的重要性,夸大自身范式的优越性。激进微观社会学有计划的表述和修辞暗示了这种情况的存在。

本文的目的是通过将激进微观社会学,与我尝试为一种整合性的社会学范式提供基石的努力进行比较,来提高我们对激进微观社会学本质的认识。我们要牢记以下几点:首先,虽然我致力于为一种新社会学范式提供基础,但R. 柯林斯的工作更具野心。其次,我所做努力的范围非常广,但R. 柯林斯对激进微观社会学的描述非常狭窄。再次，我个人的“偏见”是当下的社会学更需要整合性的范式而不是另一个狭窄的范式。

社会学需要整合性的范式来源于我对社会学多元范式以及它们都关注社会现实的某个具体层面的认知。现有的范式虽然对我们理解某一层次的社会事实有用，但它们相对狭窄的视野对理解社会事实的各个层次之间的相互关系用处不大。

虽然整合性范式尝试囊括社会现实的所有主要层面，但激进微观社会学所界定的领域则非常狭窄，比任何现有范式的范围都要窄。如果将激进微观社会学当作一种新范式，那么它的研究主题是“互动仪式链”。而社会学的多元范式和整合性范式则揭示了激进微观社会学范式的局限性，这种局限性是其内在的问题。危险并不在于这种路径的本质，而在于它的目标是以此种路径界定整个社会学的研究领域。

此外，整合性社会学关注两对社会学谱系之间的内在关系，即宏观—微观、客观—主观。这两对谱系之间的关系构成了社会现实的 4 个主要层次：宏观—客观（比如社会、社会结构）；宏观—主观（文化、社会制度）；微观—客观（行动和互动模式）；微观—主观（认知过程）。很显然，R. 柯林斯对其中 3 个都不感兴趣，即宏观—客观、宏观—主观，以及微观—主观。R. 柯林斯关注的是微观—客观层面的行动和互动的模式，即所谓的“互动仪式链”。其实，增加一些中观层面，有助于我们全面认识 R. 柯林斯的“互动仪式链”。互动发生的场景最好被置于中观—客观层次，而作为指导互动的核心角色的文化链则属于中观—主观领域。我们需要记住的是 R. 柯林斯的“互动仪式链”只探讨了中观层面一小部分的现象。

总而言之，激进微观社会学是研究社会事实的微观—客观、中观—客观以及中观—主观层面的一部分。它不但没有穷尽这几个层面而且还忽视了其他 3 个。对大多数社会学家来说很重要的术语，如社会结构、事实建构过程等被激进微观社会学忽视了。从这个意义上来说，激进微观社会学实际上是对所有社会学家的威胁。

五、结　论

抛开激进微观社会学过度扩张以及存在的知识论缺陷不谈，可以肯定的一点是，微观取向的理论范式在当代社会学中正逐渐取得支配地位。20 世纪 80 年代很可能是微观理论的时代，因为现象学、常人方法学、存在主义社会学、各种行为主义社会学以及其他学说（甚至包括激进微观社会学）的风格是如此的相似。这一预测不仅建立在微观理论的吸引力上，而且是因为宏观理论的衰落，尤其是结构功能主义和冲突理论的式微。尽管现在社会学家有向微观理论靠拢的趋势，并且微观理论的确有许多可取之处，但本文的目的是要提醒大家对激进微观社会学要保持清醒认识。

本文对激进微观社会学的批评不仅对这一理论本身是有益的，而且对微观理论的支持者来说也是有价值的。首先，尽管一种微观理论可以很狭窄地界定其研究领域，但它不能将其视为整个社会学的研究领域;其次,任何社会学理论都不需要刻意地臣服于实证社会学及其严谨的方法论要求。虽然理论与方法之间的衔接是需要的,而且在一定程度上是必须的,但理论本身并不需要降低到方法的仆人这种地位。其实理论与方法之间的地位应该大致同等,彼此相互型塑,而不是一方支配另一方;第三,虽然激进微观社会学只关注互动,但其他微观社会学可以关照微观领域的其他方面,尤其是认知过程;第四,我认为,最好的微观理论是为广泛的微观过程以及宏观层面现象的所有光谱留下可供分析的空间。

当然,微观理论和微观范式的应用也存在更普遍的问题。由于宏观理论的统治地位由来已久,微观视角的转向仍任重道远。这一转向的危险是,它有可能丢失社会学对宏观现象长久以来的旨趣。对我而言,一种真正有用的微观视角不仅为一系列的微观过程留有位置,而且使其他类型的社会学家可以探讨宏观因素,即使这些因素是"黑箱"。

最后,本文附带提及的是,社会学宏观理论的未来走向值得我们关注。事实上,结构功能主义[①]和冲突理论复兴的可能性非常小。这两个理论范式最近没有多少能让人眼前一亮且具有重要价值的成果,[②]但尽管如此,其术语仍将继续使用,不因别的,只因编写基本教材的需要。实际上,在对结构功能主义地位的讨论上,J. 特纳(Jonathan Turner)和 A. 马瑞安斯基(Alexandra Maryanski)的结论是:"作为一种解释性的结构功能主义理论已经死亡,并且继续使用结构功能主义作为一种理论性解释的行为应该得到制止,以支持更具潜力的理论视角的发展。"[③]而这一具有潜力的理论视角很难想象是冲突理论,因为冲突理论领域最新的著作,即 R. 柯林斯的《冲突理论》,与其被看作是传统的宏观取向的冲突理论,不如说是激进微观社会学的奠基之作。此外,即使是曾经一度风光无限、在 20 世纪 60 年代被视为结构功能主义继承者的系统理论,如今也快速死亡,在 20 世纪 80 年代已经少人问津。[④]

那么,在接下来的 10 年里,宏观理论会有什么令人惊喜的发展呢?我个人认为,宏观理论的发展将主要集中在以新马克思主义理论为旗帜的阵营中,具体包括经济社会学、历史取向的马克思主义、结构主义和批判理论。尽管这些理论中的一部分已经

---

① 就我个人而言,这仍然符合事实,即使 1984 年美国社会学会在会议日程中开设了一个"新功能主义"的小型会议,想以此为结构功能主义带来一些生气。

② 一个例外是 J. 哈贝马斯(Jurgen Habermas,1984)尝试将 T. 帕森斯的理论融合到自身的视野中。

③ Turner Jonathan and Alexandra Maryanski, *Functionalism*, Menlo Park, Ca: Benjamin/Cummings, 1979: 141.

④ Lilienfeld Robert, *The Rise of Systems Theory: An ideological Analysis*, New York: Wiley-Interscience, 1978.

存在或者转向社会学,但它们大部分仍将处在社会学的外围,因为它们遭遇到主流社会学家的持续抵制。但这一阻隔很可能会消解,因为社会学家可以借用的当代宏观理论少之又少。社会学家需要逐渐地接受新马克思主义理论,新马克思主义理论也需要逐渐地融入社会学。A. 安东尼奥(Robert Antonio)呼吁整合批判理论和社会学:"将社会学注入批判理论以及将批判理论引入到社会学,这对二者的发展来说都是有益的。"①社会学想要抵制微观理论的侵蚀并保持对传统的宏观社会现象的旨趣,它就需要寻找新的宏观理论源泉。

(中国人民大学社会学系博士研究生 邢朝国 译)

① Antonio Robert, "The Origin, Development, and Contemporary Status of Critical Theory", *Sociological Quarter*. 24. 3. (Summer) 1983: 325-351.

知识分子研究向分析社会学的转变

——国外知识分子社会学研究综述及方向辨析

The Transfer of Intellectuals Study to Analytical Sociology:

A Survey of Foreign Sociology of Intellectuals Study and an Analysis of Its Direction

李钧鹏

美国哥伦比亚大学社会学系　博士候选人

英文国际学术期刊《社会力》(*Social Forces*)　副主编

本文的宗旨是对知识分子社会学作一个简短的文献回顾。需要指出的是，本文着重考察知识分子与政治之间的关系，尤其是知识分子的政治意识。事实上，有许多对知识分子的社会学研究并不聚焦在知识分子的政治维度。本文首先考察对知识分子的定义，讨论知识分子是否构成一个阶级，然后考察知识分子在社会中的角色，尤其是知识分子对政治的卷入。在考察了知识分子政治意识的相关研究之后，本文倡导一种从道德使命向分析取向的转移，以及知识分子从“自变量”向“因变量”的转变。

社会学从其诞生之日起，就没有停止过对知识分子的探索。社会学的三大“鼻祖”都对知识分子有过论述，从K.马克思(Karl Marx)对知识分子与工人阶级之间关系的讨论，到É.涂尔干(Émile Durkheim)对总体教育在社会失范的蔓延中所起作用的指责，再到M.韦伯(Max Weber)对以宗教和科学为业的分析。然而，作为一个学科领域的知识分子社会学有着不平坦的发展历程，并常常被规范性使命所困扰、侵犯和伤害。19世纪和20世纪之交的德雷福斯事件(Dreyfus Affair)，首先赋予知识分子社会学以合法性；在20世纪的第一个10年，知识分子作为一个具有类似阶级意识的群体似乎正在兴起；20世纪70年代对新阶级(New Class)的激烈争论则将知识分子引入了社会学的核心议题。然而，至今知识分子社会学从未获得过与其研究对象相匹配的身份，它经常被并入其他领域，例如知识社会学和科学社会学等。

一、谁是知识分子？

界定“知识分子”(intellectual)这个概念是一件困难的事情，正如L.科塞所说：“很少有一个当代术语像‘知识分子’一样不精确。”“知识分子”之所以成为一个富有争议的名词，一个原因可能在于，任何定义最终都是在进行自我界定和自我构建，因为各种不同的定义总是由知识分子自己所提出来的。事实上，许多社会学家在谈论知识分子时，交叉使用“他们”和“我们”，而没有作出任何区分。

作为一个形容词的 intellectual 在英文世界中存在已久，但它一直到 19 世纪早期才被作为一个名词使用，常常用来形容心智，而这个词在 1813 年首次被用来表示一个群体。首先与各种现代观念联系起来，并表达一种集体身份的词是“知识界”(intelligentsia)，后者起源于 19 世纪的俄国，表示兼具下列 5 个特征的一群人：(1) 深刻关切公共事宜；(2) 对国家抱有个人责任感；(3) 倾向于赋予政治和社会议题以道德性；(4) 将寻求最终逻辑结论视为个人义务；(5) 确信现有社会秩序存在问题，并亟需改正。随着德雷福斯事件的爆发，作为一个术语的“知识分子”，在 19 世纪末期映入法语世界和英语世界的公众视野，而在谈论德雷福斯事件时，“知识分子”(intellectuals)开始被作为复数形式使用。

对知识分子浩瀚的定义往往是基于合并知识分子的不同维度：个人特征、产品、在社会中的位置以及他们的总体社会角色和职能。这里按照这 4 个维度对相关文献进行总结。

1. 就个人特征而言，知识分子常常被看作是受到良好教育的人，或用现代社会学语言来说，拥有高度“文化资本”的人。尽管许多学者试图区分“才智”(intellect)与“智商”(intelligence)，并不让人惊讶的是，知识分子常常被等同于高智商的人，或“有文化的人”(men of letters)。R. 哈钦斯(Robert Hutchins)将知识分子看作“天生聪慧者”；C. 拉希称“以思想为生活”的人为知识分子；J. 巴森(Jacques Barzun)将知识分子视为“有意识且灵活地施展智识”的人；R. 郝夫斯台特(Richard Hofstadter)将知识分子描述为为思想而生者，其思想以“不偏不倚的智识、概括力、自由探索、创意革新、激进批判”为标记；M. 韦伯视知识分子为“在一个文化共同体(Kulturgemeinschaft)中夺取领导权的人”，并将“文化共同体”解释为一群由于其特质而得以接触被视为“文化产品”的人；R. 米歇尔斯(Robert Michels)给出的定义是“拥有知识的个人在狭义上说，与非知识分子相比，其基于反思与知识的判断较少源自感官知觉”。

2. 知识分子可以被视为对社会具有深切关怀或责任感的个人。在 E. 希尔斯(Edward Shils)看来，知识分子是一切社会中“对神圣之物具有非凡敏感，对其所处世界的本质和统治社会的规则具有非一般的反省”的少数人，这些人“天性即要看透事物表层下的本质”；L. 科塞尽管承认知识分子的异质性，仍然将其归纳为表现出“对社会的核心价值的深刻关切”的人，他们“倾向于对其所处时代和环境下的常规思想与假设加以审视”。

3. 知识分子经常被看成是设计文化或思想者，或用 J. 班达(Julien Benda)的话说,他们并不追求实际利益。T. 托多洛夫(Tzvetan Todorov)认为知识分子重视"讨论价值";J. 熊彼特将知识分子定义为"具有话语权,而不对实务承担责任的人";R. 布雷姆(Robert Brym)将知识分子理解为"以制造、评价与传播文化为业者";S. M. 李普塞特(Seymour Martin Lipset)通过职业来界定知识分子,将后者视为"所有创造、传播和应用文化的人,文化在这里指人的象征世界,包括艺术、科学与宗教",而文化的创造者意即哲学家、艺术家和作家占据核心,艺术表演者、教室与报道者传播文化,而医生、律师等职业人员位于边缘;R. 尼布尔(Reinhold Niebuhr)视知识分子为"社群中较善于表达者,尤其是那些在其所处的行业或职业中,在教会和学校中,在媒体和艺术上善于表达的人";E. 汉森(Eric Hansen)将态度和职业维度结合起来,视知识分子为"经常操纵和内化象征性环境而非物质性环境,使前者成为本体上自我确立的主要手段"。

4. 知识分子还被按照其在社会中的位置被界定。一些广泛的定义将所有大学毕业生视为知识分子;郑也夫将美国经常为《评论》(*Commentary*)、《纽约书评》(*New York Review of Books*)等杂志撰稿者看作知识分子,而《读书》杂志可以算这些期刊在中国的完美对应。从一个更为结构化的视角,许多学者根据其所承担或应当承担的特定职能或角色来界定知识分子。K. 曼海姆(Karl Mannheim)将知识分子看作"其特殊的任务是为他们所处的社会提供一种对世界的阐释的社会群体";C. 卡杜欣(Charles Kadushin)探讨了"精英知识分子",并将它们界定为"处理高质量的关于价值与美学问题的宏大思想"的专家,以及将自己对这些问题的判断传播给"一个较为广泛的读者"的人;A. 葛兰西(Antonio Gramsci)对知识分子的理解相对宽泛许多,将其定义为"任何在社会中主要履行组织、管理、引导、教育或领导他人这一职能的人";J. 戈德法布(Jeffrey Goldfarb)考察了民主社会中的知识分子,并将他们视为"一种特殊的陌生人,这些人尤其注重自己的批判力,其行动独立于权力核心,面对大众,在民主社会中扮演了促进对紧要社会议题有见地讨论的特殊角色";E. 萨伊德(Edward Said)认为,尽管事实往往相背离,真正的知识分子是对权力讲真话的异见者;K. 沃德瑞(Katherine Verdery)将知识分子界定为"一个在某些时刻具有一系列优势场域的占据者,包括形成和传播话语,因而构筑社会概念为其成员认可的方式,以及形成人的主体性"。这一定义反映了一种对知识分子的活动而非特征的强调。根据这种视角,知识分子可以被看作是一个流动且经常具有抗争性的"空间"或"场域"的占据者。

不管是个人特征还是社会角色,上述这些定义的问题在于,"知识分子"事实上是社会建构的产物,并且受到历史与文化特定情境的影响。对知识分子的界定活动本身就包含了包容和排除。正如 Z. 鲍曼(Zygmunt Bauman)所阐明的,对知识分子进行界定与其说是一种实证探寻,不如说是一种动员和呼吁,因为其目的是阐述知识分子使命的社会价值。

P. 布迪厄(Pierre Bourdieu)否认知识分子"客观"定义的存在,认为界定行动本身就与象征性权力(symbolic power)有关。换句话说,谁是知识分子这一问题本身就是文化场域中斗争的场所或目标。对于P. 布迪厄来说,真正重要并有待解释的是斗争本身,而非作为其产物的知识分子定义。与P. 布迪厄的观点相一致,M. 福柯(Michel Foucault)主张将传统的超越其阶级根源并守卫普世价值的知识分子移置为不同领域的专家,并坚持没有价值能独立于权力。P. 布迪厄与M. 福柯的观点为越来越多的社会学家所接受[①],大量的研究开始将注意力从知识分子的定义转向争夺象征性权力的斗争以及这种斗争的含义。综上所述,我们可以作出结论,即"知识分子"作为一个范畴,其定义在社会学的研究中正渐渐失去相关性,或者说定义本身正在成为研究对象,而不是社会学研究的预设。

二、从阶级到场域:知识分子是一个阶级吗?

一个长期困扰知识分子社会学的问题是知识分子是否构成一个独立的阶级。对此存在三种分析框架:知识分子作为独立的阶级(class-in-themselves)、知识分子无阶级性(class-less)以及知识分子有阶级局限(class-bound)。

1. 知识分子作为独立的阶级

马克思从来没有提供一种关于知识分子的系统理论[②],也没有对阶级作出正式界定,但在他的常常表述含糊的理论中,知识分子根植于阶级斗争之中,这为一波又一波的在社会层级中定位知识分子的后续尝试奠定了基础。早期的马克思主义者至少是潜在地将知识分子视为资本主义制度中无产阶级的一部分,尽管某些批评者指责马克思试图以知识分子来置换真正的无产阶级,并利用了工人。然而,许多后来的马克思主义者,包括列宁和毛泽东,对知识分子"未能"更为激进化而感到懊恼,并将他们中的一部分放到小资产阶级的范畴之中。

19世纪末20世纪初的德雷福斯事件被后人称为"知识分子的抗议"[③],而现代意义上的"知识分子"在此时诞生。在人类历史上,知识分子第一次将自己视为一个普世性的、连贯的社会团体,并构成了一个阶级。

对知识分子作为阶级的最著名、最直接的尝试来自新阶级理论家,他们在20世纪

① 参见Collini(2006:57)对P. 布迪厄的理论框架的批判。

② 马克思并未使用intellectual这个词,而使用Mann der Wissenschaft,后者可以被翻译为"科学研究者",并看作现代意义上的知识分子的泛称(Berman 1982:115)。

③ Franz, David. 2007. "Intellectuals and Public Responsibility." *Hedgehog Review* 9: 98-104.

60年代和70年代引发了激烈的辩论。新阶级理论是20世纪30年代至50年代的官僚—技术阶级理论的延伸,后者认为一个新的、具有主导性的技术—官僚阶级正在西方/苏联兴起。从不同的政治观点出发,D.贝尔(Daniel Bell)、A.古德纳(Alvin Gouldner)、G.康拉德(George Konrád)和I.塞勒尼(Ivan Szelényi)对新阶级作出了最为重要的研究。

D.贝尔在他著名的后工业社会的框架下分析了知识分子。D.贝尔指出,随着高等教育的扩张与信息和知识重要性的日益凸显,资本主义的阶级体系出现了断裂,一些团体出现并形成了一个具有连贯性的阶级。D.巴兹隆(David T. Bazelon)也提出了相似的观点,尽管他更多关注的是职业维度。

在这一时期,势力渐增的新保守主义者也注意到了新阶级的兴起。新保守主义运动的创始人之一I.克里斯托(Irving Kristol)写道:"现今有一个对商业作为总体,尤其是大公司持敌对态度的新阶级。作为一个团体,他们可以在庞大并渐长的公共部门与媒体上找到。他们往往对个人财富无甚兴趣,厌恶自由市场经济,并确信社会可以通过政府对国家经济生活更多的参与而得到改进,他们就是媒体,就是教育系统。他们对自由市场经济的厌恶源自他们对其有限的影响。他们倾向于一个具有庞大政治成分的体系,这是由于新阶级对政治具有极大的影响力。"①这种对知识分子思想左倾及其对政治影响的担忧由来已久,F.A.哈耶克(F.A. Hayek)在30年前就知识分子对社会主义的拥护表达了类似的担忧。

作为一个左翼社会学家,A.古德纳对普世性的新阶级的兴起提供了一幅可能是最为激进、乐观与招致争议的图景:所有在20世纪卷入新兴世界社会经济秩序的国家中,一个由知识分子和技术型知识分子构成的新阶级,开始与控制国家经济的团体相抗衡。② 在A.古德纳看来,新阶级是一个"有瑕疵的普世阶级",新阶级是一个精英阶级,它追逐自己的利益,并利用其独有的知识来提升自己的利益和权力……然而新阶级仍然可能是历史赋予我们的最佳利器。③

几乎在同一时期,G.康拉德和I.塞勒尼(1979)对中欧地区的知识分子进行了颇为类似的研究。G.康拉德和I.塞勒尼对新阶级的界定与古德纳的看法相一致,都包括知识分子和技术精英。他们认为,被马克思预言为社会主义社会主导阶级的工人实质上并没有权力,甚至是最没有特权的阶级,至少在社会主义中欧地区是如此。相反,知识分子正在通往权力的途中,即使他们还没有成为统治阶级,也正在走向这个方向。而将知识分子与其他阶级区分开的是他们对"具有目的论色彩的知识"的垄断,这种知识

---

① Kristol, Irving. 1978. *Two Cheers for Capitalism*. New York: Basic.

②③ Gouldner, Alvin W. 1975 - 1976. "Prologue to a Theory of Revolutionary Intellectuals." *Telos* 26: 3 - 36.

“对确立和执行社会目标必不可少”，是关于“社会发展规律与前进路径”的知识，它起源于“理性的再分配”，意即政治体制的合法化神话。

对新阶级的讨论在20世纪80年代开始退潮。对于新阶级理论在社会学家中的“失宠”，我们可以有以下解释。首先，社会学家对于新阶级本身的含义难以达成一致。正如D. 贝尔所观察的，“新阶级”这一概念“在语言学和社会学上混乱不堪”，它常常涉及两个方向：一个新的社会阶层的兴起与“一种咄咄逼人的文化态度”的产生。在政治上左倾的学者倾向于通过前一个视角来理解新阶级，而在政治上右倾的学者往往对后一个方向关注更多，尽管这两种取向经常有交叉。其次，新阶级社会学家对新阶级的组成成分存有争议。社会学家列出的候选人一般包括人文知识分子、官僚、执业人员、技术精英、工程师、公司管理者以及激进的或反文化的知识分子，而这些列出来的范畴本身就缺乏一致的定义。第三，如果新阶级还没有成为统治阶级的话，它最终将如何获取权力，社会学家对此并未明确阐明。何种知识将新阶级与其他阶级区隔开来？它在多大程度上具有普世性？新阶级服务于何者的利益？它是在资本主义西方社会还是在苏维埃类型的社会中成为统治阶级，抑或两者皆有可能？新阶级的排斥性有多大？它是否只包括思想左倾的知识分子？新阶级如何将其知识或文化资本转化为政治权力？它究竟具有多大的革命性？这些都是棘手问题，而不同的新阶级社会学家往往基于对结构或主体施为(agency)的不同强调，给出不同的答案。更有甚者，许多社会学家已经开始质疑新阶级的存在或其获取权力的潜力。S. 布林特(Steven Brint)将新阶级的一系列观点与企业主和企业管理者的观点进行比较，发现两者之间并无实质差异。而“新阶级”最大的问题是，这个概念似乎是由“意识形态的热情”所驱使，而缺乏经验与实证支撑。①

一个更为深刻的背景是，自从20世纪80年代以来，社会理论的发展对新阶级理论家的思考方式产生了巨大的冲击。后现代主义迫使或驱使社会学家重新审视新阶级的本体身份，阶级也成为解构的主要对象之一。尽管后现代主义从未真正成为理论的主流，但其诸多理论元素已经被广为接受，尤其是反本质主义的立场。一些社会学家甚至宣布社会阶级的死亡或一个无阶级社会的到来。

2. 知识分子无阶级性

知识分子无阶级性理论的历史和知识分子阶级性理论的历史一样长久。K. 曼海姆的知识与知识分子社会学经典著作《意识形态与乌托邦》(*Ideology and Utopia*)可能是这一传统的最具影响的陈述。K. 曼海姆认为，知识分子并不构成一个社会阶级，甚至不是“阶级的从属”；知识分子也不具备连贯的集体行动能力，因为他们没有足够的

---

① Kingston, Paul W. 2000. *The Classless Society*. Stanford, CA: Stanford University Press.

共同利益，却存在高度的异质性。相反，知识分子是"一个阶级性相对缺乏的阶层的成员，这个阶层并没有牢固地嵌入于社会秩序"。由于知识分子来自不同的社会阶级，与不同阶级相联系的种种观点或视角往往依附于知识分子身上。因此，知识分子的视角是由包含了所有这些互不一致的观点的知识媒介所决定。K. 曼海姆借用A. 韦伯(Alfred Weber)的术语，将知识分子视为一个"社会无涉"(socially unattached)或"非依附"(free-floating)的阶层，并认为"一种只考虑社会—经济阶级的社会学永远无法充分理解这种现象"。

然而，K. 曼海姆并不认为知识分子是一个没有根基的阶层，因为教育将知识分子捆绑在一起，并使他们面对"社会现实的对立趋势的影响"。从而，对于K. 曼海姆来说，知识分子尽管并不构成一个阶级，但却超越了阶级。他相信"非依附的知识分子"将通过创造一种其他团体的意识形态的"动态综合"而实现其潜力。

持这种观点的绝非K. 曼海姆一人。D. 考特(David Caute)指出："社会学理论……尽管对无产阶级或农民行为的分析极其关键，对知识分子的研究却有其局限。知识分子的政治依附仍然是有关个人信念、个人心理、个人选择的行为。"T. 帕森斯(Talcott Parsons)宣称知识分子将"文化考虑置于社会考虑之前"，这也在实际上拒绝了知识分子作为一个阶级的观点。E. 赖德(Everett Ladd)和S. M. 李普塞特(Seymour Martin Lipset)认为，"知识分子的社会角色中存在某些导致他们作为社会批判者的连贯角色的要素"，而批判力与创新性使知识分子超越了他们的阶级起源。①

3. 知识分子有阶级局限

在上述两种理论之外，还有一种理论位于两者之间——知识分子有阶级局限。按照这种理论，知识分子既不是一个社会阶级，也没有超越阶级，而是一个由具有不同社会起源和文化背景的个人所组成的松散团体。A. 葛兰西的名言"人人皆为知识分子"实际上反驳了知识分子是一个独立的社会阶级的看法，他将"知识分子"看作一种角色而非个人，并宣称即使体力劳动也有其创造性和思想维度。由此，A. 葛兰西否认将知识分子或知识活动团结为一个阶级的独有特征的存在，并认为知识分子的含义和身份受到历史情境的限制，且嵌入不同的社会安排之中。

在坚持认为知识分子具有批判反省潜力的同时，A. 葛兰西反对K. 曼海姆的知识分子作为无依附的思想家的观点，并提出一个"集体知识分子"(collective intellectuals)

---

① Shils, Edward. [1958] 1972a. "Ideology and Civility." pp. 42–70 in *The Intellectuals and the Powers and Other Essays*. Chicago, IL: University of Chicago Press.

的命题[1]，强调社会结构对知识分子的意识形态和思想的影响。A. 葛兰西明确指出，一切阶级都有其自己的知识分子。

对于知识分子的阶级性问题，P. 布迪厄采取了一种折中的立场。这里尤其重要的是他对文化资本、象征性暴力、文化生产场域以及权力场域的理解。在 P. 布迪厄看来，不同的知识分子由文化场域串在一起，而文化场域中不同的位置具有不同的经济、社会与文化资本禀赋，以及价值、思想和品位。

R. 艾尔曼(Ron Eyerman)同样反对阶级性与非阶级性这两个命题，并提出了同时一种兼容现象学与结构主义的知识分子的"过程性概念"。他吸取了 A. 吉登斯(Anthony Giddens)的结构化理论，考虑到了"个人和群体重新界定和再表述他们所受到的限制"的行动与欲望的可能性所受的历史情境的限定。基于他在社会运动方面的研究，R. 艾尔曼格外关注"运动知识分子"——"在参与政治运动的过程中，而不是基于主流文化制度获取'知识分子'身份与自我认知的个人"。

柏林墙在 1989 年的倒塌以及东中欧共产主义政权在 20 世纪 90 年代初期如多米诺骨牌般的倒塌，为检验新阶级命题提供了一个独特的机遇。许多社会学研究注意到了知识分子在这些地区共产主义倒塌中所扮演的角色，以及知识分子权力的剧增。这一波研究抛弃了原有的新阶级研究的僵化性，从 A. 吉登斯、P. 布迪厄与 M. 福柯的作品中吸收理论元素，且更加注重研究的实证性。

三、文明与颠覆：知识分子和社会秩序

1987 年，历史学家 R. 雅各比(Russell Jacoby)发表了《最后的知识分子》一书，由此激起了对知识分子角色的热烈探讨。按照 R. 雅各比的看法，美国的大学已经严重损害了知识分子，因为大学体系垄断了知识分子，而独立的知识分子正在成为"恐龙"，有灭绝之虞。"一个幽灵正在萦绕美国的大学，至少是其教授：这就是乏味"，R. 雅各比哀叹道。有趣的是，同年，哲学家 A. 布卢姆(Allan Bloom)在《美国精神的封闭》中表达了一种截然不同的观点：左翼知识分子正在毁灭大学，他对知识分子参与政治表示了深切的担忧。

对知识分子角色讨论的最好出发点可能是 1998 年出版的 J. 戈德法布《礼遇与颠覆》一书。在这本书中，J. 戈德法布提出了这样一个问题，即知识分子的角色是培育公共场合的文明还是力促对限制性常识的颠覆？而这其实是社会科学的一个核心问题。文明与颠覆这两个方向代表了对知识分子社会角色的两种本质不同的理解。有许多

---

① A. 葛兰西用"集体知识分子"来指涉列宁主义政党，但这个概念可以在更广泛的意义上被使用。

认同于清教徒式的或“文明的”知识分子的赞同者，而其他为数不少的人则对知识分子生活的制度化感到失望，并倡导知识分子对政治的参与，后者可以被视为知识分子的“颠覆”版本。

E.希尔斯列出了塑造知识分子与当权者之间关系的5个历史传统：科学主义(scientism)、浪漫主义(romanticism)、启示主义(apocalypticism)、民粹主义(populism)与反智主义(anti-intellectualism)①。我们可以借助于这个框架来分析知识分子的社会角色。

科学主义的传统“拒绝传统本身的有效性，它坚持对一切被接受的事物进行验证，如果后者不符合‘检验事实’，就对其予以否认”。大多数科学界和许多具有科学思维的学者仍在坚守此种传统。

浪漫主义传统重视“相对于文化素养低下者的偏见和传统行动的原创性”。尽管科学主义与浪漫主义之间存在一定的对立，但它们都忠于个人体验的终极性，以及对权威与世俗的反感。浪漫主义知识分子主要包括艺术家、记者与独立作家。

启示主义传统“从科学主义和浪漫主义中吸收了很多元素，但依赖于一个更久远的传统，即启示主义或千年主义”。启示主义知识分子相信世界充满了必将消亡的不公，而自己在创建一个更美好的世界方面承担了重要的任务。这种传统可以在《旧约》中找到根源，但“它真正的接受者为现代革命运动，尤其是马克思主义运动”。早期的马克思主义者常常将知识分子看成是无产阶级的先锋队，正如马克思本人所说：“没有无产阶级的超越性，哲学将无法认识自我；而没有哲学的认识，无产阶级将无法超越自我。”而哲学的认识当然是由知识分子所承担的。A.葛兰西的“有机知识分子”(organic intellectuals)概念也符合这一传统。

民粹主义是“一种对普通民众、未受教育者与非知识分子的创造性与超凡道德价值的信念；它在他们的实际品质或其潜力中发现美德”。

最后一个传统是反智主义，它相信“知识分析过量的分析和讨论可能侵蚀秩序的根基”。秦始皇的“焚书坑儒”与T.霍布斯(Thomas Hobbes)对知识分子引发英国内战的指控是两个著名的历史范例。

必须指出的是，上述5个传统之间并不存在明确的边界。事实上，当许多社会科学家阐述知识分子的角色时，他们几乎总是吸取、合并这些历史传统的不同元素。例如，马克思主义大量传承启示主义传统，但又同时具有所有其他传统的色彩。在它对全人类解放的希望上，在苏联对知识分子的镇压上，在它被视为社会主义的“科学”上，以及在上山下乡运动上，我们都可以看到其他传统的影响。

在《知识分子的背叛》这部知识分子社会学的奠基著作中，J.班达(Julien Benda)严

---

① E.希尔斯对知识分子的定义显然非常宽泛。

厉地批判了他所说的知识分子的堕落,指责他们抛弃了对单纯的学术理念的依附和追求。他主张,知识分子不应受到集体热忱的左右,而应关注超越性的价值。在J. 班达看来,知识分子是真理的公正无私的守卫者。

在著名的里斯讲座(Reith Lectures)中,E. 萨义德(Edward Said)将知识分子的角色刻画为现状的"局外人"、"外行者"与"扰乱者"。这显然是一个理想类型,因为E. 萨义德严厉批判了为当权者效劳并谋利的知识分子。E. 萨义德认为,知识分子的责任要求他们"对权力讲真话",并选择正确的道路。N. 乔姆斯基(Noam Chomsky)持类似的观点,主张知识分子的责任是"揭露政府的谎言,分析行动的原因、动机以及常常是隐蔽的意图"。①

四、从道德取向到分析取向:迈向知识分子的分析社会学

正如C. 卡杜欣所观察到的,"对知识分子的研究几乎和知识分子一样多"。问题在于,现有文献都具有一种道德取向,而忽略了实证分析。大量研究不是将知识分子的实际身份、状态与行动视为给定,而是假定了一个理想形态。最为关键的问题是,对知识分子政治意识的偏见使我们错失了挖掘一个本身亟待解释的维度。

除此之外,我们对知识分子的政治意识与倾向,以及知识分子在特定历史背景和事件中所扮演的角色已经了解甚多,但我们对知识分子政治意识与形态的起源和构成的理解要肤浅很多。当然,社会学家对知识分子政治态度和意识形态的兴趣由来已久,但我们欠缺一种对意识形态塑造因素的微观与宏观层面都予以关注的较为系统和综合的理论。而在已有的少数对知识分子政治意识构成的研究中,我们可以发现一种结构主义的取向。在对知识分子的政治意识形态的解释中,阶级可能是最为常见的一个概念。尽管马克思和恩格斯没有发展出系统的知识分子理论,他们关于阶级地位作为经济基础的一部分塑造作为上层建筑的政治意识的思想,为后期社会学家提供了灵感,于是便通过为知识分子进行阶级定位来解释他们的政治意识形态。

《意识形态与乌托邦》是K. 曼海姆所提出的知识与知识分子社会学最早的宣言之一。在这本书中,他试图在不牺牲认识论为代价的前提下,建立一种"知识的社会决定因素理论"的根基。尽管K. 曼海姆本人从不是一个忠实的马克思主义者,也不将知识分子视为一个阶级,但他的知识理论却具有浓厚的马克思主义色彩。K. 曼海姆坚持认

① Chomsky, Noam. 1967. "The Responsibility of Intellectuals." *The New York Review of Books* 8.

为知识分子的思维受到“一个社会的经济结构及其立法与政治机构”之间关系的影响。在K.曼海姆的实证研究中,他强调作为思想“传承者”的知识分子的社会背景,并坚持知识分子和社会知识之间具有决定论色彩的关系。K.曼海姆的社会情境(context)概念也要比马克思的阶级地位概念宽泛得多,并包括代际差异和集体动态等因素,他的社会存在决定社会意识的命题具有浓厚的马克思主义色彩。

P.布迪厄为知识分子研究提供了许多理论武器,这里最为相关的概念是权力场域(field of power)。他研究了许多不同的文化生产场域,试图解释每个场域如何生成其权力场域。依其资源禀赋而定,包括文化、政治与社会资本,不同的团体具有不同的优势。基于这些资源,不同的知识分子团体争夺权力和统治地位。P.布迪厄认为,知识分子的政治意识形态和品位源自他们的优势地位,后者形成了他们独特的惯习(habitus)。P.布迪厄尽管否认知识分子能够形成超越其社会地位的政治态度,却坚持认为政治意识形态无法被化约为知识分子的阶级地位,因为知识场域(intellectual field)是一个争夺象征性通知的场所,而它无法被预设。P.布迪厄还对知识分子的内部区分予以了关注,认为这可以被知识分子所拥有的不同类型的资源和占据的不同位置来解释。“知识场域”这个关键概念是一个禀赋的不同组合的场所,它由占据了各种知识位置的行动者构成,既包括知识追求,也包括政治意识形态对知识场域的精彩阐述。

J.卡拉贝尔(Jerome Karabel)提出了关于知识分子激进化的为数不多的系统性理论。在他看来,导致知识分子的政治对立而非和解的因素包括:(1)存在组织程度良好而政治上激进的从属社会团体;(2)缺乏一个强大的商业阶级;(3)“相对无涉”的知识分子与受雇于大型组织的知识分子的比率;(4)一个中度威权、缺乏全面镇压异见者的手段/意愿的政权;(5)统治集团的弱化或分裂;(6)国际社会的挑战;(7)社会团体之间泾渭分明的边界;(8)抵制当权者的历史和文化传统与手法。

R.布雷姆将影响知识分子政治态度的因素分成3个维度:社会起源、经济机会与政治机会。换句话说,不同的政治态度可以从知识分子的家庭背景、经济收入、国家政治文化以及政体的相对脆弱性与开放性中找到解释。

基于其冲突社会学理论,R.柯林斯(Randall Collins)分析了哲学学派的发展,展示了知识分子如何通过在知识圈中竞争注意力来获取名望。尽管R.柯林斯没有直接涉及知识分子的政治意识形态,但他的理论对于理解知识分子意识形态内部分化如何产生将颇有助益。R.柯林斯的理论根植于微观层次的情感能量(emotional energy),并将其延伸至社会网络思想。然而,这仍然是一种外部主义(externalist)理论,而将知识分子的选择视为策略性的计算,无法告诉我们这些策略的根源以及知识分子如何受其信念的指导。

我们还可以从参照群体理论中寻找线索。这种理论受到G.H.米德(George

Herbert Mead)的“概化他者”(generalized other)思想的影响。他认为,人们经常评估自己所处的形势,并基于一个用来比较的群体(comparative collectivity)形成自己的观点。参照群体理论将我们的关注重点转向一个人的规范倾向的社会情境,并为大量后续研究提供了灵感。问题在于,这种理论缺乏足够的支撑机制,它未能告诉我们,人们如何为他人的观点所吸引,或如 D. 鲁施迈耶(Dietrich Rueschemeyer)所指出的,它无法解释“在某一特定例子中,在何种条件下,谁寻求谁的影响,其判断基于何种标准”。①

对于知识分子的政治意识,还存在大量的零星解释,例如不同社会系统的功能、国家背景、社会网络联系、不理想的雇佣状况,知识分子集体心态与亚文化、包括家庭、教育与职业经历在内的社会化、象征性边界的维系以及理念相近者之间的互动所导致的思想激化与极化。但总体而言,现有文献倾向于将知识分子视为一个同质化的团体,而对知识分子政治意识形态的形构、分化与极化解释甚少。如 E. 萨义德所说,知识分子总是处于特立独行与政治依附之间,其内部的原因与机制需要我们加以解释。

除此之外,尽管上述研究大部分都反对阶级决定论,并宣称为情境与或然性留出空间,除了 P. 布迪厄、R. 柯林斯与其他极少数人之外,它们仍然具有浓厚的结构主义或外部主义色彩。换言之,知识分子的政治意识与思想往往被看成是由他们在社会结构中的地位而决定,其中的根源在于将政治意识视为具有连贯逻辑的本体倾向,这使得多数研究限于静态研究,而对主体努力关注不够。

最近 10 年来,对知识分子新一波的研究正在兴起,一些社会学家倡导一种“新思想社会学”(new sociology of ideas),并将关注点从宏观结构转向微观层次。尽管这方面的文献本意是用来解释知识品位与追求,而非政治意识,这一取向对思想作为研究对象本身的坚持、对外部/内部区分的摒弃、对知识分子所处情境的关注以及对知识分子社会圈的重要性的坚持,都是值得借鉴的。这一波研究仍然处于襁褓阶段,而实证研究多集中于知识分子个体而非群体的层面。当然,更多的实证研究显然是需要的,但其理论模型也亟需评估和丰富。

从今后的发展看,知识分子社会学未来的研究将走向 3 个方向:第一,摒弃以往的道德立场,而吸取主流社会理论的分析理路;第二,从结构主义的假定转向对微观层次上的互动的研究;第三,知识分子及其意识形态将从原先被视为理所当然的“自变量”转向作为解释对象本身的“因变量”。

---

① Rueschemeyer, Dietrich. 2009. *Usable Theory: Analytical Tools for Social and Political Research*. Princeton, NJ: Princeton University Press.

主要参考文献：

1. Agger，Ben. 1991. "Critical Theory，Poststructuralism，Postmodernism：Their Sociological Relevance." *Annual Review of Sociology* 17：105 - 131.

2. Aron，Raymond. [1955] 1957. *The Opium of the Intellectuals*. London：Secker & Warburg.

3. Barber，Barnard. 1998. *Intellectual Pursuits：Toward an Understanding of Culture*. Lanham，MD：Rowan & Littlefield.

4. Barzun，Jacques. 1959. *The House of Intellect*. New York：Harper & Brothers.

5. Bauman，Zygmunt. 1992. "Love in Adversity：On the State and the Intellectuals，and the State of the Intellectuals." *Thesis Eleven* 31：81 - 104.

6. Bazelon，David T. 1966. "The New Class." *Commentary*，August，pp. 48 - 53.

7. Bell，Daniel. [1973] 1976. *The Coming of Post-Industrial Society：A Venture in Social Forecasting*. New York：Basic.

8. Benda，Julien. [1927] 1928. *The Treason of the Intellectuals*. New York：William Morrow.

9. Berman，Marshall. 1982. *All That is Solid Melts into Air：The Experience of Modernity*. New York：Penguin.

10. Bloom，Allan. 1987. *The Closing of the American Mind*. New York：Simon & Schuster.

11. Bourdieu，Pierre. [1966] 1969. "Intellectual Field and Creative Project." *Social Science Information* 8：89 - 119.

12. Bourdieu，Pierre and Loïc J. D. Wacquant. 1992. *An Invitation to Reflexive Sociology*. Chicago，IL：University of Chicago Press.

13. Bozóki，András，editor. 1999. *Intellectuals and Politics in Central Europe*. Budapest：Central European University Press.

14. Brint，Steven. 1984. "'New-Class' and Cumulative Trend Explanations of the Liberal Political Attitudes of Professionals." *American Journal of Sociology* 90：30 - 71.

15. Brooks，David. 2000. *Bobos in Paradise：The New Upper Class and How They Got There*. New York：Simon & Schuster.

16. Bruce-Briggs，B.，editor. 1979. *The New Class?* New Brunswick，NJ：Transaction.

17. Brym，Robert J. 1978. *The Jewish Intelligentsia and Russian Marxism：A Sociological Study of Intellectual Radicalism and Ideological Divergence*. London：Macmillan.

18. Cahm，Eric. 1996. *The Dreyfus Affair in French Society and Politics*. London：Longman.

19. Camic，Charles. 1983. *Experience and Enlightenment：Socialization for Cultural*

Change in Eighteenth-Century Scotland. Chicago, IL: University of Chicago press.

20. Camic, Charles and Neil Gross. 2001. "The New Sociology of Ideas." pp. 236 - 249 in *The Blackwell Companion to Sociology*, edited by J. R. Blau. Malden, MA: Blackwell.

21. Caute, David. 1966. *The Left in Europe since 1789*. New York: McGraw-Hill.

22. Clark, Terry Nichols and Seymour Martin Lipset. 1991. "Are Social Classes Dying?" *International Sociology* 6: 397 - 410.

23. Collini, Stefan. 2006. *Absent Minds: Intellectuals in Britain*. New York: Oxford University Press.

24. Ehrenrench, Barbara and John Ehrenreich. 1979. "The Professional-Managerial Class." pp. 5 - 45 in *Between Labor and Capital*, edited by P. Walker. Boston, MA: South End.

25. Eyerman, Ron. 1990. "Intellectuals and Progress: The Origins, Decline, and Revival of a Critical Group." pp. 91 - 105 in *Rethinking Progress: Movements, Forces, and Ideas at the End of the 20th Century*, edited by J. C. Alexander and P. Sztompka. Winchester, MA: Unwin Hyman.

26. Giddens, Anthony. 1986. *The Constitution of Society: Outline of the Theory of Structuration*. Berkeley, CA: University of California Press.

27. Gramsci, Antonio. [1932] 2000. "Intellectuals and Education." pp. 300 - 322 in *The Antonio Gramsci Reader: Selected Writings 1916 - 1935*, edited by D. Forgacs. New York: New York University Press.

28. Gross, Neil. 2002. "Becoming a Pragmatist Philosopher: Status, Self-Concept, and Intellectual Choice." *American Sociological Review* 67: 52 - 76.

29. Hansen, G. Eric. 1969. "Intellect and Power: Some Notes on the Intellectual as a Political Type." *The Journal of Politics* 31: 311 - 328.

30. Hyman, Herbert H., (1942) "The Psychology of Status," *Archives of Psychology* 269: 94 - 102.

31. Jacoby, Russell. 1987. *The Last Intellectuals: American Culture in the Age of Academe*. New York: Basic.

32. King, Lawrence Peter and Iván Szelényi. 2004. *Theories of the New Class: Intellectuals and Power*. Minneapolis, MN: University of Minnesota Press.

33. Kurzman, Charles. 2008. *Democracy Denied, 1905 - 1915: Intellectuals and the Fate of Democracy*. Cambridge, MA: Harvard University Press.

34. Kurzman, Charles and Erin Leahey. 2004. "Intellectuals and Democratization, 1905 - 1912 and 1989 - 1996." *American Journal of Sociology* 109: 937 - 986.

35. Lenin, Vladimir I. [1902] 1975. "What Is To Be Done? Burning Questions of Our Movement." pp. 12 - 114 in *The Lenin Anthology*, edited by R. C. Tucker. New York: W. W. Norton.

36. Lipset, Seymour Martin. [1960] 1981. *Political Man: The Social Bases of Politics*. Baltimore, MD: Johns Hopkins University Press.

37. Malia, Martin E. 1961. "What is the Intelligentsia?" pp. 1 - 18 in *The Russian Intelligentsia*, edited by R. Pipes. New York: Columbia University Press.

38. Mannheim, Karl. [1927] 1953. "Conservative Thought." pp. 74 - 164 in *Essays in Sociology and Social Psychology*. New York: Oxford University Press.

39. Marx, Karl. [1844] 2002. "Critique of Hegel's Philosophy of Right." pp. 170 - 182 in *Marx on Religion*, edited by J. C. Raines. Philadelphia, PA: Temple University Press.

40. Marx, Karl and Friedrich Engels. [1932] 1970. *The German Ideology (Part One, With Selections from Parts Two and Three and Supplementary Texts)*. New York: International.

41. Nakhaie, M. Reza and Robert J. Brym. 1999. "The Political Attitudes of Canadian Professors." *Canadian Journal of Sociology* 24: 329 - 353.

42. Nozick, Robert. 1986. "Why Do Intellectuals Oppose Capitalism?" In *The Future of Private Enterprise*, edited by C. E. Aronoff and J. L. Ward. Atlanta, GA: Business Pub. Division, College of Business Administration, Georgia State University.

43. Said, Edward W. 1994. *Representations of the Intellectual: The 1993 Reith Lectures*. New York: Pantheon.

44. Swartz, David. 1997. *Culture and Power: The Sociology of Pierre Bourdieu*. Chicago, IL: University of Chicago Press.

45. Szelényi, Ivan. 1982. "The Intelligentsia in the Class Structure of State-Socialist Societies." *American Journal of Sociology* 88: S287 - S326.

46. Walker, Pat, editor. 1979a. *Between Labor and Capital*. Boston, MA: South End.

47. Weber, Max. [1919] 1946. "Science as a Vocation." pp. 129 - 156 in *From Max Weber: Essays in Sociology*, edited by H. H. Gerth and C. W. Mills. New York: Oxford University Press.

48. Durkheim, Émile. [1893] 1984. *The Division of Labor in Society*. New York: Free.

49. Michels, Robert. 1932. "Intellectuals." pp. 118 - 126 in *Encyclopaedia of the Social Sciences*, Vol. 8, edited by E. R. A. Seligman and A. Johnson, editors. New York: Macmillan.

50. Shils, Edward. [1958] 1972a. "Ideology and Civility." pp. 42 - 70 in *The Intellectuals and the Powers and Other Essays*. Chicago, IL: University of Chicago Press.

51. Todorov, Tzvetan. 1997. "Forum: The Genealogy of the Intellectual since the French Enlightenment." *PMLA* 112: 1121 - 1122.

52. Niebuhr, Reinhold. 1960. "Liberals and the Marxist Heresy." pp. 302 - 307 in *The Intellectuals: A Controversial Portrait*, edited by G. B. de Huszar. Glencoe, IL: Free.

53. Kadushin, Charles. 1974. *American Intellectual Elite*. Boston, MA: Little, Brown.

54. Goldfarb，Jeffrey C. 1998. *Civility and Subversion: The Intellectual in Democratic Society*. New York：Cambridge University Press.

55. Verdery，Katherine. 1991a. *National Ideology under Socialism: Identity and Cultural Politics in Ceauşescu's Romania*. Berkeley，CA：University of California Press.

56. Foucault，Michel. [1977] 1994. "Truth and Power." pp. 111 - 133 in *Power*. New York：New Press.

促进民主的公共政策：政策设计与社会建构理论述评

Public Policy to Promote Democracy: A Review of Policy Design and Social Construction Theory

张海柱

吉林大学行政学院　硕士

公共政策是社会对其自身进行管制的工具，而政策设计又是谋求政策质量改善的关键。美国学者 A. 施奈德和 H. 英格兰姆将社会建构思想引入政策设计的研究中，倡导政策研究者在关注传统的权力、制度、文化等因素之外，还应关注目标群体的形象、象征、偏见等社会现实因素对于公共政策的影响。更为重要的是，她们认为政策设计不应仅仅成为工具理性的解决问题手段，而应走出简单地解释政治过程或政策变迁的局限，成为推进民主治理发展的工具。通过分析目标群体的社会建构和知识的社会建构所主导的两种类型的决策背景，以及各种决策背景下的政策设计对于民主发展的影响，从而提倡一种能够整合问题解决、民主价值、公民精神和社会正义等多种价值的政策设计规划。

当代公共政策研究的知识体系可以简单地划分为两部分：过程研究与内容研究。政策过程与政治过程研究具有共同的方法论基础和理论旨趣，在进行政策过程阶段划分的基础上集中探讨影响政策的政治、经济与社会等因素特征，并分析引发政策变迁的因果机制。政策内容的研究长期被政策科学所忽视，它被认为专属于某一具体政策领域内具有专业知识的技术专家的事务。该现象的产生一方面是由于作为一门分支学科，政策研究在不同学科中的发展方向不尽相同：政治学者认为应集中关注公共政策制定的过程，而公共行政学者更关注政策的实质性内容及应用。[①] 另一方面，不同"部门政策"方案的设计根据不同的问题领域特征，需要不同的专业知识，在缺乏一个能够囊括所有类型政策内容共性特征的概念框架的情况下，侧重研究一般性政策理论的政策科学，难免忽视对政策实质内容的研究。

政策设计理论目的在于抽象出各种具体政策差异性内容中的共性特征和要素，从

---

① 徐湘林：《公共政策研究基本问题与方法探讨》，《公共管理科学》，2003 年第 6 期，第 50 页。

而拓展传统政策科学的研究领域，探讨公共政策对于政治、社会发展的影响。系统的政策设计研究始于20世纪80年代，其中美国学者A.施奈德(Anne Schneider)和H.英格兰姆(Helen Ingram)的研究较具代表性。她们不仅构建了完整的政策设计逻辑体系，更为重要的是，将社会学中的社会建构(social construction)思想引入对政策设计的研究中，分析了政策设计中两种重要构成要素——目标群体和知识的社会建构特征。社会建构与政策设计具有相互增强的特征，两位学者认为正是这一特征导致了对于民主的侵害。为了促进民主治理的发展，必须从政策设计的完善入手，消弭负面社会建构的不利影响，实现民主治理中多元价值的整合。

一、政策设计的构成要素与特征

政策设计(policy design)具有动词和名词两种意义，前者是指政策观念形成的过程，后者是指政策用以实现其目标的逻辑要素，即政策内容。[①] 所有公共政策中都包含着政策设计，它们可以从政策文本和实践中得以发现。政策设计的观念起始于以下假设，即正式的政策(法律、指导方针、项目等)是重要的，因为它们能够影响社会价值的分配，并且反映了社会自身的文化和价值。[②] 最早认识到政策设计重要性的是美国当代政治学家R.A.达尔(Robert Alan Dahl)和著名政治经济学家C.E.林德布洛姆(Charles Edward Lindblom)。他们认为，新的政策技术的发明“可能是我们时代最重要的政治变革”。[③] 事实上，人们除了要理解如何对政策备选方案进行选择，还要理解备选方案最初是如何产生的、其中蕴含了怎样的工具性和目的性价值，以及政策方案内容对于政治和社会有何影响，这些都是政策设计理论所要回答的。

A.施奈德

20世纪80年代，美国的许多政策学者都展开了对设计理论的研究，其中以A.施奈德和H.英格兰姆的共同研究最为系统化。她们认为，公共政策是社会对其自身进行管制和控制的工具，而政策设计是理解政策作用的关键因素，现实中的政策失败基本上都可以归结为政策设计中的缺陷。设计并非

① Schneider A, Ingram H. Systematically Pinching Ideas: A Comparative Approach to Policy Design. *Journal of Public Policy*, 1988,8(1): 61.

② Schneider A, Ingram H. *Policy Design: Elements, Premises, and Strategies*//Nagel S. *Policy Theory and Policy Evaluation — Concepts, Knowledge, Causes, and Norms*. New York: Greenwood Press, 1990: 77.

③ Schneider A, Ingram H. What Is Next for Policy Design and Social Construction Theory? *The Policy Studies Journal*, 2009,37(1): 104.

是纯粹的技术性和工具性现象，它是通过人的运作进而产生结果的，因此有效的政策设计必须考虑政策成功所依靠的那些个人或群体的政治、社会、经济和文化条件，并激励个人参与政策相关的行动。[①] 在考虑到政策设计重要性的基础上，她们指出政策设计理论必须包含以下内容：个人决策者模型、政策的结构逻辑模型和政策设计产生的决策背景模型。[②] 就个人决策者模型而言，A. 施奈德和 H. 英格兰姆并没有对其进行明确界定，但是从其分析中可发现，早期的设计理论是基于有限理性模型进行的；在将社会建构思想纳入设计理论中后，其个人模型特征与倡导联盟框架存在了许多共同之处：社会建构可以认为是政策信念体系中的一个子集，社会建构具有同信念体系类似的信息"过滤"功能，并影响了个人的选择和行动。[③]

H. 英格兰姆

政策设计的逻辑结构指政策设计各构成要素及其逻辑联系。A. 施奈德和 H. 英格兰姆认为，几乎所有的现实政策类型都包含以下要素：(1) 政策目标或要解决的问题，它们体现了政策中蕴含的价值；(2) 目标群体，指某一政策领域中受到或可能受到政策影响的行动者；(3) 代理机构和执行结构，其中代理机构指主要的政策执行机构，而代理机构相互之间以及与目标群体之间的联系共同构成了政策执行结构；(4) 政策工具，它们能够改变代理机构或目标群体的行为，以解决公共问题或实现政策目标；(5) 规则(rules)，是政策设计中的程序性要素，表明了谁要做什么、使用什么资源、何时做以及谁将负责等问题；(6) 合理性依据(rationales)，是对以上政策要素选择的正当性与合法性进行辩护的直接或隐含的理论依据；(7) 潜在假设(underlying assumptions)，是对于个人或组织能力的假设，以及将以上诸设计要素进行连接的因果逻辑。[④] 政策设计的逻辑结构即是在政策工具、规则、合理性依据和潜在假设的共同作用下，将政策目标及问题与政策的执行机构和目标群体联系起来。就各要素而言，A. 施奈德和 H. 英格兰姆认为，最重要的是政策工具、执行类型以及所依据的行为假设，这三方面也分别成为公共政策研究中的重要领域。

---

① Schneider A, Ingram H. *Policy Design: Elements, Premises, and Strategies*// Nagel S. *Policy Theory and Policy Evaluation — Concepts, Knowledge, Causes, and Norms*. New York: Greenwood Press, 1990: 77.

② 同上书，第78页。

③ Schneider E. *A Comparison of Frameworks, Theories, and Models of Policy Processes*//Sabatier P. A. *Theories of the Policy Process*. Second Edition. Boulder: Westview Press, 2007: 299.

④ Schneider A, Ingram H. *Policy Design for Democracy*. Lawrence: University Press of Kansas, 1997: 83 - 99.

政策设计理论强调了背景的重要性。背景即决策发生的各种环境要素，包括过去的政策等历史因素的影响。A. 施奈德和 H. 英格兰姆认为，政策设计的分析要保持对背景的敏感性，不同的决策背景将导致产生不同的政策设计类型。[①] 事实上，她们认为传统政策科学的缺陷之一就在于缺乏对决策背景的认识，认为一种政策设计就适用于所有背景。有鉴于此，她们明确将背景因素区分为社会背景和问题背景，前者指现实的社会状况，包括政治、社会（狭义）、经济、文化等条件，后者是对于前者的更加狭窄、更为明确的理解。由社会背景到问题背景经历了一种"构造动态"（framing dynamics），包括利益相关者对于社会条件的认知和解读，由此形成一种"问题意识"，从而促使社会问题进入政策议程。在此基础上，问题背景经由"设计动态"而形成政策设计，政策设计继而经由"转化动态"产生对于社会背景的影响，从而构成了一种循环的动态关系系统。[②] 以上即 A. 施奈德与 H. 英格兰姆所发展的政策设计理论的主体结构。

合乎背景性是政策设计的重要特征之一。此外，政策设计还具有意图性和动态性。意图性指政策设计内在是一个具有目的性和规范性的计划，通过它使政策的各要素得以安排并服务于特定的价值、意图和利益。[③] 虽然具有这种意图性，但是并不意味着僵化的、自上而下的控制。相反，在 A. 施奈德和 H. 英格兰姆看来，任何政策设计都可能是开放的和灵活的，在较低的层级上它允许更多的自由裁量权。[④] 意图性的存在是由于人的主观能动性，这也是两位学者认为政策设计能够得以改善的原因所在。动态性的产生来源于两个方面：一是合乎背景性的要求使其应当随着背景因素的变化而进行调整；另一方面由于人的能动性，即使背景因素没有发生变化，政策活动者也可以基于特定利益或价值因素的考虑而谋求对政策设计进行调整。

二、社会建构影响下的政策设计

在对决策背景中的问题背景进行分析时，A. 施奈德和 H. 英格兰姆发现，除了传统政治科学所关注的政治权力、制度及其文化的影响外，还包括一种可以称之为"社会建构"的影响。她们将社会建构定义为一种"形塑世界的活动，或者至少包含着社会现实

① Schneider A, Ingram H. *Policy Design for Democracy*. Lawrence: University Press of Kansas, 1997: 6.

② 同上书，第 73—74 页。

③ 同上书，第 3 页。

④ Schneider A, Ingram H. *Policy Design: Elements, Premises, and Strategies*// Nagel S. *Policy Theory and Policy Evaluation — Concepts, Knowledge, Causes, and Norms*. New York: Greenwood Press, 1990: 80.

被界定的不同方式"。[①] 社会建构理论是一种有着多种理论来源、内部存在多种分支与严重的方法论分歧的松散哲学、社会学理论体系，一般可以将其追溯到知识社会学的传统。社会建构的主要观点是认为"现实"是被社会加以建构的，人们根据自身目的赋予客体以不同的意义(meaning)，并根据对于意义的不同解读而采取行动。社会建构作为一种研究方法是与实证主义相对的，后者认为现实问题和知识是"客观存在"的，因此可以通过科学的方法加以揭示；而社会建构论则认为根本就不存在脱离于研究主体的客观知识，社会问题也是被有意识地建构出来的。作为后实证主义研究方法的一种，社会建构论体现着西方社会科学研究方法中的"解释学转向"(interpretive turn)，被广泛应用于文学批评、教育学、心理学、社会学等社会科学领域中。同时，社会建构理论在近些年也进入了政治学研究领域，典型的是在国际关系研究中。此外，对于议程设置、政策执行、政策评估等公共政策的研究领域也出现了一些应用成果。A. 施奈德和 H. 英格兰姆认为，在政策设计中社会建构是普遍存在的：公共政策往往同时服务于不同的意图和利益，因此产生不同层面的结果；其中许多结果主要依赖于意义和解读，它们在价值维度上构成了政策的社会建构。[②] 具体而言，她们集中分析了两种类型的社会建构——目标群体的社会建构和知识的社会建构，以及分别由两者所主导的两种类型的决策背景特征。

1. 目标群体的社会建构：退化性决策背景

目标群体的社会建构，指的是赋予某一目标群体以特定的社会意义，使其具有共同的特征而能够加以区分，以及与这些特征相关的特定的、具有效价取向的(valence-oriented)价值观、象征和形象的属性。[③] 易言之，目标群体的社会建构即社会对于某一群体的普遍性、流行性的印象，如对科学家具有良好印象认为其应受尊重、对犯罪者具有憎恶印象认为其应受惩罚等。该种社会建构是由政治、文化、社会化、历史、媒体、文学、宗教等共同创造的，具有稳定性特征。A. 施奈德和 H. 英格兰姆认为，它们是可度量的、经验性的现象。对该社会建构的研究资料可以从文本研究中产生，还可以通过对决策者、媒体记者、普通公众及目标群体内部成员的访谈或问卷调查中确定。[④]

A. 施奈德和 H. 英格兰姆在社会建构理论基础上对于政策目标群体进行研究的一个重要成果在于对目标群体的类型划分。具体而言，根据目标群体社会建构积极的正面或消极的负面形象以及其政治权力资源的多或少两个维度而划分了 4 种类型的群

---

① Schneider A, Ingram H, Deleon P. *Social Construction and Policy Design*//Sabatier P. A. *Theories of the Policy Process*. Second Edition. Boulder: Westview Press, 2007: 95.

② Schneider A, Ingram H. *Policy Design for Democracy*. Lawrence: University Press of Kansas, 1997: 3.

③④ Schneider A, Ingram H. Social Construction of Target Population: Implications for Politics and Policy. *American Political Science Review*, 1993, 87(2): 335.

体：(1) 优势者，具有正面的社会建构和较多的政治权力；(2) 竞争者，具有负面的社会建构和较多的政治权力；(3) 依赖者，具有正面的社会建构和较少的政治权力；(4) 偏常者，具有负面的社会建构和较少的政治权力。[①] 现实的经验观察证明，以上 4 种类型的目标群体是普遍存在的。例如科学家、大企业主、未成年人和罪犯分别代表了以上类型的典型代表。

目标群体社会建构的一个重要后果是，不同类型群体会接收到公共政策所传达的不同类型信息，从而影响了其对于政策相关问题的认知取向和决策的参与类型。如优势者接收到的信息表明，他们的利益符合社会公共利益，应当受到社会的尊重并主要获得政策利益而避免政策负担成本；他们对政府及自身群体具有强烈的认同，认为决策过程是开放、公正的，并存在高度的参与意愿。对于竞争者传达的信息表明，他们被社会所误解并恐惧，他们所追求的私人利益与公共利益存在冲突，因此必须以隐蔽的方式来追求利益；他们对政府持怀疑态度，相信政治是一个腐败的游戏，必须通过策略的操纵才能取得成功；他们具有较强的参与意愿，目标是对政策过程的控制。依赖者传达的信息表明，他们的利益对于社会公共利益无关紧要，他们获得的政策利益是基于权威者的怜悯；政治游戏具有精英主义特征，自身的弱势导致被排除出政策过程；资源与能力的缺乏导致具有较低的参与意愿。对于偏常者传达的信息表明，他们的问题都是由于自身的过错，他们是社会的负担而必须接受惩罚；他们倾向于认为政府是腐败的，不会改善自身的处境，因此具有很低的参与意愿。

以上现象典型地存在于美国的社会现实之中，由此导致了美国政策分析学者 D. 斯通(Deborah Stone)所称的民主治理中的悖论：一个宣称法律面前一律平等的社会却对公民施以不同的对待。A. 施奈德和 H. 英格兰姆指出，目标群体的社会建构除了受社会文化等因素的影响外，还受政治人物或权威决策者的利用和操纵，即他们会基于获得政治资本(利益)和回避政治风险(成本)的考虑而创造、维持或改变某一群体的社会建构，从而对不同的建构群体施以不同的利益或负担。具有该种特征的政治或决策体系被称为退化性(degenerative)的。退化性决策背景的特征为：政治权力的不平等分布，积极与消极相分离的社会建构，以及具有策略性、欺骗性和操纵性的政治文化。[②] 权威政治人物对于社会建构进行控制和操纵的主要手段是公共政策，嵌入了社会建构特征的政策设计一旦被制度化，就会将该建构固化下来，从而产生持续性影响。此外，A. 施奈德和 H. 英格兰姆的分析表明，对优势者单纯地施以利益或对偏常者单纯地施

① Schneider A, Ingram H, Deleon P. *Social Construction and Policy Design*//Sabatier P. A. *Theories of the Policy Process*. Second Edition. Boulder: Westview Press, 2007: 102-103.

② Schneider A, Ingram H. *Policy Design for Democracy*. Lawrence: University Press of Kansas, 1997: 102.

以惩罚,都会对决策者带来稳定的政治收益;而对优势者施以惩罚或对偏常者施以利益将带来严重的政治风险;对竞争者和依赖者而言,无论是施以利益还是负担都将出现收益和风险并存的局面。因此,现实中决策者的理性策略是为优势者提供充足的利益,为偏常者施加严重的惩罚,为竞争者施加隐蔽性的实质利益和象征性的惩罚,为依赖者施加象征性的利益和实质性的负担。[①] 其后果就是使得社会分裂不断加重,导致了政策公平等价值的异化。

2. 知识的社会建构:科学主导的决策背景

现实中的决策背景类型多样,A. 施奈德和 H. 英格兰姆在对退化性背景进行仔细研究的同时,指出了另外一种基于知识的社会建构基础上的科学和专业人员在其中发挥关键性作用的决策背景。她们指出,现实中人们基于对由权威政治人物操纵的退化政治的厌恶,而刺激了对于更加非利益性的、中立性的政策设计的需求。其中的一个潜在假设是,认为不断增加的知识有利于公共利益的实现。[②] 但是,现实中科学和专业知识对于政策的具体影响依赖于它们能否为政治决策者带来政治机会和利益。如当缺乏明确的机会或风险的信号时,或者无法避免对优势者施以负担或对偏常者提供利益时,政治人物通常会将科学家和专家纳入政策设计中以推卸责任。此外,科学知识的具体影响如何,还与目标群体的类型(可能存在明确的目标群体,也可能不存在)、科学共同体内部意见一致或分歧的程度,以及科学家和专家提出的政策方案是否受主流科学理论的支持等诸因素的共同影响相关。[③] 例如,要想使得科学共同体在政策设计中发挥重要影响,一般要求权威决策者面临较大的政治风险、科学共同体内的意见高度一致且与主流科学理论相符合等条件的共同存在。

现代科技的发展对于社会的巨大推动作用使得工具理性高度张扬,公众对于科学知识存在一种"崇拜"的心理,认为它能够服务于政策问题的解决。但是正如两位学者指出的,政策相关知识同样是通过科学语言而被社会地加以建构的。科学家有其自身的利益追求,如对科研经费及专业职位的需求,因此科学主导下的决策制定,往往以科学共同体的利益置换了公共利益。科学主导的负面特征还在于其对于专业术语的频繁使用,会将政策问题建构为需要具备专业知识才能进行理解,因此会倾向于将普通公众排除在政策制定过程之外。结合目标群体的社会建构可以发现,科学和专家群体本身经常属于优势群体,他们倾向于与政府机构"结盟"以提高自身的影响,体现为技术官僚群体的强大。而普通公众从科学主导政策设计中所接收到的信息使他们发现:

---

① Schneider A, Ingram H. *Policy Design for Democracy*. Lawrence: University Press of Kansas, 1997: 113 - 114.

② 同上书,第151页。

③ 同上书,第157—163页。

他们自己的问题并不那么重要，并且自己也缺乏认识问题、提出解决方案的能力。总之，对于工具理性的过分强调，使得科学主导的政策设计偏离了公平、参与等民主价值。A. 施奈德和 H. 英格拉姆通过研究，提出了一个具有讽刺性的结论：科学家和专家可以为良好的政策设计作出重大贡献，但这并非是在他们起主导作用的时候，而恰恰是在他们不起主导作用的时候。[①] 由此可见，她们对于政策设计中科学知识角色的谨慎、批判态度。

三、促进民主的政策设计：公共政策的优化

退化性和科学主导决策背景的共同特征是它们都是有害于民主的。A. 施奈德和 H. 英格兰姆认为，服务于民主治理的公共政策应该能够协调多元价值，即政策问题的解决、民主价值、公民精神和社会正义。首先，公共政策是社会用以解决集体问题的主要机制，因此政策所承载的实现工具性目标的能力十分重要；其次，政策设计中的民主价值不仅要求政策的回应性和负责性，还要求批判理论所倡导的具有协商性和伦理性的沟通与互动；再次，公共政策应该能够促进公民精神的发育，而与政策制定相关的直接经验也是培育公民精神的最重要土壤。好的公民精神的最重要特征是在表达自身利益的同时，能够接受他们的利益表达；最后，政策应该服务于正义，它除了意味着法律面前的平等对待和真实平等的机会之外，还意味着这样一个社会——所有人都被平等地且伴以尊重地对待。公正的社会反对“平庸之恶”(Ordinary Vices)，如憎恨、欺骗、虚伪或侮辱他人等。[②]

A. 施奈德和 H. 英格兰姆在社会建构基础上发展的政策设计理论，主要目的在于解释和回应当前美国存在的“民主的危机”：民主承诺的无法兑现、普遍的政治冷漠、利益集团间的相互倾轧以及社会的分裂与冲突。在公共政策与民主的关系上，她们认为政策并非仅仅是民主政治及社会因素影响下的因变量，它还是对民主治理等社会多方面具有重要影响的自变量。与 D. 伊斯顿将政策对社会的影响称为反馈作用不同，她们将其称为前馈(feed-forward)作用。政策前馈思想可以追溯至 E. 斯查特施奈德(E. Schattschneider)，他指出“新的政策创造了新的政治”。依循政策影响政治的思路，T. 洛威(Theodore Lowi)、W. 威尔逊(Woodrew Wilson)和 H. 斯坦伯格(Helmut Steinberger)均阐述了不同类型政策塑造了不同类型政治的类型学划分。[③] 在此基础

① Schneider A, Ingram H. *Policy Design for Democracy*. Lawrence: University Press of Kansas, 1997: 174 - 175.

② 同上书，第 79—81 页。

③ Schneider A, Sidney M. What Is Next for Policy Design and Social Construction Theory? *The Policy Studies Journal*, 2009, 37(1): 108 - 109.

上,A. 施奈德和 H. 英格兰姆认为可以通过优化政策设计结构,来促使民主趋向完善。具体而言,服务于民主的政策设计应具有以下特征:政策目标要超越单纯的工具性追求即解决问题而已,且须体现多元价值的整合;在为分配利益或负担而建构目标群体时,要打破长期存在的社会、经济、宗教等方面的裂痕,努力实现所有群体的积极社会建构;社会过程要保证公众的参与,避免过分复杂和技术性的设计,因为这样的设计只服务于狭隘的科学和专业性利益;要创制能够培育公民精神如利他、参与、认同的政策设计;要避免那些仅仅依靠欺骗和政治操纵来获取支持的政策设计等。①

在政策设计必须合乎背景的要求下,A. 施奈德和 H. 英格兰姆近些年的研究中集中关注退化性决策背景中的政策设计问题。在 2005 年共同编写的论文集中,她们将政治哲学中有关分配正义的"应得"(deserve)与"资格"(entitlement)概念引入了对目标群体社会建构基础上所面对的政策利益或负担分配差异问题的研究,落脚点在于探究群体身份社会建构改变的动态机制。虽然社会建构具有内在的稳定性,但是在外部事件、科技进步、舆论转向等因素的作用下,也可以发生改变。此外,一些经验性案例分析表明,在群体建构的改变中,"道德企业家"、政策倡导者或"政治企业家"也发挥着关键性作用。② 总之,群体身份由消极建构向积极建构的转变,是真实民主的重要特征,这也是良好政策设计的基本要求。

四、小 结

A. 施奈德和 H. 英格兰姆共同开发的政策设计与社会建构理论具有多方面的理论价值。对于政策设计要素结构的构建,使得政策学者在关注过程研究的同时注意到政策实质内容的共性特征及其影响。社会建构思想的引入,使得政策研究者乃至政治学者在关注传统的权力、制度、文化等因素之外,注意到目标群体的形象、象征、偏见等社会现实因素对于公共政策的影响;同时得以反思科学或政策专家的多重角色特征。而最为重要的是两位学者所一再倡导的"公共政策学者应该走出简单地解释政治过程或政策变迁的局限,进而关注民主社会的重要问题"。③ 她们将政策设计作为原因要素进行研究,认为政策设计或公共政策应该成为更加民主化的工具,而非只具有工具理性的问题解决手段。此外,她们将自己的理论定位为其他政策理论的补充,而非竞争者。

① Schneider A, Ingram H. *Policy Design for Democracy*. Lawrence: University Press of Kansas, 1997: 203 - 206.

② Schneider A, Ingram H. *Deserving and Entitled: Social Constructions and Public Policy*. Albany, NY: Suny Press, 2005: 219 - 241.

③ Schneider A, Sidney M. What Is Next for Policy Design and Social Construction Theory? *The Policy Studies Journal*, 2009,37(1): 116.

通过目标群体社会建构思想的开发，政策设计与社会建构理论有效地弥补了传统多元主义、政策科学、公共选择理论和批判理论的不足，而且对政策过程研究的议程设置理论、倡导联盟框架、路径依赖、间断平衡理论进行了补充。①

政策设计与社会建构理论也有其不足，如萨巴蒂尔对其的批评认为，没有将其基本观念与社会经济因素及制度进行联系，以及没有与个人行为相联系因而无法证伪等。虽然两位学者与另一位学者 D. 亚诺（D. Yanow）都从方法论角度为此进行了辩护，但是研究方法的争论不能掩盖一个重要问题即理论对于现实的回应与指导意义。一些学者在应用该理论特别是对目标群体的社会建构框架进行分析时，发现一个操作性的困难，即在群体身份建构“非此即彼”的二分中，一些建构较为模糊、缓和的群体难以进行归类。此外，确定某群体身份类型时，其权力资源和社会建构的权重问题十分重要，但是缺乏相应的研究。社会建构与公共政策的相互作用关系以及社会建构的变迁机制，同样需要进一步细致的研究。

就该理论对于现实政策的解释而言，主要用于分析美国的移民政策、犯罪政策、健康政策、福利政策等社会政策领域，已经取得了大量的研究成果。② 社会政策在我国当前社会转型深化阶段的迫切性和作用已经开始彰显，而对于社会政策的研究也属于初始阶段。本文介绍的政策设计与社会建构理论告诉我们，实质性的政策内容设计规划不仅仅是某一具体政策领域内专家的事务，公共政策理论学者同样应该活跃其中，该理论对于各国的医疗卫生政策、教育政策等的改革与发展具有重要的指导价值。

主要参考文献：

1. 徐湘林：《公共政策研究基本问题与方法探讨》，《公共管理科学》，2003 年第 6 期，第 50—52 页。

2. Schneider A, Ingram H. Systematically Pinching Ideas: A Comparative Approach to Policy Design. *Journal of Public Policy*, 1988, 8(1): 61 - 80.

3. Schneider A, Ingram H. *Policy Design: Elements, Premises, and Strategies*//Nagel S. *Policy Theory and Policy Evaluation— Concepts, Knowledge, Causes, and Norms*. New York: Greenwood Press, 1990: 77 - 101.

4. Schneider A, Sidney M. What Is Next for Policy Design and Social Construction Theory? *The Policy Studies Journal*, 2009, 37(1): 103 - 119.

---

① Schneider A, Sidney M. What Is Next for Policy Design and Social Construction Theory? *The Policy Studies Journal*, 2009, 37(1): 113.

② Schneider A, Ingram H, Deleon P. *Social Construction and Policy Design*//Sabatier P. A. *Theories of the Policy Process*. Second Edition. Boulder: Westview Press, 2007: 114 - 117.

5. Schneider A. *A Comparison of Frameworks, Theories, and Models of Policy Processes*, Sabatier P. A. *Theories of the Policy Process*. Second Edition. Boulder: Westview Press, 2007: 293 - 319.

6. Schneider A, Ingram H. *Policy Design for Democracy*. Lawrence: University Press of Kansas, 1997.

7. Schneider A, Ingram H, Deleon P. *Social Construction and Policy Design*, Sabatier P. A. *Theories of the Policy Process*. Second Edition. Boulder: Westview Press, 2007: 93 - 126.

8. Yanow D, Schwartz-Shea P. *Introduction*, Yanow D, Schwartz-Shea P. *Interpretation and Method: Empirical Research and the Interpretive Turn*. Armonk, NY: M. E. Sharpe, 2006: xi - xxvii.

9. Schneider A, Ingram H. Social Construction of Target Population: Implications for Politics and Policy. *American Political Science Review*, 1993,87(2): 334 - 347.

10. Schneider A, Ingram H. *Deserving and Entitled: Social Constructions and Public Policy*. Albany, NY: Suny Press,2005.

处在十字路口的中产阶级
——当前中产阶级结构和功能出现新变迁
The Middle Class at the Crossroads:
New Changes of Structure and Function of the Contemporary Middle Class

沈跃萍

上海社会科学院信息研究所　助理研究员

“中产阶级”或称“中产阶层”，在西方传统理论视阈下，尽管界定标准不一，但是在功能定位上比较一致地将其视为维护社会稳定的基石、推进民主的中坚力量、经济增长的重大引擎。然而，近年来，尤其是全球金融危机爆发以来，无论是在西方发达国家还是在新兴市场国家，中产阶级都出现了一些“异常”，即西方的中产阶级开始走向街头，成为抗议浪潮的主流；新兴市场国家的中产阶级对民主日益失去兴趣，在价值观上似乎与西方的中产阶级渐行渐远。这种种现象引起西方学者的关注和反思。

一、中产阶级的界定标准及其基本特征

“中产阶级”一词，为英文 middle class 的意译，与其相对应的概念是上层阶级(upper class)和下层阶级(lower class 或 under class)，实质上，这个“阶级”并非经典马克思主义意义上的“阶级”概念，而是从财富、权利和声望三个指标来衡量，包含生存状态和精神状态，所以有时又被称为“中产阶层”。目前，西方社会界定中产阶级主要有两种方法：相对值计算法——各国的中等收入范围；绝对值计算法——用一个确定的值域衡量所有的国家。

第一种方法，即相对值计算法的代表人物是麻省理工斯隆学院的 L. 梭罗(Lester Thurow)，他将美国的收入中间值作为他的参照点——在这个线的上方和下方有相同的人数，然后他将收入处于平均收入的 75%到 125%之间的群体定义为美国的中产阶级。全球发展中心的 N. 伯索尔(Nancy Birdsall)对发展中国家的中产阶级采用相同的方法定义。纽约大学的 B. 伊斯特利(Bill Easterly)将中产阶级定义为除去收入最高的 20%和收入最低的 20%而剩下的 3/5 群体。总之，这种方法存在的问题，在于每个国家有不同的收入水平，因此中产阶级的界定会随国家的不同而变动。

B. 米拉诺维奇

第二种方法，即绝对值计算法，它避免了上述问题，但是又有选择何种水平的问题。卡内基国际和平基金会全球政策项目的高级研究员 B. 米拉诺维奇(Branko Milanovic)和 S. 伊扎奇(Shlomo Yitzaki)在 2002 年的一篇论文里，用巴西和意大利的平均收入作为各自的下限和上限，将家庭调查数据按 2000 年购买力平价折算成了大约每人每天 12—50 美元的标准。按照这个定义，新兴市场国家的中产阶级在 2000 年大约为 2.5 亿，2005 年大约为 4 亿。世界银行预测 2030 年将达 12 亿。尽管增长很快，但 2005 年全球中产阶级仅占世界总人口的 6%，2030 年时仍只会占 15%。世界银行的 M. 拉瓦雷(Martin Ravallion)在一篇未发表的论文中，采用了按 2005 年购买力平价折算的范围——2 美元到 13 美元。一天 2 美元在发展中国家是普遍接受的贫困线定义，这条线之上是中产阶级，从这个意义上讲，他们摆脱了贫困。但一天 13 美元是美国的贫困线，因此这一类人在发展中国家是中产阶级，在美国却不是。M. 拉瓦雷使用的界定范围体现了新兴市场国家中产阶级的惊人增长，1990 年到 2005 年间，中产阶级人数几乎翻倍，从 14 亿增到 26 亿，从发展中国家人口的 1/3 增到了一半。可见，新兴市场国家实际上有两类中产阶级，第一类是能满足任何地方标准的中产阶级——他们的收入在巴西和意大利的平均收入之间。这个群体具有一个全球性阶级的要素，他们在哪个国家都差不多，就像每个国家的穷人都差不多一样。尽管这个群体在快速增长，但约只占发展中国家人口的 1/10，可以称他们为全球中产阶级。另外一类，人数要庞大得多，是那些达到发展中国家中产阶级标准、却达不到发达国家中产阶级标准的人。

千年挑战公司(美国援助系统的一部分)的 J. 亨克(John Hewko)认为，没有一个最佳的定义，它取决于你如何使用。例如，如果你需要知道美国的中产阶级是否正在萎缩，就使用 L. 梭罗的相对值计算法；如果你要了解新兴市场国家有多少人可能是或成为西方品牌的消费者(全球中产阶级)，可以用诸如 B. 米拉诺维奇-S. 伊扎奇绝对值计算法，这也是麦肯锡和高盛所用的方法；如果你想要衡量发展中国家近期有多少人走出贫困迈入中产阶级行列，则可以用 M. 拉瓦雷的界定法。①

E. 丰塞卡

无论采取哪种界定标准，人们还是比较普遍认同中产阶级的基本特征的：第一，拥有一定数量的可自由支配收入。长期研究中产阶级的麦肯锡咨询机构前研究人员、现为美国国

① "Who's in the middle?", From *The Economist*, Feb. 12, 2009.

家经济委员会委员的D.法雷尔(Diana Farrel)认为,当人们的收入除去衣食住的支出后,还剩余三分之一左右能用来娱乐消遣的时候就成为中产阶级。巴西著名经济学家E.丰塞卡(Eduardo Giannetti da Fonseca)是这样描述中产阶级的:"他们不需要解决生活的贫穷,他们愿意努力为自己创造更好的生活,但他们又不是从解决物质问题开始的,因为他们已经有了让生活更舒适的物质资产。"总之,中产阶级既不富裕也不贫穷,而是介于两者之间。第二,拥有一份稳定的工作。中产阶级不必像穷人那样糊口度日,频繁地更换工作。中产阶级要维持上述这种水平的收入,需要一个正式的长期工作,要有月薪和分红。第三,中产阶级是社会的中坚力量。一方面,他们是民主体制的秘密武器,他们保卫社会价值观、缓和政治极端主义、在政府法令面前捍卫理性;另一方面,又是经济增长的引擎。可以说,惟有"中产阶级才是经济增长的真正原动力"。①

但是,近年来,尤其是在次贷危机和全球金融危机爆发以来,那些原本被人们视为社会稳定基础的中产阶级,如今却表现有些"异常"。在西方,中产阶级由于成为危机中"最受伤害"的群体而变得有些"失控",他们成了怒火冲天的街头示威者,频繁走上街头来表达自己的绝望和抗议;在新兴市场国家,中产阶级因受益于政府和国家的"保护"而崛起,其理念和价值观越来越与西方中产阶级"大相径庭"。这些"异常"引起了西方媒体、学者的极大关注。

二、是社会稳定的基石还是走向动荡的推手?

如前所述,在一个成熟的社会里,中产阶级因经济条件较好,工作稳定,所以一直是社会的稳定器。从社会学的角度讲,中产阶级、尤其是新中产阶层的出现,无疑促进了社会阶层结构日益从原来的金字塔形转变成现在的橄榄形。由此,社会出现了均质化,并增强了社会的流动性和开放性。这些都是社会稳定的关键因素。同时,中产阶级是现有社会制度的既得利益者,他们有着轻松的工作环境、丰裕的生活、较高的社会职业声望,因而总体来说,他们对现存的社会秩序也是比较满意的,"实际上,中产阶级与稳定的关系,颇似富强与稳定的关系一样,一支庞大的中间阶层队伍犹如普遍富裕一样,是政治上的一支节制力量。"②

但是,近年来,由于受到次贷危机和金融危机的连续打击,西方中产阶级越来越走向极端,表现出对现行政策的强烈不满。中产阶级的抗议浪潮波及美、欧、日等西方国家。西方中产阶级的愤怒从2009年就开始凸现,该年4月在伦敦举行20国集团峰会前夕,英国数以万计的中产阶级走上街头示威,要求政府严格监管金融高官以及其他

① "The middle class in emerging markets", From *The Economist*, Feb. 12, 2009.

② S. P. 亨廷顿:《变革社会中的政治秩序》,上海三联书店1989年版,第264页。

希腊的经济危机引发了中产阶级一系列的抗议示威

暴利获得者,保护中产阶级的工作机会和社会利益。2010年3月以来,席卷欧洲的大罢工更是一浪接着一浪,先有希腊250万人的全国大罢工,使得希腊机场、火车站、港口、银行和学校等服务设施几乎瘫痪,甚至国家通讯社也加入了罢工;紧接着意大利多个城市因示威陷入停顿,这场号称有100万人参与的罢工示威,呼吁政府降低税收;之后,英国空乘人员也展开了7天大罢工。署名查尔曼(Charlemagne)的英国专栏作家,在英国《经济学家》发表的一篇题为"仔细瞧瞧到底谁在欧洲罢工"的文章称,这一系列罢工和抗议的主角并不是"久经失业考验"的下层民众,而是公务员、国企员工、公共部门职员等中产阶级。该文指出,金融危机影响了各国中产阶级的生活,他们的工作曾经被认为是在经济衰退中令人羡慕的特权,他们的工资和补贴曾是很多人梦寐以求的东西,如今,为了不失去这些,他们却只能选择走上街头抗争,因为"他们是根本承受不了失去这份工作的人"。①

美国近期也出现两个火爆的政治团体:"战神"和"茶党"。前者是美国的"美国中产激进派"(Middle American Radicals),称呼的缩写"MARs",意为"战神";后者是"税征得够多了"(Taxed Enough Already),这句话的英文首字母拼起来的单词就是"TEA"。该英文单词意为"茶",故称之为"茶党"。该名字的另一个含义可以追溯到1773年美国民众反抗英国政府对殖民地的不公平税收政策,而引发的著名的"波士顿倾茶事件"。它们的观点非常激进,表达了中产阶级对现实的愤怒和反抗情绪。它们认为,美国债台高筑,但政府却把"扶助"的重点放在了那些华尔街的金融大鳄身上,这使得美国最主要的纳税群体,即中产阶级受到伤害,以至于忍无可忍。它们的种种诉求也越来越受到民众的追捧。《华尔街日报》的一项联合调查表明:有41%的美国成年人对"茶党"看法积极。美国民调机构拉斯穆森的调查数据显示,如果现在举行大

① "Take a close look at who is on strike in Europe", From *The Economist*, Feb. 25, 2010.

选，一个假定的茶党候选人甚至能够击败民主党候选人。“美国之音”日前的一篇文章担忧地说：“很多对美国中产阶级至关重要的‘物质’正在变得遥不可及，有可能最终摧毁美国的核心价值观。”

即使是在日本，占人口比率高达90%的中产阶级曾经非常安于现状，所以社会总体意识保守且安稳，但是最近也在酝酿骚动。在一本名为《2010年中流阶级消失》的畅销书中，作者田中胜博称：“2010年日本将出现10%的富人和90%的穷人的大分裂，中产阶级将消失，日本人面临历史上最大的歧路。”另有日本学者鼓吹，想要日本发生根本的改变，只有至今为止默默承受的中产阶级愤怒起来。的确如此，次贷危机和全球金融危机已经使中产阶级分化，数百万曾经被贴上“中产阶级标签”的人如今不得不依靠公共救济度日，这些“新穷人”可能永远都回不到中产阶级的生活。

中产阶级的愤怒或动荡，让西方世界担忧。瑞典《经济学》杂志刊登了一篇题为“中产阶级，从稳定力量到破坏的源头”的文章。文章称，无论是学术界还是政治界，长期以来都把中产阶级看作社会稳定的力量，但事实上，现在他们开始成为破坏社会体系的源头。美国一些媒体也分析称，中产阶级已经不是对政府的一项政策不满，而是对政府的每一项政策都不满的群体。他们也不再像过去那样，相信“舆论的魔力”或“选票的力量”，而更加相信“真正属于自己的力量”——更为激烈而直接的社会抗争。专门研究暴力组织的美国“南部贫困法律中心”近期公布的报告显示，自B.奥巴马上台以来，美国国内的极端组织数量由149个猛增到512个，增加了244%，其中包括127个民兵组织。①

西方这些曾经作为社会稳定基石的中产阶级，现在愤怒起来，并越来越走向极端，其原因显然是由于相比社会其他两极，中产阶级在这场全球衰退中受到的冲击更大。尽管富人在资产和金融市场上受到的损失最多，但由于他们资产更多，种类更全，因而抗击能力也相应更高。而对穷人来说，世界市场遥不可及，贸易又与己无关，贫穷让他们减少了在全球化中获益的机会，但也让他们免受过多损失。正如英国《经济学家》杂志在标题为“20亿新兴资产阶级”的文章中所作的分析那样：“对那些收入处于底端的人来讲，他们没有太大的下降空间。但如果你努力攀登并加入到中产阶级行列，却面临着滑落回到贫困的可能，那又会发生些什么呢?”文章从历史的角度喻示着中产阶级会做出些极端激进而又与众不同的事来：在19世纪的英国，新崛起的中产阶级以和平方式进行鼓动，争取投票权；在20世纪90年代的拉美，新崛起的中产阶级支持民主；但在20世纪30年代的欧洲，中产阶级支持法西斯政权；在20世纪80年代的拉美，中产阶级最初还支持通过政变上台的军阀。该文最后指出，如果今天25亿新兴中产阶级的愿景破灭，他们将会走向何方，没人能给出确定的答案。如果这场经济衰退只持续1至2年，这些人还能够在阵痛和节俭中熬过来。但随着经济的大衰退，中产阶级前景

① 《环球时报》2010年3月15日报道“西方担心中产阶级成‘动荡之源’”。

受挫,他们会对此做出反应,这种反应可能会改变历史走向,至于如何改变还难以预料。持续的经济衰退也同样可能会影响到发展中国家的民主和政治稳定进程,一旦安全风险过高,后果将难以想象。[①]

三、是民主的堡垒还是"专制强权"的拥护者

遵循欧美历史的发展逻辑,中产阶级应该成为建设和巩固民主的中坚力量。有关中产阶级和民主的关系,历来为西方学者所津津乐道,甚至被看作是民主化中唯一最重要的力量。早在古希腊时代,亚里士多德就在他的《政治学》一书中阐述了中产者对推动民主进程的关键作用。他认为,富人和穷人建立的政权都具有不稳定性,唯有以中产阶级为基础才能组成最好的政体,这种政体为 Politia,也即法治民主制。[②] T. 马尔萨斯也认为:"如果我们能找到一种减少两极(即富人与穷人)、扩大中产阶级规模的政府模式,我们毫无疑问要采纳这个模式。"美国史学家 B. 摩尔(Barrington Moore)甚至直截了当地说:"没有中产阶级就没有民主。"[③]

J. 柯兰齐克

过去的20年里,新兴市场国家蓬勃发展,由此推动了中产阶级数量飞速增长,据英国《经济学家》文章估计,1990年中产阶级数量占发展中国家人口的三分之一,现今这个比例已经超过一半。[④] 然而,预期的民主浪潮并未随着中产阶级人数的不断扩大而涌来,甚至出现了某种程度的衰落。2010年3月,《新闻周刊》刊登了美国外交学会研究员 J. 柯兰齐克(Joshue Kurlantzick)的题为"民主是如何消亡的"一文[⑤]。该文援引美国自由之家的统计报告称,在2005年,有9个国家经历了民主政治的倒退;在2009年,"非洲、拉美、中东和前苏联40个国家"的民主衰落了,举行选举的民主国家的数量跌回116个,是1995年以来数量最少的。新兴市场国家民主衰落的原因何在?对此,J. 柯兰齐克做出了具体分析。

首先,他认为,金融危机使民主魅力下降。"对许多发展中国家的中产阶级来说,民主的传播是与资本主义的传播联系在一起的,因为其中许多国家在接纳政治自由的

① "The middle class in emerging markets", From *The Economist*, Feb. 12, 2009.

② 亚里士多德:《政治学》,商务印书馆1965年版,第447页。

③ "The other Moor's law", From *The Economist*, Feb. 12, 2009.

④ "Burgeoning bourgeoisie", From *The Economist*, Feb. 12, 2009.

⑤ "How democracy dies", By Joshue Kurlantzick, From *The Newsweek*, March 12, 2010.

同时也会开放经济。随着经济危机使人们的收入减少，许多人认为经济之所以陷入低迷在一定程度上都是民主惹的祸。”由此，新兴市场国家的中产阶级不热衷于民主也就成为必然。多米尼加总统 L. 费尔南德斯在 2008 年拉美领导人峰会上表达了类似的见解：“对这个地区（拉美）民主前景的期待将成为泡影，因为民主未能促进经济繁荣。”

其次，他认为，民主选举上台的政府未能实施或延续民主，也未能阻止贪污腐败滋生，这让民众感到失望。由于“许多发展中国家中产阶级活动人士对这些选举产生的独裁者感到失望，对年轻的民主国家发生的贪污受贿行为感到灰心，对政治冲突和民族宗教分裂无能为力，如今，他们甚至渴望回到过去的独裁统治时期。”例如 20 世纪 90 年代的泰国，曾被认为是世界上最富前途的年轻民主国家，但是，由于泰国中产阶级城市居民对民主选举上台的前总理他信滥用权力深感失望，担心他会抛弃他们而授权给穷人，于是中产阶级没有采用民主的程序与他信对抗，而是通过关闭政府机构和发动军事政变等极端手段来破坏民主。泰国精英阶层最终得到了他们想要的东西：他信流亡海外，他的反对者当权，但泰国的民主也被摧毁了。泰国中产阶级用军事手段和其他独裁手段使民主倒退，剥夺了穷人的公民权，又引发了新一轮的“红衫军”暴力抗议活动。在菲律宾，上一代人曾为打倒独裁者马科斯而聚集在一起，而马尼拉的中产阶级为了将经民众选举上台并受到穷人爱戴的 J. 埃斯特拉达赶下台又再次聚集，在 J. 埃斯特拉达下台后，同一批中产阶级抗议者中的许多人又试图将 G. 阿罗约赶下台。在伊拉克，许多人曾对萨达姆倒台后的生活抱有很高期望，然而对民主的支持很快就下降了，伊拉克中产阶级目睹了政局混乱和政治内讧，“许多伊拉克中产阶级开始渴望重新出现一位独裁统治者，即便是像萨达姆那样残暴的统治者。”非洲的毛里塔尼亚和尼日尔最近发生的军事政变都受到城市中产阶级欢迎，而亚洲民主动态调查的数据显示，许多受调查者对他们的民主制度感到不满。学者张佑宗等人在“亚洲的独裁怀旧”一文中说：“独裁主义（在亚洲）获得的支持者越来越多，而不是越来越少。”尽管普京在俄罗斯废除了大多数民主制度，但他在中产阶级和其他人群中享有高得惊人的民意支持率。民调显示，大约 80％的俄罗斯人对普京的表现感到满意，西方的领导人恐怕做梦也没有这样的民意支持率。

简言之，J. 柯兰齐克就“为什么新兴市场国家出现民主衰落?”这一问题得出结论：一方面是由于民主未能促进经济繁荣，没有给中产阶级带来福祉；另一方面是由于这些年轻民主国家的领导人未能认识到，自由社会的民主制度需要有强大的制度、执政党的坚定反对派以及妥协的意愿作保障，因而他们在通过民主选举获得权力后，往往会利用权力工具主宰国家，并把好处分给支持者或自己所属的部落。此外，小布什政府将伊拉克战争与促进民主联系在一起，也玷污了许多人，尤其是中东人对民主化的看法。

对于这个问题，英国《经济学家》甚至有文章认为，中产阶级有时候还助长最野蛮的暴力。肯尼亚可能是东非最典型的中产阶级国家，但这并未妨碍它在 2008 年初陷入可怕的部落冲突。斯里兰卡和印度泰米尔纳德邦是南亚两个中产阶级最发达的地区,但泰米尔中产阶级资助恐怖组织泰米尔猛虎,而僧伽罗中产阶级却为斯里兰卡武装力量对猛虎组织的残酷进攻大喝其彩。因此,发达的中产阶级并非民主制的充分条件,也不是必要条件。①

四、东西方中产阶级的价值观是走向趋同还是存在差异

高盛公司经济学家J.奥尼尔表示,新兴市场国家中产阶级的崛起已成为"10年最重要的事件",20年内,他们将在全球消费力方面超越西方中产阶级。据估计,仅2009年就有7 000万人加入中产阶级的队伍,他们的年收入在6 000美元至3万美元之间。摩根士丹利公司亚洲区总裁S.罗齐认为,在5年至10年内,光是亚洲新兴市场国家的中产阶级就能填补过度消费的美国消费者留下的空白。在西方中产阶级深陷债务危机之际,许多西方人士都将新兴市场国家的中产阶级视作全球安全与繁荣新时代的潜在基础。随着中国、巴西、俄罗斯、土耳其、印度、印尼以及其他发展中国家越来越繁荣,西方人甚至认为:"它们会变得更像是华盛顿或者伦敦的郊区——变得自由、民主、注重市场,成为西方消费主义及政治自由的堡垒;而且随着时间的推移与财富的积累,'他们'会变得与'我们'一模一样。"

R.福鲁哈尔

真的会这样吗?美国《新闻周刊》资深编辑R.福鲁哈尔(Rana Foroohar)发表"可怕的新富"②一文指出:"趋同的收入水平却未能产生共同的价值观,事实上,'他们'不会变得与'我们'一样。新兴市场国家的中产阶级价值观的新特征在许多方面与明显反西方的民族主义交织在一起。……新兴市场国家的中产阶级是一种矛盾的集合体:他们大声发表意见,却很少参与政治交锋;支持全球化,却有高度的民族主义倾向;对自己国家不断上升的势头感到自豪,却缺乏安全感,并担心自身出现倒退;极具个人主义,却依赖政府补助,而且往往是社会保守派。许多有抱负的精英似乎愿意让现政权——无论是专制政府还是民选政府——掌控政局,只要它们能带来经济增长的好处。"例如,巴西中产阶级非常赞同国家进一步掌控石油并驱逐贪婪的外国公司,而印尼伊斯兰保守势力的崛起也得到了中产阶级的支持。2009年皮尤研究中心对全球中产阶级进行研究后发现,中产阶级基本上是支持

① "The other Moor's law", From *The Economist*, Feb. 12, 2009.

② "The Scary New Rich", By Rana Foroohar, From *The Newsweek*, March 6, 2010.

言论自由以及竞争性选举这样的民主思想的，但皮尤研究中心与其他研究专家也认为："中产阶级（尤指新兴市场国家）通常也愿意牺牲这些理想来换取繁荣。他们刚刚摆脱贫困，不愿承担过多的政治风险。在巴西和俄罗斯，中产阶级更关心的是免于饥饿的自由，而不是言论的自由，并且几乎不相信任何民主制度。"即便是在西方认可的"民主国家"，新富阶层也与西方中产阶级存在较大的观点分歧。在土耳其和印尼，许多中产阶级都是穆斯林，他们的确选择了选举制，但同时也带上了伊斯兰头巾。

尤其重要的是，近10年来，崇信政治自由是经济自由前提的西方观点已经在东方失去了信誉。由于西方在经济与政治上的影响力日渐衰落，而东方模式开始带来繁荣与稳定，东西方之间关系越来越紧张。比如，相比10年前，如今有更多的俄罗斯人支持"强有力的领导人"而非"民主"，因为苏联解体后俄罗斯人的生活水平急剧下滑。俄罗斯的新中产阶级之所以成为普京—梅德韦杰夫联盟最坚定的支持者，原因很简单，即他们最大的利益得到保障。而在巴西和中国这两个成功渡过金融危机的国家，越来越多的人认为，他们不需要外界来教他们如何构建自己的社会。由于大部分新兴市场国家目前的繁荣，使这些国家的领导人将会越来越多地按照自己国家的情况对西方模式进行改变。只要中国与巴西这样的国家一直运转良好，强化而非削弱政府的控制将得到大部分中产阶级的支持，并可能成为通行的做法，而南非、土耳其等新兴市场国家也会积极地仿效。由此，国外学者认为："新兴市场国家的中产阶级有可能与西方中产阶级发生越来越多的争执。"

那么，新兴市场国家的中产阶级最终会不会与西方中产阶级殊途同归？R.福鲁哈尔认为，目前仍难以预料，因为"新兴中产阶级受到既自豪又不安的复杂心理所驱使"。以巴西为例，近30%的新兴中产阶级都在非正规市场中谋生，收入很不稳定，缺乏社会保障网络，创业机会有限。许多人是通过借贷的方式来达到较高的生活水准的，这也是为什么有53%的中产阶级说自己生活在恐惧之中的原因之一。在R.福鲁哈尔看来，鉴于新兴中产阶级十分不稳定，他们影响政治变革的能力也具有不确定性。目前，他们既缺乏西方中产阶级的传统价值观，也不具备他们所具有的社会功能。因此，"一些新兴市场国家中的穷人将成为推动社会变革的更强大力量。发展中世界新涌现的消费人群也许在收银台上释放了巨大的新能量，但他们不太可能成为推动政府改良、扩大自由、打击腐败以及提升经济自由度的力量。要成为'我们'，'他们'还有很长的路要走。"

国际人才流动的新趋势
——"人才流失"研究范式的转换
New Trends of International Talent Flow: The Paradigm Shift of Brain Drain Study

高子平

上海社会科学院信息研究所　副研究员

自20世纪60年代以来,随着人才(人力资本)在经济发展中的地位与作用日益凸显,国家间的人才流动,尤其是"人才流失"现象引起了相关国家政界和学界的高度关注。在不同的发展阶段,国际人才流动的方向、方式和方法各异,因此在研究"人才流失"问题的角度、思路、方法、技术路线等方面,也存有诸多差异。近年来,国际人才流动格局正在发生深刻变化,传统的"人才流失"研究范式正向人力资本范式转换。

一、冷战时期的国际人才流动

二战以来,随着经济活动的知识技术含量的不断提高,人才的地位与作用也不断凸显。但在全球冷战的特定历史背景下,人才流动尤其在不同利益诉求和价值取向的国家之间的流动,已经不是单纯的生产要素流动行为,而是凝聚了经济、政治、意识形态等多重成分,对这一问题所形成的研究范式也不例外。纵观冷战时期的国际人才流动,有以下几点值得关注:

1. 国际人才流动被赋予了浓厚的政治色彩

在冷战背景下,国际人才流动在很大程度上被视为一种政治行为抑或可能会产生重大政治后果的行为,人们惯于从意识形态的视角看待这一问题。而视其为生产要素,以及作为个体决策结果的基本特征,则或多或少地有所模糊。发展中国家由于刚刚获得国家独立或民族解放而急需使用人才,同时也急需通过一些人才的回流,证实新政权的吸引力并增强民族凝聚力,强化国族认同。如我国在1950—1952年的留学生回流率超过了65%,这是我国历史上回流率最高的时期,影响深远。与中国相似,为了建设新国家,很多科技精英舍弃发达国家的各种优越条件,甘受清贫,在爱国热情和崇高理想的驱使下,为新独立国家殚精竭虑。

相应地,国际社会对人才的争夺也更具有政治和意识形态斗争的色彩。西方发达国家为了推动经济发展和技术进步，同时也为了证明资本主义不会被“埋葬”而想方设法吸引各国科技精英，其中很重要的手段就是资助外国学生留学，并截留其中的优秀分子，同时输出自己的意识形态，美国在这方面最为成功。相反，苏东阵营主要从意识形态和政治利益诉求出发，为发展中国家培养大批人才后，一般都促其回国效力。发展中国家介于两大阵营之间，尽管希望利用两极对抗为本国经济社会发展培养一些人才，或者力图置身于两极格局之外，但普遍无法回避巨大的经济落差和普遍差强人意的政治现实。因此，当建国初期的政治热情和感恩心理逐渐淡漠之后，人才向发达国家单向流动的趋势进一步增强，而且不仅仅是出于经济动因，很多带有明显的政治目的或迫不得已的政治原因。发达国家则利用所谓的“政治庇护”、“文化交流”等一系列名号，辅之以奖学金、宽松的签证政策、移民许可等，加大了对发展中国家人才的吸引力度。跨国人才流动的政治与意识形态色彩非常浓厚。

2. 发展中国家是最主要的迁出地

尽管身处两极对峙的国际格局中，但东西方阵营之间的相对封闭大大缩小了相互间人才流动的规模，“柏林墙”阻隔了大部分的技术交流与人员交往，保证了东方阵营人才队伍在一定时期的相对稳定。随着亚非拉民族解放运动的如火如荼，以及很多新兴国家在建立民族主义经济体系和强化国家认同过程中屡屡试错，大批心灰意冷的专业技术人才开始淡化建设祖国的激情和初衷，试图迁往资本主义发达国家，并逐渐形成了当时南北关系中的另一道全新的风景线。以非洲为例：从 20 世纪 60 年代开始，在乌干达、索马里、赞比亚、埃塞俄比亚等国，很多大学生、专业技术人员迁往南非、博茨瓦纳、肯尼亚和西欧北美。70 年代后，非洲的技术人才外迁现象更趋严重，尤其 80 年代之后，随着南非国内情势的急剧变化，非洲精英阶层以北美、西欧为目的地的技术移民比例大大增加。据统计，非洲国家于 1985 年至 1990 年间流失了 6 万名科学家、医生、工程师和科技专家，其中 80 年代在加纳受训的医生有 60％移居外国[①]。

3. “人才流失”[②]作为专门用语的诞生

当然，发展中国家人才外迁的规模及比例各异。但从总体来看，中国、印度等人口大国外迁人才尽管规模可观，占本国人才的比例却不大，石川(Ishikawa，1996)曾对经济规模与人才流失之间的关系进行过专门探析。事实上，恰恰是很多小国深受其害。在英国曼彻斯特从业的加纳裔医生、护士比加纳全国的医生、护士人数还多。波多黎各每年超过 75％的大学生直接前往美国求职，牙买加的这一数字更是长期高达 80％。

① 王和兴：《论当代南北关系十大问题》，《国际问题研究》，2003 年第 1 期。

② Brain Drain 在汉语中的译法较多。这里需要说明的是，与近代社会科学研究中的很多外来词汇不同，Brain Drain 的汉字表达并非传自日本，而是在 20 世纪 60 年代，由中国学者直接根据英文意境和内涵翻译而来，比较直观地反映了当时中国学者对这一问题的鲜明立场和价值取向。目前，使用频率较高的译法主要有人才流失、人才外流、智力流失和脑流失 4 种。

国内人才如此大规模流往国外,已经不是简单的生产要素流动问题,而是非常严重的国际问题,被统称为"Brain Drain"(人才流失)。

事实上,"Brain Drain"起初并非用来描述发展中国家的人才外迁现象。从20世纪50年代末开始,英国科学家和工程师源源不断地流向美加地区。尤其是英国著名化学家J.波普尔移民美国,并在那里获得了诺贝尔化学奖。由于他的离去,英国议会甚至提出了不信任案,险些迫使政府倒台。针对这种新现象,英国皇家科学院最早使用了"Brain Drain"(人才流失)一词。但是,大西洋两岸之间的人才流动只是西方阵营的"家务事",并未引起国际社会的广泛关注。相反,"Brain Drain"逐渐衍变为描述发展中国家人才跨国流动现象的时髦用语,泛指新独立的发展中国家具有劳动技能的人才向国外(主要是指西方工业发达国家)迁移的现象,主要包括以下两种类型:一是所谓的过渡性流失,最终还要择期回国;二是所谓的永久性的人力资本外逃,从而导致一国人力资本存量的减少和经济发展能力的降低。

二、"人才流失"研究范式的形成

如前所述,在特定的冷战背景下,跨国人才流动不仅具有一定的规模性和方向性,而且被赋予了浓厚的意识形态内涵,以至于概念的界定都超出了专业范畴,并最终催生了"Brain Drain"研究范式。

1. Brain Drain的概念界定

就语义而言,"Brain"指的是任何技术、能力或者作出某种贡献的潜质,而"Drain"所强调的是专业技术人才的流出超出了所谓的"正常"水平,或者说,超过了某种心理预期。无疑,"Brain Drain"准确地描述了一种形势紧迫,甚至有点耸人听闻的意境,用来描述人才从发展中国家(或者说:相对落后国家,LDCs)向资本主义发达国家(或者说:西方发达国家)单向流动的现象,这显然隐含着某种贬损与批评之义,从而引发了学术争议①。为此,The New Palgrave等权威性英文词典甚至曾一度不愿收入该词,②而发生在北大西洋两岸之间的人才流动却被视为常规性人才流动。因此,在当时的主要文献中,尤其是赫希曼(Hirschman)、米尔达(Myrdal)、佩鲁(Perroux)、沃勒斯坦(Wallerstein)等人的文章和著作中,普遍认为迁入国(主要是发达资本主义国家)能够通过人才流入,获得技术层面的额外收益,减少本国的人力资本投资成本。尽管这些

---

① Thomas. Brinley: International Movements of Highly Trained Manpower, London: Demographical Conference of 1969, Mimeographed, p. 2.

② Pierpaolo Giannoccolo: The Brain Drain: A Survey of the Literature, Spain: Marine Curie Training Fellowship at University Autonoma de Barcelona, 2004.

观点是在20世纪50年代提出的,旨在对发达资本主义国家剥削发展中国家的行径进行道义谴责和学理层面的揭示,带有一定的意识形态偏见,甚至有某些苏东地区的学者推波助澜[①],但一个基本事实是:人才在经济增长中的重要性引起了更多的、意想不到的关注。

在这一背景下,基于南北关系的逻辑架构,形成了关于"Brain Drain"的种种界定和解释。The Dictionary of Modern Economics[②] 将其定义为:受过教育的专业技术人员从穷国向相对富裕国家的迁移。随后,它进一步解释道:由于相对落后国家的教育成本低廉,而发达国家普遍面临着劳动力,尤其技术劳动力的短缺现象。这些接受过教育、拥有一技之长的人才流向发达国家,获得了相较迁出国高得多的人力资本收益。相对于那些没有接受过教育、没有技术的移民而言,这些专业技术人才要受欢迎得多,因此,无论在法律层面,还是在具体的政策层面,发达国家都非常鼓励这一类的迁移行为。A Dictionary of Economics[③] 则将其定性为:对穷国人才到相对富裕国家寻找工作的一种贬损性描述。认为这种现象之所以会出现,一种情况是:某项技术尽管在穷国和富国都需要,但后者能付出的报酬更多一些;另一种情况是:相对落后国家的经济技术发展跟不上,从而无法为培养出来的人才提供施展才能的机会和空间。当然,也有一种可能,即由于家庭关系、政治影响力或者腐败现象,使很多人才本应获得的发展机会被别人所剥夺,而在发达国家,这种现象则要少得多,就业机会更加公平一些。

有些学者或国际组织更倾向于使用"outflow of highly trained personnel"一词,以减缓 Brain Drain 强烈的贬损之意。[④]但这一词汇后来仍在国际组织和国际性会议中广泛使用,尤其是在讨论冷战时代发展中国家人才流出问题时,这一概念的使用频率远远超过了另外几个替代概念。无疑,由于 Brain Drain 被嵌入南北关系的基本架构中进行解读,难免带有苏东阵营的怂恿气息,以及新兴民族国家对西方发达国家,尤其是原宗主国的哀怨之义,集中体现在尼赫鲁总理与希思首相因非洲印度裔移民(曾经的帝国"二传手")受到排挤而引发的长期争执。

2. 人才流失的动因分析框架

20世纪60年代,格吕贝尔与斯科特(Gruebel & Scott)、贝莉与索利戈(Berry & Soligo)、H.约翰逊(Harry Johnson)等的研究表明,在相对落后国家,如果那些人才不想迁往发达国家,他们要获得特定额度的社会报酬,就必须做出比这一报酬多得

---

①④ Peter Vas-Zoltan, The Brain Drain: An Anomaly of International Relations, Akademiai Kiado, Budapest, Hungary, 1976.

② Edited by D. W. Pearce, The Macmillan Press, London, 1981.

③ Edited by John Black, Oxford NY, 1997.

多的贡献。换言之,付出与回报根本不成比例。他们借用了西方传统经济学中的“推—拉”理论,将迁出动因分为两个方面:一是“推”(Push)的因素,即人才迁出国导致人才迁出的原因;二是“拉”(Pull)的因素,即人才迁入国吸引人才迁入的原因。

第一,“推”(Push)的因素。至于“推力”,人们通常关注的是迁出国的学校教育能力缺乏、教育机构的承载能力和水平有限、教育机构与劳动力市场之间的沟通不充分、经济不稳定等。比如,很多非洲国家经常削减公立大学的教育预算,对希望获得更好教育机会的人才(或“准人才”)而言,这显然是一种“推力”。尤其是很多非洲国家自独立以来,历经杀戮与动乱,百姓难以安生。内部战乱迫使很多受过高等教育的优秀人才被迫到别国谋生,甚至沦为了难民。比如1990年,接受过高等教育后滞留在美国的非洲移民高达125 792人,仅加纳一国竟达到了12 504人。相应地,一些与迁出国有业务往来的跨国公司或其他国际性组织扮演了牵线搭桥的角色,形成了一定的技术移民网络。各种非正规的移民网络成了将迁出国的“推力”转化为迁入国的“拉力”的重要平台和通道。

第二,“拉”(Pull)的因素。至于“拉力”,主要体现在迁入国更为尊重人才的个人地位和专业特质,对受过较好教育的移民实施政策倾斜,迁入者的子女能获得更好的教育机会,政治比较稳定,工作过程中比较有安全感等。例如,澳大利亚、加拿大、美国、新西兰等国一直采取积极政策,征召更多的外国人才,填补人口老龄化等导致的人才缺口。当然,在经济学家的眼中,人才流失的潜在动因可以解释为对净收益的预期。通常来看,至少有两个方面的潜在经济收益促成了人才流动。首先,是一般意义上的劳动力市场收益或收入。在肯尼亚,普通医生的月收入在250美元上下。如果他迁往南非共和国、美国或英国,这一数字可能要翻30倍;其次,是雇佣状况。在迁移决策中,要么考虑到经济收入较高的国家或地区,要么就是寻找就业机会较多的国家或地区,因为迁移本身不是目的,迁移的过程往往就是寻找工作的过程,或者说是人才重新配置的过程。在非洲大陆,高水平的科技类研究生很少能获得施展才华的机会,甚至连找工作都困难。

但是,收入差异本身不足以促使发展中国家的专业技术人才作出移民决定①,还必须考虑到劳动力市场条件、迁出国和预期迁入国的移民法及政策、移民网络以及金融限制等。从总体上看,20世纪60至70年代围绕人才流失所展开的争论普遍认同以下

---

① Kuzvinetsa Peter Dzvimbo, The International Migration of Skilled Human Capital from Developing Countreis, World Bank, HDNED, a case study prepared for a Regional Training Conference on *Improving Tertiary Education in Sub-Saharan Africa: Things That Work*, Accra, September 23 - 25, 2003.

两点：世界体系中的政治经济发展不平衡是造成人才流失的根本原因[1]；发展中国家向发达国家的人才流失是经济、政治、社会、文化、语言甚至宗教等诸多因素交互作用的结果。本着这一基调，西方学术界还研究了国际组织在人才流失过程中扮演的角色、社会及移民政策与人才流失的关联性等，并从西方人权的理念出发，对当时一部分国家过于严厉的移民政策进行了批判。

3. 人才流失的主要后果

人才流失对发展中国家造成的后果是毋庸置疑的，早期的相关分析通常从政治诉求、意识形态、经济增长、社会发展、教育投资 5 个角度出发，研究结果的差异性非常显著。一般来说，重点关注两方面的影响：

第一，关于人才流失与社会福利的关系。人才流失对迁出国人民社会福利的影响直接体现在国家年度统计数据之中。因此，20 世纪 60 年代初期，好几份研究报告都分析了这一问题，如舒尔茨（Schultz，1959，1960）、斯贾斯塔德（Sjaastad，1962）、韦斯布罗德（Weisbrod，1964）、鲍温与迈尔斯（Bowman & Myers，1967）、布登霍夫（Bodenhofer，1967）、加尔通（Galtung，1967）、贝莉与索利戈（1969）、渡边（Watanabe，1969）、H. 约翰逊（1969a，1969b）等。到了 70 年代，对这一问题的研究进一步增加。斯科特（1970）则较早地提出了运用人力资本理论分析人才流失问题。当时，巴格瓦蒂（Bhagwati）是这一领域最杰出的代表，他与哈曼蒂（Hamada，1974）、罗德里格斯（Rodriguez，1975）等人共同完成了一系列的调研成果。1976 年，在联合国全体会员国大会上，"人才流失对福利的影响"成为讨论专题。这意味着"人才流失"已经成为国际学术界广泛关注的敏感问题。

第二，关于人才流失与教育的关系。由于认识到了人才流失与国民财富增长之间的密切关系，很多学者开始调查人才流失现象对迁出国教育的影响。在 20 世纪 60—70 年代，对这一问题进行专门研究的是布登霍夫（1967）、帕丁根（Patinkin，1968）、H. 约翰逊（1972）、汤普逊（Thompson，1974）、斯瑞丁（Streeten，1974）、哈斯（Haas，1975）、罗德里格斯（1975）。其中，H. 约翰逊分析了人才流失严重的发展中国家与西方发达国家之间的技术差距，斯瑞丁则进一步探讨了迁出国技术进步与经济发展之间的关系，而哈斯提出了一个天才的设想：通过构建国际科技合作的理想框架，淡化人才流失的技术后果。到 20 世纪 80 年代，雷本斯（Reubens，1983）专门建立了相对落后国家人才流向发达国家的国际迁移模型；布洛姆奎斯特（Blomqvist，1986）、金德尔伯格（Kindleberg，1986）都分析了教育投资可能带来的经济回报，以及人才流失导致的经济

① Portes，A.（1976）Determinants of the Brain Drain. In Kubat，D.（ed.），The Politics of the Return：International Return Migration in Europe. Centre for Migration Studies New York，pp. 269 - 275.

损失。由于教育后果只是人才流失带来的附带后果,因此,很多政策建议的操作性不强。

4. "人才流失"的应对之策

(1) 严格限制人才流出。通过严格限制专业技术人才的对外交流和交往,力图从源头上进行控制,主要的办法有:第一,凡是在国内有较先进的研究设备的领域,不允许通过交流到国外去做研究,不批准此类人员出国所需的外汇;第二,使用官方渠道得到奖学金的留学人员,要保证学成后回国,不仅要缴纳巨额保证金,有保证人代为承担责任,甚至需要以亲属做抵押;第三,不允许参加发达国家举办的职业资格考试,比如:美国教育委员会在印度举办为印度医学毕业生专设的一项考试,该项考试的合格证明是作为医生在美国求职的必备条件;第四是不允许紧缺类的科学家随意长期移居国外,只允许那些需要进行某些方面深造的人员出国。[①] 然而,"从实施效果来看,限制措施普遍难以得到有效的执行,它甚至造成了一部分外流人员因付出过度的外流成本而一去不复返的现象,堵死了外流人员回流的可能"。[②]

(2) 征收人力资本"流失税"。在冷战时代,印度、菲律宾、墨西哥等国当时的高等教育比较发达,往往都是在大学、甚至研究生毕业之后迁往发达国家,而不是赴国外留学。教育成本中有很大一部分是由公共财政承担,而这些公共开支来自广大的纳税人。能否通过迫使流失者缴纳赋税的方式减少迁出国的损失?为此,很多学者提出要求迁出者继续向迁出国(母国)缴纳税收。在这一背景下,巴格瓦蒂提出了著名的"人才流失税"(Brain Drain Tax)概念。根据他的观点,一方面这种"税"可以减小迁出国的人才流失规模,减少那些"随心所欲地背弃祖国"的现象;另一方面也可以对迁出国教育预算的损失做某种意义上的补偿。当时,围绕着这一颇具理想主义的解决方案,在巴格瓦蒂与德拉法尔(Dellafar,1973)之间,以及巴格瓦蒂(1975,1976a,1976b)与滨田文子(Hamada,1977)之间,展开了一场激烈争论。

实际上,它所讨论的是谁有权向流失者征收所得税、分享这一部分人才的经济贡献的问题,究竟是迁入国,还是迁出国?但执行的难度可想而知,一是因为这属于跨国迁移,而各国的税制不同,并且存在着利益诉求的差异;二是迁出国根本无权对其他主权国家境内的居民征税。正如印度学者所指出的:"无论是改变移民和学生出国签证的国家法律,还是通过征收移居税,这样做的结果很可能毫无效果,并且会付出高昂的管理代价,并损伤个人自由。"[③]但奇怪的是,很多学者都有意无意地倾向于巴格瓦蒂的

① 刘汉昌:《印度防止科技人才外流的对策及效果》,《科研管理》,1997年第9期。

② 钟水映:《人口流动与社会经济发展》,武汉大学出版社2000年版,第273页。

③ [印] S. K. 乔朴拉主编:《人才流失及其逆转》,哈尔滨船舶工程学院出版社1992年版,第133页。

建议。

(3) 自由主义的政策倾向。还有一种观点认为,人才流动主要是人才个体的选择,尽管给迁出国造成了一定的经济社会成本,但需要淡然处之。R.甘地认为:"即使一个印度科学家、工程师或者医生在50岁或60岁回国,我们也并没有失去他们。我们把这种人才外流看成正在积攒利息、等待印度提取的智慧银行。"但这种"智慧银行"虽然可以降低迁出国的社会成本,却无法被纳入公共决策的考量范围。更严重的是,绝大多数的流出者都选择了永久性定居发达国家。因此,这种观点实际上回避了应对人才流失现象的紧迫问题,而只是表达了某种观念或偏好。但是,它提出了一个更为现实的命题:既然无法阻止,能否因势利导?

三、超越"人才流失":国际人才流动的新态势

自冷战终结以来,信息化、全球化、经济知识化浪潮全速推进,人才的经济、技术意义进一步凸显,传统的人才概念开始向人力资本转化,人力资本国际流动逐渐趋于常态,并伴随着全球人才大争夺。国际人才流动出现了一系列的新动向,需要重新审视。

1. 发展中国家和地区的"人才流失"出现了新形式、新趋势

首先,发展中国家出现了人才的"本土性流失"。在经济全球化进程中,大批跨国公司在发展中国家重新布阵,不仅控制了当地相当大的市场份额,同时推行研发和生产本土化战略,利用先进的设备、优厚的待遇、完备的管理和充裕的科研经费,直接在当地吸收东道国的优秀人才。这就意味着以往限制出境的一系列措施全部失效。

其次,一部分转轨成功的国家和地区迎来了人才回流,集中体现在中国大陆、韩国、中国台湾、新加坡等地。冷战时期的"人才流失"曾使很多发展中国家束手无策,但近年来,随着一部分发展中国家和地区市场经济改革的成功,内部经济增长和社会发展环境不断优化,后发国家逐步探索到了扭转"人才流失"颓势的内在规律。据统计,当新兴经济体人均GDP达到3 000美元时,人才跨国流动便进入了新的拐点,开始出现一定规模的回流,而不再是单向度的流出。韩国经济增长率与人才回流的情况,见表1。

表1 韩国经济增长率与人才回流

时期	经济增长率	人才回流
"一五"时期(1962—1966)	7.8%	单向度流出,极少数学成后回国
"二五"时期(1967—1971)	10.05%	
"三五"时期(1972—1976)	11.2%	

续 表

时 期	经济增长率	人 才 回 流
“四五”时期(1977—1981)	5.7%	90%左右的出国留学人才不归
“五五”时期(1982—1986)	10.01%	小规模的人才回流
“六五”时期(1987—1991)	10.0%	人才回流规模不大,1991年迎来拐点
“七五”时期(1992—1996)	7.5%	出国留学人才开始大批回流

2. 前苏东转轨国家的人才流失引起广泛关注

冷战时期,前苏东地区一度是很多优秀人才向往的地方,并且为各国培养了大批人才。对于西方发达资本主义国家通过各种手段吸收发展中国家的人才,当时的苏东国家进行的批判也最为激烈。但是,“在1960年代和1970年代,伴随快速而不平衡的发展,那些后殖民地区的人才流失严重,科学家和工程师从南方奔向北方。在1980年代末和1990年代初,在冷战结束、有关国家的科技和工业架构解体后,引人瞩目的是科研人员从东向西出走”。[①] 据统计,自1990年以来,已有1.6万名俄罗斯科学家定居到国外,其中包括3/4的物理学家以及超过一半的数学家。如今,俄罗斯在世界享有盛誉的100名科学家已经有一半外流。据俄罗斯移民局的统计数字显示,2001年有4.6万名知识分子出国就业,2002年居然达到了9.98万。结果,如今在国外各科研机构工作的俄罗斯科研人员多达50万,其中美国的数学家有一半来自俄罗斯。[②] 2010年10月,俄裔青年科学家在国外获得诺贝尔物理学奖,甚至引起了梅德韦杰夫总统对俄国人才流失问题的关注。另据相关统计显示,保加利亚1995年就有近万名科研人员出国谋生。亚美尼亚、塔吉克斯坦等国的人才流失几乎导致了民族灾难。正如亚美尼亚社会学家阿廖琼杨所说,亚美尼亚已经流失了整整一代能够振兴国家、改革经济的人才。[③] 印度软件人才乘经济转轨之机流向西方的规模更是触目惊心,以至于在硅谷— 班加罗尔之间形成了特殊的体制外利润循环管道。

3. 发达国家也出现了常态性的“人才流失”

其实,早在20世纪60年代,西欧人才就开始向美国流动。冷战结束后,欧盟顶尖人才流失的势头反而增强。其中,英国科技人才的流失最为严重。英国皇家学会中,英籍会员现有四分之一在国外工作。英国大学毕业生海外发展的首选目标是美国、加

① [法]让·巴蒂斯特·梅耶等:《全球化与移民》,《国际社会科学杂志》(中文版),2002年第19卷,第2期。

② 高子平:《人力资本视角下的俄罗斯人才流失》,《俄罗斯研究》,2005年第4期。

③ 詹娜·扎杨柯夫斯卡娅:《独联体近期移民趋势》,《国际社会科学杂志》(中文版),2001年8月版,第116—118页。

拿大和澳大利亚，前往这3国的人数将近100万。法国每年有大约25%的大学毕业生选择到英国和美国寻求发展机会。据法国财政部估计，硅谷的法国技术人员大约有4万名，实际数字可能更高。德国学术部门的统计资料说，德国七分之一的博士毕业生前往美国寻找工作机会。在1991—2000年的10年间，共有1.5万名欧洲科技人才在美国并取得博士学位，其中71%留在美国并明确表示无回国意愿。而整个欧盟现在有大约40万高级人才在美国工作。①

在澳大利亚、新西兰、加拿大等地，纷纷出现了高层次人才外流的现象。新西兰商务部在一份关于知识经济的报告中警告：该国受过良好教育的人才以两倍于以前的速度流向智利和美国，而该国对技术人才的吸引力还比不上捷克和泰国。加拿大每年约有450名优秀医生流向美国，相当于全加每年医科毕业人数的四分之一。甚至连美国也出现了所谓的"人才流失"，2009年出炉的考夫曼基金会研究报告显示，越来越多的技术人才开始离开美国，回到中国、印度等新兴经济体。显然，如此规模和形式的跨国人才流动现象，是传统的"人才流失"范式所难以涵盖和解释的。

四、国外学术界转换研究范式的尝试

国际人才流动出现了全新的形式和态势，促使学术界反思"人才流失"研究范式的形成背景及内在的逻辑困境，从冷战后全球化、信息化、经济知识化的时代背景出发，在修正或超越"人才流失"研究范式的基础上，跳出冷战思维的窠臼，从内生增长理论的视角出发，重新认识和分析国际人才流动问题。从总体来看，国外学术界在分析国际人才流动问题时，出现了以下几方面的积极变化：

1. 从经济学的角度出发，重新界定基本概念

在冷战背景下，"Brain Drain"一词被赋予了浓厚的政治和意识形态色彩。但从20世纪80年代末开始，关于"Brain Drain"的解释就发生了很大变化。经合组织(OECD)在1987年发布的报告中，便对"Brain Drain"作了两种界定：一是"人才交换"(Brain Exchange；中文另有译法为：智力交换)；二是"人才浪费"(Brain Drain Waste)。报告中指出：Brain Exchange是指专业技术人才在迁出国与迁入国之间的往返(或者说双向)流动行为。但是，当这种流动从双向变成了单向，或者以单向为主，便产生了Brain Drain或者Brain Grain的问题。而Brain Drain之后，一旦不能在迁入国找到发挥自身技术及工作经验的合适工作，由此产生了另一个概念，即Brain Drain Waste。随后，H.约翰逊与雷吉茨(Regitz，1998)进一步提出了新的概念：Brain Circulation，并界定为：前往国外求学，然后回国寻找更好的就业机会。他们认为，随着国家间经济联系的进

① 周峰：《遏制人才外流——欧洲面临的重大挑战》，《世界教育信息》，2005年第3期。

一步密切,各种阻隔渐趋消除,这种形式的人才流动未来将会不断增加,并且这种形式的人才流动已经被赴澳大利亚求学的马来西亚籍学生、赴美国求学的中国台湾地区和韩国籍学生所证实。即使在中国大陆和印度,也出现了越来越多的海外人才回流的积极态势。

可见,Brain Drain 及其他新概念均被赋予了经济学意义的解读,并通常被视为不可阻挡的一种趋势历史,而不再是被扭曲的某种特定现象。尤其是当 Brain Drain 扩散到了绝大多数的国家和地区,基于新兴国家强化民族认同或经济安全的分析框架也便失去了原先的合理性与必要性,Brain Drain 的概念界定也趋于技术化、专业化。Donald Rutherfor Dictionary of Economics[①] 的新定义是:外科医生、内科医生、科学家和工程师等较高资历的人从低收入国家迁往更繁荣的经济体。但它只是界定了"Brain Drain"的内涵,而没有涉足外延。因此,从 20 世纪 90 年代开始,戴维斯与伍顿(Davies & Wooton,1992)、恩格曼与琼斯(Engerman & Jones,1997)、威尔逊(Wilson,1992)、贝尔纳博(Bernabou,1993)、埃斯莫格卢(Acemoglu,1996)、卡林顿(Carrington,1996)等纷纷从经济收入的角度出发,探讨薪资待遇差异与人才流动之间的关系,所得出的结论和提出的建议也更加切合实际。P. 罗默(Paul Romer,1986,1987,1990)和 R. 卢卡斯(Robert Lucas,1988)的研究成果明确显示:技术移民的迁入可以从外部刺激经济增长。因此,越来越多的国外学者正式启用新的概念:人力资本国际迁移(International Migration of Human Capital),基于知识、技术发展的内生增长理论在这一概念重塑过程中发挥了决定性作用。

2. 从人才自身的合理需求出发,分析跨国人才流动问题

在传统的"推—拉"模型及相应的研究范式中,对外部动因(包括"推力"与"拉力")的具体构成要素分析非常全面、深刻,但始终忽略了个体性因素。"推—拉"模型主要是基于人才成长和发展的外部条件,关注的是人才自身对原有社会文化交往和经济活动的好恶[②]。但问题在于:这一模型并未对同一地区(比如:西南非)甚至同一国家的人才外迁的规模和流向等进行有价值的诠释,也没有对同一来源地的人才外迁的个体决策差异进行说明。因此,有学者直接指出:"推—拉"理论既无法解释为何迁出国往往集中在某一地区(比如:东亚、加勒比、非洲),也无法对迁移行为的微观(个体)决策进行贴切的描述。尽管其中的某些原因确实导致了人才流失,但在大多数情况下,单一的"推"或者"拉"的因素,甚至将两者结合起来,都无法说明人才流动的动因,也就无法对人才跨国流动这一复杂过程进行深层次的科学阐释。归根到底,将跨国人才流动

---

① Edited by Routledge, London, 1992.

② Hillman A., L., Weiss A. (1999), A Theory of Permissible Illegal Immigration, European Journal of Political Economy, 15, 585 - 604.

的动因归结为“推”和“拉”的因素，只是探讨了促使人才流失的外部因素。

事实上，人才在迁移决策中的自我性因素和自主性因素更为突出，原有分析框架忽视了个体层面的利益需求和价值取向，正如“推—拉”模型本身一样，沿袭了一般劳动力的分析框架，没有认识到人才自身的特质和人才流失现象的内在特性，比如：追求有助于形成学术地位的环境，追求个性的自由展示，以及个人经历的差异等。因此，艾尔·萨阿堤（El-Saati）在研究人才外流问题时指出，很多流失现象都起源于与个人有关的一些因素，包括缺乏政治觉悟、大多数研究人员往往专注于自己的科学工作而置本人生存其间的社会、政治环境于不顾，甚至不把工作中的障碍视为经济发展水平不高的症状抑或难免会出现的社会问题，而是看成是社会对自己的人身攻击或歧视①。尽管这一分析更多的是对流失者的批评，但他已经敏锐地意识到了人才自身才是跨国流动现象的真正主角，从而理应成为研究主体。

3. 新兴经济体的人才回流：新的研究热点

20 世纪 90 年代以来，韩国、中国台湾、新加坡等都出现了大规模的人才回流现象，中国大陆、印度等的人才回流规模也有所扩大，很多新兴经济体已经不再是纯粹的人才迁出国和净受损者。为此，一些西方学者开始探讨“Brain Drain”转为“Brain Gain”的条件问题，对在不确定条件下的人力资本形成过程及迁移预期，尤其是回流预期进行了考察。其中，芒福德（Mountford，1997）、多基耶与拉波波特（Docquier & Rapoport，1997）、斯塔特（Start，1998）、维达尔（Vidal，1998）等基于两个假设（信息不对称；人才不回流），较为系统地分析了技术人才流失后的劳动力市场变化。分析结果是：在落后的经济体系中，由于经济增长潜力不足，人才的大量流失会对迁出国的教育产生非常深远的消极影响。人力资本回流的可能性很小，但将对迁出国的教育产生某种刺激作用。因为流失者所获得的相对较高的经济报酬成为迁出国很多人才的奋斗目标，菲律宾的经验最为典型。随着迁出国国内经济的快速发展，国内外信息不对称的局面得以改变，由于产业能级差异、国内外制度环境不同等原因，新兴社会群体的外迁意愿进一步增强，从而出现了发展中国家经济转型中的独特景观：经济快速发展，人才快速流失！幸好这种现象能够很快得到扭转。当本国人均 GDP 超过 3 000 美元拐点时，人才回流规模将持续扩大，并最终趋于流出与流入的相对均衡。

至此，传统的 Brain Drain 研究范式也便面临着向人力资本范式转换的外部条件，从而为国际学术界提出了新的研究思路和任务。从 20 世纪 90 年代中期开始，越来越多的西方学者开始运用人力资本的分析框架，对发展中国家时常失控的人才流失问题

---

① Samia El-Saati：Egyptian Drain：It's Size，Dynamics and Dimensions，In M. Wahba，Brain Drain：Proceedings from the Second Euro-Arab social Research Group Conference，Ain Shams University Press，1979.

提出了全新的思路和研究方法。其中,斯塔克(Stark, O.,2004), C.黑尔门施泰因(C. Helmenstein,2004)对以往人才流失研究范式的反思,认为人力资本投资是经济增长最主要的动力源泉,人才流往发达国家,不仅增加了迁入国的人力资本储备,而且对迁出国的人力资本投资也具有一定的拉动作用,如果移民政策得当,完全可以实现某种程度的互利双赢;反之,在很多禁止人才流动的经济体中,人力资本形成机制不畅,增量非常有限,人力资本效率也难以提高。M. A. 德赛(Mihir A. Desai)、约翰·麦克黑尔(John McHale,2001)的研究深刻分析了发达国家移民政策向技术领域的聚焦,认为发展中国家需要在税收政策等方面重新进行政策安排,力图在全球人力资本流动中有所获益。

纵观近年来的国外研究,跨国人才流动更多地被视为全球化的一个方面,或者是信息化的一个结果,而不再置于南北关系的分析框架之中。相应地,在理论层面,主要运用人力资本的分析框架和经济学的分析方法,在民族国家经济关联性提升和国际人才流动常态化的大背景下,修正了传统的"人才流失"研究范式,并预示着全新研究范式和研究方向的逐步形成。

主要参考文献:

1. Adams, W. (ed.) (1968), the Brain Drain (NY Macmillan Company).

2. Agarwal, V. B. and D. R. Winkler (1985), United States Immigration Policy and Indirect Immigration of Professionals. Economics of Education Review, Volume 4, 1, Pages 1-16.

3. Balacs, P. and A. Gordon (1975), Brain drain and income taxation: A UK case study. World Development, Volume 3, 10, Pages 677-703.

4. Baldwin (1970), Brain Drain or Overflow? Foreign Affairs, Vol. 48, 358-372.

5. Beine, M., F. Docquier and H. Rapoport (2007), Brain Drain and Human Capital Formation in Developing Countries: Winners and Losers, Economic Journal, forthcoming.

6. Bhagwati, J. N. and W. Dellafar (1973), The Brain Drain and Income taxation, World Development, 1, 94-100.

7. Brass, W. (ed.) (1969), Population Growth and the Brain Drain, edited by F. Bechhofer, Edinburgh: Ed University Press.

8. Davenport, S. (2004), Panic and panacea: brain drain and science and technology human capital policy. Research Policy, Volume 33, 4, Pages 617-630.

9. Davies, J. B., I. Wooton (1992), Income Inequality and International Migration. The Economic Journal, 102, 413, pp. 789-802.

10. Devoretz, D. and D. Maki (1975), The brain drain and income taxation: Canadian estimates. World Development, Volume 3, 10, Pages 705-716.

11. Glaz'ev, S. I. and L. P. Malkov (1992), the "Brain Drain" and Social Consciousness Prob. Econ. Transition, 35 (6), pp. 50 - 54.

12. Hartnett, R. T. (1987), Has There Been a Graduate Student "Brain Drain" in the Arts and Sciences? Journal of Higher Education, Vol. 58, No. 5, pp. 562 - 585.

13. Heckman, J., A. Layne-Farrar and P. Todd (1996), Human Capital Pricing Equations with an Application to Estimating the Effect of Schooling Quality on Earnings(in Symposium on School Quality and Educational Outcomes) The Review of Economics and Statistics, Vol. 78, No. 4, pp. 562 - 610.

14. Hirschman, A. O., R. R. Nelson (1976), Discussion (in Political Economy: Some Uses of the Exit-Voice Approach) The American Economic Review, Vol. 66, No. 2, Papers and Proceedings of the Eighty-eighth Annual Meeting of the American Economic Association. pp. 386 - 391.

15. Hoffman, A. (Winter, 1995 - 1996), the Destruction of Higher Education in Sub-Saharan Africa, the Journal of Blacks in Higher Education, No. 10, pp. 83 - 87.

16. Johnson, H. G. (1972), Labor mobility and the Brain Drain Paper presented at the International Economic Association Conference, Bled, Yugoslavia, in the gap between rich and poor Nations edited by Gustav Rains, London. Macmillan.

17. Lien, D. D. (1988), Appropriate Scientific Research and Brain Drain: A simple model. Journal of Development Economics, Volume 29, 1, Pages 77 - 87.

18. Lundahl, M. (1985), Brain Drain, Illegal Migration and Capital Exports from Less Developed Economies: A Neo-classical Approach. Economics Letters, Volume 17, 3, Pages 277 - 280.

19. Mountford, A. (1997), Can a Brain Drain Be Good for Growth in the Source Economy? Journal of Development Economics, Volume 53, 2, Pages 287 - 303.

20. Stark, O., C. Helmenstein and A. Prskawetz (1997), Brain Gain with a Brain Drain, Economic Letters 55(2), 227 - 234.

21. Stark, O. (2004), Rethinking the Brain Drain. World Development, Volume 32, 1, Pages 15 - 22.

22. Vidal, J. P. (1998), the Effect of Emigration on Human Capital Formation, Journal of Population Economics 11(4), 589 - 600.

法　　律

Law

欧洲民法典的“先驱”

——《欧洲合同法原则》评述

A Precursor of a European Civil Code:

A Review of *the Principles of European Contract Law*

朱淑丽

上海社会科学院当代中国政治研究中心　法学博士

兰多委员会制作的《欧洲合同法原则》旨在成为未来欧洲民法典的先驱。这部民间法典试图以其内在的合理性和相对的优越性获得实质的权威性和影响力。它采用了国际法律重述风格，具有开放、柔韧灵活和通俗易懂等一般优点；针对合同法潜在的基本冲突这个关键问题做出了以个人主义为主、利他主义为辅的价值选择，并通过协调大陆法和普通法、构建统一性术语来缔造新欧洲法律文化，以克服欧洲法律统一面临的最大难题。通过这些努力，《原则》得以在欧洲确立起无以匹敌的权威地位，这不仅奠定了欧洲民法典运动的基础，而且还成为新近出台的欧洲民法典草案的蓝本。

《欧洲合同法原则》(*Principles of European Contract Law*，以下简称《原则》，标注条文时简称 PECL)是一项基于国际合作而产生的民间学术成果，旨在充当未来《欧洲民法典》的“先驱”。它不仅开启了欧洲法典化运动的大门并为其奠定了基础，而且还成为欧盟新近立法动议的蓝本，至少有望以修订的形式得到官方承认。①

这部“民间法典”为什么能赢得如此卓著的声望和地位？本文首先从外部角度介绍欧洲合同法委员会及其制定的《原则》(包括其范围、风格及一般优点)，而后从内部角度着重考察如下两个基本问题：一是任何合同法体系必须面对的价值选择问题，即《原则》如何处理个人主义和利他主义之间的关系？二是法律文化问题，欧洲存在多种法律体系，其中大陆法和普通法传统之间的分歧被认为是欧洲法律一体化的最大障碍，《原则》如何克服成员国法律体系之间的巨大差异？这两个问题决定着任何试图统一欧洲私法的行动的成败，决定它能否获得相对于欧洲其他法律体系的优越性和权威

---

① Hugh Beale, *The European Civil Code Movement and the European Union's Common Frame of Reference*, 6 Legal Information Management, 2006, p. 8.

性，因此也是检验《原则》能否名副其实地成为欧洲民法典“先驱”的试金石。

一、欧洲合同法委员会及其《原则》

1974年，丹麦哥本哈根商学院举行“关于欧洲经济共同体合同与非合同之债的法律适用的公约草案”专题研讨会，与会的法学教授O.兰多(Ole Lando)和一位负责公约起草工作的欧共体官员一致认为，拟议的冲突法规则不足以确立欧洲市场一体化所需要的法律统一，欧共体急需一套统一的实体法规则。这位官员表示，应该起草一部“欧洲债权法典”。O.兰多由此动念开展这一雄心勃勃的事业。在欧共体委员会的资助下，O.兰多以布道般的热情发动了欧洲民商法领域的学术领头人，并从每个成员国挑选1—2名最具国际声望的专家(主要是法学教授)，于1982年成立了一个民间学术团体——欧洲合同法委员会(又名“兰多委员会”)，制定《欧洲合同法原则》，意图为未来的《欧洲民法典》或《欧洲合同法典》奠定基础，促成欧盟合同法的统一。① 尽管兰多委员会创建后，欧共体就制定出了越来越多的适用于民事法律关系的实体法规则，然而后来的形势证明兰多委员会的事业不仅没有显得多余，反而更加契合了欧洲法律一体化的需要。

兰多委员会的成员都经过精挑细选，大都是法律界知识精英的领军人物，其母国的法律和法律科学在欧洲也都具有竞争优势，管理层都是欧盟各个成员国中最具国际声望的专家。这种安排兼顾了“代表性”和“权威性”两个方面。兰多委员会竭力追求“权威”、“科学”和“中立”，其成员高度独立，不代表任何政治或政府利益，只以“制定最适宜欧洲的合同规则”为目标。委员会对每个法律制度针对某个特定问题所提供的解决方法进行最为详尽的概述，评论哪个是最普遍或最适宜的方法，判断哪一个解决办法在大多数欧洲国家不具有效力，因此不能奉为欧洲法律的共同核心，以此确保法典文本不仅仅停留于汇编现行规则，而是包含对法律的更新和现代化。这些因素是保证《原则》赢得社会合法性的必备条件。

经过20多年的精心准备，兰多委员会相继推出了3卷《原则》。第1卷1995年面世，包括总则、合同的条件和履行、不履行和救济的一般规定、不履行的特殊救济；第2卷于1999年出版，包括第1卷各章的修订版本以及关于代理权限、合同的形式、解释、内容和效力等新内容；第3卷于2003年出版，包括多方当事人、请求权的转让、新债务人的替代和合同的转让、抵消、时效、非法、条件、利息资本化等附加的几章。全套原则共计201条，按主题分为17章。条款附有评论和注释：评论用以说明规则的理由、目

---

① Ole Lando & Hugh Beale eds., *Principles of European Contract Law, Parts I and II*, Kluwer Law International 2000, Introduction, p. xxiii.

的、适用及其与其他规则的关联，有时还举例解释规则的实际适用和效果；注释用以标明规则的来源，并简要描述欧盟各成员国法律体系处理相关问题的方式。

二、《原则》的范围、风格及一般优点

兰多委员会处理的是一般合同法原则，旨在解决合同的缔结、履行和效力等一般性问题，缔约人的身份（消费者、商人、职业者等）、合同缔结背景（国内、国际）等因素则不在考虑之列。由此可见，《原则》适用于欧盟范围内（包括跨国性质和纯国内性质）所有类型的合同。这是《原则》与联合国出台的《国际货物销售合同公约》（CISG）以及国际统一私法协会所制定的《国际商事合同通则》的重要区别之处。后两个适用于全球性的商事合同。

《原则》在性质上是一部没有正式法律效力的“法律重述”，其风格与《国际商事合同通则》一脉相承。它建立在广泛比较研究的基础上，从各种法律秩序中提取具有普遍性的规则，运用法律重述技术制作具有体系性特征的法律文本，以其内在的合理性获得普遍接受，为未来的法典编纂奠定基础。《原则》及欧洲日后出现的类似文本按惯例被通称为“法律重述”或“原则”，概指通过比较研究形成的具有重述风格的不具法律效力的“软法”。“比较研究”意味着其法源不限于实在法，还包括其他渊源；“重述风格”是指这类文本采用了法律重述的形式，通常由“黑体字规则”（black-letter rules，类似于法典条文）、评注（类似于立法理由）、示例、比较性索引（列明规则的来源及其与成员国法的联系）等几部分组成。令人费解的“原则”（Principles，国内译为“通则”）是兰多委员会沿袭《国际商事合同原则》的用法，用意有二：一是强调“原则”含有“根本”、“基本”、“一般”的意义；二是避免因名称上使用“规则”而被人指责为自封的欧洲立法者。①

《原则》之所以采用这种风格，原因在于当前欧洲法典化所处的特定环境：飞速发展的欧洲经济一体化要求与市场有紧密关联的法律超越国家疆界，在欧盟层面上形成一个统一的法律制度；然而政治一体化的滞后却不能授予欧盟足够的权能，使其成为能够满足上述需要的超国家主体。在这种情况下，欧洲法典化就不能采用常规的大陆模式，而必须采取经过变通的美国模式迂回地实现。

欧洲大陆模式的法典化是常规的大型立法活动，它以一部具有国家权威的法典为中心，旨在提供一个构造清晰和前后一致的规则体系（外在结构），促进法律的内在连

① Martijn W. Hesselink, The Principles of European Contract Law: Some Choices Made by the Lando Commission, *Global Jurist Frontiers*, Issue 1, 2001, p. 18. http://www.bepress.com/gj/frontiers/vol1/iss1/art4.

贯性(内在结构),为学说、司法和立法的进一步发展提供一个概念结构,通常能起到推动法律统一和政治统一的作用。按照这种理解,"欧洲民法典"这个词语本身具有很强的意识形态因素,它隐含和标志着欧盟政治身份的转变——它不再是目前这个享有少量功能性权能,仅具有超国家性质的政治实体,而是更趋近于一个拥有独立主权的联邦制国家。在欧洲制宪一直危机不断、欧盟与成员国权能划分日趋严格的政治现实下,大陆模式的法典化在可预见的未来是行不通的。美国法律开创的"法律重述"和以《统一商法典》为代表的示范法传统,为法典化增添了一种新内涵,使人们在面对缺乏法律基础这个致命难题时,可以另辟蹊径追求法典化事业。这条道路全然不同于大陆模式,它由民间机构推进,试图凭借其制作的法律文本的"理性权威"(imperio rationis,即合理性、说服力)而非"权力强制"(ratione imperii,即官方权威)博得社会的广泛接受,从而渐进发展为正式立法。这种技术被《国际货物销售合同公约》、《国际商事合同原则》运用后,成功地发展出一种国际"法律重述"传统。这种传统经兰多委员会继承后又影响到整个欧洲法典化事业。

然而,兰多委员会采用的重述风格不同于原本意义上的"法律重述",这是因为《原则》没有停留于汇编现行规则,而是进一步对法律进行更新和现代化。虽然它从内容到形式都直接受教于美国合同法重述,并被视为"欧洲合同法共同核心的一份陈述",然而它却不是现行欧盟立法(指令和条例)的整理和汇编,而是由一套新的完整且连贯的规则组成,其来源并不限于欧盟法及成员国国内法,而是还包括欧洲以外的法律资料,比如《美国统一商法典》、美国合同法和赔偿法重述,以及著名的国际统一法文件《国际货物销售合同公约》和《国际商事合同通则》。这是因为《原则》的任务不同于美国法律重述:美国各州的合同法都建立在普通法基础上,不存在各管辖区法律不统一的问题。因此,美国法律重述的目的不是统一联邦各州的法律适用,而是系统整理美国现行法,消除由日益累积的判决卷宗产生的法律不确定以及判例之间的不一致,简化和澄清普通法的适用,使其更易于理解和便利司法管理。兰多委员会则志在统一欧盟法律适用,面对现实中存在的十多种各不相同的成员国法律体系,必须采用一种比美国法律重述更有创造性的方法,尽可能广泛地借鉴一切优秀的法律成果,从中提炼出具有普遍性的规则,创建一套切实可行且适用于全欧盟的合同法体系。

《原则》具有开放、柔韧灵活和通俗易懂的优点。兰多委员会突破法律形式主义的束缚,采用功能性方法处理所有涉及合同的问题,即使其中一些问题通常被归类为其他民法领域。例如,《原则》第2章第3节规定的"先合同义务",第4:117条规定的因错误、欺诈等情形而宣告合同无效的损害赔偿责任,在很多国家属于侵权法领域;第4:115条以及第9:307至9:309条关于合同无效或终止后履行的返还,在很多法律体系中属于赔偿法问题。

为了能够充分适应未来社会的新发展,委员会制定的规则具有广泛的概括性,力戒过分详细和具体，赋予适用它的法院和仲裁者自由解释的空间。第 1：106 条规定原则应该根据其目的予以解释和发展。对此的解释是：“‘自由’的解释有静态和动态两种角度。第一种针对可能发生在今天然而被遗漏或忽略的情形，第二种是我们今天不能想象到的情形，如同《法国民法典》的作者不能想象到一个工业化社会。”

为了便于理解和翻译，《原则》既没有采用大陆民法典惯有的“教授法学”风格，也没有采用英国制定法一贯秉承的冗长详尽的“官僚政治”风格，而是采用通行的事实性概念来代替抽象的法律术语，并且“尽力制作简洁和一般性的规则，使律师及其委托人都能轻易理解”。[①]

然而，这些优点还不足以保证兰多委员会实现其最终目标。由于《原则》的性质与美国法律重述一样，都不是正式意义上的法律，它能否作为“欧洲合同法共同核心的一份陈述”获得普遍接受，成为未来欧洲民法典的基础，完全取决于欧洲法律人如何对待它，取决于合同当事人、法院、立法者和欧洲指令是否援用它和受它启发，而这最终依赖于《原则》能否以其内在的合理性和相对的优越性获得实质的权威性和影响力。

三、价值上以个人主义为主、团体主义为辅

1. 《原则》的价值选择

法律涉及利益分配，不同的法律决定不同的利益分配。面对这种客观存在，每个法律体系都必须做出自己的价值选择，即使一向被视为纯粹“技术性的”合同法，也概莫能外。

合同法潜在的基本冲突是自治（个人主义）和团结（利他主义）之间的冲突。很多合同问题的冲突最终都可以归结为一方当事人依赖自治而另一方当事人依赖团结的冲突。[②] 自治理念历史上与启蒙运动相连，哲学上与理性主义相连，经济学上与放任的古典资本主义相连，政治上与自由主义相连。其基本思想包括“意志自由”、“确定性”、“自立”和“竞争”，典型的法律信条是“合同自由”、“绝对财产权”和“过失责任”。团结理念历史上与工业化相连，哲学上与马克思主义相连，社会上与 19 世纪晚期和 20 世纪早期对资本主义的抨击以及各种解放运动相连，经济学上与规制的福利国家相连，政治上与社会主义相连。其基本思想包括“保护”、“公平”、“牺牲和分享”、“规制”，典型的法律信条是“诚实信用的义务”、“权利不得滥用”和“严格责任”。左对右、自由对平

① Ole Lando & Hugh Beale eds., *Principles of European Contract Law, Parts Ⅰ and Ⅱ*, Kluwer Law International 2000, Introduction, p. xxvi.

② Duncan Kennedy, Form and Substance in Private Law Adjudication, *Harvard Law Review*, June, 1976, p. 1685.

等、个人对国家、市场对规制、个体对集体、个人主义对利他主义，虽然不是完全对立，然而也不可能完全重合。

合同关系中，个人主义和利他主义的冲突常常表现为合同自由原则与诚实信用原则之间的冲突。兰多委员会必须在这两个极端之间寻求一种平衡，因为全然建立在合同自由或者诚实信用基础上的合同法规则不可能被现代社会所接受。《原则》篇首即开宗明义地规定："当事人可自由订立合同并确定合同的内容。"这句话立即受到接下来一句话的限定——"服从诚实信用和公平交易的要求，以及由这些原则所确立的强制性规则"。这个总则性规定凝聚了《原则》的调整机制：合同自由是原则，服从强制法和诚实信用的要求是例外。换言之，《原则》以个人主义为主、以利他主义为辅。

2. 合同自由原则为主

合同自由原则是开放的、以市场为导向并充满竞争的国际经济秩序的基石。兰多委员会既然以统一欧洲合同法为目标，以建立和完善共同大市场为合法性基础，自然会把合同自由置于首要位置。

《原则》具有强烈的个人主义色彩，充分尊重当事人意思自治。整套规则只有6条规定属于强制性规范，其余皆为任意性规范，[①]当事人可以排除这些任意性规范的适用，或者减损和改变其效力。[②] 合同自由意味着当事人必须能够依赖合同并行使合同赋予他的自由和权利，由此衍生了"必须遵守合同"原则。兰多委员会认为这条原则不言自明，无须表述为具体的规则。不过，《原则》中的一些规则暗含了这条原则，例如"因不履行有权获得救济的一方当事人，可以要求任何一种救济"(4：119)。"当事人有义务履行其债务，即使履行负担加重"(6：111(1))。

《原则》在很多方面都表现出对个人主义的偏重。例如，根据"必须遵守合同"原则，合同当事人有权要求另一方当事人履行其承担的金钱债务和非金钱债务。这在大陆法国家没有什么争议。因为大陆法国家强调履行优先原则，债权人可以自由选择是否实际履行。然而，英国普通法将损害赔偿视为原则，将强制实际履行视为例外，是否采用实际履行由法官自由裁量，而非当事人自由选择，法院也只有在特定而苛刻的条件下才支持非金钱债务的实际履行：一是损害赔偿不足以构成充分救济，二是实际履行的命令必须可以执行。[③] 在这个问题上，《国际货物销售合同公约》迁就了普通法传

① 《原则》只有6条规定是强制性的：1：201；2：105(2)(3)；6：105；4：118；8：109；9：509(2)。参见 Ole Lando & Hugh Beale eds., *Principles of European Contract Law, Parts Ⅰ and Ⅱ*, Kluwer Law International 2000, p. xxix。

② 第1：102(2)规定"除《原则》另有规定外，当事人可以排除《原则》中任何条文的适用，或者减损或改变其效力"。

③ 李永军：《合同法》(第二版)，法律出版社2005年版，第696页。

统，限制了实际履行请求权的可采用性。[①]《原则》选择了自治色彩较浓的大陆法国家的做法，采用了受一定条件限制的实际履行原则。依据《原则》，实际履行不是一种法官可以自由裁量的救济手段；相反，法院应当事人请求必须裁定实际履行，除非存在规定的几种例外情形，包括实际履行在法律上或事实上不可能、造成履行方负担过重、存在替代交易、完全属人身性质(9：102(2))。

3. 诚实信用原则为辅

兰多委员会也注意吸收现代合同法的先进成果，把“诚实信用和公平交易”作为《原则》的一项基本理念。诚实信用和公平交易的义务通常被界定为顾及另一方当事人利益的义务，这些义务被进一步具体化为：注意义务、忠实义务、合作义务、告知义务、禁止出尔反尔、均衡性等。很多欧洲大陆法体系在20世纪逐渐把诚实信用发展成为一种法技术，借助它在私法领域推行团结(利他主义)和限制当事人自治，以缓和法律对某些问题所持的僵硬立场。英国法虽然不承认依诚信磋商或者依诚信履行合同是一项基本义务，却发展起来一些更具体的规则，譬如禁止反言、基于合理性限制法定权利、任何人不得基于自己的不当行为而获益等，发挥着与诚实信用相当的功能。

《原则》明确规定：各方当事人应依据诚实信用和公平交易行事，不得排除或限制此项义务(1：201)。“诚实信用和公平交易”的表述在《原则》的条款和评注中频繁出现，远远超过欧洲的任何一部民法典。它直接或间接适用于《原则》不同章节中的大量规定，例如：每一方当事人均负有与另一方当事人合作的义务，以使合同具有完全效力(1：202)；如果订立的合同是基于一方当事人的欺诈陈述，或者按照诚实信用和公平交易原则对应予披露的情况欺诈性地未予披露，另一方当事人可宣告合同无效(4：107)。

O.兰多认为，诚实信用和公平交易有时会引起法律和正义的冲突。一方面，有效的法律或合同条款在某些情况下会导致不公正；另一方面，如果让正义占上风，就难免会损害合同关系中的确定性和可预见性。此外，法院很容易判断当事人是否严格遵守合同，却难以确定不遵守的严重性。因此，严格遵守合同应该具有决定性。根据《原则》，诚实信用不是一个独立的规范性概念，它处于从属地位，实质上是一种针对规则和权利的形式主义解决方法的补偿手段，用以限制“必须遵守合同”规则的绝对适用。“它的目的是在商业交易中实施适当、公平和合理的社会标准，补充《原则》的规定；如果严格遵守其他规则会导致明显的不公平，它可以得到优先考虑”。[②]

谨以“情势变更”为例，来看必须遵守合同与诚实信用原则之间的主从关系。根据

---

① 《公约》规定，只有当法院依据其本身的法律同意这样做时，才需要判定实际履行，以此限制通过法院强制贯彻实际履行的诉求。参见[德] P.施莱希特里姆：《〈联合国国际货物销售合同公约〉评释》，李慧妮编译，北京大学出版社2006年版，第93—94页。

② Ole Lando, Salient Features of the Principles of European Contract Law: A Comparison with the UCC, *Pace International Law Review*, 2001, p. 356.

《原则》规定,合同应该得到履行,而不管履行方承担的负担如何。即便履行方履行合同也不能获益,甚至遭受重大损失,或者对该方当事人来说,履行合同已变得毫无意义,合同条款仍然应当得到尊重。然而,必须遵守合同原则并非绝对,如果发生限定的"情势变更"导致履行负担过分加重,各方当事人应为调整或终止合同而进行谈判。① 这表明,通常情况下必须遵守合同是首要原则,只有在某些极端情形下,坚持严格履行才会被认为不公平,从而才可能援用诚实信用原则予以平衡。

此外,诚实信用是推定的,宣称对方没有遵守诚实信用义务的当事人须向法院举证。这就使依赖自治的当事人享有一种相对的证据优势,进一步加强了合同自由与诚实信用两种原则的主从地位。

四、创造新欧洲法律文化

兰多委员会认为法律文化的民族特性,尤其是大陆法和普通法在法律结构、推理、术语、基本概念、分类以及法律政策方面存在的主要差异,阻碍了单一市场的良好运行,是欧洲法律一体化最难以处理的一个问题。然而,很多情况下,表面上相异的法律体系常常以非常相同的方式处理相同的生活问题,无论它们属于哪种法律传统。因此,委员会试图通过不同程度地吸收每一个成员国的法律体系,②来协调大陆法和普通法不同的法律哲学,创造一套规则和一个新的共同的欧洲法律文化,为这两大法律传统架起一道相互沟通的桥梁。

1. 协调大陆法和普通法

兰多委员会没有连贯采纳大陆法和普通法方法,因为这显然不会使《原则》获得对方接受,而是采用了一种更困难的协调这两种法律文化的方法。

《原则》在几个问题上明确采用了普通法传统。例如,以普通法法学家熟悉的合

① PECL 6: 111: (1) 即使由于履约成本增加或者履约价值减少而使一方当事人的履行负担加重,该方当事人仍应履行其债务。(2) 但是,在满足以下条件的前提下,如果情势变更导致履行负担过分加重,各方当事人应为调整或终止合同而进行谈判: (a) 情势变更发生在合同订立之后;(b) 合同订立时不能合理地预见情势变更的可能性;(c) 根据合同,受影响一方当事人无义务承受情势变更的风险。

② 兰多委员会解释说:"《原则》主要用于欧盟成员国,它考虑成员国盛行的经济和社会状况。因此,欧洲合同法委员会某种程度上吸收了每一个成员国的法律体系。这当然不意味着每个法律体系都相等地影响所考虑的每一个问题。事实上,任何单独的法律体系都不是《原则》及其术语产生的来源。《原则》的起草者也没有把窜改和折中现行民族法律体系作为他们的任务,除非为了将《原则》结合为一个有效的体系而有必要这样做。"参见 Ole Lando & Hugh Beale eds., *Principles of European Contract Law*, *Parts Ⅰ and Ⅱ*, Kluwer Law International 2000, pp. xxv - xxvi。

同法为目标(它在大陆法上的对应物集中于“债法”),重述的思想、形式和风格都来源于美国法律重述(普通法传统);在具体规则和教义方面,使用“默示条款和明示条款”的概念;强调救济问题,把债的履行和对不履行的救济视为合同法的首要问题,并首先制定这方面的规则。另一方面,《原则》也吸收了一些大陆法传统。比如,普遍适用诚实信用原则,设置违背诚实信用的谈判责任,规定当事人承担信息披露的先合同义务等。

《原则》还舍弃了一些不合时宜的教条做法,最突出的例子是普通法上的“对价原则”。“对价原则”通常被视为英国合同法的基础,然而这个原则早已引起很多争议,英国法院常常通过借助商业习惯、“禁止反言”规则予以调节,并且“虚构对价”解决依据该原则产生的一些难题。由于这些原因,委员会遵循不要求对价的大陆法传统。《原则》第2:101第1款规定:“合同如果符合下列条件即订立:双方当事人的意思受到法律的约束,以及他们达成了充分的协定而不需任何进一步的要求。”这个规定舍弃了“对价原则”。《原则》还明确规定无偿的允诺和确定的要约具有可强制性。第2:107条规定:“一项意在无须承诺即具约束力的允诺,具有约束力。”第2:201条第3款规定:“在下列情况下,对要约的撤销无效:要约已表明为不可撤销,或要约已定明承诺的特定时间,或受要约人有理由信赖该项要约是不可撤销的,且受要约人已依赖该要约行事。”这些规则也明确舍弃了对价原理。

尽管两大法系在法律教义上还存在一些区别,然而它们在实践中的很多做法已经出现了明显趋同。《原则》的许多规定充分考虑到这种现象,通过“提取公因式”融合了两大法系的解决办法。以合同的解释为例:大陆法国家过去都把“意思主义”作为合同解释的基本原则,要求解释合同应探求当事人的真实含义。然而在司法实践中,当双方当事人就合同条款发生争议时,探求当事人的真实意思十分困难,各国不得不采取客观解释立场(即表示主义),使用“合理第三人标准”来确定争议条款的内容。现在,大陆法国家越来越朝着客观解释方向发展,意思主义和表示主义的区分已经失去意义。① 相反,英国法传统上采取表示主义,要求法院按照合同所用字句的一般语法意义进行解释,而不接受订约方的主观意图。然而,近年来英国也放弃了严格的字面解释,解释合同的侧重点转向订约时的背景与合同的本质等方面,开始追求订约时双方当事人的意图与共同目的。② 原来的表示主义融进了某些意思主义成分,以一个充分了解合同事实背景的通情达理的人通常会做出的解释为标准。

综合这种趋同现象,《原则》有关合同解释的规则以大陆法的意思主义为主要标

---

① [德] H.克茨:《欧洲合同法》(上卷),周忠海等译,法律出版社2001年版,第160—162页。

② 杨良宜:《合约的解释》,法律出版社2007年版,第30、45页。

准,以普通法的表示主义为从属标准。① 兰多委员会认为,合同解释的首要问题是确定当事人的共同意思,因此,如果能表明他们有共同意思,或者一方当事人知道或应该知道另一方当事人的意思,那么应据此做出解释,即使该解释与词语的字面意思不同;如果不能确定当事人的共同意思,应该根据一个与当事人相同资格的通情达理的人,在相同情形下对合同所应有的理解,做出客观解释。

2. 构建统一性术语和结构

兰多委员会还突破两大法系的法律教义,运用事实性概念代替各自体系中具有特殊含义的法律概念,试图为未来的欧洲民法典创建一套统一性术语。以不履行及其救济为例:《原则》既没有采用传统大陆法国家(除法国外)的做法,将违约行为划分为不同的违约形态(譬如德国法上的给付不能、给付迟延、积极侵害合同等)并设置相应的救济措施,也没有采纳英国法上具有特定含义的用语"违反合同",②而是采用了统一的事实性概念"不履行"。"不履行"指以任何方式未履行合同项下的一项债务,该定义有两点区别于其他欧洲法律体系:一是包括各种形式的瑕疵履行、迟延履行、完全不履行,以及没能为使合同具有完全效力而进行合作;二是包括不可免责的不履行和可以免责的不履行两种情况。

对不履行做出一般规定后,《原则》设置专章(第9章)规定了不履行的救济问题。不履行可获得的救济取决于不履行是否可以免责。如果不履行不可免责,受损害方有权要求实际履行、损害赔偿、停止自己的履行义务、减价或者终止合同;如果不履行可以免责,则受损害方无权要求损害赔偿或者实际履行,而只能获得上述其他救济。不履行只有在不可抗力的情况下才可以免责。英国法上的由于受挫或者实际不能的不履行,功能上等同于《原则》所称的可以免责的不履行。

《原则》对不履行及其救济的设计具有几方面的优点:一是"不履行"本身是一个用于填补已经出现的和未来可能出现的法律漏洞的工具,它具有很强的包容力,不仅能够涵盖迄今欧洲各种法律体系发展起来的各种违约形态,而且还为以后法律的继续发展提供了依据和空间;二是与传统大陆法系从事实要件出发到法律后果的思维方式相反,把不履行的救济放在条文构架的中心,以法律后果作为规定不同事实要件的基准,

① PECL 5:101:"(1) 合同应根据当事人各方的共同意思予以解释,即使该解释与词语的字面意思不同。(2) 如果能够证实一方当事人意图使合同具有特定含义,而且在合同订立时另一方当事人应该知道第一方当事人的意思,则合同应按照第一方当事人的意思予以解释。(3) 如果无法依据(1)和(2)证实某种意思,合同应根据一个与当事人具有同等资格的通情达理的人,在相同情形下,对该合同所应有的理解予以解释。"

② 债务的不履行是一种客观事实。普通法上的"违反合同"则指对即时给付合同义务的任何不履行行为。违反合同由不履行债务所导致,但是并非所有债务的不履行都是违反合同。只有不可免责的不履行才构成违反合同。

这不但可以把成员国法律发展起来的各种违约形态统一归入《原则》的法律后果系统，而且使得各种复杂的形态区分以及由此发生的激烈争论变得没有必要；三是与全球通行的《国际货物销售公约》和《国际商事合同通则》在结构和用语上相似或相同。① 这表明《原则》不但与国际潮流保持一致，而且也得以引领欧盟成员国法律发展的方向。目前，许多成员国为了贯彻欧盟指令并实现与国际接轨，已着手对其法律实行革新。例如，2002 年《德国债法现代化法》，创设“违反义务”作为上位概念涵盖给付障碍的各种形态，并采用以法律后果为中心的法条结构，代替原法中以给付障碍的形态为中心的法条结构。这种做法参照了《原则》，所用的概念和结构实质上与之相同。

五、结　　语

兰多委员会在上述几方面的努力使《原则》在欧洲树立了无可匹敌的权威性和声望，并获得了巨大的成功。它们不仅被全世界学术著作广泛借鉴和参考，还被欧洲几个最高法院(尤其是西班牙、葡萄牙、瑞典和英国)引用，而且对合同法领域的国家立法产生了重要影响。然而，最能体现《原则》影响力的则是它们在欧盟新近立法动议中所处的主导地位。

欧盟委员会从 2001 年开始，接连发表三份关于欧洲合同法的通报，正式拉开了欧盟试图编纂欧洲私法的帷幕。其立法规划最终落实为一项所谓的“共同参考框架”，用于增强欧盟法的连贯性。拟议的“共同参考框架”被视为实质的法典编纂，由欧洲法学者负责制定。目前，《共同参考框架草案》已经完成，全称为《欧洲私法的原则、定义和示范规则：共同参考框架草案》，它实际上就是一部缩小版的《欧洲民法典》的模本。这份法典草案的制作以《原则》为蓝本，遵循了后者的风格、指导思想和结构编排，并几乎不加修改地把《原则》融入草案的第一、第二编。

不仅如此，在欧盟委员会任命的负责起草法典草案的“专家联合会”中，兰多委员会的后继组织“欧洲民法典研究组”处于实际的领导地位，这进一步奠定了《原则》在未来“欧洲民法典”中的基础性作用。目前，《共同参考框架草案》已经提交欧盟委员会，将由欧盟讨论决定其政治命运。如果这个草案能被顺利地被颁布为欧盟法律，那么《原则》的目标——为未来的“欧洲民法典”奠定基础，将最终得到实现。

---

① 《原则》对不履行及其救济的规定在结构和术语上与《国际货物销售合同公约》相似，与《国际商事合同通则》相同。参见 Ole Lando, Salient Features of the Principles of European Contract Law: A Comparison with the UCC, *Pace International Law Review*, 2001, p. 360; [德] P. 施莱希特里姆：《〈联合国国际货物销售合同公约〉评释》，李慧妮编译，北京大学出版社 2006 年版，第 81 页；张玉卿主编：《国际统一私法协会 UNIDROIT 国际商事合同通则 2004》，中国商务出版社 2005 年版，第 839 页以下。

主要参考文献:

1. [德] P. 施莱希特里姆:《〈联合国国际货物销售合同公约〉评释》,李慧妮编译,北京大学出版社2006年版。

2. [德] H. 克茨:《欧洲合同法》(上卷),周忠海等译,法律出版社2001年版。

3. [德] R. 齐默曼、[英] S. 惠特克主编:《欧洲合同法中的诚信原则》,丁广宇等译,法律出版社2005年版。

4. Bar, C. Von & Clive, E. & Schulte-Nölke, H. el. eds., *Principles, Definitions and Model Rules of European Private Law: Draft Common Frame of Reference*. Outline Edition. Sellier, 2009.

5. Bar, Christian V., "From Principles to Codification: Prospects for European Private Law". *Columbia Journal of European Law*, 2002, 8: 379 - 388.

6. Hesselink, Martijn W., *The New European Private Law: Essays on the Future Private Law in Europe*. Kluwer Law International, 2002.

7. Kristina Riedl, The Work of the Lando-Commission from an Alternative Viewpoint, *European Review of Private Law*, 2000, 1: 71 - 83.

8. Lando, Ole & Beale, Hugh eds., *Principles of European Contract Law: Parts I and II*. Kluwer Law International, 2000.

9. Michael Joachim Bonell, *An International Restatement of Contract Law: The Unidroit Principles of International Commercial Contracts*, Hardcover, 2005.

10. Ole Lando, CISG and Its Followers: A Proposal to Adopt Some International Principles of Contract Law, *The American Journal of Comparative Law*, 2005, 53: 379 - 401.

11. Ole Lando, Eric Clive, Andre Prum & Reinhard Zimmermann eds., *Principles of European Contract Law: Part III*, Kluwer Law International, 2003.

12. Ole Lando, Principles of European Contract Law: An Alternative to or a Precursor of European Legislation. *The American Journal of Comparative Law*, 1992, 40: 573 - 585.

13. Ole Lando, Salient Features of the Principles of European Contract Law: A Comparison with the UCC, *Pace International Law Review*, 2001, 13: 339 - 369.

14. Gunther A. Weiss, The Enchantment of Codification in the Common-Law World, *The Yale Journal of International Law*, 2000, 25: 437 - 532.

15. 齐晓琨:《德国新、旧债法比较研究——观念的转变和立法技术的提升》,法律出版社2006年版。

16. 张玉卿主编:《国际统一私法协会UNIDROIT国际商事合同通则2004》,中国商务出版社2005年版。

奥地利宪法法院的判决模式

——以宪法法院对《避难法》违宪条款的判决为中心

Austrian Constitutional Court's Sentence Model: Around the Sentence of the Constitutional Court on Unconstitutional Provisions in the *Asylum Law*

胡　骏

上海社会科学院图书馆文献部　助理研究员　法学博士

奥地利共和国国徽

奥地利宪法法院在其2004年10月15日的判决中废止了奥地利《避难法》在2003年修改[①]中新设的"限制行政决定的违宪审查"、"立即驱逐寻求避难者"、"允许逮捕寻求避难者"等条款，[②]因为上述条款违背了宪法和法律的基本原则以及最基本的自由权利，特别是与奥地利加入的《欧洲人权公约》的基本原则明显违背，而《欧洲人权公约》在奥地利法律体系中具有联邦宪法一般条款的法律地位。具体而言，奥地利《避难法》违背了《欧洲人权公约》下述法律基本原则：禁止酷刑或不人道或有辱人格的待遇或处罚、自由权、个人和家庭生活获得尊重的权利、获得有效救济的权利、禁止集体驱逐外国人、财产保护的权利。奥地利宪法法院这一判决具有重要的里程碑意义，因为它产生于对避难规则要求更加严格的欧洲社会改革浪潮之下。

与欧洲其他国家对外来寻求避难者一般持不欢迎的态度相比，奥地利在历史上一

① Asylgesetz 1997 [AsylG] [Asylum Law], BGBl I No. 76/1997, as amended by BGBl I No. 101/2003 [entered into force on May 1, 2004] (Austria). 奥地利《避难法》制定于1997年，并于2003年进行了第一次修改，次年5月1日正式生效。

② Verfassungsgerichtshof [VfGH] [Constitutional Court], Oct. 15, 2004, Erkenntnisse und Beschlüsse des Verfassungs-gerichtshofes [VfSlg] No. 17340, available at Bundeskanzleramt Rechtsinformationssystem, at http: //www. vfgh. gv. at/cms/ vfgh-site/attachments/8/4/1/CH0006/CMS1108469678709/g237-35-03. pdf, March 6, 2009.

直对外来移民持开放态度。但是从20世纪90年代开始,在巴尔干(即前南斯拉夫地区)动乱所产生的巨大难民潮冲击下,奥地利开始逐渐改变自己传统开放的移民政策。奥地利宪法法院对本国移民政策的这种变化一直保持着密切关注,上述判决即是对奥地利移民政策最新一系列改革[①]所采取的正面反应。

奥地利《避难法》是奥地利有关避难问题的最主要法律文件。它确定了行政主管部门的权限、避难者入境和居留的有关权利和义务,避难申请的行政程序和相关行政决定的审查制度。[②] 2003年,奥地利政府修改《避难法》的主要目的在于收缩寻求避难者的权利。其中采取的主要措施是对受理避难申请的法定标准予以大幅提高;对相关行政决定的司法审查加以严格限制;同时新的强制性措施(拘留、搜查、没收)被采用以便加快实况调查,并用以保证及时驱逐已被拒绝避难的寻求避难者。

奥地利各界对上述《避难法》改革反应强烈,特别是经济较为发达的上奥地利和维也纳两州尤其明显。这是因为相比其他州,上奥地利和维也纳两个州在奥地利国内工业经济最为发达,对外来廉价劳动力的需求也最为迫切,相应地对外来移民的排斥也没有其他农业州那么强烈。最终,上奥地利和维也纳政府针对改革后的《避难法》向宪法法院提起了起诉。他们认为新的《避难法》属于违宪立法,这是因为该部法律不但违反了法治的原则,而且也违反了包括身心完整、自由、家庭、财产、获得有效司法救济等在内的基本人权。[③]

一、宪法法院的判决

奥地利宪法法院在受理了上述两州政府针对《避难法》新条款的违宪起诉后,经历了较长时间的审理过程,最终在关于《避难法》部分条款违宪的判决里,宣布《避难法》下述条款违宪并予以废止:限制行政决定司法审查的条款;[④]对寻求避难者立即驱逐出境的条款;允许拘留的条款。尤为值得注意的是,宪法法院在对判决中的《避难法》相应新条款违宪原因作出解释的同时,还对其他诉请条款不予支持的原因做出了详细说明。

---

① See VfGH, VfSlg. 13834, 15173, 15218, 15369, 15529, 16122, 16192, 16999.

② 在奥地利,行政决定通常由行政机关自己进行审查,在某些情况下,也有可能由法院审查(即行政法院或宪法法院)。然而,在奥地利《避难法》的相关规定中,有关避难的行政决定被定义为涉及民事权利及责任或刑事控诉的决定。因此,《避难法》规定关于避难的行政决定只需由联邦避难主管机关自己进行即时审查即可。参见 WALTER & MAYER, supra note 7, pp. 392,393。

③ 当然,上述两州提起该诉讼还有更深层次的经济原因。

④ 此处“司法审查”的含义与违宪审查并无明显的差异,考虑到奥地利《避难法》的相关条文以及宪法法院在该判决中都采用了“司法审查”的用语,因此在本节中沿用了上述用语。

1. 关于限制行政决定司法审查条款

上奥地利和维也纳州在起诉中指出,《避难法》第32条第1款的规定"对消极避难行政决定的司法审查仅限于先前已经提交给行政主管部门的事实和证据,除非申请人事先因为外伤(because of trauma)没有提交相关材料"违背了法治原则和《欧洲人权公约》第2条①、第3条②、第13条③的规定。他们认为,法治原则要求"司法审查必须行之有效",而司法审查的范围不能被限制到"违反法律的行政主管部门不被制裁"的程度。同时他们还指出《欧洲人权公约》第13条也规定了有效救济④和适当救济⑤的条款,特别是在《欧洲人权公约》第3条规定(即禁止酷刑或不人道或有辱人格的待遇或处罚)的情况下,根据先前提交给行政主管部门的事实和证据来限制相关诉讼并不符合上述有效救济、适当救济的要求。

在提起诉讼的两州政府看来,《避难法》存在问题的条款排除了有效的救济措施。因为与其他典型案件的申请者不同,避难申请者不能够向行政主管当局立即提供所有相关的材料和证据,因为他们通常不会讲或者不懂德语,并且经常处在充满压力和极度疲惫的状态下。因此,阻止这些避难申请者进入一个充分考虑了新的事实和证据的诉讼,无疑破坏了救济措施的有效性。

奥地利宪法法院在判决中赞同上述州政府的观点,认定《避难法》上述条款阻止了对避难消极行政决定的有效司法审查,并且明显导致了一种风险:违反法律的行政主管当局将很有可能不会被制裁。宪法法院认识到,在申请者自由合作的情况下,

---

① Article 2(1) of the ECHR provides that "[e]veryone's right to life shall be protected by law. No one shall be deprived of his life intentionally save in the execution of a sentence of a court following his conviction of a crime for which this penalty is provided by law."(任何人的生存权应当受到法律的保护,不得故意剥夺任何人的生命,但是,法院依法对他所犯的罪刑定罪并付诸执行的除外)

② Article 3 of the ECHR provides that "[n]o one shall be subjected to torture or to inhuman or degrading treatment or punishment."(不得对任何人施以酷刑或者是使其受到非人道的或者是侮辱的待遇或者是惩罚)

③ Article 13 of the ECHR provides that "[e]veryone whose rights and freedoms as set forth in this Convention are violated shall have an effective remedy before a national authority notwithstanding that the violation has been committed by persons acting in an official capacity."(在依照本公约规定所享有的权利和自由受到侵犯时,任何人有权向有关国家机构请求有效的救济,即使上述侵权行为是由担任公职的人所实施的)

④ See Wille v. Liechtenstein, Judgment of Oct. 28, 1999, App. No. 28396/95, para 75; Rotaru v. Romania, Judgment of May 4, 2000, App. No. 28341/95, para 67.

⑤ See Soering v. United Kingdom, Judgment of July 7, 1989, App. No. 14038/88, para. 120; Vilvarajah a. o. v. United Kingdom, Judgment of Oct. 30, 1991, App. No. 13163/87 a. o., para. 122; Chahal v. United Kingdom, Judgment of Nov. 15, 1996, App. No. 22414/93, para. 145; Jabari v. Turkey, Judgment of July 11, 2000, App. No. 40035/98, paras. 48, 50.

通过制定严格的行政措施以提高申请者在提交材料时的合作,并不必然要限制对此类行政行为的司法审查,并且在避难申请的过程中,申请者与行政主管机关缺乏合作并不能归咎于申请者自身不想合作,而是在大部分情况下应归咎于申请者的语言障碍、精神压力以及身心疲惫等问题。再者,在避难案件中,不受司法审查限制的非法行政决定所产生的消极后果会衍生出极其严重的潜在社会问题。因此宪法法院认为,《避难法》上述条款在很大程度上限制了司法审查的有效性,特别是其中关于身体"外伤"(不包括医疗创伤)的规定,并没有能够充分考虑避难申请者的特殊脆弱性,因此决定在《避难法》中停止使用"外伤"这一用语,但并未废止该条限制行政决定司法审查的条款。

2. 关于立即驱逐条款

上奥地利和维也纳州在起诉书中指出,《避难法》的新规定通过立即驱逐条款,从整体上排除了那些针对避难消极决定诉讼所产生的悬而未决的影响,[①]这种规定违背了法治原则和《欧洲人权公约》第3条和第13条的规定。他们指出,根据《欧洲人权公约》第3条规定,"不得对任何人施以酷刑或者是使其受到非人道的或者是侮辱的待遇或者是惩罚",而驱逐本身,或驱逐某人使他或她在到达目的地时,有遭受如此处置的危险,都可能构成对这一条款的违反。同时,他们还指出,依据《欧洲人权公约》第13条所确立的有效救济和适当救济的原则,也包含了中止执行强制措施的要求。[②] 此外,在起诉书中,两州政府还依据了宪法法院关于"法治原则"、"有效司法审查必要性"的判例法。根据这些判例法,如果行政决定的立即执行会因潜在的非法决定所产生的负面影响加重申请者的负担,那么行政决定的立即执行在相关诉讼终结之前不被允许。

两州政府认为,上述《避难法》中立即驱逐的条款是非法的,因为在避难案件的现实环境下对消极行政决定的立即执行根本没有必要,并且"立即驱逐"的实行,使得对消极行政决定的司法审查在事实上变为一种假设行为(即无实际审查的必要)。甚至于即使对消极行政决定的司法审查最终以对避难申请者有利的结果判决,已经被驱逐的避难申请者也几乎不可能获知结果,即使他非常幸运地获知了判决的结果,他也只有很少的机会能第二次到达奥地利。

宪法法院最后认定:《避难法》的立即驱逐条款阻碍了对避难消极行政决定的有效司法审查,既然这一条款没有考虑到在个别案件中的例外情况,并由此会因潜在的非法决定所产生的负面影响加重申请者的负担,因此宪法法院决定废止《避难法》该条规定。

---

① 5(a) (1) second sentence AsylG; 32 (2) second sentence AsylG.

② Jabari v. Turkey, Judgment of July 11, 2000, App. No. 40035/98, paras. 48, 50.

3. 关于拘留条款

上奥地利和维也纳州政府在起诉中，还对《避难法》中有关拘留新条款的合宪性提出异议。他们宣称根据欧洲人权条约第 5 条第 1 款①和奥地利保护人身自由法(PersonenfreiheitsG，奥地利宪法性法律文件之一)第 1 条、第 2 条②的规定，避难申请者可以被剥夺自由权利，但这仅仅存在于法律明确规定"必须驱逐"的情况下，③而这些情况并不是《避难法》相关条款所涉及的那些情况。

两州政府的诉讼请求具体包括如下内容：第一，关于"命令拘留缺席听证会的避难申请者"条款，④两州政府在起诉书中指出，有非常多的原因可能导致避难申请者缺席听证会，这并不是避难申请者要拒绝离开奥地利的一个足够证据(根据该证据，可以对避难申请者实施拘留以确保将来对他的驱逐)；第二，关于"命令拘留已被作出最终消极行政决定的避难申请者(同时正在提出后续申请者)"条款，⑤州政府在起诉书中指出该规定把"滥用申请"非法地归咎于申请者。并且该规定在某种程度上预测了后续申请的不利后果，但实际上特别是在就地难民(refugiés sur place)案件中，⑥

---

① 《欧洲人权公约》第 5 条第 1 款规定人人享有自由和人身安全的权利。不得剥夺任何人的自由，除非依照法律规定在下列情况下：

(1) 由具有管辖权的法院作出有罪判决对某人予以合法拘留；

(2) 由于不遵守法院合法的命令或者为了保证履行法律所规定的任何义务而对某人予以合法逮捕或者拘留；

(3) 如果有理由足以怀疑某人实施了犯罪行为或者如果合理地认为有必要防止某人犯罪或者是在某人犯罪后防止其脱逃，为了将其送交有关的法律当局而对其实施的合法的逮捕或者拘留；

(4) 基于实行教育性监督的目的而根据合法命令拘留一个未成年人或者为了将其送交有关的法律当局而对其予以合法的拘留；

(5) 基于防止传染病蔓延的目的而对某人予以合法的拘留以及对精神失常者、酗酒者或者是吸毒者或者流氓予以合法的拘留；

(6) 为防止某人未经许可进入国境或者为押送出境或者是引渡而对某人采取行动并予以合法的逮捕或者拘留。

② 奥地利保护公民人身自由法第 1 条规定，每个人都有享有自由权和安全权，任何人不得被剥夺自由除非法律规定的原因；保护公民人身自由法第 2 条罗列了一个人可能被剥夺自由、被逮捕、被拘留、被驱逐或被引渡的法定理由。

③ Quinn v. France, Judgment of Mar. 23, 1995, App. No. 18580/91, para 48; Chahal v. United Kingdom, Judgment of Nov. 15, 1996, App. No. 22414/93, paras 112, 113.

④ 34(b) (1) first sentence AsylG.

⑤ 34(b) (1) third sentence AsylG.

⑥ 所谓就地难民安置是指在难民众多的邻近国家设立难民保护收容中心，帮助这些国家提高就地保护和收容难民的能力。例如目前欧盟已与北非国家、大湖地区国家、撒哈拉以南非洲国家，以及欧盟一些邻国进行了相关合作，欧盟委员会将对这些国家在收留邻国及地区难民方面所作的努力给予经济资助。

后续申请经常是成功的(这取决于国家起诉情况的改变[①]和申请者个人情况的改变)。

针对上述指控,宪法法院指出,关于“命令拘留缺席听证会的避难申请者”条款没有发现任何违法情形,因为这一条款所规定的拘留仅仅发生在避难申请者“再次无故缺席听证会”的情况下,并且避难申请者“再次无故缺席听证会”的目的,在于逃避或拖延对他进行驱逐的可能性。从这一角度出发,对无故缺席听证会的避难申请者进行拘留是非常必要的,因为只有这样才能保证将来驱逐决定的顺利执行。

不过,对“命令拘留已被作出最终消极行政决定的避难申请者(正在提出后续申请者)”条款,宪法法院认为其违反了法治原则。宪法法院指出,该条款对所有正在提起后续申请者实施拘留,包括那些没有被明显宣布不可接受的申请者。既然只有那些被明显宣布不可接受的申请者有逃避或拖延对他进行驱逐的可能性,那么仅仅只能在这样的案例中采取拘留措施,以保证将来驱逐决定的顺利执行。因此,宪法法院决定废止该条款。

4. 关于“安全国家地位”(Safe country status)条款

上奥地利和维也纳州政府在起诉书中,对“安全国家名单”的使用也提出了异议,该名单包括“安全第三国”[②]和“安全来源国”[③]两种。关于该条规定中的第一个名单,他们认为其违反了《欧洲人权公约》第3条的规定,[④]因为该条款仅仅以避难申请者途经名单上的第三国家就决定对申请者实施驱逐,而没有对避难申请者根据其个人情况实行一个适当的审查,以确定其途经的第三国家是否符合“安全第三国家”的条件。关于该条规定中的第2个名单,他们认为其违反了《欧洲人权公约》议定书四第4条

---

① 例如在科索沃的杭布伊埃堡协议(agreement of Rambouillet,本协议签署于1999年3月18日的法国巴黎近郊杭布伊埃堡,阿尔巴尼亚、美国、英国签署,而俄罗斯、塞尔维亚则拒绝)之后,相关国家的避难政策就发生了很大的变动。

② 4 (2) second sentence AsylG.

③ 6 (2) second sentence AsylG.

④ 根据欧洲人权法院(EctHR)和奥地利宪法法院的判例法,《欧洲人权公约》第3条不仅要求缔约各国在其管辖范围内保护个人免于虐待,而且也要求缔约各国在其管辖范围内之外保护个人免于虐待。因此,这项规定禁止非法驱逐。一个人可以因为下述理由不被驱逐:充分的证据表明他正面临着一个真正的危险,该危险使他受到的待遇明显违反《欧洲人权公约》第3条。参见欧洲人权法院相关案例 Soering v. United Kingdom, Judgment of July 7, 1989, App. No. 14038/88, para 91; Chahal v. United Kingdom, Judgment of Nov. 15, 1996, App. No. 22414/93, para 74; Ahmed v. Austria, Judgment of Dec. 17, 1996, App. No. 25964/94, paras. 39 - 40; Iruretagoyena v. France, (dec.) No. 32829/96, Jan. 12, 1998; VfSlg Nos. 13314, 13453, 13561, 13776, 13897, 13981, 14119, and 16160。

的规定，[①]因为该条款仅仅以避难申请者属于名单上国家的国民(国籍)就决定对申请者实施驱逐。

针对上述第一个名单所涉及的问题，宪法法院只是提到了上述名单中各个国家的实际情况，认为其中的“瑞士和列支敦士登”符合“安全第三国”的先决条件。宪法法院因此指出，除非在例外案件中就某一特定寻求避难者作出裁决，否则应该责成避难申请主管机关根据安全第三国名单采取相应行动。

针对上述第二个名单所涉及的问题，宪法法院指出任何驱逐外国避难申请者的决定都必须以对申请者根据其具体情况实施了合理和客观的审查为基础，“安全来源国”名单的存在并不会把这种审查变成集体驱逐的程序。并且《避难法》仅仅规定了“安全来源国”名单是决定驱逐明显缺乏根据的避难申请者的几个理由之一，除此之外，避难主管机关还必须审查每个申请者的其他个人情况。并且宪法法院认为，“安全来源国”名单上所涉及的国家(如欧盟成员国、澳大利亚、冰岛、加拿大、列支敦士登、新西兰、挪威、瑞士等)在事实上都是安全国家。当然如果有迹象表明，有可能存在其他方面具体原因的寻求避难者，主管当局必须进行进一步的调查并采取个别有针对性的措施。

5. 关于搜查和没收措施条款

最后，两州政府在起诉书中还提出对避难申请者衣物和个人财产的搜查和没收条款对确认避难者身份既无必要也不恰当，特别是考虑到每个申请者都有自己的特殊情况。他们宣称上述规定违反了《欧洲人权公约》第 8 条[②]和《欧洲人权公约》议定书

---

① 《欧洲人权公约》议定书四第 4 条规定：禁止集体驱逐外国人。根据欧洲人权法院的判例法，议定书四第 4 条禁止任何集体驱逐外国人的措施，除非采取该项措施是在对外来集团中的每个人根据其具体情况实施了合理和客观的审查之后。参见欧洲人权法院相关案例 Andric v. Sweden (dec.) No. 45917/99, Feb. 23, 1999; Conka v. Belgium, Judgment of Feb. 5, 2002, App. No. 51564/99, para 59。

② 《欧洲人权公约》第 8 条规定：人人有权享有使自己的私人和家庭生活、家庭和通信得到尊重的权利；公共机构不得干预上述权利的行使，但是，依照法律规定的干预以及基于在民主社会中为了国家安全、公共安全或者国家的经济福利的利益考虑，为了防止混乱或者犯罪，为了保护健康或者道德，为了保护他人的权利与自由而有必要进行干预的，不受此限。

同时欧洲人权法院的判例法也没有直接涉及搜查个人及其在其住所外或办公地以外财物的情形。不过，欧洲人权法院的判例法认为“个人生活”的概念应该包括人身和道德完整。参见欧洲人权法院相关案例，See, in particular, X and Y v. Netherlands, Judgment of Mar. 26, 1985, App. No. 8978/80, para. 22; Costello-Roberts v. United Kingdom, Judgment of Mar. 25, 1992, App. No. 13134/87, para. 34。并且《欧洲人权公约》第 8 条第 1 款规定的保护通讯自由的范围，包括了信件和专业文件，参见欧洲人权法院相关案例，See, e. g., Niemietz v. Germany, Judgment of Dec. 16, 1992, App. No. 13710/88, para 32; Goral v. Poland, Judgment of Oct. 30, 2002, App. No. 38654/97, para 82; Foxley v. United Kingdom, Judgment of June 20, 2000, App. No. 33274/96, paras. 29, 30。 (转下页)

一第1条[①]的规定。

针对上述诉请,宪法法院认为,对衣物和个人财物的搜查对于尽快确认申请者的身份是必要的,并且也是一个适当的达到目的的方式。与两州政府的解释不同,宪法法院认为上述关于搜查和没收措施的条款,并不允许对寻求避难者自动进行搜身,只是在下述特定情况下才被允许实行,即申请避难者没有自愿提交相关文件或物品,并且又不能排除其随身携带着相关文件或物品的可能性。

关于对相关物品或文件的没收,宪法法院认为根据它们可以确认避难申请者的国籍、旅行路线、离开本国的原因。宪法法院指出:首先,有关一个人身份的文件并不属于《欧洲人权公约》议定书一第1款所保护的财产的范围;其次,扣押的物品是用来作为审查程序过程的证据,并会在主管当局查阅后交还给申请者。宪法法院据此判定,上述条款所涉及的对避难申请者的有限打扰能够最终被查明的真实情况所修正,因而与立法所要达到的目标是相适应的,并且也没有违反《欧洲人权公约》及其议定书一的规定。

二、简 要 分 析

从上述奥地利宪法法院对其判决的解释来分析,其在依法作出判决时需要考虑4个方面的因素:利益平衡、形式主义、谨慎解决、事实澄清。

第一,奥地利宪法法院所要考虑的最重要的因素是利益的平衡,特别是要考虑到申请避难者的个人利益(这似乎是宪法法院法律推理的核心)。一方面,宪法法院的判决必须考虑到,避难申请者处于一个非常不同于其他案件的特殊境况。这些特殊境况包括:申请者由于不会讲或不懂他们所要申请避难国家的官方语言,而处于沟通困难的境地;申请者经常遭受痛苦和疲惫;他们也很可能缺乏资金支持。另一方面,国家希望尽快完成对避难申请者的审查程序,从而把避难权授予真正的政治难民。

在权衡这些利益时,宪法法院认定对避难申请者采取诸如立即驱逐避难申请者至

(接上页) 据此,存在着这种法律上的可能性,即搜查衣物和个人财物属于上述规定所涉及的范围。因此欧洲人权法院已经接受了《避难法》中关于搜查个人和其行李的规定违背了《欧洲人权公约》第8条的法律精神。

① 《欧洲人权公约》议定书一第4条规定:1. 每一自然人或法人有权和平享有其财产,于公共利益并按法律和国际法普遍原则规定的条件外,任何人不得剥夺其财产;2. 但上述规定无论如何不得损害国家行使它认为为了依据普遍利益控制财产的使用或为了确保税款或其他特别税或罚款的支付而必须施行的法律的权利。根据欧洲人权法院的判例法,上述规定的首要目的是用来反对对财产权的任意没收。因此在这一意义上,法院认为临时扣押的文件涉及财产的使用(或征用),因而这一行为符合《欧洲人权公约》议定书一第1条第2款的规定。See Handyside v. United Kingdom, Judgment of Dec. 7, 1972, App. No. 5493/72, para 62。

第三国的措施过于严格。[①]在这类案件中，避难申请者被接纳的机会不大，因此在上诉中相关行政决定被撤销的比例非常高。[②]类似于上述情况，宪法法院认定《避难法》对于避难申请者"证明医疗创伤"规定了过多的义务，同时对于为确保驱逐而事先采取的拘留，在没有迹象表明避难申请者有回避或拖延驱逐意图的情况下，也是不足取的。

在涉及《避难法》其他规定时，包括搜查和没收等条款，宪法法院优先考虑了国家利益。既然搜查和没收是对个人自由的一种严重干涉措施，而宪法法院采取优先考虑了国家利益的态度，从表面看来是非常令人惊讶的。并且在诸如避难申请等个人申请行政决定的情况下，行政机关在行政程序中很少对申请者作出政策调整或相应让步，因此宪法法院对没收措施的法律推理，要想尽可能符合刑事诉讼中所能达到的那种(对犯罪嫌疑人而言)证据信服，几乎不可能达到。虽然如此，但宪法法院认定国家在采取必要手段尽快获得事实方面，具有优先地位。

第二，上述奥地利宪法法院的判决是认识奥地利公法中所固有的形式主义的一个很好的事例。宪法法院在几个被驳回的诉请中，都基于下述理由：只有当违反的条件被完全满足的时候，一个上诉才能够被接受。然而，在实践中，特别是在处理非常复杂、重复，甚至相互矛盾的法律制度时，对申请人来说，要详细确定所有可能涉及影响"被指控违反的法律制度"的条款可能是非常困难的。为了避免这种情况，其他国家的宪法法院在该方面不再严格限制诉讼申请者，并且宪法法院自身有权废除质疑立法的相关条款。[③]但奥地利宪法法院显然没有跟进其他国家宪法法院的这一最新发展趋势，而是固守了其公法理论中的形式主义传统。

类似于上述情况，奥地利宪法法院也避免从涉及"安全国家名单"理论的角度来讨论上诉的实质问题，而只是审查该项法律条款在当时情况下是否符合宪法的规定。而如果将来客观事实情况发生变化，该宪法问题将根据新的客观情况进行审查。

第三，上述判决表明奥地利宪法法院倾向于谨慎的解决方案。例如，关于限制行政决定司法审查条款，宪法法院仅废止了身体"外伤"字眼的使用，而没有废止整个条文。关于立即驱逐条款，宪法法院也仅仅批评这一措施没有充分考虑在每个案件中的例外情况。

考虑到奥地利立法者能够通过赋予立法措施以宪法地位(即成为宪法性法律)，从

---

① 在《避难法》的相关规定中，欧盟成员国不属于此处"第三国"的范围，即这里所谓的立即驱逐至第三国实际上是将避难申请者驱逐至东南欧落后国家。See VfSlg. 17340。

② 在2002—2003年，大约有超过50%的此类案件在上诉中被撤销，at www. parlament. gv. at/portal。

③ 例如，德国联邦宪法法院就拥有该项职权，参见78 (2) Bundesverfassungsgerichtsgesetz [Bundesverfassungs-gerichtsG] [Statute of the Federal Constitutional Court], BGBl 1993 I 1473, as amended by BGBl 2004 I 3396。

而在原则上使立法措施免于司法审查,宪法法院在上述情形下采取了一种谨慎而又明智的方法,因为宪法法院一个更明确的立场可能挑起(立法机关)这样的反应。然而条例或法律的部分废止很可能证明在权力的分立方面存在问题,因为条例或法律在部分废止后很可能不再反映立法者的愿意。在宪法法院大多数宪法管辖权范围内,立法者的意图都是部分废止的一个障碍。①在奥地利,立法者的这种阻碍尤为突出,因此,如果宣布条例部分无效的判决,将会导致条例产生与原来条文完全不同的含义(与立法者立法意图完全相反),宪法法院将避免作出这样的判决。宪法法院的前述判决也可能基于下述事实的存在:宪法法院不可能仅仅宣布某一条例违宪而不宣布废止它。②

最后,宪法法院的判决澄清了《避难法》中某些条款的含义,从而限制了行政主管当局的自由裁量权。例如,宪法法院指出,所有决定的作出都必须以对每个避难申请者进行合理和客观的审查为基础;拘留措施在避难申请者再次无理由缺席听证会,且其再次缺席展示了其逃避或拖延驱逐的目的情况下才能采用;传统上行政主管当局从未被授权进行系统的搜查活动。

奥地利宪法法院在这一案件中所传递的信息是,宪法法院要求对寻求避难者予以与其他类型案件申请人相比更特殊的保护,考虑到这一点,对《避难法》的相关条款提起诉讼可以被受理。宪法法院所传递的这一信息是否被奥地利政府所接受尚不完全清楚。不过在宪法法院判决当日,奥地利内政部长表示他将以宪法法院作出判决为契机来完善避难事务的相关规定,2005年奥地利国会通过了新的《避难法》,目前进一步的法律改革还在进行中。③

因此,尽管宪法法院有意确保寻求避难者的法律地位,但宪法法院的判决随着新的限制措施的出现而开始逐渐被搁置。迄今为止,这些新的限制措施还没有提交宪法法院。还有待观察他们是否会在未来,被提交给宪法法院或由欧洲人权法院进行审

---

① 立法者的立法意图在立法技术上也被称为立法者的假设意愿。欧洲法院(the European Court of Justice, ECJ)并不认为立法者的假设意愿是某一立法的基础。参见 the ECJ "partial annulment is not possible where the substance of the provision in question would be altered": Case C-244/03, France v. Parliament and Council, Judgment of May 24, 2005, E. C. R. 1-4024, paras. 13, 14。

② 当然也存在一些特殊的例外情况,如果相关条例先前已经被停止执行。那么宪法法院就可以仅仅宣布某一条例违宪而不宣布废止它。

③ See The Asylgesetz 2005 [AsylG 2005] [Asylum Law 2005] introduced, for instance, so-called "leading cases" [Leitentscheidungen] to be decided by the grand chamber of the Bundesasylsenat with the consequence that similar cases could be rendered without an oral hearing. x 42 AsylG 2005. Also, it provided that documents would no longer be served on the lawyers of asylum seekers. x 23 AsylG 2005, at www. rakwien. at/import/documents/asylgesetz2005. pdf, March 6, 2009.

查。如果没有相关的起诉发生，对这些新的限制措施唯一的保障是欧洲共同体难民法。[①]考虑到欧洲共同体法律在该地区的快速发展，由其所催生的前景在某些方面已经被提高。

① 根据奥地利法律规定，正式缔结的国际条约优于国内法。

“分娩者为母”吗？
——第三方参与人工生殖子女法律父母的确认①

Is Motherhood Always Certain?:
On Redefining and Determining the Maternity and Paternity Rights in the Case of Third-Party Assisted Reproduction

杨　芳

安徽医科大学人文学院　教授　博士

人类辅助生殖技术的发展，以自然生育为基础、以人工生殖为补充的二元生育模式已经初步形成。但诸多法律问题也随之而至，第三方参与人工生殖子女法律父母的确认问题便在其中。第三方参与人类辅助生殖技术过程，直接造成父母身份的多元化，打破“分娩者为母”的铁律，冲击传统亲权秩序，“父母”这个词语不断被赋予新的内涵，“基因主义”、“意思主义”和“子女最佳利益说”等被各国法学理论界不断引入人工生殖子女法律父母的认定。从学理及司法实践上来说，各种认定标准各有短长，各有特定的适用空间。从各国司法实践和立法经验来看，摒弃单一标准，趋向多元化，已经成为人工生殖子女亲子关系认定标准的新趋势，各国立法者和司法官正在努力寻求一种能妥善平衡各种利益关系的亲子认定标准。

人类辅助生殖技术(Assisted Reproductive Technology, ART)的临床应用，使得生儿育女不再像以往那样受年龄②以及生存与否③等因素的限制，不仅大大助益于不孕症

---

①　安徽医科大学博士基金项目：《医学技术进步与民法制度创新研究》(XJ200811)。

②　近年来，不断有高龄妇女诞下试管婴儿的报道，如2005年1月16日罗马尼亚67岁大学退休女教授阿德里安娜·伊利斯库通过剖腹产手术生下一名试管婴儿，创造了高龄产妇纪录。2006年12月29日这一世界纪录被西班牙老妇卡梅拉·布萨达打破，当时已经66的她谎称自己只有55岁(美国允许试管受精手术的上限年龄)，成功生下一对双胞胎儿子，比阿德里安娜大128天。2008年7月4日英国媒体报道，现年70岁高龄的印度老妇奥姆卡莉·潘瓦尔在怀胎8个多月后经剖腹产生下一对龙凤双胞胎，再次创造了生育奇迹。

③　随着人工生殖技术的发展，许多国家都有与死后取精生子(Post-Mortem Conception)相关的案例发生，如美国的 Hecht v. Superior Court, See Hecht v. Superior Court, 20 Cal. Rpter. 2d(Cal. Dist. ct. App. 1993)，英国的 Regina v. Human Fertilisation and Embryology　(转下页)

患者实现为人父母的梦想,而且推动了人类生育模式的重大变革,使得以性为基础的传统自然受孕模式不再是人类繁衍后代的唯一选择。换言之,随着人工生殖成为主流生育模式之一,以自然生育为基础、以人工生殖为补充的二元生育模式已经初步形成。

然而,人工生殖却因"父母"以外的第三方(如捐精者、捐卵者、出借子宫者)参与婴儿的孕育,①而不断引发道德难题和法律纷争,加大了人工生殖子女法律保护的难度。第三方参与人工生殖(Third-Party Reproduction,以下统称第三方人工生殖)对传统法律制度的影响全面而深刻,其重要表现之一在于,人工生殖为不孕症患者带来福音的同时,也造成生殖与性爱、婚姻一定程度的分离,把"父"、"母"职能分割为若干互不相属的阶段,分别由夫、妻和第三方共同承担,继而打破"分娩者为母"的铁律,引起父母(亲权主体)身份的多元化和亲子关系的混乱与不安定。如谁为父母?是基因提供者、怀孕生产者,还是委托者?孩子的法律地位如何确定?是亲子女、继子女、养子女,抑或其他?这些原本简单的问题由于生殖方式的双轨化和父母身份的多元化变得复杂而棘手。

在此宏观背景下,从立法上予以前瞻性研究,努力构架二元生殖模式下的亲子制度已经变得十分迫切,而研究的重点显然应放在第三方参与人工生殖法律父母身份的确认和人工生殖子女法律地位的保护上。亲子关系是家庭成员之间最近的血亲关系,包括自然血亲关系和拟制血亲关系,亲谓父母,子谓子女,人工生殖亲子关系的认定问题一般仅发生在狭义上的父母与未成年子女之间,②大部分是自然血亲关系纷争,间或涉及后者拟制血亲关系问题。确立"亲"、"子"身份是亲子之间发生权利义务关系的前提,研究人工生殖亲子关系问题,必须从"亲"和"子"两方面考量,这是一个问题的两个方面。前者主要涉及谁是人工生殖子女的"法律父母"的定义和确认,即基因提供者、怀孕生产者、委托者,谁是人工生殖子女的法律父亲和法律母亲;后者主要研究子女的法律地位问题,即子女是婚生子女、非婚生子女、继子女、养子女,抑或其他?对此,本文拟就各国人工生殖子女"法律父母"定义方案的优劣利弊和发展趋势进行介绍和探讨。

(接上页) Authority, exparte Blood, See *The All England Law Reporters*, 1997, Vol. 2, pp. 687 - 704。2006 年日本审结一起死后生子案中,最高法院终审推翻了二审法院承认所生子女婚生的判决。参见最高裁判所が凍結精子による夫の死後生まれた子どもの認知を認めず, http://www.hurights.or.jp/news/0609/b08.html,2007002 - 16。

① 除意大利外,非配偶间人工生殖为大多数立法规范人工生殖的国家所支持。意大利 2004 年通过的人工受孕法对使用人工辅助受孕技术进行了严格限制,例如只有夫妻或同居准夫妻才可以适用,禁止使用捐献者提供的精子和卵子以及自己事先冷冻的精子和卵子。法案还规定,即便是罹患遗传病的夫妇也不得使用筛查方法检测胎儿发育状况,否则将被处以高额罚款。See Patrick Hanafin, Gender, citizenship and human reproduction in contemporary, *Italy Feminist Legal Studies*, 2006, Vol. 14(3), pp. 329 - 352。

② 戴炎辉、戴东雄:《亲属法》,台湾地区顺清文化事业有限公司 2002 年版,第 4 页。

一、第三方人工生殖对亲子关系的影响

人类辅助生殖技术主要有人工授精(Artificial Insemination, AI)、体外受精—胚胎移植技术(In Vitro Fertilization-Embryo Transfer, IVF-ET)以及卵胞浆内单精子显微注射技术(In tracyto-plasmic Sperm Injection, ICSI)、植入前胚胎遗传学诊断技术(Preimplantation Genetic Diagnosis, PGD)以及胚胎冷冻等衍生技术。不同的人工生殖对亲子关系的影响亦有所不同。

人工授精

人工授精是用人工方法取代男女性交将精液注入女性体内使其受孕的一种方法。根据精液是否来自配偶,人工授精分为同质人工授精(Artificial Insemination by Husband Semen, AIH)和异质人工授精(Artificial Insemination by Donor Semen, AID),两者不同在于前者是由丈夫提供精子,后者由第三方提供精子。[①]同质人工授精与自然生殖并无本质差别,只要夫妻双方协商一致,无论从生物学角度还是从社会学视角,所生子女都是夫妻共同婚生子女(即便实施人工授精后夫妻离婚或者丈夫死亡)。但是,同质人工授精也不是绝对没有问题。例如,如果妻子未经丈夫同意擅自实施同质人工授精,丈夫能否以侵犯生殖权或知情权为由对妻子或者该婚生子女行使抗辩权?夫妻离婚后仍然以其前夫精子实施人工授精后,除非前夫事前同意或者事后同意,可视前夫为非匿名供精者。问题是,于离婚后经前夫事前同意或者事后同意以其冷冻精子实施人工授精的,子女是前夫的婚生子女,还是非婚生子女?倘若妻子再婚,则子女是后夫的继子女、婚生子女,还是养子女?

由于异质人工授精系由第三方提供精子,孩子有一个母亲,两个父亲。妻子既是孩子的基因母亲,又是社会母亲,自然也是法律母亲。虽然供精者与所生子女有基因遗传关系,但是提供精子一般为匿名而且捐献精子是为了助人美意,不是为了生育子女,如果认定其为孩子的法律父亲就有悖人之常情;但是,在一些特殊情况下,为了避免子女沦为孤儿,也可以考虑供精者为子女法律父亲。丈夫与所生子女没有基因关系,但是基于丈夫与配偶的婚姻关系,一般应将子女视为双方的婚生子女。当然也不能一概而论,夫妻双方是否协商一致是确定子女法律地位的关键。如果实施手术前双方已经协商一致,所生子女应认定为双方的共同婚生子女,即使子女是在夫妻离婚后

① 参见布伦丹·格瑞尼:《医疗法基础》,武汉大学出版社2004年版,第87页。

或者丈夫去世后出生，也不应影响子女的合法地位。倘若人工授精是妻子的单方行为，如果丈夫提出否认之诉的，能否推翻子女的合法地位和免除丈夫的抚养责任？如果丈夫事后表示追认或者不予否认的，即可推定其为子女的法律父亲；但问题是子女是婚生子女、继子女还是养子女？亲子关系的确立是否须要履行特定法律程序？

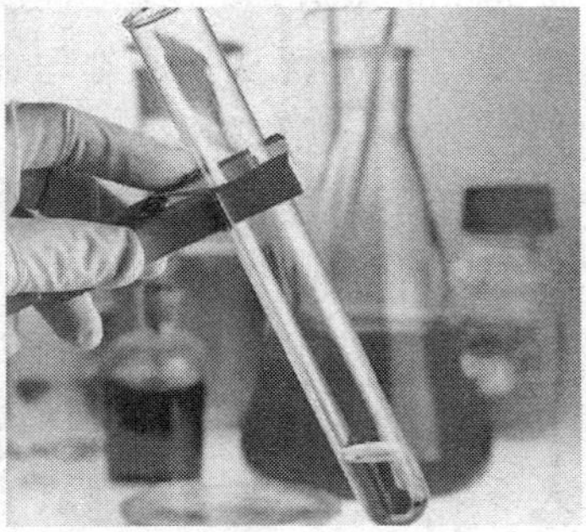

试管婴儿

体外受精—胚胎移植技术俗称“试管婴儿”，是用人工方法将精、卵分别从男女体内取出，在器皿内培养、受精后，再植入妇女子宫内着床、发育和分娩。体外受精根据是否需要委托人以外的供精者或者供卵者参与，可以分为三种情形：一是将丈夫的精子与妻子的卵子在体外受精分裂的胚胎移入妻子的子宫内；二是将由丈夫的精子与第三方的卵子在体外受精分裂的胚胎移入妻子的子宫内；三是将丈夫之外的人的精子与妻子之外的人的卵子在体外受精分裂的胚胎移入妻子的子宫内。在亲子关系认定上，第一种情况与同质人工授精、第二种情况与异质人工授精只是受精地点在体内和体外的差异，其他情况基本雷同，由此所生子女的亲子关系可作同样的解释。第三种情况中，孩子存在两个生物父母和两个社会父母。供精者、丈夫的法律地位与异质人工授精中供精者、丈夫的法律地位类似；由于母亲的职能被分裂为受胎和生产两个片段，自然母亲的身份也相应地分解为基因母亲和妊娠母亲，这就使妻子的法律地位变得异常尴尬，显而易见，如果依据“分娩者为母”的准则妻子可认定为孩子的自然母亲，但是，如果从遗传学上看，由于妻子和孩子之间并无基因联系，则妻子并不是孩子的自然母亲。那么，生母的定义是否需要修正？

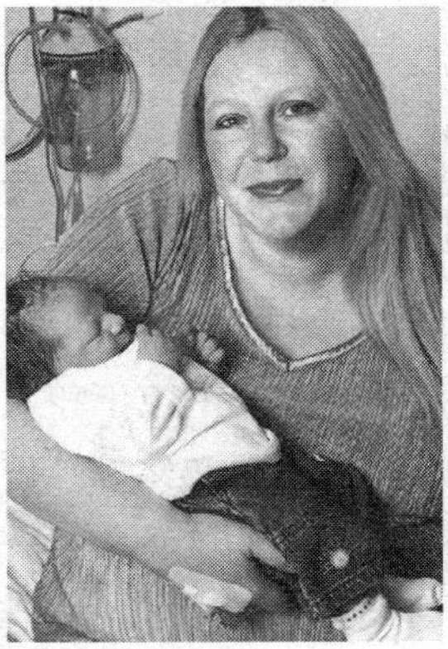

代孕人工生殖

代孕人工生殖(Surrogate Procreation，以下统称代孕)的情形最为复杂。代孕作为一种复杂的医疗过程，有特定的内涵和外延，与民间所流传的“借腹生子”、“典妻”以及代孕网站宣扬的所谓代孕有着本质的区别，它是综合采用各种人工生殖技术，将受术夫妻[①](或者捐献者)的精子和卵子在实验

① 大多数国家只允许合法夫妻施行人工生殖，夫妻施行人工生殖一般需要双方共同签署知情同意书后，委托有资质的医疗机构进行，所以受术者一般称为受术夫妻、委托夫妻或者委托父母，本文讨论的就是这种婚内生殖，至于非婚人工生殖和同性家庭人工生殖，情况更加复杂，本文将在评论英国相关立法时进行补充说明。

室经过人工培育形成胚胎后，植入代孕者子宫内，[①]从而代替怀孕及生产的医疗过程。代孕有基因代孕(Genetic Surrogacy)和妊娠代孕(Gestational Surrogacy)两种方式，基因代孕是直接将委托父亲或者供精者精子结合，它与借腹生子唯一区别是以医疗技术取代自然性交，故也称为传统型代孕(Traditional Surrogacy)、自然代孕(Natural Surrogacy)或者直接代孕(Straight Surrogacy)，基因代孕虽然排除了通奸嫌疑，但是却无法摆脱伦理责难和法律困扰。妊娠代孕则大大缓解了这一问题，因为它是将妻子(或供卵者)卵子和丈夫(或供精者)精子在实验室内受精，形成早期胚胎后再转移到代孕者子宫内着床、发育、分娩。代孕者与子女无基因关系，故也称为体外受精代孕(IVF Surrogacy)或者借腹型代孕。代孕根据是否需要第三方(包括代孕者)提供生殖细胞，可分为6种情形：一是精卵均来自委托夫妻，由人工取出受精后，植入代孕者体内孕育、生产；二是卵子来自女性委托人，但因男性委托人不孕(或其精子有基因缺陷)而由他人捐精；三是精子来自男性委托人，因女性委托人无法排卵或卵子有基因缺陷而由代孕者以外的人捐卵；四是男、女委托人因故均无法提供精、卵，须由代孕者以外的他人捐赠；五是精子来自男性委托人，卵子来自代孕者，经由人工授精后在代孕者子宫内发育；六是因男性委托人不孕，或其精子有遗传基因缺陷，由他人捐精与代孕者的卵子受精。代孕所生子女就可能有两个父亲、三个母亲：基因父亲(供精者)、委托父亲、基因母亲(供卵者)、妊娠母亲(怀孕生产者)和委托母亲，[②]如果再加上捐献者的配偶，则情况更为复杂。由此可见，代孕不仅遭遇了上述各种人工生殖方式的共同难题，而且导致母亲身份彻底断裂，继而造成父亲身份的悬而未决。

自然生殖模式下，亲子女的法律父母(社会父母)即是生养子女的人，亦即通常所说生物学父母(Biotic Parents)或自然父母(Natural Parents)。但是，人工生殖在推动人类生殖方式根本变革的同时，也使得婚姻—性爱—生育一体化的以“父—母”为基础的自然生殖过程，被分割为供卵、供精、受精、移植、妊娠、分娩及抚育等若干个互不相属的片段，分别由夫、妻、捐精者、捐卵者和代孕者担任，造成父母职能的断裂和父母身份的多元化，导致不同性质的“母亲”之间、“父亲”之间、“父亲”和“母亲”之间以及第三

---

① 代孕者是自愿接受人工生殖技术，代替委托夫妻之妻怀孕，并与之约定放弃其所分娩人工生殖子女的妇女，大陆和台湾地区通常称之为“代理孕母”、“代孕母亲”、“代理母亲”、“代替母职”、“代母”、“孕母”等。“代理孕母”一词译自英语的 surrogate motherhood、surrogate mother，关于 surrogate motherhood 的确切含义，有学者认为是代孕者，有学者认为是被代孕者。本文统一使用“代孕者”一词。

② 国外法律文献把接受人工生殖技术生育子女的委托人称为意思父母(intended parents)、意思父亲(intended father)、意思母亲(intended mother)。See Sally Sheldon, Reproductive technologies and the legal determination of fatherhood. *Feminist Legal Studies*, 2005, Vol. 13(3), pp. 349－362。

方配偶与相关当事人之间在人工生殖中的紧张和对立，因而需要厘清作为亲权主体的"父母"的法律定义及确认标准。

二、传统"分娩说"面临的挑战

在传统亲子法中，血缘关系和婚姻关系是确立亲子关系的基础。具体而言，首先根据"分娩者为母"的准则确定母亲身份，再根据母亲的婚姻关系确定父亲身份。可以说，"分娩者为母"是罗马法以来确认母子关系的基本法则和判定父子关系的基础关系。这是妇女在人类自身再生产中的独占性决定的。自古以来，特别是在群婚社会里，"谁是某一个孩子的父亲是不确定的，但谁是孩子的母亲则是确定的。"[①]这使女性在亲子关系的确立中具有独特的优先性，因之形成以女性为中心的母权组织。罗马法时代，虽然早已结束了"知其母，不知其父"的混沌状态，但是传统自然法则与习惯观念就像一粒"种子"，孕育出以血缘关系为基础的亲权制度。罗马法在亲权主体认定方面的贡献，一是确立"分娩者为母"的母亲身份判定方法，将集受胎、分娩和养育于一身的母亲置于亲权身份的首位，确立"母亲永远是确定的"（Mater Simper Certa Est，the Motherhood is Always Certain）的基本准则。罗马法对亲子制度的另一贡献是确立"父亲是不确定的（Pater Semper Incertus Est，the Father is Always Uncertain）"的法律原则，推定与母亲有婚姻关系的男子为子女父亲，这就是婚生推定制度（Pater Est，Quem Nuptiae Demonstrant，Father Is to Whom Marriage Points）。自"分娩者为母"和"婚姻示父"原则确立以来，各国立法大都以分娩事实作为确立母子关系的依据，进而明确母子间的权利义务关系，简单方便，不易推翻，只要证明子女是己身所出或者自己是子女所从出（如医院出具的出生证明文件）即可，[②]同时适用"母亲的丈夫就是子女的父亲"的原则，以妻子在婚姻存续中受孕之子女为丈夫的婚生子女（除有反证外）。例如《德国民法典》第1591条和1592条规定：子女的"母亲"是子女所由之出生的女子。子女的"父亲"是"(1) 在子女出生时已与该子女的母亲结婚的人；(2) 已认可父亲身份的人或(3) 其父亲身份依照本法……为法院所确认的人。"《日本民法典》772条也规定："(1) 妻子于婚姻中怀胎的子女，推定为丈夫的子女；(2) 自婚姻成立之日起经过200天后或自婚姻解除或撤销之日起300天内出生的子女，推定为婚姻中怀胎的子女。"[③]在自然生殖社会里，这一法则之所以会跨越时空，历久不衰，原因

① 《马克思恩格斯选集》第4卷，人民出版社1995年版，第38页。

② 如《法国民法典》第319条就规定："婚生子女的身份，依录于身份登记簿的出生证书证明之。"

③ 参见渠涛编译：《最新日本民法》，法律出版社2006年版，第146页。

就在于它被认为是"一种与自然相符合的正当理性","具有普遍的适用性并且是不变而永恒的"。[①]

然而,生殖科技的日新月异却打破了"分娩说"(Gestationalism)的千年神话,特别是代孕突破临床禁区后,致使"分娩者为母"遭遇前所未有的挑战。面对这一现实难题,是继续坚持传统标准,还是另觅新的认定方法?理论界和实务界都经历了艰难抉择。有学者认为,分娩说既为民法认定母子关系的传统法则,早已为社会所接受,没有必要因为生殖技术而改变,仍应维持分娩说在认定母亲子关系的绝对地位。但是,更多学者认为应当尊重社会现实,另寻其他标准或者赋予分娩说以新的内涵。学者一般认为,在第三方捐献卵子的情况下,坚持"子宫优于血缘"的原则,把亲权授予怀胎的委托母亲很有必要,因为委托母亲不但要供应胎儿的生命所需,且有意成为孩子的母亲,故其地位应较供卵者重要。[②]事实上,大多数国家法律都规定,供卵须匿名进行(配偶间人工生殖除外)且属于捐献行为,母亲权(Maternity)一般授予委托母亲,其丈夫亦推定为所生子女的婚生父亲。

毋庸置疑,分娩说尊重子宫和分娩的价值,使怀胎受孕的委托母亲优先于供卵者成为孩子的法律母亲,可以避免或者消解委托者与供卵者之间的母权纠纷,确保委托母亲对无基因联系的人工生殖子女的亲权地位,对于维护"分娩说"的安定性也有积极作用。但是,在采用代孕的情况上,分娩说将造成基因母亲(Genetic Mother)和妊娠母亲(Gestational Mother)之间的权利冲突,甚至会使妊娠母亲比基因母亲产生亲权上的优先权。事实的确如此。在一些女性主义者(Feminist)看来,怀孕、生产对妇女是一个漫长的充满煎熬和风险的过程,尤其是十月怀胎和分娩的痛苦都加深了代孕者和胎儿之间的骨肉之情,这份情感是契约和金钱无法割舍的,这对胎儿来说是最重要的爱。[③] 因此坚称,代孕者不应该仅仅是一个妊娠者,还应该是孩子的法律母亲,虽然她不能持续地介入子女的生活。[④] 还有学者从孩子发育过程中,对妊娠母亲、委托母亲所花费的时间、精力以及情感投入等方面进行比较,论证代孕者母亲地位的合理性。[⑤] 同样站在代孕者

---

① [美]博登海默:《法理学——法律哲学与法律方法》,邓正来译,中国政法大学出版社1999年版,第14页。

② 参见王洪:《婚姻家庭法》,法律出版社2003年版,第250页。

③ Rothman, Barbara Katz, *Recreating Motherhood: Ideology and Technology in a Patriarchal Society*, New York: W. W. Norton & Co., 1989, pp. 229 - 245.

④ Alice Hofheimer, Gestational Surrogacy: Unsettling State Parentage Law and Surrogacy Policy, *Review of Law & Social Change*, 1992, Vol. 19(3), pp. 571 - 616.

⑤ Scott B. Rae, Parental Rights and the Definition of Motherhood in Surrogate Motherhood, *Southern California Review of Law and Women's Studies*, 1994, Vol. 3(2), pp. 219 - 277.

的立场,也有学者大胆质疑,认为如果按照"分娩说"的思维模式定义代孕者的话,则代孕者及其丈夫将与和自己毫无血缘关系的子女具有法律上的权利与义务关系,这是不合理的枷锁。①

但是,分娩说能否体现代孕所生子女的利益就更值得怀疑了。因为代孕者绝大多数是经济窘迫、疲于奔波的妇女,如果赋予其亲权身份,只会使其雪上加霜,并且还可能给子女的生活平添阴影,虽然我们不怀疑代孕者母爱的伟大(即使她最初并未打算要这个孩子),但是,对子女来说仅有母爱还是不够的。这一顾虑的合理性可以在1985年发生在英国的"Baby Cotton案"得到支持。这是一起跨国商业代孕案件,英国妇女Kim Cotton经美国一家商业性代孕中介机构的介绍,采用基因代孕方式,为一对美国夫妇提供有偿代孕服务,约定酬金6 500美元。依据英国法律收养孩子附有对价为违法行为,代孕契约无效,收养行为无效。但是,法官最终依据"子女最佳利益原则"判决提供精子的美国夫妇承担孩子的照顾和监护责任,并允许其将孩子带出英国。②正是这个案子震惊了英国立法机关,并且催生了严禁商业性代孕(Commercial Surrogacy)和代孕广告(Surrogacy Advertisement)的《代孕协议法》(Surrogacy Arrangements Act 1985),而自愿性的代孕(Voluntary Surrogacy)却得以阳光化、合法化。③

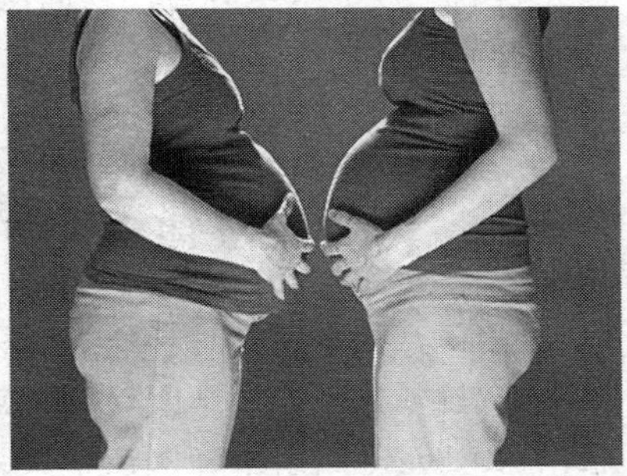

代孕生意利润巨大

很显然,如果采用分娩说,则未打算(至少在怀孕前)当母亲的妇女成为孩子的法律母亲,而千方百计想当母亲的妇女反而落得人财两空,甚至还会承担违法风险。然而,无论是代孕合法化的国家还是非法化的国家,"分娩说"也不是毫无用武之地。在代孕非法化的国家里,为达到遏制非法代孕,使当事人代孕目的不致实现,继而维护传统伦理秩序和家庭秩序,采此学说不失为一条行之有效的办法。然而,如前所述,将子女归属于代孕者并不一定符合子女最佳利益。所以,德国《收养协议法》(The Adoption Arrangements Act)增列代孕中介内容,一方面重申《胚胎保护法》(Embryo

① Brian J. Carney, Where do the Children Go? Surrogate Mother Contracts and the Best Interest of the Child, *Suffolk University Law Review*, 1988, Vol. 22(4), pp. 1187-1217.

② Peter R Brinsden, Tim C Appleton, Elizabeth Murray, et al. Treatment by in vitro fertilisation with surrogacy: experience of one British Centre, *British Medical Journal*, 2000, Vol. 320, pp. 924-929.

③ Surrogacy Arrangements Act 1985 (C. 49), http://www.opsi.gov.uk/RevisedStatutes/Acts/ukpga/1985/cukpga_19850049_en_1.

Protection Act 1990)的立场,禁止代孕协议,禁止代孕中介和广告宣传。[①]另一方面特别增加代孕所生子女法律地位条款,规定孩子出生后,交由违法委托夫妻收养,[②]使委托者通过收养方式成为孩子的法律父母,以确保人工生殖子女不被遗弃或者争抢。支持代孕的国家也以代孕者为母,委托父母再进一步通过法律程序(如收养)获得亲权。如以色列《代理孕母协议法》(Surrogate Motherhood Agreements Law, 1996)规定,委托夫妻应在孩子出生后 7 日内向法院申请亲权命令,法院批准收养申请后,委托夫妻即成为孩子的法律父母。[③]

三、法律父母的重新定义及其多元化趋势

随着"分娩说"的适用空间越来越小,一些国家的立法和司法实践开始针对不同的人工生殖,综合考虑子女的各种自然关系和社会关系,以基因遗传、生产事实、生育意愿、子女利益等因素来确认亲子关系。与之相应,基于以上某一因素作为判定父母身份的依据或标准,分别产生"基因说"(Geneticism)、"分娩说"(Gestationalism)、"意思说"(Intentionalism)、"子女最佳利益说"(Best Interests of the Resulting Child, BIRC)等观点。其理论要点如下:

"基因说"主张把基因来源(Genetic Derivation)作为确立亲权关系的基础,[④]生殖细胞的提供者是孩子的法律父母。基因说在自然生殖模式下,与分娩说并无本质区别,都强调血缘真实主义,共同维护传统社会的亲权秩序。得益于医学科技的发展,DNA 测试已经成为较为科学的鉴定亲子血缘关系的准确方法。只是鉴于基因说操作复杂,成本很高,一般只作为分娩说的补充和特例,适用于前述婚生推定被否认的情况。在人工生殖模式下,DNA 检测更多地被用于证明母亲身份的案例中。在这种情况下,作为亲子关系认定标准的 DNA 检测与分娩说已经大异其趣,甚至存在尖锐的对立。"Belsito v. Clark" 案无可辩驳地说明这一问题。法官最终依据 DNA 检测技术认定,妊娠代孕所生子女的自然母亲和法律母亲

① Act amending the Adoption Arrangements Act, 27 November 1989, *Annual Review Population Law*, 1989(16), pp. 47 - 48.

② Victoria Keppler, Michael Bokelmann, Surrogate motherhood: the legal situation in Germany, http: //www. surrogacy. com/legals/article/germany. html.

③ Abraham Benshushan, Joseph G. Schenker, Legitimizing surrogacy in Israel, *Human Reproduction*, 1997, Vol. 12(8), pp. 1832 - 1834.

④ Hall B, The origin of parental rights, *Public Affairs Quarterly* 1999, Vol. 13(1), pp. 73 - 82.

是委托方之妻。[①]

由上可知,在两名妇女分别提供卵子和子宫的情况下,出生证明不再是自然母亲的唯一判断标准,基因检测也可以证明自然母亲身份。两种标准导致两个自然母亲,这种矛盾有无第三条解决途径?在1993年的"Johnson v. Calvert"案中,加利福尼亚州最高法院撇开"分娩说"和"基因说"的矛盾,以"生殖意思(意愿)"作为标准,判决代孕母亲Anna Johnson对为不孕症夫妇Mark和Crispina Calvert(孩子的基因父母)所生的孩子不享有母亲权。[②]"意思说"(又称意思表示说、契约说、人工生殖目的说)更强调亲子关系的道德性,[③]而不是生物性,[④]意思主义主张把当事人的意愿作为授予亲权的基本考量因素。[⑤]以意思表示主义为原则,主张意思自治,使有意担任子女父母者成为孩子的法律父母;反之,没有表达为人父母意愿的当事人,不得使其成为法律父母。意思主义隐含的价值是:既然当事人在实施人工生殖以前已经通过代孕协议或者手术同意书协商一致由委托夫妻成为所生子女的父母,法律就应当尊重当事人的决定——即使委托夫妻没有亲历十月怀胎之苦,也没有提供孩子的遗传物质。很显然,"意思说"的

---

① See Belsito v. Clark, 644 N. E. Rep. 2d 760 (Ohio C. C. P. , 1994)。本案中,原告Anthony和Shelly Belsito夫妇与Carol S. Clark(Shelly的妹妹)签订一份妊娠代孕协议。Shelly、Anthony和Carol分别在手术同意书上签署了自己的名字,明确了自己的身份:Carol是孩子的"生产者";Shelly和Anthony是孩子的"父亲"和"母亲"。但是医院通知原告,根据俄亥俄州的法律,只有生产孩子的妇女才能以孩子母亲的身份填写在出生证上。法院认为,俄亥俄州的判例法只将亲权授予有证据证明自己是自然父母或者养父母的人。据此,Shelly和Carol都是孩子的自然母亲(Natural Mother)。但是,该法产生的时候,代孕技术尚未出现,生产母亲和基因母亲不可能分离,必须假定现行法律的初衷不是把母亲一分为二。况且,《统一父母身份法》也规定,自然父母身份的确定方法是DNA检测,该法的目的是赋予子女合法地位而不是使代孕合法化。因而,Carol只是一个"代孕者"(Gestational Surrogate),与所生子女没有任何基因关系,通过妊娠代孕所生子女的基因父母应为孩子的自然父母和法律父母。

② See Johnson v. Calvert, 851 P. 2d 776, 781-82 (Cal. ,1993)。Mark和Crispina和第三人Anna约定,将夫妻俩的合子植入Anna体内,Anna怀孕后,Mark和Crispina提起离婚之诉,双方都要求对孩子行使独立的监护权,Anna也打算保留孩子。两名妇女都举出足以证明其母亲权的证据,出生证表明Anna是妊娠母亲,DNA检测支持Crispina的基因母亲身份。两人都是孩子的自然母亲,但是加州法律只承认一个。最高法院认为,(自然)母亲身份的确定并不仅仅取决于怀孕生产的事实,在两人都有平等有效的母亲权情况下,受孕时的"意思"是问题的关键,受孕时Crispina"有意"使孩子出生并且"有意"将子女视同己出,而Anna并无此意。代孕协议是双方当事人意思一致的结果,并不违反公共秩序,是有效的,应得到法院尊重。以此为基础,法院判定Crispina为孩子的法律母亲。

③ Fuscaldo, Giulianna, Genetic Ties: Are they Morally Binding? *Bioethics*, 2006, Vol. 20 (2), pp. 64-76.

④ Hill, John Lawrence, What does it mean to be a "Parent"? The claims of biology as a basis for parental rights, *New York University Law Review*, 1991, Vol. 66(2), pp. 353-420.

⑤ Van Zyl, Liezl, Intentional Parenthood and the Nuclear Family, *Journal of Medical Humanities*, 2002, Vol. 23(2), pp. 107-118.

宗旨是使接受人工生殖技术之妻子,可以直接因怀孕之事实,成为婴儿法律上之母亲,而其丈夫也因为婚生推定,可以直接成为婴儿法律上之父亲。

上述几种主张都有一个重大的缺陷,即均未站在人工生殖子女立场上考量问题。为此,学者提出"子女最佳利益说"作为判断亲子关系的依据。以子女最佳利益作为处理儿童事务的基本准则,已经形成国际共识。例如《儿童权利公约》第3条规定,关于儿童的一切行动,不论是由公私社会福利机构、法院、行政当局或立法机构执行,均应以儿童的最大利益为一种"首要考虑"。子女最佳利益的最大特色是以子女的立场为出发点,而非以父亲、母亲或其他人的立场来决定未成年人有关的事项,其中心问题是父母离婚后子女亲权行使问题,现已成为大多数国家亲属在处理父母离婚后子女监护案件时的最高准则。如美国统一州法委员会1971年通过的《统一结婚离婚法》(Uniform Marriage and Divorce Act)第402条为全国各州法院厘定了判定子女最佳利益的基本准则。英国1989年《儿童法》(Children Act)和1971年《未成年人监护法》(Guardianship of Minors Act),也将子女利益作为处理儿童监护纠纷的优先考虑因素。20世纪80年代开始,子女最佳利益原则被引入了人工生殖子女监护纠纷中,如前所述,英国的"Baby Cotton案"采用了这一原则。1988年新泽西高等法院在Baby M案中也将代孕子女的监护权授予生父。[①]如英国《人类受精与胚胎学法》规定,提供生殖医疗服务时应充分考虑子女利益,子女需要"父亲",更需要"家长";利用捐赠的精子成为母亲的妇女,有权同意让任何人(近亲属除外,包括女性)成为孩子的第二家长(other parent)。

例如英国新修订的《人类受精与胚胎学法》(Human Fertilisation and Embryology Act 2008)一方面继续坚持1990法案和1985年《代孕协议法》(the Surrogacy Arrangements Act)基本原则,规定怀孕者、分娩者或者将精子、卵子植入其体内的任何

---

① See In re Baby M., 537 A. 2d 1227, 1240 (N. J. 1988)。本案中,Stern和Mary夫妇签下基因代孕契约。Baby M出生后,Mary违反约定拒绝放弃小孩,双方为此缠讼。初审法院判定代孕契约有效,监护权授予生父Stern,Mary的监护权随之终止。Mary提起上诉,新泽西州最高法院终审判决代孕协议无效不具有强制执行力:其理由有两:一是违背现行法令:禁止在收养小孩时涉及金钱;在收养之前必须证明其亲生父母有遗弃或者其他伤害孩子的行为;私人之间的监护权转让是可以撤销的;二是违背公共政策:协议使孩子永远离开自己的亲生母亲——公共政策则认为孩子应该由亲生父母来抚养;原则上父亲和母亲的权利是平等的,但协议只把权利给予父亲,从而侵害了母亲的权利。法院认为,把婴儿作为交易的对象实际上是贩卖孩子,至少是贩卖母亲的权利——即便买方是孩子的父亲;契约漠视子女的利益和妇女的人格,无法成为强制执行的理由。法院还认为,亲权的终止不得以契约约定,而只能由法院依法裁决;生父和生母的亲权不产生平等保护问题,取消供精者的亲权比取消妊娠者的亲权更合理;在监护权归属问题上应该基于"孩子最佳利益"原则。据此,法院保护了Mary的亲权(以探视方式行使),监护权则由Stern行使。

妇女(包括代孕者)是子女惟一的法律母亲(第33、34条),子女是该妇女配偶的婚生子女(第35—37条);在代孕情况下,委托人即便是孩子的基因父母,也不能单凭代孕协议自动取得法律父母(Legal Parents)身份,而必须依法向法院申请亲权命令(Parental Order)。[①]这样规定似乎过于严苛和繁琐,但对司法审查和个案监督有助于控制和阻断地下交易,确保婴儿利益不受损害。

以上4种理论和观点各有所长,各有所短,各有特定的适用空间。"基因说"的价值主要在于:一是奉行血缘主义,比较符合人之常情和人伦道德。二是精卵决定基因,而基因的价值是独一无二的。同时,由于基因说以精子或卵子提供者为自然父母和法律父母,比较迎合不孕症患者希望拥有基因子女的愿望,对解决受术夫妻对代孕所生子女的亲权地位基本上是有利的,可以预防代孕者通过"分娩者为母"成为孩子的法律母亲。但是,如果受术夫妻有一方不能提供生殖细胞,则血统说极易导致受术夫妻与生殖细胞捐献者之间的亲权的冲突。如在"供精者精+供卵者卵"型和"供精者精+代孕者卵"型代孕情况下,受术夫妻不提供卵子或精子,与人工生殖子女毫无基因关系,如果适用血缘说,受术夫妻绝不可能得到亲权。这显然有违人工生殖的目的。不仅如此,采用血缘说就意味着要对当事人和婴儿进行DNA鉴定,这就大大增加人工生殖的成本。

"意思说"也是利弊参半。毋庸置疑,人工生殖立法的目的就是治疗不孕不育疾病症,使不孕症患者有机会接受医疗技术的恩泽,实现生儿育女、繁衍子孙的目的;允许捐精者、捐卵者和代孕者参加人工生殖活动正是基于他(她)们的"助人"愿望。但是,身份法中的意思自治从来都是相对的,人们通常认为代孕契约有违公序良俗,还应当看到,"意思说"固然维护了当事人参加人工生殖的初衷,打破基因母亲和妊娠母亲之间的僵局,但是将"意思"作为确定母亲权的充分条件,不具有基因联系的委托者即可以轻而易举取得亲权地位,那么,承受十月怀胎之苦的妊娠母亲势必降格为孕育生命的机器。再者,亲子法是充满人性和温情的,它应该给每一个人表达真爱和接纳真爱创造条件,而不是斩断真情,拒绝真爱。怀胎生育是一个充满爱与奉献的特殊生命历程,不是买卖东西,[②]孩子出生前后当事人会有完全不同的体验,将手术前的意思作为未来孩子的归属和权利义务的依据,不容许妊娠母亲对所生孩子表达爱和奉献爱,这是否失之残忍和武断?

"子女最佳利益说"似乎是一个至善的标准。其基本特点显而易见:以实现子女利

① See Human Fertilisation and Embryology Act 2008 (C. 22), http://www.legislation.gov.uk/ukpga/2008/22/notes/content。该法曾经2001、2008年修订。

② Anderson, Elizabeth, Is Women's Labor a Commodity? *Philosophy & Public Affairs*, 1990, Vol. 19(1), pp. 71-92.

益最大化作为处理儿童事务的出发点和归宿点,并且允许国家公权力机关介入儿童事务,对私权利给予必要的干预或者限制。但是,正如有学者所指出的,作为一个"标准",子女最佳利益本身是模糊的,充满不确定性和随意性。[①]特别是个案审查大大增加法院的工作负荷,因而可能因此降低审查品质。[②]不过,权衡之下,在人工生殖秩序尚未完全形成,依据上述 3 种理论又未能直接体现儿童的需要和利益的情况下,采取个案审查的办法也有一定的重要意义。这是因为:法院个案判断的不确定性,除可以对于商业中介业发挥抑制的效用,也可以避免全面立法不当的宣示效果,使不孕夫妻在求助代理孕母之前,仍会仅可能考虑收养等其他途径,使更多儿童有机会被收养。

鉴于"分娩说"、"基因说"、"意思说"等理论局限性,同时,由于只以某一因素作为父母身份认定的依据,将造成不同标准之间的尖锐对立。为了解决上述冲突,也有主张应当根据第三方参与人工生殖的情况,综合考虑多种因素来认定亲子关系者。[③]从"一元论"(Monolism)发展到"多元论"(Pluralism),表明人工生殖子女亲子关系认定理论已经趋向成熟。一些国家新近颁布的相关法律(或草案)也体现了这种趋势。如对人工生殖子女的"父母"定义作出重大调整的英国《人类受精与胚胎学法》第二部分"人工生殖情形下的父母子女关系"对死后人工生殖子女非婚生性的规定(第 39、40 条)、妇女作为子女第二家长的情形(第 42—47 条)等,特别是规定同性伴侣具有和异性夫妻同样的生育权和亲权,并且授权受术妇女同意让任何人(近亲属除外)成为孩子的"父亲"或"第二家长"。说明英国法律的父母定义已经颠覆了传统亲子观。美国迄今虽无统一的亲子法,但是,2002 年全国统一州法委员会在《统一人工受孕子女法律地位法》(Uniform Status of Children of Assisted Conception Act 1988, USCACA)和《统一父母身份法》(Uniform Parentage Act 2000, UCA)基础上修订的新法第 7 章和第 8 章专章规定人工生殖子女的亲子关系,为统一自然生殖和人工生殖子女的父母子女关系提供了指南。[④]

综上所述,人工生殖子女亲权主体的确定是一个复杂的现实问题,要想找到一个放之四海而皆准的普遍标准绝非易事。但是,有一点可以肯定,无论采用哪种标准来认定亲子关系,上述学说和判例揭示一个共同问题——传统家庭结构和亲子关系认定

---

① John Eekelaar, The Interests of the Child and the Child's Wishes: The Role of Dynamic Self-Determinism, in Philip Alston(ed), The *Best Interests of The Child*. Oxford: Clarendon Press,1994, p. 59.

② 薛瑞元:《代理孕母所生子女的身份认定》,《月旦法学》1998 年第 38 期,第 74 页。

③ Bayne, T. , A. Kolers, Toward a Pluralistic Account of Parenthood, *Bioethics*, 2003, Vol. 17(3), pp. 221 - 242.

④ See Uniform Parentage Act 2002, http: //www. law. upenn. edu/bll/archives/ulc/upa/final2002. htm.

原则正被抛弃①,人工生殖技术的广泛应用必将促使立法者和司法官拓宽视野,承认父母身份多元性,努力寻求一种能妥善平衡各种利益关系的亲子认定标准。

主要参考文献:

1. 李善国、倪正茂、刘长秋:《辅助生殖技术法研究》,法律出版社2005年版。

2. 王雪梅:《儿童权利论:一个初步的比较研究》,社会科学文献出版社2005年版。

3. Meryl B., Rosenberg, Who's Your Mommy, Who's Your Daddy? Legal Complexities of ART and Third-Party Reproduction. *American Journal of Family Law*, 2010, Vol. 24 (2), pp. 95-98.

4. Fuscaldo, Giulianna, Genetic Ties: Are they Morally Binding? *Bioethics*, 2006, Vol. 20 (2), pp. 64-76.

5. Brock, Dan W., Shaping Future Children: Parental Rights and Societal Interests, *Journal of Political Philosophy*, 2005, Vol. 13(4), pp. 377-398.

6. Bayne, T., A. Kolers, Toward a Pluralistic Account of Parenthood, *Bioethics*, 2003, Vol. 17(3), pp. 221-242.

7. Julie McCandless, Sally Sheldon, The Human Fertilisation and Embryology Act (2008) and the Tenacity of the Sexual Family Form, *Modern Law Review*, 2010, Vol. 73 (2), pp. 175-207.

① Denise A. Skinner, Julie K. Kohler, Parental Rights in Diverse Family Contexts: Current Legal Developments, *Family Relations*, 2002, Vol. 51(4), pp. 293-300.

器官移植的刑法学思考

——国外器官移植犯罪及其刑事责任的理论与制度

Organ Transplantation in the View of Criminal Law:

Foreign Theories and Regulations on Organ Transplantation Crimes and Their Criminal Liability

刘长秋

上海社会科学院法学研究所　副研究员　法学博士

20世纪50年代以来生命科学与生物技术的突破性发展给人类社会带来了巨大福祉,但同时也引发了大量伦理与法律问题,对当代刑法带来了挑战。器官移植便在其中。总体来看,器官移植所引生的刑法方面的具体学理问题可划分为围绕活体器官移植所引生的犯罪及其刑事责任问题、围绕尸体器官移植所引生的犯罪及其刑事责任问题以及围绕人体器官商业化操作所引生的犯罪及其刑事责任问题三大类。围绕这三大方面的问题,各国法学界展开了激烈探讨,并产生了不少真知灼见。为了应对器官移植犯罪的挑战以维护生命伦理秩序的稳定,不少国家都在其器官移植法或刑法典中就器官移植所涉及的犯罪及其刑事责任问题进行了规定,这对于防范和减少器官移植在这些国家医学临床上的滥用以保障器官移植技术的健康发展起到了重要推动作用。

20世纪50年代以来,生命科学与生物技术在世界范围内的飞速发展,使得21世纪成为生命科学与生物技术的世纪。但很显然,"生物技术或许有助于实现可持续发展……但同时也带来了不可逆转的、严重的危害人类社会的风险。"①伴随着医学科学与技术的发展,许多现实性的问题都越来越突出。比如,器官移植是20世纪生物医学工程领域中具有划时代意义的一项技术,是人类改变传统的药物治疗方式,使伤病器官恢复功能的一种新医疗模式,它为医学领域带来了革命性的变化。在基因工程、辅助生殖和器官移植三大生物医学技术领域中,器官移植的医学和法律实践无疑是最为成熟的,取得了举世公认的重大进展。但围绕器官移植而引发的伦理和法律问题也最

---

① C. Henon, Australian Aboriginal Knowledge, Protection of Natural Resources, Rights, Biosafety, International Journal of Bioethics, 17(4), 2006.

为复杂，刑事方面的法律问题自然也在其中。

一、器官移植及其对刑事责任理论与制度带来的挑战

器官移植(organ transplantation)是指摘取捐献人具有特定功能的器官(也包括某些组织)的全部或者部分，将其植入接受人身体以代替其病损器官(或组织)的过程。人体器官移植一直是人类长久以来的梦想。这一点，无论是在西方的神话传说中，还是在我国古代的传奇故事里，都不难得到印证。大约公元前430年，我国就有关于神医扁鹊为两人互换心脏以治病的故事。大约在公元前600年，古印度就有外科医师用从病人本人手臂上取下的皮肤来重整鼻子的传说。近代移植开始于18世纪后期，有实验外科之父美誉的Hunter医生在人身上成功地替换了前磨牙。但器官移植真正得到认真研究并被实用化，则是20世纪之后的事情。1902年，法国科学家A.卡雷尔(A. Carrl)和C.古斯里(C. Guthrie)发展了血管缝合技术，奠定了器官移植临床应用的基础。1936年，前苏联科学家沃罗诺伊(Voronoy)为一位尿毒症患者进行了最早的同种肾移植。之后，又先后有多位科学家进行了包括肾移植、皮肤移植等在内的多起器官移植，但由于今天看起来十分清楚的免疫排斥问题而都未能获得长期的生存。1954年，美国科学家莫里(Murray)在一对同卵双生的兄弟之间成功地实施了人类历史上第一例长期有功能存活的肾移植手术，开启了人类器官移植的先河。20世纪90年代以后，移植学出现突破性进展，存活率、移植数字、开展器官移植的单位等都大幅增长，使器官移植日益成为常规手术。现在，器官移植作为一种综合性的医疗手段，在各国医疗临床上都得到了比较普遍的应用。①

器官移植极大地改变了传统药物治疗的方法，大大提高了病体的存活率与个体生命的质量。据了解，目前全球每年都有约近7万人接受器官移植，使许多人的生命在凋零之际而得到了重生。但毋庸置疑，该技术的发展也引发了诸多伦理与法律问题，包括不适合的医院开展器官移植、人体器官黑市以及器官分配的不透明做法等。②这些问题对当代法学理论与法律实践带来了挑战，而其对现代刑事责任理论与制度的挑战也很显然。例如，在活体器官移植中，医生摘取供体器官的行为是否构成“伤害罪”或“侵袭罪”；被害人的承诺可否作为免除医生承担刑事责任的理由；医生未经批准而非法为患者实施大脑移植等目前医学上尚未攻克的器官移植是否构成犯罪；在尸体器官

① 参见刘长秋：《刑法视野下的器官移植》，《现代法学》，2008年第6期。

② Ding Chunyan，Latest Development of Legal Regulations of Organ Transplant in China，Intenational Journal of Bioethics，19(4)，2008.

移植中,死者家属违背死者意愿而出卖其尸体器官的行为是否构成犯罪;医生在未履行告知义务的情况下擅自利用他人尸体器官用于移植是否构成"盗窃、侮辱尸体罪";在跨种器官移植中,医生将动物器官移植到人身上或者将人的器官移植到其他动物身上是否构成"侮辱罪"等。这些问题都成为器官移植给现代各国刑事责任理论与制度带来了现实的挑战。

器官移植技术在其发展过程中遇到了一个难以克服的障碍,即供体器官严重缺乏。由于自愿捐献器官的人相对较少而需要接受器官移植的人又极其众多,导致供体器官远远不能满足器官移植发展的实际需要,很多患者在等待合适器官的漫长过程中痛苦地死去。围绕供体器官来源严重不足的问题,实践中经常会发生买卖人体器官的情况,尽管国际社会普遍将这类行为视为犯罪而要求追究相关行为人的刑事责任,但理论界对刑事责任制度应否介入调整这种行为的争论却从来都未停息过。支持论者认为,人体器官不能沦为商品而被买卖,器官商业化是违反人道主义的,也是对人类尊严的亵渎,对这种行为应当界定为犯罪而追究行为人的刑事责任;而反对论者则认为,人体器官买卖客观上有助于解决供体器官来源严重不足的问题,有利于促进器官移植技术的发展与应用,而且人体器官买卖是一种买卖双方"你情我愿"的合意行为,并没有所谓的"受害人",因而不应当以犯罪来界定之。显然,如何从法理上阐释人体器官商业化犯罪性的问题,也已成为现代刑事责任理论与制度面临的重大挑战。

二、国外器官移植犯罪及其刑事责任理论

器官移植是一种特殊的医疗行为,与传统医疗行为存在明显的差别。传统医疗行为的伦理基础是救治患者,其中丝毫不涉及第三人的生命利益。而器官移植的出现则从根本上改变了这一点,由于跨种器官移植技术和人造机械器官移植技术的发展还远远无法适应医疗临床的实际需要,因此,大多数情况下,器官移植是需要通过牺牲或损害一个个体的利益去挽救另外一个个体的方式来进行的。这就必然会涉及到第三人的权益损害问题。正是由于这一原因,器官移植自诞生之日起便广受各国学者的争议。刑事责任方面的争论就在其中。

1. 活体器官移植中的犯罪及其刑事责任理论

活体器官移植是指为了取代患者因为疾病或伤害而不能充分实现其机能的器官,而将作为供体的活人的相应器官移植给作为受体的患者,[①]以恢复其机能的行为。活

① 这里的器官既可能是健康的、与受体相匹配的器官,也可能是存在瑕疵的、与受体不相容的器官。

体器官移植包括器官摘取和器官植入行为。对器官摘取而言，由于器官摘取的目的不是为了救治供体的生命或恢复其健康，反而会有损于其生命或健康，所以，这一行为并不是一种治疗行为，而充其量只能算作一种医疗援助行为。这使得其正当性受到人们的质疑。于是，医生摘取供体器官而致其受损害的行为是否将构成伤害罪？假若不构成伤害罪则其正当化的依据何在？假如不构成伤害，则其应当具备哪些条件？……这些问题成为各国刑法学家们争论的焦点。而对于器官植入来说，早在1968年，德国学者伯克尔曼(Bockelmann)就提出，如以治疗为目的摘取他人器官供移植之用，对患者而言是治疗行为，与一般的治疗行为无不同。日本学者植松正也认为，器官植入对接受移植的患者而言是治疗行为，与一般外科手术并无差异。[①]这一观点得到了德国、奥地利、瑞士等国刑法学界的支持，成为通说，即一般医疗法理对器官植入依然适用。就此而言，刑法学界对器官植入行为是否构成犯罪以及应否承担刑事责任的问题并无太多争议，而将更多的争议点放在了器官摘取行为上。[②]

(1) 应否允许活体器官移植

从医学技术的立场上来说，供体器官的鲜活性直接决定着器官移植的效果及受者术后存活的质量，而活体捐献无疑是保持供体器官鲜活性以保证器官移植效果的最有效保证。然而，活体器官移植自其诞生以来一直饱受争议，其原因在于活体器官移植是以牺牲供者的利益来挽救受者的，而这显然有违有利无伤的生命伦理原则。因此，不少人都对其表示了异议，认为其合理性有待商榷，应禁止活体器官移植。[③]肝移植的开拓者T.斯达泽(Thomas Starzel)就明确反对利用活体器官。他认为，活体器官捐献可能会损害捐献者的合法权益，因为很多情况下，“自愿”捐献器官的一个家庭成员往往是在家庭压力下这样做的。[④]有的意大利学者也认为，活体器官捐献是一种处分自己健康的行为，而承诺人处分自己的身体健康，应受意大利民法典第5条规定的限制，该条禁止那些处分自己身体“可能引起身体性残损或者违背法律、公共秩序或善良风俗”

① 参见黄丁全：《医疗法律与生命伦理》，法律出版社2004年版，第207页。

② 当然，也有少数学者认为，并非所有治疗行为都应当被依法视为正当业务行为，一种治疗行为能否被视为正当行为，关键要看患者的意思而不是所谓的治疗。某一治疗行为纵然具备医学适应性，但如果患者不同意治疗或无法推定其同意治疗，则除非是产生了比较好的治疗结果，否则都应当承担刑事责任。

③ 中国也有一些学者持该种观点。朱伟就认为，以鼓励活体器官捐赠来增加器官的来源的做法是一种本末倒置的做法，弥补器官供应的缺口关键在于合理地利用尸体器官，而不应是利用活体捐献(参见朱伟：《反对活体器官移植的伦理论证》，《中国医学伦理学》，2006年第5期)。张赞宁也认为，摘取活体器官是不人道的，违背不伤害的伦理原则，并认为人类应坦然面对死亡，医学不应过多干预生命(参见张赞宁：《应紧急叫停活体器官移植》，《医学与哲学(人文社会医学版)》，2006年第12期)。

④ 翟晓梅、邱仁宗主编：《生命伦理学导论》，清华大学出版社2005年版，第297页。

的行为。[1]但理论界的通说则认为,活体器官移植尽管会对供者的利益造成一定程度的损害,但这种利益损害客观上挽回了另一个更大的利益,因为活体器官移植技术的发展已使得活体器官移植客观上不会对供者的健康造成严重影响,而且捐献人愿意牺牲个人利益而拯救他人,不仅符合自主原则,也有助于人道主义精神之发扬和光大。

从法理上来说,判断应否允许活体器官移植应当以利益衡量作为基本手段。具体而言,假如活体器官移植所产生的正面影响远大于其负面效应,则法律没有理由不支持活体器官移植。而衡量活体器官移植所产生的正负面效应则需要考虑多方面的因素,具体包括:医学界及公众对待活体器官移植的态度,活体器官移植技术在医疗实践中的成熟程度与手术风险,允许活体器官移植可能会给供体生产、生活带来的不利影响,现有的防控手段和措施能否保证活体器官移植被建立在供受体双方自主、自愿的基础之上,等等。而综合考量各方面的因素,国外学者认为,在目前活体器官移植技术已相对纯熟,其风险性已能够被控制在人类社会可以接受的范围之情况下,考虑到医学界乃至广大公众客观上已经接受了活体器官移植从而使得活体器官移植获得了生命伦理的有力支持,而移植又不仅确实能够恢复受体之生命且不会对供体造成实质性身体伤害,法律应当允许活体器官移植,但其前提是活体器官捐献与移植须完全建立在自愿、知情的基础之上,且须符合医疗操作程序。对于那些违反自愿知情原则,采取欺诈、强迫等手段进行的活体器官移植,或者严重违规的活体器官移植,法律不仅不能支持,反而必须予以严厉惩治。这是保障活体器官移植健康发展的必要条件。当然,相对而言,活体器官移植并不是医生救死扶伤的最佳选择,由于其本质是以牺牲一个个体的利益去挽救另一个体的生命,因此,在多种救治患者生命可能性的方案中,它始终都不是一种最优的选择。

(2) 医生摘取供体器官正当化的依据与不构成犯罪的条件

关于医生摘取供体器官行为之正当化依据,国外学者通常都将之归结为供体的同意,但在供体同意自身能否单独作为医生摘取供体器官行为之正当化事由上则存在争论。法律伦理说认为,即使被害人对于侵害其利益的行为表示同意,也要考虑根据该同意而实施的行为是不是为社会伦理所允许的行为,同意而使行为正当化是社会上相当罕见的场合(社会相当性)。[2]因此,假如供体同意医生摘取其器官用于移植没有完全建立在现有生命伦理要求的范围之内,则单纯的供体同意本身并不能作为医生摘取供体器官行为之正当化的依据。例如,如果医生摘取器官的行为是建立在供者无效同意的基础之上(如患者的捐献可能会损及其生命),则这种行为并不免除犯罪性。法益保

① 参见[意]杜里奥·帕多瓦尼:《意大利刑法原理》,陈忠林译,法律出版社1998年版,第151页。

② [日]曾根威彦:《刑法学基础》,黎宏译,法律出版社2005年版,第59页。

护说则认为，如果被害人同意他人侵害自己的利益，则刑法所要保护的利益就变得不存在，或者说是实现了自己决定的自由，因此，被害人同意的行为原则上就是正当行为。"刑法将保护他人权益作为任务，在他人权益遭到侵害的场合，允许国家发动刑罚权进行干涉，之所以如此，是因为侵害他人是违反他人的意思的。因此，即便说他人的权益受到了侵害，但如果该侵害不违反他人的意思的话，刑法就可以从该任务中解脱出来，没有必要将该侵害行为评价为犯罪。"[①]以此为立足点，该说认为，在供体同意医生摘取其器官用于器官移植的场合，客观上并不存在法益侵害，而既然无法益侵害，该行为也就属于正当行为。而且，从法律规制的效应来看，"法的规则和药物对人体的药理作用一样，具有双刃剑的性质"。[②]刑法作为各个部门法中最为严厉的法，其双刃性效应会更加突出，在此情况下，不宜随意将反社会行为都作为犯罪而交由刑法来加以裁处。在英国，极端自由主义论者就通常会把患者的同意作为医学治疗具有正当性的必要和充足依据，即只要获得了当事人的同意就可以排除犯罪性。[③]

在医生摘取供体器官而致其受损害的行为是否将构成伤害罪的问题上，国外学者的观点比较一致，即都认为在医生未取得他人有效授权或同意的情况下擅自从供体体内摘取器官的行为构成犯罪，相反，在符合一定条件下摘取供体器官的行为则应免除犯罪性。G. 德沃金(Gerald Dworkin)在其《英格兰有关器官移植的法律》一书中就提出过合法摘取器官的三个条件：(A) 供者须给予自由且知情的同意；(B) 手术须为治疗性的且为了患者的利益而进行；(C) 须具有法律上的正当性。[④]在德日等国，刑法理论上的通说认为，在下列条件下，为移植而摘取活体器官不构成犯罪：(A) 必须向移植器官供者充分说明，摘取其器官可能对其身体健康带来的危险性；(B) 必须有移植器官供者基于真实意愿的承诺，即真诚同意捐献器官；(C) 必须考虑移植器官供者自身的健康状况，只有在摘取器官对其不会有危险的条件下才能实行。[⑤]以此为立足点，如果采用欺骗、胁迫手段，使移植器官供者作出承诺，或者没有供者的承诺而摘取其器官，或者在对移植器官供者有重大生命危险的情况下摘取其器官，则有可能构成伤害罪或杀人罪。在 1914 年美国纽约州地方法院审理的 Schloendorff v. Society of New York Hospital 一案中，B. N. 卡多佐(Benjamin Nathan Cardozo)法官就指出："所有具有健全

① [日]曾根威彦：《刑法学基础》，黎宏译，法律出版社 2005 年版，第 58 页。

② [日]植木哲：《医疗法律学》，冷罗生等译，法律出版社 2006 年版，第 296 页。

③ 当然，英国刑法没有采取极端自由论者的看法。在英国普通法中，同意不能够作为对实际伤害或严重身体伤害的抗辩理由。See Emily Jackson. Medical Law: Text, Cases, and Materials, Oxford University Press, 2006, p. 181。

④ [英]B. 格瑞尼：《医疗法基础》，武汉大学出版社 2004 年版，第 144—145 页。

⑤ [日]齐藤诚二：《刑法中的生命保护》，多贺出版 1989 年新订版，第 196 页。转引自刘明祥：《器官移植涉及的刑法问题》，《中国法学》，2001 年第 6 期。

精神状态的成年人,都有决定对自己身体作如何处置的权利。医生如不经患者同意而对其进行手术,则构成伤害罪,应承担损害赔偿责任。"[①]英国学者 A. 麦克林(Alasdair Maclean)认为,双方的同意是器官移植有效而不构成犯罪的前提,然而,如果供体的同意可能会导致其死亡,则该同意就属于无效同意,而医生就可能因为摘除供体的器官而承担刑事责任,除非该同意是出于供体的最佳利益考虑。[②]

生命法学理论认为,知情同意是医生摘取活体器官进行器官移植得以正当化的重要理论支柱,"一个邀请或同意行为发生在他身上的人,不能在因此遭受损害时控诉该行为是不正当的。"[③]然而,知情同意本身并不足以成为医生摘取活体器官的依据,因为站在生命伦理学的立场上来加以考量,供体的同意能否成为摘取活体器官的依据,还要看该同意的行为是否具备足够的合理性,即行为必须为法律和道德允许;行为对社会和本人有益或至少是无害;行为的实施遵循一定的理性规则。否则,即便是在供体本人同意的情况下,摘取活体器官也依旧难免违法性乃至犯罪性。以此为基点,学者们一般认为,医生摘取活体器官必须满足以下几个方面的条件才得以免除刑责:(A) 摘取器官须以移植为目的;(B) 器官的摘取具有医学上的适应性;(C) 在供者具有意思自治能力、能够自由做出捐献意愿的前提下,摘取器官须建立在充分知情同意的基础之上;(D) 器官的摘取符合法律规定的程序及医疗操作常规,不会对供者今后的生活造成严重不良影响;(E) 供者器官的捐献以无偿为条件,且不违反生命伦理。

(3) 瑕疵器官移植的刑事责任

瑕疵器官移植是活体器官移植中一个特殊的现象。所谓瑕疵器官移植就是指在供体器官质量上存在瑕疵的情况下所进行的器官移植。在器官移植中,由于供体器官存在瑕疵(例如与受体配型不符、感染传染病病毒等)而进行的移植,客观上可能会导致受体的死亡或健康受到进一步的损害,由此会产生瑕疵器官移植责任(Liability for defective organ transplantation)问题,刑事责任问题也是其中之一。对于因瑕疵器官移植而导致受体健康状况进一步下降乃至死亡应否追究相关责任人刑事责任的问题,国外刑法学存在诸多争论。反对论者认为,在瑕疵器官移植致受体死伤的情况下,假如需要追究刑事责任,则无非应追究两类主体的责任,其一是供体,即捐献瑕疵器官的人;其二是医生,即将瑕疵器官植入受体体内的人,而这两类主体实际上都是帮助受体

---

① Marcia Mobilia Boumil, The Law of Medical Liability, West Publishing Co., 1995, p. 87.

② 参见[英] A. 麦克林:《医疗法简明案例》,武汉大学出版社 2004 年版,第 103 页。

③ [德] C. 巴尔:《欧洲比较侵权行为法》(下篇),焦美华译,法律出版社 2001 年版,第 629—630 页。

的人，[①]假如因为供体捐献的器官存在其自己都可能无法获知的瑕疵而追究了供体的刑事责任，或因为医生为受体植入了该瑕疵器官而追究了医生的刑事责任，则不仅有违正义原则，且可能会因此而打击人们对器官捐献与器官移植的热情乃至信任，使得公众不愿意捐献器官，而医生也惧于开展器官移植。支持论者则认为，尽管器官移植无论从捐献者的角度还是从执行移植的医生的角度都是对受体进行救助的行为，但未必就不会产生犯罪现象，在活体器官捐献与移植过程中，无论是捐献者还是医生都有可能会因为故意或过失而导致出现受体遭受伤害或死亡的情形，如果仅因为器官捐献与移植是救助行为而放纵这些犯罪现象，则势必会给整个社会造成危害，因此有必要重视刑事责任追究的问题。具体而言，假如瑕疵器官造成了供体的死亡则应构成杀人罪，如造成了受体健康状况的进一步恶化则应以伤害罪处之。

站在生命伦理学的角度上，供体捐献器官用于移植的行为是一种自我牺牲的高尚义举，这种行为在伦理上是应当受到褒奖的。因此，只要不是明知的故意行为，即便其捐献的器官存在瑕疵而导致了受体死亡或健康状况进一步恶化的结果，[②]也不应当追究其刑事责任。此外，在某些情况下，即便供体主观上存在捐献瑕疵器官的故意，例如在受体愿意主动接受的情况下，[③]也不一定要追究其刑事责任。但是，如果捐献者明知自己捐献的器官具有瑕疵而又未主动说明，而客观上又造成了受体的死亡或更严重伤害，则显然应追究加害人的刑事责任，因为在这种情况下，行为人的行为已经符合了杀人罪(间接故意杀人或过失杀人)或伤害罪的构成要件。

(4) 强取他人的器官是否适用紧急避险

在活体器官移植方面，还曾有一个争议很大的问题，即为救治急需移植器官的危重患者，能否以紧急避险为由，摘取不同意捐献器官者(尤其是将死者)的活体器官作移植？或者说，在此种情况下，医方的行为是否仍然具备阻却违法性？对此，过去德、日等大陆法系国家的刑法理论上存在肯定说与否定说两种主张。[④]肯定说认为，为了挽救器官接受者的生命而摘取他人器官的行为是一种紧急避险的行为，这种行为应当被

---

① 人体器官捐献是捐献者发扬人道主义精神所做出的自我牺牲行为，而人体器官植入则是医生通过移植技术帮助受体接受供体器官的行为，就此而言，无论是捐献人还是执行移植的医生，都是帮助受体的人。

② 例如，自己感染了狂犬病病毒却毫无所知，结果导致受体在接受器官移植后因病毒感染而死亡。

③ 由于目前需要接受器官移植的患者众多而可供移植的器官来源极其有限，因此，一些急需移植者在权衡利弊的基础上可能会愿意接受有瑕疵的供体器官(如感染了 HIV 的艾滋病患者的器官)，因为如果接受瑕疵供体器官，他可能还会有 3 年的生命(例如，HIV 病毒的发作通常会有一个时间比较长的潜伏期，在受体接受了感染了 HIV 病毒的器官后，至少在该病毒发作之前，其生命的存续是有保证的)，而如果放弃接受，则他可能会马上面临死亡。

④ 参见刘明祥：《器官移植涉及的刑法问题》，《中国法学》，2001 年第 6 期。

正当化;否定论者则指出,从活着的人身体内摘取器官用于移植的行为尽管已被正当化,但这实际上是在对人的生命价值进行比较,这在理论上是存在问题的。随着人权法理论的发展及人们法治观念的增强,肯定说已基本退出了学术的舞台。这是因为,现代社会法秩序不允许为了挽救其他人的生命而违反某人的意愿,让他忍受外来的对其身体完整性的侵害。否则,就与作为现代法秩序基础的尊重个人自由相悖,与现代人权理论不符。

2. 尸体器官移植中的犯罪现象及其刑事责任理论

尸体器官移植是指以死者(包括脑死者)为供体而进行的器官移植。由于尸体器官移植不涉及供体的生命与健康问题,因此,该种移植在刑法理论上引起的争论相对少一些。然而,在医生摘取尸体器官之正当性以及摘取脑死者的器官是否构成犯罪等问题上,理论界还是存在不小的分歧。

(1) 医生摘取死者尸体器官之正当性

对于医生摘取尸体器官用于移植的正当性,绝大多数学者都是立足于利益权衡的立场去加以考量的。学者们多认为,生命对任何人来说都属于最高利益,因此,相对于生者的利益而言,死者的利益只能处于次要地位。摘取尸体器官进行移植尽管对死者造成了一定侵害,但由于传统法学理论与法律实践都认为死者只能作为法律关系的客体而不能作为法律关系的主体,因此,这种侵害的社会危害性就相对较小;而在客观上,这种行为又拯救了一个个体的生命,其实质是以一个相对较小的利益换取了一个更大的利益,属于紧急避险;而且在伦理道德上,从尸体上摘取器官用于移植的行为具有对受体救命的崇高意义,这是为社会通行观念所认同和赞许的。以此为立足点,摘取尸体器官用于移植的行为应当是一种具有社会相当性的行为,而否定从尸体身上摘取器官用于移植的做法显然是不人道的,不宜为立法所提倡。但也有学者认为,这类行为应构成毁损尸体罪,尸体毁损罪的立法意旨在于保护死者家属对死者的感情,因此即使对尸体有处置权的人也可能触犯此罪,换言之,纵然对尸体有管理处分权,甚至曾得本人生前同意,仍不能阻却从尸体摘取器官的违法性。①

从法理上来说,生命法是生命伦理的法律化,是从生命伦理中分流出来的一种具有刚性的社会行为规范,它所维系的是最低限度的生命伦理;生命法学作为以生命法为研究对象的法学学科,是以生命伦理学作为其理论来源的。②因此,生命法律中的很多现象都必须从生命伦理学中寻找理论支撑,而站在生命伦理学的立场上,任何人都是平等、自主的主体,只有自己才具有处分自己利益的最高权利,“对于他自己的身和

① 参见黄丁全:《医疗法律与生命伦理》,法律出版社2004年版,第190页。

② See Changqiu Liu, Definition of Life Law and the Situation with problems of China's Life Jurisprudence, Intenational Journal of Bioethics, 19(4), 2008.

心,个人是最高的主权者"。[①]以此为立足点,无论是摘取活体器官用于器官移植,还是摘取尸体器官用于器官移植,都必须建立在尊重器官所有者自主权的基础之上,任何违反自主原则而获得器官的行为都是为生命伦理所反对的,是不正当的,也会对人类社会所赖以存续的生命伦理秩序带来冲击,从而危及整个人类社会的稳定。

(2) 摘取脑死尸体器官是否构成犯罪

在尸体器官移植中,争议最大的问题莫过于对医生摘取脑死者的器官用于移植行为的定性问题。总体而言,各国学者一般都认为,如果医生摘取脑死者器官的行为事前并未获得死者本人(在其尚未进入脑伤病状态且意识清醒时)或其家属的同意,则该行为构成犯罪;但在具体构成何种犯罪上面,承认脑死亡和未承认脑死亡的国家或地区通常有着较大差异。具体而言,在立法上已经承认脑死亡的国家和地区,通常认为医生未经同意而摘取脑死者器官的行为构成损坏尸体罪或侵害死者尊严罪;而在那些立法上尚未准允脑死亡的国家和地区,这种行为则构成故意杀人罪。

那么,对于那些医生已经获得同意而摘取脑死者器官用于移植的行为应如何定性呢? 对此,学者的意见也不一致。在日本,多数学者认为,如果承认脑死,则在获得同意的基础上,医生可以摘取脑死者的器官用于移植,不构成犯罪。"从脑死说的立场出发,认为摘除器官的行为在外形上符合损坏尸体罪的构成要件,但在通常情况下,由于移植而获得的利益(维持或者延长被植入者的生命)比因为摘除器官而产生的不利(侵害对作为捐献者的尸体的虔诚感情)要大得多,因此,移植器官的行为是合法的。"[②]而与此相对的少数学者则认为,即便不承认脑死亡,如果有器官提供者生前的同意,也可能摘取其器官进行移植,但是,即使是同意,那也构成故意杀人罪,仍然具有可罚性。[③]

立足于功利主义法学的立场上,在目前人类医学发展已经证明脑死亡才是人真正死亡的情况下,对传统心死亡观念的坚守,其实是对人类文明进步的一种拒绝。在这种情况下,法律应当成为引导人们观念的导航灯,尽快认可脑死即人死的概念;即便其不愿明确承认脑死亡,也不应再抱残守缺,过多地干涉已为医学界所接受并已在医疗临床上频繁操作的摘取脑死者器官的行为。

(3) 死者家属与死者意见相左时,医生摘取器官时的法律责任

在尸体器官移植可能涉及的刑法问题中,有一个问题很值得重视,即如果死者生前明确表示捐献器官,但在其去世后其近亲属不同意捐献,在这种情况下,医生摘取死

---

① [英] 约翰·密尔:《论自由》,程崇华译,商务印书馆 1959 年版,第 59 页。

② [日] 曾根威彦:《刑法学基础》,黎宏译,法律出版社 2005 年版,第 70 页。

③ 参见[日] 西田典之:《日本刑法各论》,刘明祥、王昭武译,武汉大学出版社 2005 年版,第 8 页。

者的器官是否要承担法律责任？对此，各国学者有不同意见，而立法规定上也不完全相同。一般来说，西欧各国比较尊重个人的权利，认为个人对自己死后的尸体也有处分权，即便是近亲属对死者的尸体有一定权利，那也应该认为死者自己的决定权优先。[①]因此，只要死者生前明确表示捐献器官，则无论其近亲属是否赞同，医生均可摘取其器官，而无需承担法律责任。但也有国家和地区的法律曾有过死者本人同意而其近亲属不同意则禁止医生摘取死者器官的规定。例如，日本1979年制定的《角膜与肾脏移植法》就规定，即便死者生前明确表示捐献器官，只要其近亲属持反对态度，医生就不能摘取死者的器官。而我国台湾地区1987年制定的《人体器官移植条例》也有类似的规定。这显然是认为近亲属的意愿优于死者生前的意愿。对这样的法律规定，不少学者都曾提出过异议，认为这违背了死者本人的意愿，不符合现代法治社会重视人权保护的发展趋向。

实际上，死者家属有权捐献或拒绝捐献死者的遗体及器官，但相对于死者本人的权利来说，这一权利是不具有优先性的；换言之，只有在死者本人未明确做出是否捐献表示的情况下，死者家属的捐献意愿才应当受到尊重。而在死者本人已经明确要求捐献或同意捐献，或者已经明确声明不捐献或拒绝捐献的情况下，医生更应当尊重死者本人的意愿而非患者家属的意愿。这既是对死者权利的尊重，也是对人类生命伦理的尊重。以此为立足点，在死者生前明确表示捐献器官但在其死后其近亲属不同意捐献的情况下，医生摘取死者器官用于移植的行为不构成犯罪；但医生在摘取死者器官时宜征得死者家属的同意并谋求其家属的配合，不宜强制摘取或偷取，以免伤害死者家属的感情。

3. 人体器官交易犯罪及其刑事责任理论

器官移植得以顺利开展的前提是要有合适的供体器官，然而，由于医疗临床上需要接受器官移植手术的人数众多而自愿捐献者又数量有限，因而导致供体器官的数量远远无法满足实际移植的需要。在这种背景下，人体器官买卖的问题便进入了人们的视野。在世界很多地区，活体捐献人会因捐献其器官而获得报酬，于是，一些富有的患者就以旅游为幌子，到诸如印度、伊拉克、爱沙尼亚、摩尔多瓦、土耳其以及乌克兰接受移植手术——要获得这类手术机会通常只需要支付当地自愿捐献者相对适中的费用。例如，在伊拉克，一个肾脏的捐献者通常可获得500美元。[②]在这种情况下，不少学者开始考虑能否通过人体器官的商业交易来获取医疗临床上所急需的器官。他们主张建立人体器官市场，允许器官的转让。这样一可以解决供体器官短缺

① 刘明祥：《器官移植涉及的刑法问题》，《中国法学》，2001年第6期。

② See Emily Jackson, Medical Law: text, Cases and Materials, Oxford University Press. 2006, p. 744.

的问题，有利于救死扶伤，促进医学进步；二可以通过市场机制使转让人的损失得到公平补偿，防止非法交易；三可以通过买方与卖方所达成的协议，确保器官的正常用途。[①]“如果允许人体器官交易，就可以增加供体器官的来源，而依据自主原则，人们应当被允许依其意愿来处理其自己的身体，包括出卖自己的器官，人体器官的买卖可以帮助那些因得不到器官而将死的病人。”[②]但反对人体器官买卖的人则认为，人体器官买卖应当被禁止，理由是：(1) 人体器官买卖会造成富人对穷人的剥削，因为穷人更有可能会出卖自己的器官；(2) 人体器官买卖会使器官的出售者处于手术的风险与痛苦之中；(3) 如果允许人体器官买卖将会导致人体构件乃至人的商品化；(4) 任何人都不可能真正自愿同意将自己置于这样一种风险之中；(5) 如果允许捐献者获取补偿，则会损害现有的以利他性为特征的器官捐献体制。[③]而从民法学的角度上来说，人体器官作为人格利益的载体，不能成为物权的标的；而且人体器官不具有财产性，不能作为物来交易。以此为基点，对人体器官的买卖、担保、抵债，应视为违反公序良俗，其行为不应有效。[④]正如宾夕法尼亚大学的 L. 福克斯所指出的：“人体器官移植从一开始就不是偶尔为之的，也不是可有可无的；人体器官的移植建立在这样一种信念的基础上，即人体和无偿捐赠器官都是难能可贵的，不能将它们商品化……尽管器官移植有时可能会触犯禁忌，但是以无偿捐赠为基础的移植，仍不失为一种道德而富有意义的做法。”[⑤]

站在生命伦理学与生命法学的双重立场上，人体器官买卖是一种严重损害人格尊严的行为，如果允许人们随意地转让器官，则无异于是承认人格的商品化，而人格的商品化有可能诱发道德风险，导致自杀甚至是谋杀。同时，人体器官买卖也会造成器官出卖者自身的损害，人们可能因为生活所迫而出卖自己的器官，甚至可能无视自己的身体健康、为谋取一时的利益而进行身体器官交易，以致给自己身体造成严重损害。正因为如此，无偿捐献和反对人体器官商品化已经成为现代器官移植立法的主导趋向，为了贯彻人体器官无偿捐献的理念及防范人体器官商业化交易，国外刑法学界大多主张应当在刑法中设置专门的罪名。有学者甚至认为：“为了贯彻器官提供的无偿性原则，在活体上摘出(器官)的场合，有必要要求供体与受体之间具有紧密的近亲关系。”[⑥]以此避免人体器官商业化的泛滥。

---

① See Lloyd R. Cohen, Increasing the Supply of Transplant Organs: The Virtus of a Futures Market, 58Qeo. Wash. L. Rev., pp. 1989 - 1990.

②③ [英] B. 格瑞尼：《医疗法基础》，武汉大学出版社 2004 年版，第 151 页。

④ 参见[德] D. 梅迪库斯：《德国民法总论》，邵建东译，法律出版社 2000 年版，第 876 页。

⑤ [美] A. 金柏利：《克隆——人的设计与销售》，内蒙古文化出版社 1997 年版，第 77 页。

⑥ [日] 石原明：《医疗法与生命伦理》，日本评论社 1997 年版，第 201 页。

三、国外器官移植犯罪及其刑事责任制度

人体器官移植过程中所引发的各种犯罪现象是对人类社会长久以来所赖以存续的生命伦理秩序的公然破坏，其存在必将会对人类社会的发展带来负面影响。为此，很多国家和地区都专门针对人体器官移植过程中所发生的各类违法犯罪进行了规制。

1. 有关活体器官移植方面的犯罪及其刑事责任制度

从各国器官移植法的规定来看，目前世界上绝大多数国家都在立法及医疗实践中认许了活体器官移植的正当性，然而，为了规范活体器官移植的开展，各个国家和地区无一不对活体捐献的程序和条件进行了严格规定，而构成犯罪的器官移植通常都是由于不符合这些条件或程序所导致的。从这些规定来看，各个国家和地区基本上都将违背供体意旨而进行活体器官移植的行为设定为犯罪。

在英国，根据其1989年《人体器官移植法案》，活体器官移植必须满足以下条件才合法：(1) 医生已就捐献的风险和程序向捐献者作了说明和解释；(2) 捐献者理解了这种说明和解释；(3) 供体的同意不是通过强制或物质诱惑而获得的；(4) 供体知悉他有随时撤回捐献的权利。以此为前提，供体的同意是医生摘取其器官用于移植而不构成犯罪的前提，然而，如果供体的同意可能会导致其死亡，则该同意就属于无效同意，而医生就可能因此而承担刑事责任，除非该同意是出于供体的最佳利益考虑。[①]为此，英国2004年《人体组织法》(Human Tissue Act 2004)中明确规定，未获得适当同意而从事人体组织(包括器官)移植的行为构成犯罪。在蒙古，使用暴力或胁迫手段，非法采集人体器官或人体组织的要被判处4年以下徒刑，或者并处禁止3年内担任一定职务或从事特定职业；而明知是孤立无援的人或利用物质上或其他方面的优势而使用暴力或胁迫手段，非法采集人体器官或人体组织的，则要被处以5年以上10年以下徒刑，或者并处禁止3年内担任一定职务和从事特定职业。在俄罗斯，器官摘取必须以供体的自愿捐献为前提，《俄罗斯联邦刑法典》第120条规定："使用暴力或以暴力相威胁，强制摘取人的器官或组织做移植的，处4年以下的剥夺自由，并处或不并处3年以下剥夺担任一定职务或从事某种活动的权利。"而在法国，其《公共卫生法典》也对器官移植的条件与程序进行了严格限定，如禁止摘取未成年人的活体器官、摘取成年人活体器官须以具备医学上的必要性为前提且须获得捐献人之自愿同意、移植必须在得到法定机构批准的基础上进行等，如果医生违反这些规定，都将会被追究刑事责任。为此，法国刑法典规定：事先未取得当事人同意，在成年活人身上摘取器官的，处7年监禁并处

---

① 参见[英] 厄莱斯代尔·麦克林：《医疗法简明案例》，武汉大学出版社2004年版，第103页。

100 000 欧元罚金;从捐献器官的未成年活人身上或者从受到法定措施保护的成年捐献器官的活人身上摘取器官的,处相同之刑罚。在未得到《公共卫生法典》所指定批准的机构内,开展摘取、移植器官,摘取、移植组织、保存或转接组织、移植细胞的,处 2 年监禁并处 30 000 欧元罚金。[①] 相比之下,《澳大利亚联邦刑法典》中关于活体器官移植犯罪的规定则是目前世界上最为严厉的规定。

总体而言,知情同意是大多数国家采用的器官获取原则。对于活体器官移植,医院和医师应当告知捐赠者关于器官摘取所涉及的手术的性质、对身体健康的影响和可能的风险等信息,捐赠者本人应当对上述信息有清晰的认识,在没有任何不当干涉和影响的情况下自主地、明示地做出同意捐献的表示。[②]

在活体器官移植方面,各个国家和地区除了专门规定了强制摘取器官、欺诈摘取器官等违反自愿知情原则的犯罪及其刑事责任之外,还规定了活体接受瑕疵器官移植的刑事责任问题。《蒙古国刑法典》第 102、105 条就对此作了明文规定。根据这些条文的规定:无资格配制、移植人体器官或人体组织,造成疾病、残疾或者死亡结果的,处 3 年以下徒刑,或者并处禁止 3 年内从事医疗职业。从事制造业、贸易业的员工或者药品采购者,没有对其出售的人体器官或人体组织进行艾滋病病毒检测,因而将艾滋病传染给他人的,处以最低工资额 51 倍以上 100 倍以下的罚金,并处禁止 3 年内担任一定职务和从事特定职业;或者并处以 3 年以下徒刑。医务人员过失传染艾滋病或艾滋病病毒的,处以 4 年以下徒刑。《瑞士联邦刑法典》第 231 条规定了故意或过失传播疾病罪,对包括利用器官捐献或移植而传播危险的、可传染的人类疾病的行为进行了惩罚性规定。《芬兰刑法典》中也规定了危害健康罪,对利用器官捐献传播危险性疾病而对他人生命健康造成一般危险的,处以 4 个月以上 4 年以下的监禁。而《俄罗斯联邦刑法典》、《法国刑法典》以及丹麦、意大利、韩国等国家和地区也都在刑法中设置了类似的犯罪。这说明,对于瑕疵器官移植所引发的刑事责任,尤其是对于利用器官捐献与器官移植故意传播危险疾病的刑事责任问题,各个国家和地区还是相对比较重视的。

2. 有关尸体器官移植方面的犯罪及其刑事责任制度

一般认为,医生为移植而摘取尸体器官,应该以自愿捐赠为原则,不能违背死者本人或其近亲属的意愿,否则就是非法的,应承担相应的法律责任。在通常情况下,医生摘取尸体器官前,必须充分考虑死者生前是否有捐献器官的表示,死者近亲属现在是否同意捐献死者的器官。对此,各国器官移植法往往都有明文规定,只不过具体规定略有差异。而围绕尸体器官移植所引发的犯罪,基本上也都是由于医生未在知情同意

① 参见《法国新刑法典》,罗结珍译,中国法制出版社 2003 年版,第 187 页。

② [美] 斯科特·伯里斯、申卫星主编:《中国卫生法前沿问题研究》,北京大学出版社 2005 年版,第 207 页。

的基础上利用尸体所导致的。在英国，根据其2004年《人体组织法》，医生必须出具死者生前明确同意捐献遗体器官的证据才可以从死者身上摘取器官，且必须严格根据死者的要求摘取相应的部分，否则，便可能会被诉之以罪责。在法国，尸体受到严格的法律保护，任何未经死者本人生前同意或其家属同意而私自处理其遗体或摘取其器官的行为都构成对死者尸体之侵犯，将会被处以1年监禁并科15 000欧元罚金；法人实施这类犯罪的，也将被科以刑责。①而日本、德国、意大利、奥地利等国刑法典或器官移植法中也都有类似的规定，只不过所追究的刑事责任的轻重有所不同。

在尸体器官移植方面，各国规定差别比较大的是对利用脑死者器官的处理。由于受文化、习俗等诸多方面的影响，各个国家和地区对脑死亡的认同和接受程度大不相同，有些国家制定了本国的脑死亡法，明文认定脑死亡为人的死亡，有些国家虽未制定脑死亡法，但也默许医学临床实践中的脑死亡判定操作，而有些国家则不认可脑死亡。在这种背景下，各国对利用脑死者器官进行器官移植的做法往往有着不同的认定。具体而言，在那些已制定脑死亡法的国家，一般都允许利用脑死者遗体或器官，而医生通常不会担心因此而承受刑罚的问题；在那些尚未制定脑死亡法但却认可实践中的脑死亡操作的国家和地区，刑法通常追究那些因利用脑死者遗体器官而造成较为恶劣社会影响的医生的刑事责任；而在那些尚未对脑死亡加以立法而实践中也不认可脑死亡操作的国家，医生利用脑死者器官的行为则通常会以杀人罪而被追究刑事责任。但毋庸置疑，无论是在已制定脑死亡法的国家和地区，还是在那些未制定脑死亡法的国家和地区，未经死者或其家属同意而利用其遗体或器官的行为都是非法的。至于是否将追究其刑事责任，则要视其行为所造成的影响和危害是否已突破各个国家与地区法律所容许的底线而定。

3. 有关人体器官商业化方面的犯罪及其刑事责任制度

严惩商业化犯罪，是目前世界各个国家和地区在规范人体器官移植方面的基本刑事立场。为此，很多国家和地区都制定了专门针对人体器官商业化的法律。如英国1989年的《人体器官移植法案》、日本1997年的《器官移植法》以及我国香港地区的《人体器官移植条例》等。

英国1989年的《人体器官移植法案》(Human Organ Transplants Act 1989)就明确禁止人体器官的商业化运作，该法第1(1)条就规定：如果行为人在英国：(a) 为提供已经或将要于英国或其他任何地方之去世或在生的人身上摘除并将被移植于另一人体内的器官或为意图提供这样的器官之要约而作出或接受付款；(b) 谋求寻觅愿意为获取付款而提供该器官的人或为获取付款而要约提供该器官；(c) 提出或商议涉及为该器官的提供或提供该器官的要约而作出付款的任何安排；(d) 参与管理或参与控制

① 参见《法国新刑法典》，罗结珍译，中国法制出版社2003年版，第87—88页。

其所从事的事务包含或包括提出或商议作出任何这种安排的法人或非法人社团，则其将构成犯罪。[①]此外，该法第2(1)条规定：行为人如果在英国：(a)从活体身上摘取拟移植入另一人体内的器官；(b)移植从活体身上摘取的器官到另一人体内，则将构成犯罪——除非器官被植入者与器官供应者有基因联系。[②]此外，英国2004年《人体组织法》第32条也规定，行为人的下列行为构成犯罪：(a)因提供或者要约提供任何受限制人体材料而给付或接受报酬的；(b)寻找图谋报酬而提供受限制的人体材料的；(c)为报酬而要约提供受限制的人体材料的；(d)发起或协商签订任何有关提供或要约提供人体材料而给予报酬的协议的；(e)参与安排或控制那些包含或包括了发起或协商发起这类协议的法人或非法人社团之活动的。

日本《器官移植法》也明确禁止人体器官的商业化操作，依据该法第11条之规定：(1)任何人不得接受、要求及约定作为提供移植手术使用的器官对价的财产利益；(2)任何人不得接受、要求以及约定作为提供或者接受移植器官对价的财产利益；(3)任何人不得接受、要求以及约定为提供或者接受移植器官进行中介，以及作为中介对价的财产上利益；(4)任何人不得为提供或者接受移植器官进行中介，以及提供、要求或者约定作为接受中介对价的财产利益；(5)任何人都不得在知晓某一器官违反上述各项规定的任一条款行为有关事实的情况下，摘除该器官或者将该器官用于移植；(6)上述第1项到第4项的对价包括交通、通信，用于移植手术器官的摘除、保存或者运送，以及移植手术所需的费用。但是，不包括提供用于器官移植手术，接受移植，或者通常为此所需的必要的、能够为人们认可的必要费用。为确保这些规定的具体落实，该法第20条专门规定了非法出售人体器官罪、非法买受人体器官罪、从事人体器官买卖中介罪以及为获利而非法为他人实施器官移植罪4项犯罪，并规定对这些犯罪可以分处或者并处5年以下徒刑或500万日元以下的罚金；而对法人从事上述犯罪的，除了处罚行为人以外，对法人或者该自然人也科处各条例规定的罚金刑。瑞典1995年颁布的《器官移植法案》第15条也明确规定了人体器官买卖犯罪及其刑事责任，依据该规定："凡有意视为已有，分配、接受和采购活人或死亡人身上的生物材料或中止妊娠胎儿组织的人，将受到罚款和2年以下监禁处理。该量刑也适用于有意使用或收集此类材料用于移植或在其他行动中已经明确的其他目的的行为。对轻微犯罪不得按照无责任办法处理。"[③]而1995年澳大利亚北方区颁布的《人体组织移植法》第24条

① [英]A.麦克林：《医疗法简明案例》，武汉大学出版社2004年版，第107页。

② 所谓"有基因联系"主要是指器官捐献者是受体的：血缘双亲或子女，具有全部或一半血缘的兄弟姐妹，生物学父母任何一方的具有全部或一半血缘的兄弟姐妹，以及具有全部或一半血缘的兄弟姐妹的生物学子女或生物学父母任何一方的具有全部或一半血缘的兄弟姐妹的生物学子女。参见[英]A.麦克林：《医疗法简明案例》，武汉大学出版社2004年版，第105页。

③ 张小栋：《瑞典器官移植法介绍》，《中国卫生法制》2000年第6期。

也规定,从事人体组织或器官买卖活动的,处500元罚金或3个月监禁。

法国刑法典中有关人体器官商业化操作方面之犯罪及其刑事责任的规定,相对最为严厉,依据这些规定,付款从人身上取得器官之行为,无论形式如何,处7年监禁并处100 000欧元罚金;充当中介,为付款取得人之器官提供方便条件,或者有偿转让他人人体器官的,处相同刑罚;付款从人身上取得组织、细胞或人体所生之物的,无论形式如何,处5年监禁并处75 000欧元罚金。充当中介,为付款摘取人体组织、细胞或人体所生之物提供便利的,无论形式如何,或者有偿转让他人组织、细胞或人体所生之物的,处相同刑罚。①

除此之外,德国、美国、加拿大、新加坡、智利、西班牙以及津巴布韦等国家或地区也都明确禁止人体器官的商业化操作,并明确将人体器官的商业化规定为犯罪而科以刑责。这对于防范和减少人体器官买卖在各国的滥觞,保障人体器官移植在各国医学临床上的合理应用与健康发展起到了不容抹杀的重要作用。

① 参见:《法国新刑法典》,罗结珍译,中国法制出版社2003年版,第186—187页。

新型政治游戏与保守主义法律运动
——评 S. 特里斯的《保守主义法律运动的兴起》一书

New Political Game and Conservative Legal Movement:
A Review of Steven Teles's *The Rise of the Conservative Legal Movement*

徐亚文　伍德志

武汉大学法学院　教授
武汉大学法学院　博士研究生

《保守主义法律运动的兴起》是美国马里兰大学公共政策学院副教授 S. 特里斯[1]的一本政治学著作。该书从知识社会学的视角，探讨了美国新政之后新型政治游戏规则对政治动员方式的影响，以及保守主义如何适应新政治游戏规则的过程。该书认为，保守主义如想把自己的理念贯彻到国家决策中，不能仅仅依赖草根力量和选举动员，建构“支持性结构”的非选举动员也很重要，必须建立自己的法律精英网络以争夺话语权。该书还在翔实的历史资料基础上，论述了保守主义法律运动如何从早期的人才凋零到后期的吸取教训、招兵买马直至逐渐崛起、形成精密组织网络的艰难历程。

《保守主义法律运动的兴起》一书封面

在秉持司法能动主义信条的沃伦法院结束之后，共和党的尼克松总统在任内任命了以 W. 伯格为首的 4 名保守主义大法官，试图改变联邦最高法院的意识形态构成，并力图推翻沃伦法院所作出的一系列革命性判决。但是这种以政治为导向的任命似乎并不能产生保守主义所主张的改革，持有保守主义立场的共

① S. 特里斯(Steven Teles)，美国马里兰大学公共政策学院副教授，研究范围包括社会政策、法律和公共政策、政治分析。《保守主义法律运动的兴起——为控制法律而斗争》(*The Rise of Conservative Legal Movement: The Battle of Control of Law*)是 S. 特里斯的一本政治学著作，该著作根据作者第一手独家资料，深入分析了保守主义法律运动的成功历程。

和党在联邦最高法院逐渐占据政治优势之后似乎并不能逆转国家决策领域的自由主义倾向。对于这种悖论性的现象,保守主义运动在其早期也很困惑。而《保守主义法律运动的兴起——为控制法律而斗争》一书认为,保守主义失败的根本原因在于保守主义与其自由主义竞争对手在精英层面上力量的不对称[①],这种力量构成保守主义法律运动的"支持性结构","支持性结构"的建设比政治选举上的成败更为重要。

一、新型政治游戏与自由主义法律运动的兴起

在当今美国,政党竞争已远远超出政客们贴标签、拉选票式的政治竞选,在形成于20世纪70年代的新政治游戏规则中,政党活动的非选举维度变得越来越重要。[②] 不论自由主义,还是保守主义,如果想把自身的意识形态转换成现实的法律变革,单靠政党选举上的胜利是远远不够的。政党的更替也许能够带来法律变革,但其效果却不尽如人意。保守主义如想在国家决策领域战胜自由主义,要么瓦解对手的"支持性结构",要么建立自己的"支持性结构"。[③]

什么是S.特里斯所谓的"支持性结构"呢?支持性结构是一种其各个组成要素互相连接的有机体系,是一种涵盖法律职业、法学院、公益性法律组织、各种基金会等各类精英组织中个人和组织的集合体。[④] 这些组成要素互相支持配合,一方给予资金上的支持,另一方给予政策上的满足,由此掌握主动权和话语权,发挥其强大影响力。即使政治对手通过政党选举上台执政,也无法逆转劣势,因为这种支持性结构提供了决策的信息来源、知识基础和文化力量。

自由主义法律运动的兴起正是由于其"支持性结构"的强大。本书作者将这种支持性结构称为"自由主义法律网络"(Liberal Legal Network,LLN)[⑤],LLN保护和扩张了甚至在起初支持他们的保守主义选举同盟开始颓败的情况下的自由成果。[⑥]

众所周知,美国自罗斯福新政之后,新自由主义开始在学术界和政治领域取得合法地位。经过20世纪30年代经济危机的沉痛教训,人们开始意识到古典自由主义的

---

① Steven M. Teles, *The rise of conservative legal movement: the battle of control of law*, Princeton University Press, 2006, pp. 1-2.

② 同上书,第9页。

③ 同上书,第15页。

④ 同上书,第22页。

⑤ 本文的自由主义指的是在美国罗斯福新政之后主张政府干预主义和福利国家的"新自由主义",而保守主义则指的是试图恢复和维护古典自由主义传统的思潮,该思潮主张限制国家权力、反对政府干预市场,如F.哈耶克、R.诺奇克的思想就属于本文所说的保守主义。

⑥ Steven M. Teles, *The rise of conservative legal movement: the battle of control of law*, Princeton University Press, 2006, p. 22.

放任主义和最小国家理论并不能解决自由竞争带来的生产过剩和贫富差距问题，以及由此所导致的全面性政治、经济危机。新自由主义与古典自由主义的不同之处在于，强调福利国家和政府干预主义，为自由市场不能解决的问题提供政府支持。新自由主义在法律系统的表现就是最高法院的能动主义司法风格，最高法院被寄予积极改造社会的期望，由大法官 E. 沃伦(Earl Warren)领导的最高法院是这一时期的能动主义司法的典型践行者。E. 沃伦领导的联邦最高法院曾作出一系列具有深远社会影响的判决，如 1954 年的布朗诉教育委员会案、1962 年的“一人一票”案、1964 年的米兰达诉亚利桑那州案。这些判决正好迎合了新政时期社会改造的需要。新自由主义的产生有它的时代背景，但是作者同时也认为“思想不能在真空中发展，思想需要能够使其被分享和培育的网络、将思想和问题联系起来以及将思想传播给政治活动者的组织和为这些支持性条件提供资源的资助者”，[①]因此，仅仅探讨法律思想史虽极为必要，但还远远不够。针对认为罗斯福新政以来新自由主义的崛起是 20 世纪 30 年代经济危机及美苏冷战等各种社会压力结果的传统主流观点，作者认为新自由主义作为一种思潮及运动，其作用的发挥并非朝夕之功，根本原因在于强大的、长期演化发展而成的“支持性结构”。在这种“支持性结构”的支持下，新自由主义形成了包括法律职业、法学院、公益性法律组织、各种基金会等各种与法律社会结构要素相关的“自由主义法律网络”，正是这种具有强大影响力的体系性结构，才会使美国政府及法院的决策显示出明显的积极干预性特征，甚至政治上持保守主义立场的共和党在总统选举、议会选举及最高法院法官意识形态构成中都占据优势的情况下，也无法逆转最高法院的能动主义倾向。政党选举似乎变得不再重要，重要的是那种具有潜移默化作用的非政党选举动员。

自由主义法律网络的成长开始于新政，新政创造了对新型律师的需求，改变了法律职业精英的秉性，并最终改变了法学学术研究的氛围。在此过程中，*Gideon V. Wainwright* 一案创立了在经济机会局资助下的法律援助组织网络，法律援助的兴起带来了律师组织特点的大转变，律师组织开始从一个坚定的保守主义力量变成积极协助自由主义法律网络的组织。[②]与此同时，法学院开始左倾，法学教授开始极力为法院作为促进平等社会目标的角色进行正当化辩护，法律教育也开始大力推行诊断式教育以实现社会正义。[③] 有了前期的思想储备、法律援助经验、新一代法律毕业生以及福特基金会的资金和战略方向的支持，自由主义公益法律活动开始呈爆炸式增长，美国宪法也因此被新自由主义理念进行了一番改造。尽管坚持新自由主义立场的民主党从

---

① Steven M. Teles, *The rise of conservative legal movement: the battle of control of law*, Princeton University Press, 2006, pp. 4-5.

② 同上书，第 31—35 页。

③ 同上书，第 35—46 页。

1968年开始在政治选举中逐渐失去主导地位,但此时自由主义法律网络羽翼已经丰满,法律自由主义者能够用他们出色的法律智慧、对法律的执着信仰以及来自媒体和国会的支持,有效地推动新自由主义事业。[①]自由主义法律网络兴起的基础正是前述的"支持性结构",这是一种法律职业精英的组织化网络,其提供了沟通和交流的平台以及思想传播的话语空间。新自由主义思想通过它渗透到国家决策领域,成为新自由主义判决背后的决定性力量。

总的说来,自由主义法律网络的发展是多种因素综合作用的产物。第一,法律从业者对政府干预的抵制、带有新自由主义倾向的法学院毕业生融入法律界、*Gideon V. Wainwright* 一案对法律界转型的影响;第二,20世纪60年代的社会分裂使美国精英阶层将法律自由主义视为对街头抗议活动的文明反应,其表现就是扩大税收,提高国民福利,政府对社会问题进行主动干预;第三,法院和联邦政府在自由主义法律网络的渗透下,对法律自由主义有实质性的支持;第四,权利话语获得了强大的文化地位,使法律自由主义似乎成为道德、进步、尊严的代名词,其已经成为法律精英阶层常识的一部分;第五,如前文所述,美国政治游戏规则已经改变,非选举动员的兴起使新自由主义强大持久的"支持性结构"在政治竞争中发挥了重要作用;第六,基金会为法律自由主义"支持性结构"的建构提供了重要的资金支持和战略性协调。[②]由此,法律自由主义即使在自由主义政党选举失利的情况下,也能维持其强劲的发展势头。

二、保守主义的早期失误和经验教训

早期保守主义对法律自由主义的应对收效甚微。由于缺乏经验,早期保守主义有众多策略上的失误。当然,面对新自由主义的异军突起,保守主义也有一个不断试错和学习的过程。通过这个过程,法律保守主义才意识到自身的不足所在,对于第二代保守主义公益法律组织来说,总结第一代的经验教训极为重要。

首先,法律保守主义运动与商界联系过于紧密。商界资金雄厚,但是逐利动机明显,为自身利益会积极适应政府对经济的干预,所以往往在反政府干预主义问题上左右摇摆、言行不一。与非盈利性的基金会相比,商界缺乏智力支持和道德优势。[③]保守主义误将政治竞选中的一套方法适用于"支持性结构"的建构。与商界过往紧密,结果就是缺乏文化和道德上的话语权。在现代社会,政治系统、经济系统和社会文化系统

① Steven M. Teles, *The rise of conservative legal movement: the battle of control of law*, Princeton University Press, 2006, pp. 23,46 - 55.

② 同上书,第56页。

③ 同上书,第67—73页。

已经分立开来。[①]本书中的保守主义和自由主义之争从属于社会文化系统，是价值和原则之争，具有理想主义色彩。很明显，经济系统中商业利益的介入会破坏这种理想主义，商业利益唯利是图而缺乏原则性，因此会导致保守主义组织在社会文化系统遭受道德谴责。从属于社会文化系统的"支持性结构"有着自身的运作逻辑，并不以经济的力量为主导。以法律精英为主体的"支持性结构"必须有自己单纯执着的信仰，信仰可以作为一种策略，也可以是一种工具，正如作者所认为的那样，法律保守主义运动也要有"作为一种策略的理想主义"。[②]只有坚持理想主义的信仰，才能占领道德高地，其思想才会为人们所认可。美国现行政治制度只会奖赏穷人的支持者。因此，对妇女、儿童、老人、有色人种这些弱势群体的权益，法律保守主义要有足够的重视，要从限制国家干预社会生活的立场，来论证反干预主义对弱势群体利益保护的重要性。但是，早期保守主义由于与商界的过密联系而很难做到这一点。

其次，尽管有商界资金的支持，但法律保守主义未曾建立起将法律精英联系起来的组织化网络，因此法律保守主义也缺乏专业人才去发展法律思想和策略、甄选和引入案例，在参与政府规范制定时充分利用判例、争取基金会支持和政府资源。[③]商界对法律保守主义的独立运作干涉太多，其对保守主义的资助并非赠与，而更像"投资"。[④]并且第一代保守主义公益法律组织局限于地域划分，不能在全国形成高度专业化的组织，建立全国性声誉，使用连贯统一的法律策略。法律保守主义组织始终不能放开手脚，由知识分子去独立追求保守主义理念。这一切只有在联邦主义者协会的建立后才得到改善。

再次，法律保守主义一直未能掌控政治议题的遴选，在与法律自由主义的竞争中总是处于被动状态，容易陷入法律自由主义的话语圈套。一般情况下，往往是法律自由主义先设定议题，占领道德制高点，建立自己的战场，而法律保守主义则以客场的身份，被迫以对手的论证逻辑与对手论战。法律保守主义运动如想改变被动地位，只有建立自己的"反向权利"，[⑤]掌握议题遴选权，但是第一代保守主义公益法律组织始终未能放弃司法自我节制的理念，以致一直未能充分利用联邦最高法院的能动主义司法，来积极推销自己的理念。

保守主义者通过总结前期的失败教训，意识到作为保守主义思想硬件基础

---

① [德] J. 哈贝马斯：《合法化危机》，刘北成、曹卫东译，上海人民出版社 2000 年版，第 7、29 页。

② Steven M. Teles, *The rise of conservative legal movement: the battle of control of law*, Princeton University Press, 2006, p. 85.

③ 同上书，第 89 页。

④ 同上书，第 65 页。

⑤ 同上书，第 89 页。

的“支持性结构”很重要。保守主义如想雄风再起,只有建立起能与“自由主义法律网络”相匹敌的“保守主义法律网络”。为此,保守主义者必须获得基金赞助、进入学术主流、笼络学术精英、争夺名牌法学院及创建公益法律组织。保守主义者痛定思痛,反思自身缺陷,汲取对手优长,最终在美国学术界及国家决策领域逐渐抬头。

三、新的思想武器:法律经济学

面对自身思想资源的匮乏,法律保守主义如想改变法院的行为,必须首先改变法律精英的思想。因此,法律保守主义必须要在美国的一流法学院获得一席之地,并打入学术主流。这是建构法律保守主义“支持性结构”的开始。20世纪70年代以来,发端于芝加哥大学并以R.波斯纳(Richard Posner)为杰出代表的法的经济分析学说,在保守主义者看来,是批评政府对经济干预的有力思想武器。法律经济学试图通过重塑其公益代表的道德地位,瓦解法律自由主义的智力基础。经过前期的失败,保守主义者抓住这一思想武器,开始招兵买马,建立了保守主义法律精英的组织化网络。

即便R.波斯纳的出色作品能够使法律经济学成为法学学术中的显学,法律经济学如想实现对国家决策领域发挥实质性影响,仍有很长的路要走。法律经济学仍然需要组织化网络扩张其影响力。罗彻斯特大学政治学系的H.麦里(Henry Manne)是第一个力求实现法律经济学有组织传播的知识冒险家,但他的努力绝非一帆风顺。H.麦里早年任教于华盛顿大学,后转入罗彻斯特大学。在罗彻斯特大学,H.麦里负责筹备强调法律和经济学跨学科研究的法学院。这个法学院尽管最终未能成立,但是H.麦里为该法学院所作的规划为他15年后在乔治·梅森大学法学院出任院长提供了样板。H.麦里在罗彻斯特大学的最大成就,就是创立了对法学教授进行经济学培训的机构,通过这一培训,使法学教授学会法律的经济学分析方法。其核心教材就是R.波斯纳的《法的经济分析》。法学教授经济学培训机构激发了学术创造力,增加了法律经济学的受众,减少了公众对法律经济学的怀疑和敌意。初期的成功也使H.麦里的雄心膨胀起来。在拒绝了耶鲁法学院的邀请后,H.麦里从罗彻斯特大学去了名气平平的迈阿密大学法学院。他相信,即使是一所学术地位一般的法学院也能被打造成能与耶鲁法学院匹敌的一流法学院,而且在一般法学院,他有更多发挥创造力的机会。在迈阿密大学,H.麦里创建了法律经济学中心,主持了对联邦法官进行培训和为受过经济学训练的学生学习法律提供奖学金的计划,这些计划将把法律经济学从理论带向了现实。H.麦里的成功当然也得益于他杰出的筹资能力以及20世纪70年代晚期和80年代早期保守主义组织的扩张。后来，H. 麦里由于与迈阿密大学法学院院长发生利益冲突，关系破裂后他又去了埃莫里大学。尽管 H. 麦里离开了迈阿密大学，但是 H. 麦里的组织开拓和 R. 波斯纳的知识开拓，已经为法律经济学运动的开展打下了强大的组织基础。H. 麦里野心勃勃，怀抱有宏大的法律经济学的制度建设计划，试图在亚特兰大的埃莫里大学创建"东部的胡佛"，但其由于和一直为法律经济学中心提供资助的奥林基金会领导者关系紧张，法律经济学中心最后由于缺乏资金而瓦解。①

H. 麦里忠诚于保守主义理想，是一位有雄心和气魄的拓荒者。通过执着的努力，H. 麦里在全国建立起了一个广泛的法律经济学者网络，为法律经济学进入法学学术主流打下了坚实基础。然而，法律保守主义运动毕竟还不够成熟，其领导者尚缺乏经验和组织领导技巧，以致早期运动支持者与保守主义知识分子之间缺乏互信，摩擦不断，其创业活动波折颇多。

四、法律变革的间接性策略：联邦主义者协会

美国政治竞争的游戏规则已经发生改变，政党轮替并不能完全决定政策意识形态的更替，非政党选举动员成为政府决策方向的决定性力量。政府活动的高度专业化和技术化使得政府决策不再是几个政客或者几个法官的更换就能左右，在热闹嘈杂的政治竞选活动背后是冷静分析的智囊团、学术机构、科研机构、大学等各类职业精英组织，这些非政治性组织才真正决定着美国政府的政策方向。保守主义分子也意识到仅仅通过政治竞选以实现法律保守主义变革是远远不够的，还需要建立保守主义自己的"支持性结构"。联邦主义者协会的产生带有很大的偶然性，但它满足了保守主义在新型政治竞争中的需求。

联邦主义者协会是一次试图创建能够对美国律师协会实现功能替代的组织的产物。联邦主义者协会领导者在创设组织架构过程中的一个关键性决定，就是采取一种间接性策略来影响政府的决策：为那些被主流法律文化所遗弃的知识分子提供一个可以就保守主义思想进行自由交流的平台，增加他们对保守主义的信心，并且在知识分子中间宣传保守主义法律思想，以建立保守主义法律网络。联邦主义者协会通过多种手段，强化保守主义信仰者的身份认同，如在内部选拔对协会任务有清楚认识的领导层、设置协会准入条件、在美国主要法学院开设课程传播法律保守主义思想以形成共同语言。联邦主义者协会通过这些手段形成了自身的身份和任务界限，减少了法律保

① Steven M. Teles, *The rise of conservative legal movement: the battle of control of law*, Princeton University Press, 2006, pp. 101 - 132.

守主义者之间的交流成本,方便了协会成员之间的身份识别,加强了思想和信息的传播。[①]同时,身份和任务的自我限制,也使保守主义者能坚持自己的理想主义立场,坚守组织结构和长远任务,使自身区别于一般性的利益群体,累积人才资本、社会资本和文化资本,进入学术主流。

本书作者将联邦主义者协会的组织性产出分为直接性产出和间接性产出。直接性产出就是协会过半数的资助被用于支持协会的演讲者及其全国性学术会议,以形成对法律保守主义的广泛争论和交流;间接性产出就是通过该协会所建立的网络,思想的交流和探讨,增加了法律保守主义的社会资本。[②] 当然,间接性产出更为重要、更为有意义。通过联邦主义者协会,法律保守主义者之间可以交流思想和兴趣,分享观点。通过这种广泛的交流,联邦主义者协会的学术网络加强了法律保守主义的思想操守,将一种一般性的思想态度转变为具有正式哲学传统的信仰,使其成员愿意公开为他们的立场辩护。联邦主义者协会所建立的网络也使协会成员勇于承认他们的法律保守主义者身份,他们的思想身份并没够使他们感到羞愧,因为他们看到有很多人和其持有相同立场。社会资本的增加使法律保守主义者在那些有代表性的争议案例中能获得社会支持、识别盟友、获取更多相关资源,大大降低了法律变革的交易成本。[③]尽管联邦主义者协会在经费、成员数量、结构地位上无法与美国律师协会相提并论,但它也在逐渐行使律师协会的部分功能。联邦主义者协会也在努力建立自己的法律精英网络、培养法律人才,使法律保守主义者更少依赖主流法律界。

联邦主义者协会的成功所带来的社会后果可能是双面性的[④],它试图挖掘出主流法律界的意识形态偏见,但无休止的意识形态争论又破坏了传统法治观念的形象。联邦主义者协会“已经将竞争引入了法律职业,但是至少到目前为止,还没有新的建树”。[⑤]

五、法律保守主义的崛起

法律保守主义经过前期的努力,在20世纪80年代早期,法律经济学已经在美国法学界取得了合法地位,进入了主流法学界,R. 波斯那的知识开拓和H. 麦里的组织开拓共同使法律经济学摆脱了学术的边缘地位。法律经济学进入主流法学界的障碍主要

---

① Steven M. Teles, *The rise of conservative legal movement: the battle of control of law*, Princeton University Press, 2006, p. 159.

② 同上书,第163页。

③ 同上书,第165—167页。

④⑤ 同上书,第180页。

有两个：法律精英对该学科的不熟悉以及意识形态污名。[①]但是R.波斯纳的杰出成就、国家干预导致的社会问题所凸显的自由市场重要性、H.麦里对法学教授和法官所做的培训，使法律经济学逐渐消除障碍，并在名牌法学院获得了立足之地，不再受歧视和排挤，逐渐受到法学界的重视，对法律经济学的探讨也成为法学学术的热门话题。我们也可以把法律经济学的成功归结为经济学方法的强大解释力、社会问题的变化等，但法律经济学扩张的速度和深度却只能归功于其组织化网络的成功和基金会的战略性支持。[②]其中奥林基金20年持续地对法律经济学在美国顶尖法学院扩张的支持尤其重要，大大扩充了保守主义法律精英的沟通网络，显著增加了法律经济学的学术生产力。

但是法律经济学的成功可能只是"规范性"的成功，[③]也即意味着法律经济学并不是由于其方法的内在合理性或者社会对自由市场的信奉，而是由于法律保守主义组织网络的学术影响力而迫使法官不得不重新思考和重视法律经济学，后来者居上也有霸权主义的味道。但是正如作者所说，思想不可能在真空中发展，需依赖合法渠道和网络进行传播，这也意味着法律经济学并非严守意识形态中立，也带有意识形态偏见。

奥林基金会对法律经济学的支持以及前述联邦主义者协会的运作都局限于美国常春藤名校，早期的法律保守主义者更多地认为名牌法学院有更大的学术影响力。但是进入名牌法学院的成本也高：要适应精英学术机构的规范、与主流法学界妥协、保守主义理想不够单纯、与从事实务的基层律师联系少。[④] H.麦里拒绝与主流法学界的妥协，力求在乔治·梅森大学法学院这一片净土从头做起，为法律经济学的发展提供一个制度性的空间。在H.麦里的领导下，乔治·梅森大学法学院在全美法学院的师资力量、学术成果和学生素质的排名中节节上升，同时又没有丧失自身的思想立场。尽管如此，H.麦里的努力对法律职业界的影响仍然有限，有着强大的"支持性结构"的学术体制仍然限制了名气平平的乔治·梅森大学法学院的雄心壮志，与哈佛大学、耶鲁大学这样的名校相比，该法学院毕业生在法律界谋取高级职位仍缺乏竞争优势。用作者的话说，就是"奥林基金会资助计划在法学学术建设中的结构位置限制了它的思想连贯性，而乔治·梅森大学法学院的思想连贯性限制了其对法学学术建设的影响。"[⑤]但是，奥林基金会的资助计划和乔治·梅森大学法学院的努力可以相互补充，共同发挥影响力。

由于联邦主义者协会在组织上的成功以及法律经济学在思想上的成熟，第二代保

---

① Steven M. Teles, *The rise of conservative legal movement: the battle of control of law*, Princeton University Press, 2006, p. 217.

② 同上书，第182页。

③ 同上书，第218页。

④ 同上书，第207页。

⑤ 同上书，第219页。

守主义公益法律组织在吸取第一代教训的前提下取得了空前成功。在保守主义公益组织中,最具代表性的就是司法研究所和个人权利中心。这两个组织向联邦最高法院提出了一系列重要的试验性案例,获得了重要的宪法成果。当然,这两个组织能够在最高法院获得胜利,除了在最高法院大法官的意识形态构成上占据优势之外,更重要的是联邦主义者协会以及法律保守主义在法学领域日渐扩大的影响力所带来的人才、社会、文化的支持。第一代的保守主义公益法律组织失败了,原因各种各样,如商界干预过多、缺乏思想操守、未能掌握议题遴选权等。与第一代保守主义公益法律组织相比,第二代克服了其一系列缺点:其一,保守主义者能够坚持自己的理想主义原则,摆脱了商界利益对公益法律组织活动的干预。不论是司法研究所,还是个人权利中心,都是由真正坚持原则的保守主义新阶层领导。第二代保守主义公益法律组织有着稳定的社会理想和公共形象,有利于获得保守主义基金会的信任,保守主义基金会也对公益法律组织给予长期稳定的资助。这些因素都促进了保守主义公益法律组织的独立自治。[①] 其二,放弃了司法节制的信条,在坚持积极能动主义的联邦最高法院努力掌握议题遴选权。[②]因此,积极主动的保守公益法律组织就能够相对自由地选择案例,不必受制于商界利益,而且有了更广泛的议题选择范围,扩大了自己的话语空间。

六、政治竞争与知识生产

对法律保守主义的分析,笔者认为不外有三个视角:从社会变迁角度探讨作为上层建筑的保守主义思潮的发展,从意识形态角度解释保守主义相对于自由主义的价值劣势,以及从保守主义者的自身实践角度探讨保守主义实践者的社会组织化运作。本书就采取第三种视角,相对于第一种方法的客观主义色彩及第二种方法的主观主义色彩,本书的知识社会学视角是一种必要的补益。[③]

本书作者虽然没有去评论保守主义法律思想的内在优劣,但却并没有否定思想内在优劣性和选举力量的重要性。作者反对的是这样一种极端观点:政治市场类似与思想市场,各种意识形态平等竞争、优胜劣汰。这种所谓"霍特林模式"[④]的政治竞争是

① Steven M. Teles, *The rise of conservative legal movement: the battle of control of law*, Princeton University Press, 2006, pp. 221 - 228.

② 同上书,第221页。

③ 同上书,第3页。

④ H.霍特林(Harold Hotelling,1895 - 1973),统计学家、经济学家、数学家。H.霍特林提出的霍特林模型认为价格或产出的不稳定并非是寡头垄断的基本特征。H.霍特林不同意消费者由一个卖者突然转向另一个卖者是市场的特征这一观点。他认为,只要消费者逐渐转向竞争者,市场就仍将保持稳定。美国政治学家由此类推,认为政治竞争也与此类似。

不成立的，政治市场更类似于技术市场，而不是马铃薯市场。[①] 鉴于这种模式原有结构性限制的忽视，在翔实的历史资料基础上，作者以一种客观中立的态度去探寻保守主义法律运动的组织化发展脉络，指出法律保守主义运动的成功取决于其"支持性结构"的建设，"支持性结构"通过法律精英的组织化网络为法律保守主义生产知识、树立声誉、累积文化资本，为保守主义法律思想渗透进国家决策领域提供制度支持。因此，作者认为，保守主义与自由主义之间的"争地盘"是基于各自场域的逻辑而展开的争夺话语权的博弈和较量，而话语是一种实践，而绝非仅仅是以某种中立标准来裁定话语权归属。话语有其社会性结构，这种社会结构超越决策者的价值取向，决策者个人也受其约束。在新型政治游戏规则下，对于政治竞争来说，更重要的是控制知识的生产和传播，而承当法律知识生产和传播功能的是法律职业精英，因此保守主义如想对国家决策产生实质性的影响，就必须在精英层面上实现组织化动员。用知识社会学的术语来说，保守主义法律运动的组织化发展，也是保守主义法律思想如何在法律精英层面生产、传播、普及的过程。

因此，我们可以看到，保守主义与新自由主义的"争地盘"并非是所谓"思想市场"的公平自由竞争。作为实用主义精神集中体现的法律经济学是一门工具性学科，经济学分析不管自己是保守主义立场，还是自由主义立场，以实用主义为未来的导向，更重视法律的目标，而不是法律的起源。实用主义有效地反驳了一些糟糕的论点，但并不能为解决实际问题提供准确的方法。[②] 法律的经济分析方法其实就是掩盖资本主义社会内部保守主义与自由主义相互矛盾的"或然性信条"，[③]法律经济学只能借助"或然性信条"表达自身的统一，而方法上的统一又掩盖了内容上的自相矛盾，因为保守主义和自由主义都可以应用经济分析方法来证明自身立场的优越性。经济分析方法在特定社会条件下也许会更契合新自由主义的目标，但是却被保守主义法律运动"拉大旗作虎皮"。因此，保守主义与自由主义之争不是思想立场之争，而是势力范围之争，法律经济学只是一个可资利用的工具，自身并无实质性意义。两者之间的胜负可能不取决于双方思想的内在优劣，相反却取决于各自精英组织网络社会权力的有效性。

相对于中国国内法学界对法学知识生产的研究，本书的视角是一种必要的补充，可以为国内学者研究中国法学知识的生产提供方法论上的启示。知识生产可能并不是"思想市场"相互竞争和优胜劣汰的结果，其中可能裹挟着结构上的强制。社会各个领域的金钱资本、文化资本、社会资本都可能对知识生产施加影响，意识形态的偏见也

---

① Steven M. Teles, *The rise of conservative legal movement: the battle of control of law*, Princeton University Press, 2006, p. 265.

② ［美］R. 波斯纳：《超越法律》，苏力译，中国政法大学出版社 2001 年版，第 443—464 页。

③ ［德］N. 卢曼：《社会的法律》，郑伊倩译，人民出版社 2009 年版，第 118 页。

就不可避免地掺杂其中,社会改革的实现不仅仅是政权的更替,更重要的是社会成见的消除。知识分子应该有实干的勇气和魄力,而不仅仅是固守书斋,思想的传播需要渠道和网络,唯有如此,思想才会落到实处。

主要参考文献:

1. Steven M. Teles, *The rise of conservative legal movement: the battle of control of law*, Princeton University Press, 2006.

2. [德] J. 哈贝马斯:《合法化危机》,刘北成、曹卫东译,上海人民出版社2000年版。

3. [美] R. 波斯纳:《超越法律》,苏力译,中国政法大学出版社2001年版。

4. [德] N. 卢曼:《社会的法律》,郑伊倩译,人民出版社2009年版。

5. 邓正来:《中国法学向何处去》,商务印书馆2006年版。

文　　化
Culture

转型后俄罗斯历史学研究的成就与困境

The Achievements and Plights of Russian History Study after Transition

徐元宫

中共中央编译局世界社会主义研究所　副研究员

经过近20年的社会转型,俄罗斯的历史学研究发生了重大变化。一方面,传统的历史学研究硕果累累;另一方面,对俄罗斯历史的篡改和杜撰日益频繁。这一现象引起了俄罗斯历史学界乃至政府的深切忧虑和关注,俄罗斯联邦总统梅德韦杰夫甚至专门针对这个问题签署总统令。这无疑给俄罗斯的历史学研究蒙上了神秘的面纱,透过这层面纱,可以窥见其真实现状。

一、历史学研究成果丰硕

近20年来,伴随社会转型,俄罗斯历史学研究无论在广度还是在深度上都取得了很大进展。从莫斯科国立大学历史系和俄罗斯科学院历史学—语言学部历史学分部这两个极其重要的历史学研究机构,便可窥一斑。

1. 研究领域广泛且深入

俄罗斯科学院通讯院士、莫斯科国立大学历史系系主任C. П. 卡尔波夫(C. П. Карпов)教授,在为庆祝莫斯科国立大学历史系建系75周年而作的《当代历史学:现状和发展前景》一文中,对该系的科研情况作出了翔实的介绍和总结。

莫斯科国立大学

首先,研究人员阵容宏大。截至2009年,该系已有18个教研室、9个科研实验室和研究中心,共有412名科研人员。其中,2004年组建了历史信息学教研室、近邻国家历史教研室;2006年组建了教会历史教研室。其次,研究门类齐全。该校历史系现有24个研究方向,如以考古资料为根据并且采取跨学科方法,研究中世纪城市历史和文化;研究俄罗斯文明的发展因素、农业史、俄罗斯农民的文化与日常生活;俄国现代经济史;从中世纪至19世纪的俄国文化;19世纪社会史和俄国君主专制史;俄国社会思想史;国家建设和宪法建设问题;俄国政党和社会运动史;俄罗斯历史档案学和史料学;俄罗斯侨民和政治移民史;俄罗斯传统文化与俄罗斯古文献学;中世纪的拜占庭和黑海沿岸;美洲文化史;西欧的民族思想和民族主义;境外斯拉夫民族;拜占庭艺术史;从古希腊、罗马时代到现代的西欧艺术;民族艺术史;民族学等。这些研究方向都有各自的创始人或领军人物。再次,研究成果丰硕。С. П. 卡尔波夫教授在报告中称,该系科研成果总量可以跟俄罗斯科学院的一些大研究所的类似指数相比肩——每年大约有1 500至2 000多字数印张(俄罗斯稿酬计算单位,合4万个印刷符号——笔者注)。在这些科研成果中,既有重大价值的学术专著,也有史料文献出版物,其中不少成果获得了俄罗斯科学院和国家的奖金和奖励。

俄罗斯科学院

俄罗斯科学院历史学—语言学部历史学分部副院士 А. Е. 彼得罗夫(А. Е. Петров)教授在俄罗斯史学杂志《近现代史》2009年第5期的"2007—2008年度俄罗斯科学院历史学—语言学部全体人员大会综述"一文中透露,2008年学部每3名科研人员就有一部重要学术著作问世。可见,俄罗斯历史学研究成果之丰硕。

2. 对外学术交流日益活跃

近年来,俄罗斯历史学家的对外学术交流活动非常丰富、活跃,每年都要举行数10次重要国际学术会议。И. А. 苏里诺夫(И. А. Суринов)在《近现代史》2010年第2期的"2008—2009年俄罗斯科学院历史学家的国际交流活动"一文中,对该年度俄罗斯科学院历史学家进行的23次重大对外学术交流活动作了具体介绍。

二、篡改历史现象严重

近年来,一些西方国家和原苏联加盟共和国的舆论试图扭曲、篡改二战历史,贬损苏联在二战中的历史功绩,夸大俄罗斯的危险性,为对俄罗斯实行遏制战略和"去俄罗斯化"寻找佐证。2007年4月,位于爱沙尼亚首都塔林市中心的苏军解放塔林纪念碑被拆除和迁移;2008年,立陶宛政府要求俄罗斯承认苏联侵占立陶宛的事实,并提出赔偿要求;2008年底,乌克兰向联大提交议案,要求审理苏联曾在乌克兰制造"大饥荒"的种族屠杀行为;2009年2月,拉脱维亚也发生了毁坏苏军烈士纪念碑的事件。这些行为既损害了俄罗斯的国际形象,也助推了俄罗斯国内重新评价苏联历史的思潮。针对这种思潮,俄罗斯政府和学界都作出了不同程度的反应。

1. 俄罗斯政府向篡改本国历史的行为宣战

(1) 梅德韦杰夫签署总统令。2009 年 5 月 19 日,俄总统梅德韦杰夫签署总统令,宣布成立"与以危害俄罗斯利益而篡改历史行为斗争委员会"(即"历史正名"委员会),委员会主席由俄总统办公厅主任纳雷什金兼任,其 28 名成员分别来自国家安全会议、外交部、联邦安全局、对外情报局、地区发展部以及军队总参谋部、俄罗斯科学院等机构。根据规划,"历史正名"委员会将依据政府部门、科研机构提供整理出的材料,详细分析、甄别歪曲历史事实和诋毁俄罗斯国家形象的现象与行为,同时采取措施加以反驳。

(2) 隆重庆祝卫国战争胜利 65 周年。此次庆典的规模前所未有,梅德韦杰夫总统亲自部署了卫国战争胜利 65 周年庆典的重要任务,大致可分为 4 个方面：一是做好老战士社会保障工作;二是做好针对社会各界群体,包括青年群体的信息宣传工作,其中,大众传媒应发挥应有的作用,做好纪念碑、纪念建筑物的建设工作,培养爱国主义思想和道德观念,巩固社会的道德理念;三是充实丰富关于二战历史问题的科研成果和出版物,编撰多部著作如《伟大的卫国战争 1941—1945》等,重新统计二战时期苏联的人员伤亡和物质损失数据,积极打击任何篡改扭曲历史真相的行为;四是吸取战争教训,反对纳粹思想。

(3) 酝酿制订有关惩戒"篡改历史"的法律条文。在通过舆论宣传为"历史正名"的同时,俄罗斯开始思考制订有关制裁"篡改历史"行为的法律标准问题。2009 年 2 月,"统一俄罗斯"党领导人之一、联邦紧急情况部部长绍伊古在接见老战士时首次提出,议会应当通过相关法律,追究诋毁苏联卫国战争功绩的那些人及其行为的责任。根据"统一俄罗斯"党提交的这一法案,贬低或篡改苏联二战功勋的言行将被视为一种犯罪,当事人最高可处 3 年监禁。

2. 俄罗斯历史学家提出建设性对策

俄罗斯历史学家对出现篡改历史现象的根源进行了剖析,并对如何遏制这一现象提出了一些中肯意见和建设性对策。

(1) 分析俄罗斯历史被篡改的时代背景和社会历史根源。莫斯科国立大学历史系近现代史教研室 В. П. 斯米尔诺夫(В. П. Смирнов)教授在发表于俄罗斯史学杂志《近现代史》2010 年第 3 期的文章"关于历史知识的可靠性问题"中,对此作了详细阐述。他认为,历史知识的可靠性问题,是历史学的一个最主要的问题。我们是否真的掌握了关于过去的可靠资料,还是只是提出假设和推断? 这是需要认真对待的。

他指出,在各个时代、各个国家,严谨的历史学家都力求对历史事件作出可靠的阐述,力求将可靠的资料与不可靠的资料区分开来,将事实与传说和臆想区分开来,将真正的文件与伪造的文件区分开来,这是任何一个历史学家正常工作的一部分。但是,在目前的俄国,历史知识的可靠性问题已经凸显出来。这一问题的出现,是因为最近 20 年里经历了大规模的震荡,苏联解体、共产党政权在苏联和东欧国家的垮台、整个价值体系发生了重大而深刻的急剧变化。20世纪80年代初绝大多数苏联人以自己的国家而自豪,因为这个国家在反对希特勒德国及其盟国的惨绝人寰的战争中赢得了胜利,成为两个"超级大国"中的一个,其工业生产总值居世界第2位,在人类历史上首次发射火箭探月,并将人送进了宇宙,成为曾经生活在地球上三分之一人口的"社会主义阵营"的领导力量。然而,突然爆发了一场改革,并且在大约4、5年的时间里,国家的面貌完全变成了另一番模样。国内的新闻工作者、政治家、出版界人士开始歪曲事实,说什么"布尔什维克执政多年的主要结果是一具具尸体堆积如山";苏联人70年在"一个悲惨的"、"倒霉的"、"该诅咒的国家里建造了一所疯人院"。继新闻工作者之后,一些历史学家也提出了与自己几年之前所宣传的论调直接对立的观点和说辞,他们甚至重新审视了每一次革命,并作了颠倒历史真实的判断。例如,根据马克思和列宁的学说,这些革命曾经被看作是"历史的火车头"、"被压迫和被剥削人民的节日",而现在,则被痛斥为"革命的瘟疫",并试图证明"革命比战争坏","革命从精神和道德上瓦解了人,因为不具有任何的精神和道德根据";奠定了苏维埃国家基础的十月革命,现在也被看作是"1917年的惨剧",是用德国人的金钱完成的"一场布尔什维克的政变"。B. П. 斯米尔诺夫教授认为,在这样的背景之下出现的对历史的篡改,可以说就是一种杜撰。

(2) 研究俄罗斯历史被篡改的国外因素。莫斯科国立大学历史系教授B. П. 斯米尔诺夫指出,公众对于历史学家们原有著作的不信任,引发了那些在苏联解体之后建立起来的一个个国家重新书写历史。前苏联的一个个加盟共和国,现在变成了一个个以其原先共产党的第一书记或第二书记或新上台的领导人为首的主权国家,这些人迅速地痴迷上权力,给自己置备了大量的警卫和随从人员以及私人飞机。在国外访问的时候,他们受到了仪仗队的欢迎,与大国领导人站在一起拍照留影。一些人开始给自己建造宫殿,整套整套地收集珍贵物品,在一个个广场上竖起自己金灿灿的雕像。为了把自己打扮成重要的、彪炳史册的活动家,他们不得不重新书写历史。这些国家干这类事情的历史学家们,不仅受往上爬的欲望的驱使,而且受爱国主义意图的左右,因为任何一个国家,任何一个民族,任何一个国家的人民,都希望证明他们曾经在历史上扮演过重要的角色,曾经在历史上发挥过重要的作用,获得过杰出的成就,战胜过无数阴险而凶狠的敌人。在这里,可靠性也就不起什么作用了。事实"跟上了"所需要的想法;"不利的"事实则被回避或者干脆删除。叛徒变成了英雄,而原先的英雄则变成了叛徒。

(3) 评议梅德韦杰夫签署的总统令。俄罗斯科学院院士、历史学分部负责人B. A. 季什科夫(B. A. Тишков)评价总统签署的命令"是社会各界对于作为一门科学的历史的关注度正在提高的一种反映","对于历史的兴趣,是俄罗斯公民与日俱增的爱国主义情感的一个部分"。他认为,篡改历史的问题比较复杂,"除了与俄罗斯邻近或比较遥远的国家对于过去提出了种种新的解释和说法之外，种种自我毁灭的解释和说法也隐含了巨大的危险。”俄著名历史学家 P. 梅德韦杰夫（P. Медведев）则指出，成立“历史正名”委员会的出发点是正确的，在英国也有类似性质的委员会，“不过，我对委员会的组成人员并不认同，那里仅有3位历史学家，并且他们没有权威性”。B. П. 斯米尔诺夫认为：“在我看来，这么做不会产生任何好的结果……我认为，同篡改历史的企图和行径作斗争的主要方法，是要让专家们无障碍地接触到包括收藏在国家和各部委局一个个秘密档案馆里的内部文件，并自由地展开学术讨论。”

C. П. 卡尔波夫教授在《当代历史学：现状和发展前景》一文中，对如何遏制篡改历史提出了自己的建议。他认为，俄罗斯联邦领导人对于篡改历史之风的盛行深感忧虑，这是完全可以理解的。他们应当把主要的精力放在认真的、专业性的鉴定上，放在宣传科学的历史知识上，放在搞清楚伪历史理论得以形成和出现的方式及其根源上，而不是放在书报检查的种种限制上。在这一点上，历史学家不应该为了迎合“社会订货及人的口味”而牺牲历史的真实性，掩盖或者简化复杂的过程和现象。在与论敌们的争辩中，要有勇气坚定地说“不”，而不要屈从于错误的折中意见。他指出，现在有一个比较尖锐的问题，即俄罗斯学者与俄罗斯邻国学者对历史事件持有不同的解释。我们源自一个摇篮，我们大家还都处于一个共同的教育空间，因而应当探寻研究我们共同的过去和共同的立场。而达到这一目标的手段和方法，只能是对话，要用超越政治的态度和方法来对待历史，而摒弃把历史问题政治化。

三、历史学界问题多多

篡改历史以及政府对其所展开的斗争，引发了俄罗斯历史学界就目前俄罗斯历史学所存在的问题和现实困境进行了深入的思考和探讨。

1. 忽视俄罗斯历史基础知识的学习和研究

C. П. 卡尔波夫教授在《当代历史学：现状和发展前景》一文中指出，目前的俄罗斯，侵蚀基础知识、以应用学科来取代基础知识的危险进程并没有停止。一个显而易见的例子是，依靠并借助于历史学和哲学来培植和巩固俄罗斯学、社会学、文化学以及其他关于人的科学，衍生学科只是在用基础学科的汁液维持生存。他指出，这些衍生学科想象中的、较容易的可索取性、可应用性及其暂时的益处，不应该影响和干扰基础学科，因为如果没有表面上看来无关紧要的基础领域的知识，那么无论是社会的科学发展还是社会的精神进步都将无从谈起。他认为，当今社会有些人在历史方面的无知无识，却又非常自信地自以为是，令人感到非常担忧。这一点反映在日常生活中，反映在中小学生们的主流思想和认识中。如少年们常常回答不出诸如“伟大的卫国战争发生在什么时候”、“在伟大的卫国战争中谁是我们的敌人，谁是我们的盟友”、“谁是莫斯科的缔造者"等问题。

C. П. 卡尔波夫教授还分析了忽视历史学基础知识学习和研究的严重后果。他指出,历史研究的非系统性、为了有利于其他不断产生的课程而缩减历史课的授课时间,导致了历史虚无主义,并且干脆导致了无知无识。过去,在进入高校的入学考试的面试环节很容易发现这些问题,现在这些问题在国家统一考试系统的掩盖下得以隐藏,因为国家统一考试系统检验不了考生所掌握的知识是否系统,以及其是否具有分析和比较信息、材料的能力,国家统一考试系统只是以机械地复述一堆经过蒸发的真理为目标。A. T. 福缅科"学派"以及类似于这一学派的形形色色的"空白填补者们"和"揭示者们",正在培植关于祖国历史和世界历史的荒诞不经的认识。社会上很少有人意识到,人民对历史的记忆正在遭受侵蚀,民族的历史正在被丑化和嘲讽,这将会造成危害。在俄罗斯,历史知识和历史素养的式微是显而易见的,造成这种状况的根源在中学。但是,造成这种状况的原因之一是质量比较好、比较吸引读者的、通俗易懂的科学书籍严重匮乏。这方面的工作是很崇高的工作,不过目前这项工作做得还很不够。

2. 历史学的评价标准存在严重缺陷

C. П. 卡尔波夫教授指出,社会对历史和历史学家们的信任之所以会产生动摇,乃是因为频繁的随时变化的重新评价所致。正如科学院院士 Ю. С. 波利亚科夫所指出的那样,旧的篡改和伪造被新的谎言取代,这不仅给科学而且给社会造成了很多缺陷和问题。追求历史的客观性,材料要过硬,分析和运用材料的方法要科学——这些是我们工作最重要的原则。假如我们还想保全我国教育的脸面、吸引力和必需性,那么我们就不可以背弃这些最重要的原则。为了改善现状,需要有对历史的研究、教授和学习的效果进行评价的客观且具共识性的标准。假如不算公认的奖金或者职业历史学家们无条件的绝对赞同,那么暂且是没有这些标准的。

他指出,在自然科学中广泛使用的转引率指数,不能成为标准。在他看来,转引率指数说明不了什么问题,因为用于指数分析的各种杂志的选择具有非常大的随意性,辩论性较强的期刊没有受到关注和重视,而书籍中的大量引文则干脆被忽略。用于统计的各种杂志的挑选,在很大程度上存在着社会心理因素。对转引率进行分析,其本身就忽略了对历史研究的质量分析。比如,一些极其重要的课题是由为数不多的学者承担的,对他们的著作的援引则包含在寥寥无几的专业性很强、权威性很高的出版物中。有些"非常抢眼的"、揭露丑闻的出版物,尽管它们是非学术类的,但是对它们的转引却会像海洋般浩瀚。这是否意味着此类作品就比那些以多年的档案研究或者其他方式的研究为根据而形成的作品好呢?也许,学术著作成果在教学实践中应用情况的统计,学术著作在其拥护者或反对者的原创作品中的应用程度,在建立和加强各学术派别的过程中的应用程度,可以成为衡量效率高低的一个指标。但是,不得不指出我们自身的薄弱环节,即对于历史类学术期刊作品的评述,没有给予应有的重视,然而,西方很多比较权威的杂志有将近一半的篇幅刊登评述和史学评论。这些评论和评述蕴含着了解信息资料以及关于这些信息资料的评价的钥匙。

当西方很多国家对历史的兴趣正在衰减的时候,俄国人们对历史的兴趣反而正在增强,虽然这块"田地"依然没有得到很好的耕作,在这块荒地上仍在长出臆测和随意曲解的繁茂杂草。俄罗斯学者认为,要遏制这一势头,只有通过漫长的解释工作,这种解释的基础是历史主义的原则、对文献史料的鉴别考证、综合分析、将精准定位与主观推测明确区分、摒弃随意鉴定和评价。遗憾的是,在人们的意识中,对于一切出版物的信赖根深蒂固,外行的读者倾向于相信伪科学的臆断,而且艺术和科学在他们那里常常是没有区别的,因为艺术形象自身的鲜明性和生动性容易让人记住和接受,所以他们往往相信艺术化的作品,但是专业的评价、正规的出版物,特别是作者们的诚实性及其政治上的独立性都显得更为重要。因此,要让以历史文献为根据的著作成为历史认识的孵化器,而不是成为一知半解者们似是而非的作品。

3. 档案文件解密工作存在局限性

很多俄罗斯学者都抱怨俄罗斯档案解密工作存在的局限,认为这种局限严重制约了历史学的学习、教授和研究工作的深入开展。莫斯科国立大学历史系教授 В. П. 斯米尔诺夫在其《关于历史知识的可靠性问题》一文中指出,最近若干年以来,俄国发生了一场真正的"档案革命"。秘密档案被部分解密,一批文献出版物陆续问世,这将使得以可靠的文件为根据书写真实的历史有了可能,这一做法极大地提高了俄国和其他国家历史知识的可靠性。但是,不能不看到,首先档案中所收藏的远不是历史学家感兴趣的全部;其次并非所有的档案文件都是可靠的。有一些虽然不能简单地将其称为伪造文件,因为它们具备可靠性的所有外部特征:签署日期、署名、盖印,但是它们的内容确实不可信。以杰出的苏联元帅 К. А. 梅列茨科夫为例,他曾经担任过一系列方面军的司令员,荣获过苏联的各种最高级勋章。苏德战争爆发前夕,他已经是苏联英雄和红军总参谋部总参谋长,后来遭到了逮捕,并且在严刑拷打下"承认了"犯有叛国行为,曾经与西方面军司令员、苏联英雄 Д. Г. 巴甫洛夫大将一道参加过反对苏联的阴谋活动。巴甫洛夫的军队在 1941 年夏天遭受了严重的失败,巴甫洛夫立刻被枪决(在 15 年之后获得了彻底平反),但是,梅列茨科夫的命运却是另一番样子。1941 年 9 月,当德国军队进攻列宁格勒和莫斯科时,苏联有才能的军事长官严重匮乏,于是,梅列茨科夫获释并且立刻被派往前线指挥一个集团军,后来又担任了方面军司令员。但是,在所有的百科全书、百科词典以及官方的梅列茨科夫履历、传记、回忆录中,关于这一情况只字未提。当今的历史学家走进档案馆发现的仍然是梅列茨科夫亲笔所写的叛国"认罪书",但是从可靠性来说,它们一钱不值,只不过是杜撰而已。

С. П. 卡尔波夫教授也对如何正确使用历史文献资料提出了自己的见解。他认为,在研究过程中存在着一个复杂的问题,即如何挑选历史文献以及如何对这些材料进行解释,尤其是在谈及遥远的时候。他指出,时间在擦去人类活动痕迹的同时,也无情地打碎了反映人类活动这些痕迹的镜子,而历史学家的任务则在于,用保存下来的为数不多的这面镜子的若干碎片,来拼凑一个能最准确地反映过去的形象。然而,我们不仅要找到那些只属于考察对象的碎片,将这些碎片与时代进行对比,而且还要准确地理解这些碎片的内在联系和相互关系。

4. 俄罗斯历史学家在国际历史学研究领域不占主导地位

С. П. 卡尔波夫教授认为,目前俄罗斯历史学研究成绩斐然,但是俄罗斯历史学家在国际历史学研究方面,特别是在史学方法论方面并不占据主导地位。他认为,原因主要表现为以下几方面：首先,西方很少有人了解俄罗斯历史学家,并且很少有人读到俄罗斯历史学家的作品,虽然不久前俄罗斯历史学家们在国外史学杂志上发表的文章数量略有增加。总体而言,我们用西欧几种主要语言出版著作的工作做得很不够,而现在这项工作变得很有必要,因为外国的历史文献运用了俄罗斯学者用俄文表述的思想、立场和方法,却不标注俄文出处。其次,有时缺乏足够的勇气公开承认,并非所有被忘却的东西都不好,很多传统的优势即便是在今天也没有失去自己的意义。俄罗斯存在着永恒的价值和包罗万象的真理,摒弃它们就是倒退,而且传统和创新不是对立的,而是互补的,但人们在实践中却常常对传统和创新两个方面中的某一个方面给予片面重视。第三,统计已经证明,俄国无论是研究人员的数量,还是投入到社会科学和人文科学的经费,以国际标准来衡量仍然是极低的,这个客观存在的不利因素遏制了科学的发展。政府在对人文科学研究的支持、将本国学者的经典著作翻译成外文、在境外建立俄罗斯科研中心等方面,都远远落后于美国和欧洲。而法国的一个"普希金"项目,使得法国历史学家们数10部有重大价值的著作被翻译成俄文,从而提高和增强了法国历史学在俄国的影响。

尽管俄罗斯历史学面临着一些问题,但俄罗斯历史学家对俄罗斯历史学的未来发展前景还是持乐观态度。比如,И. А. 苏里诺夫教授在《2008—2009年俄罗斯科学院历史学家的国际交流活动》一文中,就对俄罗斯历史学家的未来工作充满了乐观和自信。他认为:"俄罗斯历史学家将会用丰硕的成果继续为增强和巩固俄罗斯国家在国际上的影响力和威望作出应有的贡献。"

主要参考文献:

1. С. П. Карпов, Историческая наука на современном этапе: состояние и перспективы развития, *Новая и новейшая история*, 2009, №5.

2. А. Е. Петров, Общее собрание отделения историко-филологических наук РАН, *Новая и новейшая история*, 2009, №5.

3. А. С. Маныкин, Е. В. Романова, Реформа высшей школы и преподавание истории

международных отношений, *Новая и новейшая история*, 2009, №2.

4. И. А. Суринов, Международные связи историков Российской академии наук в 2007 - 2008 годах, *Новая и новейшая история*, 2009, №2.

5. И. А. Суринов, Международные связи историков Российской академии наук в 2008 - 2009 годах, *Новая и новейшая история*, 2010, №2.

6. Е. Е. Вяземский, Б. Л. Хавкин, ЕГЭ по истории: опыт и проблемы, *Новая и новейшая история*, 2010, №1.

7. В. П. Смирнов, О достоверности исторического знания, *Новая и новейшая история*, 2010, №3.

认知语言学发展趋势研究

A Study of Development Trends of Cognitive Linguistics

束定芳

上海外国语大学　教授

认知语言学已逐渐成为语言学研究领域一个影响与日俱增的分支学科，其理论主张、研究成果和方法也逐渐在相关领域得到越来越广泛的应用和验证。近10年来，认知语言学无论在范围还是在深度方面都得到了较大的拓展和深化，发现了很多新的语言事实和现象，提出了许多有一定解释力的假设与理论模型。认知语言学的研究方法也从传统的以内省为主逐渐过渡到以语料库或以心理和仪器实验为基础的实证研究为主的跨学科、全方位、多视角的研究态势。

认知语言学诞生于20世纪70年代，最初是对当时在语言学研究领域占主导地位的乔姆斯基转换生成语言学的一种反动，后来逐渐发展成一个独立的语言学研究领域。认知语言学主张，语言不是一种独立的能力，而是人一般认知能力的一部分。认知语言学的研究目标就是，描述和解释语言能力与人的一般认知能力之间的关系，或者说思维与语言之间的关系。因而，认知语言学的研究重点就是，思维对语言的影响，或者说人类一般认知能力对语言结构和表达的影响。

21世纪初以来，认知语言学研究呈现出几个明显的发展趋势：(1) 原有研究领域和主题的进一步开拓与深化；(2) 跨学科和应用研究得到进一步加强；(3) 研究方法逐渐向实证方向发展。

一、原有研究领域和主题的进一步拓展与深化

认知语言学最初的研究主要围绕范畴化、原型理论、概念化、构式、隐喻、转喻、概念合成等问题展开，近年来，其研究领域和范围都有了进一步拓展和深化。例如，2010年7月在英国赫特福德大学召开的“英国第三届认知语言学大会”就安排了五个主题进行研讨：(1) 多义现象；(2) 政治领域的认知语言学；(3) 结构与构式；(4) 语言认知领域的评估与评价；(5) 语言的历时研究。我们可以发现，(1)、(3)和(5)延续了认知语

言学和传统语言学的研究领域，而(2)和(4)则是认知语言学与话语分析和系统功能语言学等领域的融合，显示出现代认知语言学重视跨学科和应用研究的重要特点。近10年来，在认知语言学的一些经典研究领域，特别是隐喻和转喻的研究、构式研究方面等都取得了一些重大进展。

1. 隐喻、转喻的研究

隐喻原被看作是一种修辞现象，但在认知语言学家看来，隐喻首先是一种思维方式，是人类认知事物的一种不可或缺的工具，这种思维方式构成了人类概念系统中许多非常基本的概念隐喻，如“生命是一次旅行”等。这些概念隐喻会直接或间接地影响人类的思维方式，并反映在人们的日常语言表达中。

K. 帕特

目前，心理语言学实验及语料库已成为隐喻研究中广泛运用的两种研究方法，而大多数语料直接来源于日常生活话语，而且学界对隐喻和转喻的关系也有了新的理解。例如，德国汉堡大学教授、国际认知语言学学会主席 K. 帕特(Klaus-Uwe Panther)在其《作为使用事件的转喻》一文中，重新审视了转喻和隐喻之间的相互关系，认为自20世纪80年代起就被用来区分转喻和隐喻的概念“认知域”、“次域”、“单域”等十分模糊，很不可靠。它们其实是不同类别的概念和概念关系的统称。K. 帕特回到皮尔士符号学研究中，提出隐喻和转喻之间的区别在于，隐喻是象似关系，而转喻是指示关系。在这一观点下，转喻是意义的扩展，其结果是产生具有概念凸显性的目标意义，包含背景化的源域含义和在意义扩展过程中新产生的意义成分。K. 帕特通过个案分析，探索了语境因素在解读使用事件中转喻的作用。他指出，转喻的重要功能之一就是提供普遍的指示，作为语用推理的输入来充实话语的隐含义。J. 巴登(John A. Barnden)也对此问题进行了反思。他认为，传统上以象似性/临近性来区分隐喻和转喻的方法需要重新审视。隐喻关系通常可以被视为临近关系而作为转喻使用，而转喻临近性的主要类型中也涉及象似性。J. 巴登还分析了隐喻和转喻在域、框架中的互动方式，发现隐喻与转喻的关系其实比我们原来所认为的更加密切，也使得两者的区分更加困难。

早期的隐喻和转喻研究主要限于词汇层次。近年来，越来越多的研究扩展到了语法、语用、语篇、非语言等不同层面的隐喻和转喻上。

研究发现，隐喻用法不仅存在于语言表达式中，也存在于非语言交际中。例如，M. 维拉斯科-塞克瑞斯坦(Marisol Velasco-Sacristán)和 P. 福特斯-奥利维拉(Pedro A. Fuertes-Olivera)就对嗅觉隐喻和混合嗅觉隐喻进行了研究。他们以香水广告作为研究对象，设计了两个实验，观察隐喻在非语言表达形式上的体现，论证嗅觉隐喻在广告宣传中作为隐性交流工具的作用。

K.帕特和L.索恩伯格(Linda Thornburg)讨论了转喻和隐喻对语法的影响。他们发现,在语法隐喻方面,影响词汇语法结构的重要因素是隐喻始源域的意义。而就转喻语法而言,影响词汇语法结构的重要因素是转喻目标域的意义。S. P.瑟韦尔(Sandra Pena Cervel)和R.德门多萨(Ruiz de Mendoza)以over为例,讨论了以转喻(和隐喻)为基础的由路径到终点的意象图式转换。例如,作者认为,She and Guy live over the bridge这个句子凸显的是over所指活动的结果,而不是包含整个路径的活动过程,此时涉及活动转指结果的概念转喻。作者发现,人们通过提及over涉及的路径意象图式通达其部分域,即终点。与上述这类字面义的意象图式转换类似的是,非字面义的意象图式转换以转喻为基础。不同的是,后者还涉及隐喻。例如,I am glad you are over the flu(我很高兴你战胜了流感)就包含了这样一个隐喻:病人被看作旅行者,流感被看作行进路上的一个障碍,战胜流感被看作克服行进路上的障碍,康复被看作到达终点。这个句子描述的是非动态语态,还涉及用活动转指结果的概念转喻,战胜流感这个行为转指康复这个结果。

2. 构式研究

构式研究始于学界对let alone和What's X doing等习语的关注。A.戈德伯格(Adele Goldberg)构式语法理论的形成推动了学界对各种语言中致使移位构式、结果构式、双及物构式等基本构式的研究。

近年来,对构式的本体研究主要围绕各种语言中各类基本构式和特殊构式展开,构式的应用研究则主要讨论构式的习得、构式习得和语言习得的关系等问题。

A.戈德伯格讨论了与构式相关的"如何"和"为什么"这两个问题。在"如何"的问题上,作者以儿童构式习得的实验为基础,讨论儿童如何学习和概括构式的论元结构。在"为什么"的问题上,作者从构式语法的角度解释孤岛现象和主语—助词倒置两类语法现象,并阐述了跨语言的论元实现规律。

R.德门多萨等则从词汇义和构式义互动的角度讨论构式的语义解释。他们吸收了功能语言学等相关理论的合理之处,提出了一个"词汇构式模型"。该模型的核心思想是,词汇义和构式义互动,两者经历了一个受到内部和外部限制的融合过程,最终产生语义解释。根据"词汇构式模型",语义解释来源于两个层次的模板:一个是词汇模板,它包含词汇的语义表征和与之相关的逻辑结构;另一个是构式模板,它主要描述构式的意义。词汇模板和构式模板的融合过程受到内部和外部两方面的限制,内部限制指的是词汇表征中语义要素对融合过程的限制,而外部限制则包括高层次隐喻映射、转喻映射等认知和概念的机制。词汇构式模型的主要价值在于探讨句法和意义建构各个层面的关系,包括语义、语用、语篇等多个层面。

A.戈德伯格的《运作中的构式》(*Construction at work*)一书更是引发了认知语言学家的热烈讨论。该书主要是探讨成人语言在相关层面上所呈现出的普遍规则,同时解释儿童习得这些规则的方式和原因，并试图对跨语言普遍规则做出解释。R. 鲍德(Rens Bod)对 A. 戈德伯格所提出的"建立一种以使用为基础的理论，解释有限的输入何以生成无限新话语"的目标提出了质疑。他提出了利用计算语言学将构式语法形式化的构想，并通过实验和计算语言学分析，来说明构式的生成性。他认为，可以通过储存的有限的形式一意义配对来生成无限的新话语。S. 克莱恩(Stephen Crain)、R. 桑顿(Rosalind Thornton)等则严重质疑 A. 戈德伯格的构式语法，认为其普遍规则不能解释诸如 c-command 这样的结构特征，以及向下衍推这样的语义特征。W. 克罗夫特(William Croft)则认为，A. 戈德伯格从使用的角度对语法构式进行分析，并将其与生成语法进行对比，虽有助于对句法的理解，但其分析方法仍存在不少问题。加利福尼亚大学圣地亚哥分校语言学教授 R. 艾兰克(Ronald Langacker)也对认知语法和构式语法的关系发表了自己的看法，认为 A. 戈德伯格夸大了两者之间的区别。J. 利兹(Jeffrey Lidz)和 A. 威廉斯(Alexander Williams)则认为，A. 戈德伯格的新著既不能否定先天语言结构存在的必要性，也无法证明构式语法存在的必要性。

此外，一些学者还以构式语法中词语和语法构式之间的相互关系为基础，讨论了词语的构式侧显对同义词的启示。他们具体的做法是，先选择一组近义词，在语料库中根据词语的出现频率和分布，通过量化分析，统计出这些词语出现的构式显著性，然后根据构式的语义进一步分析这些词语的意义。此类研究是构式和词语意义关系研究的一次全新的尝试。E. 东布罗夫斯卡(Ewa Dąbrowska)，C. 罗兰(Caroline Rowland)、A. 希克斯顿(Anna Theakston)等还运用实验法来分析具有长距离依存关系的问句及其他构式的习得问题，发现具有说明性的补语构式在语言认知过程中习得较晚(发生在 6 岁以后)，而成年人在具有长距离依存关系的问句的使用中具有词语特殊性的构式。

3. 认知语言学在其他传统语言学领域的拓展

近年来，认知语言学理论还在音位学、形态学和自然语言处理等方面得到了广泛的应用和发展。在认知音位学领域，主要活跃着 P. 胡斯科(Peter Jusczyk)，J. 皮尔哈姆伯特(Janet Pierrehumbert)和 V. 布卢姆(Välimaa Blum)等学者。P. 胡斯科认为，对单词的识别基本上就是"言语感知"的全部内容。儿童在学习单词的时候，一般是把单词作为整体来认知。他们并不对词语进行内部分析，但是随着年龄的增长，学习者开始对单词做某种意义上的内部分析，通过范畴化把它们划分成小的有区别特征的单位，即音位。根据 J. 皮尔哈姆伯特的研究，音位的关键特征就是"跨语境相同"，从而使得属于同一音位范畴的不同音呈现出"相似性"和"可交换性"。音位范畴观符合认知语言学的

P. 胡斯科

原型范畴理论,音位就属于基本层次范畴;婴儿对音位的习得建立在大量的语言接触之上,这一点也符合认知语言学基于使用的语言观。

L.泰米尔

传统的形态学主要研究词语的曲折变化和词语构成的规则。根据认知语言学家的观点,词汇和语法并非相互隔离,相反却呈连续统式分布状态,不但词汇有意义,语法也同样有意义。美国布法罗大学的L.泰米尔(Leonard Talmy)教授将整个语言系统划分成开放性和封闭性两个子系统,其中的开放系统由词汇形式构成,其在数量上不受限制,随时可通过添加新词增容,语言的封闭系统则包括有限的语法手段或语法成分。它们分别说明人类语言认知表征的两个方面,具有不同的语义功能,既不可或缺又相互补充。就其基本功能而言,封闭性的语法形式用来组织概念,而开放性的词汇形式提供概念内容。A.戈德伯格也持类似观点:任何一个语言单位,小到语素大到句子都是形式与意义的匹配,词汇的多义性研究被更加细化到对语素的多义性研究上。R.艾兰克对人称代词it的非人称用法的分析显示,it总是有意义和所指的,即使作为形式主语,it也并不是只有语法作用而没有实际意义。它表示一个抽象场景,即第三人称单数中性限定代词的意义。他的分析为长期存有争议的it的非人称用法的意义,从认知的角度提供了一个独到的解释。在微观层面,形态学研究主要从曲折形态学转移到派生形态学,涵盖形态能产性、基本形态范畴和类型学共性、形态的存储和运算接口等认知形态学及相关理论问题。

之前,认知语言学对语言理解中的深层语义分析提供了强有力的理论原则和分析机制,但由于还不存在形式化模型,无法用于计算机化的自然语言处理。B.卑尔根(Benjamin Bergen)和唐南珊(Nancy Chang)以认知语言学关于语言的神经理论为基础,以计算机处理语言为目标,提出了一个语言理解的形式化模型。该模型吸收了构式语法理论中"构式"的思想、W.克罗夫特的语义图概念、合成理论中的"心理空间"概念、G.拉科夫(George Lakoff)的意向图式概念,强调语法系统的体验性。根据这个模型,模拟阶段以"语义说明"为输入内容,利用行为、感知的表征来模拟描述的事件、行为、物体、关系以及状态等。这样,图式的形式表征与图式意义表征匹配起来,匹配内容又被限制为可模拟的感知运动表征的抽象或一般模拟特征的抽象。

二、跨学科和应用研究得到进一步拓展

近年来,认知语言学的一些重要理论主张、研究思路和研究成果,逐渐引起相关学科学者的兴趣。他们或直接将认知语言学的研究方法应用到自己的学科,或从各自的学科背景出发,对认知语言学研究的一些话题、假设或结论进行证实或证伪。因此,认知语言

学家和相关学科的学者进行跨学科交流和合作，形成了诸如认知二语习得研究、认知诗学、认知社会语言学、认知文化学等具有跨学科和多学科特性的新兴研究领域。

1. 认知语言学在相关学科中的应用

G. 福柯尼尔

R. 德门多萨和 S. P. 瑟韦尔的《认知语言学：内部活力与跨学科互动》(*Cognitive Linguistics : Internal Dynamics and Interdisciplinary Interaction*)一书所收录的 11 篇论文，总结了认知语言学在认知语篇研究、认知社会语言学、认知心理语言学等几个主要领域的应用状况。

认知语言学很早就关注语篇层次问题，尤其重视语篇的在线处理、语篇的连贯性、语篇表征以及诗歌的结构与理解。美国语言学家 G. 福柯尼尔(Gilles Fauconnier)运用概念合成理论考察语篇意义的在线构建，认为每个话语片断甚至词都是某个情景的心理表征，话语的交流过程就是一个跟踪心理空间不断开放的过程。L. 诺德曼(Leo Noordman)的研究小组通过试验方法，研究不同的概念联结在语篇理解中的难度差异，验证了感知视点、连贯关系、意识在语篇表征中的作用。G. 拉科夫和 M. 特纳(Mark Turner)的 More Than Cool Reason 是将认知语言学的基本原理运用到诗歌研究的最早范例，随后得到其他学者的响应，认知诗学由此应运而生。

认知社会语言学领域的研究人员采用语料库的方法，调查词汇的变化，如词汇意义的演变、语域、语言变体、标准语等，研究方言变化、音位变体、地方口音等在社会认知中的作用。认知社会语言学研究的另一个重要维度是意识形态，G. 拉科夫称之为政治语言学。他们通过对各类政宣类语篇的分析，揭示了概念隐喻与框架语义学等在参与建构施政纲领中所起到的不易为人察觉的作用，体现了认知语言学理论的应用价值。

认知心理语言学通过心理实验寻求意向图式的心理现实性证据、构建理解隐喻性语言的心理模型、建立语言习得模型等。许多心理学家通过不同的实验设计来验证认知的体验性，影响较大的有 R. 吉布斯(Raymond Gibbs)、S. 考尔森(Seane Coulson)等人的研究成果。M. 托马塞罗(Michael Tomasello)可谓是运用认知语言学的基本原理在语言习得领域取得成就最大的学者之一。M. 托马塞罗在 2000 年提出基于项目的习得理论，认为早期儿童所习得的项目并不对应于“词”这一语法单位，而是对应于“结构”或者“句子”，亦即通常所说的“单词句”或“双词句”等；语言习得以话语或结构为单位，而非单个词语或抽象范畴。儿童在话语或结构中确定单个语言要素，并通过角色互换模仿习得这些语言要素。

与形式语言学相比，认知语言学关注的语言现象丰富多彩，使语言研究变得饶有趣味。由于认知语言学理论本身的解释力,它也被广泛地应用于语言教学研究、词典学研究、翻译学研究等领域。2000年3月,第28届国际LAUD研讨会(Linguistic Agency University on Duisburg)在德国召开,关注的主题就是"应用认知语言学",有关的研究成果已结集出版。M. 普兹(Martin Putz)、S. 尼梅尔(Susanne Niemeier)和R. 德维恩(Rene Dirven)等人编辑出版了两卷本的《应用认知语言学》(*Applied Cognitive Linguistics*,2001),M. 阿扎德(Michel Achard)和S. 尼梅尔编辑出版了《认知语言学、二语习得和外语教学》(*Cognitive Linguistics, Second Language Acquisition & Foreign Language Teaching*,2004),P. 罗宾逊(Peter Robinson)和N. 埃利斯(Nick Ellis)出版了《认知语言学与二语习得手册》(*Handbook of Cognitive Linguistics and Second Language Acquisition*,2008)一书。这些论文集的出版,标志着认知语言学对外语教学产生的影响已日益受到学者们的关注。它们从不同的角度展示了认知语言学理论及其相关概念给第二语言习得和教学等诸多重要领域所带来的有益启示。

2. 认知语言学跨学科研究:以新沃尔夫主义为例

2010年9月16—20日,"概念结构、语篇与语言"研讨会暨"涉身与情景化的语言加工"论坛(Conceptual Structure, Language and Discourse Conference & Embodied and Situated Language Processing Workshop,英文缩写为CSDL/ESLP)在加州大学圣迭戈分校认知科学系举行。会议主题是:语言与涉身认知的关系;语言与情景(框架)的关系。会议提交的论文主要集中在以下几个方面:(1) 语言理解和加工伴随的大脑神经激活和神经模拟研究;(2) 语言理解和加工对于后继认知活动的影响研究,以及其他相关感知活动对后继语言理解和加工的影响;(3) 脑病理研究对涉身认知提供的证据,如"脑分裂症与涉身语义学和人类运动神经系统";(4) 身体运动感知在交际中的互动及其对语言理解的影响;(5) 语言结构的神经解释;(6) 语言范畴对于认知尤其是文化认知的塑造;(7) 构式理论的拓展、对个体语言现象的解释以及计算模式化;(8) 语言习得、二语习得与涉身认知。

加州大学圣迭戈分校

这次会议汇集了认知语言学和认知心理学领域的一大批重要代表人物,包括G. 拉科夫,E. 斯维特瑟(Eve Sweetser)、S. 考尔森、L. 波罗德特斯基(Lera Boroditsky)等。而且,由于加州圣地亚哥大学是认知语言学的发源地之一,集中了认知科学领域的一大批有影响的学者,所以这次会议意义重大。它一方面反映了认知语言学与其他相关学科的高度融合和合作,另一方面又表明,原来对语言结构和现象的一些内省式研究,已经逐渐深入到通过神经认知机能的观察和考察来进行验证。

不仅认知语言学关注语言和思维之间的关系，哲学家、人类学家和心理学家也同样关心语言和思维之间的关系，但他们更侧重于语言对思维的影响。著名的"萨皮尔-沃尔夫假说"也被称为"语言相对论"或"语言决定论"，意即语言决定思维。由于认知语言学重新关注语言和思维之间的关系，所以，"萨皮尔-沃尔夫"假说能够重新引起人们的关注也理所当然。

1996年后，社会语言学家J. 甘柏兹(John Gumperz)和心理语言学家S. 莱文森(Stephen Levinson)等人的研究成果的发表标志着，语言相对论研究已进入到了一个新时期，可以称之为"新沃尔夫主义"(Neo-Whorfism)。近年来，学界重新定义了语言相对论的概念。新沃尔夫主义学者们主要探讨思维、语言、文化之间的接口问题，描述语言与思维之间相互联系的各个方面，而不是仅从理论上提出几个浅显的例子来证明或者证伪这个假设。早期的语言相对论学者主要研究词汇对文化和思维的不同反映，而认知语言学家则更多关注词化模式、句子结构、语序、词汇选择等多层次语言使用问题，研究的领域也从颜色等领域扩展到了空间方位、运动事件、形状辨别、数字系统、时间系统、语言习得等研究领域。新沃尔夫主义学者通过实验、跨语言概念词汇化研究、儿童语言习得比较研究、翻译对比、实地描述等方法展开研究，广泛收集证据，来支持自己的结论。最新达成的一些共识包括：(1)语言创造某些认知上的偏向，语言模式并不是绝对地限制感知和思维，而是和其他文化模式一起，将人类的感知和思维向某些习惯性的渠道引导，在语言习得的很早阶段就已经体现出语言系统对人类认知模式的影响作用；(2) 语言促使我们注意现实的某些方面；(3) 每种语言都能表达任何概念，但在表达不同概念的容易程度上存在差异；(4) 语言对于事物范畴化的方式影响认知过程。

三、研究方法的实证趋势

国际认知语言学研究的另一个重要发展趋势就是研究方法的不断更新，以及对研究方法本身的反思。一系列有关认知语言学研究方法的研讨会相继召开，如2003年5月与康奈尔大学举行的"认知语言学实证方法研讨会"、7月举行的"语料库在认知语言学中的应用"研讨会、2004年1月举行的"语义学研究中实验方法的必要性"研讨会、2005年5月于汉城举办的"基于语料库认知语言学研究"专题讨论会；同时，一系列有关认知语言学研究方法的文章、专著和教材相继发表和出版。

早期的认知语言学研究主要采用内省法。近10年来，实证方法在认知语言学研究中的应用越来越广泛。学者不再局限于对诸如 He sneezed the napkin off the table 这些经典例子的理论分析，而是借助于实证研究，使认知语言学的研究成果更有说服力。

近年来,在实证研究中,语料库研究方法、心理实验法、ERP(事件相关电位)和FMRI(功能性核磁共振成像)等神经实验法以及音像资料法乃是认知语言学研究中运用较多的几种方法。

1. 语料库研究法

语料库法顺应了认知语言学研究自然语篇和语言结构的真实用法的趋势,相对于其他几种研究方法来说,使用的频率也比较高。由于语料库一般规模较大,可体现出研究对象的出现频率和分布以及语素间的共现类型,因而使以不同的认知参数为标准的考察得以进行。语料库经过积累,还可反映出语言的历时变化,有利于语言习得等方面的研究。此外,通过语料分析可以找出某一语言实体的变化范围,如某一语素可以出现的构式集合,以及某形式所表达的多义或同义义项的集合等。由于语料库研究法具有上述优势,认知语言学分析常将其用于构式、语言习得、词语使用情况等的研究。

随着语料库法的广泛使用,语料库的类型和数量也在迅速增长。许多学者根据自己的特定研究需要建立起了一些专门的语料库,而语料库研究的范围也在不断扩大。M.希克曼纳(Maya Hickmannl)和H.亨德瑞克斯(Henriëtte Hendriks)在研究法语和英语空间语言习得中语言类型的制约作用时,选取了两个语料库来分析比较儿童对运动的表达。其中一个语料库包含由实验引发的对致使运动的表达,另一个包含在语言习得初期不同类型的运动事件的自发表达。通过语料分析,该研究对认知和类型因素在语言习得中的作用进行了探索。M.希克曼纳等使用的语料库收集了儿童和成人在观看并描述包含运动事件的卡通片时的语言记录,通过将该语料库中收集的数据同前人在相同情况下收集的语料相对比,发现德国儿童自3岁起就能够系统表达运动的方式和路径,而法国儿童则很少将两者放在一起。这表明儿童在构建空间表征时受到其母语语言特征的影响。M.莱蒙斯(Maarten Lemmens)和J.佩雷兹(Julien Perrez)也以语料分析为基础,研究以法语为母语的荷兰语习得者对3个典型姿态动词的使用情况,分析了二语习得者在学习这些动词中出现问题的原因,并发现了习得者在这些动词的使用过程中出现的几种倾向。

语料库除了书面的材料外,还包括多模态的语言和非语言交际内容,如声像资料等。近年来手势语音像资料就为手势语的研究提供了新的材料。手势研究对认知语言学来讲有多重意义。一方面手势研究可以提供一些视觉领域的数据,为语言的认知结构和概念化研究提供启发;另一方面手势的分析还可以对言语分析进行有益的补充。由于口语产出具有高度的顺序性,因此其体现象似性的能力就局限于声音以及时间或顺序结构,很难直接表征空间关系、运动、路径、形状、大小等。然而,这些特征却可以很容易通过手势和动作表达出来,而且手势在时间上比话语也更具灵活性,对手势的分析可以揭示许多言语中并没有得到明显表征的概念结构。

S. 塔布(Sarah Taub)、D. 加尔万(Dennis Galvan)、P. 比纳(Pilar Piñar)研究了手势在多模态类型研究中的作用。口语和手势语之间很难作比较,这是因为,口语具有直线性,而手势语则具有空间性和三维性。对于空间信息在对口语和手势语的信息结构组织过程中所起作用的理解,有助于更好地进行跨语言和跨模态的类型分析。该研究分析了英语、西班牙语和美国手势语叙述性话语在对运动时间的表达中对空间映射的使用,发现它们在词汇层面、句法层面及话语结构层面对特定信息的表达具有类型差异。

2. 实验研究

实验研究包括心理实验研究和借助于仪器的实验研究。实验方法具有精确性,通常与其他研究方法搭配使用,在认知语言学研究中越来越受到青睐。实验中使用的技术多种多样,包括使用特殊的仪器来呈现与语言相关的刺激,记录受试的身体反应;给出说明引导受试作出特定的语言产出;或是在给出一定的语言刺激后让受试回忆来测试其记忆力。实验持续的时间可能以微秒计算,也可能是好几个月,但大多数实验的持续时间都比较短。实验法同语料分析法的相似之处在于,他们的结论是建立在群体语言行为基础之上,因而可以从个体的差异中进行抽象,从而识别出语言认知的细微特征。实验法的优势还在于,可分析研究对象的客观表征以了解他人的内省结果。因此,实验法可对认知语言学的理论假设进行验证,从而增加假设的可信度和可靠性。E. 东布罗夫斯卡、C. 罗兰和 A. 希克斯顿对具有长距离依存关系的问句及其他构式的习得问题的分析中便运用了实验分析法。他们根据年龄将受试分为 3 组(4—6 岁、6—9 岁以及成人),并要求他们重复原型问句和非原型问句,以及与这两类句子相对应的陈述句,结果发现,儿童在复述两组句子(构式)的原型句子时表现明显较好,而成人只在具有长距离依存关系的问句方面表现出明显的原型效应。这表明,具有说明性作用的补语构式在语言认知过程中习得较晚(发生在 6 岁以后),成年人在具有长距离依存关系的问句的使用中具有词语特殊性的构式。显然,上述结论的得出离不开实验方法的应用。

《认知语言学的方法》一书封面

论文集《认知语言学的方法》(*Methods in Cognitive Linguistics*)收录了多篇运用以上各种实证方法进行语言认知研究的论文。例如,L. 沃(Linda Waugh)等运用语料库研究方法研究语篇,E. 斯维特瑟等运用音像资料法研究言伴手势和手语,L. 卡尔森(Laura Carlson)和 P. 希尔(Patrick Hill)运用心理实验法研究语言表达和事物空间位置之间的映射关系,S. 考尔森介绍神经实验法在概念框架、隐喻和象似性等研究中的应用。论文集《认知语言学中的语料库》(*Corpora in Cognitive Linguistics*)收录了运用语料进行语言认知研究的相关成果,论文集涵盖构式语法、认知语义学、意象图式等认知语言学研究的诸多领域。

一些研究采用不同的方法研究同一个主题。以空间和时间研究为例。根据概念隐喻理论,我们对抽象域的认识依赖于对具体域的认识。例如,我们往往依赖于空间认识时间。D. 克萨恩托(Daniel Casasanto)和 L. 波罗德特斯基以时间和空间作为研究对象,采用心理实验法,分析具体域心理表征对抽象域心理表征的影响。结果显示,时间和空间的心理表征是不对称的依赖关系。换句话说,我们对空间的认识,影响对时间的心理表征。与之相反,ERP 神经实验则发现,我们关于抽象域(时间)的认识影响对具体域(空间)的认识。实验结果显示,受试者阅读描写时间的隐喻性运动的句子影响大脑对动画中空间运动的反应。D. 克萨恩托和 L. 波罗德特斯基采用心理实验法,以儿童作为实验对象,分析儿童在空间距离和持续时间方面的心理表征。实验结果显示,在判断空间距离时,儿童可以忽略不相关的事件信息,而在判断持续时间时,忽略空间信息则使判断面临困境。这和 D. 克萨恩托和 L. 波罗德特斯基针对成人的实验结果一致,即时间和空间的心理表征确是不对称的依赖关系。

纵观各种研究方法,可以发现许多二元对立的对子,如归纳与演绎、描写与解释、分析与综合、宏观与微观、共时与历时、定性与定量等。然而实际上,在语言研究的具体操作中,任何一个对子在任何时候都并非完全对立,而是相互联系,互为补充。它们可以同时出现在一个理论体系里。认知语言学的飞速发展,不仅表现在理论上的提升与拓展,也带动了方法与方法论上的不断创新与变革。在语言研究中,各种方法都有自己的长处与不足。D. 格拉兹(Dirk Geeraerts)认为,实证方法是认知语言学研究的必要补充。他指出,认知语言学要证明自己以使用为基础的基本观点和研究方法的正确性,就必须积极使用实证方法,内省法与实证法结合起来更能证明认知语言学的基本假设。因此,认知语言学研究不再片面地依赖内省法,而是从研究目的出发,综合应用各种研究方法。

我们通过对近 10 年来国际认知语言学研究主要领域、重要活动和成果的考察,简要勾勒了认知语言学研究近年来所呈现出的一些重要发展趋势。总而言之,认知语言学无论就其研究的范围还是其对某些话题研究的深度,以及研究的方法和手段都发生了很大的变化。认知语言学正像结构主义语言学一样,逐渐形成一个研究范式,并向其他相关人文、社会科学渗透。认知语言学对语言本质特征的看法,对语言结构与人类认知结构之间关系的探讨,已引起了其他相关学科的广泛关注。

主要参考文献:

1. Achard, Michel & Susanne Niemeier (eds.). *Cognitive Linguistics*, *Second Language Acquisition and Foreign Language Teaching*. Berlin/ New York: Mouton de Gruyter. 2004.

2. Anne-Katharina Ochsenbauer, Maya Hickmann. Children's Verbalizations of Motion Events in German [J], *Cognitive Linguistics*, 2010(21), 217 - 238.

3. Barnden, John A., Metaphor and metonymy: Making their connections more slippery [J], *Cognitive Linguistics*, 2010(21), 1 - 34. Bauer, Laurie. *Morphological Productivity*. Cambridge: Cambridge University Press, 2001.

4. Bergen, K. B. & N. Chang. Embodied construction grammar in simulation-based language understanding. In Jan-Ola Stman & Miriam Fried (eds.), *Construction Grammars: Cognitive Grounding and Theoretical Extensions*. Amsterdam: John Benjamins. 2005.

5. Casasanto, D. & Boroditsky, L. Time in the Mind: Using space to think about time. *Cognition*, 106, 579 - 593.

6. Casasanto, D., Fotakopoulou, O. & Boroditsky, L. (2010). Space and Time in the Child's Mind: Evidence for a Cross-Dimensional Asymmetry. *Cognitive Science*, 34, 387 - 405.

7. Croft, W. Constructions and generalizations [J], *Cognitive Linguistics*, 2009 (20), 157 - 165.

8. Ewa Dabrowska, Caroline Rowland, Anna Theakston. The acquisition of questions with long-distance dpendencies [J], *Cognitive Linguistics*, 2009 (20), 571 - 597.

9. Fauconnier Gilles. *Mental Spaces: Aspects of Meaning Construction in Natural Language*. Cambridge: Cambridge University Press, 1994.

10. Geeraerts, Dirk & Hubert Cuyckens (eds.). *The Oxford Handbook of Cognitive Linguistics*. Oxford: Oxford University Press, 2007.

11. Geeraerts Dirk. Current developments in cognitive linguistics. *Journal of Foreign Languages*, 2008 (3), 2 - 19.

12. Gibbs, R. W. Jr. Introspection and cognitive linguistics: Should we trust our own intuitions? In Ruiz de Mendoza Ibáñez Francisco José (ed.). *Annual Review of Cognitive Linguistics: Volume 4*. Amsterdam: John Benjamins Publishing Company. 2006.

13. Goldberg, A. *Constructions: A Construction Grammar Approach to Argument Structure*. Chicago/ London: University Press of Chicago. 1995.

14. Goldberg, A. *Constructions at Work: The Nature of Generalization in Language*. Oxford: Oxford University Press, 2006.

15. Goldberg A. E. The nature of generalization in language. *Cognitive Linguistics*, 2009, 20 - 21, 93 - 127.

16. Gonzalez-Marquez, M., I. Mittelberg, S. Coulson & M. J. Spivey (eds.). *Methods in Cognitive Linguistics*. Amsterdam, Philadelphia: John Benjamins. 2006.

17. Jeffrey Lidz, Alexander Williams. Constructions on holiday [J], *Cognitive Linguistics*, 2009 (20), 177 - 189.

18. Jusczyk, P. W. *The Discovery of Spoken Language*. Cambridge MA: MIT

Press, 1997.

19. Lakoff, G. & M. Turner. *More Than Cool Reason*. Chicago: University of Chicago Press, 1989.

20. Langacker, R. W. Aspects of the grammar of finite clauses. In Michel Achard and Suzanne Kemmer (eds.), *Language, Culture and Mind*, 535 - 577. Stanford: CSLI Publications. 2004.

21. Langacker. R. W., 2009. Metonymic Grammar. In Panther, Klaus-Uwe, Thornburg, Linda L. and Barcelona, Antonio (eds.). *Metonymy and Metaphor in Grammar*. Amsterdam & Philadelphia: Benjamins, 45 - 71.

22. Laura A. Janda, Valery D. Solovyev. What constructional profiles reveal about synonymy: A case study of Russian words for sadness and happiness [J], *Cognitive Linguistics*, 2009 (20), 367 - 393.

23. Levinson, Stephen C. 1996. Frames of references and Molyneux's question: Crosslinguistic evidence. In Paul Bloom, Mary A. Pederson, Lynn nadel, and Merrill Garrett (eds.), *Language and Space 109 - 69*. Cambridge, MA: MIT Press.

24. Levinson, Stephen C. 2003. *Space in Language and Cognition: Explorations in Cognitive Diversity* [M]. Cambridge: Cambridge University Press.

25. Marianne Gullberg, Bhuvana Narasimhan. What gestures reveal about how semantic distinctions develop in Dutch children's placement verbs [J], *Cognitive Linguistics*, 2010(21), 239 - 262.

26. Maarten Lemmens, Julien Perrez. On the use of posture verbs by French-speaking learners of Dutch: A corpus-based study [J], *Cognitive Linguistics*, 2010(21), 315 - 347.

27. Maya Hickmannl, Henriëtte Hendriks. Typological constraints on the acquisition of spatial language in French and English [J], *Cognitive Linguistics*, 2010(21), 189 - 215.

28. Noordman, Leo., I. Dassen., M. Swerts & J. Terken. Prosodic markers of text structure. In Karen Van Hoek, A. Kibrik & L. Noordman (eds.), *Discourse Studies in Cognitive Linguistics*. Amsterdam: John Benjamins. 1999.

29. Panther, Klaus-Uwe., Linda L. Thornburg & Antonio Barcelona (eds.). *Metonymy and Metaphor in Grammar*. Amsterdam / Philadelphia: John Benjamins Publishing Company. 2009.

30. Pierrehumbert, J. Phonetic diversity, statistical learning, and acquisition of phonology. *Language and Speech*, 2003(46), 115 - 154.

31. Putz, Martin, Niemeier, Susanne, and Dirven, Rene (eds.). *Applied Cognitive Linguistics II: Language Pedogogy*. Berlin/NY: mouton de Gruyter. 2001.

32. Rens Bod. Constructions at work or at rest [J], *Cognitive Linguistics*, 2009 (20), 129 - 134.

33. Robinson, Peter, & Nick C. Ellis (eds.). *Handbook of Cognitive Linguistics and Second Language Acquisition*. Routledge. 2008.

34. Ruiz de Mendoza Ibanez, F. J. & M. Sandra Pena Cervel (eds.). *Cognitive Linguistics: Internal Dynamics and Interdisciplinary Interaction*. Berlin/ New York: Mouton de Gruyter. 2005.

35. Sarah Taub, Dennis Galvan, Pilar Piñar. The role of gesture in crossmodal typological studies [J], *Cognitive Linguistics*, 2 Langacker 2009 (20), 71 - 92.

36. Stephen Crain, Rosalind Thornton, Drew Khlentzos. The case of the missing generalizations [J], *Cognitive Linguistics*, 2009 (20), 145 - 155.

37. Talmy, L. *Toward a Cognitive Semantics. Vol. 1, Concept Structuring Systems*. Cambridge MA: MIT Press, 2000.

38. Tomasello, M. Do young children have adult syntactic competence? *Cognition*(2000), 74, 209 - 253.

39. 郑开春,刘正光:《体验构式语法:认知语言学的形式化模型》,《湖南大学学报》(社会科学版),2010 年第 1 期。

创新求变的结构现实主义大师

——秘鲁作家M.略萨荣获2010年度诺贝尔文学奖

An Innovative Structural Realist:

Peruvian Writer Mario Vargas Llosa Won the 2010 Nobel Prize in Literature

杨小元

上海社会科学院　研究员

M.略萨

结构现实主义是拉丁美洲“爆炸文学”时期重要的文学流派,M.略萨(Mario Vargas Llosa)主导了这一流派在20世纪60年代至70年代的兴起。拉美结构现实主义的主要特色是,重视本国独特的传统民族意识表现,张扬求变的欧美现代派技巧创新。M.略萨作品雷打不动的核心命题是:质疑权力、反对独裁;常写常新的作品形象是:个体抗争、个体失落。

M.略萨为了让读者迅速靠拢作品主题中心,贴近人物精神思想,非常注重借鉴电影技法,注重渲染文字的视听效果。他把“讲真话、提问题”,看成是作家义不容辞的良心责任;把形式探索看成是文学创作的首要关键。为此,他总会刻意打破固有叙事模式、打乱时间地点顺序、打碎作品平面感,以求多角度、多层次、多方面地反映社会现实。这种异乎寻常的构思、布局和叙述方式,使M.略萨的小说结构本身具有独立的审美价值。小说是语言艺术,也是结构艺术。他发表于1997年的理论著作《给青年小说家的信》,系统总结了拉美结构现实主义小说的若干表现手法。当前许多结构主义的文学概念、专业术语,如中国盒、连通器、公文佐证等,不少都源自M.略萨的创新总结。

瑞典皇家科学院诺贝尔文学奖评奖委员会指出,给74岁高龄的M.略萨颁奖是为了“表彰他描绘权力结构的技法,以及对个人的抵抗、反叛、挫败给予的犀利叙述”。M.略萨创作周期虽然很长,但最具价值的作品几乎都是在青年时代写就,如《城市与狗》、《绿房子》、《潘达雷昂上尉与劳军女郎》。而他本人自认为水平最高的两部作品是《酒吧长谈》和《世界末日之战》。瑞典科学院秘书长B.特兰德盛赞M.略萨是善于打动读者的“天赋异禀的说故事者”,是“西语系国家的大作家之一”。

一、酷似被“结构”的多变经历

1936年3月28日，M.略萨生于秘鲁南方第二大城市阿雷基帕。他是位兼具印第安人和白人血统，拥有秘鲁与西班牙双重国籍的作家及剧作家，既创作小说、剧本，又撰写散文、随笔、评论、杂文，还曾导演电影和主持电台、电视节目。在拉美文学长廊中，M.略萨与20世纪的经典作家G.马尔克斯(Gabriel García Márquez)、J.科塔萨尔(Julio Cortázar)和J.博尔赫斯(Jorge Luis Borges)齐名。

M.略萨父亲出身贫寒，母亲是世家小姐。他在出生前，父母已经离异，1岁时随母亲去玻利维亚的科恰邦巴，与外祖父住在一起。M.略萨在长达11年的时间里，未曾见过父亲一面，但童年过得很幸福：在外公充满贵族气的家里，阅读过大量惊险故事书，还囫囵吞枣看完马尔罗的长篇小说。随着年岁的渐渐增加，他开始迷恋美国“迷惘一代”的作品。1945年父母重归于好，11岁的M.略萨离开知书达理的外祖父，随家迁至首都利马定居。M.略萨迫于父命考入国立L.普拉多军事学校。这是一所能给青少年以严格军事训练教育的著名学校，毕业生可取得预备军官资格。M.略萨在这所军校度过了中学3年级和4年级整整两年的艰难岁月。军校的黑暗残暴严重损伤了学员幼小稚嫩的心灵。他随后转入天主教办的私立拉萨叶男校。未来的大作家早在军校求学时期，就已经开始像模像样地尝试文学创作，卓有成效。

1952年，他在军校4年级时，写了第一部剧本《印加王的逃遁》，由同学组演，本人导演，在当地剧院售票公演。M.略萨首度导演的这部戏剧，同年获得秘鲁教育部文艺创作奖。在《给青年小说家的信》中，他这样回忆自己的学生时代：“……借助这封信，我又看到了自己14、15岁时的身影，那是在奥德亚将军独裁统治下的灰色的利马，我时而因为怀抱着总有一天要当上作家的梦想而兴奋，时而因为不知道如何迈步、如何开始把我感到的抱负付诸实施而苦闷，我感到我的抱负仿佛一道紧急命令：写出让读者眼花缭乱的故事来，如同那几位让我感到眼花缭乱的作家的作品一样，那几位我刚刚供奉在自己设置的私人神龛里的作家：W.福克纳、A.马尔罗、A.加缪和J-P.萨特。”M.略萨在军校留下的切肤印痕驱动下，写出了成名长篇小说《城市与狗》，27岁就跻身于拉美顶尖作家行列，可谓一炮打响。军校是该书故事展开的主要地点。军校广场至今矗立着秘鲁著名民族英雄L.普拉多名将的铜像。《城市与狗》在结构上与W.福克纳的《喧哗与骚动》有着奇妙的对应，W.福克纳的隐喻系列结构是他早年写作的模仿对象。

M.略萨学生时代为维持学业，辗转当过银行职员、新闻记者、特约撰稿人、图书编目员等。他还疯狂兼职，最多同时要打7份工。鲜活的勤工俭学生活碎片，成了他日后取之不竭的创作源泉。M.略萨在电台结识过一位通俗广播剧作家，很快就被他妙趣横生的剧作、被他源源不断的创作思路所吸引。他创作的剧中人物往往拥有不同的身份和职业,戏剧情节常常具备相互交叉的魔幻特点。变化多端的创作手段让M.略萨目不暇接、心驰神往。经典大师的范本、现实偶像的样板,潜移默化影响着M.略萨未来的创作道路。

1953年他再次违背父母意愿,考入圣马科斯大学语言文学系,主修文学与法律。在校期间,他大量阅读文学作品并开始与舅母的妹妹,玻利维亚人胡利娅姨妈相爱。校方视这种行为为大逆不道,家人更是觉得不可思议,极力反对。1955年,19岁的他在求学马德里、巴黎时,不顾家人反对,娶了年长13岁的姨妈胡莉亚。她陪伴M.略萨在奖学金中断时期,度过了很不平凡的艰难日子。遗憾的是,这段婚姻仅维持了8年就破裂了。1965年,他29岁,再次不顾家人反对,又娶了未满20的表妹帕特里西亚,直到现在。她与第二任太太生有两个儿子,大儿子日后也是作家。M.略萨的私人生活充满现代文学的结构色彩:两次家族内的近缘结婚、离婚……凡此种种,不由令人猜想,莫非大师是在用小说的方法结构人生?

M.略萨的爱情婚姻令人匪夷所思,政治面貌同样千变万化。他在大学时代的政治立场,先是左倾,研读过马克思主义,参加过共产主义学习小组,并一度加入秘鲁共产党。他在党内化名为阿尔贝托,与成名作《城市与狗》的主要人物"诗人"的原名相同,这一角色显然是M.略萨的化身。那时他热烈支持卡斯特罗领导的古巴革命,直到古巴诗人H.帕迪拉被捕后,才对拉美左翼思想彻底幻灭,急遽转向右翼,成为卡斯特罗政策的激烈批评者。M.略萨宣称自己既反极左也反极右。他曾亲手组建图帕克·阿马鲁自由运动,又曾参与90年代的秘鲁总统竞选,最后败给藤森。由于害怕当局迫害,他申领了西班牙护照。M.略萨非常爱国,即使长期客居欧洲也从未想过转移国籍,此举实属无奈,经历结构中的多变色彩似乎又添浓浓一笔。

1957年M.略萨在秘鲁语言学研究所研究尼加拉瓜文学,获硕士学位,同年离开祖国移居欧洲。他在法国巴黎客居6年、在英国伦敦3年。在此期间,他大量阅读、研究法国文学以及各国骑士小说,并在巴黎结识了许多拉美文人,如J.科塔萨尔、A.卡彭铁尔等流亡作家,承认自己的创作受到过他们的不小影响。1970年M.略萨移居西班牙巴塞罗那,就读于西班牙马德里大学,以研究达里奥和马尔克斯为题,撰写了《阐释鲁文·达里奥的基础》和《加西亚·马尔克斯:弑神者的历史》等两篇博士论文,获文学哲学博士学位。

4年后,M.略萨重返秘鲁居住。1977年,他在英国剑桥大学获聘教职,随后又先后在英国伦敦大学、美国耶鲁大学和哈佛大学等多所大学应邀讲学与研究,获得多处荣誉博士头衔、名誉教授职称。同年M.略萨完成短篇小说集《首领们》,获西班牙阿拉斯奖。翌年开始写作长篇小说《城市与狗》,发表于1962年,旋即荣获西班牙简明图书奖。在拉美文学史上,秘鲁M.略萨的《城市与狗》、墨西哥C.富恩特斯的《阿尔特米奥·克罗斯之死》、阿根廷 J. 科塔萨尔的《跳房子》、哥伦比亚 G. 马尔克斯的《百年孤独》,并称为拉美爆炸文学时期的 4 部里程碑小说。这 4 位作家被公认为爆炸文学 4 主将,1962 年被冠以拉丁美洲文学爆炸的开始年,足见《城市与狗》的重要意义,不可小视。这一切初步奠定了 M. 略萨卓著的国际声誉。

1965 年,在《城市与狗》发表 4 年后,M. 略萨的第 2 部长篇小说《绿房子》问世,荣获罗慕洛·加列戈斯拉丁美洲小说奖和秘鲁国家小说奖,成为又一部划时代的杰作。从此,他一发不可收拾,至今已创作了约 30 本小说、评论、剧本,它们无不涉及尖锐复杂的社会政治问题。

《城市与狗》和《绿房子》让 M. 略萨在 1963 年及 1966 年先后两度得到西班牙文学批评奖。1976 年 8 月,M. 略萨在英国伦敦召开的国际笔会大会中获选为第 41 届国际笔会会长。1994 年西班牙国王委任他为西班牙皇家学院院士。2006 年,已经 70 高龄的他,推出一部风格迥异的小说《坏女孩》,产量之高、创作黄金期之长,令世人唏嘘不已。

二、打破固有叙事模式的"中国盒"

1958 年秋天,对自己的文学前途还不那么自信的 M. 略萨,为了履行对比自己大 13 岁的妻子胡利娅的承诺,在马德里一家名叫"小蜗牛"的酒馆,以自己少年时经历为题材,开始了《城市与狗》的创作,历时整整 4 年。日后这部长篇小说被称为拉美爆炸文学开山之作。大师在 1958 年到 1961 年的写书期间,是个充满共产主义理想,爱读马克思理论著作的左翼青年,当时正维持着第一段婚姻,得到妻子胡莉娅姨妈诸多帮赞。

《城市与狗》一书封面

《城市与狗》以位于秘鲁首都利马的 L. 普拉多军事学校校园与扰攘的利马市为舞台,围绕着若干中心人物铺陈展开。"城市"指秘鲁社会,"狗"指军校学员。家长将这所学校视作能让孩子们得到男子汉磨炼的宝地,学员需在极其严格的纪律监控下接受训导。军校对新生入校逐一进行"得救"所必需的"洗礼"。它意味着学员在校,从财物到自尊无一能得到保障。受尽凌辱的军事生活,在孩子们看来,就像坐大牢。作品用大量篇幅描写少年们在这里如何形成自己的小社会:"调皮捣蛋"、"打架斗殴"、"投机买卖"、"赌博嫖娼"等,简直是应有尽有、无恶不作。

军校 5 年级 1 班的 4 个好友均以绰号相称:美洲豹、奴隶、诗人阿尔贝托(作者化身)和博阿。他们都与校外姑娘特莱莎有过交往。她是奴隶的暗恋对象、诗人的情人,最后成了美洲豹的妻子。关键性故事由此生发。

勇猛过人的美洲豹生性倔强,成为唯一没受"洗礼"虐待的传奇人物。他先是领导全班展开报复行动,被带班教官发现后,继而组织3名好友成立小团体,报复高年级欺负新生的野蛮行为。他们在军校偷盗财物、变卖烟酒、聚赌斗殴,甚至去教务处偷窃试题贩卖……有一次化学大考时,功课较好的奴隶想通过传纸条,帮助没买到考题的诗人作弊,被监考发现。奴隶出于胆怯承认犯规而受到严厉处分。

奴隶暗恋邻居少女特莱莎,托诗人传情,诗人借机与特莱莎交往。不久考题泄密东窗事发,军校下令查出元凶,一律不准外出。罚站夜哨的奴隶无法与梦中情人相会,失去理智,告发考题是卡瓦偷的。奴隶得以外出约会,卡瓦被开除出校。醋意大发的诗人冒着被开除的风险,偷偷来到特莱莎家中表白爱意。不久军校大规模实弹演习,奴隶头部中弹,住院治伤,军校将他严密隔离。诗人遇到奴隶爸爸,得知奴隶根本没机会向特莱莎示爱,不久奴隶手术失败而死,诗人非常悲伤。他凭直觉,认为美洲豹是杀害奴隶的凶手,向教官告发。教官在宿舍展开大搜查,找到烟、酒、开锁工具、赌博器材等。美洲豹拒不承认杀人,辩称全体同学,除了奴隶都买过考卷,与教官发生肢体冲突。

诗人和美洲豹被关在同一禁闭室,诗人质疑美洲豹杀死奴隶的动机,并坦白说出自己出卖他的真相,两人斗殴。教官将学员种种丑事上报校方,校长害怕军校会因此丧失威信,故意不承认诗人指控成立,不准他再提此事,并以他曾编写色情小说,够得上开除资格相要挟。两同学获释后,大家纷纷指责美洲豹出卖全班。诗人看到美洲豹蒙冤,既不辩解,也不抱怨,深受感动,为自己偷打小报告深感羞愧,非常想跟美洲豹结交,美洲豹不为所动。

事后,教官坚持要彻查杀人事件,军校将他调离岗位派往偏远山区。美洲豹这才对奴隶被欺负的心情有所体会,挺身而出向教官"自首",是他杀死奴隶。美洲豹从不提诗人告发一事,显然是被诗人的仗义所感动。诗人向特莱莎报告奴隶死讯,她无动于衷,诗人悲愤地和特莱莎分手。特莱莎被抛弃后,跟美洲豹重逢,热恋并结婚。小说最后以诗人的毕业象征全班毕业结束。

如果说诗人告发美洲豹,是因为刻骨铭心的友情被割断的痛感所驱使,那么与杀害奴隶无关的美洲豹向教官"自首",更是体现了对情谊无畏担当的阳刚大美。诗人和美洲豹散发出的浓浓男性魅力是小说最生动、最真实、最震撼人心的部分。

小说分成第1部(8章)、第2部(8章)和尾声共17章,全书几条主线由美洲豹、奴隶、诗人、博阿等4个人物贯串,在叙述者掌控下,以奴隶和诗人的成长经历、他们与特莱莎间发生的故事为主轴,展现军校发生的重大事件。小说几乎在每个章节都安排许多美洲豹和博阿的内心独白,用意识流手法让读者看到许多故事:美洲豹的独白可以独立阅读,讲述他们进军校前的成长过程;博阿的独白通过进行时与过去时交替的形式,讲述军校人物事态的变迁和发展。

我们从《城市与狗》的小说思想看,它浸透了作者对现实的不满和批评。M. 略萨认为"小说是对现实的反抗,创作的目的在于反映现实、批判现实"。他以军事学校的学生生活及其冲突为题材,无情鞭挞秘鲁等级森严的社会现实,大胆揭示青少年身居独裁社会的特殊思维方式以及扭曲的生存状况。

从小说结构看,作者在奴隶被害的大故事中套进了美洲豹与特莱莎的爱情小故事;再在两情相悦故事中套入好几个更小的小故事……这种套式结构,在结构主义文学术语中,称之为中国盒手法。它充满福克纳反复叙事的特点:叙说除偶有倒叙外,基本上都是按时间顺序,反复正叙相似却又不尽相同的军校故事,脉络清晰、主题鲜明。

从小说内容看,军校学生犹如人间地狱的日常生活被刻画得淋漓尽致,尖锐的矛盾焦点直指校方领导。学员们无法控制自己的命运,永远只能听命于即时的道德感觉,以自己的粗野、狡诈或妥协,谋求不被凌辱或开除,寻找在集体中苟活的可能。书中引用了法国左翼作家 B. 尼桑的一句话:"我曾有过 20 岁。我不同意任何人说那是最美好的年华。"小说自始至终提起的一条狗,显然是发自作者内心深处的伤感符号,具有相当大的震撼力。

从小说人物看,全书把两个相隔多年的场景揉搓一处,通过几个画面的交替重叠予以呈现,如美洲豹一直以负面形象出现,当他的大半生经历已经向观众交待完之后,作者突然用电影蒙太奇的手法在尾声部分,展现他早年美好初恋感情的描述,美洲豹因此而变得纯洁、甜美,给小说带来一道亮丽的色彩,一些美好的期待。这种手法给小说整体带来了类似福克纳《喧哗与骚动》中多声部的立体效果。另外,作者还成功塑造了一个叫诗人的中间人物阿尔贝托。他为人不卑不亢,不欺软怕硬,秉性耿直。阿尔贝托时而生活在上等人的豪华住宅区,时而与来自社会底层的混血种族学员同居一室。读者既看到上层社会的腐化糜烂生活,也了解到贫苦阶层的悲惨处境。阿尔贝托无法接受两种极端的生存方式,宁肯躲进文学天地,抵挡"城市"的喧嚣和"狗"们的狂吠。文学为阿尔贝托的反抗提供了武器,也提供了施展的空间。诗人是 M. 略萨自己的化身。为捍卫尊严和个人合法权利,他们同样都绝不放弃斗争。

这部充满辛辣笑料和反讽噱头,迥异于同时代其他拉美魔幻现实主义小说的巨著出版后,在革命热情汹涌的拉美和在左翼思想澎湃的西方知识界,引起强烈反响。秘鲁官方则为家丑外扬而惊恐万状,发动强大舆论攻势对小说大加贬毁,并在故事所在地 L. 普拉多军校组织声势浩大的集会,当众烧毁《城市与狗》1 000 册。据文学评论家 L. 哈斯回忆:"当时两名将军发表演说,痛斥作者无中生有、大逆不道,还指控他是卖国贼和赤色分子。"

1983 年这部长达 400 多页的小说被改编成话剧搬上舞台,1985 年改编为同名电影,随后智利导演又在苏联将其 2 次搬上银幕,改名《美洲豹》。这部片长 2 小时 15 分钟的电影,加强了军校的暴虐场面,其中的配乐强化了小鼓和小号的伴奏音,雄赳赳的军乐风味为原著增色不少,1999年入围美国奥斯卡最佳外语片金像奖角逐。

《胡莉娅姨妈与作家》一书封面

1977年,永不安分的M.略萨在刚当选秘鲁文学院院士不久后,春风得意写出《胡莉娅姨妈与作家》一书,同样是运用中国盒的创作手法。小说以作者青少年时代生活过的利马为背景。主要情节由没有必然联系的两部分组成:一部分是以特有的黑色幽默基调,描写作者和姨妈喜剧般的恋爱纠葛、恋爱成婚过程;另一部分写通俗剧作家卡马丘在利马广播电台整日埋头写作,最后陷入无法区分现实与虚构的悲惨遭遇,反映了20世纪50年代秘鲁社会的精神风貌。两者通过在完整故事间插入若干独立成篇的小故事,架构全书,分别以奇数章和偶数章交叉展开:单数部分讲述一个非常现代的爱情故事,充满自传色彩;双数部分独立成篇,讲述市井小故事,反映贫富不均的社会真实现状,看似互不相干的两大部分互为映衬、互为借套。《胡莉娅姨妈与作家》小说中的幽默与讽刺交织,表现出M.略萨文章套中有套的独特文风。该小说曾在哥伦比亚被改编成电视连续剧,1990年由美国好莱坞改编为电影。其作品的力度来源于自身的传奇经历。

三、打乱时间地点顺序的"连通器"

《绿房子》创作于1965年,被认为是结构现实主义的代表作,也是秘鲁文学史最重要的长篇小说之一。M.略萨当时风华正茂,立意揭露拉美社会现实的丑恶黑暗,主张推行"文学是一团火"的创作精神。M.略萨在小说结构上的创新,当时取得了举世瞩目的成就,被誉为结构革命的先锋和结构现实主义大师。

《绿房子》一书封面

《绿房子》涵盖了秘鲁近半个世纪的广阔生活画面,对秘鲁社会资本主义发展的病态和畸形进行了鞭辟入里的描写。小说采用几条平行叙事线的手法,将故事情节有意割裂、分化,以便于对社会生活多层次的梳理、多角度的观照。M.略萨说,《绿房子》是从回忆中诞生的:"在这部小说中,我企图通过妓院绿房子的建立在皮乌拉人生活中和想象中所引起的混乱,以及一群冒险家在亚马逊河流域的所作所为及其不幸遭遇,以虚构的方式,把秘鲁两个相距遥远、差别很大的地区,沙漠地区和森林地区连接起来。"M.略萨所指的混乱实际上是在比喻生活的流变性、不定性。

作家描摹的现实世界应该体现这种流变,而不该受传统文本叙事习惯的条条框框束缚,否则作者会在不自觉中悄悄篡改真实生活。他说:“小说家好像对生活进行了再创造,而实际上,他是在修正生活。小说背叛生活的方式有时是细微而明显的,有时是粗暴的;用按比例压缩的、可供读者理解的语言情节把生活封闭起来。于是,读者就可以这样判断它、理解它,特别是用一种真实生活不赞同的逍遥法外的态度来享受它。”

《绿房子》的故事发生在印第安人集居的大森林附近,皮乌拉省城边的一个小镇圣玛利亚·德·聂瓦。作品分两部分,由5个故事构成:

故事一:荒凉的小镇来了一个身份不明的外乡人堂安塞尔莫,很快就赢得当地人的好感。他定居下来后,在城郊盖了一幢外表刷成绿色的房子。这是该城的第一座妓院。城里的年轻人,甚至老年人开始了荒唐的生活。富商基罗加夫妇在一次旅行中被土匪杀害,其养女安东妮娅亦被兀鹫叼瞎了双眼。众人救活了安东妮娅,由洗衣妇保拉收留抚养。光阴似箭,安东妮娅长大成人后,被堂安塞尔莫诱至绿房子。安东妮娅怀孕,生下琼加后死去,堂安塞尔莫受到良心谴责,将此事告诉了保拉。消息传开后,群情激愤,神父率众烧了绿房子;堂安塞尔莫带着私生女琼加在各酒店中游荡。保拉出于同情又收养了琼加。皮乌拉城日益现代化,高楼大厦盖起来了,柏油马路铺起来了,有了4个妓院。此时琼加也发迹,开了妓院,亦称绿房子;堂安塞尔莫同另外两个年轻人组成了一个乐队,在琼加妓院的舞厅中伴奏。

故事二:皮乌拉有4个痞子,吃喝嫖赌无所不为,是绿房子的常客。他们气焰嚣张地上街游行,为联盟党上台拉选票。利杜马是其中最凶的一个。镇上修道院的修女们开办了一所感化学校。几年下来,穷苦女孩们可以在这儿被培养成能当女佣的“文明人”。鲍妮法西娅被抓住并送进了这所学校。

故事三:利杜马在聂瓦镇里当上警长后,结识了修道院里的鲍妮法西娅。她因放走孤儿遭逐。利杜马强奸她后并与之结婚,来到皮乌拉。后利杜马因和人决斗而被捕,鲍妮法西娅因而失去生活来源,在另一个痞子引诱下被迫到绿房子当妓女。聂威斯原在家乡做领水员,后被抓壮丁,在随班长探亲的过程中,班长因偷窃而遭土著人痛打,聂威斯趁机逃走。

故事四:巴西籍日本人伏屋越狱,来到秘鲁结识了商人列阿德基,一同做走私橡胶的生意,贱买贵卖,从土著手中搞到橡胶、皮毛,转手卖给美国人。印第安人的村社首领胡姆由于反抗这种掠夺和剥削,想组织合作社直接进城贩卖橡胶,遭到镇长和警察的镇压,在投诉无门之后与聂威斯一起加入了伏屋匪帮。

故事五:镇长与官府有勾结,安然无恙地倒卖物品,而伏屋却不得不东躲西藏。他带着诱拐来的情妇拉丽达和列阿德基来到岛上,占岛为王,烧杀掠淫,无所不为。伏屋染上麻风病,对拉丽达极其恶劣。聂威斯、拉丽达在胡姆的帮助下逃到聂瓦镇,结识了利杜马,收留了鲍妮法西娅。最后,伏屋被遗弃在荒岛、聂威斯去了巴西、拉丽达改嫁警察、痞子们靠镇上朋友养活、安塞尔莫去世,生活在继续……

《绿房子》以皮乌拉省城和原始丛林为背景,勾画秘鲁当代社会形形色色人物,无一能逃脱反动统治魔爪的黑暗现实。在写作手法上 M. 略萨广泛吸收西方现代派技巧,打乱时空顺序,情节中有情节、对话中有对话。作者以绿房子为中心器皿,把第1部分各章的5个场景和第2部分的4个场景,按时间线性发展的结构重新编排,分别"装入"与中心器皿连通的5个容器中,多方位地交叉叙述琼加故事、伏屋故事、胡姆故事、鲍妮法西娅故事和痞子故事。故事与故事间互不相干,各自独立,如有牵扯,必须经由绿房子妓院。另外,故事和故事的联系不一定仰仗人物连接,而是可以通过回忆、物件、地点等多种元素和下一个故事连通,彻底改变了巴尔扎克式的"权威"叙事法则。这样一来,在时间被模糊的概念下,读者既可以深入到各容器仔细探究,也能从中心器皿上方俯视5个容器的变化情况,一如顶部开口的连通器。

读者通过开放式的叙事结构,能清晰发现不同故事线索中的贯穿主线:鲍妮法西娅从修道院坠入绿房子的辛酸历程。《绿房子》每个人物的行动都呈现孤立行进的状态,所有人都在平行的轨道上困兽般蹒跚,各个行动的结果相互发生碰撞关系,形成大大小小、五颜六色的不同结局。《绿房子》各个故事相互间既平行又交叉的叙事结构,颠倒跳跃的话语方式,立体化展示了围绕绿房子发生的种种事件。绿房子是秘鲁社会的象征。主人公鲍妮法西娅则是无数个坠入这座人间地狱的不幸女子中的一个。

如果说《绿房子》反映的仅是一个地区的现实,那么《酒吧长谈》描述的则是秘鲁奥德利亚独裁阶段的历史全貌,甚至还隐含着 M. 略萨对曼努埃尔亚寡头专制政权的元历史分析,称得上是真正意义上的鸿篇巨制。《酒吧长谈》是指专制时代保安部长贝姆德斯在一酒家兼妓院里的长篇谈话。故事涉及包括首都在内的6、7个城市中的70多个人物,锋芒直指秘鲁军人政权。

主人公凭借特务和警察,欺上瞒下,千方百计排挤曾经提拔过他的老上司,爬上国务院总理职位之后,凶相毕露。他不仅残酷镇压学生运动,还丧心病狂地对付反对派,最后落得个被反对派搞下台,流亡国外的凄惨下场。小说分4部分,每个章节被分割成若干片断,轮流叙述5个故事。在第1部中,圣地亚哥和安布罗修的谈话是中心器皿,负责连通其余各连通器。每个连通器主要由对话组成:对话中插对话、对话中夹思绪。《酒吧长谈》的对话在时间、地点中跨越闪回,促使文本叙述变得栩栩如生、多姿多彩。

四、打碎作品平面感的"公文佐证"

20世纪70年代,M. 略萨的讽刺佳作《潘达雷昂上尉与劳军女郎》再次被公认为结构现实主义的经典大作。它的突出特征是,叙事语言传递出的立体感,几乎符合绘画理论中的透视原则，让读者活生生地感到一个近大远小的立体社会就在眼前。小说再度以鞭挞秘鲁军队黑暗的犀利无比轰动全世界，也再次被恼羞成怒的秘鲁军政当局列为禁书，直到20世纪80年代秘鲁民主化后才被解禁。

《潘达雷昂上尉与劳军女郎》故事很简单：第5军区士兵因性饥渴，到处追逐姑娘、骚扰妇女。为平息社会不满，上尉潘达雷昂奉命组织女客服务队（流动妓院），到各据点进行巡回服务。与此同时，"方舟兄弟会"在社会上迅速发展。一切看似顺利，但没有不透风的墙，潘达雷昂妻子很快知道丈夫所谓秘密使命的真实内幕，带着女儿愤然离开。效忠于部队的上尉不以为然，仍然勤勉操作此事。没多久，丑事终于败露：女客服务队在一次服务途中遭劫。潘达雷昂的情妇，一个叫"巴西女人"的妓女中弹身亡。潘达雷昂出于鼓励士气考虑，决定为她举行葬礼。由于他穿着军装参加，暴露了军人身份，引发一系列矛盾，社会舆论哗然。为挽回面子，军方只得解散女客服务队。

M.略萨在书房

为了能使读者得到视觉、听觉等多方面的立体感受，全书几乎都用看似不连接的独白和对话写成，再加上大量交谈不在同一地点发生，读者在阅读文本时，必须要有分镜头感，像看电影一样，调动想象力：如书中叙说有人在控告士兵的猥亵行为："部队在糟蹋妇女，强奸事件层出不穷，甚至在教堂里、大路上……"，接着呈现的文字画面却是军官拉着受辱少女去指认凶手，"请您进来，把那些强盗给我指认出来，陶乐德亚小姐"；场景随后又闪回营地办公室，首长边翻阅材料，边委派人尽快组织流动妓院，上尉严肃回应："我愿意接受这光荣任务。"3句话由不同的3个文字画面组合在一起，形成视觉上的对照蒙太奇。再如婆媳俩明明是在谈论浓汤的口味，文本出现的下一句描述却是：劳军女郎在相互评论"够味道的小姐"。读者面对这样的文本，或许需要反复阅读才能搞懂，但不会造成理解困难，因为故事情节中包含的许多悬念，会自动起到指路标的作用。另外，作者不以第三者角度叙述故事，目的也是在于让读者能身临其境感受故事内容。

为最大限度发挥作品的全息功能，小说共有5章实实在在罗列了大量的文件、公函、通知、命令以及报纸评论、电台广播等。M.略萨以新闻剪影的手法，增强作品的客观效果。M.略萨的这种"公文佐证法"将文学结构的创新推到了极致，如第2章中，插入潘达雷昂为秘密建立流动妓院写给军需首长的两封长信；第4章中，放进大量海、陆、空部队的正式公文，用以表明各兵种对妓院的支持态度；第6章中，把女客服务队服务期间所发生各类事件汇报一一罗列。作者利用不同形式的公文和信件组合，创造出犹如立体画般生动、逼真的阅读效果。另外，全书拥有大量对话和独白，M.略萨游刃有余地运用对话蒙太奇手法，将人物言谈的时间和地点不断变换，犹如电影镜头的切入、切出。由于《潘达雷昂上尉和劳军女郎》天生具有剧本潜质,M.略萨几乎不费吹灰之力地将其改编并拍摄成电影,本人还参与导演。同名电影1981年在国内公映,1999年入围美国奥斯卡金像奖最佳外语片。

M.略萨的作品具有强烈的主观性,书中的大千世界都是经过作者重新安排、重新解构的,而非照相版似的照单全收。他说:"在小说的世界里,现实被称为真实性,并且产生于主观。作家首先应该是真实的,要忠实于自己,忠实于他自己的固执念头,他自己的幻想,自己的魔鬼,自己的疯狂,甚至自己的污垢。"他的意思很清楚,作品的观点是主观的东西,作家的思想对作品起着决定性作用。我们不能采取直描的方式,而应该把现实生活重新安排、采用新结构方式表现,从而达到把生活艺术化、诗化的阅读效果。

当然,M.略萨的作品也非十全十美。由于他过分注重叙事结构,容易忽略人物心理活动的细微刻画。如描写巴西反抗军与政府军斗争的《世界末日之战》,以广阔的场景、众多的人物和强烈的社会抗议内容著称于世,但由于人物只有外形塑造,很少心理描写,使小说略显单薄,让读者感到叙述乏味。书中人物活动似乎总在受某种超意志力量的支配,无法超越。

M.略萨目前定居美国纽约,另外在伦敦、马德里都有寓所、别墅,每天教书、写作,生活被安排得充实、完美。这位不断接受新思想、不断探索新手法的学者型作家的创作手法尽管多样,但万变不离其宗,作品中更多具有的,仍然是19世纪批判现实主义的印迹。

M.略萨主要小说作品:

1. 《首领们》(Los jefes, 1959)
2. 《城市与狗》(La ciudad y los perros, 1963)
3. 《绿房子》(La casa verde, 1965)
4. 《崽儿们》(Los cachorros, 1967)
5. 《酒吧长谈》(Conversación en La Catedral, 1969)
6. 《潘达雷昂上尉与劳军女郎》(Pantaleón y las visitadoras, 1973)
7. 《胡莉娅姨妈与作家》(La tía Julia y el escribidor, 1977)
8. 《世界末日之战》(La guerra del fin del mundo, 1981)
9. 《狂人玛伊塔》(Historia de Mayta, 1984)
10. 《谁是杀人犯》(Quién mató a Palomino Molero?, 1986)
11. 《利图马在安第斯山》(Lituma en los Andes, 1993)
12. 《公羊的节日》(La fiesta del Chivo, 2000)
13. 《天堂在另外那个街角》(El paraíso en la otra esquina, 2003)
14. 《坏女孩》(Travesuras de la niña mala, 2006)

信息网络
Information and Internet

信息资源管理学科的历史发展及最新动向

The Historical Development of Information Resources Management Discipline and Its Latest Trends

丁波涛

上海社会科学院信息研究所　副研究员

20世纪中叶以来,以美国为代表的发达国家开始进入信息社会,并在世界范围内掀起了以信息和知识为动力的"第三次浪潮",信息资源逐渐取代各类传统资源,成为支撑新型经济增长的主导要素,促使全球经济由工业经济向信息经济转型。信息资源管理正是在全球经济转型的背景下应运而生的,它将信息作为一种资源进行管理,并随着社会和技术的发展,形成了一系列理论与方法,成为当今最引人注目的研究领域之一。

一、信息资源管理的概念辨析

1. 信息资源的概念

"信息资源"这一术语最早于1970年由J. O. 罗尔科(J. O. Rourke)在《加拿大的信息资源》(*Information Resources in Canada*)一文中提出。此后,各国的专家学者以及官方文件先后给"信息资源"下了许多定义,如表1所示。

表1　"信息资源"定义的演变过程

年份	提出者	主　要　观　点
1970	J. O. 罗尔科	在《加拿大的信息资源》一文中最早提出"信息资源"这一术语
1974	F. W. 霍顿	各种信息生产者、供应者、处理者、传播者所提供的各种形式的信息:文献化与非文献化的信息、原始数据、经过评价的信息、图书馆的库藏、信息中心的库藏、信息系统和数据库中的数据记录、报刊、录音带、电影以及其他存储和处理媒介中的信息
1979	F. W. 霍顿	所有的信息源、服务、产品和各种信息系统

续 表

年份	提出者	主 要 观 点
1982	K. B. 列维坦	已经建立且能够一再使用的信息源。换句话说，它是一系列已经制度化了的、为一个或多个用户集团反复使用的信息
1985	F. W. 霍顿	从政府文书管理角度看：资源为单数时，指某种内容的来源，即包括在文件和公文中的信息内容；资源为复数时，指支持工具，包括供给、设备、环境、人员、资金等
1985	美国联邦政府管理与预算局(OMB)A－130文件	政府信息和信息技术
1986	P. A. 马钱德 F. W. 霍顿	对于这个社会和国家而言：包括具有与信息相关的技能的人才、信息技术中的硬件和软件、信息机构(图书馆、计算机中心、通信中心和信息中心等)、信息处理服务提供者
	M. 波拉特	信息的处理、操作、传递中所用到的一切人、机械、产品、服务……这些都是信息活动不可缺少的因素
1992	K. A. 斯特罗特曼	包括三个组成部分：信息内容、信息系统和信息基础结构
1995	美国《文书工作消减法》	信息与相关资源，如人员、设备、资金和信息技术

从表1中"信息资源"的含义表述来看，国外对"信息资源"的定义可以概括为以下几种主要观点：信息资源等于数据、文献资源、信息、信息源、信息内容＋支持工具、部分信息的集合等。这些观点产生于不同时期，它们是随着信息技术的发展、管理理念的变化，以及政治、经济、社会、文化等外部因素的影响，逐渐形成并成为各个发展阶段的主流思想，在特定发展阶段被广泛认可并影响至今，如表2：

表2 "信息资源"的发展

<table>
<tr><th></th><th>20世纪70年代</th><th>20世纪80年代初</th><th>20世纪90年代中</th><th>21世纪</th></tr>
<tr><td rowspan="4">概念演变</td><td>IR＝数据</td><td>IR＝信息内容＋支持工具</td><td>IR＝信息＋相关资源</td><td>IR＝有使用价值的信息集合</td></tr>
<tr><td>IR＝文献信息</td><td></td><td></td><td></td></tr>
<tr><td>IR＝信息</td><td></td><td></td><td></td></tr>
<tr><td>IR＝信息源</td><td></td><td></td><td></td></tr>
<tr><td>"人"的因素</td><td>未提及人的作用</td><td>将"人"视为支持工具</td><td>强调人类活动，如人类开发和组织</td><td>突出人类作用，且包含了"显性"与"隐性"知识集合</td></tr>
</table>

从20世纪70年代开始，人们对“信息资源”的认识逐渐深入，具体表现为从关注信息资源的形式到关注信息资源的本质和共性。如：F. W. 霍顿于1974年、1979年、1985年和1986年分别提出的“信息资源”定义（见表1）。他最初通过描述、列举不同形式的信息资源，来给人以最直观的“信息资源”认知，然后在接下来的几次定义中，逐渐深入到信息资源的本质和共性，并给出具体应用领域（政府文书管理、社会和国家）的信息资源定义。至此，“信息资源”定义涉及信息资源的内涵和外延，除了关注信息资源本身（主要指信息内容），还强调人、技术、机构等相关支持资源。尤其值得一提的是，“信息资源”定义中对人的地位与作用经历了一个从完全忽视，到将人视为外围因素，最后强调人在信息资源中主导作用的过程。这种变化符合人们从表象到本质再到应用的认知、实践过程。

2. 信息资源管理的概念

信息资源管理的概念最早由F. W. 霍顿于1979年提出，其后许多学者在相关研究中也给出了各种各样的信息资源管理定义。见表3：

表3 国外学者对信息资源管理的定义

年份	提出者	主要观点
1979	F. W. 霍顿	信息资源管理是对一个机构的信息内容及支持工具信息、设备、资金等的管理
	美国联邦政府管理与预算局	信息资源管理是指与政府信息有关的规划、预算、组织、指导、培训和控制等。它既包含信息本身，也包含与信息相关的各种资源，如人员、设备、经费和技术等
1984	B. R. 里克斯和K. F. 高	信息资源管理是为了有效地利用信息资源这一重要的组织资源而实施规划、组织、用人、指挥、控制的系统方法
1985	C. 伍德	信息资源管理是信息管理中几种有效方法的综合，认为信息资源管理意味着将一般管理、资源管理、计算机系统管理、图书馆管理以及政策制定和规划方法结合起来，并加以运用
	M. S. 怀特	信息资源管理是有效确定、获取、综合和利用各种信息资源，以满足当前和未来信息需求的过程
	M. S. 怀特	信息管理就是与信息相关的计划、预算、组织、指挥、培训和控制过程
1985	K. B. 列维坦和J. 迪宁	一种集成化的管理手段
1987	A. N. 史密斯和D. B. 梅德利	信息资源管理还没有统一的定义。就现在而言，信息资源管理应当被认为是一个具有多含义层次的总括性概念。其一，它指一种思想：将信息视为与资金和人力同等重要的组织资源；其二，它囊括了一些传统的信息服务，如通讯、办公室系统、记录管理、图书馆和技术规划等

续　表

年份	提出者	主要观点
1992	J. R. 博蒙特和E. 萨瑟兰	信息资源管理是一个集合词,它包含所有能够确保信息利用的管理活动
1981	W. D. 梅迪克	对于一个特定的企业来说,信息资源管理是一门管理各种相互联系的技术群,使信息资源得到最大化利用的艺术或科学
1988	D. A. 马尔香和J. C. 克雷斯莱因	信息资源管理是一种对改进组织生产率和效力有独特认识的管理哲学
	D. E. 奥利里和O. 威廉姆	信息必须作为企业的资源并得到应有的管理,这就意味着对计算机硬件、软件、各类系统和人员的良好管理,以便更好地服务于整个企业;对那些零散和重叠的信息进行合并,使之处于高级管理人员的控制之下

国内外对信息资源管理的上述定义尽管说法各异,但它们的主要观点都是相同或相似的。这些相同点包括:

(1) 从管理对象上来看,这些定义都强调"大信息资源"(也就是F. W. 霍顿所说的"Resources")的概念,认为信息资源管理的对象包括文档、数据、记录以及与信息相关的人才、资金、设备等支持类资源;

(2) 从管理范围上来看,大多数定义都认为信息资源管理是对某个组织(某个政府部门或某个企业)的信息资源进行管理。也就是说,这些定义都将信息资源管理的范围限定在某个组织层面上,不是更微观的个人,也不是更宏观的地区或国家;

(3) 从管理方法上来看,这些定义都强调管理方法的多样化与集约化,认为信息资源管理是综合应用多种手段,对信息资源的完整生命周期进行全过程的管理与控制;

(4) 从管理目标上来看,这些定义都指出,信息资源管理的目的是促进信息资源的有效利用,以实现企业或组织的目标。

二、信息资源管理研究的发展轨迹

A. N. 史密斯(Allen N. Smith)曾指出,信息资源管理本身有两个维度:一是对信息内容的管理;二是对信息技术的管理。[①] 在信息资源管理发展的历史中,不同的学者

① Allen N. Smith, Donald B. Medley. *Information Resource Management*. Cincinnati: South-Western Publishing Co., 1987.

所采取的研究角度多种多样，因此也产生了不同发展阶段的分类方法。根据对相关文献的梳理，按照不同划分方法所强调的侧重点和研究问题的出发点，归纳起来基本上可分为以下两种：

1. 以技术为特征的分类法

以技术为特征就是强调技术在信息资源管理发展阶段中的作用，不同的技术发展水平，对数据的处理方式就不同，企业所能利用的信息系统类型也就跟着发生变化，为企业决策者所带来的决策理念和决策方法也会不同，所以企业就对信息资源有不同的利用，这就导致了信息资源管理的不同发展阶段。

这类分类法的主要代表人物是 A. N. 史密斯和 D. B. 梅德利(Donald B. Medley)。他们都依据技术在其中的推动作用来划分，将不同的技术进步、技术工具作为划分各个时期的界线。①

表 4　A. N. 史密斯和 D. B. 梅德利关于信息资源管理发展的 5 个阶段

发展阶段	系统类型	管理者类型	用户角色	技术重点	信息存储技术
数据处理	只限于财政系统	未受过培训	信息处理者	批处理	打孔卡片
信息系统	财务系统和操作系统	受过计算机培训	项目参与者	应用	磁盘
管理信息系统	管理信息系统	受过管理培训	项目管理者	数据库、应用集成	随机存取和数据库终端
用户终端及战略影响	决策支持系统和集成系统	有广泛背景的合作伙伴	小型系统建立者	第 4 代语言	数据管理和第 4 代语言
信息资源管理	专家系统和战略系统	主管阶层	全面合作者	第 5 代系统	激光视盘和超级芯片

2. 以效用价值为主要特征的分类法

以效用价值为主要特征就是强调信息资源管理的价值在企业中的利用，不仅要关注信息资源管理的显性价值，还要对信息资源的内在价值进行挖掘，以此来提高信息资源在企业发展中的作用，提高企业的竞争力，这也就是此类分类方法的总依据。

这类分类法的主要代表人物是 P. A. 马钱德和 F. W. 霍顿。他们在对信息资源管理进行划分时主要考虑了信息在政府和企业中的利用，把商业目标也作为划分的一个主要

① Allen N. Smith, Donald B. Medley. *Information Resource management*, 1987.

依据,重视信息技术和信息利用价值的集成,以及信息规划和商业规划的紧密联系。①

表5 P. A. 马钱德和 F. W. 霍顿的5阶段论

发展阶段	主要焦点	媒介与内容	组织中的地位	观察方向	工具和人力	商业目标
文书管理(19世纪晚期至20世纪50年代)	纸质资源和媒体的管理	物理属性管理	办公和支持功能	向内	物理资源的管理	办事效率
信息技术管理(20世纪60至70年代)	办公自动化技术	技术属性管理	中层管理功能	向内	技术资源和技术的管理	技术效果
信息资源管理(70年代或80年代初)	信息资源管理	重视信息技术和信息内容的成本和效益	高层管理支持功能	主要向内,有时向外	信息资源及系统的经营管理	信息资源和技术的成本效益管理
商业竞争分析和情报(20世纪80年代中期)	业务单位的策略和方向	重视竞争分析和信息利用的质量	高层管理参谋功能	主要向外	重点是人力资源和信息	业务单位及厂家的竞争优势
战略信息管理/知识管理阶段	公司战略和方向	重视支持决策的信息内容	高层管理决策功能	向外,也向内	人力资源管理	整体经营效益

三、国外信息资源管理的三大流派

1. 信息系统学派

(1) 代表人物和著作

信息系统学派是西方信息资源管理理论研究的主流。在企业管理领域,应用以建立满足组织需要的信息系统为核心,故称为信息系统学派,主要代表人物有 F. W. 霍顿、P. A. 马钱德(P. A. Marchand)、J. 迪博尔德(J. Diebold)、A. N. 史密斯、D. B. 梅德利、I. R. 博蒙特、E. 萨瑟兰、D. 胡赛因、K. 赛因、R. L. 诺兰等。代表著作有 F. W. 霍顿

① Forest W. Horton and Donald A . Marchand. *Infotrends: Profiting form your Information Resources*, 1985.

的《信息资源管理：概念与案例》、《信息资源管理手册：使信息资源管理变为易事》、《公共行政部门的信息资源管理》、《信息资源管理》，P. A. 马钱德的《信息管理：过渡期的策略与工具》、《信息趋势：从信息资源中获利》（合著）、J. 迪博尔德的《信息资源管理：新的挑战》、《信息资源管理：新的问题》、《信息管理：挑战和机遇》、《信息是竞争武器》、《影响信息管理未来的 6 个问题》、A. N. 史密斯和 D. B. 梅德利的信息资源管理、D. 胡赛因和 K. 赛因的《信息资源管理》等。

（2）主要理论

（A）信息资源管理是管理的创新职能。A. N. 史密斯和 D. B. 梅德利认为，信息资源管理的实质是一种新的管理理论和实践，是与组织战略规划相对应的新型管理理论。J. 迪博尔德指出，信息资源管理是一种新的思想和方法，他把信息作为一种资源进行管理，并在很大程度上采用与组织管理其他资源相同的管理方法。F. W. 霍顿也认为，信息资源管理是管理的新职能，是在信息与文书激增的背景下，基于人们对更多组织有序的事实和对方便获取统计数据的迫切需要而产生。他还指出，信息与信息资源可以纳入组织预算，它与人力、物力、财力和自然资源同属组织的重要资源，理应以管理其他资源的方式管理信息资源，从而使信息资源管理成为组织管理的必要环节。

（B）信息资源管理具有明确的目标。F. W. 霍顿指出，高效、实效、经济（3E）应成为信息资源管理的目标。以 J. 迪博尔德为首的研究小组把信息资源的管理目标具体化为若干个可操作的目标，认为在一个公司范围内，信息资源管理的目标是在相关信息而非全部信息纳入到公司的决策活动中建立。在利用信息技术之前，应首先对需求进行分析，使信息管理者的地位合法化，为所有管理者和职员提供培训教育和晋级机会，使他们能掌握有关信息资源管理的技能，吸收用户参与系统的设计及有关决策活动，使之能对信息生产活动及人员设备等资源负责。P. A. 马钱德认为，信息资源管理的目标在于，通过增强组织处理动态和静态条件下内外部信息的需求能力来提高组织的管理效益。

（C）信息资源需要综合管理。F. W. 霍顿在其 1985 年出版的《信息资源管理》一书中，系统论述了信息资源管理的一般方法论，包括确定组织的信息资源、估算信息资源的价值、确定信息资源的价格、分析信息流程中存在的问题、重建信息系统。F. W. 霍顿的信息资源管理方法突出了“成本—效益”管理方式，体现了信息资源是经济资源的思想，强调资源管理方法在信息资源管理中的应用，是其“3E”目标的具体实现形式。J. 迪博尔德提出信息资源管理要重视信息政策的作用。他指出，由于信息技术飞速发展，组织中的信息政策将成为管理的必要手段，确定信息的价值标准是制定信息政策的首要步骤。I. R. 博蒙特和 E. 萨瑟兰重视信息资源管理中人的因素。他们认为，20 世纪 90 年代工商业所面临的是日益信息化的社会与经济环境，任何企业都不可能回避信息和通信技术的全面影响，但技术因素并非决定因素，最终的决定力量仍然是人，第一流的管理者才是最稀缺的资源。

(3) 主要特点

(A) 将信息视为组织资源，强调信息的资源特性和经济特性，将成本管理引入信息资源管理，注重信息研究的价值，强调对信息系统建设进行"投入—产出"分析；

(B) 将信息作为信息资源管理的载体，侧重研究组织信息资源管理的实现形式，强调通过信息资源管理提高组织的生产率进而支持组织目标的实现；

(C) 重视信息系统理论同管理理论的结合，将信息资源管理提升到战略管理的高度。信息系统学派多从管理的角度来认识信息资源管理，侧重考察信息技术的利用如何影响一个组织机构及其商业经营，将信息资源管理同组织战略联系起来，强调从信息资源中识别发展机会，用信息战略赢得竞争优势；

(D) 注重案例研究和集体研究。信息系统学派的代表著作，多是集体研究的成果。该学派的代表人物一部分来自工商实业界从事信息管理工作的管理人员，另一部分是信息系统和信息管理专业的教学科研人员，有些则是身兼二职、不同背景的合作，大量的案例是该学派研究成果的又一特征，其理论面向的对象主要是工商领域的管理者、管理信息系统专业师生以及一般的管理者。

2. 记录管理学派

(1) 代表人物和著作

美国学者 B. R. 里克斯(B. R. Ricks)、K. F. 高(K. F. Gow)、英国学者 M. 库克(Michael Cook)等是记录管理学派的代表人物，其代表著作有 B. R. 里克斯和 K. F. 高于 1984 年出版的《信息资源管理》(*Information Resource Management*)，以及 M. 库克的《信息管理和档案管理》(*Information Management and Archival Data*)等。

记录管理学派的理论主要来源于信息技术在记录管理中的应用，侧重研究记录管理系统的建设。记录管理理论实际上是一种与办公室文件处理有关的信息资源管理理论。

(2) 主要理论

记录管理理论的逻辑起点是记录。记录是指储存在任何媒体上的信息，包括书籍、论文、图片、影像及其他载体记录下来的资料——能够反映一个组织机构的决策程序和其他活动的资料。记录是一个组织机构的共同记忆，它既是一种组织资源，又是一种组织财富。

记录管理是指从记录产生到最终清除之间的系统管理。记录管理系统(RMS)是记录管理理论的核心概念之一，针对一定的目标，由输入、处理和输出三大模块所构成的有机体。记录的创造、分配、利用、维护、存储与剔除过程都包含在处理板块中，也称为记录的生命周期。记录管理的目标是在最适当的时间，以最低的费用，给适当的用户以最准确的记录管理系统。

(3) 主要特点

(A) 将信息资源等同于记录，认为记录是一个组织的重要资源和财产，高效率的记录管理有助于组织目标的实现；

(B) 注重记录的生命周期，记录的创造、采集、存储、检索、分配、利用、维护和控制过程，实质是一种信息过程管理，这个过程构成了记录管理理论的内在依据；

(C) 注重多媒体的集成管理，它所界定的"记录"已超过了文书记录的范围而演变为"文献信息"概念，目的是实现文献信息类学科的集成；

(D) 记录管理理论还不够完善，仍处在经验学科与理论学科之间，还没有上升到战略管理层面，未能真正统一文献信息管理，其研究内容主要是信函、文件、报告、表格、缩微品等，本质上是一种扩大化的档案和文书管理。

3. 信息管理学派

(1) 代表人物和著作

信息管理学派的代表人物有英国学者 W. J. 马丁(W. J. Marin)、美国学者 B . 克罗宁和 T. H. 达文波特(Thomas H. Davenport)、德国学者 K. A. 施特勒特曼(K. A. Stroetmann)等，代表性著作有 W. J. 马丁的《信息社会》、B . 克罗宁(供职于美国印第安纳大学图书馆和情报学院)和 T. H. 达文波特(任教于苏格兰斯特拉斯科大学情报科学系)合著的《信息管理的要素》、德国信息管理专家 K. A. 施特勒特曼的《信息管理：一个概念框架》等。该学派研究者的学科和知识背景多为图书情报领域，尽管他们的理论观点分歧很大，各有特点，理论上的相关性也比较弱，但他们都将信息管理作为学科理论名称，故将他们的思想与理论统称为信息管理学派。

(2) 主要理论

W. J. 马丁认为，信息管理是一种特殊形式的管理活动，其范围涉及数据处理、文字处理、电子通信文书处理、外向型信息服务以及所有与信息有关的经费控制活动等，其构成要素则包括技术专家可利用的资源和系统等。

K. A. 施特勒特曼认为，信息管理是对信息资源与相关信息过程进行规划组合和控制的理论。信息资源包括信息内容、信息系统和信息基础结构三部分，信息过程则包括信息产品的生产过程和信息服务过程。

B . 克罗宁和 T. H. 达文波特将信息管理的主体扩大化，在他们看来，个人在整理归并个人的各种记录时，就是在扮演信息管理者的角色，因此大家都是信息管理者。

他们还认为，信息之所以能够被管理是因为它可以被模型化，信息过程与管理过程可以相互转换。K. A. 施特勒特曼提出了信息的经济转换过程，他将信息资源的规划预算控制等管理过程，与信息资源的获取组织传递等信息过程巧妙地融为一体。K. A. 施特勒特曼指出，图书馆与情报服务必须在两个方面改进信息管理：在内部，必须改进信息资源管理以提高生产率，提高服务质量并改进服务效果。在外部，必须把握各类用户的信息需求，并设法满足用户的特殊需求。

(3) 主要特点

信息管理学派的理论分歧很大，不同研究学者的成果虽各具特色，但理论体系都不强。由于此学派的主要学者都来自图书情报领域，以研究图书馆、情报机构、政府文书机构中的图书、记录、文档管理为主，因此可以将这一学派视为传统图书情报学在电子化环境下中的延伸。

4. 三大学派的比较

三大学派的主要特点如表6所示。

表6 信息资源研究领域的三大学派比较

	核心理论	代表人物	学科背景	基本方法	发展阶段	目标	趋势
信息系统学派	生命周期的资源 创新职能 明确目标 综合管理 阶段性理论	F. W. 霍顿 P. A. 马钱德 J. 迪博尔德 D. B. 梅德利 I. R. 博蒙特 E. 萨瑟兰	多来自企业和政府、大学信息系统专业	技术手段构建信息系统	快速发展阶段	在企业家管理领域的应用以建立满足组织需要的信息系统	伴随着IT技术、网络技术的发展而呈现出不同特点
记录学派	记录管理理论的逻辑起点是记录 记录管理系统(RMS)是记录管理理论的核心概念	B. R. 里克斯 K. F. 高 M. 库克	政府档案管理单位和高校	数据库技术和办公自动化技术	成熟	研究记录管理系统的建设和效率	与其他两个领域相融合
信息管理学派	管理、计划、组织各种信息资源	W. J. 马丁 B. 克罗宁 T. H. 达文波特 K. A. 施特勒特曼	高校图书馆和情报学院	信息组织与管理方法的应用	快速发展	实现对各种要素的管理并使其效用最大化	管理方法、哲学方法的更多引入

追根溯源，三大学派理论传统的逻辑起点、技术含量、发展阶段和研究方法都极为不同，其多元化发展和相互争鸣促进了IRM理论的繁荣。

四、信息资源管理学科环境的变化

近几年来，随着信息技术发展和信息化建设走向深化，信息资源管理学科的内外发展环境发生了很大的变化。

1. 社会环境的变化

人类社会不断向前深入发展,导致整个社会经济系统高度复杂化。在这种社会环境中,人们将不断面对大量不确定性信息,需要进行管理。信息的不确定性有多种形式,一般而言可分为5类:(1) 多义性。这类不确定性是由于缺乏明确的特征而引起,如语句“他有60多岁”,其所具有的不确定性就是由于该语句具有多义性,即他的年龄可以在60—69岁之间取某个值,但具体取哪个值不清楚;(2) 边界模糊性。这类不确定性是由于两个概念之间的边界不清晰所导致,如“年轻人”与“非年轻人”就没有明显的界限;(3) 随机性。这类不确定性是由于随机事件发生的不确定性所导致,随机事件广泛地存在于自然界与人类社会;(4) 主观认识的局限性所导致的不确定性。如“火星上有生命”这样一个命题,目前对于人类来说是不确定性的,因为根据人类目前的认识水平尚无法证实其为真或假;(5) 时间条件的限制所导致的不确定性。如需要对某种变量进行预测,但影响变量的相关因素的未来发展具有多种可能性,在预测时人们无法获得这些因素确切的值。①

如何对不确定性信息和数据进行更加有效的处理,从而发现不确定性信息和数据中蕴涵的知识和规律,对信息资源管理学科提出了前所未有的挑战。

2. 技术环境

从信息技术环境来看,近几年来的一个重要趋势是各类信息化基础设施的日益普及,同时一些新技术开始出现并逐渐得到广泛应用,包括3G网络、物联网、云计算、智能网等。尽管这些技术的内涵与用途并不相同,但从信息资源管理的角度来看,它们有一些共同特点。

一是信息数量极大化。据IDC公司的估计,目前全球各种网络和数据库中的信息量达到2 810亿GB,平均到每个人也有45 G,而且这种数字还在以每两年增加一倍的速度快速增长。② 物联网出现之后,将进一步拓展互联网的范围,将各种物品全纳入网络之中,信息资源的数量将更为膨胀。

二是信息资源泛在化。具体包括网络泛在、计算能力泛在和信息泛在——无线宽带网络和手持上网终端的普及使得网络无处不在,云计算的发展使得人们可以随时随地获得强大的计算能力,信息开放存取让每个人都能充分便捷地获得所需要的信息。

以上技术环境的变化也将影响信息资源管理研究的重心,一方面是信息资源的极度膨胀,另一方面是计算资源的极大丰富。在这种情况下,“信息”将取代“信息技术”

---

① 王小晟等:《对几种处理不确定性信息的理论的比较研究》,《计算机工程与应用》,2005年第12期。

② Julian Stuhler. Top 10 IBM Information Management Trends, http: //www.databasejournal.

重新成为信息化建设的主角,这从日本等国的信息化战略中可以看出:在过去的十多年中,日本先后提出了强调电子技术的 e-Japan 计划和强调网络技术的 u-Japan 计划,而最近则在 2009 年提出 i-Japan 计划,i-Japan 强调信息与智能,[①]表明日本信息化建设的重点已经从信息网络建设转到了信息资源的开发利用。

从历史发展的角度来看,这种变化也是信息资源管理学科发展的一个反动——信息资源管理产生之初,其重点是政府文书和企业数据的管理,而在 20 世纪 70 年代左右,随着现代信息技术的出现与发展,信息资源管理学科的研究重点从信息内容管理转到了信息技术的管理。而在未来,信息资源管理的研究重点将重新转到信息内容的管理与开发上。

3. 应用环境

信息资源管理学科形成之初的一个重要背景,是企业不再将自身运营过程中所产生的信息仅看作是一种"副产品",还看作是一种资源。在这个阶段,信息资源管理的对象主要是企业或组织内部的信息资源。而随着企业运营的社会化和全球化,信息资源管理的对象也在逐渐变化,具体表现为两个维度。

一是信息范围扩展——信息资源的类型与范围的扩大,由特定行业信息转到大范围的社会信息。随着社会经济的发展,企业和各种社会机构的决策环境日益复杂,下图显示了一个典型的企业运营决策环境:

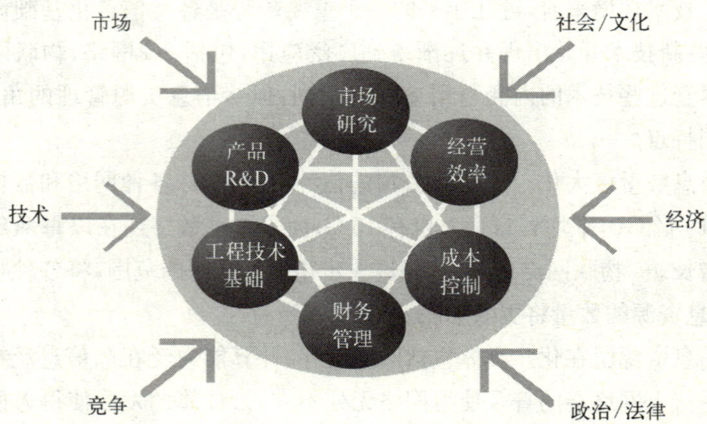

现代企业的商务决策环境

在这种情况下,企业所需要的信息资源的范围将大大扩展,除传统的市场和技术信息之外,现代企业还需要社会、文化、经济、政治、法律等方面的信息。

二是信息动态化——信息资源从以静态信息为主逐步转到以动态信息为主。早期的信息资源管理主要是对静态信息的管理,内部信息主要来自企业运营活动的结

① www.kantei.go.jp/foreign/policy/it/i-JapanStrategy2015_full.pdf.

果，外部信息主要来自市场信息收集。随着市场的发展，这种层次的信息资源管理显然无法满足企业经营活动的需求，企业需要实时了解内外部的各种变化，而信息网络的发展为满足这种需求提供了条件。最初，实时信息管理主要发生在生产领域，通过自动化生产技术的应用实现流水线作业，接着信息管理的范围扩展到管理和营销领域；最后，信息管理上升到了战略层面，通过决策支持系统、商务智能等的实施，企业决策也由以前的静态决策变成动态决策，随时能对企业内外环境的变化作出快速反应。

五、信息资源管理的热点领域

信息资源管理学科环境的变化，既给学科发展带来了挑战，也给学科带来了新的发展机遇和发展空间。在信息资源管理各个新兴的研究分支中，有以下几个研究方向值得关注。

1. 模糊信息管理

传统的信息管理方法主要基于硬计算技术（Hard Computing），随着信息管理环境中的不确定因素日益增加，人们逐渐认识到这类方法的局限性，开始研究能有效处理模糊信息的新方法，软计算技术随之应运而生。软计算方法主要包括模糊逻辑、神经网络、遗传算法和粗糙集等。与传统的数据分析技术相比，软计算技术能使信息资源管理更加便捷化，且成本更低。

通过将软计算技术引入信息资源管理而形成的模糊信息管理理论与方法，可以帮助人们有效地处理那些不确定性信息，在危机管理、工程模拟、社会经济预测等领域中有着广泛应用。

2. 智能信息管理

智能化一直是信息资源管理发展的目标之一。智能化最初涉及物质流控制，实现传统体力劳动的自动化，然后又扩展至信息流控制，实现简单脑力劳动的代替，最后再到对信息、知识流控制的复杂脑力劳动的支持。随着信息管理的深入发展，智能化的内涵逐渐深化，重心也不断改变，这种进化不断深入地将经验决策和管理转化为由智能化信息管理支持的科学决策和管理，大大提升了信息利用的效度。在未来，智能信息管理的发展将以主动性、自适应性、自组织性、柔性为方向，建立更强有力、更多样化的信息资源管理理论基础和框架。

智能信息管理系统能更好地支持宏观决策和动态决策，目前主要的智能信息管理系统包括：基于“方法—人类—计算机”交互的智能决策支持系统（IDSS）、多目标决策（MOD）、组决策支持、神经决策系统（NDS）、双层与多层决策等。

3. 基于电子服务的信息资源管理

在互联网技术和现代通讯技术迅猛发展之前，绝大多数的信息管理系统是为了提高企业或者机构的工作效率而建立,这类信息系统的用户一般都是企业或者机构的工作人员,其主要目标是如何提高效率和更好地辅助决策。

随着互联网应用和现代通讯技术应用的深入,越来越多的信息系统转为面向外部的企业及个人客户。电子服务正是从这些需求出发而产生的新领域。根据惠普公司的定义,电子服务是将各种服务电子化,即将各种传统服务通过网络的运作,以最有效率的方法提供给用户。

基于电子服务的信息资源管理,一方面可以促进信息资源管理的范围进一步延伸到客户领域,在管理对象外化的基础上进一步实现管理目标的外化,即信息资源管理的目标由为自身服务转向为客户服务;另一方面,电子服务可以促进信息资源管理服务外包,企业和机构不需要自建系统、购买数据,而通过外包的方式得到这些资源,从而降低成本。

目前应用比较成熟的电子服务包括电子商务、电子政务、电子银行等,总的来看,这些服务主要集中在交易和事务处理环节。而在未来,电子服务的类型和内容将进一步扩充,所有客户的售前、售后服务环节都将在网上实现。

4. 本体论在信息资源管理中的应用

本体论本身是一个研究存在本质的哲学概念,但近几年来,这个词被应用到信息资源管理之中,并在智能信息处理、情报组织与检索、数据库管理中扮演着越来越重要的作用。虽然到目前为止,对于本体论还没有统一的定义和固定的应用领域,但斯坦福大学的 T. 格鲁伯(Thomas Gruber)给出的定义却得到了许多同行的认可,即本体论是对概念化的精确描述,本体论用于描述事物的本质。①

本体提供了信息资源管理各主体(人、信息、计算机、网络等)之间进行交流(对话、互操作、共享等)的一种语义基础,即由本体论提供一种各主体都能听懂的语言。借助这种语言,人与机器之间、机器与机器之间都能更好地相互理解和合作,从而提高信息管理的自动化与智能化水平,解决信息管理中的一些难点问题。

主要参考文献:

1. 孟广均:《信息资源管理导论》,科学出版社 2008 年版。
2. 张凯:《信息资源管理》,清华大学出版社 2007 年版。
3. 钟守真、李月琳:《信息资源管理含义研究综述》,《情报科学》,2000 年第 1 期。
4. 彭澎、电子服务:《互联网的第三次浪潮》,《理论与改革》,2009 年第 6 期。
5. 王坤:《本体论及其应用研究》,《情报探索》,2009 年第 1 期。

① T. R. Gruber. Toward Principles for the Design of Ontologies Used for Knowledge Sharing. International Journal Human-Computer Studies, 1995(43).

网络犯罪经济学

Internet Criminal Economics

T. 摩尔　R. 克莱顿　R. 安德森

美国哈佛大学计算与安全研究中心　博士后

英国剑桥大学　研究员

英国剑桥大学　安全工程学教授

本文发表于美国《经济展望杂志》2009 年夏季号。文章从考察网络犯罪的数据着手，检视了网络犯罪的各个方面，如入侵联网计算机、发送垃圾邮件、制作钓鱼网页或散播其他非法内容，同时也揭示了防御网络犯罪的难度，即网络的全球化和分布型结构使得网络安全控制成为最为薄弱的一环，而公共防御与私人防御之间也暴露出了协调不力的状况。本文认为，要更好地控制网络犯罪，就需要更好地理解它，而理解的关键并不在技术方面，而是不同参与方的经济动机。

信息安全经济学近来已成为一门快速发展的主要学科。对该领域的研究早在 2001 年就开始了，当时就有观察表明，因贫穷而犯罪所造成的安全系统失效案例至少等同于技术原因所导致的安全系统失效案例。①由于分布式系统是由不同利益主体所控制的机器组成的，所以微观经济学分析和博弈论分析对于可靠性的意义就变得与协议控制和密码分析一样重要了。经济学方面的研究不仅对诸如用户隐私、垃圾邮件、网络钓鱼等直观信息安全问题提供了一种有效的分析方法，同时也能使学者在系统可靠性、冲突、犯罪等方面有所启迪。2002 年，一个信息安全经济学工作组(WEIS)成立了。如今有 100 余位研究者活跃于该领域，相关课题把信息安全工程师、经济学家、甚至律师和心理学家都汇聚到了一起。

网络犯罪早在 2004 年就开始出现，并已成为一个令人揪心的产业。之前，很多网络危害还是来自一些业余黑客为炫耀自身技术而攻击相关网站和编写恶意程序。早期的电子欺诈大多处于家庭手工作坊阶段，涉及地域小，成功率不

---

① Anderson, Ross. 2001. Why Information Security is Hard — An Economic Perspective. Proceedings of the 17th Annual Computer Security Applications Conference, 358-365. IEEE Computer Society.

高,典型的信用卡诈骗犯所经营的也无非是一项纵向整合性的小生意。例如他会购买一台信用卡条码刻录机,开家小店复制顾客信用卡,然后晚上到自动取款机上偷钱。同样,电子欺诈不过是另外还为同伙收集密码信息的一个呼叫中心而已。

但现如今出现了犯罪网络——罪犯相互交易的网络黑市,罪犯在其中各司其职。[①]这就如同A.斯密(Adam Smith)所述的图钉厂,专业化分工带来了惊人的产出,即便此处所说的是银行卡号码而非金属图钉。如表1所示,某人若能收集到银行卡、个人账户信息或是他人网上银行密码,他就可以在网上把这些资料卖给匿名破译者,按网上挂牌信息来看,银行卡的标价在每张0.4美元至20美元不等,银行账户信息每份从10美元至100美元不等。[②]而那些姓名、社会保障卡号、出生日期等可用于申请信用卡的信息则每套标价从1美元至15美元不等。之后,破译者又将这些东西卖给专门的洗钱人用来洗钱。

其中一种常见的方法就是洗钱人将受害者账户中的钱转入"钱骡"(money mule)的账户。所谓的骡子是专为收赃和转账而被骗来的。洗钱人利用夹杂在垃圾邮件中或挂在类似Craigslist或Monster网站上的招聘广告来招纳这些钱骡,这类广告通常宣称能提供"交易助理"或是"销售助理"这类在家工作的机会。[③]骡子常被告知,他们的工作就是接收支付给雇主的货款或服务费,可以提取部分佣金,然后用诸如西联汇款所提供的不可撤销支付服务,将其余资金转账出去。骡子把钱转出之后,一旦案发,与这笔汇款发生关联的就只能是骡子。洗钱人也会用偷来的钱来炒高他们已经投资的低价股票;或者通过网上扑克游戏、网络拍卖等方式进行洗钱。

窃取手机银行密码的工作也已经实现了专业化。"网钓犯"通过操纵仿真银行网页来诱使粗心大意者登录,由此复制他们的账号、密码及其他资质信息。网钓犯雇佣"垃圾邮件发送人"给银行客户发送声称来自银行的邮件,诱使消费者登录仿真网站。网钓犯和垃圾邮件发送人使用的都是恶意软件,计算机一旦使用该软件就会遭侵入。当受害者下载一个貌似无害的软件或访问一个遭感染的网站时,他们就会在不知不觉

① Thomas, Rob, and Jerry Martin. 2006. The Underground Economy: Priceless. USENIX ;login, 31(6), 7-16.

② Symantec. 2008. Symantec Global Internet Security Threat Report, Vol. 13, Trends for July-December 07. http://eval. symantec. com/mktginfo/enterprise/white _ papers/b-whitepaper_internet_security_threat_report_xiii_04-2008. en-us. pdf.

③ Krebs, Brian. 2008a. "Money Mules Help Haul Cyber Criminals" Loot. *Washington Post*. January 25. http://www. washingtonpost. com/wp-dyn/content/story/2008/01/25/ST2008012501460. html.

中运行这种软件，而此类被感染的网站大约有300万个。①营利性恶意软件市场的出现意味着这些恶意软件不是青少年编写来向同伴炫耀的，而是有研发和测试预算的专业公司所编写的。这类公司保证自身产品不会被大多数反病毒软件检测到，而当它们被检出时，公司还能提供相应的更新版本。②由此导致的一个后果是，反病毒软件原本可以检出大多数的恶意软件，而此后却只能检出小部分了。受感染的计算机能借助使用者的点击收集到使用者的电子银行资质信息，他们也可能被吸引进僵尸网络（botnet）。虽然各类评估结果参差不齐，但整体而言，全球约有5%的计算机随时有可能被恶意软件感染。③据一家杀毒软件公司估算，全世界有1 000万台计算机被恶意软件感染，有可能被窃取网上资质信息。④

随着这一新型网络犯罪生态系统的产生，还诞生了一项新的职业："僵尸网牧人"——这种人管理着大量被感染的个人计算机（一个"僵尸网"），然后把它们租给垃圾邮件发送人、网钓人和其他诈骗犯。僵尸网牧人就如同操纵机器人一样自如地操控着僵尸网里被恶意软件感染了的计算机。如今几乎所有的垃圾邮件都是由僵尸网发出的，网络罪犯使用的许多网页都挂在僵尸网中，范围从网上药品售卖到用来钓鱼诈骗的仿真银行网页，再到用来"雇佣"钱骡的皮包公司，如此等等。⑤敲诈犯也租用僵尸网络，也曾在重大体育赛事前，威胁要利用僵尸网的巨大流量挤爆相关赛事订票网页。2004年，3个俄罗斯人因利用这种方式勒索几十万美元而被捕。⑥有人曾利用僵尸网攻击爱沙尼亚政府网络，致使部分基础设施关闭，以此作为一种政治示威。⑦单在2007年

---

① Provos, Niels, Panayiotis Mavrommatis, Moheeb Abu Rajab, and Fabian Monrose. 2008. All Your iFRAMEs Point to Us. Proceedings of the 17th USENIX Security Symposium, 1-15. USENIX Association.

② Schipka, Maksym. 2007. The Online Shadow Economy: A Billion Dollar Market for Malware Authors. MessageLabs White Paper. http://www.fstc.org/docs/articles/messaglabs_online_shadow_economy.pdf.

③ House of Lords Science and Technology Committee. 2007. Personal Internet Security, 5th Report of 2006-2007. London: The Stationery Office. 2006-2007. London: The Stationery Office.

④ Panda Security. 2009. More than 10 Million Worldwide Were Actively Exposed to Identity Theft in 2008. March 10. http://www.pandasecurity.com/usa/homeusers/media/press-releases/viewnews? noticia9602&sitepanda empresas.

⑤ Moore, Tyler, and Richard Clayton. 2008. "The Impact of Incentives on Notice and Take-down." In Managing Information Risk and the Economics of Security, ed. M. Eric Johnson, 199-223. New York: Springer.

⑥ Sullivan, Bob. 2004. Experts Fret over Online Extortion Attempts. MSNBC. November, 10. http://www.msnbc.msn.com/id/6436834/.

⑦ Lesk, Michael. 2007. The New Front Line: Estonia under Cyberassault. *IEEE Security and Privacy*, 5(4), 76-79.

下半年,就有大约500万台计算机在主人不知情的情况下加入了僵尸网络。①

网络犯罪还涉及很多其他类型的欺诈,如虚假彩票、股票欺诈、预支款诈骗等,或是散播儿童淫秽照片等犯罪。表1的下半部分展示了部分网络犯罪所造成的损失评估。

表1　电子犯罪数据

	估价	数据来源
地下经济标出的单价		
银行账户资质信息	10—100美元	Symantec(2008)
信用卡	0.4—20美元	Symantec(2008)
完整的身份资料(姓名、社保卡号、出生日期等)	1—15美元	Symantec(2008)
网络竞拍账户资质信息	1—8美元	Symantec(2008)
受感染计算机和网页数量		
进入僵尸网的计算机	500万	Symantec(2008)
受到身份盗用软件感染的计算机	1 000万	Panda Security(2009)
挂有网钓页面(仿真银行页面)的网站	116 000	Moore and Clayton(2009)
含有恶意软件的网站	300万	Provos et al. (2008)
每年损失		
英国的网络银行诈骗(2007年6月至2008年5月)	3 650万英镑	APACS(2008)
身份盗用给美国造成的直接损失(2006年)	28亿美元	Gartner(2006)
恶意软件给欧洲带来的损失(2006年)	93亿欧元	Computer Economics(2007)

迄今为止,世界还跟不上网络犯罪快速发展和产业化的步伐。银行总是隐瞒欺诈损失,甚至责怪客户是在欺诈;它们在与其他银行分享信息方面也显得犹豫不决;警务机构在这方面也同样举步维艰。

网络犯罪同传统犯罪经济有许多相似之处,自G.贝克尔(Gary Becker)1968年的创新研究之后,这类研究便开始蓬勃发展,当然欺诈亦有一些有趣的差异。目前现存的国际警察合作机制是为诸如谋杀、恐怖主义这类严重犯罪设计的,而网络犯罪则是

① Symantec. 2008. Symatec Global Internet Security Threat Report, Vol. 13, Trends for July-December 07. http://eval.symantec.com/mktginfo/enterprise/white_papers/bwhitepaper_internet_security_threat_report_xiii_04-2008.en-us.pdf.

在全球范围内具有产业规模的小型罪案。另一差别是,传统罪案通常是由社会边缘人群作案,尤其是那些受到多重压榨或是吸毒、酗酒的年轻人。相反,在网络犯罪中作案的常是具有较多优势的人,通常受过良好的教育,有能力,只是他们所生活的社会环境就业前景不佳,警务系统效率较低。

本文试图从观察网络犯罪数据着手,随后检视集体行为的各个方面,如那些会受感染的计算机的联网、制造负面假象令相关计算机发出垃圾邮件、打理钓鱼网页或是散播其他非法内容的人。网络的全球化和分布型结构,使得安全控制成为最为薄弱的一环,也暴露出公共防御与私人防御之间协调不力的状况。

准确的信息

大多数国家都很难收集到网络犯罪受损的切实统计数据。但若没有统计,就难以将计算机系统的脆弱性、僵尸网数量、垃圾邮件流量这些数字同实际经济有效联系起来。其中一个问题在于,许多收集这类安全失效统计数据的相关部门,本身就会有意瞒报或虚报相关数字。例如,反钓鱼机构"钓鱼坦克"(Phish Tank)曾吹嘘其软件检出了大量钓鱼网页[①],而谈到复制网页时,相关数字则会在他们报出的数字上打折扣。[②]英国银行贸易委员会的支付清算委员会(APACS)给出了另一个样本,它指出,2005 年至 2006 年间钓鱼网页的攻击增长率为 726%,而所造成的损失却只增长了 44%。[③]相反,政府则经常试图弱化犯罪率的统计数据。以某个极为糟糕的案例为例,英国政府修改了相关法例,迫使受欺诈者必须向银行报案而非警局。这一改变使得欺诈案发率几乎跌到零,受到了国会的大力抨击。[④]网络服务供应商也有意瞒报数字:它们希望能减少客户关于网络流量问题的投诉,避免影响与其他网络服务供应商之间的关系。

但有两项测算网络犯罪的方法是有效的。虽然某家银行通常会对欺诈损失进行保密,但统计全国银行的受损汇总数据则是可行的。法兰西银行和英国 APACS 会公

---

① OpenDNS. 2007. OpenDNS Shares April 2007 PhishTank Statistics. Press release, May 1. http://www.opendns.com.

② Moore, Tyler, and Richard Clayton. 2007. Examining the Impact of Website Take-down on Phishing. Proceedings of the Anti-Phishing Working Group eCrime Researchers Summit, 1-13.

③ APACS (Association for Payment Clearing Services). 2007. Card Fraud Losses Continue to Fall. Press release, March 14. http://www.apacs.org.uk/media_centre/press/07_14_03.html.

④ House of Lords Science and Technology Committee. 2007. Personal Internet Security, 5th Report of 2006-2007. London: The Stationery Office.

布法国和英国各家银行因受钓鱼网页攻击而所受损失的汇总数据,以及各家银行因自动取款机遭窃或其他欺诈所受损失的相关汇总数据。由于各家银行会因为营运、内部管控、审计等原因,对这些数据进行统计,所以在全国范围内整合这些数据就变得很简单。笔者曾受委托为欧洲委员会撰写一份关于安全经济与内部市场的报告,[①]报告建议其他国家效仿法国和英国的做法,公布国内的相关汇总数据。

另一项互补性的不同做法存在于美国的许多州,目前欧洲议会也正在予以考虑,那就是安全职责报告法例(security-breach reporting laws)。2002年,加利福尼亚州生效了一项法案[②],任何在加利福尼亚经营的公共或私人实体一旦发现辖下的个人信息数据被未经授权的第三方得到,则必须通知相关当事人。该法案旨在让个人在个人信息被窃后有机会保障自身利益,就像当T.J. Maxx公司信息技术系统中的4 500万份信用卡号被偷走时那样。[③]它旨在激励公司保护个人信息数据安全。A.阿奎斯蒂(Alessandro Acquisti)、A.弗里德曼(Allan Firedman)和R.特朗(Rahul Telang)2006年发现,遵循告知义务在统计数据上对公司股价有着非常负面的影响。S.罗曼诺夫斯基(Sasha Romanosky)、R.特朗和A.阿奎斯蒂(2008)检视了2002年至2007年间联邦通信委员会提供的信息被盗报告。比照诸州实施信息公布法例的时间差异,发现在州内实施信息公布法例之后,欺诈案发案率出现了小幅下降,但这种下降在统计上显得十分重要。信息公布义务法例的出台也对公共领域的安全事件的统计作出了贡献。加利福尼亚州的法例促使了至少其他34个州出台相关法例,虽然它们的相关细节有所不同。

如果有一个中央数据交换所,再加上其他一些流程的标准化,那么安全信息告知义务法例是可以被进一步改进的。中央数据交换所可以确保那些媒体、投资人、研究者和行业规范制定者履行告知义务。未来美国和英国的法律也会对信息公布设定最低标准,因为一些美国公司过去曾经在冗长的运作材料中隐瞒了相关的应告知信息。最终,告知信息中应该包括个人应该做什么的建议;而过去一些美国公司提供的告知信息只是让接收到它们的客户感到迷惑或害怕,而并没有给他们提出有效降低风险的建议。

有些研究者直接对新型犯罪市场做了研究。一家网络安保公司(Team Cymru)的

---

① Anderson, Ross, Rainer Bohme, Richard Clayton, and Tyler Moore. 2008. Security Economics and the Internal Market. European Network and Information Security Agency. http://www.enisa.europa.eu/doc.

② California State Senate. 2002. Assembly Bill No. 700. http://info.sen.ca.gov/pub.

③ Greenemeier. 2007. T. J. Maxx Parent Company Data Theft Is The Worst Ever. *Information Week*, March 29. http://www.informationweek.com/news.

研究团队早就开始记录网络犯罪数据。[①] J. 富兰克林(James Franklin)等监视了网络犯罪分子用来互相联络的网络聊天渠道,收集了大量关于信用卡欺诈、垃圾邮件、网络钓鱼和被控服务器买卖的信息。C. 卡尼奇(Chris Kanich)等人则更进了一步,他们渗入某个巨大的僵尸网络,把那些垃圾邮件转接到研究者所控制的一个良性网站。由此他们可以第一次独立解答一个长久以来一直存在的问题:有多少人会回复垃圾邮件?在3.5亿封网络售药广告中,成交了28笔,覆盖率为0.000 01%。这种创新型的监视仍是必要的。但不幸的是,类似的项目在很多国家,包括英国在内,只能由相关法律机构来依法执行——而这些机构又往往缺乏技术专家或者就根本没把这类问题放在心上。事实上,很多国家已经通过的信息安全法律只会妨碍研究者的工作,而不能追踪真正的犯罪。

缺少了网络犯罪信息的准确数据,就难以让私有市场生成提供更多安全软件的动机。G. 阿克尔洛夫(George A. Akerlof)的"柠檬市场"模型在很多信息安全产品和服务市场上都得到了运用。安全软件的数量不足以让开发者查明真相,更不用说消费者了,于是消费者自然就拒绝为质量信不过的产品付款了。

共享安全与艰难协调

在很多环境中,安全依赖于许多相互依赖的各方的努力。J. 赫希雷弗尔(Jack Hirshleifer)1983年讲述了一个故事,说是某岛的防洪体系是由地主私人建造的,因此防洪体系的安全性建立在最薄弱的环节上——最懒的家庭所建造的那部分。他把这比作一个城市的导弹防御体系,应该建立在对袭击的最佳拦截上。他还指出,比起最薄弱环节,最佳拦截是更好的防御体系。H. 范里安(Hal Varian)于2004年提供了第三个案例,表明防御效果取决于所有防御者的努力,这就好比民主国家的纳税、服役一样——这也表明,集体防御策略是上述三个防御方式中最好的一种。

由于网络安全往往是最薄弱的环节,所以防御网络犯罪十分困难。数百万台计算机被弄进了僵尸网,入侵者可以随意选择那些使用过期软件的计算机加以操控。此外,网络不安全有点像环境污染:那些用不安全的计算机联网的人正在形成一种消极的外部性,即计算机可以被旁人操控用来攻击第三方;有人甚至提议打造限制交易系统来对软件质量进行监控。[②]然而,软件业的最终本质也许意味着这些解决方案在某些

① Thomas, Rob, and Jerry Martin. 2006. The Underground Economy: Priceless. USENIX ;login, 31(6): 7-16.

② Camp, L. Jean, and Catherine D. Wolfram. 2004. Pricing Security: A Market in Vulnerabilities. In Economics of Information Security, Vol. 12, Advances in Information Security, ed. L. Jean Camp and Stephen Lewis, 17-34. Boston: Kluwer Academic Publishers.

方面是行不通的,网络罪犯也会从网络供应商那里购买只符合最低安全规定的服务,或是忽视不当操作的服务。

网络安全最薄弱环节的本质很大程度上引发了如何才能发现和创造出有效管控这样的实质性问题。可以把保护责任推给计算机主人、网络服务供应商、软件制造商、私有安保公司、法律机构或是银行,但很显然,它们中的每一个都希望其他人能够解决这个问题。那么如何让系统中的这些角色对网络犯罪造成的公共损失作出反应,而不是仅对私人损失作出反应呢?

网络服务供应商的核心角色

网络服务供应商通常很容易甄别出攻击,因为用户受感染的证据必然会经过它们的网络。美国约有4 000家网络服务供应商,规模从服务于数百家偏远社区居民的夫妻老婆店,到诸如美国电话电报公司(AT&T)、威瑞森(Verizon)、美国在线(AOL)和康卡斯特(Comcast)这类为数百万家庭用户和商业用户提供网络链接的庞然大物。更重要的是,大型网络服务供应商拥有专业技术人员,可以侦测并处理受到恶意传染的计算机,而单独用户和小企业在计算机被感染时却难以自知。网络服务供应商也被要求去限制被感染计算机的对外影响,它们可以控制它们的网络连接,必要时还可以切断相关网络连接。目前的最佳措施还没有那么严厉:把受感染计算机限制在被称为"围墙花园"的二级网络之内,让它们只能接触到杀毒软件和软件补丁,而接触不到其他的东西。

市场使部分网络服务供应商有了采取行动的愿望。经合组织的一项研究发现,最强大的驱动力是客户支持的流失。一家中型网络服务供应商的报告指出,公司1%—2%的年收益用于回应与网络安全有关的客户支援电话。[①]另一项动机是,如果一家网络服务供应商的客户对外发出了过多的有害流量,这将会使公司难以维持与同类公司相同的水平。然而,大型网络服务供应商则没有这种来自同行的压力,因为其他人难以承受与其断绝联系的损失。世界上很多有害流量都是来自这些"过于庞大而无法阻拦"的网络服务供应商的网络。

某些粗心大意的网络服务供应商占据了与其规模比例不相称的犯罪业务量。例如,到2007年,世界上很多恶意软件都寄生于无视国际法要求的"俄国商业网络"。[②]2007年末"俄国贸易网络"突然下线之后,恶意软件散布随即转移至别处。2008年11月,《华盛顿邮报》的一名记者说服一些向上信号流带宽供应商切断了与以旧金山为大

① van Eeten, Michael J. G., and Johannes M. Bauer. 2008. The Economics of Malware: Security Decisions, Incentives and Externalities. OECD Science, Technology and Industry Working Paper No. 2008/1.

② The Economist. 2007. A Walk on the Dark Side. August 30.

本营的麦克科洛(McColo)的连接,[①]由此使全球垃圾邮件量短期内下跌近70%。显然,许多僵尸网牧人一直通过麦克科洛来管理被他们所控制的计算机。而最近,"东方领地"(EstDomains)这个原先由"俄国商业网络"打理的首要恶意网站,被负责协调互联网命名系统的非营利组织——互联网名称与数字地址分配机构——首次取消了授权。[②]

然而,攻击者常常能在防御者将之踢出局之前发现互联网的下一个薄弱环节。T. 摩尔和 R. 克莱顿描述了主要网络欺诈团伙——岩鱼(rock-phish)是如何运作的。它注册了很多恶意网络主域名来实施攻击,每过一段时间,该团伙会挑选出一个新的主域名注册服务器并让其成为活跃客户,用假名和偷来的信用卡注册数百个主域名。由于注册服务器在发现某个主域名看似有被滥用嫌疑时——例如银行名字错拼等——会很快将其注销,所以岩鱼选择了那些看起来不会侵害商标的主域名。与之相比,让一个天真的注册人员相信某个看似清白的主域名其实正被用于犯罪,则要花更长的时间。

图1表明,大量钓鱼网站的寿命取决于 T. 摩尔和 R. 克莱顿提出的相关数据。水平坐标表明的是钓鱼网站被举报的时间;纵坐标显示的是它的寿命。该团伙于2007年

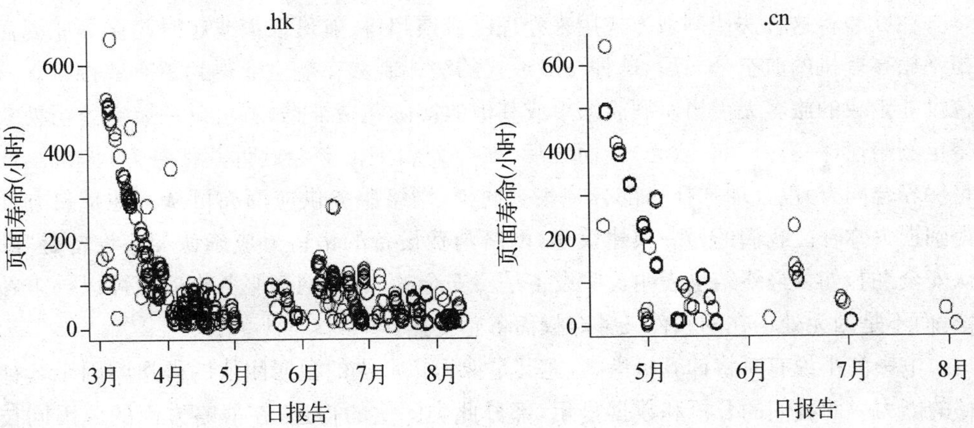

图1 被攻击网域对钓鱼网站寿命的散点分析

数据来源: T. 摩尔和 R. 克莱顿(2007)。

① Krebs, Brian. 2008. Major Source of Online Scams and Spams Knocked Offline. Blog titled"Security Fix." Washington Post, November 11. http://voices.washingtonpost.com.

② Internet Corporation for Assigned Names and Numbers (ICANN). 2008. "Termination of Registrar EstDomains to Go Ahead." November 12. http://www.icann.org/en/announcements.

3月首次攻击中国香港网域，在香港当局将其清理出去后，又于2007年5月转向攻击中国大陆网域。以.hk(中国香港)和.cn(中国大陆)域名内的钓鱼网站为例，若是在该团伙攻击相关网域后的第一个月内注册的，则其寿命要比在相关攻击后几个月内注册的网站长得多。其他研究者也曾记录过打理恶意软件的网页是如何从一个注册服务器转移到另一个注册服务器的。①

教育那些注册登记人员是目前正在进行的一项工作。部分大公司提供了绝大部分的注册服务，不过在网络服务供应商的帮助下，还有数千家小公司也提供此类服务。反钓鱼工作网络政策委员会2008年为自己设定了雄心勃勃的目标，培训所有的注册登记人员，让他们在网域被攻击前，了解诸如岩鱼团伙等常见的威胁。

政策制定者也给了网络服务供应商，尤其是那些大型网络服务供应商，更强的动机去阻止被感染计算机攻击其他用户。例如，我们建议对那些明知其网络内存在被感染计算机后，仍在一定时间内不采取相关行动的网络服务供应商实施法律制裁。②目前，不同网络服务供应商的清除速度有着天壤之别，速度最快的网络服务供应商可以在1小时内清除钓鱼网页，而其他的供应商可能要花几周时间才能做到。若要对那些在被告知后一个合理时段内未对不当操作网页采取行动的供应商作最低责任起诉认定，那么3个小时可以说是一个有效的推动点。

在欧盟将这种法律制裁方式用来处理因机票超售、航班取消或超时延误等原因而拒绝旅客登机的航空公司后，这种一般形式的法律制裁在航空业得到了有效推行。一位没能走成的旅客无需出示酒店账单或其他的实际花费证据，就可以从航空公司处获得定额赔偿(一般是250欧元)。而之后，航空公司则可能会起诉其他各方(如机场或是保养合同方)以合理弥补这部分损失。同样，网络服务供应商亦可从其他疏忽方处得到损失弥补。我们的另一项建议是，网络消费设备的销售方应确认相应设备是"默认安全"的，如果最终结果表明这些设备是不安全的，那么网络服务供应商可以寻求补偿，而不是因无处不在的软件义务弃权而备感受挫。

电影和小说有时将计算机黑客，尤其是像岩鱼那样的犯罪团伙的得逞归因于其神秘的能力。而我们的分析和数据显示，部分此类团伙的得逞，在战略方面的原因同技术方面的原因一样重要，成功的攻击者并不是做出了杰出的软件，而是找到了系统中的基础漏洞。P. 欧姆(Paul Ohm)2008年在对"超级用户神话"的探讨中证实了如下分

① Day, Oliver, Brandon Palmen, and Rachel Greenstadt. 2008. Reinterpreting the Disclosure Debate for Web Infections. In Managing Information Risk and the Economics of Security, ed. M. Eric Johnson, 179-197. New York: Springer.

② Anderson, Ross, Rainer Bohme, Richard Clayton, and Tyler Moore. 2008. Security Economics and the Internal Market. European Network and Information Security Agency. http://www.enisa.europa.eu/doc/pdf.

析：人们把黑客的得逞归因于他们超常的能力，而实际分析得出的结果则显得要简单得多。

网络维护公司分享安全数据

及时而全面收集有关最新网络弱点的数据，对于保护消费者来说是根本性的。然而，很多信息安保合同方在为客户卸除恶意网站后，就把相关数据保留了下来，认为一旦这类信息被分享，竞争对手就会得益。而我们发现，如果安保合同方能够对外分享更多的数据，那么不论是公司客户还是普通消费者都将受益。

回顾20世纪80年代和90年代，当时的杀毒软件公司相互之间也不分享病毒软件样本；相反，他们会吹嘘自己收集的清单多么齐全。商业杂志会把不同杀毒软件公司的竞争产品做一一比较，以测试诸如所罗门医生公司(Dr. Solomon)出品的杀毒软件能否比诺顿公司(Norton)检出更多的病毒。1993年，主要杀毒软件公司流出的一些资料表明，由于市场竞争关系，部分新兴病毒被忽略了，这也最终表明，拒绝分享相关资料对整个行业是有害的。在当年的欧洲计算机防病毒协会(EICAR)峰会上，防病毒研究者达成共识，将与竞争对手分享病毒样本。这种分享一直持续至今，不断推进着对客户和消费者的保护质量。

反钓鱼网页行业还没有学到这一课。在该行业核心部分，有一些专业的合作者，例如Cyveillance、RSA和MarkMonitor，受雇于帮助银行清除钓鱼网站，隔离被滥用的域名。这些公司时时刻刻都在按钓鱼网页排列清单来编列钓鱼网站的“种子”。T. 摩尔和R. 克莱顿分析了多种渠道收集来的6个月的“种子”，其中就包括两个反钓鱼网站合同方。在每个案例中，业内对很多钓鱼网站或多或少都有一定的了解，但那些受雇于银行、旨在消除钓鱼网站的公司则未必都知道这些网页。

图2呈现的是一家大型杀毒软件公司(TA)的发现。该公司在6个月内为54家客户移除各类钓鱼网站。其间，TA甄别出9 008个针对其客户的钓鱼网页(显示为左边的圆圈)，此外还有竞争对手所检出的5 962个网页(显示为右边的圆圈)。由于可能存在TA或竞争对手都不知晓的钓鱼网页，换言之，TA至少错失了40%的目标网页。

T. 摩尔和R. 克莱顿在检测这些网页的寿命后认为，这种情况所造成的损失大致同一个更具可协调性的选项有关。被TA检出的网页平均只需17个小时就可被移除，而TA所不知的网页平均需要112个小时才被移除，即要4天多一点的时间。此外，在TA不知的9 008个网页中，有4 313个是首先被其他公司发现的，平均时间是在TA发现这些网页前50个小时左右。这种延误所造成的影响可以从网页寿命长短上显示出来：这些网页平均存留56个小时左右，比TA所检的那些网页多存留了39个小时。如果维护公司之间能够分享相关数据，则钓鱼网站的寿命将大为缩短，这就如同防病毒公司15年前开始做的一样。它们的客户会直接因此而受益，相关的公司也同样会

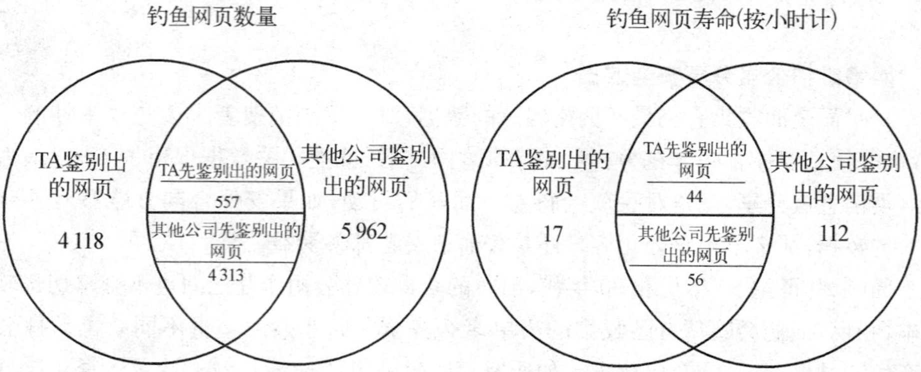

图2 韦恩图所显示的是TA在2007年10月至2008年3月期间为其54个客户甄别并采取相关行动的仿冒钓鱼网页

数据来源：T. 摩尔和R. 克莱顿(2008b)。

获益——不仅是年收入可能会因为业务量的增长而增加，还能为市场提供更有价值的整体服务。T. 摩尔和R. 克莱顿在计算后得出结论认为，若相关信息得到分享，则钓鱼网页的寿命至少会减少一半，且经初步估算，单就这两家公司的客户每年就可以避免高达3.3亿美元的欺诈损失。

与15年前防病毒行业一样，信息分享对于整个行业会有一定的影响。维护公司的竞争主要体现在如下一些方面：价格、服务、移除钓鱼网站的速度，以及"播种的全面性"——行内用于描述搜索攻击性网页之广度的术语。而分享数据将使"播种的全面性"不再成为一项竞争指标，这可能对降低该领域竞争动机带来负面影响。①解决这一缺陷的可行办法就是补偿那些向公共信息库提供更多数据的公司。②某些发展良好的公司可能会把分享信息看作是行业门槛的降低。然而，信息分享后，相关的竞争会进一步转移到移除钓鱼网站的速度、价格和服务上，由此坏事也会变成好事。通过移除数量更多的钓鱼网页，服务本身则将成为对银行更有价值的内容。

看来，目前已有的维护公司终将因信息分享而获利——即因服务带来的收益会不断增加，足以弥补全面竞争上所遭受的损失。唯一可能失败的是少数专门制造"种子"的公司。对于作为维护公司的客户——银行来说，分享更多的"种子"只会带来利益。

① Olson, Eric. 2008. A Contrary Perspective — Forced Data Sharing Will Decrease Performanceand Reduce Protection. October 22. http://www.cyveillanceblog.com/phishing/acontrary-perspective.

② Moore, Tyler. 2008. How Can We Co-operate to Tackle Phishing? October 27. http://www.lightbluetouchpaper.org.

防御动机是如何影响网页移除速度的

从盗版到儿童色情图片再到钓鱼网页，网络上有很多不同类型的有害内容是需要被移除的。T. 摩尔和 R. 克莱顿收集了一些相关网页的寿命数据，将之总结在表 2 中。

表 2　网页寿命(按攻击数据类型分)

	时　　间	网页数	寿命(小时)	
			平均值	中间值
钓鱼网站				
免费网页管理	2008 年 1 月	240	4.3	0
受控制的网页服务器	2008 年 1 月	105	3.5	0
岩鱼网域	2008 年 1 月	821	70.3	33
高流量网域	2008 年 1 月	314	96.1	25.5
欺诈网站				
钱骡招募网站	2007 年 3 月—2008 年 2 月	67	308.2	188
高流量医药网络销售网站	2007 年 10—12 月	82	1 370.7	1 404.5
儿童色情图片网站	2007 年 1—12 月	2 585	719	288

数据来源：T. 摩尔和 R. 克莱顿(2008a)。

可疑网站的寿命很大程度上受制于搜索和投诉攻击的动机。钓鱼网页是最快被清除的，银行非常积极地要求移除任何仿冒它们的网页。相反，诸如网络药品销售之类的其他非法活动则未必都会被移除。然而，大多数银行只关注于移除那些直接攻击它们的网页，却忽视了钓鱼网页供应链的一个重要组成部分：钱骡招募网站。如前所述，钓鱼网站管理者招募"钱骡"，欺骗他们利用西联汇款来洗白偷来的钱。由于欺诈汇款通常是颠倒的，所以钱骡最终往往是支出现金，损失的不是银行，所以银行缺乏足够的动机去消灭钱骡招募网站。它们的动机还因集体行动而变得迟缓：很难判定哪家银行会因某个钱骡招募团伙而遭受损失。

因此，即便钱骡招募网站对银行有直接损害，却没有一家银行或网络维护公司很积极地去追踪它们。具有代表性的是，只有类似"反 419 艺术家"(Artist Against 419)这样的公益机构有意清除那些钱骡招募网站，但它们也并没有把这类网站放在优先处理位置，因为它们认为钱骡是链接于钓鱼网站之内的。最终，规范制定者将督促银行把洗钱看作是应努力防范的事情，而不只是去降低风险；针对洗钱的大多数监管都旨在监控诸如贩毒之类的犯罪，银行在其中并不是受害者，所以驱使它们采取行动的动机显得极其微小，不过是对相关义务的机械服从。T. 摩尔和 R. 克莱顿发现钱骡招募网站平均寿命为 308 小时,比直接仿冒银行的钓鱼网站(4—96 小时)长得多。大好机会错失了,2008 年下半年垃圾邮件中增长最快的就要数钱骡招募网站,这表明钱骡的匮乏当时已经成为制约钓鱼网站运作的重要瓶颈。

攻击技术也会影响网站被移除的速度,但影响程度较小。天真的骗子把网页挂在免费服务器或被控服务器上,这样的网站很容易被维护公司清除掉;诸如“岩鱼”这种更为老练的犯罪团伙则会使用诸如 fast-flux 这类躲避技术。T. 摩尔和 R. 克莱顿是这样描述这类现象的:钓鱼网页散布于某个僵尸网中,它们在每台计算机上仅停留几分钟,之后就在被发现之前移动到另一台计算机上。但统计数字表明,某个攻击性网站的寿命更多取决于防御者想要将其清除的直接动机而不是攻击技术的高低。例如,T. 摩尔和 R. 克莱顿发现,利用 fast-flux 技术的钓鱼网页会在 96 个小时内被清除,而利用该技术的网上药品销售网页则几乎不会被清除,它们的平均寿命为 2 个月左右。

法律机构的调节

全世界有上万个法律机构,即便在发达国家,其中很多也不太清楚计算机犯罪的情况。各国对违法的定义各不相同,欧洲理事会通过的《关于计算机犯罪的条约》是全球领先的法律框架,已被美国接受,但仍未被欧盟的大多数成员国所认可。

即便各国对犯罪的定义达成一致,警方还是没有足够的动机去应对全球化的犯罪。假设一个钓鱼网站牧人从俄国随机发出 100 万封垃圾邮件,按伦敦占全球网络 1%的用量来计算,英国最大的伦敦警察局可能会在管辖区域内发现 1 万封。警察很可能会说“哦,真麻烦,让联邦调查局来处理这件事吧”,然后就继续把注意力集中在街头犯罪上。大多数地方警局都有判定案件处理的优先顺序:有多少当地居民受害,涉及多少名罪犯,案件对当地的危害性有多大。如从这些标准来看,即便案件在整体上造成了巨大的危害,但还是没几个网络攻击者是值得去追捕的。例如在英国,只有两个小型警务机构(支票及信用卡犯罪小组和警务中心电子犯罪部门)在专门处理网络欺诈案件,且这两个单位还有赖银行业的大力支持。

由于网络犯罪大多会跨越国界,所以合作的障碍进一步凸显了出来。现有的国际刑警合作机制是针对某些潜逃的谋杀犯的,而不是针对每笔金额只有几百美元的数百万起网络欺诈案,而且它的运作代价昂贵、进展较慢。其间还夹杂着敏感的国家领土问题:每个案件必经外交机构审核,以确保不涉及敏感的政治问题。对此,我们的建议是,遵循二战期间欧洲盟军最高统帅部(SHAEF)和现今北约组织的例子,各国应设立联络官来协助指挥中心判定任务目标,并将指挥中心的指令转达给本国的警方。此类“联合行动”可以应对目前各项安排进展缓慢、对何种事件该优先处理缺乏国际共识的状况。关键在于各国必须相信联络官能判定哪些要求是不带政治因素的,可以单纯作为刑事案件来处理。此外还需要建立一种机制,以推动制定关于计算机犯罪处理优先顺序的全球战略。

公共及私人行动

计算机犯罪能吸引警察及大众媒体眼球的一个方面，即那些散布儿童色情图片的网页。但令人觉得好奇的是，这些网页的移除速度大大慢于任何其他含有违法内容的网页。它们的平均寿命是719个小时，这相当于一般钓鱼网页寿命的150倍，甚至是钱骡招募网页寿命的2倍多。为何会这样呢？

20世纪90年代当互联网进入公众视野时，政策制定者将“儿童色情文学”作为一项所有政府都同意禁止的网络犯罪。网络服务供应商在29个国家设立了热线电话，以鉴定和取缔攻击性材料。在英国，网络观察基金会（IWF）就从事这项工作，并声称能在48小时内清除出现在英国境内的儿童色情网页，目前仅有0.2%的此类网页挂在英国境内。①对于挂在其他国家境内的此类网页，网络观察基金会只会向当地网络举报热线或是警方发出提示，但不会采取进一步行动。

至于举报热线、警方及其对相应提示的反应，各国是不同的，且收效甚微，一旦有反应，其成效会同网络观察基金会采取行动的效果差不多。美国失踪与受虐儿童援助中心（NCMEC）设立的美国举报热线称，会在“适当的时候”把清除通知发给网络服务供应商，但2008年10月之前，美国失踪与受虐儿童援助中心显然只通知了网络服务供应商的实际下属机构。2008年10月美国出台了一项新的法案，即“儿童保护行动案”，将这一问题作为网络服务供应商的基本义务，要求它们直接向美国失踪与受虐儿童援助中心登记备案。各国的警方对此类提示的反应也各异。通常来说，相关报告被送往某个全国性机构，然后由该机构将相关信息给到当地的相关部门，由它们与相应的网络服务供应商联络。法律机构的预算总是比较紧的，而警方在处理这类网页上的努力，又要取决于这类问题在当时当地所显现出来的严重性。

其他所有的网络非法资料几乎都是通过国际性的机构来完成的，对于一家有能力、有动机、有意愿取缔相关内容的私营企业来说，国界线并不是最根本的东西。然而在很多地方，警方在处理儿童色情图片泛滥方面被赋予了绝对的权力。例如在英国，仅仅拥有这类材料就可能面临刑事指控，由此断绝了私有部门在这方面的帮助，因为如果某公司试图取缔这些材料，则在某个阶段——至少是屏幕显示时——很容易看起来其拥有这些材料。由于警方拥有独家追索这些材料的权力，权限问题便成了解决该问题的最大阻碍，因为警方是不会跨国境（有时是州境或市界）行动的。网络观察基金会表示，如果去联络英国以外的网络服务供应商，那就等于“踩了别人的脚趾”，而且“不能或不允许在无授权时向英国以外的任何方面发布取缔此类内容的信息”。与之形成鲜明对比的是，对其他形式的网络犯罪，不论是银行还是网络维护公司，甚至是义

① Internet Watch Foundation. 2006. Half-yearly Report. July. http://www.iwf.org.uk/documents.

务警员，只要他们有意取缔此类远程材料，他们的行动都可以具备高度的灵活性。

然而，警方确实在打击网络犯罪方面扮演了重要角色。例如，近期在僵尸网和垃圾邮件行业中出现了重大的合并；如前所述，取缔麦克科洛使6个大型“网络牧羊人”失去了对僵尸网的控制，进而导致全球范围内的垃圾邮件减少了70%。看来，警力资源应大力集中在打击此类大型帮派上，而联邦调查局及其“打击傀儡网络行动”已经在朝这个方向推进了。诸如取缔非法网页等目前正在进行的任务，最好还是留给那些有合理动机的网络服务商来完成吧。

结　论

大约从2004年起，网络犯罪的有组织性和产业化已大大超出了除毒品行业之外的各类犯罪形态。许多银行和警察局所面临的控制问题在传统法律机构中早已存在，只不过由于网络的外延型及其全球化规模等因素，这类问题表现得更强烈而已。不幸的是，疑似犯罪将成为网络体系中一个永恒特征，并将给银行、普通市民、服务商及其他方面带来巨大的损失。

随着先前由技术推动的犯罪形态的不断翻新，从信用卡欺诈到利用车辆进行银行抢劫，设法最佳地利用公共资源和私有安全资源来打击犯罪是需要一定时间的。我们的分析表明，要大大改进对付网络欺诈方面的工作是可能的。网络犯罪也有一定的弱点——例如在洗钱时需要对于银行的选择。但是，各家银行都不把洗钱当作自己的防御目标，因为洗钱攻击的是整个银行体系，而不是某家特定的银行。或许银行应该把洗钱作为他们的打击目标。银行也没有成功地与网络维护合作方共享相关攻击数据，要知道这些数据对网络维护合作方是有直接帮助的。此类联合行动问题的最佳解决途径就是让私有部门共享信息，如同15年前计算机防病毒界的情况一样。最后，我们建议警方应集中力量打击大型钓鱼帮派。

要更好地控制网络犯罪，就需要更好地理解它。而理解的关键并不在科技方面，而是了解这一领域中不同参与方的经济动机。

主要参考文献：

1. Acquisti, Alessandro, Allan Friedman, and Rahul Telang. 2006. Is There a Cost to Privacy Breaches? An Event Study. Paper Presented at the International Conference on Information Systems (ICIS), Milwaukee, WI.

2. Akerlof, George A. 1970. The Market for "Lemons": Quality Uncertainty and the Market Mechanism. *Quarterly Journal of Economics*, 84(3): 488-500.

3. Anderson, Ross, and Tyler Moore. 2006. The Economics of Information Security.

Science, 314(5799): 610 - 613.

4. Anti-Phishing Working Group Internet Policy Committee. 2008. Anti-Phishing Best Practices Recommendations for Registrars. An APWG Industry Advisory. http: //www.antiphishing.org/reports/APWG_RegistrarBestPractices.pdf.

5. APACS (Association for Payment Clearing Services). 2008. APACS Announces Latest Fraud Figures. Press release, September 25. http: //www.apacs.org.uk/APACSannounceslatestfraudfigures.htm.

6. Becker, Gary. 1968. Crime and Punishment: An Economic Approach. *The Journal of Political Economy*, 76(2): 169 - 217.

7. Computer Economics. 2007. Malware Report: The Economic Impact of Viruses, Spyware, Adware, Botnets, and other Malicious Code. http: //www.computereconomics.com/page.cfm? name Malware%20Report.

8. Franklin, James, Adrian Perrig, Vern Paxon, and Stefan Savage. 2007. An Inquiry into the Nature and Causes of the Wealth of Internet Miscreants. Proceedings of ACM Conference on Computer and Communications Security (CCS), 375 - 388. ACM Press.

9. Gartner. 2006. Gartner Says Number of Phishing E-mails Sent to U.S. Adults Nearly Doubles in Just Two Years. Press Release, November 9. http: //www.gartner.com/it/page.jsp? id 498245.

10. Hirshleifer, Jack. 1983. From Weakest-link to Best-shot: The Voluntary Provision of Public Goods. *Public Choice*, 41(3): 371 - 386.

11. Kanich, Chris, Christian Kreibich, Kirill Levchenko, Brandon Enright, Geoffrey M. Voelker, Vern Paxson, Stefan Savage. 2008. Spamalytics: An Empirical Analysis of Spam Marketing Conversion. Proceedings of ACM Conference on Computer and Communications Security (CCS), 3 - 14. ACM Press.

12. Krebs, Brian. 2008. EstDomains: A Sordid History and a Storied CEO. *Washington Post*. September 8. http: //voices.washingtonpost.com/securityfix/2008/09/estdomains_a_sordid_history_an.html.

13. Moore, Tyler, and Richard Clayton. 2008. The Consequence of Non-cooperation in the Fight against Phishing. Proceedings of the Anti-Phishing Working Group eCrime Researchers Summit, 1 - 14. IEEE.

14. Moore, Tyler, and Richard Clayton. 2009. Evil Searching: Compromise and Recompromise of Internet Hosts for Phishing. Lecture Notes in Computer Science, Vol. 5628, pp. 256 - 272.

15. Ohm, Paul. 2008. The Myth of the Superuser: Fear, Risk and Harm Online. *UC Davis Law Review*, 41(4): 1327 - 1402.

16. Romanosky, Sasha, Rahul Telang, and Alessandro Acquisti. 2008. Do Data Breach

Disclosure Laws Reduce Identity Theft? Paper presented at the 7th Workshop on the Economics of Information Security, Hanover, NH. Available at SSRN: http://ssrn.com/paper.

17. Varian, Hal. 2004. System Reliability and Free Riding. In Economics of Information Security, Vol. 12, Advances in Information Security, ed. L. Jean Camp and Stephen Lewis, 1-15. Boston: Kluwer Academic Publishers. House of Lords Science and Technology Committee. 2007. Personal Internet Security, 5th Report of 2006-2007. London: The Stationery Office. 2006-2007. London: The Stationery Office.

(华东师范大学 倪平英 译)

国外知识共享管理研究述评

A Review of Knowledge Sharing Management Studies Abroad

赵付春

上海社会科学院信息研究所　管理学博士

知识共享是知识管理的关键环节，也是近几十年来持续受到理论界和实践界高度关注的问题之一。本文尝试从战略管理的视角出发，在组织和组织间两个层面，对国外有关知识共享的动机、策略和影响因素的研究作一总结和述评。在此基础上，结合近年来国外知识管理学界的研究主题和关注重点，梳理出未来知识共享研究的大致走向。

知识共享是当前知识管理研究者最关注的问题之一。近20年来，围绕如何实现组织知识共享，尤其是共享中存在哪些促进和阻碍因素等问题，受到国内外信息管理、战略管理、社会学、经济学、国际商务管理等领域的共同关注，并有了较多的研究成果。

一、知识的基本分类和知识共享的含义

现有研究对知识存在多种分类，但主要从两个维度：一个是知识的内容；另一个是组织的不同层次。从知识内容看，最常为人们所引用的分类来自M. 波兰尼(M. Polanyi, 1962)所提出的显性和隐性知识分类，而这一分类之所以流行，很大程度上得益于野中郁次郎(I. Nonaka) 1991年发表在《哈佛商业评论》上的一篇很有影响的论文"知识创新型企业"。此文的主要贡献在于运用显性和隐性知识这一区分，建立了一个知识创造的SECI循环模型①。

而从知识在组织中的不同层面，可以区分为个人、团队、组织和组织间网络4个不同的层面，将两者综合起来，形成如表1所示的分类框架。

---

① SECI模型详细介绍见霍国庆和喻缨：《知识管理的基本概念和模型研究》，《国外社会科学前沿》第10辑，上海人民出版社2007年版，第303—319页。

表1　从知识内容和层次两维度对知识的分类①

	个　人	团　队	组　织	组织间网络
显性	可以描述的个人知识	质量圈对绩效的文本化分析	企业组织架构	合作伙伴的产品专利
隐性	跨文化谈判技能	复杂工作的团队协作	企业文化	客户对产品的态度和期望

根据此种分类,知识共享包括了不同层面的共享,既有个人之间的知识共享,又有跨越团队或部门的共享,还有组织之间的甚至可以扩充到行业层面的知识共享。而每一个层面的知识共享,都应该以下一个层面的共享为基础。

哈佛学者M.T.汉森(M.T. Hansen, 1999)将知识共享定义为知识搜索和转移两个步骤。人们首先要到组织内外去寻找和识别所需要的知识,进而将此知识进行跨部门、跨组织的迁移和吸收。这一定义表明,首先,知识共享是一个主动搜索的过程,是从知识需求方发起的,而非被动地吸收。知识需求方会主动寻找所需要的知识,对于自己暂时不需要的、摆在面前的所谓的"知识",严格意义上只能叫"信息"或"数据";其次,对于知识搜寻者来说,只是找到了知识,还不能算是共享。知识共享同时包含了知识的转移和吸收,因此也是一个学习和知识增长的过程;最后,知识共享的结果使接收方知识基础和绩效发生了改变。对于知识接收方来说,通过共享获得了对方的经验和知识,从而在生产率方面有所改善。

基于这一定义,以下将主要从组织和组织间网络层面,对现有文献在推进组织内外部各类知识的共享方面进行综述。

二、组织知识共享的动机研究

近年来,关于组织知识共享动机的研究主要集中在员工知识共享的个人动机、组织开展内部知识共享的动机和组织间开展知识共享的动机三个层面上展开。

1. 员工知识共享的个人动机

当前研究提出,员工知识共享的个人动机主要包括以下两个方面:

(1) 个人基于成本—收益两个方面的计算。研究者发现,员工之所以愿意进行共享知识,主要是出于对未来的成本—收益的计算。当然这种计算所依据的主要是社会交换,而非经济交换的原理(Kankanhalli et al.,2005)。根据这一原理,个人成本包括

① 表中内容有些仅为举例,而非概括。如组织层面的显性知识显然并不仅仅包括组织架构。

个人编码所费精力、知识权力的丧失等,而收益主要来自两方面:一种是外在的,如组织的奖励、个人形象和声誉的提升,以及与其他人的互惠互利;另一种是内在的,如通过知识共享能增强对自身能力的信心、从帮助他人中获得快乐等(Wasko & Faraj, 2005)。

(2) 员工所处社会网络和组织氛围的影响。员工的共享行为不仅受内心动机所支配,同时还会受到其所处的社会网络的影响。根据集体行动理论,当员工之间网络关系较为密切时,集体行动更可能发生,员工之间也就更可能共享知识。同时,当员工之间相互信任程度较高时,共享行为也更容易发生。A. 坎坎哈里等(A. Kankanhalli et al., 2005)的研究表明,员工的共享动机是否会导致共享行为,部分地受到三种社会情境因素,即信任、规范和认同的调节作用。

2. 组织开展内部知识共享的动机

组织进行内部知识共享的主要动机,同样存在成本—收益权衡的问题。企业的收益主要包括能力提升和学习成本降低两个方面,而共享的成本主要包括编码、储存的成本等方面。事实上,一旦企业认识到知识共享的收益,与之相比,内部共享的成本常常是微不足道的。

(1) 整合内部知识,增强核心能力。现代企业是按 A. 斯密和 F. W. 泰罗所倡导专业分工的方式进行组织的,这极大地提升了工作效率。然而正如 P. 德鲁克所言,旧式的专业化分工方式强调"分",而知识工作强调"合",知识的价值来源于整合。针对具体的问题,企业需要将散落在内部各个角落中的知识整合起来,从而最大程度发挥优势。而知识共享是整合的前奏,组织如果事先不知道谁拥有什么知识,整合无从谈起。

新的研究发现,知识共享可以帮助企业构造一个知识网络,在这一网络之中,网络成员的互动对知识的共享和转移具有显著的效果(A. C. Inkpen & E. W. K. Tsang, 2005)。企业通过整合不同的知识来完成任务,使员工个人的知识嵌入整个企业的知识网络中,产生一加一大于二的效果,这样产生的知识具有因果模糊性(G. Szulanski et al., 2004),使企业的能力更加难以为竞争对手所复制,成为企业的核心能力。

(2) 积累经验教训,降低学习成本。根据经验曲线理论,企业的单位生产成本受到随着生产产品数量的增加呈现递减的趋势,学习能力受到组织遗忘、员工跳槽、生产率收益的转移等因素的影响。而知识共享是一种很好的加强组织学习和记忆的方式,可以使企业更好地从经验中学习,从而有效地减少组织遗忘、员工跳槽等不利影响。更为关键的是,企业通过内外部知识共享,可以总结他人的经验教训,在更高层次上进行学习。现有的经验研究也充分证明了知识共享在降低学习成本方面的好处。如 L. 阿哥特等人(L. Argote et al.)的研究发现,后开工的造船厂的生产率比先开工的要高得多,无论企业主自己是否以前有过此方面的生产经验。E. 达尔等人(E. Darr et al.)实证研究发现,多家比萨饼加盟企业之间通过知识共享降低了单位生产成本。

此外,知识共享还有助于新人快速融入团队和组织之中,通过学习前人总结的“最佳实践”,新人能很快地提升个人技能(G. Szulanski et al., 2004),这对于个人和组织,尤其是对一些知识密集型的专业公司来说,意义重大。

3. 组织间开展知识共享的动机

与劳动分工相对应的是知识分工,单个企业不可能经济地完成整个供应链上所有工作,企业也不可能拥有它所需要的一切知识,这是企业之间需要共享知识的根本原因。企业之间通过各种市场关系和社会关系连接在一起,存在不同程度的相互依存关系。因此,组织间开展知识共享的动机不同于组织内,还包括更多更为复杂的因素,企业要付出的潜在成本相应也会更高,比如说技术诀窍泄密所带来的危害性。

(1) 与供应链上下游共同进步。企业一方面可以通过帮助别人来成就自己(客户培训),通过与客户的知识共享,可以使客户更好地懂得自己产品的价值所在,从而保持客户的忠诚度,这在消费者行为学中有着广泛的研究;另一方面,企业可以知识共享为条件,吸引更加优质的配套供应商。通过知识溢出,鼓励供应商参与到企业的生产实践中,同时也帮助供应商提升,这一点在丰田生产网络中表现相当明显(A. Takeishi, 2002)。

(2) 培育和进入新市场。在全球化环境中,很多国际企业在进入一个新的市场时,为了减少风险,他们会谨慎地采取特许加盟、合资或其他联盟方式。通过这些合作方式,促进与东道国的企业之间的知识共享,成功进入一个新的市场。研究表明,从联盟中学习知识是合作双方最主要的动机之一(A. C. Inkpen & E. W. K. Tsang, 2005)。

(3) 建立标准,提升竞争力。在很多新的产业中,标准尚未完全建立,往往是那些最愿意共享知识的企业会占领先机,成为行业的标准。最典型的案例就是微软公司的崛起。通过开放软件平台,使得其操作系统一度达到完全垄断的地位。

三、知识共享的一般策略研究

显性知识是容易表述的,多数可记录于书面的知识,可以通过查看资料的方法进行共享,无需知识供给者与知识接收者之间直接接触,因此共享相对容易。但针对隐性知识的共享,情况则完全不同,因此针对隐形知识的共享策略是理论探索和实证研究的重点。

1. 知识共享的两种基本策略

M. 波兰尼认为,学习隐性知识的唯一方法就是通过学徒方式进行体验。I. 野中和N. 绀野(I. Nonaka & N. Konno)提出隐性知识是纯个人的、情境化的,且难以形式化和沟通的,它无法用言语表达,只能体验。

M. T. 汉森等(1999)以咨询公司为例,提出了两种知识共享的基本策略:一种称为

“编码化”(codification);另一种称为“个人化”(personalization),两者对应于不同的公司战略,具体如表2所示。

表2 两种知识共享管理策略的对比

项 目	编 码 化	个 人 化
竞争战略	通过重用经编码的知识提供高质量、迅速可靠的信息系统实施	通过建立个人的专业技能渠道,为高层战略问题提供创造性、高度严谨分析的建议
经济模型	重用性经济理论 知识资产一次性投资,多次重用 使用大型团队,与合作方保持高频率的联系和合作 关注于规模效应,提升总收入	专业化经济理论 为独特问题提供高度定制化解决方案,收取高昂费用 使用小型团队,与合作方保持低频率的联系 关注于保持高的毛利润
知识管理策略	人对文本(person to document) 开发电子文本系统,编码、储存、传播,允许知识的重用	人对人(person to person) 开发人际网络,以便分享隐性知识
信息技术	大量投资于IT,目标是将人与可重用的编码知识相连接	一般性投资于IT,目标是促进隐性知识的对话和交换
人力资源	雇用新的大学生,他们很适合于知识重用和解决方案的实施 团体培训,通过计算机远程学习 为使用和贡献文本数据库的行为支付报酬	雇用MBA,他们喜欢解决问题、容忍模糊性 一对一的师徒制(mentor)培训人员 为直接与他人分享知识的行为支付报酬
典型公司	安达信、安永	麦卡锡、贝恩
产品标准化	标准化	定制化
产品成熟度	成熟型	创新型
依赖的知识	显性	隐性

M. T. 汉森等建议,选择哪种策略需要依据三个方面的因素:一是产品的标准化程度;二是产品的成熟度;三是员工依赖于显性还是隐性知识来解决问题。他们进而提出,正因为这两种知识管理背后所依据的理念不同,所以企业不能指望在两方面都做得很出色,必须以其中一种策略为主,另一种为补充。

2. 实证研究的新进展

后来的学者对M. T. 汉森提出两种方式是否存在互补性进行了实证研究,发现二者的整合是有可能的,但需要具备一定的条件。当组织间知识共享的潜在可能较高时,二者的组合比单独采用某一种策略要好。因为编码的工作很繁琐,一旦编好码,最好能在未来反复使用,而当这种可能性较低时,单独采用其中一种策略更好(D. Liu et al.,2009)。

另一些学者提出,组织需要营造知识共享的氛围,如可以鼓励在正式组织架构之外,组建“实践共同体”(community of practices),将个人知识融入团队的实践之中(M. Alavi & D. E. Leidner,2001)。同时,随着企业中项目制的盛行,一些项目经理能够方便地在不同团队之间调配员工,来应对多种不同性质的工作任务,员工也越来越需要适应在多个团队里工作。人员的流动可能导致工作的中断,给组织管理带来一些挑战,但同时也促进了知识在内部的转移和共享:员工可以将前一个团队中所学到的知识引入到新团队中(A. Kane,2010)。因此促进内部人员的流动是组织进行知识共享的另一种重要方式。

四、影响知识共享的因素研究

当前对影响知识共享因素的研究可能是最丰富的。L. 阿哥特等(2003)提出,知识管理中的单位(个人、团队和组织)、他们之间的关系和知识自身三个方面的性质,影响知识管理过程的成效(包括知识共享)。A. 古普塔和 V. 哥威达兰(Gupta & Govindarajan,2000)提炼出知识共享成功的5要素:(1) 对来源部门知识的感知价值;(2) 知识源共享知识的动力;(3) 传输渠道的存在和丰富性;(4) 知识接收方的接受动力;(5) 接收方的吸收能力。上述两种概括强调的内容大体相近,可以归纳为:知识的特性、与知识供给者和接受者相关的因素,以及知识共享者所处的情境因素三个方面。

1. 知识的特性和呈现形式对知识共享的影响

(1) 知识的多项性质影响到它能否方便地进行共享。首先,知识的可编码性或称默会性(tacitness)。沿着从隐性到显性这一数轴,知识的编码变得更容易,从抽象变得具体,其共享逐渐变得容易(I. Nonaka,1991)。其次,知识本身的质量——这种质量很大程度上是由接收者所感知的——会影响知识的共享。很多组织或个人只接受他认为比他更高层、更专业的知识来源,因为这让他们感觉更有质量保证(A. Kane et al.,2005)。另外,知识的粘性(sticky)、因果模糊性和不确定性也会影响其共享的可能性(G. Szulanski et al.,2004)。

A. 凯恩(A. Kane,2010)提出很多有用的知识之所以没有为人们所接收,原因在于有些知识的价值很难得到论证。因此在上述知识特性的基础上,进一步引入知识的“论证可能性”(demonstrability)这一特性。他发现当人们对知识提供者的身份有认同感时,知识的论证可能性将使得知识共享更容易进行。

(2) 知识的呈现方式也会对知识共享产生影响。R. J. 波兰德等(R. J. Boland et

al.，2001)区分了知识的认知功能和语言体系两个维度，提出了三种知识表达方式(如图 1 所示)。通过研究，他们发现了不同呈现方式对管理者的感知，进而对其决策产生不同的影响。

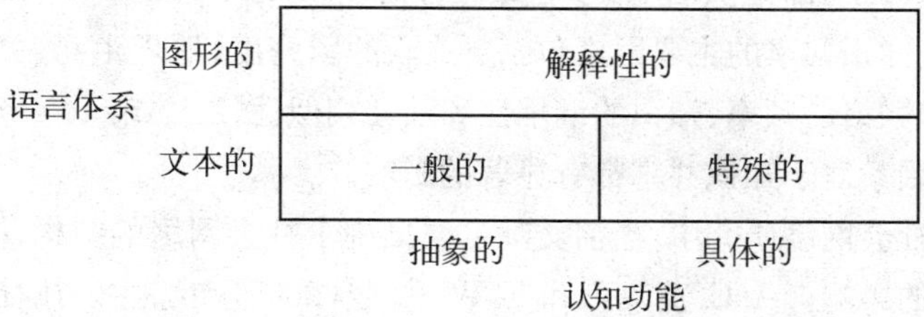

图 1　基于学习和认知理论的知识呈现的分类

2. 与知识供给方和接受方相关的因素

知识的供给方和接受方都会影响知识共享。就单方面的特性来看，当前的研究认为，对于知识供给方，关键因素在于其所拥有的专家和社会地位。对于知识接受方来说，主要是其吸收能力方面的特性。

S. P. 波伽梯和 R. 克罗斯(S. P. Borgatti & R. Cross，2003)的研究发现，知识供给者的专家地位在个人与团体共享信息，以及促进知识转移时具有重要影响。W. D. 赛恩等(W. D. Sine et al.，2003)则强调社会地位的重要性，他们发现享有高社会地位的知识更容易为低社会地位的人所共享和模仿。T. 麦农和 J. 费弗(T. Menon & J. Pfeffer，2003)发现，知识是来自内部还是外部，对于组织成员对知识的接收有着重要的影响，企业员工往往对外部知识评估更高，借用中国一句俗话，正是“外来的和尚会念经”。另一方面，当知识接受者对知识供给者有身份认同感时，他的知识才可能被认真对待，知识也就更容易得到转移和共享。

一定意义上说，接受知识的企业是知识实现价值的决定因素，因为只有当知识被接受，才可能投入使用，从而产生价值。基于此，W. M. 科恩和 D. 勒威特尔(W. K. Cohen & D. Levinthal，1990)提出吸收能力理论(absorption capacity theory)。这一理论认为，企业学习知识的能力受到其吸收能力影响，而这一能力由其之前的相关知识所决定，且具有路径依赖性。一个企业只有前期有专业领域的研发投入，才有可能在这个领域吸收更多的知识，从而提升其竞争力。反之，没有具备一定的相关知识，企业就无法在这一领域吸收更新的知识和技术。Z. J. 赵和 J. 阿纳德(Z. J. Zhao & J. Anand，2009)运用中国汽车数据实证了接收方的吸收能力对组织间知识共享有着显著的影响。

由于知识共享是一个双方互动的过程，因此，与关注单方面特性相比，学者更为关注双方的互动网络关系特性。对这种网络关系的研究主要从两个视角来看：一是关注于成对企业之间的知识共享,如供应链上供给与需求关系、组织联盟、合资企业等;二是关注于整个网络结构对其知识共享的影响。

在第一类对企业的关系研究中,无论企业之间是供应链关系,还是以联盟的合作形式,开展知识共享都是其合作的主要目标之一(A. C. Inkpen & E. W. K. Tsang, 2005)。影响其知识共享的主要因素包括:关联的紧密度、地理距离、关系建立的时长和历史、沟通和联络的频率、知识的继承性和社会相似性(L. Argote et al., 2003)。经研究发现这些因素对于知识共享都有显著的影响。

在第二类社会网络研究中,当前文献主要集中于社会网络的结构、嵌入性、社会资本对知识共享的影响。A. C. 英克彭和 E. W. K. 曾(2005)在综述以往社会网络和知识转移的关系研究基础上,针对社会资本的不同维度,提出在三种典型网络结构(组织内网络、战略联盟、产业区域)中,影响知识转移和共享的条件(见表3)。这一理论框架揭示出影响组织间知识共享的复杂性,对此的实证研究还远未成熟,有待于研究的进一步深入。

表3 促进知识转移和共享的条件

社会资本维度 \ 典型社会网络		组织内网络(不同业务单元间)	战略联盟	产业区域
结构型	网络关联	人员在网络中调动	通过重复交易建立强联系	与其他成员的邻近性
	网络配置	总部实施分权	成员间建立多个知识关联点	保持与多个团体的弱联系
	网络稳定性	低人员流动性	知识转型的非竞争方式	稳定的人际关系
认知型	共享目标	共享愿景和集体目标	目标清晰	来自合作的互动逻辑
	共享文化	包容当地或东道国的文化	文化多样性	管理非正式知识交易的规范和规则
关系型	信任	清晰透明的报酬准则,减少网络成员间的不信任	放眼于未来的共识	嵌入在社会关系中的商业交易

3. 知识共享所处的情境因素

组织之间的知识共享行为都处于一定的环境之中,因此环境中的因素对共享行为有着重要的影响。前述的社会网络结构一定意义上也可以归结到情境因素之中。但除此之外，信息技术因素、组织所处的行业、地区、文化也是影响知识共享的重要因素。

先进的信息技术（如互联网、内联网、浏览器、数据仓库、数据挖掘等）对组织内外知识管理的意义重大。知识管理系统（Knowledge Management Systems，KMS）正是一种运用信息技术来进行知识管理的工具，它可以支持和增强组织知识创造、储存/提取、转移和应用全过程（M. Alavi & D. E. Leidner，2001）。在知识共享和转移方面，小型企业可能经常性开展一些非正式的、个人之间的沟通，但是这种知识共享方式限制了知识的广泛传播。因此，利用信息技术来对现有知识进行编码成为很多大中型企业的选择。信息技术不仅降低了知识共享的成本，使员工随时随地地共享企业的知识，同时促进了知识的标准化，拓宽了知识共享的渠道，加强了知识的积累，使企业的知识吸收能力得以提升。

经验研究表明，不同行业和地区对知识共享的态度是不同的。有些知识密集型的行业如医药行业，甚至忌讳对"知识共享"的讨论。他们的技术要诀被认为是最高商业秘密。而另外一些行业如一般消费品行业，则积极向消费者灌输他们的基本专业知识，通过知识共享来推销其产品。另外，知识共享不仅仅是一个简单的教与学的单向过程，而是双方在特定文化环境中所进行的互动，而在不同的国家制度和文化环境中，个人或组织对知识转移的认知和态度也有所不同，因此制度和文化对共享的影响不可忽视。如J. W. 斯宾斯（J. W. Spencer，2001）对美国和日本在校企合作方面作了一个比较，发现美国企业受到大学研究影响显著地高于日本。

五、未来研究展望

L. 阿哥特等（2003）对知识管理领域未来的研究方向作了一个展望，其中的主题包括社会关系、情境的匹配度、组织边界、经验、环境因素、知识嵌入性6个方面，这也完全适合于知识共享这一专业领域的研究。基于此，结合近年来知识管理学界最新的研究主题和关注重点，我们可以发现未来知识共享研究的大致走向。

1. 知行合一：理论界知识如何向实践转移

当前管理学界面临的最大尴尬莫过于理论知识与实践需求之间出现的巨大鸿沟。管理学是一门实践性很强的学科，所有的管理学理论研究必须直面这样一问：你的研究成果对实践界能有多大贡献？产生这一问题的根源虽然未必全与知识共享有关，但通过对知识转移和共享的研究，有望为其解答探索出一条新的道路。

2. 共享悖论：知识共享也是企业的一柄双刃剑

企业知识共享是否总是给双方带来好处呢？从实践看，也不完全是这样。对于有些知识密集型企业来说，很多像"可口可乐的方子"这样的企业知识已经成为最高机密，属于不可能分享的知识。但除此之外，对于企业来说，需要确定哪些属于可分享的知识。就算对于一般性的知识来说,企业也未必可以悉数与其他企业共享,因为知识共享可以让企业变得更透明,在显示企业优势的同时,也让人清楚地看到自身的弱点。这样的情况并不是企业愿意看到的。当前研究常常过多强调知识共享能为企业带来的好处,而对其不利之处的强调,以及对利弊权衡的研究仍然较少。

3. 知识就是力量:如何通过共享提升总体的竞争力

F. 培根的"知识就是力量"已经成为千古名言,这一论断在现代组织管理中也得到了新的诠释。基于这一理论,企业共享知识就意味着与他人共享竞争力。根据知识的特性,对它的共享并不是零和博弈,而是能通过共享激发新的知识和创意,从而产生协同效果。但是,知识共享究竟通过何种方式、在何种条件下能达到这一协同效果?这在目前的研究中仍不够深入,完全可能成为未来研究的方向之一。

主要参考文献:

1. Alavi, M., D. E. Leidner. Review: Knowledge Management and Knowledge Management Systems. MIS Quarterly. 2001, 25(1): 107-136.

2. Argote, L., B. McEvily, R. Reagans. Managing Knowledge in Organizations: An Integrative Framework and Review of Emerging Themes. Management Science. 2003, 49(4): 571-582.

3. Boland Jr., R. J., J. Singh, P. Salipante, J. D. Aram, S. Y. Fay, P. Kanawattanachai. Knowledge Representations and Knowledge Transfer. The Academy of Management Journal. Apr., 2001, 44(2): 393-417.

4. Borgatti, S. P., R. Cross. A Relational View of Information Seeking and Learning in Social Networks. Management Sci. 2003, 49(4): 432-445.

5. Cohen, W. M., D. Levinthal. Absorptive Capacity: A New Perspective on Learning and Innovation. Admin. Sci. Quart. 1990, 35: 128-152.

6. Darr, E., L. Argote, D. Epple. The Acquisition, Transfer and Depreciation of Knowledge in Service Organizations: Productivity in Franchises. Management Sci. 1995, 41: 1750-1762.

7. Gupta, A., and V. Govindarajan. Knowledge Flows within Multinational Corporations. Strategic Management Journal. 2000, 21: 473-496.

8. Hansen, M. T., Nohria N., Tierney T. What's Your Strategy for Managing Knowledge? Harvard Business Review. 1999, 77(2): 106-116.

9. Inkpen, A. C., Tsang, E. W. K. Social Capital, Networks, and Knowledge Transfer. Academy of Management Review. 2005, 30(1): 146-165.

10. Kane, A. A. Unlocking Knowledge Transfer Potential: Knowledge Demonstrability and Superordinate Social Identity. Organization Science. 2010, 21(3), pp. 643-660.

11. Kane, A. A., L. Argote, J. M. Levine. Knowledge Transfer between Groups Via Personnel Rotation: Effects of Social Identity and Knowledge Quality. Organ. Behav. Human Decision Processes. 2005, 96(1): 56－71.

12. Kankanhalli, A., B. C. Y. Tan, K.-K. Wei. Contributing Knowledge to Electronic Knowledge Repositories: An Empirical Investigation. MIS Quarterly, March 2005, 29(1): 113－143.

13. Liu, D., G. Ray, Andrew B. Whinston. The Interaction between Knowledge Codification and Knowledge-Sharing Networks. Information Systems Research, Articles in Advance, 2009, 1－16.

14. Menon, T., J. Pfeffer. Valuing Internal Versus External Knowledge. Management Sci. 2003, 49(4): 497－513.

15. Nonaka, I. The Knowledge-Creating Company. Harvard Business Review, 1991, November-December, 96－104.

16. Nonaka, I., and Konno, N. The Concept of "ba": Building a Foundation for Knowledge Creation, California Management Review. 1998, 40(3): 40－54.

17. Polanyi, M. Personal Knowledge: Toward a Post-Critical Philosophy, Harper Torchbooks, New York, 1962.

18. Sine, W. D., S. Shane, D. Di Gregorio. The Halo Effect and Technology Licensing: The Influence of Institutional Prestige on the Licensing of University Inventions. Management Sci. 2003, 49(4): 478－496.

19. Spencer, J. W. How Relevant Is University-Based Scientific Research to Private High-Technology Firms? A United States-Japan Comparison. The Academy of Management Journal. Apr., 2001, 44(2): 432－440.

20. Szulanski, G., R. Cappetta, R. J. Jensen. When and How Trustworthiness Matters: Knowledge Transfer and the Moderating Effect of Causal Ambiguity. Organization Science. September-October 2004, 15(5): 600－613.

21. Takeishi, A. Knowledge Partitioning in the Interfirm Division of Labor: The Case of Automotive Product Development. Organization Science, May-Jun., 2002, 13(3): 321－338.

22. Wasko, M. M., and Faraj, S. "Why Should I Share? Examining Knowledge Contribution in Networks of Practice," MIS Quarterly. 2005, 29(1): 35－57.

23. Zhao, Z. J., J. Anand. A Multilevel Perspective on Knowledge Transfer: Evidence from the Chinese Automotive Industry. Strat. Mgmt. J., 2009, 30(9): 959－983.

蒙太古语义学和机器翻译
Montague Semantics and Machine Translation

朱水林

上海社会科学院信息研究所　研究员

蒙太古语义学(Montague Semantics)也称蒙太古语法，是用形式化方法研究自然语言内涵语义的理论，是现代逻辑发展到新阶段的成果；机器翻译就是借助电子计算机把某种语言的文件翻译成另一种语言文件，被翻译的文件称为源文件，翻译后形成的文件称为目标文件。机器翻译方法主要有两类：基于规则的方法和基于语料库的方法，以蒙太古语义学为基础的机器翻译是基于规则的方法之一。本文着重介绍蒙太古语义学在机器翻译中的应用研究。

一、蒙太古语义学

蒙太古语义学是用形式化方法研究自然语言内涵语义的理论。自然语言是指人类在其社会生活中发展出来的用来互相交际的声音符号系统，现已发现有数千种不同的自然语言。我们的日常语言就是自然语言，有英语、汉语、日语等。自然语言词汇量大，表现力极为丰富，当然语法关系也极为复杂。有多方面的歧义性，对它的研究也很困难。

形式化方法总体上就是指用一套特制的表意符号(意义可以解释)去表示概念、判断、推理，获得它们的形式及结构，从而把对概念、判断、推理的研究，转化为对形式的符号表达式系统的研究。这里概念、判断、推理的形式即概念形式、命题形式、推理论证形式等。研究现代逻辑使用的就是形式化方法。

语义学研究表达式与它所指称的对象或意义之间的关系，是一门新兴学科，发展迅速，目前已经包括了一批分支学科。逻辑语义学的特征，是从逻辑的角度，采用现代逻辑的方法研究语义问题。尽管有些作者把意义只理解成表达式所指称的对象，也就是所谓的外延；另外一些作者却认为意义不仅指表达式所指称的对象，而且还有第二层含义——内涵(Intension)。

概念是反映事物本质属性的思维形式，也是思维形式最基本的组成单位。概念有外延也有内涵，概念的外延是具有概念反映的特有属性的事物，概念的内涵反映的是事物的特有属性(本质属性、固有属性)。外延和内涵相互是有联系的,可以相互识别。语词是概念的语言形式,语词也有外延和内涵。内涵是使语言表达式和它在各可能世界的外延产生联系的某种东西。也就是说内涵是一种识别外延的机制,内涵可以确定一语言表达式在各可能世界中所指称(对应)的对象,即外延。所以说,可以把内涵看成是一个定义域是可能世界组成的集,值域是语言表达式在各可能世界中的各个外延的函项。[①] 于是我们就有下面的结果:个体词的外延是它指称的对象,内涵为个体概念,是定义域为可能世界、值为对象的函项。谓词的外延是它指称的对象集合,内涵为属性,是定义域为可能世界、值为对象集的函项。语句的外延是真值,内涵为命题,是定义域为可能世界、值为真值的函项。

G. 弗雷格

如果我们把蒙太古语义学看成如上所说,那么它的某些因素在古代中国、印度、希腊就可以找到。在西方,亚里士多德已论及语义。斯多葛学派作出了杰出的贡献,在西方逻辑发展史中,几乎所有有成就的哲学家、逻辑学家都对这个问题发生过兴趣,并进行研究。不过作为一门独立学科,只是到了 19 世纪以后才出现。G. 弗雷格(Gottlob Frege)作出了不可磨灭的贡献,B. 罗素(B. Rusell)作了极有意义的陈述。当然,真正现代形式的逻辑语义学还是应该从 A. 塔斯基(Alfred Tarski)算起,他的模型论语义学,主要论述外延意义,也可称外延语义学。之后,进一步的发展由 L. 维特根斯坦(Ludwig Wittgenstein)提出了设想,R. 卡尔纳普(Rudolf Carnap)第一个把它展开成系统。通过 S. 克里普克(Saul Kripke)、R. 蒙太古(Richard Montague)的努力,才真正建立起了内涵语义学。

19 世纪德国逻辑学家 G. 弗雷格是现代内涵语义学的开创者,他从考察专名和摹状词着手,对符号(名称)区分了它的所指和涵义。他把符号的所指看作是符号所指称的事物,把符号的涵义看作是符号所意谓的东西。1892 年发表了影响深远的文章《论涵义和意义》[②](*On Sense and Meaning*),文章着意说明区分名称的涵义和所指的必要性。G. 弗雷格还进一步把名称既具涵义又具所指的理论推广到陈述句,并且提出了著名的外延论题:一个句子,当它含有的一个表达式由另一个具有同样意义(即所指)的表达式(涵义可以不同)替换时,其真值不变。G. 弗雷格还进一步研究了外延论题的例外情况,如间接引语和信念句,要解决这类问题,需要研究句子的涵义。G. 弗雷格的符

① 这里的函项就是函数,而且是一个广义函数。

② G. Frege: On Sense and Meaning, Translation From the philosophical Writings of Gottlob Frege, New York, 1952, p. 78.

号，及其涵义和所指的理论，特别是他所表述的外延论题及其例外情况分析，不仅涉及外延而且也涉及到了内涵，无疑对内涵语义学的研究具有重要意义，以至其中有许多论述，已经为现代的逻辑学所吸收。

B. 罗素

1904年英国哲学家、逻辑学家B.罗素提出了著名的集合论悖论，这个逻辑学和数学中提出的特殊困难，促使逻辑学认识到语言是它的重要研究对象，逻辑学家把逻辑系统看成一种语言，对语言研究的兴趣增大，促使逻辑学取得了类型论等成果，随着这方面研究的深入，逻辑学才可能在语形学研究的基础上，进入语义学研究。A.塔斯基建立逻辑语义学正是适应这种需要的结果。

30年代，A.塔斯基发表了重要论文《形式化语言中的真性概念》，主题明确，一开始就说："本文几乎全部内容都奉献给一个问题，真句子的定义问题。它的任务是要针对一给定的语言，构造一个实质上适当的、形式上正确的'真句子'这个词语的定义。"[①]这个问题属于经典的哲学问题，解决起来相当困难。尽管"真句子"这个词，在日常语言中似乎十分清楚，可以捉摸，但是对这个词的意义(meaning)加以精确定义的各种努力，迄至那时仍收效甚微。使用这个词语以及以它作为出发的许多研究都导致了悖论和谬误。A.塔斯基在深入研究前人工作的基础上，独辟蹊径，寻得了一个极好的解决途径。他在文章中证明了一个重要的结果：在一个语言系统的内部，是不能定义该语言中真句子等语义学概念的。对象语言的语义学概念，必须在对象语言之外的元语言中予以表述和加以定义，这样才能避免悖论，建立起实质上适当的、形式上正确的关于真句子等语义学概念的定义。所谓句子的真，就是句子的一种意义、外延。A.塔斯基的语义学，尽管涉及到内涵，但整个来看处理的是外延，所以是外延逻辑语义学。

R. 卡尔纳普

第一个对涵义概念进行形式化处理的是R.卡尔纳普，他建议把表达式的涵义简单地看成是一个函数，从可能世界(表达任意可能状态)给出该表达式的指称(R.卡尔纳普称为表达式的外延)，换言之，表达式的内涵不是什么别的东西，而是该表达式可能有的所有变化着的外延(指称)，把它们集在一起，组成如它已经做的一个以所有可能状态为变目，适当的外延为其值的函数。

伴随着S.克里普克模态逻辑语义学的出现，(取可能世

① A. Tarski：Logic，Semantics，Matamathematics. 1956. p. 152.

界为坐标)第一次没有问题地对形式语言的内涵给出形式定义成了可能。当我们对一个类似于英语的形式语言做了这一切后,我们就产生出了一个关于一表达式内涵的理论构造,就此而言,一表达式的意义是某种东西,对任何时间、地点和可能状态,它能决定该表达式在那时、那地和状态时的指称(如句子,就是在那时、那地和状态时的真值)。用坐标语义学可以概括上面的说法,我们将把内涵取成一个从坐标到外延的函数;用这种方法我们将能一致地处理"意义",对内涵给出清晰的界定。在此基础上 R.蒙太古建立了完整的内涵逻辑系统。

S. 克里普克

R. 蒙太古的《形式哲学》(*Formal Philosophy*, 1974)这卷遗作,搜集了 R. 蒙太古从 1955 年到 1970 年写作的 11 篇论文,有较多篇章的论述与以 R. 蒙太古命名的内涵语义理论相关,特别要指出的是书中第 7 章《普遍语法》(*University Grammar*)、第 8 章《普通英语中量词的特定处理》(*The Proper Treatment of Quantification in Ordinary English*,简称 PTQ)是蒙太古语义学的代表作。后来发展成为像英语那样的自然语言指号学研究的综合框架,用于自然语言语形学、语义学和语用学研究。

尽管框架的许多逻辑学元素是新的,然而他们是标准的逻辑理论的自然发展。但是,它的语言学元素却是完全独立于当今流行的语言理论的。许多语言学家,初看时可能并不意识到,R. 蒙太古的方法和当今的语言学观念有什么根本差别,因此听一下 R. 蒙太古的如下比喻可能是有益的。他说,英语句法理论很像作为数学一部分的数论和几何学,这是把元数学研究形式语言的技巧应用于研究自然语言策略的必然结果。指号学的数学概念像数学家参照点、线的直觉去建立几何学一样,它们也可以参照句子、短语、复合句的直觉去建立英语语法。

R. 蒙太古

R. 蒙太古的理论框架是这样建立的,首先用范畴语法设定一个自然语言英语片语 FE。直观地说,所谓范畴(Categories)是一种用来识别自然语言表达式类别的标记,是对若干特例抽象、概括的结果。范畴语法是一种带有运算思想的描述语言的形式化工具,它从各类不同层次的语言表达式那里抽象出语法范畴,再通过运算去刻画语言由小到大的逐层逐级生成。R. 蒙太古首先选取传统的诸如动词、名词、副词短语等 11 种语形范畴作为出发,再通过 17 条语形规则: S1—S17[①],据之建立自然语言英语片语 FE,当然这种自然语言英语片语范围有局限,并且它仍然是有歧义的。

① 参见 R. 蒙太古著:《形式哲学》,朱水林等译,上海译文出版社 2010 年版,第 8 章。

另一方面,R. 蒙太古同时通过语义类型建立内涵逻辑人工语言系统 IL,它是无歧义的;R. 蒙太古的系统 IL,采用了一个类型层次的,高阶量化的(对每个类型的变元和量词),带有 λ 抽象、时态、模态算子,并且能从任何表达式 α 构成内涵 ˆα 的架构。用1-阶逻辑来表达语言,尽管有它的优点,但是也有不足。1-阶逻辑的优点乃是只对句子之间的真假关系作抽象,已经能够解决经典数学中的大多数问题,这是由于数学本身的特点就是相当形式化的,是无歧义的。尽管数学中对命题真假的判定,意义重大。然而,1-阶逻辑在表达语言时作了太多的忽略(抽象过程中必须的舍弃)。用它来表达自然语言,就存在许多有待研究讨论的议题,必须扩充1-阶形式,才能适应表达自然语言的需要。

H. 闵可夫斯基

把1-阶逻辑扩充到高阶是为了刻画自然语言。在自然语言中各种语言范畴(诸如冠词、代词、量词、形容词、副词等)的作用都可以转化为作用于词项的函数。由于词项作用可以叠加,于是函数的作用也可以叠加,因此就有了函数作用于函数的处理,这就必然要引进高阶函数。由于高阶函数的引进,引发了传统数学表示函数的局限性,为此引进 λ-表达式成了当时的必然。历史上已经有过类似的案例,像 A. 爱因斯坦为了陈述相对论,从数学中找到 H. 闵可夫斯基(Hermann Minkowski)的四维空间一样。由于当时的逻辑学对时态、模态的研究已经取得了一定的成果。从现在的眼光看,它们已经超越了外延的语义范围。于是首先扩充时态,然后再扩充模态,这是对逻辑的一种深化,同时也是引进内涵的尝试。内涵的引进,主要是为了开展自然语言语义研究的需要,当然也进一步扩展了逻辑学的研究。例如对于 Seek 等动词以及对于带有动词 believe 的信念句的语义,只作外延研究已经不够了,于是就有了内涵的研究。反之内涵的引进也在相当程度上廓清了这些词项的意义,故 MG 要引进了内涵。尽管仍有不足,然而却是切切实实的推进,这就是对内涵进行形式化处理,把内涵定义为从可能世界到外延的函数。这个定义,从数学逻辑,或者说从形式的角度来看,它是1-阶逻辑优秀品质的延伸,用它能解决很多大问题。相对于自然语言中的各种范畴,如语词、短语、句子,系统 IL 中的对应物就是各种类型。类型与集合一样,虽然有层次,但是不会受罗素式的悖论影响,这当然是非常明智的选择。

上面我们基本上交代了 IL 的语形学构造。下面简略叙述的是 IL 的语义理论,R. 蒙太古是借助模型理论建立的。他先引进 IL 语义学,然后通过引进一个从英语范畴到内涵逻辑类型的翻译映射 f,和对应于语形规则 S1—S17 的翻译映射规则 T1—T17。意向是把范畴 A 的任何英语表达式变换(翻译)成类型 f(A)的表达式,并且能保持构成性。借助实施从 FE 到 IL 的形式化翻译规则,通过映射 f,在一定的限制条件下建立

FE 的语义学，这是一种间接的语义解释，希望达到无歧义的语义解释。至此，我们比较完全地介绍了蒙太古语义学的综合框架。

二、机 器 翻 译

机器翻译就是借助电子计算机把某种语言的文件翻译成另一种语言文件，被翻译的语言称为源语言，翻译后形成的语言称为目标语言。

1. 缘起：1946 年，美国宾夕法尼亚大学的 J. 埃克特(J. P. Eckert)和 J. 莫希莱(J. W. Mauchly)设计并制造出了世界上第一台电子计算机 ENIAC，在电子计算机问世的同一年，英国工程师 A. D. 布斯(A. D. Booth)和美国洛克菲勒基金会副总裁 W. 韦弗(W. Weaver)在讨论电子计算机的应用范围时，就提出了利用计算机进行语言自动翻译的想法。

2. 热潮：由于学者的热心倡导，实业界的大力支持，美国的机器翻译研究一时兴盛起来。1954 年，美国乔治敦大学在国际商用机器公司(IBM)的协同下，用 IBM－701 计算机，进行了世界上第一次机器翻译试验，把几个简单的俄语句子翻译成英语，接着，苏联、英国、日本也进行了机器翻译试验，于是出现机器翻译热潮。

3. 萧条：1964 年，美国科学院成立语言自动处理咨询委员会(Automatic Language Processing Advisory Committee，简称 ALPAC 委员会)，调查机器翻译的研究情况，并于 1966 年 11 月公布了一篇题为《语言与机器》的报告，简称 ALPAC 报告，对机器翻译采取否定的态度。报告还指出，机器翻译研究遇到了难以克服的“语义障碍”(semantic barrier)，并宣称：“在目前给机器翻译以大力支持还没有多少理由。”在 ALPAC 报告的影响下，许多已经建立起来的机器翻译研究单位遇到了行政上和经费上的困难，在世界范围内，机器翻译的热潮突然消失了，出现了空前萧条的局面。

4. 繁荣：20 世纪 80 年代，机器翻译进入了它的第三个时期——繁荣期。繁荣期最重要的特点，是机器翻译研究走向了实用化，出现了一大批实用化的机器翻译系统，机器翻译产品开始进入市场，变成了商品，引来了机器翻译系统的商品化。

一是 Internet 的迅猛发展，形成一个遍布世界的巨大的信息海洋，这些信息涉及人们工作和生活的各个方面；而个人计算机飞速发展和普及，使得人们可以很方便地通过 Internet 获取分布于世界各地的网络服务器上的各种各样的信息。Internet 信息海洋中的信息，绝大多数是以各种自然语言的文本形式存在，而普通用户不可能熟悉很多外语，若想获取在使用外语的网页中的信息，普通用户需要翻译，因而对机器翻译软件也有了需求。

二是随着经济全球化时代的到来，公司的产品要销售到世界各地，产品的各种技术文档应该翻译为本地语言。此外，各种国际组织和政府间的文件，也需要用多种语言书写。跨国公司和国际组织看好机器翻译系统的高效率和低成本,对机器翻译很感兴趣。

三是由于电子商务的逐步广泛开展,以及使用不同语言的人们交往的不断增多,使得不同国家的人们在经济和社会生活中的交流日益广泛。而语言不通是阻碍使用不同语言的人们交流的一个瓶颈,语言的自动翻译是打破这个瓶颈的一个重要途径,人们对机器翻译寄予厚望。20世纪90年代中期以来大规模的市场需求,促成了在全世界范围内一个研究和开发机器翻译系统的热潮。

机器翻译方法主要有两类:基于规则的理论方法和基于语料库的经验方法:

(1) 基于规则的方法:有直接翻译法和转换法,直接翻译法从源语言的表层句子出发,将单词或固定词组直接置换成目标语言的对应成分。这种方法对翻译过程的认识过于简单化,基本上属于一种过时的方法。转换方法采用两种内部表达并按三个阶段进行翻译,第一个阶段把源语言转换成源语言的内部表达;第二阶段把源语言的内部表达转换成目标语言的内部表达;第三阶段再根据目标语言的内部表达生成目标语言。当今许多实用的系统都采用了这样的总体结构。

(2) 基于语料库的机器翻译方法:有基于统计的机器翻译方法和基于实例的机器翻译方法,它们都使用语料库作为翻译知识的来源。区别在于:在基于统计的机器翻译方法中,知识的表示是统计数据,而不是语料库本身;翻译知识的获取是在翻译之前完成,翻译的过程中不再使用语料库。早在1947年,W. 韦弗在他的备忘录中,就提出了使用统计学的办法来解决机器翻译问题,但是,由于当时尚缺乏高性能的计算机和联机语料,技术上还不成熟。现在,计算机在速度和容量上都有了大幅度的提高,也有了大量的联机语料可供统计使用,进展就较快。

基于统计的机器翻译把机器翻译问题看成是一个噪音信道问题,如图所示:

S → 噪音信道 → T

输入(目标语言)　输出(源语言)

可以这样来看机器翻译:一种语言S由于经过了一个噪音信道而发生了扭曲变形,在信道的另一端呈现为另一种语言T,翻译问题实际上就是如何根据观察到的语言T,恢复最为可能的语言S,语言S是信道意义上的输入,在翻译意义上就是目标语言,语言T是信道意义上的输出,在翻译意义上就是源语言。从这种观点看来,一种语言中的任何一个句子都有可能是另外一种语言中的某几个句子的译文,只是这些句子的可能性各不相同,机器翻译就是要找出其中可能性最大的句子,也就是对所有可能的目标语言S,计算出概率最大的一个作为源语言T的译文。

机器翻译的研制已经有50多年的历史了,经历了几起几落的曲折历程,人们对它的评价毁誉兼有。尽管有进步,但是离开目标还有很大距离,不过机器翻译理论的存在是一个不可否认的现实。

三、以蒙太古语义学为基础的机器翻译

以蒙太古语义学为基础的机器翻译是一种规则方法，1973 年德国海德堡大学（Uni of Heidelberg）就开发了机内语言分析翻译系统（System for Automatic Language Analysis and Translation，简记 SALAT）。

1. 设计：带有知识数据库和推理规则，但没有机内词典。

2. 流程：对源语言（SL）输入，通过两步表层结构分析（词素和语形）翻译成 SL 深层结构，再参照知识数据库消去歧义；通过参照 SL－TL 词典和结构变换演绎规则，创建目标语言（TL）深层结构；变换综合体为 TL 表层结构。结构变换通过树转导规则实施。在 SALAT 中，逻辑公式既是深层结构机内语言表示，也是知识库表示，在其上可以运行消除歧义的逻辑推演规则和 SL－TL 变换。SALAT 方法的逻辑基础是蒙太古语义学。

1981 年美国堪萨斯大学有了蒙太古语法和英—泰（E-Thai）之间的机器翻译项目。在 R. 蒙太古的 PTQ 中对英语框架严格展开的语形和语义，特别地为机器翻译提供了一个理论框架。尽管在 R. 蒙太古系统中，在自然语言的语义解释中内涵逻辑并不是必然的成分，它还是被当作 MT 的无歧义语言。在堪萨斯大学，一个泰语言的框架完全对应于 R. 蒙太古的英语框架。这个泰语言框架表达的目标是要为 PTQ 中的英语句子生成一个具有同样真值的泰语言句子。

1982 年荷兰埃因霍温 Phlips 研究实验室的项目是 Rosett，它是以蒙太古语义学为基础的实验机器翻译系统。可以假定在不同语言的导出树之间可以建立等价性。例如英—法、荷—英之间，还有西语等。这种等价性可以转为由可以充当中间表示的逻辑导出树表示。Rosett 项目的目标是揭示构造多重翻译系统的可能性。

日本京都大学 1983 年的项目《MG 对英—日机器翻译的应用》，提出了一个基于蒙太古语义学的模型，翻译过程被模拟成数据流的计算过程。项目开发了形式描述工具；构造了原型系统；展示了实验结果；最后还讨论了建模过程中的各种问题。其原理是：通过以蒙太古语义学的内涵逻辑表达式作为中间表示（Intermediate Representation，IR），把源语言的文件翻译成目标语言文件。翻译过程可以模式化为三个阶段：

- 分析阶段：分析源语言表达式提取面向英语的蒙太古内涵逻辑表达式 EFR。
- 转换阶段：对每个蒙太古内涵逻辑表达式中的词项，代入 CPSF。
- 生成阶段：计算 CPSF 获得 CPS；从 CPS 生成目标语言较为直接。

这里目标语言的概念短语结构（Conceptual Phrase Structure，CPS）是一数据结构，它包含目标语言的词汇单位和短语结构的语形、语义信息。概念短语结构形式

(Conceptual Phrase Structure Form, CPSF)是作用在概念短语结构域上的运算和函数,用来给出刻画从EFR到CPS的映射。

设计的基本要求是:(1) IR应保持自然语言表达式的逻辑结论;(2) 两阶段消去歧义:在英—日翻译中,常常是一个英语词汇有多个词义,必须翻译成不同的日语词汇或短语。但是,认为仅仅在分析阶段,要抓住这个消去词汇歧义的问题是不尽合理的,因为还需要深入地依赖目标语言去消除歧义,所以在变换阶段也要把握这一点;(3) 能行可计算:任何IR,如果它不是可计算的,那么它是无用的。

分析阶段中,我们将输入句子分解为成分组,成分组之间的内在关系使用函数—变目关系分析。请看下例:假设一个句子:I don't have a book. 函数分析做两点:(1) 把上式分解成:"I have a book"+"not";(2) 在分解式中,"not"看成是一个作用在"I have a book"上的运算或函数。这种方式的分析可以进一步嵌入到句子中,一直分解到词汇单元或甚至是词素。

应用MG作中间表示的优点之一,在于它的函数形式(或内涵逻辑形式)的解释系统能坚持构成性原理。在MG中,一个内涵逻辑公式的解释是一个映射I,它把内涵逻辑公式映射到集合论论域。重要的是I是在强制的构成性关系之下定义的。也就是说不管f、a、b是什么,I总满足

$$I[f(a, b, \cdots)] = I[f](I[a], I[b], \cdots),$$

这个性质简化了控制结构。

日本京都大学项目,为了从一个内涵逻辑的形式表达式得到日语的语形结构,采用与MG解释过程同样的方式,不过在这里语义域是作了变更的,把集合论论域变成了日语概念论域。后者还包含了目标语言的词汇单位和短语结构的语形、语义信息。语形信息的重点是生成日语语形结构,概念信息用于语义基础词的选择和提取。

目标语言的生成采用分割语义网络系统(a partitioned semantic network formalism)。为了生成网络结构,他们使用由一个管理程序(Supervisor)函数GEN,加上词典组成的系统,管理程序函数GEN的变元是:

LE, space#, environment, message

LE是逻辑表达式;space#特指LE在其中解释的空间;Environment(环境)对每个变元,使用变元—指称对的表列去表明指称;Message(消息)是为网络生成词汇专家(程序)之间沟通所用的信息。每个LE词汇的词典实体包含一个格模式或一个嵌入词专家程序。计算过程要实施一系列λ变位和树变换,项目组使用Lisp解释算法执行。

Lisp全名叫List Processor,List(链表)是Lisp的主要数据结构。Lisp是一门极其简单、非常灵活和历史接近50年的编程语言。翻开任何一本介绍各种编程语言的书,

N. 维纳

都会毫无惊奇地发现，每每说到 Lisp，通常就会想到“Lisp 是适合人工智能(Artificial Intelligence, AI)的语言”。让机器拥有智能，是人类长久的梦想。二战后，计算机不再完全被军事占用了，精英科学家也不要继续制造原子弹了，所以一下子就有丰富的资源和大脑来研究“智能机器”了。N. 维纳(Norbert Wiener)在 1948 年发表了《控制论》；创立信息论的大师 C. 香农(Claude Elwood Shannon)在 1949 年提出了制作可以下棋的机器；同年加拿大著名的神经科学家 D. 赫布 (Donald Hebb) 发表了“行为的组织”理论，开创了神经网络的研究；A. 图灵(Alan Turing)在 1950 年提出了著名的图灵测试。如此多的学科创始人都在关心智能机器，可见当时的确是这方面研究的黄金时期。1956 年暑假，J. 麦卡锡(John McCarthy) 同学人在 Dortmouth 大学聚会，提出了一个很酷的词 Artificial Intelligence，算是人工智能这个学科正式成立。

C. 香农

因为 AI 是研究智能的机器，学科一成立，有两个重要的问题要回答，一是你怎么表示世界，二是计算机怎么基于这个世界的知识得出智能。先说怎么表示知识的问题。AI 的输入数据通常非常多样化，比如一道要求解的数学题，一段要翻译成中文的英文，一个待解的谜题，或者一个待识别的人脸图片。自然，计算机科学家想用统一的数据格式表示多种多样的现实对象，这个数据格式就是链表。Lisp 则是围绕链表实现的，正如规则最简单的围棋却有着最为复杂的变化一样，Lisp 可以完成其他语言难以实现的、最复杂的功能。Lisp 有两个特点：(1) 程序也是数据，Lisp 的程序和数据使用同样的句法，内部的实现也是一样的。所以 Lisp 的程序可以很容易地作为另一个程序的数据输入。(2) Lisp 是用 lambda 表达式来定义函数的，它将函数表达式写成：(lambda 〈parameters〉)〈function_body〉。在传统数学中函数本身和函数值通常是不加区分的，比如 x^2+y 既可以用来表达函数 x^2+y，也可以用来表达函数 x^2+y 在(x,y)点的值。在 λ 演算中，把函数 $f(x) = x^2+y$ 写成 $\lambda x\ (x^2+y)$，对这两种情况就做了明显的区别。在 Lisp 中函数 $\lambda x\ (x^2+y)$，按上述规则要写成 (lambda (x) (+ (square x) y))。

D. 赫布

Lisp 编程语言用来处理由括号，即“(”和“)”构成的链表。括号标记着表的边界，有时候一个链表之前加了一个撇号(即“'”，或者说是单引号)。在 Lisp 语言中，一个链表看起来像这样：“'(rose violet daisy buttercup) ”。链表也可以包含数字，如

A. 图灵

“'(1 2 3) ”。在 Lisp 语言中,数据和程序用同一种方式表示,就是说它们都是由单词、数据或者其他表组成的,中间用空格分开,两边加上括号。由于一个程序看起来像数据,它可以很容易地在其他地方用作数据,这是 Lisp 语言一个非常强大的特性。

Lisp 语言中的一个链表就是一个可执行的程序。如果你运行它(用 Lisp 术语来说就是“求值”),计算机会按如下三种情况中的一种执行:1. 什么也不做,仅仅返回列表本身;2. 返回错误信息;3. 将列表中的第一个符号作为一个命令进行一些操作。如果在一个列表前加上“'”,当计算机处理该列表时就执行第一种情况;如果列表前没有“'”,则表中第一项具有特殊意义,它是一种命令,在 Lisp 语言中称为函数。比如:(+ 2 3)这个链表执行(用术语来说就是“对列表求值”)的结果是 5,因为该表的第一项是“+”,表示对表中剩下的元素进行求和。用这样的方式将命令递交给程序的过程,被称为“Lisp 解释器”。Lisp 是 Turing 完全的,指 Lisp 程序可以解决所有可计算函数,也就是偏递归函数的计算。正因为 Lisp 语言具有能表达多样化数据(如表达 λ 算子)、程序也是数据和 Turing 完全的这样一些特点和功能,所以在日本京都大学以 MG 为基础的英—日机器翻译项目中,使用 Lisp 语言作为编程语言就是很自然的了,并且取得了良好的效果。

当今世界,随着国际互联网络的普及,国际交流的频繁,机器翻译的潜在需求越来越大,对它的研究有着重大的社会、经济价值。尽管人们对它的评价毁誉兼有,但不容忽视的是,经过机器翻译工作者的执著研究和反复探索,机器翻译无论从理论技术还是从实际应用方面都取得了长足的进步。有些学者对它作了正面评价:“词典容量大而不失其准、翻译速度快而不失其要、译文质量粗而不失其信、翻译方式多而不失其巧。”但是整体而言,自 1954 年美国乔治顿大学进行第一次试验以来,机器翻译虽然发展了 50 余年,经历了几起几落的曲折历程,机器翻译还是一个不成熟的研究领域。

机器翻译研究也是一项艰巨的研究课题。机器翻译的主要困难是语言歧义性的消除。歧义现象是自然语言的显著特点,语言单位无论从小到大都存在歧义,并且在语法、语义、语用每个层面上都有表现。这些问题决定了目前机器翻译的译文质量还不能令人满意。以蒙太古语义学为基础的机器翻译特别强调消除歧义性,不仅在分析阶段,要抓住这个消除词汇的歧义;而且在单词的生成阶段,也强调要注意消除歧义性,并且也创造了多种消除歧义方法,所有这些都富有成效地推进了机器翻译的前进步伐。蒙太古语义学在哲学、逻辑学、语言学方面的应用研究,成果显著意义重大,蒙太古语义学在信息科学特别是在机器翻译方面的应用研究的意义,当然也是重要的。

主要参考文献：

1. R. Montague. Formal Philosophy. 蒙太古著：《形式哲学》，朱水林等译，上海译文出版社，2010 年版。

2. Tim Berners-Lee，James Hendler，Ora Lassila. The Semantic Web. Scientific American. 2006. 10.

3. Partee. Barbara H. 2005. Reflections of a Formal Semanticist as of Feb 2005.

4. Potts，Christopher. The Logic of Conventional Implicatures：Oxford Studies in Theoretical Linguistics. Oxford：Oxford University Press. 2005.

5. Portner，Paul. What is Meaning? Fundamentals of Formal Semantics. Oxford：Blackwell. 2004.

6. Portner，Paul，and Partee，Barbara H. eds. Formal Semantics：The Essential Readings. Oxford：Blackwell Publishers. 2002.

7. Sowa，John F. Knowledge Representation：Logical，Philosophical，and Computational Foundations，Brooks/Cole Publishing Co. ，Pacific Grove，CA (2000).

云计算环境下的信息安全问题
Information Security in the Cloud Computing Environment

王十禾

上海社会科学院信息研究所　副研究员

从 2007 年下半年到 2008 年，“云计算”还是一个时髦名词；1 年之后，云计算就开始进入应用阶段，并被列入信息技术十大发展趋势和 IT 管理趋势之一；到了 2010 年年初，Google、雅虎、微软、IBM、亚马逊等 IT 巨头也都围绕“云计算”技术投入巨资进行布局，正在形成对全球市场的垄断。信息系统高度一体化的面纱已经掀开。但是，推行云计算，将会在安全、隐私和信托问题上存在一定的风险，这已经引起了许多用户的关切。本文认为，云计算环境下信息安全风险是能够克服的，并介绍了国外在控制云计算带来的风险方面的一系列重要对策。

2008 年 3 月 19 日，美国国家档案馆发布了前总统克林顿图书馆收藏的希拉里白宫日程表(First Lady Hillary Rodham Clinton's Daily Schedules)①。由于第一夫人 8 年的日程资料对政治家和普通民众都具有极高的史料价值，《华盛顿邮报》希望在第一时间将这些档案上传到互联网供公众查阅。但这些档案当时以无法进行单词检索的 PDF 格式保存，为了提高信息利用效率，上网前必须进行检索的功能转换。《华盛顿邮报》资深工程师 P. 哈金斯最初试图以光学字符识别(OCR)工具来转换检索功能，但扫描、调整大小和转换成机器可读文本的速度是每页 30 分钟，整部文档的转换需要 1 年多时间。P. 哈金斯适时地选择了“云端服务”，将这项转换任务交给亚马逊公司的云计算平台 Amazon EC2，该平台启用 200 台虚拟服务器，处理一页的时间大约是 60 秒，在 9 个小时内就完成了所有文档的转换，费用仅为 144.62 美元②。云计算(Cloud Computing)的应用掀开了互联网服务新的一页。

---

① 公开的档案中包括希拉里从 1993 年到 2001 年担任第一夫人期间 2 888 天的日程表，共计 11 046 页，由希拉里的日程主管多伊尔(Patti Solis Doyle)记录。

② AWS Case Study: Washington Post, http: //aws. amazon. com/solutions/case-studies/washington-post.

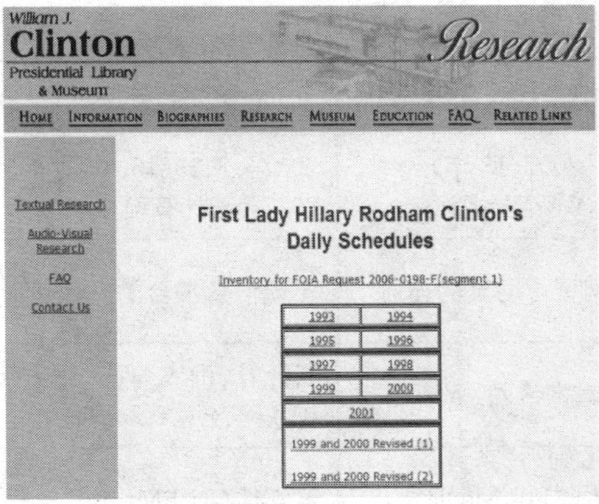

图 1　没有经过云处理的只能以年份检索的日程表

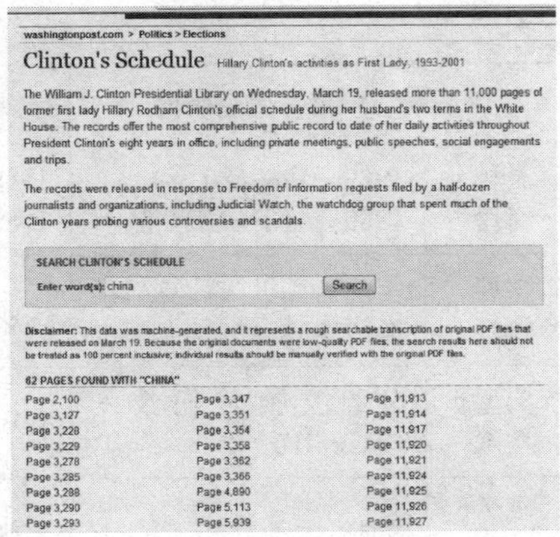

图 2　经过云处理后以“china”为检索词的日程表

一、“云计算”概述

1. 互联网发展孕育了云计算模式

互联网的发展到目前为止大概经历了 3 个阶段。第一个阶段从 1969 年阿帕网(ARPANET)到 1986 年美国国家科学基金会创建主干网第一代互联网(NSFNET),标志“第一代互联网”诞生;第二阶段,从 1989 年蒂姆·伯纳斯-李(Tim Berners-Lee)发明超文本、提出万维网(WWW)设想开始,一直到 2003 年,万维网从单纯的 Web 1.0 模式演化到方便大量用户共同参与互联网内容编织的 Web 2.0,称之为“信息社会 1.0”;第三阶段的酝酿期以网格、Web Services、IPv6 等新技术为代表进行网络资源融合,直至 2007 年“云计算”的问世,标志“第三代互联网”的诞生。见表 1。

表 1　三代互联网的比较及相互关系①

	第一代互联网	第二代互联网	第三代互联网
社会形态	信息社会 0.1	信息社会 1.0	信息社会 2.0
历史时期	1970 年代,主机时代 1980 年代,PC 时代	1990 年代,Web 1.0 时代 2000 年代,Web 2.0 时代	2010 年代,云计算时代 2020 年代,云格时代

① 刘鹏:云计算在互联网发展史中的坐标,《中国云计算》网站(http://www.chinacloud.cn/show.aspx),笔者作了适当的删改。

续 表

	第一代互联网	第二代互联网	第三代互联网
具体时段	1969—1989(20年) 1969：ARPANET诞生	1989—2007(18年) 1989：WWW诞生	2007—2023(16年) 2007：云计算诞生
主要特征	实现计算机与计算机的通信连通	实现网页与网页的连通	实现信息平台的一体化
典型技术	分组交换传输技术(TCP/IP)	WWW、宽带网、Web 2.0	云计算、IPv6、Web Services、物联网、云格(Gloud)
媒体类型	文本	多媒体(MultiMedia)	富媒体(RichMedia)
典型应用	电子邮件、FTP、资料检索系统	搜索引擎、新闻、电子商务、论坛、聊天、视频、文件共享	计算资源租用、在线CRM、在线Office、GIG、一体化服务
典型特征	手工操作	半自动操作	信息随手可得
网络的地位	网络无力与传统信息传播业竞争，电信、电视、新闻、出版、广告等占主导地位	网络提高了传统行业效率 与传统信息传播业分庭抗礼	网络占绝对统治地位 2009年数字出版产值第一次超过了传统出版

2. “云计算”的定义

量子物理上有“电子云(electron cloud)”的概念，物理学家发现在原子核周围的电子运动不存在一个经验世界的轨道，而处于弥漫空间的云絮状态，“云计算”借用“电子云”的描述，强调说明计算应用的弥漫性、无所不在的分布性和社会性特征。2006年，亚马逊推出了亚马逊网络整体服务(简称AWS)，通过EC2平台，用户可以启动相应数量的服务器，以小时付费的方式在服务器上运行自己的系统、软件、网络安全等各种各样的权限操作。亚马逊公司创建者J. 贝索斯(Jeff Bezos)为此提出了“弹性计算力”的术语，同年谷歌公司E. 施密特(Eric Schmidt)用“云计算”这一术语来概括“弹性计算力”，因为有“电子云”的概念作铺垫，“云计算”听起来更具想象力。

关于“云计算”目前还没有统一的定义，其原因是从事该领域的研究人员和工程师背景有很大差异(网格、软件、硬件等)；云计算技术还在继续发展；云计算使用和部署的边界尚未确定；上述种种原因导致无法最终确定“云计算”的外延和内涵。有人归纳了来自各家的20种基本定义，本文只挑选若干有代表性的定义予以剖析。

(1) 从功能角度来定义。C. 休伊特(Carl Hewitt)认为"云计算系统主要是将信息永久地存储在云中的服务器上,在使用信息时由客户端进行缓存。客户端可以是桌面机、笔记本、手持设备等"①。

(2) 从服务系统内涵的角度来定义。王力哲等人(Lizhe Wang & Gregor von Laszewski)认为:"云计算是一套可行的网络服务设置,它可扩展,保证服务质量,通常可以适应用户个体需求,是一种以简便和普及方式进入的廉价计算的即时平台。"②拜雅等人(Rajkumar Buyya, Chee Shin Yeo & Srikumar Venugopal)给出的定义认为:"云是一种并行和分布式计算系统,它由内部互连的虚拟机组成,该系统能够根据服务提供商和客户之间谈妥的服务等级协议,动态提供统一的计算资源。"③

(3) 从云功能分类的角度来定义。M. 阿布鲁斯特(Michael Armbrus, Armando Fox etc.)等人认为,云分为"公共云(Public Computing 对公众开放)"和"私有云(Private Computing,企业自己使用,不对公众开放)",付费获取服务的"效用计算"(Utility Computing)等。云计算只包括"公共云"和"效用计算"④。

(4) 从性质和功能的兼顾角度去定义。在上述定义中,"云"既指一些可以自我维护和管理的虚拟计算资源(包括计算能力和数据),也用来指称设备,通常为一些大型服务器集群,包括计算服务器、存储服务器、宽带资源等,还包括"云"的功能分类(公云、私云等)。基于对云的不同角度的认知,专家认为"云"的概念应该包含其性质和功能,"虚拟计算资源"是其性质,"应用服务和数据服务"是其功能。根据这个思路,给出的定义是:云计算是一种新兴的商业计算模型。它将计算任务分布在大量计算机构成的资源池上,使各种应用系统能够根据需要获取计算力、存储空间和各种软件服务。云计算就是把这些软的硬的资源集中起来根据用户需求配置的一种服务方式⑤。此定义首先确定"云计算"是一种服务方式,其次用"资源池"的概念包容了硬件和软件的组合,最后它从市场角度将其概括为"商业计算模型"。

---

① Carl Hewitt. ORGs for scalable, robust privacy-friendly client cloud computing. IEEE Interact Computing, Volume 12, Issue 5 (September 2008), pp. 96-99.

② Lizhe Wang and Gregor von Laszewski. Scientific cloud computing: early definition and experience, http://cyberaide. googlecode. com/svn/trunk/papers/08-cloud/vonLaszewski-08-cloud. pdf. October 26, 2008.

③ Rajkumar Buyya, Chee Shin Yeo, and Srikumar Venugopal. Market-Oriented Cloud Computing: Vision, Hype, and Reality for Delivering IT Services as Computing Utilities, http://arxiv. org/ftp/arxiv/papers/ 0808/0808. 3558. pdf. 18-21 May 2009.

④ Michael Armbrust, Armando Fox, etc. Above the clouds: a Berkeley view of cloud computing, http://www. eecs. berkeley. edu/Pubs/TechRpts/2009/EECS-2009-28. pdf. February 10, 2009.

⑤ 刘鹏:"云计算的定义和特点",http://www. chinacloud. cn。

3. 云计算的应用层次

就应用层次而言,目前的云计算分为3层。最底层是基础架构,包括硬件、服务器等物理资源;第二层是平台;最上面一层是应用和服务,这3个层次分别对应于基础设施即服务(IaaS)、平台即服务(PaaS)和软件即服务(SaaS)。

(1) 基础设施即服务。这是客户不能直接管理和控制的一个层次,它提供处理能力、存储、网络和其他基本的计算资源,用户能在上面部署和运行任意软件,包括操作系统和应用程序;

(2) 平台即服务。一般面对的是软件开发商,这些软件开发商们在PaaS厂商提供的在线开发平台上进行开发,从而推出自己的SaaS产品或应用;

(3) 软件即服务。其特点是直接面向最终的企业用户,SaaS产品一般而言都是最终应用,用户可以拿来即用。用户直接面对的都是SaaS产品,而SaaS产品不是现成的,必须经过PaaS平台来开发,而软件开发商要开发SaaS产品,不仅要依赖PaaS平台,还要启动基本的计算资源和设施,因此对云计算来说,要实现最终的应用,必须要配置三层架构——SaaS、PaaS和IaaS;

(4) 4种模式的界定。就云计算的应用对象而言,"云"又可以分为公共云、私有云、混合云和社区云4种模式。公共云又称"外部云",面对公众,可通过互联网动态地、灵活地获取;私有云又称"内部云",是为一个客户单独使用而构建的,因而提供对数据、安全性和服务质量的最有效控制。私有云可部署在企业数据中心的防火墙内,也可以将它们部署在一个安全的主机托管场所;混合云模式包含内部云、外部云,适用于大多数企业,通过集成多种云服务,用户可以减少向公有云迁移时所面临的问题;社区云是指一些由有着相似需求并打算共享基础设施的组织共同创立的云,其目的是实现云计算共享优势。其付费略高于公共云,但隐秘性、安全性却高于后者。

4. 云计算的主要特点

(1) 超大规模。"云"具有相当的规模,Google云计算已经拥有100多万台服务器,Amazon、IBM、微软、Yahoo等的"云"均拥有几十万台服务器。企业私有云一般拥有数百上千台服务器。"云"能赋予用户前所未有的计算能力。

(2) 虚拟化。云计算支持用户在任意位置、使用各种终端获取应用服务。所请求的资源来自"云",而不是固定的有形的实体。应用在"云"中某处运行,但实际上用户无需了解,也不用担心应用运行的具体位置。只需要一台笔记本或者一个手机,就可以通过网络服务来实现我们需要的一切,甚至包括超级计算这样的任务。

(3) 一定的可靠性。"云"使用了数据多副本容错、计算节点同构可互换等措施来保障服务的可靠性。

(4) 通用性。云计算不局限于特定的应用,在"云"的支撑下可以构造出千变万化的应用,同一个"云"可以同时运行不同的应用。

(5) 高可扩展性。"云"的规模可以动态伸缩,满足应用和用户规模增长的需要。

(6) 按需服务。"云"是一个庞大的资源池,用户可以按需购买。

(7) 成本低廉。由于"云"的特殊容错措施可以采用极其廉价的节点来构成云,"云"的自动化集中式管理使大量企业无需负担日益高昂的数据中心管理成本,"云"的通用性使资源的利用率大幅提升,因此用户可以充分享受"云"的低成本优势。①

5. 国际 IT 巨头投巨资布局,各国政府把云计算纳入国家发展战略

近年来,Google、雅虎、微软、IBM、亚马逊等大型 IT 厂商都已围绕"云计算"技术投入巨资进行布局,正在形成对全球市场的垄断。如谷歌(Google)的梦想是"整合全球信息",将分散在全球各地的、所有可以数字化的不同语言不同格式不同类型不同版本的信息,进行分析处理后,通过一个简单的"插头"提供给用户,"输入一个关键词,你就可以找到任何你想要的信息,至于关键词背后复杂的事情,由我们来做"。

如 IBM 的"聪明云",就是想为企业打造一个快速进入的高安全性的企业级开发和测试的运行环境。IBM 公司评价这种新的 IT 服务模式时认为:"在减轻工作负担、优化服务的同时,可以大大降低企业成本和信息技术使用的复杂性。云计算的大规模应用提供了全新的用户体验,并且体现了互联网驱动经济的新特点。"②随着云计算的大热,提供云计算服务的企业数量也在快速增加,硅谷目前已经约有 150 家"云计算"企业。

图 3　IBM 公司介绍如何利用"云计算技术"的网页

而在这些企业中,基于开源的云计算更是收到绝大多数用户的热捧。随着虚拟化技术、存储技术、网格化计算技术等进一步成熟,现在的云计算正步入商业应用阶段——将计算能力量化、商品化,然后提供给需要的客户并赚取利润。IT 市场研究公司 Broade(博科通讯系统有限公司)认为,60%以上的欧洲企业将在未来两年内使用云计算服务。非洲大陆企业也看好云计算服务,越来越多的非洲企业开始尝试使用云计算服务。比如在卡塔尔云计划(Qatar Cloud Computing Initiative)由卡耐基梅隆大学卡塔尔分校、卡塔尔大学、德州农工大学卡塔尔分校 3 所大学组建,向当地工商业开放其云基础设施,用以测试应用程序并完成各种项目,其中包括地震建模和石油天然气勘

① 参见刘鹏:"云计算的定义和特点",http://www.chinacloud.cn/show.aspx?id=741&cid=17,2009/02/15。

② Cloud computing is here,http://www.ibm.com/ibm/cloud/.

探等。南非比勒陀利亚大学,使用云计算来测试药物开发,以减缓非洲重症的进展[①]。

Amazon的AWS、IBM的"蓝云"、红帽的开源云计算平台等,正在利用开源技术作为基础架构,为整个业界提供所需要的存储资源和虚拟化服务器等应用。

在世界范围内,云计算已经成为各国政府密切关注的IT技术,并被纳入国家发展战略和相关政策范围。如美国政府已表示,开源、虚拟化和云计算能满足降低IT成本、推动整个政府机构进行创新的要求,因而2009年10月份,奥巴马政府宣布了一项长期的云计算政策,希望降低基础建设成本,并宣布启动Apps.gov网站,推广云计算应用。除了在政策上重视云计算的有关标准制定以外,2010年美国联邦发布的预算文件中,又重点概述了云计算的计划,据介绍,美国政府最终可能希望把政府内部云连接到由共享数据、应用程序和IT资源组成的超级云。DISA提出了美国政府的云基础架构,即各地政府机构在其中拥有各自的云实例或节点。有了这种方法,就能开发出跨云节点运行的应用程序、创建更安全的环境、防御安全漏洞和攻击,并且使用专门为政府云设计的工具来集中管理云资源。

在韩国,2009年12月,韩国知识经济部、通信委员会、行政安全部等3个政府部门联合公布了《政府发展云计算综合规划》,计划从2010年起至2014年的5年间,在4大领域、10大详细课题方面共投入6 146亿韩元,主要包括:"公共部门率先构建"(4 488亿韩元),用于构建政府综合计算机中心及跨政府云平台等;"构建民间云服务基础平台"(514亿韩元),用于构建8大试点项目及测试平台等;"云技术开发"(582亿韩元),用于开发云计算的原创技术;"营造发展环境"(48亿韩元),用于完善相关法律法规和制度,构建安全及标准化体系等。韩国政府拟通过政府公共部门先行投资及政企合作等方式,将韩国云计算市场规模扩大到现有水平的4倍,达到2.5万亿韩元,同时还要将在世界市场的占有率提高到10%。

英国政府首席信息官J.萨福克(John Suffolk)2009年6月在回应英国国内关于政府云计划的热议时表示,英国将在全国广泛建立云计算基础设施"政府云(G-Cloud)"。英国用了3年时间打基础,包括制定桌面设计规范,在"公共部门网络规划"中理顺网络之间的关系;使数据中心的运行有序化;推动开源、开放标准和再利用战策略,英国可以用这个策略来建立一个政府的应用程序商店;以切合实际的方式转向"云",转向"云"后,作为共享服务,超过500万人的公共部门将获益。英国政府保证将上述每一项工作与绿色IT战略结合起来。

国外专家预测:"公共云"的全球投资将从2009年的165亿美元上升至2014年的550亿美元,其中包括在服务、储存能力的提升、应用程序的开发和部署、基础软件开发

---

① IT168:IBM云计算计划 打造全球众高校"云"环境,http://www.ciotimes.com/2009/0209/company200902090954.html。

方面的花费[①]（见图 4），投资费用的年平均增长率为 27%。从发展速度来分析，云服务这个领域将对 IT 市场形成巨大冲击，对此没有充分认识的业界人士，将会失去 IT 市场提供的各种机遇[②]。

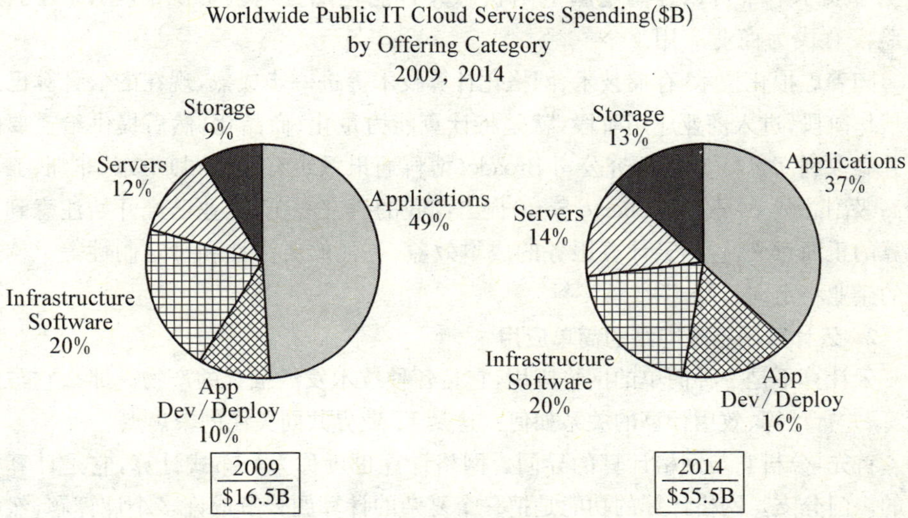

图 4　2009 年与 2014 年公共云分类投资比较

资料来源：IDC，2010 年 7 月。

二、关于云计算的争论

1. 云计算是一种商业炒作吗

面对云计算的快速发展，有人开始质疑这是又一次商业炒作。2008 年 11 月 20 日，Sun 公司全球董事会主席 S. 麦克尼利（Scott McNealy）在回答中国记者提问时认为"计算分成个人计算机和共享计算机。凡是超过一个人使用的计算机，都可以称为是云计算。我认为每一台服务器都是云计算，云计算这个概念很可笑！这个提法非常愚蠢。只是商家用来炒作罢了"[③]。S. 麦克尼利的质疑非常尖锐，并且代表了相当一部分人的观点。云计算这一新兴的 IT 技术热点仅仅是一种商业炒作吗？其实商业炒作的热点不能持续，一阵风过后就会云消雾散。1986 年前甲

①② Frank Gens. IDC's Public IT Cloud Services Forecast: New Numbers, Same Disruptive Story, IDC exchange, on July 1st, 2010, http://blogs.idc.com/ie/index.php?s=cloud.

③ 参见 zol:"Sun 主席麦克尼利访华称云计算是炒概念", http://server.ccw.com.cn/htm2008。

骨文公司(Oracle Corporation)为抗衡微软和英特尔主导的个人电脑，推出了“网络计算机(资源放在网络服务器上，个人只配备终端)”的计划，结果这个计划无疾而终；IBM内部曾推出网格计算，创建了一个“寻找外星人计划”，在每个员工的笔记本上都装了一个可以控制电脑空闲状态并智能化配置电脑资源的程序，但也只是实验没有成为商业应用。

随着虚拟化技术、存储技术、网格化计算技术等进一步成熟，现在的云计算已经超越炒作阶段，进入商业应用阶段，就是将计算能力量化、商品化，然后提供给需要的客户并赚取利润。IT市场研究公司Broade(博科通讯系统有限公司)中东、非洲、亚洲市场高级副总裁A. 索托(Alberto Soto)提出：“我的研究表明，企业已经开始注意到了云计算的正面意义，包括云计算服务的成本效益、更强的灵活性和可定制性等。越来越多的企业将走向云端。”①

2. 云计算是不是网络的简单应用

云计算不是一种简单的网络应用，它是各种技术发展融合的产物。那么它与网格计算、并行计算、效用计算的关系如何？这是IT业界共同关注的聚焦点。

首先，分析它与网格计算的异同。网格计算也可称为分布式计算，它是计算机科学的一门分支。网格计算的功能是把一个复杂的计算题分解成许多小计算题，然后把这些小计算题分配给许多计算机进行处理，最后把小计算题的计算结果综合起来得到最终结果。网格计算的作用是通过网络的组织功能，利用了成千上万网络用户计算机的闲置能力，形成一种综合的非常巨大的计算能力来解决复杂的运算难题和完成需要惊人的计算量的庞大项目。网格技术能够集成分布在不同机构的高性能计算机，它们比较擅长处理紧耦合型应用，而云计算管理的是由PC和服务器构成的廉价计算资源池，主要针对松耦合型的数据处理应用。云计算与网格技术其实是互补的关系，网格技术主要解决分布在不同机构的各种信息资源的共享问题，而云计算主要解决计算力和存储空间的集中共享使用问题。两者最大的区别在于应用对象的差异，网格计算面对完成复杂和大容量计算任务的专业人员，如从事气象、航天研究的专家，而云计算面对的是一般企业和广大公众，完成普通的计算任务。

其次，分析它与并行运算的异同。所谓平行计算是相对于串行计算来说的。它努力模拟自然世界中一个序列中含有众多同时发生的复杂且相关事件的事务状态。并行计算表现为以下特征：(1) 将工作划分成独立的离散部分；(2) 随时并及时地执行多个程序指令；多计算资源下解决问题的耗时要少于单个计算资源下的耗时；(3) 将离散结果综合起来。近年来，随着硬件和应用的不断发展，并行计算

① 全球IP通信联盟：“浅析全球云计算市场需求”，http://net.zdnet.com.cn/network_security_zone/2010。

演变出许多新的类型，如多核体系结构、云计算、个人高性能计算机等，所以云计算是并行计算的一种形式，并且是并行计算的最新发展的计算模式。云计算在带来用户工作方式和商业模式的根本性改变的同时，也对大规模并行计算的技术提出了新的要求。云计算系统利用并行计算的原理，首先建立一个统一的调度和管理中心，根据用户需求通过一定的规则调度一定量的计算机集群，这种计算机集群可以是同构的也可以是异构的，显然，“云并行计算”能否成功取决于该系统的规则和计算机集群的利用效率。

再次，分析云计算与效用计算的异同。效用计算是一种基于计算资源使用量付费的商业模式。用户从计算资源供应商获取和使用计算资源并基于实际使用的资源付费，在效用计算中，计算资源被看作是一种计量服务。传统企业数据中心的资源利用率普遍在20%左右，这主要是因为预留计算能力的设想——购买超常规硬件资源以便应付峰值负载。

云计算以服务的形式提供计算储备，它以虚拟化技术为基础，提供最大限度的灵活性和可伸缩性，用户可以临时轻松地扩展虚拟带宽或计算资源，在硬件配置方面与效用计算不谋而合，两者的区别不在于设计思想和设计目标，而在于使这些设计思想成为现实的现有技术①。

从形式上讲，云计算与诸多现存的计算技术有着一脉相承的关系，但是，云计算归根结底是一种新型的融合模式，它集中了诸多技术的长处，扩展了它们的应用范围，最重要的是，云计算尚未定型，将来会融合何种技术和开拓何处疆域，开发商和研究者都还在摸索，这就决定了云计算是一块有待开发的前景十分宽广的处女地。

三、云计算安全问题解读

“信息安全”这个术语的外延和内涵很丰富。从外延分析，从保守国家军事机密、政治机密、防范商业企业机密泄露、防止个人隐私信息的泄露，一直到预防青少年对不良信息的浏览等都属于其涉及的范围。从内涵分析，除了专门业务的保密之外，网络环境下的信息安全体系已经成为维护信息安全的关键，包括计算机安全操作系统、各种安全协议、安全机制（数字签名、信息认证、数据加密等），直至安全系统，其中任何一个安全漏洞便可以威胁全局安全。本文的“信息安全”是指云计算系统中的设备、软件及其系统中的数据受到保护，不受偶然的或者恶意的攻击而遭到破坏、更改、泄露，系统连续可靠正常地运行，信息服务不中断。

---

① 有关云计算与其他计算的异同比较参见吴吉义等：“云计算：从概念到平台”，《电信科学》，2009年第12期，第25—26页。

1. 云计算面临的安全挑战

云计算是第三代互联网的宠儿,但还有很多地方需要完善。2008年2月15日上午,Amazon S3和EC2遭遇了3个小时的宕机(shutdown),尽管SLA提供了数据恢复和针对这种情况的补偿,但在此期间销售商和客户丧失了宝贵的交易机会,高管人员失明失聪,得不到所需的业务信息。这次宕机引发网上许多争议,一份帖子这样概括:"Amazon S3的服务超乎寻常,但它刚刚证明了其并非十全十美,云计算的不可信赖是一个重要问题,特别是长时间的宕机。亚马逊加油啊![①]"

国际数据公司(IDC)的高级副总裁兼主要分析师F.基恩(Frank Gens)在分析报告中指出:云计算服务仍然处在早期发展阶段,对于云计算服务提供商来说,毫无疑问还有很多的问题需要解决。F.基恩在这份题为"IT能为用户服务"的分析报告[②]中指出,"目前用户最关心的是云计算的安全与可信程度"。根据调查对象的反馈,F.基恩在他的分析报告中列出了云计算服务面临的8大挑战和问题,并以百分比形式比较了调查对象对8大挑战重要性差异的认知(10%以下为不重要,50%及以上为非常重要)。

F.基恩在图5中列出的云计算服务8大挑战依次为:1.安全(Security);2.有效性(Availability);3.性能(Performance);4.对满足需求导致更高成本的担忧(On-demand

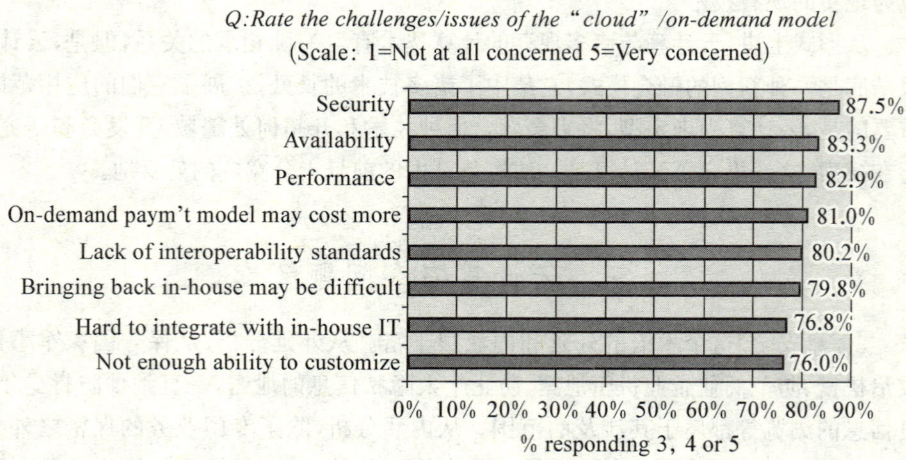

图5 云计算面临的挑战

资料来源:IDC Enterprise Panel, 3Q09, n=263.

① Om Malik. Amazon S3 Storage Service Goes Down, Still Not Up, Feb. 15, 2008, http://gigaom.com/2008/02/15/amazon-s3-service-goes-down/.

② Frank Gens. IT Cloud Service User Survey, pt. 2: Top Benefits & Challenges. IDC exchange, October 2nd, 2008[EB/OL] [2009-08-03]. http://blogs.idc.com.

paym't mldel cost more)；5. 缺乏协同标准(Lack of interoperability)；6. 内部数据回归会很困难(Bringing back in-house may be difficult)；7. 无法与企业内部 IT 系统的整合(Hard to integrate with in-house IT)；8. 尚无足够能力实现“客户自定义”(Not enough ability to customize)。

8 大挑战中首当其冲的是“云服务的安全性”：当商业信息和重要的 IT 资源放置在云上时，用户们经常会感到不安全，他们担心云设备受到攻击，或因自身缺陷而导致信息泄露和被非法利用。

其次，用户关心的是云计算的性能和有效性，这两个参数可以用“可靠性”来标识。云计算的可靠性涉及网络的可靠性、云计算系统的可靠性，以及提供云计算服务整个生态链的可靠性。调查结果明确要求供应商与用户签署服务协议，更重要的是，向用户承诺其保证一定水准的服务水平。有效性还涉及“效用”，它是云计算价值的体现——“云”端关键的服务是什么？何时企业会产生云需求？效用问题随之提出对供应商的透明度的要求以及可依赖性的保险系数。正因为网络复杂的相互依存性，加上云计算使用虚拟手段，所以用户要求云服务供应商提供超一流的、透明的操作方式，以保证可靠的服务。安全性、性能和有效性是 2008、2009 连续两年调查中用户最关心的三大问题，谁能找到比较完美的解决方案，谁就能扮演市场主导者的角色。

第 4 条涉及用户对成本上升的担忧。对成本增加的担心是用户正常的反应，聪明的 IT 经理经常会自省：“如果最终用户因为使用云模式的自助方式、服务功能，不经意间的费用超过了预算，他们会没有怨恨吗？”

第 5 条是“缺乏协同标准”，协同标准在 2009 年的云计算讨论中成为热点。使客户困惑的是究竟选择哪一家云服务商，如果只认服务标准而淡化服务商的所谓特色，恐怕客户会有更多的选择自由。存放在一家云中的数据，如何搬到另一品牌的云中呢？如何保证搬家后，原来的云公司一定会彻底清除用户的迁移数据呢？会不会故意或无意泄露甚至出卖这些数据呢？或者做一些所谓的数据分析和统计呢？这一连串的问号，都只有在标准之争的问题解决后才有答案①。“缺乏协同标准”的担忧还表现在第 6 条“内部数据回归会很困难”，没有备份和归还重要文件的承诺和协议标准，企业还多了一层担忧。

最后两个挑战——云服务的整合困难、有限的自定义能力——均与相关的业务有关。在考虑用户享受已经成熟产品的经济和运营效能、成熟云端产品标准化服务的同时，须进一步考虑企业存在自定义和改制成熟云端产品的需求，这种重新

① Silverlight_Team：“浅谈云计算的诱人前景与应用障碍”，2009 年 1 月 3 日，http://www.cnblogs.com/Silverlight。

定义产品性能的要求是希望云服务能"更好地适应"其具体业务，使云服务更加个性化。

用户希望在最大限度地开展企业关键业务的同时，充分利用各种系统，包括企业内部保存的系统和来自系统外云服务，希望能够将内外两个系统整合起来。对于云供应商来说，这是一个微妙的平衡，因为许多用户（和供应商）的从云服务获得的利益都来源于多租户的模式，即让更多的用户实现资源共享的模式。这一挑战的答案是超越"成熟产品"的额外需求，而满足特定的业务的途径就是提升供应商灵活配置现有云服务程序的能力。从长远来看，这更符合"下一代"系统集成——云服务的多样性和代码重新定制——的发展趋势。

2. 云计算风险问题探秘

"云计算"模式将成千上万台电脑和服务器连在一起，形成超强的存储能力和计算全球数据的能力。当IT业界将"高可靠性"定义为"云计算"的特点时，一些人却对此表示出了担忧。让他们不安的是，作为信息领域一项新技术，在某种技术条件下通过开辟"云计算"，可以进一步加强其对全球信息的控制权。

据报道，主导"云计算"技术的几大美国IT巨头，诸如微软和谷歌，正准备斥巨资在欧洲建立一些大型数据中心，以便为欧盟提供更多的远程计算和数据存储服务。但考虑到"云计算"以远程方式存储用户数据，有可能导致用户信息外泄，几大巨头提出，希望欧盟27个成员国整合各国的隐私法规，建立统一的"云计算"服务法规①。尽管意大利数据保护权力机构负责人附和这种提议，但这一要求遭到了以德国为代表的欧洲国家的反对。德国政府表示，如何保护公民隐私是该国辖内的事情，自己有权实施严格的国家标准。事实上，包括德国在内的欧洲国家，一直对"云计算"进入欧洲市场持警惕态度。欧洲网络和信息安全局（ENISA）执行理事U.黑尔姆布雷希特（Udo Helmbrecht）说，该机构正在审查云计算，因为云计算有数据安全风险。ENISA将推动欧洲管理部门要求云计算提供商通知客户有关安全突破的事情。U.黑尔姆布雷希特说，我们需要把信任建在云计算中。如果在这个环境中缺乏一种信任，这种商业模式将不能运行。

云计算安全联盟执行理事J.雷维斯（Jim Reavis）说，管理环境需要为云计算提供商澄清疑惑。一个不确定性是如何处理政府提出的访问他们拥有的数据的请求②。云计算服务提供商应该让"敌对的"政府很难得到他们的数据，但是应该支持有法律权利

① 新华军事：美网络霸权让世界不安　欧洲警惕隐私被"偷窥"，http：//tech. huanqiu. com/net/web/2010－08/984032_3. html。

② 欧洲呼吁制定全球数据保护法保证云计算安全，http：//www. cnbeta. com/articles/107311. htm。

的政府提出这种请求。

每个国家都有根据自己国家利益制定的信息保护法规，而“云计算”的运行则迫切需要扫除各家的“特例”，建立统一的云计算法规，这个矛盾在短时间内不可能解决。因为事关各国的敏感信息，还有各国对个人隐私和商业机密的理解有很多分歧。

在云计算系统尚未完善的环境下，要让大家把自己宝贵的数据资源放到云端，需要莫大的勇气。2010 年 6 月，AT&T 公司的一个程序出现安全漏洞，黑客乘虚而入，获取了 11.4 万名 iPad 买家的电子邮件地址。他们是从 SIM 卡的 ICC-ID 信息中获知 iPad 买家的电子邮件地址的。在 AT&T 的某些网页上，输入前者就会出现其对应的邮件地址。此泄漏事故不但让 AT&T 公司的信誉受损，而且让许多客户对云计算的可靠性产生怀疑。

落实云计算环境下信息安全的措施，还包括许多技术问题：(1) 完整性：保证数据的一致性，保证本人和本组织应用程序的完整性，防止数据和程序被非法用户篡改；(2) 正当使用性：保证第三方合法使用用户信息和资源；(3) 可控制性：对所有用户行为具有控制能力，一旦出现失当行为，可予追溯；(4) 可审查性：一旦出现云计算安全问题，立即启动审查法定程序。

图 6 AT&T 所有被泄露的电子邮件地址清单

3. 云计算风险控制的对策①

为了实现上述目标，依靠单一的保密措施已很难保证信息安全，必须综合应用各种风险控制对策，即通过技术的、管理的、行政的手段，方能在未来的云模式环境下维护自身利益，达到安全目的。

(1) 反复推敲合同文本条款是获得法律保障的关键步骤

客户应界定云计算业务各方的合同义务。它们包括：数据位置和跨边界的数据传输；质量保证的原则；保证连续性和保证恢复原有信息状态的承诺；补偿及终止服务的条款等。合同相关条约的制约是确定服务商和客户各自责任的重要前提。云供应商承诺云计算的安全运行和许多与安全相关的功能，然而，将这种风险承包给供应商的想法是错误的。如果顾客担心有关数据泄密，就一定得拥有自己对数据进行管理的权限。这些问题应通过合同、规则、“服务声明”或“条款及细则”加以明确。条款必须列

① 对策部分内容参见 Centre for the Protection of National Infrastructure, CLOUD COMPUTING, CPNI VIEWPOINT 01/2010, http: //www. cpni. gov. uk/Docs/cloud-computing-viewpoint. pdf。

出保证安全和保护隐私的义务,并确定各方的责任。

(2) 制定访问管理条例是控制企业风险的关键要素

云计算架构会涉及大量的第三方要求访问的事例,因此需要确认数据或计算资源访问者的身份以及制定访问管理的措施。数据委托给第三方时,防范措施必须到位,确保数据控制权归属其所有者,并且保证不存在任何时候的失控现象。

(3) 谨防数据托管中的漏洞

客户信息可以被托管,或由云管理,某些信息可能天生具备业务敏感性(如银行账户记录)或法定敏感性(如健康记录),高度机密或极高价值的(例如商业智慧财产)属性。将这类信息托付给云供应商,在某些情况下可能会增加意外的风险,如数据被竞争对手截获,他们可通过多租户环境下的云共享平台或其他第三方获取敏感数据。

(4) 控制应用程序进入云计算平台的风险

因为缺乏操作指南,当内部应用程序部署到云计算环境中,就可能遭遇新的平台风险。应用迁移到云计算平台之前,要求确定安全开发生命周期,在组织内部强制性测试应用程序开发流程,并充分考虑诸如云计算风险,如第三方访问客户数据,安全漏洞和有效性的降低。

(5) 熟悉各国相关法律制度可以最大限度地保护自己的权益

各国都制定法定披露义务和在本、外国领土上拦截信息的法规。云计算领域有特定的法律和法规确定数据所有权,外包和承包的权利和义务。特别重要的是,各国按照自定的法律和法规拦截数据,并设定信息公开的范围。在不同的司法管辖区中,关于数据存储或传输,关于访问这些数据的主体,均有不同的规定。此外,由于云传输模型引入了更加复杂的供应链,供应商遍布全球,因此法律的复杂度大大增强。可以通过法律和法规限定数据权利,但如果某个国家对数据存储、转发没有严格规定,数据权益者就无法获得法律保障。传输中对数据进行加密是值得推荐的惯例,这样可以在恶劣的环境下保证数据的机密性。

(6) 对云服务中断有充分的估计

云服务商集中管理和控制某些云的运行过程可能引发故障,威胁到数据和计算服务的有效性,因为云提供商基础设施的一个小故障可能对客户造成巨大影响。

(7) 熟练运用供应商锁定和解除的对策可保证自己的利益

有待完善的云服务市场和目前的全球化经济可能会影响云供应商,并因此影响他们的客户。客户团体可取的做法是将服务外包给云供应商后,保证任何有价值的资产(个人资料、机密资料)不会被肢解和破坏。客户将其IT业务或IT服务外包给云服务商,一般情况下应该锁定供应商。这种情况被描述为"云依赖"特征,目的是维系客户的业务运作。许多云供应商实施专门标准的事实强化了锁定特征。客户依赖于标准,并在自己组织内部植入标准。客户组织需要制定一个明确的退出对策,并应尽量避开专有技术和标准。随着云计算技术的成熟，云标准的认同度更广泛，用户会发现可以更容易地实施退出策略。

(8) 第三方担保在客户风险管理中可以发挥关键作用

因为云地域分散的特点，云提供商的第三方风险评估可能很复杂，费时费钱。客户需要制定更严格的第三方保证措施。设定安全标准，并由法律或法规授权(比如为个人数据处理制定条例)，客户严于律己执行第三方担保条例，数据保护失效即刻实行经济处罚等措施可以降低风险。

(9) 安全模式的说明

客户应使用明确的术语和条款说明云服务提供的业务，包括明确的义务，职能和所有服务运营的责任，操作行为的审查，服务的提供，包括在共同的平台访问数据的约束条款。

在信息交流传递过程中，由于各种因素的影响和障碍，交流的信息会发生变异，最为普遍的就是信息失真。尽管人类采用的技术越来越先进，能有效克服信息传播的空间障碍和时间障碍，但对于信息无序所导致的障碍目前还显得力不从心。云计算中的信息安全就其最终目标而言，就是在云计算环境下保证信息的真实性和合适的传输路径和范围。相信在不久的将来，云计算环境的信息处理可以驶入一个安全的轨道，让千万用户真正享受云计算带来的便捷和高效。

主要参考文献：

1. Jinesh Varia. Cloud Architectures, Amazon Web Services, http://jineshvaria. s3. amazonaws. com/public.

2. Frank Gens. IDC's Public IT Cloud Services Forecast: New Numbers, Same Disruptive Story, IDC exchange, on July 1st, 2010, http://blogs. idc. com/ie/index. php? s=cloud.

3. Frank Gens. IT Cloud Service User Survey, pt. 2: Top Benefits & Challenges. IDC exchange, October 2nd, 2008 [EB/OL] [2009-08-03]. http://blogs. idc. com/ie/? p=730.

4. Carl Hewitt. ORGs for Scalable, Robust Privacy-friendly Client Cloud Computing. IEEE Interact Computing, Volume 12, Issue 5, September 2008, 96-99.

5. Lizhe Wang and Gregor von Laszewski. Scientific Cloud Computing: Early Definition and Experience, http://cyberaide. googlecode. com/svn/trunk/papers/08-cloud/vonLaszewski-08-cloud. pdf. October 26, 2008.

6. Rajkumar Buyya, Chee Shin Yeo, and Srikumar Venugopal. Market-Oriented Cloud Computing: Vision, Hype, and Reality for Delivering IT Services as Computing Utilities, http://arxiv. org/ftp/arxiv/papers/0808/0808. 3558. pdf. 18-21 May 2009.

7. Michael Armbrust, Armando Fox, etc. Above the Clouds: a Berkeley View of Cloud Computing, http://www. eecs. berkeley. edu/Pubs/TechRpts/2009/EECS-2009-28. pdf.

February 10,2009.

8. Centre for the Protection of National Infrastructure. CLOUD COMPUTING, CPNI VIEWPOINT, 01/2010, http: //www. cpni. gov. uk/Docs/cloud-computing-viewpoint. pdf.

风靡全球的公共社交平台

——国外社交网站研究综述

The Global Fashionable Platform for Public Social Contacts:

A Survey of Foreign Websites of Social Contacts

戴丽娜

上海社会科学院现代传媒研究中心　传播学博士

社交网站(social network sites, SNS)是20世纪末诞生的一种人们用以维系社会关系和进行社交拓展的网站类型。经过10多年的发展,全球的社交网站使用者已达9.45亿,其中尤以青年人普及率最高,并对他们的社会生活产生了深刻的影响,也因此引起不同学科研究者的关注,他们试图从各自的视角来解读其风靡世界的缘由、社会影响以及未来发展方向。

自1997年美国第一个社交网站"六度空间"诞生以来,经过10多年的发展,全球社交网站用户人数已达到9.45亿[①],而且目前在全球范围内仍继续保持高速增长态势。在过去的1年中,中国社交网站用户增长了18%、欧洲增长了11%、澳大利亚增长11%、北美增长了8%。[②] 美国是目前全球最大的社交网站市场,用户数量达到1.74亿。中国排名第二,拥有9 700万社交网用户。其他用户规模增长较快的国家还有:俄罗斯、韩国、德国、巴西、印度、日本等,它们的同比增长率分别达到74%、54%、47%、47%、43%和35%。[③] 社交网站在全球的风靡,引起了来自传播学、信息科学、人类学、社会学、经济学、政治学、文化研究和计算机科学等众多学科研究者的广泛关注,他们的研究主要涉及4个方面:社交网站的特征、历史和发展趋势;社交网站的用户构成、心理和行为;社交网站的隐私问题;以社交网站作为平台的营销策略等。

---

① 中文互联网数据资讯中心:http://www.199it.com/archives/201009283910.html。截至2010年7月,Comscore公司预测结果。

② 中文互联网数据资讯中心:http://www.199it.com/archives/201009293926.html。Forrester Research公司调查结果。

③ 中文互联网数据资讯中心:http://www.199it.com/archives/201009283910.html。

一、社交网站概念、历史和发展趋势研究

1. 社交网站的概念与类型

新英格兰微软研究中心、哈佛法学院伯克曼互联网与社会研究中心研究员D.博伊德(Danah M. Boyd)是社交网站研究领域的重要研究者之一。2010年9月,她被美国《科技评论》杂志评为本年度35位35岁以下青年创新家之一,其主要贡献是"为社交网络制定游戏规则"。D.博伊德与密歇根州立大学副教授N.艾莉森(Nicole B. Ellison)合作撰写的《社交网站:定义、历史与相关研究》一文被业界广泛引用。她们在文章中,将社交网站定义为那些能够为用户提供与他人建立网络型连接关系服务的网站。其中,用户在该类网站系统中可以建立公开或半公开的个人档案,并同其列表上的好友相互链接;同时,还可以看到好友列表上的其他用户,并能与之建立新的链接,从而在同一网站形成虚拟关系网络。社交网站主要核心模块包括个人资料、好友链接、评论、照片和视频分享、博客、即时通讯工具、在线互动游戏和手机登录等。根据网站功能特色,社交网站可以分为娱乐型社交网站(如Meetup、Evite、Friendster、Orkut、LiveJournal、Tribe、WhoAt)、商务型社交网站(如LinkerIn、Ecademy、OpenBC、Spoke)和商娱混合型(如Ryze、MySpace)三大类。[①] 根据市场占有率大小,在不同国家和地区形成了各自社交网站的领导品牌Facebook(美国)、Orkut(印度)、Mixi(日本)、LunarStorm(瑞典)、Bebo(英国、新西兰和澳大利亚)、Hyves(荷兰)、Friendster(东南亚)、Hi5(葡萄牙和拉美)、Cyworld(韩国)和QQ(中国)。

D.博伊德

2. 社交网站发展简史

根据D.博伊德和N.艾莉森对社交网站早期发展史的梳理(如图1),我们可以看出,迄今为止社交网站发展大概历经了3个阶段。第一阶段:萌芽时期(1997—1998)。SixDegrees.Com是第一个符合上述社交网站概念界定的社交型网站。该网站创办于1997年,曾吸引了几百万用户,但是由于当时概念太过超前,并未产生太大的影响,于2000年停止提供服务;第二阶段:初步发展阶段(1999—2002)。继SixDgrees之后、LiveJournal、AsianAvenue、BlackPlanet、LunarStorm、Cyworld、Ryze和Friendster等网

---

① WILDBIT, "Social Networks Research Report", http://wildbit.com/wildbit-sn-report.pdf, Document version: 1.0, Change date: 2005/07/25.

站先后成立，但此阶段同样未掀起太大的波澜；第三阶段：高速发展阶段（2003 年至今）。创建于 2002 年的 Friendster 引领了全球第一波社交网站的浪潮，但由于技术支持未能及时跟上，而被 MySpace（2003）和 Facebook（2005）迅速赶超。MySpace、Facebook 和 Twitter（2006）分别凭借其兴趣交友、真实人际关系维系和微内容快速互动等特色使全球范围内的社交网站发展高潮迭起。

3. 社交网站发展趋势

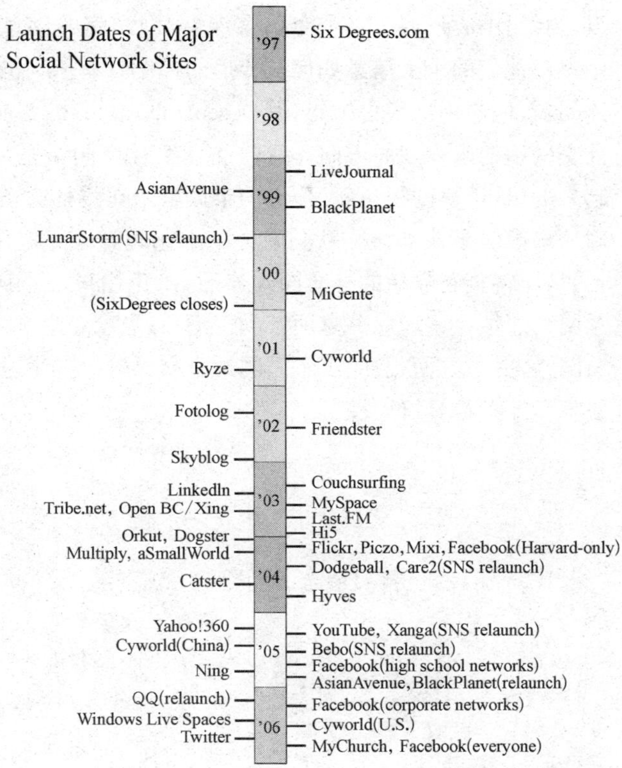

图 1　早期主要社交网站创建时间表①

社交网站产生的重要社会影响之一，在于它为人们提供了一种新的媒介公共空间形式——网络化的公共空间（Networked publics）。在这个空间中，公众呈网络状相互联结，借助互联网或移动网络的辅助来实现交流互动，超越了时空限制，同步交流和异步交流共存，具有公共和私密传播双重属性。D. 博伊德详细阐述了该网络公共空间的 4 个特性：持续性（Persistence）、可搜寻性（Searchability）、可复制性（Replicability），以及受众隐匿性（Invisible audiences）。与其他非媒介公共空间中转瞬即逝的言论不同，网络公共空间中的言论以文本的形式被记录下来，使交流不但具有持续性，同时还实现了异步传播。人们通过社交网站空间中的文本交流实现相互认同。这些文本不但可以被搜寻到，还可以被完整地复制转传。在非媒介公共空间内，我们可以确切地知道我们的受众是谁，然而，在网络公共空间要确定哪些人是受众是不可能的事情，因为他们接收到讯息的时间和地点可能与发源地完全不一致。

英国南安普顿大学电子与计算机科学学院博士 C. 欧阳（Ching-man Au Yeung）等人通过分析社交网站使用现状，指出当前社交网站存在两个问题：首先，每个社交网站

---

① Danah M. Boyd & Nicole B. Ellison, "Social network sites: Definition, history, and scholarship", *Journal of Computer Mediated Communication*, 2007, 13(1): p. 210.

以自我为中心形成了一个个信息深井,网站间的信息资源无法实现互通共享。其次,用户对他们的个人信息如何被传播的控制权有限,存在潜在的隐私泄漏问题。针对上述问题,他们提出了去中心化(Decentralization)的解决方案,同时,还指出去中心化是社交网站的未来发展方向。目前的在线社交网络是用户以社交网络站点为中心构建起来的,从用户的视角看,他们的个人整个在线社会关系网络具有重叠性、不兼容和管理繁琐等明显缺陷。C. 欧阳的去中心化理念设想以用户为中心建立在线社会网络平台,从而将相互隔绝的社交网站连通,避免用户在不同的网站上重复建立个人社会关系网络之烦。该理念一方面有利于用户建立、管理和维护相对更加完整的个人社会关系网络,另一方面,避免了不同网站隐私保护差异带来的隐私管理漏洞,在一定程度上使隐私保护更具可控性。

二、社交网站用户构成及其使用行为研究

1993 年,《纽约客》杂志上刊登的 P. 施泰纳(Peter Steiner)的一幅漫画"在互联网上没有人知道你是一只狗",成为互联发轫之初用来描述用户隐匿性的经典表述。如今,情况已悄然发生变化。在社交网站高度普及的时代,真实的个人信息和人际关系被引入网络,原来虚拟的网络世界逐渐成为现实社会的镜像,模糊的用户形象日渐清晰。这一深刻变化改变了以往仅对网络用户进行简单人口统计学研究的状况,使研究深入到用户的心理动机、行为模式及其相关影响因素等层面。通过对美国近 3 年的社交网站研究文献分析发现,研究者们根据用户的使用行为习惯,将他们区分为青少年、大学生和成人等几个重点研究对象群体。

"On the Internet, nobody knows you're a dog."

"在互联网上没有人知道你是一只狗"

1. 青少年使用者

2009 年 4 月,美国皮尤研究中心(Pew Research Center)发布的《青少年与社会媒介》研究报告显示,12—17 岁的青少年中有 61%的人通过社交网站发信息方式与朋友交流,其中 42%的人每天使用诸如 Myspace 或 Facebook 之类的社交网站。年龄是一个重要影响因素。38%的 12—14 岁青少年拥有社交网站个人账户,而在 15—17 岁年龄组则达到了 77%。女孩,尤其是年龄稍大的女孩比男孩更喜欢使用社交网站,86%的 15—17 岁女孩有个人账户,而同年龄段的男孩拥有社交网站账户的比率为 69%。在青少年社交网站用户中,83%的人曾对朋友的照片进行过评论;77%曾在朋友的页面上发布过信息;71%通过社交网站给朋友发送过私人信息;66%对

朋友的日志进行过评论；54%向所有朋友群发过信息；54%通过社交网站向朋友发送过即时信息或文本信息。所有上述社交网站使用行为，除了照片评论和发送即时信息/文本信息两种应用以外，其他使用行为自 2006 年以来均呈下降趋势。

为什么青少年会如此钟情于社交网站呢？美国圣地亚哥州立大学新闻与媒介研究学院博士 V. 巴克(Valerie Barker)在对青少年的社交网站使用动机进行研究之后指出，与同龄人交流是青少年使用社交性网站的最重要的动机。同时，女性用户更倾向于通过这种交流方式来娱乐和消磨时间。集体自尊的强弱亦与社交网站的使用行为密切相关。社交网站的使用有助于集体自尊强的人获得社交补偿、学习和社会认同满足感。男性用户使用社交网站多属此种动因。[①] D. 博伊德指出社交网站在青少年社会生活中的作用主要体现在认同的形成、地位协商和对等社交 3 个方面。她认为，青少年在使用社交网站的过程中，建立个人档案首先是从学习他人的表述方式开始来完成在网络空间中的自我形象管理，这是一个社会化的过程，也是一个彼此认同的过程。在社交网站对青少年产生的影响研究方面，荷兰阿姆斯特丹大学传播研究学院教授 P. 沃肯伯格(Patti M. Valkenburg)等人通过对 881 名 10—19 岁的用户实证研究得出结论：那些积极的反馈可以增强青少年的社会自信心和幸福感，消极的反馈则会降低自信心和幸福感。

2. 大学生使用者

Facebook 网站 2004 年创立之初是仅针对哈佛大学的在校学生服务的，后来又扩展到其他大学和一些中学及少量公司会员中，直到 2006 年才对公众开放。社交网站在青少年，尤其是大学生中的普及率非常高，因此大量的实证调查研究也是围绕在校大学生进行的。

致力于推动高等教育信息化的非盈利性协会组织 EDUCAUSE，从 2006 年开始持续关注美国大学生社交网站的使用情况。4 年来，针对 39 所大学 48 486 人次的调查结果显示，各年龄段的用户群均呈增长态势。所谓的网络代(Net Generation)学生个人生活与社交网站融合程度高于年龄较大的学生，主要表现为普及率和活跃度均高于后者。2009 年，在 18—19 岁和 20—29 岁两个观察组中，普及率均超过了 95%，接近饱和。两组学生中每天使用社交性网站的人数分别达到 76%和 62.9%。年龄较大的两个观察组虽然初始普及率比较低，但是其增长速度较快。从 2006 年到 2009 年，40 岁以上和 30—39 岁两组学生使用社交性网站的人数分别从 11.2%和 22.1%增长到 47.7%和 74.3%，增长率分别为 326%和 236%。如图 2 所示，各年龄段的学生中社交

① Valerie Barker, "Older Adolescents' Motivations for Social Network Site Use: The Influence of Gender, Group Identity, and Collective Self-Esteem", *Cyberpsychology & Behavior* 2009, 12(2).

网站的普及率差距正逐年缩小。N. 艾莉森通过大学生使用Facebook的实证研究揭示,社交网站有助于大学生社会资本的形成和维护,那些自信心和生活满意度较低的学生会从中获得更大的益处。

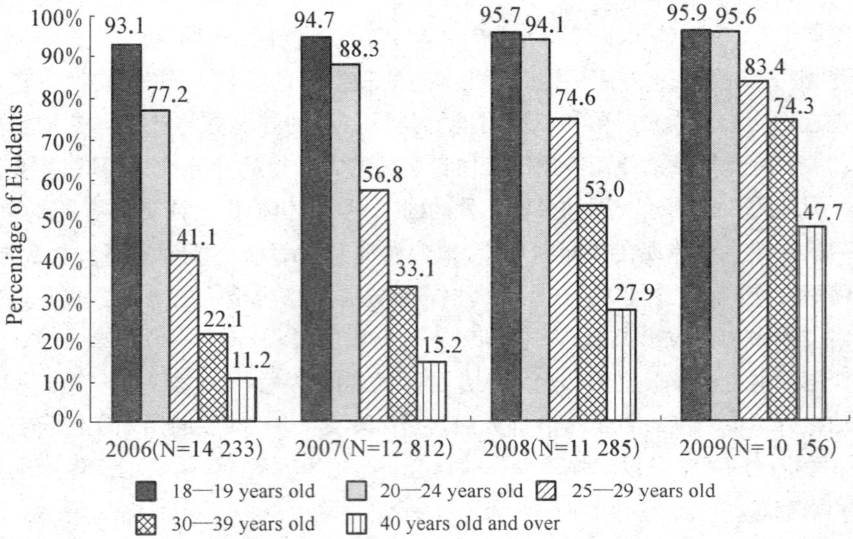

图2　2006—2009年美国39所大学学生社交网站使用情况年龄分布图表[①]

美国南卡莱罗纳大学博士P.卡顿(Perter W. Cardon)联合多国学者进行了一项大规模的跨国社交网络用户行为比较研究。该调查在中国、埃及、法国、以色列、印度、韩国、澳门、瑞典、泰国、土耳其和美国共计11个国家或地区的1 763名大学生中展开。主要考察了社交网站用户的现实和虚拟社会交往如何随着国籍、文化(个人主义—集体主义水平)、性别、年龄、使用习惯和网络站点等变量的变化而变化。调查得出3个主要结论:其一,个人主义国家和集体主义国家用户的网上朋友的数量和网下朋友的数量差别不大,即朋友的数量与个人主义—集体主义水平的高低没有显著相关性;其二,集体主义国家的用户明显拥有更多的从未谋面的网上朋友;其三,个人主义国家的重度用户更多地通过社交性网站维持现实社会中的朋友关系,而集体主义国家的重度用户则与之相反。该项调查主要从个人—集体主义的文化视角比较了不同国家大学生社交性网站用户的行为差异,为我们今后进行更深入的跨文化、跨国社交性网站应用比较研究奠定了基础。

---

① Shannon D. Smith, et al., "The ECAR Study of Undergraduate Students and Information Technology", 2009. EDUCAUSE: http://net.educause.edu/ir/library/pdf/EKF/EKF0906.pdf.

3. 成人使用者

自 2005 年以来，美国 18 岁以上成年社交性网站的用户也一直呈增长态势。截至 2010 年 5 月，在美国成年互联网用户中，18—29 岁的社交性网站用户达 86%、30—49 岁为 61%、50—64 岁为 47%、65 岁以上为 26%，而 5 年前各组的用户分别只有 16%、12%、7%和 5%。2009 年 4 月到 2010 年 5 月期间，55 岁到 64 岁使用社交网络的互联网用户增长了 88%，同一时期内 65 岁及 65 岁以上使用社交网络的用户增加了 100%。如图 3 所示。

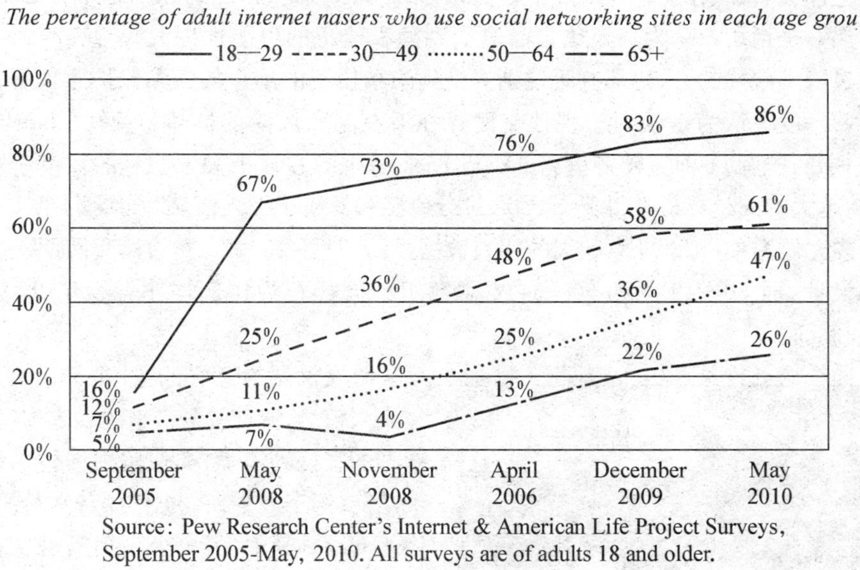

图 3　2005—2010 年美国成年互联网用户中社交网站使用者分布情况①

三、社交网站隐私问题研究

隐私泄漏问题并非是社交网站时代产生的新问题，但是却因该类网站涉及用户真实信息、相互关系的可视性，以及网站的用户动态更新自动汇报功能等原因，使其成为社交网站研究的一个焦点议题。

目前，在全球社交网站市场中，Facebook 以 5 亿用户数雄踞榜首，有时几乎成了社交网站的代名词。因此，很多社交网站研究都以 Facebook 为个案分析对象。社交网站的隐私问题研究概莫能外。自 Facebook 网站诞生之日起，它就因用户信息在其会员间

① 中文互联网数据资讯中心：http：//www. 199it. com/archives/201008293230. html。

完全公开而面临隐私外泄问题困扰。之后,关于各种隐私隐患问题的指责一直如影相随。虽然这些年来,Facebook公司已逐步采取了一些改进措施,但时至今日,仍深受其扰。2010年,Facebook摘得了一座不值得炫耀的桂冠,它是传染恶意软件(71%)和泄漏隐私最严重(73%)的社交网站。①

美国俄亥俄大学新闻学院B.德拜廷(Bernhard Debatin)等研究者通过对Facebook用户隐私问题意识,以及使用该网站的益处和风险研究,认为尽管人们意识到潜在隐私风险的存在,但仍旧会上传大量个人信息。这种松懈的态度主要源于他们高度的使用满意体验、仪式化使用模式和一种类似"第三人效果"的心理机制(此处所谓的"第三人效果",是指用户认为别人比自己遭受到隐私侵犯的可能性更大)。此外,那些亲身经历过隐私侵扰的人,比那些听说别人受到隐私侵犯的用户的隐私保护意识更强。青少年曾一度被认为是较为忽视社交网存在潜在隐私风险的群体。撰写《Facebook时代》一书的作者D.柯克帕特里克(David Kirkpatrick)在该书关于隐私的章节中曾宣称"年龄越大的人越容易觉得Facebook过分侵犯和暴露了个人信息"。然而,事实并非如此。皮尤研究中心2009年秋天的调查数据显示,71% 18—29岁的社交网用户更改过隐私设置,而30—49岁和50—64岁观察组的同样行为比例均比青少年低,分别为62%和55%。

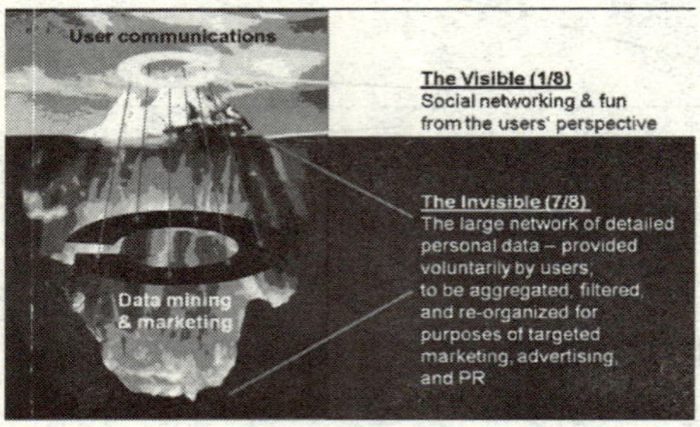

图4　Facebook的"冰山"模型②

社交网站的隐私问题主要涉及无意中暴露个人信息、流言蜚语带来的名誉损害、不受欢迎的骚扰和潜随、类似监视结构的系统回溯功能、第三方个人数据使用和账号/身份被盗等问题。其中,用户个人档案信息和交流信息中等可视部分仅占隐私外漏的一小部分,更大部分是来自与第三方出于营销等目的对用户大量不可见的个人信息和行为的汇总、过滤和再组织等深度挖掘。如图4所示。

四、社交网站营销策略研究

随着社交网站的快速普及,它已成为市场营销的重要平台之一。很多品牌利用社

① CNET, http://news.cnet.com/8301-1009_3-20016517-83.html.

② Bernhard Debatin & Jennette P. Lovejoy, "Facebook and Online Privacy: Attitudes, Behaviors, and Unintended Consequences", *Journal of Computer-Mediated Communication*, 2009, 15(1): pp. 83-108.

交网络已经形成的群体平台来拓展市场，建立并维持同消费者的关系。78%的公司称自己使用 Facebook、Twitter 和其他网站来调查和改善客户服务，推动营销和公关起步，并且最终促进了销售。① 据 NetProspex 发布的“美国企业利用社交网站指数前 50 名排行榜”②显示，同其他行业相比，科技企业更善于利用社交网站，其中谷歌和微软是美国最会利用社交网络的两家公司。排名前 25 的还有亚马逊、百思买、苹果、艺电等著名公司。

在社交网站上进行品牌营销，除了运用传统的网络广告发布形式和植入营销模式以外，更重要的是可以利用社交网站的平台为品牌建立一个拟人账户，使品牌嵌入到人的网络中。与追求更多的“朋友”和“粉丝”数量相比，同消费者高质量的沟通更为重要。对社交网站的品牌管理者来说，每一个“朋友”和“粉丝”都很重要，但就营销价值而言，却不是均等的。管理者需要识别出那些能够影响其他朋友的人。马里兰大学罗伯特·史密斯商学院助理教授 M. 褚索夫(Michael Trusov)等人在《识别社交网站中有影响力的用户》一文中，提出一种通过用户的登录活动的纵向记录的方法来识别哪些用户对其他人的活动产生了重要的影响。该方法的逻辑是：首先，用户登录社交网站消费的新数字内容都是其他用户生产的。其次，那些登录频次较高、停留时间较长的用户为重度用户，反之为轻度用户。重度用户在登录时间较长的时段里有可能生产信息内容供其他用户消费。因此，接下来观察那些重度用户登录之后是否引起了与之相链接的其他用户活动增加，而那些能引起其他用户活动增加的用户则为有影响力的用户。作者通过实证研究得出结论，即在社交网站中，在一个用户所有朋友列表中的人，平均大约只有 1/5 左右会对他们的活动产生影响。社交网站是品牌实施口碑营销(word-of-mouth marketing)的绝佳平台，而那些有影响力的用户恰是决定口碑营销成败的关键人物。

总体而言，社交网站改变了我们，尤其是青年一代与他人建立和维持关系的方式。它提供了一种操作简单、费用低廉的方式来组织公众、安排会议、传播信息和品评意见。随着更多类似网站的出现，使群体组织和参与集体行动的能力更强，这是市民社会的一个表征之一。尽管研究者已经对社交网站的本质特性、社会影响及其用户特征等方面进行了大量研究，但是随着社交网站的进一步发展，它必将对我们的生活产生更大的影响。从今后的发展看，有很多领域的研究亟待进一步展开，诸如社交网站如何在正式组织中发挥效力？社交网站在个人转型期如何发挥作用？社交网站的动员力量如何增加人们的社区和政治参与，尤其是在那些传统上被剥夺权力的群体中？以

① CNET，http：//news. cnet. com/8301－1009_3－20016517－83. html.

② 中文互联网数据资讯中心：http：//www. 199it. com/archives/201009173617. html。

及如何通过改善网络结构和适应新形势的隐私保护规则，既能保证人们开放、便捷地交流，又能更好地保护用户隐私等问题。

主要参考文献：

1. Danah M. Boyd & Nicole B. Ellison，"Social Network Sites：Definition，History，and Scholarship"，*Journal of Computer Mediated Communication*，2007，13(1).

2. Danah M. Boyd，"Why Youth (heart) Social Network Sites：The Role of Networked Publics in Teenage Social Life"，*MacArthur Foundation Series on Digital Learning — Youth，Identity，and Digital Media Volume* (ed. David Buckingham). Cambridge，MA：MIT Press 2007.

3. Ching-man Au Yeung，"Decentralization：The Future of Online Social Networking"，in W3C Workshop on the Future of Social Networking Position Papers，2009.

4. Lenhart，A.，et al.，"Teens and Social Media Overview"，*Pew Internet and American Life Project*，Washington，DC，2007.

5. Valkenburg，P. M.，J. Peter and A. P. Schouten，"Friend Networking Sites and Their Relationship to Adolescents' Well-being and Social Self-esteem". *Cyber Psychology & Behavior*，2006，9(5)：584-590.

6. Adamic，L. and E. Adar，"How to Search a Social Network"，*Social Networks*，2005，27(3)：187-203.

7. Perter W. Cardon，et al.，"Online and Offline Social Ties of Social Network Website Users：an Exploratory Study in Eleven Societies"，*Journal of Computer Information Systems*，Fall，2009，54-64.

8. Bernhard Debatin & Jennette P. Lovejoy，"Facebook and Online Privacy：Attitudes，Behaviors，and Unintended Consequences"，*Journal of Computer-Mediated Communication*，2009，15(1)：83-108.

9. Danah M. Boyd，Hargittai，Eszter，"Facebook Privacy Settings：Who Cares?"，*First Monday*，2010，15(8).

10. Tom Chapman，"Social Network Marketing，Engagement Marketing and Brands"，2008.

11. Michael Trusov，et al.，"Determing Influential Users in Internet Social Networks"，*Journal of Marketing Research* Vol. XLVII，2010，8：643-658.

12. Nicole B. Ellison，et al.，"Social Network Sites and Society：Current Trends and Future Possibilities"，*Interactions Magazine*，2009，16(1).

海外看中国

Overseas Reviews on China

概念、特征、影响及趋势

——国外学者关于“中国模式”的争论①

Concept, Characteristics, Influences and Trends:

A Debate on “China Model” Among Foreign Scholars

上海社会科学院中国模式研究子课题组

西方学者一向喜欢根据自己的主观感受、话语体系和分析工具,对中国的发展态势作出评判和推测。近年来,鉴于中国经济持续高速发展,尤其是中国在应对全球金融危机中的出色表现以及日益提升的国际影响力,他们渐渐抛弃了“中国崩溃论”、“中国不确定论”、“中国威胁论”等老调,而代之以“北京共识”和“中国模式”等新话题。但是,他们在“有没有中国模式”、“中国模式是什么”、“中国模式将走向何方”以及“中国模式对国际社会又将带来怎样的影响”等关键问题上,始终争议不断,莫衷一是。

一、概念:有没有“中国模式”?

“中国模式”这个话题,之所以首先出现在西方社会,某种程度上就是因为西方学者目睹了中国的经济“奇迹”,他们希望对中国的成功经验进行概括总结和理论抽象。因此,一般来说,承认中华人民共和国成立以来尤其是近30年的成功,就是承认中国模式的存在。但是,也有一部分学者,基于对“模式”概念本身的不同理解,强调中国发展中存在的问题和不确定性,进而否定中国模式的存在或者认为目前提中国模式还为时尚早。

J. C. 雷默

1. 肯定“中国模式”的存在

(1) “中国模式”是对中国成功经验的概括总结和理论抽象

“中国模式”的概念缘起于2004年5月美国经济学家J. C. 雷默(Joshua Cooper Ramo)发表的一份题为《北京共识》的研究

① 本文系2009年国家社科基金重大项目“中国模式研究”(批准号09&ZD001)的阶段性成果。

报告。该报告将中国的发展经验概括为三个定理：第一个定理就是使创新的价值重新定位，利用创新(从基层产生和政府主导)减少改革中的摩擦损失；第二个定理就是创造一套新工具，超越人均国内生产总值这样的衡量尺度，把重点放在生活质量上，建立一种将可持续性和平等性作为首要考虑而非奢谈的发展模式；第三个定理就是中国模式包含一个自主理论，中国在做自己发展的事情时，不愿意受外界干扰，特别是西方国家的指手画脚。①

卡内基国际和平基金会资深研究员、前世界银行驻中国经济学家盖保德(Albert Keidel)也表示，中国模式就是中国经济在过去30年里高速发展的主要推动力，如果承认中国经济在过去30年里的不断扩张和现代化程度的不断提高，那么就得承认中国模式的存在，因为它是确保其成功的关键。②

R. 库恩

美国库恩基金会主席、著名作家、企业战略家R. L. 库恩(Robert Lawrence Kuhn)在中国国庆60周年前夕接受新华社记者采访时说，西方媒体在很大程度上只强调中国的实际问题，而忽视了现实成就。所以，他表示，在向西方受众解释胡锦涛主席的观点以及中国60年神奇的发展之路时，会用"中国模式"来描述——这是一种全新的、系统性极强的国家发展模式，包括持续的经济增长、强有力的中央政府和强势的央企(支柱产业)、活跃的私营(非国有)企业推进的自由市场等，其中可持续性的发展和超级强大的中央政府就是中国模式的两大特点。③

(2)"中国模式"是相对于其他国家发展模式的独特性的概括

伦敦经济学院亚洲研究中心客座研究员M. 雅克(Martin Jacques)认为，中国的发展与众不同，不但不同于西方国家，也和亚洲其他国家有所区别。中国发展的特殊之处在于两个方面：一是如此幅员辽阔的国家内部有许多关系需要处理；二是在于发展时机。中国发展的结果并非越来越与西方国家趋同，而是展示出不同于西方国家的独特模式，这基于历史与文化的差异。④

美国布鲁金斯学会桑顿中国中心研究主任、资深研究员李成在国庆60周年接受新华社记者采访时说，中国模式源于"中国奇迹"，正是因为有了这样一个奇迹，才有了中国模式的说法。反观历史，也可以发现，所谓的中国模式存在的一

① J. C. 雷默：《北京共识》，新华社《参考资料》编辑部翻译。

② "'中国在世界眼中'系列报道之一：中国道路——成功的道路"，《人民日报》2010年3月16日。

③ "中国时代提前来临了"，《南方日报》2009年9月16日。

④ "未来10年到20年是中国发展关键时期"，中国网(china.com.cn)2009年10月9日。

个显著特点就是：中国领导人和人民能够以发展的眼光不断修正过去的错误，进而实现持续发展，就像邓小平所说的“摸着石头过河”。这其实是一种非常务实的做法，也是中国能够取得今天这样了不起的成就所选择的具有自己特色的治国模式。①

(3)“中国模式”是对30年发展过程的一种描述

英国苏塞克斯大学发展研究所研究员S.库克(Sarah Cook)，在对近年来一系列关于中国问题的演讲、研讨会进行梳理的基础上，认为中国改革的经验并不是什么容易定位的“模型”，相反，中国模式是一种实用主义的、试验的和循序渐进的过程。“实事求是”、“摸着石头过河”以及邓小平关于“不管黑猫白猫，捕着老鼠就是好猫”的论断均体现了这一思路。在农业去集体化的改革、经济特区的建立、国有企业的解体、劳动力的自由流动、市民社会的扩大和个人自由的增加，以及更加适应市场经济的社会保障体系的重建中，都可以看到这个过程。在这个过程中，通过政策干预回应具体问题，当觉察到社会和政治不稳定时，领导层就会收紧中央控制或从改革中退回来。因此，中国改革发展中的所谓特色，不是意识形态基础上的一系列政策药方，而是在一个特定的政治和制度框架内灵活适应迅速变化的反应过程。②

瑞典乌铺萨拉大学历史学教授L.巴克特曼(Linda Backteman)也认为，中国模式的概念可能是“虚”的，因为模式本身还在发展变化。但毫无疑问，中国模式的目标是“实”的，就是实现国富民强。中国模式堪称世界上所有发展模式中方向最为坚定、方法最为灵活的一种。③ 如果要给“中国模式”做一个注解，那么可以说这是一个学习、创新、实践的过程。

2. 否定“中国模式”的存在

(1) 缺乏独特性

美国印第安纳大学政治学和东亚语言文化系副教授、中国政治与商业研究中心主任S.肯尼迪(Scott Kennedy)，针对J.C.雷默关于“北京共识”独特性的三点概括(即以创新为主导的经济增长；平衡和可持续的发展；独立自主的发展战略)，逐一加以反驳，认为J.C.雷默的观点是建立在对中国政治经济的一种误导性的分析之上，与中国发展的现实特点并不一致。首先，他认为，科技创新并不是中国发展的核心所在，中国企业制造的产品和提供的服务大多都是外国设计或发明的；其次，没有太多证据表明中国正在追求可持续和公平的发展，相反，贫富差距和地区差距还在急剧扩大；再次，中国

① “中国模式源于中国奇迹”，中国网(china.com.cn)2009年9月21日。

② Sarah Cook, “China's development model: What is there to learn?” http://www.iss.nl/DevISSues/Articles/China-s-development-model-What-is-there-to-learn.

③ “‘中国在世界眼中’系列报道之一：中国道路——成功的道路”，《人民日报》2010年3月16日。

其实遵循的是东亚发展模式,鲜有独创性的东西。总之,在发展政策和路径方面,中国需要证明其独特性,显然这很困难。①

就中国经济发展模式同东亚模式之间的相似性而言,《时代》杂志资深记者M.舒曼(Michael Schuman)直言,中国正在使用其他许多国家和地区包括日本、韩国、新加坡、中国台湾都曾尝试过的经济手段:低廉劳动力条件下的出口经济、高储蓄率、高投资率、充分利用全球化的有利国际条件等。让中国"与众不同"并使其经济拥有特殊优势的是,中国政府比别国政府扮演着更重要的角色,如对国有银行和资本流动的控制,但事实上即使这一点与其他亚洲国家也没有什么质的区别。因为韩国将资本控制和国有银行作为其早期发展战略的一部分;日本官员采用了各种方法引导银行向他们支持的项目贷款;将国有和自由市场导向的部门"混合"在一起的做法,是新加坡经济模式的基础。② 哈佛大学教授傅高义(Ezra F. Vogel)也持相似判断。他认为,中国1978年之后的改革开放进程的确具有其独特的一面,但中国的经济、社会发展与日本、韩国和中国台湾地区的确有很多相似之处,都属于亚洲后期快速发展的一种模式。③

在"中国模式"的思想层面上,清华大学伦理学和政治哲学教授贝淡宁(Daniel A. Bell)认为,儒家学说对"贤人政治"理念和家长制作风的强调可以充实中国当下的社会主义理念,中国未来的政治发展模式也将是"贤人政治"理念和西方民主价值观念的混合物。也就是说,中国在现时和未来的发展因带有儒家学说的色彩而具有某种独特性。但以色列历史学家A.盖特(Azar Gat)却持相反观点,他认为,儒家学说的"贤人政治"理念在西方政治思想史上也可找到范本,那就是柏拉图的《理想国》,而且中国的社会主义市场经济思想与欧洲的社会市场经济思想也有诸多相似之处。此外,亚洲集体主义观念也很难剔除西方个人主义观念的影响。④

沈大伟

(2) 不具备可复制性

美国布鲁金斯学会外交政策研究项目高级研究员、华盛顿大学中国政策研究中心主任沈大伟(David

① S.肯尼迪:"'北京共识'的神话",《国外理论动态》2010年第4期。

② Michael Schuman, "China: A New Economic Model?" http://curiouscapitalist.blogs.time.com/2010/03/01/china-a-new-economic-model/.

③ 孙中欣:"哈佛'中国通'谈中国研究与中国模式——傅高义教授专访",《中国社会科学报》2009年9月21日。

④ *Is There a China Model? A Summary and Video Documentation of a China-West Intellectual Summit*, Glasshouse Forum 2009.

Shambaugh)认为，要评判是否存在中国模式，就必须将中国的发展经验分解为若干要素，并确定其是否具有独特性，假如某要素既具有独特性，又具有可复制性，那么它就可以成为所谓“中国模式”的组成部分。但是，事实上，中国在经济、政治、社会和外交方面都很难找到这样的要素。

首先，中国的政治制度独特但不具可复制性。脱胎于传统列宁主义/共产主义/苏联模式的中国共产党现在已经融合了一些现代因素，虽然还带有苏联列宁主义的某些痕迹，但其党内民主和基层民主也正在茁壮成长；中国共产党既强调儒家学说的“贤人政治”理念，又强调现代的善治理念。这样的政治发展经验恐怕只有朝鲜、老挝、越南和古巴这样的列宁主义政党国家，才有可能借鉴。其次，中国经济领域的发展经验确实具有独特性，比如国有企业改革、农村经济引进市场机制等，但是，由于政府能够对经济领域实施强有力的国家干预，这种经验也很难为其他国家所复制。再次，中国的社会福利制度并不能成为中国发展模式的重要组成部分。总体来说，过去 30 年里，中国的福利国家色彩变淡了，许多人还未享有医疗保险和失业保险，其他国家不会赞赏或复制中国的社会福利制度。最后，在国际领域，中国的“和平共处 5 项基本原则”、“新国家安全观”、“新国际秩序观”、“战略伙伴关系观”和“和谐世界观”等外交理念的确具有独特性，可以称其为中国外交模式的组成部分。然而，许多国家不愿意简单模仿或践行这些外交理念，它们看重的是中国在国际舞台上的具体作为，而非其所思所想。[①]

(3) 发展的不确定性

谢淑丽

美国著名中国问题专家、加州大学圣地亚哥分校教授谢淑丽(Susan L. Shirk)在英国《经济学人》杂志 2010 年 8 月举行的公开辩论中，认为中国发展存在诸多不确定性，并据此断言，当“中国模式”的支持者彻底搞清楚其为何物之时，也许就是中国为变化了的社会环境所限而被迫放弃“中国模式”之日。她将这种“不确定性”概括为以下 4 个方面：

第一，在 30 年的改革开放进程中，中国的经济政策一直处于变化之中。谢淑丽认为，中国国内经济学家一直怀疑，是否存在一种一以贯之的“中国发展模式”，而且随着工资水平的提高、受过良好教育的市民阶层需求的扩大，中国社会已经进入了一个新的发展阶段，原有的发展模式已经不适应新的发展形势。中国政府正在寻求新的发展战略，如“自主创新”，就是这种发展态势的突出表现。第二，为了提高合法性，中国逐步调整了自己的政治理念。谢淑丽认为，中国的领导人深知，在一个流动性强、受教育程度较高和信息发达的社会，只靠经济成功并不能获得大众的支持。与西方一样，面对不合格的食品、

① David Shambaugh, “Is there a China model?” http://debate.chinadaily.com.cn.

药品、勾结地方政府的开发商，以及排放有毒废水的化工厂，中国的民众也会不满、反对，甚至抗争。因此，无论是重大决策的公开听证还是对地方官员的监督，在今天的中国，为了增加合法性，中国的政治家并非仅仅依靠国家主义和儒家传统，而是在引入透明、法制和民主。第三，不仅中国的经济政策和政治理念尚处于调整之中，而且中国发展模式的效用也具有不确定性，因为当前的"制度优势"也有可能成为未来发展的障碍因素。比如，中国成功应对金融危机的事实表明，它可以极为有效地集中使用国家力量。在经济发展的初期和中期阶段，这种能力在应对危机和调配资源时颇为有效，但在接下来的发展阶段其效用则有可能大打折扣。中国未来能否成为真正的全球性大国将取决于能否成功剔除长久以来所倚重的"制度优势"以及能否让民众更多发挥创造性。第四，不能忽视中国经济高速发展所带来的负面效应——贫富差距扩大、腐败和环境污染严重，中国能否成功解决这些问题，也有极大的不确定性。[①]

黄亚生

以中国发展的不确定性来否认中国模式的存在，或者以此认为中国模式尚未成型，这样的观点在西方社会很普遍。再比如，美国马萨诸塞州理工学院斯隆管理学院终身教授黄亚生(Yasheng Huang)在《有中国特色的资本主义》一书中认为，从长达60年的"康德拉季耶夫长周期"来看，30年只是短短一瞬，最多只是走完了长周期的一半；30年的经济增长并不能说明什么，若不梳理清楚其中机理，接着出现30年的经济衰退也并非不可能。更何况中国30年经济发展的一个鲜明特点是"国富民不富"，实际上，长期保障绝大多数民众的利益并提高其生活水平才是经济发展永恒的追求目标。[②] 前欧洲外交事务委员会执行主任M. 伦纳德(Mark Leonard)在其《中国怎么想》一书中指出，在中国这个社会大实验室里，一种新的世界观正在出现，或许有一天它会形成一个明确的"中国模式"——一条其他国家可以追随的、另类的、非西方的道路，但不是现在。[③] 英国《卫报》专栏作家、历史学家T. G. 阿什(Timothy Garton Ash)也认为，中国当下无论从哪个角度来讲都还是一个发展中国家，只有当中国成为发达国家之后，才能准确了解什么是"中国模式"。"中国模式"之所以还未完全成型，是因为"中国模式"的思想基础除了儒家理论外，还包括列宁主义、资本主义、道家、社会主义、中

① "China model", www. economist. com.

② 参见 Yasheng Huang, *Capitalism with Chinese Characteristics: Entrepreneurship and the State*, Cambridge University Press Sep. 2008。

③ 参见 Mark Leonard, *What Does China Think?*, Public Affairs Apr. 2008。

国法律传统等诸多思想因子。[①]

(4) 不具备有效性

2009年5月2日,英国《经济学人》发表评论文章“中国的经济奇迹”指出,中国的经济增长并不能证明其发展模式的有效性。中国过去30年经济高速增长的最大动力来源于资本的流入和劳动力的自由流动,对任何一个经济体来说,只要投入资本和劳动力,就会产生经济增长,但资本和劳动力的投入都会面临边际效用递减的现实,所以当资本和劳动力投入达到某个临界点时,增加投入就不会产生经济增长。事实上,技术才是实现经济可持续增长的唯一手段,但到目前为止,中国仍在大量购买西方技术。在临界点到来之时,中国若还不能改变此种现况,其经济增长率就会下滑到和西方国家一样的水平。同样,假若中国不能为技术创新提供有效激励和政策支持,其经济增长率也会下滑。所以,当中国还高度依赖西方消费需求和西方式资本主义技术创新时,不能认为其发展模式具备有效性。[②] 此外,在一些西方学者看来,中国的政治发展模式也欠缺有效性。哈佛大学教授傅高义认为,如果中国不进行政治体制改革,那它对世界的影响力就很有限。[③]

《有中国特色的资本主义》一书封面

(5) 达不到“模式”概念本身应具有的三种含义

中英可持续发展对话的国家协调员L.霍恩-法萨诺塞(Leo Horn-Phathanothai)认为,“模式”至少应该具有三种含义:成功、可复制和周密计划,但“中国模式”在这三个方面都还有待商榷。就“成功”而言,中国的经济发展同起飞阶段的东亚国家相比甚至还稍逊一筹,而且虽然中国取得了经济上的成功,但也存在着严重的环境、贫富分化和腐败问题等。就“可复制性”而言,中国在人口规模、历史和文化方面都具有特殊性,比如中国的发展得益于特有的社会风俗,儒家文化传统对社会秩序优先于个人自由的强调,对其成就的取得功不可没。就“周密计划”而言,中国的发展道路是在实践中逐渐摸索出来的,并非事先设计或计划的结果,而且除了自上而下的政府试点改革以外,民间的很多创新也是推动改革的关键因素。总之,在L.霍恩-法萨诺塞看来,中国成功的主要原因是政府以务实的态度抓住了机遇,顺应民间的创新要求,并有几分运气成分

① Timothy Garton Ash, “Confucius can speak to us still — and not just about China”, *The Guardian*, Thursday 9 April 2009.

② China's growth miracle, www.economist.com.

③ 孙中欣:“哈佛‘中国通’谈中国研究与中国模式——傅高义教授专访”,《中国社会科学报》,2009年9月21日。

在里面。由于中国取得的成功有限，不具备可复制性，而且事先未经周密计划，所以并不存在所谓的“中国模式”。①

二、特征：“中国模式”是什么？

欧美等西方国家承认“中国模式”存在的学者，由于其解读中国成功原因的视角不同，也会对中国模式的具体特征作出不一样的判断和概括。总的来看，大致有3种解读视角：总体特征、经济特征和政治特征。

1. 总体特征

(1) 威权资本主义

西方许多学者通过与东亚模式的类比，来概括中国模式的特征。他们认为，在很多方面中国的发展战略类似于新加坡、泰国、马来西亚和韩国等东亚新兴经济体在1970到1980年代快速现代化过程中的发展模式，即新自由经济政策＋政治威权主义＋出口导向型发展战略。

美国丹佛大学国际关系学院教授、《当代中国季刊》总编辑赵穗生(Suisheng (Sam) Zhao)在北京大学中国与世界研究中心的内部研讨会上指出，中国模式就是东亚模式的21世纪变形，它是一个非意识形态的、务实的、试验性的改革道路，强调经济增长和政治稳定的政策。大致呈现3个特质：第一，驱动中国经济改革和现代化进程的并不是任何意识形态教条或原则，而是以经济发展为导向的务实主义。它以试验性的方式，拒绝苏东式的“休克疗法”，通过既存的经济和政治制度加以运作，使改革呈现出零碎且渐进性的特点。第二，中国的经济发展由一个强大且发展导向的国家机器所带领，其首要目标是经济发展，强调政治稳定是经济发展的先决条件。在贯彻和执行长期性战略计划时，避免民主体制中因经常性变化而产生的不稳定因素所带来的干扰。第三，如同其他成功的东亚国家一样，中国的现代化道路也曾向西方模式取经，但其独特之处在于，共产党政权能够掌握何时、何处以及如何采用外来观念的政策主动权。在取经“华盛顿共识”对市场、企业家精神、全球化的重视时，拒绝或修正了会大幅度降低政府作用的新自由主义经济政策。②

《澳大利亚人报》亚太版主编R. 卡里克(Rowan Callick)直接将这种模式概括为“自由市场”加“威权主义”，即“威权资本主义”。他认为，“中国模式”由两个主要部分构

---

① L. 法萨诺塞：“中国模式背后的真相”，《中国对话》网站：http：//www. chinadialogue. net/article。

② 北京大学中国与世界研究中心，“人民共和国60年与中国模式”内部学术研讨会文集，2008年12月20日。

成：在经济上，模仿自由主义经济政策，对外开放，允许劳动力自由流动，通过国家和私人融资来建立一流的基础设施，国家垄断具有战略意义的经济领域；在政治上，共产党牢牢掌握政权。相对于典型的威权主义或集权主义体制，其优势在于创造巨大的经济增长，使人民感到幸福。中国模式的合法性正是建立在经济发展和人民生活水平提高这一基础之上，中国政府无论在经济管理还是政治方面都采取了实用主义的理念。①

高柏

美国杜克大学社会学教授高柏(Bai Gao)从全球化下的国家建设理论视角出发，将中国国家能力的性质和特征概括为6个方面。第一，威权主义国家。自中共十一届三中全会开始，中国从极权主义转变为威权主义。国家不再对社会生活的各个领域实行渗透和干预，而是允许有限度的多元化，允许社会发出象征性的异议声音，通过放松对经济、社会的控制和增强对经济增长的关注来平息和转移人民的愤怒；第二，以自由化、私有化和去国家干预为三大基石的新自由主义国家。共产党只是把新自由主义当作实现政治目标的工具，从未真正放手让市场统治；第三，发展型国家。中央与地方政府用各种手段促进经济发展；第四，捕食型(掠夺型)国家。国家抽取了大量本可用于投资的资源，却提供极少的公共物品，腐败现象屡见不鲜；第五，改造的社会主义国家。中国放弃计划经济，“抓大放小”，出售国有中小企业以甩掉财政负担，仅对大型国有企业实行控制；第六，法团主义国家。它既能满足(至少是目前)新兴利益集团表达政治利益的需要，又能使共产党对这些法团进行操控(如更换领导人、控制其财政等)。正是这6方面的结合，缔造了中国这一经济迅猛发展，政治不十分民主的产物。其中，威权主义是本质，当然其他5个方面也同样不可忽视。②

W. 赫顿

(2) 国家资本主义

不少学者在解读中国模式时，强调国家的作用。英国资深媒体人、《观察家报》专栏作家W. 赫顿(Will Hutton)将“中国模式”概括为国家主导的资本主义或“国家资本主义”，认为中国的发展道路以独特的方式对待资本主义，从来没有把资本主义当成目标，而是把它作为实现目标的手段。它融合了

① Rowan Callick, “The China Model”, *The American*, November/December 2007 Issue.

② Bai Gao (2009), “The Rubik's Cube state: A reconceptualization of political change in contemporary China”, in Lisa A. Keister (ed.), *Work and Organizationsin China Afterthirty Years of Transition* (*Research in the Sociology of Work*, *Volume 19*), Emerald Group Publishing Limited, pp. 409 - 438.

资本主义的发展原理,又受国家的指导,而国家必须时刻牢记提高数十亿人民的生活水平和质量,以免面临合法性危机。[①]

美国哈佛大学研究中国社会问题的专家M. K. 怀特(Martin King Whyte)认为,中国在改革开放后政治和行政体制的重大结构性变化,促成了经济的发展。首先,是党和国家各级官僚的选拔、提升和激励等机制的迅速而全面的转变。中国迅速从一个"德治"国家变成"绩效制"国家,改变了毛时代晚期严禁采用的物质激励,采取数量化的体制来评估和奖励地方官员,用经济发展的成就作为决定报酬的主要指标。其次,是行政分权以及财政管制方面的国家行政体制改革,使地方政府和企业被赋予相对安全的行政和财政安排,能够专心寻找新的市场机会,发展经济,并保证一旦成功,所产生的收入增量绝大部分可以用于地方,更不用说给负责者金钱奖励了。这些变化所释放出来的地方企业和政府的激烈市场竞争,是中国新的经济活力的基本来源。最后,与东亚模式不同的是,中国政府使用国家权力主要是为了推动市场、巩固竞争、引发市场导向的激励,而不是试图从那些与国家关系最紧密的企业中挑选胜者和偏爱者进行投资。绝大多数经济增长是通过私人企业、乡镇企业、外资和其他计划外企业的增长实现的。[②]

因此,美国加州大学圣迭戈分校教授、中国国际事务中心主任、研究中国经济问题的著名学者B. 诺顿(Barry Naughton)在《中国经济: 转型与增长》一书中指出,政府主导是中国模式的重要特征。不过,在不同时期政府主导有进有退,程度不同。[③] 美国《新闻周刊》的评论文章也认为,中国能在全球经济危机期间运转良好,是因为务实的领导人着眼于缓慢但稳步的自由市场转型,在此过程中,国家始终发挥着强大的干预和稳定作用,形成了一种"指令性资本主义"。在经济衰退时,这种指令与控制型体制实际上比其他市场体系更为有效。[④] M. 雅克在《当中国统治世界》一书中,用8大特征概括了中国现代性,其中特别强调的就是国家在经济发展中的关键性作用。他认为中华文明的延续性主要体现在两个方面——国家和教育。不管是新中国成立前还是成立后,国家均被视为中华文明的象征和守护者,并被附以巨大的权威性和合法性。抓住了"国家"的秘密,在他看来也就抓住了中国模式的核心。"虽然中国已经推行市场

---

① Will Hutton, "The great mall of China", *The Observer*, Sunday 9 May 2004.

② Martin King Whyte, Paradoxes of China's Economic Boom, *The Annual Review of Sociology*, 2009. 7.

③ Barry Naughton, *The Chinese Economy: Transitions and Growth*, MIT Press Nov. 2006.

④ Rana Foroohar, Why China Works, *Newsweek*, Jan. 19, 2009.

改革，但各级政府在经济中仍然发挥着非常重要的作用。”①

(3) 社会主义市场经济

法国学者、国际马克思大会社会主义学科主席 T. 安德烈阿尼(Tony Andréani)在法国加布里埃·佩里基金会的一次研讨会上，将在摸索中逐渐形成的“中国模式”称作“社会主义市场经济”，认为中国走出了一条有别于苏联模式的独特道路，并从 6 个方面解读了“社会主义市场经济”中的社会主义因素。他认为，第一，国有企业具有重要地位。尽管已被授予管理自主权，但它们依然在很大程度上依赖中央或地方政府，党和政府亦从国有经济中获得了地位、政权和成功，他们的合法性是以劳动者的共识、“工人阶级”的支持为基础的；第二，股份制企业和混合所有制企业仍然受国家监督。政府通过股份制赋予企业自主权，实现政企分开，通过混合所有制找到与外国企业的共同语言，筹集资金。但它们不会占据主导地位，与西方企业因股东企盼而追求赢利不同，中国各级行政部门并不将赢利作为唯一目标；第三，农村特殊的社会主义面貌。中国的农业既不是国家农业，也不是合作农业，而是一种土地集体所有制并以家庭为基础的农业，即根据家庭成员的数量定期分配土地。农民不能出售土地，只拥有土地的使用权。这样做是为了防止大地主死灰复燃和资本主义农业的发展；第四，中国的经济仍然主要是负债经济。即国有企业，尤其是大型企业仍然主要依靠国有商业银行贷款；第五，计划性尚未消失。中国一直都会制订 5 年计划和 10 年计划，虽然不再会下达强制命令，却间接发挥着指导作用；第六，基础公共事业有待完善。从基础公共事业的水平来看，该模式尚显不足，比如医疗保险、失业保险、养老保险等福利国家的建设才刚刚起步。②

2. 经济特征

鉴于中国改革开放，特别是经济在危机时期的出色表现，欧美等国学者在研究中国模式、分析中国成功背后的原因时，对于经济因素的探索往往情有独钟。他们将中国模式的经济特征大致概括为以下两点：

(1) 出口导向型的增长模式

部分学者认为，就经济发展的主要推动力而言，中国到目前为止实施的是出口导向型的增长模式。中美经济与安全评论委员会首席经济学家 T. 帕利(Thomas Palley)在对当前中国的经济发展模式进行解释时指出，中国的发展是以减少计划经济的规模，增加以市场为导向的私有经济为目标的。中国经济取得发展的原因在于，它在展

---

① Martin Jacques, *When China Rules the World: The Rise of the Middle Kingdom and the End of the Western World*, Allen Lane Jun. 2009.

② T. 安德烈阿尼:“中国融入世界市场是否意味着‘中国模式’的必然终结?”《国外理论动态》2008 年第 5 期。

开以市场为中心的经济活动的同时,实施了明确的内部和外部的资本积累。外部资本积累依赖于外国直接投资和出口导向型增长,内部资本积累依赖于国有银行对国企的信贷支持和对基础设施的投资。① 同样,美国国际经济研究所高级研究员 N. 拉迪(Nicholas Lardy)也从投资、消费、商品和服务净出口 3 个方面分析了近 30 年来中国经济增长的源泉,他认为,扩张性投资在中国经济增长中所发挥的作用日益重要;与投资相比,消费作为经济增长源泉的重要性在减少;商品和服务净出口成为一个主要的经济增长源。②

卡内基国际和平基金会中国项目高级研究员 M. 佩蒂斯(Michael Pettis)将中国经济增长的模式视为亚洲增长模式的加强版,其核心是家庭收入对制造业和投资的补贴,并总结了中国内部资本积累的三大核心机制:第一,低工资。工资的增长水平被限制在远低于工人生产力的增长水平之下,迫使工人补贴老板;第二,汇率低估。通过提高进口成本,在可售商品领域补贴制造企业,减少了工资的真实价值;第三,金融抑制。中国通过把家庭存款转移给银行,借款者再从银行以被压低的利率获得贷款的形式实现了每年 GDP 5%—10%的惊人增长率。资本的低成本,也许可以解释看似矛盾的中国资本密集型而非劳动密集型的增长——人工是很便宜,但是资本几乎是免费的。③

(2) 渐进主义的转型战略

D. 科茨

由于历史和政治原因,很多国外学者在研究中国经济发展模式时,不约而同地将中国与俄罗斯进行比较研究。从这一视角展开探究的大多数学者认为,俄罗斯转型失败而中国转型成功的原因在于,俄罗斯采用了新自由主义药方——"休克疗法",而中国采取的是渐进式转型。苏联问题专家 D. 科茨(David M. Kotz)就是这一观点的代表。他从分析国家在经济转型中的作用出发,比较了俄中两国的经济转型经验,认为俄罗斯转型的主旨是国家从对经济生活的管制中快速退出,而中国采取了国家指导下的转型战略,"是抓住而不是放手"。如逐步放开价格控制、长期推迟国企私有化、在大型国企的决策中保留国家指令、实行扩张性货币政策、国家对银行系统持续控制、国家控制跨国贸

① Thomas I Palley, "External Contradictions of the Chinese Development Model: Export-led Growth and the Dangers of Global Economic Contraction", *Journal of Contemporary China*, 2006, 15(46), pp. 69 - 88.

② Nicholas R. Lardy, "China: Toward a Consumption-Driven Growth Path", *Policy Briefs in International Economics*, 2006 October.

③ Michael Pettis, "China Faces a Difficult Economic Transition", http: //www. carnegieendowment. org/publications.

易和资本流动等。他对这一战略持肯定态度，认为社会中惟一能指导从计划经济到市场经济转型的机构就是国家。[①]

在对中俄转型经验进行比较研究的学者中，也有人提出了不同看法，如澳大利亚莫纳什大学经济学系 G. 卡扎克维奇（Gennadi Kazakevitch）教授和 R. 史密斯（Russell Smyth）教授认为，中国进行的是一种以农业自由化为重点的快速改革而不是谨慎的渐进式改革，即所谓"隐性的"休克疗法。但中国经济的自由化不是通过撤出政府对现有公共部门的控制来实现的，而是依靠迅速增加国民经济中新兴私有企业的比例来实现的。这一点加上稳定的政治环境以及中国对外商的吸引力是近年来中国经济快速发展的原因。[②]

不管怎么说，1978 年之后，中国对计划经济的改革方式与大多数西方经济学家的建议是相矛盾的。M. K. 怀特在《中国经济繁荣的悖论》一文中将中国渐进主义转型战略取得成功的原因概括如下：其一，中国最高决策层的坚定决心推动了市场化改革，向全社会和负责落实政策的官僚机构发出了信号，每个人的未来都取决于市场经济体制的作用，取决于从这种新体制中获益。共产党的统治和国家权威在中国都没有崩溃，也为新的政策导向确立了威信；其二，中国的主要经济资源是廉价的、训练有素的劳动力，劳动密集型消费品企业和服务的增长，推动了市场的改革策略，对中国道路的成功亦有助益。[③]

3. 政治特征

在西方学者看来，"中国模式"就是东亚发展型国家的变种，所以他们一般认为，"中国模式"表现在政治上的特征，就是威权主义。对此，也有学者提出了不同意见。

许慧文

(1) 由"威权政治"向"政治自由民主化"过渡

2009 年 2 月 23—24 日，中西学者汇集温室论坛展开建设性对话，牛津大学中国研究所当代中国研究项目主任许慧文（Vivienne Shue）就提出，用威权政治来描绘中国已无太大意义。中国的政治体系非常复杂，且仍在持续改进，许多政治变革举措正

① David M. Kotz, "The Role of the State in Economic Transformation: Comparing the Transition Experiences of Russia and China", http://www.umass.edu/economics/publications/2005-04.pdf.

② Gennadi Kazakevitch and Russell Smyth, "Gradualism Versus Shock Therapy: (Re) Interpreting the Chinese and Russian Experiences", *Asia Pacific Business Review*, 2005, Vol. 11, No. 1.

③ Martin King Whyte, "Paradoxes of China's Economic Boom", *The Annual Review of Sociology*, 2009. 7.

自上而下地推行,没有迹象显示变革会停滞不前。[①] 美国加州大学伯克利分校经济学教授、著名的发展经济学家 P. 巴德汉(Pranab Bardhan)在其《觉醒的泥足巨人》一书中也表示,民主和发展的关系非常复杂,威权主义对发展既不是必要条件也不是充分条件。实际上,威权主义扭曲了中国的发展,显赫的政治家族扭曲了国家金融的分配,不受问责和追究的地方官员与地方企业勾结,把资本主义推向极端,无论是霸占土地还是环境污染都是如此。[②] 黄亚生比较了中印两国经济成功的不同时段和关键因素后,也质疑威权在中国经济发展中的作用,认为"推动中国经济快速发展的关键因素不是政治强制,也不是基础设施建设、开放和吸引外资,而是政治自由民主化改革"。

(2) 一种统一的混合体制

沈大伟在《中国共产党:精简和适应》一书中指出,中国共产党在政治领域也在向国外取经,把国外的先进经验与中国实际相结合。因此,中国的政治体制正在逐渐变成一种统一的混合体制,它吸取了东亚新威权主义、苏联列宁主义、西欧社会民主主义、拉美社团主义等的优秀因素,并与具有中国传统文化特征的列宁主义政治体制相结合。中国像一棵树,根是中国文化,主干是中国特色,各个枝干是借鉴其他国家的先进经验。这种体制,非常有适应力和弹性,也有很大发展潜力。[③]

J. 奈斯比特和 D. 奈斯比特

(3) 自上而下与自下而上相结合的"纵向民主"

世界著名未来学家 J. 奈斯比特(John Naisbitt)和 D. 奈斯比特(Doris Naisbitt)在《中国大趋势》一书中认为,中国正在形成一种由政府自上而下的指令与人民自下而上的参与相结合的政治模式。与西方由多个平等的政党组成,以选举制度为基础"横向民主"不同,中国的民主模式是"纵向民主",是垂直的,它由一个庞大而稳定的领导层和一个同样庞大的民众基础组成。这种民主模式保持着良好的一致性和连贯性,通过领导层与人民间的互动来实现意见统一。同时,这也是一种动态民主,领导层与民众之间始终保持沟通,不断变化调整,从而维持平衡,达到社会和谐。这种"纵向民主"的优势,一是能够着眼长远,从长计议;二是决策效率

① *Is There a China Model? A Summary and Video Documentation of a China-West Intellectual Summit*, Glasshouse Forum 2009.

② 参见 Pranab Bardhan, *Awakening Giants, Feet of Clay: Assessing the Economic Rise of China and India*, Princeton University Press Apr. 2010。

③ 参见 David Shambaugh, *China's Communist Party: Atrophy and Adaptation*, University of California Press Apr. 2008。

提高,能办大事。这种民主的目标是建立一个以信任为基础的体系,政府信任人民,人民信任政府。这一模式适合中国历史、中国人的思维以及对于和谐稳定社会的追求。①

(4) 协商式列宁主义的政治体系

牛津大学圣安东尼学院亚洲研究所台湾事务课程主管曾锐生(Steve Tsang)认为,中国正形成一种独特的协商式列宁主义的政治体系。这种体系包含了5大特征:第一,维持国家的稳定和党的政治权威,维持列宁主义的结构和组织原则;第二,在政府的改革设计中,改革并不意味着政治领域的民主化,而是在其他领域进行改革,以克制民主化的需求;第三,不断努力提高党回应和直接改变公众意见的能力;第四,在经济和金融管理中,采取实用主义的方法,而忽视了最初共产主义的意识形态需求。当它运用协商式的方法时,并不是认同了协商的价值,而是维持自己列宁主义系统的控制;第五,以发展国家主义而不是共产主义作为新的意识形态,对中国历史和文明有强烈的民族自豪感。②

《中国大趋势》一书封面

三、影响:"中国模式"对国际社会意味着什么?

J.奈

西方学者关注中国模式的国际影响,主要集中在两个方面:一是中国模式是否会成为发展中国家效仿的榜样,换言之,中国模式能否输出;二是中国模式会不会从经济、政治、文化上对西方模式构成挑战。

1. "中国模式"能否输出

西方大多数学者认识到,中国的经济成就和发展模式对发展中国家产生了巨大吸引力。如美国肯尼迪政府学院教授、著名政治学家J.奈(Joseph Nye)坦言,中国的经济增长不仅让发展中国家获益巨大,其特殊

① 参见J.奈斯比特、D.奈斯比特:《中国大趋势》,吉林出版集团、中华工商联合出版社2009年版。

② Steve Tsang, "Consultative Leninism: China's New Political Framework?" *The Journal of Contemporary China* 2009, 18(62), November.

的发展模式和道路也被一些国家视为可效仿的榜样。[①] 美国《纽约时报》专栏作家纪思道(Nicholas D. Kristof)说,中国模式改变了人们对摆脱贫困的期望。[②] 美国企业研究所研究员 K. A. 哈西特(Kevin Allen Hassett)认为,中国模式为发展中国家领导人实现他们理想的生活方式提供了新的选择和愿景。[③] 卡特中心"中国项目"助理协调员 J. G. 史密斯(Jennifer Grace Smith)强调,中国不附加任何条件的投资和发展援助模式,使中国模式更富吸引力。[④]

尽管如此,很大一部分学者还是认为"中国模式"不可以输出,更不可能为其他发展中国家所复制。对此,大致有3种分析:以中国国情的特殊性,否定中国模式输出的可能性;中国发展中的不足和缺陷,限制了中国模式的输出;中国发展的经验其他国家可以学习,但"中国模式"却很难被完全模仿和复制。

(1) 中国独特的国情因素决定"中国模式"难以复制或输出

首先是中国共产党的政治智慧难以复制。2010年,哈佛大学教授裴宜理在接受《南方人物周刊》采访时指出,毛泽东和邓小平打造了中国特有的发展道路,不能看中国模式好,马上就去模仿,这不一定是能够复制的。毛泽东时代建立了普及的教育系统,提高了人民的卫生状况,这被公认为中国经济发展的前提条件。邓小平时代的摸着石头过河,吸取日本、美国和中国台湾的先进经验,都推动了中国大陆的发展。此外,中国革命的历史传统,也为中国共产党政策的制定、构思和实施提供了一种充满活力、务实的政治方式,而中国共产党的长期执政,更使这份传统得以继承、更新。[⑤]

其次,是计划经济体制下的"红利"为中国经济发展提供了不可复制的积极因素。M. 怀特认为,一方面,中国当时的人口政策增加了人口基数,这扩大了劳动力相对总人口和受教育者的规模。随着时间推移,这又提供了强劲国内市场需求的基础,降低了出口依赖在经济增长中的核心作用。另一方面,在改革开放过程中,由于对计划经济体制的不信任,这在某种程度上增加了对市场经济的向往,经历过计划经济时代的人们,迫切想从新的市场机会中获益,对产品和服务有着强烈的国内需求,这为中国经济的繁荣提供了契机。[⑥] 美国奥克姆研究所在《中国真的提供了一种经济替代模式吗?》一文中指出,中国的发展从"中央计划经济——共产主义极权政治",转向"中央计

① "国外学者热议'三大预言'与中国模式",《人民论坛》2009年3月。

② "中国道路,成功的道路",《人民日报》2010年3月18日。

③ Rowan Callick, "The China Model", *The American*, November/December 2007 Issue.

④ J. G. 史密斯:"'北京共识':中国下一个最大的'输出品'",《中国选举与治理评论》季刊2010年4月号,总第5期。

⑤ "假如没有毛泽东和邓小平——专访哈佛教授裴宜理",《南方人物周刊》2010年第6期。

⑥ Martin King Whyte, "Paradoxes of China's Economic Boom", *The Annual Review of Sociology*, 2009. 7.

划经济——准威权资本主义”，这使任何一个有过民主经历的国家都不可能成功复制“中国模式”。因为中国的共产主义政权能够控制社会的方方面面，而民主国家则不具备这种能力。①

还有一点，就是海外华侨作为中国与西方之间商业桥梁的作用也是不可替代的。美国胡佛研究所研究人员P.格里高利(Paul R. Gregory)、周晓(Kate Zhou)在《中国成功与俄罗斯失败的原因》一文中指出，中国在融入国际市场，尤其是吸引外资和产品出口方面具有他国无法比拟的优势，其中一个重要力量就是“桃李满天下”的海外移民。改革开放以后，中国香港和台湾的企业在中国大陆的经济特区开辟了第二战场，许多大陆企业的产品也经由香港和台湾转销到世界各地。② 很多中国香港、台湾和海外资本家投资中国大陆的动机是基于情感和经济方面的原因，并分享他们开辟外国市场的经验。③

(2) 经济发展中的不足和缺陷限制了“中国模式”输出的可能性

在英国《经济学人》杂志2010年8月举办的公开辩论中，谢淑丽具体分析了中国经济发展背后的负面效应和制度缺陷，并以此为论据，否认中国模式可以输出。首先，当国外学者对中国的经济奇迹连连称奇时，不能忽视经济高速发展所带来的负面效应——贫富差距扩大、腐败和环境污染严重。其次，中国的政策制定并非许多西方人所羡慕的那样高效。最后，她认为，在许多方面，中国是一个脆弱的超级大国，其经济发展的前景并不乐观，继而否定了中国发展模式输出的可能性。④

(3) 其他国家可以学习中国发展的经验，但“中国模式”很难被完全模仿和复制

S.哈尔珀

2010年8月，在英国《经济学人》杂志举办的一次公开辩论中，英国剑桥大学国际问题研究中心高级研究员S.哈尔珀(Stefan Halper)指出，虽然不存在中国模式，但发展中国家可以从中国的榜样中吸取对自己有利的因素或复制某些具体的做法。他将中国经济的成功因素归结为市场威权主义，也就是“在走向资本主义的同时保留了威权政治”，并强调这一

① “Does China Truly Offer an Alternate Economic Model?” By Ockham Research, December 24, 2008, http: //seekingalpha. com/article/112205-does-china-truly-offer-an-alternate-economic-model.

② Paul R. Gregory and Kate Zhou, “How China Won and Russia Lost: Two Dissimilar Economic Paths”, *Policy Review*, No. 158, December 2009 & January 2010.

③ Martin King Whyte, “Paradoxes of China's Economic Boom”, *The Annual Review of Sociology*, 2009. 7.

④ “China model”, www. economist. com.

因素输出的可能性。他分析道，目前共产党仍是中国唯一合法的执政力量，在很大程度上还不存在真正意义上的权力制衡、司法独立、代议制和透明化。然而，即使存在这些问题和缺陷，中国这种致力于为民众提供就业、住房和社会稳定，提高其生活水平的市场威权主义仍获得了大部分人的拥护和支持，这对世界上其他国家的大部分人来说，也是可接受的。伊朗、缅甸和委内瑞拉实际上已经在“窃取”中国的某些“创新”因素来解决国内问题。

美国奥克姆研究所的《中国真的提供了一种经济替代模式吗?》一文指出，虽然“中国模式”难以被完全模仿和复制，但其发展经验可供其他国家学习。经济危机使西方的自由市场式的经济模式名声扫地，在如何建构完善的经济制度方面，发展中国家可能会将中国的中央计划经济体制视为有益的发展经验而加以借鉴。①

美国匹兹堡大学经济学和历史学教授 T. 罗斯基(Thomas G. Rawski)一分为二地总结了中国模式中能否输出的各种因素。他认为，中国发展模式中可输出的因素主要有3个，一是重视机会成本，无论是改革前还是改革期间，在中国往往是政策执行先于系统分析。改革是没有蓝图的，只是寻找能够改善计划经济缺陷和问题的方法；二是经济开放，中国的经验证明，全球化市场、外资的进入推动了中国经济的发展和商业化，提高了生活水平和创造了新的机会；三是所有权和竞争，激烈的竞争促进了国有企业的发展，这有利于中国的总体发展。此外，T. G. 罗斯基认为，人力资本的禀赋、执政能力等优势是中国特有的因素，在国际上很少有国家能有这样的优势，中国将进入改革开放后的第4个10年，在分析中国发展模式能否输出、如何理解中国的未来走向时，必须考量这些因素。②

2. “中国模式”是否对西方模式构成挑战

I. 布雷默

西方学者在这个问题上，大致有两种声音。一种是认为中国模式在经济、意识形态，甚至文化上，都对西方构成威胁；另一种是认为中国模式不足以对西方模式构成威胁，甚至中国模式根本就不是什么“异类”。

(1) 中国模式威胁论

首先，中国的国家资本主义模式将损害西方国家的经济利益。全球最大政治风险咨询公司欧亚集团总裁 I. 布雷默(Ian Bremmer)在《自由市场的终结》一书中指出，随着中国

① “Does China Truly Offer an Alternate Economic Model?” By Ockham Research, December 24, 2008, http: //seekingalpha. com/article/112205-does-china-truly-offer-an-alternate-economic-model.

② Thomas G. Rawski, “Is China's Development Success Transferable?” Prepared for Conference on “Thirty Years of Reform and Development” CCER, Peking University, October 25-26, 2008.

在世界舞台上日益占据主导地位，越来越多的跨国公司需要重新考虑自己在中国的国家资本主义模式下进行竞争的前提假设。在这种模式中，政府是经济活动的主要参与者和仲裁者，由国家来推动投资和制定规则。世界经济危机后，这种由国家控制经济体崛起的做法对美国很不利。因为国家资本主义的最终驱动不是经济（增长最大化），而是政治（国家权力及领导阶层生存机会的最大化），当人们为了政治目标而开发市场时，将导致全球经济的价格扭曲及不平衡。更重要的是，政府授权的商业关系逼走了跨国公司等自由市场竞争者，这样一来，"将对美国的全球政治影响及经济的长远健康状态造成很严重的后果"。①

其次，"中国模式"将在意识形态上挑战西方的主导地位。在英国《经济学人》杂志 2010 年 8 月的公开辩论中，S. 哈尔珀指出，中国市场威权主义输出的背后是"意识形态之争"。市场威权主义的要义和所谓的"发展模式"并无多大关联，很大程度上与"意识形态之争"有关。享有政治权威的中国政府排斥议会和媒体的作用，承诺向民众提供就业、住房和更好的未来，暂时搁置了改善环境、劳动条件和社会服务设施等职能。与自由市场型的民主国家相比，中国的这种治理模式可以在维护精英阶层执政地位的同时实现高速经济增长。拥抱"中国模式"，也就意味着接受威权主义的统治规则而拒斥多元化民主政治，这将削弱西方金融和意识形态的规导作用，这就是所谓"意识形态之争"的原因所在。S. 哈尔珀反复强调，确保能源和资源供应，仅仅是中国政府策略的一部分，中国更大的目标是建立一个国家集团的全球网络，不是在军事或经济上挑战西方，而是在意识形态和政治上对抗西方。当然，中国的这种强势输出并非自愿，而是潜移默化的"榜样效应"，它并不具有意识形态野心，也没有意愿向别国推销其治理模式，但其影响是强大的——中国正在悄悄重塑国际秩序。面对民主与威权，大多数发展中国家的领导者会选择后者，因为那要简单一些，政权也维持得久一些。对于那些羡慕、赞赏中国成就，并在一定程度上复制中国市场威权主义发展经验的国家来说，在中国的支持和保护下，民主的优点显得苍白无力。在这一背景下，西方世界通行 200 余年的治理规则开始呈现边缘化态势。②

第三，"中国模式"所铸造的成就，也许会引起东西方文化之争。美国著名专栏作家 D. 布鲁克斯（David Brooks）指出，如果亚洲的成功重新引发了个人主义和集体主义的争论（本来这场争论在冷战后看似已经结束），那么个人主义力量不太可能再横扫战场，甚至难以占据优势。因此，中国的崛起不仅仅是一个经济事件，也

---

① 参见 Ian Bremmer, *The End of the Free Market: Who Wins the War between States and Corporations?* Portfolio Hardcover, May 2010。

② "China model", www.economist.com.

是一个文化事件。也许在将来,和谐集体的理念能和自由主义的"美国梦"一样引人入胜。[①]

(2) 中国模式不构成对西方的威胁和挑战

第一,中国的榜样作用不会对发展中国家产生多大影响,因此不会挑战西方的价值观。在英国《经济学人》杂志2010年8月的辩论中,谢淑丽认为,中国与发展中国家的合作是出于经济利益,而非意识形态竞争。作为国际能源竞争队伍中的后来者,中国在许多被西方政府和公司所抛弃的国家投资石油和天然气,为了加强合作,中国为受援国兴建公路和发电厂,提供新的商业机会。没有证据表明,中国政府正在"指导"这些国家应对民主的挑战;也没有证据表明,由于中国的出现,就减少了这些国家出现市民社会的前景。实际上,中国无意参与和西方的"意识形态之争"。中国外交政策注重的是谨慎避免与美国的意识形态冷战,强调共性而不是差异。1990年代围绕"亚洲价值观"曾有过一场争论,时任马来西亚总理M. 穆罕默德(Mahathir Mohamad)和新加坡总理李光耀曾大力宣扬自身的社会、文化和政治体制相对于西方的优越性,而当时的中国领导人并未参与那场争论,相反,却大肆谈论自己与西方社会的共同之处。即使从目前的研究数据来看,中国的发展并没有对西方价值观产生影响和构成挑战。全球公众调查显示,在过去10年中,当中国实力和全球影响力增加时,非西方国家并没有减少对民主理念的支持。相反,大众与传媒皮尤研究中心的调查数据显示,"在许多穆斯林国家,绝大多数被访者依然支持民主;人们对中国的经济成绩印象深刻"。[②]

J. 安德斯

第二,"中国模式"没有超越资本主义,因此也就不存在所谓的挑战。美国霍普金斯大学的政治学、社会学研究者J. 安德斯(Joel Andreas)在英国《新左派评论》上发表评论指出,中国并没有开创一个非资本主义市场体系的发展道路,因而也不会对资本主义制度构成威胁和挑战。他分析道,中国的企业在竞争中取得的成功,恰是因为它们的资本主义特征。实际上,中国或许带领东亚重新夺得世界上最有经济活力和最富裕地区的地位,但照目前情况看,这个发展将翻新而不是超越现存的资本主义秩序。作为近年来推行改革的结果,20世纪80年代存在的非资本主义市场经济已经转变成资本主义经济。不再有社会主义经济,不管是公有还是私有,几乎所有企业现在都根据资本主义原则来运行。虽然作为最近的改革结果而出现的经济体制

① David Brooks, "Harmonious Society and the American Dream", *New York Times*, Aug. 11, 2008.

② "China model", www. economist. com/debate/days/view.

有中国的特色，但是，它是建立在200年前英国出现的生产关系的基础上的。[①]

第三，“中国模式”的成功，不仅不是威胁，反而是对人类文明的贡献。左翼理论家G.阿里吉(Giovanni Arrighi)的《A.斯密在北京》一书中总结道，中国模式的成功，可能有3个积极的后果：第一，中国重组当今由西方主导的国家等级体系，东亚领先的时代或许带来国际上更大的平等；第二，中国或许比欧美更少军事色彩，更多和平倾向；第三，中国模式开创了建立在市场交换基础上但是更加平等、更加人道的东亚发展道路。[②]

F.福山

苏东剧变后，曾经宣称西方资本主义自由民主制度已经战胜了其他与之竞争的一切意识形态的日裔美籍学者F.福山(Francis Fukuyama)，在2009年9月号的日本政论杂志《中央公论》上发表了一篇专访《日本要直面中国世纪》。文章认为，中国发展模式的价值内核源于延续几千年的政治传统——“负责任的权威体制”，即强大的中央集权国家、国家机器和军队由中央政府掌握；高度的行政官僚体制；政治对人民负责等。现在，这种政治传统和现实模式受到越来越多发展中国家的关注。在印度“民主”模式和中国“权威”模式之间，更多国家钟情中国模式，前者代表分散和拖沓，后者代表集中和高效。他认为，客观事实证明，西方的自由民主可能并非人类历史进化的终点。随着中国的崛起，所谓“历史终结论”有待进一步推敲和完善，人类思想宝库需为中国传统留有一席之地，中国亦需在自身发展进程中实践民主法制的理念。世界需要在多元基础上实现新的融合。[③]

四、趋势：“中国模式”将走向何方？

西方学者关注中国模式，其主要目的就在于预测中国的未来走向，即中国模式能否持续？中国未来发展前景如何？总的来看，大致有4种判断：一是承认中国几十年来的成功经验，承认中国模式的有效性，一般认为中国模式是可持续的，并对中国的未来表示乐观；二是指出中国发展中存在的障碍和制度缺陷，认为如果不进行改革，中国模式将难以为继；三是强调中国发展过程中的困境，摆出一连串难题，认为不管改革与

① Joel Andreas, “Changing Colours in China”, *New Left Review*, No. 54 (Nov./Dec. 2008).

② 参见 Giovanni Arrighi, *Adam Smith in Beijing: Lineages of the 21st Century*, Verso 2007。

③ “中央公论杂志专访福山：日本要直面中国世纪”，中国网：http://www.china.com.cn/international。

否，中国都将走向崩溃；四是认为中国的未来，各种可能都有，前景并不确定。

1. “中国模式”具有可持续性

西方有一部分学者认为，基于中国政治体制的适应性和中国经济发展的有效性，中国模式必将继续保持政治稳定、经济发展。

(1) 政治体制的适应性以及普通民众对中央政府的信任，使中国政治体制具有可持续性

在许多西方制度主义学者看来，过去30年，中国的政治体制丝毫没有发生任何改变。但是，沈大伟认为，中国的政治体制已经发生很大变化，且具有适应性。具体表现在：领导层和7 600万党员的受教育程度提高了，入党和提干也更取决于能力和实绩；共产党已不再是由一个人主宰的全能型政党，而是由一群领导人集体领导的威权型政党，且领导人非常自信、老练，非常强调执政方式的改进；在制定政策的过程中，各层级领导都要接受培训，更加注重协商。①

黎安友

哥伦比亚大学政治学教授黎安友(Andrew Nathan)在卡内基国际和平基金会主办的“重新定义中国政策”的系列辩论会中指出，导致中国崩溃或者民主化的社会力量还没有形成，中国将继续朝着所谓“有弹性的威权体制”发展。这是因为中国的经济增长改善了大多数人的生活水平；通过维持信访体制和发挥媒体的监督作用，政府加强了与经济和社会精英的同盟；中国政府能够进行适当的政策调整来应对经济和社会变化；中国领导层有保持权力的强烈欲望，并从前苏联解体的过程中认识到保持一致的重要性；区域性的社会动荡的确存在，但政府的反应能力和政治控制能力使其不足以成燎原之势。现实状况表明，人们对政治改革的要求尚在可控制范围之内，中产阶级也惧怕更为庞大的农民和农民工阶级，因此他们不会要求民主；相反，却将威权政体视为抵御混乱、维护秩序的防线。②

中国政治体制仅具有适应性尚不足以保持政权稳定，普通民众对中央政府的高信任度更为重要。2010年3月18日，哈佛大学肯尼迪政府学院国际研究项目大宇教授A.赛奇(Anthony Saich)在布鲁金斯学会主办的“中国展望”研讨会上指出，中国发展所面临3个主要问题，即社会发展不平衡、腐败和潜在的民族冲突都与政府治理有关，但

① David Shambaugh, “China on the Road to Prosperity”, TIME Magazine, Sep. 28, 2009.

② “Reframing China Policy”, http://www.carnegieendowment.org. The Carnegie Debates, Oct. 5, 2006.

与其他国家相比，中国政府的治理状况并不算太糟糕。其突出表现就是，中国普通民众对中央政府的高支持率和信任度。新一代领导人执掌政权之后，民众对政府的支持度更是达到新高。中国的普通民众认为，之所以会出现那么多负面问题，都是地方政府肆意执行政策或滥权所致，而中央政府本质上是好的。①

(2) 中国受益于政治稳定，即使不进行重大改革也能继续保持经济增长

美国加州大学圣迭戈分校教授 B. 诺顿(Barry Naughton)在 2006 年 12 月卡内基国际和平基金会主办的“重新定义中国政策”的系列辩论会上，指出中国不需要进行重大政策调整来保持目前的经济增长，因为中国的经济增长是由 3 个因素来决定的：一是富足的劳动力资源；二是不断改善的劳动力素质；三是大量的投资。这三方面的巨大投入超过了历史上的任何先例，只要中国政府不采取大动作阻挠经济的发展，中国经济的增长态势就不会改变，而事实上中国政府是不会主动推行重大政策变动的。②

美国斯坦福大学社会学教授 A. 瓦尔德(Andrew Ward)正面阐述了当前中国的政治优势。他认为，虽然中国的核心政治制度与 30 年前经济改革启动之时相比没有取得什么重大进展，但与改革头 10 年的状况相比，中国现在的政治形势更为有利。第一，中国的渐进经济改革已经取得成效，而在 20 世纪 80 年代，经济改革能否成功还是一个未知数；第二，中国的政治发展尚未出现严重问题，而在 20 世纪 80 年代，缺乏进步性；第三，当下受过教育的青年人展现出一种强烈的民族自豪感，而 20 世纪 80 年代的青年人则对政权合法性持严重质疑态度；第四，中国当下的领导人对国家发展方向保持高度一致，而 20 世纪 80 年代的领导人在经济改革和政治自由化问题上分歧严重；第五，过去 30 年的改革造成了社会抗议运动频发，但当下的抗议活动多是经济冲突的产物，矛头直指地方官员和企业管理人员，而 20 世纪 80 年代的抗议则集中在大城市，矛头直指中央政府。总之，在他看来，中国近 20 年政治形势出现的新特点，为中国经济持续增长提供了政治保障。③

J. 安德森

(3) 中国 30 年发展本身证明了中国模式的有效性和可持续性

瑞银集团亚太区首席经济学家 J. 安德森(Joanthan Anderson)在分析中国 GDP 年增长率、全要素生产率(TFP)和人均国民收入三组宏观数据之后，认为中国的经济增

① “The Outlook for China”, http: //www. brookings. edu/events/2010/0318_china_outlook. aspx.

② “Reframing China Policy”, http: //www. carnegieendowment. org/events. The Carnegie Debates, Dec. 1, 2006.

③ A. 瓦尔德：“失序的稳定：中国政权为什么有力量”，《国外理论动态》2010 年第 6 期。

长还能够维持下去。首先,1978—2007年间,中国官方统计的GDP年均增长率为9.9%,即使剔除各种虚报成分,其GDP年均增长率也在9%以上。这个数字高出历史上其他任何一个重要经济体在黄金发展时期的增长速度。其次,全要素生产率被称为长期经济发展的最好尺度,大部分研究报告都显示,中国的全要素生产率为3%,不仅高于西方工业国家的2%,也高于日本等几个亚洲经济迅速腾飞国家的2.5%。最后,如果中国在未来20年能够继续保持目前8%的同比增长率,其人均国民收入将在2020年达到8 000美元,在2030年前突破20 000美元,届时将超过目前的韩国和中国台湾地区,而其经济总体规模也将比现在美国和欧盟的综合还要庞大。即使中国未来的经济增速出现下滑,也不能证明其将最终失败。这是因为,中国其实只需维持8%的年经济增长率,就可在2030年成为发达国家;即便其增长率下降到6%或7%,最多也只是延迟几年达成目标而已,与大局无碍。①

2. "中国模式"需要改进

一部分学者认为,中国模式必须进行改进:在经济上,应由出口导向型增长模式转向内需(尤其是消费性内需)导向型增长模式;在政治上,应由"威权体制"转向"民主体制"。

(1) 改革增长方式,否则中国经济将失去后劲甚至更糟

M.佩蒂斯认为,中国长期以来实行的是出口导向型经济增长模式,其核心就是家庭收入对制造业和投资的补贴,即高储蓄率和高投资率,但这种模式至少有两大羁绊:其一,在初期,转移的家庭财富投资在基础设施和扩大产能上的确有效,但整个社会的信贷风险却在累积;其二,以家庭收入来补贴制造业和投资,有可能导致消费增长赶不上生产增长,这就需要大量且不断增长的贸易顺差来消化过剩产能,但现在其他国家消化中国过剩产能将变得越来越困难。②

加州大学、哥伦比亚大学东亚项目主任吴永泰(Wing Thye Woo)在卡内基国际和平基金会主办的"重新定义中国政策"的系列辩论会中也同样指出,如果不进行重大改革,中国经济将失去后劲。首先,中国经济发展机制可能会出现问题,如财政开支过大导致赤字和通货膨胀,从而使政府失去控制。其次,各种社会问题可能会阻碍经济发展,如城乡差距和地区差距等发展不平衡问题。更重要的是,中国大量人口的贫困情况没有得到有效改善。最后,中国可能出现资源枯竭问题。③

---

① Minxin Pei and Jonathan Anderson, "The Color of China", *National Interest*, Mar. 3, 2009.

② Michael Pettis, "Is China Turning Japanese?" http: //www. foreignpolicy. com/articles.

③ "Reframing China Policy", http: //www. carnegieendowment. org/events. The Carnegie Debates, Dec. 1, 2006.

卡内基国际和平基金会高级研究员裴敏欣指出，如果没有重大政策改变或彻底改革，经济发展的不平衡、错误的经济战略、恶化的基础条件和积累的社会欠账，这些因素加在一起中国很难有能力保持目前的经济发展速度。而且，如果中国不能有效变革，后果要比经济增长放缓更加严重，精英阶层的分化、执政党合法性的丧失和激烈的社会动荡都会接踵而至。①

为此，一些西方学者指出，中国必须从出口导向型增长模式转向国内需求导向型增长模式。长期以来，中国内需不振的一个重要原因就在于家庭收入较低，而企业储蓄较多。若中国不能提高家庭收入水平，则不能有效提振国内消费。就提高家庭收入而言，M. 佩蒂斯认为有两种路径可供选择：其一，由中央政府策划，将国有资产大量转移至家庭，比如进行大规模的私有化。这可能增加家庭财富，并提振内需，但在中国的现实政治之下，大规模的私有化极不可能；其二，推动加息和货币升值，减少补贴，建立工资正常增长机制，这是唯一可持续的前进路径。中国越早开始这种困难的转变，付出的成本就越低，但无论从哪个方面说都不容易。② 由于薪金收入乃是家庭收入的主要来源，因此对于达成合理的收入分配而言，美国基金会研究员、美中经济与安全评估委员会首席经济学家 T. 帕利还指出，工会乃是一种矫正议价能力不平衡的重要机制。中国应该加强工会系统的地位，并推动最低工资立法和社会保障体系建设作为辅助。③

(2) 中国政治基础并不稳固，但是完全转向西方民主模式也不现实

哈佛大学费正清研究中心主任马若德（Roderick Macfarquhar）认为，中国政治体系存在诸多可能导致中国社会出现大动荡的诱因。例如，中共党内不再有毛泽东那样具有至高威望的领导人，政治高层在面对危机时可能出现分歧；“文革”之后，民众对共产主义理念信心不足，道德真空导致其他理念的影响力在增加；党内干部腐败蔓延，丧失了民心；新一代领导人军队资历不足，军队对于中共高层的服从度可能不如以往；民间组织的活跃以及新技术带来的信息开放，使政府控制的难度加大等。正因如此，中国维持现有稳定局面的难度也越来越大。所以，有学者主张中国政治转向西方民主

马若德

① Minxin Pei and Jonathan Anderson, “The Color of China”, *National Interest*, Mar. 3, 2009.

② Michael Pettis, “Is China Turning Japanese?” http://www.foreignpolicy.com/articles.

③ Thomas I. Palley, “External Contradictions of the Chinese Development Model: Exportled Growth and the Dangers of Global Economic Contraction”, *Journal of Contemporary China*, 2006, 15(46).

模式,因为西方民主模式才是最有效的政治制度。[①]《悉尼先驱晨报》驻华记者高安西(John Garnaut)也认为,中国政府将市场经济与政治威权混合一体的治理方式,使得中国经济出现了扭曲,如果想继续维持高经济增长并促进社会稳定,除全面民主化以外,中国政府别无他法。[②]

但是,中国要达成民主政治,仍然面临严重阻碍。其一,民族主义情绪的高涨是中国政府维持合法性、继续执政并拒斥民主政治的一个重要原因。强调个人利益服从国家利益的威权政治下的民族主义将成为中国达成任何形式民主政治的最大障碍,中国政府严格控制民族主义情绪的发展倾向,将其视作维护自身合法性、阻挡西方民主价值观念影响的有效工具。而且,中国政府也成功利用民族主义达成了各民族的团结,平息了各种要求实施民主政治的呼声。其二,儒家文化和传统是阻碍中国成功达成民主政治的另一个重要因素。儒家学说在某种意义上讲乃是中国式威权主义政府得以建构的推动力量。与强调个人利益优先的西方民主理念相比,儒家学说强调家庭和等级秩序的重要性,对家长的顺从又传导至整个社会,演变为对政府的顺从。而且,西方民主强调法治,而儒家学说则强调德治,二者格格不入。只有真正认识到法治社会的重要性,中国才能达成某种形式的民主政治。此外,在如何遴选领导人和如何制约权力方面,儒家学说也不能提供有益的思想火花。[③] 其三,中国的公民社会尚不成熟,中产阶层畏惧民主。南加州大学国际关系学副教授D.林奇(Daniel C. Lynch)认为,公民社会的发育成熟对于民主化至关重要,但将此逻辑应用于中国,就存在三个层面的问题:一是真正民间组织的成立和运作都受到政府的限制,合法性和独立性深受质疑;二是中国虽然存在一个新兴的中产阶层,但其中很多人的民主意识还相当狭隘。例如,中国富有的城市人虽对穷人抱有同情之心,但并不认为穷人应当享有和他们同样的公民权利;三是中国政府成功地在许多当前秩序受益者的头脑中植入了如下观念:民主化是由西方策划的阴谋,意在使中国陷入混乱无序,从而达到阻止中国和平崛起的目的。[④]

O. 内格特

对此,"法兰克福学派"第二代代表人物之一、德国汉诺威大学社会学家O.内格特(Oskar Negt)在其《以龙作为形象标志的中国现代化与欧洲的现代神话》一书中指出,中国的现代

① "The China Model Vs. Democracy", http://www.associatedcontent.com.

② John Garnaut, "China's challenge", *Sydney Morning Herald*, July 13, 2010.

③ "The China Model Vs. Democracy", http://www.associatedcontent.com.

④ Daniel C. Lynch, "Will the Olympics Change China?" http://www.feer.com/politics/2008/august/Will-the-Olympics-Change-China.

化进程复杂，虽然领导人已经提出了四个现代化并为之努力，但中国还存在着“第五个现代化”——民主化，现代化政策中最艰难和最重要的部分。与大部分西方人不同，O. 内格特坚信中国定将实现一种特殊的民主，这种民主会受到“孔子的公共伦理”的影响，而不是抽象地复制西方资产阶级民主。因为任何复制都不能持久，破旧也可能多于立新。①

“历史终结论”者、美国霍普金斯大学日裔政治学者 F. 福山，尽管在政治立场同 O. 内格特属于两个不同阵营，但是他在考察中国国情之后也认为，中国今后的民主法制建设不太可能全盘引进西方理念，而更可能采取立足民生、务实渐进的方式，围绕环境污染、土地征用、房屋拆迁、基层官员腐败等具体议题，通过政府与民众之间频繁互动、磨合，逐步实现制度的进步和升级。②

西班牙《中国政策观察》研究机构主任 J. 里奥斯(Julio Rios)指出，既然中国领导人可以引进和控制市场而不完全抛弃计划经济，可以允许私有财产存在同时又保证公有部门的强力垄断，可以保持比任何其他经济体都更高的经济调控杠杆并且维持高效率，那么他们就可以按照自己的意愿进行民主建设。未来中国民主化改革的重点，并不是实行选举、完善社会参与渠道、推动政党多元化，而是纯洁共产党队伍，加强共产党的合法性，加强党内民主建设。③ 盖保德也认为，对于中国这样还相对贫弱的社会来说，选举国家领导人并不是衡量民主发展的唯一指标，甚至也不是主要指标。如果说政治改革是快速现代化进程中不可或缺的一部分，那也不应是急不可待地全面推翻现有体系，这样做可能会适得其反。④

3. “中国模式”将走向崩溃

P. 蔡汉

美国斯特拉福战略预测公司的首席分析师 P. 蔡汉(Peter Zeihan)主笔撰写的《中国：关键时刻》报告认为，中国经济的缺陷在于内在不稳定性，中国体制导致了资本利用的低效率、地区发展的不均衡、对出口的过度依赖和浪费。中国的经济成功实质上是建立在以规模效应、粗制滥造、最大限度地增加就业和市场份额基础之上，这与通过提高效率和盈利实现投资回报最大化的美国经济体制正好相反。经济的稳定性使美国能够

① Oskar Negt, *Modernisierung im Zeichen des Drachen China und der europäische Mythos der Moderne*, 2007.

② “中央公论杂志专访 F. 福山：日本要直面中国世纪”，中国网 http://www.china.com.cn/international。

③ 转引自 J. 里奥斯：“黄色民主”，《参考消息》，2010 年 6 月 1 日。

④ 盖保德：“鉴于危机影响，中国经济有望在 2030 年以前赶上美国”，法国《回声报》(*Les Echos*)，2008 年 12 月 18 日。转引自 http://www.carnegieendowment.org/files/chinesecatchingup.pdf。

熬过经济衰退并变得更加强大，而经济不稳定的中国一旦遭遇经济困难，就会引发社会动荡。中国的崛起和全球金融危机的爆发让美国考虑反思并调整布雷顿森林体系，甚至回归贸易保护主义，而中国将对此毫无还手之力。因此，无论是中国的内在不稳定性，还是美国保护主义的打击，都将导致中国经济的崩溃，这只是时间早晚的问题。①

英国资深媒体人、《观察家报》专栏作家 W. 赫顿直接用《不祥之兆：21 世纪的中国和西方》来为自己的新著命名，他在书中指出，中国"列宁式社团主义"增长模式——过度依赖投资和出口，利用国家力量掌控银行资金流向，并故意压低人民币币值——从长远来看不具有可持续性，也不可能一直保持高速发展而成为 21 世纪的巨人。在他看来，中国的经济问题并不容易解决，一旦增度放慢，可怕的失败就会出现。腐败问题便是中国即将失败的一个重要先兆。由此，他警告说，如果中国不采取西方的资本主义体制和价值观念来化解由于快速发展所带来的大量问题，就会面临失败的命运。②如果采取西方式的体制和价值观，那么也就意味着放弃"中国模式"。

4. "中国模式"的未来并不确定

国外学者指出，中国的政治制度缺乏合法性，且饱受腐败横行的困扰，如果经济发生衰退，就很容易出现政治不稳定。中国能否找到一种模式，管理好不断扩大的城市中产阶级、地区间的不平等以及少数民族的不满情绪，仍有待观察。根本的一点在于，包括中国领导人在内，没人知道中国的政治前景将会如何，也没人知道它将给中国的经济增长带来怎样的影响。③

姚树洁

英国诺丁汉大学当代中国学学院院长姚树洁反对中国模式"崩溃论"，理由有 4 点：其一，由于全球化和资本开放的作用力，精明的商家与国际投资者将持续增大在华投资和加强贸易合作。同时，由全球经济衰退而带来的原油及原材料价格下跌，使中国赢得时间去改善和调整产业结构和地区布局；其二，现代科技的突飞猛进已在中国光芒四射。现今世界高科技产品虽多诞生于西方，但中国却通常是其首选市场。这种独特性直接促进了中国本土科技实力的大幅提升，并增加了与国际跨国企业之间的谈判筹码；其三，从某种意义上来讲，与西式民主体制相比，中国一党执政体系效率更高，这尤其体现在大型基础建设项目的建设和运作上。中国当前社会

① Peter Zeihan, "China: Crunch Time", http://www.stratfor.com/weekly/20100329_china_crunch_time.

② 参见 Will Hutton, *The Writing on the Wall: China and the West in the 21st Century*, Verso 2007。

③ Joseph Nye, "China's Century is Not Yet Upon Us", *Financial Times*, May 18, 2010.

面临的种种隐患,主要源自官商结合的既得利益集团的贪婪和普通百姓致富心切的浮躁及高度的投机心理,而不能简单地归咎于政府体制;其四,中国还是一个年轻的国家,起点低,人均水平至今在世界范围内也只是中等偏下,中国未来尚有巨大的发展空间。另一方面,姚树洁也对中国未来存有担忧。其一,腐败和两极分化已经演化成为不可逆转的社会结构性问题,这将严重阻碍中国未来的健康发展;其二,“三高两低”(高投入、高消耗、高污染、低水平、低效益)产业造成了资源短缺和环境恶化,改变严重依赖能源与原材料消耗的产业结构,已经成为中国政府迫在眉睫、亟待解决的问题。

所以,在姚树洁看来,中国未来发展之路将存在 3 种可能性结局:理想结局——在 2028 年左右取代美国成为全球最大经济体,人均 GDP 达到 1 万美金左右,与目前中国台湾地区和韩国持平,实现真正意义的国强民富;次理想结局——中国依旧成为世界最大经济体,人均 GDP 与目前中国台湾地区和韩国旗鼓相当,然而贫富差距巨大,收入分配失衡,类似于巴西等南美国家;危机结局——中国将在 10 年内沦落为问题大国,社会不稳定并易产生骚乱等群体性事件。[①]

① 姚树洁:“中国未来发展之我见:路漫漫其修远”,http://blog.caijing.com.cn。

西方学者眼中的“中国经济责任”

——金融危机后中美经济关系的新诠释

“The Economic Responsibility of China” in the Eyes of Western Scholars: A New Interpretation of Sino-American Economic Relations after the Financial Crisis

陈　锴

复旦大学国际关系与公共事务学院　政治学博士后流动站在站博士后

随着中国对国际经济体系影响力的日益增强，凡是涉及全球经济格局的问题，都会将中国视为重要因素。在美国舆论圈内，“中国经济责任论”[①]正逐步代替“中国经济威胁论”而成为描述中美经济关系的新话语，即承认中美两国在国际体系中既享有共同的利益，又承担相应的责任。随着中美关系中的共同利益趋于复杂化，以及与国内政治的紧密结合，美国学术界围绕“中国经济责任论”展开的思辨更值得关注与研究。从长远看，两国能否从本质上兼顾彼此的核心利益，并在此基础上构建两国经济关系，决定了中美关系宏观走向以及双方战略互信水平的高度。

中国“和平发展”、“和谐世界”的理念以及相应的经济和外交政策已经对全球经济的长足发展产生了重要影响，并有力地回应了所谓的“中国威胁论”。[②]在近年发端于美国的金融危机中，中国承担起了大国责任，不仅使人民币汇率保持了长期稳定，而且一直支持美国应对危机。中国在维持国际体系的稳定性方面显示出了越来越重要的建设性作用，中美两国具有高度互补性与巨大潜力，这使美国意识到中国不是与现存国际体系相对抗的破坏性力量。随着中国的力量上升，中国与美国的利益重合部分将不断扩大，而美国在维持其霸权的代价越来越高的情况下，必然希望与中国共同分担维

---

① 中国官方媒体已对“中国经济责任论”做出了界定。参见丁刚：“中国经济责任论”的要害，《人民日报》海外版，2010－7－29，第1版；龚雯：警惕“中国经济责任论”，《人民日报》，2010－7－27，第2版；国纪平：不负责任的“中国经济责任论”，《人民日报》，2010－7－26，第1版。

② 该理论倾向于把中国视为美国经济的主要威胁，主张加大压力迫使人民币大幅升值，纠缠于人民币汇率升值的期限和方式，同时最大限度地制止尖端技术向中国的转移，防止中国控制能源生产国和运输通道。

护国际体系的成本。

这一现实迫使美国学界正视中国对于国际经济体系所起的重要作用,将"中国经济责任论"代替"中国经济威胁论"而作为塑造中美经济关系的新话语,即承认中美两国在国际体系中享有共同的重要利益,同时又要求中国在享受国际体系带来收益的同时承担相应的责任。

R. 福格尔

所谓"中国责任论"的观点,可以追溯至 2005 年 9 月 12 日时任美国常务副国务卿 R. 佐利克(Robert B. Zoellick)所提出的"利益相关者"理念,他建议美国的对华政策应该"超越引导中国加入国际社会的'融入政策'",变为鼓励中国成为国际社会中"负责任的利益相关者"。此后,许多学者对中国在国际经济体系中的作用持相当乐观的态度。其中,诺贝尔经济学奖得主 R. 福格尔(Robert Fogel)在《外交政策》杂志上撰文预测中国将在 2040 年成为世界经济超级大国。R. 福格尔认为,到 2040 年,中国的国民生产总值将达到 123 万亿美元,是 2000 年全球经济总值的近 3 倍。中国的人均生产总值将达到 85 000 美元,远超欧盟、印度和日本。部分关注历史研究的学者早就指出,中国在过去的两千年中曾经位居全球最大的经济体。当欧洲仍深陷中世纪黑暗时代的宗教战争之中时,中国人便已享受到了当时全球最高水平的生活。时至今日,有关中国崛起的论断似乎只是历史的回归而已。①

"中美两国集团"(G2)②与"中美经济共生体"(Chimerica)③等理念的出现更是把"中国责任论"推向了一个新的高峰,初衷都是主张通过中美在经济领域的合作,一方面帮助美国应对近在眼前的经济困境,另一方面也对未来的全球经济议程施加重大影响。此后,"中国经济责任"被大加渲染,认为中国已成为世界经济举足轻重的力量,当前世界经济中的许多问题都与中国有关,中国应当承担造成世界经济失衡的责任。其

---

① Robert Fogel. "123,000,000,000,000" [J]. *Foreign Policy*, January-February 2010.

② G2 概念由彼得森国际经济研究所所长 F. 伯格斯滕(Fred Bergsten)正式提出,其主旨是"美国应寻求同中国共同领导全球经济体系,而不是纠缠于双边关系中的众多问题"。参见 C. Fred Bergsten. A Partnership of Equals: How Washington Should Respond to China's Economic Challenge [J]. *Foreign Affairs*, July/August 2008。

③ 该概念由美国哈佛大学经济史教授 N. 弗格森(Niall Ferguson)和柏林自由大学 M. 舒拉里克(Moritz Schularick)教授共同提出,其核心理念是,中美已经走入"共生时代",作为全球最大消费国的美国与作为世界最大储蓄国的中国应该相互合作,即由美国负责消费,中国则负责生产。参见 Niall Ferguson. Not Two Countries, But One: Chimerica [N]. *Sunday Telegraph*, March 4, 2007; Niall Ferguson and Moritz Schularick. Chimerical? Think Again [N]. *The Wall Street Journal*, February 5, 2007。

潜台词是“中国正在崛起,中国应该承担起与其实力相称的责任”。

从积极的角度来看,“中国责任论”更多的是正视中国的实力增长及其在国际体系中的积极作用,承认中国的国际地位及其对国际体系发展的影响,不纠缠于人民币升值的时限,淡化了冲突色彩。在战略上更加强调对话与协商等接触性手段,而不是孤立与制衡等遏制性手段;不是旨在阻止中国追求更大的权利,而是鼓励中国在融入国际体系过程中承担与其地位和权利相称的国际义务。

从消极的方面来看,美国在强调“中国责任”时是单向的,即中国对美国的经济问题负有责任,却不提美国自身的责任。其意在迫使中国接受越来越多的国际责任,想把本该由自身承担的责任甚至与中国无关的责任推卸给中国,同时也暗中预借“国际责任”的名义抑制中国经济的发展。如果中国不肯接受,那就是“不负责任”,美国便会将“中国责任”引向“中国威胁”等敏感议题,给国际社会以“世界经济中的任何问题都因中国而起、世界经济形势能否好转取决于中国采取的措施”等印象,继而要求中国在贸易投资、气候变化、能源开发等诸多领域做出更多让步。

近期,奥巴马政府尽管已经意识到中国在维持全球金融稳定中发挥积极作用符合美国的利益,仍公布了美国出口总值在未来5年内翻番的政策方针,令中美经济关系雪上加霜。[①] 2010年9月15日,美国众议院筹款委员会就人民币汇率问题举行听证会,部分议员认为,中国贸易政策已对美国构成了不公平的贸易补贴,令美国企业蒙受重大损失,美国必须采取措施加以制止。此外,还有部分议员敦促美国财政部长T. F. 盖特纳(Timothy F. Geithner)对中国采取更强硬的政策,或者至少应该对如何有效地强化美国的贸易法律提出更为有效的建议。其中,参院银行委员会主席C. 多德(Chris Dodd)甚至声称,尽管美国政府和国会没有足够时间通过新的惩罚性立法,但可以通过一项由美国政府与国会的多数成员支持的法案,藉此向中国政府发出强有力的信号。[②]在形势的推动之下,有关“中国经济责任论”的思辨方兴未艾,其中既有针对“中国经济威胁论”的质疑与反思,也包括赞同“中国经济责任论”的学者对于不同议题的观点分歧。

中国是不是负责任的大国?

部分美国学者频频对中国的人民币汇率发难,试图将全球经济失衡与美国失业率攀升归咎于中国的货币汇率政策。例如,美国彼得森国际经济研究所预估人民币

---

① Ken Miller. Coping with China's Financial Power [J]. *Foreign Affairs*, Jul. /Aug. 2010.

② Bob Davis. Geithner Takes Heat on China [N]. *The Wall Street Journal Europe*, September 17, 2010. http://online.wsj.com/article/.

兑美元汇率被低估了40%；诺贝尔经济学奖得主P. R. 克鲁格曼(Paul R. Krugman)甚至将美国在金融危机期间损失的140余万就业岗位归咎于人民币汇率的被低估；约翰霍普金斯大学教授A. 萨伯拉马尼(Arvind Subramanian)认为，中国的人民币汇率政策对其他发展中国家相当不利，令其在全球出口贸易中无力与中国竞争，进而可能导致其工业化的滞后乃至经济发展的减缓。因此，发展中国家应与美国等发达国家联手向中国施压，促使人民币升值。而经合组织专家H. 赖森(Helmut Reisen)及其同事则认为，人民币的骤然升值会对发展中国家的经济非常不利，特别是那些极其贫困的国家。因为人民币升值必然会导致中国经济发展的放缓，而这对穷国来说并不是什么好消息。经济发展的核心挑战的确不在于国外的需求，而在于国内经济结构是否合理。贫穷国家的问题在于他们没有生产对路的产品。他们应该调整生产结构，从生产单一初级产品过渡到生产效率高的经济活动，主要是制造业以及服务业。由此推究，人民币升值不仅会降低这些发展中国家的工业竞争力，而且会破坏其经济发展的根本动力。①

美国的另一些经济学家则认为，导致中美贸易逆差的因素很多，人民币汇率升值不是解决中美贸易顺差的根本途径。“对于部分西方国家政府与部分经济学家而言，此次史无前例的金融危机以及经济衰退并非西方国家的错误，而是中国及其他新兴市场国家造成的。这一分析是完全不可信、不合理甚至是荒谬的。然而，推卸责任的言辞反复出现于西方国家的官方言论之中，已经到了令人生厌的程度。”②

F. 伯格斯滕

至于中美关系中争论多年的人民币问题，少数学者仍固执地指责中国操纵汇率。例如，C. 克鲁克(Clive Crook)在英国《金融时报》撰文指出，中国为将汇率保持在较低水平而进行了大规模的干预。2000年1月至2009年底期间，中国外汇储备增长了2.24万亿美元；2008年7月，人民币兑美元逐步升值的步伐(始于3年前)停止了，此后，外汇储备增加了6 000亿美元；目前，中国外汇储备已接近GDP的50%。中国就这样一直抑制着名义和实际汇率的升值。这当然是操纵汇率，

① Dani Rodrik. Is Chinese Mercantilism Good or Bad for Poor Countries? [OL] http://www.project-syndicate.org/commentary/rodrik47/English.

② Liam Halligan. The more America huffs about the yuan, the less China will do about it [N]. *The Daily Telegraph*, 13 Mar, 2010. http://www.telegraph.co.uk/finance/comment/liamhalligan/7436875/The-more-America-huffs-about-the-yuan-the-less-China-will-do-about-it.html.

同时也是一种保护主义。[①]彼得森国际经济研究所所长F.伯格斯滕(Fred Bergsten)提出,人民币贸易加权汇率和兑美元汇率偏低的程度可能分别高达25%和40%。[②]基于贸易加权平均数,人民币被低估了大约25%;人民币相对于美元则被低估了大约40%。人民币的竞争性低估无异于贸易保护主义。从某种程度上讲,中国正在使失业危机蔓延至全球其他国家,其中包括美欧乃至巴西、印度、墨西哥与南非等新兴经济体。[③]通过大量干预外汇市场,中国维持着这种低估局面。同时,它还采取措施抑制汇率低估可能会导致的通胀上升(以及实际汇率的上升)。简言之,它采取的是一种长期、慎重,且有利于增强竞争力的汇率低估政策。[④]

上述美国学者试图以中国操纵人民币汇率为名来指责中国的汇率政策,无异于否认美国在造成全球经济失衡上的责任。对此,S. S.罗奇(Stephen S. Roach)针锋相对地指出,美国早已将储蓄不足的增长模式视为理所当然,那么就必须从国外引进盈余储蓄。中国外汇储备中的绝大部分都用于投资美元资产,这有助于储蓄匮乏的美国获取融资。如果关掉中国这个融资龙头,那么美国政府还能指望谁呢?至少,作为美国最大的债权国,中国一旦减少购买美国资产,那会增加美元下行或长期利率上升的压力,这种情况极有可能引发美国经济的加速下滑。[⑤]

不仅如此,有关中国不负责任的指责,没有考虑到中国改变政策立场可能蒙受的巨大损失。比如,美国麻省理工学院教授黄亚生认为,倡议人民币升值的分析人士高估了这一举措给中国带来的益处,同时也低估了中国可能承受的风险。人民币升值不会立竿见影地给其他发展中国家带来好处。中国花了10年到15年的时间在沿海地区建立起了强大的出口集群,这已经被视为一种非常快的速度,在使情势朝着正确方向发展的同时,调整人民币汇率并不能应对在衰退中启动经济增长这一迫在眉睫的挑战。对中国自身来说,政策上的取舍是相当复杂的。中国的出口增长是劳动密集型的,而GDP增长则是资本密集型的。在过去10年里,尤其是2009年,中国的GDP增长主要是靠地方政府预算外负债融资支持的大规模投资所驱动的,如果人民币汇率骤升40%,那么许多出口型工厂将被迫倒闭无疑。不管是从经济、社会,还是从政治的角

---

①② Martin Wolf. Evaluating the Renminbi manipulation [N]. *The Financial Times*, April 6, 2010. http://www.ft.com/cms/s/0.

③ C. Fred Bergsten. Correcting the Chinese Exchange Rate: An Action Plan [R]. Testimony before the Committee on Ways and Means, U.S. House of Representatives, March 24, 2010, pp. 1-2.

④ Clive Crook. America Must Play Safe with China [N]. *The Financial Times*, April 5, 2010. http://blogs.ft.com/crookblog/2010/04/america-must-play-safe-with-china/.

⑤ Stephen S. Roach, Albert Keidel, Charles Kupchan, Sebastian Mallaby, Alan Tonelson, Fred Bergsten. Is China a Currency Manipulator? [OL] April 15, 2010. http://www.cfr.org/publication/21902/is_china_a_currency_manipulator.html.

度看，这一结局都是令人不堪想象的。[①]

此外，部分学者指出，西方国家目前遭遇的困难其实是其内部经济结构没有得到妥善调整而引发的。美国经济的核心问题是储蓄不足，根源并不在于中国。2009 年，衡量美国国内储蓄的最重要指标——国民净储蓄率（国民储蓄净额相对国民收入的比率）降到了－2.5％的历史新低。这意味着美国必须从海外引入盈余储蓄来为自身未来的增长提供资金，必须累积经常账户赤字与贸易逆差来吸引外国资本。所以对一个储蓄不足的经济体而言，大规模多边贸易失衡是逃脱不了的必然命运。诚然，中国在美国多边贸易逆差中占据最大的一块。这主要是因为高成本的美国企业纷纷转向中国，把中国当作一个低成本、高效益的海外解决方案。它还反映了美国消费者对廉价且越来越优质的中国产品的偏爱。作为负责任的全球公民，美国必须解决自身的储蓄不足问题；与此同时，世界各国有充分理由期待中国减少其过剩的储蓄。但这些调整必须在多边框架下进行，因为失衡是多边的。中国只是美国 90 多个贸易逆差国之一，中美贸易如今仅占中国对外贸易总额的 12％。用中美两国间的双边方案来解决它们的多边失衡，显然是错误的做法。[②]

M. 佩蒂斯

卡内基基金会资深研究员 M. 佩蒂斯（Michael Pettis）也持类似观点。他认为，人民币升值未必会减少中美贸易的失衡程度，人民币仅仅是影响美国和全球贸易的众多变量之一，甚至在中国内部亦是如此。中国巨大的贸易盈余是许多把收入由消费者转给生产商政策合力作用的结果，这种局面导致中国商品产量的增速远远超过了中国自身对产品的消费能力。如果人民币升值的同时实际利率下跌，人民币升值的正面影响将很容易被制造商更低的资金成本所抵消。在这种情况下，美国可以很容易地看到，人民币升值与中国贸易顺差增长同时出现。这与 2005 年 7 月以来的情形大致相同。当时，尽管人民币升值，但由于中国的实际利率下跌，再加上美国强劲的消费者融资市场，中国的贸易顺差反而出现激增。近期出现的贸易争端缓和局面，很可能是非常短暂的。就根本而言，当贸易盈余国无法迅速调整，而贸易逆差国因

---

① The Editors. What China's Currency Shift Could Mean [N]. *New York Times*, April 8, 2010. http://roomfordebate.blogs.nytimes.com/2010/04/08/what-chinas-currency-shift-could-mean/.

② Stephen Roach. Blaming China Will not Solve America's Problem [N]. *The Financial Times*, March 29, 2010. http://www.ft.com/cms/s/0/d5d309ec-3b5d-11df-b622-00144feabdc0.html.

持续高失业率而对这种调整失去耐心时，贸易冲突就会爆发。①

在中美经济关系的其他层面，争论也一直在进行之中。哥本哈根气候大会最终没有放弃双轨制，延续了《京都议定书》的机制，不得不推后确定具有法律约束力的新文本的最后期限。部分西方大国指责中国在哥本哈根最后一天的26国领导人会议上，否决了到2050年全球减排50%以及发达国家减排80%的"协定"。事实上，哥本哈根会议的意外制造者并非中国，而是会议东道国丹麦。例如，丹麦首相在大会最后两天召集了26国领导人会议，企图推翻193个国家长期艰苦谈判的成果，而联合国气候大会并未授权此次排他会议。在此之前，部分发展中国家曾经规劝过丹麦首相L. L. 拉斯穆森(Lars Lokke Rasmussen)，切莫提议由丹麦选择的小组并讨论用所谓的"丹麦文本"取代业经所有国家认真谈判形成的文件，此举很可能会影响以多边条约为基础的哥本哈根谈判进程。可是，丹麦政府却无视这一警告。②由此，部分西方学者认为，全球变暖在很大程度上是因西方发达国家的历史排放造成的，但西方国家在历次气候大会上不是淡化处理，就是忽略其历史责任，反而要求发展中国家与它们一起承担现今应对全球变暖的国际责任，这无异于要求没有足够履行责任能力的国家去承担责任。在哥本哈根气候大会上，77国集团在减排方面达成了较为统一的立场：由于历史的排放是由发达国家产生的，减少排放也要由发达国家负责。暂时把减排放在一边，发展中国家凭借一个更加微妙的立场站在了发达国家的对立面。发达国家虽然保证继续提供减排资金，但并没有指出如何分配资金。③

S. 罗奇

相对而言，S. S. 罗奇的分析更具有概括性："美国某位最知名的经济学家仍坚称，人民币兑美元升值不仅将为美国创造100多万个就业机会，而且还能为全球经济复苏注入新的活力。其实，身为经济学家不应该如此糊涂。有关人民币对美元的升值，无非是相对价格的变动，这只是一种零和游戏。换言之，只是重新切分了蛋糕，并未改变蛋糕的大小。任何两个国家之间汇率(或相对价格)的调整，绝非治愈全球经济结构性失衡的灵丹妙药。相反，全球经济的复苏需要的是全球储蓄

① The Editors. What China's Currency Shift Could Mean [N]. *New York Times*, April 8, 2010. http: //roomfordebate. blogs. nytimes. com/2010/04/08/what-chinas-currency-shift-could-mean/.

② Martin Khor. Blame Denmark, not China, for Copenhagen Failure [N]. The Guardian website on Dec. 28, 2009. http: //www. guardian. co. uk/commentisfree/cif-green/2009/dec/28/copenhagen-denmark-china.

③ Coping with China's Financial Power. *Foreign Affairs*, 89(4): 96-109.

机制的调整。尤其需要美国减少贸易逆差,提高个人储蓄,需要中国刺激国内个人消费。目前,美国政府试图将中国充作替罪羊,很可能会把全球经济推向灾难性下滑的边缘。为了掩饰经济政策的拙劣而选择在政治上逃避现实,这种伎俩已经不是第一次出现了。"①

施压中国是否有用?

围绕着这一议题,部分受"中国威胁论"影响的学者坚持认为,对中国施加压力是必要的。例如,F. 伯格斯滕就曾表示:中国方面表示绝不会因外部压力而有所改变,但没有外部压力中国就绝不会改变。② P. R. 克鲁格曼也认为,中国保持人民币低值的政策已经成为全球经济复苏的一块绊脚石,美国必须采取相应的措施。外界对中国让人民币保持弱势,并人为地使中国的出口具有竞争力的抱怨声最早始于 2003 年左右。那时中国的外汇储备大概每月要增加 100 亿美元,而就在 2003 年,中国为它的现金账户实现了 460 亿美元的总盈余。时至今日,中国每个月仍然要向其 2.4 万亿美元高额外汇储备里添上 300 亿美元。国际货币基金组织预测中国在 2010 年将有 4 500 多亿美元的当期盈余,这个数值是 2003 年盈余的 10 倍。这是迄今为止任何大国都未曾有过的最扭曲的汇率政策,而且这是一项严重损害世界其他国家利益的政策。全球各大经济体都正在流动性陷阱中痛苦挣扎,却无法通过降低利率的手段来实现经济复苏,因为相关利率已经接近于零。中国为了保证贸易顺差,正在对这些经济体施行它们无力消解的反刺激措施。③

P. 克鲁格曼

对于中美经济关系相互依存程度越来越高进而牵一发而动全身的说法,P. R. 克鲁格曼却不以为然。他认为,美国政界高官曾不止一次在面对中国的"汇率操纵"问题时表现得畏缩不前,这在很大程度上是因为他们担心中国会不再购买美国债券。从目前的情势来看,即使中国继续购买美国债券也于事无补了。在全球经济体系中,储蓄已经过度。假如中国

① Stephen Roach. Blaming China will not Solve America's Problem [N]. *Financial Times*, Mar 30, 2010.

② Alan Beattie. Washington Braced for Renminbi Debate [N]. *The Financial Times*, March 28, 2010. http://www.ft.com/cms/s/0/161cc2da-3ab0-11df-b6d5-00144feabdc0.html.

③ Paul Krugman. Taking on China and Its Currency [N]. *The New York Times*, March 14, 2010. http://www.nytimes.com/2010/03/15/opinion/15krugman.html.

大量出手持有的美国资产，美元汇率的确会在短期内面临下跌的风险，但此举却有助于增强美国出口的长期竞争力。[①]美国必须摆脱一个普遍存在的误解，也就是美国正受制于中国，因为美国不敢激怒中国，不希望它做出倾销美元资产的举动，万一中国抛售所持的大量美元资产就会导致利率的飞速上涨。在P. R. 克鲁格曼看来，美国的短期利率其实是不会有什么变化的：因为它一直被美联储控制在接近于零的位置，而且美联储也不会在失业率出现下降之前就提高利率。长期利率可能会有小幅上扬，但它主要还是取决于对未来短期利率的市场预期。美联储还会采取增购长期国债以抵消任何因中国撤离而可能导致的利率压力。如果中国倾销所持的美国资产，美元的价值相较于其他货币会有所下跌，比如对欧元，但那对美国来说反而是一件好事，因为这样会让美国的产品更富竞争力，并且可以减少美国的贸易赤字。从另一方面来说，中国所持美元遭受大量损失，恐怕也是一件糟糕透顶的事情。简言之，如今的情况是中国受制于美国，而不是美国受制于中国，因此美国没有任何理由惧怕中国。[②]不仅如此，P. R. 克鲁格曼还进一步建议美国政府定期监控中国的经济政策，例如"美国财政部必须一年两次发布报告，曝光那些在本国货币与美元之间操纵汇率的国家，旨在防止在那些国际收支平衡的有效调整中或者在国际贸易中获取不公平的竞争优势"。[③]

事实上，西方国家在迫使中国升值人民币问题上并未捞到多少便宜。[④]许多学者经过反思，从不同角度对"施压中国"的论断进行了批判。

首先，施压中国不可能起作用。中国不会迫于外部压力而改革自身的经济政策，而会依据世界经济形势的发展变化以及中国经济运行情况通盘加以考虑。中国政府对外国的批评意见以及任何示弱信号高度敏感，它会让步吗？如果不让步，而美国加征关税，中国施以报复，接下来会怎样？对全球经济而言，这将是一幅灾难性的场景，会将脆弱的经济复苏重新带入刚刚与世界擦身而过的无底衰退。除此之外，中美敌对分裂的地缘政治影响将会使威胁手段的经济影响变得一文不值。[⑤]如果P. R. 克鲁格曼的主张得以实行，那就意味着美元对人民币贬值25%，或者美国征收25%的进口税。那么几乎在一夜之间，中国将陷入严重的经济衰退，因为已经如履薄冰的中国出口商会即刻破产，而严重依赖中国并将中国当作组装厂的美国企业也会发现自己深陷泥潭

---

① Paul R. Krugman. China, Japan, America and the Renminbi [OL]. http://www.nytimes.com/2010/09/13/opinion/13krugman.html.

②③ Paul Krugman. Taking on China and Its Currency [N]. *The New York Times*, March 14, 2010. http://www.nytimes.com/2010/03/15/opinion/15krugman.html.

④ Ken Miller. Coping with China's Financial Power [J]. *Foreign Affairs*, Jul./Aug. 2010.

⑤ Clive Crook. America Must Play Safe with China [N]. *The Financial Times*, April 5, 2010. http://blogs.ft.com/crookblog/2010/04/america-must-play-safe-with-china/.

而不能自拔，即便从长远来看，重新评估人民币币值也不会有多大帮助。要解决此类贸易失衡问题，就需要进行结构改革。可叹的是，促成贸易增长和繁荣的良性循环所需的变革不可能在一夜之间发生，即便汇率调整25%，美国商品也远不是中国消费者所买得起的。①

尽管人民币升值能够提高中国消费者的购买力，并将大型国有企业的财富重新分配给中国公民，但美国政府的施压至少也是中国政府采取不合作态度的重要因素之一。鉴于中国国内激烈的民族主义情绪，美国向中国施加的压力越大，中国领导人的立场就越坚定。②中国相信，温和地调整货币对美国贸易赤字产生的影响不会很大，而一旦在压力下做出调整，此后就可能引来一而再、再而三的施压，不得不做出更多的调整。北京知道华盛顿在20世纪80年代对日本采取了同样的策略，它对美国自身的贸易平衡并没有任何积极影响，但对日本经济却产生了相当大的压力。③

中国将会自主决定如何缓解自己的贸易顺差问题。如果它想继续将外汇投入美国的证券市场，那就会向美国提供低得多的利润。如果它不想抛售美元并让人民币升值，也许美国就需要减少消费或提高生产。由于中国握有巨量的美国国债，美国根本就无法迫使中国做出重大让步。④美中的贸易战和货币战必定会造成两败俱伤，而且美国的损失将更大。对中国而言，这种争端会降低出口额和所持美国国债的价值，但人民币升值也可以提高中国人的生活水平。中国还能以更低的价格进口金属和能源。不仅如此，中国的中产阶级将壮大到可以消化本国的全部产品。但对美国而言，财政部将被迫为美国证券市场寻找中国的替身，并为巨额国债支付高得多的利息。中国还可以通过提高利率来削弱美国过度杠杆化的私营部门和债台高筑的公共部门。对美国消费者而言，这意味着再次出现通货膨胀，尤其是考虑到美国对进口的严重依赖性。⑤

其次，即便施压中国也解决不了美国面临的经济问题。“必须摆脱对人民币异乎寻

① Jeremy Warner. Paul Krugman, the Nobel Prize Winner Who Threatens the World [N]. *The Daily Telegraph*, 19 Mar, 2010. http://www.telegraph.co.uk/finance/comment/jeremy-warner/7483177/Paul-Krugman-the-Nobel-prize-winner-who-threatens-the-world.html.

② Charles A. Kupchan. Soothing China-U.S. Tensions [N], *The International Herald Tribune*, March 30, 2010. http://www.nytimes.com/2010/03/31/opinion/31iht-edkupchan.html?scp=1&sq=Charles%20Kupchan&st=cse.

③ Jeffrey E. Garten. The World Needs Rebalancing, Not China Alone [J]. YaleGlobal, 22 March, 2010. http://yaleglobal.yale.edu/content/world-needs-rebalancing-not-china-alone.

④⑤ Michael Pento. U.S.-China Trade War Would Be A Disaster [J]. *Forbes*, April 5, 2010. http://www.forbes.com/2010/04/05/china-trade-war-personal-finance-currency-manipulation.html.

常的关注,转而探讨影响中美贸易的其他因素。”①美国要求人民币升值是基于如下假定,即如果人民币对美元升值,美国的国内生产就将增加,而美国的贸易不平衡状况将得到改善。但这两个假定都是错误的。就第一个假定来说,美国的国内生产其实正在增加——即使制造业的就业率并没有提高,制造业工作岗位在美国工作岗位中所占的比例从1979年的20%下降至如今的10%,这在更大程度上是因为美国的革新,而不是因为中国。随着时间的推移,制造业已经变得更加自动化和高效率,尽管雇员减少了,但美国商品在全球所有商品中所占的比例从10年前的五分之一上升至近四分之一。②

让美国境内的中国产品变得更贵,这并不会使生产活动重新转移到美国的工厂里,而且人民币升值也不会使美国产品在国外变得更加便宜,从而增加美国的出口。不仅如此,在很多情况下,人民币升值也意味着美国商品的成本增加。美国从中国进口的很大一部分商品不是最终成品,而是用于组装的零部件。例如,一家美国汽车制造商使用的是中国生产的汽车座椅,假如人民币升值,它就要为这些座椅支付更多的钱。这不仅会减少美国汽车制造商的利润,也会促使它去提高成品汽车的价格。如果中国制造的零部件和小商品涨价,那么在美国制造的成品也会随之涨价,这只会增加美国消费者的成本。例如,美国生产的90%左右的商品都是在国内消费的,所以任何增加生产成本的举动都将主要由美国人来承受结果。③

除非美国国内需求因其他原因下降,美国的整体贸易赤字最终是难以降低的,因为美国只会从其他拒绝升值货币的国家进口更多。中国的人民币估值不够主要在于美国的宏观经济政策失误,金融系统监督不力助长了流动性爆炸和欠债消费的热潮,后者也部分缘于大量中国廉价商品的进口。关于中国货币政策的空洞辩论使得注意力从美国更重要、也更艰难的政治改革问题上转移开来。中美两国国内政策的调整远比人民币名义汇率是多少来得更重要。④

如何才能增进中美经济合作?

中美在事关两国关系的深层次、战略性重大问题方面进行了富有成效的沟通。尽

① The Editors. What China's Currency Shift Could Mean [N]. *New York Times*, April 8, 2010. http://roomfordebate.blogs.nytimes.com/2010/04/08/what-chinas-currency-shift-could-mean/.

②③ Dan Newman, Frank Newman. Hands Off the Yuan [J]. *Foreign Policy*, March 16, 2010. http://www.foreignpolicy.com/articles/2010/03/16/hands_off_the_yuan.

④ Pieter Bottelier, Uri Dadush. The Myths about China's Currency [J]. *International Herald Tribune*, March 19, 2010. http://www.nytimes.com/2010/03/20/opinion/20iht-edbottelier.html.

管双方强调在战略层面和经济层面都取得了许多具体成果,并达成了一系列合作性共识,但两国对彼此的核心利益尚未达成共识,由此造成两国经济关系时而出现大幅度的波动。施压肯定是不明智的,甚至是一种推卸责任的行为,那么中美经济关系的理性发展又该如何呢?

首先,一度风靡学界的"中美共治"理念尚不够成熟,应当借助国际机制来增进合作。例如,美国对外关系委员会高级研究员易明(Elizabeth C. Economy)与史国力(Adam Segal)在《外交》杂志撰文指出,中美之间尚存在诸多实质性的问题,如利益分歧、价值观分歧等。单纯提升中美双边关系并不能解决问题,而应该寻求世界更多国家的帮助以使中国实行调整。中美之间进行更多合作的逻辑基础是不可否认的。如果华盛顿和北京试图单独应对一些世界性的问题,它们都注定是要失败的,而且目前双边关系的现状也未能解决双方间的诸多问题。①普林斯顿大学教授 A. L. 弗雷德博格(Aaron L. Friedberg)对此亦表示赞同。他认为,尽管中国目前看上去已经拥有一个相对强大的经济地位,它看似快速的复苏有可能被证明是短暂的,是否能维持其初步复苏尚待观察。至少在短期内,北京应对危机的手段是加倍下注在一种已接近效用极限的发展模式。中国政府并没有像外界专家和中国许多官员意识到的那样,将采取积极措施,把刺激消费支出占 GDP 的比重作为维持长期增长的重要手段,而是选择向基础设施建设项目注入更多资金,并且对出口行业提供各种直接和间接的支持。尽管这种方法在防止产出短期迅速下滑上是有效的,但它也有可能造成巨大的产能过剩,助长资产泡沫,让银行承担更多不良贷款,导致今后的经济放缓,以至更加难以应对。②

A. 弗雷德博格

至于如何增进中美经济关系,易明与史国力进一步建议:"如果不解决美中两国在价值观和执法能力方面非常实质性的分歧,要想进一步提升双边关系是没有出路的——除了为对话建立更多的框架协议及在无休止的对话中建立更多的框架协议。现在应该承认,虽然与中国进行合作听起来很简单,但实则不然。如果美国想在未来30年提升与中国的关系,它需要世界其他国家的参与,而不仅仅是中国。"③此外,以 D. 纽曼(Dan Newman)和 F. 纽曼(Frank Newman)为代表的学者建议,解决问题的关

①③ Elizabeth C. Economy, Adam Segal. Time to Defriend China [J]. *Foreign Policy*, May 24, 2010. http://www.foreignpolicy.com/articles/2010/05/24/time_to_defriend_china.

② Aaron L. Friedberg. Implications of the Financial Crisis for the U. S. -China Rivalry [J]. *Survival*, August/September 2010.

键在于,将现有的战略优势尽可能地转化为现实的战略利益。例如,"提高中国在国际货币基金等国际经济组织中的份额、表决权和作用,把握时机获取一些有产业竞争力的实体资产,要求美国、欧洲放松对中国的技术限制和垄断,等等。想要改善美国的贸易赤字并帮助美国的工人与消费者,更为稳妥的解决方案是美国政府必须为美国出口商提供更多的机会。中国经常称自己愿意从美国进口更多商品,但美国对太多的商品实施了出口管制,比如闭路摄像机等涉及安全的商品。据美国白宫估计,在不威胁国家安全的情况下,美国每年还可以多出口400亿美元的商品。"①

A. 萨伯拉马尼

其次,借助世界贸易组织或20国集团来解决问题,可以让中国在这一问题上拥有更大的回旋余地。以A. 萨伯拉马尼与世界银行专家A. 马图(Aaditya Mattoo)为代表的学者建议,人民币不仅是美国的问题,而且是世界的问题,因此需要基于规则的多边解决办法而不是美中两国之间的双边对抗,即国际货币基金组织继续发挥评估一个国家的汇率何时被低估的技术性作用,而世界贸易组织则充当执行者的角色。目前,国际货币基金组织面临着正统性不断下降和影响力不足的问题。新兴市场国家仍在抱怨,该机构陈旧的治理结构无法反映出当今的经济现实。此外,国际货币基金组织很少能够有效影响到大型债权国的政策,即使这些政策对其他国家产生了重大负面影响。相比之下,世贸组织比国际货币基金组织享有更大的正统性——发展中国家,甚至是一些小国,一直积极地将争端提交该组织解决。为了让中国更容易地接受这一点,世贸组织的主要贸易伙伴可以承诺在世贸组织给予中国"市场经济"的地位。这么做的好处在于,中国不会被视为双边对抗的受害者。解决问题的方法将是制定一系列新机制,而不是仅仅让人民币升值。②

以美国太平洋国际政策协会前任总裁G. 杰瑞特(Geoffrey Garrett)为代表的学者认为,后金融危机时期的地缘政治格局依然朝着中美关系左右全局的方向发展,在这一决定世界的两国关系中,美国仍然是最强大的国家,而中国则是最大的和发展最迅速的新兴力量。虽然不论中国还是美国都不愿让它们的关系显得如此高调,但事实上的"中美两国共治"的格局似乎已不可避免。两国以各自的方式表明了同一个态度:中美关系应该放在多边体制中。两国关系具有全球范围的影响力,对于所有利益相关者而

---

① Dan Newman, Frank Newman. Hands off the Yuan [J]. *Foreign Policy*, March 16, 2010. http: //www. foreignpolicy. com/articles/2010/03/16/hands_off_the_yuan.

② Arvind Subramanian. The Weak Renminbi Is Not Just America's Problem [N]. *The Financial Times*, March 17, 2010. http://www. ft. com/cms/s/0/0ad03172 - 3205 - 11df - a8d1 - 00144feabdc0,s01=1. html.

言,全球各国共同参与远胜于将中美关系视为核心,其他国家的参与将为双边关系提供缓冲。中国和美国都很支持以20国集团为中心的全球经济治理议程。对中国来说,20国集团代表了世界对其全球大国地位的认知——不再以威胁论的眼光看待20世纪的传统强国与21世纪的新兴大国之间的力量平衡。对美国而言,20国集团意味着既可与新兴大国保持接触,又可减弱传统的欧洲大国的影响,因为欧洲大国与美国在一系列全球问题上日益脱节。中国和美国都清楚,两国既可以在20国集团拥有事实上的否决权,又不会显得十分独断。20国集团将高于但不会取代任何既存的全球经济治理体系,其制度创新很有可能成为解决危机的一线希望所在。①

结　语

有关“中国经济责任”的诠释与争论,时常被赋予了过多的政治、战略意图,其中隐藏着深层次的战略、利益较量。考虑到中国自身的实力及其所处的地缘环境,中国在国际经济体系中的定位应当是“在亚洲地区事务中开始发挥作用的发展中大国”。今后15年左右的时间里,中国对国际体系转型的影响力将主要发生在国际经济体系领域。中国未来应当承担何种国际责任,是要在中国独立自主的前提之下,与各方平等协商、共同承担和分享的。这是中国的主动行为,是积极的而不是被动的,更不是追随或者受命于任何人。对美国提出的那些“责任”,牵涉多种因素和多方利益,不是在短期内可以完成的任务,相互指责无助于解决分歧和争端,因此中国可以在那些符合中国和世界人民利益的方面加强同美国的合作。对于一贯严厉批评中国的美国政界人士,也不宜随便贴上“反华”标签,否则容易巩固其“反华”的立场。应了解其立场的来源和背后的动机及美国的政治体制,比如需认识国会议案与政府政策之间的差别,因为国会通过的议案并不一定就是美国政府的政策。改善中美经济关系牵扯到诸多方面的问题,是一个耗时相当长的漫长过程。从目前的中美关系来看,挑战将会持续,但合作空间更大,两国关系更趋于朝成熟与理性方向发展。只有从战略高度和长远角度出发来认识中美关系,尊重彼此核心利益和重大关切,妥善处理两国间的分歧和敏感问题,才能切实推动中美关系稳步发展。

主要参考文献:

1. Willem Thorbecke, Gordon Smith. How Would an Appreciation of the Renminbi and Other East Asian Currencies Affect China's Exports? [J]. *Review of International Economics*,

① Geoffrey Garrett. The G2 in the G-20: China, the United States and the World after the Global Financial Crisis [J]. *Global Policy*, Volume 1, Issue 1. January 2010.

Feb. 2010.

2. Robert Fogel. "123,000,000,000,000" [J]. *Foreign Policy*, January-February 2010.

3. Ken Miller. Coping with China's Financial Power [J]. *Foreign Affairs*, Jul./Aug. 2010.

4. Charles A. Kupchan. Soothing China-U. S. Tensions [J]. *The International Herald Tribune*, March 30, 2010.

5. Jeffrey E. Garten. The World Needs Rebalancing, Not China Alone [J]. *Yale Global*, 22 March, 2010. http://yaleglobal.yale.edu/content/world-needs-rebalancing-not-china-alone.

6. Michael Pento. U. S.-China Trade War Would Be A Disaster [J]. *Forbes*, April 5, 2010. http://www.forbes.com/2010/04/05/china-trade-war-personal-finance-currency-manipulation.html.

7. Dan Newman, Frank Newman. Hands off the Yuan [J]. *Foreign Policy*, March 16, 2010. http://www.foreignpolicy.com/articles/2010/03/16/hands_off_the_yuan.

8. Pieter Bottelier, Uri Dadush. The Myths about China's Currency [J]. *International Herald Tribune*, March 19, 2010. http://www.nytimes.com/2010/03/20/opinion/20iht-edbottelier.html.

9. Elizabeth C. Economy, Adam Segal. Time to Defriend China [J]. *Foreign Policy*, May 24, 2010. http://www.foreignpolicy.com/articles/2010/05/24/time_to_defriend_china.

10. Aaron L. Friedberg. Implications of the Financial Crisis for the U. S. -China Rivalry [J]. *Survival*, August/September 2010.

为了认识和把握正在崛起的中国

——日本的《当代中国研究计划(2007—2012)》及其阶段性成果

Understand and Grasp a Rising China:

The Contemporary China Research Programme (2007 - 2012) of Japan and Its Interim Achievements

郭洁敏

上海社会科学院信息研究所　研究员

近年来,中国的崛起引起日本学界相当大的关注,他们重整旗鼓,聚集了国内一流的中国问题专家及各方面的研究资源,颇有规模地推出了为期5年的《当代中国研究计划(2007—2012)》。这一计划旨在总体上认识和把握中国发展的现状,从政治、经济、社会、文化等各个角度进行跨学科的深入研究,并希望通过这一研究,加强各大学和研究机构的协调合作,形成国家级的当代中国研究机构,提升日本对当代中国研究的水准,锻炼和培养下一代中国问题的专家和学者。

跨入21世纪之后,中国继续在改革开放的道路上奋力前进,其突出表现是经济发展迅速,GDP不断超越一个个发达国家,在国际社会的影响力日益增长。中国崛起的方式及其前景引起了许多国家学者的兴趣,几乎成为一项世界性的研究课题,不过可以说,作为"邻居"的日本对中国的发展最为关注,在研究方面最为投入。日本学者认为,当今中国的变化史无前例,呈现出无限的多样化,无论中国的发展趋势如何都将对日本的未来产生深远影响。所以,尽管日本的当代中国研究在世界上处于领先地位,但是他们认为,这并不说明"我们的研究跟上了21世纪以来中国发生的急剧变化"。

一、《当代中国研究计划(2007—2012)》概述

《当代中国研究计划(2007—2012)》于2007年8月正式启动。它由日本"大学共同利用机构法人——人类文化研究机构"在早稻田大学、京都大学、庆应大学、东京大学、综合地球环境学研究所和东洋文库设立了6大"研究基地",其中早稻田大学的亚

毛里和子

洲研究机构——现代中国研究所为“核心基地”，总负责人是该研究所的所长、政治经济学教授毛里和子。不过，这一计划的研究力量并不限于“基地”内，它动员组织了日本全国30多所大学的80多名著名中国学专家，围绕这6个基地的中心课题，分11个研究小组同时进行，即从历史、政治、经济、社会、思想及国际关系等诸多角度，全方位、立体式地对新中国成立60年来，尤其是改革开放30年来发生的巨大变化进行综合分析研究。

相比同类研究，《当代中国研究计划(2007—2012)》具有以下几个特点：

第一，研究内容的系统化。这一计划认为，当代中国处于历史转折期，但是它并非孤立的存在，而是传统、近代与现代的“复合体”。因此，研究的主要对象虽然是新中国成立后的60年，但是研究的范围应扩展至“20—21世纪”的中国，包括其政治、经济、社会、文化、思想、环境以及对外关系等各个方面。同时，这一计划表示，目前的中国处于历史上空前的经济增长期，其不远的将来也应该作为研究的重要内容，也就是说研究范围要往后延伸20—30年。对于中国今后“向何处去”，应在调研的基础上用模型进行预测。

关于调研，这一计划认为，“不断涌现的信息洪流和微观数据，已经无法让我们看清中国的全貌”，所以调研必须在既有假设又有明确概念的基础上进行，并对中国经济、社会、政治各领域进行“微观定点观测调查”。假如只是把北京、上海等最发达的地区作为研究对象的话，可以看到一个经济蓬勃发展和“市民”正在逐渐出现的中国。然而，如果到贵州的农村去看一看，则会对当地的贫困以及贫富悬殊感到震惊，展现在面前的又是一个完全不同的中国。总之，要全面认识和把握当代中国，并且知道今后“中国向何处去”，必须进行纵向的历史比较和横向的区域比较，而且要有政治、经济、社会、法律、国际关系等诸学科的有机配合，进行跨学科的研究。

第二，研究队伍的集团化。《当代中国研究计划(2007—2012)》通过构建6大研究基地，积极促进整个日本相关研究人员与机构的合作，以此重建日本当代中国研究的组织体系。这一计划认为，在现有研究机制下展开对中国巨变的研究，显得势单力薄。要将分散于各地区、各部门的相关人员和研究机构联系和组织起来，将他们的各项活动进行汇总并相互交流，使日本的中国当代研究“集约化”、“组织化”。而且，不仅要以各研究基地为中心构建松散的横向网络，还要强化研究、教育、信息等系统的携手合作，如通过各研究基地的研讨会和构建信息网络、支持年轻学者到国外去调查研究、鼓励他们发表研究成果等方式，培养一批具有国际水准的年轻的中国学研究人才。可见，《当代中国研究计划(2007—2012)》不仅针对现在，还着眼于未来。

另外,《当代中国研究计划(2007—2012)》很重视国际合作,积极同中国及欧美诸国的中国学研究机构建立国际交流关系,促进有关当代中国研究的文献、信息资源的利用和共享。早稻田大学现代中国研究所作为中国研究的核心基地,为了深入分析复杂多变的中国社会,正加强与日本全国各地的学者以及研究机构的合作。尤其是每年2月左右举办的国际学术研讨会,都有海外优秀的中国研究专家应邀前来参加,它已成为日本学者进行学术交流的一个重要平台。同时,他们认为,由于第三者在中国进行调研相对困难较多,因此在环境等许多领域,需要大力提倡同中国学者及有关机构的联合调查活动。一些在日本学习的中国研究人员应邀参加了此项目,这使得《当代中国研究计划(2007—2012)》不仅是跨学科的,而且是跨国界的。

第三,研究成果的多样化。《当代中国研究计划(2007—2012)》自开展以来已经时间过半,各基地正陆续推出研究成果。它们不仅有传统的文字成果,如专著、期刊、论文,也有数字化的网络成果,如早稻田大学的核心基地专门设立了"现代中国基地网 Network of Contemporary Chinese Studies (NCCS)[①]",将各研究基地的进展情况和活动信息、国内外有关中国研究的动态和成果等收集后及时登载。

《日本当代中国研究》
中文版创刊号

当然,更多的成果是传统与现代的结合——既用文字出版,又在网上发表,而且还有中文、英文等不同版本。2009年底,早稻田大学亚洲研究机构/现代中国研究所推出了《日本当代中国研究》创刊号,并在网上登出。这本杂志定期出版,还计划用中文在中国出版。此外,刊载优秀成果的《当代中国研究丛书》、每年举行的"日本当代中国研究论坛"等都在不断反映《当代中国研究计划(2007—2012)》的研究成果。

二、《当代中国研究计划(2007—2012)》的六大研究基地及其中心课题

如前所述,《当代中国研究计划(2007—2012)》主要由早稻田大学、京都大学、庆应大学、东京大学、综合地球环境学研究所和东洋文库"6大研究基地"承担。它们各有研究主题,分工明确,但又紧密联系,协同作战。

研究基地之一:早稻田大学的亚洲研究机构/现代中国研究所——中心课题为"中

① http://web.iss.u-tokyo.ac.jp/kyoten/seika.html.

早稻田大学

国发展的可持续性”。

围绕这一中心课题设有两个子课题：一是“中国实现持续发展的可能性”；二是“中国实现和谐社会的可能性”。第一子课题主要针对中国的政治、经济以及对外关系的现状进行分析并进行初步展望，其中又细分为中国政治变化研究小组、中国宏观经济研究小组、国际关系研究小组等。研究小组每3个月定期召开一次集中的研讨会。第二子课题把重点置于对中国社会现状的调查分析上，其中细分为社会阶层研究小组、社会保障体系研究小组、贫困与教育研究小组、劳动人口移动和农村社会经济研究小组等。这一课题组在中国有关方面的协助下，已在中国各地分别以城市居民、民工、农村居民为对象，通过定点观测的方式开展了定量和定性的调查。近来除了继续并扩大这些调查的数据的采集工作，并分析已收集到的数据以外，还将开展一些重点突出“和谐社会”这一主题的研究活动，并开发一些分析数据所使用的工具。

该基地的学者们认为，虽然中国在国际上的综合实力不断增长，但由于地区之间、人与人之间的经济差距不断拉大，思想上的“复古主义”和宗教组织势力的抬头非常显著，当代中国呈现出复杂的局势。要分析这些复杂的情况，并预测中国到实现第二个翻两番计划的最终年——2020年之前会有什么样的变化，必须从政治、经济体制和社会、文化这两个不同的视角，针对这一问题展开研究探讨，并关注和强调这两者在这一问题上的关联性。

研究基地之二：京都大学人文科学研究所/现代中国研究中心——中心课题为“从人文视角分析当代中国的深层结构”。

京都大学人文科学研究所被选作《当代中国研究计划(2007—2012)》研究基地后，2007年4月专门设立了附属机构——现代中国研究中心。京都大学人文科学研究所曾拥有竹内好等著名的中国研究专家，积累了多年的中国研究经验。近年来由森时彦教授主编《20世纪中国的社会体系》也已完成撰写，即将出版问世。在本项研究中，中心课题组围绕中心课题下设两个研究小组，力图从人文学视角推进“有深度的中国研究”，即不仅探讨当前的中国是什么？怎么样？而且深入当代中国社会的深层结构，从人文学、历史学等角度对其形成过程

京都大学

及内在因素进行分析研究。

第一研究小组的主题是“中国社会主义文化研究”，第二研究小组主题为“长江流域社会的历史景观”。前者通过分析“中国社会主义文化”来研究现代中国思想文化“新”与“旧”的深层结构，即认为在改革开放政策之下，现在的中国是第三次海外思潮流入时期(第一次是清朝末期，第二次是“五四”新文化运动时期)，海外新思潮传入后，通过与“过去社会主义意识形态的纠葛，正在形成新的中国文化”。第二研究小组从历史学的角度分析当代中国政治体制中政治文化的源头及其发展。他们认为，近代以来中国政治统治原理从“人治”到“主义治”再到“法治”。但是，当代中国的“法治”仍然需要两个前提：其一是英明领导集体的“人治”；其二是社会主义真理的“主义治”。这一研究小组在这样的思想认识基础上，着重研究 20 世纪中国政治统治的基础与习惯，如从 1949 年以前的旧中国同社会主义新中国的关联性中理解中国的政治统治，同时研究中国政治的意识形态性以及中国社会机制与政治的关系。

研究基地之三：庆应大学东亚研究所/现代中国研究中心——中心课题为“中国的政治统治”。

庆应大学

围绕中心课题下设 3 个研究小组：第 1 组研究“政治体制转移：一党统治体制变化的可能性”；第 2 组研究“政治社会结构中的历史连续与非连续”；第 3 组研究“围绕中国的东亚国际关系”。

该基地的学者们认为，在目前的中国研究中，不少学者从“崛起的中国”这一乐观的角度进行分析，其实当今中国无论是显在的还是潜在的，在政治、社会和经济等各个方面都存在很多问题。日中两国地理位置相邻，而且有着历史认识等敏感的政治问题和日益密切且相互依赖的经济关系，因此，中国如何发展对日本来说特别重要。为了日本的未来，需要尽快对中国的体制转型进行客观的实证性研究，其中最重要的莫如中国政治与国际关系问题。所以，庆应大学研究基地要广泛对中国的外交思想、外交战略、外交决策，以及中日关系、中美日关系、中国—朝鲜半岛关系、中国台湾问题等进行研究探讨。此外，还要考察中国政府在安全保障、地区主义、多国主义、资源、贸易、投资战略等问题上采取的立场与实际行动。虽然，近年来中国活跃于世界舞台，外交活动扩展到世界各个角落，然而本项课题则主要探讨以东亚为舞台的中国对外关系。

另外，历史连续性问题一直是近年来中国近现代政治史中争论的焦点之一。1949 年之前的中国是国民党的统治，即中华民国时期。不能否认的是，因共产党的胜利，这个事实已经被改写成共产党为中心的历史观。提出历史连续性问题，并不是要以 1949

年作为历史的分界点，而是要尝试在历史的连续性中理解中国近现代史。当然，并非所有都是连续的，还有一些属于非连续的方面。从这个观点出发，该研究小组的目的是作为理解当代中国政治的一种尝试，尽可能地在政治社会结构中，探究中国近现代史的连续性与非连续性。

该研究基地的学者们认为，要使分析客观科学，具有研究质量，必须拥有多样性的视角，即需要更多地与中国及海外的学者和政策制定参与者交换意见。为此，他们积极采取“请进来，走出去”的方法，每年召开国际学术研讨会，邀请中国、美国、韩国的学者前来研究探讨。同时，也不断组织研究生团队等形式，到海外尤其去中国进行资料收集、调研考察等活动。

研究基地之四：东京大学社会科学研究所——中心课题为“中国经济的成长与稳定”。

东京大学

围绕中心课题下设两个研究小组：一是“经济发展与制度政策”，二是“对外经济关系与产业结构”。同时，东京大学研究基地还组织了经济、法律、农村、贸易、产业集聚、政府开发援助(ODA)6个调研小组，积极开展跨学科、多领域的调研工作。

第一研究小组从中国经济结构调整和制度改革入手，主要考察中国经济转型、以加入WTO为契机的经济法和制度政策的重建等情况，研究经济结构调整与经济政策、改革开放的深化与经济法体系的重建、转型期的农业和农村问题等；第二研究小组根据中国经济的国际化趋势、资源问题的重要性，以及亚洲经济合作与产业调整的框架，重在考察中国对外经济关系问题，主要研究中国的内外贸易结构与东亚经济合作的可能性、中国的资源问题与开发、资源外交等。

现代中国研究基地研究丛刊

东京大学研究基地的日常工作基本以开放的形式为主，各个小组自行安排研究活动，每月举行两次左右的研讨会。2007年10月，该研究基地在中国社会科学院经济研究所建立了“北京分基地”，以便研究生和年轻学者进行短期调研和资料搜集活动。自2008年起，各研究小组开始陆续发表成果，如有田岛俊雄、朱荫贵、加岛润编著的《中国水泥产业的发展》、宫岛良明和大泉启一郎合著的《中国崛起与东亚区域贸易分析(1996—2006)》、田岛俊雄和古谷真介编著的《中国软件产业与离岸外包、人才派遣、职业教育》、田中信行和渠涛编的《中国物权法》(有关物权法国际研讨会的报告书),还有些成果则直接以PDF的形式在当代中国研究基地网站上公布。

研究基地之五:综合地球环境学研究所/中国环境问题研究基地——中心课题为“开发给文化、环境带来的变化”。

综合地球环境学研究所

这一研究基地以综合地球环境学研究所现有科研成果为基础,从“开发所引起的文化、社会及环境变化”的角度,或者说从自然、人文两方面对中国环境问题进行综合探讨。他们认为,虽然中国的经济取得了令人瞩目的成就,然而在开发过程中对自然和文化造成了很大的破坏,所以要着重考察开发给当地文化、社会以及自然环境造成的影响和变化,探讨区域发展同文化、社会、环境的关系,以及环境保护的理想状态。

中国环境问题研究基地会刊

具体而言,他们积极收集同中国环境问题有关的资料,深入探讨农业问题与环境问题等的相关性,先后就“社会开发与水资源、水环境的问题”、“现代中国的粮食问题”,以及“转基因”、“生物燃料”等同粮食有关的问题,在调查研究的基础上召开座谈会、课题会和国际研讨会等,并结合日本和中国的农业生产,通过比较来讨论日本和中国所面临的农业难题。例如,2008年11月,该研究基地同中国南京市和江苏省农业科学院共同主办了“粮食与环境国际学术研讨会”,会议成果汇编成《可持续发展与环境评价》一书,并在中国和日本同时出版。另外,这一中国环境问题研究基地还着重介绍中国的环境研究项目、环境保护活动、环境研究机构等。

研究基地之六:东洋文库现代中国研究资料室——中心课题为“促进当代中国研究资料的收集利用与当代中国资料研究的推进”。

围绕中心课题,这一研究基地主要有三项任务:一是有组织地、有体系地收集当代中国相关资料并整理公开;二是与各相关机构合作,促进当代中国相关资料的利用;三是推进以当代中国第一手资料为基础的实证性研究。

该研究基地认为,各种文献资料、信息数据散见于各大学和研究所,导致透明度和利用率低下的状况必须改变。为此,他们将各种当代中国研究机构联网,使信息和数据集中,给研究者提供便利,如推出“日本高校联合目录检索系统”(NACSIS-Webcat, http://webcatplus.nii.ac.jp)上的书目信息登录工作，以实现与国内外各机构的合作和资源共享，同时随时向世界传递日本的最新中国研究信息，努力打造有特色的中国研究网站。

东洋文库

此外，该研究基地积极主办以数字化图书馆、数字档案为中心的数据库研讨会和研究会，在致力拓宽日本的中国问题研究者视野的同时，增进国内外研究者、工作者等相互之间的交流和联系。除了文献资料外，他们还就音像资料、口述资料领域的研究方法进行了专门的探讨，如先后召开题为"中国的音像资料与音像资料馆以及对它的应用"的中国研究数据库讨论会、题为"口述历史和中国现代史研究——技巧·记录·述说"的NIHU当代中国区域研究专家研讨会等。

三、《当代中国研究计划(2007—2012)》的成果及其主要观点

《当代中国研究计划(2007—2012)》已推进3年，各种阶段性成果正陆续面世。虽然它们内容繁多，涉及广泛，但是比较引人注目的有以下几个方面：

1. 对中国转型的了解和认识

日本学者比较一致地认识到，当今中国正处于史无前例的"转型期"，对于中国经济发展的成就基本持肯定态度。庆应大学基地的学者指出，人们说中国正在崛起，确实在经济快速增长的同时，中国在世界的影响也不断增强。不管是何种评价，不谈中国就无法谈论今后的世界。分工重点研究中国经济的东京大学基地已推出了《现代中国研究基地系列丛书》。

早稻田大学现代中国研究所早在1996年就着手"现代中国的结构变动"这一大型课题研究，这次作为"核心基地"，继续深化了这方面的研究。研究所所长毛里和子，同时也是早稻田大学"核心基地"的负责人，她对"现代中国的结构变动"进行了深入研究，把中国的变动分为3个阶段：第一次结构变动阶段、第二次结构变动阶段和体制变动阶段。她认为，中国从20世纪90年代后期开始进入第二次结构变动阶段。这一阶段的主要特征是中国社会的各个领域呈现出从二元结构到三元结构的本质性转变，如中央与地方和基层、国家与半国家和社会、都市与半都市半农村和农村、工人与农民工和农民等。现在，中国的"结构变动"不但没有停止，反而变得越来越复杂了。由于这一"结构变动论"对研究转型中的中国不失为一个新的探索，所以这一"核心基地"2008

年第1届国际学术研讨会的主题为“转换现代中国研究的范式”。

经济学家加藤弘之也是范式转换观点的支持者之一。他认为，诸如在毛泽东时代探讨究竟是资本主义还是社会主义，在邓小平时代探讨究竟是激进主义还是渐进主义，这样的二元论范式已经无法解释中国的变化。他指出，用盎格鲁-萨克逊模式或者东南亚模式也无法论述“具有中国特色的市场经济体系”这条道路。为此，他强调中国研究需要以地区和地方政府特有的经济功能，即以“体现于经济体系上的地方分权特征”这一中国固有的特性为出发点。

至于为什么对现代中国如此难以把握，他们认为主要有4个方面的因素：第一是规模巨大。中国这样巨大规模的现代国家是史无前例的，所以作为经验科学的社会科学也就显得力不从心；第二是属性众多。现代中国具有多种属性，随便举例就有5种，如世界文明古国、半殖民地国家、社会主义国家、一个庞大的发展中国家、一个GDP排行世界第二的核武器大国。这5种属性是如何相互关联、相互作用而形成了现在的中国？要想找到答案非常之难，几乎是不可能的；第三是每个领域各有不同的变化方向。例如，经济上是“汹涌澎湃的市场化”，政治上却是在“回归到传统”，而且中国的地区之间、农村和城市之间都完全不同，所以很难把“市民社会”假定为中国社会未来的发展目标；第四是地区之间存在着巨大的差异。日益扩大的贫富悬殊正在导致各地区之间形成结构上的差异，在“微观的调查”方面，要了解“村民自治”的现状和功能，可能会因“村”和“村”周围的情况截然不同而得出完全不同的结论。

2. 对中国发展中问题的分析与探讨

《当代中国研究计划(2007—2012)》中的许多研究都涉及中国转型面临的困境。

首先，政治改革问题。重点研究中国政治的庆应大学基地不仅对中国共产党、以全国人民代表大会为中心的立法机构、以国务院为中心的行政机构等中央机构，而且对各部门机构的政策决定、党军关系、意识形态、中央与地方的关系、少数民族问题、城市政治、农村政治等都进行了实证分析，试图全面地阐明中国政治治理的现状，进而探讨中国政治改革的可能性。他们认为，政治研究的对象具有流动性，重要的不是分析日常发生的现象，而是要对那些现象背后的体制或制度加以结构性的分析。

庆应大学基地指出，很早以来中国一直在谈论政治体制改革的必要性，然而在苏联解体后，中国宣布实行社会主义市场经济，即进行排除政治改革的经济改革，急于参与国际经济体系。此后，中国沿着以海外直接投资为背景的增长路线前进。20世纪90年代后半期，“经济增长一边倒”、“竞争一边倒”的模式开始在国内产生经济差距。进入21世纪后，这些差距越来越明显，在地区之间、城乡之间、社会各阶层之间以及产业之间都有增无减，各种矛盾事件也呈现多发性的趋势。问题的核心仍然是社会弱者的声音在政治上得不到反映，收入的二次分配机制不能起到一定的作用。与此同时，掌控所有决定权及重要信息的一些共产党干部的腐败行为暴露以后，加剧了整个社会的不满，所以必须进行政治体制改革，这是许多中国人的共识。

其次，环境问题。综合地球环境学研究所中国环境问题研究基地的学者认为，自改革开放以来，中国经济以近10%的年均增长率，持续了30年以上的迅速发展，增加了中国在世界政治、经济等多方面的影响力。然而，可以毫不夸张地说，这是以环境问题为代价而实现的。现在中国不仅面临着诸如大气污染、水质污浊和土壤污染等以往传统性的诸多公害问题，同时还面临着沙漠化、生态环境（自然）保护，以及全球变暖等诸种问题。尽管20世纪80年代以来，中国政府一直专心致力于环境保护，不断完善并出台环保的相关法规，并在部分领域推进了环境的改善，成效比较明显，但是环境问题绝不单纯是一个技术上的问题。他们通过一系列调研和学术研讨会，以环境治理为中心，从多方面阐明中国的环境问题，并试图把握中国环境问题的未来，内容包括从中央政府的环境政策变迁到各级地方政府的作用，从退耕还林、生态移民到节约用水、防止沙漠化蔓延等。

京都大学研究基地对中国环境问题也很关注，他们分别或联合综合地球环境学研究所举办了有关的学术研讨会。例如，有题为“丽江古城的水利用思想和环境保护”(合作)的首次中国环境问题研讨会、“中国社会主义新农村建设中的农业问题”国际讲演会、“中国农业：可持续发展面临的问题”学术讲座、“环境问题：中国未来成长的可能性”、“中国的环境问题与向循环经济转型”等学术研讨会。

四、对中国未来走向的把握和预测

对中国未来走向的把握，无疑是《当代中国研究计划(2007—2012)》的最终目标，但由于这一庞大的研究计划要到2012年完成，目前尚处于研究的探索阶段，所以预测性、结论性的观点不可能在过程中显现。根据现阶段的研究情况来看，可以说相对明显的一个“共识”是：中国未来具有不确定性，即认为中国社会转型面临很大的困难，未来到底走向何处并不十分明确。

不少日本学者认为，中国要实现转型并不容易，今后的发展之路依然荆棘丛生。从表面上看，中国正经历着突飞猛进的经济发展，但事实上就像土地和房地产的状况所显示的那样，国家或地方政府依然是支撑着中国经济的非常重要的内在因素，这是强烈的“中国特色”。

早稻田大学“核心基地”的相关学者指出，随着经济市场化的加速以及与世界经济联系的深化，中国国内的阶层差距正在扩大，出现了利益多元化的现象。农村人口向城市的大规模流动，彻底颠覆了城乡的二元结构，导致了政治经济体制、价值观以及社会文化领域的变迁。近20年来中国农村每年保持着10%左右的增长速度，但正如2006年中央一号文件所指出的那样，“三农问题是最重要的问题”。另外，中国还不得不应对能源供给量的增加和减轻对环境的负担，而且中国经济的增长主要依靠贸易和海外的直接投资，中国的政治稳定与国际关系密切相关，因此，如果不融入国际社会，中国自身也无法得到顺利和持续的发展。

《当代中国研究计划(2007—2012)》今后两年将进入关键的研究归纳和总结阶段。不管怎样，这项为时5年的研究计划在日本的当代中国学研究历史上是史无前例的，这一方面说明中国发展在日本引起的关注和重视，另一方面也显示出日本在中国研究的整体水平方面又前进了一步，更加“集约化”、“网络化”和“可持续化”。这对于提高我们的相关研究水平具有一定的启发和借鉴意义。

主要参考文献：

1. “当代中国研究计划(2007—2012)”(2008年度版)，日本人类文化研究机构(NIHU)“当代中国研究计划”，http://www.china-waseda.jp/。

2. “当代中国研究计划(2007—2012)”第一届国际学术研讨会“转换现代中国研究的范式”，http://www.china-waseda.jp/report/pdf/paradigm_c.pdf。

3.《現代中国学の構築に向けて》丛书，日本评论社2008年。

信息窗

Information

5国集团将统治世界

2009年9月26日，牛津大学非洲经济研究中心主任P.科利尔(Paul Collier)在英国《卫报》网站以《富有的恶霸，我们需要你》为题撰文指出，没有任何国家的个体力量能够成功应对新的全球性挑战，在一个需要集体行动但却由194个政府组成的世界里，首要的问题是免费搭车。全球领导者的重担不可避免地将落在那些明显太大而无法免费搭车的少数政府的肩头，这样的政府将只有5个：美国、中国、印度、日本和有27个成员国组成的欧盟。

在未来10年内，这些政府当中的每一个都将认识到它可能会成为破坏协议的一方——如果它试图免费搭车的话，另外4个政府就会拒绝承担它们的责任。这5方将构成5国集团，一个统治世界的集团。在另一端，有60个左右的国家目前合起来只占世界收入的1%，在全球大部分问题上，它们的参与将难以受到应有的关注。在5国集团和60国集团之间，将是那些可以各自免费搭车、但合起来对大部分全球问题都具有很大影响力的国家：103国集团。

P.科利尔指出，21世纪的地缘政治将是一场5国集团与103国集团之间的斗争。前者将别无选择，只有采取负责任的行为。5国集团必定会是一个真正的集团，而103国集团则将是一盘散沙：它们唯一的共同兴趣就是免费搭车，它们甚至没有在集团内部开展合作的动机。尽管5国集团管理21世纪可能令人感到不快，但这或许是对20世纪相当大的改进。

建立东亚共同体须满足三大条件

2009年10月27日，日本学习院大学教授井上寿一在《产经新闻》发表《没有美国的共同体无法发挥机能》一文，指出近来围绕东亚共同体的讨论日趋活跃，东亚共同体构想的确在朝着实现的方向迈出了第一步。但问题仍然很多，东亚共同体理论招致了美国的警惕，而日本政府内部意见也不统一。东亚共同体究竟能否变为现实？需要哪些必要条件呢？

对此，井上寿一认为，要建立东亚共同体，首先，中日应建立伙伴关系，协调一致发挥领导力。为此，日中两国都必须建立自己身为亚洲一员的认识。其次，应持开放的地区主义观点，东亚从20世纪30年代以来一直依赖美国经济，所以没有美国是不行的。东亚共同体不应该是单一的共同体，而是由多个共同体组成的能够发挥多重机能的共同体。再次，应坚持政治主导。东亚共同体并非基于经济合理性而自发形成的组织，日本当年对于东亚共同体的追求是出于近卫文麿个人的意思。同样，东亚共同体没有政治的主导也是实现不了的。

自由的民主仍是“最终政府形式”

2009年11月2日，F.福山(Francis

Fukuyama)在接受德国《世界报》采访时仍坚持他在自己的著作《历史的终结》一书中所持的核心论点,即自由的民主是最终的政府形式从总体上说仍是正确。F.福山指出,当今世界当然还存在其他一些政府形式,例如伊朗和中国。很多人确信这样的文明形式胜过欧洲、美国、日本或其他发达民主国家的文明形式。民主社会为人们提供了更高程度的富裕生活和个人自由。问题不在于自由主义民主是不是一种完美的制度或者说资本主义是否有问题,问题其实在于,过去20年间是否出现了一种更好的政府形式。

F.福山认为,20世纪出现的种族屠杀、世界大战等可怕的历史所造成的文明悲观主义并不是历史的全貌。实际上,世界上还存在很多积极的发展趋势,其中包括民主扩展到此前由独裁者统治的地区。S.亨廷顿(Samuel Huntington)把这一民主化浪潮称为"第三波"。它始于20世纪70年代的南欧,那里的西班牙和葡萄牙变成了民主国家。后来,除古巴外的整个拉丁美洲也结束了独裁时代。最后,柏林墙倒塌了,东欧也开放了。在韩国和中国台湾地区,民主也取代了独裁政权。20世纪70年代初期全球有80个民主国家,20年后增加到130—140个。当然,并不是所有民主国家都坚持了下来。

诚然,F.福山也承认世界正在经历一种民主的衰退。民主在俄罗斯等重要国家出现了倒退,而委内瑞拉和其他一些拉美民粹主义政权正"风头正盛"。F.福山最后指出,现在一些地方的民主潮水确实退却了,但这并不意味着民主浪潮的方向发生改变。

世界亟待创造新社会制度模式

2009年11月11日,英国《卫报》专栏作家S.米尔恩(Seamus Milne)以《1989年的真正教训是什么都没有定论》为题撰文指出,从西方自负的角度看,1989年是自由市场和民主政治胜利的一年。政治家在柏林举行庆祝活动以纪念柏林墙倒塌这一事件,这完全正常。不过更引人注目的是,欧洲意识形态领域普遍缺乏信心和激情。在东欧其他地区,几乎没有举行任何高调的活动来庆祝旧政权的广泛崩溃。在冷战结束后的20年里,战争爆发,全球不安全,现在又陷入了经济危机,这一切使得1989年以后所宣扬的更广泛的和平、资本主义繁荣和历史的终结看起来十分荒谬。

S.米尔恩指出,剧变后的苏东地区各国普遍实行了自由市场休克疗法,私有化过程导致了大规模抢劫,不平等趋势明显加剧,数千万人陷入贫困和失业。苏东各国为有限自

由付出了高昂代价,但西方却拒绝承认社会主义制度除了有明显的缺陷外,也有好的一面:充分就业、社会平等、住房便宜、儿童保育体系全世界最好,而且雇员在工作场所享有的自由要多于今天德国的大多数雇员。

S.米尔恩认为,冷战的终结虽使另一个超级大国走下全球舞台,却也使美国在全球的影响力不受制约。失去对手的资本主义 20 年来给整个世界造成了社会和经济方面的严重破坏,这又导致了如今的经济危机。欧洲共产党垮台和苏联解体摧毁了可取代资本主义的惟一制度,但是要求另一种社会选择的压力总是来自资本主义本身及其失败。20 年前崩溃的制度已经成为历史,但是有一点似乎可以肯定,那就是会出现新的运动和模式,来挑战一种受生态和经济危机困扰的全球秩序。正如共产党人在 1989 年认识到的和资本主义宣扬者现在开始发现的那样,一切都没有定论。

多国共产党创刊《国际共产主义评论》

2009 年 12 月 1 日,《国际共产主义评论》(*International Communist Review*)杂志于雅典创刊,这是在各共产党刊物和组织的倡议下创办的刊物,有英、西、俄三种语言的版本。该杂志的编委会由来自比利时、希腊、匈牙利、立陶宛、卢森堡、墨西哥、西班牙、俄罗斯、土耳其和委内瑞拉等国家的共产党刊物代表组成。对于这一新刊物的宗旨和目标,编委会这样描述:"《国际共产杂志》的问世表明了在一系列基本理论和意识形态事务中持相同立场的共产党杂志之间展开合作的需要。这一需要在评估苏联和中东欧国家国际共产主义运动倒退的过程中逐步成熟,同时也是现代阶级斗争发展过程中,共产主义运动必须面对的一些事务所决定的。"

编委会认为,必须实现共产主义运动在马列主义基础上的政治和意识形态团结,捍卫国际工人阶级建设社会主义的历史尝试所取得的成果,对失败及其原因形成统一的看法。这些都是克服共产主义运动深刻危机和重启社会主义战略目标的先决条件。因此,共产党必须加强各刊物之间在理论层面上的合作。

该杂志遵循列宁主义传统,是一份具有鲜明政治意识形态色彩的刊物。编委会说:"我们的目标是通过对资本主义和阶级斗争问题的现代发展进行意识形态和政治上的分析,从而为马列主义的普及和发展作出贡献。坚定国际共产主义运动内部的马列主义方向是共产主义运动重组必不可少的条件。"

美国为何不接受多极世界的观点

2009 年 12 月 5 日,巴黎政治学院教授 Z.拉伊迪(Zaki Laidi)在英国《金融时报》以《为何奥巴马不希望一个多极世界》为题撰文指出,美国正在衰落,但"我们处在一个多极世界中”的观点仍未成为现实。即使世界是多极的,它也还非常不完美。实力目前表现在三方面:物质财富、战略实力、实力本能(是指影响世界事务的意愿,可以通过思想、能力或吸引力达成),实力的演变在物质领域最为明显,尽管实力从西方向亚洲的转移是一个较为缓慢的过程。在战略领域不平衡现象更加明显:存在一个超越所有其他国家的军事超级大国(美国);一个崛起的大国(中国);一个依靠其过去“过活”,而且只能通过自身大量能源来维持排名的大国(俄罗斯),以及过多实力仍然很弱的中等规模参与方。没有任何证据表明局面正朝着战略多极化的方向发展;除了拥有意志及方法的中国和拥有意志但不一定拥有方法的俄罗斯,没有出现其他任何积极可靠的国家。在实力本能方面,尽管许多国家毫无疑问拥有这一点,但拥有与自身雄心相匹配的方法的国家并不多。俄罗斯拥有重要军事实力,但它几乎对世界上所有国家都缺乏吸引力。

基于对实力三因素的分析,Z.拉伊迪找到了美国为何不接受有关一个多极世界的原因。多极世界将把美国置于与其他重要国家同等的地位上,而华盛顿在上述三方面均具备相对其他国家的明显优势,因此没有理由接受这种对全球秩序的重新配置。

和解:治愈暴力创伤的良方

12月2日,南非开普敦大学举办了“超越和解——从大规模政治暴力事件造成的精神创伤中解脱”的研讨会。会议由南非国家真相与和解委员会主持召开。与会者认为,要想更好地治疗因战争造成的精神创伤,不仅需要采取传统的道歉、特赦、恢复司法公正等手段,更需要一种持续、稳定的方式使敌对双方通过对话来消除疑虑,从而实现真正而长远的和解。南非是一个不断遭受种族冲突、战乱蹂躏的国家,人民迫切需要在物质、精神领域得到有效的创伤治疗,国际社会应当帮助该国进一步实现和解。联合国大会宣布2009年为国际和解年,正是对和平与对话的探寻和追求。

帕提亚王子和中国古代佛教的传播

2009年12月10日,由莱顿大学佛教研究中心发起,莱顿大学T.维特(Tilmann Vetter)教授在国际亚洲研究所作了一场有关中国古代佛教研究的讲座。据史料记载,公元148年,帕提亚国的安世高(An Shigao)王子来到了东汉王朝的首都洛阳,并一直住到公元170年。T.维特教授认为,安世高王子很可能是最早将佛教引入中国的人,也是最早系统性翻译佛经的人。T.维特教授还为与会者详细描述了当年安世高王子在中国传播佛教、翻译佛经的历史，并对其翻译的佛经典故进行了解读，再现了1 800多年前的那段历史。

三股稳定力量阻止全球大破产

2009年12月21日，美国《新闻周刊》国际版主编F. 扎卡里亚(Fareed Zakaria)发表了题为《稳定的秘密》的文章。文章指出，一年前，一些悲观主义评论家预测说，我们将进入长期而痛苦的衰退，一个又一个部门、一个又一个国家将迅速破产。但总体而言，一年后的世界现实看上去完全不像20世纪30年代那么坏，对经济和政治破产的预言完全没有变成现实。

原因在于，F. 扎卡里亚认为，当今世界存在三股强大的稳定力量，它们相互支撑，每一股力量本质上都有历史意义。首先是大国和平的扩散。自冷战结束以来，世界主要大国已不再相互进行地缘军事竞争。这种无冲突局面在历史上极为少见。有了和平，才有稳定的经济生活和贸易。稳定的第二股力量是，经过数十年斗争对通胀顽疾取得的胜利。35年前，世界大部分国家都受到高通胀问题困扰，随之而来的是严重的社会和政治后果，但过去20年各国央行成功果断地打垮了通胀这头猛兽。支撑全球体系复苏的第三股力量是技术关联性。信息革命已创造出一个联系更为紧密的全球体系，关联性的影响远远超出了经济范畴。今天的全球化从根本上说就是知识在全世界的传播，这种知识的传播事实上可能是当前体系稳定最重要的原因。

资本主义是寄生虫制度

2009年12月29日，Z. 鲍曼(Zygmunt Bauman)在西班牙《起义报》撰文指出，世界"金融海啸"向数千万原本相信资本主义市场和资本主义银行是解决问题的绝妙方法的人证明，资本主义不是解决问题的方法，而是制造问题的机器。卢森堡在《资本积累论》中提出，没有"非资本主义"经济，资本主义就无法存活。只要存在有待扩张和探索的"处女地"，资本主义就能发展下去；一旦以剥削为目的征服这些领土，就会剥夺它们的"前资本主义"特性，并因此耗尽为资本主义自身提供养分的资源。资本主义本质上是一条寄生虫。和所有寄生虫一样，当它遇到尚未利用的营养组织时就能维持一段时间的繁荣。但这样做必定会对宿主造成伤害，并且迟早会毁灭其自身赖以繁荣甚至生存的条件。

文章认为,古老大陆充满异域风情的土地并不是资本主义获取养分以延长自身寿命和维持繁荣周期的惟一可能的"宿主"。当所有"前资本主义"处女地被吞噬一空后,资本主义又发明了"二次童贞"。成百上千万依靠存钱而不是贷款度日的男男女女被狡猾的资本主义转变成一块块尚未开发的"次级处女地"。信用卡的产生引发了所有的后续故事。实际上,银行不希望债务人还清欠款,债务产生的利息才是放款人源源不断的财富来源。然而,卢森堡的预言再次得到印证:当留待开发的处女地资源被消耗殆尽时,资本主义又一次濒临危险的自杀边缘。"信用危机"不是资本主义的终结,而只是接连被耗尽的牧场中的一块。跟过去一样,它很快将开始寻找新的"处女地",用各种方式开辟并剥削这些土地直到增加股东和高管分红的所有机会再次被消耗殆尽。

美国政治体制"开始失灵"

2009年12月31日,K. 莱纳在法国《世界报》以《美国人在寻找模式》为题撰文指出,2009年本该是变革之年,但变革没有出现,受到质疑的不只是B. 奥巴马总统,还有整个体制:美国的政治体制开始失灵了。美国人很少像现在这样怀疑自己的模式,"美国的民主体制瘫痪了吗"之类的问题开始被人们提起。国家机器还在全速运转,但已气喘吁吁、力不从心。银行体系崩溃15个月之后,有关调控金融体系的议案才进入国会专门委员会讨论;医疗改革法案虽然在参众两院获得通过,但付出了难以想象的艰辛;工会成员也没有看到本来可以给他们的生活带来希望的改革,这曾是B. 奥巴马竞选时的承诺;一半以上的新法官还未获得参议院的任命或批准;在失业人数达到历史高点的情况下,没人再敢碰移民问题。政治学家也提出同样的问题:权力制衡的政治体制使参议院有权过分阻挠政府;互联网和有线电视使各类极端分子可以制造与其真实地位无关的影响力;永远存在的竞选问题又让人没有多少时间去治理国家。

美国机器失灵的关键是议会法案容易被阻挠,"绝对多数制"是参议院里的少数派能够肆意阻挠议会法案,如果不能获取绝对多数,议案就要一直讨论下去。T. 弗里德曼将中美两国作对比后认为,在必须快速决策或需要巨大投资的问题上(如气候变化问题),相对于彼此阻挠的两党制,一党制其实是一大优势。

美国正在失去自由世界

2010年1月5日,英国《金融时报》国际事务首席评论家、专栏作家G. 拉赫曼(Gideon Rachman)撰文《美国正在失去自由世界》指出,自1945年以来,美国一直以"自由世界"的领袖自居,B. 奥巴马的一些高级顾问也热情洋溢地撰文探讨组建世界民主国家联盟之事,但世界民主国家会自然而然团结起来的设想完全没有现实依据。大多数美国人都以为其他民主国家在国际事务上与他们的价值观和看法一致,但发展中国家里4个最大、最具战略重要性的民主国家——巴西、印度、南非和土耳其——与美国外交政策的冲突愈演愈烈。它们不仅在重大国际问题上不愿与美国站在同一条战线上，反而更愿意与中国、伊朗之类威权国家站在一起。

在哥本哈根气候峰会上，巴西、南非和印度认定，它们作为发展中国家的身份远比作为民主国家的身份重要；巴西总统卢拉热情称赞委内瑞拉总统 H. 查韦斯，并祝贺 M. 内贾德在伊朗总统选举中"获胜"，同时欢迎他对巴西进行国事访问；南非自 2007 年 1 月起担任联合国安理会非常任理事国，常常与中俄两国一起阻挠通过有关人权的决议，并充当津巴布韦、乌兹别克斯坦、伊朗等威权政府的保护伞；土耳其在冷战期间一度被视为美国的重要盟友，如今也不再是西方的可靠伙伴；印度领导人似乎的确珍惜他们与美国有"特殊关系"的说法，但印度人也经常在从气候变化到多哈回合贸易谈判、制裁伊朗和缅甸的一系列国际问题上反对美国。总之，巴西、南非、土耳其和印度作为民主国家的身份，现在被它们作为不属于富裕西方白人世界的发展中国家的身份所制约，甚或被超越。巴西劳工党、印度国大党、土耳其正义与发展党以及南非非洲人国民大会都在适应全球化，但它们都保留了对全球资本主义和美国的一贯怀疑。

借鉴古印度哲学以理解现实

1 月 7—9 日，印度尼赫鲁大学社会科学院哲学研究中心举办了一场题为"从经验到思想：意识与观念作用的争论"国际学术研讨会。与会专家认为，人的某些经验、观念和认知是有意识地形成的，一些却是在无意识状态下形成的。但毫无例外的是，经验会对一个人的想法产生影响。专家们对经验如何产生作用的过程持有不同观点，但认为借鉴古代印度哲学的一些有益思想，对人类理解现实问题有重要意义。

新国立大学开讲"中国的革命世纪"

1 月 10 日，新加坡国立大学著名历史学家王赓武(Wang Gungwu)教授在该校举行了题为"中国的革命世纪"的演讲。王教授指出，2011 年是中国辛亥革命胜利 100 周年，综观 20 世纪，革命理论的变迁以及在革命与改革之间的政治选择变化主导了中国的历史命运。20 世纪初，"革命"一词在中国最初是指对清王朝政权的推翻，后来逐渐有了现代民族国家革命的含义。中国人对革命一词的认

识经历了一个变化的过程,这个过程同时也是中国民族国家日益形成的过程。他认为,中国人心目中的革命斗争对象没有阶级之分,既包含农民对地主的反抗,也包括不同政党间的斗争。而在20世纪后半期,却是革命之后改革主张的回归,使中国走上了富强之路。

欧洲是一个经济成功的范例

1月10日,美国《纽约时报》刊载经济学家P. 克鲁格曼(Paul Krugman)的文章《向欧洲学习》。文章指出,当卫生保健改革接近终点线的时候,沉着的保守派人士警告奥巴马的改革方案是在把美国变成一个完全没有经济活力的"欧洲式"社会民主国家,然而这并非是事实。欧洲真正的教训在于保守派所说的反面:欧洲是一个经济成功的范例,并且这种成功表现在社会民主主义服务方面。实际上,在不看统计数据的情况下,欧洲的经济成功也相当明显:那些访问巴黎的美国人肯定不会看到贫穷和经济倒退。诚然,在过去的20年里,美国的经济增长确实比欧洲快,但从1980年以来,美国的政治明显朝右转,而欧洲则没有。美国和欧盟15国的GDP年均增长率分别为3%和2.2%,然而现实清楚表明,

美国的人口增长更快。从1980年以来,美国和欧盟15国的人均GDP增长率分别为1.95%和1.83%,差别不是太大。欧洲经常被作为一个"警世故事":即如果你试图使经济不要那么残忍,在你的国民遭到不幸的时候关心他们,你最终将扼杀经济进步,但欧洲的经验却表明,社会公正和经济发展能够齐头并进。

军事力量对世界政治仍至关重要

1月14日,哈佛大学教授J. 奈(Joseph Nye)在世界报业辛迪加网站撰文指出,战争与武力或许已经消退,却并未消失。相反,武力的使用正呈现出新的形式。今日,军事理论家正在描述"第四代战争",这类战争有时并没有"可界定的战场或前线"。事实上,军民之间的差别也许将不复存在。J. 奈提醒说,在21世纪,大部分"战争"将爆发于国家内部,而非出现在国家之间;而且许多参战者并非正规军成员。

但更大的问题是,军事力量在世界政治中扮演何种角色? J. 奈指出,由于军事力量塑造了世界政治的结构,因此它仍具有重要意义。诚然,对于国家而言,在许多问题上使

用军事力量正变得日渐困难且代价高昂，然而这并不意味着它已经失去了影响政治意图的能力。一个秩序井然的现代国家的特征是垄断合法使用武力的权力，从而使得国内市场能够运行。而在秩序更为薄弱的国际层面上，即便强制性使用武力的几率较低，但国家对它的关切，仍能产生重大的影响力。军事力量与规范以及机制一道，有助于提供最低限度的秩序。对于政治与经济秩序来说，由军事力量所提供的一定程度的安全，就像氧气对于呼吸所具有的意义一样：在它开始变得稀缺之前，很少会受人关注；而一旦这种情况真的发生了，它的缺乏便会凌驾于其他所有要素之上。从这个意义上讲，在21世纪，军事力量似乎仍将长期延续其在构筑世界政治结构过程中所扮演的角色。

宗教在欧洲一体化进程中的作用

1月13—16日，吾特列支大学举办了一场有关欧洲宗教话题的国际学术会议。这次会议由该校神学系和天主教研究院共同主办，来自欧洲7国12所大学的30余名学者汇聚一堂，围绕欧洲宗教的历史传统、宗教如何影响了当今欧洲一体化进程等议题展开了讨论。专家们认为，欧洲一体化所以能够在区域一体化领域走在世界前列，是因为欧洲精神在发挥作用，与欧洲国家相似的宗教信仰有关，只有看清欧洲不同宗教与信仰的历史沿革与相互关系，才能更好地认识今后欧洲精神和信仰的发展趋势。

B. 富兰克林 50 封书信被发现

1月20日，加利福尼亚大学政治学教授A. 休斯顿(Alan Houston)在卡内基梅隆大学作了“温故知新：对B. 富兰克林生活的新发现”的主题演讲。在英国图书馆工作期间，A. 休斯顿阅读了50封以前未被发现的与B. 富兰克林相关的信件，其中包括B. 富兰克林自己写的、写给B. 富兰克林的以及和B. 富兰克林相关的信件。这些书信都写于1755年，记载了B. 富兰克林在E. 布拉多克(Edward Braddock)将军夺取迪凯纳堡一役中的贡献。A. 休斯顿教授的研究关注自由主义、共和政体和民主政治在欧洲和美国的发展，最近正在撰写关于平等主义的书籍。

欧洲本土主义者陷入焦虑

1月21日，哈佛大学访问教授D. 莫伊西(Dominique Moisi)在《日本时报》以《欧洲本土主义者陷入焦虑》为题撰文指出，瑞士公民投票禁止建设新的清真尖塔、意大利南部卡拉布里亚地区发生的种族暴力事件和法国国内对“国家认同”的激烈辩论这些事件虽没有共同之处却都显示出了日益增长的“欧洲趋势”。最近几十年，在欧洲的政治生活中，焦虑感开始蔓延，而且这不是一种抽象、不明确的担忧。越来越多的白种欧洲人感觉到，即使这没有威胁到他们的人身安全和工作机会，也威胁到了他们的“欧洲认同”和生活方式，而伊斯兰教问题和移民问题则是欧洲人最感担忧的问题。D. 莫伊西指出，《旗帜周刊》高级编辑C. 考德威尔(Christopher Caldwell)最近的文章《欧洲革命的映像》显示了对“伊斯兰化”担忧的增加，这种担忧在目前的经济困难情况下更加明显。法国的情况很令人感兴趣，它是一个不错的福利国家，在经济衰退中的状况比其他国家要好，但从目前起两个月的地区选举中,右翼是神经紧张的。所以,总统N.萨科奇发起对"国家认同"的辩论也绝不是偶然的,但他的策略容易产生事与愿违的结果。右翼有可能获取2010年的选举胜利,但法国政府最大限度地使所有公民都感觉到了它最珍贵的普适价值"自由、平等、博爱"的实践了吗?国家认同不仅是一个种族问题或宗教问题,对于那些加入法国和欧盟的人来说,这是一个价值观的问题。面对上升的亚洲,放纵的欧洲人陷入焦虑并不是一个好现象。

美洲政治左翼化研究

1月22—24日,诺丁汉大学"社会与全球正义研究中心"主办了一场有关"美洲国家政治左翼化倾向"的会议,学术界代表、社会学者以及一些社会活动家参加了会议。与会者指出,眼下在北美洲、拉丁美洲多多少少流行着一股左翼风尚,政客、政治进程的左倾化正在重塑该地区的地缘政治面貌,对于地区稳定和发展产生了难以预料的影响。专家们认为,对于左翼现象应统一认识,正确分析拉美地区社会民主与经济发展的作用。

欧亚大陆伊斯兰帝国的比较研究

1月23—24日,日本大阪大学举办了题为"有关欧亚大陆伊斯兰帝国的比较研究"的国际研讨会。目前,欧亚大陆的穆斯林国家依然以共同反抗伊斯兰帝国作为一项共同的事业。那么,这些穆斯林国家如何将反抗伊斯兰帝国理念代代相传?他们如何在塑造全球穆斯林身份认同方面达成共识?历史上的穆斯林帝国又是如何引发这种反抗理念的呢?该研讨会对19—20世纪欧亚大陆伊斯兰帝国展开了比较研究,包括领土扩张、政治体制的极端发展、周边穆斯林国家的社会经济基础等。

民粹主义在美国大行其道

1月26日,《纽约时报》专栏作家D.布鲁克斯(David Brooks)在该报以《民粹主义之瘾》为题撰文指出,民粹主义和精英主义看起来不同,但事实上互为镜像;两者都始终伴随着我们,然而在美国大行其道的是民粹主义。共和党和民主党内都有民粹主义者,共和党的S.佩林(Sarah Palin)将美国人分为真正的美国人和文化精英,而民主党的J.爱德华兹(John Edwards)则将美国人分为两个据称彼此不同的群体——住在小镇上的真正美国人与阴险狡诈的华尔街利益集团。为什么政客会摆出民粹主义的姿态呢?D.布鲁克斯认为主要有三点原因。其一,它让一切都变得非常简单。经济危机是一系列错综复杂的因素所导致,但根据民粹主义的说法,把责任推给高盛公司就行了。其二,使选民不用为自己的问题负责。在过去的几十年中,许多投资银行家表现得像个糊涂虫,但普通美国人又何尝不是,他们背负着前所未有的巨额个人债务。根据民粹主义的说法,可以指责前者但要宽恕后者。其三,民粹主义深得统治阶层的欢心。民主党人幻想选民将对拥有工商管理硕士学位的人怒不可遏，会将权力交给拥有哲学博士学位的人；而共和党人则幻想选民将对拥有博士学位的人感到怒不可遏，会将权力交给拥有工商管理硕士学位的人。统治阶层成员喜欢民粹主义，是因为他们认为它能帮助自己赢得权力。

D. 布鲁克斯指出，民粹主义的诱惑虽大，但其总是归于失败。选民并不像民粹主义者想象得那么愚蠢：有钱有势者的确能够操纵游戏使之符合自身利益，但仅仅将有权有势者痛击一顿还是不能解决所有问题。D. 布鲁克斯最后得出结论说，如果民粹主义者继续对企业和资方胡乱发起进攻，只会加深普遍存在的不确定感，终将使好政策（奥巴马的银行改革举措是非常明智的）声名扫地。他们会将总是能成功的充满活力的乐观主义转换成总是失败的惹是生非的分裂主义。

宗教认识的去世俗化

1月26日，加州大学伯克利分校举办了一场题为“作为概念分析工具的宗教”的讲座。芝加哥大学神学院、社会学系教授 M. 里泽布罗特(Martin Riesebrodt)指出，当前人们对宗教特性存在较多误解，认为宗教对于现实生活用处不大，印度教、佛教和儒家思想之所以会在今天广为流传，是西方国家当时殖民化的结果。但 M. 里泽布罗特教授认为，宗教救人于危难之中，不能用世俗眼光去看待宗教，信仰宗教有助于人们更好地对世界形成自我认识，并形成一定的概念。

中美制度互动将催生新发展模式

1 月 27 日，N. 加德尔斯（Nathan Gardels)在美国《基督教科学箴言报》以《中美对决：哪种政府模式将会取胜》为题撰文指出，面对中国的崛起，西方应多一点自省，并审视中国的有效做法，而不是展开新一轮批评。中国的经济成功和西方自身的诸多变化都要求我们重新看待既有的民主理论和现实。N. 加德尔斯认为，在西方的许多地方（尤其是美国)，人们生活的环境不再属于工业型民主，而属于消费型民主。在消费型民主中，政界、媒体和市场的反馈信号都会促使公众要求即刻获得满足。中国的崛起要归结于长远思维、规划和管理的延续性，但西方几乎不具备这些政治能力。当这种能力匮乏与消费型民主和强劲的技术实力结合在一起，影响就会增强并延展到当前时代和本地环境以外。

N.加德尔斯指出，既要消费，又不想储蓄；既要现代化的基础设施和优质学校，又不想纳税，这就是加利福尼亚州陷入瘫痪的根源所在，其实这也是整个美国政坛的问题所在。在这种情况下，美国有必要审视中国的有效做法。在那里，统治者保持着较强的政治管理能力，民众的创业能力通过自由市场释放出来，奉行新儒学的中国以社会和谐和其他长远目标的名义调控着所有这些得到释放的利益。中美两种政治制度的摩擦和融合将催生新的产物：一种在个人和共同利益、当前性和长久性之间达成平衡的管理哲学；一种能减少民众的无限欲望，同时又不会扼杀个人追求的体制。21世纪就是消费型民主过剩与有效管理展开对决的世纪。

R.萨缪尔森谈繁荣的危险

1月29日，R.萨缪尔森(Robert Samuelson)在美国《新闻周刊》以《繁荣的危险》为题撰文指出，将本次经济危机发生的成因归结为不诚实的低压经纪人、贪婪的银行业者和无能的管理者已经成为社会的广泛共识，但这种共识是错误的——至少是过度简单化的；贪婪和短视并不是骤然出现的，它们是人类的固有天性。盛行的观点认为，经济和金融体系比以往更安全，所以投机行为和自满情绪大行其道。在1983年到2007年的25年里，美国出现了有史以来最辉煌的繁荣，繁荣的原因是解决了20世纪60年代末以来破坏经济稳定的高通货膨胀问题：导致高通胀的经济理论是坏理论，而遏制高通胀的理论是好理论。好理论取代坏理论，回报就是20世纪80年代的繁荣昌盛和经济稳定。

但是，R.萨缪尔森认为这并非是全部真相。成功也催生了有损自身利益的期望和行为，从而埋下了祸根。赚取高利润的投资者对金融市场的良好本质深信不疑——即使市场会走极端，但最终也会展开自我调整，不至于造成严重的附带损失。资本经营者、管理者、经济学家和广大公众都笃信这些诱人的观点，繁荣的愉悦引发了令人失望的后果，导致了粗疏和自满。管理之所以松懈，主要原因就在于管理者如同他们负责监管的借贷机构、投资者和借款人一样，赞同这种流行看法。

文章最后指出，这场危机更重要的教训令我们冷静。先进的现代民主国家力图为尽可能多的人口带来尽可能持久、尽可能广泛的繁荣，但问题在于，这个承诺本身可能会导致动荡，因为形势越繁荣，就会有越多的人以最终会招致毁灭的方式行事。如果追求越来越广泛和越来越美妙的繁荣，最终就会适得其反。比较可取的做法是容忍比较频繁和温和的衰退及金融失败，而不是一心追求持久繁荣。这种繁荣尽管表面看似诱人，其实是无法实现的，最终会灰飞烟灭。这就是本次危机的主要教训经验，但还没有人提出它所构成的严峻政治和经济问题，更不要说回答这些问题了。

艺术与科学之间的“图像转折”

1月31日—2月5日，名为“图像在艺术和科学领域的多普勒效应”展览会在基尔大学举行，展品呈现了600年来艺术与科学之间的关系，并突出了图像研究的问题。从艺术理论家C. 切尼尼(Cennino Cennini)1390年所著的《艺匠手册》对形象艺术的功能阐述，到20世纪90年代“图像转折”率先在人文科学领域掀起的图像形式逐渐取代文字形式成为主导媒介的革命。至今，包括图像学者、自然科学家在内的研究人员已愈加频繁地将图像手段运用于各领域的研究工作。从微型图像到纳米技术，从机械图到虚拟结构，艺术以其特有的形式对现代科学产生着推动作用，艺术和科学领域的图像比较研究方兴未艾。展会还提出，以多普勒效应的含义来诠释图像在主客观层面所扮演的不同角色。

西方民主制度是否适合亚洲有待研判

2月1日，斯坦福大学邀请德州农工大学政治学系的黄敏华(Min-hua Huang)助理教授就“亚洲民主制度的非典型性”进行了一场讲座。西方学者一般认为，一个国家民主化程度越高，国内政治也就越稳定，但亚洲却是另外一番景象。一些全盘引进西方民主制度的国家，如泰国，其国内政治就经常处于动荡之中。鉴于此，黄敏华教授运用二元回归分析法，区分了4种类型的亚洲民主国家，即持久民主国家、短暂民主国家、非民主国家和假民主国家。他认为，对不同类型的亚洲国家需要区别对待，西方民主制度是否适合亚洲尚有待进一步研判。

纪念德国哲学家M. 本泽诞辰100周年

2月4—6日，斯图加特大学举办了“世界程序化”系列活动，纪念德国哲学家、科学理论家M. 本泽(Max Bense)诞辰100周年。M. 本泽创造性地将数学、信息论、控制论与符号学、美学等理论结合在自己的思想体系里。作为计算机时代的倡导者、诗艺理论家、现代传播理论及技术哲学开创者，M. 本泽探讨了技术时代人类文化存在的诸多问题。比如说，不同于传统文化批判的一般概念，M. 本泽在现代技术发展方面引入了艺术与技术关系的新思潮，并提出了新的美学理论基础。他还通过“技术世界生成理论”，证实了“世界

的可居住性"观点,贯彻了自己人本主义的思想,即人们可以按照自己生存的意义来构造生活。M.本泽从自然科学、艺术及哲学相结合的视角,为人文学科及自然科学关系的研究作出了重大贡献。

非裔美国人的价值观正发生转变

2月8日,伦敦政治经济学院举行了一场题为"从双重认知到大众'外交':非裔美国人的价值观转变"的演讲。该校社会学理论研究领域专家P.吉洛伊(Paul Gilroy)教授认为,伴随全球化进程的不断加深,美国非洲裔种族的文化价值观也逐渐从过去奴隶制度的阴影向一种更加自由民主的文化转变。这种价值观的转变注定是一个艰难的过程,只有注重多元文化的融合,才能真正实现。

物种灭绝将给人类带来灾难

2月10日,开普敦大学举办了一场讲座"大规模的物种灭绝:人类为何需要关注以及如何应对"。演讲人N.迈尔斯(Norman Myers)爵士执教于牛津大学21世纪学院,同时也在杜克大学担任副教授。N.迈尔斯教授是在全世界范围内提出物种灭绝警示的第一人,他在1980年出版的《下沉的方舟》(*The Sinking Ark*)一书中,就预测到每隔一天就会有一个物种灭绝,而这将对人类带来巨大的生存挑战,可能会导致大量环境难民的产生,致使破坏从自然界到人类社会的传播。如果人类不注重保护身边的每一个物种,将会陷入无法想象的灾难之中。

大国关系步入"合作竞争并存"时代

2月24日,《帝国之后:多极化世界的诞生》一书作者D.希罗(Dilip Hiro)在美国《耶鲁全球化》在线杂志以《没有霸权的新世界秩序:竞争与合作》为题撰文指出,现在的世界格局不再是简单明了的两极或多极关系,合

作与竞争并存很可能成为主要力量——美国、中国、欧盟、俄罗斯、印度和巴西——之间的关系模式，这一新模式凸显了自1991年以来美国在经济政治，军事和文化方面所享有的无可匹敌的全球霸权时代的终结。

大国在就共同感兴趣的问题进行合作的同时设法获得最大限度的经济和政治优势的企图，很可能会造成关系的紧张以及不可预料的迁就融合和临时性联盟。接触与遏制的最典型例子就是北京与华盛顿之间的关系。一方面，中国忙着购买美国财政部的债券，以确保美国市场的稳定从而保障其出口，同时利用其贸易盈余来获得美国资产。另一方面，中国一直在研制"区域封锁武器"以及加强其反卫星和网络战能力以便在中美就台湾问题爆发冲突时用来对付美国。此外，中俄关系和中印关系也是合作竞争关系并存的典型例证。

D.希罗指出，19世纪20年代初，主要欧洲大国决心永远不允许再出现另外一个拿破仑，由此出现均势学说。这在欧洲持续了一个世纪，直到一战开始。现在，这一学说扩展到了全球，主要大国都在彼此合作和竞争，以确保没有哪个国家会成为惟一的超级大国。

建立"古代绘画"在线图像档案馆

2月26日，法兰克福大学弗罗奔尼乌斯研究所宣布开放主题为"古代绘画"的在线图像档案馆（http://bildarchiv.frobenius-katalog.de/）。该档案馆包括近75 000幅古代绘画作品。100年前，德国民俗学者冒险深入非洲及亚洲等地，收集了大量古代绘画作品，这些作品反映了非洲、澳大利亚、印度尼西亚、印度和南非洲等地肖像、建筑、物质文明及社会的生活场景。由于这些民族或部落从未被殖民化，因此这些图像在民俗学研究上有极高价值。民俗学家L.库巴（Richard Kuba）说："许多艺术家都留下了富有独特艺术魅力的画作，至今影响深远。"而且，这些画作大部分都幸运地躲过了一战和二战的浩劫。

亚洲的崛起只是回归历史常态

3月1日，新加坡国立大学李光耀公共政策学院院长K.马赫布巴尼（Kishore Mahbubani）在德国《经济周刊》撰文指出，亚洲世纪其实早就开始了，虽然亚洲今后几年的发展不会一帆风顺，但总趋势是明显的：亚洲的实力与影响力将大幅增加。人们必须认识到，西方在过去200年的统治地位只是历史的一个例外；1820年前，中国和印度是世界上最大的国民经济体，亚洲的崛起只是回归历史常态。

K.马赫布巴尼认为，今天的世界秩序就像以前南非的种族隔离制度，少数人控制着多数人，这种情况必须改变：让亚洲国家为地球变暖负责是不公平的。亚洲确实拥有很多不同的文化和宗教，让亚洲用一个声音讲话

也确实很难,但进一步融合与合作已成为亚洲发展的重要趋势。西方统治世界历史的时代正在走向终结,但这不是西方的终结。西方在世界经济中所占的份额虽会减少,但欧盟和美国的经济总量绝对不会萎缩,因为蛋糕将变大。

K.马赫布巴尼最后指出,亚洲并没有适合整个地区的成功模式。共产党领导的中国和世界上人口最多的民主国家印度都取得了成功。共产党能带来经济成功,民主也能带来经济成功,政治体制在亚洲的崛起中不是决定性因素。

亚洲方式有助于应对全球挑战

3月1日,新加坡国立大学李光耀公共政策学院院长K.马赫布巴尼(Kishore Mahbubani)和美国纽约大学教授S.切斯特曼(Simon Chesterman)在世界报业辛迪加网站撰文指出,解决全球性挑战的"亚洲方式"虽还不存在,但亚洲方式的若干要素正在逐渐显现。亚洲人行事方式的最大特点是务实,不断顺时而变。过去亚洲对任何可能削弱主权的多边方式都很警惕,但亚洲绝大多数国家现在都已经认识到,集体行动非但不会削弱主权,相反还能保护主权。与此同时,亚洲人仍愿继续接受美国的领导及其在全球各个机构中的支配地位,这也反映了它们的务实。中国和印度已经为全球稳定和秩序作出了重大贡献。

然而,两位作者也指出,亚洲人在应对全球治理方面的挑战时,既有积极方面,又有消极方面。积极方面包括尊重多样性、强调共识而非冲突、强调务实地解决问题而非固守崇高原则、强调渐进而非突变。另一方面,避免对抗的愿望会阻碍在一个合理的时间范围内达成有意义的一致意见,而且表面上的共识也许只不过是掩盖了真正在发挥作用的权术。在实践领域内,亚洲人能够在解决全球安全、气候变化、金融监管等问题方面,这种态度都能发挥建设性作用。

大国崩溃可能骤然发生

3月1日,哈佛大学教授、"中美国"论创始人N.弗格森(Niall Ferguson)在美国《洛杉矶时报》以《美国:脆弱的帝国》为题撰文指出,历史的发展是个缓慢的过程,大国会从诞生、成长、主宰逐步走向衰落,但历史有时几乎静止不动,有时则突然加速,像美国这样的大国与所有复杂体系一样,在一段长度未知的时间里运行看似平衡,然后会在刹那间毁灭。大国拥有复杂的体系,由数量众多的部分组成,各部分间相互作用,以不对称的方式组织在一起,这意味着它们的结构更像白蚁穴,而不是金字塔。它们的运行方式处于秩序和混乱之间的某种状态,看似处于平衡状态,但实际上却在不断进行调整。不过,到了一定时候,这些复杂的体系会达到"临界状态"。一个非常小的事件就可以触发"相变",把良性的平衡状态转变为危机,真可谓"千里之堤,溃于蚁穴"。

N.弗格森认为,一切复杂体系都拥有同样的特征。对这样的体系施以微小的作用就

可以导致巨大、往往出人意料的变化，科学家称之为“放大效应”。偶然的关系通常是非线性的，这意味着通过观察进行归纳的传统方式用处不大。因此当一个复杂体系出现异常时，其破坏力几乎无法想象。绝大多数帝国的衰落都伴随着财政危机，但在政治实体领域，人们的观念才是决定性的因素。在帝国遭遇的危机中，真正起作用的并不是大国的物质基础，而是人们对大国未来的预期。当一个具有调整能力的复杂体系中的组成部分对这个体系的生存能力失去信心时，这个体系就有大麻烦了。

图像理论新论

3月2日，美国普林斯顿大学艺术与考古系主办了一场题为“反思对象活动”的讲座。德国柏林洪堡大学艺术史研究中心H.布雷德坎普(Horst Bredekamp)教授指出，任何图像的基本问题都包含着吊诡的双层结构。图像创自于对象，却无法作为物质存在来展现自身。H.布雷德坎普教授列举了自古典时代、中世纪至20世纪的一系列实例，对艺术作品与观看者之间关系的传统观念提出质疑，认为应当用“图像—行动”理论来替换描绘、图示和拟态的传统观念。

美欧将进入“不稳定高峰期”

3月3日，美国康涅狄格大学教授P.图尔钦(Peter Turchin)在墨西哥《每日报》撰文指出，由于“美国和西欧的政治不稳定可能日益加剧”，未来10年的科技进步可能会受到影响。实际上，B.奥巴马已取消了登月计划。美国的工资水平实际上已经停滞或下滑，贫富差距日益加大，高学历的年轻人过剩，公共债务膨胀，所有这些问题相互作用，让人想到20世纪70年代。那时，R.M.尼克松单方面放弃“金本位制”，破坏了二战以后形成的相对成功的国际货币秩序，这是危机的转折点。从历史角度看，当长周期与短期进程相互作用时，这样的事件就成为即将出现政治不稳定形势的指标。P.图尔钦强调，美国每50年就会出现不稳定高峰期，此前出现在1870年、1920年和1970年，下一次可能在2020年左右。

P.图尔钦认为，今天的美国与1930年时的美国非常相似。美国正在进入所谓的康德拉季耶夫周期(20世纪20年代，原苏联学者N.康德拉季耶夫(Nikolai Kondratieff)提出，在资本主义经济生活中存在着45—60年的

长期波动,这种长期波动被人们称为康德拉季耶夫周期),未来的衰退将非常严重。P. 图尔钦指出,高等教育体系的扩张不应超过经济上吸收大学毕业生的能力范围,因为高学历年轻人过剩是以往出现不稳定形势的主要原因之一。

弱国成全球最大不稳定因素

3月8日,美国外交学会会长R. 哈斯(Richard Haass)在美国《新闻周刊》以《最弱的环节》为题撰文指出,20世纪历史的大部分是由强国的行为所推动,但今天的大国却没有过去那么强大:俄罗斯是单一经济,并且受制于腐败和人口减少;中国则受制于庞大的人口和机构臃肿的政治体制;中国及其他强国所寻求的与其说是颠覆,倒不如说是调整现有全球秩序。全球安全挑战的威胁将来自弱国,如巴基斯坦、阿富汗、也门、索马里、海地、墨西哥和刚果等。它们的共同点是政府缺乏统治的能力和意愿,无法行使主权政府应当行使的职能。针对此种情况,R. 哈斯认为,单靠军事力量的使用并不能解决这些弱国所面临的问题,美国和其他国家应寻求避免昂贵且带有极大争议的干预举措,要把精力放在提高弱国的能力上。支持弱国也许花费甚巨,但没有占领它们或是对它们置之不理来的昂贵。

2010年度德国莱布尼兹奖颁发

3月19日,德国海德堡大学历史学系教师S. 施密特-霍夫纳(Sebastian Schmidt-Hofner)获得2010年度由德国研究联合会颁发的海因茨·迈尔·莱布尼兹奖。德国研究联合会强调,作为一名33岁的青年学者,S. 施密特-霍夫纳在希腊史及古罗马史研究领域内享有盛誉,著述颇多。其博士论文尝试在一个广阔的社会政治背景下,解析希腊化时期和罗马时期的法律文本。他在研究古希腊罗马时期文化的空间秩序问题中,首创并系统地将现代空间社会学的方法运用到分析古希腊罗马时期的社会形态中。当前,他正参与"集中性和特殊性——关于希腊化罗马时代的研究"国际合作项目,并担任海德堡科学院"欧洲文化和亚洲文化的空间秩序、规则和法律"研究项目的参与者和发言人。

西方式民主在全球急剧衰落

3月22日,美国外交学会研究员J. 柯兰齐克(Joshua Kurlantzick)在《新闻周刊》撰文《民主是如何消亡的》指出,近年来,西方式民主在非洲、拉美、中东和前苏联地区急剧衰落;而在俄罗斯,大多数人满意国家现状,领导人的民意支持率之高,西方人只有做梦才能得到。他指出,民主衰落的原因可能会让人感到吃惊。在许多案例中,这是由于 20 世纪 90 年代出现的年轻民主国家的早期领导人,未能认识到自由社会需要强大的制度、执政党的坚定反对派以及妥协的意愿。因此,他们获胜后,就利用所有权力工具主宰国家,并把好处分给支持者或自己所属的部落。在许多国家,这种对民主的狭隘理解不仅歪曲了这个词的真正含义,还疏远了公众。公众开始厌恶这些看起来与其独裁前任一样、对公众福祉不闻不问的民主人士。

J. 柯兰齐克指出,这种攫取权力的行为最令人讨厌的影响之一,就是在许多近来民主出现倒退的国家,曾经推动政治自由的中产阶级现在也诉诸未经法律许可的、不民主的策略,如泰国和菲律宾。中产阶级通过军事政变和其他独裁手段使民主倒退,剥夺了穷人的公民权,这引发了更多的抗议活动。

与此同时,小布什政府将伊拉克战争与促进民主联系在一起,也玷污了许多人(尤其是中东许多人)对民主化的看法。全球经济危机也使民主的魅力下降。对许多发展中国家的中产阶级来说,民主的传播是与资本主义的传播联系在一起的,因为其中许多国家在接纳政治自由的同时也会开放经济。随着经济危机使人们的收入减少,许多人认为经济陷入低迷在一定程度上是民主造成的。结果,在几乎所有大洲,民主都在逐渐消亡。

“魏玛情结”造就联邦德国的成功

3 月 22 日,柏林洪堡大学宣布,历史学者 S. 乌尔里希(Sebastian Ullrich)凭借《魏玛情结——第一次德国民主的失败以及 1945—1959 年联邦德国早期的政治文化》获得本年度的汉斯·罗森伯格纪念奖。S. 乌尔里希首次详尽揭示了“魏玛情结”对二战后联邦德国重建的影响。他指出,人们一直认为,联邦德国建立 60 年来的发展是“史无前例”的成功模式,但却忘记了 1945 年前后德国的民主是如何艰难起步的。当时,许多人都在为新生的联邦德国会不会重蹈魏玛政府覆辙而担忧,许多经历过第一次民主政府失败的人,正是带着这种担忧将失败的经验带入了第二次民主政府的筹建中。

全球化不应以牺牲地区文化为代价

3 月 26 日,尼赫鲁大学艺术与美术学院举办了一场有关“全球化时代保护传统手工业”的讲座。主讲人 E. 库克(Edward Cooke)教授执教于耶鲁大学艺术史学系,是研究美洲殖民地时期手工业发展史的专家。在演讲中,E. 库克教授从历史与理论两个角度出发,回顾了美洲过去数百年来传统手工业的发展,表达了对今天全球化时代下传统产业逐渐消亡的担忧。E. 库克教授认为,伴随人类社会的不断进步,一些传统的手工业必须得到更好的保护与传承，全球化不应以牺牲地区文化为代价。

新媒体与民主治理的挑战

3月31日，米勒公共事务中心在弗吉尼亚大学发布了题为《旧媒体、新媒体与民主治理的挑战：来自媒体与治理项目调查结果》的报告。报告指出，媒体的变化，包括新闻的收缩和向网上资源的转移对国家民主治理带来了影响。非盈利性的新闻机构、盈利性的在线新闻、地方新闻网站和博客已经成为重要的新闻资源，越来越多可供选择的主题和互联网资源使人们阅读时只重视个人价值而不顾民主价值。而有关公共事务的新闻"生产"需要高度独立的盈利能力，所以政府的政策应侧重于维持新闻业的稳定，保证新闻业的健康运转。

四大"单极幻想"将耗尽美国力量

英国《生存》双月刊2/3月号介绍了美国约翰斯·霍普金斯大学国际问题高级研究学院教授D. 卡莱奥(David Caleo)新书《大国的愚蠢：美国的单极幻想》的主要内容。D. 卡莱奥在书中将"单极幻想"看作是一种"美国能够而且应该统治世界"的看法。他认为，美国生来就有"单极基因"，而这种"单极基因"使之具有孤立主义或帝国主义倾向。单极化的诱惑在冷战期间得到抑制，但随着苏联崩溃导致两极化终结，美国本能地选择了单极化而不是多极化。这是一种错误做法，不仅是因为美国缺少充当全球霸主的能力，而且也是因为任何此类状况都会在道义上令人反感。D. 卡莱奥认为，美国的单极幻想源自4个想当然的基本想法，这几个想法分别涉及这个国家势不可挡的"软实力"、无与伦比的"硬实力"、"过度扩张"却仍坚不可摧的表现以及合法性。头3个想法关乎能力问题，最后一个想法涉及道德性。D. 卡莱奥对美国这4个想法都不以为然："软实力"并没有阻止反美情绪的出现；美国的"硬实力"也不能胜任充当世界警察的工作；自20世纪70年代起，美国几乎连续不断地出现经常项目赤字；从这个意义上说，美国长期以来深受帝国过度扩张之苦，美国具有的支撑国际收支赤字的持久能力是对"其霸权野心至关重要的支持"，但这种能力正在迅速下降；权力要具有合法性，就必须获得被统治者的同意，然而这却不是现实。

D. 卡莱奥指出，帝国主义或霸权是不稳定的，因为它会耗尽霸主的力量，引来竞争对手而不是合作伙伴。因此，美国的"单极时刻"到头来也许只是一个从两极化到多极化过渡时的插曲。目前的问题是，这种过渡能否在不发生大规模战争的情况下完成。

空间思想的"哥白尼革命"

4月6日，耶拿大学网站宣布，耶拿大学

地理研究所的B.魏伦(Benno Werlen)教授今年将出版两卷本名为《地理学的方位》的社会地理学著作。B.魏伦教授对"地理学"这个概念有自己不同的理解。他将这个概念延伸至人的经验行为的地理学研究中,在书中着重指出,地理学、空间或地区这些概念不是自然存在的,只是因为有人的日常行为和运动,这些概念才得以被制造出来。描述以人的行动为重心的地理学构成了地理学和社会学新的理论方向。自从这个"空间"转向之后,B.魏伦教授在地理学和其他精神学科之间,也就是空间与社会之间建立起了一种关联。德国文献批评网评论B.魏伦教授的思想是"空间思想的哥白尼革命"。

"亚洲世纪"是一个伪命题

4月8日,法国学者G.索尔孟(Guy Sorman)在《日本时报》撰文《是全球世纪,不是亚洲世纪》指出,当前是"亚洲世纪",世界政治—经济的重心已从西方转移到东方的观点只是一个伪命题。中国取代德国,成为世界第三大出口国,与此同时,韩国的"韩国电力公司"在投标中战胜"法国电力公司",将为阿布扎比建造3个核反应堆。但是,中国的贸易数据存在缺陷,而韩国的反应堆将使用西屋电气公司的技术。还有人认为,亚洲国家的政府精明地利用了最近的金融危机,作为加强自由市场机制的机会。例如,韩国政府就帮助了穷人,放松了对劳动市场的管制。然而,要正式宣布"亚洲世纪"的到来还为时过早。也许,在韩国、日本、越南和中国东部沿海地区出现了某些共同的文化特色和相似的经济战略。但在中国的中部和西部还有许多贫困人口;印尼在文化和经济上属于不同的世界;印度与亚洲较发达的国家相比也有差距。另外,亚洲国家在政治上也没有实现联合,部分国家是民主制度;部分国家是另外的制度。

此外,G.索尔孟认为,亚洲没有形成一个"亚洲的"经济体系。中国的经济制度与日本和韩国的经济制度不同,而印度很大程度上仍然是农业经济。亚洲没有决策中心,也没有类似于北约或欧盟那样的协调机构,而这是很重要的。因为西方相对处于和平状态,而亚洲国家时有冲突发生。实际上,如果北约和美国的军队离开亚洲,战争的威胁将会增加,加上严重的贸易冲突,亚洲的经济动力将不复存在。当亚洲的安全依靠非亚洲的安全力量时,"亚洲世纪"是难以让人相信的。亚洲的另一个弱点是,它在创新方面很差,而创新是经济持续发展的动力。中国出口的大多数产品是低附加值的产品,主要依靠便宜的劳动力。日本和韩国的创新要多一些,但他们仍然只是改进在西方发明的产品和服务。

左右美国政治的是金钱而非宪法

4月14日,奥克兰大学法学系举办了一场题为“律师、枪支、金钱:当代美国政治中的宪法解释权”的演讲。主讲人J. 瑞恩(Jim Ryan)是美国弗吉尼亚大学法学系教授,他以当前美国政治中的两大热点话题“金融监管”和“枪支管制”为例,指出当前美国宪法在应对现实政治问题时的无力与缺陷,即难以运用宪法为民众伸张正义,一些既得利益群体为了维护自身利益,妨碍社会公正的实现。他指出,当下,往往是金钱而不是正义,在左右美国政治。

加强对高加索地区地缘政治的研究

4月16—17日,英国驻亚美尼亚、格鲁吉亚的大使与英国、美国、欧盟和俄罗斯的学者就高加索地区问题召开了研讨会。会议组织者、圣安德鲁斯大学国际关系学院的R. 佛恩(Rick Fawn)认为,当前人们对高加索地区的研究甚少,但该地区具有重要的战略和文化意义,最近发生在莫斯科的悲剧使学者们开始重新认识这个被战争和冲突困扰了20年的地区。O. 史密斯(Oliver Smithies)博士认为,这次研讨会为21世纪地缘政治的研究提供了一个独特的跨学科视角,即将地缘政治和文化结合起来。此外,研讨会还就国际关系、安全与冲突、民族主义运动及2014年俄罗斯索契冬奥会问题进行了讨论。

N. 弗雷泽谈资本主义危机的三个维度

4月19—20日,美国著名政治哲学家、批判理论的代表人物N. 弗雷泽(Nancy Fraser)教授在德国法兰克福大学进行了主题为“资本主义的危机”的演讲。K. 波兰尼(Karl Polanyi)在1944年出版的《大转型:我们时代的政治经济起源》一书中,提出了自工业化以来西方社会的两个主要运动,即市场化、市场经济的外在强制性和争取社会保障。外在强制性,主要是倡导一种经济的理性化,并主张通过自由市场的方式带动伦理幸福观。N. 弗雷泽认为,这两种运动都不能充分反映资本主义的现实发展。为了丰富理论内涵,必须有第三个因素,也就是争取一种自我规定和

独立性解放的观点。N. 弗雷泽认为，只有这种三维结构才能更好地揭示出资本主义危机的真实原因。

“跨太平洋伙伴关系协定”成美国政治鸡肋

4 月 22 日，美国新罕布什尔大学荣誉退休政治学教授 B. 戈登（Bernard Gordon）在《华尔街日报》刊文《美国又错过一个亚洲机会》指出，8 个国家形成的“跨太平洋伙伴关系协定”（TPP）是奥巴马政府贸易政策目前主要面对的问题。该协定在 2009 年 11 月由奥巴马签署，2010 年 3 月在墨尔本进行了首次详细的讨论。“跨太平洋伙伴关系协定”的成员包括澳大利亚、文莱、智利、新西兰、秘鲁、新加坡、美国和越南。在这些国家中，新加坡和澳大利亚是美国长期的重要贸易伙伴。美国 2009 年的进出口贸易总额为 2.6 万亿美元，而“跨太平洋伙伴关系协定”总贸易额是 1 100亿美元，仅占美国全球贸易总额的 4.2%。在美国的 10 大出口市场中，“跨太平洋伙伴关系协定”中一个伙伴也没有。那么，奥巴马为什么积极支持“跨太平洋伙伴关系协定”？答案是，它来自美国政府，因此是唯一的选择。

地理范围和功能任务可以解释，为什么作为美国关系最密切的亚洲国家日本和韩国没有参加“跨太平洋伙伴关系协定”。如果这意味着什么的话，那就是向一个更大的“亚洲自由贸易区”跨出最初的一步。实际上，一些人认为，这甚至是向更加巨大的“亚太自由贸易区”前进的一个步骤。作为一个几乎是单枪匹马地发起“关税与贸易总协定”，然后发起成立“世界贸易组织”的国家，美国对可怜的“跨太平洋伙伴关系协定”的支持简直是一种“倒退”。更何况，如果“世界贸易组织”的“多哈回合”完成，它的“最惠国待遇”条款将取代过去的大多数优惠贸易协定。但是“跨太平洋伙伴关系协定”还将继续，因为这是美国总统安排的。

追问 J. 波墨对欧洲宗教和文学的影响

4 月 22—24 日，慕尼黑大学举办了主题为“启示与知识——J. 波墨对 17、18 世纪欧洲的影响”的国际学术会议。J. 波墨（Jacob Böhme）是德国近代著名的神学家和神秘主义哲学家，其著作在 17 世纪的欧洲引发了许多争论。人们从一开始就对认知的权利和描述的方式之间的关系有不同理解，而 J. 波墨著作中的诗性成分则是对波墨思想的理解方式不同于一般的主要原因。与会者超越“神学—哲学”的理解框架，追问了 17 世纪初到 18 世纪末，J. 波墨的著作在宗教和文学领域所产生的影响，尤其是在英国所产生的影响。

战争与暴力在不同国家结构上的异同

4 月 23 日，弗赖堡大学历史学家 J. 莱昂哈德教授以其在基础理论方面的研究成果获得德国2010年度研究奖。J. 莱昂哈德自2006年起担任弗赖堡大学西欧罗马史教授，2007年起任弗赖堡发展研究所历史学院院长，其专著《战争与国家》与《自由主义——欧洲模式的历史阐释》全面阐述了诸多国家所经历的战争与暴力在形式和结构上的异同，以及20世纪各种形式的战争与冲突对各国所产生的影响。J. 莱昂哈德教授认为，从18世纪以来，美国、法国、英国和德国等国家的自我形象与战争经验直接相关，法国的形象就是武装起来的公民民主表象与法国大革命的进步幻象相互结合的产物。

纪念弗洛伊德研究所成立50周年

4月24日，西格蒙德·弗洛伊德研究所建成50周年庆祝活动在法兰克福大学举行。心理分析作为一种对无意识进行研究的科学，以研究心理疾病的深层机制以及社会原因为目标。该研究所致力于研究学术界与公众之间关于嫉妒、憎恨、暴力倾向、工作生活中的精神压力及社会问题等的疗法。研究所的R. 豪伯尔(Rolf Haubl)称，他们所沿袭的研究传统涵盖当今社会各个层面，强调紧凑且具体可行的跨国或跨学科联合研究对于当今世界的重要性。弗洛伊德研究所贯彻的跨学科研究实践及其成果构建起了精神分析及神经科学间的桥梁。

“房子”的符号解读：被征服的自然

4月24—25日，德国法兰克福大学举办了主题为“被征服的自然的符号和记号：房子”的国际符号学学术会议。“房子”在不同的文化语境中都扮演着重要的角色：从心理学角度看，它是一个抵御外界侵袭的庇护所；从社会学角度来看，它是一个塑造个体独特性和社会性的场所。此次会议的核心就是将“房子”这个私人的生活世界的经验维度揭示出来。与会者将德国路德维希港的教堂和人工花园作为解释“房子”意义的例子，指出在未开化自然中，内与外、家园与陌路、宇宙与混沌很难区分，而房子却能使人类从中超越出来，找到秩序。“房子”也直接和宗教学、神话学中的问题相关：人类的环境就是分离出来的空间，这种空间与混沌相区分。从早期的宗教文献还可以看到，“房子”不仅仅是供奉神灵的场所，还使人们在其中获得自身的意义。

阿德勒斯霍夫博士论文奖颁发

4月28日，柏林洪堡大学颁发了2009年度阿德勒斯霍夫博士论文奖，心理学家R. 加施勒(Robert Gaschler)的博士论文《作为策略变更的信息缩减》获此殊荣。R. 加施勒的博士论文以认知心理学实践中的“信息缩减”现象作为研究对象，认为这是一种将实际重要信息同假相干扰信息予以区分，并通过信息处理排除干扰信息的专业鉴别能力。如在航空学中的人机相互作用问题上或核电站的监控过程中，假相干扰信息若被视为实际的重要信息加以处理，则可能导致灾难性的后果。R. 加施勒试图理清认知机械论并对其应用形式进行梳理及说明，以避免假相信息的干扰。该研究重点在于将实践性基础理论研究与人类日常生活的重要意义相结合。

印度民主 60 年：成败交加的普选制

5 月 7—9 日，布朗大学举办了一场题为"印度民主化进程 60 年"的学术研讨会。与会专家围绕 60 多年来印度特色的民主政治所取得的成就、遭遇的失利以及面临的挑战展开讨论。专家指出，印度作为南亚次大陆的大国，尽管人口众多，但其奉行普选的政治制度却取得了成功，成为世界上最大的"民主国家"，其经验值得学习和推广。但是，专家们同时指出，这种选举制度导致社会公共事业发展滞后，贫富差距巨大，这些局面是印度不可回避的现状。

司法公正有赖于理性陪审员

5 月 11 日，由康奈尔大学学者发表的一项研究成果显示，在法庭上，被告往往因为没有魅力而遭受更严厉的刑罚。该研究将陪审员分为两类，一类人情绪化地处理信息而易给不具有吸引力的被告更严厉的刑罚，而理性处理信息的另一类人则很少关注被告的外表。研究发现，比较多的陪审员属于前一类，他们容易根据被告的外貌、种族、性别及所属阶层等，将不具有吸引力的被告认定为会实施犯罪的人。该研究有利于律师筛选理性的陪审员，同时使人们更加关注司法环节中的这一漏洞。

《哈特维尔报告》提议应对全球变暖

5 月 16 日，伦敦经济学院和牛津大学公布了由 14 位著名气候科学家、经济学家和政策专家就全球变暖问题而撰写的《哈特维尔报告》(*The Hartwell Paper*)。认为，按照已签署了 18 年的《京都议定书》处理国际气候政策，对减少温室气体排放不起任何实质作用。当然，《京都议定书》是要全力以赴地削减二氧化碳排放。但是以过去的经验来看，即使解决相对简单的环境问题——例如酸雨——也是注定要失败的。14位专家指出，将气候变化与我们面对和要解决的其他环境挑战进行比较是没有意义的。

气候经济学家普遍认为，仅有4种政策措施能够用于尝试降低碳排放和控制气候变化，即减少人口；收缩全球经济；提高能源效率；减少碳强度。减少全球人口是不太可能的，而故意收缩全球经济将增加数十亿人口的生存困境。因此，《哈特维尔报告》提出，可用多种方式提高能源效率和降低碳强度。该报告建议我们接受3个基本的气候变化政策目标：保证每个人有安全的、负担得起的能源供应(发展可再生性能源)；确保经济发展不破坏环境(不仅要减少二氧化碳排放，而且要削减生物燃料燃烧所产生的污染，减少臭氧和保护热带森林)；充分认识气候变化的重要性，弄清楚气候变化可能引发自然灾害的内在机制。

美国现在比以往更需要移民

5月20日，美国当代都市学家J. 科特金(Joel Kotkin)在《福布斯》杂志网站发表《移民就是美国》一文，指出移民加强了美国作为世界强国的地位。美国的强大不仅表现在它的贸易和影响力上，而且表现在它的人民和文化中。美国与其他国家最大的区别之一，就是它有大量来自世界各地的移民。美国实际上是一个移民国家。除了土著的美国人和那些被迫来到美国的人，美国的移民接近人口的90%。移民的迁居也经历了严峻的时代。在19世纪50年代，“本地美国人党”曾掀起一股抵制爱尔兰天主教徒移民和德国移民的浪潮；19世纪加利福尼亚州也曾试图禁止亚洲移民进入，并禁止他们拥有土地；1924年，来自北欧以外的移民都受到严格限制。而当前的移民潮主要来自亚洲和拉丁美洲，它再次引起了本土主义者的担忧。然而，美国现在比任何时候都需要移民。美国实际上像所有的发达国家一样，本地出生的人口并不足以阻止它在2050年成为一个老龄化国家。

只有移民才能提供劳动力，扩大国内市场。也许，最重要的是，有了这些年轻移民的活力，美国社会的活力和发展才能得以保持。美国城市许多繁荣的地区——沿着纽约皇后区7号铁路线的有活力的社区、休斯敦的“哈温走廊”、洛杉矶的“圣加伯利谷地”都聚集了大量移民。相比之下，没有大量移民的城市——例如克利夫兰、匹兹堡和辛辛那提则出现了发展停滞，甚至人口下降的现象。在未来，成功的移民将使美国区别于其他最重要的竞争对手。从全球范围来看，对移民的抵制，或对任何形式的语言、宗教或种族多样化的抵制，将更加不得人心。在过去的几十年内，伊朗、埃及、土耳其、俄罗斯、印尼和前“东方集团”的国家，缩小了其国家同一性概念。而一些国家优越的移民政策却使少部分人在更受欢迎的地方找到了家园。

揭示人类在经济活动中的“心路”历程

5月24日，华盛顿大学举行了一场题为“行为经济学与利益冲突”的演讲。主讲人G. 列文斯坦（George Loewenstein）教授是行为经济学的创始人之一，担任卡内基梅隆大学经济学与心理学教授，曾在芝加哥大学、普林斯顿高级研究所、柏林高级研究所工作。G. 列文斯坦认为，人们总是小看公开的利益冲突，忽略其重要性。他通过对经济行为与个人心理的解读，揭示了人类在经济活动中的“心路”历程，并以经济行为学的独特视角剖析了如何应对气候变化、腐败、利益冲突和健康等公共与个人决策问题。

60年前朝鲜那场战争是“不能遗忘”的

5月28日，斯坦福大学举行了一场题为“朝鲜战争60年：美韩两国忘却不了的历史”的演讲，主讲人是芝加哥大学著名历史学家B. 卡明斯（Bruce Cumings）教授。在演讲中，B. 卡明斯教授对朝鲜战争的起源、战争对遏制学说的贡献、战争对东亚地区长期两极对立造成的影响等话题进行了精彩的论述。B. 卡明斯指出，在朝鲜半岛因“天安舰”事件而再度紧张之际，再度回顾朝鲜战争这场“不能遗忘的战争”，有助于人们更好地认识今天朝鲜半岛分裂的历史由来，更理性地判断当前局势的变化与发展。

值得关注的一种威胁经济复苏的观点

5月30日，美国经济学家P. 克鲁格曼（Paul Krugman）在《纽约时报》撰文《痛苦的决策》认为，当前对我们仍然脆弱的经济复苏最大的威胁是一种破坏性观点的扩散，这就是：在不到1年的时间内，二战以来最严重的衰退已经进入了复苏阶段，因此现在是政策制定者停止失业救助并开始强加痛苦的时候了。P. 克鲁格曼指出，当金融危机最初开始时，世界上大多数政策制定者都作出了相应的反应——削减利率，并且允许赤字上升，以控制危机的损害，所以尽管这场危机很可怕，但并没有造成第二次“大萧条”。不过现在，各国政府却开始要从支持经济转向损害经济，这种趋势正在从专栏文章、各种讲话和来自国际组织的报告中逐步扩散。“经济合作与发展组织”(OECD)是一个非常谨慎的团体，它目前的说法就是，政策制定者应当停止促进经济复苏，并且代之以开始提升利率和削减开支。特别引人注目的是，这个建议似乎不仅与世界经济的实际需求相脱离，而且与“经济合作与发展组织”自己的经济预期相分离。“经济合作与发展组织”宣称，在今后1年半时间内，美国和其他国家的利率应当明显上升，以阻止通货膨胀。然而，目前的通货膨胀率本身就很低，并且还在下降，而且“经济合作与发展组织”自己的预测中并没有迹象显示存在通货膨胀的威胁。

第6届道教研究国际会议在洛杉矶举行

6月2—6日，第6届道教研究国际会议在洛杉矶洛约拉大学举行，本次会议的主题为“今日道教：科学、医疗与生态”。美国波士顿大学宗教系孔丽维(Livia Kohn)教授与纽约州立大学张元明教授各自作了主旨演讲，题目分别为“一个双赢世界：当科学、政治与道教相遇”和“道教在中国：对新千年的贡献”。学者们对围绕着当今世界道德理论的应用和实践展开讨论，关注道教与科学、医学、教育、历史、艺术、音乐、生态和伦理道德的多重互动及联系，指出如何在新时代背景下发掘、阐释和拓展传统文化已越来越受到人们重视。

波士顿大学开展“新世纪的历史学探究”

6月3—5日，位于波士顿大学的历史学会在乔治·华盛顿大学召开了两年一度的研讨会，主题为“新世纪的历史学探究”。短短3天时间里，共召开了多达65场大讨论，分别为：在社会性别方面的“性别和法律史：美国早期的政治、政策与实践”、“性别、政治和美国内战时期的权利”；宗教方面的“当代英国宗教”、“先贤们的信仰：美国宗教与自由的意义”；历史教育方面的“传统大学历史课堂外的史学探究”、“21世纪美国中小学教育的历史性思考”、“历史系及史学代际问题”；史学修养和技艺方面的“没有孤立的工作：史学职业的学术操守”、“史家与诉讼”；史学理论方面的“历史、伪历史与流行文化”、“史学及其未来”、“重思20世纪美国思想史”；比较视野下的“斗争与反斗争：意大利和美国的比较”、“战争的不同方式”、“东北亚国际政治的史学编撰潮流：1953—1980”等等。与会学者通过多视角、多领域的探讨，尝试回答在特定领域的发展现状下，史学家正面临哪些真正的“重大询问”(The Big Ask)，以及如何在21世纪进行史学研究等一系列问题。

新兴经济体能够拯救世界

6月9日,《莫斯科时报》刊载诺贝尔经济学奖获得者 M. 斯宾塞(Michael Spence)和"太平洋投资管理公司"首席执行官 M. 埃尔-埃利安(Mohamed El-Erian)的文章《新兴市场能够拯救世界》。文章指出,在过去的两年中,工业化国家经历了严重的金融不稳定。目前,他们正在努力对付政府债务问题和高失业率。然而,曾经被认为更脆弱的新兴经济体,却对危机表现出明显的弹性。随着一些新兴经济体的增长恢复到2008年以前的高水平,中国、印度和巴西成为全球经济发展的重要引擎。新兴经济体高速增长,并且金融稳定,帮助了工业化国家的经济调整。更重要的是,新兴经济体这种增长有着重要的长期意义。这就是,用不了10年时间,新兴经济体在全球GDP中所占的份额,按照当时的市场价格计算,将超过50%。当然,重要的是要明白,这个突破性的增长阶段是否可持续。答案分两部分,一部分取决于新兴经济体驾驭其自身成功的能力,另一部分则与全球经济适应这种成功的程度有关。对第一个问题的答案是让人放心的;但对第二个问题的答案却难以确定。

两位作者认为,总的说来,新兴经济体能够继续成功地引导不稳定的世界经济的发展,而这种不稳定是由工业化国家的危机造成的。然而,另一方面,这种努力是不完整的,好的结果需要工业化国家与新兴经济体在发展全球经济中密切配合。而在这个过程中,风险是很大的,潜在的问题不少。由于负债累累的工业化国家复苏情况不同,在全球经济中,新兴经济体甚至将义不容辞地发挥更大的作用。而新兴经济体为工业化国家顺利调整提供增长润滑剂的能力,也与工业化国家是否愿意接受全球经济运作和管理的结构性变化有关。

非洲正处于"准腾飞"阶段

6月10日,法国《挑战》周刊刊文《非洲正在大跃进吗?》指出,在历经冲突、经济萧条和贫困加剧等数10年的磨难之后,非洲大陆似乎已经起步,正迈向更美好的未来。尽管非洲追赶欧洲或亚洲的道路依然漫长,但可以说今天的非洲就像20世纪70年代的中国一样,正处于"准腾飞"的阶段。蒂尔德咨询公司总裁 M. 勒里东在一本名为《非洲真棒》的书中,介绍了非洲正在出现的革命迹象。其一便是人口革命。长期以来,非洲一直以农村和部族人口众多而著称,如今它却呈现出年轻人口多和城市化进程快这样的新特点。第二个积极变化是各国在别无选择甚至在被迫的情况下走上了革新之路。国家财政状况良好使许多非洲国家能够将更多的钱投入到教育、卫生、基础设施等公共政策领域。非洲国家2008年在公共政策领域的投入占国民生产总值的22%,这一比例与20世纪70年代处于腾飞初期的亚洲相当。非洲国家的

“治理”也在逐步得到改善。2007年，17个非洲国家达到了世界银行的“国家政策和制定评估”标准，而1995年达标的非洲国家只有5个。

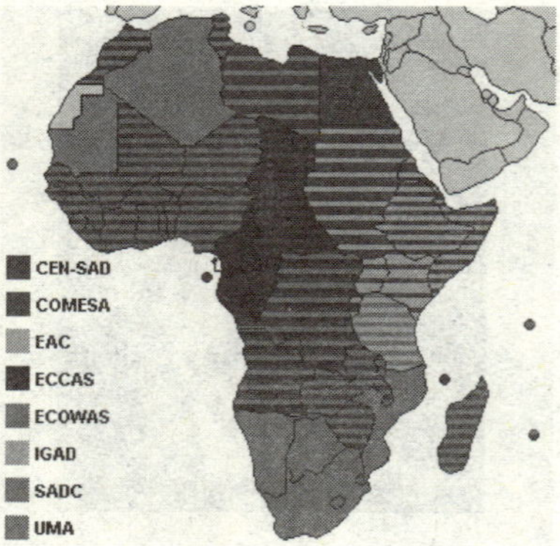

文章指出，尽管非洲取得了巨大进步，但这里同样存在着许多可能影响其发展和腾飞的障碍。首先是经济缺乏多元化。另外一个更关键的问题是，非洲国家的贸易处于条块分割的状态，非洲内部之间的贸易往来少得可怜。当然，东部非洲似乎正在这方面进行探索：坦桑尼亚、乌干达、肯尼亚、卢旺达和布隆迪组成了一个共同市场。除了降低关税之外，这些国家还在实现贸易便利化方面采取具体行动，如取消边境检查站等。

可持续发展不应牺牲后发国家的发展权

6月10日，澳大利亚国立大学举行了一场题为“为何悲观主义者与乐观主义者对全球可持续发展存在截然不同的观点?”的学术探讨会。该校经济学和可持续发展问题专家J. 皮兹(Jack Pezzey)与悉尼大学农业问题专家P. 巴克(Paul Burke)指出，可持续发展理念自从20世纪70年代提出以来一直饱受争议，一方面，悲观主义学者认为人类工业化进程已经给地球的生态平衡造成了不可原谅的破坏，另一方面，乐观派却相信只有经历工业化，才能更好地保护地球。与会专家认为，有关全球可持续发展的争议仍将继续，但应当注意发达国家和发展中国家发展模式的区分，可持续发展不应牺牲后发国家的发展权。

清真寺在塑造穆斯林移民身份中的作用

6月15日，伦敦大学K. H. 安萨里(Khizar Humayun Ansari)教授在阿迦汉大学作了一场题为“场所、身份和伊斯兰教”的讲座。K. H. 安萨里教授着重分析了1910—1944年间伦敦清真寺的历史，提供了在方法论上重构历史的多种路径。他认为，清真寺作为宗教、社会和社区机构，在塑造和建构穆斯林移民的身份过程中发挥了重要作用。同时，他检讨了在当代英国和欧洲社会政治氛围下清真寺潜在的象征性意义，讨论了近期公众对兴建清真寺的负面回应，并进一步阐释了在英国社会、穆斯林社群之间以及穆斯林社群内部的动态平衡。K. H. 安萨里教授是伊斯兰教历史和文化研究方面的世界知名学者，其研究领域涉及种族、身份、迁移、多文化主义与伊斯兰恐惧症等。

网络发展牵动“意向与认知”研究

6月16—19日，赫尔辛基大学举行了有关意向与认知问题的国际学术研讨会。会议代表来自欧洲各国，该研讨会已成功举办过11次。与会专家围绕人类行为的动机、外界环境变量的干扰、行为结果的发生等话题展开了讨论。会议指出，今天全球化的发展大大拓展了人类的认知能力，以网络技术的成熟为代表的虚拟意向越来越成为每个人认识世界的途径与方法，人与人之间传统的交流沟通方式受到极大挑战，如何融合现代科技与保持固有情感成为意向与认知研究的新动向。

实用主义将重构民主制度

6月17日，乌普萨拉大学举行了一场题为“实用主义的治理：重构民主制”的演讲。主讲人为加州大学伯克利分校政治学系的C.安塞尔(Christopher Ansell)副教授。他指出，当前全球化时代下共同机构的不断兴起，为解决集体行动的困境提供了新的途径，政府如何改变自身的角色与定位将关系到公共问题的处理是否得当。C.安塞尔教授比较了协商型、反射型和问题导向型三种治理模式，指出实用主义哲学已经深入人心，已经成为执政者获取公共资源的最佳方式，因此也必将重塑民主国家的形象，并重构民主制度。

各大洲城市与民族主义的关联

6月17—18日，“城市与民族主义”学术研讨会在英国伦敦大学召开。本次会议旨在探讨各大洲的城市与民族主义之间的各种关联和性质，涉及的城市包括：贝尔法斯特、布宜诺斯艾丽斯、开普敦、布达佩斯、上海、香港、伦敦、巴黎、蒙特利尔、特拉维夫和华盛顿等。会议指出，城市以各种方式同民族主义紧密相连，城市建筑、空间设计以及特定典礼仪式，常常用来支持并塑造民族自豪感。此外，城市内的土地划分促进了具有竞争意识或是敌对情绪的民族主义社群的形成。与此同时，世界性大城市也展示并欢迎着来自五湖四海的各国宾客。

俄罗斯面临现代化或边缘化的两难选择

6月18日，彼得森国际经济研究所高级研究员A. 阿斯伦德(Anders Aslund)和卡内基和平基金会俄罗斯和欧亚项目主任A. 库钦斯(Andrew Kuchins)在《莫斯科时报》刊文《俄罗斯——现代化或边缘化》指出，俄罗斯经受住了一场大的风暴——油价下降、资金外流和与格鲁吉亚发生战争之后的政治孤立，俄罗斯的短期前景似乎毫无波澜，然而从长远来看，俄罗斯面临着更为严重的政治结构的挑战。两位作者一致认为，俄罗斯目前的体制已不适应日后的挑战，并且将走进"死胡同"。俄罗斯要取得长期成功，迫切需要进行更加广泛的调整。

文章认为，俄罗斯未来发展面临的最深刻结构性问题是联邦制度的腐蚀。这是在权力垂直模式下，克里姆林宫集中过多权力导致的不可避免的结果。其他担心还包括法规、国有企业和创新等问题。令人不安的是，从2000年以来，腐败问题更加严重。另外在外交政策方面，俄罗斯面临是选择现代化，还是边缘化的难题。两位作者指出，在当前局势下，一味与西方政策相悖而行或持反对态度很不明智。相反，俄罗斯应当努力与西方竞争和合作。目前，俄罗斯领导人有很好的机会。尽管俄罗斯目前的经济模式不能促进在近几年实现高效增长，但优势和机会也很明显，它没有面临明显紧迫的内部或外部威胁。因此，俄罗斯政府有能力启动改革。

考古寻找《新约全书》的基础

6月20日—7月16日，荷兰莱顿大学考古系教授J. 詹金贝格(Jürgen Zangenberg)带领他的团队，与来自瑞士、芬兰和罗马尼亚的同仁，再次对巴勒斯坦东北部以色列境内加利利海的一座山地村庄进行考古发掘。加利利海是世界上海拔最低的淡水湖。据《圣经》记载，耶稣就是在加利利海边的山上发表了著名的登山宝训，而其中多处神迹也位于这一地区。研究团队主要工作地为名叫霍瓦尔

特库尔的小村庄，该地西边正是耶稣奇迹般分发5个面包和2条鱼的所在地。然而令研究团队感到困惑的是，尽管他们对城市有相当多的了解，但却对1世纪时期的乡村知之甚少。先期考古发现的海峡和水库使他们相信，当时水经由山上被引至村庄，而调查研究希腊和罗马时期的水管理体系正是本次考古发掘工作的重要任务之一。

新加坡脆弱的宗教和种族和谐受到威胁

6月22日，新加坡学者N.巴拉维(Nazry Bahrawi)在英国《卫报》刊文《新加坡脆弱的和谐受到威胁》指出，最近新加坡"新造教会"就其牧师黄电秀对道教的轻蔑评论(嘲笑一些华人的传统习俗和其他宗教仪式)表示道歉一事表明，新加坡的宗教领域正在发生一个危险变化。当然，黄电秀不是今年对其他宗教发表不当评论引起争端的第一个基督教传教士。2010年2月，"灯塔教会"主任牧师陈顺平同样在布道会上发表了诋毁佛教及道教的言论，也引起了强烈反响。鉴于新加坡多种宗教并存的局面，N.巴拉维指出，有一种现实的担心是，黄电秀和陈顺平两位牧师这类煽动性的言辞，有可能逐渐损害新加坡脆弱的宗教和谐及种族和谐。这种担心使新加坡政府不得不采取积极措施，通过社会政策和警务策略大力保护新加坡的多元文化。新加坡的领导人希望避免再次发生该国在民族国家初期的种族骚乱。

N.巴拉维认为，当前的宗教问题，也可能是新加坡实行严格的宗教—世俗分离政策的反映，这是新加坡1965年独立以来形成的国家政策。实际上，新加坡个体公民对宗教信仰的尊重说明，新加坡政府的政策有利于促进社会和谐。

跨学科研究"英国国民性"

6月23—25日，英国哈德斯·菲尔德大学英国国民性研究院举办了一个题为"身份与'不列颠诸岛'"的研讨会。长期以来，对身份的探讨乃是民族主义研究的重要部分。身份之于"不列颠"究竟有何意义，将继续影响英国自身的文化和政治景象，同时也将影响与英国享有或曾经享有同一文化遗产的诸岛。此次会议就是旨在通过集合不同领域的研究，包括语言、文化、历史、政治、文学、旅游和战争等方面，来探寻诸岛文化中所体现出来的"英国国民性"，诸如马耳他的饮食、设得兰群岛旅游业现状、泽西岛的公共雕像与二战记忆、20世纪前期直布罗陀的英国身份与宪政改革等。

欧洲比较视阈下的家庭与家庭史研讨

6 月 24—26 日,伦敦大学高等研究院历史研究中心举办了题为“欧洲比较视阈下的家庭与家庭史”学术研讨会。这是继 2006 年 6 月在布加勒斯特新欧洲学院举行有关 16—20 世纪巴尔干地区社会行为与家庭策略研讨会后,再度将巴尔干地区家庭史置于宽广的欧洲语境下。相较于欧洲其他地区的家庭史研究,巴尔干地区家庭史研究才刚刚起步。剑桥大学研究小组对该地区人口和社会结构的历史研究,为学者们提供了不少方法论意义上的基础示范。会议指出,目前学界的研究现状仍存在局限,例如欧洲东南部之外的学者还是以一种陈旧的思维模式理解巴尔干地区的形势。本次会议议题包括:共居与亲属关系、退休和遗产继承、都市与乡村的关系及差异、政府与财政政策,以及宗教、文化、职业、环境和社会经济因素对家庭及其结构的综合影响。

应认清被遗忘的“朝鲜战争”的真相

6 月 25 日,“首尔国立大学”公民道德教育教授朴孝宗(Park Hyo-chong)在韩国《中央日报》刊文《被遗忘的战争的回声》指出,“朝鲜战争”作为一个不幸的事件,长期被人们所遗忘。虽然媒体对“朝鲜战争”爆发 60 周年纪念做了宣传,但许多人仍然对战争的细节不清楚,也不感兴趣。在韩国的年轻人中,只有很少人能正确地回答这个问题:是谁发动了这场历时 3 年的战争?韩国过去两届政府推动南北和解的“阳光政策”,对清除国内人民的战争记忆起了作用。但最大的问题是,韩国的一些民众对这场战争的意义缺乏根本认知。尽管我们还留有战争的创伤,但我们仍然不清楚究竟为什么而战。如果我们不深刻地认识这场战争,就对不起那些战争中的受害者和牺牲者。

韩国是一个多元且自由的社会,允许个人对这场战争进行不同的评价。一些人称,这场战争是“统一企图的失败”,另一些人则简单地称之为“朝鲜战争”。但这在朴孝宗看来,采用“贴标签”的方式会将这场战争简单化,并且歪曲它的意义和价值。总之,“朝鲜战争”的真相和意义应当在今天获得进一步认识,以纪念那些使我们今天享有自由和权利的英雄。

关于犹太人遭波兰人所杀的讨论

6 月 26 日,美国普林斯顿大学历史系教授 J. T. 格罗斯(Jan T. Gross)在英国伦敦大学高等研究院做了一场题为“旁观者?——波兰与犹太人大屠杀”的讲座。J. T. 格罗斯是美国波兰裔教授,致力于东欧史研究,2001 年出版的专著《邻居:波兰耶瓦布尼犹太社区的消失》获美国国家图书奖。通过对波兰小镇的研究,J. T. 格罗斯指出,镇上的犹太人是遭其波兰邻居而非先前所公认的德国占领军所杀。该书一经出版，便掀起一场有关二战期间犹太人与波兰关系的空前大讨论。此次讲座，J. T. 格罗斯结合去年完成的探讨二战结束后波兰反犹运动的新作，从历史脉络上重新梳理检讨了这一颇具争议的问题，并重点探讨了二战德国占领期间，波兰普通民众是如何卷入这场大屠杀的。

第三次经济大萧条正在酝酿中

6月27日，诺贝尔经济学奖获得者P. 克鲁格曼(Paul Krugman)在《纽约时报》的专栏文章中指出，经济衰退很普遍，但经济大萧条却很罕见。经济历史上只有两次经济衰退在当时被广泛地描述为“大萧条”——第一次是在经历了1873年的经济恐慌后进入了通货紧缩和市场不稳定时期；第二次就是1929—1931年间金融危机后大量失业人员无法就业的困难时期——但不管是19世纪的长期低迷，还是20世纪的大萧条，它们都并非发生在经济持续衰退时期，“而当前，我十分担心我们正处于第三次大萧条的初级阶段。如今的情况看起来更接近19世纪经历的长期低迷期，尽管形势没有像20世纪大萧条时期那样严峻，但本次大萧条的代价，对全球经济，尤其是对数百万受失业困扰的人民来说，仍然是巨大的。”

在P. 克鲁格曼看来，第三次大萧条主要是由决策失误引起。世界各国政府现在均表现出对通货膨胀的过度担忧，而事实上真正的威胁却来自通货紧缩，各国领袖都在宣扬收紧开支的必要性，而我们面临的真正问题是支出不足。P. 克鲁格曼表示，各国如果过早实施财政紧缩计划和退出经济刺激，那么为这一政策埋单的只能是那数百万的失业人员，他们中的许多人可能要持续几年处于失业状态，甚至有一些人永远无法再回到工作岗位上去。

日本社会主义之父安部矶雄研究

6月28日，芝加哥大学举办了第4届芝加哥—日本论坛，本次论坛的主题是“安部矶雄的双重遗产：日本的社会主义之父与棒球之父”。安部矶雄(1865—1949)是日本社会主义运动先驱者之一，是日本社会民主党创始人和基督教社会主义者。他1865年2月生于福冈县，1884年毕业于同志社大学，1891—1894年就读于美国哈佛神学院，并成为基督教社会主义的信奉者。1926年创建日本社会民主党，任委员长。与会者一致认为，安部矶雄不仅推动了日本国内新思想的传播，对亚洲共产主义运动的发展壮大也有重大贡献。

从圣骨匣看中世纪基督教

6月28日，格拉斯哥大学著名中世纪史教授J.史密斯(Julia Smith)在普林斯顿大学高等研究所作了一场题为“微型画像中的基督教：打开中世纪圣骨匣”。J.史密斯教授指出，在纽约大都会博物馆里，静躺着为数众多的中世纪圣骨匣，它们展示出珠宝商与金匠们的绝妙技艺，但人们却很少知晓这些“艺术品”的历史意涵和功用。讲座中，J.史密斯教授讨论了圣骨匣内种类丰富的物品，如圣徒们的遗骨、衣物及宗教肖像画等，以及人们用何种方式收集并且保存这些遗物。她尤其强调了依附在圣骨匣上的个人意趣，从而在地理、历史和教育等方面，勾画出一幅表现中世纪基督教的微型画像。

跨学科视野下探讨移民迁移

7月1—3日，“跨学科视野下的迁移”国际学术研讨会在维也纳大学举行。会议强调从多学科角度，跨越社会、人文和自然学科，探讨移民迁移问题，主题包括教育、语言和迁移等。学者们指出，迁移在现代欧洲包含有多层次的含义和影响，这些影响主要取决于迁移前母国或成长地的影响力、教育背景、职业经历以及社会性别的文化背景。另一方面，人们正讨论并修订大量关于公民身份和雇佣就业的新法令。由于人们常常受到主流政党和民粹主义政党宣传“恐惧政治”的刺激和影响，因此关于这一问题的讨论在欧洲相当普遍。

资本主义制度给俄罗斯带来灾难

7月3日，A.F.埃斯库埃尔在西班牙《起义报》撰文《从苏联到俄罗斯》指出，从社会主义模式向资本主义模式的转变，给俄罗斯经济、政治和社会等各方面带来了严重后果，俄罗斯的人均收入、生活水平、社会保障体系等方面都大不如苏联时期。为建设新自由主义模式，俄罗斯提出对原苏联国有企业实行完全私有化。这个私有化过程是对国家财富前所未有、厚颜无耻的大抢劫，黑帮犯罪分子以极低的成本对各个产业包括石油、天然气和钢铁企业实现了经济控制。经过一番私人抢劫，俄罗斯国家仅拥有不到10%的资产，导致其对生产系统的刺激变得更加困难。危机中总有人输有人赢。少数俄罗斯人在这个过程中获得了利益，他们在很短的时间内聚敛了大量财富，还有无数人的利益则遭到了严重损害。俄罗斯是世界上富翁人数最多的国家之一，1991 年俄罗斯 10%的最富有者与最贫穷者之间的收入比是 4∶1，而到了 2010 年收入比已急剧扩大至 41∶1。面对金融体制和新自由主义思潮造成的灾难性社会局面，A. F. 埃斯库埃尔认为，我们应该吸取教训，反思和分析俄罗斯的经验，擦亮眼睛，不再重蹈俄罗斯的覆辙，否则我们只会失去更多的社会和经济权利，让富人更富，穷人更穷。

追溯文学文本下的友谊观念

7 月 6 日，美国波士顿大学 C. 瑞克斯(Christopher Ricks)教授在布里斯托尔大学作了一场题为"友谊与文学"的讲座。C. 瑞克斯教授是公认的英国文学史大家，尤精于 19 世纪英国文学研究，著有《济慈与困穷》，并新近出版了《真正的友谊》一书。友谊是最重要的人际关系之一，而文学也可能成为人类最重要的朋友。讲座中，C. 瑞克斯教授探讨了友谊的本质及其在 15 世纪以来文学文本创作与欣赏中所扮演的角色。他指出，人们通过文学形成了关于友谊的各种观念，而不同观念又塑造了人们对文学和人性的寄托。讲座最后，C. 瑞克斯教授还分享了文学和哲学著作如何影响他对友谊理解的自身经验。

迎接视觉计算理论的新挑战

7 月 7—8 日，由卡内基梅隆大学与匹兹堡大学合办的"视觉认知与计算"讨论会在卡内基梅隆大学举行。自 20 世纪 70 年代马尔提出视觉计算理论起，视觉所见图像经由一系列转换，最终实现对外部世界的认知，从定性描述向定量分析层面推进了一大步，成为此后神经科学、认知心理学及人工智能领域的前沿问题。今天的视觉观察者正面临着一系列新的挑战。人们飞速地从视网膜输入的复杂信息中摄取有意义的内容，同时又力不从心地维系着一个巨大的视觉体系。此次会议集合了该领域内重要的专家学者，通过多种神经成像的技术，探知视觉直观感知的行为和神经机制，并且尝试评估获取知识的不同途径如何拓展人们的认知视阈。

对女性参与和平事业的迥然评价

7 月 8 日，乔治敦大学举办了主题为"关于女性在和平中的角色：宗教的作用"的研讨会。本次会议由美国和平研究所和乔治敦大学伯克利宗教、和平与世界事务研究中心共同主办。在为期两天的会议中,来自世界各地不同宗教信仰的代表,就女性对世界和平的作用发表了不同看法。比较有趣的是,总体而言,西方社会更为认同女性对和平作出的贡献,支持女性在国际事务中发挥着更大的作用;而在亚非拉地区,女性参与和平事务仍经常被视为另类,难以得到社会理解。一方面,这是各国不同文化传统的影响,另一方面,也与不同宗教的不同教规有联系。

国际社会将如何定义"侵略"

7月9日,剑桥大学法学院举行了一场学术研讨会,就《罗马规约》关于侵略罪的修正案进行了讨论。6月12日,经过激烈辩论,国际刑事法院在乌干达坎帕拉通过了这一修正案。该修正案规定了侵略罪的定义,并在广受关注的"侵略罪"认定权问题上赋予联合国安理会首要责任。与会专家认为,国际社会对侵略的定义,仍存在不同声音。因为,安理会5个常任理事国都认为,只有安理会才有权对此进行认定。而且,只有当安理会在案件提交认定后6个月内还未作出决定时,国际刑事法院的检察官才有权就侵略罪展开调查。因此,有关侵略罪定义及认定问题的争议仍将持续下去。

环境政治研究的新范式

7月16日,爱丁堡大学社会与政治科学学院举办了一场题为"超越人类:动物权利、环境正义与生态正义"的演讲,主讲人是著名环境政治学家、北亚利桑那大学教授D.施劳斯伯格(David Schlosberg)。D.施劳斯伯格教授通过考察"环境正义运动"后指出,环境正义的概念不应仅仅局限于分配正义,因为当遭遇到环境正义问题时,人们除了会因为环境利益和负担的不公平而激发非正义感外,也会因自身尊严和价值没有得到承认而激起对正义的渴望。他的发言对环境政治的研究范式做出了新的尝试。

太平洋成了世界权力角逐的新舞台

8月5日,悉尼大学举行了一场题为"太

平洋领域的大西洋世界”的研讨会。会议主要围绕世界霸权的兴衰、大西洋权力、太平洋权力以及权力的转移为主题进行了讨论。与会专家认为，权力的兴衰与更迭具有一定的内在历史规律性。工业革命后，大西洋霸权开始兴起，英国统治下的世界秩序持续了数百年。两次世界大战后，权力开始向大西洋两边转移，美苏两极格局逐渐形成。而冷战结束后，美国成为唯一的超级大国，以亚洲为代表的新兴国家开始崛起，太平洋从而成为世界权力角逐的新舞台。但也有与会专家质疑新兴大国的作用能否撼动美国的霸权。

西方“同一个世界”幻想难实现

8 月 18 日，荷兰议会前议员 A. H. 阿里(Ayaan Hirsi Ali)在美国《华尔街日报》刊载题为《如何在文明冲突中获胜》的文章。文章用哈佛大学已故政治学家 S. 亨廷顿(Samuel Huntington)的“文明冲突论”解释国际关系中复杂的利益博弈，认为经济危机下西方文明正在衰落，想持续提升文明需要冷静观察对手。S. 亨廷顿认为，冷战以后的世界由七八种文明构成，西方文明、穆斯林文明和儒家文明是其中最为重要的组成部分。西方文明的相对力量正在衰落，伊斯兰文明正处于人口大爆炸中，而亚洲文明——从经济角度看——正在崛起。西方普遍的自命不凡正将西方文明带到与其他文明的冲突中，尤其严重的是与伊斯兰文明和中华文明的冲突。但 S. 亨廷顿的“文明冲突论”受到 F. 福山(Francis Fukuyama)所谓“同一个世界”观点的质疑。F. 福山认为，所有国家都会在自由资本主义民主的单一制度标准下达成一致，彼此间永远不会发生战争。

奥巴马总统试图用自己的方式成为“同一个世界的推动者”，但事情并未像计划的那样发展。土耳其的行为就是对这种解决方法的无用性以及对 S. 亨廷顿模式优越性的最完美诠释。既然作为穆斯林极端主义汪洋中“温和派”安全岛的土耳其尚不能与奥巴马保持一致，就更不用谈阿尔及利亚、索马里和苏丹等穆斯林国家了。S. 亨廷顿的“文明冲突论”可以真实地反映这个世界的本来面目，而不是我们所希望的那个世界。我们的文明并非不可毁灭，它也需要积极维护。这或许是 S. 亨廷顿最重要的观察，迈向赢得这场文明冲突的第一步就是要明白你的对手在做什么，并且也需要我们消除“同一个世界”的幻想。

对社会流动性的虚假比喻

8 月 23 日，剑桥大学教授 S. 科里尼(Stefan Collini)在英国《卫报》撰文《社会流动性——运动场比喻的谬误》指出，所谓人人都有平等的迁徙流动机会而不受其社会背景的制约的主流社会流动性理论，都带有意识形态色彩，而这种意识形态寻求的仅仅是更加的不平等。2009 年，国会议员 A. 米尔本提交给“公平获取职业委员会”的报告反复使用空洞而有误导性的言辞，说每一个人都有“获得成功的公平机会”,但有成功者,就有失败者。S.科里尼认为,这种隐喻有意转移了人们对事实的注意力,即获得成功的最重要因素,不是个人的“能力”或“努力”,而是社会早已存在的财富和权力分配。使用“平坦的运动场”作比喻,能最有效地显现出这种言辞的意识形态作用。运动场上的比赛几乎总是在两队之间进行,这种隐喻暗示了曾经流行的所谓两个阶级之间的冲突。

两队通常在半场时交换场地,任何斜坡对两个队的影响都是相同的,但S.科里尼指出,这个比喻最大的缺陷是,在运动场上的胜负不是由场地的平面决定的,而是其他的因素,包括招募、财富、时间、训练等。用一个水平仪对场地进行精密的检测,也不能使一个“酒吧球队”战胜“曼联队”。社会流动性理论的讲述似乎是典型的“是的,我们可以”的政治学,但它的臆断显露出深刻的悲观主义色彩。首先,社会没有任何办法改变它的社会经济学结构——财富令人吃惊般的不平等被看作是理所当然。其次,除了认同市场消费者满意度模型,人们没有任何办法一致认定什么是有价值的生活。人们唯一的目标,可能是假设分享一种“继续的”希望,爬上一些由想象建构的社会阶梯,但这带有极大的误导性。

“后计划经济”加剧食品危机

8月27日,美国俄亥俄州立大学教授D.索思盖特(Douglas Southgate)在《华尔街日报》刊载文章《计划经济的残余影响》指出,全球食品危机并非源于气候变暖引发的严重干旱,真正原因在于,在一些仍然受计划经济束缚的地区,长期以来农业收成一直不好。俄罗斯和乌克兰的食品恐慌,是过时的农业政策造成的。斯大林实施农业集体化政策,导致农民的生产积极性不高,谷物减产。但直到目前,D.索思盖特认为,俄罗斯和乌克兰的农村还没有完全从这种挫折中恢复。尽管苏联解体、东欧剧变了,但将斯大林时代留下的集体农庄转变为私人农场仍很困难。虽然目前大部分农业生产是私人经营,但农村土地所有权没有明确界定,其商业信用也很有限。俄罗斯和乌克兰的“破产法”存在问题,它妨碍对低效率企业的清算,妨碍土地和其他资产向高效率企业转移。所有这些因素,损害了投资先进技术和改善经营管理的积极性。俄罗斯和乌克兰有增产的潜力,但政府必须给农民正确的激励,促使他们投资土壤改良和使用最好的种子、化肥及杀虫剂。这就意味着取消对土地拥有权和土地交易的限制。

“超级大国野心”削弱俄罗斯

9月2日，莫斯科国立大学教授I.布希金娜(Irina Busygina)和纽约宾汉姆顿大学教授M.菲利波夫(Mikhail Filippov)在《莫斯科时报》撰文《“超级大国野心”削弱俄罗斯》指出，在过去10年，俄罗斯多次向世界证明它的力量在不断增长，意在达成两个主要目标：让国际社会承认它是一个超级大国；胁迫其他国家与俄罗斯建立伙伴关系。这两个目标是基于俄罗斯政治精英的信念——俄罗斯有巨大的领土、巨大的核武库和巨大的经济潜力——而产生。在对外交往中，俄罗斯强调国家主权，并声称与其他大国有同等地位，但俄罗斯对其他前苏联共和国的战略则完全不同。俄罗斯试图迫使它的邻国成为合作伙伴，之所以采用这种方式，是因为俄罗斯希望在“后院”有一个“前俄罗斯联盟”。在实践中，俄罗斯对其邻国的外交政策看起来也杂乱无章。俄罗斯倡议建立的多边联盟——例如“集体安全条约组织”和“上海合作组织”也不成功，其“强力外交”的企图以及运用自然资源作为外交筹码的企图也失败了。

俄罗斯获取超级大国地位的努力和它仅达到非常有限效果的原因，在于俄罗斯的垂直权力结构是威权主义和某些民主元素的“混血儿”。显然，在某些方面，自由民主政府——甚至百分之百的威权政府，都比“混血儿”政府更有效率。内部的政治考虑常常迫使“混血儿”政府的领导人采取轻率的外交政策，以提高支持率，但即使很有进取心的外交政策也需要选民的支持。这将损害政府在潜在外国伙伴眼中的可信性，其结果是一种“恶性循环”——这个政权对潜在伙伴的吸引力将越来越小，从而限制了与其他国家建立长期战略联盟的能力，并将诱惑政治家去选择更为激进性的外交行动。

亚洲的城市化：理论、实践与未来

9月8—9日，新加坡国立大学亚洲研究所举办了一场题为“全球城市化的前沿：亚洲城市化的理论、实践与前景”的学术研讨会。与会专家指出，亚洲已经成为全球城市的中心，因为在亚洲，城市人口数量比世界其他地区的所有人口之和还要多。有超过一半的大城市和城市带分布在亚洲。亚洲的崛起，首先将是城市的崛起，无论是从理论上还是从实践上来看，亚洲的城市化与欧洲的发展道路都存在较大差别，因此有必要进行理论创新，从而更好地认识亚洲的城市化进程。

新书架

New Books

《马克思的将军：恩格斯的革命人生》

Marx's General: The Revolutionary Life of Friedrich Engels, Tristram Hunt, Metropolitan Books (Aug. 2009)

为了完成这本关于F.恩格斯的最新传记，英国青年历史学家T.亨特(Tristram Hunt)遍访英国、德国和俄国等多家博物馆，查证恩格斯和相关人物的原始文稿与书信，力图还原恩格斯的个人生活、维多利亚时代的社会风貌、欧洲革命和英国工业化的时代背景，纵览恩格斯思想形成和发展的过程，探寻了恩格斯思想中在20世纪引发世界重大变革的知识遗产。

在书中，T.亨特把恩格斯描述为19世纪最具魅力、生活和思想经历却又最为矛盾的重要人物之一：他生于富裕的普鲁士商人之家，终生经营着曼彻斯特的纺织厂，喜欢美酒佳酿、在乡间骑马游猎，对维多利亚时代的中上层社会应对自如；同时，他也将毕生与马克思联系在了一起。身为工厂主的他，在年仅24岁时写出《英国工人阶级状况》一书，至今仍是对资本主义制度下工人境遇所做的最令人难忘、最激烈的控诉之一。恩格斯既是马克思的左膀右臂，也是学识渊博的大思想家，如亨特所言："他透彻地分析、预言了今天自由市场原教旨主义的社会后果，以及不可阻挡的全球化趋势。"

《经济学人》(*The Economist*)杂志评论道，经济危机以来，《资本论》被赋予了新的含义，甚至登上了畅销书榜。然而，恩格斯的名字却几乎已被西方世界所遗忘，鲜有人记得他为《资本论》所作的巨大贡献。通过这本传记，我们可以看到T.亨特为使恩格斯的名字重放光芒所做的巨大努力。

《中国与全球资本主义转型》

China and the Transformation of Global Capitalism, Ho-fung Hung, Johns Hopkins University Press (Aug. 2009)

在全球经济危机重创新自由主义主导下的西方资本主义的同时，中国独特的发展道路引起了西方学术界的广泛关注。由美国印第安纳大学布鲁明顿校区社会学系助理教授、政治经济学家孔诰烽(Hung Ho-fung)主编的这本论文集就集中反映了当前美国学者对中国发展道路的最新研究成果。

在本论文集中，作者阐释了中国经济崛起与自由化的过程，在研究中国影响力复苏的根源和意义时，力图在一个宽广且长时段的视野下寻找答案，这种视野已远远超出经济学的范畴。该书前三章的论文主要讨论了中国向市场经济转变的全球性与历史性根源，以及这种转型对国际市场体系所产生的影响。随后的几篇论文着重考察了中国制造商对抗跨国零售商的竞争力，中国崛起对世界收入分配和劳动力的影响，实力增强的中国对俄罗斯和日本等国的影响等。最后总结性一章则进一步问道，中国的增长是否具有可持续性，以及它最终是否会将全球资本主义中心从西方转移到东方。

该书出版商认为："这些当代最杰出的政治经济学家将世界的新变化与全球资本主义发展的长期趋势相联系，从而写出了这些具有前沿性的研究成果，全面、综合地分析了中国对世界的影响力。研究中国、世界体系和全球化、国际关系、政治经济的学者将会发现，该论文集提出的判断值得研究，并且是做进一步研究的一个重要起点。"

《美国的死亡与临终》

Death and Dying in America, Andrea Fontana, Jennifer Reid Keene, Polity (Sep. 2009)

美国导演W.艾伦曾戏称："我并不怕死，我只是希望死亡来的时候，我正好不在场。"在本书中，美国内华达大学社会学系的两位教授A.方塔纳(Andrea Fontana)和J.基恩(Jennifer Reid Keene)引用了这句话来比喻美国人对于死亡的态度和感知中的核心原则——他们都曾考虑过死亡，谈论过死亡，从电影、日常聊天与书籍中了解过死亡，但他们作为个体和作为社会，最终依然排斥死亡，并且希望避免死亡。

A.方塔纳和J.基恩认为，从社会学视角看，死亡是一系列社会进程和社会体制的标志与结果，同时，还和健康、生活方式、教育、社会互动、政治抗争和战争等社会现象密切相关。因此，死亡既应该被视为一种个体的经验，也应该被视为一种极端的社会经验。每个人最终都要独自面对死亡，谁也无法找人替代，所以，关于死亡的个体经验与个人反应值得重视；另一方面，死亡这一过程的社会情境、逝者给生者留下的回忆、社会分层对死亡的影响等等，不仅是自然的，更是社会的。在书中，方塔纳和基恩总结和强调，美国社会里有两大关键性因素决定着每个人在何种情境下去世——持续存在的社会不平等，以及美国的消费主义伦理。

本书包括了理论概述、实证研究与大众文化等庞杂的内容，但并不晦涩。所涉及的主题，从围绕着安乐死的论战到自然灾害、传染病、战争、恐怖主义与自杀造成的死亡等。

《微博城：如何在新全球化时代繁荣商业》

Twitterville: How Businesses Can Thrive in the New Global Neighborhoods, Shel Israel, Portfolio (Sep. 2009)

今年只有“3岁”的社交网络及微博客服务网站推特(Twitter)所代表的微博客(在中国网络上简称“微博”,昵称“围脖”),被形容为“具有改变世界力量的140字”。在本书中,S. 以色列(Shel Israel)用一系列故事列举了人们使用微博的种种缘由:为各种事业募集资金;让政府做出更积极的反应;发现并传播新闻;构建私人或商业网络和社会关系;仅仅是为了同自己喜欢的人一起打发时间……

全书分为三部分:如何开始(How it started)、微博的现状(What they're doing)、如何经营微博和原因(How and why)。与其他关于微博的书相比,本书的落脚点放在了对企业和社会的变革上。对于企业来说,开设官方微博和开设800、400客服电话有什么区别?微博会为企业营销和客服带来什么变化?对于社会大众,这种新的传播方式又会带来怎样的影响?书中,以色列对这些问题做了回答,并指出,推特所代表的微博系列媒体已经展现出了信息传播方式的回归,博客出现的时候,曾有人惊呼“公民记者”会抢了职业记者的饭碗。如今,平面媒体等专业媒体机构已经学会用微博来拓展自己的业务,在微博里“掘金”。像书中介绍的,一些媒体专门组织了由5个人组成的微博小组,在网上沟通选题,与读者交流,成功地通过明星的名人效应为自己带来内容和人气的双重收益。

本书作者S. 以色列系美国《商业周刊》(*Business Week*)专栏作家、社会新闻记者。

《正义:该如何做是好?》

Justice: What's the Right Thing to Do?, Michael Sandel, Allen Lane (Sep. 2009)

假如你是一辆失控电车的司机,正朝着前方疯狂驶去,而前面有5个人,快要撞上他们时,你发现一个岔口,岔口的另一边只有一个人,这时,你会怎么做?直行撞死那5个人?还是转弯撞死岔口上的那个人?这是哈佛大学一门政治哲学课的第一节课上,教授所问的问题。这门课讲述的是道德和哲学,该课视频最近成了全球著名视频网站YouTube上最受欢迎的课程,该课教授即本书作者M. 桑德尔(Michael Sandel),本书亦是该课的附属书籍。

是否有必要找到美好生活的原因,以决定什么是正义,什么是人民的权利?是否可以争论或证明所谓美好生活的本质是什么?如果公正的原则取决于权利服务的终点,那么,是否存在道德或内在的价值?社会怎样处理不同人对“好”所持的不同想法和观念?

“爱国主义”起到了什么样的作用？公民的义务是什么？公民是否应该有义务为自己国家服兵役？除了讨论上述问题，桑德尔还评判性地讨论了关于公正、平等、民主与公民权利的一些基本问题，希望使自己对政治和道德的哲理有更广泛的理解，并对长期以来的观念提出挑战。

M.桑德尔系美国哈佛大学政府系讲座教授、美国人文艺术与科学学院院士。他最重要的学术贡献在于对罗尔斯《正义论》(*Theory of Justice*)一书的评述。在过去的20年里，他一直在哈佛大学教这门名为“正义”的课程，至今已有超过10 000名哈佛学生上过此课，是哈佛历史上累计学生人数最多的课程之一。

《日本为何穷人多：经济学的意外事实》

日本はなぜ貧しい人が多いのか「意外な事実」の経済学，原田泰，新潮社(2009.9)

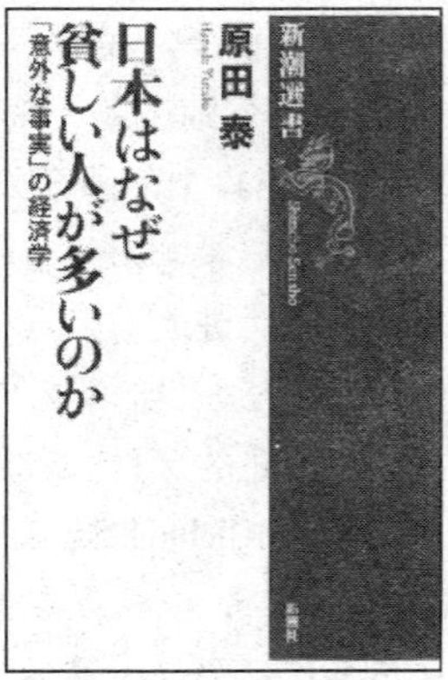

据世界银行2009年统计，按购买力评价，人均GDP排第一位的是卢森堡，美国第11位，日本第29位，为34 750美元，中国位居第120位，为5 420美元。但在本书中，原田泰却说，日本穷人比富人多。

他用相对贫困率，即把收入从低往高排，取其中间值，达不到中间收入一半的人所占比率，来计算穷人的数量。原田泰认为，日本的贫富差距本质上不是百万富翁、亿万富翁多，而是穷人多，原因在于，日本的个人所得再分配少。法国、丹麦、德国、英国以及意大利等其他国家都用生活救济来降低相对贫困率，但日本喜欢走自己的路，不采取欧洲式的社会保障。他指出，有学者统计，日本收入处于生活保障水准以下的人约占13%，而实际能得到生活救济的仅有0.7%。如经济全球化、人口老龄化、年轻人就业环境恶化等都是贫困的原因所在。

原田泰曾任经济计划厅国民生活调查科的科长、海外调查科的科长。先后出版了《1970年体制的终结》(1970年体制の終焉，1998)、《日本失去的十年》(日本の失われた十年——失敗の本質・復活への戦略，1999)、《日本国的原则——重问自由与民主主义》(日本国の原則——自由と民主主義を問い直す，2007)等著作，曾获得石桥湛山奖(奖励日本经济、政治、国际关系、社会文化等领域具有卓越贡献的论文和著书)。本书出版后，《朝日新闻》立马发表社论，指责自民党政权对日本已沦为“贫困大国”的现实视而不见，始终不让国民知道真相。

《不被统治的艺术：高地东南亚的一段无政府主义史》

The Art of Not Being Governed: An Anarchist History of Upland Southeast Asia, James C. Scott, Yale University Press (Sep. 2009)

介于印度、缅甸、泰国、柬埔寨和中国之间有片山峦区，被称为佐米亚(Zomia)，在过去2 000多年的历史中，那里的山地民在国家建构的政治秩序之外建立自身话语。在本书中，美国耶鲁大学政治学和人类学教授J. 斯科特(James C. Scott)试图在这崇山峻岭间，寻找一段无政府主义史。

J. 斯科特认为，国家的起源与发展在于充分的人力资源和充足的食物，为了保持可持续性，人们设计出了一套人口控制的技术。在佐米亚地区，这个人口技术直到现在仍然在相当程度上受到高地人群有意识和策略的抗拒。包括农业、社会结构以及文化观念等要素的特性，使山地与平地上的国家中心保持了一定距离。通过检视这段鲜为人知的无政府主义史，斯科特惊讶地发现，当地曾存在如假包换的持续性非国家社会实体，因而也使得建立某种有现实意义的无政府主义社会史观成为可能。

这本有关遥远的高地民族的专著对当下有什么现实意义？J. 斯科特认为，引起这些弱势阶级不满的不是金钱或资源，而是原有自治地位和自足状况可能丧失的威胁。但是，这些在M. 韦伯看来最终将消失于精细分工的科层结构里的反叛力量，对J. 斯科特来说，不管是化身为社会主义或民族主义运动，或是当代跨国非政府组织支持下的本土原住民运动等等都能对现实社会政治的研究产生启迪。

《我们需要的只是一种范式：〈哈佛哲学评论〉科学、经济学和逻辑学文集》

All we need is a paradigm: essays on science, economics, and logic from the Harvard Review of Philosophy, S. Phineas Upham, Stanley Cavell, Open Court (Sep. 2009)

长期以来，美国的《哈佛哲学评论》(*Harvard Review of Philosophy*)杂志一直是当代哲学领域重要的思想论坛。本书是由从中筛选出的14篇重要论文汇编而成的。所选的论文为人们提供了一个进一步了解这个世界是如何运转的哲学视角，并探索了量子物理学、数学以及音乐的合理性。

该论文集对人们为什么相信自己对世界的直觉提出了质疑，力图通过具有挑战性的图画、音乐教育等方式，教授人们正确认识数学、经济学和其他科学的方法，增长认识世界的智慧，提高对周围环境的理解能力。论文所涉及的主题包括，人的本质和经济学的特征;一个逻辑困境解读;L.维特根斯坦(Ludwig Wittgenstein)对哲学主张可能性的回应;关于数学理论真理性的认识论立场的讨论;哲学家奎因(W. V. O. Quine)思想的整体观;数学理论的结构主义和独立性研究;哲学家G.莱布尼茨(Gottfried Wilhelm von Leibniz)的哲学原理研究;关于如何评价的问题;如何理解"我们需要的只是一种范式"这一问题?等等。

本书主编S.厄尔(S. Phineas Upham)是美国宾夕法尼亚大学沃顿商学院的学者。当代哲学家、哈佛大学哲学教授S.卡维尔(Stanley Louis Cavell)为本书作序,他主要从事伦理学和美学领域的研究,并对电影作出不同的哲学解释。

《反抗的策略和"谁是托派?"》

Strategies of Resistance & "*Who Are the Trotskyists?*", Daniel Bensaïd (Author), Paul Le Blanc (Introduction), IMG Publications (Oct. 2009)

2010年1月12日,法国当代重要的马克思主义理论家、政治活动家D.本萨义德(Daniel Bensaïd)逝世。他生前任教于巴黎第八大学哲学系,主要研究马克思主义哲学、W.本雅明(Walter Benjamin)及法国后现代主义。过世前不久,第四国际英国支部刚刚翻译出版了本书,在书中,D.本萨义德回顾了自己过去参与托派运动的历程。

D.本萨义德曾是法国1968学运的主要旗手,后协助创立法国重要托派组织"革命共产主义联盟"(Ligue Communiste Révolutionnaire, LCR)。过去30多年来,LCR是少数能在法国主流政治格局中产生影响的激进左翼团体,并于2009年解散,成立跨左派的"新反资本主义党"(Nouveau Parti Anticapitaliste, NPA)。D.本萨义德在书中讲述了自己的政治传统,他强调,本书是基于个人经历,关注的是他关于运动中"主要争论"问题的观点。他认为,应该充分理解世界上不同种类的托洛茨基主义,因为它们所根植的文化背景和民族不同。但是,如果不把托洛茨基主义和当前世界上不同地域的实际社会运动和阶级斗争联系起来,不和左翼无产阶级的亚文化联系起来,那么谈托洛茨基主义只是纸上谈兵,毫无意义。

D.本萨义德生前曾出版大量著作,但至今只有两本被译成英文。另一本是《我们时代的马克思主义》(*Marx For Our Times*, 2002),该书曾少有地引起了英国非马克思主义学术界和政治圈的重视。

《本·拉登传:他的妻儿带我们走入他们的隐秘世界》

Growing Up bin Laden: Osama's Wife and Son Take Us Inside Their Secret World, Jean Sasson, Omar bin Laden, Najwa bin Laden, St. Martin's Press (Oct. 2009)

当你看到本·拉登的妻子和儿子讲述这位嗜战争如命的恐怖大亨用自己的亲生儿子充当人体炸弹，拒绝所有现代化的生活用品甚至西药时，你或许会目瞪口呆；当你听到本·拉登在家人眼中会害羞、会怕女人并严谨持家，但是在阿富汗的群山之中，又建立了庞大的恐怖组织训练营，策划了轰动世界的"9·11"事件时，你或许感到困惑不已。

在本书中，本·拉登的第一任妻子纳伊瓦(Najwa bin Laden)与他们的第4个儿子奥玛(Omar bin Laden)共同回忆了这个以"恐怖战争"为大众所熟知的男人不为人知的生活真相，此外，还站在拉登家族成员的角度重新看待了"9·11"事件，清晰地展现了该事件的来龙去脉。评论认为，书中最珍贵的就是大部分关于拉登家族的资料首次得到了家族成员的配合予以核实，所以严格地说，这是第一本由本·拉登家族成员所写的书，这些故事也是唯一能真实描述这位声名狼藉的恐怖分子的家庭生活写照的故事，或许这本书也是了解本·拉登隐秘世界的唯一途径。《华盛顿邮报》甚至评价，本书的价值超过一堆中情局的情报分析，"它牢牢地抓住你，让你战栗不已，还会让你知道的比总统和将军们更多"。

本书执笔者、美国学者 J. 莎森(Jean Sasson)研究中东问题超过30年，曾旅居沙特阿拉伯等地长达12年之久，出版过多本关于中东问题研究的著作。

《如何进行国家经济预测》

The Making of National Economic Forecasts, Lawrence R. Klein, Edward Elgar Pub (Oct. 2009)

当代信息技术的发展使经常性、短时的经济预测成为可能——宏观经济预测已经由以前常用的年度、季度、月度预测推进为涉及每周、每天甚至每小时的预测，而这一预测技术则涵盖了美国、中国、印度、俄罗斯、德国、日本以及墨西哥等发达国家与发展中国家，市场经济国家与转型经济体。

美国宾夕法尼亚州大学经济学教授、曾获诺贝尔经济学奖的L.克莱因(Lawrence R. Klein)在书中与其他作者一起介绍了这一前沿预测技术与最新的预测结果。他指出，北京奥运会与上海世博会更多地被视为中国经济发展的人为推动因素而非成就的客观反映，因为它们"促进了基础设施建设与相应的投资活动"。而早在冷战时期便对前苏联的经济计划和计划执行情况深有研究的克莱因，在用类似方法考察俄罗斯的经济后，特别强调“俄罗斯经济体所表现出来的经济发展动态与其他非转型的主要经济体非常近似”，但他并没有对中国下此结论。评论认为，这隐隐透露出一种值得注意的思想倾向：质疑了甚至努力证伪了这样一种观点，即认为印度式民主或俄罗斯式休克疗法带来的是混乱和缓慢的发展，而东亚发展模式则代表了稳定与高效。

L. 克莱因是访问中国次数最多的西方经济学家，在过去的30年间，他访华的次数不下50次。早在1979年，率领“文革”后第一个美国经济学家代表团访华的正是时任美国经济学会主席兼计量经济学会主席的L. 克莱因。

《10万年的美》

100 000 ans de Beaute, Elizabeth Azoulay, Gallimard (Oct. 2009)

自从柏拉图提出“美是什么”，千百年来，社会学家、心理学家、哲学家和美学家一直苦苦追寻着它的答案。这本世界上跨度最长的美学编年史的编纂历时4年，由法国当代著名哲学家、法国科学院院士M. 塞尔(Michel Serres)担任学术总监，人类学家E. 阿祖雷(Elisabeth Azoulay)任主编。

书中集合了来自35个国家20个不同学科领域的300名专家对美的观点，讲述了人类在各个时期和各个文明阶段中对美的探索与追求，从人类学、社会学、哲学的高度，完整地诠释了美在推进人类文明中卓越的影响力。在书中，法国法兰西学院院士C. 海格戈(Claude Hagege)写道，美往往受到书法结构的影响，例如汉字“美丽”可以被拆分成“美”(由“人”和“羊”组成)和“丽”两个部分，“丽”字的下半部是两只对称的坠饰——美人又可爱又匀称。书中还收录了著名经济学家凯恩斯对美的表述：像股市和投机市场一样，选美比赛的评委真正挑选的是他们认为最受欢迎的候选人、他们认为会获胜的人，而不是他们最喜欢的候选人。

全书共分5卷，《史前卷》、《上古卷》、《古典卷》、《现代卷》和《未来卷》，E. 阿祖雷认为，《未来卷》的编纂是最为困难的。因为随着数字时代前沿生物科技和医学技术的发展，对于美的标准将充满更多不确定性。未来的人，也许永远都不会衰老，也许可以随心所欲地选择自己的身材和容貌，也许可以在出生时就选择自己的任何特征。

《超级融合：中美如何成为一个经济体以及世界繁荣为何取决于此》

Superfusion: How China and America Became One Economy and Why the World's Prosperity Depends on It, Zachary Karabell, Simon & Schuster (Oct. 2009)

20世纪90年代中期,中国被西方国家视为廉价生产基地,对中国潜在的市场规模暗中敬畏。今天,国外有关中国著作的主流观点纷纷认为:这台经济引擎可能最终成为几乎能与美国"平起平坐"的经济军事威胁。在某些政府和媒体权威开始质疑中国经济崛起的合法性时,美国经济学者、雷弗泰斯研究机构(River Twice Research)总裁Z.卡拉贝尔(Zachary Karabell)著书认为,中国与全球经济有着深刻而密切的联系。

在书中,Z.卡拉贝尔提出了两个问题,如果这不是中国发展的方式,不是它重新进入全球秩序的路径,那么还有什么其他选择?如果说中国经济的发展扰乱了过去20年来建立的全球经济秩序,除了敌视,西方还有什么其他选择?在Z.卡拉贝尔看来,曾经作为自由贸易提倡者和受益者的美国,可能会消极地应对中国崛起和当前的经济衰退,以至于让自己未来的经济发展陷入困境。他指出,尽管低成本的劳动密集型产业已由美国转向中国,但美国人几乎都没有认识到中国国内经济发展对财富积累的作用。因此,未来10年的挑战不是遏制中国的崛起,而是重建美国曾经作为创业和创新"排头兵"的角色,并将中国视为其经济发展的机会,而不是对美国人生活水平的威胁。

《出版人周刊》(*Publishers Weekly*)评论认为,如果对中美经济之间不断融合和相互依赖的关系感兴趣,本书将是不可错过之作。

《文化混血》

Cultural Hybridity, Peter Burke, Polity (Oct. 2009)

提起全球化,相信大部分人立刻想到的就是新自由主义的全球化。不过,这并不是全球化的唯一理解。通过P.柏克(Peter Burke)的这本新书,或许可以让那些不喜欢只谈经济全球化的读者耳目一新。

本书最初源于P.柏克的一个讲座。原本只是在德国做的一次讲座,应不同国家出版社的要求,推出了几次扩大版。而每扩大一次就会融入相应地区的文化的例子。一路下来,经历多重文化混合,本书也丰富不少,算是"文化混血"的一个实例。P.柏克指出,文化混血本身就是一个很混乱的概念。最明显的是,针对文化混合的现象而提出的用语和概念随随便便就可以找出数十个,而且每一个都有不同的侧重点。P.柏克认为,我们没有必要去找出一个单一概念来统一这种混乱。原因是,文化的交流和发展正是见于这种不稳定性。硬是把概念统一,只会不利于研究和了解文化混合的不同可能性。鉴于文化混血的概念是如此混乱,柏克在书中罗列了不同文化混合的实例,介绍了不同混合的可能性,从实例中考察不同概念的特性。评论认为,本书的关键词可以概括为多样(varities),以高度的开放性为基础,柏克把文化混合的不同事物和用语、多种情况和回应以及丰富的结果都充分表现了出来。马耳他

《时报》(*The Times*)评论道,本书对于文化混合的解读,要比想象的更为贴近人们的生活,更为深刻。

作者P.柏克是英国当代著名历史学家,剑桥大学文化史荣休教授,当代最著名的新文化史学家之一,在欧洲思想史和文化史方面颇有建树。

《以人为本的经济学:为工作、正义和气候创造一个干净的开端》

People -First Economics: Making a Clean Start for Jobs, Justice and Climate, David Ransom, Vanessa Baird, World Changing (Oct. 2009)

不断增加的失业、坏账、蔓延的贫困……在自由市场经济中,我们该如何克服这些弊病?深陷危机的资本主义已经被认为是一个濒临破产的体系。没有人能对资本主义经济革命作出预测或是规划,但它确实是一场革命。

D.兰森(David Ransom)和V.贝尔德(Vanessa Baird)在书中收录编辑了一批社会活动家和理论家就相关问题所做的最新研究成果,他们关注全球资本主义,并将目光投向满足人的需要和以环境为先。书中分析了经济危机以来,相关重大事件的意义和它们对于人类的意义,揭示了危机对经济理论、社会、道德、生态以及哲学领域出现的巨大变革所产生的影响。作者认为,本书并不只是一本经济学的读本,它还涵盖了赎回权、国家经济崩溃和全球变暖等其他领域的前沿问题。书中讨论了经济民主化,提出新国际主义者改变世界的蓝图,认为以人为本的经济学涵盖了绿色革命和女性经济学等方方面面,从这些方面出发,有助于读者重新思考生活的真谛。

本书作者包括加拿大左翼作家、"全球知识分子"称号的获得者N.克莱恩(Naomi Klein),英国诺丁汉大学人口科学研究所教授R.威尔金森(Richard Wilkinson),知名社会学家与政治家W.贝洛(Walden Bello),当代极具影响力的语言学家、哲学家、政治评论家N.乔姆斯基(Noam Chomsky)等。

《托洛茨基传》

Trotsky: A Biography, Robert Service, Macmillan (Oct. 2009)

前苏联著名政治家L.托洛茨基(Leon Trotsky)是俄国十月革命的军事总指挥、红军的缔造者、高级知识分子的偶像。在过去

一个世纪以来，他那一堆蓬乱头发，夹鼻子的圆形眼镜和衣冠楚楚的模样；他那口若悬河的雄辩和漂亮文采，迷倒了无数对社会改革充满热情的年轻人。

但在R.谢伟思(Robert Service)笔下，托洛茨基和斯大林的残酷程度不分伯仲。他统领红军时就首次露出了残暴面目，颁下严格军令，对战场上的胆小鬼和逃兵格杀勿论。R.谢伟思认为，这种集体处决的残酷手法仅见于古罗马兵团。托洛茨基狂妄自大，他后来被逐出共产党，也主要与其傲慢的个性有关。书中透露，当年政治局开会时，假如发言人言辞沉闷，托洛茨基就会堂而皇之地拿出法国小说阅读，这种目中无人的态度自然惹怒了布尔什维克政府。西方许多历史学家都曾为托洛茨基写传记，本书最大的特点是翔实的细节描写。R.谢伟思对托洛茨基被谋杀时的情景就描绘得惊心动魄，还引述了凶手的回忆，当时“托洛茨基发出凄厉惨叫，身体抽搐，再用余力愤怒地扑向我，咬我的左手……”此外，R.谢伟思从一大堆废弃的档案中找出线索证明，托洛茨基对自己的犹太人出身背景耿耿于怀，这是首次披露的历史研究。

R.谢伟思是英国著名俄苏史学家，曾为列宁和斯大林写出鸿篇巨传，出版过《同志们：共产主义世界史》(*Comrades: A World History of Communism*, 2007)等著作。

《僵尸资本主义：全球危机和马克思的相关理论》

Zombie Capitalism, Global Crisis and the Relevance of Marx, Chris Harman, Bookmarks (Nov. 2009)

一直以来，许多学者都认为资本主义处于长期的上升态势，并且已经找到了一种新的、没有危机的扩张方式。英国著名左翼学者C.哈曼(Chris Harman)写作本书的初衷是为了批判这一乐观的幻想，但经济危机爆发后，他将批判变成了对危机的解释，关注资本主义制度本身，以证实资本主义危机的必然性。

在书中，C.哈曼用他的总体理论描述了过去90年来一些重要的经济事件及其发展趋势。他指出，那些尚未打破资本主义意识形态禁锢的人必须努力摆脱它的束缚，他们往往把危机归因于外在的东西，而非资本主义制度本身，只在自由市场经济和国家干预之间选来选去。C.哈曼认为，在各种各样的变动之中，资本主义的目标和进程是恒久不变的，即对资本积累的渴望；系统性规律的作用，尤其是马克思所说的“价值规律”和“劳动价值论”；以及资本主义国家之间的市场竞争(和军备竞赛)，它促使单个资本增加积累，遵从经济规律，以免被淘汰出局。所有这一切的结果，迫使他们采用更能节约劳动的技术创新以降低成本和价格，使利润率呈下降趋势，由此导致了经济危机和经济衰退周而复始地出现。

A.克莱曼(Andrew Kliman)在英国《国

际社会主义》(*International Socialism*)杂志评论道,与华而不实的结论不同,在本书中,C.哈曼的结论是通过对资本主义制度的分析得出的,并令人信服地阐释了经济危机产生的原因。

《上帝的证据:重新审视宗教知识》

The Evidence for God: Religious Knowledge Reexamined, Paul K. Moser, Cambridge University Press (Nov. 2009)

如果上帝存在的话,我们该在哪儿找到足够的证据来加以证明呢?在本书中,美国芝加哥洛约拉大学(Loyola University)的哲学系主任P.莫泽(Paul K. Moser)教授为我们提供了一个旨在证明上帝存在的新视角。

书中认为,这种视角可以说是上帝存在的独特证据,从这一视角出发所得到的证据,不是推测的、抽象的,或是随意获得的,而是道德上的、对人类真正构成挑战的。因为,当人们接受、回应上帝存在这一事实时,便会接受并对上帝的道德特性作出反应。P.莫泽指出,这种独特的证据更多的是一种内在证据,它和怀疑论、科学自然主义、信仰主义和自然神学不同。另外,在书中,他还指出了当前神性隐退(divine hiddenness)、宗教多元主义等理念中所存在的一些潜在问题。P.阿诺德(Patrick B. Arnold)在美国《形而上学评论》(*The Review of Metaphysics*)杂志上评价道,本书具有很强的可读性,对于哲学家和神学家来说,都有很大的意义,它不仅改变了当前宗教问题上的哲学争论,还将人们的关注点引向了更好的地方。

P.莫泽曾出版过《客体性后的哲学》(*Philosophy after Objectivity*, 1999)、《知识与证据》(*Knowledge and Evidence*, 1989)等著作。主编出版了《认识论》、《伦理学》、《形而上学》、《艺术哲学》、《语言哲学》、《心灵哲学》以及《宗教哲学》等八本哲学导论系列丛书,并引起了学界的广泛关注。

《葛兰西时刻:哲学、霸权与马克思主义》

The Gramscian Moment: Philosophy, Hegemony and Marxism, Peter D. Thomas, Brill Academic Publishers (Nov. 2009)

意大利共产党领袖A.葛兰西(Antonio Gramsci)曾在狱中创作了大量文艺理论著作,并在战后得到广泛传播和研究。今天,葛兰西的著作依然被公认为20世纪人文社会科学领域最为经典的作品之一。本书系P.托马斯(Peter D. Thomas)关于葛兰西哲学思想研究的最新成果,力图指出葛兰西思想的重要意义,即在发展传统马克思主义方面的独到立场,为重新认识葛兰西的国家和哲学概念提供了详细的文本和分析解读。

P. 托马斯在书中阐述了自己在阅读《资本论》过程中的一些想法,比如阿尔都塞主义、葛兰西主义、马克思主义哲学、一种新的哲学实践、马克思主义与哲学、今天的马克思主义哲学、哲学以及霸权与国家等方面的问题。随后探讨了葛兰西理论的矛盾性、考茨基对他的影响、东方与西方以及过去与现在的问题、对 B. 克罗齐(Benedetto Croce)的批判、国家相当于政治社会加上市民社会等等问题,并对《狱中札记》一书做了解读,考察了上层建筑与意识形态、霸权时刻等概念。此外,P. 托马斯还考察了在 19 世纪大背景下,市民社会的产生、消极革命、权威的危机等问题;研究了政治霸权,分析了市民社会与国家之间的关系、霸权地位、葛兰西笔下市民社会的概念等。

研究葛兰西的专家 A. 戴维森(Alastair Davidson)评论认为,本书是 30 年来,研究葛兰西政治理论最好的著作。

《学术市场》

The Market for Academics, Christine Musselin, Routledge (Nov. 2009)

成功的大学和学术系统需要合理的学术职业体系,以便提供稳定的学术生涯、淘汰不适合学术工作的人。但是,目前许多国家的学术职业体系功能失常的现状和发展趋势堪忧。当下,大学内部对于全体教职员工职业生涯的管理正日益引起人们诟病,对于这一重要问题,许多国家正越来越多地尝试对此进行改革,这也引起了不少学者的关注。

本书集中探讨了法国、德国和美国 3 个国家的学术劳动力市场,致力于进一步推动高等教育改革的进程,并以独特的视角研究了学术界招聘的评估标准。在书中,作者 C. 穆塞琳(Christine Musselin)以详尽的实证研究的方法,通过对 200 多位高校教育者和管理者的访谈,研究了在历史和数学两个学科中的学术雇佣实践和教职员工的职业教育模式。C. 穆塞琳发现,每个国家对于如何在学校招募教育者和管理者都有一套自己的历史传统,各自的学术职业规则也不一样,3 个国家的学术劳动力市场都提供了建设性的模式,并需要评估学术市场的标准。C. 穆塞琳指出,如果一个学术系统或一所大学要获得成功,就需要实施一种有效、公正、透明的制度,确保学术生涯是可能的,确保通过一个既专业又透明的招聘过程能够吸引学者,确保实行一个可以根据工作绩效进行奖励,并做出适当选择的评价体系。

本书作者 C. 穆塞琳是法国巴黎政治大学(Sciences Po)组织社会学中心(Center for the Sociology of Organizations)的主任。

《末代女皇:蒋介石夫人和现代中国的诞生》

The Last Empress: Madame Chiang Kai-shek and the Birth of Modern China,

Hannah Pakula, Simon & Schuster (Nov. 2009)

"唯一可以区别我和西方人的,就是我的这张脸蛋。"说这句话的宋美龄可谓家喻户晓,她出生在中国,逝于美国,吸收了很多西方的文化思想,作为蒋介石的夫人,自宋美龄2003年逝世以来,不过7年光景,却已有两本她的英文传记问世。

在本书中,美国著名女性传记作家H.帕库拉(Hannah Pakula)详细地撰写了宋美龄传奇的一生,翻开这本厚厚的传记,一个又一个真实的故事跃然纸上,这是H.帕库拉研究中国近代史的著作,也以讲故事的形式,鲜活地再现了宋美龄的人生。评论认为,本书对宋美龄的生平并无特殊的新发现,但对她晚年在纽约的生活做了颇多描述,例如,她在曼哈顿东区的高级公寓共有18个房间,供她使唤的服务人员多达24名,她还养了3只狗等等。《纽约时报》书评认为,在H.帕库拉笔下,宋美龄表现出来的不仅仅是一个妻子,也让我们看到了一位才华横溢、诡计多端、迷人、勇敢但又十分腐败的"变色龙一般"的女人,她是蒋介石与美国人之间的重要媒介。评论认为,H.帕库拉除了与宋美龄是韦尔斯利的校友外,与中国并无渊源。本书读起来,有时会让人觉得历史背景介绍较弱,对人物性格的洞察也不够。

H.帕库拉专为王室女性写传记,曾出版《一个不同寻常的女人:腓特烈皇后——维多利亚女王之女,普鲁士皇太子之妻,威廉皇帝之母》(*An Uncommon Woman — The Empress Frederick*, 1997)等作品。

《马克思的〈资本论〉与今天的资本主义》

Marx's Capital and Capitalism Today, Tony Cutler, Barry Hindess, Athar Hussain, Paul Q. Hirst, Routledge (Nov. 2009)

由美国次贷危机引发的世界金融危机给美国和世界造成巨大的灾难,也成为马克思主义研究的新亮点。德国、英国相继出现了《共产党宣言》热,议论社会主义成为时髦,批判资本主义的鸿篇巨制《资本论》重新成为读者的宠儿。国外许多经济学家和马克思主义者纷纷力图透过《资本论》对经济危机以及后危机时代作出解释。本书就是在这一背景下,对《资本论》的重估和再评价。

本论文集主要包括3个部分,第一部分的论文主要研究了马克思所提出的价值理论,探讨了这一理论所提出问题,采取的研究、分析方法以及《资本论》中“再生产”的问题。第二部分的几篇论文主要阐述了资本主义生产方式下，经济的本质及其影响，生产力和生产关系之间的矛盾统一关系以及利润率问题等。本书的第三部分集中分析了阶级结构和经济因素在马克思主义理论中的重要作用，并进一步研究了经典马克思主义、生产方式以及社会关系等几个方面的问题。

本论文集的4位作者中，B. 海因兹(Barry Hindess)系堪培拉澳大利亚国立大学社会科学研究学院政治科学专业的教授，A. 侯赛因教授(Athar Hussain)是英国伦敦经济学院(London School of Economics)亚洲研究中心主任、中国-欧盟社会保障合作项目专家，P. 赫斯特(Paul Hirst)则是英国的左派理论家。

《发展竞争：社会变迁的关键之争》

Contesting Development: Critical Struggles for Social Change, Philip McMichael, Routledge (Dec. 2009)

随着发展中国家和地区社会收益的逐渐减少，人们越来越多地开始关注发展的问题，发展的现代性正在失去其合法性和条理性。这也正是本书观察发展中国家和地区中被剥夺的权利、被取代和发展的矛盾所得出的结论。

由P. 麦克迈克尔(Philip McMichael)主编的本书是一部有关发展理论的前沿文集。在本书中，实例研究被P. 麦克迈克尔认为是进行发展社会学研究的最有效的手段。他收集的印度、南非、墨西哥、巴西等国家在土地、教育以及人口等方面的实例从未被发表过，因而具有一定的研究价值。本书的一个重要特征是，从整体上来看，本书显示了对发展的有限假设，并提出了当今世界可能存在的发展的替代条件。P. 麦克迈克尔在书中力推“思考发展的边界”的主张，并通过多篇论文对这一理念作出了重要的理论阐述。书中所涉及的主题主要包括：如何改变发展的主题；对印度农业状况的研究；南非贫民窟运动组织(Abahlali base Mjondolo)斗争现状研究；低教育层次者如何适应市场社会的发展；当代印度的社会再生产问题；从巴基斯坦的发展看发展的本质；马拉维的土地问题研究；墨西哥新自由主义的软肋；巴西流动性农业人口研究以及世界社会论坛(World Social Forum)对市场原教旨主义所构成的挑战。

本书主编P. 麦克迈克尔系美国康奈尔大学发展社会学教授，他长期致力于全球化政治、农业变迁以及气候变化研究。

《首席文化官：如何打造一家生动的企业》

Chief Culture Officer: How to Create a Living, Breathing Corporation, Grant McCracken, Basic Books (Dec. 2009)

"苹果"电脑的创始人之一S.乔布斯(Steve Jobs)或者全美第二女富豪M.斯图尔特(Martha Stewart)的成功经验可以被复制吗？这是本书提出的核心问题。美国麻省理工学院的人类学家、商业咨询师G.麦奎根(Grant McCracken)认为,企业应该用心"解读"周围的文化动态,而这正是乔布斯和斯图尔特所擅长的。

G.麦奎根指出,目前,大多数公司在理解、感知文化潮流方面的表现都不尽如人意。这是因为它们通常都把注意力集中在时尚猎手们所追踪的"快餐文化"上,比如最近开始风行的意大利风格家居设计等。这就意味着,企业通常会忽视那种构成人们生活基本因素的慢餐文化。该如何营造家的感觉,也就是我们该如何把一栋房子变成一个家？这就是慢餐文化的一个例子。在麦奎根看来,目前,一个普遍存在的现象是,可能大多数公司都对文化转向不太敏感,然而文化敏感性却是一门可以通过学习而掌握的艺术。为此,G.麦奎根在书中与读者分享了一些成功和失败的案例,就企业应该如何随机应变、把握文化潮流,总结了一些实用的建议。

美国《商业周刊》(*Business Week*)杂志编辑H.格林(Heather Green)评论道,G.麦奎根得出了一个令人信服的结论：只要企业能拥有更多的文化敏感性,就一定受益匪浅。愿意进行这种尝试的人和企业将从书中获得不少灵感和深刻见解。

《好共产党：当代中国的精英训练与国家建设》

The Good Communist: Elite Training and State Building in Today's China, Frank N. Pieke, Cambridge University Press (Dec. 2009)

面对中国近30年来的高速发展,不少国外学者都力图破解中国之谜,对中国的发展道路和模式做了种种解答。一些研究中国政治的学者也提出了疑问,在未来10年中,中国共产党的纲领能否一如既往地在现代化和全球化进程中有效运作呢？

在本书中,英国牛津大学中国研究所所长、中国中心主任F.彭轲(Frank N. Pieke)对上述难题做了解答。在与中国官员和普通劳动者对话和深度访谈的过程中,他意识到,自从毛泽东的革命年代以来,虽然中国共产党经历了巨大的改革,但它依然要求经由一套高度严格标准选拔产生的党政干部在意识形态和政治上服从于党。这一点,是从早期共产党人中吸取的经验教训。F.彭轲在文中考察了中国政府的结构和意识形态文化,并揭示了在过去30年中,它是如何自我创新、发展，成为一个新社会主义国家的。主要涉及的主题包括：干部、干部培训与党校，党校的生活与工作、干部教育与培训的市场化与集中化、中国共产党的未来角色等。

F. 彭轲的研究兴趣是现代中国乡村政治与社会变迁以及海外华人研究，在接受媒体采访时，他指出，研究干部培训是了解中国干部管理制度改革的一个非常好的角度，它使原来互不相识的干部，形成一个新的网络，这一点，在地方政府的作用尤为明显，对行政体制起到了非常重要的润滑作用。

《盗版：知识产权之战——从古登堡到盖茨》

Piracy: The Intellectual Property Wars from Gutenberg to Gates, Adrian Johns, University of Chicago Press (Jan. 2010)

2008 年，作为版权官司的一部分，美国联邦法庭命令视频网站 YouTube 的拥有者谷歌公司，向原告传媒巨头维亚康姆（Viacom）转交 YouTube 网站视频的观看数据，包括每一位访问者的登录名和计算机地址。结果一个公司加强知识产权的努力，摇身一变，反而对数千万用户的隐私权造成了巨大威胁。

美国芝加哥大学的历史学教授 A. 约翰斯（Adrian Johns）在书中指出，知识产权的系列斗争正日益呈现出一种侵犯隐私权的大趋势，此事早已不新鲜。从谷歌公司早前试图建立统一的数字图书馆的努力，到关于各种专利应有多大威力的争论……这些围绕着产权、盗版和隐私之间的讨论都是从更久远时代的版权战争中继承下来的。为此，A. 约翰斯建议，我们应该重新思考几个世纪以来知识产权战争的重要特点。他批评说，长期以来，对于文化创造性和机械创造性之间的差异，已经被漠视和荒废了。前者应由版权来规范，而后者则由专利来规范。A. 约翰斯建议，应关注数字和模拟拷贝之间的特殊本质差异，而且由不同的法律范畴来规范，包括基因的、数字的、演算的、刻写的等等。他认为，我们今天针对如何平衡知识产权、创造性和盗版之间关系的选择，将决定 21 世纪“创造性生活的轮廓”。

《出版人周刊》（*Publishers Weekly*）杂志评论认为，本书的立场是基于知识产权正面临前所未有的危机，也为走出当前的困境提供了解决之法。

《自由落体：美国、自由市场和全球经济的衰落》

Freefall: America, Free Markets, and the Sinking of the World Economy, Joseph E. Stiglitz, W. W. Norton & Company (Jan. 2010)

在两年前的一篇社论中,诺贝尔经济学家得主、哥伦比亚大学的J.斯蒂格利茨(Joseph E. Stiglitz)教授抨击了奥巴马政府拯救银行的计划。他主张,这是一个"赢家-赢家-输家的计划:银行是赢家,投资者是赢家,纳税人是输家"。又将政府的这种方式比喻为"仿造资本主义,将收益私有化,将损失社会化"。

在本书中,J.斯蒂格利茨延续这种平民主义的论调,分析了此次经济危机的起因,评估了布什及奥巴马政府应对危机所作出的回应。他提议,美国应运用这种"濒死体验"来堵住其经济体制中的各种漏洞,在21世纪,美国面临着大量棘手问题,剧增的赤字和贸易失衡,制造业中工作岗位的减少,以及来自中国和其他国家的各种挑战,为此,它需要重新建构自已。斯蒂格利茨还解释了杠杆率过高的银行、道德败坏的抵押贷款行业、掠夺性信贷、未经管控的股票交易如何为经济危机"贡献"了力量等。他认为,构思拙劣的拯救计划虽然可能暂时止住经济下滑的态势,却不能解决更多的根本性问题。"奥巴马政府和布什政府一样,把绝大多数的精力都投向了拯救银行"。

《纽约时报》评论认为,作为一个高调的凯恩斯主义者,J.斯蒂格利茨对2008年经济危机的分析反映了他一贯的理论主张。他相信"市场原教旨主义者"的局限性,以及政府在调控市场中所起的必不可少的作用。

《水:财富、权力和文明的伟大斗争》

Water: The Epic Struggle for Wealth, Power, and Civilization, Steven Solomon, Harper (Jan. 2010)

水在我们的生活中随处可见,却远比石油还贵重,因为人不能一天没有水,而今,水资源危机已经和全球变暖问题一齐列入了世界重大议程。在过去,水的掌控往往决定了一个政权的兴衰,前联合国秘书长B.加利(Boutrous Boutrous-Ghali)曾预测,21世纪的战争将因争夺水资源而引发。

在书中,美国记者S.所罗门(Steven Solomon)研究了水资源在从古至今的帝国兴衰中所起的作用,包括古埃及和罗马帝国,现代的美国、欧洲、印度和中国。他指出,水是地球最强大的手段,随着水资源越来越珍贵,未来世界的政权仍将掌握在握有水资源者的手中。在对数世纪以来的各国历史进行研究后,S.所罗门得出结论:"水稀缺时代"正在快速降临。虽然到目前为止还没有因为水而发生过战争,其主要原因在于,人们在水资源问题上更多采取的是一种合作的态度,而非冲突。然而,随着资源消耗和人口增长速度的加快,水资源正变得愈发匮乏,生态系统也开始逐渐瓦解。此外,S.所罗门还剖析了当今世界诸多热点问题:"富国"和"穷国"共存的世界正在恶化,暴力和不稳定因素的增加。但他同时也认为,这场资源危机为像美国这样的资本主义民主国家掌握新的全球领导权提供了机会。

S. 所罗门在接受路透社专访时表示："淡水正在取代石油，成为最稀缺的关键资源。就像石油在 20 世纪塑造了地缘政治、环境和人们日常生活的格局一样，水资源正开始在 21 世纪扮演同样的角色。"

《G. 索罗斯在中欧大学的演讲》

The Soros Lectures: At the Central European University, George Soros, PublicAffairs (Feb. 2010)

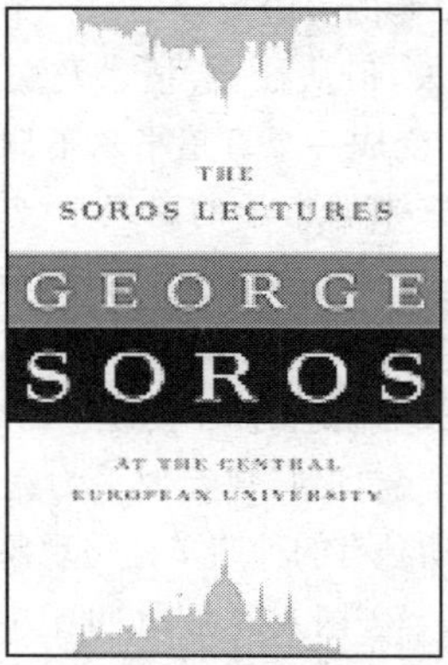

本书是 2009 年 10 月著名股票投资者、金融理论家 G. 索罗斯(George Soros)在匈牙利的中欧大学作的一个系列讲座的文字版。在本书中，G. 索罗斯开宗明义："我在人生历程中逐渐形成了一个理念架构，它既帮助我经营对冲基金赚钱，又使我作为一名以政策为导向的慈善家去用钱。但是这个理念架构本身不是关于钱的，而是关于一个哲学家们早已深入研究过的主题，即思维与现实之间的关系问题。"

在 G. 索罗斯的讲座和著作中，我们常常看到 K. 波普尔、开放社会、反射性、谬误性、人的不确定性、正反馈、负反馈、认知功能、操纵功能……这些关键词，它们的组合构成了索罗斯基于经验论的相对真理哲学观。在 G. 索罗斯看来，世界是不确定的，也是不可知的，所谓科学原理的假设不能被证实，只能通过检验被证伪；自然科学和社会科学根本是两个不同的维度，如果盲目地模仿采用自然科学的方法，将不可避免地曲解人和社会现象。在本书中，对于资本市场，G. 索罗斯毅然给予了严厉批判，按照他的认识论，市场会趋向均衡的说法是不成立的，不仅说法错误，还会误导他人。除了照例宣扬其哲学体系，索罗斯在书中还习惯性地对全球政治、经济、道德价值观等议题进行了评价。

2008 年金融危机爆发，G. 索罗斯的理念不仅帮助他成功预见到了危机的来临，而且使他成功应对了危机。这让很多人，也让他自己对"G. 索罗斯的哲学理念"产生了新的认识。

《国际关系领域的国际法》

International Law for International Relations, Basak Cali, Oxford University Press (Feb. 2010)

当代国际法和制度在全球政治中的使用范围甚广，这就意味着，如果你不理解国际法，就无法理解国际政治。本书收录了当前国际上在国际法和国际关系领域知名的几位

学者和从业人员的最新研究成果，对国际关系领域中的国际法所涵盖的各个方面的议题和存在的问题作了多方位的诠释。

书中向读者介绍了当前研究国际法所采取的不同途径，解释了国际法制定的几个主要来源，并明确界定了国际法的主要论题。来自不同国家、地区的作者视阈广泛，介绍了非政府行为者在当代复杂的国际法中的角色和所处的地位，在每个章节都清晰地阐明了法律和政策的交互作用；并解释了错综复杂的国际问题、对国际法论题的影响，及其未来走向。本书收录的论文主要涉及以下主题：国际法的基本原理：一个历史的视野；国际法中的国际关系；国际法惯例；非政府组织和国际法；国际法庭；国家与国际法；国际法中的武力使用；国际人权法；全球社会正义与国际法；国际贸易与国际法以及国际法中的环保问题等几个方面的前沿研究成果。

本书主编B.卡利(Basak Cali)是英国伦敦大学学院的政治学讲师。本书收录了联合国人权委员会委员、英国埃塞克斯大学(University of Essex)人权法中心主任N.罗德利(Nigel Rodley)以及曾主编《国际刑事法院罗马规约：评述》(*The Rome Statute of the International Criminal Court: a Commentary*, 2002)一书的P.盖塔(Paola Gaeta)教授等人的论文。

《下一个亿：2050年的美国》

The Next Hundred Million: America in 2050, Joel Kotkin, Penguin Press (Feb. 2010)

“2050年的美国或许不是一个从容主宰世界的巨人，但从社会、技术及文化方面来看，它将演变成一个真正卓尔不群的超级大国。”美国未来城市学的高级学者J.科特金(Joel Kotkin)在书中表示：“美国未来拥有的最伟大的力量，在于它对个人自由、宪法保护和普遍主义等概念的认同感。”

J.科特金写到，曾经似乎为纽约和其他门户城市所独有的种族多样化现象将扩散至全美各地；当美国人口在21世纪中叶前达到4亿时，美国的“人口活力”——比经济发达，但迅速老化的欧洲和亚洲国家更高的出生率，以及不断涌入的移民，是这种活力的源泉——不仅会让这个国家变得更大，还会使其变得更好。J.科特金以美国的适应性、独创力、广袤的国土、丰富的资源和对宗教的虔诚为根据，阐述了无所不在的美国“例外论”，认为这些非凡的优势，共同赋予了美国丰厚的“底力”。J.科特金预言：美国将在下一个40年实现复兴——如果它能克服“厌倦感”的话。与此同时，中国将以更快的速度老化，21世纪中叶前，中国人口或许将开始衰减，而印度则依然是一个贫困、分裂的国家。

评论认为，如果说，这些日子以来，美国的经济衰退趋势引发的指责和焦虑如同病毒一般四处扩散，那么，J.科特金无疑提供了一剂及时且受欢迎的解药，其主张也是“美国复兴论”的代表。J. 科特金系美国查普曼大学(Chapman University)校长级研究员、《福布斯》(*Forbes*)杂志的专栏作家。

《动物精神：人类心理如何推动经济发展，以及为什么它对全球资本主义至关重要》

Animal Spirits: How Human Psychology Drives the Economy, and Why It Matters for Global Capitalism, George A. Akerlof, Robert J. Shiller, Princeton University Press (Feb. 2010)

本书的两位作者都是世界顶尖级的经济学家——美国伯克利加州大学的G. 阿克尔洛夫(George A. Akerlof)和美国耶鲁大学的R. 席勒(Robert J. Shiller)。G. 阿克尔洛夫获得了2001年诺贝尔经济学奖，R. 席勒因为在股票和住房价格上的研究以及预见到技术泡沫破灭和房地产市场危机而闻名遐迩。

两人认为，传统的宏观经济学坚持这样一种观点，即人类和企业都是理性的演员，但是这个模式在经济繁荣和萧条的交替循环中失灵了。相反，理解当前危机的唯一办法是关注非经济动机和非理性行为，也就是两人所谓的“动物精神”。它包括“信心、公平、腐败和反社会行为”以及“故事”(或者说人们编织有关世界运转方式的故事的习惯)。他们表示，“我们提供了一个理论，它用简单的方法全面解释了美国经济，实际上也是世界经济陷入当前危机的原因。”

美国《商业周刊》(*Business Week*)首席经济学家M. 曼德尔(Michael Mandel)评论认为，两位专家试图说明如何用心理因素解释当前危机的起因，并为可能的解决方案提供了线索。当直线下跌的信心拖累了市场和经济时，作者对经济的心理层面的关注具有惊人的重要意义。但是，对于政府是否能够直接增强信心等问题，它并没有给出明确答案。

《生活美学》

Everyday Aesthetics, Yuriko Saito, Oxford University Press, USA (Feb. 2010)

日常生活的审美体验占据了我们美学生活的很大一部分内容。但是，由于它们过于普遍而平凡的特质，人们往往倾向于忽视它们的存在，更不会去想到要探讨它们的意义、做更为深入的研究。在过去的几个世纪中，西方美学理论由于一直专注于艺术领域，因此也忽视了对生活美学的研究。

在本书中,哲学家、任教于美国罗得岛设计学院(Rhode Island School of Design,简称 RISD)的齐藤百合子(Yuriko Saito)以一种开拓性的研究视角,细致地考察了我们生活中的种种美学体验,并通过一系列来自东方文化和西方文化的审美实例,向人们揭示了我们每个人生活美学的品位与判断是如何对世界的现状以及我们的生活质量产生巨大影响的。通过对美学与自然、环境、日本文化以及日常对象等因素作深入分析,齐藤百合子阐释了对待复杂而自然的,看似简单、乏味的美学的不同反映。此外,她还讨论了以艺术为中心的美学所存在的一些不足之处;不同对象或现象之间的美学解释视角和方法;对不同瞬态表现的反应;对待道德价值的美学表达方式;还解释了这些问题对道德、政治、存在和环境等方面所产生的种种影响。

美国《圣母大学哲学评论》(*Notre Dame Philosophical Reviews*)杂志认为,在本书中,齐藤百合子做了一项开拓性研究,能够很好地解释当代哲学的一些问题,有助于形成一种新的美学分支。难能可贵的是,本书还有很强的可读性。

《危险边缘:拯救全球金融体系的幕后故事》

On the Brink: Inside the Race to Stop the Collapse of the Global Financial System, Henry M. Paulson, Business Plus (Feb. 2010)

2006年时任高盛公司首席执行官的H.保尔森(Henry M. Paulson)出任美国财长,13个月后,美国陷入了金融危机。在他任职的最后4个月,H.保尔森放弃了在其30多年高盛生涯中一直倡导的自由放任原则,紧急拯救房利美、房地美、美国国际集团和花旗集团;游说国会通过问题资产救助计划(TARP),向私人银行投入公共资金;争议最大的举动是拒绝出手救助雷曼兄弟公司。

本书是H.保尔森以第一人称叙述的回忆录,他蜻蜓点水式地描述了整个职业生涯(包括早期在尼克松政府担任助手时的情景),重点阐述了他在财政部所经历的不同寻常的30个月。美国《基督教科学箴言报》记者M.特朗布尔(Mark Trumbull)根据本书归纳了美国金融危机的7大启示,比如,哪怕是几乎无法想象的局面,也要为之做好准备;危机骤然爆发时,世界其他国家可能会添乱;你的"主队"可能是个靠不住的盟友;"清算授权"有帮助;尽管有了清算授权,但"大到不能倒"的问题依然存在;不要低估美国众议员议长N.佩洛西(Nancy Pelosi)等。

《巴菲特传》的作者、《华尔街日报》资深财经记者R.洛温斯坦(Roger Lowenstein)认为,回忆往事并非H.保尔森的强项,坊间充斥着大量谈论经济危机的著作,本书最主要且颇有价值的贡献在于，为读者揭示了权力时常有限的美国联邦政府是如何运作的内幕。

《超越是非：律师和委托人的决策效率权力》

Beyond Right and Wrong: The Power of Effective Decision Making for Attorneys and Clients，Randall Kiser，Springer（Feb. 2010）

从法律实践层面来看，律师与委托人的决策效率在一定程度上会影响公共利益，因此，提升决策效率虽然不一定能保证获得最好的结果，却可以有效地避免最坏的结果。

本书为律师和委托人提供了法律决策、制定等方面的指导，基于对 11 306 个律师-委托人决策案例的综合分析，总结了几十年来关于法官、陪审团、诉讼当事人和律师等在决策制定方面的多项研究成果，作者 R. 凯瑟尔(Randall Kiser)认为，许多法律决策并未收到预期的效果，其主要原因在于心理和机制因素对决策过程所造成的负面影响。R. 凯瑟尔在书中重点探讨了律师与委托人在法律决策中的作用，讨论了当前司法领域存在的玩忽职守、无效法律代表等诸多问题。为了增加民事诉讼中的资金收入，帮助律师和委托人尽快成为熟练的决策制定者，在书中，R. 凯瑟尔针对提升个人决策以及集体决策效率的问题，还特别列举了 65 条相应的理念、方法和原则，以期对他们给予帮助和指导。

英国伦敦大学法学教授 M. 帕尔默(Michael Palmer)认为，每一个和立法有关的人员、法官、企业法律咨询服务人员以及法学专家等都应该读一下本书。R. 凯瑟尔在书中归总了近 35 年来的判例和决策咨询领域心理学家和经济学家的研究成果。无论是在现实的高等教育中还是实际运用中，本书都将是一个很好的参考。

《新闻伦理：一种哲学方法》

Journalism Ethics: A Philosophical Approach，Christopher Meyers，Oxford University Press，USA（Mar. 2010）

自广播和电视新闻出现以来，新闻业经历了多种复杂的变化，但是每一种变化都保持了新闻业的基本价值。本书重视各个理论间的相互影响，在概念分析的基础上，阐释了新闻业的核心价值，并且提醒人们注意保护这一价值。

本书主编、美国贝克斯菲尔德加州大学的哲学教授C.梅耶斯(Christopher Meyers)编录了来自哲学和新闻传播学界的一批知名学者围绕着客观性、隐私、机密性、利益冲突、新闻历史、新闻工作者定位等主题所进行的讨论,以引导新闻实践中的伦理和社会正义。书中涉及的议题主要包括,新闻伦理学的解释与方法;道德发展与新闻学;新闻学的道德正义;全球媒体伦理探索;什么是新闻学? 谁是记者? 为什么新闻学是一门专业? 新闻学的实践:数字新闻学;经济、伦理和专业实践;隐私伦理;理解和尊重隐私;冲突分析与个人选择;消费者与新闻:新闻受众的伦理责任;记者的伦理基础、关于伦理和新闻照片的认识等。

本论文集作者包括美国知名新闻伦理学者D.艾略特(Deni Elliott)、生命伦理学家D.奥扎(David Ozar)、美国非赢利新闻学院"Poynter学院"的研究人员R.埃德蒙兹(Rick Edmonds)、美国伊利诺伊大学、推动公共新闻研究的早期领导人C.G.克里斯琴斯(Clifford G. Christians)以及美国密苏里新闻学院教授J.巴那金斯基(Jacqui Banaszynski)等。

《资本主义民主的危机》

Crisis of Capitalist Democracy, Richard A. Posner, Harvard University Press (Mar. 2010)

2010年初,摩根大通公司首席执行官J.戴蒙(Jamie Dimon)对金融危机调查委员会表示:"有一天,女儿问我金融危机到底是什么? 我回答:'就是每隔5至7年就会发生一次的情况。'然后她又问:'那大家为什么还这么惊慌失措呢?'"J.戴蒙意在应该以他女儿为榜样,面对金融危机时学会沉着冷静。最多到2015年,经济又将进入另一个萧条时期。

看到大财阀的这种安然之态以及政府救市措施的不力,美国联邦法官、芝加哥大学经济学教授R.波斯纳(Richard A. Posner)提出,市场中的各种竞争力量会导致金融家非理性的投机行为,他们不可能将共同利益放在首位。最终,政府只能采取干预手段,对金融企业承担的风险加以限制,并不时修复企业引起的损失。R.波斯纳郑重地站在了改革的一边。以美国联邦储备委员会前主席P.沃克尔(Paul Volcker)为代表的众多人士一直希望恢复葛塞法案(*Glass Steagall Act*)关于将商业银行的人与自营交易以及其他高风险金融业务分离的规定,而波斯纳和它如出一辙。这一建议意味着华尔街将剔除中小型企业的金融业务。他还提议撤销三大债券评级机构的半官方身份,以减少彼此间的利益冲突,同时扩大为联邦管制机构服务的公务员编制。

美国《商业周刊》(*Business Week*)高级编辑P.M.巴雷特(Paul M. Barrett)认为,美国以竞选资金为名的"准贿赂"四处横行,而R.波斯纳在文中对扫平这些障碍并没有表现出足够信心。

《定性研究:研究事情是如何运作的》

Qualitative Research: Studying How

Things Work, Robert E. Stake, Guilford Press (Mar. 2010)

作为社会科学研究中应用最为普遍的方法之一,定性研究以普遍承认的公理、逻辑和历史事实为分析依据,往往从事物的矛盾性出发,对研究对象进行剖析、解读。

与同类书籍中简单介绍特定的研究方法所不同的是,美国著名的案例研究专家、教育考试服务部的心理研究员 R. 斯特克(Robert E. Stake)在书中环环相扣,力图吸引读者去发现在组织、计划和交流沟通方面,"事情是如何运作的"。R. 斯特克与读者分享了自己多年来的研究经验,涉及的主题从如何确定研究选题到选择研究方法,从如何进行数据收集到解释和分析研究结果,以及如何撰写研究报告等。他运用了许多生动的实际案例,以此来更好地说明研究者所选方法的重要性,并鼓励读者多多进行创造性思维和批判性思维。此外,斯特克还向读者介绍了在定性研究和写作过程中,如何更为有效地运用图表,提高相关度等等。

R. 斯特克的同行,《教育中的定性研究与案例分析》(*Qualitative Research and Case Study Applications in Education*,1997)一书的作者 S. B. 梅伦(Sharan B. Merriam)认为,斯特克对定性研究的论述不但为读者提供了有用的案例、例子和概念图示,增加了本书的理论性,同时,又通俗易懂,使读者能够在理解定性研究的过程中,更有效地参与其中,无论是设计一个项目还是撰写最后的研究报告,本书都做了详尽介绍。

《讲故事: 现代思想的痴迷》

Storytelling: Bewitching the Modern Mind, Christian Salmon, Verso (Mar. 2010)

今天的消费者与以前的消费者相比,他们已经对很多广告产生了免疫力。如果广告只是不断重复一个品牌,一个商标,像麦当劳的大"M"字母的话,这已经不管用了。那么在今天怎样的宣传和营销才是有效的呢?

本书中,C. 萨尔蒙(Christian Salmon)谈到,在全世界做市场营销的人都知道,今天最重要不是要卖品牌,而是要卖个故事。过去10年来,我们在世界各个领域,甚至是一些出乎人意料的领域,比如说商业、政治、经济甚至在战争中,都可以看到故事的蓬勃发展。因为在今天,所谓的故事或者叙事是无处不在的。以前我们是听故事,现在我们把故事当成一种可以实践应用的手段。C. 萨尔蒙观察到,在现代社会中,说故事(叙事)的技巧正越来越普遍,甚至变成一种工具性的利用手段,或者叙事技巧工具性地被商业与政治利用,它达到的效果是什么呢?就是破坏了一种被称为虚构叙事的契约,它能够模糊真假对错的界线,这种力量甚至强大到扭曲事实,令大众相信真相的局部。C. 萨尔蒙以4个层次阐释了其中的奥妙:商业宣传活动,为公司建立品牌形象以达到销售的目的;政治家拼命打造自己的正面形象,即所谓"spin";在司法领域,叙事技巧像心理报告一般,能说明个体的行为,甚至预测到个体的未来行为;博客乃是个人层面的叙事方法。

C. 萨尔蒙是法国著名作家,也是法国巴黎语言与艺术研究中心的研究员。

《经济区域主义的政治学:解读东亚区域经济整合》

The Politics of Economic Regionalism: Explaining Regional Economic Integration in East Asia, Kevin G. Cai, Palgrave Macmillan (Mar. 2010)

在经济全球化的背景下,经济区域主义是全球经济发展的一个明显趋势。在本书中,作者K. 蔡(Kevin G. Cai)将研究目光投向了东亚,对东亚的区域经济整合做了解读。

K. 蔡将东亚地区的经济区域主义与西欧、北美的经验进行了比较研究。与西欧和北美以政府主导、高度机制化的经济区域主义相比,东亚经济区域主义依托迅速增长的区域内贸易和外国直接投资,其主导力量源于区域内的市场及经济发展的需求。K. 蔡指出,尽管在1997—1998年的亚洲金融危机之后,东亚区域经济合作的机制化进程随之加快,但该地区的经济区域一体化依然任重道远。澳大利亚格里夫斯大学亚洲与国际研究中心的M. 比森(Mark Beeson)教授评论认为,本书具有很强的理论性,对于东亚这一正在崛起的世界上最重要的经济地区,做了很好的介绍。研究全球化问题的美国美利坚大学著名学者J. 米特尔曼(James H. Mittelman)认为,本书在比较西欧和北美的情况时,很好地区分了他们之间的差异与特征,不论对亚洲的学者还是其他国家的学者来说,都是很好的借鉴。

K. 蔡长期致力于东亚问题研究,曾于2008年出版《东亚的政治经济》(*The political economy of East Asia: regional and national dimensions*)一书,受到学界好评。

《未完成的事业:去殖民化和萨特的哲学》

Unfinished Projects: Decolonization and the Philosophy of Jean-Paul Sartre, Paige Arthur (Author), Ian Hacking (Introduction), Verso (Mar. 2010)

本书封面的两个形象可能许多人并不熟悉，但提到 J-P. 萨特和 C. 格瓦拉，恐怕无人不晓。封面的寓意是为了指出，哲学家忠于自己的思想结晶，同时也是一位行动者。

和其他类型的哲学导读作品不同，本书以年份划分。作者 P. 亚瑟(Paige Arthur)结合当时法国及其殖民地的政治环境，来展示萨特对那个时代的影响。将萨特的思想与他的行动联结起来，阐释了他于战后去殖民化运动中展现的哲学思想：马克思主义、存在主义、自由之义；全球自由主义运动中的政治参与。被誉为存在主义大师、法国左翼知识分子代表的哲学家 J-P. 萨特，曾经在 20 世纪五六十年代的法国掀起一股风潮；风云过后的 J-P. 萨特，却仿佛变成旧款时装。其实，J-P. 萨特不应只属于他那一代人，更应该属于未来的青年人，包括一切建制的反抗者。法国后现代哲学家 G. 德勒兹(Gilles Louis René Deleuze)曾说："我们谈论 J-P. 萨特时好像他属于过时的年代。哎呀！我们才属于过时的年代，起码他教晓我们等待未来的时刻。" J-P. 萨特的反抗价值可以体现在每一代革命者身上，所以本书名为《未完成的事业》。

评论认为，哲学的作用一直以来都备受质疑。哲学能否改变世界？正义会实现吗？本书能提供至少一个历史例证。美国哥伦比亚大学欧洲思想史教授 S. 默恩(Samuel Moyn)也道，P. 亚瑟用 J-P. 萨特去殖民化的思想来解读本书主题，增加了全书的厚重感。

《被排除的恐怖：苏联在德国设立特殊营的历史》

Verdrängter Terror: Geschichte und Wahrnehmung Sowjetischer Speziallager in Deutschland, Bettina Greiner, Hamburger Edition (März. 2010)

1990 年 3 月，在当年纳粹曾被清理过的萨克森豪森集中营里又发现了累累白骨，从而揭开了德国战后历史上黑暗的一页。战后纳粹集中营被揭发、被清理之后，苏占区的苏联特工马不停蹄地建立起特殊营。此事在当时的民主德国秘而不宣，成为禁忌，而在西德却被人遗忘。

在这部全面描述这一时代的著作里，德国学者 B. 格莱纳(Bettina Grainer)首次将目光投向了这段特殊的时期，为了撰写该书，B. 格莱纳进行了大量调查研究。书中首先描述了苏联占领当局逮捕政策的各种为所欲为的行径，之后调查了人们被捕的过程和经历。B. 格莱纳将特殊营和纳粹集中营进行了一番比较,认为它们之间的区别大于两者的共同之处,但又与苏联自己的古拉格群岛(苏联劳改营)相似。为此,B.格莱纳得出结论:特殊营乃是苏联本土惩戒体系的一个变种。“在战后65年,柏林墙倒塌20年之后,斯大林主义和民主德国专制政权所造成的牺牲和灾难还是没有大白于天下”,这令格莱纳感到不平,并提出:“既要揭露纳粹的罪行,决不美化它,也不使其相对化,又要清算斯大林在德国所实施的恐怖。”

德国《世界报》评论道,B.格莱纳对苏占区苏联的特殊营进行了伟大而全面的研究,本书的内容立足于扎实的科学研究基础之上,已经成为标杆式的权威著作。

《为什么美国不是新的罗马?》

Why America Is Not a New Rome, Vaclav Smil, MIT Press (Mar. 2010)

冷战后,美国成为全球强国,获得了其他国家无法比拟的主导地位,其地位可与古罗马相提并论。不仅如此,美国深陷伊拉克和阿富汗的战争泥潭,继而遭遇了自经济大萧条以来最为严重的经济危机,这似乎与古罗马后期的衰落颇为类似。由此,部分学者认为,美国与古罗马之间存在着令人不安的相似性。

在本书中,V.斯米尔(Vaclav Smil)将美国和古罗马作了比访谈节目和杂志更为深入的剖析和比较,在他看来,虽然在表面上,美国作为新罗马的研究视角能够产生共鸣,它们之间的相似度不但显而易见、充满趣味性,而且令人担忧。但是,两国之间存在着明显区别,如帝国在不同时代的内涵、罗马与美国的实际权力差距、知识和创新在两国的影响与作用、机器设备和战略物资等来源的重要性、人口统计与经济的基础——人口群体动态、疾病、死亡、财富和灾难等。在斯米尔看来,美国并不是一个现代罗马,在这一点上,我们必须弄清楚,避免在未来发展过程中受到这种起反作用的类比的影响。因为表面上的相似性并不意味着美国和罗马将会长期在政治、人口或经济成果上趋同。

美国斯坦福大学教授W.谢德尔(Walter Scheidel)认为,本书第一次将罗马和美国的比较置于历史背景之下,这是及时且极富价值创新的。纽约人口委员会的P.德莫尼(Paul Demeny)认为,在媒体的影响下,许多人都认为美国就是新罗马,V.斯米尔严谨地对两者作了比较研究,并很好地运用了历史分析的方法。

《主流:世界流行文化调查》

Mainstream, Enquête sur cette culture qui plaît à tout le monde, Frédéric Martel, Flammarion Lettres (mars. 2010)

文化产品的全球化是一个既没人分析，也很难分析的领域，法国作家F.马特尔(Frédéric Martel)在本书中，对美国流行文化长时间风靡全球的现象进行了案例分析，调查了印度、中国、巴西、阿拉伯等新兴国家和地区流行文化的崛起后，他认为，一场关于流行文化的“世界之战”正在拉开帷幕。

在书中，F.马特尔试图证明，“主流”文化产品与艺术无关，而是一种创意和传播的战略手段，是一个国家增强“软实力”的必然选择。他研究了美国娱乐文化统治全球的运作方式，认为这种传播方式已经形成了一套模式，而且卓有成效，这就是美国文化何以在世界大行其道的秘密所在。流行文化的传播已经与艺术创作无关，而是关乎国家形象和国家战略。而这方面，欧洲由于与美国的文化同源，价值观相同，可能并不太在意美国的这种文化入侵。可以看到，世界的娱乐市场都在美国化，包括欧洲、德国、法国，更不用说英国在内，他们的文化产品在世界的流行也正是运用着美国的传播方式。马特尔指出，关于文化的战争，既不是我们以往所熟知的战争，也不是虚拟的，但在经济方面，这是真正的世界大战，也是价值观的战争。

本书出版后引起了法国媒体和学术界的广泛关注。F.马特尔曾任法国驻美国使馆的文化专员，现任法国国家视听研究所研究员，并在法国政治研究学院、法国高等商学院任教。

《赫鲁晓夫：改革者》

Никита Хрущев: Реформатор，Сергея Хрущева，Время (апреля. 2010)

似乎是命运的嘲弄，毕生反抗美帝国主义的赫鲁晓夫，其子最终却成为美国公民，从大洋彼岸审视故土和过往的时代，力求认真而全面地对赫鲁晓夫时代进行研究。这本C.赫鲁晓夫(Сергея Хрущева)关于父亲H.赫鲁晓夫(Никита Хрущев)的第3本回忆录于近日面世。

书中，C.赫鲁晓夫详细描述了父亲最富戏剧性的一天，向世人再现了H.赫鲁晓夫被解职的细节。比如，在1964年10月13日审判当日，“勃列日涅夫率先连珠炮般地抛出早已准备好的指责：为什么把州委员会分成工业和农业两块？五年计划变成八年计划的意义何在？为什么向主席团成员发出那么多便函？他在指责完父亲对同事称呼不当后便不再作声。”C.赫鲁晓夫在书中回忆道，父亲当日回家后就表态，“告诉他们，我不反抗，他们想怎么做就怎么做吧，我服从任何决定。”《俄罗斯报》评论认为，赫鲁晓夫11年执政对俄国历史到底具有怎样的意义？即便是专业历史学家，C.赫鲁晓夫也不可能是自己父亲的“公诉人”，而多半是他的“辩护人”。

C.赫鲁晓夫现为美国布朗大学的名誉教授。他透过个人回忆，并结合历史事实撰写了《父亲》三部曲，本书是该系列的最后一本。他表示：“我写的是生活。当然希望H.赫鲁晓夫是个好人。因为我在书中不是一个检察官,而只是一名律师。"C. 赫鲁晓夫的《父亲》三部曲分别是:《改革者》、《超级大国的诞生》和《联邦的退休者》。

《J. 斯蒂格利茨报告:在复苏中重建国际金融货币体系》

The Stiglitz Report: Reforming the International Monetary and Financial Systems in the Wake of the Global Crisis, Joseph E. Stiglitz, New Press (Apr. 2010)

2008年10月,联合国大会倡议设立顾问委员会——"改革国际金融和经济结构委员会",其成员包括20位来自世界各地国际金融领域的顶尖专家学者,由诺贝尔经济奖得主、著名经济学家J. 斯蒂格利茨(Joseph E. Stiglitz)主持,旨在研究国际金融货币体系的重建问题。本书便是该委员会于2009年底发表的评估报告。

本书指出,2008年爆发的全球金融危机,虽然与同年度出现的粮食危机、水源危机、能源危机以及可持续发展危机相比,其破坏力及影响力更为广泛,但事实上,这些国际性危机之间实际上拥有极为紧密的联系。为了防止类似全球经济危机重演,必须对现行全球货币储备体系进行彻底改革。J. 斯蒂格利茨呼吁建立一个新的国际货币储备体系,并认为这是从根本上解决全球金融危机所需采取的一项重要的改革措施。围绕着政策转向,在书中,专家们提出了大刀阔斧的改革建议和主张,并认为这将有助于更好地帮助各国研究未来世界经济的发展,做到及时调整与合理应对。

J. 斯蒂格利茨系美国哥伦比亚大学的经济学教授。他同M. 斯宾塞、G. 阿克尔洛夫一起,由于在"对充满不对称信息市场进行分析"领域的重要贡献,分享了2001年度诺贝尔经济学奖。他曾是世界银行的高级副总裁,现任该行的首席经济学家。

《北京共识:中国威权模式如何支配21世纪》

The Beijing Consensus: How China's Authoritarian Model Will Dominate the Twenty-First Century, Stefan Halper, Basic Books (Apr. 2010)

从非洲、亚洲再到南美洲,中国的发展奇迹向许多国家表明,强劲的经济增长,可以通过国家的控制之手得以实现。英国剑桥大学国际问题研究中心高级研究员S. 哈尔帕

(Stefan Halper)在书中沿用 J. 雷默(Joshua Cooper Ramo)2004 年提出的“北京共识”的概念,研究了 21 世纪中国模式的未来。

S. 哈尔帕把中国模式的发展总结为“西方作为政治经济品牌正在缩水”。他列举了中国的发展规划,并声称,这种国家资本主义将取代西方的市场资本主义。与被称作“华盛顿共识”的西方援助结构不同,“华盛顿共识”的援助结构要求新兴国家满足繁琐的自由市场条件以换取援助,而中国为这些国家提供了另一种选择,它提供了慷慨的债务减免、基础设施投资和其他援助,但是要求甚少。在 S. 哈尔帕看来,“北京共识”削弱了西方的金融和意识形态的规导作用,而中国更大的目标是建立一个国家集团的全球网络,他们不是在军事或经济上挑战西方,而是在意识形态和政治上与西方对抗。

美国《城市杂志》(*City Journal*)编辑 G. 索尔曼(Guy Sorman)认为,S. 哈尔帕的观点并不正确,其问题在于,有关中国模式的共识根本不存在,也没有形成真正的模式。他指出,“北京共识”显然是中国特有历史的产物,是马克思主义的国家主义与儒家传统独特结合的产物。这种模式能否在中国之外的国度扎根实在让人感到怀疑。

《物品:强迫性囤积和物品的意义》

Stuff: Compulsive Hoarding and the Meaning of Things, Randy O. Frost, Gail Steketee, Houghton Mifflin Harcourt (Apr. 2010)

有的人喜欢收集家里所有的废纸,有的人疯狂地用无数奢侈的名画装点自己的家,有的人因为这种强迫性的爱好甚至失去了婚姻,……美国史密斯女子学院(Smith College)的心理学教授 R. 弗罗斯特(Randy O. Frost)和美国波士顿大学社会工作学院的 G. 斯泰吉蒂(Gail Steketee)教授在本书中针对这些普遍存在的囤积症现象做了分析。

两位作者花了近 20 年跟爱好囤积者一起工作(工作的地点有时甚至是在通往垃圾场、蟑螂乱窜的地下通道中),采访了几百位囤积者后,作者研究了他们囤积食物、衣服甚至动物的动机,描绘了一系列患者的饱满形象,他们表示,有 600 万至 1 500 万美国人患有导致他们焦虑的囤积症。他们把囤积看作一种生理和神经系统的疾病,而不只是一种可以在整理专家花一个下午的时间陪同下就能纠正的坏习惯。在他们看来,囤积者通常具有处理信息方面的障碍,他们常常走神,注意力不集中,这些病症使他们很难专注于一件事而不被其他事情转移注意力。作者认为,对于囤积症患者而言,强迫收拾并不管用,他们很快就会重新又堆满一屋子东西,突然失去一些物品会引起他们的愤怒和焦虑。作者建议的治疗方法是组成励志小组和各种认知治疗,不过疗效并没有保证。

《出版人周刊》(*Publishers Weekly*)对作

者的研究态度和本书意义给予了充分肯定，认为它将有助于囤积症患者、他们的家人以及相关治疗人员。

《伊斯兰文明的危机》

The Crisis of Islamic Civilization, Ali A. Allawi, Yale University Press (Apr. 2010)

无论是在西方还是在东方，大部分人都不会认为伊斯兰文化是进步的。即使海湾国家经济蓬勃发展，跻身全球最富裕国家之列，外国亦只把这些成功归于石油资源，而不是伊斯兰文化。伊斯兰文化在主流媒体所呈现的影像，多半只是包头巾的女人、留长须的男人、保守、打圣战，甚至恐怖袭击。

伊拉克裔学者A.阿拉维(Ali A. Allawi)在书中着重分析了伊斯兰文明衰落的动因与后果，他首先回顾了伊斯兰文明在1 000年中的发展，指出当中世纪的欧洲仍处于黑暗时期时，伊斯兰文化继承了希腊人和罗马人的智慧，发展科学、天文和数学。而今，伊斯兰文化却被视为落后、保守；伊斯兰国家没有影响力、被排拒于国际事务之外，这正是因为伊斯兰文化衰落，无法自我更新与推行现代化，也无法适应现代社会。A.阿拉维进一步指出，奥斯曼统治时期被称为伊斯兰文明的衰落期和黑暗时期，各种内外因素不时阻碍着中东国家的和平发展，进而严重影响了伊斯兰文明体系本身的与时俱进。当前，伊斯兰文明正处于十字路口，复兴的关键在于实现物质文明与精神文明之间、男权与女权之间、权利与义务之间的平衡，而这其实是传统文化与现代化如何磨合的问题。

在萨达姆统治的年代，A.阿拉维在英国牛津大学任教，积极参与伊拉克流亡政治团体的活动。萨达姆倒台后，他被伊拉克新政府先后委任为伊拉克国防部长和财政部长，2006年卸任后回到学术界，现为美国普林斯顿大学的访问学者。

《网络战争：国家安全的下一个威胁以及如何应对》

Cyber War: The Next Threat to National Security and What to Do About It, Richard A. Clarke, Robert Knake, Ecco (Apr. 2010)

本书讲述的是一个每个人都耳熟能详，但几乎没有人能搞清楚的，而美国政府还没有开始认真对待的威胁，这个威胁就是书名——网络战争。前白宫安全顾问R.克拉

克(Richard A. Clarke)和“外交关系协会”国际事务研究员 R. 凯纳奇(Robert Knake)将其定义为“以损害或破坏为目的,一个民族国家渗透另一个国家的计算机或网络的行为”。

书中指出,包括美国、俄国和中国在内的 20 多个国家已经成立了专门的网络战部队。这种战争的后果,可以“改变世界的军事平衡”和“从根本上改变政治和经济关系”。尽管拥有迄今为止最先进的进攻性网络战能力,但美国几乎肯定会输掉这种战争,因为它的经济和军事基础设施高度依赖计算机网络,却没有保护措施以阻止网络攻击。作者写道,我们真正需要的是“可信的防御”,旨在使潜在的攻击者不能确认他们的网络攻击能否击垮我们或使总统因恐惧而束缚住手脚,畏首畏尾。目前我们的关键性基础设施已经无法摆脱网络,但可以采取几个合理步骤。如要求最大的五六个互联网服务提供商监测逻辑炸弹和其他入侵者的痕迹,紧缩电网的入点,并隔离国防部网络等。

作者 R. 克拉克曾于 2004 年出版《反击一切敌人:美国反恐战争内幕》(*Against All Enemies: Inside America's War on Terror*)一书,引起了不小的反响。

《桥梁:B. 奥巴马的生活与崛起》

The Bridge: The Life and Rise of Barack Obama, David Remnick, Knopf (Apr. 2010)

本世纪,美国历史中的重要篇章无疑是 B. 奥巴马的上台,至今,没有一位记者、历史学家能够完整地揭露 B. 奥巴马的生活环境和经历,探求其成功背后的雄心壮志。B. 奥巴马自己撰写的回忆录或竞选演说也不例外,本书系美国《纽约客》(*The New Yorker*)主编 D. 雷姆尼克(David Remnick)撰写的 B. 奥巴马传记,描写了美国的种族关系和年轻的 B. 奥巴马总统。

当 B. 奥巴马坐在椭圆形办公室接受 D. 雷姆尼克采访时,D. 雷姆尼克注意到落地钟发出的滴答声,提醒着这间办公室的主人,他只是这里的匆匆过客。通过与 B. 奥巴马的友人、老师、家人以及奥巴马本人的深入访谈,D. 雷姆尼克向读者展示了一个毫无成就感、迷茫无助的年轻人是如何在芝加哥闯出一番事业的。这段经历不仅促使他投身政治,也为他进入哈佛大学法学院创造了氛围,在那里,一股强大的使命感在 B. 奥巴马心中油然而生。此外,通过描述 B. 奥巴马在芝加哥的经历,D. 雷姆尼克向读者介绍了芝加哥复杂的种族制度是如何对他尝试走仕途产生影响的。通过回顾美国的种族历史,D. 雷姆尼克以独特的视角展现了 B. 奥巴马政治崛起之路,重现了美国从奴隶制到内战的种族困境,指出 B. 奥巴马所诉求的并不只是他自己的成功,而是一个不同于当前美国现状的未来。

美国《新闻周刊》评论认为,“关于 B. 奥巴马的形象存在一种固定的模式。对于右翼来说,他是社会主义者;对于左翼来说,他是个不大不小的救世主。本书将我们的目光重新拉回到总统这个人身上。”

《危机经济学:了解金融未来的速成课程》

Crisis Economics: A Crash Course in the

Future of Finance, Nouriel Roubini, Stephen Mihm, Penguin Press (May. 2010)

早在金融危机爆发两年前,被称为"末日博士"的美国纽约大学经济学教授 N. 鲁比尼(Nouriel Roubini)就准确预期到这场大萧条以来最为严重的经济灾难。在书中,针对如何度过艰难的后危机时代等问题,他与历史学教授、《纽约时报》撰稿人 S. 米姆(Stephen Mihm)提出了令人耳目一新的解决之道。

他们没有把一种教条化的理论强加于事实之上,而是运用了折中的、常识性的方式对待历史,以照单点菜的方式选取了差异较大的经济学家的思想,比如 J. 凯恩斯和 J. 熊彼得。"我们可以把这两个学派的思想综合在一起,解决我们所面临的种种问题,"他写道,"事实上,这场危机的成功解决有赖于一种汲取两个学派之长的务实策略,虽然刺激性支出、紧急援助、最后贷款人手段和货币政策等方式或许在短期内有效,但为了使经济重现繁荣,我们必须着眼于长期考量。"在引领读者快速回顾资本主义数百年的历史时,作者指出,繁荣和萧条的模式是可预期的,"缺乏透明性、低估风险,对新的金融产品在遭受重大压力时可能出现情况的不理解,是过去和现在许多危机中反复出现的问题。"

2006 年,N. 鲁比尼准确预测了美国次贷危机并声名鹊起,此后他又在 2008 年上半年预言了投资银行的失败。英国《金融时报》将其形容为当代经济界的"先知"。近两年来,50 岁的 N. 鲁比尼成为最抢手宏观经济学家,政治家、商界巨子对他的观点趋之若鹜。

《生活在时代的尽头》

Living in the End Times, Slavoj Zizek, Verso (May. 2010)

在 2010 年上海世博会上,斯洛文尼亚将这本以德国画家 C. 弗雷德里希(Caspar David Friedrich)的《船难》为封面的新书作为展品陈列在了其国家馆内。作者系当代著名理论家、近 10 年来欧洲思想界最出风头的学术明星之一 S. 齐泽克(Slavoj Zizek)。

在书中,S. 齐泽克指出,全球资本主义正在步入最终的危机,并分析了末日危机的"启示录 4 骑士"——全球范围内的生态危机、经济体系的不平等关系、生物革命以及急剧增加的社会分化。但是,S. 齐泽克问道,如果资本主义的终结看似和世界末日甚为相似,那么,西方社会将如何面对呢?在分析了全球的局势后,他指出,我们对于经济危机的回应与一系列艰难的阶段相伴:对意识形态的质疑、在交易中不断增加的种种不满和诱惑、经济萧条和企业纷纷破产。在经历了这些之后，我们就可以逐步认识到，这场危机也意味着一个新的开始，正如毛泽东所说的，“天下大乱，形势大好”。S. 齐泽克描述了从新世纪的蒙昧主义到暴力宗教原教旨主义，意识形态回避和政治主张中的文化和政治形式。此外，他还在书里把信仰归为3种形式，一种是肯定形式的“我相信”，一种是否定形式的“我假装我相信”，一种是否定之否定的“我假装自己只是装信，自己信，但没有意识到自己信这一点”。

S. 齐泽克作为斯洛文尼亚卢布尔雅那大学和斯洛文尼亚人文科学院高级研究员、拉康传统最重要的继承人，长期致力于研究拉康精神分析理论与马克思主义哲学。

《创建社会企业：用新型资本主义服务于人类最迫切的需求》

Building Social Business: The New Kind of Capitalism That Serves Humanity's Most Pressing Needs, Muhammad Yunus, PublicAffairs (May. 2010)

2006年诺贝尔奖得主、孟加拉乡村银行(Grameen Bank)的创始人M. 尤努斯(Mohammed Yunus)，在本书中详细阐述了“社会企业”(Social Business)这个概念，并进一步将他的志业，即消灭贫穷问题，落实到现实世界。

M. 尤努斯系统总结了格莱珉式社会企业(Grameen Social Business, GSB)的7大原则，如企业目的不是利润最大化，而是解决贫困，或是其他威胁人类和社会的问题；企业应具有财务和经济上的可持续性；投资者只能收回原始投资。除了还清本钱，企业不支付任何分红；企业自觉保护环境；偿还投资后，企业将把利润留下用于扩张和改进；员工应有与市场水平相当的工资并有更好的工作环境等。并汇报了实验性项目的最新进展。正如书名所示，M. 尤努斯告诉人们：格莱珉式社会企业已不再只是书本理论，而是正在实践中解决着社会问题。

M. 尤努斯的前两部著作《穷人的银行家》(*Banker to the Poor: Micro-Lending and the Battle Against World Poverty*, 2008)和《创造没有贫困的世界》(*Creating a World Without Poverty: Social Business and the Future of Capitalism*, 2009)已经引发了许多关注和讨论，他在其中叙述了自己成功建立社会企业的经过，解释社会企业能够取得效果的经济学理论根据，以及推至全球的可能性。

《全球英语：英语如何变成世界语言》

Globish: How the English Language Became the World's Language, Robert McCrum, W. W. Norton & Company (May. 2010)

无论在欧洲、亚洲还是非洲,无论是学习、工作还是娱乐,英语几乎无处不在。不过,现今将英语分成“英式英语”或“美式英语”似乎已跟不上时代潮流,“全球式英语”(Globish)或许是更好的称谓。英国《卫报》专栏作家、《观察家报》副主编R.麦克拉姆(Robert McCrum)在本书中解释了英语在世界范围内流行的原因。

R.麦克拉姆认识到了英语崛起过程中的许多二分法。他问道:“究竟是这场革命创造了全球化,还是全球资本主义发展的部分能量和适应力应归功于各种形式的全球英语的文化和语言之上?”R.麦克拉姆从英语的发源地入手,描述了英国统治下,北美牢骚满腹的臣民故意打造了特殊的美式英语,以及他对世界各地全球英语的调查。此外,书中还描述了各种各样的呼叫中心和外包工作,这些故事引人入胜,但容易将初级实用的全球英语与地道的英语混为一谈。R.麦克拉姆在书中预言,“20世纪,美式英语成为国际流行趋势,而21世纪是全球语的世纪。”

对于英语的前景,R.麦克拉姆承认,英语现在已经到达了高峰,随着美国和英国影响力的下降,未来包括中文在内的其他语言可能在世界范围内逐步推广并流行起来。R.麦克拉姆不愿就英语的前景作出预测,他认为,所有与语言有关的预测往往“以愚蠢结束”,“但证据显示,一个世纪的语言进化使全球语的使用更为频繁。”

《自由市场的终结:谁是国家与企业之战的赢家?》

The End of the Free Market: Who Wins the War between States and Corporations?, Ian Bremmer, Portfolio (May. 2010)

1年前,政治风险咨询师I.布雷默(Ian Bremmer)受邀前往中国驻纽约领事馆讨论金融危机。一位中国外交官问道:“鉴于自由市场已经失败,你们对国家在经济中应该扮演的角色有什么看法?”I.布雷默一时无语。他并不认同该问题的第一部分。至于第二部分,他强烈地感到应该“尽可能地少些”。

I.布雷默在本书序言中详细讲述了这个故事,谈论了中国、俄罗斯等国家控制经济体的崛起,及其对美国构成的挑战。在他看来,中国和俄罗斯正在用“国家资本主义”以损害美国竞争者为代价,推动本国公司的利益。但这并非他描述的唯一交锋,还有争取巴西、印度等新兴市场经济大国之心智的斗争。这些国家倾向于自由市场,但还没有完全接受这种经济模式。如果美国及其盟友获胜，它们的顶尖企业将有机会获得这些国家的自然资源和不断增加的中产阶级消费者。倘若失败，西方可能会被排斥在这些未来世界经济主要增长点的市场之外。

令人耳目一新的是，I. 布雷默声称美国需要与欧洲的资本主义盟友携手抵抗威胁。他并不否认，美式资本主义和北欧诸国的资本主义、法国资本主义存在许多差异。但他断言，美国和欧洲共享的一个核心假设是，经济增长的主要引擎应该是私营部门，而非政府。这恰恰是创建欧盟的全部意义所在。“正是自由市场的吸引力，将欧洲前所未有地凝聚在了一起”。

《认知过剩：互联网时代的创造力和慷慨》

Cognitive Surplus: Creativity and Generosity in a Connected Age, Clay Shirky, Penguin Press (Jun. 2010)

在未来，科技将如何“更新”我们？或许我们的大脑会无法承受不停地思考，或许我们将迎来人类史上最富创造力的时代。两种命运，尽可择一而从。从视频聊天到不出门而知天下事，从微博新媒体到隐私权的保护，网络的出现在短短几十年间改变了我们的生活，在将来，它又将如何进一步改变我们的认知、思维和习惯？

作者 C. 舍基(Clay Shirky)长期从事有关互联网的社会和经济影响的研究、教学与咨询，特别关注社会网络和技术网络交叉地带的研究。在本书中，他对网络科技的未来影响力做了冷静分析，C. 舍基推测，超链接、短时段、“零食式”的信息获取方式(有时甚至是碎片化的信息)将可能取代以往长时段的深入认知方式，并侵蚀我们和我们的文化。C. 舍基认为，从网上各种新兴字符、流行语的出现，可以看到，陌生人之间正越来越多地出现在线协作和知识交汇，这象征着一种全新的社会政治力量的横空出世。舍基判断，他们在网上形成的习惯和思维方式将会在现实生活中反映出来，并作为他们实际生活的最终状态。

C. 舍基被誉为“网络革命最伟大的思考者”、“新文化最敏锐的观察者”，目前在美国纽约大学的互动电信项目中任教，其咨询客户包括诺基亚、宝洁、BBC、美国海军和乐高公司等。多年来，C. 舍基曾在《纽约时报》、《华尔街日报》、《哈佛商业评论》、《连线》(*WIRED*)等报刊上发表过文章，并经常在相关技术会议上做主题发言。

《新兴巨人：世界经济舞台上的中国和印度》

Emerging Giants: China and India in the World Economy, Barry Eichengreen, Poonam Gupta, Rajiv Kumar, Oxford University Press (Jun. 2010)

作为世界上两个人口最多的国家,中国和印度也被视为当前经济发展速度最快的国家。这两个拥有世界 2/5 人口国度的经济发展不仅对提高全球生活水平和减少贫困人口产生了深远影响,同时,也影响了其他国家的竞争性和财富分配情况。

本论文集收录了与中国、印度的发展经验相关的许多问题的最新研究成果,并将这些问题置于比较的视角之下。这些论文的作者是当前国际上研究中国和印度经济问题、发展经验和可持续发展的挑战等方面的学术权威和专家。他们认为,中国和印度的发展进程具有一定的相似性:在历史传统上,两者都是古老文明的摇篮,并从中继承了独特的处事态度、相关制度和文明传统,两者都有巨大的人口基数。在政治方面,两个国家的政治体系有着很大差异,发展模式也大相径庭。在经济方面,20 年来,中国和印度走了改革开放的道路,在经济发展上都表现不俗,中国的改革开放始于 1978 年,比印度要早 15 年。此外,在对外贸易和外国直接投资方面,中国要比印度开放得多,但印度的银行系统发展得要比中国更为完善。另外,本书认为,两国所依赖的发展动力也是不同的,中国靠的是制造业,而印度则主要依靠服务业。

本书编者包括美国伯克利加利福尼亚大学政治经济学著名教授 B. 艾肯格林(Barry Eichengreen)、印度国际经济关系研究委员会会长 R. 库马尔(Rajiv Kumar)等。

《气候战争:当全球过热时为生存而斗争》

Climate Wars: The Fight for Survival as the World Overheats, Gwynne Dyer, Oneworld Publications (Jun. 2010)

雪灾、大旱、海冰、极端气候……美国地缘政治分析家、环境记者 G. 戴尔(Gwynne Dyer)在本书中,以罕见的地缘政治视角深入探讨了全球气候变暖加剧、各国将如何应对这种气候变化所带来的挑战,以及气温升高后,世界粮食供应、医疗体系、军队和迁移模式等各方面面临的灾难。

G. 戴尔认为,那些最靠近赤道的国家,受到气候变化的影响最大。他预测,尽管中国未来人口减少,但仍无法摆脱饥荒,因为随着中国北部地区降雨量减少,主要河流系统的崩溃,将导致农田干涸。邻国印度已成为一股新兴的地区力量,然而以少数冰雪融化为水源的印度河、恒河和雅鲁藏布江正面临干涸,曾经的北印度(巴基斯坦和孟加拉国)也将因此遭受饥荒侵袭。“所有发源于喜马拉雅山和青藏高原的亚洲河流的河水将会大大减少，因为一旦冰层和积雪消失，这些在数十年夏季一直因冰层和积雪融化而出现泛滥洪水的河流将会没有水源。这将导致众多国家食物短缺以及在印度次大陆的边界地区因水源问题发生冲突，由核武器武装起来的印度和巴基斯坦将会因争夺印度河的水资源而发生武装冲突。”

英国著名环境问题专家和外交家 C. 蒂克尔(Crispin Tickell)认为：“目前有关气候变化的探讨大多集中于其对未来的影响，很少有人有足够的勇气刻画未来可能出现的场景。展望未来，我们不应该放弃希望，但同时也要具备良好的判断力。”

《资本主义 4.0：危机过后新经济的诞生》

Capitalism 4.0: The Birth of a New Economy in the Aftermath of Crisis, Anatole Kaletsky, PublicAffairs (Jun. 2010)

在分析经济危机前因后果多如牛毛的著作中，要想脱颖而出，变得越来越困难了。本书作者英国《泰晤士报》副主编 A. 卡里兹基(Anatole Kaletsky)却以独特的标题吸引了眼球。

在书中，A. 卡里兹基认为，这场金融危机标志着现代资本主义的转型，将成为一种全新改良的资本主义。这一转折点可与拿破仑战争相提并论，从自由放任主义(资本主义1.0)的古典时代，经济大萧条(出现高度依赖政府的资本主义 2.0)，到经济滞涨的 1970 年代(产生自由市场资本主义 3.0)。与此前的变革一样，最近的资本主义转型将改变市场与政府的关系、政治与经济的关系。具备适应能力才能确保资本主义的生存。资本主义4.0既不同于近来出现的自由市场原教旨主义，也不同于新政以来推行的里根经济学。对于危机，他认为，近来的经济萧条主要是银行家贪婪和贷款泛滥的必然后果。由于世界经济发生了广泛的结构型转变，比如全球化和通货膨胀加剧，外界普遍把债台高筑归咎为这场不可挽回的经济危机的根本原因。而这场普通的金融危机演变成经济灾难，主要归咎于一个人的失败之举——布什政府财政部长 H. 保尔森(Henry Paulson)。

评论认为，学究派会对 A. 卡里兹基的经济史分析吹毛求疵，更不必说他的经济预测。他对保尔森的言论攻击有失体面、不足为信。但书中充满真知灼见，言辞犀利、创意十足，值得一读。

《希望和前景》

Hopes and Prospects, Noam Chomsky, Haymarket Books (Jun. 2010)

当金融自由化破坏了民主，将权力移交给了一个代表少数富人的“虚拟参议院”时，“真正的民主”是否还有可能存在？对此，一些拉美国家提出了一个替代方案。美国著名语言学家、哲学家、政论家 N. 乔姆斯基(Noam Chomsky)在书中展望了拉美新自由主义的未来。

他认为，新自由主义的核心理论是金融自由化，其后果之一是创建了由投资者和贷款人所组成的“虚拟参议院”，他们“对政府的政策每时每刻进行着公投”。随着资本流动自由化，各国政府都面对一个“双重选区”：选民和虚拟参议院。透过拉美的选举现状，N. 乔姆斯基发现，拉美的选举不仅仅是按一下控制杆随后就退缩到被动状态和私人事务的一个短暂插曲，而是一个持续参与社会运作的阶段。帝国控制所通常采用的方式——暴力和经济扼杀——比以前更为有限。活泼和充满活力的民众团体为拉美提供了有意义的民主基础。虽然拉丁美洲和其他前殖民地存在许多内部问题，肯定会面临诸多挫折，但它拥有发展的希望。正是在世界的这些地区，今天的民主化浪潮才发现了它的基础和家园。这就是为什么世界社会论坛在阿雷格里港、孟买、加拉加斯、内罗毕，而不是在北方地区的城市举办的原因。

与其他著作等身的学院派学者不同，出版了超过70部作品的 N. 乔姆斯基同时还是美国政策“永远的反对派”，被誉为当代在世“最伟大的异见分子”、全球百大“公共知识分子”之首。

《浅薄：互联网对我们大脑到底做了什么》

The Shallows: What the Internet Is Doing to Our Brains, Nicholas Carr, W. W. Norton & Company (Jun. 2010)

美国马里兰大学的国际媒体中心在一次研究中要求200名学生在一天时间内不使用任何电子媒体设备。结果显示，放弃科技不仅让生活变得麻烦，更影响了与他人的联络。

美国科技和商业作家 N. 卡尔(Nicholas Carr)刚开始探讨网络是否破坏了人类思维方式的时候，就自行限制上网和收发电子邮件，并关闭了自己在 Twitter(微博)与 Facebook(社交网站)的账户。在书中，他指出，人类在网络时代，知识涵盖范围会愈来愈广，但是，深度却愈来愈浅。N. 卡尔将几项影响人类思考的重大发明，包括地图、时钟与打字机，放在同一个平台上进行比较，知识追求者被鼓励从书本中寻找想象力的印刷术时代不同，N. 卡尔认为，网络就像一支“狂乱的鹅毛笔”，“光标式阅读”、“匆促、一心多用的思考”与“肤浅的学习”……这些都逐渐改变了人类的思考方式，由于网络充斥着过量信息，人们不断存入暂存信息，将逐渐失去进行深刻思考的能力。N. 卡尔认为，当人的脑部不断接受同一种刺激，神经回路就会变得兴奋，但如果同一种刺激不断重复，便会导致人脑对其他刺激反应日趋弱化，现在，人们已经习惯于通过网络来查找答案，久而久之，若要再跳脱框架来思考，就会变得更加不容易。

要怎样找回自己沉思的能力呢？N. 卡尔指出，应该每天腾出几个小时，远离计算机，拾起一本书，慢慢推敲字里行间的意义，或许原本的脑部思维模式会回来也说不定。

《德国媒体的中国报道》

Die China-Berichterstattung in den deutschen Medien, Heinrich-Böll-Stiftung (Juni. 2010)

德国埃尔福特大学（The University of Erfurt）和杜伊斯堡-埃森大学（Universitaet Duisburg C-Essen）的几位教授、学者对2008年德国主流媒体全年的中国报道进行了梳理和分析成书，由德国海因利希·伯尔基金会出版。该报告一发表，就引起了当地媒体和政界的关注。

这份研究报告指出，德国媒体中国报道的基调是谴责，超过一半报道使用的语言是讽刺性和刻板的，继续传播社会上早已存在的对华成见或陈词滥调。德国媒体在报道中国内政时，主要关注点是民族和领土问题，认为中国的政治体制随意践踏人权，对中国社会、教育、科技的报道几乎是空白，而这恰恰是中国社会变革"至关重要"的一部分。对中国的经济报道占中国报道的14.8%，所传递的基本信息是，中国是"廉价商品制造者"，也是"有吸引力的增长市场"，"有意思的生产基地"，但缺乏对中国市场的独立分析。

研究人员认为，导致中国报道"失真"的原因是多方面的：其一是西方新闻观的影响。他们认为，只有反映冲突、灾害、暴力等的负面新闻才是新闻。其二是受"欧洲中心论"的影响，他们在看世界时，总习惯从欧洲的视角、用欧洲的标准去衡量。其三是冷战思维残余的影响，他们对中国的发展有点害怕，有点担心。总认为，中国得到了什么，欧洲就会输掉什么。此外，一些做中国报道的记者编辑不懂中文，对中国了解不多，消息来源受限等客观因素，也成为他们深入、全面报道中国的障碍。

《共产主义假设》

The Communist Hypothesis, Alain Badiou, Verso (Jul. 2010)

"共产主义假设"一词不是A. 巴迪欧（Alain Badiou）创造的，而来自法国总统N. 萨科齐。2008年，西方左派对法国五月风暴40

周年的纪念活动引起N.萨科齐不满,他直言:“我们拒绝受任何东西困扰。经验上的共产主义消失仍然不够。我们想驱逐它的一切形式,甚至是共产主义假设。”A.巴迪欧接过这个概念,反其道而行之,强调共产主义假设不仅是必要的,也是永恒的。共产主义原则是永恒的,它不是乌托邦,而是在各种社会反抗形式中所体现出来的观念模式。

在书中,A.巴迪欧把现代性历史中的共产主义运动区分为两个序列。从1792年的法国革命到1871年的巴黎公社是第一个序列,从俄国的十月革命(1917)到中国的“文化大革命”结束(1976)为第二个序列。在第一个序列中,共产主义假设与推翻现行秩序的群体运动和起义相联系,革命的目的是消灭旧的社会形式,实现平等者的共同体。这一序列在巴黎公社起义中达到顶峰,巴黎公社以实际行动确立了共产主义假设,但没有找到实现的途径。第二个序列是从俄国十月革命开始的,这一序列面临的核心任务是如何实现共产主义假设并取得胜利,因而组织和斗争策略问题成了共产主义假设的核心问题,列宁主义政党成了共产主义假设的物质载体。

A.巴迪欧系当代法国著名哲学家与社会批判家,在30年间,他出版了大量极有深度的著作,其中论及本体论、数学、美学、文学、政治学、伦理学和性别理论。现为巴黎第八大学的哲学教授。

《幸存者:纳粹时期西欧犹太人的自救和营救》

Survivors: Jewish Self-Help and Rescue in Nazi-Occupied Western Europe, Bob Moore, Oxford University Press (Jul. 2010)

澳大利亚小说家T.基尼利(Thomas Michael Keneally)所著的《辛德勒名单》(*Schindler's List*)真实再现了德国企业家O.辛德勒(Oskar Schindler)在“二战”期间保护1 200名犹太人免遭法西斯杀害的真实历史事件。由它改编而成的电影至今依然拥有良好的口碑。本书关注的也是这样一个死里逃生的群体,第一次考察了超过半数的西欧犹太人是如何从大屠杀中幸免于难的。

作者B.摩尔(Bob Moore)首先研究了犹太人逃生的路线,既包括大家熟知的从法国到西班牙和荷兰的路线,也包括鲜为人知的挪威犹太人的逃亡历程,以及1943年丹麦著名的营救事件。B.摩尔指出,这些逃生路线大多数并不排外,事实上,除了犹太人,它也营救了战争逃犯、航空人员以及政治犯。此外,这些路线也不是“二战”时出现的,大多都与“一战”有关。B.摩尔重点关注了法国、比利时和荷兰的例子,分析了犹太人如何自救与基督教会等各种组织和个人对他们的援助。此外,他还关注了在“二战”中如何营救儿童的案例,分析了人们进行营救的动机,以及纳粹自身如何直接或间接地保护了犹太人。

本书作者B.摩尔是英国谢菲尔德大学

(University of Sheffield)专门研究20世纪史的教授,已经出版了大量研究西欧20世纪中期历史、"二战"、犹太人和纳粹的著作。

《造就美国人:民主与学校》

The Making of Americans: Democracy and Our Schools, E. D. Jr. Hirsch, Yale University Press (Aug. 2010)

自20世纪80年代起,美国弗吉尼亚大学荣休教授E. 赫施(E. D. Hirsch, Jr.)就开始大力提倡"核心知识"这一理念,随后,成立了"核心知识基金会"(Core Knowledge Foundation),以推广自己的主张。1991年,他选择了两所公立小学为试点,大获成功。如今在全美47个州已有超过1 000所"核心知识学校"。大学教授投身中小学教育,这正是美国版的"教育要从娃娃抓起"。

在本书中,E. 赫施揭示了美国中小学教学质量滑坡的根源,那就是没有统一颁布、详细制定、循序渐进的课程规划。19世纪末,一群教育工作者为凸显美国的独特性,彻底告别欧洲传统,打出不再受传统奴役的旗号。他们将公立小学的教育贬斥为死记硬背,提出一套新的教育理念,教师不需要预先设计课程,不必拟定教学计划,教学完全从学生兴趣出发,是自由、即兴、"灵感式"的。E. 赫施批判美国现行公立教育,还有更为深远的政治意义。他认为,只有学生掌握公共、共同的核心知识,在校生的学习成绩才不会因贫富、族裔这些问题而拉大差距。E. 赫施认为,有没有统一的教程,实际上关系到美国立国的根本原则,也关系到美式民主的成败。

20世纪80年代,E. 赫施曾开出一份60多页的文化常识清单,从儿歌到神话、从历史地理常识到基本科学用语,后经不断修订、扩充,到2002年已变成将近700页的《文化常识新编词典》(*The New Dictionary of Cultural Literacy*)。

《资本的秘密和资本主义的危机》

The Enigma of Capital: and the Crises of Capitalism, David Harvey, Oxford University Press (Sep. 2010)

英国的《社会主义评论》(*Socialist Review*)杂志曾于2009年发表了对著名左翼学者D. 哈维(David Harvey)的访谈录。D. 哈维在访谈中谈到了经济危机爆发的原因以及可能解决的途径,在本书中,他深入思考了这一问题。D. 哈维指出,金融危机之后,大部分经济学家都集体炮轰新自由主义,称言政府应该扩大经济舞台的角色。作出类似论断并不困难,而他自己却一直在思考能否有其他创见,最后写成了这本书。

D. 哈维坚持了其一贯的马克思主义主张,着力说明资本社会中,资本的流向及后果。认为金融危机是一场事件,并印证了资本积累的结果。透过分析资本积累的结构,D. 哈维阐述了资本主义内在的矛盾。他总结道,金融危机并非个别事件,乃是资本主义内在张力所引发的新一次律动。最后,他提到,我们必须改变资本式的思维,进行革命。虽然 D. 哈维不能确定革命后是否以社会主义或共产主义的形态出现,但他希望是以"社会控制过剩的生产及分配"为前提的体制。在此背景下重新审视亚洲的殖民结构,在历史中梳理,在现实中分析,透过参照日本、印度、东南亚的论述,使我们看到一个更广阔的世界。

D. 哈维是当代著名思想家、理论家,在社会学、地理学、人类学和政治经济学等方面均有杰出声誉,曾荣获美国地理学家协会颁发的杰出贡献奖。著有《新自由主义简史》(*A Brief History of Neoliberalism*, 2005)等作品。

《旅程:我的政治生活》

A Journey: My Political Life, Tony Blair, Knopf (Sep. 2010)

R. 波兰斯基(Roman Polański)的电影《影子写手》(*The Ghost Writer*)中有句台词,"现在谁还看政客回忆录?"但事实证明并非如此。英国前首相 T. 布莱尔(Tony Blair)的这本自传一出版就成为英国近期的头号畅销书。

据悉,回忆录中 T. 布莱尔首次打破沉默,披露了许多有关伊拉克战争、戴安娜王妃死因、工党大选失利、与 G. 布朗的关系等事件的内幕,对国内政治大加议论。他将其继任者 G. 布朗称为一个奇怪的人,谴责他曾在养老金政策的争论中勒索他。T. 布莱尔承认曾向 G. 布朗承诺在 2003 年退出大选,但后来改变了主意。T. 布莱尔将工党在 2010 年选举中的失利原因归咎于 G. 布朗策略上的改变。T. 布莱尔指出,G. 布朗不是一个适合处理现代政治的政治家,假如 G. 布朗当初能够继续"新工党"的政策,工党就有机会赢得大选了。对于伊拉克战争,T. 布莱尔表示:"我不后悔当初做出参战的决定,虽然我们没有找到大规模杀伤性武器。"

T. 布莱尔在 2010 年 8 月份已宣布,将会把本书的所有收入捐给英国皇家退伍军人协会,这个慈善组织旨在向那些在战争中受重伤的退伍军人提供帮助。面对书中赤裸裸的攻击,前首相 G. 布朗的支持者们反驳道,如果 T. 布莱尔想靠这些内容得分,那么一定得不偿失。伊拉克战争让 T. 布莱尔成为"二战"后最不受欢迎的首相,抗议者认为本书谎话连篇,建议书店最好将其归入虚构类作品。

图书在版编目（CIP）数据

国外社会科学前沿. 第14辑. 2010/上海市哲学社会科学规划办公室，上海社会科学院信息研究所编. —上海：上海人民出版社，2010

ISBN 978-7-208-09734-6

Ⅰ. ①国… Ⅱ. ①上…②上… Ⅲ. ①社会科学－研究－外国－2010 Ⅳ. ①C11

中国版本图书馆CIP数据核字（2010）第250758号

责任编辑　秦建洲

封面装帧　闵　敏

国外社会科学前沿（2010）　第14辑

主　编　王世伟　荣跃明

副主编　徐觉哉（常务）

世纪出版集团

上海人民出版社出版

（200001　上海福建中路193号　www.ewen.cc）

世纪出版集团发行中心发行

上海商务联西印刷有限公司印刷

开本720×1000　1/16　印张45.5　插页6　字数874,000

2011年1月第1版　2011年1月第1次印刷

ISBN 978-7-208-09734-6/C·372

定价 72.00元